Introduction to Entrepreneurship

창업가정신 9th Edition

저자 Donald F. Kuratko

역자 이종건 • 임왕규 • 최경일

CENGAGE Learning 한 경 사

Andover • Melbourne • Mexico City • Stamford, CT • Toronto • Hong Kong • New Delhi • Seoul • Singapore • Tokyo

CENGAGE Learning®

Introduction to Entrepreneurship

9th Edition

Donald F. Kuratko

Original edition © 2014 South Western, a part of Cengage Learning.
Introduction to Entrepreneurship, International Edition 9th Edition
by Donald F. Kuratko
ISBN: 9781285052151

This edition is translated by license from South Western, a part of Cengage Learning, for sale in Korea only.

ISBN-13: 978-89-6844-126-4

Cengage Learning Korea Ltd.
14F, YTN Newsquare, 76 Sangamsan-ro,
Mapo-gu, Seoul, 03926, Korea
Tel: (82) 2 330 7000
Fax: (82) 2 330 7001

Cengage Learning is a leading provider of customized learning solutions with office locations around the globe, including Singapore, the United Kingdom, Australia, Mexico, Brazil, and Japan. Locate your local office at:
www.cengage.com/global

Cengage Learning products are represented in Canada by Nelson Education, Ltd.

For product information, visit **www.cengageasia.com**

Printed in Korea
1 2 3 4 20 19 18 17

저자 머리말

창업가정신은 인류에게 알려진 가장 강력한 경제력이다. 1990년대에 우리의 상상력을 사로잡았던 창업가혁명은 현재 비즈니스 사고와 계획의 모든 면에 침투되어 있다. Walmart의 Sam Walton, FedEx의 Fred Smith, Microsoft의 Bill Gates, Dell Computers의 Michael Dell, Southwest Airlines의 Herb Kelleher, Apple의 Steve Jobs, Intel의 Andy Grove와 같은 이전 수십 년간의 왕조 건설자들의 사례에서와 같이, 창조성의 적용, 위험감수, 혁신, 그리고 열정은 누구나 상상할 수 있는 것보다 훨씬 큰 경제적 발전에 이르게 했다. 오늘날 우리는 Google, Amazon, Facebook, Twitter, LinkedIn과 같은 창업가 회사의 광대한 영향력을 경험하고 있는데, 이들은 지속적인 기술의 획기적 발전을 생산해 오고 있는 것이다. 20세기가 종료되면서 우리는 녹색기술, 사회적기업, 지속가능성, 그리고 기술적 변화의 형태로서 이전보다 더욱 새롭고 때로는 더욱 복잡한 도전과 압력을 계속 받고 있다. 아직 발견되지 않은 왕조 건설자의 창업가 동력과 결정력은 이러한 모든 도전의 가장 위대한 답안이 될 것이다.

창조적인 생각을 상업화가 가능한 사업으로 변형하는 과정은 오늘날 세계경제에서 지속적인 주요한 힘이 되고 있다. 성공적인 창업가정신은 단지 운과 돈에 의존하는 것이 아니라. 그것은 창조성과 위험감수, 그리고 기획의 응집된 과정이다. 학생들에게는 오늘날 창업가정신의 과정을 이해하기 위한 기본 뼈대를 설명하는 과정이나 프로그램이 필요하다. 저자는 본 교재를 창업가정신 그 자체와 같이 특이하고 창조적인 방식으로 창업가정신의 규율을 구성하고 기술하기 위하여 작성하였다. 본문과 사례, 그리고 연습문제들을 새롭게 떠오르는 벤처의 발전을 추구하기 위한 가장 중요한 자원을 한곳에 모으고 그들을 흥미롭고, 조직화되고, 도전적인 방식으로 나타내기 위해 창업가정신 개론 9판이 발간되었다.

구성

창업가정신 개론 9판 각 장의 순서는 새롭게 떠오르는 벤처의 시작, 기획, 성장, 그리고 발전에 이르는 체계적인 구성을 가지고 있다. 본문의 각각 주요 부분은 이러한 창업가정신의 적절한 개념들을 구체적으로 기술한 장으로 구성되어 있다.

1부(1~4장)는 창업가정신의 사고방식을 소개하고 전 세계적으로 뿌리를 내린 창업가혁명을 살펴본다. 그 안에서, 우리는 창업가와 그들의 생각, 창업가정신의 어두운 단면, 그리고 사업에의 도덕적 자각 접근법의 발전 속에서 창업가를 압박하는 윤리적 관점을 형성하는 개인적 특성을 이야기할 것이다. 조직적 측면에서 우리는 보다 큰 영역 내에서 혁신을 증진하는 전략으로서 사내 창업가정신의 개념을 소개한다. 마지막으로, 더욱 중요성이 증대되는 주제인 사회적 창업가정신과 글로벌 환경에 집중할 것이다.

2부(5~8장)는 창업가적 벤처의 시작 과정을 살펴본다. 우리는 아이디어의 추구, 기회 인식, 창조성, 그리고 혁신으로 시작한다. 그 후 새로운 벤처를 평가하는 방법과 사업기회를 살펴보고 벤처로 이르는 경로로서 새로운 벤처를 시작할 것인지, 기존 회사를 인수할 것인지, 아니면 프랜차이즈를 구매할 것인지에 대해 알아볼 것이다. 이 부에서는 창업가에게 유용한 자본 형성의 근거를 철저히 살펴보는 것으로 결론지을 것이다.

3부(9~12장)는 창업가적 계획의 발전에 집중한다. 우리는 법적인 측면, 중대한 법적 문제 (재산권 보호, 특허, 저작권, 상표권, 그리고 파산법), 그리고 조직의 구성(개인 기업, 동업, 법인)으로 시작한다. 그 후 창업가가 필요한 재무적 도구뿐만 아니라 창업을 위한 창업의 준비, 기획 및 운영에 영향을 미치는 마케팅 문제(소셜 미디어 마케팅과 모바일 마케팅)를 논의한다. 마지막으로 명확하고 포괄적인 사업계획의 발전을 살펴본다. 완성된 견본 사업계획은 12장에 이어 나오는 부록에 수록하였다.

4부(13~15장)는 창업가적 벤처의 성장, 평가, 그리고 성과를 집중 조명한다. 전략적 기획의 필요성, 창업가적 성장을 조절하는 도전, 그리고 창업가에서 경영으로의 전환을 이해하는 부분이 이 부에서 논의된다. 그 후 창업가적 벤처를 위해 고려가 필요한 효과적인 평가방법뿐만 아니라 평가 과정을 설명한다. 마지막으로, 창업가적 회사에 유용한 성과 전략을 살펴본다.

차별화된 특징

창업가정신 개론은 창업가정신의 구조적이고 체계적인 연구를 제시하고 있다. 확실하게 차별화된 특징은 학생과 교수 모두에게 유용성을 증가시킨다. 각 장은 이러한 특정 학습 항목을 포함하고 있다.

- **시작 부분 인용.** 각 장의 시작에서 '창업가적 사고'라는 제목의 시사하는 바가 많은 인용은 그 장의 기본 아이디어에 대해 학생들의 관심을 불러일으킨다.
- **학습목표.** 명확한 학습목표는 각 장의 자료에 대한 미리보기를 제공하고 학생들이 중요한 포인트를 이해하고 숙지하였는지 확인하는데 사용된다.
- **그림과 표.** 다수의 그림과 표는 특정 본문자료를 설명하고 각 장의 아이디어를 넓히고 외부 근거자료를 언급한다.
- **요약 및 검토와 토의 문제.** 각 장은 주요 포인트를 요약하면서 종료한다. 검토와 토의 문제는 학생들에게 주요 문제에 대한 이해를 확인하고 기본 개념을 넘어선 사고를 가

능하게 하며, 추가적인 학습이 필요한 분야를 결정하게 하는 부가적인 학습도구이다. 요약과 검토와 토의 문제는 학생들이 주요 요점과 부가 요점을 구별하고 자가 학습의 방법을 찾을 수 있게끔 한다.

- **주요용어.** 각 장에서 나온 주요용어는 첫 번째 나올 때 굵은체로 표시한다. 주요용어 목록은 각 장의 마지막에 나오고 완성된 용어사전은 책 마지막에 있다.
- **연습문제.** 각 장의 마지막에 짧은 연습을 통해 그 장에서 나온 원칙을 적용하며, 이는 학생들에게 사업계획을 개발하고, 재원의 출처를 분석하는 주제에 대해 연습하게 하며, 그들이 높은 학습 성취를 했는지를 확인하는 자가 테스트를 하도록 한다.
- **사업계획 연습을 단계적으로 완성.** 5장에서 12장까지의 사업계획 작성의 도움말은 일반적인 사업계획 소프트웨어와의 연계와 계획 완성을 위한 체크리스트와 도움 알림 역할을 한다.
- **각 장의 사례.** 교재 마지막에 제시되는 짧은 사례는 학생의 분석과 수업에서의 논의를 위해 최신의 자료를 제공한다. 이러한 사례는 학생들이 그들의 진단기술을 향상되게 하고, 중요한 장의 개념에 몰두하게 하며, 추가 연구나 학습이 필요한 분야를 파악하게 한다.

도전적이고 혁신적인 내용

신판을 내는 것은 언제나 야심찬 사업이지만 우리는 언제나 창업가정신을 분명하게 하고 학습자와 미래의 창업가들한테 관심을 끄는 내용을 재조명하고 필요하다면 재평가하는 기회를 기꺼이 받아들인다.

- **창업가정신 사례.** 교재 전체에서 박스로 된 항목은 창업가정신과 연관된 하나 이상의 혁신적 아이디어를 제시한다. 주제는 틈새 창업부터 창업가정신의 비밀을 밝히는 영역에 이른다. 그 장에 소개된 하나 이상의 새로운 아이디어를 설명하기 위해 보다 새롭고 최신의 이야기가 첨가되었다. 이러한 이야기의 중심은 6장에서 나온 E-Bay 창업가정신, 9장에 나온 특허보호와 웹에서의 통합, 13장에서 혁신성장의 Fab Four, 그리고 15장에서 판매-구매 계약과 같은 오늘날 시장에서의 창업가정신 이론적용이다.
- **창업가적 과정.** 창업가적 과정에 대한 짧은 예시는 어떻게 창업가가 어떻게 특정 도전과 기회를 다루는지 실습하기 위해 본문 전반에 포함되어 있다. 보다 새롭고 최신의 과정을 위한 박스 설명은 2장에서 창업가적 열정과 공포, 3장에서 P&G의 창업가적 엔진, 4장에서 사회적 기업과 창업가 장려, 7장에서 프랜차이즈 공개문서, 10장에서 게릴라 마케팅, 그리고 14장에서 벤처 평가를 포함하는, 창업가가 경험하는 다양한 항로에 대한 여러 가지 흥미 있는 이야기를 반영시켰다.

- **글로벌 관점.** 이러한 짧은 예시에서는 글로벌 환경에서 어떻게 창업가 특정 도전을 다루는지를 실습하기 위해 전 세계에서 발생하고 있는 흥미로운 창업관련 문제를 제시하고 있다. 이를 위해 NAFTA조약(1장)부터 글로벌 파괴적 혁신가(2장), 글로벌 시장에서 가치를 잃어가고 있는 화폐(11장)에 이르는 범위를 다룬다.
- **창업가 사례분석.** 실제로 기업이 직면하고 있는 벤처창조 혹은 경영 아이디어를 기술하는 포괄적인 사례연구는 본문의 4개의 부분로 구성되어 있다. 실제회사(비록 때로는 가공)를 다루면서 학생들은 제공된 상황과 데이터를 분석하는 가치를 이해하고 그들이 내린 결론을 강의 매뉴얼에 제공된 사례의 실제결과와 결론을 비교할 수 있다.
- **부 연습문제.** 포괄적인 연습은 창업가정신과 관련된 개념과 경험적 활동에 해당되는 교재에서 제시된 내용 이상을 학습하도록 학생들을 고취시킨다.
- **새로운 주제, 모형, 그리고 과정.** 이 개정판은 창업가정신 영역의 학자들에 의해 개발된 가장 최신의 주제, 모형, 그리고 과정을 포함한다. 사례로서 인지, 상위인지(metacognition), 실패로부터 슬픔회복, 그리고 창업가로서 윤리적 도전(2장); 사내창업가정신을 위한 새로운 예시와 교육프로그램(3장); 유지 가능한 창업가정신, 공유가치와 삼중의 경영원칙(triple bottom line) 사고, 공적이윤 기업, 글로벌창업가, 그리고 문화와 사회 규범을 공유한 인종 집단 간의 관계인 디아스포라 네트워크(diaspora networks, 4장); 프랜차이즈 정보공개서(7장); 자본의 근원으로서 적은 비용으로 더 많은 일을 하는 기술인 부트스트래핑(bootstrapping), 사회적 대출, 그리고 크라우드 펀딩(8장); 모방, 모바일 기기의 문제, 그리고 다른 새로운 법적 개념(9장); 소셜 미디어 마케팅, 모바일 마케팅, 그리고 소셜 미디어 시대의 가격(10장); 사업계획에 관한 새로운 조언(12장); 전략적 창업가정신(13장); 그리고 수확 문제(15장) 등이 포함되어 있다.
- **사업계획의 새로운 실례.** 부록 12A(12장 뒤에 나옴)는 Otani와 Johnson이 Indiana University의 Kelly 경영대학에서 MBA를 마칠 때 개발된 미국대회에서 수상 받은 완성된 사업계획을 제시한다. 이 계획은 대회에서 성공했을 뿐만 아니라 잠재적인 창업벤처를 위한 토대의 역할도 하였다(Hydraulic Wind Power, LLC 사례).
- **새로운 창업사례 분석.** 각 부의 마지막에 위치하며, 1부에서 실리콘 밸리(Google), 2부에서는 사회적 창업가정신과 삼중결산 사고, 그리고 4부에서는 바이오의료 산업(Proton 암 치료센터)의 혁신을 다루는 문제들로 특징지어지는 3개의 새로운 포괄적 사례가 추가되었다.
- **새로운 참고문헌과 인용.** 창업가정신 개론을 가능한 가장 포괄적인 교재로 만들기 위한 노력으로, 각 장에는 마지막에 풍부한 미주가 포함되어 있다. 이러한 참고문헌은 교수와 학생들에게 제시되고 있는 창업가정신 자료와 관련된 최신연구의 배경을 제공하기 위해 신중하게 선택되었다. 여기서 요점은 창업가정신의 이론적 요소가 되고 있다.

저자 소개

닥터 K로 알려진 Kuratko 박사는 Jack M. Gill 창업가정신 석좌교수; 창업가정신 교수; Bloomington에 있는 Indiana University Kelly경영대 창업가정신과 혁신을 위한 Johnson 센터의 학술 집행 이사이다. Kuratko 박사는 창업가정신 분야에서 저명한 학자이자 국가 선도자로 인정된다. 그는 창업가정신, 새로운 벤처 개발, 그리고 사내 창업가정신 영역에서 180편 이상의 논문을 발표했다. 그의 성과는 Strategic Management Journal, Academy of Management Executive, Journal of Business Venturing, Entrepreneurship Theory & Practice, Journal of Operations Management, Journal of Product Innovation Management, Journal of Small Business Management, Family Business Review와 Journal of Business Ethics과 같은 학술지에 발표되었다. Kuratko 박사는 사내 창업가정신과 혁신 3판 (Corporate Entrepreneur-ship & Innovation, 3rd ed.) (South-Western/Thomson Publishers, 2011), 혁신 가속(Innovation Acceleration) (Pearson/ Prentice Hall Publishers, 2012), 그리고 새로운 벤처경영 (New Venture Management) (Pearson/ Prentice Hall Publishers, 2009) 뿐만 아니라 창업가정신 관련 책 중에서 최고 권위의 책 중에 하나인 창업가정신 개론 9판(Introduction to Entrepreneurship, 9th ed.) (Cengage/Southwestern Publishers, 2014)을 포함한 30권의 저자이다. 덧붙여 Kuratko 박사는 Anthem Blue Cross, AT&T, United Technologies, Ameritech, Walgreens, McKesson, Union Barbide Corporation, ServiceMaster, SPX Corp., Molex Corp., TruServ와 같은 다수의 주요 회사에서 기업혁신과 창업가적 전략에 대한 컨설턴트를 역임해 왔다. Kuratko 박사는 또한 전 세계의 300개가 넘는 대학 내 창업가정신센터로 구성된 창업가정신센터 글로벌 컨소시엄(Global Consortium of Entrepreneurship Centers, GCEC)의 상무이사 역할을 하고 있다.

Kuratko 박사의 지휘 하에 세계에서 가장 성과 좋은 창업가정신 학부 중 하나로써, Indiana University의 창업가정신 프로그램은 글로벌 창업가정신 생산성 순위에서 창업가정신 연구 대학으로 1위; Fortune지에서 선정한 미국 공립대학 대학 창업가정신 프로그램 1위; 미국 U.S. News & World Report에서 선정한 공립대학원 및 공립대학교 창업가정신 1위를 꾸준히 지키고 있다. 추가적으로 Indiana University는 Kuratko 박사에 의해 개발된 창업가정신과 혁신 MBA 프로그램으로 창업가정신 국가 모델 MBA 프로그램(National Model MBA Program in Entrepreneurship)을 수상하였다. Indiana University 부임 전에는 Ball State University에서 창업가정신 Stoops 석학교수이자 창립이사로 있었고 미드웨스트 창업가적 교육센터의 상무이사로 있었다. Kuratko 박사는 Ball State University에서 경영대학 석학교수로 임명된 첫 번째 교수로서 15년간 그 위치에 있었다. Kuratko 박사가 Ball State University에서 개발한 창업가정신 프로그램은 Business Week and Success라는 잡지에서 20위; Journal of Management에서 선정한 창업가정신 연구 상위 10개 경영대학원; 미국 U.S. News & World Report에서 4위(창업가정신에서 공립대 1위를 포함); 그리고 Entrepreneur.에서 선정한 지역 창업가정신 프로그램 1위를 포함한 국가 순위를 지속적으로 유지해 왔다.

Kuratko 박사는 Indiana주 그 해의 창업가(Ernst & Young과 Inc. 잡지 후원)로 선정되었고, 미국 창업가정신 명예의 전당에 입성하는 영예를 누렸다. 그는 George Washington 명예훈장; Leavy재단 사립기업 부문 우수상; NFIB 창업가정신 우수상; 그리고 창업가정신 분야 국가 모델 혁신교육상(National Model Innovative Pedagogy Award for Entrepreneurship)을 수상하였다. 거기에 Kuratko 박사는 소사업과 창업가정신 미국협회(U.S. Association for Small Business and Entrepreneurship)로부터 국가의 우수 기업자정신 교육자(National Outstanding Entrepreneurship Educator)로 선정되었고, Fortune지에서 미국에서 최고의 창업가정신 교수 중 한 명으로 선택되었다. 그는 Indiana 건강 산업 포럼으로부터 창업가적 개발의 뛰어난 기여로서 Thomas W. Binford 기념상을 수상하였고, 창업가정신센터 글로벌 컨소시엄으로부터 21세기 창업가정신 연구교수로 선정되었다. Ball State University 시절에는 우수 젊은 교수상, 우수 강의상, 우수 교수상, 우수 연구상을 포함한 Ball State University 역사에서 대학의 4개 주요 종신 상을 휩쓴 유일한 교수일 뿐만 아니라 15년 연속 경영대학 강의상을 수상하였다. Kuratko 박사는 국가의 창업가정신 프로그램 이사 1위를 포함한 그의 동료들로부터 3년 연속 국가 최고 창업가정신 이사 중의 한 명으로서 Entrepreneur 잡지에서 선정된 영예를 받았다. 미국 소사업과 창업가정신 협회는 그의 창업가정신과 기업혁신의 경력달성을 대상으로 John E. Hughes 창업가적 지지상을 수여하였다. 국가경영 아카데미는 Kuratko 박사에게 창업가정신 원칙의 개발과 진보에 최고의 기여를 한 사람 중 하나로 산정되는 영예를 안겨주었다. Kuratko 박사는 세계의 창업가정신 학자 최고 50인에 선정되었고 Riata 창업가정신 석학상을 수상하였다(Oklahoma주립대의 창업학과로부터 제공). 2011년에 그는 창업가정신 분야의 발전에의 경력기여로서 Karl Vesper 창업가정신 개척상의 최초 수상자였다.

역자 머리말

이 책은 South-Western: Cengage Learning에서 출간된 "Introduction to Entrepreneurship(9판)"을 번역한 것이다. 이 책의 저자 Donal F. Kuratko는 인디아나 대학(Bloomington)의 Kelley School of Business의 'Entrepreneurship' 교수로 재직 중이다. 이 책은 창업가정신과 관련된 이론 및 실무적 관점을 구체적이고, 체계적이며, 논리적으로 설명하고 있다.

이 책은 창업가적 사고방식의 이해, 창업가적 벤처의 착수, 창업가적 계획의 수립, 창업가정신의 전략적 관점의 네 파트로 구분하여 다양한 실제 사례와 함께 이론을 제시함으로써 독자들이 창업가정신을 명쾌하고 실질적으로 학습하는 데 많은 도움이 될 것으로 기대한다.

역자들은 이 책이 단순한 번역에 그치지 않고, 창업가정신에 대한 저자의 집필의도가 정확하게 독자들에게 전달되도록 하기 위하여 용어 통일로부터 문단의 완성에 이르기까지 많은 노력을 하였다. 번역이 또 다른 창작이기에 새롭게 만들어지는 한글 용어의 선정에 매우 신중을 기하였다. 그럼에도 불구하고, 여전히 부족함이 많이 있을 것이다. 이에 독자들께서 의견을 주시면 감사한 마음으로 적극 수용하도록 하겠다.

이 책이 나오기까지 출판을 맡아 많은 노력을 해주신 한경사의 이계남 사장님과 그 외 많은 관계자 여러분에게 감사를 드린다.

2016년 8월
역자 일동

개요

창업가정신 이론

얼마 전만 해도 창업가정신의 영역은 연구의 학문적 분야에 반대하는 실용적인 직업 분야에 지나지 않는 것으로 간주되었다. 대학에 출석할 수 없는 사람은 단순히 새로운 사업 창업의 개념을 연습하는 것으로 생각되기 때문에 어떤 연구도 달성되지 않았다. 하지만 우리의 경제는 사실 창업가정신에 근거하고 있고, 경제의 하향세가 올 때마다 창업가적 추진력과 우리를 상기 시키는 꾸준함이 있다는 것을 역사가 증명하고 있다. 따라서 학자들은 연구적 측면에서 창업가정신을 조사하기 시작했고, 그렇게 함으로써 학구적으로 추구하기 위한 학술적인 영역이 시작되었다. 그래서 우리는 창업가정신 태동시기에 개척가적인 연구자의 사례인 Arnold C. Cooper(Purdue University), Karl A. Vesper(University of Washington), Donald L. Sexton(Ohio State University), Robert C. Ronstadt(Babson College) 그리고 Howard H. Stevenson(Harvard University)와 같은 학술 커뮤니티 중에서 신봉자 중 일부를 살펴본다. 그들의 지혜, 학식, 그리고 꾸준함이 한때 관심 밖의 학문영역으로 간주되던 창업가정신의 영역을 현재 21세기 경영대학 내에서 상상할 수 없는 선망과 관심을 받는 영역으로 이끌었다. 이러한 발전하는 학문에서 중요한 연구문제를 탐구하는 그들의 의지는 차세대 학자들에게 보다 큰 활력을 갖고 창업가정신 영역을 추구하는 동기를 제공하였다.

오늘날 우리는 창업가정신 연구의 괄목할만한 성장을 이루었는데 이는 창업가정신에 관련된 많은 학술저널(44), 석좌교수(400명 이상), 창업가정신센터 글로벌 컨소시엄(Global Consortium of Entrepreneurship Centers)에 의한 21세기 창업가정신 연구교수의 개발(21st Century Entrepreneurship Research Fellows), 그리고 최고의 학술저널에 창업가정신의 관점에서 연구 결과를 게재하는데 귀중한 연구 시간과 노력을 바치는 많은 수의 최고 학자들이 증가하고 있다는 사실로부터 증명된다. 학술경영저널(Academy of Management Journal), 학술경영리뷰(Academy of Management Review), 전략경영저널(Strategic Management Journal), 운영관리저널(Journal of Operations Management), 그리고 경영저널(Journal of Management)에 더 많은 창업가정신 연구가 게재되는 것을 보는 것은 실로 즐거운 일이고 이러한 증가와 직접 비례하여 더 많은 창업가정신 분야의 학자가 그 저널의 편집위원으로 참여하게 되었다. 마지막으로, 많은 대학들은 최근 특정 창업가정신 학술지를 교수가 게재해야 하는 학술지를 높은 우선순위 목록에 포함시키고 있다. 미국의 많은 최고경영대학은 사업벤처와 창업가정신 이론 및 실제 저널(Journal of Business Venturing and Entrepreneurship Theory & Practice)을 포함한 London Times 선정 45개 최고 학술저널을 채택하고 있다. 추가적으로, 많은 주요 학술단체가 창업가정신연구 프로그램을 개발하였으며, Babson College는 매년 '창업가정신 연구의 개척자'라는 제목으로 심포지엄을 수행한다. 1981년부터 이 컨퍼런스는 창업가정신에서 가장 최신의 발전된 내용을 배출하는 역할을 하고 있다.

1998년에는 창업가정신센터 국가컨소시엄(National Consortium of Entrepreneurship Centers, NCEC)이 신생 창업센터뿐만 아니라 기존 창업센터 사이에 정보공유를 원활하게 하고, 특별 프로젝트를 개발하며, 이러한 센터들의 영향력을 향상시키는 데 지속적으로 협력할 목적으로 설립되었다. 오늘날 이 조직은 창업가정신센터의 국제적 성장을 보다 반영하고자 창업가정신센터 글로벌 컨소시엄(Global Consortium of Entrepreneurship Centers, GCEC)으로 이름을 바꾸었다. 앞서 언급 한 바와 같이, 이 컨소시엄은 최첨단의 연구 주제와 영역을 인식하고 최고 수준의 학문을 창업센터와 대체적으로 학계에 충분히 입증해 온 명확한 연구계획을 개발하는 사명을 가진 창업가정신 분야의 늘어나는 학자 집합체인 21세기 창업가정신 연구교수단체를 세웠다. 연구는 경영대학을 구동시킨다. 오늘날 우리는 창업가정신 연구를 이러한 움직임을 수용하고 인정하는 일환으로 간주한다.

창업가정신의 과정

USC(University of Southern California), Babson College, Harvard University, 및 Indiana University와 같은 창업가정신 훈련의 초기 수용자들을 시작으로 창업가정신을 가르치고 연구하는 수가 폭발적으로 증가하여 1,000개 이상의 대학이 창업가정신을 전공으로, 추가적인 1,000개의 대학이 창업가정신에 집중하며, 적어도 한 강좌 이상의 창업가정신 과목이 전 세계 2,200개 이상의 대학에서 개설되고 있다. Indiana University, University of Colorado, Syracuse University, University of South Carolina, and University of Pittsburgh와 같은 일부 미국의 보다 저명한 연구대학에서는 차세대 학자와 연구자를 배출하기 위하여 창업가정신 학술분야의 박사 프로그램을 개발하였다. 창업가정신 학술분야는 지난 35년간 비약적인 발전을 이루었다. 이러한 큰 팽창 속에서 창업가정신을 가르치는 도전은 더욱 효과적으로 유지되었다.

창업가정신 혹은 그것의 특정 측면을 교육시킬 수 있다는 것이 분명해졌다. 비즈니스 교육자나 교수는 창업가는 태어나는 것이지 만들어지는 것이 아니라는 사회통념을 넘어서도록 발전시켰다. 우리시대의 경영사상가의 선두주자 중 한명인 Peter Drucker는 "창업가적 비법? 그것은 마술이나 신비로운 것이 아니며 유전자와도 관련이 없다. 그것은 훈련이고 다른 훈련과 같이 배울 수 있다"라고 말했다.[1] 이러한 관점의 추가적인 지지가 "대부분의 조사된 실증적 연구는 창업가정신은 교육으로부터 배울 수 있고 최소한 장려될 수 있음을 암시한다"라는 내용이 기업, 창업가정신, 그리고 소사업 경영교육에 대한 10년간의 문헌연구에서 도출되었다.[2]

벤처정신을 지닌 창업가가 혁신, 생산성, 그리고 효과적인 경쟁에 핵심이라는 널리 수용된 개념에서 볼 때, 창업가정신을 가르칠 수 있는지에 대한 질문은 의미가 없다. Robert C. Ronstadt는 창업가적 교육에 관하여 보다 적절한 질문을 던졌는데 무엇을 가르치고 어떻게 가르쳐야 하는 질문이다. 그는 창업가적 프로그램은 잠재적 창업가가 그들의 창업가적 경력을 시작할 때 일어나는 장벽을 인지하고 그들을 극복하는 방법을 고안할 수 있도록 설계되어야 한다고 제시 했다. 그는 효과적인 프로그램은 학생들에게 '어떻게' 창업가적으로 행동해야 되는가를 보여줘야 하고 그것들을 그들의 성공을 가능하게 할 수 있는 사람들에게 소개하여야 한다고 주장했다.[3]

4년 뒤에, 연구자인 Robinson과 Hayes는 창업가적 교육의 성장 정도를 결정하기 위해 적어도 10,000명의 학생이 등록한 대학에 대한 조사를 수행하였다.[4] 의미 있는 성장을 언급하면서 기존의 프로그램과 인력을 개발하여 이 분야의 질을 높이는 두 가지의 구체적인 도전과제를 지적하였다. 이 분야의 질적 개발을 향상시키기 위해 극복해야 하는 여러 개의 방해물이 존재한다. 그 중심에는 교육학적 모델과 방법을 만드는 견고한 이론적 토대의 부족과 공식적 학술프로그램의 부족은 교육기관으로서는 책임이 부족한 것을 나타낸다. Robinson과 Hayes는 창업가정신 교육이 20년간 행해져 왔지만 연구를 통한 인지된 영역에서 다수의 약점이 있다고 믿었다. 그 당시 시작된 대부분의 프로그램이 깊이가 없다는 것이 주요 염려스러운 점이다. 추가적인 성장은 새로운 프로그램이 어떻게 기존의 창업가정신 교육시스템에 의해 통합되고 육성되느냐에 달려있다. 다음 몇 년 동안 우리는 학교를 통틀어 창업가정신을 통합하는 보다 새로운 계획뿐만 아니라 학술적 프로그램의 보다 심오한 깊이를 경험했다.

보다 최근에는 연구자인 Solomon, Duffy, 및 Tarabishy가 창업가정신 교육에서 가장 종합적인 실증분석 중 한 가지를 수행하였다. 그들의 창업가정신 교육학적 분석에서, 연구자들은 "창업가정신 교육의 핵심 목표는 일반적인 사업교육과 차별화에 있다. 사업개시는 근본적으로 사업을 관리하는 것과는 다른 행동이다"라고 언급하였다.[5] 그들은 교육학은 창업교육에서 넓어지는 시장관심에 근거하여 변화하고 있다고 결론을 내렸다. 새로운 학문 간 프로그램들은 경영 비전공자 학생을 위한 프로그램을 개발하기 위해 교수 팀을 사용하고 예술, 공학, 그리고 과학 전공 학생들을 위해 특별히 고안된 과정이 늘고 있는 추세이다. 미래의 창업가를 준비하는데 집중하는 과정과 더불어 조직에서 창업가, 창업가에 의해 사용되는 잠재인력자원(회계사, 변호사, 컨설턴트), 그리고 살아남기 위해 혁신되어야 하는 회사의 비전과 리더십을 제공하는 최고경영자 관련 지도방법이 개발되고 있다. 오늘날의 창업 교육자는 창업가정신 학생을 위한 효과적인 교육기회를 고안하는데 도전을 받고 있다.

대부분의 대학에서 최신의 경향은 창업가정신 프로그램을 개발 혹은 확장하고 창업가정신 학생을 위해 특별히 고안된 독창적이고 도전적인 교과과정을 디자인하는 것이다. 이러한 확장 트렌드의 눈에 띄는 사례로 Oklahoma State University의 Michael H. Morrisat 박사를 들 수 있는데, 그는 학부에서 배울 수 있는 가장 강력한 프로그램 중 하나인 창업가정신을 가르치는 방법을 개발하였다. '경험교실'이라는 명명 하에 이 독특하게 고안된 창업가정신 프로그램은 전 세계를 통해 그들 자신의 수업을 향상시키는 최신의 교과과정 기술과 방법을 경험한 1,000명이 넘는 교수들의 생활에 영향을 주었다. 또 다른 중요한 사례로 소사업과 창업가정신 미국연합(United States Association for Small Business and Entrepreneurship, USASBE) 국가 모델 프로그램과 같은 상을 통해 최고의 창업가정신 대학으로 선정되는 국가적 인식과 U.S. News & World Report, Fortune Small Business 잡지에서 시행되는 국가순위를 들 수 있다. 이런 종류의 경험은 USASBE에 의해 인지된 혁신 창업가정신 프로그램 속에서 학생들에게 제공된다. 이러한 프로그램의 핵심은 www.usasbe.org에서 찾을 수 있다. 수여된 모델 프로그램은 학부생 전공과 연구, 대학원수준의 프로그램, 혁신교육학, 그리고 특별 프로그램을 포함한다. 이러한 모든 대학들은 학생들에게 실질적인 영향과 창업가정신 영역에서 지속적인 영향을 미치는 창업가정신 교육을 양산하였다.

창업가정신의 실천

창업가정신의 마지막 측면은 실천에의 적용이다. 우리는 지난 30년을 통해 수천 명의 성공적인 창업가가 실제의 응용을 보여 준 것을 목격해 왔다. 그들과 그들의 새로운 벤처는 우리의 세상을 쉴 새 없이 변화시켰다. 하지만, 단지 기회를 틈타 돈을 버는 것과 진정한 창업가정신의 실천 사이의 차이를 이해하는 것이 중요하다. 예를 들어 1990년대 후반에 우리는 단지 그들이 인터넷관련 직함을 갖고 있다고 해서 모두가 그들을 창업가라고 생각한 닷컴 열풍을 경험하였다. 내가 여러 번 지적하였듯이 1940년대에는 원자폭탄을 개발하는데 200억 달러가 들었다. 20년 후에 인간을 달 위에 보내기 위해 또 다른 200억 달러가 필요했다. 1999년에 닷컴은 200억 달러를 태워서… 진정 아무것도 이루지 못하였다. 닷컴 붕괴는 현금을 태우는 인터넷 창업기업과 그들에게 투자한 벤처투자자에게 상처 이상의 괴로움을 주었다. 이러한 괴로움은 산불과 같이 퍼져 꿈을 지속의 존재로 만드는 진정한 창업가적 정신을 붕괴시켰다. 우리의 교육은 투자와 유동성의 추진, 급전, 빠른 회수, 진정이 아닌 공헌에 빠져 있다. 우리는 '지속기업'을 용이하게 찾기보다는 '투자심리'을 추구했다. 우리는 그간 존속해 왔지만 그것은 우리에게로부터 배울 수 있는 유산(learn)을 남겨놓았다. 우리는 다시 기업의 실제 목표와 그들로부터 침투 동기부여에 집중해야 한다. 우리는 다음 세대 창업가들에게 닷컴 버블로부터 배운 것을 가르쳐야 하며 사업형성과 발전의 근원으로 돌아가야 한다. 출구 전략은 좋지만 그것들이 창업가적 기회의 추구를 지배해서는 안 된다. 한 저자는 닷컴 개인을 창업가가 아닌 기회주의자로 언급했는데 왜냐하면 그들이 기여로부터 부를 분리시켰고, 위험허구화를 위험감수로 대신했으며, 내부의 비전을 추구하기보다 외부기회를 이용하였다.[6]

오늘날 학생들에게 진정한 창업가에 대하여 가르치는 것은 모든 창업가정신 교육자들의 의무이다. 이 책은 창업가와 그들의 창업가적 추구의 통합을 교재에 포함시킬 책무가 있다. 나는 오늘날 실천창업가와 관심을 끌만한 그들의 이야기가 그들의 벤처에 포함된 진정한 문제를 설명하기 위해 제시되었음을 확신한다. 학생들은 대가를 치르고 도전에 직면하고 실패를 견딘 그러한 창업가들을 접할 필요가 있다. 저자는 '차이를 만든' 경험 많은 창업가로부터의 교훈이 필요하다고 하였다. 단지 그들의 실제 사례를 읽고 연구하는 것으로부터, 우리는 창업가적 이론과 과정의 진정한 응용을 배울 수 있다.

교재로 들어가기 전 최종 생각

창업가정신의 연구에 필수적인 이론, 과정, 실제의 주요 측면을 검토하면서 이 주제를 내가 어떻게 접근할지에 대한 질문이 남는다. 대답은 복잡하지도 심오하지도 않다. 대답은 진정 당신 능력에 대한 공감이며 우리 개개인이 시도한다면 차이를 만들 수 있다고 인지하는 것이다. 만 마일의 여행은 첫걸음부터 시작한다는 것을 기억하라! 이 책과 당신의 창업가적 과정이 첫 단계가 되도록 하라.

창업가정신은 새로운 혁명이고 지속적인 혁신과 창조에 관한 것이다. 그것은 우리 세계경제의 미래이다. 오늘날 21세기의 새로운 혁신체제를 묘사하는데 사용된 단어는 꿈꾸다, 창조하다, 추구하다, 발명하다, 개척하다, 상상하다 등이다. 나는 우리가 상상된 것과 결코 작지 않게 창조된 것 사이의 차이가 역사적으로 가장 작은 시점에 있다고 믿는다. 이것은 오늘날 모든 창업가정신 학생에게는 도전이다. 40년 전의 Robert F. Kennedy의 연설을 차용해 보면, 당신은 교육의 역사에서 가장 희귀한 순간 중 하나에 살고 있는데 즉, 과거의 질서가 망가지고 새로운 세계사회가 힘들게 형성되고 있는 시기에 살고 있다. 당신이 이러한 투쟁과 이에 수반하는 많은 어려움을 회피하려들면 당신은 자신의 위치가 당신에게 강요한 신뢰를 저버리는 것이다. 당신은 가장 특권 있는 위치 중 하나를 보유하는데 그 이유는 당신이 교육하고 이끄는 기회를 부여 받았기 때문이다. 당신은 순전히 당신의 종신 재직권과 보장을 추구하기 위해 방대한 특권과 기회를 사용할 수 있다. 하지만 창업가적 역사는 당신을 평가할 것이고 시간이 지나면서 당신은 당신이 새로운 지평으로 개척하고 인도하는데 당신의 능력을 사용한 정도로 궁극적으로 당신 자신을 평가할 것이다. 창업가적 세계의 미래와 당신 자신의 최상의 정신의 질을 달성하는 것은 당신의 손에 달려있다.[7]

미주

1. P. F. Drucker, *Innovation and Entrepreneurship* (New York: Harper and Row, 1985).

2. G. Gorman, D. Hanlon, and W. King, "Some Research Perspectives on Entrepreneurship Education, Enterprise Education, and Education for Small Business Management: A Ten-Year Literature Review," *International Small Business Journal* 15 (1997): 56–77.

3. R. Ronstadt, "The Educated Entrepreneurs: A New Era of Entrepreneurial Education is Beginning," *American Journal of Small Business* 11(4) (1987): 37–53.

4. P. Robinson and M. Hayes, "Entrepreneurship Education in America's Major Universities," *Entrepreneurship Theory & Practice* 15(3) (1991): 41–52.

5. G. T. Solomon, S. Duffy, and A. Tarabishy, "The State of Entrepreneurship Education in the United States: A Nationwide Survey and Analysis," *International Journal of Entrepreneurship Education* 1(1) (2002): 65–86.

6. J. Useem, "The Risktaker Returns," FSB (May 2001): 70–71.

7. D. F. Kuratko, "The Emergence of Entrepreneurship Education: Development, Trends and Challenges," *Entrepreneurship Theory & Practice*, 29(5) (2005): 577–597.

차례

3부 창업계획의 체계화 337

1부
창업가적 사고방식의 이해

CHAPTER

1장
창업가정신의 혁명적인 영향

창업가적 사고

미국의 우수한 경영 사상가로부터 듣는 대부분의 창업가정신에 대한 이야기는 모두 틀린 것들이다. 창업가정신은 마술이 아니며, 신비한 것도 아니고, 유전과 아무런 관계가 없다. 창업가정신은 하나의 학문분야이며, 다른 어느 학문분야처럼 학습될 수 있다.

— **Peter F. Drucker**, Innovation and Entrepreneurship

학습목표

1. 창업가정신의 역사적 발전에 대해 알아본다.
2. 창업가정신의 잘못된 통념을 살펴보고 그 실체를 밝힌다.
3. 주요 창업 학파들을 정의하고 살펴본다.
4. 창업가정신 연구에 대한 과정 접근법을 설명한다.
5. 창업가정신에 대한 포괄적인 정의를 개진한다.
6. 오늘날 일어나고 있는 창업가적 혁명에 대해 알아본다.
7. 현대의 창업 환경에 대해 설명한다.

창업가-획기적인 혁신가

창업가들은 다른 이들이 혼란이나 혼동으로 여기는 곳에서 기회를 찾는 사람들이다. 그들은 시장 안에서 변화를 위해 적극적인 촉매 역할을 한다. 창업가들은 새로운 기록을 세우려는 올림픽 선수들이나 수 마일을 뛰며 극도의 고통을 견뎌야 하는 장거리 선수들, 각각의 다른 기량과 소리들을 하나의 응집된 완전체로 균형을 맞춰야 하는 오케스트라의 지휘자들, 그리고 지속적으로 비행기 속도의 한계와 자신들의 용기를 시험하는 최고의 파일럿들과 비교되어 왔다. 그 열정이 무엇이든 간에 — 그것들 모두 어떤 방식으로든 창업가의 열정과 들어맞으므로 — 창업가들은 오늘날 시장의 영웅들이다. 그들은 놀랄만한 속도로 회사를 설립하고 고용을 창출한다. 미국의 경제는 창업가들의 노력으로 생기를 되찾았고, 세계는 경제 발전을 위한 하나의 모델로서 자유 기업으로 변화해 왔다. 창업가들의 열정과 추진력은 세계 비즈니스를 앞으로 나아가도록 하고 있다. 창업가들은 미지의 분야에 도전하고 계속 미래를 창조하고 있다.

어떤 이는 창업가의 현실에 대해 이렇게 말을 한다. "불확실성과 모호성의 깊고 어두운 협곡을 경험하고 싶어 하는 사람이라면 누구든 창업가가 될 수 있다. 또한, 짜릿한 성공의 고지를 걷고 싶어 하는 사람이라면 누구나 창업가가 될 수 있다. 하지만 전자를 경험하기 전까지 후자를 취하려고 하지 마라."[1]

창업가와 중소기업 소유주: 차이점

'창업가(entrepreneur)'와 '중소기업 소유주(small-business owner)'라는 용어는 때때로 호환하여 사용된다. 두 용어들을 포괄하는 경우도 있지만, 명칭의 차이에 주목하는 것이 중요하다. 중소기업들은 독립적으로 소유되고 운영되며, 그들의 분야에서 영향력이 우세하지 않고, 일반적으로 많은 새롭거나 혁신적인 관행들에 참여하지 않는다. 그것들은 결코 보다 큰 기업으로 성장하지 못할 수 있고, 소유주들은 사업을 보다 안정적이고 덜 공격적으로 운영하기를 선호할지도 모른다. 다시 말해서, 소유주들은 안정적인 매출과 수익 그리고 성장을 기대하며 사업을 운영한다. 중소기업들은 프랜차이즈뿐만 아니라 이미 설립된 회사를 매입하는 경우도 포함하기 때문에, 중소기업 소유주들은 중소기업의 '경영자들'로서 비춰질 수 있다.

한편으로, 창업 벤처들에 있어서 창업가의 주요 목표들은 혁신, 수익, 성장이다. 그리하여 사업은 혁신적인 전략적 관행과 지속가능한 성장으로 특징지어진다. 창업가들과 그들의 재정적인 후원자들은 보통 빠른 성장과 즉각적인 수익을 추구한다. 그들은 커다란 자본 이익의 가능성을 지닐 때, 그들의 사업체를 매각하려고 힘쓴다. 그리하여 창업가들은 그들의 기업 발전에 대해 중소기업 소유주들과 다른 관점을 가지고 있는 것으로 비춰질 수 있다.

이 책에서는 조직 내에서의 창업가적 마인드를 포함하여 창업가와 창업가정신의 효과적인 발전에 대해 집중적으로 다룬다. 이 책의 몇 가지 요점들은 중소기업 소유주와 창업가 모두에게 적용될 수 있다. 하지만 우리의 초점은 창업가들과 관련된 혁신과 성장에 관한 것임을 명심하라.

창업가정신: 사고방식

창업가정신(entrepreneurship)은 사업의 단순한 창출 그 이상이다. 물론 그것이 확실히 중요한 부분이기는 하지만 창업가정신에 대한 완벽한 청사진을 보여 주지는 않는다. 기회를 찾고 안전 너머의 위험을 감수하며 꾸준히 아이디어와 현실을 통합하는 특성은 창업가들의 차별화된 관점과 결합된다. 2장에서 말하겠지만, 창업가적 사고방식은 개인이 개발해 나갈 수 있는 것이다. 이러한 사고방식은 조직의 내부나 외부에서, 영리 또는 비영리 기업에서, 그리고 창의적인 아이디어를 이끌어내기 위한 사업이나 비사업 활동에서 나타날 수 있다. 그러므로 창업가정신은 혁신적인 방식으로 개인의 사업에 스며들어 있는 통합된 개념이다. 모든 수준에서 그리고 모든 국가에서 비즈니스가 수행되는 방식을 혁신시킨 것이 바로 이 사고방식이다. 세상이 창업가정신과 혁신을 기꺼이 받아들이고 있으며, 우리가 바라보는 사업방식은 결코 전과 같지 않을 것이라는 것은 분명하다. 그렇다. 경제적 의미에서 창업가적 혁명은 시작되었으며, 창업가적 사고방식이 이러한 혁명의 가장 우세한 원동력이라고 볼 수 있다.

창업가정신의 진화

창업가(entrepreneur)라는 단어는 '떠맡다'는 의미의 프랑스어 'entreprendre'에서 유래되었다. 창업가는 사업을 조직하고 관리하며 사업의 위험을 감수하는 사람이다. 최근에 창업가들은 이러한 정의의 확산이 지금 필요하다고 할 만큼 많은 일들을 하고 있다. 오늘날 창업가는 기회들을 인식하고 포착하며, 그러한 기회들을 실행 가능한/시장성 있는 아이디어들로 전환시키고, 시간, 노력, 자본, 또는 기술을 통해 가치를 부여하며, 이러한 아이디어들을 실행하기 위해 경쟁적인 시장의 위험을 감수하고, 그리고 이러한 노력들로부터 보상을 실현하는 혁신가 또는 개발자이다.[2]

창업가는 비즈니스의 세계에서 변화에 대한 공격적인 촉매 역할을 한다. 그들은 일상적인 것에 대해 과감히 다른 관점을 가지려는 독립적인 사상가이다. 창업가 연구에 관한 문헌은 창업가들의 특징에 있어서 어떤 유사점이 있으며, 뿐만 아니라 매우 많은 차이점이 있음을 보여 준다. 자기 주도력, 자원통합 능력, 관리능력, 자율성욕구, 위험감수가 이러한 특징들 가운데 중요한 것들이다. 다른 특징들은 정열, 경쟁, 목표중심, 자신감, 기회 포착, 직관, 현실적 행동, 실수에서 배우는 능력, 그리고 인간관계 기술을 사용할 수 있는 능력을 포함한다.[3]

'창업가'에 대한 단일한 정의는 존재하지 않으며, 하나의 프로필로 오늘날의 창업가를 나타낼 수는 없지만, 연구는 이러한 주제에 점차 보다 날카로운 중점을 제공하기 시작하고 있다. 창업가정신의 역사에 대한 간단한 리뷰가 이를 설명한다.

세상은 현재 비즈니스와 경제 발전의 새로운 물결의 한가운데에 있으며, 창업가정신은 그 촉매제이다. 이미 창업가적 활동의 사회적 및 경제적 힘은 새로운 세기 전부터 존재하였다. 실제로, 창업가의 정신은 많은 인류의 성취들을 이끌어 왔다.

인류의 진화는 동굴에서 캠퍼스까지 매우 다양한 방식으로 설명되어 왔다. 그러나 이러한 거의 모든 이론들의 중심에는 재료의 진보를 촉발하고 실행하는 힘, 즉 '변화 대리인'의 역할이 있어 왔다. 오늘날 우리는 인류 역사의 변화 대리인이 창업가이고, 앞으로도 그럴 가능성이 크다고 인지하고 있다.[4]

창업가들에 대한 인지는 18세기 프랑스에서 경제학자 Richard Cantillon이 '위험 감수' 활동을 창업가와 결부시켰던 때로 거슬러 올라간다. 위험 감수와 자원 변화에 있어서 가시적인 역할을 하던 창업가들과 함께 산업혁명이 영국에서 같은 시기에 시작되었다.[5]

창업가정신과 경제학의 접목은 오랫동안 받아들여져 온 것이다. 사실상 1950년까지 창업가정신에 대한 대부분의 정의들과 참고문헌들은 경제학자들로부터 나왔다. 예를 들면, 앞서 언급한 Cantillon(1725), 프랑스의 경제학자 Jean Baptiste Say(1803), 그리고 21세기의 경제학자 Joseph Schumpeter(1934) 모두는 창업가정신과 그것이 경제 발전에 미치는 영향에 대하여 글을 써왔다.[6] 그 때부터, 많은 연구자들이 창업가정신을 설명하거나 정의하려는 시도를 꾸준히 해 왔다. 다음은 몇 가지 예들이다.

> 창업가정신은 … 일상적인 사업 과정에서 일반적으로 행해지지 않던 일들을 하는 것으로 구성된다. 그것은 보다 리더십의 폭넓은 관점 하에서 오는 필수적인 현상이다.[7]
>
> 창업가정신은 최소한 모든 비권위적인 사회에 있어서 사회 전체와, 특히 그러한 사회의 비경제학적 관점에서, 그의 경제적 재원을 이용하고 그의 경제적 욕구를 최대한 충족시키기 위해 설립된 수익 지향적 기관들 사이의 교량 역할을 한다.[8]
>
> 창업가정신에는 (1) 주도성, (2) 자원과 상황을 이익으로 전환시킬 수 있는 사회경제적 메커니즘의 조직화 또는 재조직화, 그리고 (3) 실패 위험의 수용을 포함하는 유형의 행동을 말한다는 공감대가 형성되어 있다.[9]

창업가정신의 변천을 검토하고 그 다양한 정의들을 살펴본 후, Robert C. Ronstadt는 다음과 같이 요약하였다.

> 창업가정신은 점진적인 부를 창출하는 역동적 과정이다. 이러한 부는 공정성, 시간, 그리고 어떤 제품이나 서비스에 대한 가치 제공의 경력 몰입의 관점에서 주요 위험을 감수하는 개인들에 의하여 창출된다. 이러한 제품이나 서비스가 새롭거나 독특할 수 있거나 그렇지 않을 수 있으나, 필요한 기술과 자원들을 확보하고 할당함으로써 가치가 창업가에 의해 어떻게든지 주입되어야 한다.[10]

논의와 분석을 위한 주제로서의 창업가정신은 18세기 경제학자들에 의해 처음 소개되었으며, 19세기에 이르러 꾸준히 경제학자들의 관심을 끌었다. 20세기에 이르러 '창업가정신'이라는 단어는 자유 기업 및 자본주의와 동의어가 되거나 최소한 밀접한 관련을 맺게 되었다. 또한, 창업가들이 변화 대리인의 역할을 하고, 기업을 위한 창의적 및 혁신적인 아이디어들을 제공하며, 기업이 성장하고 수익을 내는 데 도움을 주는 것으로 일반적으로 인식되었다.

20세기의 창업가들은 참여하는 특정한 활동이 무엇이든 자유 기업의 영웅으로 여겨지고 있다. 그들 중 많은 사람들은 햇병아리와 같은 사업으로부터 수백만 달러의 회사를 만들기 위해 혁신과 창의성을 이용해 왔으며, 일부는 10년도 안 걸렸다! 이런 사람들은 새로운 제품과 서비스를 만들어 왔고 이런 모험과 더불어 위험을 감수해 왔다. 많은 사람들은 현재 창업가정신을 사업의 미개척 분야에 대한 '개척자정신(pioneership)'으로 간주하고 있다.

21세기에 창업가정신의 진화에 대한 중요성을 인지하고 있는 우리는 이러한 현상에 필요한 결정적인 요소들을 포괄하는 통합적인 정의를 발전시켜 왔다.

> 창업가정신이란 비전, 변화, 창출의 역동적 과정이다. 창업가정신이란 새로운 아이디어와 창의적인 해결책의 창출 및 실행을 향한 에너지와 열정의 적용을 필요로 한다. 필수요소는 시간, 공정성, 또는 경력의 관점에서 계산된 위험을 감수하려는 의지, 효과적인 벤처 팀을 구성하는 능력, 필요한 자원을 집결시킬 수 있는 창의적 기술, 확실한 사업계획서를 수립할 수 있는 근본적 기술, 그리고 마지막으로, 다른 사람들이 무질서, 모순, 그리고 혼란으로 보는 곳에서 기회를 인지할 수 있는 비전을 포함한다.

신화 피하기: 창업가정신에 대한 통념

수년 동안, 창업가정신에 대한 연구가 충분하지 않아서 이 주제에 대한 많은 통념들이 생겨났다. 다음은 가장 많이 언급되는 열 가지의 통념들이다.

통념 1: 창업가들은 사상가들이 아니라 행동가들이다.

창업가들이 행동을 하려는 경향이 있는 것은 사실이지만 그들은 역시 사상가이기도 하다. 사실상, 그들은 종종 자신의 행동을 신중하게 계획하는 매우 꼼꼼한 사람들이다. 오늘날 명확하고 완벽한 사업계획서의 작성에 대한 중요성은 '사고하는' 창업가가 '행동하는' 창업가만큼이나 중요하다는 것을 보여 준다.

통념 2: 창업가들은 만들어지는 것이 아니라 타고 난다.

창업가의 특성은 배우거나 가르칠 수 없다는 생각, 즉 사람이 가지고 태어나는 특징이라는 생각이 오랫동안 만연해 왔다. 이러한 특징들은 적극성, 주도성, 동기, 위험감수의지, 분석적 능력, 인간관계 기술을 포함한다. 하지만 오늘날 창업가정신이 훈련될 수 있다는 인식은 이러한 통념을 없애는 데 도움을 준다. 다른 모든 훈련들과 마찬가지로, 창업가정신은 주제가 학습되고 지식이 획득되도록 허용하는 모형, 과정, 그리고 사례연구를 가지고 있다.

통념 3: 창업가들은 언제나 발명가들이다.

창업가들은 발명가들이라는 생각은 옳지 못한 이해와 편협한 비전의 결과이다. 또한, 비록 많은 발명가들이 창업가들이지만, 수많은 창업가들은 모든 종류의 혁신적인 활동을 수행한다.[11] 예를 들면, Ray Kroc은 패스트푸드 프랜차이즈를 고안하지 않았지만, 그의 혁신적인 아이디어는 McDonald's를 세계에서 가장 큰 패스트푸드 프랜차이즈로 만들었다. 지금의 창업가에 대한 이해는 발명 이상의 것을 포함하며, 이는 모든 형태의 혁신적 행동에 대한 완벽한 이해를 요구한다.

통념 4: 창업가들은 학문적 및 사회적 부적응자들이다.

창업가들이 학문적 및 사회적으로 무능력하다는 믿음은 몇몇 사업주들이 학교를 중퇴하거나 일을 그만둔 후 성공적인 사업을 시작한 데서 비롯된다. 많은 경우에 있어서, 그러한 결과는 전형적인 창업가의 인물평을 쓰려는 시도에서 과장된 것이다. 사실은 역사적으로 교육 및 사회 기관들은 창업가를 분간하지 못했다. 그것들은 대기업들이 지배하는 세상에서 창업가를 부적응자로서 포기하였다. 예를 들면, 비즈니스 교육은 기업 활동에 대한 학습에 주로 목적을 두었다. 오늘날 창업가는 사회적, 경제적, 그리고 학문적인 면에서 영웅으로 여겨지고 있다. 창업가는 더 이상 부적응자가 아니며 이제는 전문적인 롤 모델로서 간주되고 있다.

통념 5: 창업가들은 프로필에 딱 들어맞아야 한다.

많은 책과 논문들은 성공한 창업가들의 특성들에 대한 체크리스트를 제시해 왔다. 이 리스트들은 검증도 되지 않았고 완벽하지도 않았으며, 성취 지향의 사람들에 대한 사례 연구와 연구결과에 근거하였다. 오늘날 우리는 기준이 되는 창업가의 프로필을 작성하는 것이 어렵다는 것을 알고 있다. 환경과 도전 그리고 창업가는 상호적인 영향이 있기에 많은 다른 종류의 프로필들이 생겨난다. 미국 전역의 대학들에서 행해진 최신의 연구들은 미래에 성공적인 창업가들의 다양한 프로필들에 대한 보다 정확한 통찰력을 제시할 것이다. 2장에서 보겠지만, 개인들 내에 있는 '창업가적 사고방식'은 특정한 프로필보다 더 이해하고도 남음이 있다.

통념 6: 창업가들이 필요한 전부는 자금이다.

벤처가 생존하기 위해 자본이 필요한 것은 사실이다. 수많은 사업실패가 적절한 자금 조달의 부족에서 발생한다는 것 또한 사실이다. 하지만 자금이 실패를 막는 유일한 보루가 아니다. 적절한 자금 조달의 부족으로 인한 실패는 종종 경영상의 무능력, 재정의 이해 부족, 부실 투자, 허술한 계획 등과 같은 다른 문제들의 지표이다. 성공한 많은 창업가들은 벤처를 설립하면서 자금의 부족을 극복해 왔다. 그러한 창업가들에게, 자금은 자원이며 결코 그 자체가 목적이 아니다.

통념 7: 창업가들이 필요한 전부는 행운이다.

'적절한 시기에 적절한 장소'에 있다는 것은 언제나 이점이 된다. 그러나 "행운은 준비가 기회를 맞을 때 발생한다"는 것도 똑같이 적절한 격언이다. 기회가 왔을 때 붙잡은 준비된 창업가는 '운이 좋은 것'처럼 생각된다. 사실상, 그들은 단순히 상황을 다루고 이를 성공으로 변모시키기 위해 더 많이 준비하였다. 행운으로 보이는 것은 사실 준비, 결단, 욕망, 지식, 그리고 혁신이다.

통념 8: 창업가정신은 체계가 없으며 무질서하다.

창업가들을 성급하게 반응하고 나중에 이유를 묻는 사람, 즉 총잡이로 생각하는 경향이 있다. 그들은 다른 사람들에게 맡겨서 일을 순조롭게 진행하는 무질서하고 체계가 없는 몇몇 사람들에 의하여 그렇게 여겨진다. 사실 창업가들은 벤처의 모든 국면에 깊이 관여하고 있으며, 그러면서도 대개 사업들을 잘 진행한다. 그 결과, 그들은 전형적으로 매우 체계적인 사람들이다. 그들은 일들을 제대로 진행하고 우선순위를 유지하기 위하여 어쩌면 정교하게, 어쩌면 그렇지 않게 개인적으로 설계된 체계를 가지려고 하는 경향이 있다.

창업가정신 사례 • • •

E-통념

Michael E. Gerber는 그의 저서 "E-통념: 왜 대부분의 기업들이 작동하지 않는가? 그리고 어떻게 처리할 것인가?"에서 현재의 중소기업들에 관여하는 사람들의 유형의 차이점을 명백하게 서술한다.

- 창업가는 그가 없이도 운영되는 사업을 창출한다. 이러한 사람은 사업에 특별하고 흥미진진한 목적과 방향을 불어넣음으로써 사업을 독특하게 만드는 공상가이다. 창업가는 광범위하게 영향을 미치는 관점을 통해 시장의 변화와 수요를 예측하며, 그것들을 이용하기 위한 활동들을 주도한다.
- 관리자는 효과적인 시스템을 개발하고 시행함으로써 종업원들을 통해 결과를 만들어 내며, 종업원들과 상호작용함으로써 종업원들과 상호작용하고 그들의 자아존중감과 좋은 결과를 만들 수 있는 능력을 향상시킨다. 관리자는 계획, 실행, 분석을 통해 창업가의 비전을 실현시킬 수 있다.
- 기술자는 개발된 시스템과 표준 경영방침에 따라 특정한 과업들을 수행한다. 업계 최고의 기술자는 업무를 마무리할 뿐만 아니라 상사들에게 그러한 시스템들과 표준의 개선점을 제시한다.

이러한 정의들을 이해하는 것이 중요하다. 왜냐하면 Gerber는 대부분의 중소기업들은 일하지 않으며 그 소유주들이 일한다고 주장하기 때문이다. 다시 말해서, 그는 오늘날 중소기업 소유주가 사업을 창출하기 위해 일하기보다는 자신을 위해 만든 일자리에서 무리하게 일하고 있다고 믿는다. 그리하여 소유주가 창업가이기보다는 기술자에 지나지 않기 때문에 대부분의 중소기업들은 실패하고 만다. Gerber에 따르면, 중소기업 소유주가 단지 기술자로 일함으로써 많은 노력에도 불구하고 너무나 적은 보상을 실현하고, 결국은 사업이 실패한다.

E-통념은 오늘날의 사업주들이 사업을 창출하는 진정한 창업가가 아니라 단순히 그들 자신들을 위한 직업을 만들어 낸 전문가에 지나지 않는다고 말한다. 이 통념에 대한 해결책은 자신이 없이도 사업이 어떻게 돌아갈 수 있는지를 상상하면서 진정한 창업가처럼 고민하고 행동하기 시작하려는 소유주의 의지에 달려있다. 다시 말해서, 소유주는 반드시 사업에서 일하는 것에 추가하여 그 사업을 창출하기 시작해야 한다. 창업가는 시스템 개발과 시행을 통해 회사의 역량을 강화해야 한다. 열쇠는 '창업가적 관점'을 개발하는 것에 달려있다.

출처: Adapted from Michael E. Gerber, *The E-Myth Revisited: Why Most Businesses Don't Work and What to Do About It* (New York: Harper Business, 1995) and personal interview.

사실 그들의 시스템이 우연히 목격한 사람들에게는 이상하게 느껴질 수 있으나 효과를 발휘한다.

통념 9: 대부분의 창업 계획은 실패한다.

많은 창업가들은 성공하기 전에 수많은 실패들로 고통을 겪는다. 창업가들은 "당신이 처음에 성공하지 못한다면, 시도하고 또 시도하라"는 격언을 따른다. 사실 실패는 배우고자 하는 사람들에게 많은 교훈을 줄 수 있으며, 종종 미래의 성공을 이끌어 낸다. 이는 모든 벤처가 시작되었을 때, 새롭고 의도하지 않은 기회들이 종종 생겨난다고 말하는 **통로 원리**(corridor principle)에 의해 분명하게 보인다. 3M 기업은 의도된 용도만큼 강하지 않았던 풀을 사용하여 포스트잇 노트를 발명하였다. 이 회사는 풀을 내팽개치기보다 그에 맞는 다른 용도를 찾는 데 중점을 두었으며, 그러한 과정 중에 수백만 달러의 가치를 지닌 제품을 개발하였다.

하지만 창업 실패율에 대한 통계는 몇 년 동안 오도되어 왔다. 실제로 Bruce A. Kirchoff라는 연구자는 가장 널리 용인되는 '높은 실패율'이 오도되고 있다고 보고하였다. 1993년, Kirchoff는 1977년에 시작된 814,000개 사업을 추적하였고, 50% 이상이 원래의 소유주나 새로운 소유주 아래서 여전히 생존하고 있음을 발견하였다. 게다가, 28%는 자발적으로 폐업하였고, 18%만이 미불 부채를 남겼다는 점에서 실제로 실패하였다.[12]

통념 10: 창업가들은 극단적인 위험 감수자들이다.

2장에서 보겠지만, 위험이라는 개념은 창업가적 과정의 주요한 요소이다. 하지만 대부분의 창업가들이 생각하는 위험에 대한 대중의 인식은 왜곡되어 있다. 창업가가 무모한 기회를 가지고 도박을 하는 것 같이 보이지만, 창업가는 대개 적당하거나 '계산된' 위험 범위 안에서 일을 한다. 대부분의 성공한 창업가들은 내포된 위험을 최소화하기 위하여 계획과 준비로 열심히 일하며 그들 비전의 운명을 더 통제한다.

이러한 열 가지의 통념들은 창업가정신에 대한 오늘날의 사고의 배경을 제공하기 위하여 제시되었다. 우리는 신화를 회피함으로써 창업가정신에 대한 최근의 이론과 과정을 비판적으로 연구할 수 있는 토대를 만들 수 있다.

창업가정신에 대한 접근법

창업가정신의 본질을 이해하고 속속히 드러나고 있는 그 중요성을 인지하기 위해서, 몇몇 이론의 발전을 고려하는 것이 중요하다. 창업가정신에 대한 연구는 몇 년 동안 비약적인 성장을 하였다. 이 분야가 발전해 오면서, 연구방법론은 창업가들에 대한 실증적 조사로부터 보다 맥락적이고 과정 중심의 연구로 진보되어 왔다. 이론의 발전이 연구 분야를 이끌고 있다. 창업가정신 이론은 지난 40년 동안 발전해 왔으며, 이 분야가 성장하고 있다는 사실은 명백하다. 창업가정신 분야를 충분히 인식하기 위해서는 창업가정신 발전의 몇 가지를 이해할 필요가 있다. 창업가정신의 기본적 이론들에 대한 연구는 또한 학생이 창업가정신의 과정과 관행의 이해를 구축해 나갈 수 있는 토대 형성에 도움을 준다.

창업가정신의 이론(theory of entrepreneurship)은 창업가정신을 설명하거나, 창업가적 활동을 예측하거나(예를 들어, 새로운 영리적 기회나 새로운 사업의 형성을 이끌기 쉬운 조건들을 규정함으로써), 또는 규범적인 지침(말하자면, 특별한 경우에 있어서 올바른 조치를 기술하는 것)을 제공하는 관계 또는 근본 원리들에 대한 입증 가능하고 논리적으로 일관된 공식적인 표현이다.[13] 새로운 세기에 새롭게 대두되는 이러한 분야를 보다 잘 이해하기 위해서는 결합력이 강한 몇 가지의 이론이나 분류를 가질 필요성이 점점 더 명백해지고 있다.

현대의 창업가정신 연구에 있어서, "창업가정신은 많은 학문 분야에 관련이 있다"는 개념이 다시 제기되고 있다. 다음에서는 이러한 분야에 대한 이해를 높일 수 있는 다양한 접근법을 살펴본다.[14]

창업가정신에 대한 창업 학파 접근법

학파 접근법은 창업가정신을 거시적 또는 미시적 관점에서 특정한 활동들로 구분하고 있으나, 둘 다 창업가정신의 개념적 본질을 다룬다. 우리는 더 나아가 이러한 두 가지 관점 각각을 여섯 가지의 별개의 학파로 세분화하고, 이 중 세 가지는 미시적 관점에 적용되며, 나머지 세 가지는 거시적 관점에 적용된다(그림 1.1 참조). 이러한 제시가 통합 또는 확장으로 변화가 가능하기 때문에, 전부를 포함하지도 않으며, 학파를 여섯 가지로 제한하자고 주장하는 것도 아니다. 하지만 미래가 어떤 모습이든지 너무나도 오랫동안 일반적인 경영적 사고를 괴롭혀온 의미상의 싸움을 피하기 위해서는 창업가정신에 관한 이러한 개념적인 아이디어들에 친숙해지는 것이 중요하다.[15]

거시적 관점

창업가정신의 거시적 관점(macro view of entrepreneurship)은 현대의 창업가적 벤처의 성공 또는 실패와 관련된 광범위한 요인들을 제시한다. 이러한 요소에는 때때로 창업가 개인의 통제 범위를 벗어난 외부 과정들이 포함되는데, 그것들은 강한 **외재적 통제위치**(external locus of control)의 관점을 나타내기 때문이다.

세 가지의 창업 학파는 거시적 관점의 분류로 (1) **환경 학파**(environmental school of thought), (2) **재무/자본 학파**(financial/capital school of thought), 그리고 (3) **배제 학파**(displacement school of thought)를 제시한다. 이들 가운데 첫 번째가 가장 폭넓고 가장 영향력 있는 학파이다.

그림 1.1 창업가정신 학파 접근법

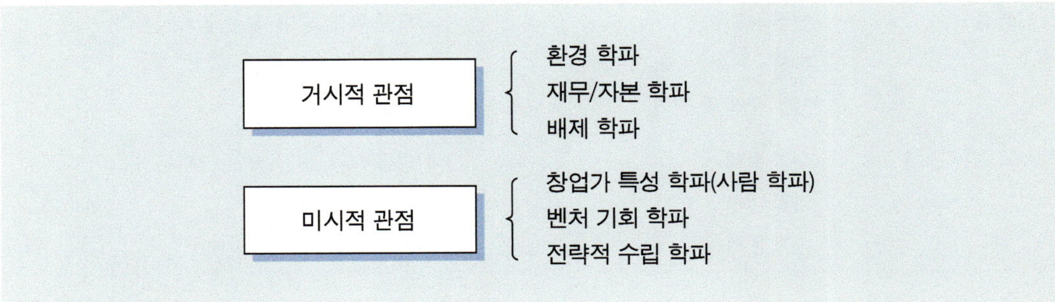

© Cengage Learning

환경 학파 환경 학파는 잠재적인 창업가의 생활방식에 영향을 미치는 외적인 요인들을 다룬다. 이것들은 창업가들의 욕망을 형성하는 데 긍정적이거나 부정적인 힘이 될 수 있다. 중점을 둔 것은 제도, 가치관, 그리고 관습이며, 이들은 창업가들의 발전에 강하게 영향을 미치는 사회정치적인 환경적 틀을 그룹으로 묶어서 형성한다.[16] 예를 들어, 만약 중간 관리자가 아이디어를 개발하고, 계약을 착수하며, 또는 새로운 방식을 만들고 실행할 수 있는 자유와 지원을 경험한다면, 근로 환경은 창업가적 경력을 추구하기를 바라는 사람의 욕망을 장려하는 데 도움을 줄 것이다. 창업가들의 잠재적 발전에 영향을 미치는 또 다른 환경적 요인은 그들의 사회 집단이다. 친구 및 친척들의 분위기는 창업가가 되고 싶다는 욕망에 영향을 미칠 수 있다.

재무/자본 학파 재무/자본 학파는 자본을 찾는 과정에 근간을 두고 있으며, 초기 및 성장 자본의 탐색이 초점의 전부이다. 어떤 문헌은 이 과정을 특별히 주제로 하는 반면, 다른 문헌은 그것을 단지 창업가적 벤처의 한 부분으로서 다루는 경향이 있다.[17] 어떠한 경우에도, 벤처 자본 과정은 창업가 발전에 필수적인 일이다. 창업가들을 위한 사업계획 가이드 및 책들은 이 단계를 강조하고 있고, 자본 적용 과정에 초점을 맞춘 발전 세미나들은 전국에서 지속적으로 제공되고 있다. 이 학파는 재무관리 관점에서 창업가적 벤처 전체를 고찰한다. 표 1.1에 명확하게 제시된 바와 같이, 재무를 수반하는 의사결정은 벤처 과정의 모든 쟁점에서 일어난다.

배제 학파 배제 학파는 집단 현상의 부정적인 면에 초점이 맞춰져 있으며, 그러한 현상 속에서 누군가 집단으로부터 위화감을 느끼거나 문자 그대로 집단에서 쫓겨난다. 그것은 집단이 한 개인의 진출을 방해하거나 그 개인이 진출하는 데 필요한 어떤 결정적인 요인

표 1.1 재무 분석 강조

벤처 단계	재무적 고려사항	의사결정
창업 또는 매입	초기 투입 자본 벤처 자본 공급원	계속 진행하거나 포기한다.
진행 중	현금 관리 투자 재무 분석 및 평가	규모를 유지, 증가, 또는 감소시킨다.
쇠퇴 또는 승계	수익 문제 기업 인수 승계 문제	기업을 매각, 해산, 또는 그만둔다.

들을 제거한다고 주장한다. 그 결과, 좌절한 개인은 성공하려는 자신의 동기에서 창업가적인 일로 생각이 향하게 된다. 연구자들이 언급한 바와 같이, 개인들이 다른 활동들을 하는데 방해받거나 배제될 때 역경과 싸우고 모험을 추구하는 경향을 갖게 된다.[18] 배제의 세 가지 주요 유형은 이러한 학파를 설명한다.

1. **정치적 배제.** 이는 자유 기업(국제 환경)을 거부하는 정치 체제 전반에서 특정 산업을 제한하거나 새로운 방향으로 돌리려는 정부의 규제 및 정책에 이르는 범위의 다양한 요인들에 의해 발생된다.
2. **문화적 배제.** 이는 전문직에서 배제된 사회적 집단을 다룬다. 민족적 배경, 종교, 인종, 성별은 소수 민족이 겪는 경험의 원인이 되는 요인들의 예시들이다. 이러한 경험은 점점 더 다양한 개인들을 표준의 비즈니스 직종에서 창업가적인 벤처로 향하도록 한다. 미국 정부에 따르면, 소수 민족의 비즈니스는 지난 10년 동안 거의 50만 개로 성장하였고, 미국의 전체 비즈니스에서 10분의 1을 차지한다.[19]
3. **경제적 배제.** 이는 침체 및 불황의 경기 변동과 관련된다. 실직, 자본 축소, 또는 단순하게 '힘든 시기'가 벤처 발전 및 감소에 영향을 줄 수 있는 것처럼 창업가적인 일을 추구하기 위한 토대를 만들 수 있다.[20]

이러한 배제의 예시들은 창업가정신의 발전에 영향을 미치는 외부의 힘을 설명한다. 문화적 인식, 정치 및 공공정책의 지식, 경제적 계발은 배제 학파 하에서 창업가적인 이해를 돕고 향상시킬 것이다. 경제학 및 정치학의 교육적 기반이 넓어질수록, 창업가적인 이해도 더 강해질 것이다.

미시적 관점

창업가정신의 미시적 관점(micro view of entrepreneurship)은 창업가정신에 특화되고 **내재적 통제위치**(internal locus of control)의 일부인 요인들을 살펴본다. 잠재적 창업가는 이 관점에서 각각의 주요 영향의 결과를 이끌어 내거나 조정할 수 있는 능력 또는 통제력을 가지고 있다. 몇몇 연구자들은 이 접근법을 다양한 정의와 부분들로 발전시켜 왔지만, 우리의 접근법은 창업가 특성 이론(때때로 '사람 학파'로 언급됨), 벤처 기회 이론, 전략 수립 이론을 제시한다. 외부에서 내부를 바라보는 시각으로부터 사건들에 초점을 맞추는 거시적 접근법과 달리, 미시적 접근법은 내부에서 외부를 바라보는 구체적인 특성에 집중한다. 이러한 학파들 가운데 첫 번째 학파가 가장 폭넓게 인식되고 있다.

창업가 특성 학파 많은 연구자 및 저자들은 성공한 창업가들의 공통적인 특성을 파악하는 데 관심을 가져왔다.[21] **창업가 특성 학파**(entrepreneurial trait school of thought)의 이러한 접근법은 만약에 모방자들이 따라서 한다면 그들의 성공 기회를 늘릴 것으로 보이는 유사한 특성들을 나타내는 경향이 있는 성공한 사람들에 대한 연구에 기반을 두고 있다. 예를 들면, 성취, 창의성, 결단력, 기술적 지식은 성공한 창업가들에게 일반적으로 나타나는 네 가지 요인들이다. 가족 개발과 교육적 보육 역시 조사되고 있다. 어떤 연구자들은 창업가들의 교육적 개발이 창업가정신의 창의적 및 도전적 본질을 억제한다고 믿기 때문에 그러한 개발에 대해 반대되는 결론을 나타낸다.[22] 하지만 다른 저자들은 새로운 프로그램과 교육적인 개발이 창업가의 개발에 도움을 준다는 것을 발견했기 때문에 그것들이 증가하고 있다고 주장한다.[23] 가족 개발 아이디어는 창업가의 가정 분위기 내에 존재하는 보살핌과 지지에 초점을 맞추고 있다. 인생 초반에 수립되고 지지된 어떤 특성들은 결국에는 창업가의 성공을 이끌 것이라는 믿음을 증진시킨다(창업가들에 대한 연구에 있어서 정립의 기초가 되는 창업가적 인지 및 메타인지(metacognition)의 개념이 2장에서 논의된다).

벤처 기회 학파 **벤처 기회 학파**(venture opportunity school of thought)는 벤처 개발의 기회 관점에 중점을 두고 있다. 아이디어 출처의 탐색, 개념의 발전, 벤처 기회의 실행은 이 학파의 중요한 관심 분야들이다. 창의성과 시장 인식이 필수적인 것으로 간주된다. 게다가, 이 학파에 따르면, 알맞은 틈새시장에 정확한 타이밍을 가진 알맞은 아이디어의 개발이 창업 성공을 위한 열쇠이다.[24]

이 학파로부터 또 다른 발전은 앞에서 언급된 '통로 원리(corridor principle)'이며, 이는 창업가들을 다른 방향으로 이끄는 새로운 경로나 기회들이 생겨날 것이라는 것을 말한다. 이러한 기회들이 생겼을 때 그것들을 인식하고 실천을 위한 필요한 단계들을 실행할 수 있는 능력이 핵심 요인들이다. 기회를 맞는 준비과정이 '행운'이라는 격언은 터널 원리의 근간이 된다. 이 학파의 지지자들은 다른 학문 분야와 제휴하는 경영 분야에 있어서 적절한 준비가 벤처 기회들을 인식할 수 있는 창업가의 능력을 향상시킬 것이라고 믿는다.

전략적 수립 학파 George Steiner는 "전략적 계획이 경영의 전체 구조와 불가분하게 조화를 이룬다. 즉, 그것은 경영의 과정으로부터 구분되고 완전히 다른 것이 아니다"라고 말한다.[25] 창업가적 이론에 대한 **전략적 수립 학파**(strategic formulation school of thought) 접근법은 성공적인 벤처 개발에 있어서 계획 과정을 강조한다.[26]

전략적 수립을 고찰할 수 있는 한 가지 방법은 독특한 요인들을 지렛대로 삼는 것이다.[27] 독특한 시장들, 독특한 사람들, 독특한 제품들, 또는 독특한 자원들은 효과적인 벤처 형성을 위해 식별되거나, 사용되거나, 또는 구성된다. 전략적 적응에 대한 학제적 관점은 다음의 특징적 요소들과 그들의 상응하는 전략들에 있어서 명백하다.

- **독특한 시장**: 산 대 **산골짜기 전략**(mountain versus mountain gap strategies)은 거대 시장들에서 발생하는 틈새뿐만 아니라 주요 시장 세분화를 식별하는 것을 말한다.

창업가적 과정

떠오르는 창업 기회를 인식하라

창업 기회들에 대한 다음의 범주들은 향후 전망이 밝다. 이 분야들은 계속하여 인기가 있지만, 각 분야 내 트렌드는 일정한 흐름 속에 있다.

모바일

M-Commerce—엄청나게 많은 사람들이 'm-commerce'를 사용하면서, 모발일 웹 사용자가 이미 7,300만 명을 넘어섰다. 이는 만약 당신이 물건을 판다면, 온라인이든 물리적 위치이든지, 당신의 웹 사이트는 모바일을 위한 준비가 되어 있어야 한다. 스마트폰 소유자의 81%가 집에서 그들의 핸드폰으로 검색을 하고, 80%가 그들의 핸드폰으로 쇼핑을 하며, 절반 이상이 실제로 뭔가를 구입한다.

Apps—이동성(mobility)으로 생겨난 또 다른 기회는 iPhone과 iPad와 같은 모바일 기계를 위해 만들어지는 수십만 개의 애플리케이션 소프트웨어이다. 많은 경우에, 수익을 낸 애플리케이션 소프트웨어들은 스마트폰 및 태블릿 컴퓨터용 창업가적 개발자들에 의하여 만들어진다.

Gamification—게이미피케이션(gamification)은 2007년에 최초로 시작하였다. 게이미케이션의 목적은 게임 기술을 게임이 아닌 환경에 적용함으로써 고객 참여를 늘리고, 행동들을 변화시키며, 혁신을 자극하는 데에 있다. 어떤 연구는 게이미피케이션이 Facebook, E-Bay, 또는 Amazon 만큼이나 중요해질 수 있다고 믿는다. 사업의 기회들은 더 많이 참여하는 고객들로부터 크라우드소싱(crowdsourcing) 혁신 또는 종업원 성과의 증진까지 매우 크다.

음식 및 음료

술, 와인, 맥주—고객들은 역사적으로 술을 덜 마시고 있으며, 대신에 보다 좋은 품질의 음료를 마시고 있다. 이는 최고급의 술, 와인, 크래프트 맥주에 대한 큰 기회를 제공한다.

고급화된 음료—30세 미만의 고객들은 요즘 그들이 필요로 하는 영양뿐만 아니라 에너지도 줄 수 있는 음료를 찾고 있다. 여기에서 주목할 중요한 아이템은 모든 자연 제품들에 대한 고객들의 선호이다.

특별한 요구의 음식—유기농 음식들은 옛날이야기이다. 고객들은 요즘 무알러지, 무글루텐, 낮은 혈당 음식을 구매하기 위해 찾고 있다. 가치를 고려하는 두 가지의 개념, 즉 고급선술집(gastro-pub, 고품질의 요리를 제공하는 술집)과 고품격 얼린 디저트(프리미엄 아이스크림, 젤라또, 얼린 요거트) 사업이 떠오르고 있다.

건강

바이오기술(biotech)과 건강 기술(health tech)—이 분야는 광범위한 과학적 전문지식, 자본, 그리고 이어서 투자위험 감수를 필요로 한다. 이 분야에서의 사업 기회(및 영향)가 중요하나, 시간과 자금의 투입을 고려하는 것이 더 중요하다.

의료 인력 충원—의료 인력의 부족이 예상됨에 따라, 모집이 가능하고, 더 중요하게는, 의료계를 이해하고 있는 창업가들이 유리한 입장에 있다. 요령은 의료계와 재계 둘 다에 있어서 말하는 것에 편안해지는 것이다.

노인 서비스와 제품—베이비부머 세대들이 계속하여 고령화됨에 따라, 커져가는 그들의 건강 욕구에 대처할 수 있는 서비스 및 제품에 대한 수요가 줄어들 징후가 보이지 않는다. 돌보미들은 필요한 것이 무엇인지 뿐만 아니라 시장에서 현재 가용한 것이 무엇인지를 잘 알고 있으며, 따라서 그것들을 실행하는 것이 성공하는 해결책에 대한 확실한 방법이다. 두 가지 아이디어가 인기가 있고 지속될 것으로 예측되는데, 그것은 가정 비의학 돌봄 서비스(노인들의 집에서 직접 노인들을 돌보는 사람들)와 노인들을 겨냥한 체육관(시설과 피트니스 교육을 동시 제공)이다.

아이들

아이들과 10대들—연간 400억 달러의 구매력을 가진 18세 이하의 7,500만의 아이들이 있다. 미국에는 어느 때보다 2007년에 많은 아이들이 태어났다. 미국은 가장 큰 장난감 시장을 가지고 있다(다른 나라들도 미국의 장난감들을 구매하고 있다). 인증된 친환경 장난감들에도 트렌드가 있다. 8~14세의 어린이들은 '부모를 졸라 구매하게 하는 힘(pester power)'이라 불리는 것을 가지고 있다. 그들은 옷, 전자제품, 음식, 컴퓨터 게임, 의류, 집 가구의 구매에 매년 2,000달러를 소비한다.

대학 진학 계획 컨설턴트—대학 진학 희망 학생들과 그 부모들은 대학을 지원할 때 도움을 찾는다. 일단 그들이 합격하고 나면, 교육비를 지불할 방법을 찾는데 많은 도움을 필요로 한다.

고등학교 운동선수들—7백만 명 이상이 참여하는 고등학교 체육은 큰 시장이 되고 있다. 모집을 위한 제품에서 운송 서비스에 이르기까지 기회들을 무시하기 어렵다. 지속적으로 인기 있는 분야는 기술 훈련 및 강화 과목들(온라인에서 가용한 교육강좌 개설)이다.

그린

그린 의류—환경적으로 친화적인 방법과 재료를 사용하여 제조되는 모든 의류에 대한 수요는 계속하여 증가하고 있다. 유기농 재배에 의한 면은 여전히 인기가 있으나, 대나무 및 콩과 같은 대안이 관심을 끌고 있다.

그린 사업 서비스—창업가들은 지금 그들의 사업을 위해 지속가능한 제품 및 서비스를 추구하며 좋은 효과를 보고 있다. 재활용에서 친환경적인 공급업체에 이르기까지, 기업들은 지속 가능한 사회에 관심을 갖게 될 수 있는 방법을 찾고 있다.

태양 에너지 제품—태양광 시장의 급성장의 결과로서, 사업체와 고객 둘 다에 도움을 줄 수 있는 제품 및 서비스에 대한 기회들이 풍부하며 고객들은 이러한 대안적 형태의 에너지를 이용한다.

의류

최고급의 액세서리—액세서리들은 지위의 상징이 되고 있으며, 특히 선글라스와 핸드백이 그러하다. 고객들은 그들 의상의 모든 요소에 대해 최고급 패션을 찾고 있기에, 당신의 목표 시장을 정의하고 제품의 질을 강조하라.

전문 신발—고객들은 지금 신기에 편안하고 유행에 맞는 신발을 요구하고 있으며, 이러한 점은 패션 산업에서 이것을 가장 빠르게 성장하는 분야로 만들고 있다. 이 시장의 핵심은 당신의 틈새시장을 찾고 특별히 그러한 집단을 충족시키는 설계를 제공하는 데에 있다.

미용—대부분의 경기 불황에 몇몇 작은 명품들은 예기치 않게 잘 팔린다. 예를 들면, 립스틱 판매는 2011년에 급증하였다. 매니큐어액 판매는 2008년 중반까지 65% 급증하였다. 이는 미용 산업 전반의 건강에 대한 지표이며, 2011년에 강하게 나타났으며, 2012년에 보다 나은 결과를 낳았다. 그러나 주도한 분야는 미용업과 미용 학교이며, 이들이 2012년에 가장 빠르게 성장하는 산업을 대표하였다. 미국이발사위원회국가협회(National Association of Barber Boards of America, NABBA)는 지난 2년 동안 이발소가 10% 넘게 증가한 것으로 추정하였고, 분명히 누군가는 새로운 이발사 모두를 훈련시켜야 했다. 다소 놀랍게도, 남성들이 미용 산업 수익의 큰 부분을 주도하고 있다.

서비스

재무 계획—자산관리사(financial planner)에 대해 긍정적인 전망을 하는 사람들이 많다. 각 세대가 그 자신의 삶이 바뀌는 사건에 직면하면서 건전한 재정상담의 필요성이 대두되고 있다. 노인들이 은퇴를 향해서 가든지, 젊은이들이 집을 사거나 아이를 가지고자 준비하든지, 또는 X세대들이 자녀들의 대학교육을 위하여 저축을 하든지, 자산계획에 대한 인구학적 전망이 있으며, 이는 이 산업에 있어서 상당한 연간 성장이 있을 것이라는 예측을 이끌고 있다.

부를 위한 부동산 관리—개인이 더 많이 소유할수록, 그러한 자산들을 유지하는데 더 많은 시간이 필요하며, 이는 특히 부동산에 있어서 사실이다. 부유한 고객들은 종업원들이 사전에 훈련될 것을 기대하기에, 창업가들은 고객들의 기대를 충족할 수 있도록 수준 높고 경험 많은 직원들을 고용해야 한다.

경영진 모습—핵심인재를 찾고 고용하는 것은 항상 조직의 당면과제가 되어 왔다. 이러한 과정에 지원을 제공하는 기업들은 수많은 고객들을 찾을 것이며, 특히 특정한 산업에 맞출 때 그러하다.

출처: Adapted from "Business Trends for 2012," *Entrepreneur* (December 2011); "Tech Trends in 2012: What's Hot, What's Not," *E-Commerce Times*; and other various Internet sites. Accessed December 28, 2011.

- **독특한 사람: 탁월한 인재 중시 전략**(great chef strategies)은 설립된 벤처 주위의 한 명 이상의 기술 또는 특별한 재능을 말한다.
- **독특한 상품: 더 나은 위젯 전략**(better widget strategies)은 신규 또는 기존 시장들을 망라하는 혁신을 말한다.
- **독특한 자원: 우물 전략**(water well strategies)은 장기간에 걸쳐 특별한 자원(토지, 노동, 자본, 원자재)을 모으거나 이용할 수 있는 능력을 말한다.

의심의 여지없이, 전략적 수립 학파는 학제 간 접근법을 요구하는 광범위한 경영 능력을 망라한다.[28]

창업 학파: 요약

창업가정신에 있어서 가용한 지식과 연구가 부상하는 단계에 있지만, 그 분야에 있는 현재의 학파들을 종합하거나 설명하는 것은 여전히 가능한 일이다. 우리는 학파들에 대한 진가를 알고 그것들을 창업 이론의 기초로서 간주할 수 있다. 하지만 경영분야가 분야와 그 능력을 이해하기 위한 토대로서 복잡한 이론들을 사용해 왔던 것처럼, 창업가정신 분야도 그 성장과 개발에 있어서 수많은 이론들을 사용해야 한다.

창업가정신에 대한 과정 접근법

창업가정신과 관련된 활동들을 조사하는 다른 방법은 과정 접근법을 통하는 것이다. 많은 연구 방법들과 모델들이 창업가적 과정과 그의 다양한 요인들을 체계화하고자 시도하고 있지만, 여기에서는 보다 전통적인 과정 접근법 두 가지를 살펴볼 것이다.[29]

첫째, Michael H. Morris, Panmela Lewis, Donald L. Sexton이 기술한 바와 같이 우리는 '통합적' 접근법을 논의한다.[30] 그들의 모형은 그들이 창업활동에 영향을 미친 것처럼 이론적 및 실무적 개념들을 통합한다. 그러고 나서 우리는 연구자 Jonathan Levie와 Benyamin B. Lichtenstein에 의해 개발된 복잡한 시스템 관점에 기초한 '동적 상태' 접근법을 탐색한다. 이러한 방법 둘 다는 이 책의 목표인 창업가적 과정을 다양한 요인들의 통합으로서 기술하려 한다.

통합적 접근법

창업가적 과정의 보다 통합적인 그림은 Morris, Lewis, Sexton에 의해 제공된다.[31] 그림 1.2에 제시된 이 모형은 창업가적 과정에 대한 입력과 창업가적 과정으로부터의 결과에 관한 개념으로 만들어진다. 그림 1.2의 입력 요소들은 창업가적 과정 그 자체에 초점을 맞추고 있으며, 과정에 기여하는 다섯 가지 핵심 요소들을 구분하고 있다. 첫 번째 요소는 인구통계학적 변화, 새로운 기술의 발전, 또는 현 규제의 변경과 같은 환경적 기회들이다. 다음은 새로운 벤처의 개념화와 실행에 대한 책임이 있는 개성적인 창업가이다. 창업가는 기회를 활용하기 위해 몇 가지 유형의 사업 개념을 개발한다(예를 들면, 특정한 고객 요구를 해결하려는 창의적인 접근법). 이 사업 개념의 실행은 어떤 유형의 조직적 맥락을 필요로 하며, 이는 창업가의 집에서 운영되는 개인 기업 또는 어떤 국가 체인의 프랜차이즈에서 대기업 내 자율적인 사업부서까지 그 범위가 다양하다. 마지막으로, 매우 다양한 재정적 및 비재정적 자원이 지속적으로 요구된다. 이러한 핵심 요소들은 창업가적 과정의 단계들을 통하여 결합된다. 바꿔 말하자면, 이 과정은 창업가적 입력을 체계화하기 위한 논리적인 틀을 제공한다.

그림 1.2의 결과 요소는 먼저 달성된 창업가정신의 수준을 포함한다. 다음 장에서 더 자세히 논의하겠지만 창업가정신은 하나의 변수이다. 그리하여 그 과정은 꽤 많은 수의 창업가적 이벤트를 낳을 수 있으며 그들이 얼마만큼 창업가적인지의 관점에서 상당히 다양한 이벤트들을 생산할 수 있다. 이러한 '창업가적 강도'의 수준에 근거한 최종 결과들은 하나 이상의 지속되는 벤처, 가치 창출, 새로운 제품 및 서비스, 과정, 새로운 기술, 수익, 일자리, 경제적 성장을 포함할 수 있다. 게다가, 그 결과는 분명 실패할 수 있어서 그에 상응하는 경제적, 정신적, 그리고 사회적 비용을 포함할 수 있다.

그림 1.2 창업가적 입력과 결과에 대한 통합 모형

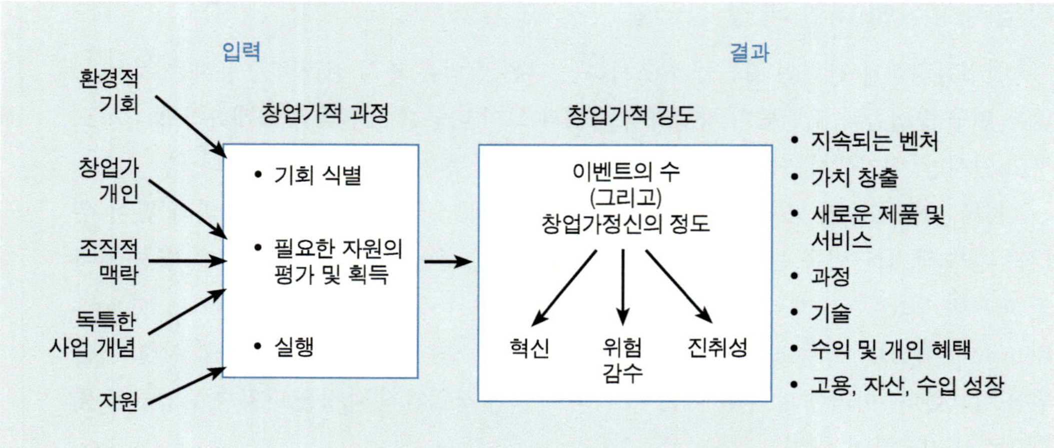

출처: Michael H. Morris, Pamela S. Lewis, and Donald L. Sexton, "Reconceptualizing Entrepreneurship: An Input-Output Perspective," Reprinted with permission from SAM *Advanced Management Journal* 59, no. 1 (Winter 1994): 21–31.

이 모형은 창업가정신의 본질에 관해 상당히 포괄적인 그림을 제공할 뿐만 아니라 다른 수준들에서도 적용될 수 있다. 예를 들면, 이 모형은 독립적인 창업 기업과 대기업의 부서, 사업부, 또는 전략적 사업 부문 둘 다에서 창업가정신의 현상을 설명한다.

동적 상태 접근법

연구자 Jonathan Levie와 Benyamin B. Lichtenstein은 생존을 위해 환경에 의존하는 벤처를 묘사하는 **동적 상태 모형**(dynamic states model)을 개발하였다. 동적 상태는 기회 긴장을 벤처 고객을 위한 가치로 전환시키는 관계들 및 시스템들의 네트워크이며, 이들은 동적상태를 유지하는 새로운 자원을 생산한다. 이 모형은 다수의 개인적, 조직적, 환경적 요소들을 결합하는 보다 과정 지향적인 관점을 갖는다. 기업에 의해 선택된 가치 창출의 전략은 기업의 최근 지배논리로부터 도출된 비즈니스 모델 그 자체에 의해 규정된다. 동적 상태 모형의 이 요소들은 **그림** 1.3에 제시되어 있다. 동적 상태 모형은 보다 작고 보다 새로운 기업들이 현행의 변화를 일으키는 데 보다 유연성을 가진다는 것을 제시하는 창업가들에게 더 낙관적이다. 그리하여 신생 벤처들이 그들 자신과 그들의 환경 사이에 높은 수준의 상호의존성을 만드는 것이 보다 수월해질 수 있으며, 그들 시장의 현재 및 예상되는 수요에 대해 창업가들이 체계화하는 것을 가능하게 한다.[32]

창업 혁명: 글로벌 현상

창업가정신은 사업에 대한 고집과 성취의 상징이다. 창업가들은 오늘날의 사업 성공의 선구자들이었다. 그들의 기회에 대한 감각, 혁신 추진, 그리고 성취를 위한 그들의 능

그림 1.3 동적 상태 접근법

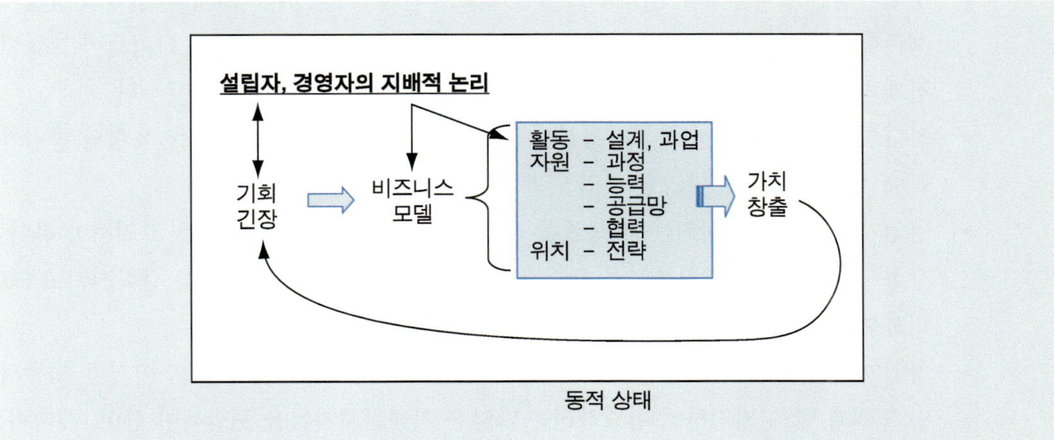

출처: Jonathan Levie & Benjamin B. Lichtenstein, (2010). "A Terminal Assessment of Stages Theory: Introducing a Dynamic States Approach to Entrepreneurship," *Entrepreneurship Theory and Practice*, 34, no. 2 (2010): 332. Reproduced with permission of John Wiley & Sons Ltd.

력들이 기준이 되어 왔으며, 이 기준에 의해 지금의 자유기업들이 평가되고 있다. 이 기준은 전 세계에서 확립되어 왔다.

예를 들면, 1999년에 단지 10개의 선진국으로 시작된 '글로벌 창업가정신 모니터(Global Entrepreneurship Monitor, GEM)'는 2011년 80개국이 넘는 경제를 포함할 정도로 성장해 왔다. 2010년, 59개국의 경제에 있는 사람들이 설문조사에 응했고, 이는 전 세계 인구의 59% 그리고 세계 GDP의 84%를 차지한다.

GEM의 자료는 18세 이상 64세 미만의 1억 천만의 사람들이 창업에 활발하게 참여하고 있었다는 것을 보여 준다. 또 다른 1억 4천만의 사람들은 이보다 3년 반 정도 일찍 새로운 사업을 경영하였다. 이것은 2억 5천만의 사람들이 창업 활동의 초기 단계에 관련되었다는 것을 의미한다. 이들 중 약 6,300만 명은 창업 후 5년 동안 적어도 5명의 종업원을 고용할 것으로 기대하였다. 이는 창업가정신이 전 세계의 고용 성장에 기여하고 있음을 보여 준다.[33]

GEM은 참여하고 있는 경제를 요인 주도, 효율성 주도, 그리고 혁신 주도의 세 가지 수준으로 분류한다. 이들은 일인당 국내 총생산(GDP)과 소비재의 수출비중에 근거하여 경제적 발전을 세 단계로 구분한 세계경제포럼(World Econimic Forum, WEF)의 '국제 경쟁력 보고서(Global Competitiveness Report)'에 근거를 둔다. WEF의 분류에 따르면, 요인 주도 단계는 영세 농업과 채굴 사업이 주를 이루며, 노동력과 천연자원에 강한 의존도를 가지고 있다. 효율성 주도 단계에서는, 심화된 발전이 산업화와 규모의 경제에 대한 의존성의 증가를 동반하며, 자본 집약적인 대기업들이 더욱 지배적이다. 개발이 혁신 주도 단계로 진행되면서, 사업들은 보다 지식 집약적이고 서비스 영역을 확장하고 있다.

GEM 연구로부터 얻게 된 교훈은 다음과 같다.

- 창업가정신은 단순히 보다 많은 수의 창업가들을 통해 경제에 영향을 미치지 않는다. 성장, 혁신, 국제화와 같이 품질 평가를 고려하는 것이 중요하다.
- 창업가정신은 역동성과 안정성 둘 다를 필요로 한다. 역동성은 새로운 사업들의 창출과 생존할 수 없는 사업들의 퇴출을 통하여 발생한다. 안정성은 새로운 사업들이 그들의 잠재력을 시험하고 발휘할 수 있도록 최선의 기회를 제공하는 데서 비롯된다.
- 하나의 사회에 있어서 창업가정신은 여성 및 소수집단을 포함한 다른 유형의 창업가들에 의해 이끌어진 다양한 사업 단계들과 유형들을 포함할 수 있다.
- 창업가정신을 향상시키는 데 목표를 둔 주도성은 경제의 발전 수준을 고려해야 한다. 강한 일련의 적절한 기본적인 요건과 함께, 노력은 효율성 증폭자를 강화시키고, 그리하여 창업가정신 틀 조건을 만드는 쪽으로 방향을 돌릴 수 있다.
- 창업가적 사고방식은 창업가들에게만 해당되는 것이 아니다. 그것은 이러한 역동적인 노력과 함께 지지하며 협력하려는 다양한 이해관계자들을 포함해야 한다. 게다가, 창업가적 사고방식을 가진 비창업가들은 다른 사람들을 간접적으로 자극하여 사업을

시작하도록 할 것이다. 이는 창업가정신에 대한 보다 광범위한 사회적 수용의 가치를 나타낸다.[34]

우리가 전 세계의 **창업가적 혁명**(Entrepreneurial Revolution)을 경험해 왔음이 분명하다. 20세기에 산업혁명이 중요했던 것만큼 21세기에 창업가적 혁명이 계속하여 중요하게 될 것이다.

창업가들은 그들의 리더십, 경영, 혁신, 연구 및 개발의 효과성, 고용 창출, 경쟁력, 생산성, 그리고 새로운 산업의 형성을 통하여 계속하여 경제 성장의 결정적인 기여자들이 될 것이다.

창업가정신의 본질을 이해하기 위해서는 창업 기업들이 운영되는 환경을 두 가지 관점에서 고찰하는 것이 중요하다. 첫 번째 관점은 우리 경제에서 작은 회사들의 중요성을 강조하기 위해 종합한 실제 수치들을 제공하는 통계에 근거한 것이다. 두 번째 관점은 학문 발달에 있어서 떠오르는 창업가정신의 중요성을 반영하기 위해 창업가적 연구와 교육의 몇 가지 트렌드를 분석한다.

미국에서 창업 벤처의 영향

지난 20년 동안 미국에서 창업가적 활동의 강력한 등장을 목격해 왔다. 수많은 통계들이 이 사실을 보여 준다. 예를 들면, 미국 중소기업청(U.S. Small Business Administration, SBA)은 지난 10년 동안 새로운 사업의 창업이 연간 60만 개에 이른다고 발표하였다. 이들 중 많은 기업들이 이전에 개인 기업 또는 공동 기업이었을 수 있지만, 창업, 확장, 또는 개발을 통해서든지, 그 트렌드는 여전히 벤처 활동의 인기를 보여 준다. 더 구체적으로, 우리는 2010년대에 미국에서 사업체의 수가 2,700만 개 이상까지 급증하는 것을 목격해 왔으며, 그 수는 여전히 매년 2%의 비율로 증가하고 있다. 이러한 현상을 뒷받침하는 역사적인 수치 몇 가지를 살펴보자.

종업원들을 보유한 새로운 기업들이 특정한 해에 60만 개 이상에 이르고 자영업 형태의 다른 200만 개의 새로운 사업체도 매년 생겨나는 것으로 가정하는 것이 확실해 보인다. 대략 미국에서 매년 성인 300명당 종업원들이 있는 하나의 기업이 설립된다. 전형적인 새로운 기업은 적어도 2명의 소유자/경영자를 가지기 때문에, 성인 150명당 1명이 매년 새로운 기업의 설립에 참여한다. 실질적으로 12명당 1명이라는 더 많은 사람들이 새로운 기업을 착수하는 데 관여된다.

따라서 최종적인 결론은 미국이 매우 탄탄한 수준의 기업 창출력을 가지고 있다는 것이다. 종업원들을 가진 600만 개의 설립된 사업체들(단일 및 다수 위치 기업) 가운데, 대략 60만에서 80만 개가 매년 추가된다. 그것은 연간 설립률로 100개의 기존 사업체당 14~16%이다.[35]

미국인들은 '대공황'(어떤 이들은 우리의 긴 불황기라고 불러 왔던) 동안에 지난 20년 동안의 어떤 시기보다도 더 많이 창업가가 되었다. 하지만 경제와 높은 실업률이 더 많은 개인들로 하여금 사업 소유권을 갖도록 압박할 수 있음에도 불구하고, 그들 중 많은 사람들은 다른 사람들을 고용하는 기업을 창업하기보다 혼자 힘으로 이끌고 있다.

미국의 신규 창업의 선도적 지표인 'Kauffman Index of Entrepreneurial Activity, 1996-2010'[36]에 의하면, 2010년 미국 성인 인구의 0.34%(성인 10만 명당 340명)가 매달 새로운 사업을 창출함으로써 56만 5,000개의 새로운 사업체가 창출되었으며, 이는 1996년부터 2010년까지 지난 15년 동안에 가장 높은 수준의 창업가정신을 보여 준다.

미국 중소기업청은 2011년까지 중소기업들이 총 2,750만 개의 기록을 세웠다고 발표하고 있다. 이들 가운데, 대략 600만 개는 고용하는 기업들이었으며, 미국 민간부문의 일자리들 가운데 49.6%를 차지하였다. 게다가, 여성 및 소수민족이 소유한 사업체들이 증가하였다. 소수민족들이 소유한 사업체들은 580만 개에 이르렀고, 지난 5년 동안 45.6%가 증가하였다. 여성 소유의 사업체들은 모두 780만 개에 이르렀고, 지난 5년 동안 20.1% 증가하였다.[37]

연령 요인을 조사했을 때, 자영업자들의 15%가 35세 이하였으며, 여전히 미국 노년층들 역시 전보다 훨씬 사업 소유주가 될 가능성이 더 크다. 예를 들면, 55~64세 사이의 자영업자 인구 비율은 2000년 16.4%에서 10년 후에 22.2%까지 증가하였다. 이러한 경향은 아마도 더 많은 베이비붐 세대들이 '라이프 스타일 창업가정신'이나 제2의 인생 경력을 찾고 있다는 지표가 될 수 있다.[38]

창업가들은 계속하여 어떤 경기 침체에 대한 답이 될 것이며, 그들은 몇 가지의 다른 방식으로 계속하여 경제 성장을 이끌 것이다. 창업가들은 기존 시장에 진입하고 확장해서 경쟁과 경제적 효율성을 증가시킨다. 창업가들은 또한 혁신적인 제품을 출시함으로써 완전히 새로운 시장을 만들어 낸다. 이 새로운 시장들은 다른 사람들에게 수익 기회를 제시하고, 더 나아가 경제 성장을 촉진한다. 게다가, 사업을 시작하는 창업가들의 14%는 창업가들에 의해 창출되는 새로운 시장들에 대한 분명한 징후인, 즉 그들의 제품에 직접적인 경쟁자들이 없었다고 주장한다.

미국에서 이례적인 창업가적 활동의 이유들로 인용되는 몇 가지는 다음과 같다.

- 미국은 위험 감수와 기회 추구를 지원하는 문화를 가지고 있다.
- 미국은 비교적 미개척의 경제 기회에 관심이 많으며 실패에 대한 두려움이 비교적 낮다.
- 미국은 대학 및 대학원 수준의 창업가정신 교육에 선두주자이다.
- 미국은 높은 비율의 전문적, 기술적, 또는 경영학 학위를 가진 개인들의 본고장이며 창업가 활동 비율이 가장 높은 국가이다.

글로벌 관점

자유무역의 비용

북미자유무역협정(North American Free Trade Agreement, NAFTA)은 세계에서 가장 큰 무역 블록으로서 미국, 캐나다, 멕시코를 연결하며, 한때는 미국인들이 미국에서 더 높은 보수를 주는 일자리를 창출할 수 있도록 제조업을 멕시코에 있는 더 값싼 노동력에 아웃소싱할 수 있는 기회로서 평가받았으나 지금은 수많은 미국의 일자리 상실로 비난을 받고 있다. 사업이 첨단 기술로 세계 국경을 넘어 수행되는 것이 쉬워졌기 때문에, 지금은 제조업 일자리보다는 서비스 산업 일자리가 다음 표적이 될 것이라는 가능성에 우려가 커지고 있다.

미국 정치의 새로운 움직임은 '자유' 무역보다는 '공정한' 무역으로 향해 가고 있다. 반무역(anti-trade)의 정서가 계속하여 커짐에 따라, 민족주의는 미국뿐만 아니라 다른 선진국들에서도 확고해지고 있다. 남아 있는 문제는 자유 무역과 관련된 비용이 그만한 가치가 있는지에 대한 여부이다. 이 답은 민감하면서 매우 정치화된 화제이지만 경제가 자유 무역으로 더 낫다는 것을 제시할 것이다. 하지만 미국의 소도시에 위치한 폐쇄되는 공장들은 사업을 이웃 국가들과 함께 촉진하기 위하여 미국의 국경을 개방한 것과 관련된 필연적인 문제들의 상징이라는 사실에는 여전히 변함이 없다. 소수의 정치가들이 언급하기를 원하는 다른 문제는 국가가 그러한 중단으로 덕을 본다고 할지라도, 세계 상거래를 멈추기 위하여 무엇이든 할 수 있는지에 대한 여부이다.

자유 무역을 중지하는 이 문제에 대한 답은 국경에 의해 보호되는 고립된 상거래 지역의 시대를 끝내는 것이다. 몇몇 분석가들은 미국이 누렸던 수십 년 동안의 경제 번영이 이러한 공포감을 이끌어 왔다고 주장한다. 현실은 실업 증가와 같은 문제들이 대두될 때, 창업가들이 변화된 그리고 여전히 지속가능한 삶의 방식을 허용하는 해결책을 가지고 난국에 대처한다는 것이다. 농업은 산업을 이끌어 왔으며, 이는 기술의 발전을 이끌어 왔다. 즉, 이들 각각은 변화뿐만 아니라 더 많은 부를 창출하는 결과를 낳았다. 글로벌 시장은 존재하고 있으며, 그리하여 물어볼 가치가 있는 질문 한 가지는 그것이 제시하는 기회를 어떻게 포착하느냐 하는 것이다.

Adapted from Nina Easton, "North America Sours on Free Trade," *Fortune*, January 18, 2008, http://money.cnn.com/2008/01/18/news/economy/worldgoaway.fortune/index.htm (accessed March 26, 2008).

전반적으로, 모든 연구는 기존 시장을 확장하고 새로운 시장을 개척할 수 있는 창업가의 능력이 개인, 기업, 그리고 국가 전체에 있어서 창업가정신을 중요하게 만든다는 것을 계속해서 설명한다.[39]

가젤의 영향

신생 중소기업들은 미국 경제에서 대부분의 일자리를 창출한다(실제로 전 세계에서 그렇지만). 더 긴 설명이 필요 없이, 이러한 일자리를 창출하는 기업들의 대부분은 급성장하는 기업들이다. Cognetics 기업의 David Birch는 이 기업들을 가젤이라고 명명하였다.[40] Birch의 정의에 의하면, **가젤**(gazelle)은 최소한 10만 달러의 초기자본으로 시작하여, (5년 동안) 매년 적어도 20%의 매출 신장을 이룬 사업장이다.

'가젤 요인'은 경제 성장에서 가장 중요한 발견일 것이다. 지난 10년 동안 주요 기업들의 지속적인 인원감축에도 불구하고, 가젤은 500만 개의 일자리를 만들었고 420만 개에 이르는 순수한 고용 성장을 가져왔다. 좀더 최근에 가젤(지금은 약 358,000개 또는 모든 현행 기업들의 4%)은 같은 기간 동안에 미국 경제 전체(1,110만) 만큼이나 많은 일자리(1,070만)를 창출하였다.

최근의 국제 연구들은 가젤에 대한 일관된 결과들을 입증하고 있다. 예를 들면, WEF는 'Inc. Magazine'의 2000년에서 2009년까지 "미국에서 가장 빠르게 성장하는 사기업 500(500 Fastest – Growing Private Companies in the US)"과 '패스트 트랙 100(Fast Track 100)' 및 '기술 트랙 100(Tech Track 100)' 순위에 속한 영국의 사기업들을 대상으로 수익, 수익성장률, 회사설립 연도를 사용하여 분석하였다. WEF는 또한 미국, 캐나다, 영국, 독일, 프랑스, 스웨덴, 노르웨이, 이스라엘, 중국, 인도, 일본, 호주, 뉴질랜드의 13개 국가로부터의 'Deloitte Technology *Fast Company*' 순위를 조사하였다.

미국 기업들의 Inc. 500 표본에 있어서, 상위 1%가 수익 성장의 20.5%를 차지한다(1/20 법칙과 유사함). 기업들의 상위 10%가 전체 500개 기업들의 성장 가운데 56%를 차지한다. '패스트 트랙 100'에 있는 영국 표본에서도 비슷한 결과가 나왔는데, 상위 1%가 20.8%, 상위 10%가 55.2%를 차지하였다. '기술 트랙'에 있는 영국의 기술 표본은 훨씬 주목할만한데, 상위 1%가 성장의 31.4%, 상위 10%가 성장의 60.3%를 차지한다.[41]

미국에 초점을 맞춘 "고성장 기업과 미국 경제의 미래(High-Growth Firms and the Future of the American Economy)"라는 제목의 다른 연구에서는 매년 최고 성과를 낸 상위 1%의 기업들이 약 40%의 일자리들을 차지하는 것으로 밝혀졌다. 그 범주 내에서, 빠르게 성장하는 '가젤' 기업들(3~5년 연령)은 전체 기업들 가운데 1% 미만을 차지하지만, 여전히 매년 새로운 일자리들의 대략 10%를 차지한다. 경제 전체의 '평균' 기업이 2~3개의 새로운 일자리를 창출했던 것과 비교해 볼 때, 상위 1%에 있는 '평균' 기업이 놀랍게도 매년 88개의 새로운 일자리들을 창출한다.[42] 전반적으로, 이러한 가젤들의 놀라운 성과와 기여는 경제에 있어서 강력한 요인이라는 인식을 더욱 뒷받침한다(가젤과 관련된 통념들에 대한 표 1.2 참조).[43]

가젤과 혁신

가젤들은 다음과 같이 혁신에 있어서 리더들이다.

- 신생 중소기업들은 서로 다른 362개의 산업들의 혁신에 있어서 55%를 초래하고 모든 급진적 혁신의 95%를 초래하고 있다.
- 가젤들은 대기업의 2배가 넘는 종업원당 제품 혁신을 만든다.
- 신생 중소기업들은 대기업보다 더 많은 판매당 특허권을 획득한다.

가젤과 성장

이러한 성장 데이터들이 현재의 '가젤 요인'을 어떻게 알리는지에 주목하라.

- 미국 중소기업청에 따르면 지난 10년 동안 창업이 매년 거의 40만 개에 이르고 있다.
- 미국의 약 2,800만 개의 사업체 가운데(IRS 세금 신고에 기초함), 17,000개만이 대기업으로서의 자격을 얻는다.
- 12년이 넘는 기간 동안 사업체 수에 있어서 평균 성장률은 3.9%이다.
- 매년, 종업원들을 가진 약 14%의 기업들이 실업보험목록에서 제외되는 반면에, 약 16%의 신생 및 승계 기업들(경영진이 변경되는 기업)이 추가된다. 이는 매 5년마다 모든 상장기업의 절반이 사라지거나 재조직되는 것을 보여 준다!
- 인구통계학자들은 2014년 2,800만 개의 기업들이 2020년에는 3,500만 개에 이를 것으로 전망한다.

가젤과 생존

얼마나 많은 가젤들이 생존할까? 간단한 답은 "아무도 생존하지 않는다"이다. 언젠가는 모든 기업들이 쇠퇴하고 사라진다. 그러므로 보다 적절한 질문은 "어떤 특정 기간 동안 얼마나 많은 기업들이 사라지고, 그 기간의 초반에 기업들의 연령의 기능은 어느 정도인가?"이다.

표 1.2 가젤과 관련된 신화

가젤들은 모든 창업가들의 목표이다. 가젤의 생성은 재무적으로 뿐만 아니라 직업적으로 가치가 있을 수 있다. 모든 창업가들이 가젤의 운영이 유발하는 높은 스트레스 환경에 적합한 것은 아니다. 기업이 성공적일수록, 사회는 경영 행동을 더 조사한다. 일단 세상이 지켜보게 되면, 가젤의 성장 유지는 엄청난 압박 하에서 끈기뿐만 아니라 평정심을 필요로 한다.
가젤들은 벤처자본을 받는다. 벤처 캐피탈(venture capital, VC) 기업들은 가젤들에 투자하는 것을 선호하지만, 많은 가젤들은 VC 자금을 결코 받지 않는다. 40만 개에 이르는 가젤들 가운데 2% 미만의 기업들이, 심지어 경기가 좋을 때조차도, 자금을 받아 왔다.
가젤들은 결코 쥐들이 아니었다. 정의에 의하면, 가젤들은 고성장과 부를 창출하려는 의도로 만들어진 기업들인 반면, 쥐들은 수익 창출에만 목적을 두고 성장의 의도가 없이 만들어진 기업들이다. 기업들은 설립될 때 가젤이 될 수 있다. 하지만 많은 기업들은 나중에 가젤이 될 수 있다. 20%나 되는 가젤들이 30년 이상 동안 운영 중에 있다.
가젤들은 첨단 기술이다. 가젤로서 분류될 수 있는 기업은 최소한 10만 달러의 초기 자본으로 시작하고 최소한 5년 동안 20%의 매출 성장이 있어야 한다. 이는 모든 산업의 기업들을 포함한다. 이러한 통념은 대부분의 기술 기반의 기업들이 누리는 높은 이윤에서 기인할 수 있다. 하지만 가젤들은 낮은 기술의 분야에서 흔히 발견되고 있다. 두 가지의 일반적인 사례들로 Best Buy와 Starbucks를 들 수 있다.
가젤들은 국제적이다. 사업 범위는 가젤을 구분하는 데 있어서 아무런 역할이 없으며, 일부 가젤들이 범세계적으로 운영되고 있지만, 그것은 필요한 특성이 아니다. 너무 이르게 해외로 확장하려는 의사결정은 성공을 이끌 수 있는 만큼이나 사업의 실패를 초래할 수 있다. 위험을 넘어, 국제 무역은 경제 활동에 있어서 매년 8조 달러 이상을 차지한다. 그러나 신중한 계획이 없다면 국제화는 파산을 이끌 수 있다.

모든 기업의 85%가 첫 해(또는 어떤 버전의 통념에 의하면 처음 2년)에 실패한다는 보편적인 통념은 명백하게 사실이 아니다. 이 통념의 기원은 전 MIT 교수이자 Cognetics를 소유한 David Birch가 모든 기업의 85%가 실패한다고 언급한 연구까지 거슬러 올라간다. 이러한 결과가 "모든 작은 창업 기업들의 85%는 첫 해에 실패한다"로 확대된 것으로 보인다.

이러한 통념의 기원이 무엇이든지, 보다 정확한 진술은 모든 창업의 약 절반이 창업 후 뒤따르는 경제적 조건에 따라 5년에서 7년 사이를 지속한다는 것이다.

창업 기업의 유산

창업가적 활동의 육성 및 증진은 불경기, 침체, 당면과제에 대한 경제적 해결책이 되어 왔으며 앞으로도 그러할 것이다. 창업가적 활동은 지금까지 지구상에서 발견된 가장 강력한 경제력이다.

첫째, 성장 산업들에 속한 기존의 대기업들은 2000년대 초반에 적응하였고, 인원을 감축하였고, 재구조화하였고, 그리고 자신을 재창조했으며, 지금은 보다 창업가적으로 되는 법을 배우면서, 성장하고 있다. 대기업들이 더욱 슬림해짐에 따라 판매와 수익이 급격히 증가하였다. 예를 들면, 인력을 40% 감축했던 General Electric은 같은 기간 동안 200억 달러 미만에서 거의 800억 달러까지 판매가 4배 증가하는 것을 보았다. 이러한 목표는 많은 경우에 기업의 '핵심역량'에 초점을 두고 이전에 사내에서 하던 기능들을 중소기업들에 하청을 줌으로써 달성되었다.

둘째, 기존의 대기업들이 변신하는 동안, 새로운 창업 기업들은 번영하고 있다. Nucor Steel은 25년 전 수백 명의 종업원들을 가진 소규모의 제조업체였다. Nucor Steel은 얇은 슬래브 주조(thin-slab casting)라고 불리는 새로운 기술을 받아들여 성장한 반면, 다른 철강업체들은 휘청거렸다. Nucor는 34억 달러의 판매 및 2억 7,400만 달러의 순익과 함께 59,000명까지 성장하였다. 새로운 창업 기업들은—일부는 20년 전에 존재하지 않음—전체적으로 지난 10년 동안 수백만 개의 일자리를 창출하였다. 많은 주목할만한 사례들 가운데, Facebook, Twitter, Google, BlackBerry, YouTube를 생각해 보라.

셋째, 수천 개의 창업 기업들이 설립되어 왔으며, 이는 여성, 소수민족, 이민자들에 의해 설립된 기업들을 포함한다. 이 새로운 기업들은 경제의 모든 분야에서 교두보를 마련하며 나라의 모든 부분에서 발견될 수 있다. 그것들은 힘을 모아 한 두 명의 종업원들을 고용함으로써 경제에 엄청난 기여를 하고 있으며, 지난 수십 년 동안 대부분의 새로운 일자리들을 창출해 왔다.

요약하면, 창업 기업들은 미국 경제에 없어서는 안 될 두 가지의 기여를 하고 있다. 첫째, 그것들은 시장 경제에 스며들고 그 경계를 정하는 재생 과정의 필수적인 부분이다. 그

창업가적 과정

창업가정신에 대한 최고의 경영대학

지난 5년에 걸쳐 다양한 창업가정신 프로그램의 순위를 조사함에 있어서, 다음의 대학들은 세계에서 가장 최고의 대학으로서 계속하여 주목을 받아왔다.

최고의 창업가정신 대학원 프로그램

Indiana University-Bloomington**
Stanford University
Harvard University
Massachusetts Institute of Technology
University of California-Berkeley**
Babson College

최고의 창업가정신 학부 프로그램

Indiana University-Bloomington**
University of Pennsylvania
University of Southern California
University of Arizona**
Babson College

** 주립대학

출처: Adapted from "Best Colleges for Aspiring Entrepreneurs," *Fortune Small Business* (2007); "Venture Education," *Fortune Magazine* (2010); and "Best Business School Rankings" *U.S. News & World Report* (2008, 2009, 2010, 2011, 2012).

것들은 또한 기술적 변화와 생산성 성장을 이끄는 혁신을 지키는 데 있어서 결정적인 역할을 한다. 간단히 말해, 그것들은 시장구조를 변화시키기 때문에 변화와 경쟁이 가장 중요하다. 미국 경제는 이미 안정된 단계이기보다는 항상 '되고 있는 중'의 단계에 있는 역동적이며 유기적인 존재이다. 그것은 과거의 유산이 아니라 미래의 전망에 관한 것이다.

둘째, 창업 기업들은 수백만의 사람들이 미국 사회의 경제적 및 사회적 주류에 들어갈 수 있도록 해주는 필수적인 메커니즘이다. 중소기업들은 여성, 소수민족, 이민자들을 포함한 수백만의 사람들이 아메리칸 드림에 접근할 수 있도록 해준다. 미국의 강력함의 가장 큰 원천은 항상 경제 성장, 동등한 기회, 신분 상승에 대한 꿈이었다. 창업가정신은 이러한 진화적인 과정에 있어서 고 기술과 '중심가' 활동 둘 다를 함께 묶어주는 '사회적 접착제'를 제공하는 결정적이며 필수적인 역할을 한다.[44]

새로운 사업 형성은 글로벌 고용에서 어떤 순수한 증가를 위한 결정적인 기반이다. 이 책의 모든 상세한 정보는 왜 글로벌 경제의 미래가 우리의 창업가적 능력의 개발에 달려 있는지에 대한 통찰력을 제공한다.

창업연구에 있어서 21세기 트렌드

창업가정신에 대한 연구를 계속하면서, 금세기에 발생하고 있는 연구와 교육발전에 주목하는 것이 중요하다. 창업가와 신생 벤처의 창출에 대한 최근 연구를 특징짓는 두 가지 주제는 다음과 같이 요약될 수 있다.

1. **벤처 자금 조달**은 다른 혁신적인 자금 조달 기법들뿐만 아니라 벤처 캐피탈 및 엔젤 캐피탈 둘 다를 포함하며, 1990년대에 전례 없는 힘과 함께 등장하였고, 21세기에 창업가정신에 연료를 공급하고 있다.[45]
2. **기업 창업가정신**(대기업 내의 창업가적 행동)과 창업가적 문화에 대한 필요성이 지난 몇 년간 많은 주의를 끌었다.[46]
3. **사회적 창업가정신**은 새로운 창업가들 간에 전례 없는 힘과 함께 등장했다.[47]
4. **창업가적 인지**(창업가들의 유형들 간의 엄청난 다양성과 성공을 거두기 위해 그들이 사용해 온 방법들을 조사하는 것)는 창업가적 과정의 심리적 관점에 대한 연구의 동향이다.[48]
5. **여성 및 소수계층 창업가들**은 엄청난 수로 증가하였다. 다른 창업가들과 달리 장애물과 어려움에 직면하는 것으로 보인다.[49]
6. **글로벌 창업가의 이동**은 지난 몇 년 동안 세계적으로 창업가정신에 대한 관심의 엄청난 성장으로 판단해 보건대 증가하고 있다.[50]
7. **가족경영**은 연구의 보다 강한 초점이 되고 있다. 가족경영을 하는 창업가들의 경제적 및 사회적 공헌은 고용 창출, 혁신, 경제적 재생에 대해 매우 불균형적인 공헌을 해 온 것으로 보인다.[51]
8. **창업 교육**은 전 세계적으로 경영 및 공과 대학에서 가장 뜨거운 주제들 가운데 하나가 되어 왔다. 창업가정신이나 유사한 과목을 가르치는 단과대학들의 수는 30년 전 12개 정도에서 현재 3,000개 이상으로 성장해 왔다.[52]

주요 개념

창업가정신의 본질에 대한 논의를 마치기 전에, 창업가정신, 창업가, 창업 경영의 세 가지 주요 개념을 정리할 필요가 있다.

창업가정신

창업가정신(entrepreneurship)은 새로운 아이디어와 창의적인 솔루션의 개발 및 실행에 대한 에너지와 열정의 적용을 요구하는 비전, 변화, 창조의 역동적인 프로세스를 말한다. 혁신과 신생 벤처 설립의 이러한 과정은 개인적, 조직적, 환경적, 그리고 과정의 네 가지 주요 차원들을 통해 달성되며 정부, 교육, 기관들의 협력적 네트워크에 의해 촉진된다. 오늘날의 경제에서 기회의 인식 및 포착의 실행을 위해 경쟁할 수 있는 시장성 있는 아이디어로 전환되는 동안 모든 창업가적 사고의 거시적 및 미시적 입장이 고려되어야 한다.

창업가

이 장의 초반부에서 설명하였듯이, 창업가는 기회들을 인식하고 포착하며, 그러한 기회들을 실행 가능한/시장성 있는 아이디어들로 전환시키고, 시간, 노력, 자본, 또는 기술을 통해 가치를 부여하며, 이러한 아이디어들을 실행하기 위해 경쟁적인 시장의 위험을 감수하는 혁신가 또는 개발자이다. 창업가는 창업가적 과정을 실행할 때 목적의식이 뚜렷한 탐색, 주의 깊은 계획, 그리고 건전한 판단을 사용하는 경제 변화에 대한 촉매자이다. 유례없이 낙천적이고 헌신적인 창업가는 부를 창출할 목적으로 새로운 자원을 설립하거나 오래된 자원들에 새로운 역량을 부여하기 위해 창의적으로 일한다.

창업 경영

이 책의 근원적 주제는 **창업 경영**(entrepreneurial management)의 분야이며, 창업 경영은 다음과 같이 기술된다.

> 창업가가 기존의 큰 조직이든지 아니면 자신의 신생 벤처를 혼자서 시작하는 개인이든지 간에, 창업가정신은 동일한 원칙들에 근간을 두고 있다. 창업가가 영리 또는 비영리의 공공서비스 조직이든지, 정부기관 또는 비정부 기구이든지 간에, 차이가 없거나 있더라도 매우 적다. 규칙들이 거의 비슷하며, 효과가 있거나 효과가 없는 것들도 거의 비슷하며, 혁신의 종류들과 그것들을 어디에서 찾아야 하는지도 마찬가지이다. 모든 경우에 있어서, 우리가 창업 경영이라고 부를 수 있는 분야가 있다.[53] 이러한 떠오르는 분야의 기술 및 원칙들은 21세기 창업 경제를 이끌 것이다.

요약

이 장에서는 창업가정신의 진화를 살펴보았으며, 이러한 역동적이며 발전하는 분야에 대한 향후 연구를 위한 토대를 제공하였다. 동시대의 엄선된 정의와 초기 경제학상의 정의를 분석해봄으로써, 이 장에서는 창업가정신이 어떻게 고찰되어 왔는지에 대한 역사적인 상황을 제시하였다. 게다가, 창업가정신에 대한 열 가지 주요 통념에 대해 논의해봄으로써 새롭게 발전되고 있는 이 연구 분야를 둘러싼 신화에 대해 좀 더 이해해 보고자 하였다. 현대의 연구는 창업가정신을 연구하기 위해 범위를 넓히고 있으며, 이 분야 뒤에 있는 무엇을, 어떻게, 그리고 왜에 대해 보다 더 나은 초점을 제공하고 있다.

창업가정신에 대한 접근법은 학파 및 과정이라는 두 가지의 서로 다른 관점으로부터 조사되었다. 여섯 가지의 선택된 학파가 제시되었으며, 과정으로서 현대의 창업가정신을 이해하기 위한 세 가지 접근법이 논의되었다.

그러고 나서 이 장에서는 미국 및 전 세계에 걸쳐 발생하고 있는 창업가적 혁명에 대해 폭넓은 시각을 제공하려 하였다. 이 장에서는 창업경제를 지지하는 중요한 통계치를 논의하였다. 가젤 및 그것이 경제에 미치는 영향에 대한 설명이 제시되었다. 가젤은 10만 달러의 초기 자본으로 시작하여 5년 동안 매년 적어도 20%의 매출 신장을 이룬 사업체이다.

이 장에서는 창업가정신, 창업가, 창업 경영의 세 가지 주요 개념에 대한 정의로 결론을 맺고 있다.

주요용어

가젤	외재적 통제위치	창업가정신의 거시적 관점
내재적 통제위치	우물 전략	창업가정신의 미시적 관점
더 나은 위젯 전략	재무/자본 학파	창업가 특성 학파
동적 상태 모형	전략적 수립 학파	창업 경영
배제 학파	창업가	탁월한 인재 중시 전략
벤처 기회 학파	창업가적 혁명	통로 원리
산골짜기 전략	창업가정신	환경 학파

검토와 토의 문제

1. 창업가정신의 혁명을 간략하게 설명하시오.
2. 창업가정신과 관련된 열 가지의 통념들은 무엇인가?
3. 창업가정신의 거시적 관점은 무엇인가?
4. 창업가정신의 거시적 관점을 사용하는 학파들은 무엇인가?
5. 창업가정신의 미시적 관점은 무엇인가?
6. 창업가정신의 미시적 관점을 사용하는 학파들은 무엇인가?
7. 배제의 세 가지 특정 유형은 무엇인가?
8. 전략 수립 학파에 있어서 독특한 요소들과 관련된 네 가지의 전략 유형들은 무엇인가?
9. 창업가정신에 대한 과정 접근법은 무엇인가? 답변에 있어서 역동적 진술 접근법을 설명하시오.
10. 경제에서 신생 벤처의 우위(predominance)를 설명하시오.
11. 경제에 있어서 어떻게 가장 순수한 새로운 일자리들이 생겨났는가?
12. 가젤을 정의하고 그 중요성을 논의하시오.

연습문제

성공한 창업가들에 대한 자신의 신념 이해

다음의 10개의 문장 각각을 읽고, 각 문장의 왼쪽에 자신의 동의 여부를 표시하시오. 문장에 전적으로 동의한다면, 왼쪽 라인에 10을 적고, 전적으로 동의하지 않는다면, 1을 적으시오. 당신이 부동의보다는 더 동의하는 경향이 있다면, 얼마나 동의하는지를 6에서 9 사이 값으로 답변을 하시오. 당신이 부동의하는 경향이 더 크다면, 2에서 5 사이 값으로 답변을 하시오.

1. 성공한 창업가들은 종종 그들이 할 것을 신중하게 계획하고 실행하는 방법론적이며 분석적인 사람들이다.
2. 가장 성공한 창업가들은 고성취 동기와 이기려는 성격과 같은 특별한 특성을 가지고 태어나며, 이러한 특성들은 그들의 창업가적 시도에 있어서 그들에게 긍정적인 역할을 한다.
3. 성공한 창업가정신에 필요한 많은 특성들은 학습과 경험을 통하여 배울 수 있다.
4. 가장 성공한 창업가들은 독특한 제품이나 서비스를 발명하는 사람들이다.
5. 크게 성공하는 창업가들은 정식 교육을 거의 받지 못한 경향이 있다.
6. 대부분의 성공한 창업가들은 학교 중퇴가 그들이 가장 잘했던 일이라고 받아들인다.
7. 가장 성공한 창업가들은 사업에 대한 접근법이 독특하고 개인주의적이기 때문에, 그들은 다른 사람들과 교제하는 것이 어렵다는 것을 알고 있다. 즉, 그들은 어울리지 않는다.
8. 연구는 창업 벤처를 시작하기 전에 적절한 자금 조달을 하는 것이 중요하지만, 종종 경영적 역량과 적절한 계획수립이 더 중요하다는 것을 보여 준다.
9. 성공한 창업가정신은 운보다는 준비와 갈망의 문제이다.
10. 가장 성공한 창업가들은 그들의 첫 번째 벤처에서 잘 활동하고 있으며, 이는 그들이 사업을 계속하도록 장려한다. 즉, 실패는 기업이 성장함에 따라 보다 늦게 오는 경향이 있다.

(a) 1. 3, 8, 9번 문장에 적당한 숫자를 기입하고, 2, 4, 5, 6, 7, 10번은 생각하는 숫자를 11에서 뺀 다음 기입하시오. 그리하여 당신이 1번 문항에 8점을 주었다면, 1번 왼쪽 옆에 8을 기입하라. 하지만 당신이 2번 문항에 7점을 주었다면, 2번 왼쪽에 4를 기입하시오. 그러고 나서 열에 있는 모든 숫자들을 합한 후, 합계에 이를 기입하시오.

______	1	______	6*		
______	2*	______	7*		
______	3	______	8		
______	4*	______	9		
______	5*	______	10*	______	합계

해석: 이 연습문제는 당신의 창업가정신에 대한 통념을 얼마나 믿는지를 측정한다. 합계가 더 낮을수록, 당신의 신념은 더 강한 것이다. 즉, 합계가 더 높을수록, 당신의 신념은 더 약하다. 1, 3, 8, 9번 문항은 옳은 진술이고, 2, 4, 5, 6, 7, 10번은 잘못된 진술이다. 점수는 다음과 같다.

80~100 우수함. 창업가정신의 실체를 알고 있다.
61~79 좋음. 여전히 몇 개의 통념을 믿고 있다.

41~60 보통임. 창업가정신의 통념에 대한 1장의 내용을 복습할 필요가 있다.

0~40 저조함. 창업가정신의 통념에 대한 1장의 내용을 다시 읽고 학습할 필요가 있다.

사례 1.1: 가젤… 혹은 거북이?

Summit Software는 최근에 창립 5주년을 기념하였다. 소유주인 Jim Mueller는 지방 대학의 교수로 있을 때 소프트웨어 개발 및 유통 회사를 시작하였다. 지금은 변화의 속도가 빠른 기술 업계에서 일하는 것을 즐기고 있다. Jim에게 성장과 확장은 그의 지식, 판매계약들, 그리고 충분한 인력 덕분에 어렵지 않았다. 그의 연구실에서 시작했던 회사가 지금은 시내 번화가 근처의 좋은 사무실을 가지고 있다.

6년째로 접어 들면서, Jim은 고객지원과 장기 프로젝트로 이제까지와 같은 시장에 집중하려고 한다. 그는 기술 발전과 새로운 수요를 가진 고객들이 가까운 장래에 등장할 것으로 예상한다. 진행 중인, 그리고 예정된 개발업무 때문에 Jim과 3명의 직원들이 관리업무에 쓸 수 있는 시간이 거의 없다. 새로운 고객 발굴은 말할 것도 없다. 또 회사가 과거와 같은 성장률과 경쟁력을 유지하려면 한 단계 발전이 필요하다는 것도 Jim은 알고 있다. Summit의 재무제표와 현재 사업을 유지하기 위한 업무량을 감안할 때, 앞으로의 방향에 확신을 가지지 못하고 있다. 다음은 창립 이래의 Jim의 연도별 판매실적이다.

1차 년도: $112,000
2차 년도: $195,000
3차 년도: $250,000
4차 년도: $335,000
5차 년도: $487,000

질문

1. Summit Software는 가젤인가? 대답의 근거도 같이 제시하시오.
2. Jim이 급성장 회사를 소유함으로써 어떤 문제들이 발생하는가?
3. 전통적 성장 사업보다 가젤이 경제에 더 중요한가? 왜 그런가, 아니면 왜 아닌가?

미주

1. Jeffry A. Timmons and Stephen Spinelli, *New Venture Creation*, 7th ed. (New York: McGraw-Hill/Irwin, 2007), 3.

2. For a compilation of definitions, see Robert C. Ronstadt, *Entrepreneurship* (Dover, MA: Lord Publishing, 1984), 28; Howard H. Stevenson and David E. Gumpert, "The Heart of Entrepreneurship," *Harvard Business Review* (March/April 1985): 85–94; and J. Barton Cunningham and Joe Lischeron, "Defining Entrepreneurship," *Journal of Small Business Management* (January 1991): 45–61.

3. See Calvin A. Kent, Donald L. Sexton, and Karl H. Vesper, *Encyclopedia of Entrepreneurship* (Englewood Cliffs, NJ: Prentice Hall, 1982); Ray V. Montagno and Donald F. Kuratko, "Perception of Entrepreneurial Success Characteristics," *American Journal of Small Business* (Winter 1986): 25–32; Thomas M. Begley and David P. Boyd, "Psychological Characteristics Associated with Performance in Entrepreneurial Firms and Smaller Businesses," *Journal of Business Venturing* (Winter 1987): 79–91; and Donald F. Kuratko, "Entrepreneurship," *International Encyclopedia of Business and Management* 2nd ed. (London: Routledge Publishers, 2002), 168–76.

4. Kent, Sexton, and Vesper, *Encyclopedia of Entrepreneurship* xxix.

5. Israel M. Kirzner, *Perception, Opportunity, and Profit: Studies in the Theory of Entrepreneurship* (Chicago: University of Chicago Press, 1979), 38–39.

6. See Ronstadt, *Entrepreneurship* 9–12.

7. Joseph Schumpeter, "Change and the Entrepreneur," in *Essays of J. A. Schumpeter* ed. Richard V. Clemence (Reading, MA: Addison-Wesley, 1951), 255.

8. Arthur Cole, *Business Enterprise in Its Social Setting* (Cambridge, MA: Harvard University Press, 1959), 27–28.

9. Albert Shapero, *Entrepreneurship and Economic Development* Project ISEED, Ltd. (Milwaukee, WI: Center for Venture Management, 1975), 187.

10. Ronstadt, *Entrepreneurship*, 28.

11. John B. Miner, Norman R. Smith, and Jeffrey S. Bracker, "Defining the Inventor-Entrepreneur in the Context of Established Typologies," *Journal of Business Venturing* (March 1992): 103–13.

12. "A Surprising Finding on New-Business Mortality Rates," *Business Week* (June 14, 1993): 22.

13. Ivan Bull and Gary E. Willard, "Towards a Theory of Entrepreneurship," *Journal of Business Venturing* (May 1993): 183–95; Ian C. MacMillan and Jerome A. Katz, "Idiosyncratic Milieus of Entrepreneurship Research: The Need for Comprehensive Theories," *Journal of Business Venturing* (January 1992): 1–8; Scott Shane and S. Venkataraman, "The Promise of Entrepreneurship as a Field of Research," *Academy of Management Review* (January 2000): 217–26; Phillip H. Phan, "Entrepreneurship Theory: Possibilities and Future Directions," *Journal of Business Venturing* 19, no. 5 (September 2004): 617–20; and Brian L. Connelly, R. Duane Ireland, Christopher R. Reutzel, and Joseph E. Coombs, "The Power and Effects of Entrepreneurship Research," *Entrepreneurship Theory and Practice* 34, no. 1 (2010): 131–49.

14. William B. Gartner, "What Are We Talking About When We Talk About Entrepreneurship?" *Journal of Business Venturing* (January 1990): 15–28; see also Lanny Herron, Harry J. Sapienza, and Deborah Smith Cook, "Entrepreneurship Theory from an Interdisciplinary Perspective," *Entrepreneurship Theory and Practice* (Spring 1992): 5–12; Saras D. Sarasvathy, "The Questions We Ask and the Questions We Care About: Reformulating Some Problems in Entrepreneurship Research," *Journal of Business Venturing* 19, no. 5 (September 2004): 707–17; Benyamin B. Lichtenstein, Nancy M. Carter, Kevin J. Dooley, and William B. Gartner, "Complexity Dynamics of Nascent Entrepreneurship," *Journal of Business Venturing* 22, no. 2 (2007): 236–61; and Peter W. Moroz and Kevin Hindle, "Entrepreneurship as a Process: Toward Harmonizing Multiple Perspectives," *Entrepreneurship Theory and Practice* 36, no. 4 (2012): 781–818.

15. See Harold Koontz, "The Management Theory Jungle Revisited," *Academy of Management Review* (April 1980): 175–87; Richard M. Hodgetts and Donald F. Kuratko, "The Management Theory Jungle—Quo Vadis?" *Southern Management Association Proceedings* (November 1983): 280–83; J. Barton Cunningham and Joe Lischeron, "Defining Entrepreneurship," *Journal of Small Business Management* (January 1991): 45–61; Ian C. MacMillan and Jerome A. Katz, "Idiosyncratic Milieus of Entrepreneurship Research: The Need for Comprehensive Theories," *Journal of Business Venturing* (January 1992): 1–8; Murray B. Low, "The Adolescence of Entrepreneurship Research: Specification of Purpose," *Entrepreneurship Theory and Practice* 25, no. 4 (2001): 17–25; and Johan Wiklund, Per Davidsson, David B. Audretsch, and Charlie Karlsson, "The Future of Entrepreneurship Research," *Entrepreneurship Theory and Practice* 35, no. 1 (2011): 1–9.

16. See Andrew H. Van de Ven, "The Development of an Infrastructure for Entrepreneurship," *Journal of Business Venturing* (May 1993): 211–30; Jeffrey G. York and S. Venkataraman, "The Entrepreneur-Environment Nexus: Uncertainty, Innovation, and Allocation," *Journal of Business Venturing* 25, no. 5 (2010): 449–63; and Linda Edelman and Helena Yli-Renko, "The Impact of Environment and Entrepreneurial Perceptions on Venture Creation Efforts: Bridging the Discovery and Creation Views of Entrepreneurship," *Entrepreneurship Theory and Practice* 34, no. 5 (2010): 833–56.

17. See David J. Brophy and Joel M. Shulman, "A Finance Perspective on Entrepreneurship Research," *Entrepreneurship Theory and Practice* (Spring 1992): 61–71; and Truls Erikson, "Entrepreneurial Capital: The Emerging Venture's Most Important Asset and Competitive Advantage," *Journal of Business Venturing* 17, no. 3 (2002): 275–90.

18. Ronstadt, *Entrepreneurship*; and Daniel V. Holland and Dean A. Shepherd, "Deciding to Persist: Adversity, Values, and Entrepreneurs' Decision Policies," *Entrepreneurship Theory and Practice* (in press).

19. Small Business Administration, *The State of Small Business: 1997: A Report of the President* (Washington, DC: Government Printing Office, 1997); Matthew C. Sonfield, "Re-Defining Minority Businesses: Challenges and Opportunities," *Journal of Developmental Entrepreneurship* 6, no. 3 (2001): 269–76; and Lois M. Shelton, "Fighting an Uphill Battle: Expansion Barriers, Intra-Industry Social Stratification, and Minority Firm Growth," *Entrepreneurship Theory and Practice* 34, no. 2 (2010): 379–98.

20. Sara Carter, "The Rewards of Entrepreneurship: Exploring the Incomes, Wealth, and Economic Well-Being of Entrepreneurial Households," *Entrepreneurship Theory and Practice* 35, no. 1 (2011): 39–55.

21. Kelly G. Shaver and Linda R. Scott, "Person, Process, Choice: The Psychology of New Venture Creation," *Entrepreneurship Theory and Practice* (Winter 1991): 23–45; Ronald K. Mitchell, Lowell Busenitz, Theresa Lant, Patricia P. McDougall, Eric A. Morse, and J. Brock Smith, "The Distinctive and Inclusive Domain of Entrepreneurial Cognition Research," *Entrepreneurship Theory and Practice* 28, no. 6 (Winter 2004): 505–18; and Ha Hoang, Javier Gimeno, "Becoming a Founder: How Founder Role Identity Affects Entrepreneurial Transitions and Persistence in Founding," *Journal of Business Venturing* 25, no. 1 (2010): 41–53; and J. Robert Mitchell, Dean A. Shepherd, "To Thine Own Self Be True: Images of Self, Images of Opportunity, and Entrepreneurial Action," *Journal of Business Venturing* 25, no. 1 (2010): 138–54.

22. See Magnus Aronsson, "Education Matters—But Does Entrepreneurship Education? An Interview with David Birch," *Academy of Management Learning & Education* 3, no. 3 (2004): 289–92.

23. See Jerry A. Katz, "The Chronology and Intellectual Trajectory of American Entrepreneurship Education," *Journal of Business Venturing* 18, no. 2 (2003): 283–300; Donald F. Kuratko, "The Emergence of Entrepreneurship Education: Development, Trends, and Challenges," *Entrepreneurship Theory and Practice* 29, no. 5 (2005): 577–98; and Dean A. Shepherd, "Educating Entrepreneurship Students About Emotion and Learning from Failure," *Academy of Management Learning & Education* 3, no. 3 (2004): 274–87.

24. Dimo Dimov, "Grappling With the Unbearable Elusiveness of Entrepreneurial Opportunities," *Entrepreneurship Theory and Practice* 35, no. 1 (2011): 57–81; Jintong Tang, K. Michele (Micki) Kacmar, and Lowell Busenitz, "Entrepreneurial Alertness in the Pursuit of New Opportunities," *Journal of Business Venturing* 27, no. 1 (2012): 77–94; and Michael M. Gielnik, Hannes Zacher, and Michael Frese, "Focus on Opportunities as a Mediator of the Relationship between Business Owner's Age and Venture Growth," *Journal of Business Venturing* 27, no. 1 (2012): 127–42.

25. George A. Steiner, *Strategic Planning* (New York: Free Press, 1979), 3.

26. See Marjorie A. Lyles, Inga S. Baird, J. Burdeane Orris, and Donald F. Kuratko, "Formalized Planning in Small Business: Increasing Strategic Choices," *Journal of Small Business Management* (April 1993): 38–50; R. Duane Ireland, Michael A. Hitt, S. Michael Camp, and Donald L. Sexton, "Integrating Entrepreneurship and Strategic Management Actions to Create

Firm Wealth," *Academy of Management Executive* 15, no. 1 (2001): 49–63; and Dimo Dimov, "Nascent Entrepreneurs and Venture Emergence: Opportunity Confidence, Human Capital, and Early Planning," *Journal of Management Studies* 48, no. 6 (2011): 1123–53.

27. Ronstadt, *Entrepreneurship* 112–15.

28. Michael A. Hitt, R. Duane Ireland, S. Michael Camp, and Donald L. Sexton, "Strategic Entrepreneurship: Entrepreneurial Strategies for Wealth Creation," special issue, *Strategic Management Journal* 22, no. 6 (2001): 479–92.

29. See the special issue, dealing with models, of *Entrepreneurship: Theory and Practice* 17, no. 2 (1993); see also James J. Chrisman, Alan Bauerschmidt, and Charles W. Hofer, "The Determinants of New Venture Performance: An Extended Model," *Entrepreneurship Theory and Practice* (Fall 1998): 5–30.

30. Michael H. Morris, Pamela S. Lewis, and Donald L. Sexton, "Reconceptualizing Entrepreneurship: An Input-Output Perspective," *Advanced Management Journal* 59, no. 1 (Winter 1994): 21–31.

31. Morris, Lewis, and Sexton, "Reconceptualizing Entrepreneurship."

32. Jonathan Levie and Benjamin B. Lichtenstein, "A Terminal Assessment of Stages Theory: Introducing a Dynamic States Approach to Entrepreneurship," *Entrepreneurship Theory and Practice* 34, no. 2 (2010): 317–50.

33. Donna Kelley, Niels Bosma, and José Ernesto Amorós, *Global Entrepreneurship Monitor 2010 Global Report* (Wellesley, MA: Babson College, 2010).

34. Ibid.

35. Paul D. Reynolds, Michael Hay, and S. Michael Camp, *Global Entrepreneurship Monitor* (Kansas City, MO: Kauffman Center for Entrepreneurial Leadership, 1999); and Maria Minniti and William D. Bygrave, *Global Entrepreneurship Monitor* (Kansas City, MO: Kauffman Center for Entrepreneurial Leadership, 2004); and Erkko Autio, *Global Report on High Growth Entrepreneurship* (Wellesley MA: Babson College and London, UK: London Business School, 2007).

36. Robert W. Fairlie, *Kauffman Index of Entrepreneurial Activity, 1996–2010* (Kansas City, MO: Ewing Marion Kauffman Foundation, 2011).

37. *Small Business Profile* (Washington DC: U.S. Small Business Administration, Office of Advocacy, 2011)

38. Ibid.; and Robert W. Fairlie, *Kauffman Index of Entrepreneurial Activity, 1996–2010* (Kansas City, MO: Ewing Marion Kauffman Foundation, 2011).

39. Maria Minniti and William D. Bygrave, *Global Entrepreneurship Monitor* (Kansas City, MO: Kauffman Center for Entrepreneurial Leadership, 2004); and Erkko Autio, *Global Report on High Growth Entrepreneurship* (Wellesley MA: Babson College and London, UK: London Business School, 2007).

40. David Birch's research firm, Cognetics, Inc., traces the employment and sales records of some 14 million companies with a Dun & Bradstreet file.

41. *Global Entrepreneurship and the Successful Growth Strategies of Early-Stage Companies: A World Economic Forum Report* (New York: World Economic Forum USA Inc., 2011); see also Gideon D. Markman and William B. Gartner, "Is Extraordinary Growth Profitable? A Study of *Inc. 500* High-Growth Companies," *Entrepreneurship Theory and Practice* (September 2002: Vol. 27, No. 1): 65–75.

42. Dane Stangler, *High-Growth Firms and the Future of the American Economy* (Ewing Marion Kauffman Foundation, March 2010).

43. David Birch, Jan Gundersen, Anne Haggerty, and William Parsons, *Corporate Demographics* (Cambridge, MA: Cognetics, Inc., 1999).

44. "The New American Revolution: The Role and Impact of Small Firms" (Washington, DC: U.S. Small Business Administration, Office of Economic Research, 1998); and William J. Dennis, Jr., and Lloyd W. Fernald, Jr., "The Chances of Financial Success (and Loss) from Small Business Ownership," *Entrepreneurship Theory and Practice* 26, no. 1 (2000): 75–83.

45. Dean A. Shepherd and Andrew Zacharakis, "Speed to Initial Public Offering of VC-Backed Companies," *Entrepreneurship Theory and Practice* 25, no. 3 (2001): 59–69; Dean A. Shepherd and Andrew Zacharakis, "Venture Capitalists' Expertise: A Call for Research into Decision Aids and Cognitive Feedback," *Journal of Business Venturing* 17, no. 1 (2002): 1–20; Lowell W. Busenitz, James O. Fiet, and Douglas D. Moesel, "Reconsidering the Venture Capitalists' 'Value Added' Proposition: An Interorganizational Learning Perspective," *Journal of Business Venturing* 19, no. 6 (2004): 787–807; and Dimo Dimov, Dean A. Shepherd, and Kathleen M. Sutcliffe, "Requisite Expertise, Firm Reputation, and Status in Venture Capital Investment Allocation Decisions," *Journal of Business Venturing* 22, no. 4 (2007): 481–502.

46. Donald F. Kuratko, R. Duane Ireland, and Jeffrey S. Hornsby, "Improving Firm Performance Through Entrepreneurial Actions: Acordia's Corporate Entrepreneurship Strategy," *Academy of Management Executive* 15, no. 4 (2001): 60–71; Donald F. Kuratko, Jeffrey S. Hornsby, and Michael G. Goldsby, "Sustaining Corporate Entrepreneurship: A Proposed Model of Perceived Implementation/Outcome Comparisons at the Organizational and Individual Levels," *International Journal of Entrepreneurship and Innovation* 5, no. 2 (2004): 77–89; Michael H. Morris, Donald F. Kuratko, and Jeffrey G. Covin, *Corporate Entrepreneurship and Innovation*, 3rd ed. (Mason, OH: Cengage/South-Western, 2011); and R. Duane Ireland, Jeffrey G. Covin, and Donald F. Kuratko, "Conceptualizing Corporate Entrepreneurship Strategy," *Entrepreneurship Theory and Practice* 33, no. 1 (2009): 19–46.

47. Ana Maria Peredo and Murdith McLean, "Social Entrepreneurship: A Critical Review of the Concept," *Journal of World Business* 41 (2006): 56–65; James Austin, Howard Stevenson, and Jane Wei-Skillern, "Social and Commercial Entrepreneurship: Same, Different, or Both?" *Entrepreneurship Theory and Practice* 30, no. 1 (2006): 1–22; Thomas J. Dean and Jeffery S. McMullen, "Toward a Theory of Sustainable Entrepreneurship: Reducing Environmental Degradation Through Entrepreneurial Action," *Journal of Business Venturing* 22, no. 1 (2007): 50–76; Desirée F. Pacheco, Thomas J. Dean, David S. Payne, "Escaping the Green Prison: Entrepreneurship and the Creation of Opportunities for Sustainable Development," *Journal of Business Venturing* 25, no. 5 (2010): 464–80; Bradley D. Parrish, "Sustainability-driven Entrepreneurship: Principles of Organization Design," *Journal of Business Venturing* 25, no. 5 (2010): 510–23; and Dean A. Shepherd and Holger Patzelt, "The New Field of Sustainable Entrepreneurship: Studying Entrepreneurial Action Linking" What Is to Be Sustained" with "What Is to Be Developed," *Entrepreneurship Theory and Practice* 35, no. 1 (2011): 137–63.

48. Jill Kickul and Lisa K. Gundry, "Prospecting for Strategic Advantage: The Proactive Entrepreneurial Personality and Small Firm Innovation," *Journal of Small Business Management* 40, no. 2 (2002): 85–97; Robert A. Baron, "The Role of Affect in the

Entrepreneurial Process," *Academy of Management Review* 33, no. 2 (2008): 328–40; and Robert A. Baron, Keith M. Hmieleski, Rebecca A. Henry, "Entrepreneurs' Dispositional Positive Affect: The Potential Benefits – and Potential Costs – of Being "Up," *Journal of Business Venturing* 27, no. 3 (2012): 310–24.

49. Lisa K. Gundry and Harold P. Welsch, "The Ambitious Entrepreneur: High Growth Strategies of Women-Owned Enterprises," *Journal of Business Venturing* 16, no. 5 (2001): 453–70; Anne de Bruin, Candida G. Brush, and Friederike Welter, "Towards Building Cumulative Knowledge on Women's Entrepreneurship," *Entrepreneurship Theory and Practice* 30, no. 5 (2006): 585–94; Dawn R. DeTienne and Gaylen N. Chandler, "The Role of Gender in Opportunity Identification," *Entrepreneurship Theory and Practice* 31, no. 3 (2007): 365–86; Francis J. Greene, Liang Han, and Susan Marlow, "Like Mother, Like Daughter? Analyzing Maternal Influences Upon Women's Entrepreneurial Propensity," *Entrepreneurship Theory and Practice* (in press); Susan Marlow and Maura McAdam, "Analyzing the Influence of Gender Upon High-Technology Venturing Within the Context of Business Incubation," *Entrepreneurship Theory and Practice* 36, no. 4 (2012): 655–76; *and* Alicia M. Robb, John Watson, "Gender Differences in Firm Performance: Evidence from New ventures in the United States," *Journal of Business Venturing* 27, no. 5 (2012): 544–58.

50. Shaker A. Zahra, James Hayton, Jeremy Marcel, and Hugh O'Neill, "Fostering Entrepreneurship During International Expansion: Managing Key Challenges," *European Management Journal* 19, no. 4 (2001): 359–69; Erkko Autio, Gerard George and Oliver Alexy, "International Entrepreneurship and Capability Development—Qualitative Evidence and Future Research Direction," *Entrepreneurship Theory and Practice* 35, no. 1 (2011):11–37; Nicole E. Coviello, Patricia P. McDougall, Benjamin M. Oviatt, "The Emergence, Advance and Future of International Entrepreneurship Research — An Introduction to the Special Forum," *Journal of Business Venturing* 26, no. 6 (2011): 625–31; and Marian V. Jones, Nicole Coviello, and Yee Kwan Tang, "International Entrepreneurship Research (1989–2009): A Domain Ontology and Thematic Analysis," *Journal of Business Venturing* 26, no. 6 (2011): 632–59.

51. Nancy Upton, Elisabeth J. Teal, and Joe T. Felan, "Strategic and Business Planning Practices of Fast-Growing Family Firms," *Journal of Small Business Management* 39, no. 4 (2001): 60–72; Zhenyu Wu, Jess H. Chua, and James J. Chrisman, "Effects of Family Ownership and Management on Small Business Equity Financing," *Journal of Business Venturing* 22, no. 6 (2007): 875–95; Michael H. Morris, Jeffrey A. Allen, Donald F. Kuratko, and David Brannon, "Experiencing Family Business Creation: Differences Between Founders, Nonfamily Managers, and Founders of Nonfamily Firms," *Entrepreneurship Theory and Practice* 34, no. 6 (2010): 1057–84; and James J. Chrisman, Jess H. Chua, and Lloyd P. Steier, "Resilience of Family Firms: An Introduction," *Entrepreneurship Theory and Practice* 35, no. 6 (2011): 1107–19.

52. Alberta Charney and Gary D. Libecap, "Impact of Entrepreneurship Education," *Insights: A Kauffman Research Series* (Kansas City, MO: Kauffman Center for Entrepreneurial Leadership, 2000); Donald F. Kuratko, "The Emergence of Entrepreneurship Education: Development, Trends, Challenges," *Entrepreneurship Theory and Practice* 29, no. 3 (2005): 577–98; Jerry A. Katz, "The Chronology and Intellectual Trajectory of American Entrepreneurship Education," *Journal of Business Venturing* 18, no. 2 (2003): 283–300; and Heidi M. Neck and Patricia G. Greene, "Entrepreneurship Education: Known Worlds and New Frontiers," *Journal of Small Business Management* 49, no. 1 (2011): 55–70.

53. Peter F. Drucker, *Innovation and Entrepreneurship* (New York: Harper & Row, 1985), 143; see also Howard H. Stevenson and J. Carlos Jarillo, "A Paradigm of Entrepreneurship: Entrepreneurial Management," *Strategic Management Journal* (Summer 1990): 17–27.

2장 개인의 창업가적 사고방식: 인식과 윤리

창업가적 사고

"재무상태표, 손익계산서, 그리고 현금흐름회계에 대해 우리가 아는 모든 것, 마케팅 전략, 전술, 그리고 기술에 대해 우리가 이해하는 모든 것, 그리고 경영원칙 및 관행에 대해 학습해 온 모든 것에 있어서 창업가정신의 핵심은 여전히 신비하지만, 특별한 어떤 것이 있다. 창업가정신은 매우 신비해서 우리가 그것을 보거나 만질 수 없다. 단지 그것이 존재한다는 것을 느끼며 알고 있을 뿐이다. 그것은 캘 수 없으며, 생산될 수 없으며, 또는 구매할 수 없다. 단지 그것은 발견될 수 있으며, 그것의 원천은 보이지 않는다. 하지만 그것의 결과는 유형적이며 측정가능하다. 이 신비한 핵심은 매우 강력해서 놀라운 외모를 평범하게 만들 수 있으며, 매우 전염성이 강해서 이곳에서 저곳으로 삽시간에 퍼져 나갈 수 있고, 매우 설득적이어서 의심과 불확실성을 확신으로 변모시킬 수 있다. 이 신비스러운 핵심은 열정이다!"

— Daring Visionaries 저자, Ray Smilor 박사

학습목표

1. 창업가적 사고방식 및 창업가적 인지에 대하여 서술한다.
2. 성공한 창업가들에게서 가장 일반적으로 인용되는 특징들을 살펴보고 논의한다.
3. 창업가정신의 '어두운 단면'에 대하여 논의한다.
4. 창업가들이 직면하는 서로 다른 유형의 위험뿐만 아니라 그들이 겪는 스트레스의 주요 원인과 스트레스를 다루는 방식에 대하여 살펴보고 논의한다.
5. 창업가들이 직면하는 윤리적 딜레마를 논의한다.
6. 역동적 환경에 맞는 개념적 틀에서 윤리를 연구한다.
7. 윤리적 책임과 리더십을 설정하기 위한 전략을 제시한다.
8. 창업가의 동기부여를 살펴본다.

창업가적 사고방식

전통적인 기회로부터의 격리를 느끼는 소위 X세대는 산업혁명 이래 가장 창업가적인 세대였기에 결국 E세대로 알려졌는지 모른다. 35세 미만의 수백만의 개인들은 사업을 시작하려고 활발하게 시도하고 있으며, 새로운 창업가의 3분의 1이 30세 미만이며, 18세에서 30세에 이르는 상당수의 젊은이들이 비즈니스 스쿨에서 창업가정신을 배우고 있다. 주요 대학들이 창업가정신에 대해 더 많은 자원을 쏟고 있고, 젊은 창업가들의 성공 스토리들이 늘어나고 있다.[1]

모든 사람들이 창업가로서의 경력을 추구할 수 있는 잠재력과 선택의 자유를 가지고 있으나, 정확하게 무엇이 사람들로 하여금 창업을 선택하도록 만드는지에 대해서는 충분하게 설명되지 않고 있다. 1장에서 설명한 바와 같이, 연구가들은 창업가들이 가진 동인을 보다 잘 이해하기 위하여 시도하고 있으나, 개인을 창업 영역으로 밀어붙이는 하나의 이벤트, 특징, 또는 특성을 여전히 파악하지 못하고 있다.[2]

이 책의 각 장에서는 창업가정신 분야에 대하여 학습하는 데 중점을 두고 있다. 이 장에서는 창업가들의 정신적인 면에 보다 중점을 둔다. 이 장은 성공한 창업가들과 관련된 가장 일반적인 특징을 기술하며, 창업가정신의 '어두운 단면'과 관련된 요소들 및 창업가들이 직면하는 윤리적 도전을 기술한다. 이런 방식으로, 우리는 **창업가적 사고방식**(entrepreneurial mind-set)을 가진 사람들이 보여 주는 **창업가적 행동**(entrepreneurial behavior)에 대해 보다 완벽한 관점을 얻고자 한다. 이러한 사고방식의 분석이 물론 정확한 과학은 아니지만, 모든 개인 내에 있는 창업가적 잠재성에 대한 흥미로운 통찰력을 제공한다.[3] 창업가적 사고방식을 이해하는 방도로서 창업가들의 인지를 살펴보자.

창업가적 인지

과학에서 **인지**(cognition)란 심리적 작용을 말한다. 이러한 작용은 주의, 기억, 언어의 구사 및 이해, 문제 해결, 의사결정을 포함한다. '알다', '개념화하다', 또는 '인식하다'를 의미하는 라틴어 'cognoscere'에서 유래한 이 용어는 정보 처리, 지식 적용, 선호의 변경에 대한 능력을 말한다. 인지는 지능이 있는 사람의 정신적 기능, 심리 작용(사고), 정신 상태를 언급하는 데 사용되어 왔다. **사회인지이론**(social cognition theory)은 창업가정신 연구에 대한 지식구조의 아이디어를 소개하는데, 지식구조는 주어진 상황 속에서 개인적 효과성을 최적화하는 방식으로 순서화된 멘탈 모델(인지)이다. 인지심리학에서 비롯된 개념들은 갈수록 창업과 관련된 현상들을 규명하는 데 도움을 주는 유용한 도구인 것으로 밝혀지고 있으며, 창업가적 경험에 대한 인지과학의 적용 가능성이 연구문헌에서 인용되고 있다.

연구자 Ronald K. Mitchell, Lowell Busenitz, Theresa Lant, Patricia P. McDougall, Eric A. Morse, J. Brock Smith는 **창업가적 인지**(entrepreneurial cognition)를 기회평가, 벤처 창출, 그리고 성장에 관여하는 평가, 판단, 또는 의사결정을 위해 사용하는 지식구조로서 정의한다.[4] 말하자면, 창업가적 인지는 이전에 연결되지 않았던 정보를 종합할 수 있도록 창업가들이 어떻게 멘탈 모델을 단순화하는지를 이해하는 것으로 이러한 정보는 새로운 제품이나 서비스를 식별 및 개발하고, 사업을 착수 및 성장시키는 데 필요한 자원을 모으는 데 도움을 준다. 특히, 창업가적 인지 관점은 창업가들이 어떻게 생각하고 그들이 수행하는 얼마간의 일을 '왜' 하는지를 이해할 수 있도록 해 준다.

초인지적 관점

연구가 창업가적 인지에 중점을 둔 반면, 새로운 사고의 조류는 창업가적 사고방식의 토대를 **인지적 적응력**(cognitive adaptability)에 연결한다. 이 적응력은 역동적이며 불확실한 과업 환경이 주어진 사람의 인지에 있어서 역동적이고, 유연하며, 자기조절적일 수 있는 능력으로 정의될 수 있다. 적응력이 뛰어난 인지는 창업가적 행동으로부터 바람직한 성과를 달성하는 데 중요하다.

이런 관점에서, 한 연구 팀은 창업가적 사고방식에 대한 어떤 상황에 놓인 **초인지적 모델**(metacognitive model)을 개발했으며, 이는 창업가의 환경 안에서의 정보처리에 적용되는 초인지적인 전략 개발에 관한 **창업가의 동기부여**와 맥락의 결합된 효과를 통합한다.[5]

벤처투자가와의 중요한 미팅을 준비하기 위하여 신생 벤처에 대한 견실한 설명을 개발하는 창업가적 과업에 직면한 창업가를 생각해 보라. 창업가는 대안적 전략 평가를 준비하기 전에 먼저 해당 과업에 대하여 어떻게 생각하는지에 대해 틀을 잡을 수 있도록 전략을 수립해야 한다. 이러한 과정을 초인지적이라 한다. 궁극적으로 어떤 반응(예, 특정한 벤처전략)을 선택할 것인지를 책임지는 과정이 인지적이며, 창업가가 창업가적 과업의 틀을 형성하는 방법을 궁극적으로 선택하기 위해 책임지는 과정이 초인지적이다. 그리하여 초인지는 창업가가 일련의 대안적 전략들 중에서 특정한 전략을 왜 선택했는지를 연구하는 것이 아니라(인지), 창업가가 효과적으로 과업의 틀을 잡는 결과를 가져오는 보다 고순위의 인지과정을 연구하는 것이며, 그리하여 특정한 전략이 의사결정 과업에 대한 일련의 대안적 반응에 왜 그리고 어떻게 관련되는지를 연구하는 것이다(초인지).

창업가적 인지 연구는 의미 있는 연구 분야가 되어 왔지만, 그것은 창업가적 세계에 대해 효과적으로 기여할 수 있는 미래의 개념적 도전만을 제시하고 있다. 예를 들면, 많은 연구들은 설립자와 창업가들이 다른 개인들이나 회사 임원들과는 다르게 생각한다는 것을 전제로 진행되어 왔다. 그러나 이러한 '인지적 차이'가 창업가들의 노력 및 행동보다 앞선 특유한 요인 및 사건에서 기인한 것인지 또는 개인들의 창업가적 경험에서 기인한 것인지는 불명확하다. 마찬가지로, 창업가들의 '인지적 차이'가 특정한 사고를 지닌 개인들을 보상하는 과업 및 환경적 조건에서 기인한 것인지, 또는 그러한 사고의 표현 및 개발을 장려하는 조건으로부터 기인한 것인지는 명확하지 않다. 그러한 질문들은 다음에서 살펴볼 창업가적 경험에 주목하게 한다.[6]

창업가는 누구인가?

피자헛의 창업자들 가운데 하나인 Frank Carney는 한때 창업가를 미국 기업체계의 초석이며 우리의 경제적 환경에 대한 자기혁신의 대리인이라고 기술하였다. 보통 신생 벤처의 생성에 있어서 '위험감수자'로서 정의되는 창업가는 독특하게도 낙관적이며, 정열적이고, 몰입적인 개인들로서 독립을 통해 만족을 얻는다. 신규 사업의 시작은 아이디어 이상의 것을 요구한다. 자신의 사업 성공을 보장하기 위해 건전한 판단과 기획을 위험 감수와 결합시키는 특별한 사람, 즉 창업가를 필요로 한다.

강렬한 몰입과 결연한 인내에 이끌리는 창업가들은 매우 열심히 일한다. 그들은 컵에 비어 있는 반을 보기보다 차있는 반을 보는 낙관주의자들이다. 그들은 고결성을 위해 분투한다. 그들은 탁월하고자 하는 경쟁적인 욕구를 불태운다. 그들은 **실패**(failure)를 배움의 수단으로 사용한다. 그들은 개인적으로 벤처의 최종 결과물에 있어서 커다란 차이를 만들 수 있다고 믿는 충분한 자신감을 가지고 있다.[7]

신생 벤처들의 상당한 실패율은 창업가정신의 어려움을 증명한다. 경험 부족과 무능한 경영은 실패의 주요한 원인들이다. 그렇다면 무엇이 성공을 위한 요인들인가? 창업가정신의 모든 구성 요소에 적용할 수 있는 것인가? 이것들이 이 장에서 살펴볼 이슈들 가운데 일부이다.

창업가의 사고방식과 관련된 특징

창업가의 특징과 관련된 문헌고찰을 통해 훨씬 작은 일련의 프로필 차원으로 통합될 수 있는 수많은 요인들의 존재를 밝혀냈다.

Howard H. Stevenson과 David E. Gumpert는 상상력, 유연성, 위험을 수용하려는 의지 등의 특징을 보이는 창업가적 기업의 개관을 제시해 왔다.[8] William B. Gartner는 문헌조사를 통해 여러 가지의 보고된 특징들을 밝혀냈다.[9] John Hornaday는 다양한 연구자료를 조사하여 창업가들에게서 흔히 발견되는 42가지 특징에 대한 리스트를 만들었다(표 2.1 참조).

창업가정신 연구에 대한 가장 단순화된 이론형태에서, 창업가들은 창업가정신을 야기한다. $E = f(e)$ 즉, 창업가정신은 창업가의 함수이다. 그리하여 창업가의 특징에 대한 지속적인 조사는 창업가의 사고방식을 이해하는 데 도움을 준다. 한 저자는 다음과 같이 기술하고 있다.

표 2.1 창업가들로부터 흔히 발견되는 특징

1. 자신감	22. 책임감
2. 인내, 결단	23. 예측력
3. 에너지, 근면	24. 정확성, 심사숙고
4. 지략	25. 협동성
5. 계산된 위험을 감수하는 능력	26. 수익 지향성
6. 활력, 리더십	27. 실수로부터 배우는 능력
7. 낙관주의	28. 권력에 대한 감각
8. 성취욕	29. 유쾌한 성격
9. 다재다능, 즉 제품, 시장, 기계, 기술에 대한 지식	30. 이기주의
10. 창의성	31. 용기
11. 타인에 대한 영향력	32. 상상력
12. 친화력	33. 통찰력
13. 주도성	34. 모호성에 대한 인내
14. 유연성	35. 공격성
15. 지능	36. 쾌락을 추구하는 능력
16. 명확한 목표에 대한 지향성	37. 효능감
17. 도전에 대한 긍정적 반응	38. 몰입
18. 독립성	39. 근로자를 신뢰하는 능력
19. 제안 및 비판에 대한 민감성	40. 타인에 대한 민감성
20. 시간관리 능력, 효율성	41. 정직성, 고결성
21. 빠른 의사결정 능력	42. 성숙함, 균형

출처: John A. Hornaday, "Research about Living Entrepreneurs," in *Encyclopedia of Entrepreneurship*, ed. Calvin Kent, Donald Sexton, and Karl Vesper (Englewood Cliffs, NJ: Prentice Hall, 1982), 26–27. Adapted by permission of Prentice Hall, Englewood Cliffs, NJ.

> 창업가가 되려는 사람은 꿈의 바다에서 산다. 그들의 목적지는 개인적 섬으로, 그들의 특별한 꿈을 실현시킬 수 있도록 짓고, 만들고, 혁신시킬 수 있는 장소이다. 창업가가 되는 것은 당신만의 섬을 상상하는 걸 수반하며, 보다 중요한 것은 그것이 배를 타고 당신의 섬으로 항해하는 것을 의미한다는 것이다. 모든 몽상가들이 그들의 꿈을 실현시키는 데 필요한 외적 및 내적 자원을 결집할 수 있다면 어느 날 창업가가 될 것이다.[10]

창업가들은 또한 내적 통제, 계획 및 목표 설정, 위험감수, 혁신, 현실 인식, 피드백의 사용, 의사결정, 인간관계, 독립과 같은 기술들의 상호작용의 특징을 나타낸다. 게다가, 많은 사람들은 성공적인 창업가들은 실패를 두려워하지 않는 사람들이라고 믿는다.

이 장의 초반부에 제시한 바와 같이, 창업가들의 인지에 대한 이해를 확대하기 위한 연구가 지속되고 있으며,[11] 새로운 특징들은 계속 늘어나는 목록에 지속적으로 추가되고 있다. 현 시점에서, 가장 많이 인용되는 창업가의 특징의 일부를 살펴본다. 이 목록은 인정하건대 불완전하지만, 창업가의 사고방식에 대한 중요한 통찰력을 제공한다.

결단과 인내

다른 어떤 요소보다도, 창업가로서 성공하기 위한 온전한 몰입은 장애물과 좌절을 극복할 수 있다. 성공을 위한 순수한 결단과 변함없는 몰입은 많은 사람들이 극복할 수 없다고 생각하는 역경을 헤쳐 나가게 한다. 그것들은 또한 개인적 단점을 보완할 수 있다. 종종, 높은 잠재력을 갖춘 벤처와 벤처자금 조달 계획을 지닌 창업가들은 투자자들이 여러 가지 면에서 그들의 몰입을 가능할 수 있게 한다. 몰입의 예로는 집을 저당하려는 의지, 급여의 삭감, 가족과 보내는 시간의 희생, 생활수준의 축소를 들 수 있다.

성취 동기

창업가들은 경쟁하고, 스스로 설정한 기준을 능가하고, 도전적인 목표를 추구하고 성취하려는 강한 욕구에 의하여 내적으로 동기화된 자발적인 사람으로서 다른 사람들에게 비춰진다. 이러한 성취동기는 1950년대 및 1960년대 동기부여에 관한 David McClelland의 선구적인 연구에서 비롯되어 창업가 문헌에 잘 정리되어 있다.[12] 고성취자는 적당한 위험감수 성향이 있다. 그들은 상황을 분석하여, 승률을 어떻게 높일 것인지를 판단한 다음 추진해 나간다. 그 결과, 평범한 기업가에게는 고위험의 의사결정이지만, 잘 준비된 고성취자들에게는 적당한 위험에 불과하다.

기회 지향성

성공적이며 성장 지향적인 창업가들 사이에 존재하는 명확한 한 가지 패턴은 자원, 구조, 또는 전략보다는 기회에 집중한다는 것이다. 기회 지향성은 일상생활에 존재하는 기회에 대한 끊임없는 인식이다. 성공적인 창업가들은 기회와 함께 시작하며 기회에 대한 이해를 통해 다른 중요한 의사결정을 이끌어 낸다. 그들은 기회의 추구에 있어서 목표 지향적이다. 높지만 달성 가능한 목표 설정은 그들이 에너지를 집중하고, 기회를 선별적으로 분류하며, "아니오"라고 말할 때를 알게 해 준다. 그들의 목표 지향성은 또한 그들이 우선순위를 정의하고 그들이 얼마만큼 좋은 성과를 내고 있는지에 대한 측정수단을 제공한다.

끈질긴 문제해결

창업가는 어려운 상황을 두려워하지 않는다. 사실, 그들의 자신감과 낙관주의는 불가능하다고 생각되는 일을 다소 시간이 걸릴 뿐이라는 관점으로 해석한다는 것이다. 그럼

글로벌 관점

세계의 획기적인 혁신가들

과거 몇십 년 넘게 우리는 개인적 성취와 벤처성공을 뛰어넘는 목적에 의해 동기부여되고 자신들의 아이디어로 세상을 변화시킨 획기적인 혁신가들의 출현을 목격해 왔다. 여기에서는 가장 주목할만한 획기적인 혁신가들을 제시하였다.

Apple의 Steve Jobs

그는 Apple의 공동설립자이며 회장이자 CEO였다. 개인용 컴퓨터 혁명을 일으킨 카리스마 넘치는 개척자로 널리 알려진 창업가는 1976년 차고에서 사업을 시작했다. 2011년까지 Apple은 전 세계 5만 명 이상의 종업원과 연매출 650억 달러 이상의 매출을 달성하는 회사가 되었다. 시가총액 기준으로 가장 많이 거래되고 매출과 이익 면에서 세계에서 가장 큰 기술기업이었다. Steve Jobs는 2011년 56세의 나이로 타계하였다.

Microsoft의 Bill Gates

PC 혁명의 가장 유명한 창업가들 중 한 사람인 빌 게이츠는 소프트웨어, 서비스, 솔루션 분야의 세계적 리더인 Microsoft의 기술고문(Chief Software Architect)을 지냈다. Microsoft는 Microsoft office로 오피스 제품군 시장을 지배하게 되었다. 2011년 Microsoft는 Skype를 85억 달러에 인수했다. Microsoft의 매출은 360억 달러 이상이며, 85개 국가와 여러 지역에 5만 5천 명의 사람들을 고용하고 있다.

Google의 Larry Page와 Serge Brin

Larry Page와 Serge Brin은 1988년 공동으로 Google을 설립했다. Google은 오늘날 가장 재정적으로 성공한 기업 중 하나이고 Google 맵으로부터 Google 핸드폰까지 많은 산업으로 사업을 확장한 세계에서 가장 혁신적인 기업 중 하나이다. 매출이 300억 달러 이상인 Google은 10억 개 이상의 검색 요청과 사용자가 생성한 약 24페타바이트(petabyte)의 데이터를 처리하기 위해서 전 세계에 있는 데이터센터에 백만 개 이상의 서버를 운영하고 있다.

Harpo, Inc.의 Oprah Winfrey

Oprah Winfrey는 역사상 처음으로 자신의 이름으로 된 토크쇼를 소유하고 제작한 사람이다. Winfrey는 1986년부터 2011년까지 전국적으로 판매된 분야 최고 수준의 토크쇼 프로그램으로 유명하다. 그녀는 20세기 가장 부유한 아프리카계 미국인이다. 일부 전문가들에 따르면, 그녀는 가장 영향력 있는 여성들 중 한 사람이다.

Walmart의 Sam Walton

Sam Walton은 1962년 Walmart를 시작한 것으로 알려져 있다. 그의 철학은 자신의 고객들에게 다양한 제품을 낮은 가격에 제공하는 것이었다. Walmart는 오늘날 매출 4천억 달러 이상이며, 60만 명이 넘는 종업원을 지닌 세계에서 18번째로 큰 상장기업이다. Walmart는 55개의 다른 이름으로 15개국에 8,500개의 매장을 소유하고 있다. Sam Walton은 1985년부터 1988년 사이에 미국에서 가장 부유한 사람이라는 순위를 차지하였다.

Intel의 Gordon Moore

Moore는 세계에서 가장 큰 반도체 제조회사인 Intel을 1968년에 공동으로 설립했다. 2011년 Intel의 시가총액은 1,224억 1천만 달러였다. Moore는 1965년 컴퓨터 칩에 집적할 수 있는 트랜지스터의 수는 2년 마다 두 배로 증가한다고 예언한 'Moore's Law'로 유명하다. 이는 산업을 이끄는 원칙이 되어 왔다.

Kinko's의 Paul Orfaleo

Paul Orfaleo는 Kinko's라는 복사센터를 설립하였다. 이것은 아이들이 자신의 특이한 머리를 놀리는 데서 이름을 따왔다. 2004년 2월, Kinko's는 FedEx에 24억 달러에 매각되었고, 그 이후 FedEx Kinko's Office와 Print Center로 알려지게 되었다. 오늘날 Kinko's는 세계적인 인쇄센터로서 다양한 서비스를 제공하며 매년 수백만 달러의 매출을 올리고 있다.

에도 불구하고 그들은 사업운영을 방해하는 문제들과 장애물들에 대한 혹독한 공격에 방향을 잃거나 무모해지지 않는다. 만약 과업이 지극히 쉽거나 해결되지 않을 것 같으면, 창업가들은 종종 다른 사람들보다 더 빨리 포기한다. 단순한 문제들은 그들을 지겹게 만든다. 풀리지 않는 문제들로 그들은 시간을 보내지 않는다. 게다가, 창업가들이 지극히 집요하더라도, 그들은 할 수 있는 것과 할 수 없는 것이 무엇이며, 어렵지만 회피할 수 없는 일을 해결하기 위해서 어디에 도움을 청해야 하는지를 분간함에 있어서 현실적이다.

피드백 추구

효과적인 창업가는 종종 신속한 학습자라고 할 수 있다. 그러나 많은 사람들과 달리 그들은 또한 성과를 개선하고 일을 잘 해 낼 수 있는 방법을 배우려는 강한 열망을 지니고 있다. 이러한 의사결정을 하려고 할 때, 그들은 적극적으로 피드백을 찾고 사용한다. 피드백은 또한 실수와 좌절로부터의 학습에 있어서 핵심이다.

내재적 통제위치

성공적인 창업가들은 그들 자신을 믿는다. 그들은 벤처의 성공과 실패는 운명, 행운, 또는 단순한 주변의 영향력에 의해 지배된다고 믿지 않는다. 그들은 그들의 성취와 좌절이 자신의 영향과 통제 하에 있고 그들의 행동 결과에 의해 영향을 받는다고 믿는다. 이러한 속성은 높은 성취동기의 추진, 개인적 책임에 대한 열망, 자신감과 일치한다.

모호성에 대한 인내

새로 창업하는 창업가는 기업의 모든 측면에서의 모호함과 스트레스를 가져다주는 지속적인 변화로 뒤섞인 불확실성에 직면한다. 좌절과 예상하지 못한 사건들은 불가피하다. 조직, 구조, 질서의 부재는 일종의 생활 방식이다. 창업가들이 계속해서 직면하는 다양한 좌절과 변화를 다룰 수 있을 때 모호성에 대한 인내심이 생기게 된다. 성공적인 창업가들은 그러한 애매모호한 존재의 유동성과 동요를 바탕으로 성장한다. 일반적으로 직업의 안정성과 퇴직은 그들의 고려 대상이 아니다.

계산된 위험감수

성공적인 창업가는 도박꾼이 아니라 계산된 위험감수자이다. 그들이 벤처에 참여하려고 결정한 때에는 고도로 계산되고 주의 깊게 숙고한 방식에 따라 행동한다. 그들은 역경을 극복하기 위해 가능한 모든 것을 하고 종종 불필요한 위험은 회피하기도 한다. 이러한 전략은 그들이 다른 사람들과 내재되어 있는 재정적인 사업상의 위험을 함께 나누는 것을 포함하는데, 파트너나 투자자들이 자금을 빌려주고, 채권자들이 특별 가격을 제공하고, 공급자들이 물품을 선불로 지불하도록 설득하는 것을 예로 들 수 있다.

높은 수준의 에너지

창업가들이 겪는 지나친 업무량과 스트레스가 많은 요구는 그들의 에너지를 매우 중요하게 생각하도록 만든다. 많은 창업가는 조심스럽게 무엇을 먹고 마실지 모니터링하고, 운동 일정을 계획하고, 휴식을 취해야 할 때를 알아냄으로써 자신들의 에너지 수준을 정교하게 조정한다.

창의성과 혁신성

창의성은 전적으로 타고난 특성으로 간주되어 왔다. 미국의 창의성과 혁신의 수준을 똑같이 세련되나 다소 창의성과 혁신성이 떨어지는 문화수준과 비교하여 판단해 볼 때, 이러한 특성은 유전적인 것과 관련이 없는 것으로 나타났다. 확장되고 있는 한 학파에서는 창의성이 학습될 수 있다고 믿는다(5장에서 이러한 중요한 특징에 대해 종합적인 검토가 제공된다). 새로운 벤처는 종종 설립자와 종업원들의 공동된 노력을 통해 발현되는 독특한 제품과 서비스를 생산하는 집단적 창의성을 지닌다.

비전

창업가들은 그들 자신의 지향점을 안다. 그들은 본인 회사를 통해 이루고자 하는 비전이나 개념을 가지고 있다. 예를 들면, Apple Computer의 Steve Jobs는 학생으로부터 비즈니스맨에 이르기까지 모든 사람들에게 Apple의 소형컴퓨터를 공급하기를 원했다. 그는 컴퓨터를 기계 이상의 어떤 존재가 될 것으로 보았다. 그것은 학습과 의사소통 관점에서 인간의 삶에서 없어서는 안 될 존재가 될 것으로 보았다. 이러한 비전이 Apple을 소형컴퓨터 산업에서의 주요 경쟁자로 만들었다. 그러나 모든 창업가들이 자사의 비전을 사전에 결정하는 것은 아니다. 많은 경우, 개인이 회사의 본질이 무엇이고 회사가 어떻게 될 수 있을지를 깨닫기 시작하는 것과 같이 비전도 시간이 지남에 따라 발전한다.

열정

창업가적 열정은 창업가들에게 있어서 근본적인 감정적 경험이다. 연구자 Melissa S. Cardon은 이러한 창업가적 사고방식의 요소를 연구하는데 많은 노력을 바쳤다.[13] 그녀의 발견에 의하면, 창업가적 열정은 창업가 및 그들의 벤처와 관련 있는 강렬한 자극과 에너지 동원에 대한 감정적 경험에 대하여 일관된 이해를 제공하기 위하여 창업가가 만들어낸 표현이다. 더욱이, 창업가적 열정은 우리의 가장 강력한 감정을 자극하는 잠재적인 힘, 또는 깊은 관심을 가진 활동에 참여할 때 느껴지는 강렬함, 또는 창업가로 하여금 최고의 성과를 달성할 수 있게 하는 에너지로 묘사되는 상당히 강렬한 비연속적 감정의 특징을 나타낸다. 그리하여 창업가적 열정은 창업가적 사고방식의 근본적인 요소로 인식된다.

창업가정신 사례

창업가들의 끈기에 대한 보상

"만약 처음에 성공하지 못하면, 다시 시도하고 시도하라." "만약 말에서 떨어지더라도, 다시 올라타라." "역경을 딛고 일어서면 더 강해지는 법이다." 당신이 어떤 격언을 선택하든 이것들은 모두 실제로 창업가들에게 적용되는 것처럼 보인다. 창업가들의 끊임없는 낙관주의가 이러한 지각을 형성하도록 만든다. 항상 기회와 긍정적인 변화를 주의 깊게 지켜보는 것이 성공적인 창업가들의 특징이다. 왜 차이가 발생하고 어떻게 이를 방지하거나 활용할 수 있는지에 대해 끊임없이 의구심을 갖는 것이 성공적인 창업가를 위한 핵심 요소일 것이다.

노련한 창업가들이 신출내기 창업가들보다 비교적 더 이해하는 몇 가지 원칙들이 있다. 예를 들면, 경험이 풍부한 창업가들은 그들이 속한 산업 내의 정보에 무척 욕심을 부린다. 그들은 현재의 관련 산업 내에 있는 새롭고 지배적인 트렌드와 기술에 정통해 있다. 경험 많은 창업가들은 또한 문제를 개선과 잠재력 있는 신생 벤처를 위한 기회로 여긴다. 따라서 이러한 창업가들은 패턴을 연구하고 인식할 수 있다. 그들이 벤처를 성장시킴에 따라 더욱 포부 있게 어떤 목표들을 마음에 품지만 그들의 목표들도 항상 앞으로 움직인다. 그리하여 경험과 끈기는 창업가들이 미래의 성공을 향해 도약할 때 사용되는 교훈을 가르쳐준다.

Harvard Business School의 한 연구는 성공한 전력이 있는 노련한 창업가들은 신출내기들이나 과거에 실패 경험이 있는 창업가들보다 신생 벤처에서 성공할 가능성이 더 높다는 것을 증명하였다. 이것이 별로 놀라운 뉴스거리가 아니지만, 그러한 성과에 대한 끈기가 창업가들에게 상당한 혜택을 준다는 것을 입증한 초기 연구의 하나이다. 이 연구에서 벤처 배경 기업의 창업에 있어서 성공할 가능성은 이전에 실패를 경험한 사람들은 23%, 처음으로 창업한 사람들은 22%인데 비하여, 노련한 창업가들이 성공할 가능성은 34% 이상이었다. 근본적으로, 이 연구는 노련한 창업가들이 새로운 벤처 배경의 기업에 있어서 성공할 가능성이 훨씬 크다는 것을 보여 주었다.

성과에 대한 끈기의 일부 요소가 "성공이 성공을 낳는다"로부터 유래한다고 또한 인식될 수 있다. 말하자면, 좋은 타이밍으로 인해 첫 번째 벤처에서 최소한 어느 정도 성공했던 창업가들은 또한 후속 벤처에서 잘 해 낼 것으로 보인다. 1990년대 말 인터넷 붐이나 2012년 Apple iPhone의 인기와 같은 타이밍이 그러한 영역에서 일한 창업가들에게 더 커다란 성공을 불러일으킬 수 있었다. 하지만 그들은 여전히 다음에 있을 창업가적 노력에 도움을 주는 경험요소인 성공을 한다.

이 연구에서 명백해진 하나의 고려사항은 경험이 없는 창업가들이 노련하며 이전에 성공했던 파트너를 찾는 것이다. 경기 침체기에 투자자들은 커다란 위험에 투자하기를 꺼려할 것이다. 그러므로 투자자들은 항상 설립 팀의 경험 요소를 고려할 것이다. 창업가정신에서의 끈기는 오늘의 최고의 자신이다!

출처: Adapted from: Lesson #1: "Persistence is the single most important thing for success" Evan Carmichael Blog on Famous Entrepreneurs; http://www.evancarmichael.com/Famous-Entrepreneurs/4955/Lesson-1-Persistence-is-thesingle-most-important-thing-for-success.html; Sarah Jane Gilbert, "The Success of Persistent Entrepreneurs" HBS Newsletter, February, 2009 http://hbswk.hbs.edu/item/5941.html; and Persistence: The only way for the entrepreneurs; Future StartUp April 14, 2012, http://futurestartup.com/2012/04/14/persistence-the-only-way-for-the-entrepreneurs/ (accessed June 6, 2012).

팀 구축

독립과 자율에 대한 열망은 창업가들이 강한 창업 팀을 만들려는 열망을 방해하지 못한다. 대부분의 성공한 창업가들은 벤처의 성장과 발전을 제어하는 데 도움이 되는 높은 자질과 잘 동기부여된 팀을 가지고 있다. 사실, 창업가들이 회사가 나아갈 방향에 대해 가

창업가적 과정

당신의 벤처에 넘치는 열정

사람들은 열정에 끌리기 때문에 당신의 사업에 대하여 당신이 지니고 있는 열정을 강조하는 것이 사람들의 관심을 얻는 가장 효과적인 방법이다. 자신만만하고 당신의 사업이 고객들에게 제공하는 가치를 분명히 표현함으로써, 사람들은 결국 당신의 열정을 공유하고 당신과 그들의 사업관계가 보다 편안하게 유지될 것이다. 당신의 고객들은 그들을 믿지 않는 누군가를 신뢰하지 않을 것이기에 당신이 제공해야 하는 것에 대해 자신감을 가지며 사양하지 말고 말해라.

1. **당신의 열광에 진솔하라.** 고객을 확보하려고 외관을 바로잡지 말라. 고객을 행복하게 하는 것은 거짓된 이미지를 유지하지 않고는 힘든 일이다. 사람들은 그들이 신뢰하는 사업을 통해 구매하려는 경향이 더 강하고, 그러한 사업과 관련되어 있는 창업가들은 그들의 자신감을 세우는 데 중요한 역할을 한다. 사업을 시작하기 위해서는 엄청난 양의 열정과 에너지가 요구되기에, 당신이 잠재고객들과 이야기할 때 주저 없이 그것을 보여 주어라. 사람들이 당신에 대해 흥미를 느낀다면, 사업에 관한 한 그들은 기꺼이 절충하려고 할 것이다.
2. **거절을 학습으로 재정의하라.** 당신은 몇몇 사람들을 항상 기쁘게 해 줄 수 있고 때때로 모든 사람들을 기쁘게 해 줄 수 있으나, 모든 사람들을 항상 기쁘게 해 줄 수는 없다. 고객을 확보하려고 할 때 이러한 진리를 기억하는 것이 중요하다. 모든 성공적인 창업가들이 결국 발전시키게 되는 특성은 거절을 받아들이는 것이다. 당신은 성공보다는 실패를 통해서 더 많은 것을 배우게 된다. 사람들이 당신이 하려는 말을 수용하지 않을 때 당신의 메시지를 수정하거나 다른 그룹의 사람들을 찾도록 하라. 최고의 아이디어들도 반대자들이 있을 수 있으므로 긍정적 피드백과 부정적인 피드백 모두에 경청하고, 당신의 메시지를 개선하고, 다시 시작하라.
3. **개인적인 성공을 전달하라.** 당신의 성취를 숨기지 말라. 사업을 시작하는 것은 어려운 일이며 당신의 헌신이 기대했던 성과를 올릴 때, 그것을 알려지게 하라. 사람들은 자신들이 승리자를 후원하고 있다고 믿고 싶어 하기 때문에 당신의 승리에 대해 이야기하는 것은 그러한 관점에서 당신을 바라보게 만드는 확실한 방법이다. 또한, 학습된 교훈은 중요한 이정표가 된다는 것을 기억하라. 당신의 경험과 경험을 통해 얻은 것을 전달하는 것은 당신이 같은 실수를 반복하지 않을 정도로 배우고 성장할 만큼 지혜롭다는 것을 증명해 보인다.
4. **다른 사람들과 교감하라.** 당신의 고객들과의 교감은 당신이 그들의 입장을 이해하고, 더 중요한 것은 당신이 그들을 돕는 데 관심이 있다는 것을 알게 만든다. 당신이 CEO나 그의 비서진과 이야기하는지와 관계없이, 당신이 다른 사람의 문제에 관심을 갖는다는 것을 보여주는 것은 관계형성에 도움이 된다. 일단 당신에게 귀 기울이는 사람들이 편하게 느끼게 되면, 그들은 당신의 산업의 요구를 충족시키는 데 사용할 수 있는 정보를 기꺼이 공유할 것이다. 조직의 요구를 충족시키기 위해 창의적이며 당신의 제품을 고객의 요구에 기꺼이 맞추려는 노력은 관련된 사람들에게 그들의 사업이 당신에게 얼마나 많은 것을 의미하는지를 보여 줄 것이다.

당신은 이러한 조치를 취함으로써 당신의 열정뿐만 아니라 당신이 약속한 것을 실행할 수 있는 당신의 능력을 전달하게 될 것이다. 당신의 업적과 당신이 제공해야 하는 것을 자랑스러워하는 데 부끄러워하지 말라. 사람들이 당신을 신임하면, 그들은 당신의 사업을 신뢰할 것이고, 그들이 당신의 사업에 믿음을 가지면, 그들이 고객이 될 가능성이 가장 커질 것이다. 그러한 열정을 밝게 드러내라!

출처: Adapted from Romanus Wolter, "Let It Shine," *Entrepreneur* (February 2008): 130–31.

장 명확한 비전을 가지고 있을지라도, 직원들이 종종 일상적인 성취의 도전을 수행하는 데 있어서 더 적임자인 경우도 있다.[14]

실패의 대처

창업가들은 실패를 학습 경험으로 활용한다. 그리하여 그들은 실패에 대한 내성이 있다. 성공적인 창업가가 되는 데 있어서 되풀이되는 시행착오는 심각한 결점과 실패를 학습과정의 필수적인 부분으로 만든다. 새롭고 독특한 기회를 추구하기 위해 만들어진 창업 벤처들이 종종 그들이 발전하는 불확실한 환경 때문에 실패한다는 것을 기억해야 한다. 비록 실패가 학습을 위한 중요한 정보의 원천이라고 하더라도, 이러한 학습은 자동적이거나 즉흥적인 것이 아니다. 실패를 통해 생성된 감정들(예, 슬픔)은 그러한 학습과정을 방해할 수 있다. 일단 실패가 일어나면 발생되는 실패와 학습의 중요성을 받아들이지만, 실패 경험에서 오는 슬픔의 중요성을 좀처럼 인식하지 못한다. 슬픔은 중요한 어떤 것의 손실에 대해 느끼는 부정적인 감정 반응으로 행동적, 심리적, 생리적 증상을 유발한다.

슬픔 회복 과정

슬픔으로부터 회복하는 전통적인 과정은 손실이 발생한 이유를 설명하는 답변을 구성하기 위하여 특정한 손실에 초점을 맞추는 것과 관련된다. 실패에 대한 그럴듯한 설명이 작성되면, 그 사람은 잃어버린 프로젝트와의 감정적 유대를 끊기 시작할 수 있다. 하지만 실증적 연구에서 **슬픔 회복**을 향한 '손실 지향성(loss orientation)'은 때때로 부정적인 감정 반응을 악화시킬 수 있다는 점을 발견하였다.[15] 실패에 집중함으로써 창업가의 생각은 실패로 이끈 중요한 사건들에서 실패 사건을 둘러싼 감정으로 옮겨진다. 말하자면, 지속적으로 실패에 치중함으로써 부정적인 사고와 기억들이 더욱 두드러지면서 슬픔을 확대시키는 반추로 이어질 수 있다.[16]

회복 지향성(restoration orientation)은 대안적 처리 방법으로 실패 사건에 대한 사람들의 생각을 딴 데로 돌리고 이차적인 스트레스의 원인에 대해 사전 대비를 하는 데에 기초를 두고 있다. 기분 전환은 개인의 부정적인 감정의 원인으로부터 그의 생각을 벗어나게 하며, 이차적인 스트레스(실패가 유발한)의 원인에 대한 대처는 창업 실패와 같은 근본적인 스트레스 요인을 감소시킬 수 있다. 하지만 부정적인 감정의 회피로는 장기적으로 성공할 가능성은 희박하다. 감정을 억누르는 것은 육체적 및 생리적 문제로 이어지고, 이러한 억압된 감정들은 다시 표출되고 안 좋은 때에 그렇게 된다.[17]

Dean A. Shepherd는[18] 창업 실패에 대한 슬픔으로부터의 회복에 대하여 이중 프로세스 모형을 제안했다. 이중 프로세스 모형에 기초하여, 창업가는 손실 지향성과 회복 지향성 사이를 오가면서 실패로부터 보다 쉽게 회복된다. 이러한 움직임이 의미하는 것은 늘어난 기간 동안 둘 중에 어느 하나의 유지비용을 최소화하면서 창업가는 2개의 지향성이 지닌 혜택을 얻을 수 있다는 것이다. 이러한 지향성 사이를 오가면서(앞뒤로 전환하면서), 창업가들은 실패의 경험으로부터 더욱 더 많은 것을 학습할 수 있다.

가장 효과적인 창업가들은 어려움과 실패를 예상할 정도로 충분히 현실적이다. 그들이 실패에서 유발된 어떠한 슬픔을 효과적으로 다룰 수 있다면, 그들은 실패나 좌절로 인해 실망하거나 용기를 잃거나 우울해하지 않을 것이다. 부정적이고 힘겨운 시기에도 그들은 계속 기회를 찾을 것이다. 이러한 방식으로, 창업가들은 기반을 형성하는 초기의 실패로부터 보다 더 많은 것을 배울 거라고 믿을 것이다.

창업가적 경험

1장에서 논의한 바와 같이, 문헌연구에 널리 퍼져 있는 시각은 창업가들이 벤처를 만든다는 것이다. 비록 그것이 진실한 주장이라 하더라도, 그것의 협소한 틀은 창업가정신의 완벽한 과정과 벤처 및 창업가들이 어떻게 존재하게 되는지에 관한 본질의 상당 부분을 간과한다. 연구자 Michael H. Morris, Donald F. Kuratko, Minet Schindehutte는 벤처가 단순히 창업가에 의해 만들어지는 것이 아니며, 그것이 개인의 창작에 대한 그들의 상호작용, 감정, 고민을 기반으로 나타나게 되는 그림그리기와 유사하다고 지적한다. 창업가들은 미리 존재하지 않는다. 그들은 벤처 창업의 과정이 지니는 새롭고, 특이하며, 경험적인 본질의 작용으로 나타나게 된다. 벤처 창업은 그것이 전개됨에 따라 창업가를 형성하는 생명이 긴 경험이다. 사실, 지속가능한 기업의 창업은 세 가지 평행선의 상호작용적인 현상, 즉 기회의 출현, 벤처의 출현, 창업가의 출현을 포함한다. 어떤 것도 미리 결정되거나 고정되어 있는 것이 아니라 서로를 결정하고 또한 서로에 의해서 결정된다.[19] 그리하여 창업가에 대한 이러한 시각은 21세기의 창업가정신 연구에 새로운 추진력을 얻게 하였다.

이러한 창업가의 경험적 관점은 창업가정신의 신생의 일시적인 본질을 정확히 담고 있다. 그것은 정적인 '스냅샷' 접근법을 넘어서도록 우리를 이끌고, 수많은 관련자 및 사건들을 포함하는 역동적이며 사회적으로 처한 과정에 대해 심사숙고하도록 권장한다. 그것은 벤처가 전개됨에 따라 대처되는 많은 활동들이 서로 다른 관련자들에 의하여 여러 가지 방식으로 경험된다는 사실을 고려한다.[20] 더욱이, 그것은 개인들이 다양하고, 다면의, 그리고 빽빽이 늘어선 눈을 끄는 활동, 사건, 발전에 반응하듯이, 벤처 창업은 감정, 충동, 그리고 생리적인 반응을 포함하는 합리적인 사고과정을 초월한다는 것을 인정한다. 이러한 관점은 창업가적 행위의 상황적 관점에 대한 최근 연구의 관심과 일치한다.[21] 하지만 창업가정신의 심리적 관점이 어두운 측면도 제시한다는 것을 인식해야 한다.

창업가정신의 어두운 단면

수많은 문헌이 창업가들의 보상, 성공, 성취를 격찬하는 데 열심이다. 하지만 창업가정신에는 **어두운 단면**(dark side)이 또한 존재하며, 그것의 파괴적인 원천은 성공적인 창업가들의 열정적인 동기 내에서 발견할 수 있다. 창업가의 성격에 대한 이 양날의 접근법을 조사함에 있어서, 연구자 Manfred F. R. Kets de Vries는 창업가들을 둘러싼 그들의 행동을 지배하는 어떤 부정적인 요인들의 존재를 인정해 왔다.[22] 이러한 요인들 각각이 긍정적인 관점을 가지고 있지만, 창업가들이 그들의 잠재적인 파괴적 측면도 이해하는 것이 중요하다.

창업가의 위험 직면

새로운 사업을 시작하거나 인수하는 것은 **위험**(risk)과 관련된다. 보상이 높을수록, 창업가들이 직면하는 위험도 커진다. 이러한 이유 때문에 창업가들은 위험을 매우 조심스럽게 평가하는 경향이 있다.

창업가들의 위험감수 행동을 설명하려는 시도에서 연구자들은 창업가 스타일에 대한 분류체계를 개발했다.[23] **그림** 2.1은 새로운 벤처를 시작할 때에 감수해야 할 재무적 위험의 관점에서 이러한 분류를 보여 주고 있다. 이 모델에서 재무적 위험은 활동 유형과 결합된 '수익 동기'(벤처를 통한 금전적 이득이나 보상에 대한 열망)의 수준에 의해 측정된다. 수익-추구 활동은 수익을 극대화하려는 강한 열망과 관련이 있으며, 활동 추구는 독립성 또는 벤처업무 자체와 같이 창업가정신과 관련된 다른 활동들을 말한다. 이 이론의 요지는 창업가들이 위험과 재무적 보상 사이의 관계에 따라서 달라진다고 주장한다. 이러한 유형 분류체계는 합리적인 인간의 성격적 특성에서 벗어나는 유형 또는 창업가적 동기부여에 대해 경제적 이론 내에서 탐구할 필요성을 강조한다.

"만약에 서로 다른 창업가 유형이 존재한다면, 새로운 기업을 설립하는 모든 사람이 재무적 위험을 최소화하고 재무적 수익을 극대화하려고 애쓰지는 않는다. 조직형성의 모형은 조직을 형성하는 사람들 사이의 차이에 따른 조정이 반영되어야 한다."[24] 그리하여 모든 창업가들이 단지 금전적 수익에 의해 이끌리는 것은 아니며, 재무적 위험의 수준이 수익 기회에 의해 완벽하게 설명될 수 없다. 창업가의 위험은 단순한 경제적 위험 대 보상으로 설명할 수 있는 것보다 훨씬 더 많은 것을 필요로 하는 복잡한 이슈이다.

"사업을 성공적으로 혁신하고 시작하는 사람은 모든 형태 및 규모에서 나타난다"는 것을 주목해야 한다. 그러나 그들은 타인이 갖추지 않은 몇 가지를 가지고 있다. 가장 심오한 의미에서, 그들은 그들이 믿는 것을 위해 기꺼이 위험을 받아들인다. 그들은 일관된 명료성의 부족, 즉 모호성으로 가득찬 직장생활에 대처할 수 있는 능력을 가지고 있다. 그들이 만들고자 하는 것이 무엇이든 그들 대부분은 흔적을 남기고자 하는 동인을 가지고 있다. 그리고 억제되지 않는 자아가 파괴적인 것이 될 수 있기에, 자아가 기업에 몰두하지

그림 2.1 창업가 유형의 분류체계

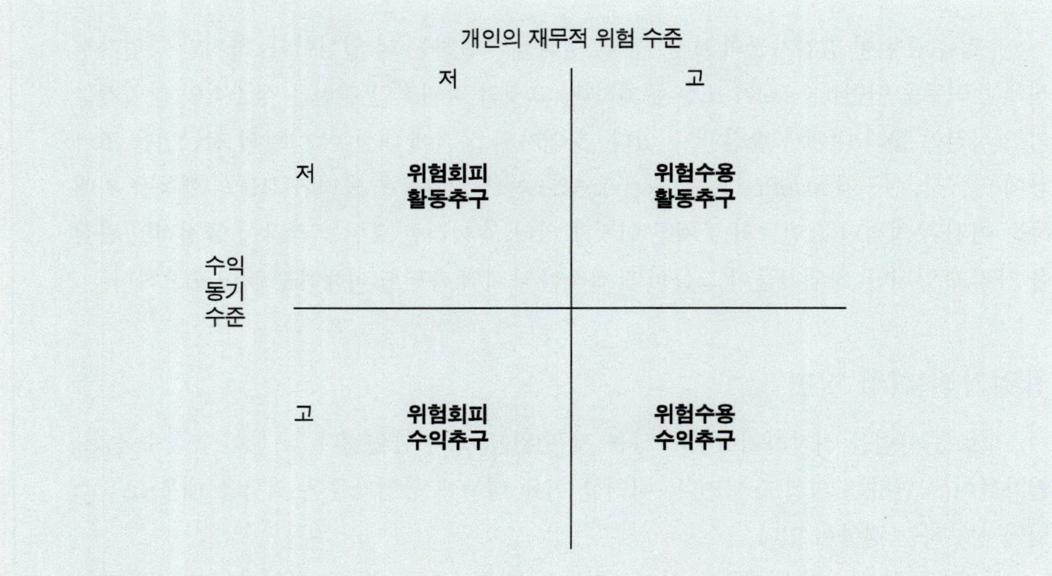

출처: Thomas Monroy and Robert Folger, "A Typology of Entrepreneurial Styles: Beyond Economic Rationality," *Journal of Private Enterprise* 9, no. 2 (1993): 71.

않는 창업가를 찾도록 노력하라.[25]

창업가는 수많은 서로 다른 유형의 위험에 직면한다. 이것들은 네 가지 기본적인 영역으로 구분되는데, (1) 재정적 위험, (2) 경력 위험, (3) 가족 및 사회적 위험, (4) 심리적 위험이다.[26]

재무적 위험

대부분의 신생 벤처에서 개인은 상당한 비중의 저축이나 다른 자원들을 위태롭게 하며, 이는 심각한 **재무적 위험**(financial risk)을 일으킨다. 이런 자금이나 자원들은 벤처가 실패하게 될 경우 십중팔구 잃게 될 것이다. 창업가들은 또한 그들의 개인적 순수 자산 가치를 훨씬 초과하는 회사의 채무에 개인적으로 서명할 것을 요구받을 수 있다. 그리하여 창업가는 개인적인 파산에 노출된다. 많은 사람들은 새로운 사업을 시작하기 위해서 그들의 저축, 집, 자산, 급여를 내거는 것을 꺼린다.

경력 위험

예비 창업가들이 자주 제기하는 문제는 벤처에서 실패할 경우 그들이 일자리를 찾을 수 있을지 또는 과거의 일자리로 돌아갈 수 있을지이다. 이러한 **경력 위험**(career risk)은 높은 급여와 좋은 복리후생 패키지를 갖춘 안정적인 직장을 가진 관리자들에게 큰 걱정거리가 되기 때문이다.

가족 및 사회적 위험

새로운 벤처를 시작하는 것은 창업가의 많은 시간과 에너지를 요구하며, 그 결과 **가족 및 사회적 위험**(family and social risk)을 만들 수 있다. 결과적으로, 창업가의 다른 책무로 고통을 겪을 것이다. 결혼한 창업가들은, 특히 아이들이 있는 경우, 그들의 가족들을 불안전한 가족 경험의 위험과 영구적인 마음의 상처를 입을 가능성에 노출시키고 있다. 게다가, 모임에 빠지게 됨으로써 오래된 친구들과도 결국 단절되게 될 것이다.

심리적 위험

심리적 위험(psychic risk)은 창업가의 행복에 가장 큰 위험일 것이다. 돈은 대체될 수 있고, 새로운 집도 지을 수 있고, 배우자, 자녀, 친구들은 대개 적응할 수 있다. 그러나 재정 파탄의 고통을 겪는 몇몇 창업가들은 회생이, 최소한 즉각적으로, 불가능하다. 창업가들에게 심리적 충격이 지나치게 가혹하다는 것이 입증되었다.

스트레스와 창업가

가장 공통된 창업가적 목표들 중 몇몇은 독립, 부, 직업 만족이다. 창업가들에 대한 연구들은 이러한 목표들을 달성한 사람들이 종종 비싼 대가를 치르는 것을 보여 준다.[27] 조사된 다수의 창업가들은 허리통증, 소화불량, 불면증, 두통을 가지고 있었다. 하지만 이 창업가들은 목표를 달성하기 위해서 이러한 스트레스의 결과를 기꺼이 참았다. 보상이 비용을 정당화시켰다.

창업가의 스트레스는 무엇인가?

일반적으로, **스트레스**(stress)는 개인의 기대와 성격 사이의 불일치 작용뿐만 아니라, 인간의 기대와 욕구를 충족시킬 수 있는 능력 사이의 불일치 작용으로서 간주될 수 있다. 사람이 역할의 요구를 충족시킬 수 없다면, 스트레스가 발생한다. 창업가의 업무 요구와 기대가 벤처 발기인으로서 수행해야 할 능력을 초과할 때, 그들은 스트레스를 경험하기 쉽다. 한 연구자는 창업가의 역할과 경영 환경이 어떻게 스트레스로 이어질 수 있는지를 언급하였다. 사업을 시작하고 관리하는 것은 상당한 위험감수를 요구한다. 이전에 언급한 바와 같이, 이러한 위험은 재정적, 경력, 가족, 사회적, 또는 심리적인 것으로 설명될 수 있다. 창업가들은 또한 고객, 공급자, 규제기관, 변호사, 회계사와 같은 외부 관련 고객층과 상호작용하면서 끊임없는 의사소통 활동에 참여해야 하며, 이것 때문에 스트레스가 많을 수 있다.

중요한 자원의 부족을 겪는 창업가들은 판매원, 모집인, 대변인, 협상가와 같은 다수의 역할을 수행함으로써 역할이 과다해질 수 있기에 그들의 실수에 대한 비용을 부담해야 한다. 이러한 동시적인 요구는 역할 과다로 이어질 수 있다. 사업의 소유와 운영은 많은 시간 및 에너지의 몰입을 필요로 하며, 앞에서 언급한 바와 같이, 종종 가족 및 사회 활동을 희생해야 한다. 마지막으로, 창업가들은 대개 혼자 또는 소수의 종업원들과 일하게 되므로 대기업의 관리자들에게나 가능할 수 있는 동료로부터의 지원이 부족하다.[28]

창업가들이 경험하는 역할 및 환경에 추가하여, 스트레스는 기본적인 성격 구조에서 기인할 수 있다. 'Type A 행동'이라고 언급되는 성격 구조는 참을성이 없고, 까다롭고, 신경이 과민한 사람들을 기술한다. 이러한 개인들은 과도한 업무에 자연히 끌리고 그들의 사업 요구에 자신이 완전히 몰두하고 있음을 발견한다. Type A 성격과 관련된 몇몇 특성은 다음과 같다.

- 만성적이며 심각한 시간의 긴박함. 예를 들면, Type A 사람들은 교통체증에 특히 좌절된다.
- 마감시간에 있는 다수의 프로젝트에 계속적인 연루. Type A 사람들은 일의 수렁에 빠지는 느낌을 즐긴다.
- 일을 제외한 삶의 모든 측면을 무시. 이러한 일 중독자들은 살기 위해 일하기보다는 일하기 위해 산다.
- 과중한 책임을 떠맡는 경향. 종종 "나만이 이 문제를 책임질 수 있다"는 느낌과 결합된다.
- 말을 쏟아내며 대부분의 사람들보다 빨리 말하는 경향. Type A 사람들은 화날 때 고함치고 욕을 하는 경향이 있다.

스트레스 관련 연구보고서에 널리 퍼져 있는 믿음은 Type A 행동이 관상동맥 심장질환과 관련되며 스트레스가 심장질환의 원인이라는 것이다.[29]

그리하여 창업가들이 스트레스를 보다 잘 이해하기 위해서는 그들의 사업추구를 차별화시키는 역할 및 운영 환경뿐만 아니라 그들의 독특한 성격을 인식할 필요가 있다.[30]

스트레스의 원천

연구자 David P. Boyd와 David E. Gumpert는 창업가의 스트레스 원인을 (1) 외로움, (2) 사업에 대한 몰두, (3) 인관관계 문제, (4) 성취욕의 네 가지로 확인하였다.[31]

외로움 창업가들은 보통 종업원, 고객, 회계사, 변호사 등 다른 사람들에게 둘러싸여 있지만, 그들은 대개 털어놓을 수 있는 사람들로부터 고립되어 있다. 너무 긴 업무시간으로 인해 친구 및 가족구성원의 위로와 조언을 구하지 못한다. 게다가, 그들은 사업상 혜택을 주는 사회 활동 외에는 참가하지 않는 경향이 있다. 외로움의 느낌은 내적인 고립감으로 인해 시작될 수 있다.

사업에 대한 몰두 창업가정신의 아이러니 중 하나는 성공한 창업가들이 다양한 레저 활동에 참가할 수 있는 충분히 돈을 벌었으나, 그들의 사업이 그들의 부재를 허용하지 않기 때문에 이국적인 크루즈 여행, 낚시 여행, 또는 스키 여행 등을 즐길 수 없다는 것이다. 대부분의 창업가들은 일과 결혼한 것이고, 사업에 대한 몰두는 그들이 장시간 일하고 시민단체, 레크리에이션, 또는 성인교육에 할애할 시간이 거의 없다는 것을 의미할 수 있다.

인간관계 문제 창업가들은 파트너, 종업원, 고객, 은행가, 전문가들에게 의존하며 함께 일해야 한다. 많은 창업가들은 이들과의 경험에 있어서 좌절, 실망, 악화를 경험한다. 성공적인 창업가들은 어느 정도는 완벽주의자들이고 어떻게 일이 처리되기를 원하는지 알고 있다. 그들은 종종 태만한 종업원들이 그들의 엄격한 성과기준을 충족시킬 수 있도록 시도하면서 많은 시간을 할애한다. 자주, 타협할 수 없는 갈등으로 인하여, 파트너십이 끝난다.

성취욕 성취는 만족을 가져온다. 하지만 Boyd와 Gumpert의 연구는 지나치게 성취하려는 시도와 충분히 성취하는 데 실패하는 것 사이에는 적정선이 존재한다는 것을 밝혀냈다. 대개, 창업가는 너무 많은 것을 성취하려고 했다. 많은 창업가들은 아무리 일이 잘 되어도 자신들의 업무에 만족해하지 않는다. 그들이 고삐 풀린 야망의 위험을 인식하는 것처럼 보이지만(예를 들면, 그들의 건강에 대해), 그들의 성취욕을 조절하는 데 어려움을 겪는다. 그들은 그들이 멈추거나 속도를 늦춘다면, 일부 경쟁자들이 추월하여 그들이 어렵게 일궈놓은 모든 것을 파괴할 것이라고 믿는 것처럼 보인다.

스트레스 관리

모든 스트레스가 나쁜 것은 아니라는 지적은 중요한 의미를 지닌다. 분명, 스트레스가 인간의 삶에서 강압적이며 무자비하게 되는 경우, 그것은 신체의 육체적 능력을 떨어뜨린다. 하지만 스트레스가 건설적인 범위에서 유지될 수 있다면, 그것은 인간의 효율성을 증가시키고 성과를 향상시킬 수 있다.

연구자 Boyd와 Gumpert는 창업가의 스트레스 원인을 규명하는 데 상당한 공헌을 했으며, 특히 그들의 연구가 특별히 주목할만한 가치를 지니는 이유는 창업가들의 사업과 개인적 삶의 질을 향상시킬 수 있는 방법으로 스트레스 완화기법을 제시한 것에 있다.[32] 명상, 바이오피드백, 근육 완화, 규칙적인 운동과 같은 고전적 스트레스 완화기법들이 스트레스 감소에 도움이 된다고 하지만, 그들은 창업가들이 취할 수 있는 또 다른 중요한 조치는 그들의 스트레스 원인을 규명하는 것이라고 제시한다. 이러한 원인을 규명함으로써, 창업가들은 (1) 스트레스가 존재한다는 인식, (2) 대응 메커니즘의 개발, (3) 인정되지 않은 개인적 욕구에 대한 조사를 통해 과도한 스트레스와 싸울 수 있다.

다음은 창업가들이 스트레스에 대처할 수 있는 여섯 가지의 구체적인 방법이다.

네트워킹 사업 운영의 외로움을 완화시키는 하나의 방법으로 다른 사업가들과 네트워킹을 통해 경험을 공유하는 것이다. 다른 창업가들의 성공담과 실수에 관해 경청함으로써 얻게 되는 객관성은 그 자체로 긴장을 푸는 데 도움이 된다.

모든 것으로부터의 탈출 많은 창업가들의 보고에 따르면, 사업 몰두에 대한 최선의 치료법은 휴가이다. 며칠 또는 몇 주의 휴가가 사업적 제약사항들에 의해 제한된다면, 짧은 휴식도 가능하다. 그러한 막간의 여흥은 자기 재생의 수단을 허용한다.

종업원과의 의사소통 창업가들은 종업원들과 긴밀한 관계를 유지하고 종업원들의 관심사를 쉽게 평가할 수 있다. 회사 전체 야유회, 유연근무제, 급여일까지 근로자들에게 제공하는 소액대출 등과 같이 대기업에서는 불가능한 개별적인 접촉이 가능하다. 그러한 환경에서, 종업원들은 대개 대기업에 있는 파트너들보다 더 생산적이고, 적용된 개인적 접촉으로 인해 스트레스를 덜 경험하게 된다.

회사 밖에서 만족 찾기 창업가들의 성격이 회사구조에 배어 있기 때문에, 과도한 성취욕에 대응하는 것은 어려울 수 있다. 창업가들은 때때로 사업으로부터 벗어날 필요가 있으며, 삶 자체에 대해 보다 열정적일 필요가 있다. 그들은 새로운 관점을 얻을 필요가 있다.

권한 위임 대응기제(coping mechanism)의 실행은 실행 시간을 필요로 한다. 이러한 시간을 얻기 위해서, 창업가는 업무를 위임해야 한다. 창업가들은 항상 사업에 임해야 하고 운영의 모든 관점에 관여해야 한다고 생각하기 때문에, 위임이 어렵다는 것을 발견한다. 그러나 시간이 스트레스의 경감에 사용되려면, 적절한 대리인을 발견하고 훈련시켜야 한다.

엄격한 운동 연구자 Michael G. Goldsby, Donald F. Kuratko, James W. Bishop은 창업자들을 대상으로 운동과 개인적 및 직업적 목표 달성 사이의 관계를 조사하였다.[33] 이 연구는 창업자 366명의 운동 프로그램을 조사하였으며, 운동 횟수와 회사의 매출 및 창업가의 개인적 목표 사이의 관계를 조사하였다. 특히, 이 연구는 운동의 두 가지 유형, 즉 달리기 및 웨이트 트레이닝이 매출 규모, 외재적 보상, 그리고 내재적 보상과 어떤 관계가 있는지를 조사하였다. 연구결과는 달리기가 3개의 결과변수 모두에 긍정적으로 관련되고, 웨이트 트레이닝은 외재적 및 내재적 보상과 긍정적으로 관련되는 것을 나타냈다. 이 연구는 창업가들과 관련된 스트레스를 완화시키는 운동 프로그램의 가치를 증명하였다.

창업가의 자아

위험 및 스트레스의 문제에 추가하여, 창업가는 또한 자만한 자아의 부정적인 효과를 경험할지도 모른다. 다시 말해서, 창업가들이 성공을 향해 추진하게 하는 어떤 특성이 극단적으로 나타날 수도 있다. 다음에서는 창업가들에게 파괴적인 시사점을 가지고 있는 네 가지의 특성을 살펴본다.[34]

강압적인 통제욕

창업가들은 그들의 벤처 및 운명 둘 다에 대한 강한 통제욕에 의해 움직인다. 이런 통제에 대한 내적인 집중은 모든 것을 통제하려고 집착하게 만든다. 자율과 통제에 대한 강박 관념은 창업가들이 오직 본인의 방식대로 구조를 만들 때만 구조화된 상황에서 일하도록 만든다. 물론 이것은 창업팀에 있어서 네트워킹에 중요한 의미를 지니는데, 창업가들은 다른 사람들에 의한 외부의 통제를 복종에 대한 위협 또는 자신의 의지에 대한 위반으로 여길 수 있기 때문이다. 그리하여 창업가들이 성공적인 벤처를 창조하기 위해서 필요로 하는 동일한 특징은 파괴적인 면도 포함한다.

불신감

창업가들이 경쟁, 고객, 정부규제에 대해 민첩하게 대응하기 위해서는 환경을 지속적으로 살펴야 한다. 그들은 다른 사람들이 다소 늦게 인식할 수 있는 개발을 예측하고 이에 대한 행동을 취한다. 이러한 불신적 상태는 사소한 일에 집중하도록 만들며 현실적 시야를 잃게 만들고, 합리성과 논리를 왜곡하고, 파괴적으로 행동하도록 만들기도 한다. 다시 말하지만, 불신은 양날의 칼과 같은 특성이 있다.

성공에 대한 지나친 욕구

창업가의 자아는 성공에 대한 욕구와 관련된다. 비록 많은 오늘날의 창업가들이 존재의 위기 속에 살고 있다고 믿지만, 그 속에서의 지속적인 동요는 역경에도 불구하고 성공하려는 강한 욕구이다. 그리하여 창업가는 어떤 무의미한 감정을 부정하고자 창의적으로 행동하는 도전적인 사람으로서 일어선다. 개인은 성공하기 위해 나아가고 그러한 성공을 증명해 보이는 것을 자랑스럽게 여긴다. 그 안에 잠재적인 파괴의 씨앗이 있다. 창업가가 큰 사무실 빌딩, 인상적인 공장, 또는 호화스러운 사무실과 같은 기념비 건설을 통해 성과를 증명하려 애쓴다면, 벤처 자체보다 개인이 더 중요하게 되는 위험이 존재하게 된다. 물론 이와 같은 균형감의 상실은 성공하고자 하는 욕망의 파괴적 측면이 될 수 있다.

창업가의 두려움 101가지

창업가가 경험하는 두려움은 그것이 주는 고유한 맛, 고유한 냄새, 고유하며 참을 수 없는 고통을 가지고 있으며, 그것은 사람이 창업가로서 남아있는 한 사라지지 않는다. "창업가의 두려움 101"은 하나의 교육이다. 이 과정은 매우 독특하지만, 입학은 자동이며, 승인이 필요하거나 받을 필요도 없으며, 기간은 무기한이다. 창업가들이 느끼는 고통은 예측할 수도, 회피할 수도, 준비할 수도 없다. 왜냐하면 대부분의 창업가들은 그들이 창업가적 두려움을 겪고 있다는 것을 인정하지 않기 때문에, 이것은 깊고 어두운 비밀로 남게 된다. 그것은 언급되지 않기 때문에, 대부분의 창업가들은 그들이 지금까지 그것을 경험해 왔던 유일한 사람이라 믿는다.

Florida주 Jacksonville 출신의 창업가 Wilson Harrell에 의하면, 창업가적 고통은 단순한 고통과는 큰 차이가 있다. 그가 설명하기를, 버스에 칠 뻔할 때 경험하는 갑작스러운 아드레날린의 분비와 같은 두려움은 보통 돌발적이며, 예측되지 않으며, 일시적이다. 반면에, 창업가적 고통은 자초한 것이다. 그것은 불면을 일으키는 비공개의 세계이며, 거기에는 악몽이 창업가의 모든 것을 파괴시키려는 괴물로 가득차 있다.

이러한 두려움은 무엇 때문에 야기되는가? 그것은 돈 때문이 아니다. 어떤 창업가는 돈은 단순히 성취의 보너스이고, 돈을 잃는 것은 감수해야 하는 위험 중 하나라고 설명할 것이다. 실패의 두려움은 실패와 많은 관계가 있다. 창업가들은 단순히 다른 기업가처럼 되고자 하지 않으며, 그들의 흔적을 남기지 않은 채 세상에서 잊히는 것을 원하지 않는다. 이러한 복잡한 공포를 유발하는 것이 무엇인지 아직은 알려지지 않았다.

Harrell이 유럽에 있는 군사기지에서 식품 중개업을 시작했을 때 두려움이 찾아 왔다. Harrell은 Kraft Food사의 판매대리인으로 지정되었고, 매출도 증가하여 선전하고 있었다. 그는 그의 직무를 매우 쉽게 보이도록 만들었기 때문에, Kraft 경영팀의 판매원들이 그 업무를 보다 좋고 저렴하게 할 수 있을 것으로 Kraft 경영팀에게 비쳐졌다. 그래서 Harrell은 어떻게 했을까? Kraft사를 잃으면 사업이 끝나기 때문에, 만약 Kraft가 그의 회사를 통해 중개업을 유지하고 독일에서 중개업을 인수하지 않는다면, Harrell은 Kraft가 모든 곳에서 식품산업을 인수하는 것에 협조할 것이라고 모든 것을 걸고 제안하였다. Harrell이 헤아릴 수 없는 30일간의 두려움을 겪는 동안, Kraft는 Harrell을 신뢰하기로 결정하고 그의 회사를 통해 중개 업무를 계속하기로 결정하였다.

그러한 두려움이 주어지는 창업가정신에 대한 비밀은 무엇일까? 보상. 두려움으로 인해 어떠한 고통을 겪더라도, 성공에 대한 희열은 그것을 극복하게 만든다. 두려움과 함께, 높은 희열은 창업가들에게 남는 감정이며 영혼을 위한 양식이 된다. 그것은 롤러코스터를 타는 것과 같다. 시작 단계에서, 흥분과 불길한 예감이 고조되면서 매우 천천히 궤도를 올라가는 당신 자신을 상상해 보라. 그리고는 당신이 정상에 올랐을 때, 순식간에 깜짝 놀라게 되고, 당신이 모든 통제력을 잃기 전에 기대감이 가속화된다. 당신이 미지의 것을 향해 소리침에 따라, 두려움이 생겨난다. 처음에 당신이 느끼는 모든 것이 두려움이다. 그런 다음 갑자기 여행이 끝나고 두려움이 사라진다. 그러나 들뜬 기분이 남는다. 창업가에게 다음은 무엇인가? 그는 다른 티켓을 구매한다.

그렇다면, 창업가적 성공을 위한 핵심 요소는 무엇인가? Wilson Harrell에 따르면, 두려움을 다룰 수 있는 능력이다. 개인적인 두려움을 가지고 살아가는 외로운 창업가는 지루하고 평범한 세상에 생명과 흥분을 불어넣는다고 그는 믿는다.

출처: Adapted from Wilson Harrell, "Entrepreneurial Terror," *Inc.* (February 1987): 74–76.

비현실적 낙관주의

창업가로부터 나오는 부단한 낙관주의는(암울한 시기임에도) 성공을 향한 추진력의 핵심 요인이다. 창업가들은 대외적인 낙관주의자가 될 수 있도록 높은 수준의 열정을 유지함으로써 힘든 시기에도 다른 사람들이 그들을 믿도록 만든다. 하지만 극단적으로 낙관적인 태도는 사업에 대한 환상적 접근으로 이어질 수 있다. 자기 기만적인 상태는 창업가가 트렌드, 사실, 보고서를 무시하고 모든 것이 결국엔 잘 될 거라는 생각으로 그들 자신을 착각하게 할 때 생겨난다. 이러한 행동 유형은 비즈니스 세계의 현실에 대한 처리 불능으로 이어질 수 있다.

이러한 사례들은 모든 창업가들이 이 같은 시나리오의 희생양이 됨을 의미한다거나 제시된 각각의 특성이 항상 '파괴적인' 면으로 바뀐다는 것을 의미하는 것은 아니다. 그럼에도 불구하고, 모든 잠재적 창업가들은 이러한 창업가정신의 어두운 측면이 존재한다는 것을 알 필요가 있다.

창업가의 윤리

오늘날 사업상의 윤리적 이슈는 매우 중요하다. 기업에서 만연한 스캔들, 사기, 다양한 형태의 경영진의 위법행위는 대중들의 관심을 끌어들였다.[35]

하지만 윤리가 새로운 주제는 아니다. Socrates, Plato, Aristotle 시대 이후로 윤리는 철학적인 사고에서 주로 다루어져 왔다. 관습이나 행동양식을 의미하며, 그리스어의 'ethos'에서 유래된 윤리는 수세기 동안 무엇이 옳고 그른 행동인지를 결정하는 철학자들의 도전과제였다. 예를 들면, 기업의 임원인 Veron R. Loucks, Jr.는 "기원전 560년에 그리스의 철학자 Chilon이 상인은 부정직한 이윤을 남기기보다 손해를 보는 것이 더 낫다고 기록했다. 그의 논리는 손해가 일시적으로 고통스럽지만, 부정직함은 영원한 상처를 입히기 때문이다. 그것은 아직도 시기적절한 말이다"하고 언급하였다.[36]

오늘날의 창업가들은 많은 윤리적인 의사결정에 직면하고 있으며, 특히 신생 벤처기업의 초기 단계에서 더욱 그러하다. Adrian Cadbury 경이 말한 바와 같이, "윤리적인 문제를 해결하는 간단하고 보편적인 공식은 존재하지 않는다. 우리는 어떤 규칙이 진행 중인 사례에 적절한지 우리 자신의 행동강령으로부터 선택해야 한다. 이러한 선택의 결과가 우리의 본질을 만든다."[37]

다음 절에서는 창업가들을 둘러싼 윤리적인 딜레마들의 일부를 살펴본다. 큰 뜻을 품은 창업가들이 고결성과 윤리적 행위가 성공적인 벤처를 만드는 데에 강력한 영향력이 있음을 깨닫기를 바란다.

윤리적 딜레마

광의의 의미에서, **윤리**(ethics)는 '수용 가능한' 방식으로 어떤 행동을 수행하기 위한 기본적인 규칙이나 조건을 제공한다. 더 구체적으로 말하면, 윤리는 무엇이 좋고 옳으며 또는 무엇이 나쁘고 그른지를 설명하는 행동강령을 규정하는 일련의 원칙들을 말한다.[38] 그 용어에 대한 대부분의 개념 정의가 지닌 문제점은 그 자체에 대한 설명이 아니라 실행을 위한 합의에 있다. 그 정의는 사회가 어떠한 보편적인 기준들에 동의한다는 것을 함축하는 정적인 기술이다. 하지만 사회는 역동적이고 시시각각 변하는 환경에서 돌아가기 때문에, 그러한 합의는 존재하지 않는다.[39] 사실상, 의사결정의 윤리적 본질에 대한 지속적인 갈등이 상당히 만연되어 있다.

이러한 갈등은 수많은 이유로 나타난다. 첫째, 비즈니스 기업들은 조직 내 · 외부의 주주, 고객, 관리자, 커뮤니티, 정부, 종업원, 사적인 이해집단, 노조, 동료 등과 같은 많은 이해관계자들에 직면한다. 둘째, 사회가 극적인 변화를 겪고 있다. 가치관, 관습, 사회적 규범들이 지난 몇 십 년 사이에 급격한 변화를 겪어 왔다. 그렇게 급격하게 변화하는 환경에서 윤리에 대한 정의는 정적인 관계보다는 과정에 보다 근거해야 한다. **그림** 2.2는 이런 과정을 보여 주는 개념적 틀을 설명한다. 한 윤리주의자가 말한 바와 같이, "매우 역동적인 환경에서 무엇이 좋고 옳으며 또는 나쁘고 그른지를 결정하는 것은 반드시 '상황에 따른다.' 그러므로 우리는 일련의 고정된 윤리적 원칙에 의존하기보다는 당장 윤리적 과정을 개발해야 한다."[40]

그림 2.2에 제시된 사분면은 법과 윤리 사이의 오래된 딜레마를 보여 준다. 이상적인 윤리적 및 합법적 위치(1사분면)에서부터 비윤리적 및 불법적 위치(4사분면)까지 윤리적인 과정 내의 활동의 연속성을 볼 수 있다. 여전히 합법성은 윤리적 문제에 대한 절대적인 해답이 아닌 사회적인 기준을 제공한다.

창업가에게 합법적 대 윤리적 딜레마는 필수적인 것이다. 창업가가 자신의 벤처를 설립하기 위해 가야 할 길은 얼마나 멀까? 그 벤처의 생존은 창업가들에게 강한 동기부여가 되며, 법이 무엇이 합법적인지에 대한 한계를 제공하지만(비록 법에 대한 해석이 계속 바뀐다 하더라도), 윤리적인 고려사항들에 대한 해답을 제공하지는 않는다.

윤리적 합리화

한 연구자는 합법적 행위가 관리자들이 미심쩍은 행위를 정당화하는데 사용하는 네 가지의 **합리화**(rationalizations) 중 하나를 나타낸다고 제시하였다. 네 가지 합리화는 (1) 행동이 '정말로' 불법적이거나 부도덕하지 않으며, (2) 그것이 개인이나 회사의 가장 관심사이며, (3) 결코 적발되지 않을 것이며, (4) 회사에 도움이 되므로 회사가 그것을 용인할 것이라는 것을 믿는 것이다.[41]

그림 2.2 개념적 틀을 통한 의사결정 분류

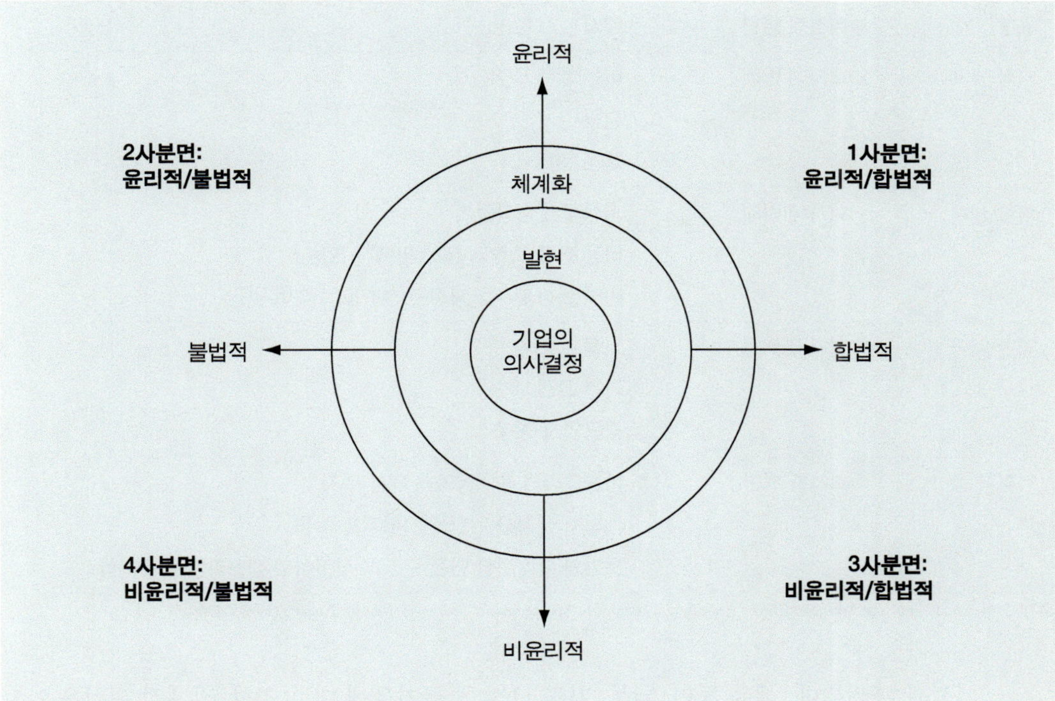

출처: Verne E. Henderson, "The Ethical Side of Enterprise," *Sloan Management Review* (Spring 1982): 42.

이러한 합리화는 오늘날 많은 비즈니스 기업의 행위로 주어지는 것으로 현실적으로 나타난다. 하지만 법적인 측면이 가장 의심스러울 수 있다. 이것은 비즈니스 세계(그리고 사회)가 다양한 상황의 행동을 한정하는 법에 지나치게 의존하기 때문이다. 법은 규정된 체계 안에서 상황을 해석한다. 불행하게도, 이러한 틀이 항상 윤리적이거나 도덕적인 행위를 포함하는 것은 아니다. 이것이 개개인에게 맡겨지며, 이것이 딜레마의 정확한 원인이다.

경영 합리화 영역에 대한 조사에서, 도덕적으로 미심쩍은 행위에 대한 아이디어는 윤리적 행위를 이해하기 위한 주요 관심사가 된다. 한 연구조사는 도덕적으로 의심스러운 행위의 분류체계를 개발하였다(표 2.2는 이러한 분류체계에서 만들어진 차이를 요약하고 있다).[42] 도덕적으로 미심쩍은 행위는 '회사에 반'하거나 '회사를 대신하여' 하는 것이다. 더욱이, 경영자의 역할은 여러 가지 행동에 따라 다르다. **역할 부재**(nonrole) 행위들은 관리자로서 자신의 역할 범위를 넘어서는 것이고, 여전히 그들은 기업에 반한다. 예로서 비용 회계 조작과 배임을 들 수 있다. **역할 실패**(role failure) 행위들은 또한 회사에 반하나, 자신의 관리자로서의 역할을 수행하지 못하는 사람들과 관련되며, 피상적인 성과평가(전반적으로 솔직하지 않은)와 비용 계정을 속이는 사람들과 맞서지 않는 것을 포함한다. **역할 왜곡**(role distortion) 행위들과 **역할 주장**(role assertion) 행위들은 '회사를 위해' 한다고 합리화한다. 이러한 행위들은 기업의 장기적 이익이 가장 중요하다고 합리화하는 관리자들이나 창업

표 2.2 도덕적으로 의심스러운 행위 유형

유형	직접적 영향	예시
역할 부재	회사에 반대	비용 회계 조작 횡령 물품 절도
역할 실패	회사에 반대	피상적인 성과평가 비용 회계 조작에 대해 맞서지 않음 빈약한 성과자를 과장된 칭찬으로 속여 넘김
역할 왜곡	회사를 위한	뇌물 가격 고정 공급업자 조작
역할 주장	회사를 위한	비윤리적인 통치국가에 대한 투자 에너지 생성을 위한 원자력기술 사용 초기의 부적절한 안전 주장에 직면하여 생산라인을 유지함

출처: James A. Waters and Frederick Bird, "Attending to Ethics in Management," *Journal of Business Ethics* 5 (1989): 494.

가들과 관련된다. 예를 들면, 뇌물, 가격 고정, 공급자들에 대한 조작, 잠재적 위험을 안고 있는 제품을 시장에서 철수하지 않는 행위 등을 포함한다. 역할 왜곡은 회사의 최대 이익에 따라 행동한다고 생각하는 개인의 행동이기에 그들의 행동은 '왜곡되어 있다.' 역할 주장은 그들이 회사를 돕고 있다고 생각하면서(거짓으로) 그들의 역할 범위를 벗어난 주장을 하는 개인의 행동이다.

도덕적으로 의심쩍은 행위와 관련된 네 가지 역할 모두 그것이 회사를 '위한' 것이든 '반'하는 것이든 발생가능성이 있는 합리화의 유형을 설명한다. 게다가, 이 분류체계는 경영 합리화와 관련된 차이들에 대한 흥미로운 통찰력을 제공한다.

도덕성의 문제

윤리적 행위는 법의 한계를 넘어서는 것이다.[43] 일단의 법률저술가들이 지적한 바와 같이, 도덕과 법은 같은 뜻을 갖는 것은 아니지만 일부가 서로 겹쳐져 있는 두 원처럼 보일 수 있다(그림 2.3 참조). 도덕적 기준을 나타내는 원과 법적 필요요건을 나타내는 원이 겹치는 부분은 도덕적이며 합법적인 아이디어의 부분을 나타낸다. 여전히 가장 넓은 영역이 겹치는 부분의 밖에 있으며, 이는 도덕성(윤리)과 법 사이에 때때로 존재하는 커다란 차이를 의미한다.[44]

윤리 연구자 LaRue T. Hosmer는 법적 필요조건과 도덕적 기준 사이의 관계에 대해 세 가지의 결론을 내렸다. 첫째, 앞에서 언급한 바와 같이, 법의 필요조건은 때로는 중복

그림 2.3 도덕적 기준과 법적 필요요건 간의 중첩

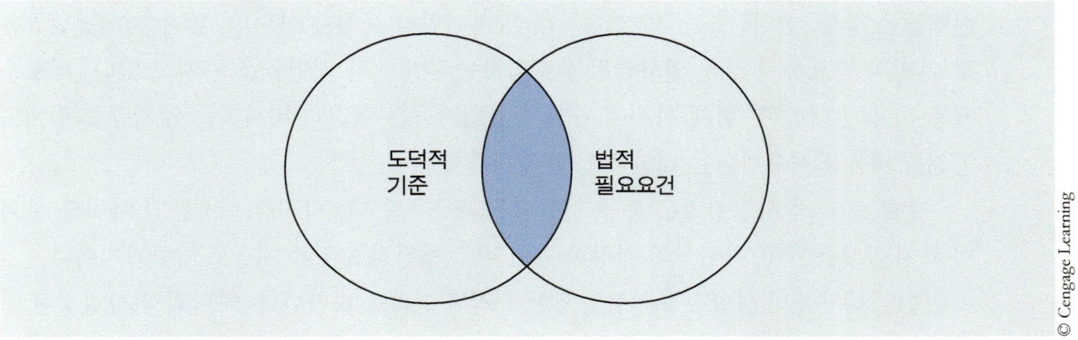

되기도 하지만 사회의 도덕적 기준은 중복되지 않는다. 어떤 법은 도덕적 내용을 전혀 포함하고 있지 않으며(예를 들면, 도로의 오른쪽에서 운전하는 것), 어떤 법은 도덕적으로 불공정하고(예를 들면, 1960년에서 1970년대 사이에 미국에서 유효했던 인종차별 법), 어떤 도덕적 기준은 법적인 근거가 없다(예를 들면, 거짓말하는 것). 둘째, 법적 필요조건은 부정적인 경향(행동 금지)이 있는 반면에, 도덕성은 긍정적인 경향(행동 장려)이 있다. 셋째, 법적 필수조건은 보통 사회의 수용 가능한 도덕적 기준보다 뒤떨어진다.[45]

게다가, 법이 사회 공동의 도덕적인 판단이어야 한다는 논쟁이 있었다고 해도, 사람들이 법은 도덕성을 나타낸다고 믿을 때 고유한 문제들이 발생하였다. 이슈에 대한 정보 부족 때문이든, 가치 또는 법에 대한 그릇된 설명 때문이든, 부정확한 사법체계 때문이든 간에, 법적 환경이 모든 윤리적 및 도덕적 기대를 아우르는 데에는 어려움이 있다. 그리하여 법과 윤리성에 대한 이슈는 창업가들에게 계속 딜레마로 남을 것이다.

그러나 사업에서 비윤리적인 행동이 일어나는 것은 분명하다. 왜? 몇 가지 가능한 설명은 (1) 탐욕, (2) 업무상의 활동과 가정에서의 활동 사이의 차이, (3) 윤리적 기반의 부족, (4) 생존(실리적인 사고), (5) 윤리를 전달하고 강요하는 다른 사회적 제도에 대한 의존이 그것이다. 어떠한 이유든지 간에, 윤리적인 의사결정은 모든 창업가들이 직면하는 하나의 당면과제이다.[46]

의사결정의 복잡성

창업가들은 매일 사업상의 결정을 해야 하는 상황에 처해있다. 이런 결정의 상당수가 복잡하며 윤리적 고려를 제기한다. 창업가들의 사업상의 결정은 다음과 같은 다섯 가지 이유로 매우 복잡하다. 첫째, 윤리적 결정들은 결과를 확장시킨다. 그것들은 종종 벤처 밖의 다른 사람들에 의하여 느껴지는 결과에 있어서 파급 효과(riffle effect)를 갖는다. 예를 들면, 운용 중에 비싸지는 않지만 해로운 제품을 사용하려는 의사결정은 근로자들과 최종 제품의 소비자 둘 다에게 영향을 미칠 것이다.

둘째, 윤리적 문제를 포함하는 사업상의 결정은 다수의 대안들을 가지고 있으며, 그 선택들은 항상 "한다" 또는 "안 한다", 즉 양자택일의 문제가 아니다. 많은 의사결정들은 몇 가지의 중요하지 않은 의사결정을 포함하는 광범위한 대안들을 가지고 있다. 해로운 제품 사용에 대한 첫 번째 사례에 관해서 창업가들은 여전히 비싸지는 않지만 그럼에도 안전한 제품을 사용한다는 대안을 가질 것이다.

셋째, 윤리적 사업결정은 종종 엇갈린 결과를 낳는다. 사회적 비용뿐만 아니라 사회적 복지도 모든 주요 사업상의 결정과 관련되며, 재정적 수입과 지출도 마찬가지이다.

넷째, 대부분의 사업결정은 불확실한 윤리적 결과를 수반한다. 하나의 의사결정이 논리적으로 보일지라도 그것이 어떤 실질적 결과를 가질 것인지는 결코 전적으로 확신할 수 없다. 바꾸어 말하면, 의사결정은 윤리적 위험의 여지가 결코 없지 않다.

마지막으로, 대부분의 윤리적 사업결정은 개인적인 시사점을 가지고 있다. 창업가들이 자신을 의사결정과 그것의 잠재적 결과물로부터 분리하는 것은 어렵다. 벤처 성공, 재정적 기회, 신제품 개발은 윤리적 결과를 수반한 의사결정의 영향을 받는 모든 영역이다. 창업가는 종종 순수하게 개인적인 것이 개입되지 않은 의사결정을 내리는 것이 불가능하다는 것을 깨달을 것이다.[47]

사업상의 의사결정에 관한 이 다섯 가지 진술은 창업가가 신생 벤처를 개발시키려고 할 때 고려해야 한다. 이 진술들은 각각의 주요한 의사결정에 대해 가능한 많은 정보를 파악할 필요가 있다는 것을 보여 준다. 이것이 벤처 활동의 특징적인 세부특징을 이해하는 것을 암시한다(이는 차례로 결과에 대한 더 강한 민감성을 허용한다)고 믿는 한 윤리주의자는 "사업을 하는 사람은 지적이고 도덕적인 행동 가능성을 향상시키기 위해 위기의 시점과 특별히 우리에게 관심사가 무엇인지를 예측할 수 있도록 사업의 일반적인 경향, 즉 그것이 남기는 특별한 발자취를 파악할 필요가 있다"고 언급하였다.[48]

윤리적 기업을 위한 전략 수립

창업가가 번성하는 자유 기업 시스템은 무수한 갈등을 수반하기 때문에, 창업가들은 윤리적 기업을 위한 확고한 전략에 몰입할 필요가 있다.

윤리적 행동강령

행동강령(code of conduct)은 기업이 지켜야 할 윤리적 관행이나 지침에 대한 진술이다. 그러한 많은 강령들이 존재한다. 일부는 대체적으로 산업과 관련이 있고 다른 일부는 기업의 행동과 관련되어 있다. 이러한 강령들은 기업 자산의 오용, 이해관계의 충돌, 공평한 고용관행을 위한 내부 정보의 이용, 장부나 기록의 위조, 독점금지 위반행위 등 다양한 문제 사안들을 망라한다. 최근의 연구결과에 기초하여, 두 가지의 중요한 결론에 도달할 수 있다. 첫째, 행동강령은 산업 내에 보다 널리 보급될 것이다. 경영은 단지 윤리와 도덕적 행동에 대해 입으로만 떠드는 것이 아니다. 그것은 아이디어를 기록하고 조직 내 모든 이들이 읽고 따르도록 가이드라인을 제시하는 것이다. 둘째, 초기의 강령과 달리, 보다 최근의 강령들은 외부의 법적 및 사회적 발달 측면에서 보다 더 의미 있어야 하고, 그 범위는 좀 더 종합적이며, 그것을 강화하기 위해 사용된 경영 절차의 관점에서 보다 더 용이하게 실행할 수 있어야 한다.[49]

물론, '경영이 정말로 높은 도덕적 강령을 충실하게 지키는가?'라는 가장 중요한 질문에 대한 답변이 필요하다. 많은 경영자들은 '예'라고 대답함으로써 이 질문에 대한 대답이 가능하다. 왜일까? 그 주된 이유는 그렇게 하는 것이 좋은 사업이기 때문이다. 한 고위 임원은 이렇게 표현했다. "단독으로 또는 여러 개가 복합된 비윤리적인 관행들은 자유 기업체제의 생존에 근간이 되는 자유 시장과 거래에 부정적 결과를 낳는다. 그들은 수요와 공급의 법칙을 무너뜨리며, 제품의 질과 서비스 그리고 가격이라는 고전적 아이디어에 기반을 둔 경쟁을 방해한다. 자유시장은 인위적인 시장에 의해 대체된다. 제품이나 서비스의 끊임없는 향상에 대한 요구는 그리하여 사라진다."[50]

둘째, 기업의 도덕적 풍토를 향상시킴으로써 회사는 결국 대중의 신뢰를 얻을 수 있다는 것이 관련 이유이다. 오늘날 많은 사람들은 기업들의 도덕과 윤리적 고결성을 의심하고 기업인들은 가능하면 책임을 면하려 든다고 믿기 때문에 이는 전환점이 된다. 윤리강령이 사업 관행을 향상시킬 것인지는 오직 시간만이 말할 것이다. 하지만 최근 추세는 기업들이 이러한 목표를 달성하기 위해 열심히 노력하고 있다는 것을 보여 주고 있다.[51]

Mark Twain은 언젠가 "항상 올바르게 행동하라. 이것은 일부 사람들을 놀라게 할 것이며 나머지 사람들을 깜짝 놀라게 할 것이다"라고 말했다. 올바르게 행동하는 것이 또한 사람들에게 동기를 부여할 것이다. 정말로, 위로부터의 솔선수범이 없다면 윤리적 문제점들(그리고 그와 수반된 모든 비용들)은 아마 당신의 조직에서 불가피하게 존재할 것이다.

윤리적 책임

윤리적 책임을 위한 전략을 수립하는 것은 창업가들에게 쉬운 과제가 아니다. 조직윤리에 대한 단일의 이상적인 접근법은 존재하지 않는다. 창업가들은 그들 조직의 윤리의식, 윤리적 활동을 향상시킬 수 있도록 고안된 과정과 구조, 그리고 마지막으로 기업 내에 윤리적인 목표를 제도화하기 위한 그들 자신의 몰입에 대하여 분석해야 한다.[52] 이러한 점들을 염두에 둘 때, 창업가들이 결국에는 윤리적 책임에 대한 전략 수립을 시작할 수 있다. 이 전략은 윤리의식, 윤리적 과정과 구조, 제도화의 세 가지 주요 요소를 망라해야 한다.

창업가정신 사례

또 다른 Enron 사태의 회피

Enron, Tyco, Arthur Anderson, Computer Associates는 모두 경제적 번영기에 비윤리적 관행의 죄를 범했다. 왜? 역사적으로, 불법행위와 잘못된 판단은 종종 경제 번영기에 동시에 발생했다. "무엇이든 가능해"라는 태도와 시장이 수익과 주식을 전력을 다해 확대하려는 특징을 보일 때, 경제는 가장 큰 위험에 놓이게 된다. 탐욕과 번영은 선과 악의 경계에서 모호해진다.

오늘날 벌어지고 있는 윤리적 붕괴와 가장 상응하는 사건은 1929년의 주식시장 붕괴와 광란의 1920년대이다. 이 기간은 Ivar Kreuger에 의해 사람들에게 널리 알려졌다. Kreuger는 목재업계의 국제적 대기업이 국내 경쟁에 대한 독점을 대가로 외국 정부에 돈을 빌려주면서 경쟁한다는 것을 발견했다. 그 후, 그 기업의 회계장부에 대한 감사를 통해 자산 중 2억 5천만 달러가 실제로 존재하지 않는다는 것을 밝혀냈다. 결국, 이러한 모든 활동이 증권거래위원회(Securities and Exchange Commission, SEC)를 설립하게 만들었다.

오늘날, 회계에서 '애매한' 영역의 이점을 활용하는 보다 복잡한 재무적 수단으로 인하여 극적인 재정적 실패가 일어날 가능성이 증가하고 있다. 다음 목록은 기업 회계가 재정상태를 속이는지 여부를 확인하기 위하여 투자자들이 기업들에게 더 많은 정보를 요구하는 다섯 가지 방법을 설명한다.

1. **숨겨진 부채를 재무상태표에 다시 기입하라.** 그것은 Enron의 문제들이 세간의 주목을 끌게 한 특별목적자산(special purpose entities) 또는 SPE(대중의 관점에서 잠재적 손실이나 부채를 숨기기 위해 만들어진 실체)에 숨겨진 비공식 재무상태표 상의 부채에 있는 수십억 달러의 노출을 의미한다. 비록 합법적이라 하더라도, SPE는 거의 30년 간 논란의 대상이 되었다. 현재의 관행은 한 투자자가 회사 자본의 단 3%만을 제공한다면 재무상태표에서 SPE의 삭제를 허용한다.
2. **문제가 되는 것들을 강조하라.** 5% 또는 10% 미만의 수익 또는 자산은 일반적으로 전체 성과에 대해 중요하지 않으며, 보고서에서 제외가 가능한 것으로 간주한다. 지금 SEC와 재무회계기준위원회(Financial Accounting Standards Board, FASB)는 정량적 요인 외에 정성적 요인들을 평가하고 있다.
3. **숫자를 기반으로 한 위험과 추정 목록을 만들어라.** 기업의 '어림짐작의 평가(guesstimation)'는 기업 수익에 있어서 중요한 역할을 한다. 즉, 투자자들은 위험 요인 때문에 제품라인에 대한 미래 수요에서부터 할인율까지 가정을 알기를 요구하고 있다.
4. **영업수익을 표준화하라.** Standard & Poor's는 무엇을 견적서상의 영업수익에 포함하고 제외시켜야 하는지를 제안하였다. 지금은, 기업들이 견적서를 작성하는 데 있어서 무엇을 순이익에 가감해야 되는지 세부사항을 명시한 통일된 기준이 없다.
5. **잉여현금흐름을 이해할 수 있도록 하라.** 애널리스트들은 지금은 잉여현금흐름을 과거 결과를 활용하여 스스로 계산한다. 그리하여 투자자들은 무슨 정보를 사용해야 하는지를 추측하게 된다.

출처: Heesun Wee, "The Dirt a Bull Market Leaves Behind," *BusinessWeek Online*, June 13, 2002, http://www.businessweek.com/bwdaily/dnflash/jun2002/nf20020613_1338.htm (accessed April 10, 2008); and Nanette Byrnes, "Commentary: Five Ways to Avoid More Enrons," *BusinessWeek Online*, February 18, 2002, http://www.businessweek.com/magazine/content/02_07/b3770056.htm (accessed April 10, 2008).

- **윤리의식** 윤리의식의 개발은 창업가의 책임이다. 왜냐하면 그의 비전이 기업을 만들어 내기 때문이다. 윤리적 의사결정과 행동에 대한 기초를 정하는 핵심 인물이 창업가이다. 벤처 내에서 이슈와 과정에 대한 공개적인 의견교환, 기업에 구축된 윤리

창업가적 과정

윤리적 전략의 구체화

책임감 있고 윤리적으로 건전한 행동을 위한 조직 풍토의 개발은 지속적인 노력과 시간과 자원에 대한 투자를 요구한다. 행동강령, 윤리 담당간부, 훈련 프로그램, 연간 윤리 감사가 반드시 책임의식이 있고 윤리적으로 바람직한 조직으로 귀결되는 것은 아니다. 공식적인 윤리 프로그램은 촉매제와 지원시스템으로 작용할 수 있지만, 조직의 고결성은 기업의 가치를 추진 체계에 통합하는데 달려있다.

다음은 창업가들이 윤리적 전략을 개발할 때 명심해야 할 몇 가지 요소들이다.

- 창업가의 지도 가치와 몰입은 의미 있어야 하고 명확하게 소통되어야 한다. 그것들은 조직 구성원들에게 호소하는 중요한 조직 의무와 폭넓게 공유된 열망을 반영해야 한다. 모든 직급의 종업원들이 진지하게 받아들이고, 편안하게 느끼면서 토론하고, 그들의 실질적인 중요성을 구체적으로 이해해야 한다.
- 창업가들은 그들이 지지하는 가치에 대해 개인적으로 몰입하며, 신뢰하며, 기꺼이 조치를 취해야 한다. 그들은 단순히 마우스피스가 아니다. 그들은 자신들의 의사결정을 기꺼이 조사해야 한다. 리더십의 일부로서 일관성이 중요하다. 창업가들은 윤리적인 책무들이 충돌할 때 힘든 결정을 내려야 하는 책임을 떠맡아야 한다.
- 지지된 가치는 조직의 중요한 활동, 즉 기획 혁신, 자원 할당, 정보 전달, 그리고 인력 승진 및 발전 등의 정상적인 경로에 통합되어야 한다.
- 벤처의 체계와 구조는 그 가치를 지원하고 강화시켜야 한다. 예를 들면, 정보 시스템은 적시에 정확한 정보를 제공하도록 설계되어야 한다. 보고 관계는 객관적인 판단을 증진시킬 수 있도록 점검과 균형 속에서 구축되어야 한다.
- 기업 전체의 종업원들은 매일 윤리적으로 건전한 결정을 내릴 수 있도록 의사결정 기술, 지식, 역량을 가져야 한다. 윤리적 사고와 인식은 각 종업원들이 지닌 기술의 일부여야 한다.

출처: Adapted from Lynn Sharp Paine, "Managing for Organizational Integrity," *Harvard Business Review* (March/April 1994): 106–17.

강령, 창업가의 솔선수범은 이것이 어떻게 실행되는지에 대한 실례가 된다. 예를 들면, 대기업의 CEO가 한 부서에서 부기가 불일치한다는 사실을 발견했을 때, 곧바로 연루된 20명의 직원들에게 8,500달러를 자선단체에 기부하라는 징계를 내렸다.[53] 이러한 조치가 긍정적인 도덕적 행위를 지시했으며, 윤리적인 기대의 기조를 정하였다.

- **윤리적 과정과 구조** 윤리적 과정과 구조는 절차, 지위에 대한 진술(강령), 그리고 모호함을 피하기 위해 고안된 공개적인 윤리적 목표를 말한다. 모든 핵심 인력이 벤처의 구체적인 윤리적 목표를 읽도록 하고 그러한 정책을 따르겠다는 의지가 담긴 진술서에 사인을 하는 것이 좋은 관행이다.
- **제도화** 제도화는 창업가가 창업가의 윤리적 목표들을 벤처의 경제적 목표들과 결합할 수 있는 신중한 단계이다. 때때로, 창업가는 상황의 윤리를 침해하는 지나치게 강력한 정책과 운영방식을 수정해야 할 때가 있다. 이것은 창업가들의 윤리성과 가치에 대한 책무를 시험하는 것이다. 윤리적 의무를 제도화하기 위해서 경영상의 끊임없는 절차에 대한 검토와 피드백이 필수적이다.[54]

사내 창업가의 윤리적 고려사항

학술문헌에서 그들의 동료들의 현 상태를 따르지 않는 관리자들 또는 종업원들로서 기술되는 사내 창업가들은 새로운 방향으로 이끌어가려는 공상가로서 기술된다. 그 결과, 그들의 전문가적인 목적을 달성하기 위해 내부의 장애물을 극복할 때, 그들은 종종 영리한 임기웅변의 재능과 완전히 규칙을 깨뜨리는 행위 사이에서 아슬아슬한 줄타기를 하게 된다. 연구자 Donald F. Kuratko와 Michael G. Goldsby는 비도덕적인 행동을 막아주는 경영진과 조직을 위한 지침으로서 하나의 틀을 개발하였다(그림 2.4 참조).[55] 그들은 중간 관리자들이 지원이 적은 환경에서 창업가적으로 되고자 할 때 직면하는 장애물, 그것이 초래할 수 있는 비윤리적 결과, 그리고 그러한 딜레마를 피하기 위해 제시된 평가 및 훈련 프로그램을 조사하였다.

그 장애물은 내적인 네트워크 이슈와 리더십 이슈라는 두 가지 주요 범주에 있는 조직의 장애물을 포함한다. 혁신적인 행동에 대한 특정 장애물은 체제, 구조, 정책과 절차, 문화, 전략적 방향, 사람들을 포함한다. 발생 가능성이 있는 이러한 장애물과 경영상의 딜레마에 기초하여 연구자들은 다음과 같이 기업 창업가정신을 포용하라고 충고한다. (1) 필요한 유연성, 혁신, 그리고 주도적이며 위험을 감수하는 종업원들에 대한 지원을 구축하라. (2) 창업가적인 중간관리자들이 개인적 계획과 회사의 계획을 좀 더 면밀히 일치시키려고 할 때 직면하게 되는 장벽들을 제거하고 비윤리적 행동의 유발요인을 감소시켜

그림 2.4 기업 창업가정신에 대한 윤리적 당면과제

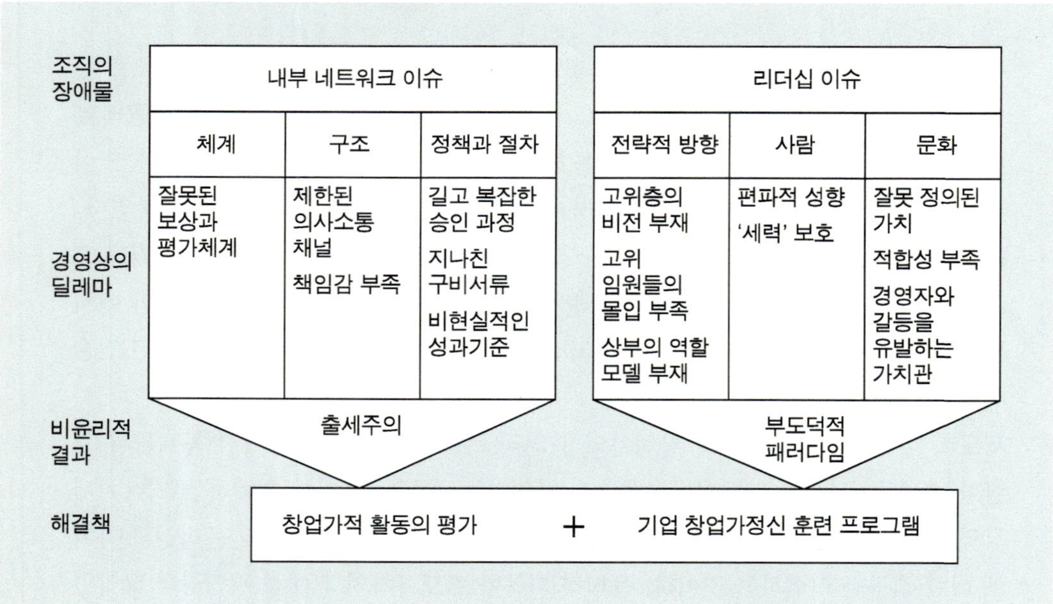

출처: Donald F. Kuratko and Michael G. Goldsby, "Corporate Entrepreneurs or Rogue Middle Managers? A Framework for Ethical Corporate Entrepreneurship," *Journal of Business Ethics* 55 (2004): 18.

라. (3) 사내 교육훈련에 윤리적 구성 요소를 포함시킴으로써 준수(compliance)와 가치관의 구성 요소를 최신의 기업 창업가정신 프로그램에 마련할 수 있는 지침을 제공하라. 하지만 기업 창업가정신이 지원된다고 할지라도, 몇몇 관리자들은 여전히 회사에 윤리적 위험을 야기할 수 있다. 조직의 모든 이들이 올바르게 행동하는 것은 매우 드문 일이다. 이러한 이유로 모든 구성원들이 고위 경영진의 기대와 비전을 확실히 인식할 수 있도록 기업의 교육훈련 프로그램에 윤리적 요소를 포함하는 것이 현명하다. 기업 창업가정신에 대한 보다 더 완벽한 교육훈련 프로그램과 접근법은 조직과 구성원들 모두를 위해 보다 나은 미래에 도움이 되어야 하며 미래의 윤리적 위기를 방지할 수 있어야 한다.

창업가에 의한 윤리적 리더십

윤리가 창업가들에게 복잡한 당면과제를 제시하지만, 소유주/창업가의 가치체계는 윤리적인 조직을 수립하는 핵심이다.[56] 소유주는 모든 주요 의사결정에 있어서 정직, 고결성, 윤리성을 보여 줄 수 있는 특별한 기회를 갖는다. 소유주의 행동은 모든 다른 종업원들이 따라야 할 모델의 역할을 한다.

작은 벤처기업에서 소유주의 윤리적 영향력은 대기업에서의 그것보다 더욱 크다. 왜냐하면 그의 리더십이 여러 경영층에 분산되지 않기 때문이다. 소유주들은 쉽게 구별되며, 종업원들은 작은 기업에 있는 그들을 정기적으로 지켜볼 수 있다. 그리하여 창업가들은 모든 사업상의 의사결정에서 높은 윤리적 규범을 확립하는데 강한 잠재력을 지닌다.

한 연구는 소유주들의 가치 체계가 사업상의 의사결정을 둘러싸고 있는 윤리적 고려사항의 중요한 구성 요소라는 것을 발견하였다. 이 연구는 또한 종업원들과 다른 구성 요소들이 작동할 수 있는 윤리적 환경을 구축하려고 노력하는 창업가들에게 시사점을 지닌다. 예를 들면, 소유주와 다른 종업원들이 윤리(윤리강령)에 관한 구체적인 정책 지침서를 준비하는 것은 경영상 필요한 의사결정을 명확히 이해하게 해 준다. 작은 기업의 소유주들은 행정적인 의사결정 과정에 대해서 구체적으로 언급할 필요가 있다. 게다가, 그들은 종업원들의 윤리적 행동에 관한 기준이나 지침을 개발하는데 상당한 시간을 할애할 필요가 있다. 비록 이러한 지침들이 모든 가능한 시나리오를 다 망라할 거라고 기대할 수 없을지라도, 사업상의 성장과 수익을 위한 동기부여 차원에서 도움이 될 것이다. 마지막으로, 만약 창업가가 윤리적 행위를 바탕으로 분명한 상벌기준을 수립할 수 있다면(강요한다면) 범죄와 절도 등에 관한 우려들을 대처할 수 있을 것이다.[57]

흥미로운 관점이 형성되기 시작하였다. 여성 창업가들의 수가 늘어남에 따라, 기업들은 이제 보살핌의 윤리를 연구하고 있다. 보살핌은 규칙과 규제에 기초한 보다 전통적이고 남성적인 윤리를 대체할 여성적 대안이다.[58] 여성적 철학의 초점은 삶의 모든 영역에서 긍정적인 관계를 조성하는 것이다. Milton Mayeroff가 언급했듯이, “가장 중요한 의미에서 다른 사람들에 대한 배려는 자신을 성장시키고 자아를 실현하는 것이다."[59] 법을 준수하는 것이 가능한 한 가장 강력한 유대관계를 형성하는 것은 아니다. 하지만 페미니스트들에 따르면, 다른 사람들의 관심사를 고려하고 건강한 인간관계를 유지함으로써 배려가 보다 더 진실한 도덕적 풍토로 이어질 수 있다.

분명한 것은 창업가적 윤리가 표면화되는 개인적 가치관과 도덕적 이슈 때문에 창업가적 윤리를 정의하고, 성문화하고, 시행하는 것은 지극히 힘든 일이다. 새로운 기업을 시작할 때 윤리의 중요성은 여전히 강조되어야 한다. 한 저자가 언급했듯이, "우리의 일상생활과 집단적 미래에 관한 기업의 주목할만한 중요성은 우리의 조심스러운 관심과 섬세한 노력을 요구한다."[60]

전반적으로, 창업가들은 그들의 개인적 고결성과 윤리적 본보기가 종업원들의 윤리적 성과에 대한 열쇠가 될 것이라는 것을 깨달아야 한다. 그들의 가치관이 조직에 스며들어 조직의 특징을 만들어 낼 수 있다. 이러한 독특한 이점은 창업가들에게 윤리적 리더십의 지위를 만들어 낸다.[61]

창업가의 동기부여

사람들이 비즈니스를 왜 시작하는지 또는 비즈니스를 시작하는 사람과 그렇지 않은 사람들(또는 성공적이지 못한 사업을 시작하는 사람들)과 어떠한 차이가 있는지를 조사하는 것은 창업가들이 창업 시기에 드러내는 동기부여가 이후에 나타나게 되는 지속적인 행동들과 어떠한 연관성이 있는지를 설명하는 데 도움이 된다. Lanny Herron과 Harry J. Sapienza는 "동기부여가 새로운 조직의 설립에서 중요한 역할을 하기 때문에 이러한 개념을 설명하지 못하는 조직설립 이론들은 완벽하지 않은 것이다"라고 주장해 왔다.[62] 한 연구자는 성취동기와 창업가에 관한 연구보고서에서 "창업가들의 심리적인 프로필을 포함하여 개인의 역할을 조심스럽게 연구하는 것은 가치가 있다. 개인은 모두가 창업가적 과정에 활력을 주는 존재이다"라고 말하였다.[63]

그리하여 비록 창업가들의 심리적 특성에 대한 연구가 창업가에 대한 합의된 특성을 제공하지는 못했지만, 창업가적 과정에 대한 심리적 요소의 기여를 인정하는 것이 중요하다.[64] 사실상, 새로운 벤처를 설립하는 목표뿐만 아니라 벤처를 유지하려는 의지가 창업가의 동기와 직접적으로 관련이 있다.[65]

한 연구는 벤처를 유지하려는 창업가의 의지에 대한 만족의 중요성을 조사하였다. 특정한 목표, 태도, 배경 모두가 창업가의 궁극적인 만족을 결정하는 중요한 요소였다.[66] 그러한 맥락에서, 다른 연구방법에서는 동기부여 과정과 창업가의 경험을 연구하였으며, 창업가적으로 행동하려는 결정은 몇 가지 요인들의 상호작용의 결과라는 결론을 내렸다.[67] 이러한 일련의 요인들은 개인의 개인적 특성, 개인의 개인적 환경, 관련된 사업 환경, 개인의 개인적 목표설정, 실현 가능성이 있는 아이디어의 존재를 포함한다.[68] 게다가, 개인은 그가 지각하는 가능한 결과물과 그가 마음속에 갖는 개인적 기대와 비교한다. 다음으로, 개인은 그들이 실행하려는 창업가적 행동과 예상 결과물 사이의 관계를 살펴본다.

이러한 접근법에 따르면, 창업가의 기대는 결과적으로 실질적이며 지각된 기업의 결과물과 비교된다. 미래의 창업가적 행동은 이러한 모든 비교의 결과를 바탕으로 한다. 성과가 기대를 충족시키거나 초과할 때에 창업가적 행동은, 기존의 창업가적 목표에 따라 현재의 벤처 내에서 혹은 또 다른 벤처의 추진을 통해서, 긍정적으로 강화되고 개인은 지속적으로 창업가적으로 행동할 동인을 얻게 된다. 성과가 기대에 못 미칠 때에는 창업가들의 동기는 낮아지고 창업가적으로 행동을 지속하려는 의사결정에 상응하는 영향을 미칠 것이다. 이러한 지각은 또한 계속되는 전략, 전략 실행, 회사 경영에 영향을 미치게 된다.[69]

새로운 연구라인에서는 구체적인 동기부여가 어떻게 그리고 왜 창업가들이 벤처기업을 지속시키는지에 대해 조사하였으며, **창업가적 끈기**(entrepreneurial persistence)를 다른 영향력에 대해 발휘되는 영향력이나 다른 유혹적인 대안에 상관없이 지속적으로 창업의 기회를 노리는 창업가의 선택이라고 정의하였다. Daniel V. Holland와 Dean A. Shepherd는 그런 끈기의 결정은 개인적인 성향과 어떤 역경의 한계점과 관련된 환경으로부터의 피드백에 의해 영향을 받는다는 것을 발견하였다. 그들의 연구결과는 끈기에 관한 창업가의 의사결정은 역경으로 점철된 경험과 그들 개인의 내재적 가치관의 수준에 따라 달라진다는 점을 보여 준다.

요약

이 장에서는 각 개인의 창업가적 사고방식을 설명하고자 창업가들이 기회를 인식하는 방식과 의사결정 방식을 조사함으로써 창업가적 인지와 초인지에 대한 개념을 제시하였다. 성공적인 창업가의 개인적 자질과 특성들을 결정하기 위한 여러 가지 연구가 진행되었다. 이 장에서는 결단과 인내심, 성취욕구, 기회 지향성, 내재적 통제위치, 모호성에 대한 인내, 계산된 위험 감수, 높은 수준의 에너지, 창의성과 혁신성, 비전, 열정과 같은 몇 가지의 특성들을 살펴보았다.

실패와 슬픔 회복 과정이 소개되었고 창업가와 벤처 그리고 과정 간의 관계를 탐색하기 위하여 창업가적 경험에 대한 아이디어가 논의되었다. 이 장의 다음 부분은 창업가의 어두운 단면에 중점을 두고 있으며, 위험 직면, 스트레스의 문제, 그리고 창업가적 자아에 스며들 수 있는 까다로운 특성을 포함한다. 창업가들은 그들의 벤처들에 개인적 영향력을 발휘할 수 있는 독특한 기회를 가지며, 그로 인해 모든 창업가들은 윤리적 리더십이라는 독특한 도전에 직면한다.

이 장에서는 옳고 그름을 설명하는 윤리적인 행동강령을 규정하는 일련의 원칙들을 살펴보았다. 윤리는 또한 도덕적 의무와 책무를 나타낸다. 윤리라는 용어 자체를 정의

하는 것이 어렵기 때문에 윤리를 고정된 행동강령보다는 하나의 과정으로 이해하는 것이 도움이 될 것이다. 창업가들은 특히 창업 초기 단계에서 많은 윤리적 의사결정에 직면한다.

창업가들이 윤리와 비윤리의 경계에서 결정을 내릴 때 그들은 공통적으로 그들의 선택을 합리화한다. 이러한 합리화는 관련된 관리자들이 '회사에 반대'하거나 '회사 대신에' 수행하는 도덕적으로 문제가 될 만한 행동을 바탕으로 한다. 이러한 틀 속에서 관리적 역할은 역할 부재, 역할 실패, 역할 왜곡, 역할 주장의 네 가지의 유형으로 구분된다. 윤리적 전략을 수립하기 위하여, 어떤 창업가들은 윤리적 행동강령을 만들기도 한다. 행동강령은 기업이 지켜야 할 윤리적 관행이나 지침에 대한 진술이다. 강령은 오늘날 더 많은 조직들에 확산되고 있으며, 그들의 실행이 보다 더 의미가 있다는 사실이 입증되고 있다. 윤리의 명확성과 방향이 늘 부족함에도 불구하고 그것은 다음 세기에도 창업가들의 주요 관심사가 될 것이다.

이 장은 창업가적인 동기부여에 대한 논의와 함께 결론을 맺는다. 창업가정신 과정에 대한 심리적 요인들의 기여를 인식하고 벤처를 설립하고 유지하려는 동기부여에 있어서 창업가들의 지각된 기대와 실제적 결과의 중요성을 설명하는 연구 틀이 논의되었다. 마지막으로, 창업가의 끈기에 대한 몇몇 최근의 연구를 소개함으로써 이 개념에 대한 관심의 증가에 부응하고자 하였다.

주요용어

가족 및 사회적 위험
경력 위험
사회인지이론
스트레스
슬픔 회복
실패
심리적 위험
역할 실패
역할 왜곡
역할 주장
위험
윤리
인지
인지적 적응력
재무적 위험
창업가적 경험
창업가적 끈기
창업가적 동기부여
창업가적 사고방식
창업가적 인지
창업가적 행동
창업가정신의 어두운 단면
초인지적 모델
합리화
행동강령

검토와 토의 문제

1. '창업가적 인지'는 무엇이며, 그것이 창업가의 사고방식에 어떻게 영향을 미치는가? '초인지'는 여기에서 어떠한 역할을 하는가?
2. 창업가들은 모호성에 대한 인내를 가지고 있으며, 계산된 위험감수자들이며, 열정을 발산한다. 이러한 특징은 잠재적인 창업가에게 무엇을 의미하는가?
3. 대부분의 성공적인 창업가들이 그들의 사업 경력의 어느 시점에서 실패를 경험하는 것이 사실인가? 이에 대해 설명하시오.
4. 창업가들은 실패를 어떻게 다루어야 하는가? 이러한 과정에서 '슬픔'은 어떤 역할을 하는가?

5. 창업가정신은 '어두운 단면'을 가지고 있다. 이러한 진술은 무엇을 의미하는가? 당신의 답을 제시하시오.
6. 창업가들이 직면하는 위험 네 가지의 특정 영역은 무엇인가? 각각에 대하여 설명하시오.
7. 창업가에게 생기는 스트레스의 네 가지 원인은 무엇인가? 창업가는 이것들을 각각 어떻게 다루는가?
8. 창업가의 자아와 관련된 요인들을 기술하시오.
9. 윤리는 고정적인 강령에 기초하기보다는 과정에 기초하여야 한다. 이러한 진술은 무엇을 의미하는가? 당신은 동의하는가? 왜 또는 그렇지 않은 이유는 무엇인가?
10. 한 작은 제약회사는 미국 식품의약국(FDA)으로부터 새로운 항콜레스테롤 약을 광고해도 된다는 승인을 받았다. 5년 동안 제품 시험을 해 왔지만, 경영진은 약물 사용으로 인한 심각한 부작용이 여전히 존재한다고 믿었고, 이러한 부작용에 대한 경고문이 라벨 위에 인쇄되었다. 기업이 FDA가 승인한 이 약을 광고한다면, 윤리적 및 법적 관점에서 이러한 행동을 어떻게 기술하겠는가? 당신에게 도움을 줄 수 있는 **그림 2.2**를 활용하시오.
11. 경영자들이 도덕적으로 미심쩍은 행동들을 합리화하기 위하여 취하는 네 가지의 구별된 역할은 무엇인가?
12. 왜 복잡한 의사결정은 종종 창업가들에게 윤리적 고려사항을 제기하는가?
13. Cal Whiting은 창업가들이 그들의 조직에서 윤리의 중요성에 대처할 필요가 있다고 믿는다. 하지만 모든 영역이 그에게는 명쾌하지 않아 그가 소유한 회사의 어디서부터 시작해야 할지 확신하지 못한다. 당신은 무엇을 제시할 것인가? 그가 어디서부터 시작하면 되겠는가? 그는 무엇을 해야 하는가? 당신이 할 수 있는 한 실질적인 제시를 하시오.
14. 창업가적 동기부여의 개념은 무엇이며 그것은 어떻게 묘사될 수 있는가?
15. 창업가적 끈기의 개념을 설명하고 그것이 어떻게 조사될 수 있는지를 설명하시오.

연습문제

당신은 성취도가 높은 사람인가?

성공적인 창업가의 가장 중요한 특징들 중 하나는 높은 성과를 지향한다는 점이다. 다음의 10가지 질문은 당신의 성취동기를 식별하는 데 도움을 주고자 설계된 것이다. 각 질문의 왼쪽에 있는 빈칸에 당신의 응답을 적으시오. 점수 정보는 연습문제의 끝에 제시되어 있다.

1. ______ 당신이 재학 중인 대학교 과목들 중 한 교수가 당신에게 세 가지 등급의 선택에 투표하도록 요청한다. (a) 교재를 공부하고, 시험을 치르고, 당신의 점수를 받는다. (b) 주사위를 던져서 홀수가 나오면 A를 받고, 짝수가 나오면 D를 받는다. (c) 모든 수업에 참여하고, 학기말 보고서를 제출하고, C를 받는다. 이 중 어느 것을 선택할 것인가?
2. ______ 당신 자신을 위험감수자로 기술한다면? (a) 높은, (b) 적당한, (c) 낮은.

3. ______ 당신은 지금 당신의 상사로부터 이미 수행하고 있는 많은 업무 외에 추가로 신규 프로젝트를 맡으라고 요구를 받았다. 당신은 상급자에게 어떻게 말할 것인가? (a) 저는 이미 산더미 같은 일이 쌓여 있어서, 더 이상 맡을 수가 없습니다. (b) 네, 도와드릴 수 있어서 기분 좋습니다. 제게 맡기세요. (c) 제 현재 업무량을 파악해 보고 내일까지 제가 다른 일을 더 맡을 수 있을지 말씀드리겠습니다.
4. ______ 다음 사람 중 당신이 가장 좋아할만한 사람은 누구인가?
   (a) Apple 설립자, Steve Jobs, (b) Microsoft의 Bill Gates, (c) Facebook의 Mark Zuckerberg.
5. ______ 다음 중 당신이 가장 하고 싶은 게임은 어느 것인가?
   (a) 모노폴리(Monopoly), (b) 빙고(bingo), (c) 룰렛(roulette)
6. ______ 당신은 육체적으로 좀 더 성취하려고 결심했다. 당신에게 가장 매력 있는 방법은 다음 중 어느 것인가?
   (a) 동네에 있는 운동 팀에 가입하기, (b) 스스로 운동하기, (c) 지역 헬스클럽에 가입하기
7. ______ 다음 중 어떤 사람들과 포커 게임을 하고 싶은가?
   (a) 친구들, (b) 큰 도박을 하는 사람들, (c) 당신에게 도전하는 사람들
8. ______ 다음 중 당신이 가장 되고 싶은 사람은?
   (a) 범죄를 해결하는 탐정, (b) 승리의 연설을 하는 정치인, (c) 자신의 요트를 타고 항해하는 백만장자
9. ______ 다음 중 저녁 휴식시간에 당신이 가장 하고 싶은 활동은 무엇인가?
   (a) 친구만나기, (b) 취미 생활, (c) TV 시청
10. ______ 다음 직업 중 당신에게 가장 매력적인 직업은?
   (a) 컴퓨터 판매원, (b) 기업 회계사, (c) 범죄 변호사

점수 환산: 각 응답의 적절한 숫자에 동그라미를 치면서 다음의 채점용 답으로 바꾸시오. (예를 들면, 1번 문제에 대한 답이 C이면, 첫 번째 줄에 있는 숫자 2에 동그라미를 친다.) 모든 세 열의 합을 내면 최종 점수가 나온다.

	a	b	c
1.	10	0	2
2.	2	10	2
3.	6	2	10
4.	7	10	5
5.	10	0	0
6.	2	10	6
7.	4	2	10
8.	10	7	4
9.	4	10	4

10. 10 5 10

______ + ______ + ______ = ______

성과추구 정도	
고성취자	76~100 사이
적당한 성취자	50~75
저성취자	50 이하

해석

1. 고성취자들은 그들의 행동에 대해 개인적인 책임을 진다. 그들은 행운에 기대는 걸 좋아하지 않는다. 세 번째 선택 (C)에서 시험공부를 하지 않아서 절약된 수업시간은 다른 과목에 대한 공부에 사용될 것으로 가정한다. 그렇지 않으면 대답은 "0"이 될 것이다.
2. 고성취자들은 중요한 상황에서 적정한 위험감수자들이다.
3. 고성취자들은 그들 자신을 조치에 몰입하기 전에 상황에 대해 공부하는 것을 좋아한다.
4. Jobs는 디자인과 기술 세계의 변화에 관심이 더 많았던 고성취자였다. Gates는 사회적 이슈에 중점을 두는 매우 높은 성과를 올리는 엔지니어이다. Zuckerberg는 밀레니엄 시대를 대표하며, 개인적인 성취욕보다는 세상을 연결하려는 욕구에 더 의욕이 넘친다.
5. Iacocca는 매우 높은 성과를 올리는 영업사원이자 임원이고, Jack Welch는 성취욕보다는 권력욕에 더 의욕이 넘친다.
6. 모노폴리는 고성취자가 자신의 기술을 사용하도록 허용하고, 빙고와 룰렛(roulette)은 운에 의존한다.
7. 고성취자는 스스로 운동을 한다. 차선의 선택으로 개인적 자유는 부족하지만 효과적인 운동방법을 이해하는 누군가의 피드백과 지침을 받을 수 있는 기회가 제공되는 헬스클럽에 가입한다.
8. 고성취자들은 도전을 좋아하되 높은 위험을 좋아하지 않는다. 당신이 포커 게임을 잘해서 b를 선택했다면, 이 문제에 있어서 2~10까지 높은 점수를 올릴 수 있을 것이다.
9. 고성취자들은 목표를 달성하고 싶어 하기 때문에, 탐정이 그들에게 가장 매력적일 것이다. 정치인은 권력에 더 관심이 많으며, 백만장자는 그저 혼자 즐긴다.
10. 고성취자들은 그들 자신을 개선하는 데 도움을 주는 건설적인 일을 하는 것을 좋아하며, 취미 생활은 그들의 첫 번째 선택이 될 것이다.
11. 컴퓨터 판매사원과 범죄 변호사는 회사의 회계사보다 더 높은 성취욕을 가진다.

연습문제

차이를 아는 것

대부분의 창업가적 행동들은 윤리적이고 합법적이다. 하지만 때때로 그것들은 비윤리적이면서 비합법적이다. 윤리적/합법적 행동들의 네 가지 범주와 범주별 사례 목록(a에서 h까지)은 다음과 같다. 정확한 범주의 숫자를 리스트에 있는 적당한 사례 옆에 적으시오(각 카테고리에 두 가지가 제공된다).

1. 윤리적인 동시에 합법적
2. 비윤리적인 동시에 합법적
3. 윤리적인 동시에 불법적
4. 비윤리적이면서 불법적
   a. ______ 본국과의 사업 계약을 확보하기 위해 외교부 장관에게 5만 달러 상당의 선물을 제공하고(그 나라에서는 관습적인 관행임) 그 선물을 세금공제 항목으로 대손상각처리하는 것
   b. ______ 모든 타이어 중 1%가 제품상의 결점이 있다는 것을 알면서도 해외에 판매함. 타이어가 일찍 마모될 경우 마일리지를 제공함
   c. ______ 연비를 10%까지 향상시킬 수 있는 새로운 연료 첨가제를 제조함
   d. ______ 창업가에게 지역 케이블 TV 프랜차이즈 사업권을 주는 것에 투표하도록 시의회 의원에게 10만 달러를 제공함
   e. ______ 주 교사 노조로부터 신문사 출신 후보자에 대한 후보지명 지원을 확보하려는 신문사의 노력으로 주지사(신문사와 정치적으로 반대되는)가 고의적으로 주 교육 자금을 보류하고 있다는 나쁜 의미를 지니지만 공개적으로 진술하지 않는 스토리를 신문에 발표함
   f. ______ 창업가에게 200만 달러 이상의 수익을 주는 내부 정보를 다른 중개업자로부터 획득함
   g. ______ 미 식약청(FDA)의 승인을 받은 골수암 억제 백신을 생산함
   h. ______ 심근경색을 완화시키지는 약을 생산 · 판매하지만 제품 판매 전에 정부에 제출해야 할 모든 서류를 완성하지 않는 것

정답: a. 3, b. 2, c. 1, d. 4, e. 2, f. 4, g. 1, h. 3

사례 2.1: Jane의 평가

Paul Medwick은 은행에 근무한다. 지난 달, 그는 세 명의 창업자로부터 대출신청을 받았다. 셋 모두 잠재력이 충분한 신생 사업체를 경영하고 있다. Paul은 사업만의 검토보다는 더 많은 요인들의 검증이 중요하다고 확신한다. 예를 들면, 창업자 개인들의 검증이 필요하다.

3명의 창업자는 다음과 같다. (1) Robin Wood, 번화한 상업지역의 작은 델리(특수 식품) 가게의 주인, (2) Richard Trumpe, 자동차 오일 교환 전문업체의 주인, (3) Phil Hartack, 베스트셀러와 요리책 전문서점의 주인이다. Paul은 은행 자문위원인 Jane Jackson 교수에게 부탁하여 3명을 각각 면담하게 하였다. Jane은 창업자에 관한 많은 연구를 해 왔다. 따라서 두 시간 정도의 면담을 하면, 개인의 창업가적 자격을 평가할 수 있다. 이제까지 Jane이 87명에 대한 대출추천을 했었고, 그 중 2명만이 실패를 했다. 이 성공률은 일반 상업대출에 비해 매우 높다. 다음은

특징	Robin Wood	Richard Trumpe	Phil Hartack
인내	H	M	M
성취 동기	M	H	M
주도성	M	H	M
끈질긴 문제 해결	M	M	H
모호성에 대한 인내	L	M	H
고결성/신뢰성	H	M	H
실패에 대한 인내	H	H	H
창의성과 혁신성	M	H	M
자신감	H	H	H
독립성	H	H	H

* H = 높음/많음, M = 중간, L = 낮음/적음

Jane이 면담한 3명의 평가를 요약한 것이다.

질문

1. 세 명의 창업자 중에 이상적인 창업가의 태도에 가장 가까운 사람이 누구인가? 이유를 같이 설명하시오.
2. 당신은 은행대출에 누구를 추천하겠는가? 세 명 모두 150,000달러의 대출을 신청했다. 선정의 근거를 설명하시오.
3. 각 창업자들이 창업가적 자질을 개선하여 성공확률을 높일 수 있는가? 구체적으로 설명하시오.

사례 2.2: 평생의 친구

Glades사는 작은 제조업체이다. 다양한 장난감과 가전제품을 생산 · 판매한다. 그 동안 좋은 실적을 보여 왔다. 재작년, 회사의 제품 디자이너 Tom Berringer가 사장인 Paula Glades에게 아주 매력적인 작고 껴안고 싶고 말도 하는 곰 인형을 발명했다고 말했다. 곰 인형은 털처럼 복실복실한 모조 모피로 만들고, 50개의 메시지를 담은 테이프를 내장하고 있다.

Glades사는 곰 인형이 얼마나 판매가 가능한 지 조사하기로 결정했다. 시제품 50개를 만들어서, 시내의 유치원 · 유아방 등에 놓아 두었다. 반응은 회사의 예상보다 좋았다. 한 유아방은 "곰이 인기가 좋아서, 애들이 저녁 때 집으로 가져 가려고 해요"라고 말해줬다. 다른 곳에서는 가장 인기가 좋은 장난감이 됐다고 알려줬다.

이 결과에 힘입어, 회사는 1,000개를 만들어서 판매해 보기로 결정했다. 동시에 기억하기 쉬운 광고카피를 만들었다 — "평생의 친구"(A Friend for Life). 곰 인형은 아이들이 몇 년이고 놀 수 있는 제품으로 광고되었다. 처음 1,000개의 매진에 일주일이 걸리지 않았다. 이번에는 25,000개를 생산하기로 하였다. 지난주, 즉 25,000개의 생산 과정의 중간쯤에, 문제가 발견되었다. 곰의 털을 만드는 공정의 원가가 예상보다 훨씬 높다는 것을 알게 되었다. 이제 회사는 선택의 갈림길에 서있다. 하나는 추가 비용을 감수하는 현재 생산이고, 다른 하나는 수명이 짧은 대체 재료의 사용이다. 정확히는 원래의 모조 모피는 정상적인 경우 7년 정도 사용할 수 있으나, 저가의 대체 모피는 8개월 정도만 사용이 가능하다.

Glades의 일부 경영진은, 대부분의 아이들이 같은 장난감으로 8개월 이상 놀려고 하지 않기 때문에, 저가의 재료로 대체하는 것이 아무런 문제가 되지 않는다고 주장했다. 다른 경영진은 저가 재료의 사용으로 회사의 이미지가 나빠진다고 생각했다. "8개월도 안 돼서 고객불만이 쏟아질 테고, 우리는 값싼 재료의 선택을 후회할 것입니다"라고 생산팀장이 말했다. 반면에 영업팀장은 "시장은 이 제품을 좋아합니다. 그러니 팔아

야 합니다." 그 와중에 재무팀이 원가분석 결과를 보고하였다. 원래의 고급 재료를 사용하면 개당 5.75달러의 손해가 발생하지만, 저가 재료를 사용하면 개당 14.98달러의 이익이 발생한다.

이 문제에 관한 최종 결정은 Paula Glades에 달렸다. 찬반 양측은 그녀에게 의견을 전달했다. 마지막으로 발언한 사람 중에는 생산담당 부사장이 있었다. "싸구려 재료를 사용하면, '평생의 친구'라는 우리 광고카피를 어떻게 할 것입니까? '8개월의 친구'라고 바꿔야 하지 않겠습니까?" 그러나 영업담당 부사장의 의견은 달랐다. "지금 곰에 큰 돈이 묶여 있습니다. 생산을 중단하거나 비싼 재료를 사용하면, 손해가 엄청납니다. 곰 털을 바꾼다고 불법이 아닙니다. 보기에는 똑같습니다. 누가 알겠습니까?"

질문

1. 영업담당 부사장의 의견은 합법적인가? 윤리적인가? 대답의 근거를 설명하시오.
2. 회사가 저가 재료를 사용하면서도, "평생의 친구"라는 카피를 바꾸지 않고 고객에게 이 변화를 알려주지 않아도 윤리적인가? 대답의 근거를 설명하시오.
3. 당신은 Paula에게 무엇을 추천하겠는가?

미주

1. Bruce Tulgan, "Generation X: The Future Is Now," *Entrepreneur of the Year Magazine* (Fall 1999): 42; and Brian Dumaine and Elaine Pofeldt, "Best Colleges for Aspiring Entrepreneurs," *Fortune Small Business* (September 2007) 61–75.

2. See, for example, William D. Bygrave and Charles W. Hofer, "Theorizing about Entrepreneurship," *Entrepreneurship Theory and Practice* (Winter 1991): 12–22; Ivan Bull and Gary E. Willard, "Towards a Theory of Entrepreneurship," *Journal of Business Venturing* 8 (May 1993): 183–96; William B. Gartner, "Is There an Elephant in Entrepreneurship? Blind Assumptions in Theory Development," *Entrepreneurship Theory and Practice* 25, no. 4 (2001): 27–39; and Jeffery S. McMullen and Dean A. Shepherd, "Entrepreneurial Action and the Role of Uncertainty in the Theory of the Entrepreneur," *Academy of Management Review* 31, no. 1 (2006): 132–52.

3. See Robert A. Baron, "Cognitive Mechanisms in Entrepreneurship: Why and When Entrepreneurs Think Differently Than Other People," *Journal of Business Venturing* (April 1998): 275–94; and Norris F. Krueger, "What Lies Beneath: The Experiential Essence of Entrepreneurial Thinking," *Entrepreneurship Theory and Practice* 31, no. 1 (2007): 123–38.

4. Ronald K. Mitchell, Lowell Busenitz, Theresa Lant, Patricia P. McDougall, Eric A. Morse, and J. Brock Smith, "Toward a Theory of Entrepreneurial Cognition: Rethinking the People Side of Entrepreneurship Research," *Entrepreneurship Theory and Practice* (2002) 27(2): 93–105.

5. J. Michael Haynie, Dean A. Shepherd, Elaine Mosakowski, and P. Christopher Earley, "A Situated Metacognitive Model of the Entrepreneurial Mindset," *Journal of Business Venturing* (2010), 25(2): 217–29; and J. Michael Haynie, Dean A. Shepherd, and Holger Patzelt, "Cognitive Adaptability and an Entrepreneurial Task: The Role of Metacognitive Ability and Feedback," *Entrepreneurship Theory and Practice* 36, no. 2 (2012): 237–65.

6. Denis A. Grégoire, Andrew C. Corbett, and Jeffery S. McMullen, "The Cognitive Perspective in Entrepreneurship: An Agenda for Future Research," *Journal of Management Studies*, 48, no. 6 (2011):1443–77; and Chia-Huei Wu, Sharon K. Parker, and Jeroen P. J. de Jong, "Need for Cognition as an Antecedent of Individual Innovation Behavior," *Journal of Management* (in press).

7. Melissa S. Cardon, Charlene Zietsma, Patrick Saparito, Brett P. Matherne, and Carolyn Davis, "A Tale of Passion, New Insights into Entrepreneurship from a Parenthood Metaphor," *Journal of Business Venturing* 20, no. 1 (January 2005): 23–45.

8. Howard H. Stevenson and David E. Gumpert, "The Heart of Entrepreneurship," *Harvard Business Review* (March/April 1985): 85–94.

9. See William B. Gartner, "Some Suggestions for Research on Entrepreneurial Traits and Characteristics," *Entrepreneurship Theory and Practice* (Fall 1989): 27–38.

10. Lloyd E. Shefsky, *Entrepreneurs Are Made Not Born* (New York: McGraw-Hill, Inc., 1994).

11. Robert A. Baron, "The Cognitive Perspective: A Valuable Tool for Answering Entrepreneurship's Basic 'Why' Questions," *Journal of Business Venturing* 19, no. 2 (March 2004): 221–39; Robert A. Baron and Thomas B. Ward, "Expanding Entrepreneurial Cognition's Toolbox: Potential Contributions from the Field of Cognitive Science," *Entrepreneurship Theory and Practice* 28, no. 6 (Winter 2004): 553–74; Robert M. Gemmell, Richard J. Boland, and David A. Kolb, "The Socio-Cognitive Dynamics of Entrepreneurial Ideation," *Entrepreneurship Theory and Practice* (in press).

12. David C. McClelland, *The Achieving Society* (New York: Van Nostrand, 1961); and "Business Drive and National Achievement," *Harvard Business Review* (July/August 1962): 99–112.

13. Melissa S. Cardon, Joakim Wincent, Jagdip Singh, and Mateja Drnovsek, "The Nature and Experience of Entrepreneurial Passion," *Academy of Management Review* (2009), 34(3): 511–32; and "Is passion contagious? The transference of entrepreneurial emotion to employees," Melissa S. Cardon, *Human Resource Management Review* (2008), 18(2): 77–86.

14. For some articles on entrepreneurial characteristics, see Rita Gunther McGrath, Ian C. MacMillan, and Sari Scheinberg, "Elitists, Risk Takers, and Rugged Individualists? An Exploratory Analysis of Cultural Differences between Entrepreneurs and Non-Entrepreneurs," *Journal of Business Venturing* (March 1992): 115–36; Jill Kickul and Lisa K. Gundry, "Prospecting for Strategic Advantage: The Proactive Entrepreneurial Personality and Small Firm Innovation," *Journal of Small Business Management* 40, no. 2 (2002): 85–97; Moren Levesque and Maria Minniti, "The Effect of Aging in the Dynamics of New Venture Creation," *Journal of Business Venturing* 21, no. 2 (2006): 177–94; and Keith H. Brigham, Julio O. DeCastro, and Dean A. Shepherd, "A Person-Organization Fit Model of Owners-Managers' Cognitive Style and Organization Demands," *Entrepreneurship Theory and Practice* 31, no. 1 (2007): 29–51.

15. C. B. Wortman and R. C. Silver (1987). "Coping with Irrevocable Loss." In G. R. Van de Bos and B. K. Bryant (eds.), *Cataclysms, Crises and Catastrophes: Psychology in Action:* 189–235. Washington D.C.: American Psychological Association.

16. S. Nolen-Hoeksema, A. McBride, and J. Larson (1997), "Rumination and Psychological Distress among Bereaved Partners," *Journal of Personality and Social Psychology* 72, 855–62.

17. J. Archer (1999). *The Nature of Grief: The Evolution and Psychology of Reactions to Loss*. New York: Routledge.

18. Dean A. Shepherd (2003), "Learning from Business Failure: Propositions About the Grief Recovery Process for the Self-Employed," *Academy of Management Review* 28, 318–29; and Dean A. Shepherd (2009). *Lemons to Lemonade: Squeezing Every Last Drop of Success Out of Your Mistakes*. Wharton School Publishing: Philadelphia: PA.

19. Michael H. Morris, Donald F. Kuratko, and Minet Schindehutte, "Framing Entrepreneurial Experience," *Entrepreneurship Theory and Practice* 36 no. 1 (2012): 11–40.

20. Diamanto Politis, "The Process of Entrepreneurial Learning: A Conceptual Framework," *Entrepreneurship Theory and Practice* 29, no. 4 (2005): 399–424.

21. Per Davidsson, "A General Theory of Entrepreneurship: The Individual-Opportunity Nexus," *International Small Business Journal* 22, no. 2 (2004): 206–19; and Henrik Berglund, "Entrepreneurship and Phenomenology: Researching Entrepreneurship as Lived Experience," in *Handbook of Qualitative Research Methods in Entrepreneurship*, ed. John Ulhoi and Helle Neergaard (London: Edward Elgar, 2007), 75–96.

22. Manfred F. R. Kets de Vries, "The Dark Side of Entrepreneurship," *Harvard Business Review* (November/December 1985): 160–67; see also Shaker A. Zahra, R. Isil Yavuz, and Deniz Ucbascaran, "How Much Do You Trust Me? The Dark Side of Relational Trust in New Business Creation in Established Companies," *Entrepreneurship Theory and Practice* 30, no. 2 (2006): 541–59.

23. Thomas Monroy and Robert Folger, "A Typology of Entrepreneurial Styles: Beyond Economic Rationality," *Journal of Private Enterprise* 9, no. 2 (1993): 64–79.

24. Ibid., 75–76.

25. Michael O'Neal, "Just What Is an Entrepreneur?" special enterprise issue, *Business Week* (1993): 104–12.

26. Patrick R. Liles, *New Business Ventures and the Entrepreneur* (Homewood, IL: Irwin, 1974), 14–15; see also Jay J. Janney and Gregory G. Dess, "The Risk Concept for Entrepreneurs Reconsidered: New Challenges to the Conventional Wisdom," *Journal of Business Venturing* 21, no. 3 (2006): 385–400.

27. Adebowale Akande, "Coping with Entrepreneurial Stress," *Leadership & Organization Development Journal* 13, no. 2 (1992): 27–32; and E. Holly Buttner, "Entrepreneurial Stress: Is It Hazardous to Your Health?" *Journal of Managerial Issues* (Summer 1992): 223–40.

28. Buttner, "Entrepreneurial Stress"; see also M. Afzalur Rabin, "Stress, Strain, and Their Moderators: An Empirical Comparison of Entrepreneurs and Managers," *Journal of Small Business Management* (January 1996): 46–58.

29. See K. A. Mathews and S. C. Haynes, "Type A Behavior Pattern and Coronary Disease Risk," *American Journal of Epistemology* 123 (1986): 923–60.

30. Akande, "Coping with Entrepreneurial Stress."

31. David P. Boyd and David E. Gumpert, "Coping with Entrepreneurial Stress," *Harvard Business Review* (March/April 1983): 46–56.

32. Boyd and Gumpert, "Coping with Entrepreneurial Stress."

33. Michael G. Goldsby, Donald F. Kuratko, and James W. Bishop, "Entrepreneurship and Fitness: An Examination of Rigorous Exercise and Goal Attainment among Small Business Owners," *Journal of Small Business Management* 43, no. 1 (January 2005): 78–92; see also Moren Levesque and Maria Minniti, "The Effect of Aging on Entrepreneurial Behavior," *Journal of Business Venturing* 21, no. 2 (2006): 177–94.

34. Kets de Vries, "The Dark Side of Entrepreneurship." 35. Bruce Horovitz, "Scandals Shake Public Trust," *USA Today,* July 16, 2002, 1A–2A; John A. Byrne, Michael Arndt, Wendy Zellner, and Mike McNamee, "Restoring Trust in Corporate America: Business Must Lead the Way to Reform," *Business Week,* June 24, 2002, 31–39; and Amey Stone, "Putting Teeth in Corporate Ethics," *Business Week,* February 19, 2004. http://www.businessweek.com/bwdaily/dnflash/feb2004/nf20040219_5613_db035.htm, accessed on May 23, 2008.

36. Vernon R. Loucks, Jr., "A CEO Looks at Ethics," *Business Horizons* (March/April 1987): 2.

37. Sir Adrian Cadbury, "Ethical Managers Make Their Own Rules," *Harvard Business Review* (September/October 1987): 64.

38. Verne E. Henderson, "The Ethical Side of Enterprise," *Sloan Management Review* (Spring 1982): 38.

39. Richard Evans, "Business Ethics and Changes in Society," *Journal of Business Ethics* 10 (1991): 871–76; and Goran Svensson and Greg Wood, "A Model of Business Ethics," *Journal of Business Ethics*, 77 (2008): 303–23.

40. Henderson, "The Ethical Side," 40. 41. Saul W. Gellerman, "Why Good Managers Make Bad Ethical Choices," *Harvard Business Review* (July/August 1986): 85.

42. James A. Waters and Frederick Bird, "Attending to Ethics in Management," *Journal of Business Ethics* 5 (1989): 493–97.

43. Christopher D. Stone, *Where the Law Ends: The Social Control of Corporate Behavior* (New York: Harper & Row, 1975).

44. Al H. Ringlab, Roger E. Meiners, and Frances L. Edwards, *Managing in the Legal Environment,* 3rd ed. (St. Paul, MN: West, 1996), 12–14; see also Roger LeRoy Miller and Frank B. Cross, *The Legal Environment Today: Business in Its Ethical, Regulatory, E-Commerce, and Global Setting*, 7th ed. (Mason, OH: South-Western/Cengage, 2013).

45. LaRue T. Hosmer, *The Ethics of Management,* 2nd ed. (Homewood, IL: Richard D. Irwin, 1991), 81–83.

46. Susan J. Harrington, "What Corporate America Is Teaching about Ethics," *Academy of Management Executive* (February 1991): 21–30.

47. LaRue T. Hosmer, *The Ethics of Management* (Homewood, IL: Richard D. Irwin, 1987), 13–15.

48. Wade L. Robison, "Management and Ethical Decision-Making," *Journal of Business Ethics* (Spring 1984): 287.

49. For more on this topic, see Donald R. Cressey and Charles A. Moore, "Managerial Values and Corporate Codes of Conduct," *California Management Review* (Summer 1983): 121–27; Steven Weller, "The Effectiveness of Corporate Codes of Ethics," *Journal of Business Ethics* (July 1988): 389–95; and Diane E. Kirrane, "Managing Values: A Systematic Approach to Business Ethics," *Training & Development Journal* (November 1990): 53–60.

50. Reported in Darrell J. Fashing, "A Case of Corporate and Management Ethics," *California Management Review* (Spring 1981): 84.

51. Amitai Etzioni, "Do Good Ethics Ensure Good Profits?" *Business and Society Review* (Summer 1989): 4–10; L. J. Brooks, "Corporate Ethical Performance: Trends, Forecasts, and Outlooks," *Journal of Business Ethics* 8 (1989): 31–38; Harrington, "What Corporate America Is Teaching about Ethics"; and Simcha B. Werner, "The Movement for Reforming American Business Ethics: A Twenty Year Perspective," *Journal of Business Ethics* 11 (1992): 61–70.

52. Patrick E. Murphy, "Creating Ethical Corporate Structures," *Sloan Management Review* (Winter 1989): 81–87.

53. Joseph A. Raelin, "The Professional as the Executive's Ethical Aide-de-Camp," *The Academy of Management Executive* (August 1987): 176.

54. Ibid., 177.

55. Donald F. Kuratko and Michael G. Goldsby, "Corporate Entrepreneurs or Rogue Middle Managers? A Framework for Ethical Corporate Entrepreneurship," *Journal of Business Ethics* 55 (2004): 13–30.

56. Elisabeth J. Teal and Archie B. Carroll, "Moral Reasoning Skills: Are Entrepreneurs Different?" *Journal of Business Ethics* (March 1999): 229–40; and Dinah Payne and Brenda E. Joyner, "Successful U.S. Entrepreneurs: Identifying Ethical Decision–Making and Social Responsibility Behaviors," *Journal of Business Ethics* 65 (2006): 203–17.

57. Donald F. Kuratko, Michael G. Goldsby, and Jeffrey S. Hornsby, "The Ethical Perspectives of Entrepreneurs: An Examination of Stakeholder Salience," *Journal of Applied Management and Entrepreneurship* 9, no. 4 (October 2004): 19–42.

58. Nel Noddings, *Caring: A Feminine Approach to Ethics and Moral Education* (Berkeley: University of California Press, 1984).

59. Milton Mayeroff, *On Caring* (New York: Harper & Row, 1971), 1.

60. Henderson, "The Ethical Side," 46.

61. Justin G. Longenecker, Joseph A. McKinney, and Carlos W. Moore, "Do Smaller Firms Have Higher Ethics?" *Business and Society Review* (Fall 1989): 19–21; Paul J. Serwinek, "Demographic and Related Differences in Ethical Views among Small Businesses," *Journal of Business Ethics* (July 1992): 555–66; Donald F. Kuratko, "The Ethical Challenge for Entrepreneurs," *Entrepreneurship, Innovation, and Change* (December 1995): 291–94; and Donald F. Kuratko, Michael G. Goldsby, and Jeffrey S. Hornsby, "The Ethical Perspectives of Entrepreneurs: An Examination of Stakeholder Salience," *Journal of Applied Management and Entrepreneurship* 9, no. 4 (October 2004): 19–42.

62. Lanny Herron and Harry J. Sapienza, "The Entrepreneur and the Initiation of New Venture Launch Activities," *Entrepreneurship Theory and Practice* (Fall 1992): 49–55.

63. Bradley R. Johnson, "Toward a Multidimensional Model of Entrepreneurship: The Case of Achievement Motivation and the Entrepreneur," *Entrepreneurship Theory and Practice* (Spring 1990): 39–54; see also Wayne H. Stewart and Philip L. Roth, "A Meta-Analysis of Achievement Motivation Differences between Entrepreneurs and Managers," *Journal of Small Business Management* (October 2007) 45(4): 401–21.

64. See Kelly G. Shaver and Linda R. Scott, "Person, Process, Choice: The Psychology of New Venture Creation," *Entrepreneurship Theory and Practice* (Winter 1991): 23–45.

65. Don E. Bradley and James A. Roberts, "Self-Employment and Job Satisfaction: Investigating and Role of Self-Efficacy, Depression, and Seniority," *Journal of Small Business Management* 42, no. 1 (January 2004): 37–58; see also J. Robert Baum, and Edwin A. Locke, "The Relationship of Entrepreneurial Traits, Skill, and Motivation to Subsequent Venture Growth," *Journal of Applied Psychology* 89, no. 4 (2004): 587–98.

66. Arnold C. Cooper and Kendall W. Artz, "Determinants of Satisfaction for Entrepreneurs," *Journal of Business Venturing* (November 1995): 439–58.

67. Douglas W. Naffziger, Jeffrey S. Hornsby, and Donald F. Kuratko, "A Proposed Research Model of Entrepreneurial Motivation," *Entrepreneurship Theory and Practice* (Spring 1994): 29–42.

68. A. Rebecca Reuber and Eileen Fischer, "Understanding the Consequences of Founders' Experience," *Journal of Small Business Management* (February 1999): 30–45.

69. Donald F. Kuratko, Jeffrey S. Hornsby, and Douglas W. Naffziger, "An Examination of Owner's Goals in Sustaining Entrepreneurship," *Journal of Small Business Management* (January 1997): 24–33.

70. Daniel V. Holland and Dean A. Shepherd, "Deciding to Persist: Adversity, Values, and Entrepreneurs' Decision Policies," *Entrepreneurship Theory and Practice* (in press).

3장
기업의 창업가적 사고방식

창업가적 사고

"사물의 새로운 질서 도입에 앞장서는 것보다 처리하기에 더 어렵고 수행하기에 더 위험한 것은 없다. 왜냐하면 혁신은 기존의 환경 하에서 잘 지내온 사람들과 새로운 환경 하에서 잘 지낼 수 있는 사람들 가운데 미온적인 옹호자들 모두에게 적이기 때문이다."

— Machiavelli, The Prince

학습목표

1. 조직 내 창업가적 사고방식을 이해한다.
2. 조직 내 창업가적 사고의 필요성을 설명한다.
3. 기업 창업가정신에 대한 정의를 내린다.
4. 기업 내 혁신을 방해하는 장애물을 기술한다.
5. 기업적 사고의 재설계와 관련된 고려사항을 강조한다.
6. 기업의 창업가적 전략의 특별한 구성 요소들을 설명한다.
7. 기업 창업가정신을 위한 관리자 개발 방법을 살펴본다.
8. 기업 창업가정신의 상호작용 과정을 설명한다.

조직 내 창업가의 사고방식

글로벌 경제는 전 세계의 기업 및 산업들을 통찰력 있게 실질적으로 변화시키고 있으며, 기업들이 그들의 목적을 재검토하고, 다수한 이해관계자들을 만족시킬 수 있으며 높은 가능성을 지닌 전략들을 선택하고 추구하도록 만들고 있다. 많은 기업들은 내·외부 환경에 있어서 급격하고, 비연속적이고, 뚜렷한 변화에 대응하며 근본적이면서도 의미심장한 방식으로 그들의 운영을 재설계해 왔다. 실제로, 몇몇 기업들은 여러 해에 걸친 구조조정 후 사업영역, 문화, 경쟁적 접근방식에서 그들의 과거와는 전혀 다른 모습을 갖게 되었다.[1]

21세기는 혁신에 크게 중점을 둔 기업 전략을 지향하며 지속적인 변화를 보여 주었다. 창업가적 사고에 대한 이러한 강조는 지난 30년간의 **창업가적 경제**(entrepreneurial economy) 동안 발전되었다.[2] 저명한 경영전문가 Peter Drucker는 창업가정신의 영향력 증가를 설명하기 위하여 네 가지의 주요한 발전에 대해 기술하였다. 첫째, 지식과 기술의 급속한 발전은 하이테크 창업의 발전을 촉진시켰다. 둘째, 맞벌이 가정, 지속적인 성인들의 교육, 고령화 인구와 같은 인구통계학적 추세는 새롭게 발전하는 벤처들의 번성을 촉발시켰다. 셋째, 벤처 캐피탈 시장이 창업가적 벤처들에게는 효과적인 자금 조달 메커니즘이 되었다. 넷째, 미국의 산업계가 창업가정신을 관리하는 방법을 배우기 시작하였다.[3]

현대의 창업가정신의 추진력은 미국 비즈니스의 주요 세력으로서 이러한 형태의 활동에 대한 욕구를 기업 내부로 끌어들였다. 비록 초기 몇몇 연구자들이 창업가정신과 관료제는 상호 배타적이고, 공존할 수 없는 것으로 결론지었으나,[4] 오늘날 우리는 많은 연구자들이 기업의 틀 안에서 창업가적 벤처를 연구하고 있는 것을 볼 수 있다.[5] 성공적인 기업 벤처링(corporate venturing) 활동은 3M, AT&T, GE, Wellpoint, Abbott Laboratories를 포함한 많은 기업들에서 나타나고 있다.[6] 인기 있는 많은 비즈니스 문헌들에서는 창업가적 사고가 거대한 관료적 구조에 주입된 덕분에 새로운 '기업 혁명'이 발생하는 것이라고 기술하고 있다.[7] 이러한 주입은 **기업 창업가정신**(corporate entrepreneurship),[8] 기업혁신,[9] 또는 **사내 창업가정신**(intrapreneurship)[10]으로 언급되고 있다. 기업 창업가정신이 인기를 끌고 있는 이유는 무엇일까? 한 가지 이유는 기업들이 자신의 종업원들과 관리자들에게 혁신적인 능력을 개발하도록 허용했기 때문이다. Steven Brandt는 이렇게 말한다.

> 도전은 상대적으로 간단하다. 미국 자체의 혁신적인 기량을 개선해야 한다. 그렇게 하려면, 미국 회사들은 종업원들의 창의력을 활용해야 한다. 아이디어는 사람들로부터 나온다. 혁신은 많은 사람들의 능력이다. 그러한 능력은 사람들이 회사의 미션과 생존에 몰입하고 그들의 능력을 통해 중요한 일을 할 수 있는 힘을 갖게 될 때 발휘된다.[11]

지속적인 혁신(제품, 과정, 및 일상적인 업무와 구조의 관점에서)과 세계 시장에서 효과적으로 경쟁할 수 있는 능력은 21세기의 기업 성과에 점점 더 영향을 미칠 것으로 여겨지는 여러 기술들 사이에 존재한다. 오늘날 최고경영자들은 기업들이 글로벌 환경에서 변화의 속도를 높일 수 있는 가장 중요한 길은 혁신이라는 점에 공감하고 있다. 기업 창업가정신은 혁신하려는 노력을 장려하고 기업들이 글로벌 시장의 경쟁적인 현실에 대처하도록 도와줄 수 있는 과정이다. 선도적인 전략 사상가들은 전통적인 제품과 서비스 혁신을 넘어 과정, 가치사슬, 비즈니스 모델, 및 모든 경영기능에서 혁신을 선도하는 방향으로 나아가고 있다. 분명한 것은 창업가적인 태도와 행동들은 모든 규모의 기업들이 경쟁적인 환경에서 성장하고 번영하는 데 필요하다는 사실이다.[12]

기업혁신 철학

기업혁신은 종업원들에게 그들의 아이디어를 개발할 수 있도록 재량권과 격려를 제공하는 조직에서 성공하며,[13] 만약 최고경영자들이 창업가적 아이디어가 육성될 것으로 믿지 않는다면, 그들은 혁신을 방해하는 것으로 알려져 왔다. 예를 들면, 최고경영자는 비구조화된 활동을 승인하는 정책의 실행이 어렵다는 것을 알게 될 것이다. 하지만 혁신적인 사람들이 그들의 잠재력을 발휘하려면, 새로운 형태의 사고방식으로 경영상의 망설임을 극복해야 한다. 혁신 지향적 조직을 확립하기 위한 다섯 가지의 중요한 관행은 다음과 같다.

1. 분명한 혁신 목표를 설정하라. 이러한 목표는 구체적인 단계를 달성하기 위해서 종업원과 경영진 간의 상호 합의가 필요하다.
2. 피드백과 긍정적인 강화 시스템을 만들어라. 이것은 잠재적 혁신자들이나 아이디어 발굴자들에게 수용과 보상이 존재한다는 점을 인식하는 데 필요하다.
3. 개인의 책임을 강조하라. 자신감, 신뢰, 책임은 혁신 프로그램의 성공에 있어서 주요 특징이다.
4. 혁신적인 아이디어에 대해 보상하라. 보상 시스템은 사람들이 위험을 감수하고 성취하도록 고양시키고 장려해야 한다.
5. 실패를 처벌하지 말라. 실질적인 학습은 실패한 프로젝트에서 개인이 무엇을 배울 수 있는가를 면밀히 검토할 때 일어난다. 아울러, 개인들은 처벌의 두려움 없이 실험할 수 있는 자유를 느껴야 한다.

모든 기업이 자신만의 기업혁신 철학을 개발해야 하지만, 다음의 질문들에 대한 대답을 통해 그러한 과정을 알 수 있다.

- 창업가적 사고를 장려하고 있는가? 개인들은 임의로 하는 아이디어 발굴에 대해 회사

의 승인을 얻을 수 있는가? 아이디어들이 저절로 표출되어야 될 때, 사실 몇몇 기업들은 어리석게도 혁신을 수행할 담당자를 임명하려고 한다.

- 아이디어에 열중하고 있는 혁신자들에게 방법을 제공하고 있는가? 혁신 과정이 아이디어에 공들인 사람들을 교체하는 것과 관련될 때, 즉, 개발 중인 사업이나 제품이 몰입한 혁신가로부터 누군가에게 넘겨질 때, 그 사람은 종종 해당 프로젝트의 최초 발굴자만큼 몰입하지 않는다.
- 회사 사람들은 자신만의 방식으로 직무를 수행하는 것이 허용되는가, 아니면 자신들의 행동을 설명하고, 승인받기 위해 계속 주춤거리고 있는가? 몇몇 조직들은 여러 단계의 승인절차를 통한 결정을 강요하여 실무자와 의사결정자가 심지어 결코 만나지 못하는 경우가 생긴다.
- 회사는 새로운 아이디어를 시도할 수 있도록 자원에 접근할 수 있는 신속하고 비공식적인 방식들을 발전시켜 왔는가? 혁신가들은 대개 새로운 아이디어를 탐구하고 개발하기 위해 자유재량의 자원이 필요하다. 어떤 회사들은 종업원들이 자신이 선택한 프로젝트에 시간의 일부를 할애할 수 있는 자유를 주고, 새로운 아이디어가 떠오를 때 이를 탐색할 수 있는 자금을 확보해 둔다. 어떤 회사들은 자원을 너무 엄격하게 관리하여 새롭고 예기치 않은 아이디어를 위해 활용할 수 있는 게 아무 것도 없고, 결국 결과가 새로울 것이 없다.
- 회사는 작고 실험적인 많은 혁신을 관리할 수 있는 방식을 개발해 왔는가? 오늘날의 기업문화는 잘 연구되고, 잘 계획된 몇 차례의 시도를 통해 홈런치는 것을 선호한다. 사실상, 아무도 1,000번을 치지 않는다. 즉, 각각에 신중함과 비용이 덜 드는 준비를 통해 보다 자주 시도해 보는 것이 낫다.
- 시스템은 위험감수를 장려하고 실수를 용인하도록 설계되어 있는가? 혁신은 위험과 실수 없이 이루어질 수 없다. 일반적으로 성공적인 혁신조차도 실수와 잘못된 출발에서 시작된다.
- 회사 사람들은 새로운 아이디어에 더 관심이 있는가 아니면 자기영역을 방어하는 데 더 관심이 있는가? 새로운 아이디어들은 거의 항상 기존의 조직패턴의 경계선들을 넘어가기 때문에, '자기영역 보호'에 급급해하는 경향은 혁신을 가로막는다.
- 기업 환경에서 기능적으로 완전하고, 자율적인 팀을 형성하는 것이 얼마나 쉬운가? 혁신을 개발하는데 책임감으로 가득한 소규모 팀들이 기본적인 많은 문제들을 해결함에도 불구하고, 여전히 몇몇 기업들은 그들의 형성에 저항한다.[14]

혁신적인 기업 분위기를 만들기 위한 또 다른 방법은 혁신을 위한 규칙을 적용하는 것이다. 표 3.1의 규칙들은 필수적인 혁신 철학 개발에 필요한 실전 가이드라인을 제공할 수 있다.

표 3.1 혁신적인 환경을 위한 규칙

1. 행동을 장려하라.
2. 가능하다면 언제든지 비공식적인 미팅을 활용하라.
3. 실패를 용인하고, 그것을 배움의 경험으로 활용하라.
4. 계속해서 아이디어를 시장에 내놓아라.
5. 혁신을 위해 혁신을 보상하라.
6. 비공식적 의사소통을 촉진하기 위해 회사의 물리적인 배치를 계획하라.
7. 아이디어들의 기발한 **밀거래(bootlegging)**를 기대하라. 즉, 개인시간뿐만 아니라 근무 시간에도 새로운 아이디어 개발을 위해 비밀리에 일할 수 있도록 하라.
8. 미래 지향적인 프로젝트를 위해 사람들을 소규모팀에 배치하라.
9. 엄격한 절차와 관료적 형식주의를 피할 수 있도록 직원을 장려하라.
10. 혁신적인 직원들을 보상하고 승진시켜라.

이러한 규칙들이 수반될 때, 잠재적인 창업가적 사고에 친화적이며 이를 지원하는 환경이 만들어진다. 그 결과는 혁신적인 행동을 지원해 주는 기업 철학이다.

창업가적 프로세스를 조성하는 사고를 재설계하기 위해 기업은 무엇을 할 수 있을까? 조직은 경영철학을 조사하고 재검토할 필요가 있다. 많은 기업들은 협업 문화, 경영기법, 관리자와 종업원의 가치에 대해 진부한 생각들을 가지고 있다. 불행하게도, 오래된 직무를 더 효과적으로 수행하는 것이 새로운 도전에 대한 해답은 아니다. 즉, 새로운 가치를 가진 새로운 문화가 개발되어야 한다.[15] 관료와 통제자들은 설계자 및 혁신가들과 공존하고 양보하는 방법을 배워야 한다. 안타깝지만, 실천하는 것보다 말하는 것이 더 쉽다. 하지만 조직들은 기업의 사고를 재설계하고, 창업가적 환경을 촉진하는 데 도움이 되는 방법으로서 (1) 잠재적 혁신가들의 조기 발견, (2) 혁신적 프로젝트에 대한 최고경영진의 후원, (3) 전략적 활동에서의 혁신적 목표의 창조, (4) 실험을 통한 창업가적 사고의 촉진, (5) 혁신자와 대규모 조직 사이의 협력 개발을 활용할 수 있다.[16]

기업의 창업가적 철학의 개발은 많은 이점을 제공한다. 한 가지는 이러한 유형의 분위기는 대개 새로운 제품 및 서비스의 개발로 이어지고, 조직의 확장과 성장을 돕는다. 둘째, 기업이 경쟁적인 입지를 견지할 수 있게 해 주는 직원을 만들어 낸다. 세 번째 이점으로는 고성취자에게 도움이 되는 분위기를 촉진시키고 회사가 우수한 직원들에게 동기를 부여하고 그들을 유지하는 데에 도움을 준다.

기업 창업가정신과 혁신

최근 몇 년 동안, 비록 매우 소수의 사람들만이 기업 창업가정신/기업혁신의 개념을 완벽하게 이해하고 있음에도 불구하고, 이 주제는 꽤 인기를 얻고 있다. 대부분의 연구자들은 이 용어가 혁신적인 결과를 목적으로 조직의 승인과 자원의 투입을 받는 창업가적인 활동들을 말한다는 데 동의한다.[17] 기업혁신의 주된 요지는 조직의 경계 안에서 창업가적 정신을 개발하는 것이며, 이를 통해 혁신적인 분위기를 확산시키는 데에 있다.

기업 창업가정신과 혁신의 개념 정의

기업 창업가정신/기업혁신에 대한 조작적 정의는 학자들의 연구를 통해 지난 30년 넘게 발전되어 왔다. 예를 들면, 한 연구자는 기업혁신이란 세대, 발전, 그리고 새로운 아이디어나 행동의 실행을 포함하는 매우 광범위한 개념이라고 한다. 혁신은 새로운 제품이나 서비스, 행정시스템, 또는 조직의 구성원들과 관련된 새로운 계획이나 프로그램일 수 있다.[18] 이러한 맥락에서 기업 창업가정신은 혁신적인 기술과 역량을 획득할 수 있는 회사 능력을 재설계하고 향상시키는 데 초점을 맞춘다.

연구자 Shaker A. Zahra는 "기업 창업가정신은 제품 및 프로세스 혁신 그리고 시장 개발을 통해 기존 회사 내에서 신규 사업 창조를 목표로 하는 공식적 또는 비공식적 활동이다. 이러한 활동은 회사의 경쟁적 위치 확보와 재무적 성과를 향상시키려는 통합의 목표와 함께 기업, 사업부, 기능적, 또는 프로젝트 수준에서 발생한다.[19] William D. Guth와 Ari Ginsberg는 기업 창업가정신은 두 가지 주요 현상을 포함하고 있다는 것을 강조해 왔는데, 이는 기존 조직 내에서의 신생 벤처 설립 및 전략적 갱신을 통한 조직들의 변혁을 말한다.[20]

연구자 Michael H. Morris, Donald F. Kuratko, Jeffrey G. Covin은 기업 창업가정신의 영역을 구성하는 두 가지의 실증적 현상으로 기업 벤처링과 전략적 창업가정신을 들었다. **기업 벤처링**(corporate venturing) 접근법은 공통적으로 기업에 새로운 사업(또는 자기자본 투자를 통한 신규 사업의 지분)을 추가한다. 이것은 세 가지의 실천 방식을 통해 성취될 수 있다. 즉, 내부적 기업 벤처링, 협력적 기업 벤처링, 외부적 기업 벤처링이 그것이다. 그에 반해, **전략적 창업가정신**(strategic entrepreneurship)의 접근법은 공통적으로 대규모로 표현되거나, 그렇지 않으면 경쟁우위를 추구하는 기업에서 채택된 매우 중대한 혁신들로 채워진다. 이러한 혁신들은 기업을 위한 새로운 사업으로 이어지기고 하고 그렇지 않을 수도 있다. 전략적 창업가정신의 접근법에 있어서, 혁신은 다음의 다섯 가지의 영역 중에 하나가 될 수 있다.[21] 즉, 기업의 전략, 제품의 제공물, 서비스 시장, 내부 조직(예를 들면, 구조, 과정, 역량), 또는 비즈니스 모델이다. 이러한 각 영역의 기업 창업가정신은 **그림 3.1**에 개요가 설명되어 있다.

창업가정신의 구성과 그것의 여러 가지 차원에 대한 철저한 분석 후, 최근 연구는 기업 창업가정신을 개인이(또는 개인들의 집단) 기존의 조직과 연계하여 새로운 조직을 만들거나 조직 내에서 갱신 또는 혁신을 부추기는 과정으로 정의하였다. 이러한 정의 하에

그림 3.1 기업 창업가정신의 정의

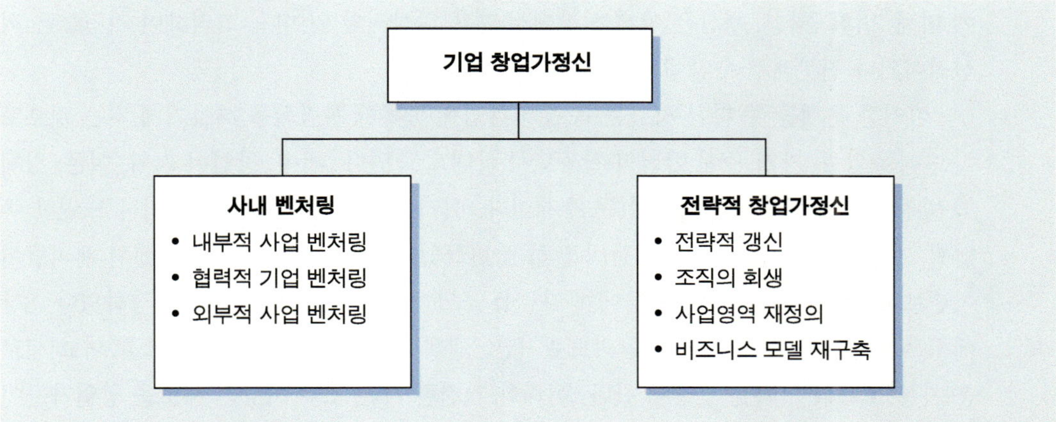

출처: Michael H. Morris, Donald F. Kuratko, and Jeffrey G. Covin, *Corporate Entrepreneurship & Innovation*, 2nd ed. © 2008 South-Western, a part of Cengage Learning, Inc. Reproduced by permission. www.cengage.com/permissions.

서, 전략적 갱신(주요 전략적 또는 구조적 변화를 포함한 조직의 갱신과 관련됨), 혁신(새로운 것을 시장에 출시하는 것과 관련됨), 그리고 기업 벤처링(기업 조직 내에서 새로운 사업 조직의 창출을 이끌어 내는 기업의 창업가적인 노력들) 모두는 기업 창업가정신 과정에 있어서 중요하며 합법적인 부분들이다.[22]

현장이 더 진보함에 따라, 기업 창업가정신 전략의 개념도 발전되어 왔다. 연구자 R. Duane Ireland, Jeffrey G. Covin, Donald F. Kuratko는 기업의 창업가 전략을 "목적의식을 가지고 끊임없이 조직에 활력을 되찾게 하고 창업가적 기회의 인식과 활용을 통해 조직의 운영 범위를 결정하는 창업가적 행위에 대한 비전 지향적이며, 범조직적인 의존"으로서 정의한다.[23]

기업 창업가정신과 혁신의 필요성

오늘날 많은 회사들은 기업 창업가정신의 필요성을 인식하고 있다. 인기 있는 비즈니스 잡지(Business Week, Fortune, U.S. News & World Report)에 실린 기사들은 창업가적 사고가 거대한 관료적 구조에 주입되고 있는 것으로 보도하고 있다. 사실상, 오늘날 인기 있는 많은 비즈니스 서적에서 보면, 전체 면을 기업 내 혁신에 할애하고 있다.[24] 꽤 명백하게는, 회사와 컨설턴트/작가들 모두 사내 창업가정신의 필요성을 인식하고 있다.

이러한 필요성은 많은 새롭고 세련된 경쟁자들의 급속한 성장, 전통적인 기업 경영방식에 대한 불신, 우수하고 총명한 몇몇 기업 출신들이 소규모 비즈니스 창업가가 되기 위한 대탈출, 국제적 경쟁, 주요 기업들의 구조조정, 효율성과 생산성을 향상시키려는 전반적인 욕구를 포함한 수많은 긴급한 문제들에 대한 대응에서 제기되어 왔다.[25]

이러한 이슈들 가운데 첫 번째인 경쟁의 문제는 늘 사업을 괴롭혀왔다. 하지만 오늘날의 하이테크 경제는 이전 어느 때보다 훨씬 더 많은 경쟁자들을 지원한다. 지난 수십 년에 비해, 변화, 혁신, 개선은 이제 시장에서 매우 일상적인 일이다. 그리하여 기업들은 혁신적이거나 진부해질 수밖에 없다.

이러한 문제들 중 다른 하나는 독립적 창업에 똑똑한 사람들을 빼앗기게 되는 것으로 이는 다음의 두 가지 주된 발전의 결과로서 확대되고 있다. 첫째, 창업이 지위, 여론, 경제적 발전의 관점에서 증가하고 있는 추세이다. 이러한 창업의 증가는 청년이나 노련한 종업원 모두에게 더 호소력 있는 선택을 하게 만들었다. 둘째, 최근 몇 년간 벤처 캐피탈이 이전보다 더 많은 새로운 벤처들에게 자금을 조달해 주는 거대 산업으로 성장하였다. 8장에서 보다 명확하고 상세하게 살펴보겠지만, '엔젤투자자'가 전례 없는 강세를 띄고 새로운 자본 조달의 기회를 만들어 왔다. 이러한 건전한 자본 조달 시장은 새로운 창업가들이 그들의 아이디어를 실행할 수 있게 해 주었다. 그 결과, 혁신적인 아이디어를 가진 사람들이 대기업을 떠나 독립할 가능성이 크다.

그리하여 현대의 조직은 사내에서 창업가적인 것을 개발할 수 있는 길을 모색해야 한다. 그렇게 하지 않는 것은 기업의 침체, 인력손실, 하락을 기다리는 것과 같다. 새로운 '기업 혁명'은 기업 구조 내에서 혁신자들에 대한 공감과 그들을 개발하려는 욕구를 나타낸다.

기업 창업가정신과 혁신의 장애물

기업 창업가정신 프로세스에 많은 장애물들이 존재한다는 점에 주목해야 한다. 기업 창업가정신의 장애물은 혁신 개발에 적용해 본 바와 같이 전통적인 경영기법들의 비효율성을 반영한다. 비록 의도적이지는 않지만, 특정한 전통적 경영기법이 미치는 역효과는 매우 파괴적일 수 있어서 기업 내의 개인들은 사내 창업가적 행동을 회피하는 경향을 가질 것이다. 표 3.2는 전통적인 경영기법 목록과 부정적인 영향들(경영기법이 엄격하게 시행될 때), 그리고 관행을 변화시키거나 조정하기 위해 추천된 수단들을 제시하고 있다.

이 장애물들을 이해한다는 것은 기업 창업가정신을 조성하는데 중요하다. 왜냐하면, 그것들이 다른 모든 동기부여 노력들의 기본적인 요소들이기 때문이다. 관리자들이 혁신 개발을 위해 지원을 받거나 흥미를 조성하기 위해서는 지각된 장애물들을 제거해야 하고 대안이 될 만한 경영활동을 찾아야 한다.[26]

장애물들을 인식한 후, 경영자들은 성공적인 혁신적 기업들의 원리들에 적응할 필요가 있다. 혁신분야의 전문가인 James Brian Quinn은 성공적인 혁신을 보여 주는 대기업에서 다음과 같은 요소들을 발견하였다.

- **분위기와 비전.** 혁신적인 기업들은 혁신적인 분위기에 대한 명확한 비전을 가지고 있으며 알려진 지원을 한다.

표 3.2 기업혁신에 있어서 장애물의 원천과 해법

전통적인 경영 관행	역효과	추천 행동
실수를 줄이기 위해 표준 절차를 강화하라.	혁신적인 해결책의 차단, 잘못된 자금 사용	각 상황에 맞는 기본규칙을 설정하라.
자원의 효율성과 투자수익률(ROI)을 관리하라.	경쟁우위 상실, 낮은 시장 침투	중요한 이슈들에 대한 노력을 집중하라(예, 시장점유).
계획을 통제하라.	가정을 대체해야 하는 무시된 사실들	새로운 학습을 반영할 수 있도록 계획을 변경하라.
장기적인 계획을 수립하라.	갇힌 성장 불가능한 목표, 높은 실패비용	목표를 상상하고 난 후, 중간 이정표를 설정하고, 각각을 재평가하라.
기능적으로 관리하라.	창업가 실패 또는 벤처 실패	경영적이며 다분야의 기량을 가진 창업가를 지원하라.
기반 사업을 위태롭게 하는 조치를 피하라.	상실된 기회	작은 단계를 밟고, 강점으로부터 증축하라.
어떤 대가를 치르더라도 기반사업을 보호하라.	기반사업이 위협받을 때 포기하는 벤처링	벤처링을 주류로 만들고, 감당할 수 있는 위험을 감수하라.
선행 경험으로부터 새로운 단계를 판단하라.	경쟁과 시장에 대한 잘못된 결정	학습 전략을 사용하고, 가정을 시험하라.
균등하게 보상하라.	낮은 동기부여와 비효율적인 운영	위험과 보상 사이의 균형을 유지하고, 특별한 보상을 하라.
화합할 수 있는 사람들을 승진시켜라.	혁신자들의 손실	'변화추진자(boat rocker)'와 '행동가'를 수용하라.

출처: Reprinted by permission of the publisher from Hollister B. Sykes and Zenas Block, "Corporate Venturing Obstacles: Sources and Solutions," *Journal of Business Venturing* (Winter 1989): 161. Copyright © 1989 by Elsevier Science Publishing Co., Inc.

- 시장에 대한 지향성. 혁신적인 기업들은 그들의 비전을 시장의 현실과 결부시킨다.
- 작고, 수평적인 조직. 대부분의 혁신적인 기업들은 조직 전체를 수평적으로 유지하고 소규모의 프로젝트 팀을 유지한다.
- 다수의 접근방식들. 혁신적인 경영자들은 몇 가지 프로젝트들이 나란히 발전할 수 있도록 장려한다.
- 상호작용적 학습. 혁신적인 환경 내에서 **상호작용적 학습**(interactive learning)과 아이디어의 조사는 조직의 전통적인 기능 상의 경계선을 초월한다.
- 비밀 실험실. ('**비밀 실험실**(Skunk Works)'은 조직의 정규 시간과 구조에서 벗어나 자신들의 아이디어를 위해 노력하는 소규모 집단들에 부여된 별명이다.) 매우 혁신적인 모든 기업들은 전통적인 권위의 범위를 벗어나 기능하는 집단들을 이용한다. 이는 관료체제를 제거하고, 빠른 전환을 허용하며, 높은 수준의 집단 정체성과 충성심을 주입시킨다.[27]

FutureWorks: P&G의 '창업가적 엔진'

당신이 P&G(Procter & Gamble)를 생각할 때, 당신은 소비재의 거인을 떠올린다. 이 회사는 13만 명의 종업원을 가지고 800억 달러의 수익을 내며 300여 개의 브랜드를 가지고 있다. 그 정도의 매출규모에도 불구하고, P&G는 기업혁신에 대해 진지하다. 이 기업은 소비자 연구에 투입되는 4억 달러의 연구비 외에도 R&D에 20억 달러에 달하는 비용을 지출하고, 100여 개국에서 2만 건이 넘는 연구를 수행한다. 이 기업이 내부 혁신을 강조하는 이유는 무엇일까? P&G의 CEO인 Bob McDonald는 판매 프로모션이 계절에 따라 회사를 움직이게 하지만 진정한 혁신만이 미래의 몇십 년을 향해 도약할 수 있다고 인식하기 때문이다.

하지만 P&G는 수년 동안의 투자와 실험을 통해 기업혁신은 분권화된 혁신 단위나 부서를 통해 가장 잘 실행된다는 것을 배웠다. 이러한 형태의 구조에서, 고위 관리자들은 혁신과정에서 성취되어야 할 주요 이정표에 대해서만 신경을 쓴다. 나머지는 가능한 빨리 상품화될 수 있도록 시간적으로 완전하게 몰입을 하는 혁신 부서의 구성원들에게 넘겨진다.

P&G는 가장 성공적인 혁신 부서들 가운데 하나를 만들었는데, 이는 오늘날까지도 존재하는 'FutureWorks'이다. 그것은 P&G 내에 있는 '기업의 새로운 사업창출 부서'로서 기업의 임원진으로 구성된 기업혁신 자금위원회에 보고한다. 이 부서는 파괴적인 시장혁신을 이용하는 변혁적 신규 비즈니스 모델, 신규 카테고리, 또는 서비스 경험의 생성, 인큐베이팅, 그리고 조정을 책임진다. P&G의 FutureWorks 팀은 P&G 리더십 팀 및 그들의 전략적 목표와 밀접한 관련이 있으며, 경험이 많고 다양하다.

외부적 아이디어와 해결책인 조직에 의해 추구되는 '개방적 혁신' 기법을 사용하는 P&G는 외부와의 효과적인 인터페이스를 위하여 FutureWorks 내에 '연계와 개발'이라는 부서를 설립하였다. 이 부서의 역할은 파트너를 발굴하여 그러한 외부 네트워크 내에 잠재하고 있는 혁신을 실현하는 데 있다. 과거에는 상품화하는데 몇 년 이상 걸리던 혁신들이 18개월 내로 가속화될 수 있었다. P&G는 외부 파트너와 연계함으로써 전략적으로 중요한 핵심 비즈니스를 새로운 유통채널과 영역 등을 통해 확장하게 되었다. 그러한 새로운 관심 영역들 가운데 몇몇은 프랜차이즈를 통한 서비스, 건강 및 웰빙, 정보 기반 서비스, 혁신적 플랫폼 기술, 그리고 신생 시장을 포함한다.

FutureWorks에게 특별한 관심거리는 P&G의 브랜드 파워나 강력한 외부 브랜드(Crest, Duracell, Tide, Pampers, Charmin, Gillette, Pringles와 같이 P&G에 의해 소유된 강력한 브랜드 이름들을 생각해 보라)에 영향을 주는 모델들이다. Mr. Clean Car Wash와 Tide Dry Cleaners는 몇몇 P&G 브랜드를 활용하여 개발한 비즈니스 모델들의 사례들이다. 또한, 어떤 플랫폼 기술들이 파괴적인 원가, 능력, 또는 속도의 이점을 현재의 비즈니스 모델, 소매 파트너들, 또는 심지어 산업에 접목할 수 있다면 그 기술들은 특히 실행 가능하다. 마지막으로, 소비자나 소매업체에게 제공하는 정보 기반 아이디어는 독특한 정보를 제공한다.

P&G는 혁신 프로젝트에 보다 많은 재원을 조달하기 위하여 P&G 기업혁신재단(P&G Corporate Innovation Fund, CIF)을 설립하여 파괴적인 혁신이나 신규 사업의 개발에 자금을 제공하고 있다(P&G의 혁신적인 Crest Whitestrip(치아 미백 제품)은 이러한 방식으로 자금 조달을 제공하였다).

P&G 부사장 겸 혁신담당 이사인 Nathan Estruth는 '마법'이 그의 팀과 그들이 만든 문화에 있다고 주장한다. 그에 따르면, 그들은 겸손, 업무에 대한 열정, 불확실성 속에서의 성장, 현재 상태에 대한 끊임없는 도전을 특징으로 한다. FutureWorks가 성취하고 있는 모든 것에 있어서 가치는 오늘의 P&G를 특징짓는 신규 사업의 실현, 훨씬 큰 효율성, 새로운 능력으로 요약된다. P&G는 그들만의 혁신적 개발 즉 FutureWorks를 통한 획기적인 개발을 통해 획기적인 혁신을 추구함으로써 그들의 미래를 창조하고 있다.

출처: Adapted from numerous sources including: P&G website for FutureWorks, http://futureworks.pg.com, accessed Feb. 1, 2012; Bruce Brown & Scott D. Anthony, "How P&G Tripled its Innovation Success Rate," *Harvard Business Review*, June 2011; and personal visit to FutureWorks with interview with Nathan Estruth, July 2011.

기업의 창업가정신 전략

앞서 언급한 바와 같이, 우리는 기업의 창업가정신 전략을 목적의식을 가지고 끊임없이 조직에 활력을 되찾게 하고 창업가적 기회의 인식과 활용을 통해 조직의 운영 범위를 결정하는 창업가적 행위에 대한 비전 지향적이고, 범조직적인 의존이라고 정의한다. 모든 전략과 마찬가지로, 기업의 창업가정신 전략(corporate entrepreneurship strategy 또는 CE strategy)은 양분된 관점보다는 지속적인 관점에서 고려되어야 한다. 보다 직접적으로 언급하면, 기업의 창업가정신 전략은 그들의 창업가적 강도의 정도에 따라 다양해진다.

그림 3.2는 연구자 Jeffrey G. Covin, R. Duane Ireland, 및 Donald F. Kuratko에 의하여 개발된 것으로 기업의 창업가정신 전략이 다음의 세 가지 요소의 출현에 의해 어떻게 나타나는지를 설명하는 모델을 제시한다. 이 세 가지는 조직의 위계를 통해 나타나는 창업가적인 전략적 비전, 친 창업가적 조직구조, 그리고 창업가적 과정 및 행동이다.[28] 이 모델은 몇 가지 연결고리를 지니고 있고, 그것은 (1) 조직 구성원의 개별적인 창업가적 인지, (2) 창업가적인 활동으로 이끄는 외부 환경 조건, (3) 회사에 대한 최고경영진의 창업가적 전략 비전, (4) 창업가적 과정과 행동을 장려하는 조직 구조, (5) 창업가적 행동에 반영된 창업가적 과정, (6) 창업가적 행동을 통해 얻은 조직의 성과이다.

이 모델은 개인적인 창업가적 인지와 외부 환경 조건들이 기업의 창업가정신 전략을 채택하게 만드는 초기 원동력이며, 산출물들은 전략의 지속, 수정, 또는 거부에 대한 정당성을 제공하기 위해 평가된다고 제안한다. 기업의 창업가정신 전략 자체는 앞에서 인용한 세 가지 요소 즉, 조직 전반을 통해 나타나는 창업가적인 전략적 비전, 친 창업가적 조직구조, 창업가적 과정 및 행동에 반영된다. 기업의 창업가정신 전략은 의식적으로 선택될 수 없고, 인수와 같은 몇몇 전략이 할 수 있는 방식으로 신속히 수립될 수 없으므로 결정, 실행, 또는 사건 그 이상의 것이 필요하다. 그것은 친 창업가적 조직구조의 존재를 통해 촉진되기에 조직 리더들의 창업가적 비전과 조직전반에 걸친 창업가적 행동 사이의 조화를 필요로 한다. 기업의 창업가정신 전략은 조직 전반에 존재하는 창업가적 잠재성의 촉발과 집중을 통해 스스로 재생하는 조직을 만드는 것에 관한 것이다. 그것은 또한 접근방식의 일관성과 행동의 규칙에 관한 것이다. 기업의 창업가정신 전략에 참여하는 기업들은 비교적 정기적이거나 지속적으로 창업가적인 행동을 장려해야 한다. 분명하게는, 기업의 창업가정신 전략의 존재가 제기되기 전에, 기업들이 얼마나 광범위하게 창업가적인 행동에 관여해야만 하는지는 정도의 문제이다. 연속체의 한쪽 끝은 안정성, 또는 혁신의 부재이며 다른 한쪽 끝은 혼돈, 또는 압도적인 혁신이다. Charles Baden-Fuller와 Henk Volberda는 당당하게 다음과 같이 주장한다.

> 변화와 유지의 역설을 해결하는 것은 복잡한 기업 내부의 지속적인 개선이 잘못 이루어지고 있다는 점을 인식하는 것이다. 너무 많은 변화는 혼돈, 문화적 결속력의 상실,

그림 3.2 기업의 창업가정신 전략의 통합 모델

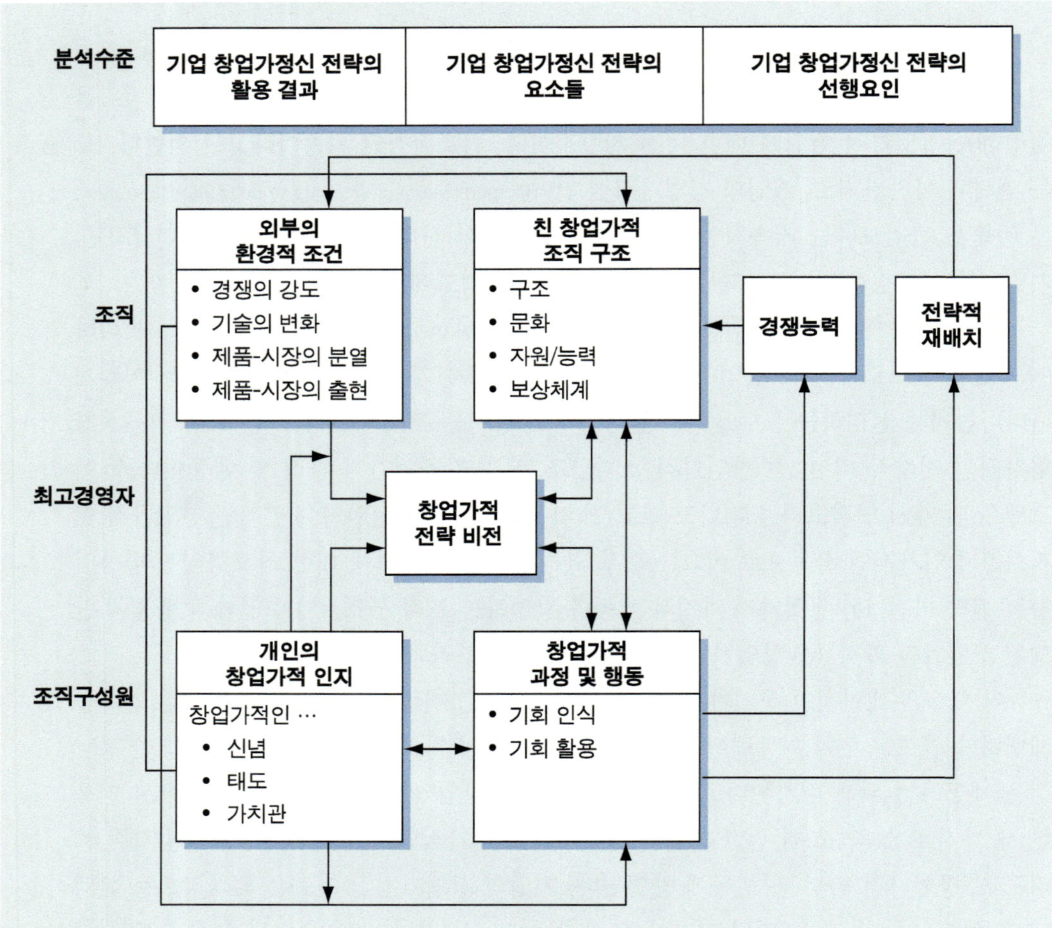

출처: R. Duane Ireland, Jeffery G. Covin, and Donald F. Kuratko, "Conceptualizing Corporate Entrepreneurship Strategy," *Entrepreneurship Theory and Practice* 33, no. 1 (2009): 24.

피로, 조직의 붕괴로 이어질 것이다. 단기적으로는 무질서한 조직들이 살아남을 수 있지만, 보다 장기적인 관점에서는 그들이 붕괴될 수 있다.[29]

연구자 Kathleen Eisenhardt, Shona Brown, 및 Heidi Neck은 아마도 "창업가적 우위를 가진 경쟁"에 관한 그들의 관찰에서 기업의 창업가정신 전략을 보유한 기업들이 혁신의 연속체를 따라 놓여 있는 곳을 가장 잘 포착하였다.

기업의 창업가정신 전략을 가진 기업들은 현명하게도 현재의 창업가적 기회의 활용과 미래의 창업가적 기회에 대한 탐색 간의 균형을 유지하면서, '시간의 우위'에 가까이 머물고 있다. 그러한 기업들은 늘 전략적으로 그리고 구조적으로 모두 혼돈에 가까이 있지만, 앞에서 언급한 극단적인 붕괴의 가능성을 인식하는(회피하는) 지혜와 규율을 가지고 있다.[30]

그리하여 기업의 창업가정신이 전략과 함께 작용하기 위해서는, 조직 내에서 '깊이가 있어야 한다.' 최고경영자들은 그들의 경쟁적 환경에 의해 만들어진 창업가적인 책무에 대응할 필요성을 점차 인식하고 있다. 이러한 창업가적 책무에 대한 최소한의 대응—기업의 창업가정신 전략에 대한 피상적인 몰입의 반영—은 반드시 실패한다. 더욱이, 최고경영자들이 그러한 전략을 부추길 수는 있지만 지시할 수는 없다. 조직에서 중간이나 낮은 직급에 있는 사람들은 창업가적 및 전략적 과정 내에서 엄청난 영향과 중요한 역할을 가지고 있다.[31] 이러한 조직의 하위 직급으로부터의 지속적이고 강한 몰입이 없는 창업가적 행동은 기업의 창업가정신 전략이 요구하는 바와 같이 조직을 결정짓는 특성이 결코 될 수 없을 것이다.

기업의 창업가정신 전략은 조직에서 만들어 내기 어렵고, 영구화하기는 아마도 더 힘들 것이다. 어떤 외부의 환경적 조건의 존재는 조직의 리더들로 하여금 기업의 창업가정신 전략을 채택할 가능성을 조사하도록 촉구하기에 충분할 것이다. 하지만 그러한 전략이 작동하도록 만들려는 조직 전반에 걸친 개인들의 몰입과 이러한 몰입을 강화시키는 개인적 및 조직적인 창업가적 결과의 실현은 창업가적 행동이 조직의 결정적인 관점이 될 것이라는 것을 확신하는 데 필요할 것이다. 그리하여 기업의 창업가정신 전략의 세 가지 요소 중 어떤 요소 또는 이 요소들 간의 연결에서의 붕괴는 그러한 전략의 실행 가능성을 약화시킬 것이다. 더욱이, 개인과 조직 차원에서 유발된 창업가적 행동이 일치될 수 있도록 평가 및 보상 체계가 일치되어야 한다. 외부적 조건이 기업의 창업가정신 전략의 채택에 점점 도움이 되지만, 경영자들은 그러한 전략의 효과적인 실행이 쉽게 달성될 것이라는 어떠한 환상도 품지 말아야 한다.

창업가적 전략을 수립한 기업들은 기존 기업의 기풍이 종종 극적으로 변화한다는 것을 알게 된다.[32] 전통들은 새로운 과정과 절차를 위하여 무시된다. 이러한 환경에서의 운영에 익숙하지 않은 일부 사람들은 떠날 것이고, 또 다른 사람들은 모든 것이 생산성을 높이기 위해 설계된 창의성, 기발한 발상, 위험 감수, 팀워크, 비공식적인 네트워킹을 장려하고 조직이 보다 실행 가능하도록 만드는 새로운 동기부여 체계를 발견할 것이다. 어떤 사람들은 창업가적 환경에서 성장할 것이고, 다른 사람들은 그것을 철저하게 싫어할 것이다.

기업의 창업가정신 전략의 다섯 가지 중요한 단계는 (1) 비전의 개발, (2) 혁신의 장려, (3) 창업가적 풍토를 위한 조직화, (4) 기업혁신을 위한 개별 관리자들의 대비, (5) 벤처팀의 개발이다. 다음에서 보다 자세하게 다루어진다.

비전의 개발

기업이 기업의 창업가정신 전략을 계획하는 첫 번째 단계는 기업의 리더들이 성취하고자 하는 혁신에 대한 비전을 공유하는 것이다.[33] 비전은 조직의 리더들에 의해 명확하

그림 3.3 공유된 비전

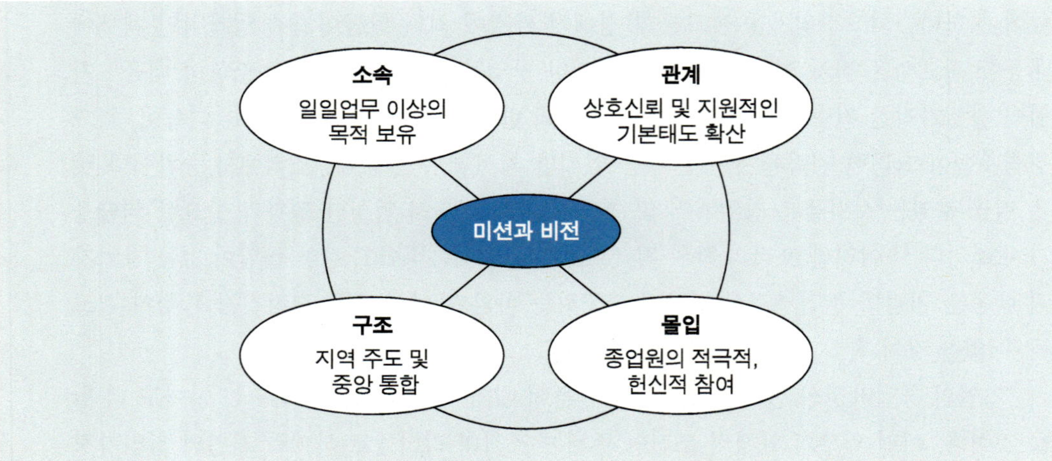

출처: Jon Arild Johannessen, "A Systematic Approach to the Problem of Rooting a Vision in the Basic Components of an Organization," *Entrepreneurship, Innovation, and Change* (March 1994): 47. Reprinted with permission from Plenum Publishing Corporation.

게 표현되어야 한다. 하지만 구체적인 목표들은 조직의 관리자들과 종업원들에 의하여 개발된다. 사내 창업가적 활동은 조직 내에 있는 사람들의 창의적인 재능에서 비롯되는 것으로 제시되고 있기 때문에, 종업원들은 이러한 비전에 대해 알고 이해해야 한다. 공유된 비전은 높은 성취를 추구하는 전략에서 중요한 요소이다(그림 3.3 참조). 이 공유된 비전은 기업의 창업가적 전략을 위한 구체적 목표와 그러한 목표를 달성하는 데 필요한 프로그램의 식별을 요구한다. 저자이자 연구원인 Rosabeth Moss Kanter는 기업 내에서 벤처를 개발하기 위해 설계된 세 가지 주요 목표와 각각의 프로그램을 설명하였다. 표 3.3에 개괄적으로 설명되어 있다.

혁신의 장려

5장에서 토론하게 되겠지만, 혁신은 창업가의 특별한 도구이다. 그러므로 기업들은 혁신을 그들 전략의 중요 요소로 이해하고 개발하여야 한다. 많은 연구자들은 기업 환경 내에서 혁신의 중요성을 조사해 왔다.[34]

일부 저자들은 혁신을 혼란스럽고 무계획적인 것으로 묘사한 반면,[35] 다른 연구자들은 혁신을 체계적인 분야라고 주장한다.[36] 혁신의 본질에서 보면, 이러한 두 가지 입장 모두 사실이다. 이 개념을 이해하기 위한 하나의 방법은 두 가지 다른 형태의 혁신, 즉 급진적 혁신과 점진적 혁신에 초점을 맞추는 것이다.[37]

급진적 혁신(radical innovation)은 소셜 네트워킹, 모바일 컴퓨팅, 클라우드 저장장치, 온라인 데이트, 녹색 기술과 같은 최초의 획기적 발전의 착수이다. 이러한 혁신들은 실험을 하고 결연한 비전을 갖는데, 반드시 관리될 필요는 없지만 인식되고 육성되어야 한다.

표 3.3 벤처 개발을 위한 목표와 프로그램

목표	프로그램
현재의 시스템, 구조, 및 관행이 혁신에 필요한 융통성과 신속한 조치에 대해 극복할 수 없는 장애물을 제공하지 않도록 확실히 하라.	불필요한 관료제를 줄이고, 부서 및 기능 전체에 걸쳐 의사소통을 장려하라.
사내 창업가적 프로젝트를 위한 인센티브와 도구를 제공하라.	내부의 '벤처 캐피탈'과 특별한 프로젝트 예산을 이용하라. (이 자금은 사내 창업가적 프로젝트를 위한 특별 자금을 의미하는 사내자본이라 부른다.)
새로운 기회가 새로운 조합에서 발견되도록 전 사업 영역에 걸쳐 시너지를 추구하라.	사업부(division), 부서, 회사 간의 공동 프로젝트와 벤처를 장려하라. 종업원들이 새로운 아이디어를 논의하고 브레인스토밍을 할 수 있도록 장려하라.

출처: Adapted by permission of the publisher from Rosabeth Moss Kanter, "Supporting Innovation and Venture Development in Established Companies," *Journal of Business Venturing* (Winter 1985): 56–59. Copyright © 1985 by Elsevier Science Publishing Co., Inc.

점진적 혁신(incremental innovation)은 더 새롭거나 더 큰 시장으로의 제품이나 서비스의 체계적인 발전을 말한다. 전자레인지용 팝콘, 포장재에 사용되는 팝콘(스티로폼의 대용), 냉동 요구르트 등이 이러한 사례에 해당한다. 많은 경우에, 점진적 혁신은 급진적인 혁신이 돌파구를 연 후에 이어간다. 기업의 구조, 마케팅, 재무, 공식적인 시스템들은 점진적 혁신을 실행하는 데 도움을 준다. 조직은 구성원을 통해서 1,000% 더 나은 한 가지 일을 하기 위해 기다리기보다 1% 더 나은 1,000가지 일을 할 수 있다고 말한다.

두 가지 형태의 혁신은 비전과 지원을 필요로 한다. 이러한 지원은 효과적인 개발을 위해 다른 단계를 취한다(표 3.4 참조). 게다가, 둘 다 **챔피언**(champion)—비전을 가지고 그것을 공유할 수 있는 능력을 가진 사람—을 필요로 한다.[38] 마지막으로, 두 가지 형태의 혁신은 혁신과 사내 창업가정신과 관련하여 종업원들을 개발하고 교육시키기 위한 최고경영진들의 노력—**최고경영진의 지원**(top management support)으로 알려진 개념—을 필요로 한다.[39]

혁신의 장려는 실패를 용인할 뿐만 아니라 그것을 통해 배우려는 의지를 필요로 한다. 예를 들면, 3M의 창업자 중의 한 사람인 Francis G. Oakie는 면도날을 사포로 대체하는 아이디어를 가졌다. 그는 남자들이 날카로운 면도기를 사용하는 대신에 사포로 얼굴을 문지를 거라고 믿었다. 그는 틀렸고, 그의 아이디어는 실패했으나, 그의 아이디어는 자동차 산업을 위한 방수 사포의 개발로 발전되었고, 블럭버스터급 성공을 거두었다.

이렇게 하여, 3M의 철학이 탄생하였다. 혁신은 숫자 게임이다. 아이디어가 많을수록, 성공적인 혁신을 위한 기회들이 더욱 많아진다. 다시 말해서, 혁신을 정복하려면, 기업들은 실패에 대해 관대하여야 한다. 이러한 철학이 3M을 성공하게 만들었다. 정전기방지 비디오테이프, 반투명 치아교정기, 무릎 수술용 합성인대, 내구성이 강한 공사표지용 반사지, 그리고, 물론, 포스트잇 노트는 조직에 의해 개발된 위대한 혁신들 가운데 단지 몇

표 3.4 급진적 혁신과 점진적 혁신의 개발 및 지원

급진적	점진적
도전과 퍼즐을 통해 자극하라.	체계적인 목적과 기한을 정하라.
가용할 때 예산 및 기간의 제약을 제거하라.	경쟁적 압력을 통해 자극하라.
기술적 교육을 권장하고 고객에게 노출하라.	기술적 교육을 권장하고 고객에게 노출하라.
기술적 공유 및 브레인스토밍 세션을 허용하라.	핵심 경영진 및 마케팅 직원을 포함한 매주 미팅을 하라.
개인적인 관심을 주라. 즉, 신뢰 관계를 개발하라.	보다 많은 책임을 위임하라.
외부 관계자들로부터의 칭찬을 장려하라.	목적과 기한을 충족시키기 위해 명확한 재정적인 보상을 정하라.
발생한 기회에 대비한 융통 자금을 준비하라.	
새로운 프로젝트와 관심사를 위해 자유와 자본으로 보상하라.	

출처: Adapted from Harry S. Dent, Jr., "Growth through New Product Development," *Small Business Reports* (November 1990): 36.

가지이다. 전체적으로 회사는 60,000개 제품의 카탈로그를 가지고 있다.[40]

오늘날, 3M은 종업원들이 아이디어들을 발굴하도록 장려하는 일련의 혁신적인 규칙을 따르고 있다. 주요 규칙은 다음과 같다.

- 프로젝트를 묵살하지 마라. 어떤 아이디어가 3M 사업부의 어느 하나에서 발상지를 찾지 못하면, 직원은 자기 시간 중 15%를 그것이 실행 가능한 것인지를 입증하는 데 쓸 수 있다. 종잣돈이 필요한 종업원들에게는 90 Genesis에 해당하는 보조금 50,000달러가 매년 주어진다.
- 실패를 용인하라. 많은 실험과 위험감수의 장려가 신제품이 히트칠 수 있는 더 많은 기회를 허용한다. 목표: 사업부들은 지난 5년간 출시된 상품으로부터 매출의 25%를 확보해야 한다. 어떤 경우에는 목표가 30%까지 올라가기도 한다.
- 사업부를 작게 유지하라. 사업부(division)의 관리자들은 각 종업원의 이름을 알아야 한다. 사업부가 너무 커질 때, 매출이 약 2억 5천만~3억 달러에 도달하는 경우 그 사업부는 분리된다.
- 챔피언들에게 동기를 부여하라. 3M의 종업원이 제품 아이디어를 가지고 있을 때, 그는 그것을 개발하기 위해 실행 팀을 모집해야 한다. 급여와 승진은 제품의 진척과 연결되어 있다. 챔피언은 훗날 그의 제품 집단이나 사업부를 운영하는 기회를 갖는다.
- 고객과 늘 가까이 지내라. 연구원, 마케팅 담당자, 관리자들은 고객들을 방문하고 일상적으로 그들을 초대하여 제품 아이디어들을 브레인스토밍하는 데 도움을 준다.
- 부(wealth)를 나누어라. 기술이 어디에서 개발된 것이든 그것은 모든 사람에게 속한다.[41]

글로벌 관점

글로벌 혁신: 일본에서 부는 변화의 바람

책임을 다했던 Sony와 함께, 일본이 기술혁신의 보루였던 시절을 기억해내는 것은 그리 어려운 일이 아니다. 하지만 Apple 및 Google과 같은 기업들이 훨씬 더 혁신적인 기업문화와 함께 그러한 무대에 등장하였다. 설상가상으로, 2011년 Tohoku 지진은 일본을 강타했던 역대 가장 강력한 지진이었으며 1900년부터 시작한 현대 기록 이후 세계에서 가장 강력했던 5번의 지진 중 하나로 알려졌다. 이 지진은 133피트 높이까지 도달할 정도로 강력한 쓰나미 파도를 유발하고 내륙으로 6마일까지 뻗어나갔다. 그 쓰나미는 수많은 원전사고를 일으켰으며, 특히 3개의 원자로 노심의 용융을 일으켰다. 이러한 모든 도전 속에서, 일본 기업들은 그들의 영향력을 되찾을 수 있는 방안을 결정하기 위해 노력하고 있다.

역사적으로 일본은 창업가가 원하는 모든 것을 제공하는 것으로 보였다. 2006년 일본의 국내총생산(GDP) 대비 R&D 지출액 비율은 미국이나 EU보다 더 높았으며, 일본의 특허 신청은 미국을 포함한 어떤 나라보다도 많았다. 그럼에도 불구하고 혁신가들은 일본이 지속적으로 창의적인 국가가 되기는 어려운 것으로 알고 있다. 기업들은 구식의 경영 패러다임에 빠졌고, 이는 다른 나라들이 역사적으로 충실한 일본 소비자들을 유인할 수 있는 문호를 개방하였다.

이러한 일련의 사건들 중 가장 최근 기록은 DoCoMo의 몰락이다. 아마 이 회사에 대해 들어본 적이 없다는 사실은 약간 놀라울 수도 있다. DoCoMo는 주로 일본 내에서 사업을 해 왔다. 하지만 매우 혁신적인 제품들의 제조업체로 알려져 있고 5천만 명 이상의 고객을 가지고 있다. 그렇다면, 이 기업이 좀 더 많은 국제적 관심을 모으지 못한 이유는 무엇인가? 21세기 초에 경영진은 글로번 상황에 걸맞은 이 회사의 올바른 위치 확보 전략을 개발하였다. 일본에서 인기 있는 모바일 인터넷 어플리케이션인 DoCoMo의 i-mode는 신규 비즈니스 모델의 핵심으로 자리를 잡았다. 이 회사는 국제적인 규모의 무선 인터넷 표준을 정하는 데 영향을 미칠 수 있는 전략적 인수를 위하여 계획을 세웠다.

DoCoMo의 인수가 결실을 맺지 못했을 때, 이 회사는 밀고 나갔다. 행동방침을 바로잡는 데 필요한 자기 성찰적 접근방식을 취하는 대신, 중역들은 회사의 우수한 제품들이 마침내 해외 소비자들을 확보하게 될 것이라는 신념에 차있었다. 이러한 접근방식이 간과한 것 중 하나는 소비자의 선호도가 더 단순한 인터페이스로 이동하는 것이었다. 일본 고객들이 i-mode로 이용 가능한 복잡한 메뉴에 끌리는 것처럼 보였지만, 어느 일본 소비자들도 혼란스러운 시스템으로 생각되는 것에 매력을 느끼지 못했다. 이 회사가 지닌 맹신의 주요한 원인은 전체 경영팀이 일본인이었고, 이로 인해 다른 문화적 선호도에 대한 이해가 부족하게 되었다는 사실이다. 한때 차세대 Google이 될 잠재력을 지닌 것으로 여겨졌던 이 회사는 지금보다 민첩하게 움직이는 외국 경쟁자들로부터 일본 내 고객을 다시 확보하는 데 노력을 기울이고 있다.

일본 기업들이 가장 존경하는 해외 경쟁자들 중 최상위 목록에 있는 기업은 Apple이며, 이는 대체로 일본식 혁신의 상징으로 알려진 Sony를 무색하게 만든 i-Pod와 i-Phone의 능력 때문이다. Apple과 Google 같은 기업들은 새로운 제품을 개발하기 위하여 포괄적인 접근방식을 취해 왔으며, 이는 새로운 디자인뿐만 아니라 효과적인 마케팅과 유통을 포함한다. 이러한 새로운 접근방식은 일본 기업들이 잘못된 곳에서 헤매도록 만들었다. 그들이 기존 제품에 대해 점진적으로 개선한 모델은 그들의 경쟁자들이 전적으로 새로운 제품 범주를 발명할 시점에 구식이 되어 버린다. Sony의 워크맨은 한때 소비재 가전시장에서 세련미의 진수를 의미했으나, Apple의 i-pod가 오래 전부터 그 자리를 차지하였다. 일본 외부의 젊은 소비자조차도 과거에 혁신적이었던 워크맨에 대해서 아는 사람이 거의 없으며, Sony는 그 자리를 되찾을 만한 어떠한 제품도 개발할 수 없었고, 이는 Apple로 하여금 소비재 가전 분야의 통치자로 군림하게 만들었다.

일본의 문제점들은 단지 몇 개의 관료적인 기업들보다 더 심각하다. 국가 전체가 주요한 혁신을 이뤄낼 능력을 잃어버린 것처럼 보인다. 그러한 시각에 대한 반대론자들은 Microsoft의 Xbox와 Sony의 Playstation으로부터 주목을 받기 위하여 관리해 온 Wii 콘솔을 가진 Nintendo의 성공을 쉽게 언급할 수 있었다. 하지만 Nintendo의 경영진들은 최근 들어 수도 도쿄에 위치한 기업들에게 널리 퍼져 있는 무기력함을 피하기 위해 교토에 회사의 본사를 두기로 선택하였다. 그러한 예외에도 불구하고, 대부분의 대기업들은 혁신하려는 능력이나 동기가 없다. 일본 기업들 내에서의 위계질서의 강조는 창의성을 떨어뜨린다는 이유로 비난의 대상이며, 종업원들을 좁게 정의된 역할에서 벗어나지 못하게 한다.

게임은 분명 일본과는 훨씬 멀리서 이루어지지만, 규칙들은 변화하고 있으며 경쟁은 개선되고 있다. 일본 기업들이 경쟁력을 유지하려면, 기업의 장벽을 허무는 방식을 배워야 하며 종업원들이 그들의 아이디어를 제안할 수 있도록 장려해야 한다. Apple과 Google은 선두를 유지하고 있는데, 다른 국가들이 빈둥거리며 방관하지 않을 것이다. 일본은 경쟁하기 위해 잘 포지션되어 있다. 월계관에 의지하는 것은 가파른 하락을 가져다줄 것이다.

출처: Adapted from Christian Caryl and Akiko Kashiwagi, "Not Made in Japan," *Newsweek*, February 25, 2008, E10; and 2011 Earthquake and Tsunami in Japan, Wikipedia (accessed June 6, 2012).

업무 환경의 구조화

오늘날 기업에서 혁신을 추진하려고 할 때, 가장 중요한 단계 중 하나는 혁신적인 환경에 집중적으로 투자하는 것이다. 최고경영자의 직무는 혁신과 창업가적 행동에 도움이 되는 업무 환경을 만드는 것이다. 그러한 환경에서 각각의 종업원은 '행동을 추진할' 기회를 가지게 된다. 타고난 창업가적 잠재성에 따라 행동할 수 있는 의지와 능력은 계산된 평가에 기초한다. 내부의 업무 환경에 있는 조건들은 개인적 위험을 감수하고, 현재의 관행에 도전하며, 검증되지 않은 접근방식에 시간을 쏟고, 조직의 저항에도 꾸준히 계속하며, 그리고 창업가적 행동을 만들 수 있는 애매함과 스트레스를 참는 것과 관련된 지각된 비용과 혜택에 영향을 준다. 그러므로 모든 개인의 창업가적 잠재성이 추구되고 육성되며 조직의 지식이 폭넓게 공유되는 기업에서 신뢰할만한 혁신이 더 많이 이루어질 것이다. 경영상의 도전은 '혁신 친화적인' 내부 환경을 개발할 수 있는 직장 설계 요소를 어떻게 사용하는지에 달려있다.

혁신 전략의 다른 요소들과 관련될 때, 이러한 개념은 종업원들이 벤처 개발자가 될 수 있는 잠재성을 향상시킬 수 있다. 기업들은 혁신 자원으로 종업원들을 개발하기 위해서 더 많은 보육과 정보 공유 활동을 제공할 필요가 있다.[42] 게다가, 기업들은 혁신적인 마인드를 가진 사람들이 그들의 잠재력을 최대로 발휘하는 데 도움을 줄 수 있는 환경을 개발할 필요가 있다. 혁신적 환경에 대한 종업원의 지각은 조직원들뿐만 아니라 혁신적인 프로젝트에 대한 경영진의 몰입의 중요성을 강조하는 데 매우 중요하다.

창업가적 행동이 존재하는데 어떤 방식으로 지원을 하며 경영자들에 의해 그것이 어떻게 지각되고 있는지를 평가하기 위하여 기업 내부의 창업가적 풍토가 측정되어야 한다. 혁신에 대한 준비태세와 관련하여 기업의 현재 상황을 정리하려고 시도할 때, 경영자들은 기업 구조, 통제시스템, 인적자원관리 시스템, 그리고 문화의 어떤 부분이 기업혁신을 성공적으로 수행하기 위한 기반으로서의 창업가적 행동을 금지하며 어떤 부분이 이러한 창업가적 행동을 촉진하는지를 식별할 필요가 있다.

활용 가능한 평가도구 중 하나는 **기업 창업가정신 평가도구**(Corporate Entrepreneurship Assessment Instrument, CEAI)로 연구자 Donald F. Kuratko와 Jeffrey S. Hornsby가 주요 창업가적 풍토 요소들의 심리측정 수단을 제공하기 위해 개발하였다.[43] CEAI에 대한 응답이 통계적으로 분석되었으며 5개의 요인들이 확인되었다. 이러한 5개의 요인들은 경영자들이 혁신적 활동을 하도록 추구하는 조직의 내부 환경에 있어서 매우 중요하다. 기업의 창업가적 활동에 대한 기업의 준비상태를 평가하기 위하여 이러한 요인들을 이해하는 것이 중요하다. 다음에 논의될 각 요인들은 경영진이 약간의 통제력을 가지는 조직의 관점들이다. 각각은 간단하게 정의되었고 각 차원과 관련된 기업 환경의 특정요소들에 대한 설명을 포함하고 있다.

경영진 지원

이는 경영진 구조 자체가 종업원들로 하여금 혁신이 실제로 모든 조직구성원들을 위해 설정된 역할의 일부라는 믿음을 갖도록 권장하는 정도이다. 경영진의 지원을 반영하는 몇 가지의 구체적인 조건들은 종업원 아이디어의 빠른 수용, 아이디어를 제시하는 사람에 대한 인식, 소규모의 실험적 프로젝트에 대한 지원, 프로젝트들을 진척시킬 수 있는 종잣돈을 포함한다.

자율/업무 재량권

근로자들은 그들이 가장 효과적이라고 믿는 방식으로 그들 자신의 업무를 수행하는 것에 대해 결정할 수 있는 정도의 재량권을 지닌다. 조직들은 종업원들이 업무 과정을 결정할 수 있도록 허용하고 혁신하는 과정에서 그들의 실수를 비난하지 말아야 한다.

보상과 강화

보상과 강화는 혁신적 행동에 참여할 수 있도록 개인에 대한 동기부여를 증진시킨다. 조직은 성과에 따른 보상을 제공하고, 도전과제를 제공하고, 책임감을 늘리고, 혁신적인 사람들의 아이디어가 조직 위계구조 내의 다른 사람들에게 알려지는 특징을 지녀야 한다.

시간 가용성

새롭고 혁신적인 아이디어의 조성을 위해 개인들이 아이디어를 숙고하는 시간을 필요로 한다. 조직은 사람들의 업무량을 조절하고, 개인 직무의 모든 관점에서 시간적 제약을 주는 것을 피하며, 사람들이 장기적인 문제해결관점에서 다른 사람들과 일할 수 있도록 허용해야 한다.

조직의 경계

실질적이고 상상화된 경계들은 자신의 업무 외적인 문제를 볼 수 없도록 만든다. 사람들은 폭넓은 관점에서 조직을 바라볼 수 있도록 장려되어야 한다. 조직은 모든 주요 직무에 대한 표준 운영 절차를 갖는 것을 피하고, 좁은 직무기술서와 엄격한 성과기준에 의존하는 것을 줄여야 한다.[44]

CEAI의 통계결과는 혁신적 전략을 도입하려고 할 때 조직이 초점을 맞출 필요가 있는 이러한 근본적인 일련의 내부 환경 요인들에 대한 지지를 입증하였다.[45] 선행연구에서도 언급했던 이러한 요인들은 기업의 창업가적 풍토의 도입과 관련된 중요한 단계들을 위한 기반이다.

CEAI 같은 도구는 위에서 언급한 다섯 가지의 내부 풍토 차원들 전반에 걸쳐 기업의 프로파일을 개발하는 데 활용될 수 있다. CEAI 중 하나의 특정 차원에서의 낮은 점수는 기업의 창업가적 행동에 대한 준비상태와 궁극적으로 성공적인 기업혁신을 향상시키기 위해 개선을 위한 특정 영역에 집중할 필요가 있다는 것을 제시한다. 이것이 기업의 혁신 과정을 성공적으로 사용할 수 있는 기업 가능성의 지표를 제공할 때, 조직에 상당한 혜택을 제공한다. 그것은 진행 중인 설계와 개발 노력의 초점이 되어야 하는 내부의 업무 환경의 특정 차원을 강조한다. 게다가, CEAI는 창업가정신과 혁신에 대한 기업의 훈련 소요를 평가하기 위한 측정도구로 사용될 수 있다. 이러한 훈련소요의 결정은 관리자의 기량을 향상시키고, 창업가적 행동을 이끌어 낸 후 지원하는 도전에 대한 그들의 민감성을 증가시키기 위한 준비를 하는 것이다.

다른 연구자 Vijay Sathe는 기업의 창업가적 행동을 촉진하기 위해 기업들이 집중해야 하는 많은 영역들을 제안하였다. 첫째는 혁신적인 활동을 지시하는 것이 아니라 장려하는 것이다. 경영자들이 기업 창업가정신을 장려하기 위해서는 규칙이나 엄격한 절차 대신 재정적 보상과 강한 회사의 인정을 활용해야 한다. 이는 전통적인 조건보다 실질적으로 더 강한 내면적 통제이며 지시 수단이다.

또 다른 관심 영역은 인적자원 정책의 적절한 통제이다. 경영자들은 하나의 산업과 특정 분야를 배울 수 있을 만큼 충분히 직위에 남아있을 필요가 있다. 많은 기업에서의 사례와 같이, 경영자들이 여러 직위를 옮겨 다니는 것보다는 다르지만 관련된 영역에 노출되는 '선택적 순환'을 Sathe는 제안한다.

세 번째 요소는 가속도가 붙을 수 있도록 충분히 경영자가 혁신적 프로젝트에 대한 몰입을 유지하는 것이다. 실패는 불가피하게 발생하며, 학습은 그러한 실패의 중요한 여파임에 틀림없다. 그러므로 지속적인 몰입은 기업 창업가정신을 관리하는 데 있어서 중요한 요소이다.

Sathe가 제안한 마지막 요소는 분석이 아니라 사람에게 투자하는 것이다. 분석은 프로젝트의 진행을 판단하기 위해 중요하지만, 강제적인 방식보다는 지원적인 방식으로 이

표 3.5 기업혁신가의 십계명

1. 혁신을 위해 당신의 직무를 기꺼이 포기하고 매일 업무에 임하라.
2. 당신의 혁신을 멈추게 하려는 목적의 어떠한 관료적 명령도 회피하라.
3. 당신의 직무기술서를 무시하라. 혁신을 위해 필요한 어떤 직무도 수행하라.
4. '불'을 지피게 만드는 활발한 혁신 팀을 만들어라.
5. 기업 경영진들에게 입증할 준비가 될 때까지 당신의 혁신을 '땅속'에 묻어두어라.
6. 당신과 당신의 아이디어를 믿고 당신의 혁신 후원자가 될 수 있는 핵심 고위 관리자를 찾아라.
7. 허용은 조직에서 거의 주어지지 않는다. 당신이 보여 주게 될 규칙에 대한 '무지'를 위해 항상 용서를 구하라.
8. 혁신 목적을 달성할 수 있는 방식에 대하여 항상 현실적이 되라.
9. 팀원 모두와 성취의 영광을 공유하라.
10. 강력한 벤처 계획을 통해 혁신의 비전을 전달하라.

루어져야 한다. 지원받는 도전은 혁신가들이 자신들의 실수를 깨닫고, 그들의 확신을 시험하고, 자체 분석을 달성하도록 도움을 줄 수 있다.[46]

사내 창업을 위한 정확한 보상에 관하여 연구자들 간에 합의된 것은 없다.[47] 어떤 사람들은 발명자가 신생 벤처를 책임지게 하는 것이 최고의 보상이라고 믿는다. 다른 사람들은 사내 창업가에게 미래의 프로젝트에 일할 수 있는 보다 많은 자유재량의 시간을 허용하는 것이라고 말한다. 여전히 다른 사람들은 사내 창업가들이 미래의 연구 아이디어를 **사내자본**(intracapital)이라고 부르는 특별 자본을 위해 투자금이 필요할 때마다 사용할 수 있도록 확보해 두어야 한다고 주장한다.

이러한 풍토의 관점에서 보면, 혁신적인 활동이 존재하고 성장하려면 기업구조의 변화가 불가피하다는 점이 분명하다. 변화 과정은 일련의 사람, 기업 목적, 기존 욕구로 구성된다. 요컨대, 조직은 통제를 포기하고 전통적인 관료제적 구조를 변화시킴으로써 혁신을 장려할 수 있다(표 3.5 기업혁신가의 십계명 참조).

창업가적 행동에 대한 조직적 차원들이 잘 인지되고, 널리 알려지고, 보편적으로 수용될 때, 한 기업 내의 관리자들과 종업원들은 창업가적 행동에 참여할 가능성이 가장 크다. 개인들은 창업가적 활동과 관련된 일련의 조직자원, 기회, 장애물에 대한 그들의 인식을 통하여 그들의 창업가적 능력을 평가한다. 일단 창업가적 행동을 촉진하는 환경의 가치가 모든 다른 조직 행동의 가치를 뛰어넘는 것으로 판단되면, 경영자들은 그러한 혁신 친화적인 환경을 계속해서 옹호하고, 촉진하며, 육성할 것이다.

통제 대 자율

우리가 보여 준 바와 같이, 창업가적 행동에 참여하는 종업원들은 조직 혁신을 위한 기반이 되며, 그리하여 '기업혁신'을 발전시키기 위하여 조직들은 과정을 확립해야 하며,

설립된 기업의 개인들은 이러한 과정을 통하여 현재 가용한 자원의 수준과 본질에 상관없이 혁신할 수 있는 창업가적 기회를 추구한다. 하지만 기업의 창업가적 활동을 나타내는 기업들은 적절한 통제 메커니즘이 없는 경우에 "앞뒤가 맞지 않는 다수의 흥미로우나 관련이 없는 기회들을 창출함으로써 잠재적인 수익을 낼 수 있으나, 그것이 그러한 기업들을 바람직한 미래로 이끌지는 못한다"는 것을 명심하라.[48] 그러므로 높은 수준의 혁신성과를 만들어 내는 기업의 창업가적 활동을 움직이는 요인들은 창업가적 행동과 진취정신에 대한 적절한 선택과 효과적인 안내를 위한 통제 메커니즘을 현명하게 사용할 수 있는 기업의 능력에 달려 있는 것으로 보인다.[49]

어떤 컨설턴트들은 단순히 행동에 대한 제약을 제거함으로써 조직에 있는 '창업가적 볼모를 풀어줄' 필요성이 있음을 강조하지만, 그렇게 함으로써 조직들이 혁신을 조직적 관심에 보다 잘 일치시킬 수 있는 기회를 간과하게 되며, 이는 행동과 주도성을 촉진하고, 지시하며, 제한하며, 금지하는 데에서 비롯된다는 것은 명확하다. 모든 기업의 창업가적 행동이 조직에 좋은 것은 아니다. 여전히 기업혁신 분야의 문헌은 은연중에 그러한 행동을 본질적으로 미덕인 것으로 여기는 경향이 있다. 이것은 부적절하고 잠재적으로 위험한 편견이다. 연구자인 Donald F. Kuratko와 Michael G. Goldsby가 언급했듯이,[50] 기업 창업가정신의 장려는 종종 조직구성원들에 의해 비생산적이며, 악의적인 행동을 야기할 수 있다. 그리하여 기업혁신에 도움이 되는 환경조성을 위하여 조직의 여러 차원을 반영하는 신중한 조직체계의 설계와 개발이 매우 중요하다. 그러하기에, 고위 경영자의 과업은 단순히 조직의 핵심자질이 혁신에 도움이 되는 조직을 만드는 것이 아니라 오히려 혁신-촉진의 메커니즘과 통제-촉진의 메커니즘들을 설계하고 개발하는 것이며, 이러한 메커니즘들이 상호 보완함으로써 조직 내에 존재하는 혁신적 잠재성이 가장 높고 가장 좋은 조직목적들을 위하여 레버리지 효과를 거두는 것이다.

어떤 통제의 발휘는 기업혁신의 이익과 상반되기보다는 그러한 이익에 필연적이다. 그러하기에, 통제가 성공적인 혁신의 적이라는 효과에 대한 관찰들은 순진한 것이다. 경영자들은 혁신이 구조화되고 훈련된 감독의 적용을 받아들이는 과정으로 이해해야 한다. 성공적인 혁신의 추구는 경영자들이 잠재적으로 바람직한 결과를 발생시킬 수 있는 수단이 잘 이해되고 신중하게 구성될 수 있다는 이해와 함께 혁신의 당면과제에 접근할 것을 요구한다. 성공적인 혁신 노력을 원활하게 할 수 있는 규칙, 방법, 일반적인 과정 지식이 있다. 이와 같이, 성공적인 혁신을 이끌어 내는 것은 규칙과 잘 알려진 절차가 없어서가 아니라 오히려 그것들이 존재하기 때문이다. 경영자들은 현명하게 이러한 현실을 인식해야 한다.

실패에 대한 준비

'실패를 통한 학습'에 대한 아이디어는 사내 창업가적 공동체에서 자명하다. 하지만 개인적인 수준에서 실패를 다루는 것은 최근까지지도 완전히 조사되지 않았다. 연구자 Dean A. Shepherd, Jeffrey G. Covin, Donald F. Kuratko는 프로젝트 실패로부터 비롯된 슬픔 관리의 중요성에 대해 저술하였다. 행동적, 심리적, 생리적인 증상을 유발하는 슬픔은 중요한 어떤 것을 상실한 데에 대한 부정적인 감정적 반응이다. 그러므로 프로젝트 성공에 필수적인 몰입의 양은 대개 프로젝트가 실패할 때 나타나는 슬픔에 대한 반응 수준과 일치하기 때문에, 슬픔의 관리는 기업 창업가정신 관행의 맥락에서 특히 핵심적인 과업으로 대표된다.

조직의 일상과 의식은 실패한 프로젝트에 관여한 사람들의 슬픔 회복에 영향을 미치기 쉽다. 조직의 사회적 지원 시스템이 부정적인 감정을 효과적으로 전달할 정도로, 프로젝트 실패로부터의 더 많은 학습과 동기부여적 산출물들이 분명 가능하다. 프로젝트 실패의 불가피성은 사회적 지원 메커니즘과 실패에 대한 기업 경영자들의 대처 기량을 시험하며, 슬픔을 다루기 위한 적당한 사회적 지원을 받는 헌신적인 혁신 부서들에게 대처를 위한 개인들의 자기효능감을 강화시키는 경영상의 우위를 제공한다.[51]

경영진의 준비

최고경영자들은 종업원들을 위한 혁신과정에 대한 이해력을 길러야 한다. 회사의 내부 업무 환경이 혁신적 활동을 지원하는지를 측정하려면, 고위 경영자들은 종업원들이 기업혁신과 창업가적 행동을 이해하고 있는지를 판단해야 한다. 핵심 의사결정권자들은 창업가적 행동이 기대되는 사람들에게 기업혁신 과정을 사용하는 목적을 설명할 수 있는 방안을 찾아야 한다.

기업혁신 과정에 대한 이해와 지원을 우연에 맡기지 말아야 한다. 경험에 의하면, 중역들은 성공적인 혁신의 근간으로 기업이 요구하는 창업가적 행동을 이해시킬 수 있도록 기업혁신에 의해 영향을 받게 될 모든 당사자들을 도우려는 목적을 지닌 프로그램을 개발할 필요가 있다.

조직이 혁신과 창업가적 활동에 대한 그러한 이해를 발전시킬 수 있는 방안으로서, 기업 창업가정신/혁신 훈련 프로그램은 종종 근무 분위기에 있어서 필요한 변화를 유도한다. 여기에서 훈련 프로그램의 내용을 완벽하게 구체적으로 상술하는 것은 우리의 의도가 아니며, 그러한 프로그램이 기업에 있는 창업가적 환경을 만들기 위해서 어떻게 설계될 것인지에 대한 일반적인 이해를 제공하기 위하여 실질적인 프로그램에 대한 간단한 요약을 제시하는 것이다. 이 수상경력이 있는 훈련 프로그램은 조직 내에서 창업가적 기회에 대한 인식을 만들고자 한다. 기업혁신 훈련 프로그램(Corporate Innovation Training Program)

은 6개의 모듈로 구성되며, 각각의 모듈은 참가자들이 그들의 업무 영역에서 기업혁신을 지원할 수 있도록 훈련시키기 위해 설계되었다.[52] 모듈과 그 내용을 간단하게 요약하면 다음과 같다.

1. **창업가적 경험.** 창업가적 경험에 대한 열정적인 개관에서, 지난 30년 동안 전 세계에서 일어난 창업가적 혁명들이 참가자들에게 소개된다. 참가자들은 혁신적으로 생각하고 오늘날의 조직에 있는 과거의 패러다임에서 탈피할 필요성을 인식하도록 도전받는다.
2. **혁신적 사고.** 혁신적으로 사고하는 과정은 대부분의 전통적인 조직과는 동떨어진 것이다. 혁신적 사고에 대한 오해를 살펴보고, 가장 일반적인 억제요인이 제시된다. 혁신의 목록을 완성한 후, 관리자들은 그들의 혁신적 사고를 촉진하도록 고안된 몇 가지의 훈련에 참여한다.
3. **아이디어 촉진 과정.** 경영자들은 하고 싶은 일에 대한 일련의 구체적인 아이디어를 발굴한다. 이 과정은 구조적인 장애물과 촉진제를 비롯한 회사의 수많은 측면을 조사하는 것을 포함한다. 아울러, 경영자들은 자신의 프로젝트를 완성하는 데 필요한 자원을 결정한다.
4. **혁신적 사고의 장애물과 촉진제.** 혁신적 행동에 대한 가장 일반적인 장애물에 대해 검토하고 논의한다. 경영자들은 직장에서의 장애물을 다루는 데 도움이 되는 몇 가지 훈련을 마치게 된다. 이밖에도, 기업의 장애물을 성공적으로 다루었던 실제 기업혁신가들의 비디오 사례들이 제공된다.
5. **혁신 팀(I-Teams) 유지.** 특정한 혁신에 집중할 수 있는 혁신 팀(innovation team) 구성의 개념을 조사한다. 경영자들은 집단 전체에서 회자되고 있는 아이디어들을 바탕으로 팀을 구성하기 위해 함께 일한다. 각 그룹이 이해할 수 있도록 팀의 역학관계를 살펴본다.
6. **혁신 실행 계획.** 경영자들이 조직에서 혁신적으로 행동하게 만드는 촉진제와 장애물의 여러 측면을 조사한 후, 팀들은 실행계획을 완성하는 과정을 시작한다. 그 계획은 목표 설정, 혁신 팀 설립, 현재 상황 평가, 프로젝트 완성을 위한 단계별 일정표 개발, 프로젝트 평가를 포함한다.

이러한 형태의 프로그램은 사실상 계속 진행되어야 한다. 새로운 혁신적 기회들이 기업의 외부 환경에서 표출될 때, 내부의 업무 환경이 변화될 때, 새로운 종업원이 조직에 합류할 때, 창업가적 행동이 기대되는 사람들이 기업의 혁신과정을 실행해 나가는 최고의 방법을 찾기 위하여 함께 일하는 것이 적합하다. 이러한 의미에서, 기업혁신에 성공적으로 참여하려는 노력 그 자체가 혁신적이어서 기업의 내·외부 환경의 끊임없이 변하는 조건들에 대응하여 변화할 수 있어야 한다.

혁신 팀의 개발

혁신 팀과 혁신적인 결과를 낳기 위해 보유하고 있는 잠재력은 21세기 생산성 돌파구로 인식되고 있다. 분명, 그들의 인기가 상승세에 있다는 것을 아무도 의심하지 않는다. 혁신 팀의 접근방식에 빠져 있는 회사들은 종종 그들이 겪어온 변화에 '변혁' 또는 '혁명'이라는 라벨을 붙인다. 이러한 현대적 유형의 업무 팀은 많은 기업들에게 새로운 전략이다. 실제로 혁신 팀이 그러한 모든 설명과 일치되지만, 그것은 자기 결정, 자기관리, 또는 높은 성과를 내는 팀으로 언급된다.[53]

기업의 창업가적 개발을 조사하면서, Robert Reich는 창업가적 사고가 회사의 설립자나 최고경영자들만의 고유한 분야가 아니라는 것을 발견하였다. 오히려, 회사가 종업원들에 의해 이미 축적된 지식을 기초로 설립할 새로운 방식을 발견하듯이 창업가적 사고는 실험이나 개발이 항상 이루어지는 회사를 통해 확산된다. Reigh는 **집단적 창업가정신**(collective entrepreneurship)을 다음과 같이 정의하고 있다.

> 집단적 창업가정신에 있어서, 개별 기술은 집단에 통합된다. 말하자면, 이러한 혁신할 수 있는 집단적 역량은 그 부분의 합보다 더 큰 어떤 것이 된다. 시간이 흐름에 따라, 집단 구성원들은 다양한 문제들과 접근 방식을 통해 일하면서, 서로의 능력에 대해 알게 된다. 그들은 서로 더 나은 성과를 낼 수 있는 방법이 무엇이고, 각자가 특정한 프로젝트에 무엇을 기여할 수 있는지, 서로의 경험을 최대로 활용할 수 있는 방법이 무엇인지를 배우게 된다. 각 참가자는 전체의 변화를 진척시키고 순조롭게 하는 작은 조정들을 지속적으로 경계한다.[54]

집단적 창업가정신에 대한 Reich의 관점을 계속 유지하면서, 혁신 팀은 팀워크 의식을 잃지 않으면서 회사가 개인들의 재능을 이용할 수 있는 기회를 제공한다.

혁신 팀(innovation team) 혹은 **I-Team**은 공식적으로 새로운 조직의 소유권을 만들고 공유하는 둘 이상의 사람으로 구성된다.[55] 그 부서는 광범위한 가이드라인 내에서 결정할 자율을 지닌 리더뿐만 아니라 자체 예산을 가진다는 의미에서 반자치적이다. 때때로 리더를 '혁신 챔피언' 또는 '사내 창업가'라고 부른다. 그 부서는 대개 회사의 다른 파트들과 분리되며, 특히 일상적인 활동에 관여하는 파트와 분리된다. 이것이 그 부서가 혁신적인 활동을 억누를 수 있는 절차에 관여되지 않게 막아준다. 하지만 혁신이 성공적이라고 입증되면, 결국은 조직이 생산하는 다른 산출물과 동일하게 다루어진다. 그러고 나서 그 부서는 더 큰 조직으로 통합된다.[56]

여러 가지 방식에서, 혁신 팀은 큰 기업 내에서 운영되는 작은 사업체이고, 그것이 지닌 강점은 혁신 활동에 대한 설계 이슈들(즉, 구조와 과정)에 집중하는 것이다. 혁신 팀 개념을 가지고 성공적으로 운영된 한 조직은 Signode Corporation이다('창업가정신 사례' 참조).

창업가정신 사례

영원한 교훈: Signode의 I-Team

미국 일리노이주 Glenview에 있는 Signode Industries의 벤처 경영자 Robert F. Hettinger는 기업개발 이사 Jack Campbell이 추진한 전략을 설명하면서 미소를 짓는다. Hettinger는 말한다. "그는 당신이 왕자를 찾기 위해 많은 개구리에 입맞춰야 한다는 강한 믿음을 가지고 있다. 다듬어지지 않은 대부분의 아이디어는 진정한 성공이 아니다. 성공이 이뤄지기 전까지 여러분은 문제를 해결해야 한다."

연매출 7억 5천만 달러로 포장 및 원료 취급에 사용되는 플라스틱 및 강철 스트랩핑 제조회사인 Signode는 1990년까지 10억 달러 이상의 매출을 올리는 기업이 되기 위해 새로운 방향을 계획하려고 하였다. 이런 목표를 추구하는 과정에서 Signode는 1983년에 공격적인 성장 전략을 고안하기 시작하였다. 즉, 회사가 지탱할 수 있는 '새로운 버팀목'의 개발이었다. 이 회사는 핵심 사업영역 이외의 시장을 추구하되 그것이 지닌 강점의 틀 내에서 기업개발 집단을 구성하였다.

첫 번째 혁신 팀들을 착수하기 전에, Signode의 최고경영진은 회사의 글로벌 사업의 강점들과 새로운 제품라인을 위한 잠재성을 가진 넓은 영역을 확인하였다. 새로운 제품라인은 창고보관/선적, 포장, 비포장, 고정 및 결속시스템을 위한 플라스틱, 그리고 제품 식별 및 통제 시스템을 포함한다. 혁신 팀이 제안한 각각의 신규 사업 기회는 5년 이내에 5천만 달러를 생산할 수 있는 잠재력을 지닌 것이었다. 더욱이, 각각의 기회는 산업고객 기반과 마케팅 전문가, 시스템 영업과 서비스 역량, 보관 및 강화 기술, 철강 및 플라스틱 가공 기술, 기계와 설계 역량, 그리고 생산성 및 유통 노하우와 같이 Signode가 지닌 강점들 중 하나를 기반으로 하여야 했다.

사업 기준은 기업 간 판매만을 기반으로 하였는데, Signode는 소매상이나 소비자를 대상으로 직접적으로 판매하는 것을 원하지 않았다. 신규 사업에서 활용될 기본 기술은 이미 존재하거나 틈새시장 내에서 상당한 시장점유율을 확보할 가능성이 높아야 했다. 마지막으로, 새로운 기회에 대한 초기 투자액은 3천만 달러를 넘지 않아야 했다.

이러한 기준에 근거하여, Signode는 사내 창업에 대한 'V-Team(혁신 팀)' 접근방식을 시작하였다. 첫 번째 팀의 구성원들을 선발하는데 3개월이 걸렸다. 초기의 6개 팀은 높은 위험감수 능력, 창의성, 모호함을 다룰 수 있는 능력이라는 세 가지의 공통된 특성을 가졌다. 이들 모두는 소비재 포장 사업 분야를 개발하는데 정규직으로 일하는 여러 전문 분야에 걸쳐 있는 지원자들이었다. 그 팀원들은 디자인 공학, 마케팅, 영업, 제품 개발과 같은 배경을 가졌다. 그들은 회사본사에서 5마일 떨어진 임대 사무실 공간에 매장을 설치하였다. "우리는 창업가적 환경을 만들기 위해 그들을 외부 사무실에 두었다"고 Hettinger는 회상한다.

사업계획서가 완비된 첫 번째 혁신 팀의 추천은 일반 오븐이나 전자레인지에서도 사용될 수 있는 냉동 요리를 위한 플라스틱 접시를 생산하는 것이었다. 이 제품의 사업 잠재성은 5년 이내에 5천만 달러를 초과할 것으로 예측되었다.

Signode는 1983년 10월과 1986년 4월 사이에 총 6개의 팀을 출범시켰다. 모든 팀의 지원자들은 엄격한 선발과정을 통과하였다. 대체로, 종업원들은 운영부서에서 임시로 왔으며, 팀의 업무가 종료된 후에는 과거 부서로 되돌아가거나 새로 형성된 사업부서에서 자리를 잡고 더 나아가 새로운 아이디어를 옹호하였다.

Hettinger에 의하면, I-Team 경험은 열정을 다시 불러일으켰고 전체 사기에 영향을 미쳤다. 모든 경우에서 I-Team 멤버는 Signode에 더 좋은 기여자가 되었다. 가장 중요한 것은 그들의 V-Team 접근법이 어떤 일이 일어날지 막연히 기다리기보다는 구성원들이 미래를 발명할 수 있는 전략이 되었다는 것이다.

출처: Mark Frohman and Perry Pascarella, "Achieving Purpose-Driven Innovation," *Industry Week* (March 19, 1990): 20–26; and personal interviews, 2005.

구체적인 창업가적 전략들은 회사마다 다르다. 하지만 그들 모두는 현 상황에 대한 진취적인 변화와 운영관리에 대한 유연한 접근방식을 추구한다는 점에서 유사한 패턴을 따른다.

기업의 창업가정신 전략의 유지

창업가적 행동이 기업의 많은 중역 회의실에 있는 경영진의 관심을 사로잡은 현상인 반면, 관리자들은 혁신 개념의 흥분이나 개별적인 기업혁신가들을 고무하는 이야기들에 지나치게 휩쓸릴 수 있는 위험이 있다. 혁신 아이디어에 매료되기 쉽지만, 혁신의 진정한 가치는 경영자들이 지속가능한 경쟁우위 창출을 위해 혁신 아이디어를 전반적인 기업 전략의 일부로 만들려고 노력하는 정도에 달려있다.

모든 구조적 수준에 있는 관리자들이 조직이 성공하기 위해 수행할 수 있는 중요한 전략적 역할들을 지닌다는 것은 개념적 문헌에 잘 정리되어 있다. 고위, 중간, 일선 관리자들은 각각의 하위프로세스에 관한 명확한 책임을 갖는다. 고위 관리자들은 승인하고, 인정하며, 지시하는 역할들을 수행하며, 이는 차례로 특정한 경영상의 행동과 관련된다.[57] 연구자 Donald F. Kuratko, R. Duane Ireland, Jeffrey G. Covin, 및 Jeffrey S. Hornsby는 중간급 관리자들이 창업가적인 기회를 지지하고, 다듬고, 안내하며, 그러한 기회들을 추구하는 데 필요한 자원들을 확인하고, 획득하고, 배치한다고 주장한다. 일선 관리자들은 역량 정의 하위프로세스에 일치하는 실험 역할과, 역량 수정 하위프로세스에 일치하는 조정 역할, 역량 전개 하위프로세스에 일치하는 순응 역할을 지닌다.

그리하여 기업의 창업가정신 전략을 추구하는 조직들은 고위급, 중간급, 일선급의 경영 단계에서 연쇄적이지만 통합된 창업가적 행동들을 나타내기 쉽다.

고위급의 관리자들은 효과적인 수단을 식별하기 위하여 회사 전반에 걸쳐 다른 사람들과 협력하며 이를 통해 새로운 사업이 시작되거나 기존의 사업이 재조정될 수 있다. 기업 창업가정신은 환경적인 기회와 위협의 관점에서 추구되며, 회사와 그 외부 환경에 있는 조건 사이에서 보다 효과적인 정렬을 목적으로 한다. 중간급 관리자들에게 기대되는 창업가적 행동은 이 집단이 회사를 위해 새로운 사업을 수립하거나 현재의 사업 영역에서 회사의 경쟁력을 증가시킬 수 있는 창업가적 기회를 제안하고 해석하려는 필요성을 중심으로 구상된다. 일선 관리자들은 혁신적인 개선을 위한 운영 아이디어를 발굴하면서 '실험하는' 역할을 보여 준다. 선행 연구의 중요한 해석 하나는 관리자들이 모든 경영 차원 특히 일선 및 중간급으로부터의 창업가적 행동을 위해 아이디어를 표면화시킬 것이라는 신념이다. 그러므로 모든 차원에 걸친 관리자들은 조직의 창업가적 행동에 대해 공동의 책임을 진다.[58]

사내 창업에 대한 조직 노력의 지속 여부는 혁신적인 활동을 계속하여 책임지고 있는 개별 구성원에 달려 있으며 조직 경영진의 활동에 대한 긍정적인 인식 여하에 달려 있으며, 이러한 인식은 차례로 필요한 조직의 선행요인에 대한 향후의 할당을 지원할 것이다. 그림 3.4는 사내 창업을 지속하기 위한 조직적 및 개인적 차원에서의 지각된 실행/산출물 관계들의 중요성을 설명한다.[59]

모델의 첫 번째 부분은 이전의 전략과 창업가정신 연구로부터의 이론적 기반에 기초하고 있다. 모델의 두 번째 부분은 창업가적 활동의 지속성에 영향을 주는 인지된 및 실질적인 조직성과에 대한 개인적 및 조직적인 수준에서 만들어진 비교들을 고려한다.

모델은 변혁적 자극제(발생할 수 있는 변화를 일으키는 기업 내적 또는 외적인 어떤 것)가 전략적 적응이나 변화에 대한 필요성을 유발한다는 것을 설명한다. 선택될 수 있는 그러한 변화는 기업의 창업가적 활동이다. 전략적 방향에 대한 이러한 선택에 기초한, 제안된 모델은 창업가적으로 행동하기 위한 개인의 결정에 초점을 맞춘다. 지속된 창업가적 활동은 최고경영진의 지원, 자율성, 보상, 자원, 및 유연한 조직의 경계와 같은 몇 가지의 조직적인 선행요인들의 존재에 대해 지각한 결과이다. 이러한 창업가적 활동으로부터 실현된 결과들은 개인적 및 조직적 차원 둘 다에서 이전의 기대와 비교된다. 그리하여 기업의 창업가적 활동들은 개인과 조직 둘 다에 의한 공평성 지각의 결과이다. 개인 및 조직 둘 다는 창업가적 활동이 개인적 관점뿐만 아니라 조직적 관점에서 지속될 수 있도록 창업가적 활동에 대한 결과에 만족해야 한다. 수행 결과에 대한 만족은 현재의 전략을 지속하거나 대안적인 전략을 선택하기 위한 피드백 메커니즘의 역할을 한다. 전략적 변화의 대리인으로서의 개인들은 그들이 창업가적 행동에서 받는 내재적 또는 외재적 결과에

그림 3.4 지속적인 기업 창업가정신의 모델

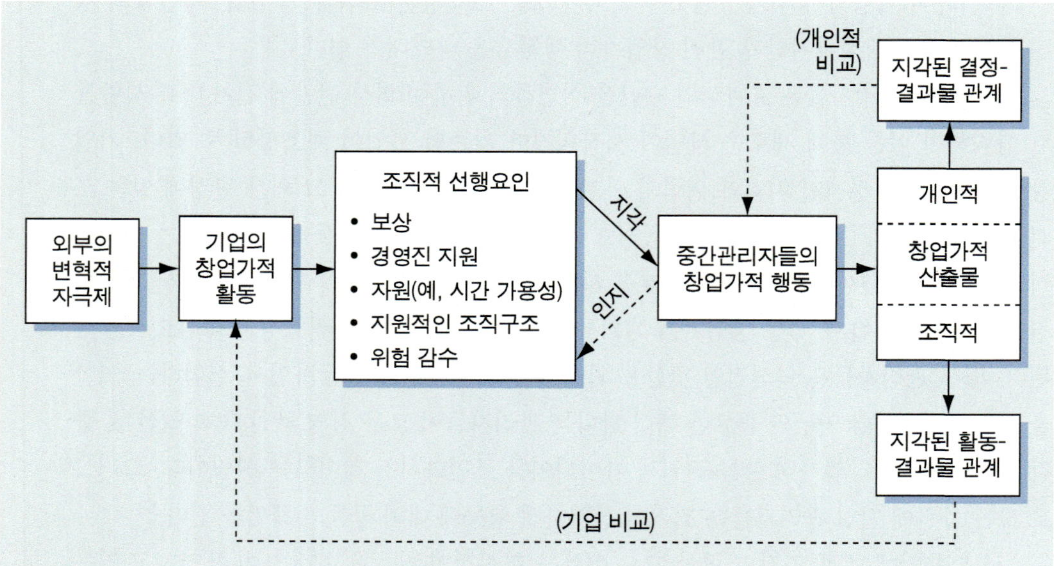

출처: Donald F. Kuratko, Jeffrey S. Hornsby, and Michael G. Goldsby, "Sustaining Corporate Entrepreneurship: Modeling Perceived Implementation and Outcome Comparisons at Organizational and Individual Levels," *International Journal of Entrepreneurship and Innovation* 5, no. 2 (May 2004): 79.

창업가적 과정

내부 혁신가들

기업혁신가들의 성공은 그들의 고용주들에게 혜택을 주는 새로운 아이디어를 추구하려는 그들의 몰입에 기여한다는 것을 강조하면서, 우리는 창업가적 태도와 창의적인 문제해결을 채택한 몇몇 젊은 관리자들이 조직의 위계 전반에 걸쳐 부상하는 것을 보고 있다.

Matthew Zubiller: 사내 창업에 익숙하지 않은 분위기에서 첨단 헬스케어 사업을 시작한 제약회사 MeKesson Corporation의 기업 전략가인 Zubiller는 회사의 헬스케어 정보기술 단위를 출발점으로 활용하여 Advanced Diagnostics Management를 개발하는데, 이는 유전자 검사와 관련된 의사들을 위한 첨단 도구에 집중된 단위이다. 그는 "그것은 우리 예산에 없습니다" 또는 "그것은 괴상한 생각입니다"라는 반응과 같이 사내 혁신에 익숙하지 않은 이 커다란 관료적인 기업 내에 있는 수많은 전통적인 경영관행을 극복해야 했다. 내부 지원을 달성하기 위해, 그는 벤처 설립을 자문하고 지원금으로 5백만 달러를 확보하도록 도와주었던 회사 임원들로 구성된 '그림자 위원회(shadow board)'를 만들었다. 그러한 노력의 결과, Zubiller는 부사장으로 승진하게 되었다.

Kori Reed: ConAgrak의 홍보 관리자이며 아동결식 전문가인 Reed는 ConAgra가 회사의 제품들을 아동결식과 싸우기 위한 새로운 계획을 연결함으로써 이익을 얻을 수 있다는 것을 인식하였다. 그녀는 기회를 식별하기 위하여 지식과 아동결식과 싸우는 데에 있어서 결식 퇴치 캠페인 및 관심에 대한 그녀의 기존 지식을 사용하였다. 그녀는 풍부한 음식으로 넘쳐나는 식품기업에서 일하는 것과 굶주리고 영향결핍을 겪고 있는 아동들 간의 모순에 주목하였다. 그녀는 임원진들을 자문위원회에 소집하여 결식 퇴치 용어를 회사 마케팅 캠페인의 주춧돌로 만들었다. Reed는 이런 이유 때문에 회사에 부사장이 필요하다며 고위 임원들을 설득하였고, 그녀가 승진하게 되었다.

Pam Rogers Klyn: 원가관리 노력에 집중한 Whirlpool의 제품개발 관리자이다. 원가절감에 전념하는 '특별위원회' 팀을 갖는 대신, 그녀는 원가 절감에 대한 전사적인 강조를 주장하였으며, 절전 및 연간 보너스를 비용 목표와 연결하는 것과 같은 작은 노력을 강조하였다. 이러한 아이디어를 개발하고 실행하면서, 그녀는 CEO와 밀착해서 일하였고 그에게 많은 신뢰감을 주었다. 원가절감의 필요 요건들을 연간 상여금과 연결함으로써, Whirlpool의 북미 사업부는 1년에 8억 5천만 달러를 절감할 수 있었다.

이러한 개인들 사이에 하나의 명백한 공통점이 있다면 그것은 상위 리더십을 끌어들여 관여하게 만들었다는 점이다. 각각의 경우에 있어서, 그들은 작고, 집중된 노력에 기대를 하며, 더 큰 그림을 볼 수 있는 사람들을 선택함으로써 선택된 몇몇 사람들과 일하였다. 성공적인 기업 창업가정신 프로그램은 내부로부터 새로운 벤처를 설립할 수 있는 임원진의 지원이 필요하다. 기업의 관료주의는 대개 어떤 변화에 대한 옹호자를 필요로 한다. 허락을 받는 것은 어떤 새로운 아이디어에 대해 가장 도전받는 부분이지만 옹호자를 갖는다는 것은 과정을 진척시켜 나가는 데 있어서 도움을 받는다는 것을 의미한다. 그 과정은 항상 성취하고자 하는 강한 동인과 기회 지향성을 가진 자기창업자들을 필요로 한다.

출처: Adapted from Joann S. Lublin "Finding Their Way to the Fast Track," *Wall Street Journal*, Jan. 19, 2012; and Donald F. Kuratko, Michael G. Goldsby, and Jeffrey S. Hornsby, *Innovation Acceleration: Transforming Organizational Thinking*, Upper Saddle River, NJ: Pearson/Prentice Hall, 2012.

또한 만족해야 한다. 개인적인 행동과 조직의 전략 중 어느 것이 먼저 변화해야 하는지는 "닭이 먼저인지 달걀이 먼저인지"의 문제가 될 수 있지만, 이 모델은 주요 전략적 변화에 있어서 변화를 성공적으로 만드는 데 둘 다 주된 역할을 한다는 것을 제시한다.

요약

기업 창업가정신은 조직 환경 내에서 수익을 창출하는 혁신의 과정이다. 대부분의 기업들은 (1) 빠르게 성장하는 새롭고, 복잡한 경쟁자들, (2) 기업의 전통적인 경영방식에 대한 불신감, (3) 소규모 사업의 창업가들이 되기 위한 몇몇 가장 우수하고 가장 총명한 사람들의 기업으로부터의 대탈출에 대한 반응으로서 기업 창업가정신의 필요성을 실감하고 있다.

기업들은 사내 창업가정신을 위한 올바른 풍토를 조성하기 위하여 (1) 명백한 목표, (2) 피드백 및 긍정적 강화 시스템, (3) 개인적 책임의 강조, (4) 결과에 기초한 보상, (5) 실패에 대한 처벌을 하지 않는 다섯 가지의 특성을 개발해야 한다. 조직들은 기업 창업가정신을 수많은 방식으로 만든다. 첫 번째 단계는 기업 벤처링에 대한 장애물을 이해하는 것이며, 이 장애물들은 대개 전통적인 경영기법에 대한 역효과를 토대로 한다. 다음 단계는 분위기와 비전, 다수의 접근방식, 상호작용적 학습, 비밀 실험실을 포함하는 혁신적인 원리를 채택하는 것이다.

기업 창업가정신을 위한 구체적 전략은 비전 및 혁신 둘 다의 개발을 수반한다. 두 가지 형태, 즉 급진적 및 점진적 혁신이 존재한다. 혁신의 개발을 촉진하기 위하여, 기업들은 최고경영자의 지원, 시간, 자원, 보상과 같은 주요 요인들에 중점을 둘 필요가 있다. 그리하여 혁신적 활동에 대한 몰입과 지원이 매우 중요하다.

혁신 팀들(I-Teams)은 새로운 아이디어를 개발하기 위한 집단적 능력을 가진 반자치적인 부서들이다. 때때로 자율관리팀 또는 고성과팀으로 언급되는 혁신 팀들은 혁신적 발전을 강화하기 위해 형성된 새로운 관점을 지닌 작업팀으로서 부각되고 있다.

이 장의 마지막에서는 기업의 창업가적 활동에 있어서 중간관리자의 역할과 지속된 기업 창업가정신의 개념에 대해 살펴봄으로써 기업 창업가정신의 과정을 논의하였다.

주요용어

급진적 혁신	비밀 실험실	집단적 창업가정신
기업 벤처링	사내자본	창업가적 경제
기업 창업가정신	사내 창업가정신	챔피언
기업 창업가정신 평가도구(CEAI)	상호작용적 학습	최고경영진의 지원
밀거래	전략적 창업가정신	혁신 팀(I-Team)
	점진적 혁신	

검토와 토의 문제

1. 자신의 말로, 기업 창업가정신이란 무엇인가?
2. 최근에 사내 창업가들을 개발시키려는 강한 욕구가 일고 있는 두 가지 원인은 무엇인가?
3. 기업의 창업가적 환경을 조성하기 위해 극복해야 하는 기업의 몇 가지의 장애물들은 무엇인가?

4. James Brian Quinn이 식별한 기업이 확립해야 하는 혁신적 원칙들 몇 가지는 무엇인가?
5. 오늘날 수많은 기업들이 기업의 사고방식을 재설계하고 혁신적 환경을 장려하고 있다. 당신은 어떤 유형의 단계들을 추천할 것인가? 최소한 세 가지를 제시하고 각각에 대해 설명하시오.
6. 혁신을 위한 다섯 가지의 유용한 규칙은 무엇인가?
7. 기업의 창업가적 철학의 개발에 따른 세 가지의 이점은 무엇인가?
8. 기업 창업가정신 전략을 개발하기 위해 경영자들이 집중해야 하는 네 가지의 핵심 요소들은 무엇인가?
9. 급진적 혁신과 점진적 혁신의 차이점을 설명하시오.
10. 조직들이 업무 환경을 조성할 때 다루어야 할 다섯 가지의 구체적인 창업가적 풍토 요인들을 구별하시오.
11. 왜 혁신 팀이 많은 기업에서 신규 전략의 일부분으로 나타나고 있는가?
12. 기업 창업가정신에서 중간관리자들의 역할은 무엇인가? 구체적으로 제시하시오.
13. 기업 창업가정신을 지속적으로 유지하기 위해 필요한 요소들을 기술하시오.

연습문제

기업 창업가정신의 개발

기업 창업가정신의 개발에는 많은 방식들이 있다. 이 중 몇 가지는 다음의 목록에서 제시된다. 기업 창업가정신의 개발에 도움이 되는 문항 옆에 '예'를 적고 기업 창업가정신의 개발에 도움이 되지 않는 문항의 옆에 '아니오'를 적으시오.

___ 1. 혁신적인 풍토를 만들어라.
___ 2. 암묵적인 목적을 설정하라.
___ 3. 성과에 대한 피드백을 제공하라.
___ 4. 긍정적인 강화를 제공하라.
___ 5. 구조화된 활동을 장려하라.
___ 6. 잘 정의된 위계 구조를 개발하고, 그것을 고수하라.
___ 7. 실패를 용인하라.
___ 8. 행위에 대한 편견을 격려하라.
___ 9. 공식적인 미팅을 광범위하게 활용하라.
___ 10. 아이디어의 비밀거래를 허용하라.
___ 11. 성공적인 직원에 대해 보상하라.
___ 12. 다른 사람들에게 좋은 본보기가 되도록 잘못한 사람을 해고하라.
___ 13. 비공식적인 미팅을 광범위하게 활용하라.

___ 14. 조직 전반에 걸쳐 의사소통을 권장하라.

___ 15. 서로 다른 부서 간의 공동 프로젝트와 벤처를 단념하게 하라.

___ 17. 적절한 위험 감수를 장려하라.

___ 18. 기업 내 다른 사람들과의 네트워킹을 장려하라.

___ 19. 실패를 두려워하지 않도록 사람들을 격려하라.

___ 20. 비윤리적인 행위에도 불구하고 성공하려고 하는 직원을 격려하라.

정답: 1. 예, 2. 아니오, 3. 예, 4. 예, 5. 아니오, 6. 아니오, 7. 예, 8. 예, 9. 아니오, 10. 예, 11. 예, 12. 아니오, 13. 예, 14. 예, 15. 아니오, 16. 예, 17. 아니오, 18. 예, 19. 예, 20. 아니오

사례 3.1: Southwest 항공 — 창업가적 문화 만들기

Southwest 항공은 1971년 텍사스 댈러스의 러브공항 활주로에서 처음 비행을 시작했다. 업계의 전문가들은 이 텍사스 출신 항공사가 머지않아 파산할 것으로 예상했다. 그러나 이들의 예상과는 반대로, 단거리, 저가, 고빈도, 지점 간(Point-to-Point) 방식의 항공사가 독창적인 아이디어를 세상에 띄웠다. Southwest 항공은 이제 세계에서 가장 수익률이 높은 국내 승객 중심의 항공사가 되었다. Southwest는 37,000명의 직원으로 42개 주 97개의 도시를 연결하고, 매일 3,300편의 항공노선을 운영하고 있다.

Southwest가 이렇게 높은 고도로 상승하기 위해서, 날개에 대고 행운을 비는 기도만 한 것이 아니다. 여기에는 매우 독창적이고 고집스러운 정신이 필요했다. 출발부터 Southwest는 남과 달랐다. Southwest의 비행기들은 737(업계에서 가장 안전한 기종으로 평가받음)만으로 구성되어 있고, 여전히 단거리만 취항한다. 세계에서 가장 큰 737 운영 항공사로서, 실제 비행 기준으로 550여 대를 보유하고 있다. 비행기 1대가 하루 평균 6편의 비행을 한다.

Southwest는 좌석 배정을 하지 않는다. 기내식도 스낵 봉지 밖에 없다. 그러나 Southwest는 편의(품)의 부족을 보충하고도 남는 소위 "긍정적으로 충격적인" 서비스를 제공한다. "재미"는 회사의 의무이다. 이 방식의 선두에는 창립자이며 전 CEO인 Herb Kelleher가 있다. "Herb Kelleher는 전 세계에서 가장 재미있는 괴짜 CEO입니다." Southwest 항공의 인사담당 부사장인 Libby Sartain이 인정한다. "Elvis Presley처럼 옷을 입는 CEO를 다른 곳에서 보셨습니까? 3만 명이 넘은 직원들과 서로 이름을 부르는 사람은요? 텍사스 주보다 더 큰 마음을 가진 사람을 보셨습니까? 그의 스타일 때문에 사람들이 자기 방식대로 해도 좋은 분위기가 되었습니다. 사람들이 일할 때 즐거운 분위기가 됩니다."

웃음에 대한 전설적인 사랑으로 유명한 Kelleher는 자신의 리더십을 '노닥거리기 경영(Management by Fooling Around)'이라고 말한다. "내 생각에, 리더십의 중요한 요소는 당신의 일을 즐기는 것이고, 이것을 같이 일하는 주변 사람들에게 보여 주는 것입니다." Kelleher는 계속 말한다. "그리고 나는 공포보다는 애정으로 묶인 회사를 만들고 싶었어요." 현 임원진과 직원들(85%가 노조에 가입)이 Kelleher의 철학을 열렬히 받아들이고 있다. "사기를 높이고, 현

재에 만족하지 않도록 Southwest의 문화가 만들어졌습니다. 우리 조직은 상하관계가 거의 없지요. 창조적이고 혁신을 하도록 직원들을 격려합니다. 고객에게 좋은 서비스를 제공하기 위해서라면, 규칙을 지키지 않아도 좋다고 강조합니다"라며 Sartain이 설명했다. Southwest의 훈련담당 임원인 Rita Bailey가 설명을 추가한다. "자신이 가치가 있다고 진짜로 느끼고, 자신이 영향을 준다고 느끼는 환경이 만들어지면, 사람들은 하고자 하는 자발적 의지가 생깁니다. 그것이 우리가 직원들에게 만들어주는 환경입니다."

신입 사원의 훈련 단계부터, 이 항공사는 직원을 리더로 만들기 위해서 창업가정신을 북돋운다. 신입사원 훈련강사는 다음과 같이 말한다. "우리 항공사가 계속 최고가 되기 위해서라면, 여러분은 무엇이든지 할 수 있습니다." Southwest의 사내 대학에서 미래의 경영자와 관리자는 '진정성으로 이끌기(Leading with Integrity)'라는 강좌를 수강한다. 일련의 역할극을 통해 직원들은 신뢰, 협동, 상호 존중, 좋은 소통 능력이 성공의 요소라는 것을 깨우친다. Kelleher가 주장한다. "정신이 살아 있고, 시켜서 하기보다는 자발적으로 협동적으로 일하는 조직이 가장 경쟁력이 강하지요." 이런 원칙 때문에 Southwest 항공은 미국에게 가장 일하기 좋은 10대 기업에 계속 이름을 올릴 수 있었다.

직원들은 존중받고, 각자의 성과를 다양한 방법으로 인정받는다. 아마 최고의 인정은 Southwest의 "마음의 영웅들 상"(Heroes of Heart Award)의 수상일 것이다. 매년 최우수 부서를 선정하여 Southwest 제트기에 이름을 새긴다. Southwest는 직원에게 주식옵션을 주는 최초의 항공사가 되었다. 이제 회사 주식의 약 10%를 직원들이 가지고 있다.

Southwest의 본사 로비에는 직원에 대한 유명한 헌사가 있다. 헌사는 다음과 같다. "Southwest 항공의 사람들은 이룬 것과 이룰 것의 창조자이다. 우리는 아이디어를 전설로 만들었다. 이제 우리들의 불굴의 정신, 끝없는 에너지, 엄청난 선의, 최고가 되고 싶은 불붙는 의지가 있는 한, 전설은 계속 커질 것이다. 멋진 가족과 경이로운 항공사를 창조한 Southwest 항공의 사람들에게 감사와 사랑을 바칩니다."

질문

1. Southwest가 이미 시도했던 기업적 사고의 혁신에 필요한 요인들을 설명하시오.
2. 기업의 창업가적 전략 중의 어떤 요소가 Southwest 항공사에서 적용되었는가? 구체적으로 설명하시오.
3. 창업가적 활동을 유도하는 문화를 만들기 위해 Herb Kelleher는 어떤 역할을 했는가?

미주

1. Shaker A. Zahra, Donald F. Kuratko, and Daniel F. Jennings, "Entrepreneurship and the Acquisition of Dynamic Organizational Capabilities," *Entrepreneurship Theory and Practice* (Spring 1999): 5–10.

2. Peter F. Drucker, "Our Entrepreneurial Economy," *Harvard Business Review* (January/February 1984): 59–64.

3. Ibid., 60–61.

4. See, for example, C. Wesley Morse, "The Delusion of Intrapreneurship," *Long Range Planning* 19 (1986): 92–95; W. Jack Duncan et al., "Intrapreneurship and the Reinvention of the Corporation," *Business Horizons* (May/June 1988): 16–21; and Neal Thornberry, "Corporate Entrepreneurship: Antidote or Oxymoron?" *European Management Journal* 19, no. 5 (2001): 526–33.

5. Donald F. Kuratko, R. Duane Ireland, and Jeffrey S. Hornsby, "Improving Firm Performance Through Entrepreneurial Actions: Acordia's Corporate Entrepreneurship Strategy," *Academy of Management Executive* 15, no. 4 (2001): 60–71; Jeffrey G. Covin and Morgan P. Miles, "Strategic Use of Corporate Venturing," *Entrepreneurship Theory and Practice* 31, no. 2 (2007): 183–207; and Matthew R. Marvel, Abbie Griffin, John Hebda, and Bruce

Vojak, "Examining the Technical Corporate Entrepreneurs' Motivation: Voices from the Field," *Entrepreneurship Theory and Practice* 31, no. 5 (2007): 753–68.

6. For example, see Michael H. Morris and J. Don Trotter, "Institutionalizing Entrepreneurship in a Large Company: A Case Study at AT&T," *Industrial Marketing Management* 19 (1990): 131–34; Brian McWilliams, "Strength from Within—How Today's Companies Nurture Entrepreneurs," *Enterprise* (April 1993): 43–44; Donald F. Kuratko, Michael D. Houk, and Richard M. Hodgetts, "Acordia, Inc. Leadership Through the Transformation of Growing Small," *Journal of Leadership Studies* (Spring 1998): 152–64; and Michael H. Morris, Donald F. Kuratko, and Jeffrey G. Covin, *Corporate Entrepreneurship and Innovation*, 3rd ed. (Mason, OH: Cengage/South-Western, 2011).

7. See, for example, Zenas Block and Ian C. MacMillan, *Corporate Venturing* (Boston: Harvard Business School Press, 1993); Thomas D. Kuczmarski, *Innovation* (Chicago: NTC Publishing, 1996); Gary Hamel, *Leading the Revolution* (Boston: Harvard Business School Press, 2000); and Keith McFarland, *The Breakthrough Company* (New York: Crown, 2008).

8. Shaker A. Zahra, Daniel F. Jennings, and Donald F. Kuratko, "The Antecedents and Consequences of Firm-Level Entrepreneurship: The State of the Field," *Entrepreneurship Theory and Practice* 24, no. 2 (1999): 45–65; Donald F. Kuratko, "Corporate Entrepreneurship", in *Foundations and Trends in Entrepreneurship* (Boston: Now Publishers, 2007); and Michael H. Morris, Donald F. Kuratko, and Jeffrey G. Covin, *Corporate Entrepreneurship and Innovation*, 3rd ed. (Mason, OH: Cengage/South-Western, 2011).

9. Donald F. Kuratko, Michael G. Goldsby, and Jeffrey S. Hornsby, *Innovation Acceleration: Transforming Organizational Thinking* (Upper Saddle River, NJ: Pearson/Prentice Hall, 2012).

10. Gifford Pinchot III, *Intrapreneuring* (New York: Harper & Row, 1985).

11. Steven C. Brandt, *Entrepreneuring in Established Companies* (Homewood, IL: Dow Jones-Irwin, 1986), 54.

12. Bruce R. Barringer and Alan C. Bluedorn, "Corporate Entrepreneurship and Strategic Management," *Strategic Management Journal* 20 (1999): 421–44; see also Jeffrey G. Covin and Morgan P. Miles, "Corporate Entrepreneurship and the Pursuit of Competitive Advantage," *Entrepreneurship Theory and Practice* (March 1999): 47–64; and Joanna Barsh, Marla M. Capozzi, and Jonathan Davidson, "Leadership & Innovation," *The McKinsey Quarterly* 1 (2008): 37–47.

13. Dennis P. Slevin and Jeffrey G. Covin, "Juggling Entrepreneurial Style and Organizational Structure: How to Get Your Act Together," *Sloan Management Review* (Winter 1990): 43–53; and Gregory G. Dess, G. T. Lumpkin, and Jeffrey E. McGee, "Linking Corporate Entrepreneurship to Strategy, Structure, and Process: Suggested Research Directions," *Entrepreneurship Theory and Practice* 23, no. 3 (1999): 85–102.

14. Adapted from: Pinchot III, *Intrapreneuring*, 198–99.

15. Robert Simons, "How Risky Is Your Company?" *Harvard Business Review* (May/June 1999): 85–94.

16. Deborah Dougherty, "Managing Your Core Incompetencies for Corporate Venturing," *Entrepreneurship Theory and Practice* (Spring 1995): 113–35.

17. See R. Duane Ireland, Michael A. Hitt, S. Michael Camp, and Donald L. Sexton, "Integrating Entrepreneurship and Strategic Actions to Create Firm Wealth," *Academy of Management Executive* 15, no. 1 (2001): 49–63; Robert A. Burgelman and L. Valikangas, "Managing Internal Corporate Venturing Cycles," *MIT Sloan Management Review* 45, no. 4 (2004): 47–55; and Donald F. Kuratko, "Corporate Entrepreneurship," in *Foundations and Trends in Entrepreneurship* (Boston: Now Publishers, 2007).

18. Fariborz Damanpour, "Organizational Innovation: A Meta-analysis of Determinant and Moderators," *Academy of Management Journal* 34 (1991): 355–90.

19. Shaker A. Zahra, "Predictors and Financial Outcomes of Corporate Entrepreneurship: An Exploratory Study," *Journal of Business Venturing* 6 (1991): 259–86.

20. William D. Guth and Ari Ginsberg, "Corporate Entrepreneurship," Special Issue, *Strategic Management Journal* 11 (1990): 5–15.

21. Michael H. Morris, Donald F. Kuratko, and Jeffrey G. Covin, *Corporate Entrepreneurship and Innovation*, 3rd ed. (Mason, OH: Cengage/South-Western), 2011.

22. Pramodita Sharma and James J. Chrisman, "Toward a Reconciliation of the Definitional Issues in the Field of Corporate Entrepreneurship," *Entrepreneurship Theory and Practice* (Spring 1999): 11–28.

23. R. Duane Ireland, Donald F. Kuratko, and Jeffrey G. Covin, "Antecedents, Elements, and Consequences of Corporate Entrepreneurship," *Best Paper Proceedings: National Academy of Management* (August 2003), CD-ROM: L1–L6; and R. Duane Ireland, Jeffrey G. Covin, and Donald F. Kuratko, "Conceptualizing Corporate Entrepreneurship Strategy," *Entrepreneurship Theory and Practice* 33, no. 1 (2009): 19–46.

24. Tom Peters, *Liberation Management* (New York: Alfred A. Knopf, 1992); Tom Peters, *The Circle of Innovation* (New York: Alfred A. Knopf, 1997); and Tom Peters, *Re-Imagine! Business Excellence in a Disruptive Age* (New York: DK Ltd., 2003).

25. Amanda Bennett, *The Death of the Organization Man* (New York: Simon & Schuster, 1990); Donald F. Kuratko, "Developing Entrepreneurship within Organizations Is Today's Challenge," *Entrepreneurship, Innovation, and Change* (June 1995): 99–104; and Morgan P. Miles and Jeffrey G. Covin, "Exploring the Practice of Corporate Venturing: Some Common Forms and Their Organizational Implications," *Entrepreneurship Theory and Practice* 26, no. 3 (2002): 21–40.

26. Hollister B. Sykes and Zenas Block, "Corporate Venturing Obstacles: Sources and Solutions," *Journal of Business Venturing* (Winter 1989): 159–67; Ian C. MacMillan, Zenas Block, and P. M. Subba Narasimha, "Corporate Venturing: Alternatives, Obstacles Encountered, and Experience Effects," *Journal of Business Venturing* (Spring 1986): 177–91; Ari Ginsberg and Michael Hay, "Confronting the Challenges of Corporate Entrepreneurship: Guidelines for Venture Managers," *European Management Journal* 12 (1994): 382–89; G. T. Lumpkin and Gregory G. Dess, "Linking Two Dimensions of Entrepreneurial Orientation to Firm Performance: The Moderating Role of Environment and Industry Life Cycle," *Journal of Business Venturing* 16, no. 5 (2001): 429–52; and Marina G. Biniari, "The Emotional Embeddedness of Corporate Entrepreneurship: The Case of Envy," *Entrepreneurship Theory and Practice* 36, no. 1 (2012): 141–70.

27. James Brian Quinn, "Managing Innovation: Controlled Chaos," *Harvard Business Review* (May/June 1985): 73–84; see also James Brian Quinn, Jordan J. Baruch, and Karen Anne Zien, *Innovation Explosion* (New York: The Free Press, 1997).

28. R. Duane Ireland, Donald F. Kuratko, and Jeffrey G. Covin, "Antecedents, Elements, and Consequences of Corporate Entrepreneurship," *Best Paper Proceedings: Academy of Management* (August 2003), CD-ROM: L1–L6; and R. Duane

Ireland, Jeffrey G. Covin, and Donald F. Kuratko, "Conceptualizing Corporate Entrepreneurship Strategy," *Entrepreneurship Theory and Practice* 33, no. 1 (2009): 19–46.

29. Charles Baden-Fuller and Henk W. Volberda, "Strategic Renewal: How Large Complex Organizations Prepare for the Future, *International Studies of Management & Organization* 27, no. 2 (1997): 95–120.

30. Kathleen M. Eisenhardt, Shona L. Brown, and Heidi M. Neck, "Competing on the Entrepreneurial Edge," in *Entrepreneurship as Strategy*, ed. G. D. Meyer and K. A. Heppard (Thousand Oaks, CA: Sage Publications, 2000): 49–62.

31. See Donald F. Kuratko, R. Duane Ireland, Jeffrey G. Covin, and Jeffrey S. Hornsby, "A Model of Middle-Level Managers Corporate Entrepreneurial Behavior," *Entrepreneurship Theory and Practice* 29, no. 6 (2005): 699–716; Andrew C. Corbett and Keith M. Hmieleski, "The Conflicting Cognitions of Corporate Entrepreneurs," *Entrepreneurship Theory and Practice* 31, no. 1 (2007): 103–21; and Jeffrey S. Hornsby, Donald F. Kuratko, Dean A. Shepherd, and Jennifer P. Bott, "Managers' Corporate Entrepreneurial Actions: Examining Perception and Position," *Journal of Business Venturing* 24 (3): 236–47.

32. See Gregory G. Dess, G. T. Lumpkin, and Jeffrey E. McGee, "Linking Corporate Entrepreneurship to Strategy, Structure, and Process: Suggested Research Directions," *Entrepreneurship Theory and Practice* (March 1999): 85–102; and Shu-Jou Lin, Ji-Ren Lee, "Configuring a corporate venturing portfolio to create growth value: Within-portfolio diversity and strategic linkage," *Journal of Business Venturing* 26, no. 4 (2011): 489–503.

33. James C. Collins and Jerry I. Porras, "Building Your Company's Vision," *Harvard Business Review* (September/October 1996): 65–77.

34. See, for example, Dean M. Schroeder, "A Dynamic Perspective on the Impact of Process Innovation upon Competitive Strategies," *Strategic Management Journal* 2 (1990): 25–41; and C. Marlene Fiol, "Thought Worlds Colliding: The Role of Contradiction in Corporate Innovation Processes," *Entrepreneurship Theory and Practice* (Spring 1995): 71–90.

35. Thomas J. Peters, *Thriving on Chaos* (New York: Harper & Row, 1987).

36. Peter F. Drucker, "The Discipline of Innovation," *Harvard Business Review* (May/June 1985): 67–72; and Donald F. Kuratko, Michael G. Goldsby, and Jeffrey S. Hornsby, *Innovation Acceleration: Transforming Organizational Thinking* (Upper Saddle River, NJ: Pearson/Prentice Hall, 2012).

37. Harry S. Dent, Jr., "Reinventing Corporate Innovation," *Small Business Reports* (June 1990): 31–42; see also: Donald F. Kuratko, Michael G. Goldsby, and Jeffrey S. Hornsby, *Innovation Acceleration: Transforming Organizational Thinking* (Upper Saddle River, NJ: Pearson/Prentice Hall, 2012).

38. Jane M. Howell and Christopher A. Higgins, "Champions of Change: Identifying, Understanding, and Supporting Champions of Technology Innovations," *Organizational Dynamics* (Summer 1990): 40–55; and Patricia G. Greene, Candida G. Brush, and Myra M. Hart, "The Corporate Venture Champion: A Resource-based Approach to Role and Process," *Entrepreneurship Theory and Practice* (March 1999): 103–22.

39. John A. Pearce II, Tracy Robertson Kramer, and D. Keith Robbins, "Effects of Managers' Entrepreneurial Behavior on Subordinates," *Journal of Business Venturing* 12 (1997): 147–60.

40. See Russell Mitchell, "Masters of Innovation," *Business Week* (April 1989): 58–63; *3M Annual Report*, 1995; and Rosabeth M. Kanter, John Kao, and Fred Wiersema, *Innovation: Breakthrough Ideas at 3M, DuPont, Pfizer, and Rubbermaid GE* (New York: HarperCollins, 1997).

41. Eric Von Hipple, Stefan Thomke, and Mary Sonnack, "Creating Breakthroughs at 3M," *Harvard Business Review* (September/October 1999): 47–57.

42. David Krackhardt, "Entrepreneurial Opportunities in an Entrepreneurial Firm: A Structural Approach," *Entrepreneurship Theory and Practice* (Spring 1995): 53–70; and Morgan P. Miles and Jeffrey G. Covin, "Exploring the Practice of Corporate Venturing: Some Common Forms and Their Organizational Implications," *Entrepreneurship Theory and Practice* 26, no. 3 (2002): 21–40.

43. Donald F. Kuratko, Ray V. Montagno, and Jeffrey S. Hornsby, "Developing an Entrepreneurial Assessment Instrument for an Effective Corporate Entrepreneurial Environment," *Strategic Management Journal* 11 (1990): 49–58; and Jeffrey S. Hornsby, Donald F. Kuratko, and Shaker A. Zahra, "Middle Managers' Perception of the Internal Environment for Corporate Entrepreneurship: Assessing a Measurement Scale," *Journal of Business Venturing* 17 (2002): 253–73.

44. Jeffrey S. Hornsby, Donald F. Kuratko, Dean A. Shepherd, and Jennifer P. Bott, "Managers' Corporate Entrepreneurial Actions: Examining Perception and Position," *Journal of Business Venturing* 24 (3): 236–47.

45. Jeffrey S. Hornsby, Daniel T. Holt, and Donald F. Kuratko, "The Dynamic Nature of Corporate Entrepreneurship Constructs: Assessing the CEAI," *National Academy of Management Best Paper Proceedings*, August 2008. CD ROM; and Jeffrey S. Hornsby, Donald F. Kuratko, Daniel T. Holt, and William J. Wales, "Assessing a Measurement of Organizational Preparedness for Corporate Entrepreneurship," *Journal of Product Innovation Management* (forthcoming).

46. Vijay Sathe, "From Surface to Deep Corporate Entrepreneurship," *Human Resource Management* (Winter 1988): 389–411.

47. Rosabeth M. Kanter, *Innovative Reward Systems for the Changing Workplace* (New York: McGraw-Hill, 1994); see also Drew Gannon, "How to Reward Great Ideas," *Inc.* July 19, 2011.

48. G. Getz and E. G. Tuttle, "A Comprehensive Approach to Corporate Venturing," *Handbook of Business Strategy* 2, no. 1, 277–79.

49. John C. Goodale, Donald F. Kuratko, Jeffrey S. Hornsby, and Jeffrey G. Covin, "Operations Management and Corporate Entrepreneurship: The Moderating Effect of Operations Control on the Antecedents of Corporate Entrepreneurial Activity in Relation to Innovation Performance," *Journal of Operations Management* 29, no. 2 (2011): 116–27.

50. Donald F. Kuratko and Michael G. Goldsby, "Corporate Entrepreneurs or Rogue Middle Managers? A Framework for Ethical Corporate Entrepreneurship," *Journal of Business Ethics* 55 (1) (2004): 13–30.

51. Dean A. Shepherd, Jeffrey G. Covin, and Donald F. Kuratko, "Project Failure from Corporate Entrepreneurship: Managing the Grief Process," *Journal of Business Venturing* 24 (6): 588–600; see also Dean A. Shepherd, "Learning from Business Failure: Propositions about the Grief Recovery Process for the Self-Employed," *Academy of Management Review* 28 (2003): 318–29.

52. Donald F. Kuratko and Jeffrey S. Hornsby, "Developing Entrepreneurial Leadership in Contemporary Organizations," *Journal of Management Systems* 8 (1997): 17–24.

53. Chris Lee, "Beyond Teamwork," *Training* (June 1990): 25–32; Michael F. Wolff, "Building Teams— What Works," *Research Technology Management* (November/December 1989): 9–10; and Deborah H. Francis and William R. Sandberg, "Friendship within Entrepreneurial Teams and Its Association with Team and Venture Performance," *Entrepreneurship Theory and Practice* 25, no. 2 (2002): 5–25.

54. Robert B. Reich, "The Team as Hero," *Harvard Business Review* (May/June 1987): 81.

55. Judith B. Kamm and Aaron J. Nurick, "The Stages of Team Venture Formulation: A Decision-Making Model," *Entrepreneurship Theory and Practice* (Winter 1993): 17–27; and Michael A. Hitt, Robert D. Nixon, Robert E. Hoskisson, and Rahul Kochhar, "Corporate Entrepreneurship and Cross-functional Fertilization: Activation, Process, and Disintegration of a New Product Design Team," *Entrepreneurship Theory and Practice* 23 (1999): 145–68.

56. R. Duane Ireland, Donald F. Kuratko, and Michael H. Morris, "A Health Audit for Corporate Entrepreneurship: Innovation at All Levels," *Journal of Business Strategy* 27, no. 1 (2006): 10–17; and R. Duane Ireland, Donald F. Kuratko, and Michael H. Morris, "A Health Audit for Corporate Entrepreneurship: Innovation at All Levels," *Journal of Business Strategy* 27, no. 2 (2006): 21–30.

57. Steven W. Floyd and P. J. Lane, "Strategizing Throughout the Organization: Managing Role Conflict in Strategic Renewal," *Academy of Management Review* 25 (2000): 154–77.

58. Donald F. Kuratko, R. Duane Ireland, Jeffrey G. Covin, and Jeffrey S. Hornsby, "A Model of Middle-Level Managers Corporate Entrepreneurial Behavior," *Entrepreneurship Theory and Practice* 29, no. 6 (2005): 699–716; see also Ethel Brundin, Holger Pazelt, and Dean A. Shepherd, "Managers' Emotional Displays and Employees' Willingness to Act Entrepreneurially," *Journal of Business Venturing* 23, no. 2 (2008): 221–43; Stewart Thornhill and Raphael Amit, "A Dynamic Perspective of Internal Fit in Corporate Venturing," *Journal of Business Venturing* 16, no. 1 (2001): 25–50; and Charlotte R. Ren and Chao Guo, "Middle Managers' Strategic Role in the Corporate Entrepreneurial Process: Attention-Based Effects," *Journal of Management* 37, no. 6 (2011): 1586–1610.

59. Donald F. Kuratko, Jeffrey S. Hornsby, and Michael G. Goldsby, "Sustaining Corporate Entrepreneurship: Modeling Perceived Implementation and Outcome Comparisons at Organizational and Individual Levels," *International Journal of Entrepreneurship and Innovation* 5, no. 2 (May 2004): 77–89.

4장 창업가정신의 사회적 관점과 글로벌 환경

창업가적 사고

우리가 지금 가지고 있는 것과 같이, 아무도 소외되지 않는 글로벌 경제를 구축할 수 있는 기회를 가진 세대는 없다. 그것은 놀라운 기회일 뿐만 아니라 지대한 책임이다.

— Bill Clinton, 미국 42대 대통령

학습목표

1. 사회적 창업가정신의 동향에 대해 소개한다.
2. 누가 사회적 창업가가 될 것인지를 조사한다.
3. 공유가치의 개념을 규명한다.
4. 사회적 기업의 당면과제를 논의한다.
5. 사회적 창업가들을 위한 글로벌 기회와 당면과제를 소개한다.
6. 글로벌 시장을 확장한 가장 최근의 발전을 제시한다.
7. 국제 무대로의 진입을 위한 방법을 조사한다.
8. 창업가들이 글로벌 시장을 추구하기 위한 핵심 단계들을 설명한다.

사회적 창업가정신

사회적 창업가정신(social entrepreneurship)은 혁신, 위험감수, 그리고 대규모 변혁에 대한 민간부문 초점을 사회적 문제 해결에 결부시키는 창업가정신의 한 형태로서 비영리, 정부, 사업의 특성을 나타낸다. 사회적 창업가정신의 과정은 기업의 개념으로 전환된 지각된 사회적 기회와 함께 시작하며, 그러고 나서 기업의 목표를 실해하기 위하여 자원들이 확인되고 획득된다.[1] 최근 몇 년 동안, 사회적 창업가정신에 대한 대중의 인식은 다양한 형태로 나타나고 있다.

- 2006년, Teach For America의 설립자 Wendy Kopp, City Year 공동창업자 Michael Brown과 Alan Khazei는 U.S. News & World Report에 미국의 상위 25명의 리더들 가운데 세 사람으로서 실렸다.
- Muhammad Yunus와 그의 기업 Grameen Bank는 노벨평화상을 받았다.
- Institute for OneWorld Health의 Victoria Hale과 Benetech의 Jim Fructerman은 MacArthur 재단으로부터 '천재상(genius grants)'을 받았다. 그들은 스스로를 사회적 창업가로 여긴다.
- 2005년, PBS(Public Broadcasting System)와 Skoll 재단은 전 세계의 14명의 사회적 창업가들에 대한 2부의 미니시리즈 'The New Heroes'를 제작하여 방영하였다. 그들은 시리즈에 이어 3년에 걸친 후원 프로그램으로 영화 제작자, 다큐멘터리 제작자, 저널리스트를 격려함으로써 사회적 창업가정신에 대한 대규모 대중의 인식을 증진하는 작품을 제작할 수 있도록 하였다. 이밖에도, Skoll 재단의 홈페이지는 '뛰어난 영웅들'로 명명된 수많은 영화들을 상영하고 사회적 창업가정신에 대한 연중 세계포럼을 개최한다.[2]
- 과거 10년 동안, 매년 기업, 정부, 그리고 '세계의 경제 상황을 개선하는데 전념하는' 국가 리더들을 모으는 World Economic Forum은 사회적 창업가들의 정상회담(Social Entrepreneurs' Summit)을 주최하였다. Schwab 재단과의 파트너십에서, 이 포럼은 글로벌 성장 기업들, 국제 미디어, 노조 지도자들을 포함한 단지 9개의 다른 이해집단들과 동등하게 사회적 창업가정신을 위치시킴으로써 특별한 관심 커뮤니티의 하나로서 사회적 창업가들을 초청하였다.[3]
- 1980년에 Bill Drayton에 의해 설립된 Ashoka 재단은 사회의 완전한 변혁을 주도하고 있다. 1981년 인도에서 선택된 첫 번째 Ashoka 펠로우를 시작으로, Ashoka는 세계 5대륙 60개국 이상에서 2천 명 이상의 펠로우를 가진 단체로 성장하였다. 펠로우, 비즈니스 창업가, 정책 입안자, 투자자, 학자, 및 저널리스트로 구성된 글로벌 네트워크와 함께, Ashoka는 지금 사회적 창업가들과 그들의 혁신이 지속적으로 현지의 새로운 변화 담당자 세대에게 영감을 주어 긍정적인 사회적 변화를 창출할 수 있도록 보장하기 위하여 공동으로 일하고 있다.[4]

- Dr. Mark Albion은 More Than Money: Questions Every MBA Needs to Answer라는 책을 저술한 후, 기업의 사회적 책임, 가치-기반 사업 및 비영리경영에서의 경력 기회를 찾기 위하여 2010년에 Dr. Mrim Boutla와 함께 'More Than Money League'라는 협회를 개발하였다. More Than Money League는 6주간의 과정으로, 교육생들이 책임감 있는 경력을 만들 수 있도록 Albion의 30년 이상의 MBA와의 협업 및 가치기반사업과 Boutla의 전략적 및 전술적 경력 코칭 전략을 가르친다.[5]

사회적 창업가정신의 정의 역시 다양한 형태를 지니지만,[6] 많은 학자들과 전문가들에게 반향을 일으킨 한 가지 정의는 연구원 Johanna Mair와 Ignasi Marti에 의해 개발되었다. Mair와 Marti는 "사회적 창업가정신을 자원을 새로운 방식으로 결합함으로써 가치를 창출하는 과정이라고 생각한다. 이러한 자원 결합은 사회적 변화를 자극하거나 사회적 요구를 충족시킴으로써 사회적 가치를 창출할 수 있는 기회를 탐구하고 활용할 의도를 근본적으로 지니고 있다. 하나의 과정으로 보면, 사회적 창업가정신은 서비스 및 제품의 제공을 포함하나 또한 새로운 조직의 설립을 언급할 수 있다. 중요한 것은, 사회적 창업가정신이 새로운 조직 또는 기존에 설립된 조직에서 동일하게 적절히 발생할 수 있으며, 여기에서는 '사회적 사내 창업가정신'으로 불린다. 비즈니스 분야에서의 사내 창업가정신과 같이, 사회적 창업가정신은 신생 벤처의 설립이나 창업가적 생산공정 혁신을 언급할 수 있다."[7] 사회적 창업가정신은 또한 지속가능한 발전을 위한 수단으로서 고려될 수 있으며, G. H. Brundtland는 이를 "그들의 요구를 충족시키기 위하여 미래 세대들의 능력을 약화시키지 않고 현재의 요구를 충족시키는 것"이라고 간결하게 정의하였다.[8]

사회적 창업가의 정의

사회적 창업가라는 용어는 사회적 창업가정신과 관련된 조직이나 계획을 만들거나 이끌어나가는 사람(또는 개인들의 소집단)을 의미한다. 사회적 창업가는 때때로 '대중 창업가(public entrepreneur)', '시민 창업가(civic entrepreneur)' 또는 '사회적 혁신가(social innovator)'로서 언급된다. 저명한 전문가인 Arthur C. Brooks는 사회적 창업가를 특징짓는 활동들을 다음과 같이 설명하였다.

- 사회적 가치(개인적 가치를 넘어서)를 만들고 유지할 수 있는 사명의 선택
- 사회적 가치의 기회에 대한 인식과 끈질긴 추구
- 지속적인 혁신과 학습에의 참여
- 사용 가능한 한정된 자원을 넘어서는 활동
- 높아진 책임감[9]

수많은 출판물들은 사회적 창업가정신이라는 용어를 보다 폭넓게 인식하도록 만들었

다. 예를 들면, 최근에 New York Times, Economist, Forbes, Harvard Business Review 모두는 사회적 창업가정신에 초점을 맞춘 기사들을 게재하였다.[10]

사회적 창업가정신이 정책 입안자, 저널리스트, 학자, 일반 대중의 용어로 빠르게 그 길을 찾음에 따라, 세상은 엄청난 사회적 도전에 직면하고 있다. 전 세계의 위협적인 사회적 문제들에 대처하는 수단으로서의 사회적 창업가정신 붐과 그 약속은 모든 창업가들에게 특히 중요하다.

성공적인 창업가정신에서 매우 효과적이었던 동일한 원칙들 몇 가지를 채택함으로써, 모든 리더들은 사회적 창업가정신을 지원할 수 있고, 그것으로 인해 국가가 직면한 사회적 문제들에 대해 획기적이며, 재정적으로 지속가능한 해결책을 만들 수 있는 기회를 갖는다. Stanford Social Innovation Review의 최근의 한 논문에서 언급된 바와 같이, "우리가 믿건대, 창업가정신이 경제의 진보에 필수적이었던 것처럼, 사회적 창업가정신은 사회의 진보에 필수적이며, 그것은 지금까지 관심을 끌었던 것보다 더 엄격하고, 진지한 관심을 받을 만하다."[11]

Ashoka 재단의 설립자인 Bill Drayton은 다음과 같은 유명한 말을 남겼다. "사회적 창업가들은 물고기를 주거나 물고기를 잡는 방법을 가르치는 것만으로 만족해하지 않는다. 그들은 어업에 일대 혁신을 일으킬 때까지 쉬지 않을 것이다."[12] 다른 창업가들과 마찬가지로, 사회적 창업가들은 새로운 기술, 공급원, 유통 판로, 또는 생산방식을 포함할 수 있는 혁신을 위해 노력하는 창의적인 사상가들이다. 혁신은 또한 새로운 조직을 시작하거나 새로운 제품 또는 서비스를 제공하는 것을 의미할 수 있다. 혁신적 아이디어는 완벽하게 새로운 발명이거나 기존의 발명품에 대한 창의적인 개선일 수 있다.[13]

사회적 창업가들은 변화의 주도자들이다. 그들은 패턴을 깨는 아이디어를 사용하여 대규모의 변화를 창출하며, 사회적 문제들의 근본원인에 대처하며, 새로운 아이디어를 소개하여 다른 사람들이 이를 채택하도록 설득함으로써 시스템적 변화를 창출하려는 야망을 소유하고 있다.[14] 이러한 유형의 획기적인 변화는 국가적 또는 국제적일 수 있다. 그들은 또한 그들의 영향에 있어서 충분한 영향력과 함께 크게 지역화될 수 있다. 가장 자주, 획기적인 변화를 만드는 사회적 창업가들은 혁신적인 관행들, 그들의 사회적 이슈 영역에 대한 깊은 지식, 그들의 목표를 달성하기 위한 최첨단 연구를 통합한다. 혁신은 사회적 영역에서 일하는 창업가들에게 있어서 일회성 이벤트가 아니며, 오히려 평생 동안의 일이다.

사회적 기업의 정의

사회적 창업가정신에서는 거대한 성장 및 관심과 함께 무엇이 사회적 기업(social enterprise)이며 무엇이 사회적 기업이 아닌지 그 경계의 모호성에 대한 문제가 제기된다. 사

창업가정신 사례

Benetech: 지속가능한 사회적 혁신

20년 전에는, 맹인이 점자가 가능하지 않은 인쇄된 문서를 읽고자 했을 때, 다른 사람의 도움을 받는 것 말고는 딱히 다른 방법이 없었다. 그 때는 맹인이 인쇄된 문서를 읽을 수 있는 가장 가용한 기술은 다섯 자리의 가격표가 붙은 식기세척기 크기의 기계였다. 이것은 신문을 읽거나 한 통의 우편물을 살펴보는 것과 같은 일과에 있어서 비현실적이고 감당하기 힘든 선택이었다. 가격이 알맞고 휴대용의 기계를 만들 수 있는 기술이 존재하였다. 하지만 미래의 고객층인 맹인들과 그들의 고용주들이 전통적인 투자수익률을 약속하기에는 너무 적었다. 그 결과, 기술 투자자들은 그러한 제품을 개발하는 위험을 감수하려고 하지 않았다.

Benetech는 전형적인 투자수익률을 창출할 가능성이 낮음에도 불구하고 높은 사회적 가치의 창출을 약속하는 기술개발을 보증하는 저수익 시장(low-profit-market) 접근법에 의해 설립되었다. 설립자인 Jim Fructerman이 설명하기를, "지난 18년은 컴퓨터 산업에 있어서 중요한 시기였다. 컴퓨터들은 더 빠르게, 더 좋게, 더 저렴하게, 더 작게, 더 가볍게, 더 밝게 만들어졌다. 우리는 그러한 산업을 보면서 '어떻게 하면 이러한 고성능, 저비용의 플랫폼의 이점을 활용하여 장애인들에게 효과적인 도구를 만들 수 있을까?' 고민한다." 이 회사의 첫 번째 제품인 Akenstone Reading Machine은 스캐너에서 발견된 광학 문자 인식(OCR) 기술을 사용하며, 문서를 스캔해서 크게 읽을 수 있도록 컴퓨터와 함께 사용될 수 있다. 2천 달러 이하의 가격으로, Arkenstone Reading Machine은 애초에 예상했던 것보다 더 큰 고객층을 찾았다. 맹인 개개인과 그들의 고용주들에 추가하여, 학습장애가 있는 사람들과 장애인을 위해 근무하는 정부기관[미 퇴역 군인부(Department of Veterans Affairs)를 포함]은 그 제품을 구매하기 시작하였다. 이러한 예상치 못하게 확장된 고객층은 매년 수백만 달러의 이익을 창출할 수 있도록 도와주었고, 궁극적으로는 Reading Machine의 판매로 이어짐과 동시에 Arkenstone 브랜드를 장애인 제품들의 영리 유통업자가 될 수 있도록 이끌었다. 이 기계는 이제 4번째 제품으로 출시되었으며 업계 선두제품으로 남아 있다.

Arkenstone Reading Machine은 저수익 시장 접근법이 어떻게 결국에는 전통적인 영리추구 접근법을 따르는 시장을 개발할 수 있는지에 대한 사례를 제공한다. Benetech의 사례에서, 일단 충분한 시장이 있으면, Reading Machine의 영리추구 유통업자에의 판매는 상당한 수익의 높은 잠재성을 가진 그러한 프로젝트들을 강요받지 않고도 다른 사회적으로 가치 있는 기술 솔루션들의 개발에 조직이 자금을 지원하도록 만든다는 것을 알 수 있다.

Benetech는 정부가 대처할 수 없었던 시장 실패에 의해 야기된 문제들에 대한 자생적인 해결책을 시험하고 궁극적으로 개발할 수 있었다.

초기 단계에서 평균 이하의 수익을 감수하며 테스트를 받은, 저렴한 Reading Machine은 기존에 인쇄된 문서들을 스스로 읽을 수 없었던 수천 명의 미국인들에게 도움을 준 동시에 궁극적으로 새롭고 수익성 있는 시장을 만들었다.

출처: Adapted from U.S. Small Business Administration, "The Small Business Economy: A Report to the President" (Washington, DC: U.S. Government Printing Office, 2007); and Christian Seelos and Johanna Mair, "Social Entrepreneurship: Creating New Business Models to Serve the Poor," *Business Horizons* 48 (2005): 241–46.

회적 원인들은 매우 다르고 많은 경우에 매우 개인적이기 때문에, 그것을 판단하기가 매우 어려울 수 있다.[15]

사회적 창업가들과 그들의 벤처들은 사회적 목표, 즉 어떻게 해서든 사회에 도움이 될 것이라는 바람에 의하여 운영된다는 일반적인 합의가 있다. 바꾸어 말하면, 사회적 창업가는 주어진 커뮤니티의 복지나 웰빙에 기여하는 것과 같은 **사회적 가치**(social value)를 높이는 것을 목표로 한다. 하지만 사회적 책무의 위치와 목적에 대한 논쟁이 시작되었다(창업가적 과정 박스를 참조하라).

연구원 J. Gregory Dees는 부(富)의 창출이 아닌, 사회적 미션이 가장 중요한 기준이라고 믿는다. 그는 부(富)를 사회적 창업가들의 목적 달성을 위한 수단이라고 생각한다. 형성된 부(富)가 단지 사회적 목적을 위한 수단이라는 주장은 사업의 목적에 창업가들에 대한 재무적 이익이 존재하지 않는다는 것을 제시한다.[16]

그리하여 많은 비평가들은 사회적 기업의 위치가 반드시 비영리 조직의 세계에 있어야 한다고 주장한다. 예를 들면, 한 연구 논문에서는 근로소득이 사회적 창업가정신에 있

창업가적 과정 • • •

핫도그, 전과자, 그리고 사회적 기업

사회적 이슈를 해결하기 위해 창업가적 방법을 사용할 수 있는 방법들은 수없이 많다. 하지만, 그러한 창업가적 수단 중 일부는 원인 자체가 이슈를 만들어 낼 때 "한계를 뛰어 넘는" 문제가 도마 위에 오를 수 있다.

Illinois의 Chicago에 있는, 핫도그 가판대가 "사회로 복귀될 수 있는 기회가 필요한 전과자를 종업원으로 고용한다"는 독특한 방식과 함께 오픈하였다. "음식이 너무 좋아, 터무니없게도"라는 슬로건을 가진 Felony Franks는 사회적 목적과 함께 시작하였다. 직업에 대한 다른 선택이 없는 사람들에게 취직자리를 제공함으로써, 창업가 James Andrews는 노숙자 문제를 다소나마 해결하기를 희망하였다.

이 모든 것은 사회적 문제를 해결하기 위해 창업가적 원칙들을 완벽하게 적용한 것처럼 들린다. 하지만, 모든 사람이 그 주문을 받아들이지 않는다. 이웃들은 Andrews와 그의 독창적인 개념에 대항해 들고 일어섰다. 이웃들은 그 개념을 이러한 전과자들과 이웃을 괴롭히는 실제 마약 문제를 이용하는 것으로 보았다. 70명이 넘는 사람들이 그들의 불만을 토로하기 위하여 마을회의에 참석하였다. 심지어 몇몇 사람들은 이 사업이 범죄를 방지하기보다는 오히려 범죄를 매력적으로 보이게 함으로써 마약 중독 치료센터와 같은 이웃의 정화를 위한 노력에 해를 가할 수 있다고 느꼈다. 더욱 중요하게, 사람들은 다른 현지 기업들이 전과자들을 고용하고 있으나 이러한 개인들이 사회로 복귀하려고 할 때 관심을 받지 않도록 조용히 한다고 불평하였다. 반면에 Felony Franks가 이익을 위하여 이러한 전과자들을 활용하고 있다고 믿고 있다.

Mr. Andrews는 이 벤처에 16만 달러 이상을 투자하였고, '숨은' 동기가 없다고 주장하며 그의 개념을 믿고 있다. 그러나 이웃들은 그것을 다르게 보고 있다. 그들은 창업가가 이웃의 문제를 부각시키며 판매 수익을 위해 심각한 이슈들을 이용하고 있다고 보고 있다. San Francisco와 New Jersey는 기업들을 향상시키며 반발이나 의문 없이 전과자들을 고용하는 것으로 알려진 두 도시들이다. 하지만, 그들은 Felony Franks와는 다르게 판매 증가를 위해 범죄이슈에 대한 교묘한 슬로건을 사용하지 않았다.

2012년, 저조한 경제와 부진한 사업으로 인해 Andrews는 결국 사업을 접어야만 했다. 하지만, 그러한 독특한 벤처를 설립하는 데 있어서 Andrew가 보여 준 용기와 창의성은 보다 중요한 근본적인 이슈를 도출하였다. 미래에, 창업가들이 그들의 창의성을 사용하여 겉보기에 사회적 벤처와 자본주의적 수익의 경계를 흐리게 할 때 사회는 어떤 인식을 가질 것인가?

출처: Adapted from: Julie Jargon, "Slaw and Order: Hot-Dog Stand in Chicago Triggers a Frank Debate," *Wall Street Journal*, October 13, 2009; and "Owner: Crime-Themed Hot Dog in Chicago Is Slated to Close Citing Slow Business," *Chicago Tribune*, June 3, 2012, http://www.chicagotribune.com/news/local/sns-ap-il--felony-franks,0,6979309.story?obref=obnetwork (accessed June 14, 2012).

어 필수적인가에 대한 질문을 던졌다. 연구원들이 사회적 창업가정신을 사회적 가치를 창조하고 유지할 수 있는 새롭고 보다 나은 길을 찾는 것이라고 주장한 바와 같이, 그 대답은 단호하게 '아니오'였다.[17] 사실상, 사회적 창업가들은 그들의 수혜자들로부터 어떤 보상을 반드시 기대하지 않으면서, 빈곤을 덜어주고, 수자원을 만들고, 또는 건강에 대한 해결책을 제공할 수 있는 방법들을 고안하고 있다.

하지만 영리 기업들은 사회적 창업가정신의 세계에 주목할만한 공헌을 해 왔다. 당신이 Ben & Jerry's를 언급하든지, Top 30 사회적 창업가들에 대한 Forbes 리스트를 언급하든지,[18] 영리의 사회적 창업가들이 자리를 잡고 그들의 기업들에 사회적 가치를 제공하고 있다는 것은 명백하다. 그리하여 만일 실제로 사회적 목적이 달성되고 있다면, 영리의 사회적 창업가들의 자격을 박탈하는 것은 적절하지 못한 것으로 보인다.

이러한 논란을 잠재울 수 있는 최선의 방법은 연속체를 따라 사회적 창업가정신 활동을 용인하는 것이다. 한 연구 팀은 한쪽 끝은 사회적 편익을 생산함으로써 독점적으로 운영되는 사회적 창업가들이 존재하고, 다른 한쪽 끝에는 수단으로서의 사회적 편익과 함께 수익성에 의해 동기부여되는 사회적 창업가가 존재하는 연속체에 대한 설명을 제시하였다. 이러한 양극단 사이에는, 많은 미묘한 차이가 존재한다.[19]

사회적 기업과 지속가능성

앞 절에서 언급한 바와 같이, 사회적 기업이 21세기에 창업가적 사상가들 사이에서 주요 이슈로 떠오르고 있다는 것은 명백하다.[20] 비록 그것이 다양한 산업과 회사들에 있어서 다양한 형태를 취하고 있지만, 사회에 대한 기업의 의무에 초점을 맞춘다는 사회적 기업의 기본적 도전은 모두에게 동일하다. 표 4.1에서 제시된 바와 같이, 이러한 의무들은 많은 다양한 분야로 확장될 수 있으나, 기업들이 이러한 분야에 어느 정도 관여해야만 하는지에 대한 질문은 논쟁의 여지가 있다.

지속가능한 창업가정신

연구원 Dean A. Shepherd와 Holger Pazelt는 **지속가능한 창업가정신**(sustainable entrepreneurship)을 "이익을 위해 미래의 제품, 과정, 서비스를 창출할 수 있는 지각된 기회를 실현하는 데 있어서 자연의 보존, 생명 유지, 공동체에 중점을 두는 것"으로 정의하며, 여기서 이익은 개인, 경제, 그리고 사회에 대한 경제적 · 비경제적 이익을 포함하는 것으로 광범위하게 해석된다.[21]

지속가능한 발전은 아마도 우리 시대에 가장 두드러진 주제이다. 오존층 감소, 기후 변화, 생물다양성의 파괴에 대한 보고서들은 진부하며, 이 보고서들은 이러한 과정들이

표 4.1 사회적 기업의 의무 사례

환경	오염 통제 환경의 복구 또는 보호 자원자원의 보존 재활용 노력
에너지	생산 및 마케팅 활동에서의 에너지 보존 제품의 에너지 효율성 증가를 위한 노력 기타 에너지-절약 프로그램(예를 들면, 기업 후원의 카풀)
공정한 사업 관행	여성과 소수자의 고용 및 승진 사회적 약자의 고용 및 승진(장애인, 베트남 참전용사, 전과자, 마약 중독자, 정신 지체자, 장기간의 실직자) 소수 민족 소유 기업에 대한 지원
인간 자원	종업원의 건강 및 안전의 증진 종업원의 교육훈련 및 개발 불우 종업원들에 대한 치료 교육 프로그램 알코올 및 약물 상담 프로그램 경력 상담 직장인 부모를 위한 아동 보육시설 종업원들의 체력 및 스트레스 관리 프로그램
공동체 참여	현금, 제품, 서비스, 또는 종업원 시간의 기부 공공 건강 프로젝트의 후원 교육 및 예술의 지원 공동체 레크리에이션 프로그램의 지원 공동체 프로젝트에서의 협력(재활용센터, 재난 지원, 도시 재개발)
제품	제품 안전성의 향상 제품 안전성 교육 프로그램의 후원 제품의 잠재적인 대기오염의 감소 제품의 영양가에 대한 개선 포장 및 라벨링에 대한 개선

출처: Richard M. Hodgetts and Donald F. Kuratko, *Management*, 3rd ed. (San Diego, CA: Harcourt Brace Jovanovich, 1991), 670.

살아 있는 종(種)에 대해 가지는 부정적이며 잠재적으로 치명적인 결과를 보여 준다. 하지만 학자들은 창업가적 행동이 생태계를 보존하며, 기후변화에 대응하며, 환경의 저하와 삼림채벌을 감소시키고, 농업활동과 담수공급을 증가시키며, 생물다양성을 유지시킬 수 있다고 주장해 왔다.[22]

지속가능한 창업가정신은 다음을 포함한다.

- **생태 창업가정신**(Ecopreneurship): 지구, 생물다양성, 생태계를 포함한 자연 환경을 보존하는 데 도움을 주는 창업가적 행동을 가진 환경적 창업가정신
- **사회적 창업가정신**: 신생 벤처를 창출하거나 기존의 조직을 혁신적인 방식으로 관리함으로써 사회적 부를 높일 수 있도록 기회를 발견하고, 정의하며, 활용하기 위해 진행된 활동과 과정을 포함
- **기업의 사회적 책임**: 기업의 이익을 넘어서, 일부 사회적 이익을 조성하며 법에 의해서 요구되고 종종 조직의 사회적 개입을 뜻하는 행동을 말함[23]

생태 창업가정신

21세기는 훨씬 큰 환경적 관심사 가운데 하나이다. 우리의 천연 자원을 보존하고 보호할 필요성에 대한 재각성(reawakening)은 기업이 더 강력한 환경적 관심을 갖도록 자극을 주었다. 표 4.1에 설명된 바와 같이, 환경은 사회적 기업의 주요한 문제점들 가운데 하나로서 두드러진다. 녹색 자본주의(green capitalism)는 사업이 환경과 관련하여 실행되는 방식을 검토함에 있어서 강력하고 새로운 힘으로 출현하였다. 이 용어는 생태학적으로 지속가능한 발전을 경제학적으로 지속가능한 발전으로 탈바꿈되는 개념을 말한다. 최근 우리의 '사용 후에 버리는' 문화는 토양에서 물, 그리고 공기에 이르기까지 우리의 천연 자원을 위험에 빠뜨려 왔다. 연구원 Paul Hawken("Natural Capitalism: Creating the Next Industrial Revolution"의 공동저자)과 William McDonough는 "만약 업계가 햄버거를 코팅된 종이 포장지에 포장하고, 배출을 없애고, 그리고 자동차가 한 대 팔릴 때마다 두 그루의 나무를 심는다면, 우리는 환경적으로 건강한 세상으로 가는 길에 있게 될 것이라는 것을 업계는 듣고 있다. 이는 사실과 전혀 다르다. 위험은 미봉책이 아닌 사람들이 조장한 환상 속에 있으며, 교묘한 궤도 수정으로 '보존된' 자연세계와 아늑한 쇼핑몰을 포함할 수 있는 멋진 삶을 누릴 수 있다는 잘못된 믿음을 가지고 있다"고 말한다.[24]

이러한 인용문은 창업가들이 미래를 위해 사회적으로 책임 있는 조직을 만들고자 시도할 때 그들이 직면하는 엄청난 도전들에 대하여 설명하고 있다. 전 세계 1억 개의 기업들 가운데, 점점 더 많은 기업들은 더 이상 비즈니스의 비즈니스는 비즈니스라는 관념을 받아들이지 않기 때문에 그들의 사회적 책임을 재정의하려고 힘쓰고 있다. 정보를 넓고 빠르게 소통하는 국제적인 능력 때문에, 많은 창업가들은 주변의 세상에 대한 그들의 책임감을 깨닫기 시작하고 있다. 전 세계의 변화에 대한 지배적인 원천인 창업가적 조직들이 사회적-환경적 문제들을 다루는 힘든 일을 시작하고 있다.

창업가들은 일과 삶의 일상적인 활동이 당연히 더 좋은 세상으로 축적되는 그러한 사업에 대한 새로운 접근법을 설계하는 데 앞장설 필요가 있다. 한 이론가는 혁신적인 조직에 가능한 리더십 유형을 설명하기 위하여 **에코비전**(ecovision)이란 용어를 개발하였다.[25] 에

글로벌 관점

생태계 서비스

생태계 서비스(Ecosystem service)는 최근에 대중성을 얻고 있는 기업-환경적 개념이다. 이러한 서비스의 근원적인 개념은 제품 및 서비스를 제공하는 자연에게 보상하려는 시도이고, 이는 깨끗한 물과 탄소 저장을 포함한다. 그러한 노력을 투자하는 회사들은 분명 노력에 대한 결실을 거두지만, 환경이 또한 수혜자라는 사실에는 여전히 변함이 없다.

Coca-Cola는 생태계 서비스 계획을 실행하는 회사들 가운데 하나이다. 이 회사의 계획은 신선한 물을 지키는 데 노력을 쏟는 것이며, 몇 개의 사례에서, 실제로 실천하고 있다. 회사의 계획들 가운데 하나는 유역을 지킬 수 있는 보다 환경 친화적인 농업 제도를 실행하기 위하여 과테말라 농부들과 함께 일하는 것을 포함한다. 이 프로그램의 일부는 지역주민들의 벌목 필요성을 줄이기 위하여 보다 효율적인 장작 난로를 제공하는 것을 포함한다. Coca-Cola의 의도에 대한 회의론자들이 지적한 바와 같이, 회사의 핵심 제품들은 준비된 신선한 물의 공급을 필요로 하기에 그러한 공급업체를 보호하려는 어떤 노력도 이타적이며 자선적인 행동으로 좀처럼 간주될 수 없다. 여전히, 현지 거주자들이 또한 생존을 위해 신뢰할만한 신선한 물의 원천을 필요로 한다는 것에 의심의 여지가 없다.

다른 회사들은 기업의 목적을 만족시키는 동시에 그들 산업의 기반으로서의 역할을 하는 생태계를 유지하기 위한 전략 탐색을 시작하고 있다. 다른 사례를 들자면, 여행 산업은 어떤 점에서도 환경에 의존하는 것으로 보이지 않는다. 어쨌든, 여행사들과 호텔 체인점들은 천연 자원의 원천에 대해 신경 쓸 필요가 없는 서비스 제공업체들이다. 이 관점의 문제는 자연의 아름다움이 관광업에서 역할을 한다는 중요성을 약화시킨다는 것이다. Marriott는 최근에 아마존의 산림파괴를 제한할 수 있는 프로그램을 구상 중에 있다. 이 계획은 멀리 떨어진 열대우림에서 새로운 지역을 개발하기 위한 Marriott의 얼마간의 급진적인 노력의 일부가 아니다. 오히려, 이 계획은 전 세계의 자연에 영향을 미치는 지구 온난화에 대처하려는 회사의 시도를 다루고 있다.

이와 같은 유연한 시각의 계획들은 생태계 훼손이 홍보 관점과 운영 관점 둘 다에서 사업에 나쁘다는 기업의 인식에 근거하고 있다. Starbucks는 최근 CAFÉ 표준인 Starbucks 재배자들을 위한 환경적 및 사회적 지침을 개발하기 위하여 국제보호협회와 함께 그 자신의 계획을 시작하였으며, 그러한 정책이 실행될 때 더 큰 비용을 지불하게 될 것이다. Starbuck의 핵심 제품이 안전하다는 것을 보장하기 위한 노력의 다음 단계는 커피가 재배되는 지역 주변의 토지를 보호하는 것이다. 목표는 700억 달러까지 빠르게 성장한 탄소금융사업의 몫을 요구하기 위하여 탄소 농부로서도 활동하는 커피 농부들을 지원하는 것이다.

이 특별한 프로젝트는 커피가 재배되고 있는 지역 주변의 토지를 보호하기 위해 지역 재배자들과의 협업을 통해 힘쓰고 있는 국제보호협회에 Starbucks가 자금을 조달하는 것을 포함한다. 지역 정부와 제휴하거나 스스로 주도권을 발휘함으로써, 재배자들은 삼림 파괴를 피하거나 삼림을 옮겨 심음으로써 삼림을 보존하는 데 헌신하고 있다. 참가자들은 이 프로그램을 통해 이미 그들의 탄소 배출을 자발적으로 상쇄시킬 수 있는 프로그램을 가진 Yahoo, Google, News Corp.와 같은 회사들로부터 탄소 배출권을 얻고 있다. 탄소 배출을 줄일 것을 미국 기업들에게 요구하는 새로운 규칙들이 교토 협약의 일부로서 시행될 때, Starbucks에 의해 추진된 것과 같은 삼림 프로젝트가 인기를 더할 것이라는 게 그들의 생각이다. 일단 2012년 이후로 일정이 잡힌 이러한 규칙들이 마련된다면, 지역 참가자들이 판매해야 할 탄소 배출권은 훨씬 더 가치가 있을 것이다.

Starbucks는 현재의 전략을 추진할 계획을 가지고 있으며, 수마트라, 인도네시아, 그리고 멕시코의 치아파스 지역까지 그들의 노력을 확장하려고 한다. 모든 것이 잘 진행되어 남미, 아프리카, 아시아로 더 확장하는 결과를 가져오는 게 그들의 희망이다. 이 계획은 사회적인 마인드를 가진 기업으로서 Starbucks의 기업 이미지를 강화하는 동시에 Starbucks 비즈니스 모델이 의존하는 공급업자들에게도 혜택을 줄 것이다. 환경 유지가 더 이상 사회적 책임에 대한 것만은 아니다. 그것은 실리적인 측면에 있어서도 좋은 일이다.

출처: Adapted fromMarc Gunther, "Starbucks Sows Carbon Farmers," *Fortune*, March 21, 2008, http://money.cnn.com/2008/03/20/news/companies/gunther_starbucks.fortune/index.htm?postversion=2008032106 (accessed March 21, 2008).

코비전은 진화하는 사회적 요구에 대한 관심과 함께 종업원, 조직, 환경을 포함하는 개방되고 유연한 구조를 장려한다.

환경 운동은 디자인보다는 가치로 연결되는 많은 계획들로 구성된다. 지속가능한 미래를 창조하는 계획은 현실적으로 명확하게 서술된 전략을 통해 그 목표를 반드시 실현해야 한다. Hawken과 McDonough에 의해 추천된 몇 가지의 핵심 단계들은 다음과 같다.

1. **낭비의 개념을 제거하라.** 새로운 생산 및 재활용 방식을 추구하라.
2. **책임감을 회복시켜라.** 기업을 책임감 있게 만드는 데 있어서 고객 관여를 장려하라.
3. **비용을 반영한 가격을 만들어라.** 환경보존을 장려하기 위해 에너지, 원자재, 서비스에 '녹색 요금(green fee)'이 포함될 수 있도록 시스템을 재편하라.
4. **다양성을 장려하라.** 진화하는 제품 및 발명품의 양립성에 필요한 연구를 계속하라.
5. **보존의 수익성을 만들어라.** 생산과정을 줄이기 위해 '저가격'을 요구하기보다는 환경적 책무에 대한 새로운 비용을 허용하라.
6. **국가의 책임을 주장하라.** 강화된 지속가능한 개발이 관세에 의해 강화될 수 있도록 모든 무역 국가에 대한 계획을 발전시켜라.[26]

공유 가치와 삼중의 경영원칙

기업은 전통적으로 가치 창조를 좁은 범위에서 보아왔다. 그들은 단기 재무성과를 최적화하는 경향이 있는 반면 그들의 장기적인 성공을 결정하는 요소들을 간과하는 경향이 있다. 이러한 요소들은 핵심 공급자의 생존능력이나 그들이 몸담고 있는 커뮤니티의 경제적 고통을 포함할 수 있다. Michael E. Porter와 Mark R. Kramer는 기업이 사업과 사회를 다시 결합시키는 데 있어서 반드시 선두에 서야 한다고 믿는다. 그 해결책은 그들이 **공유 가치**(shared value)라고 언급한 개념에 있다. 그것은 사회의 요구와 도전을 다룸으로써 사회적 가치의 창출과 함께 경제적 가치를 창출하는 접근법이다. 그것은 기업의 성공을 사회적 발전과 연결한다. 공유 가치는 사회적 책임이나 지속가능성 그 이상이다. 그것은 기업의 내부비용(예, 낭비된 에너지, 사고(accident), 교육의 불충분함)을 발생시키는 사회적 약점을 인식하는 비즈니스 사고의 변혁이다. 혁신과 방법들을 통해 그러한 이슈에 대처함으로써, 생산성이 증가될 수 있으며 새로운 시장이 확장될 수 있다.[27]

삼중의 경영원칙(Triple Bottom Line)은 때때로 TBL로 언급되며, 환경적 및 사회적 차원을 포함할 수 있도록 수익, 투자수익률, 주주 가치에 대한 전통적인 측정범위를 넘어서는 회계 체계이다. 포괄적인 투자 결과, 즉 수익, 사람, 지구라는 상호 관련된 차원에 따른 성과에 집중함으로써, TBL 보고는 지속가능한 목표를 지원할 수 있는 중요한 도구가 될 수 있다.[28] TBL은 세 가지의 성과 차원을 측정하며, 이는 경제적, 환경적 및 사회적 성과이다. 다음에서는 각각의 측정기준을 살펴본다.

경제적 성과의 수익 측정기준

경제적 측정기준은 소득, 지출, 세금, 사업 환경 요인, 고용, 그리고 사업의 다양성 요인들과 같은 수익과 소득 흐름을 다룬다.

- 개인적 소득
- 불완전 고용의 비용
- 설립 규모
- 일자리 증가
- 부문별 고용 분배
- 부문별 기업의 비율
- 지역 전체의 생산에 기여하는 부문별 수익

환경적 성과의 수익 측정기준

환경적 측정기준은 천연 자원들과 관련되며 그 생존력에 대한 잠재적 영향을 반영한다. 공기 청정도와 수질, 에너지 소비, 천연 자원, 고체 및 유해 폐기물, 토지 이용이 그 예이다. 환경적 변수들에 대한 광범위한 트렌드는 조직이 프로젝트나 정책이 그 지역에 미치는 영향을 확인하는 데 도움을 준다. 특정 사례들은 다음과 같다.

- 유해 화학 물질의 농도
- 우선순위 오염물질
- 소비 전력
- 화석 연료 소비
- 고체 폐기물 관리
- 유해 폐기물 관리
- 토지 이용/토지 피복의 변화

사회적 성과의 수익 측정기준

사회적 측정기준은 교육, 사회적 자원, 건강과 웰빙, 삶의 질과 같은 커뮤니티 또는 지역의 사회적 차원을 말한다. 사례들은 다음과 같다.

- 실업률
- 중간 가구 소득
- 상대적 빈곤
- 중고등과정 이후의 학위 또는 인증서를 가진 인구 비율
- 평균 통근 시간
- 인당 강력 범죄
- 건강 조정 기대 수명

베네피트 기업: 지속가능한 사업의 증진

미국 전역에 소개되고 있는 새로운 기업 형태인 **베네피트 기업**(benefit corporation)은 7개 주에서 법으로 제정되었으며, 다른 7개 주에서 의안이 올라오고 있다. 베네피트 기업들은 보다 사회적으로 지속가능한 기업을 만들게 하는 몇 가지의 특정한 요소들을 제외하고는 전통적인 기업들과 똑같다.

1. **목적:** 사회 및 환경에 긍정적 영향을 주는 소재를 만드는 것
2. **책임:** 근로자, 공동체, 환경의 이익을 고려할 수 있도록 수탁인의 의무를 갖는 것
3. **투명성:** 신뢰성 있고 투명한 제3자 기준의 전반적인 사회적 및 환경적 성과를 국민들에게 매년 보고하는 것

베네피트 기업과 인증된 **B 코퍼레이션**(B corporations)은 종종 상호 호환하여 사용되는 용어들이다. 하지만 그들은 유사한 특징을 공유하는 동시에 몇 가지의 중요한 차이점도 가지고 있다. 인증된 B 코퍼레이션은 비영리기관인 B Lab으로부터 수여된 자격증이다. 베네피트 기업은 주(州)에 의해 관리되는 승인된 법적 지위를 가지고 있다. 베네피트 기업은 인정받을 필요가 없다. 인증된 B 코퍼레이션은 높은 수준의 전반적인 사회적 및 환경적 성과를 충족시킬 때 인증되며, 그 결과, 베네피트 기업이 접근하지 못하는 B Lab으로부터의 서비스 및 지원의 포트폴리오에 접근한다. 사회적 기업과 관련되는 L3C로 알려진 새로운 법적 형태의 조직에 관해서는 **창업가정신 사례 박스**를 보라. 이러한 새로운 법적 형태의 조직에 대하여 9장에서 좀 더 논의할 것이다.

창업가정신 사례

L3C: 사회적 기업에 대한 새로운 법적 형태

미국에서 새로운 법적 형태의 기업체가 비영리와 영리 투자 사이의 격차를 해소하기 위해 만들어졌다. 저수익의 유한책임회사 또는 L3C로 알려진 새로운 형태는 사회적으로 유익한, 영리 목적의 벤처에 대한 투자를 촉진하는 구조를 제공한다. L3C는 "비영리의 정신으로 이익을 추구하는" 장점이 내세워져 왔다.

L3C는 사회적 편익을 제공하기 위하여 설계된 벤처들에 개인 투자와 기부적 자본을 유인하기 위해 설계된 유한책임회사(limited liability company, LLC)의 새로운 형태이다. 표준의 LLC와 달리, L3C는 명확하고 근본적인 자선을 위한 미션과 단지 이차적인 수익에 대한 관심을 가지고 있다. 그러나 자선단체와는 달리, L3C는 세금을 공제 후, 주주나 투자자들에게 수익을 자유롭게 분배할 수 있다.

L3C의 주요 이점은 프로그램 관련 투자(program-related investment, PRI)로서의 자격이다. 그것은 설립 사명과 일치하는 사회적으로 유익한 목적을 가진 투자라는 것을 의미한다. 재단들은 PRI로서 자격을 갖춘 영리 목적의 벤처에만 직접 투자할 수 있기 때문에, 많은 재단들은 그들이 PRI로서 자격을 갖추고 있는지 또는 벤처가 유효한 PRI라는 것을 입증할 수 있는 개별유권해석(private letter ruling, PLR)을 미국 국세청(Internal Revenue Service, IRS)으로부터 획득하기 위하여 값비싼 시간 및 자원을 사용하는 것은 아닌지에 대한 불확실성으로 인하여 영리 목적의 벤처들에 투자하는 것을 꺼린다. L3C의 운영 협약은 PRI 자격의 각각의 목적을 구체적으로 개관하여 재단들이 지속적인 세금공제가 이루어짐을 확인하는 데 도움을 줄 뿐만 아니라 사회적 목적의 사업들을 확인하는 것을 용이하게 함으로써 이러한 문제를 최소화한다. 그리하여 L3C는 자선 또는 교육 목적을 위하여 다양한 출처로부터 거액의 민간자본을 유치할 수 있다. L3C는 자선 목적과 수익원 둘 다를 가지고 있기에 경제 발전, 의학 연구, 사회봉사 단체, 박물관, 콘서트 공연장소, 주거와 기타 활동을 위한 완벽한 수단이다.

L3C는 Mary Elizabeth & Gordon B. Mannweiler 재단의 CEO인 Robert Lang에 의하여 만들어졌다. 2008년, Vermont는 L3C를 공식적인 합법적 조직으로 인정하는 첫 번째 주(州)가 되었다. 그 후 Georgia, Michigan, Montana, North Carolina와 같은 다른 주(州)에서 법률이 추진되고 있다. 현재는 Vermont만이 L3C를 합법화하는 유일한 주로 남아있지만, Vermont에서 만들어진 L3C는 다른 주나 지역에서도 적용될 수 있어서 50개주 모두에서 합법적이기 때문에 국가적인 적용가능성을 가지고 있다. L3C는 이익보다 사명을 우선시하며 자급자족한다는 것을 세상에 알리는 브랜드이다. 브랜드로서 L3C는 이러한 개념들이 쉽게 이해될 수 있도록 만들며, 그리하여 자주 사용될 것이다.

글로벌 시장

자본주의는 최근 수십 년 동안 전 세계적으로 많은 사회주의적 및 중앙계획 시스템들을 대체한 세계의 지배적 경제시스템이다. 자본주의와 마찬가지로, 창업가정신은 전 세계적으로 그 범위를 확장해 왔으며 지금은 미국뿐만 아니라 세계 여타 국가에서 경제성장의 엔진이 되고 있다. 특히, 우리는 지난 10년 동안 자원, 디자인, 유통을 위해 글로벌 네트워크에 의존하는 새로운 유형의 글로벌 창업가들을 목격해 왔다. 이 트렌드는 글로벌 경제가 새로운 국면을 맞이하도록 만들며 글로벌 경제를 확장시켜 왔다. 어느 면으로 보나, 이 글로벌 경제의 속도와 규모는 지속적으로 가속화될 가능성이 높다. 기회 인식의 명수인 새로운 유형의 글로벌 창업가는 글로벌 시장에서의 성공에 민첩성, 확실성, 창의력, 글로벌한 시각이 필요하다는 것을 인식한다. 이러한 글로벌 창업가들과 사회적 창업가들은 2010년대의 진정한 선봉이다.[29]

다음 절에서는 창업가적 기회에 직접적으로 영향을 미치는 글로벌 시장에서의 새로운 발전에 대하여 논의한다. 또한, 다양한 국제적 참여 방법들을 살펴본다. 마지막으로, 위협과 위험이 존재하는 해외 시장조사에 초점을 맞춘다.

글로벌 창업가

글로벌 창업가들(global entrepreneurs)은 기회에 관심이 많으며 열린 사고를 가지고 있고, 다른 관점들을 볼 수 있으며 다른 관점들을 통일된 초점으로 합칠 수 있다. 그들은 자신의 국적을 포기하지 않으면서 글로벌 경쟁의 큰 그림을 보기 위하여 국가주의적인 차이를 초월한다. 그들은 핵심 언어능력과 함께 다른 사람들에 대한 실용적 지식을 가지고 있다. 그들은 정면으로 언어장벽으로 인한 학습의 어려움을 직면하며, 그러한 무지가 만들 수 있는 장벽을 인식하고 있다. 글로벌 창업가들에게는 다양한 임무를 떠맡고, 다양한 나라에서 경험을 체득하고, 다른 국적 및 문화적 유산을 가진 사람들과 상호작용할 수 있는 기회를 포착하는 등의 많은 역할수행이 요구된다.

글로벌 사고

'**글로벌 사고**(global thinking)'가 중요한데, 오늘날의 소비자들이 제품, 아이디어, 서비스를 많은 나라와 문화로부터 선택할 수 있기 때문이다. 해외 시장으로 확장하는 창업가들은 다른 나라들에 대한 전략을 설계하고 적용하기 위하여 글로벌 사고를 하는 사람이 되어야 한다. 따라서 창업가들이 그들의 사업을 확장할 수 있는 가장 흥미롭고 장래성이 있는 길 중 하나는 글로벌 시장에 참여하는 것이다. 매년 수천 개의 작은 기업들이 국제무대에서 활발하게 활동하고 있다. 이러한 기회가 생기게 된 근본적인 이유 두 가지는 무역장벽의 감소(특히 주요 무역 국가들 간)와 NAFTA와 EU에 의해 초래된 주요 무역 블록의 출현이다. 게다가, 아시아-태평양 지역은 지난 십 년에 걸쳐 창업가적 기회의 온상이 되어왔다.[30]

디아스포라 네트워크

디아스포라 네트워크(diaspora network)는 문화적 및 사회적 규범을 공유하는 인종 집단 간의 관계이다. 디아스포라가 수천 년 동안 세상의 일부분이었듯이, 그들은 새롭지 않으며, 새로운 글로벌 경제는 그들을 소통과 신뢰에 있어서 강력한 수단으로 만들었다. 전 세계에 2억 명이 넘었던 1990년 이래 1세대 이민자들이 40% 증가하였다.

디아스포라는 쉬운 의사소통 기술(인터넷과 Skype)과 소셜 미디어 사이트(Facebook, LinkedIn, Twitter 등)를 통해 글로벌 창업가들에게 이전에 제공되었던 잠재적 연결보다 더 강력하게 서로를 연결하고 있다.

대부분의 신흥시장에서, 계약을 실행하기에 법은 불확실하며 법정은 신뢰받을 수 없다는 점을 기억하라. 그리하여 낯선 사람과의 사업 운영이 어렵고 당신이 신뢰하며 다룰 수 있는 사람과의 사업 운영이 바람직하다. 디아스포라 네트워크를 통한 개인적 연결은 이것을 실현 가능하게 만든다. 이러한 동족관계의 네트워크와 언어는 창업가들이 국경을 넘어 사업하는 것을 쉽게 만든다.

디아스포라 네트워크는 글로벌 창업가에게 있어서 세 가지의 강력한 이점을 갖는다. 첫째, 그들은 국경을 넘어 정보의 흐름을 빠르게 한다. 둘째, 신뢰의 유대를 만든다. 셋째, 창업가들이 국가 내에서 민족성을 넘어 협력하는 것을 돕는 관계를 만든다.

이러한 새로운 타입의 '최강의 연결'은 글로벌 창업가들이 그들의 민족 기원의 커뮤니티들과 즉각적이며 친밀하게 협력할 수 있게 한다.[31]

글로벌 조직과 협정

오늘날 전 세계 도처에, 글로벌 시장의 확장을 촉진하는 상당한 발전들이 일어났다. 조직, 통합, 그리고 무역협정들은 글로벌 비즈니스를 향상시키기 위해 발전시켜온 몇 가지의 수단들이다. 이 절에서는 가장 중요한 국제적 발전을 살펴본다.

세계무역기구

세계무역기구(World Trade Organization, WTO)는 1995년 1월 1일에 발족되었다. WTO는 국제 무역 시스템을 관리하는 상부 기구이다. 이 기구의 직무는 국제 무역협정을 감독하는 것이나, 일반적인 생각과 달리, WTO는 관세 및 무역에 관한 일반협정(General Agreement on Tariffs and Trade, GATT)을 대신하지 않는다. 개정된 GATT는 세계의 무역 시스템, 더 적게는, 세계 투자 시스템의 법적인 대들보 가운데 하나로 남아 있다.[32]

스위스 제네바에 위치한 WTO는 600명이 넘는 직원을 고용하고 있으며, 전문가들(변호사, 경제학자, 통계학자, 의사소통 전문가)이 매일 WTO 멤버들을 지원함으로써 협상이 부드럽게 진행되고 국제 무역의 규칙들이 제대로 적용되고 시행되는지를 보장한다. WTO의 예산은 2억 5백만 달러를 넘으며, 그 기능들은 WTO 무역협정의 관리, 무역협상인 무역 분쟁의 처리, 국가 무역정책의 감시, 그리고 개도국에 대한 기술적 지원 및 교육훈련을 포함한다.

WTO 가입 국가는 1995년 기구를 설립한 76개국에서 전 세계 인구의 97% 이상을 대표하는 157개국으로 증가하였으며, 26개국 대부분이 가입을 고려하고 있다. 그리하여 WTO는 실질적으로 모든 선진국들을 포함한다. 이러한 국가들은 전체적으로 90% 이상의 세계무역과 실질적으로 세계 투자의 전부를 차지한다.[33]

북미자유무역협정

북미자유무역협정(North American Free Trade Agreement, NAFTA)은 캐나다, 멕시코, 미국 간의 국제 협정으로 세 나라 사이의 무역 장벽을 없앴다.[34] 이 NAFTA는 세계의 가장 큰 자유무역지역을 만들었으며, 이는 4억 4,400만 명의 사람들을 연결하고 매년 17조 달러의 상품 및 서비스를 생산한다.

NAFTA는 관세를 제거하고 사업투자자들의 국제권리협약을 만들어냄으로써 미국의 GDP를 연간 0.5% 상승시킨 것으로 추정된다. 이것은 무역비용을 줄이고, 이는 특히 창업가적 사업에 대한 투자와 성장을 자극하였다. 관세철폐는 또한 수입 비용을 감소시킴으로써 인플레이션을 낮춘다.

그리하여 북미지역에서 창업가들을 위한 새로운 기회가 발생하였다. 이 협정의 중요성은 이 세 파트너 국가들 간의 수입과 수출에 대해 조사할 때 명확하게 보일 수 있다. 표 4.2는 미국에 있어서 캐나다와 멕시코 무역의 중요성을 보여 주는데, 이 두 나라는 미국의 상위 2개 수출국(4천억 달러 이상을 차지함)과 상위 3개 수입국(5천억 달러 이상을 차지함) 안에 들고 있다. NAFTA가 맺어지고, 무역장벽이 줄어들면서 이 세 협력국 간의 무역량은 지속적으로 증가하고 있다. 아마도 더욱 중요한 것은, 무역 장벽의 제거로 창출된 경쟁이 창업가적 기업들의 품질과 전반적인 경쟁력을 한층 강화시키고 있다는 것이다. 결국, 이것은 아시아, 남아메리카, 유럽, 그리고 다른 국제 시장에서 사업을 할 때 기업들을 더 경쟁적일 수 있게 만들었다.

창업가들에게 특히 중요한 것은 시장이 수입과 수출 둘 다에서 증가하고 있다는 사실이다. 가장 효율적인 회사는 그들의 경쟁자들보다 더 높은 품질과 더 낮은 가격을 제공할 수 있는 그들 자신을 발견하게 되며, 관세 또는 쿼터제 역시 그들의 상품을 막지 못할 것이다. 동시에, 모든 3개국에 있는 창업가들은 로컬 콘텐츠 법(local content law) 때문에 그들 자신이 해외 경쟁으로부터 보호받고 있음을 깨닫게 될 것이다. 예를 들어, NAFTA는 미국의 서비스 분야에서 무역 흑자를 가져왔다.

미국 GDP의 40% 이상이 재무서비스와 건강관리와 같은 서비스 산업이다. 이들은 쉽게 이전되지 않기 때문에 인근 국가들로의 수출이 가능하도록 하는 것이 중요하다. NAFTA는 캐나다와 멕시코로의 미국 서비스 수출을 1993년 250억 달러에서 2012년 1,068억 달러로 늘렸다. NAFTA는 대개 크게 규제되고 있는 거의 모든 서비스 부문에서 무역장벽을 제거하였다. NAFTA는 정부들에 모든 규정들을 공표하도록 요구하고 있으며, 사업

표 4.2 미국과 무역을 하는 상위 10대 국가

가장 큰 미국 교역국, 총 무역량(수입과 수출의 합계), 수십 억 미국 달러, 2011년 기준

나라	수입	수출	총 무역량
1. 캐나다	248.8	276.5	525.3
2. 중국	91.9	364.9	456.8
3. 멕시코	163.3	229.7	393.0
4. 일본	60.5	120.3	180.9
5. 독일	48.2	82.7	130.9
6. 영국	48.5	49.8	98.3
7. 한국	38.8	48.9	87.7
8. 프랑스	27.0	38.6	65.6
9. 태국	26.0	35.9	61.9
10. 브라질	35.4	29.3	59.3

출처: U.S. Census Bureau, Washington DC, 2011.

을 실행함에 있어 보이지 않는 비용을 낮추고 있다.

이밖에도, NAFTA는 특허, 저작권, 산업디자인 권리, 무역 비밀 권리, 및 다른 형태의 지적 재산권에 대한 강력한 보호를 제공한다. 많은 창업가들은 이 시장 블록에서의 성공이 EU를 포함한 여느 지역에서 사업을 할 수 있도록 준비시킨다는 것을 알 수 있다.

유럽연합

유럽연합(European Union, EU)은 1957년 유럽의 경제 공동체로 설립되었으며 1992년 완전한 경제 연합이 되었다. EU는 유럽에 주로 위치하는 27개 회원국의 경제적 및 정치적 연합이다. EU의 목표는 (1) 모든 회원국가들 간의 관세 의무의 제거, (2) 모든 회원국들 간의 상품 및 서비스의 자유로운 흐름, (3) EU 밖의 모든 국가들에 대한 공동무역정책의 수립, (4) 이 블록 안에서의 자본과 인력의 자유로운 이동, (5) 블록 전반에 걸친 경제적 개발의 격려, (6) 모든 회원국 간의 통화 및 재정적 조정에 있다.[35]

EU는 해외직접투자뿐만 아니라 미국 상품과 서비스에 대한 주요 시장들 가운데 하나로 남아있다. 북미 무역 블록과 같이, 많은 창업가들의 목표는 이 시장에 대한 진출을 허락받음으로써 내부자들에게 발생한 수익이 실현될 수 있도록 하는 것이다. 총인구가 5억 명이 넘으며 세계 인구의 7.3%를 가진 EU는 2011년 16조 2,420억 미국 달러의 명목 국민총생산을 창출하였으며, 이는 구매력평가 관점에서 측정해 볼 때 국제 GDP의 약 20%의

추정치를 보여 준다. 다른 잠재적 전략은 EU 파트너들이 그들의 세계적인 서비스 구역을 확장하도록 도와줌으로써 미국시장에서 EU 파트너들과 일하는 것이다. 이러한 이유는 글로벌 무역의 관점에서 가장 잘 설명된다. 연구는 엄청난 양의 국제 무역이 미국, EU 국가들, 그리고 아시아-태평양 지역이라는 세 그룹들에 의하여 실시된다고 밝히고 있다.[36] 이것은 창업가들이 지금 EU와 EU 기반의 기업들에서 떠오르는 기회들을 왜 찾고 있는지를 설명하는 데 도움을 준다.

해외 벤처

글로벌 기회가 확장되면서, 창업가들은 국제화하는 것에 대하여 보다 개방적이 되고 있다. 지난 몇 년 동안, 미국 창업가들은 '국제화'가 너무 크고, 너무 위험하며, 너무 불확실한 단계였기 때문에 국제화를 생각하며 몸서리쳤다. 하지만 1983년부터 1990년까지의 해외 투자는 세계 생산량보다 4배 빠르고 세계 무역보다 3배 빠르게 성장하였다. 창업가들은 중국, 인도, 아시아-태평양 국가들, 남미, 아프리카, 동유럽을 포함하여 가장 중요한 타깃을 가진 글로벌 시장에 열정적으로 돌진하고 있다.

점진적인 국제화

창업가들의 동기가 순수한 경제적 이익이거나 지식과 자원의 공유이든지, 그들은 합리적인 방식으로 행동하는 경향이 있다. 그들은 가장 풍부한 곳에 있는 원자재와 자본을 획득하며, 임금과 기타 비용이 가장 낮은 곳에서 제품을 생산하며, 그리고 가장 수익성이 클 수 있는 시장에서 판매한다. 만일 모두가 그들에게 주어진 과업들을 수행한다면, 비교우위의 경제적 법칙은 모두에게 이익을 줄 것이다.[37]

국가들은 그들이 보유한 자원의 양과 비율이 다양하며, 이는 국가들의 경쟁우위에 대한 기초를 형성한다. **자원이 풍부한 국가들**(resource-rich countries, 채굴자산을 가진 국가들)은 OPEC 국가들과 아프리카의 많은 지역들을 포함하며, 노동력이 풍부하며 빠르게 발전하고 있는 국가들은 브라질, 인도, 필리핀, 그리고 남미와 중앙 아메리카에 있는 상위 국가들을 포함한다. 유럽, 브라질, 멕시코, 인도, 중국, 그리고 미국과 같이, **시장이 풍부한 국가들**(marker-rich countries)은 구매력을 가지고 있다. 각각의 국가는 다른 국가들이 필요로 하는 것을 가지고 있으며, 그리하여 상호의존적인 국제 무역시스템의 기초를 형성하고 있다.

국제화는 기업 및 기업 환경의 변화하는 조건들에 대한 점진적인 적응의 순차 과정의 결과물이라고 볼 수 있다. 이 과정은 위험과 몰입이 증가하고 창업가들이 경험을 통해 더 많은 지식을 획득함에 따라 단계적으로 진행된다. 국제화의 위험 및 보상에 대한 창업가의 인상(impression)은 달성될 수 있는 잠재적 이익에 대한 실행 가능성 연구들에 의하여 결정될 수 있다.

위에서 언급된 바와 같이, 국제 무역의 주된 이점은 시장 확대를 통해 강화된 성장 전망이다. 다른 이점들은 유휴 능력을 활용하며, 순환적 또는 계절적 슬럼프를 최소화하며, 다른 국가들에서 사용되는 제조기술과 친숙해지며, 국내에서 판매되지 않는 제품들에 대해 배우며, 다른 문화들에 대해 배우며, 다른 국가들에서 성장 자본을 보다 쉽게 획득하며, 그리고 사업과 즐거움을 위해 여행의 기회를 갖는 것을 포함한다.[38]

처음부터 국제화

몇몇 창업가적 사업들은 즉시 국제화된다. 그들은 '태생적 글로벌'이다. 시작부터 다국적인, 이러한 기업들은 사업이 국제무대에 점차적으로 진입해야 하며 글로벌화는 사업이 더 오래되고 더 효율적일 때만 가능하다는 전통적인 기대를 깨뜨린다. 연구원 Ben Oviatt와 Patricia P. McDougall에 의하면, 성공적인 글로벌 창업들의 일곱 가지의 특징들은 (1) 초기부터의 글로벌 비전, (2) 국제적으로 경험이 풍부한 경영진, (3) 강력한 국제 비즈니스 네트워크, (4) 선제적인 기술 또는 마케팅, (5) 독특한 무형자산, (6) 연계된 제품 또는 서비스, (7) 탄탄한 전 세계적인 조직적 제휴이다.[39]

국제화의 방법

창업가는 수입, 수출, 국제적 제휴 및 합작투자, 해외직접투자, 그리고 라이선싱과 같은 수많은 방식으로 국제시장에서 활발하게 활동할 수 있다.[40] 이러한 각각의 방법들은 위험 수준을 증가시키는 것과 관련된다.

수입

수입(importing)은 국내 소비를 위하여 해외에서 생산된 제품들의 구매와 선적이다. 매년 미국이 수입하는 양은 증가하고 있다. 창업가들은 어떻게 수입 기회를 인식하는가? 한 가지 방법은 기업들이 그들의 제품과 서비스를 전시하기 위해서 모인 상품 전시회 및 박람회에 참석하는 것이다. 이러한 상품 전시회들 가운데 몇몇은 국제적 특색이 있어 다른 나라들에서 온 기업들이 그들의 제품과 서비스를 전시한다. 기본적으로, 상품 전시회는 유망 고객에게 윈도우 쇼핑을 할 수 있는 기회를 준다. 다른 방법은 무역 출판물을 감시하는 것이다. 종종, 기업들은 잠재고객들에게 그들 자신을 알리기 위하여 무역 출판물에 광고를 할 것이다.

수출

창업가적 기업이 구매자보다는 판매자로서 국제무대에 활발하게 참가하기로 결정할 때 수출업자가 된다. **수출**(exporting)은 국내에서 생산한 제품을 소비를 목적으로 해외지역으로 선적하는 것이다. 수출은 대개 시장 잠재력의 증가를 의미하기 때문에 창업가들에게 중요하다. 기업이 그 시장을 미국으로만 한정하는 대신, 지금의 기업은 보다 폭넓은 판매 영역을 가지고 있다. **학습곡선 개념**(learning curve concept)에 의하면, 증가된 판매는 비용곡선을 따라 훨씬 큰 효율성을 이끌어 내며, 이는 차례로 수익의 증가를 가져올 것이다. (학습곡선은 본질적으로 더 많은 생산단위들이 생산될수록, 단위들의 생산에 있어서 더 효율적이 되며, 그로 인해 단위당 비용이 낮아지게 된다고 말한다. 그리하여 더 낮아진 단위 비용은 기업이 시장에서 더 효과적으로 경쟁하는 것을 가능하게 한다.) 하지만 수출은 일반적으로 수익을 내기까지 3~5년이 걸릴 것이라는 점은 짚고 넘어가야 한다. 기업이 더 많은 단위들을 효율적으로 생산한다고 할지라도, 국제 비즈니스의 복잡함과 효율성을 학습하는 데 시간이 걸릴 것이다. 수출은 창업가적 기업들에 있어서 벤처 성장 및 수익의 증가를 위한 방법으로서 성장하고 있다.

국제적 제휴와 합작투자

국제무대에 있는 창업가들에게 가용한 다른 대안은 **국제적 제휴**(international alliances)이다. 이러한 전략적 제휴의 세 가지의 주요 유형은 비공식적 국제적 협력제휴, 공식적 국제적 협력제휴, 국제합작투자이다(표 4.3은 이러한 제휴에 대한 요약을 제공한다).

일반적으로, 비공식적 제휴는 2개 이상의 국가들로부터의 기업들 사이의 협정이며, 그들은 법적인 구속력이 있는 것은 아니다. 계약이 법적인 보호를 제공하지 않기 때문에, 대부분의 창업가들은 그들의 개입에 제한을 두거나 전적으로 개입을 피한다. 공식적인 제휴는 대개 각각의 회사가 기여해야 하는 것이 무엇인지에 관한 세부사항을 가진 공식적인 계약을 요구한다. 그러고 나서 협정은 소유한 정보를 가진 각 기업에 의한 훨씬 큰 몰입을 수반한다. 이러한 형태들은 내부 연구 및 개발에 따른 고비용으로 인하여 첨단기술 산업에서 한층 인기를 얻고 있다.

합작투자(joint venture)는 보다 전통적인 자립형의 법인체이다. 합작투자는 2개 이상의 기업들이 관계형성을 통한 이익을 분석하며, 그들의 자원을 모으고, 생산적인 경제활동을

표 4.3 국제적 제휴의 형태

제휴 유형	관여 정도	해산의 용이성	법인
비공식적 국제적 협력제휴	범위와 시간의 제한	양사 모두에 쉽고 편리함	없음
공식적 국제적 협력제휴	더 깊은 관여; 소유 지식의 교환	법적 의무와 몰입으로 해산이 더 어려움	없음
내부의 합작투자	깊은 관여, 재무정보, 소유지식 및 자원의 교환이 요구됨	양쪽 회사의 상당한 투자와 법인체의 존재로 인해 해산이 가장 어려움	분리된 회사

출처: Adapted from John B. Cullen and K. Praveen Parboteeah, *Multinational Management: A Strategic Approach*, 5th ed. (Mason, OH: Cengage/South-Western, 2011), p. 352.

맡을 수 있는 새로운 독립체를 만들 때 생긴다. 그리하여 합작투자는 자산, 이익, 위험, 그리고 벤처 소유권을 1개 이상의 기업과 공유하는 것을 의미한다.[41] 합작투자는 여러 가지의 다른 형태들 가운데 하나를 선택할 수 있다. 예를 들면, 몇몇 국가들에 있어서 기업이 주(州) 또는 주(州)가 소유한 기업과 합작투자를 형성하는 것은 드문 현상이 아니다.

합작투자의 이점 기업은 여러 가지 이유로 합작투자의 참여를 결정할 수 있다.[42] 하나는 기업이 시설이 위치한 현지 조건들과 정부에 대해 상세한 지식을 얻을 수 있기 때문이다. 다른 하나는 각 참여자가 투자와 관련된 다른 기업들의 자원을 활용할 수 있다는 점이다. 이는 참여 기업들에게 그들이 소유할 수 있는 약점을 보완할 수 있는 기회를 허용한다. 마지막으로, 초기 자본 지출과 총체적인 위험은 기업이 단독으로 사업을 시작할 때보다 더 낮아진다.

합작투자의 추가적인 이점은 국내 기업과 해외 기업의 전략적 적합성과 관련이 있다. 한 연구는 합작투자에 있어서 국내 기업들과 제3세계 기업들의 전략적 적합성을 조사하였다. 기업수준의 이점, 운영수준의 이점, 그리고 환경적 이점의 차원들 모두가 합작투자에 있는 파트너들의 전략적 적합성과 비교되었다.[43]

합작투자의 약점 합작투자와 관련된 약점들 가운데 하나는 분열된 통제의 문제이다.[44] 예를 들면, 신중하게 계획된 물류 흐름이 기업들 중 하나가 새로운 장비의 획득을 저지하기로 결정할 때 방해받을 수 있다. 이러한 유형의 문제는 다음과 같은 수많은 방식으로 회피되거나 줄일 수 있다. (1) 한 당사자가 50% 이상의 투표권을 통제할 수 있다. 이는 일반적으로 공식적인 통제권을 부여할 것이다. 하지만 소수의 반대의견조차도 상당한 영향을 미칠 수 있다. 만약에 의견의 차이가 다른 국적을 반영한다면 이것은 특히 사실일 수 있다. (2) 당사자들 가운데 한 당사자만이 투자의 실질적인 경영의 책임을 진다. 이는 아마도 기업인수 조항에 의해 보완될 것이다. 소유주들 간의 불일치의 경우에 있어서, 한 당사자는 다른 당사자의 자본을 매입할 수 있다. (3) 당사자들 가운데 하나는 투표와 소유권에도 불구하고, 투자 결정에 대해 상당한 통제를 함으로써 투입이나 산출을 통제할 수 있다.

합작투자는 국제 시장에서 성장을 위한 강력한 도구가 될 수 있다. 만약 이것이 적절히 사용된다면, 참여한 파트너들의 강점을 효과적으로 조합하여 합작투자의 경쟁적 위치를 향상시킬 것이다.[45]

해외직접투자

해외직접투자(direct foreign investment)는 국내에서 통제하는 해외 생산설비이다. 이는 기업이 사업체의 대부분을 소유하고 있다는 것을 의미하지 않는다. 몇 가지 경우에는, 50% 이하의 소유권도 주식 소유권이 넓게 분산되기 때문에 효과적인 통제를 구성할 수 있다.

한편으로, 창업가는 100%의 주식을 소유하나 회사를 관리하지 못할 수 있다. 몇몇의 사례에 있어서, 정부는 기업에게 누구를 고용하며, 기업이 어떤 가격구조를 이용해야 하며, 그리고 수익이 어떻게 배분되어야 하는지에 대하여 지시할 수 있다. 이는 정확히 누가 조직을 관리하는지에 대한 우려를 불러일으킨다. 직접투자에 대한 확인이 어렵기 때문에, 정부기관은 그 용어의 임의적인 정의를 설정해야 한다. 해외직접투자는 전형적으로 해외기업에 있어서 10~25%의 의결권 주식에 대한 소유권을 필요로 한다.[46]

기업은 여러 가지 방법으로 해외직접투자를 할 수 있다. 하나는 운영 중인 해외 조직의 지분을 획득하는 것이다. 이것이 초기에는 기업에 있어서 적은 지분일 수 있으나 사업체의 경영에 영향을 미치는데 충분하다. 두 번째 방법은 해외 기업의 많은 지분을 획득하는 것이다. 이러한 경우에 있어서, 이 회사는 인수 기업의 자회사가 된다. 셋째, 인수 기업이 직접투자를 수립하기 위하여 해외 사업체의 자산의 일부를 단순히 구매할 수 있다.

직접투자는 시장에서 그들의 판매와 경쟁적 위치를 향상시키기 위하여 노력하는 창업가적 기업에 있어서 흥미로운 투자가 될 수 있다. 하지만 기업이 해외에 직접투자를 하는 것은 때때로 현실적이지 않다. 만약 기업이 독특하거나 제조 판매의 독점권을 가진 제품 또는 제조공정을 갖고 있다면, 기업은 라이선싱의 개념을 고려하기를 원할 것이다.

라이선싱

라이선싱(licensing)은 지정된 로열티 또는 다른 지불금에 대한 대가로 제품의 생산자(또는 특정한 기술이나 상표에 대한 소유권을 가진 기업)가 몇몇의 다른 집단이나 개인에게 그 제품을 생산할 수 있도록 허가해 주는 사업협정이다. 해외 라이선싱은 무수한 계약적 협정을 망라하며, 기업(licenser, 라이선스 사업자)은 이 협정에서 특허, 상표, 전문제조기술, 또는 기술적 서비스를 해외 기업(licensee, 라이선스 사용자)에 제공한다. 그러한 협정 하에서, 창업가는 국제 시장에 참가하기 위해 막대한 자본지출을 할 필요가 없다. 또한, 라이선스 사업자는 일일 생산, 마케팅, 기술적, 또는 경영요건들에 대해 관심을 가질 필요가 없다. 즉 라이선스 사용자가 이 모든 것을 다 관리할 것이다. 해외 기업은 단지 전문적 지식을 위해 국내 기업을 기다리며, 아마도 라이선서가 소유한 제품을 판매할 수 있는 추가적인 기회를 기다린다.

국제 라이선싱 프로그램을 발전시키기 위해서는, 세 가지의 기본 유형의 프로그램이 가용하다.

1. **특허.** 만약 창업가가 특허(patents) 접근법을 사용하기로 결정한다면, 유효한 미국특허로 시작하여야 한다. 창업가는 그런 다음에 일 년 이내에 비즈니스가 거래되는 국가들에서 특허를 신청하여야 한다. 비록 이 단계가 고비용이 들 수 있지만, 이러한 행동은 창업가에게 더욱 강력한 협상 위치를 줄 것이기 때문에 중요하다. 2011년 미국 발명법의 통과와 함께, 미국은 특허 시스템을 '발명 우선주의'에서 '신청 우선주의'의

국제적 시스템으로 조정하였다. 그것은 국제 시장과 양립할 수 있는 '특허 조화(patent harmonization)'로서 언급되고 있다. 새로운 시스템은 잠정적 특허를 위한 저렴한 시스템과 같이 소규모 발명가들을 위한 보호수단을 포함한다. 그 목적은 특허 과정을 더욱 효율적으로 만들고 투자자들에게 있어 보다 나은 해외에서의 특허보호를 제공하는 것이다.[47] 현재는, 한 건의 특허신청은 모든 변호사비용을 포함하여 수만 달러가 들 수 있다. 창업가는 경쟁자들로부터 보호하기 위하여 다수의 신청서를 제출하여야 한다. 특히 글로벌 경제에 있어서. 경험에 의하면, 국제적으로 효과적인 특허 보호를 받기 위해서는 대략 10만 달러의 비용이 들 수 있다. 창업가들의 발명을 보호하기 위한 '말뚝 울타리'를 치기 위해 10건의 특허를 신청하는 비용은 백만 달러가 소요될 수 있다. 자기 방어는 국제적 특허보호 비용을 증가시켜왔다.[48]

2. **상표.** 직접적인 해석의 어려움 때문에, 창업가가 동일한 제품에 대한 1개 이상의 상표(trademark) 면허를 갖는 것이 바람직하다. 하지만 창업가가 명심할 것은 만일 제품이 국제시장에서 충분히 인식되지 못한다면, 협상 단계에서 제품의 주요 이점을 사용할 수 없을 것이라는 점이다. 때때로, 라이선스 사용자는 특허권을 원하나 그들 자신의 상표 사용을 더 선호할 것이다. 이것은 외국기업이 건실할수록 특히 그렇다.
3. **기술적인 노하우.** 이 종류의 라이선싱은 대개 비밀계약의 보안 문제 때문에 시행하기에 가장 어렵다. (라이선스 사업자는 라이선스 사용자의 기업 비밀의 합법적 누출을 막기 위하여 합의서에 서명하여야 한다.) 몇몇 지역의 정부들은 기술적인 노하우 라이선싱의 사용을 통제하는 강력한 규제들을 가지고 있다. 대개는, 라이선스 사용자가 로열티 지불 없이 이 노하우를 자유롭게 사용하기까지 기술적 역량을 5년 동안만 지킬 수 있다. 하지만 이는 특정한 법규에 따라 달라지기에 국가별로 다를 수 있다는 점을 명심하라. 이는 복잡한 과정이기 때문에, 창업가는 기업 서비스에 대해 진행 중인 국제적 요구를 보장할 수 있는 그들의 기술적 역량을 지속적으로 개발해야 한다.[49]

대기업들과의 경쟁을 위하여, 창업가적 사업은 새롭고 혁신적인 기술 도입의 최첨단의 위치에 있어야 한다. 더욱이, 몇몇 창업가적 기업들은 수출, 합작투자, 또는 직접투자에 의해 국제시장에 참여하는데 가용한 재원을 가지고 있지 않을 수 있다. 이러한 많은 기업들에 있어서 국제 라이선싱은 사업확장을 위한 실행 가능한 흥미로운 방법이다.[50]

해외 시장조사

해외시장에 진입하기 전, 잠재고객의 독특한 문화에 대하여 연구하는 것이 중요하다. 제품 사용법에 대한 다른 개념, 인구통계학적 특성, 사이코그래픽스(psychographics), 그리고 법적 및 정치적 규범들은 대개 미국의 그것들과 상이하다. 그러므로 이러한 중요한 변수들을 확인하기 위하여 시장조사를 수행하는 것이 필요하다.

- **정부 규제**(Government regulations): 제품에 영향을 미칠 수 있는 수입 규제나 특허, 저작권, 또는 상표법을 따라야 하는가?
- **정치적 풍토**(Political climate): 현지 국가에 있어서 정부와 사업 간의 관계 또는 정치적 사건들 및 국민들의 태도가 외국인의 기업거래, 특히 미국과의 거래에 영향을 미치는가?
- **인프라**(Infrastructure): 수출품에 대한 포장 · 운송 · 유통 시스템이 항공, 육로, 또는 해상과 같은 현지 교통 체계에 의해 어떻게 영향을 받을 것인가?
- **유통 채널**(Distribution channels): 도매와 소매 수준 둘 다에 있어서 일반적으로 허용되는 거래 조건들은 무엇인가? 일반적인 수수료와 서비스 에이전트의 비용은 얼마인가? 유통 계약과 관련된 법은 무엇인가?
- **경쟁**(Competition): 얼마나 많은 경쟁자들을 가지고 있으며 그들은 어느 나라에 위치해 있는가? 나라별 기준으로, 경쟁자들 각각은 얼마나 많은 시장점유율을 가지고 있으며, 얼마의 가격을 부과하는가? 그들은 제품을 어떻게 판촉하고 있는가? 그들은 어떤 유통채널을 사용하는가?
- **시장규모**(Market size): 제품시장은 얼마나 큰가? 그것은 안정적인가? 나라별로 그 규모는 어떠한가? 어느 나라의 시장이 개방되고, 확장하고, 성숙되고, 또는 쇠퇴하고 있는가?
- **현지의 관습 및 문화**(Local customs and culture): 당신의 제품은 문화적 금기를 위반하는가? 창업가적 비즈니스가 어떻게 국제 문화를 배우며 그리하여 무엇이 용인되고 그렇지 않는지를 알 수 있는가? 수많은 접근법들이 사용될 수 있다. 가장 도움이 되는 것 중 하나는 국제 비즈니스여행이다. 이는 개인에게 문화적인 주의사항에 대해 직접적인 정보를 제공한다. 다른 유용한 방법들은 교육훈련 프로그램, 공식적인 교육 프로그램, 그리고 최근의 문헌 읽기를 포함한다.[51]

국제적 위협과 위험

해외시장은 반드시 조심스럽게 감시되어야 하는 위험성을 가지고 있다. 예를 들면, 외국에서의 문제해결에 있어 경험의 부족과 결합된 무지와 불확실성은 큰 이슈를 불러일으킨다. 문제 해결에 도움을 줄 수 있는 자원에 대한 정보부족은 생소함의 원인이 된다. 현지국(host country)에 의해 부과된 제재는 종종 위험의 원인이 된다. 많은 현지국들은 그들의 수출 성장을 원하며 그들 국민들을 위한 교육훈련 및 개발을 요구한다. 그 국가들은 또한 자국민들이 경영과 기술 분야에서의 특정한 자리를 차지하길 요구할 수 있다. 대부분의 국가들은 채취 산업보다는 기술기반의 산업을 추구한다. 다른 경우들에 있어서, 현지국은 그들이 수익을 통제하고 창업가들이 그 나라에서 가져갈 수 있도록 허용되는 이윤과 보수의 크기를 제한해야 한다는 것을 요구하기도 한다.

정치적 위험(political risks)은 불안정한 정부, 영토분쟁에 의한 분열 상태, 전쟁, 지역주의, 불법 점령, 정치적인 이념적 차이를 포함한다. 감시되어야 하는 경제적 위험은 세법의 변화, 비용의 빠른 증가, 파업, 원자재의 급상승, GNP의 주기적/극적 변화를 포함한다. 사회적 위험은 계층 간의 적대감, 종교적 갈등, 불평등한 소득분배, 노조의 호전성, 내전, 폭동을 포함한다. 재무적 위험은 변동환율, 이익 및 자본의 본국 송금, 계절적인 현금유동성을 포함한다.[52]

외국 정부의 수입 규제는 기업의 성공적인 수출 능력에 영향을 줄 수 있다. 이러한 규제들은 시장을 통제하고, 과도한 해외 경쟁으로부터 자국 산업을 보호하고, 건강 및 환경적 피해를 제한하고, 또는 그들이 과도하다고 생각하거나 부적절한 문화적 영향을 제한하기 위한 외국 정부의 시도를 나타낸다.

대부분의 국가들은 수출되는 제품들에 대한 잠재적 장벽인 수입 규제를 가지고 있다. 수출업체들은 수입관세를 인식해야 하며 제품가격 책정 시 수입관세에 대한 고려가 필요하다. 대부분의 국가들은 수입품에 대한 그들의 관세를 줄이고 있지만, 비관세 장벽과 같이 글로벌 무역에 있어서의 심각한 규제들이 여전히 존재한다. 비관세 장벽은 제품수출을 어렵게 하고 가끔은 비용을 추가시킬 수 있는 금지규정, 제재, 조건, 또는 특정 요건들을 포함한다.

많은 창업가들은 국제 무역이 너무 복잡하고 번거로운 행정 규제가 가득차 있다고 믿기 때문에 국제 무역을 회피해 왔다. 그들은 또한 국제 무역이 소규모 기업보다는 더 많은 자원을 보유한 대기업에게만 수익성이 있다고 믿는다. 국제 무역에 대해 인식된 다른 결점들에는 해외 시장에의 지나친 의존, 현지 기업에게 문제를 일으킬 수 있는 외국정부의 불안정성, 다른 나라들과의 거래 시 너무 많은 비용을 초래하게 만드는 관세 및 수입 관세, 타 국민들이 받아들이기 전에 상당한 변경이 필요한 미국에서 생산된 제품들, 그리고 미국인들을 어렵게 만드는 외국 문화, 관세, 언어를 포함한다.[53]

국제 무역을 추구함에 있어, 창업가들은 몰수, 징발, 교화, 그리고 기타 정부의 간섭이라는 위험에 직면한다. 창업가들은 일부 정치적 및 경제적 위험을 보호하기 위한 보험에 가입할 수 있다. 미국의 해외민간투자공사(Overseas Private Investment Corporation, OPIC)는 환율교환불능보험, 징발보험, 정치적 환경보험의 세 가지 유형의 위험을 대처할 수 있다.

주요 질문과 자원

국제 시장조사는 해외시장에서의 창업가적 사업의 성공에 매우 중요하다. 창업가적 사업주들은 다음의 세 가지 질문에 답하는 데 필요한 정보를 얻기 위하여 많은 출처를 활용할 수 있다.

1. 왜 기업은 국제화에 관심을 가지는가? 이 질문의 답은 기업이 국제화 목표를 설정하고 시장조사 노력을 쏟는 데 도움을 줄 것이다. 예를 들면, 만일 창업가적 사업주가 해외시장의 개척을 원한다면, 기업은 미래의 시장잠재성이 높을 수 있는 지역을 정확

창업가적 과정

칠레의 창업가 장려정책

'스타트업 칠레'는 칠레 정부에 의해 개발되고, Innova-Chile를 통해 Corfo에 의해 실행되며, 초기 단계의 높은 잠재력을 지닌 창업가들이 칠레에서 그들의 창업을 자기 힘으로 할 수 있도록 유인하고자 추구하는 프로그램으로 해외로 진출하기 위한 플랫폼으로써 활용될 수 있다. 이 가속장치 프로그램의 궁극적 목적은 칠레를 중남미의 확고한 혁신 및 창업가적 허브로 전환하는 것이다. 즉, 이는 칠레 정부에 의해 공유된 사명이며 경제부의 주된 임무이다.

정부는 칠레에서 가장 강력한 사회적 및 자본적 네트워크에 대한 접근과 함께 4만 달러의 지분 없는 초기 투입 자본 그리고 6개월 동안 프로젝트를 개발할 수 있도록 한시적인 1년 비자를 자격을 갖춘 창업가들에게 제공한다. 그와 같이 가벼운 요건과 함께, 칠레는 그들이 가진 비즈니스 환경에 매우 자신이 있는 것처럼 보인다. 그러면 안 될 게 뭐가 있겠는가? 다음의 몇 가지 사실을 보라.

1월의 평균 기온: 29도
7월의 평균 기온: 14도
칠레의 인구: 1,700만
Florida Miami에서 칠레 Santiago까지의 비행 시간: 8시간
미 실행된 벤처자금 규모: 2억 달러
정부 상응 자금: 3대 1의 비율

칠레 경제부와 함께 스타트업 칠레 프로그램을 설립한 Nicolas Shea는 이러한 기업들에 대한 장기적인 보유가 실질적으로 가장 중요한 문제는 아니라고 주장한다. 프로그램에 있는 4천만 달러와 300개의 목표 기업과 함께 칠레가 이러한 사업들에 주는 기회들은 그들이 과거에 사업하였던 곳을 넘어 성장할 수 있도록 국가의 글로벌 네트워크에 주된 역할을 할 것이라고 주장한다.

2010년, 이 프로그램은 14개 국가로부터 22개의 스타트업을 칠레로 가져왔다. 이렇게 선택된 창업가들은 실리콘 밸리의 전문가와 글로벌 마인드 및 세계적 잠재성에 열렬하게 중점을 두는 칠레 혁신위원회에 의해 실행되는 허가절차에 의해 승인되었다.

목표는 2014년 말까지 1,000명의 자수성가한 사람들을 이 프로그램에 참여시킨다는 최종 희망과 함께 칠레에 300개의 창업을 하는 것이다. 요구되는 모든 기준 가운데, 선택된 창업가들이 성공을 향한 길이 고립이 아닌 확장을 통해서 이루어진다고 믿는 글로벌 마인드를 가지고 일하는 것이 필수적이다. 칠레 정부의 관점에서 보면, 이 자금이 칠레 내에서 투자되고 있다는 것을 확실히 하는 것이 매우 중요하며, 그들은 그것이 발생하기 위해서는 가치 있는 기업들을 소개할 필요가 있다는 것을 알고 있다.

이 프로그램에 제약을 가하는 몇 가지 문제들이 있다. 첫 번째는 언어 장벽이다. 칠레의 제1언어는 스페인어이며, 이는 새로운 기업들에게 이슈를 만들 수 있으며, 특히 창업가적 마인드에 대한 미팅을 가질 때 단순히 발생할 수 있는 혁신에 관해서 그렇다. 만일 당신이 이러한 대화를 할 수 없다면, 이것은 당신 그룹을 저해할 수 있다. 두 번째 이슈는 실패에 대한 결과이다. 칠레에서, 실패한 기업에 대한 파산 진행은 몇 년이 걸리며, 이는 미국에서 단지 2개월이 소요되는 것과 비교된다. 여기에 문제 해결을 훨씬 더 어렵게 만드는 실패와 관련된 문화적 창피함이 더해져서, 아마 칠레는 사업 시작에 있어 두려운 곳이 될 수 있다.

하지만 이러한 잠재적인 당면과제에도 불구하고, 스타트업 칠레 프로그램으로부터 4만 달러의 자금을 받는 것은 창업가들이 그들의 비즈니스를 발전시키는데 전념하며, 재원이 부족해지기 시작함에 따라 그들의 회사를 더 큰 기업에 팔아야 하는 잠재적 필요성에 따른 압박에서 벗어나고, 열정을 잃은 사업의 잠재적 영향을 무릅쓸 수 있는 기회를 준다.

전 경제부장관 Juan Andrés Fortaine은 "혁명을 통한 세상의 변화 대신에, 우리는 혁신을 통해 세상을 변화시킬 수 있다"고 분명히 말하였다. 이것은 스타트업 칠레의 슬로건이 되었다.

출처: Adapted from: Ryan Underwood, "The Silicon Valley of South America?" *Inc.*, April 2011; Start-Up Chile, http://www.startupchile.org (accessed February 7, 2012).

히 찾아내는 데 관심을 가질 것이다. 만일 사업주가 현재의 과잉 생산을 다루기 위해 시장 사용을 원한다면, 기업은 즉각적인 구매를 가장 원할 것 같은 시장을 찾는 데 관심을 가질 것이다. 그것과는 관계없이, 기업은 그들의 시장조사를 위한 노력에 중점을 두어야 할 것이다.

2. **해외시장 평가는 조사를 받는 시장의 본질과 기능에 대하여 어떤 점들을 밝히고 있는가?** 종종 범위에 있어서 포괄적인 이 질문에 대한 답변은 시장기회를 인식하고 이러한 개별 시장들의 특정한 활동들에 대한 통찰력을 제공하는 데 도움을 준다. 예를 들면, 기업이 브라질, 아프리카, 중국에서 잠재적 시장을 확인한다면, 다음 단계는 이러한 기회들을 평가하는 것이다. 이는 시장의 규모, 시장 각각에 존재하고 있는 경쟁, 그리고 각각의 위치에서 사업을 위해 취해져야 하는 단계들과 관련된 정보를 수집함으로써 실행될 수 있다. 이러한 정보를 기초로, 비용/편익분석이 실행될 수 있으며 추구하고자 하는 시장에 관한 의사결정을 할 수 있다.
3. **어떤 특정 시장 전략이 이 시장의 잠재력을 이용하는 데 필요한가?** 이 질문에 대한 대답은 마케팅 믹스, 즉 제품, 가격, 유통, 판촉에 대한 신중한 검토와 관련된다. 어떠한 제품을 회사가 제공해야 하는가? 제품이 어떠한 특별한 특징을 가지고 있어야 하는가? 제품이 해외시장을 위해 변경되어야 하는가 아니면 기업이 국내에서 판매하는 동일한 제품을 판매할 수 있는가? 이 제품은 제품 수명주기에서 어느 단계에 있는가? 기업은 얼마나 많은 비용을 부담해야 하는가? 다양한 가격이 책정될 수 있도록 시장이 세분화될 수 있는가? 제품이 마케팅 채널을 통해 어떻게 이동될 것인가? 어떤 종류의 판촉 노력, 즉 광고, 판매촉진, 개인적 판매, 또는 이러한 것들의 조합이 필요한가?

이 질문들에 답하였다면, 창업가적 사업주는 기업 전략의 국제적 단계 실행을 시작할 수 있는 위치에 있게 될 것이다.

요약

사회적 창업가의 도전은 21세기에 창업가들에게 있어 중요한 이슈로 떠올랐다. 사회적 기업은 기업이 사회에 대해 갖는 의무들로 구성된다. 사회적 창업가정신의 붐과 전 세계의 위협적인 사회적 문제들을 종식시키겠다는 약속이 특히 중요하다. 창업가들은 사회적 기업을 그들의 역할의 일부로서 인정하며 중소업체들의 구조가 창업가들로 하여금 그들의 조직에 보다 개인적으로 영향을 미친다는 것을 연구들이 밝히고 있다. 사회적 창업가들은 사회변화의 주도자이다. 그들은 패턴을 깨는 아이디어로 대규모의 변화를 창출하며, 사회적 문제들의 근본원인에 대처하며, 시스템적 변화를 창출하려는 야망을 소유하고 있다.

우리가 이 장에서 언급한 사회적 창업가정신의 거대한 성장 및 관심과 함께 무엇이 사회적 기업이고 아닌지의 경계에 대한 도전이 시작되었다. 사회적 원인들은 매우 다르고, 때때로, 이상하게도 매우 개인적이기에, 그것들을 포용하는 기업들이 파악하기에 매우 어려울 수 있다. 그러한 혼란을 종식시킬 수 있는 최선의 방법은 한쪽 끝은 사회적 편익을 생산함으로써 독점적으로 운영되는 사회적 창업가들이 존재하고, 다른 한쪽 끝에는 수단으로서의 사회적 편익과 함께 근본적으로 수익성에 의해 운영되는 사회적 창업가가 존재하는 연속체로서 사회적 창업가정신 활동을 받아들이는 것이다.

지속가능한 발전은 아마도 우리 시대의 가장 두드러진 주제이다. 학자들은 창업가적 활동이 생태계를 보존하고, 기후변화에 맞서며, 환경적 퇴화와 삼림 벌채를 감소시키며, 농업분야의 관행과 담수공급을 향상시키며, 생물의 다양성을 유지할 수 있다고 제시한다. 지속가능한 창업가정신은 자연환경의 보호에 기여하는 창업가적 활동인 생태 창업가정신(즉, 환경적 창업가정신)을 포함한다.

이 장은 '공유 가치'로서의 개념에 대한 준비를 포함한다. 그것은 사회의 요구와 도전에 대처함으로써 사회에 대한 가치를 만들어 내는 경제적 가치를 창출하는 접근법이다. 그것은 기업의 성공을 사회적 진보로 연결한다. '삼중의 경영원칙' 사고(이익, 사람, 지구)와 관련된 이러한 개념은 21세기에 조직의 변혁을 형성할 것이다.

세계적으로 하는 사업은 많은 창업가적 벤처들에게 수익성 있고 대중적인 전략이 빠르게 되고 있다. NAFTA, EU, WTO는 글로벌 창업가들을 위한 기회를 만드는 강력한 경제력에 대한 사례들이다.

이 장에서는 창업가들이 왜 국제화를 추구하는지를 살펴보았으며 국제 시장에서 적극적으로 활동할 수 있는 다섯 가지 방법들을 논의하였다. 이는 수입, 수출, 합작투자, 해외직접투자, 라이선싱이다. 해외시장 연구와 피해야 될 위협과 위험이 기술되었다.

이 장의 마지막 부분은 국제시장 진입을 위한 다섯 가지 단계로서 (1) 연구 실행, (2) 타당성 연구의 준비, (3) 안전하고 충분한 자금, (5) 적절한 서류 신청, (5) 계획의 작성과 실행을 살펴보았다.

주요 용어와 개념

공유가치	사회적 창업가정신	유럽연합(EU)
국제적 제휴	삼중의 경영원칙	자원이 풍부한 국가들
글로벌 창업가	생태 창업가정신	정치적 위험
디아스포라 네트워크	세계무역기구(WTO)	지속가능한 창업가정신
라이선싱	수입	학습곡선 개념
베네피트 기업	수출	합작투자
북미자유무역협정(NAFTA)	시장이 풍부한 국가들	B 코퍼레이션
사회적 가치	에코비전	

검토 및 토의 문제

1. 사회적 창업가정신 운동을 설명하는 최근의 트렌드 몇 가지를 개관하시오.
2. 사회적 창업가를 정의하시오.
3. 사회적 기업과 관련된 도전적 경계를 기술하시오.
4. 사회적 기업은 뚜렷한 범주로 분류될 수 있다. 범주 몇 가지를 열거하시오.
5. 당신은 지속가능한 창업가정신을 어떻게 기술할 것인가?
6. 생태 창업가정신은 무엇이며 에코비전은 어떤 역할을 하는가? 창업가들이 고려할 수 있는 환경적 인식을 증진시키는 특정한 추천 방안을 개관하시오.
7. 공유가치와 삼중의 경영원칙의 개념을 설명하시오.
8. 창업가정신의 글로벌 확장을 만들어 내는 몇 가지의 강력한 경제적 힘을 기술하시오.
9. 디아스포라 네트워크가 무엇이며 그것들이 글로벌 창업가들에게 왜 중요한가?
10. NAFTA, WTO, EU와 같은 조직이 국제적 창업가정신에 어떻게 영향을 미치는가?
11. 창업가들이 '국제화' 되도록 할 수 있는 다양한 방법을 밝히시오.
12. 국제적 제휴의 유형들은 무엇이 있는가?
13. 합작투자는 어떻게 작용하는가? 이 협약의 장점은 무엇인가? 단점은 무엇인가?
14. 라이선싱 계약은 어떻게 작용하는가? 이루어지는 것인가? 이 협약의 장점과 단점은 무엇인가?
15. 국제 시장에 진출할 때, 창업가들은 어떤 다섯 가지의 특정한 단계들을 따라야 하는가?

연습문제

글로벌화

창업가들이 글로벌화를 결정할 때, 그들은 수많은 단계를 거쳐야 한다. 그 예로, 그들을 도와줄 수 있는 사람들의 고용, 해외 파트너들과의 계약 체결, 벤처 실행을 위한 계획 작성을 들 수 있다. 다음은 창업가가 친숙해져야 하는 10개의 그룹 또는 용어들로서 A부터 J로 표시된다. 이러한 그룹 또는 용어들을 정확한 정의 또는 서술과 연결시키시오.

A. 디아스포라 네트워크
B. WTO
C. NAFTA
D. 합작투자
E. 라이선싱
F. 해외직접투자
G. 국제적 제휴
H. 정치적 위험
I. 연구 수행

J. 해외민간투자공사(OPIC)

1. ______ 국제화를 위해 취해지는 첫 번째 단계
2. ______ 제품의 제조업체가 특정 로열티나 다른 지불금을 받는 조건으로 집단이나 개인에게 제품을 생산할 수 있도록 허용하는 사업상의 계약
3. ______ 문화적 및 사회적 규범을 공유하는 인종 집단 간의 관계
4. ______ 캐나다, 멕시코, 미국 간의 무역장벽을 제거한 국제 협정
5. ______ 은(는) 환율교환불능보험, 징발보험, 정치적 환경보험의 세 가지 종류의 위험을 다룰 수 있다.
6. ______ 외국 정부는 때때로 이것을 위한 세금 혜택을 준다.
7. ______ 비공식적, 공식적, 또는 합작의 공동협력
8. ______ 둘 이상의 조직에 의해 소유된 회사
9. ______ 은(는) 불안정한 정부, 전쟁, 지역주의, 이념적인 차이를 포함한다.
10. ______ 국제 무역시스템을 관리하는 통솔 기구

정답: 1. I, 2. E, 3. A, 4. C, 5. J, 6. F, 7. G, 8. D, 9. H, 10. B

사례 4.1: 친환경적 영양 식품

얼마 전까지만 해도, 일반 대중은 초밥이나 키위 같은 지역적 별미들을 잘 몰랐다. 오늘날 이들은 세계적으로 인정되어 널리 퍼지고 있다. 이런 점을 생각해서 Susan Marring은 지구가 직면하고 있는 환경문제의 일부를 해결할 수 있는 새로운 회사를 제안하려 한다. "내일을 위한 곤충"이 새로운 벤처 아이디어의 이름이다. 그녀는 곤충을 위생적인 환경에서 키워 식당에 별미로 팔 생각이다. 놀라운가? 구역질이 나는가? 걱정스러운가? Susan의 제안에 대한 이런 반응이 일반적이기는 하지만, 그녀는 단념하지 않는다.

많은 조사를 했고, 대다수 저개발 국가에서 이미 곤충을 먹고 있음을 알게 되었다. 아울러 곤충은 단백질, 비타민 B, 미네랄 등이 풍부하다. 곤충은 많다 — 천여 종이 식용 가능하다. 가축이나 어류보다 기르기 쉽다. 폐기물도 훨씬 적다. 네덜란드에는 곤충을 키워서 식당에 판매하는 회사가 이미 있다. 미국에는 이런 회사가 아직 없다. Susan에 의하면, "막대한 친환경적 장점을 생각해 보세요. 곤충은 물을 적게 마시고, 쓰레기도 적게 만들고, 소비를 위한 가축 사육보다 훨씬 더 인도적이지 않아요?" 그녀는 이 아이디어가 높은 수익잠재력 때문에 더욱 실현 가능하다고 확신한다. Susan이 타당성 보고서를 가지고 사회적 투자자를 방문할 준비를 하고 있다. 사업착수를 위한 30만 달러의 자금 조달이 목적이다. "이 벤처가 성공하면 기업 이익, 환경 지속성, 사회적 책임 등 세 마리의 토끼(Triple Bottom Line)를 한번에 잡을 수 있어요." Susan이 계속해서 말한다. "내 아이디어에 좋은 반응이 있을 것으로 확신합니다."

질문

1. 이 아이디어가 실현/지속 가능한 창업가적 개념인가? 대답의 근거를 구체적으로 밝히시오.
2. 삼중의 경영원칙(Triple Bottom Line) 관점에서, 이 벤처를 어떻게 평가할 수 있는가?
3. 투자유치를 위해 Susan이 당신을 찾아 온다면, 무엇을 권고할 것인가?

사례 4.2: 해외의 제안

Edgar Bruning은 5년 전에 컴퓨터를 제조하는 대기업을 퇴직하고 자신의 사업을 시작하였다. 회사의 이름을 Bruning IT로 지었다. 그때부터 Edgar는 IT 관련 장비의 5건의 특허를 확보했다. 가장 최근의 특허는 대부분의 PC의 속도를 35% 빠르게 하는 컴퓨터 칩이다. 칩 1개의 가격은 8달러에 불과하고, 전체 PC는 도매가격으로 135달러이다. 이 결과, Bruning의 이익이 급증했다.

그가 개발한 모든 것이 해외 경쟁자에 의해 복제될 수 있다는 것을 알기 때문에, Edgar는 유럽의 3개 회사와 제품판매 계약을 체결하였다. 세 회사는 유럽과 중동 전 지역을 삼분하여 각자의 판매영역을 정했다. Bruning은 전체 생산물량의 50%를 세 회사에 보내고, 나머지는 미국 내 회사에 판매한다. 그의 생각으로는, 칩 생산능력이 증가한다면 지금보다 40% 이상 더 팔 수 있다.

지난 주, 한 일본 회사의 사장이 Edgar를 방문하였다. 그 회사는 Bruning과의 합작 벤처를 제안하였다. 이 벤처는 다음과 같은 방식으로 운영될 것이다. Bruning은 현재 유럽 세 회사에 보내는 물량 정도를 일본 회사에 보낸다. 대금결제는 90일 지급기준으로 이루어진다. 즉, 이 부분은 일본 회사가 Bruning의 극동지사 역할을 하는 것과 같다. 이후 90일 안에 일본 회사는 자국내에서 칩을 직접 제조할 수 있는 장비를 구입한다. 일본 사장의 말로는, "이것이 우리의 임금과 물류비를 줄여 줄 거요. 거기에 모든 이익을 50/50 기준으로 나눕시다. 당신의 유일한 비용은 제조장비 금액 중의 책임부분인데, 그것도 당신의 향후 이익으로 상계시켜 주겠소. 그러니까 당신의 주머니에서 직접 나오는 돈이 없습니다."

이 제안은 Edgar에게 아주 좋은 것 같았다. 그러나 자신의 제품제조권을 다른 사람에게 주어도 되는지는 확신이 서지 않았다. "기술적 비밀은 이 분야에서 중요합니다. 사실 성공의 핵심이지요." 그가 동료에게 말했다. 반면에, 극동지역에 제품을 팔아 줄 사람이 없으면, Edgar는 상당히 큰 잠재 시장을 포기하는 것이다. Edgar는 10일 안에 결정을 내려야 한다.

질문

1. Edgar가 유럽 회사들과 합의한 계약의 유형은 무엇인가? 자세하게 답하시오.
2. 일본의 사업제안은 합작 벤처인가? 대답의 근거를 제시하시오. 당신은 Edgar에게 제안의 수락을 권고하겠는가? 답변의 근거를 설명하시오.
3. Edgar가 일본의 사업에 대안을 고려한다면, 당신이 제안할 수 있는 방식은 무엇인가? 답변의 근거를 설명하시오.

미주

1. David Bornstein, *How to Change the World: Social Entrepreneurs and the Power of New Ideas* (Oxford: Oxford University Press, 2004); Johanna Mair and Ignasi Marti, "Social Entrepreneurship Research: A Source of Explanation, Prediction, and Delight," *Journal of World Business* 41 (2006): 36–44; James Austin, Howard Stevenson, and Jane Wei-Skillern, "Social and Commercial Entrepreneurship: Same, Different, or Both?" *Entrepreneurship Theory and Practice* (January 2006): 1–22; Patricia Doyle Corner and Marcus Ho, "How Opportunities Develop in Social Entrepreneurship," *Entrepreneurship Theory and Practice* 34, no. 4 (2010): 635–59; Michael H. Morris, Justin W. Webb, and Rebecca J. Franklin, "Understanding the Manifestation of Entrepreneurial Orientation in the Nonprofit Context, *Entrepreneurship Theory and Practice* 35, no. 5 (2011): 947–71.

2. Skoll Foundation, "PBS Foundation and Skoll Foundation Establish Fund to Produce Unique Programming About Social Entrepreneurship," September 19, 2006, http://www.skollfoundation.org/media/press_releases/internal/092006.asp (accessed April 21, 2008); "The New Heroes," http://www.pbs.org/opb/thenewheroes/whatis/(accessed January 29, 2012); and http://www.skollfoundation.org (accessed January 29, 2012).

3. Schwab Foundation for Social Entrepreneurship, Social Entrepreneurs' Summit, Davos-Klosters, Switzerland, January 25–29, 2012, http://www.schwabfound.org/sf/Events/WorldEconomicForum Events/index.htm (accessed January 29, 2012).

4. Moriah Meyskens, Colleen Robb-Post, Jeffrey A. Stamp, Alan L. Carsrud, and Paul D. Reynolds, "Social Ventures from a Resource-Based Perspective: An Exploratory Study Assessing Global Ashoka Fellows," *Entrepreneurship Theory and Practice* 34, no. 4 (2010): 661–80; and http://www.ashoka.org/about (accessed January 29, 2012);

5. See *More Than Money League*, http://morethanmoneycareers.com/about/(accessed February 1, 2012).

6. Jeremy C. Short, Todd W. Moss, and G. T. Lumpkin, "Research in Social Entrepreneurship: Past Contributions and Future Opportunities," *Strategic Entrepreneurship Journal* 3, no. 2 (2009): 161–94.

7. Johanna Mair and Ignasi Marti, "Social Entrepreneurship Research: A Source of Explanation, Prediction and Delight," *Journal of World Business* 41, no. 1 (2006): 36–44.

8. Gro Harlem Brundtland, *Our Common Future, World Commission on Environment and Development* (Oxford, UK: Oxford University Press, 1987).

9. Arthur C. Brooks, *Social Entrepreneurship: A Modern Approach to Social Value Creation* (Upper Saddle River, NJ: Pearson/Prentice Hall, 2008).

10. Alan Finder, "A Subject for Those Who Want to Make a Difference," *New York Times*, August 17, 2005, education section; Matthew Bishop, "The Rise of the Social Entrepreneur," *Economist*, February 25, 2006, 11–13; "Lessons for Social Entrepreneurs from the Microfinance Crisis," *Harvard Business Review*, April 22, 2011, http://blogs.hbr.org/cs/2011/04/microfinance.html (accessed February 1, 2012); "Faces of Social Entrepreneurship," *New York Times*, March 9, 2008, http://www.nytimes.com/slideshow/2008/03/09/magazine/0309-FACES_index.html (accessed February 1, 2012); and "Forbes' List of the Top 30 Social Entrepreneurs," *Forbes*, November 30, 2011, http://www.forbes.com/sites/helencoster/2011/11/30/forbes-list-of-the-top-30-social-entrepreneurs/(accessed February 1, 2012).

11. Roger L. Martin and Sally Osberg, "Social Entrepreneurship: The Case for Definition," *Stanford Social Innovation Review* (Spring 2007): 29–39; see also Christine A. Hemingway, "Personal Values as a Catalyst for Corporate Social Entrepreneurship," *Journal of Business Ethics*, 60 (2005): 233–49; Geoffrey M. Kistruck and Paul W. Beamish, "The Interplay of Form, Structure, and Embeddedness in Social Intrapreneurship," *Entrepreneurship Theory and Practice* 34, no. 4 (2010): 735–61; Susan M. T. Coombes, Michael H. Morris, Jeffrey A. Allen, and Justin W. Webb, "Behavioral Orientations of Non-Profit Boards as a Factor in Entrepreneurial Performance: Does Governance Matter?" *Journal of Management Studies* 48, no. 4 (2011): 829–56.

12. "What Is a Social Entrepreneur?" Ashoka, http://ashoka.org/social_entrepreneur (accessed March 24, 2008).

13. Sarah H. Alvord, David L. Brown, and Christine W. Letts, "Social Entrepreneurship and Societal Transformation: An Exploratory Study," *Journal of Applied Behavioral Science* 40, no. 3 (2004): 260–82; Toyah L. Miller and Curtis L. Wesley II, "Assessing Mission and Resources for Social Change: An Organizational Identity Perspective on Social Venture Capitalists' Decision Criteria," *Entrepreneurship Theory and Practice* 34, no. 4 (2010): 705–33; Geoffrey Desa, "Resource Mobilization in International Social Entrepreneurship: Bricolage as a Mechanism of Institutional Transformation," *Entrepreneurship Theory and Practice* 36, no. 4 (2012): 727–51.

14. Jeffery S. McMullen, "Delineating the Domain of Development Entrepreneurship: A Market-Based Approach to Facilitating Inclusive Economic Growth," *Entrepreneurship Theory and Practice* 35, no. 1 (2011): 185–93.

15. Trish Ruebottom, "The Microstructures of Rhetorical Strategy in Social Entrepreneurship: Building Legitimacy Through Heroes and Villains," *Journal of Business Venturing* (in press).

16. J. Gregory Dees, "Enterprising Nonprofits," *Harvard Business Review* 76, no. 1 (1998): 54–67.

17. B. B. Anderson and J. G. Dees, "Developing Viable Earned Income Strategies," in J. G. Dees, J. Emerson, P. Economy (eds.), *Strategic Tools for Social Entrepreneurs: Enhancing the Performance of Your Enterprising Nonprofit*, John Wiley & Sons, Inc., New York (2002).

18. "Forbes' List of the Top 30 Social Entrepreneurs," *Forbes*, November 30, 2011, http://www.forbes.com/sites/helencoster/2011/11/30/forbes-list-of-the-top-30-social-entrepreneurs (accessed February 1, 2012).

19. Ana Maria Peredo and Murdith McLean, "Social Entrepreneurship: A Critical Review of the Concept," *Journal of World Business* 41, no. 1 (2006): 56–65.

20. Ana Maria Peredo and James J. Chrisman, "Toward a Theory of Community-Based Enterprise," *Academy of Management Review* 31, no. 2 (2006): 309–28; see also, MariaLaura Di Domenico, Helen Haugh, and Paul Tracey, "Social Bricolage: Theorizing Social Value Creation in Social Enterprises," *Entrepreneurship Theory and Practice* 34, no. 4 (2010): 681–703.

21. Dean A. Shepherd and Holger Patzelt, "The New Field of Sustainable Entrepreneurship: Studying Entrepreneurial Action Linking 'What Is to Be Sustained' with 'What Is to Be Developed,'" *Entrepreneurship Theory and Practice* 35, no. 1 (2011): 137–63.

22. Thomas J. Dean and Jeffery S. McMullen, "Toward a Theory of Sustainable Entrepreneurship: Reducing Environmental Degradation through Entrepreneurial Action," *Journal of*

Business Venturing 22, no. 1 (2007): 50–76; Desirée F. Pacheco, Thomas J. Dean, and David S. Payne, "Escaping the Green Prison: Entrepreneurship and the Creation of Opportunities for Sustainable Development," *Journal of Business Venturing* 25, no. 5 (2010): 464–80; Kai Hockerts and Rolf Wüstenhagen, "Greening Goliaths Versus Emerging Davids—Theorizing About the Role of Incumbents and New Entrants in Sustainable Entrepreneurship," *Journal of Business Venturing* 25, no. 5 (2010): 481–92; Bradley D. Parrish, "Sustainability-Driven Entrepreneurship: Principles of Organization Design," *Journal of Business Venturing* 25, no. 5 (2010): 510–23.

23. Dean A. Shepherd and Holger Patzelt, "The New Field of Sustainable Entrepreneurship: Studying Entrepreneurial Action Linking 'What Is to Be Sustained' with 'What Is to Be Developed,'" *Entrepreneurship Theory and Practice* 35, no. 1 (2011): 137–63.

24. Paul Hawken and William McDonough, "Seven Steps to Doing Good Business," *Inc.* (November 1993): 79–92.

25. Reginald Shareef, "Ecovision: A Leadership Theory for Innovative Organizations," *Organizational Dynamics* 20 (Summer 1991): 50–63; Thomas J. Dean and Jeffery S. McMullen, "Toward a Theory of Sustainable Entrepreneurship: Reducing Environmental Degradation Through Entrepreneurial Action," *Journal of Business Venturing* 22, no. 1 (2007): 50–76; William R. Meek, Desirée F. Pacheco, and Jeffrey G. York, "The Impact of Social Norms on Entrepreneurial Action: Evidence from the Environmental Entrepreneurship Context," *Journal of Business Venturing* 25, no. 5 (2010): 493–509; and Andreas Kuckertz and Marcus Wagner, "The Influence of Sustainability Orientation on Entrepreneurial Intentions—Investigating the Role of Business Experience," *Journal of Business Venturing* 25, no. 5 (2010): 524–39.

26. Hawken and McDonough, "Seven Steps," 81–88.

27. Michael E. Porter and Mark R. Kramer, "Creating Shared Value," *Harvard Business Review*, http://hbr.org/2011/01/the-big-idea-creating-shared-value, 2011.

28. See Andrew W. Savitz, *The Triple Bottom Line* (San Francisco, CA: Jossy Bass, 2006); Laura Quinn and Jessica Baltes, *Leadership and the Triple Bottom Line* (Center for Creative Leadership, 2007).

29. Rosabeth Moss Kanter, "Managing the Extended Enterprise in a Globally Connected World," *Organizational Dynamics* (Summer 1999): 7–23; Mike W. Peng, "How Entrepreneurs Create Wealth in Transition Economies," *Academy of Management Executive* 15(1) (2001): 95–110; Erkko Autio, Gerard George, and Oliver Alexy, "International Entrepreneurship and Capability Development— Qualitative Evidence and Future Research Direction," *Entrepreneurship Theory and Practice* 35, no. 1 (2011): 11–37.

30. Shaker Zahra, James Hayton, Jeremy Marcel, and Hugh O'Neill, "Fostering Entrepreneurship During International Expansion: Managing Key Challenges," *European Management Journal* 19(4) (2001): 359–69; Sheila M. Puffer, Daniel J. McCarthy, and Max Boisot, "Entrepreneurship in Russia and China: The Impact of Formal Institutional Voids," *Entrepreneurship Theory and Practice* 34, no. 3 (2010): 441–67; and Andrea N. Kiss, Wade M. Danis, and S. Tamer Cavusgil, "International Entrepreneurship Research in Emerging Economies: A Critical Review and Research Agenda," *Journal of Business Venturing* 27, no. 2 (2012): 266–90.

31. Daniel J. Isenberg, "The Global Entrepreneur," *Harvard Business Review*, HBR Blog, December 2008; "TheMagic of Diasporas," *The Economist*, November 19, 2011; and "Weaving theWorld Together," *The Economist*, November 19, 2011.
32. John B. Cullen and K. Praveen Parboteeah, *Multinational Management: A Strategic Approach*, 5th ed. (Mason, OH: Cengage/South-Western, 2011); see also Fred Luthans and Jonathan P. Doh, *International Management: Culture, Strategy, and Behavior*, 8th ed. (Whitby, ON: McGraw Hill-Ryerson, 2012).

33. World Trade Organization website: http://www.wto.org (accessed February 6, 2012).

34. North American Free Trade Agreement, Office of the United States Trade Representative, http://www.ustr.gov/trade-agreements/free-trade-agreements/northamerican-free-trade-agreement-nafta (accessed February 6, 2012).

35. Europa: Gateway to the European Union, official website: http://europa.eu/index_en.htm (accessed February 6, 2012); see also Fred Luthans and Jonathan P. Doh, *International Management: Culture, Strategy, and Behavior*, 8th ed. (Whitby, ON: McGraw Hill-Ryerson, 2012).

36. A. Rebecca Reuber and Eileen Fischer, "International Entrepreneurship in Internet-enabled Markets," *Journal of Business Venturing* 26, no. 6 (2011): 660–79; Pekka Stenholm, Zoltan J. Acs, and Robert Wuebker, "Exploring Country-level Institutional Arrangements on the Rate and Type of Entrepreneurial Activity," *Journal of Business Venturing* (in press).

37. John B. Cullen and K. Praveen Parboteeah, *Multinational Management: A Strategic Approach*, 5th ed. (Mason, OH: Cengage/South-Western, 2011); see also Fred Luthans and Jonathan P. Doh, *International Management: Culture, Strategy, and Behavior*, 8th ed. (Whitby, ON: McGraw Hill-Ryerson, 2012).

38. Patrick M. Kreiser, Louis D. Marino, Pat Dickson, and K. Mark Weaver, "Cultural Influences on Entrepreneurial Orientation: The Impact of National Culture on Risk Taking and Proactiveness in SMEs," *Entrepreneurship Theory and Practice* 34, no. 5 (2010): 959–83; and Shameen Prashantham and Charles Dhanaraj, "The Dynamic Influence of Social Capital on the International Growth of New Ventures," *Journal of Management Studies* 47, no. 6 (2010): 967–94.

39. Benjamin M. Oviatt and Patricia P. McDougall, "Global Start-ups," *Inc.*, June 1993: 23; see also: Nicole E. Coviello, Patricia P. McDougall, and Benjamin M. Oviatt, "The Emergence, Advance and Future of International Entrepreneurship Research— An Introduction to the Special Forum," *Journal of Business Venturing* 26, no. 6 (2011): 625–31.

40. Richard M. Hodgetts and Donald F. Kuratko (with Margaret Burlingame and Don Gulbrandsen), *Small Business Management: Essential Tools and Skills for Entrepreneurial Success*, Wiley Pathways Series (Hoboken, NJ: Wiley, 2008).

41. David A. Kirby and Stefan Kaiser, "Joint Ventures as an Internationalisation Strategy for SMEs," *Small Business Economics* 21, no. 3 (2003): 229–42.

42. Deepak K. Datta, Martina Musteen, and Pol Herrmann, "Board Characteristics, Managerial Incentives, and the Choice Between Foreign Acquisitions and International Joint Ventures," *Journal of Management* 35, no. 4 (2009): 928–53.

43. Derrick E. D'Souza and Patricia P. McDougall, "Third World Joint Venturing: A Strategic Option for the Smaller Firm," *Entrepreneurship Theory and Practice* 13, no. 4 (1989): 20.

44. Jane W. Lu and Dean Xu, "Growth and Survival of International Joint Ventures: An External-Internal Legitimacy Perspective," *Journal of Management* 32, no. 3 (2006): 426–48.

45. Hong Ren, Barbara Gray and Kwangho Kim, "Performance of International Joint Ventures: What Factors Really Make a

Difference and How?," *Journal of Management* 35, no. 3 (2009): 805–32.

46. Fred Luthans and Jonathan P. Doh, *International Management: Culture, Strategy, and Behavior*, 8th ed. (Whitby, ON: McGraw Hill-Ryerson, 2012).

47. America Invents Act of 2011, Committee on the Judiciary, website: http://judiciary.house.gov/issues/issues_patentreformact2011.html (accessed February 7, 2012).

48. Michael S. Malone, "The Smother of Invention," *Forbes* (July 24, 2002): 33–40.

49. Anne Parmigiani and Miguel Rivera-Santos, "Clearing a Path Through the Forest: A Meta-Review of Interorganizational Relationships," *Journal of Management* 37, no. 4 (2011): 1108–1136.

50. Gaétan de Rassenfosse, "How SMEs Exploit Their Intellectual Property Assets: Evidence from Survey Data," *Small Business Economics* 39, no. 2 (2012): 437–52.

51. Tomasz Obloj, Krzysztof Obloj, and Michael G. Pratt, "Dominant Logic and Entrepreneurial Firms' Performance in a Transition Economy," *Entrepreneurship Theory and Practice* 34, no. 1 (2010): 151–70; Stephanie A. Fernhaber and Dan Li, "The Impact of Interorganizational Imitation on New Venture International Entry and Performance," *Entrepreneurship Theory and Practice* 34, no. 1 (2010): 1–30; see also: John B. Cullen and K. Praveen Parboteeah, *Multinational Management: A Strategic Approach*, 5th ed. (Mason, OH: Cengage/South-Western, 2011).

52. See Fred Luthans and Jonathan P. Doh, *International Management: Culture, Strategy, and Behavior*, 8th ed. (Whitby, ON: McGraw Hill-Ryerson, 2012).

53. Dirk De Clercq, Harry J. Sapienza, R. Isil Yavuz, and Lianxi Zhou, "Learning and Knowledge in Early Internationalization Research: Past Accomplishments and Future Directions," *Journal of Business Venturing* 27, no. 1 (2012): 143–65; and Seok-Woo Kwon and Pia Arenius, "Nations of Entrepreneurs: A Social Capital Perspective," *Journal of Business Venturing* 25, no. 5 (2010): 315–30.

1부 창업가 사례분석

— 실리콘밸리의 기업 창업가정신과 혁신: Google 사례

2009년 5월, Google의 공동창업자인 Sergey Brin과 Larry Page는 경제 대공황 이래 최악의 경기침체를 겪으면서 Google을 어떻게 이끌고 나가야 하는지를 결정하기 위하여 노력하고 있었다. 그들의 근본적인 문제는 어떻게 해야 침체된 수익과 많은 다른 이슈들에 직면하여 기업 창업가정신과 혁신을 위한 기업문화를 유지할 수 있는가에 있었다. Google은 지금까지 겪어본 중에서 최악의 경제 환경이 계속되는 동안 기업 창업가정신과 혁신을 증가시킬 방법에 대한 답을 찾았다.

서론

2009년 5월, Google의 공동창업자인 Sergey Brin과 Larry Page는 California의 Mountain View에 있는 유명한 쇼어라인 앰피시어터(Shoreline Amphitheatre)에서의 콘서트에서 Green Day(California 출신 Billie Joe Armstrong과 Mike Dirnt에 의하여 1986년 구성된 록 밴드)를 관람하였다. 총명한 젊은 창업가들은 많은 생각을 가지고 있었다. 그들은 경제 대공황이래 미국이 지켜본 최악의 경기침체 동안 Google을 어떻게 이끌어 나가야 하는지를 결정하기 위하여 노력하였다(Willis, 2009). 미국 경제의 가장 대표적인 지수 가운데 하나인 스탠더드 앤드 푸어스 500(S&P 500)은 2007년 10월 11일 최고치 1576.09에서 2009년 3월 6일 최저치인 666.79로 57.7% 폭락하였다(S&P 500 Index, 2009). 전 세계의 주가는 평균적으로 60% 정도 떨어졌다.

Berkshire Hathaway 회장이며 역사상 가장 수익을 많이 올린 투자자들 가운데 하나인 Warren Buffett은 2008년 초 당시의 경제난을 예견하였다. Buffett은 "수치가 보여 주지는 않지만, 미국은 오래 지속되는 깊은 침체에 빠져 있다"고 말하였다(Buffett, 2008).

2009년 초, 미국의 퇴직금 적립 계정 또한 평균 40% 또는 3조 4천억 달러까지 떨어졌다(Brandon, 2009). 미국의 많은 퇴직자들은 그들의 연금이 절반으로 줄어드는 것을 보았으며, 많은 사람들이 직장으로 복귀하거나 그들을 지원할 수 있는 가족들에게 의지하였다.

Brin과 Page는 그들의 젊은 시절 동안 이 같은 경우를 본적이 없었다. 그들은 1998년 가장 성공적인 회사를 설립했지만, Google도 이러한 위기의 영향을 느끼고 있었다. 최악의 상황으로 Google의 주가가 2007년 11월 2일 최고치인 713.587달러에서 2008년 11월 20일 최저치인 259.56달러까지 51.35% 폭락하였다. 주가는 점차 회복하여 2009년 5월 28일 410달러에 거래되었다.

젊은 창업가들은 Bay Area 밴드인 Green Day의 연주를 들으면서, 다음 단계에 대하여 심사숙고하였다. Google은 문제들을 가지고 있었다. Google의 근본적인 문제는 2007년부터 2008년까지 완만한 순이익에 직면하여 기업 창업가 정신과 혁신의 문화를 어떻게 유지하는가에 있었다. 그 결과, Google은 기업 역사상 처음으로 종업원들 몇몇을 해고하고 이익을 내지 못하는 제품들을 제외시켜야 했다(Blodget, 2009). 더욱이, 종업원들은 다양한 이유(예, 멘토링과 공식적인 경력계획의 부족, 지나친 관료주의, 낮은 임금 및 복리후생, 지역의 높은 생활비, 자신의 사업을 시작하려는 바람)로 회사를 떠났다.

Google은 10년이 조금 넘어서 20,000명의 종업원을 가진 회사로 성장하였다. 만약에 Google이 혁신을 통한 성장 전략을 계속 유지하기를 원했다면, 가장 유능한 종업원들을 모집하고 그들을 유지할 수 있는 방법을 찾았어야 했다(표 1~3 및 그림 1 참조).

설립자들의 배경

Google은 Larry Page와 Sergey Brin에 의해 설립되었으며, 그들은 1995년에 만났는데 Stanford University에서 컴퓨터공학의 박사과정 학생들이었다. Page는 1973년 3월 26일 미시건의 Lansing에서 태어났으며 인공지능을 전공한 Michigan State University의 컴퓨터 사이언스 교수의 아들이다. Page의 어머니 또한 Michigan State University에서 컴퓨터 프로그래밍을 가르쳤다(Thompson, 2001, p. 50).

Page는 그의 젊은 시절을 컴퓨터를 배우는데 보냈으며 그의 부모가 읽었던 다양한 기술 저널들에 몰두하였다. Page는 매우 인상적인 교육 배경을 가졌다. 그는 처음에 Montessori 학교에 다녔으며, 그 후에 공립 고등학교로 갔다. 그는 University of Michigan에서 컴퓨터 공학으로 공학사를 받았으며, Brin을 만났던 Stanford University의 대학원 과정에 입학하여 웹 사이트 연결에 대한 연구를 시작하였다. Thomas Edison과 동시대의 사람인 세르비아인 발명가 Nicola Telsa는 Page의 귀감이 되었다. Telsa는 어떤 면에서는 Edison보다 뛰어났지만, 그의 발명품들을 상업화하는데 실패하였다. Page는 둘 다를 하기 원했다.

1973년, Sergey Brin은 러시아의 모스크바에서 태어났다. 여섯 살이 되던 해, 유태인이었던 Brin과 그의 가족은 반유대정책을 피해 러시아에서 미국으로 망명하였다. Brin의 아버지는 University of Maryland에서 수학교수였으며 그의 어머니는 NASA의 Goddard Space Flight Center에서 연구 과학자였다. Brin은 Montessori 고등학교를 다녔으며 University of Maryland에서 컴퓨터 공학과 수학을 전공하며 우수한 성적으로 석사학위를 받았다. 그 후 그는 Page와 함께 Google을 만들기 위해 그만둘 때까지 Stanford University에서 컴퓨터 사이언스를 공부하기 시작했다. Brin이 더 사교적이었지만, 그들 둘 다는 의지가 강하고 고집이 셌다. 그들은 Stanford에서 "세계의 정보를 정리하기 위한 탐구를 시작하여 정보에 보편적인 접근이 가능하도록 만들었다(Miller, 2006, p. 10)." Google은 1995년 1월 Stanford University에서 연구 프로젝트의 일환으로 시작되었다.

표 1 Google — 2004~2008년도 손익계산서(백만 달러)

기간 종료일	2008 2008/12/31	2007 2007/12/31	2006 2006/12/31	2005 2005/12/31	2004 2004/12/31
기간	12개월	12개월	12개월	12개월	12개월
매출액	21,795.55	16,593.99	10,604.92	6,138.56	3,189.22
총 매출액	21,795.55	16,593.99	10,604.92	6,138.56	3,189.22
매출원가	8,621.51	6,649.09	4,225.03	2,577.09	1,468.97
매출 총이익	13,174.04	9,944.9	6,379.89	3,561.47	1,720.26
판매/일반/관리비	3,748.88	2,740.52	1,601.31	854.68	483.9
연구개발	2,793.19	2,119.99	1,228.59	599.51	395.16
감가상각비/기타 상각비	0.0	0.0	0.0	0.0	0.0
이자비용(수익)	0.0	0.0	0.0	0.0	0.0
비정상적인 비용(수익)	1,094.76	0.0	0.0	90.0	201.0
기타 운영비용	0.0	0.0	0.0	0.0	0.0
영업이익	5,537.21	5,084.4	3,550.0	2,017.28	640.19
이자 비용(지출)	0.0	0.0	0.0	0.0	0.0
자산 처분 이익	0.0	0.0	0.0	0.0	0.0
기타	4.52	4.65	3.46	4.14	5.09
법인세비용 차감 전 순이익	5,853.6	5,673.98	4,011.04	2,141.68	650.23
법인세비용	1,626.74	1,470.26	933.59	676.28	251.12
법인세비용 차감 후 순이익	4,226.86	4,203.72	3,077.45	1,465.4	399.12
소액주주 지분	0.0	0.0	0.0	0.0	0.0
계열사 주식	0.0	0.0	0.0	0.0	0.0
미 GAAP 조정	0.0	0.0	0.0	0.0	0.0
특별항목 전 순이익	4,226.86	4,203.72	3,077.45	1,465.4	399.12
특별항목	0.0	0.0	0.0	0.0	0.0
당기순이익	4,226.86	4,203.72	3,077.45	1,465.4	399.12

출처: http://www.google.com/finance?fstype=bi&cid=694653.

Page는 Stanford의 컴퓨터 사이언스 교수인 Terry Winograd 박사의 지도 하에 연구를 시작하였다. 그의 연구는 지정된 페이지와 연관된 웹 페이지들에 중점을 두었다. 그의 초기의 문제는 학계의 출판물에서 인용의 수를 파악하는 것이었다. 그는 그의 연구 프로젝트를 'BackRub'

표 2 Google — 2004~2008년도 현금흐름표(백만 달러)

기간 종료일	2008 2008/12/31	2007 2007/12/31	2006 2006/12/31	2005 2005/12/31	2004 2004/12/31
당기순이익/출발선	4,226.86	4,203.72	3,077.45	1,465.4	399.12
감가상각비/고갈	1,212.24	807.74	494.43	256.81	128.52
상각비	287.65	159.92	77.51	37.0	19.95
이연 법인세	-224.65	-164.21	0.0	0.0	0.0
비현금 항목	2,055.44	489.44	-112.83	656.47	682.66
기타 비현금 항목	960.68	489.44	-123.63	634.43	470.32
운전자본의 변화	295.32	278.8	43.96	43.74	-253.21
매출채권	-334.46	-837.25	-624.01	-372.29	-156.93
매입채무	-211.54	70.14	95.4	80.63	-13.52
미지급 세금	626.03	744.8	398.41	87.4	-125.23
기타 부채	41.43	70.33	30.8	39.55	22.0
기타 운영 현금흐름	-31.91	-39.74	1.67	0.0	0.0
영업활동 현금흐름	7,852.86	5,775.41	3,580.51	2,459.42	977.04
자본 지출	-2,358.46	-2,402.84	-1,902.8	-853.04	-355.9
고정자산의 처분	-2,358.46	-2,402.84	-1,902.8	-838.22	-319.0
무형자산의 처분/획득	0.0	0.0	0.0	-14.82	-36.91
기타 투자활동 현금흐름	-2,960.96	-1,278.75	-4,996.35	-2,505.16	-1,545.46
건물의 획득	-3,320.3	-906.65	-402.45	-86.49	-21.96
투자자산의 구매	-15,403.46	-16,031.57	-27,701.04	-12,675.88	-4,134.58
투자활동 현금흐름	-5,319.42	-3,681.59	-6,899.15	-3,358.19	-1,901.36
재무활동 현금흐름 항목	159.09	379.21	581.73	0.0	4.3
기타 재무활동 현금흐름	159.09	379.21	581.73	0.0	4.3
배당금의 지급	0.0	0.0	0.0	0.0	0.0
주식 발행(감자)	-71.52	23.86	2,384.67	4,372.26	1,195.03
부채 발행(채무 변제)	0.0	0.0	0.0	-1.43	-4.71
재무활동 현금흐름	87.57	403.07	2,966.4	4,370.83	1,194.62
외환 효과	-45.92	40.03	19.74	-21.76	7.57
현금 순변화	2,575.08	2,536.92	-332.5	3,450.3	277.88
순현금 — 기초 잔액	6,081.59	3,544.67	3,877.17	426.87	149.0
순현금 — 기말 잔액	8,656.67	6,081.59	3,544.67	3,877.17	426.87

출처: http://www.google.com/finance?fstype=bi&cid=694653.

표 3 Google — 2004-2008년도 재무상태표(백만 달러)

기간 종료일	2008 2008/12/31	2007 2007/12/31	2006 2006/12/31	2005 2005/12/31	2004 2004/12/31
자산					
현금 및 단기 투자자산	15,845.77	14,218.61	11,243.91	8,034.25	2,132.3
총 채권	2,642.19	2,307.77	1,322.34	687.98	382.35
총 재고자산	0.0	0.0	0.0	0.0	0.0
선급 비용	1,404.11	694.21	443.88	229.51	159.36
기타 유동자산	286.11	68.54	29.71	49.34	19.46
총 유동자산	20,178.18	17,289.14	13,039.85	9,001.07	2,693.47
유형자산	5,233.84	4,039.26	2,395.24	961.75	378.92
영업권	4,839.85	2,299.37	1,545.12	194.9	122.82
무형자산	996.69	446.6	346.84	82.78	71.07
장기 투자자산	85.16	1,059.69	1,031.85	0.0	0.0
장기 수취어음	0.0	0.0	0.0	0.0	0.0
기타 총 장기자산	433.85	201.75	114.46	31.31	47.08
총 자산	31,767.58	25,335.81	18,473.35	10,271.81	3,313.35
부채 및 주주 자본					
매입채무	178.0	282.11	211.17	115.58	32.67
차입/미지급	0.0	0.0	0.0	0.0	0.0
미지급비용	1,824.45	1,575.42	987.91	528.94	269.29
지급어음/단기부채	0.0	0.0	0.0	0.0	0.0
장기부채/자본 리스의 유동성	0.0	0.0	0.0	0.0	1.9
기타 유동부채	299.63	178.07	105.51	100.87	36.51
총 유동부채	2,302.09	2,035.6	1,304.59	745.38	340.37
총 장기부채	0.0	0.0	0.0	0.0	0.0
이연 소득세	12.52	0.0	40.42	35.42	0.0
기타 부채	1,214.11	610.53	88.5	72.05	43.93
총 부채	3,528.71	2,646.13	1,433.51	852.86	384.3
보통주자본금	0.32	0.31	0.31	0.29	0.27
주식잉여금	14,450.34	13,241.22	11,882.91	7,477.79	2,582.35
이익잉여금	13,561.63	9,334.77	5,133.31	2,055.87	590.47
기타 자본	226.58	113.37	23.31	115.0	244.03
총 자본	28,238.86	22,689.68	17,039.84	9,418.96	2,929.06
총 부채 및 자본	31,767.58	25,335.81	18,473.35	10,271.81	3,313.35
총 보통주 발행수	315.11	313.28	309.0	293.03	266.92

출처: http://www.google.com/finance?fstype=bi&cid=694653.

그림 1 기업공개로부터 2009년 5월 28일까지의 Google의 주가

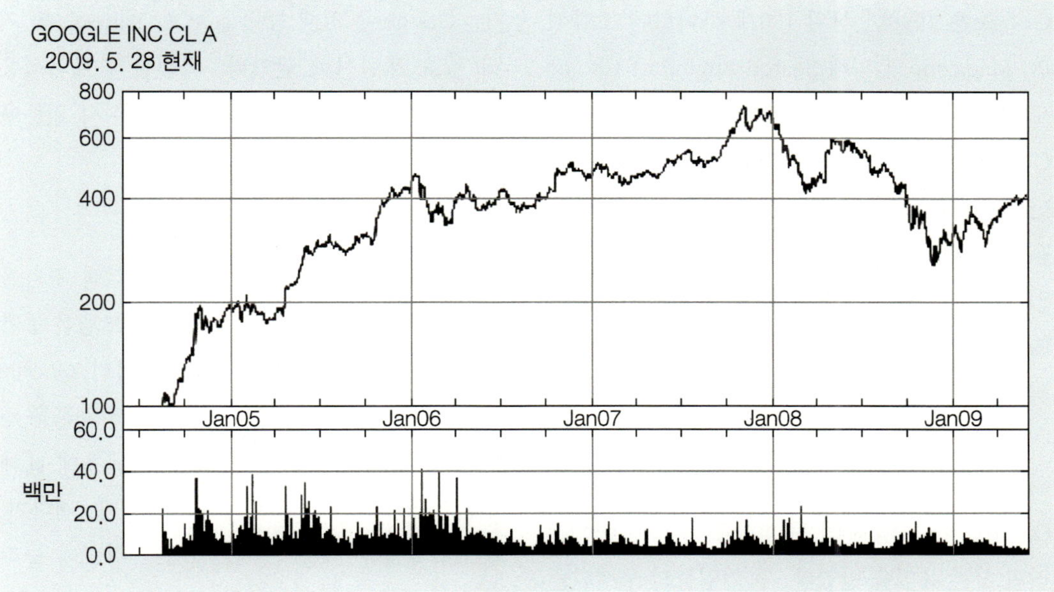

라고 불렀다. Brin은 곧 Page의 연구 프로젝트에 합류하였다. Page는 Page의 Stanford 홈페이지를 사용하여 1996년 3월 웹을 탐색하기 시작하였다. 그 때가 Page와 Brin이 엔트리(entry)와 관련된 사이트들의 중요성을 서열화한 알고리듬인 PageRank를 개발한 시점이었다.

Page와 Brin은 돈을 벌 의도로 알고리듬을 만들지 않았고, 대신에 그들은 세상에 의미 있는 영향을 미치기를 원했다. 시간이 흐르면서 그들은 그들 소유의 회사를 만드는 대신 그들의 발명품을 기존의 검색 회사들(예, WebCrawler, AltaVista, Yahoo!)에 팔고자 하였다. 하지만 이 모든 회사들은 검색을 통해 돈을 벌 수 없다며 그들을 거절하였다.

1996년, Brin과 Page는 서버와 컴퓨터를 그들의 기숙사 방에 쌓아두었다. 두 사람은 초기에 Stanford 학생들을 목표로 삼았으며, Stanford의 학생이었으며 Yahoo!를 시작했던 Jerry Yang과 David Filo의 자문을 받았다. 그들은 Brin과 Page가 그들 소유의 회사를 설립하도록 격려하였다. 그리하여 그들은 학교를 그만두고 그들 소유의 사업을 시작하기로 결정하였다. 1998년, 성공적인 창업가가 되기 위하여 Stanford를 그만두었던 Sun Microsystems의 공동창업자 Andy Bechtolsheim은 Brin과 Page에게 10만 달러의 수표를 발행해 주었으며 그들은 Google, Inc.라는 새로운 회사를 설립하였다.

Google의 성장

1998년 설립 이후, Google은 세상에서 가장 혁신적인 기업들 가운데 하나가 되었다. 이 회사는 혁신적인 제품 및 기술의 개발에 있어서 Apple과 같은 다른 선도 기업들과 함께 선두를 차지하였다. 기업 창업가정신과 혁신은 이 회사의 성공에 있어서 심장과 영혼이었다.

Google은 초기에는 1998년 California Menlo Park의 Santa Margarita 232번지에 있

는 차고에서 사업을 시작하였다. 그 해 말에, Google은 1998년 상위 100개 사이트에 포함된 PC Magazine에 의해 Search Engine of Choice로 지명되었다(Lowe, 2009, p. 282). 1999년, Google은 몇몇 새로운 종업원들을 위한 공간을 만들기 위해 새로운 사무실 공간을 Palo Alto로 옮겼다. Palo Alto는 Stanford University 지역이었다. 이 도시는 실리콘밸리의 심장에 있었으며 Fairchild Semiconductor 기업에 의하여 1956년 최초의 반도체 칩이 만들어진 곳이었다.

1999년, Google은 처음으로 실리콘밸리에 위치한 Sequoia Capital과 KPCB(Kleiner, Perkins, Caufield, and Byers)의 두 회사로부터 2,500만 달러의 자본 유입을 받았다. 두 기업들의 구성원들은 Google 이사회의 일원이었다.

1999년 'Google을 사용했던 사람들'이란 뜻으로 'googler'라는 용어가 새로 만들어졌다. 1999년 8월, Google은 Palo Alto 바로 남쪽의 Mountain View로 옮겼다. Google은 전 Stanford 전기공학 교수인 James Clark 박사와 Stanford에서 온 일곱 명의 대학원생과 직원에 의하여 설립된 기업인 Silicon Graphics의 옆에 비어 있던 빌딩으로 옮겼다. Clark은 이어서 Netscape Communication, myCFO, Healtheon을 설립하기 시작하였다. Google의 연혁에 대한 개관은 표 4에서 볼 수 있다.

성장 단계

Hamel과 Breen(2007)은 Google의 성장을 다섯 단계로 기술하였다.

Google 1.0

Brin과 Page는 웹을 검색하는 검색엔진을 발명하여 수백만의 주시를 받았으나, 실질적인 수익을 창출하지 못하였다.

Google 2.0

Google은 검색 능력을 AOL, Yahoo!, 및 기타 주요 포털사에 팔았다. 이러한 파트너십은 수익을 창출하였고 검색 수요에 있어서 열풍을 가져왔다.

Google 3.0

Google은 Adwords로 불리는 검색 결과물과 함께 광고를 팔기 위한 독창적인 모델을 고안하였다. Yahoo! 및 기타 기업들과 달리, Google은 배너 광고를 피하고 광고와 검색 결과물을 명확하게 차별화함으로써 광고와 콘텐츠에 대해 신문의 '교회와 국가' 관점을 취하였다. 게다가, 광고업체들은 사용자들이 실제로 링크에 클릭한 경우에만 비용을 지불하였다. Google은 순조롭게 광고 공간에 대한 인터넷의 선도 소매상이 되었다.

Google 4.0

최초에 논란이 있었던 Google의 Gmail 서비스는 유입되는 각각의 메시지에 대해 컴퓨터 분석에 기초한 광고를 선보였으며, 우연히 일어난 뜻밖의 학습을 가져왔고, AdSense의 출시를 이끌었다. 이러한 획기적 발전은 Google로 하여금 그들의 광고를 단지 그들 자신의 검색 결과물에 연결하는 것이 아닌 모든 유형의 웹 콘텐츠에 가상적으로 연결할 수 있는 능력을 갖게 하였다. AdSense는 웹마스터들에게 콘텐츠를 현금화하는 새로운 방법을 제시해 주었고 Google의 비즈니스 모델의 범위를 크게 확장시켰다.

Google 5.0

Google은 광고로부터 Google Desktop(사용자의 PC 화면으로부터 직접 접근할 수 있는 일단의 정보 지원프로그램), Google Book

표 4 Google의 기업 연혁

1998년 8월	Sun의 공동설립자 Andy Bechtolsheim이 아직 존재하지 않는 법인에 10만 달러의 수표를 발행함. 이 회사가 바로 Google임.
1998년 9월	Google은 9월 4일 California에 기업 설립을 신청함. Larry와 Sergey는 Google 명의의 은행계좌를 개설하고 수표를 적립함.
1998년 12월	PC Magazine은 Google이 "크게 연관된 결과를 찾는 요령을 알고 있다"고 보도하였고 이는 선택을 위한 검색엔진이라고 불림.
1999년 6월	Google의 첫 번째 보도 자료는 Sequoia Capital과 KPCB로부터 2,500만 달러의 투자 유치를 발표함.
2000년 5월	Google.com의 첫 10개 언어의 버전이 스페인에서 덴마크까지 서유럽을 타깃으로 출시됨. (새로운 시장)
2000년 6월	Google은 기본 검색 제공자가 되기 위하여 Yahoo와 파트너십을 맺음.
2000년 9월	Google은 제공 언어를 15개로 늘리면서 중국, 일본, 한국에 검색 서비스를 제공하기 시작함. (새로운 시장)
2000년 10월	키워드 타깃팅 기능을 가진 셀프 서비스 광고 프로그램인 Google Adwords가 350명의 고객과 함께 시작함. (신제품)
2000년 12월	Google Toolbar가 출시됨. 이는 Google 홈페이지의 방문 없이 검색이 가능하도록 만드는 브라우저 플러그인임. (혁신)
2001년 2월	Deja.com의 긴급 토론 서비스를 인수하고, 검색 및 브라우즈 기능을 첨부하여, 이를 Google 그룹으로 출시함. (인수)
2001년 3월	Google.com이 26개 언어로 가용함. (언어)
2001년 7월	2억 5천만 개의 이미지에 대한 접근을 제공하는 Image 검색이 출시됨. (신제품)
2001년 8월	Google이 도쿄에 첫 번째 해외 사무소를 개설함. (국제)
2001년 8월	Eric Schmidt가 CEO가 되고, Larry와 Sergey가 각각 제품 및 기술 사장으로 임명됨.
2001년 10월	Universo Online(UOL)과의 새로운 파트너십으로 남미의 수백만 명에게 주요 검색서비스를 제공함.
2002년 2월	Google의 첫 번째 하드웨어인 the Google Search Appliance가 출시됨. (관련 다각화–하드웨어)
2002년 2월	Google은 새로운 클릭당 지불(cost-per-click) 가격방식을 포함하여 전면 개편한 Adwords를 출시함.
2002년 5월	Google 검색을 제공하는 AOL과의 파트너십이 CompuServe, Netscape, AOL.com을 사용하는 고객과 연결됨.
2002년 9월	Google News가 4,000개 뉴스 출처와 함께 출시됨. (신제품)
2002년 10월	Google이 시드니에 첫 번째 호주 사무실을 개설함. (국제)
2002년 12월	Google은 Stuff를 살 수 있는 Froogle을 출시함(나중에 Google Product Search로 명명됨). (신제품)
2003년 2월	Google은 블로그 웹 서비스를 제공하는 Pyra Labs를 인수함. (인수)
2003년 3월	Google은 AdSense로 불리는 새로운 콘텐츠 타겟팅 광고서비스를 발표함. (신제품)
2003년 4월	Google은 AdSense를 보강하는 기술을 제공하는 Applied Semantics를 인수함.

표 4 Google의 기업 연혁 **(계속)**

2003년 4월	Google은 그들의 대의명분을 위해 광고 캠페인을 운영할 수 있는 비영리 조직용 광고 프로그램인 Google Grants를 출시함. (신제품)
2003년 12월	Google은 탐색된 책의 인용구를 색인하는 Google Print를 출시함. (신제품)
2004년 1월	Google은 사회적 네트워킹의 분야를 활용할 수 있는 방법으로서 Orkut을 출시함. (신제품)
2004년 3월	Google은 기업 탐색 비즈니스를 운영할 수 있도록 Dave Girouard의 고용과 함께 기업 단위를 공인함.
2004년 3월	Google은 비즈니스 리스팅, 지도, 방향을 제공하는 Google Local(나중에 Google Maps의 일부)을 소개함.
2004년 7월	Google은 디지털 사진 회사인 Picasa를 인수함. (인수)
2004년 8월	Google은 클라스 A 보통주 19,605,052주를 주당 85달러의 가격으로 기업을 공개함. (IPO)
2004년 10월	Google은 아일랜드 더블린에 사무소를 개설함. (국제)
2004년 10월	Google은 GOOGLE이나 모바일 장치에 검색 질문을 보낼 수 있도록 SMS(짧은 문자 서비스)를 출시함. (관련 다각화 – 전화)
2004년 10월	Google은 인도 방갈로르(Bangalore)와 하이드라바드(Hyderabad)에 새로운 엔지니어링 사무실들을 개설함. (국제 – 아웃소싱)
2004년 10월	Google은 사용자 자신의 하드 드라이브에 저장된 파일과 문서를 검색할 수 있는 Google Desktop Search를 출시함. (신제품)
2004년 10월	Google은 디지털 매핑 회사인 Keyhole을 인수함. 이 회사의 기술은 나중에 Google Earth가 됨. (인수 – 지도)
2004년 12월	Google은 아시아의 우수한 엔지니어들을 유인하기 위하여 일본 도쿄에 R&D센터를 개설함. (국제 – 아웃소싱)
2005년 2월	Google Maps가 개설됨. (신제품 – 혁신 – Maps)
2005년 3월	Google은 Google의 프로그래밍 언어를 포함한 개발자 중심의 자원을 위한 새로운 장소인 code.google.com을 출시함. (신제품)
2005년 3월	Google은 웹 분석 회사인 Urchin을 인수함. 이 회사의 기술은 Google Analytics를 만드는 데 사용됨. (인수)
2005년 4월	Google Maps는 위성 지도와 방향 서비스를 제공함. (혁신 – 지도)
2005년 4월	Google Local은 모바일 서비스를 제공하며, SMS 운전 지시를 포함함. (관련 다각화 – 전화)
2005년 5월	Google은 핸드폰 사용자가 그들의 블로그에 사진을 올리고 보낼 수 있게 하는 Blogger Mobile을 출시함. (관련 다각화 – 전화)
2005년 5월	Google은 사용자가 자신의 구글 홈페이지를 주문 제작할 수 있는 Personalized Homepage(지금은 igoogle)를 출시함. (신제품)
2005년 6월	Google Mobile Web Search가 출시됨, 특히 핸드폰에서 검색 결과를 볼 수 있게함. (관련 다각화 – 전화)
2005년 6월	Google은 Google Earth를 출시함. 위성 이미지 기반의 지도 제작 서비스. (신제품 – 혁신 – 지도)

표 4 Google의 기업 연혁 **(계속)**

2005년 8월	Google은 Google Talk를 출시함. 이는 Gmail 사용자가 인터넷 상에서 무료로 통화하거나 인스턴트 메시지를 할 수 있도록 함. (신제품)
2005년 9월	Google은 중국에 새로운 R&D센터를 개소함. (국제 – 아웃소싱)
2005년 9월	Google Blog Search는 현재의 관련 블로그 포스팅을 찾는데 유용한 서비스를 함. (신제품)
2005년 10월	Google은 에너지와 환경 이슈에 대처하기 위해 기업의 자선적 기관인 Google.org를 설립함. (다각화 – 자선)
2005년 11월	Google은 웹 사이트와 마케팅 캠페인의 영향을 측정하기 위해 이전의 Urchin인 Google Analytics를 출시함. (혁신)
2005년 11월	Google은 브라질 상파울루와 멕시코의 멕시코시에 첫 번째 사무실들을 개설함. (국제)
2005년 12월	Google은 모바일용 Gmail이 미국에서 출시됨. (혁신 – 전화)
2006년 1월	Google은 디지털 라디오 광고 회사인 dMarc를 인수함. (인수 – 비관련 다각화)
2006년 1월	Google은 중국에 Google의 지역 도메인 버전인 Google.cn을 출시함. (국제 – 다수의 국내 경쟁)
2006년 1월	Google은 Picasa를 25개 이상의 언어로 출시함. (새로운 시장)
2006년 2월	Google은 Google Talk로부터 즉석 메시지 도구를 사용하는 Chat in Gmail을 출시함. (신제품)
2006년 2월	Google은 모바일 론처를 위한 Google News를 출시함. (신제품 – 전화)
2006년 3월	Google은 나중에 Google Docs의 기반이 된 웹 기반의 워드 프로세스 애플리케이션인 Writely를 인수함. (인수)
2006년 3월	Google은 재무 정보에 대한 개선된 검색 경험을 위한 Google Finance를 출시함. (신제품)
2006년 4월	Google은 공유 및 집단 특징을 갖춘 Google Calendar를 출시함. (신제품)
2006년 4월	Google은 프랑스, 독일, 이탈리아, 스페인 용 Maps를 출시함. (새로운 시장)
2006년 5월	Google은 검색의 인기를 가시화할 수 있는 방법으로 Google Trends를 출시함. (신제품)
2006년 6월	Google은 Picasa 사용자가 온라인에서 그들의 사진을 업로드하고 공유할 수 있도록 하는 Picasa Web Albums를 발표함. (혁신)
2006년 6월	Google은 온라인 구매의 지불을 위한 빠르고 쉬운 방법인 Google Checkout를 발표함. (신제품)
2006년 6월	Gmail, Google News, iGoogle이 8개 이상의 언어로 핸드폰에서 사용이 가능하게 됨. (새로운 시장 – 전화)
2006년 8월	Google은 Gmail과 Calendar를 포함한 한 세트의 애플리케이션인 Apps for Your Domain을 출시함. (신제품)
2006년 8월	Google Book Search가 일반 도메인에서 PDF 책들의 무료 다운로드를 제공하기 시작함. (혁신)
2006년 10월	Google은 YouTube를 인수함. (인수)
2006년 10월	Google은 합작의 위키 플랫폼인 JotSpot을 인수함. 이는 나중에 Google Sites가 됨. (인수)
2006년 12월	Google은 미국에 Patent Search를 출시함. 이는 1790년까지 거슬러 올라가서 700만 개 이상의 특허권을 색인함. (신제품)

표 4 Google의 기업 연혁 **(계속)**

2007년 1월	Google은 중국에서 모바일 검색을 제공하기 위하여 세계에서 가장 큰 모바일 텔레콤 통신업체인 China Mobile과 협력관계를 맺음. (국제 – 파트너십)
2007년 2월	Gmail이 그 동안의 초대 방식에서 벗어나 모든 사람에게 개방됨. (새로운 시장)
2007년 2월	Google은 클라우드 컴퓨팅을 사업화하는 Google Apps Premier Edition을 출시함. (혁신)
2007년 2월	Google은 Google Maps에 미국의 30개 이상의 도시들에 대한 교통 정보를 소개함. (혁신 – Maps)
2007년 6월	Google은 Salesforce.com과 협력관계를 맺어 이 기업의 주문형 CRM 애플리케이션을 AdWords와 결합시킴. (파트너십)
2007년 7월	Google은 Postini를 인수함. (인수)
2007년 8월	Google은 Google Earth 내에 SKY를 출시하여 은하계의 별자리 정보 및 가상 여행을 위한 서비스를 제공함.
2007년 9월	Google은 AdSense for Mobile을 출시하여, 컴퓨터에서와 같은 광고를 할 수 있도록 모바일 브라우저들에게 사이트를 제공함. (혁신 – 전화)
2007년 9월	Google은 슬라이드 프리젠테이션을 위한 새로운 애플리케이션인 Presently를 Google Docs에 추가함. (신제품)
2007년 11월	Google(Open Handset Alliance와 함께)은 모바일 장치를 위한 최초의 공개 플랫폼인 Android를 발표함. (관련 다각화 – 전화)
2007년 11월	Google.org는 재생가능한 자원으로부터 전기를 만들기 위해 설계된 주도적 계획인 RE 〈 C를 출시함. (비관련 다각화 – 에너지)
2008년 3월	Google은 인터넷 광고 서비스를 제공하는 DoubleClick을 인수함. (인수)
2008년 5월	Google은 대중에 Google Health를 출시함. 이는 사람들이 자신의 의료기록과 건강정보를 온라인 상에서 관리할 수 있도록 함. (신제품)
2008년 7월	Google은 다운로드할 수 있는 최초의 iPhone 애플리케이션을 출시함. (관련 다각화 – 전화)
2008년 9월	Google은 T-Mobile을 통해 가용한 안드로이드 운영시스템 상의 구글폰인 G1을 공표함. (전방향 수직 통합 – 하드웨어)
2008년 10월	Google은 iPhone과 iPod touch 용 Google Earth를 출시함. (신제품)
2009년 1월	Google은 Mac 용 Picasa를 출시함. (새로운 시장)
2009년 2월	Google은 사용자들이 그들의 위치를 친구들과 공유할 수 있게 하는 Google Latitude를 출시함. (신제품 – Maps)
2009년 2월	Google은 새로운 언어의 추가를 통해 인터넷 사용자의 98%를 다룰 수 있도록 Google Translate이 41개 언어들과 연동할 수 있도록 함. (혁신 – 새로운 시장)

출처: Google Milestones (2009). Retrieved on March 31, 2009. http://www.google.com/corporate/history.html.

Search(세계의 가장 큰 도서관들에 있는 책들을 디지털화하려는 원대한 계획), Google Scholar(학계의 논문들을 검색하는 도구), 그리고 새로운 인터넷 검색 브라우저인 Google Chrome을 포함한 다수의 새로운 서비스 투자에서 큰 수익을 냈다.

Google은 또한 지난 몇 년 동안 수많은 다른 기업들을 인수하였으며, Keyhole(Google Earth가 됨), Writely(Google Docs가 됨), YouTube, Android(2008년 착수된 Android라고 불리는 Google의 새로운 전화를 위한 Android 운영체계가 됨)가 그것이다.

2008년, Google은 AdWords 비즈니스 모델이나 클릭을 통한 광고로부터 수익의 대부분을 창출하였으며, 40억 달러가 넘는 수익을 올렸다. AdWords는 텔레비전 이래 미디어 세상에서 가장 혁신적인 발전 가운데 하나였다. John Battelle(2009)는 "AdWords가 Google을 만들었다… Google을. AdWords는 Google의 결과물 페이지에서 당신이 보는 광고를 생성하는 것('Sponsored Links')이다. 당신은 단지 누군가 링크에 실질적으로 클릭을 하여 광고업체의 웹 사이트로 갈 때 링크에 대한 비용을 지불하면 된다. 그것은 '클릭당 지불(pay-per-click)'이라고 일컬어졌다"고 말하였다.

Google의 전략

Google의 근본적인 전략은 관련 다각화이다. Google은 기업 창업가정신과 혁신 그리고 인수를 통해 그들의 다각화 전략을 달성하였다. 이는 Google로 하여금 그들의 제공을 늘리고 그들의 경쟁을 줄이는 결과를 가져왔다. 산업의 리더로서, Google은 제품라인에 대한 지속적인 혁신과 핸드폰, 지도, 블로깅, 뉴스, 건강 등과 같은 다른 산업들로의 확장을 통하여 그들의 공격적인 전략을 사용해 왔다.

Google은 인터넷 사용자들에게 가능한 많은 주제들에 대하여 가장 밀접하게 관련된 검색 결과들을 제공해 왔다. 이는 외주를 위해 글로벌화하고 그들의 제품들을 외국어로 제공함으로써 시장을 확대하는 것을 포함한다. Google의 사업 수준 전략은 광범위한 다각화였는데, 이는 Google이 가장 밀접하게 관련된 검색 결과들을 여전히 제공하면서 한 언어에서 다른 언어로 번역해 주는 것과 같이, 다른 검색엔진들이 제공하지 못하는 특징들을 제공했기 때문이다.

Google의 사회공헌

Google의 사회공헌은 보편적으로 이루어졌다. Google은 그의 자본과 수익의 1%를 자선활동에 내놓았다. Google이 중점을 두고 있는 다섯 가지의 주요 영역은 (1) 제품을 만들고 글로벌 도전에 대처하는 정책을 지지하기 위하여 Google의 정보 및 기술을 사용하는 Google.org, (2) 차세대 엔지니어들을 지지하고 회사의 미션과 관련된 핵심 영역에서 혁신적인 연구를 추구하는 세계적인 학문 기관들과의 강한 관계를 유지시키는 엔지니어링 상(award)과 프로그램, (3) 대의명분을 알리고, 수익을 내며, 더 효율적으로 운영하기 위해 사용되며 당신이 세상을 변화시키는 데 도움을 주는 정보 및 도구, (4) 지역 커뮤니티와 전 세계의 노력을 지원하는 자선적 기부활동, (5) 아프리카에서의 인도주의적인 노력과 대체 연료 및 지구 온난화에 대한 연구를 위한 자금 조달을 통해 커뮤니티에 되돌려주고자 하는 Google의 그린 이니셔티브(Green Initiative)이다(http://www.google.org, 2010, 표 5 참조).

표 5 Google의 자선적 이니셔티브

Google.org

Google.org는 제품을 만들기 위하여 정보 및 기술에 있어서 Google의 강점을 글로벌 당면과제에 대처하는 정책의 지지

- Google Flu Trends – 20개 국가에 대한 실시간의 독감 활동을 평가하기 위하여 모아진 Google 검색 자료를 사용하는 도구
- Google PowerMeter – 전기를 덜 사용하고 비용을 절약하는 데 필요한 정보를 주는 주택 에너지 모니터링 도구
- Earth Engine – 삼림 지역과 같은 주요 핵심적 환경 지표들의 변화를 감시할 수 있는 국제 규모의 위성사진 분석을 위한 계산형 플랫폼
- RE < C – 석탄보다 더 저렴한 가격으로 유틸리티 규모의 재생가능한 에너지를 개발하기 위한 노력
- Google Crisis Response – 자연적 또는 인도주의적 위기 이후 업데이트된 이미지 사진, 우리의 웹 자산을 통한 복지 활동, 그리고 Person Finder 애플리케이션과 같은 엔지니어링 도구를 제공하는 팀
- All for Good – 사람들이 그들의 커뮤니티에 있는 자발적인 기회들을 찾고 이러한 기회들을 그들의 친구들과 공유할 수 있도록 도와주는 Google 및 다른 기술 기업들에 의해 개발된 서비스. All for Good은 많은 주요한 자발적 사이트들과 조직들에 걸쳐 자발적인 활동들을 위한 단일의 검색 인터페이스를 제공

엔지니어링 상 및 프로그램

- Google은 차세대 엔지니어들을 지원하였으며, 그들의 사명과 관련한 핵심 영역들에서의 혁신적인 연구를 추구하는 세계적인 교육기관들과 강한 유대관계를 맺음
- Google Research – 상호 관심이 있는 영역들에서의 연구를 추구하는 세계적 수준의 전임 교수진에 대한 상
- BOLD Scholarship – 새로운 경력 기회를 개척할 수 있도록 기술 산업에서 역사적으로 그다지 두각을 나타내고 있지 않은 사람들을 격려할 수 있는 다양성 인턴십
- Google Code University – 컴퓨터 사이언스 학생들과 교육자들이 현재의 컴퓨팅 기술 및 패러다임에 대하여 배울 수 있도록 하는 애플리케이션 소프트웨어 학습 프로그램 및 샘플을 통한 과정 콘텐츠
- Google PhD Fellowship Program – 컴퓨터 사이언스, 관련된 학문들, 또는 장래성 있는 연구 영역들에서 예외적인 일을 수행하는 뛰어난 대학원생을 위한 인정
- Google RISE Awards(과학 및 엔지니어링에 뿌리를 둠) – STEM(과학, 기술, 엔지니어링, 수학)과 컴퓨터 사이언스 교육 이니셔티브를 촉진하고 지원하는 상
- Google Scholarship – 연구에 있어서 탁월하고 적극적인 롤 모델과 리더가 될 수 있는 학생들을 격려하기 위한 장학금
- Summer of Code – 다양한 공개 소스 소프트웨어 프로젝트들에 대한 코드를 작성할 수 있는 학생 개발자들에 대한 장학금

당신이 세상을 바꿀 수 있도록 도와주는 정보 및 도구

Google 도구들은 대의명분을 알리고, 기금을 모으고, 보다 효과적으로 운영하기 위하여 사용됨

- Google for Nonprofits – 관심 끌기, 모금, 그리고 보다 효율적인 운영을 위한 Google의 무료 도구에 대한 정보
- Google Grants – 비영리 조직들을 위한 현물 지급의 온라인 광고
- Apps for EDU/Nonprofits – 자격을 갖춘 비영리조직들을 위한 이메일 계정을 포함한 무료 커뮤니케이션, 공동협력, 그리고 출판 도구
- Checkout for Nonprofits – 비영리 조직들을 위해 온라인 기부를 늘릴 수 있는 도구
- Customer Search for Nonprofits – 비영리 조직들을 위한 맞춤형 검색 경험

표 5 Google Philanthropic Initiatives

• Sketchup for EDU — 교육자들이 3D 모델들을 만들고, 수정하고, 공유할 수 있도록 해 주는 제품 • YouTube for EDU — 2년 및 4년 학위를 수여하는 공립 및 사립 칼리지와 대학들을 위한 교육 채널 • YouTube for Nonprofit — 비영리 자금 조달과 인식을 위한 지정된 채널, 프리미엄 브랜딩, 그리고 추가적인 무료 영상물 • YouTube Video Volunteers — 비영리 조직들을 그들이 비디오를 만드는 것을 도와줄 수 있는 자원자들과 연결시킬 수 있는 플랫폼 • Google Earth Outreach — 비영리 조직들이 Google Earth와 Maps에서 그들의 대의명분을 시각화하고 그들의 이야기를 말할 수 있도록 도와줄 수 있는 자원 • Google MapMaker — 사용자들이 전 세계 174개 국가 및 지역에 대한 지도 정보를 기부하고, 공유하고, 편집할 수 있게 하는 도구
자선적 기부 우리의 지역 커뮤니티와 전 세계에서의 노력을 지원하기 위한 Google 주도의 기부 • Corporate Giving Council — K-12 과학/수학/기술 교육과 정보에의 접근 확장과 같은 대의명분에 대한 Googler 주도의 파트너십을 위한 지원을 조정하는 범 Google 팀 • Holiday gift — 기부가 더 적은 시기에 도움에 대한 수요가 증가함으로써 경제적으로 어려움을 겪는 조직들을 도와주기 위하여 전 세계의 합당한 자선사업들에 대해 2009년 2천2백만 달러의 기부를 함. 이러한 선물은 고객 및 파트너들에 대한 크리스마스 선물을 대신함 • Community Affairs — Google이 영향력을 나타내는 지역 커뮤니티에 대한 투자로 Googler들이 그들의 시간과 전문적 지식을 그들의 커뮤니티에 투자하고, 커뮤니티 보조금 지급에 참여하며, 커뮤니티에 있는 이해관계자들과 파트너십을 형성할 수 있는 기회를 만들어 냄 • Google employee matching — 종업원 개인의 연간 자선적 기부와 종업원들이 자원봉사하는 5시간 당 50달러의 기부금을 회사가 6천 달러까지 매칭 기부함
Google의 그린 이니셔티브 • Google은 그들의 탄소 배출량을 줄이고, 효율적인 계산을 보장하고, 그들의 종업원들이 환경 친화적일 수 있도록 도와주기 위하여 회사 전반에 걸쳐 혁신적이고 책임감 있는 환경적 관행들을 수행

출처: Philanthropy at Google. Accessed May 18, 2010, http://www.google.org/googlers.html.

경쟁

Google은 빠르게 변화하는 시장에서 운영되었다. Google은 새롭고 파괴적인 기술의 가능성에 직면하였으며 사업의 모든 관점에서 위협적인 경쟁에 직면하였으며, 특히 사람들을 웹상의 정보로 연결시키고자 하는 기업들로부터 그러하다. Google은 Microsoft와 Yahoo!를 그들의 주요 경쟁자들로 여기고 있다(표 6 참조).

Google은 검색 기술을 향상시키거나 개발 중인 선진 기업들뿐만 아니라 창업 기업을 포함하여 다른 웹 검색 제공업체들로부터의 경쟁에 직면하였다. Google은 인터넷 광고 기업들과 경쟁하였으며, 특히 성과급 및 핵심어 타깃의 인터넷 광고의 영역에서 그러하다. 이 회사는 또한 온라인상에서 제품 및 서비스를 판매하는 기업들과 경쟁하였는데, 이러한 기업들이 사용자들로 하여금 제품 및 서비스에 대한 정보를 검색할 수 있도록 그들의 웹 사이트로 유인하는 시도를 했기 때문이다. Google은 또한 Gmail, YouTube, Google Docs를 포함한 많은 온라인

표 6 Yahoo! 재무 비율 2004~2008

유동성 비율					
유동성 지표	2008	2007	2006	2005	2004
당좌 비율	1.97	1.12	1.70	1.79	1.10
유동 비율	2.78	1.41	2.54	2.86	3.46
경영상 현금흐름 비율	0.007	0.302	0.638	0.919	0.583
채무 대 자기자본 비율	0.217	283	0.257	0.265	0.295
수익성 비율					
수익성 지표					
ROA	3.27	5.56	6.73	18.95	11.08
ROE	4.07	7.06	8.48	24.21	14.61
ROI	0.12	7.15	9.79	12.9	10.59
EBITDA 수익[1]	12.29	21.64	25.49	50.46	37.24
종업원 당 수익	528589	487362	563656	536497	469046
세후 순이익률	(2.31)	7.35	9.96	36.10	20.90
자산 관리 비율					
자산 관리					
총자산 회전율	0.55	0.59	0.58	0.53	0.47
수취채권 회전율	6.79	7.02	7.78	8.75	9.35
외상매입금 회전율	43.83	48.86	71.63	88.74	89.01

1 이자세금상각전이익

제품 및 서비스를 제공하였으며, 이들은 제품이나 미디어 자산에 통합되는 커뮤니케이션, 정보, 그리고 엔터테인먼트 서비스를 제공하는 신규 또는 기존의 기업들과 직접적으로 경쟁하였다.

Google은 사용자, 광고업체 및 Google 네트워크 멤버, 그리고 다른 콘텐츠 제공업체를 유인하고 그들과의 관계를 유지하기 위하여 다양한 방식으로 경쟁하였다(Google의 연간 보고서 참조).

- 사용자. Google은 그들의 검색과 커뮤니케이션 제품 및 서비스의 사용자들을 유인 및 유지하기 위하여 경쟁하였다. Google이 사용자들에게 제공한 대부분의 제품 및 서비스는 무료였으며, 그래서 이 회사는 가격으로 경쟁하지 않았다. 대신에, 이 회사는 검색 결과의 관련성 및 유용성, 특징, 가용성, 그리고 제품 및 서비스 사용의 용이성에 기초하여 이 영역에서 경쟁하였다.
- 광고업체. Google은 광고업체들을 유인 및 유지하기 위하여 경쟁하였다. Google은 광

고업체들이 이 회사의 AdWords와 AdSense 프로그램을 사용하게 함으로써 실현된 투자 수익률(ROI)에 주로 기초하여 이 영역에서 경쟁하였다. Google은 또한 고객 서비스의 품질, 특징, 그리고 그 제품 및 서비스 사용의 용이성을 기반으로 경쟁하였다.

- **Google 네트워크 구성원과 기타 콘텐츠 제공업체.** Google은 콘텐츠 제공업체(Google 네트워크 구성원, 뿐만 아니라 Google이 콘텐츠를 분배하거나 면허를 주는 다른 콘텐츠 제공업체)를 유인 및 유지하기 위하여 경쟁하였다. 이 회사는 그들의 광고업체 기반의 규모 및 품질, 그리고 이러한 파트너들이 광고 및 계약 조건으로부터 수익을 창출하도록 도와줄 수 있는 능력을 기반으로 경쟁하였다.

실리콘밸리

문화와 위치

Google은 California Mountain View의 실리콘밸리의 중심부에 위치하였다. 창업가에서 KPCB사의 벤처투자가로 전환한 Randy Komisar에 의하면, "실리콘밸리에서 우리는 모호함, 혁신, 위험 감수가 넘치는 유형의 사람들을 유인하는 문화를 창출해 왔다(Harris, 2009)." 미국의 다른 지역들도 Massachusetts의 Boston과 Texas의 Austin과 같은 혁신적인 기술 통로를 만드는 데 있어서 성공적이었다.

실리콘밸리는 종종 South San Francisco라고 불리지만, 실제로는 샌프란시스코 남쪽으로 60마일 가량 떨어진 주변지역으로 구성되었다. 눈에 띄는 도시들과 기업들 몇몇은 (북에서 남으로) South San Francisco(Amgen과 Genentech), San Mateo(YouTube), Redwoods Shores(Oracle Corporation, Electronic Arts, 및 Sun Microsystems), Menlo Park(대부분의 벤처 캐피탈 기업), Palo Alto(Hewlett-Packard와 Facebook), Mountain View(AOL, Intruit, RedHat, Symantec, VeriSign), Sunnyvale(Yahoo!, Ariba, NetApp, Advanced Micro Devices), Santa Clara(Applied Materials와 Nvidia Corporation), Cupertino(Apple, Inc.), San Jose(McAfee, E-Bay, Adobe Systems, Cisco Systems), 그리고 Los Gatos를 포함하였다. 수백 개의 명성 있는 고기술 기업들이 여기에 위치해 있다(그림 2 및 표 7 참조).

생계비

실리콘밸리는 미국에서 거주하기에 가장 비싼 곳들 중 하나였다. 최근의 주택 붐이 있는 동안, 이 지역의 평균 주택가격은 80만 달러였다. 가격은 도시에 따라 달라졌다. 예를 들면, 주택 붐이 가장 심했던 시기에 San Jose의 평균적인 주택이 71만 달러에 팔렸다. 하지만 2009년에, 이 가격은 47만5천 달러, 즉 33% 급락하였다. Palo Alto의 부동산은 실리콘밸리의 다른 지역들보다 가격을 더 높이 유지하였다. 부동산가격이 절정일 때의 주택의 평균 가격은 120만 달러로 2009년의 110만 달러에 비해 높은 편이었다. Palo Alto의 회복에 기여한 일곱 가지의 요인들은 (1) 햇빛이 찬란하고 아름다운 도시, (2) Stanford University에 대한 도시의 근접성, (3) 가용한 주택수의 제한(새로운 주택을 위한 공간이 없음), (4) 지역 내의 모든 최상위 첨단 기술 회사들에 대한 도시의 근접성(Google과 Apple은 15분 거리에 있음), (5) 명문의 K-12 학교 시스템이다. Apple의 CEO인 Steve Jobs, San Francisco

그림 2 실리콘밸리 지도

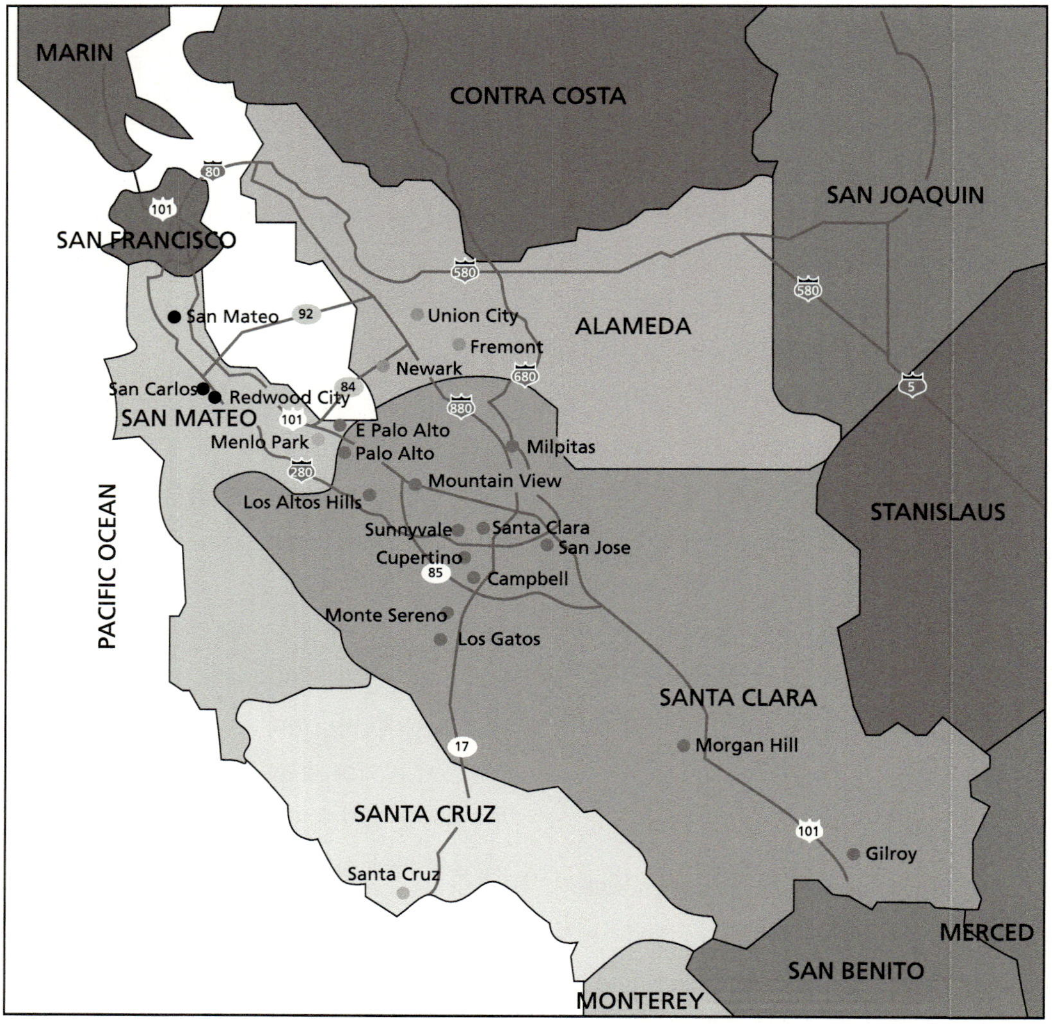

출처: Silicon Valley Cities and Counties, Retrieved May 19, 2009, http://www.siliconvalleyonline.org/cities.html

49ers(San Francisco Bay 지역에 위치한 미국의 전문 풋볼 팀)의 이전의 스타 쿼터백인 Steve Young, 그리고 Page 모두 Palo Alto에 거주하였다.

미국에서 1인당 평균 개인 소득은 39,751달러였지만, 실리콘밸리의 임금은 평균보다 30% 높았다. 이것이 고무적으로 들리지만, 실리콘밸리의 생활비는 미국의 대부분의 지역들보다 상당히 높았다. 예를 들면, 만약에 당신이 텍사스 달라스에서 매년 10만 달러를 받다가 Google에서 일자리를 잡아 Palo Alto로 옮긴다면, 당신이 동일한 수준의 삶을 살기 위해서는 252,226달러의 임금을 받아야 한다. 높은 생계비는 종업원들을 모집할 때 이 회사가 극복해야 할 장애물이었다.

교육 및 종업원

샌프란시스코 지역에는 많은 대학들과 단과대학들이 있다. 하지만 여기에는 단지 2개의 세계 수준의 연구대학들이 있는데, Stanford

표 7 실리콘밸리의 선두 기업

기업	심벌
Agilent Technologies, Inc.	A
Apple	AAPL
ACTEL	ACTL
Adobe Systems	ADBE
ADAPTEC	ADPT
AFFYMETRIX	AFFX
Align Technology	ALGN
Altera Corp	ALTR
Applied Materials	AMAT
Applied Micro	AMCC
Advanced Micro Devices	AMD
Applied Signal Tech	APSG
ARIBA	ARBA
Aruba Networks	ARUN
Atheros Comms	ATHR
Bigband Networks	BBND
BROCADE COMM	BRCD
Cadence DESIGN	CDNS
Chordiant Software	CHRD
Credence Systems Corp	CMOS
Coherent	COHR
CISCO Systems	CSCO
CYPRESS Semiconductor	CY
Cybersource	CYBS
Data Domain	DDUP
DSP Group	DSPG
EBAY	EBAY
Electronics For Imaging	EFII

기업	심벌
Echelon	ELON
Equinix	EQIX
Electronic Arts	ERTS
Extreme Networks	EXTR
Foundry Networks, Inc.	FDRY
FINISAR	FNSR
Gilead Sciences	GILD
Google-A	GOOG
Granite Construction, Inc.	GVA
Harmonic	HLIT
Hewlett-Packard Company	HPQ
Integr Device Tech	IDTI
Informatica	INFA
Intel	INTC
INTUIT	INTU
IPASS	IPAS
INTERSIL-A	ISIL
Intuitive Surgical	ISRG
Integrated Silicon Solution	ISSI
INTEVAC	IVAC
Interwoven, Inc.	IWOV
Sun Microsystems	JAVA
JDS Uniphase	JDSU
Juniper Networks	JNPR
KLA-Tencor	KLAC
Linear Technology	LLTC
LAM Research Corp	LRCX
LSI Corporation	LSI

표 7 실리콘밸리의 선두 기업 **(계속)**

기업	심벌
MICREL	MCRL
MCAFEE, Inc.	MFE
Monolithic Power	MPWR
Macrovision SOLNS	MVSN
Nanometrics Inc	NANO
NETFLIX	NFLX
NEKTAR Therapeutics	NKTR
National Semiconductor	NSM
NETAPP	NTAP
NETGEAR	NTGR
NVIDIA	NVDA
Novellus Systems	NVLS
OMNICELL	OMCL
OPLINK COMMS	OPLK
Openwave Systems	OPWV
Oracle	ORCL
Omnivision Tech	OVTI
Palm	PALM
Verifone Holdings, Inc.	PAY
PDL Biopharma	PDLI
PMC-SIERRA	PMCS
Power Integrations	POWI
Pericom Semiconductor	PSEM
Quantum Corporation	QTM

기업	심벌
Rackable Systems	RACK
Robert Half International, Inc.	RHI
RAMBUS	RMBS
Silicon Graphics, Inc.	SGIC
Silicon Image	SIMG
SYMYX Technologies	SMMX
Sandisk	SNDK
Synopsys	SNPS
Synnex Corporation	SNX
Sunpower-A	SPWR
Silicon Storge Tech	SSTI
SymanteC	SYMC
Symmetricom	SYMM
Synaptics	SYNA
Tivo	TIVO
Trident Microsystem	TRID
Trimble Navigation	TRMB
Tessera Tech	TSRA
Varian Medical Systems, Inc.	VAR
Varian	VARI
VMWARE, Inc.	VMW
Verisign	VRSN
Xilinx	XLNX
Yahoo!	YHOO

University와 UC Berkeley이다. 전 세계에 걸쳐 가장 명석한 석학들 몇몇이 일하거나 이러한 학교들에 가기 위하여 실리콘밸리로 왔다. 실리콘밸리에 위치한 San Jose State University는 또한 지역의 하이테크 기업들에게 엔지니어를 보내는 주요 공급자이다. 더욱이, 이러한 몇몇 엔지니어들은 그들 각각의 기업들에 있어서 리더가 되기 위해 왔다(예, 1968년 Intel의 설립자

Gordon Moore).

이 지역은 세계에서 가장 명석한 석학들을 키우는 기반이었다. 이 지역은 선견지명이 있는 에너지를 가졌다. 사람들은 대단한 부의 창출을 목격했었기 때문에 보다 창업 지향적이었다. VeriSign의 창업자 가운데 하나인 Bill Powar에 의하면, "나는 30년 동안 Visa에서 일했으나, 인터넷이 만들어졌을 때 우리는 오늘날에도 여전히 사용되고 있는 최초의 인터넷 보안시스템을 만들 수 있는 기회를 보았다." Powar는 기업공개로 수백만 달러의 수익을 거두고 퇴직하였다.

자본 접근성 및 법적 인프라

금전은 실리콘밸리 성공의 또 다른 핵심 변수였다. Menlo Park에 있는 Sand Hill Road는 매우 작은 지역에 있는 다수의 벤처 캐피탈 기업들로 유명하였다. dot.com의 붐이 있는 동안, 이곳의 부동산은 세계에서 가장 비쌌다. 소수의 종업원들이 종종 나무와 덤불로 가려진 매우 작은 사무실 건물들에서 일했다. 세상의 주요 벤처 캐피탈 기업들 가운데 하나인 KPCB에 있는 병솔나무들은 기업의 이름을 가렸다. 이곳의 다른 명문 벤처 캐피탈 기업들은 Sequoia Capital, Interwest Partners, Kohlberg Kravis Roberts, Draper Fisher Jurveston 등이었다. 벤처 캐피탈 기업들은 투자처에 근접하고 그들의 이사회의 일원이기를 원했기 때문에, Google은 이러한 벤처 캐피탈에의 용이한 접근성으로 경쟁우위를 가질 수 있었다.

실리콘밸리가 성장하면서, 자금 조달, 소송, 분쟁해결, 하이-테크 기업들, 지적 재산권에 전문성을 가진 수많은 로펌들이 엄청나게 성장하였다. 이러한 많은 기업들이 샌프란시스코와 Palo Alto에 자리를 잡았다.

기업 창업가정신과 혁신

기업 창업가정신(Guth & Ginsberg, 1990)은 설립된 중대형 조직들 내의 창업가적 행동을 기술하기 위하여 사용되는 용어이다. 기업 창업가정신은 설립된 기업들에서 제품 및 과정 혁신과 시장 개발을 통하여 새로운 사업을 창출하는데 목표를 둔 공식적 또는 비공식적 활동일 수 있다(Zahra, 1991). 혁신은 사람이 아이디어나 발명품을 얻고 새로운 가치가 있는 것을 만들 수 있는 기업 창업가정신의 핵심 요소이다. 예를 들어, 칫솔의 혁신은 전기칫솔이다.

Rule과 Irwin(1988)은 기업들이 팀과 태스크포스의 형성, 새로운 아이디어를 가진 새로운 직원의 모집, 혁신을 이루는 데 중점을 둔 전략적 계획의 적용, 그리고 유형의 결과를 볼 수 있을 가능성이 큰 프로그램들의 개발을 통하여 혁신의 문화를 구축하였다고 말한다.

기업 창업가정신의 뿌리는 3M 기업에서 번식하였다. 3M은 그들의 엔지니어 및 과학자들이 그들 자신이 설계한 프로젝트에 15% 이상의 시간을 보낼 수 있도록 하는 '조직적 느슨함'을 핵심 요인으로 소개한 최초의 기업이었다. 그 결과로서 많은 발명품들이 3M에서 나왔다(예, 포스트잇 노트와 스카치테이프).

Google의 기업 창업가정신과 혁신

Google은 사명을 부의 창출에만 두지 않았으며, 오히려 세상을 개선하는 데 두었다. Google의 심장 및 영혼은 창업가정신과 혁신에 근간을 두고 있다. 이 회사의 철학은 Stanford University에서 출발하였다. Stanford는 STVP 또는 스탠포드 기술 벤처 프로그램(Stanford Technology Ventures Program)으로 불리는 기술 지향의 벤처들의 형성에 전념하는 프로그램을 가지고 있다. Stanford는 Federal Telegraph와 Telephone, Hewlett-Packard, Varian Associates, SRI International, Yahoo!, Cisco, Sun Microsystems, Silicon Graphics, Varian Medical Systems, 그리고 VMware와 같이 둥지를 떠난 기업들을 창출한 풍요로운 100년 역사의 학생들과 교수진을 가지고 있다.

Stanford는 교수들이 그들의 연구에 기초하여 기업들을 설립하도록 권장하였다. Stanford의 집적회로연구실(Integrated Circuits Laboratory)의 설립자인 Thomas Lee 박사에 의하면, "창업가정신은 Stanford의 DNA로 만들어졌다." Lee가 도착했을 때, 그의 동료들로부터 그가 스타트업을 해야 한다는 것을 들었다고 그는 말했다. 그는 사업을 시작하라는 일종의 동료들의 압박이 캠퍼스에 있었다고 말했다. Stanford 총장 John L. Hennessey는 MIPS Computer Systems(지금의 MIPS Technologies)와 Silicon Graphics에서 창업가로 성장하였다. Stanford는 또한 그들의 교수들에게 기업의 지분을 획득할 것을 권장하였다. 이러한 문화는 지역 전반에 창업가적 벤처들을 육성하였다. 2009년 학생들의 사업계획서 경진대회에서는 dot.com 붐이 있는 동안의 두 배인 235명의 참가가 있었다.

Google의 경영 모델은 Microsoft, Apple, Cisco와 같은 다른 첨단 기술 기업들과 유사하다. Google은 그 원래 사무실 주변의 많은 건물들을 구입하였다. 회사의 구성, 위치, 문화는 칼리지 또는 대학의 그것과 유사하였다.

사람들이 밖에서 배구를 하는 것과 함께 빌딩과 빌딩 사이로 캠퍼스 여행을 하면서 많은 자전거들을 보는 것은 드문 일이 아니었다.

현재의 CEO Eric Schmidt에 의하면(2009), "나는 Google을 대학원의 연장선으로서 바라보았다. 유사한 유형의 사람들, 유사한 유형의 열광적인 행동, 그러나 믿을 수 없을 만큼 스마트하며 의욕에 가득차 있고 변화 감각과 낙관주의 감각을 가진 사람들이 그러하다. 그것은 사람들이 어떤 것을 만들 수 있다는 사람들의 문화였다. 즉, 그들이 어떤 것을 성취할 수 있기 때문에 그들이 원했던 것을 실제로 달성할 수 있었고 결과적으로 기업에 남아있을 수 있었다."

Brin과 Page는 세상에서 가장 총명한 몇몇 사람들을 가진 회사를 설립하였다. 최고의 대학과 마찬가지로, 그들은 가장 총명한 사람들을 고용하였고, 소규모 팀들에서 일했으며, 피드백을 받았고, 그리고 그들의 사명은 세상을 개선하는 것이었다. Google의 문화는 모든 것에 의문을 가졌다는 점에서 학계와 유사한 가치관을 가졌다. Google에서, 지위와 위계는 좀처럼 논쟁에서 이기지 못했으며, 창업자들은 그런 방식으로 유지하기를 원했다(Hamel & Breen, 2007).

Google의 성공에 기여한 다른 요인은 수평적이며 개방적인 조직구조였다. 전형적인 기업 모델들은 많은 관리 단계(layer of management)를 가졌고 전략은 하향식으로 추진되었다. 하지만 Google은 매우 민주적이었으며 종업원들은 누구에게나 이의를 제기하도록 장려되었다. 전략은 상향식으로 제기되는 경향이 있었다. Schmidt는 많은 종업원들과 그들의 다양한 프로젝트들에 대하여 매일 이야기한다고 말하였다. Google의 문화와 구조는 "우리는 권위를 싫어하며 우리는 이래라저래라 듣는 것을 싫어한다"는 Brin과 Page의 태도로부터 비롯되었다. Brin과 Page는 돌파가 가정에 의문을 제기하고 패러다임을 깨는 데서 온다는 것을 이해하였다(Hamel & Breen, 2007).

커뮤니케이션의 효과성을 증진시키기 위하여, 이 회사는 'MOMA' 또는 '메시지 지향의 미들웨어 애플리케이션(Message Oriented Middleware Application)'이라고 불리는 인트라넷을 개발하였다. MOMA는 웹 페이지로서 팀들이 그들의 진행에 대해 대화하고, 피드백을 모으며, 도움을 간청하는 것을 쉽게 함으로써 회사의 수백 개의 내부 프로젝트 각각에 대한 대화가 회사 전체에 스며 흐르게 하였다. 이 회사는 또한 모든 Google 엔지니어들이 그들의 활동에 대한 요약문을 올릴 수 있는 사이트인 Snippets라는 프로그램을 출시하였다. 어떤 Googler도 개인들이 유사한 프로젝트에서 일하는 곳을 찾거나, 발생한 것에 뒤처지지 않도록 Snippets를 탐색할 수 있었다(Hamel & Breen, 2007).

Google은 또한 방대한 아이디어, 팀 중심의 제품 개발에 대한 접근법, 그리고 모든 종업원들이 사용자를 우선시하도록 만드는 기업의 신조를 제안한 사람들에게 커다란 보상을 주는 정책을 가지고 있었다(Hamel & Breen, 2007).

최고경영진의 지원

Google은 전 세계로부터 가장 훌륭하고 총명한 사람들을 찾아내려고 하였다. Google은 세상에서 가장 개방되고 창업가적인 환경들 가운데 하나를 갖기 위하여 전념해 왔다. 이러한 증거는 사람들이 일하고 싶은 기업에 대한 인터뷰에 응했던 MBA 대학원생에 대한 연구에서 잘 나타나고 있으며, Google은 모든 MBA 대학원생들의 20%가 졸업 후 Google에서 일하고 싶다고 말한 1위의 기업이었다.

기업문화와 종업원

Google 내에서 창업가정신을 자극하는 가장 중요한 요인은 문화였다. 성공의 열쇠들은 자질 있는 종업원들과 함께 혁신적이며 느슨한 구조를 형성하는 것을 포함한다. 창업가정신과 혁신을 보상하는 것 또한 필수적이었다(그림 3).

그림 3 Google의 종업원 책상의 예

Courtesy of Google

Google의 고용 과정은 A-level 인재가 A-level의 인재와 일하고 싶어하고 B-level 인재가 B-level의 인재를 고용하고 싶어한다는 Brin과 Page의 신념에 기초하고 있다. 이는 조직을 망치게 할 수 있다. 그 결과, Google의 고용 과정은 지원자들에게 고통스러울 수 있다. 인터뷰는 종종 몇 주를 연장하며 잠재적인 종업원들에게는 종종 현장에서 풀 수 있는 Mensa 수준의 과학자 문제들이 주어졌다. 후보자에 대한 결정은 노련한 동료와 임원들에 의하여 이루어졌다. 그것은 확실히 혹독한 과정이었지만, 단순히 평균 수준인 사람들을 도태시켰다(Hamel & Breen, 2007).

Brin과 Page는 관리 단계를 최소화하고자 노력하였다. 그들은 또한 커뮤니케이션 채널을 좁게 유지함으로써 사람들이 빨리 행동할 수 있도록 하였다. Brin과 Page에 의하면, "우리의 경영철학은 강한 의욕을 가진 자질 있는 종업원들은 관리될 필요가 없다는 것을 증폭시켰다." 학계와 유사하게, Google은 그들의 종업원들에게 많은 자유를 주었다.

Google의 웹 사이트는 그들의 철학이 "최선에 결코 만족하지 말라"는 것이라고 말한다. 많은 양의 에너지와 야망과 더불어 Google의 지속성은 이 기업의 성공을 가져왔다. 회사의 웹 사이트는 'Google이 진실이라고 여기는 열 가지'를 열거하고 있다.

1. 사용자에 중점을 두면 나머지는 저절로 따라올 것이다.
2. 한 가지를 정말, 정말 잘하는 것이 최선이다.
3. 빠름이 느림보다 더 낫다.
4. 웹에 대한 평등한 취급이 작동한다.
5. 문제의 해답을 알기 위하여 책상에 있을 필요가 없다.
6. 부정한 방법을 쓰지 않고도 돈을 벌 수 있다.
7. 항상 밖에 더 많은 정보가 있다.
8. 정보의 필요성은 모든 국경을 넘는다.
9. 소송 없이 진지할 수 있다.
10. 위대함은 충분하지 않다.

(http://www.google.com/corporate/tenthings.html, accdssed May 17, 2009.)

Page와 Brin은 느슨하고 즐거운 업무 환경을 제공하는 데에 크게 중점을 두었다. 그들은 종업원들이 가장 생산적이라고 느낄 때 그들 자신의 시간을 만들고 그것을 관리한다고 믿었다. Google의 직원들은 그들의 근무시간의 80%를 일과를 위해 사용하였고, 다른 20%를 중요하지 않은 프로젝트에 사용하였다(조직적 느슨함). 이 회사는 매 분기마다 10~12개의 새로운 서비스를 제공했던 것으로 추정하였다. 검색 제품 및 사용자 경험(Search Product and User Experience)의 부사장이며 Google에 고용되었던 최초의 여성 엔지니어인 Marisa Mayer(2009)에 의하면, "20%는 우리의 핵심 성공요인들 가운데 하나였다. 이것이 엔지니어들이 열정을 가지고 있는 것에 대해 일할 수 있는 능력을 그들에게 주었다. 당신은 위대한 제품들을 만들어야 할 때를 결코 알지 못한다. 그것이 우리가 그들에게 창의적일 수 있는 기회를 주는 이유이다. 그것은 Google News와 Gmail이 어떻게 탄생했는지를 보여 준다. 당신은 수많은 다른 것들을 시도해야 한다. 분명 우리는 검색과 광고의 비즈니스를 하고 있지만, 근본적으로 우리는 혁신의 비즈니스를 하고 있다. 우리의 혁신 전략은 세 가지로 구성되어 있는데, 이는 (1) 작은 팀들이 함께 일하도록 하는 것, (2) 아이디어가 모든 곳에서 오도록 하는 것, (3) 종업원들이 열정을 가진 모든 프로젝트들을 수행할 수 있도록 그들에게 20%의 자유 시간을 주는 것이다. 이들 모두는 우리의 성공에 기여하였다."

Google은 그들의 개방된, 사회적 환경을 자랑하였으나 많은 사람들은 Google이 갈수록 '기업화'되고 있다고 느꼈다. 제품이 시장에 출시되기까지 여러 달이 소요되는 전체 검증과정을 거쳐야 했기 때문에, 엔지니어들이 그들 자신의 제품 및 서비스를 만들 수 있었던 환경의 영향력은 감소하고 있었다. 엔지니어들은 창의적인 삶을 즐겼지만, 경제적으로 독립하여 현금화할 수 있는 제품 및 서비스를 만드는 것을 좋아했다.

이러한 요인들에도 불구하고, Google은 회사의 빠른 성장과 관련된 문제점들을 가졌다. 2009년 5월 현재, Google은 2만 명이 넘는 종업원들을 가졌다. 이는 Google이 창업가적 문화를 유지할 수 있는 기업 능력에 부정적인 영향을 미쳤다. 가장 자주 듣게 되는 불만사항은 종업원들의 기량이 활용되지 못하고 있다는 것이었다. 한 아이비리그 졸업생은 "아이비리그 졸업장을 가진 나는 인적자원부서에 취직하여 문서들을 뒤적거리다가 6개월 만에 그만두었다"고 말하였다.

스스로 운영되는 작은 팀

대부분의 Google 종업원들은 제품 개발을 할 때 세 명이 한 팀으로 일하였다. Gmail과 같이 큰 제품들은 30명 이상의 사람들을 가질 수 있었는데, 3~4명이 한 팀이 되었다. 각 팀은 특정한 임무(예, 스팸 필터를 만들거나 자동전달 기능의 개선)를 수행하였다. 각 팀에는 리더가 있지만, 리더들은 팀에서 교대되었다. 엔지니어들은 대개 1개 이상의 프로젝트를 수행했으며 팀을 바꾸는데 자유로웠다. Google의 운영 부사장인 Shona Brown에 의하면, "가능하면, 우리는 일에 할당되기보다는 일에 몰입할 수 있는 사람들을 원한다"(Hamel & Breen, 2007).

보상 구조

Google은 일곱 명의 주방장을 둔 18개 카페가 있는 확장된 버전의 운동장으로 불렸다. Google은 그 직원들에게 배구 코트, 체육관, 맛좋은 점심 및 저녁식사(저녁식사를 한 후 퇴근하는 것은 금기시 되어 있지만), Ben & Jerry 아이스크림, 요가 강습, 종업원들이 직장에 개를 데려올 수 있음, 직장 안마사, 현장 의사, 세탁 서비스, 통근 셔틀 등과 같이 믿기 어려운 무료 특전을 제공하는 것으로 알려져 있다. 이는 Google을 일하기에 가장 인기 있는 기업들 가운데 하나로 만들었다. Google은 가장 밝고 가장 적합한 종업원들이 언제나 그들의 직무에 집중하기를 원하기 때문에 그들의 종업원들에게 훌륭한 특전을 제공하였다.

Google 종업원들은 산업평균과 동일하거나 약간 낮은 수준의 기본급을 받았다. 하지만 평균 주변의 표준편차는 다른 대부분의 기업들에서 보다 Google에서 더 높았다. Google에는 연간 보너스가 기본급의 30%에서 60%에 이르지만, 수익을 끌어올리는 아이디어를 제안하는 사람들의 급여의 오름세는 훨씬 더 클 수 있다 (Hamel & Breen, 2007).

Google은 창업가들이 금전에 의하여 동기가 부여된다고 이해하였다. 그리하여 2004년 그들은 '설립자 상'을 만들었다. 이는 제한된 주식옵션(때때로 수백만 달러 가치의)으로서 회사의 수익성을 증가시킬 수 있는 최고의 아이디어를 제안한 팀들에게 분기에 주어졌다. 지금까지 가장 컸던 상은 Eric Veach에 의해 이끌어진 팀에게 주어졌다. 그의 팀은 새로운 광고 알고리듬인 'SmartAds'를 만들었으며 1,000만 달러를 받았다 (Hamel & Breen, 2007).

결정의 순간

Brin과 Page는 콘서트를 끝까지 관람하면서 생각하기를, "Green Day를 보라. 이 젊은이들은 몇 해 동안 성공해 왔으며, 그들은 여전히 로큰롤로 노래하고 있다!! Green Day가 그것을 할 수 있다면, Google도 할 수 있다." 그러나 Brin과 Page는 그들의 목표를 달성하기 위해서는 그들 기업의 문제점들을 해결할 수 있는 방법을 알아낼 필요가 있다는 것을 깨달았다. 그들의 근본적인 문제는 그들이 2007년부터 2008년까지 변동 없는 순이익에 직면하여 기업 창업가정신과 혁신의 문화를 어떻게 유지하는가에 있었다. 추가적으로, 이 회사는 다수의 다른 이슈들에 직면하였는데, (1) 광고 수익의 감소, (2) 기업 역사에 있어서 최초의 몇몇 종업원들에 대한 해고와 이익을 창출하지 못하는 제품들의 퇴출, 그리고 (3) 다양한 이유들(예, 멘토링 및 공식적인 경력 계획의 부족, 지나친 관료주의, 낮은 임금 및 복리후생, 이 지역에서의 높은 생계비, 자신의 사업을 시작하려는 바람)로 인한 종업원들의 감소가 그것이다. 만약 Google이 혁신을 통해 그들의 주요 성장 전략을 유지하기를 원했다면, 최고의 종업원들을 모집하고 유지할 수 있는 방법을 찾았어야 했다.

Google은 수익성이 침체된 시기에 그들의 기업 창업가정신과 혁신의 문화를 유지할 수 있는 방법을 찾아야만 했다. 더욱이, 이 회사는 2만 명이 넘는 종업원들로 성장하였다. 그렇게 큰 조직을 가진 Google이 어떻게 그들의 문화를 유지할 수 있었는가?

질문

1. Google이 2009년에 직면한 주요 문제점들은 무엇인가?
2. 사례에서 기술된 바와 같이 2009년의 경제적 환경은 지금의 Google에게 어떠한 시사점, 기회 및 위협을 제기하고 있는가? 2012년에는 어떠한가?
3. 사례의 내용에 근거할 때, 무엇이 Google에게 있어서 주요한 전략적 변곡점이었는가? 왜 이 지점을 선택했는가?
4. 지난 5년 동안의 Google의 주요 수익성, 유동성, 자산관리 비율을 계산하고 이를 Yahoo!와 비교해 보시오. 재무 비율에 기초할 때 Google이 Yahoo!보다 어떤 이점을 가지고 있는가? Google은 Yahoo!에 비해 어떤 취약점을 가지고 있는가?
5. Google은 재무적으로 건전한가? 그렇다면 혹은 그렇지 않다면 이유는 무엇인가?
6. Google의 핵심 성공요인은 무엇이었는가?
7. 당신은 Google에게 어떤 추천을 하겠는가? 이유는 무엇인가?

참고문헌

1. Battelle, J. (2009, December 3). Inside the mind of google. CNBC Interview.

2. Blodget, H. (2009). Google announces layoffs (GOOG). *Silicon Valley Insider*. Available at www.businessinsider. com/2009/1/google-announces-layoffs-goog, accessed 15 May 2009.

3. Brandon, E. (2009). Retirement accounts have lost $3.4 trillion. USNews.com. Available at www.usnews.com/blogs/planning-to-retire/2009/03/13/retirementaccounts-have-now-lost-34-trillion.html, accessed 28 May 2009.

4. Buffett, W.E. (2008, April 4). Economy in a recession will be worse than feared. *USA Today.com*. Available at http://www.businessinsider.com/2009/1/googleannounces-layoffs-goog, accessed 15 May 2009.

5. CNNMoney.com (2009). 100 top MBA employers. Available at http://money.cnn.com/magazines/fortune/mba100/2009/full_list/, accessed 28 May 2009.

6. Google Milestones (2009). Google Homepage: Corporate Information. Available at http://www.google.com/corporate/history.html, accessed 31 March 2009.

7. Google.org. (2010). Philanthropy at Google. Available at http://www.google.org/googlers.html, accessed 18 May 2009.

8. Guth, W. & Ginsberg, A. (1990). Guest editors' introduction: Corporate entrepreneurship. *Strategic Management Journal*, 11, 297–308.

9. Hamel, G. & Breen, B. (2007). "Aiming for an evolutionary advantage." *Harvard Business Review*. Boston, MA: Harvard Business School Press.

10. Harris, S. (2009, May 10). Stanford's rich entrepreneurial culture still bursting with ideas, nurturing minds. *San Jose Mercury News*, pp. 1–19.

11. Lowe, J. (2009). *Google speaks: Secrets of the world's greatest billionaire entrepreneurs* (p. 282). Hoboken, NJ: John Wiley & Sons.

12. Mayer, M. (2009). Inside the Mind of Google. CNBC Interview. December 3, 2009.

13. Miller, M. (2006). *Googlepedia: The ultimate google resource?* (p. 10). London: Que.

14. Rule, E. & Irwin, D. (1988). Fostering intrapreneurship: The new competitive edge. *Journal of Business Strategy*, 9(3), 44–47.

15. S & P 500 Index (2009). Historical prices. Available at http://finance.yahoo.com/q/hp?s=^GSPC&a=0&b=3&c=1950&d=9&e=25&f= 2009&g=d&z=66&y=132, accessed 24 October 2009.

16. Schmidt, E. (2009, December 3). "Inside the mind of google." CNBC Interview. Available at http://www. youtube.com/watch?v=u02h9LYYmuc, accessed 25 May 2009.

17. Thompson, C. (2001). *Current biography yearbook* (p. 50). Bronx, NY: Hw Wilson Co.

18. Willis, B. (2009). U.S. recession worst since great depression, revised data show. Available at www. bloomberg.com/apps/news?pid=20601087&sid= aNivTjr852TI, accessed 27 November 2009.

19. Zahra, S. (1991). Predictors and financial outcomes of corporate entrepreneurship: An exploratory study. *Journal of Business Venturing*, 6(4), 259–285.

1부 연습문제

— 당신은 얼마나 윤리적인가?

지시문:

다음의 비즈니스 상황을 읽고 사람들이 윤리적으로 받아들일 만하다고 개인적으로 느끼는 정도를 보여 주는 번호를 빈칸에 적으시오.

결코 받아들일 수 없는			개의치 않은			항상 받아들일 수 있는
1	2	3	4	5	6	7

1. 연 5만 달러를 받는 임원이 매년 거의 1,500 달러까지 그의 비용 계정을 불려서 써넣는다. ___________
2. 수익을 늘리기 위해, 총지배인이 환경오염에 대한 법적 한계를 넘는 생산공정을 사용하였다. ___________
3. 증권중개인이 그의 증권회사로부터의 압력 때문에 좋은 투자 대상이라고 여기지 않는 유형의 채권을 추천하였다. ___________
4. 한 소기업이 그의 총 매출의 1/4을 현금의 형태로 받았다. 소유주는 소득세 목적으로 현금의 반만을 영수증으로 발행하여 신고하였다. ___________
5. 한 기업이 해외의 공무원에게 35만 달러의 컨설팅비를 지불하였다. 공무원은 그 대가로 계약 기업에게 천만 달러의 수익을 창출하는 계약을 획득하는 데 지원하겠다고 약속하였다. ___________
6. 한 기업 사장은 경쟁사가 자신 회사의 수익을 급격하게 낮출 수 있는 중요한 과학적인 발견을 하였다는 것을 알았다. 그 후에 그는 발견한 세부사항을 알아내기 위하여 경쟁사의 핵심 인물을 고용하였다. ___________
7. 고속도로 건설 도급업체는 무질서한 입찰제도와 치열한 경쟁을 맹렬히 비난하였다. 그는 합리적인 수익을 제공하는 입찰을 허용할 수 있도록 다른 주요 도급업체들과 합의를 하였다. ___________
8. 한 기업 사장은 구매 대리인에게 값비싼 크리스마스 선물을 보내는 것이 그들의 입장을 손상시킬지도 모른다고 인식하였다. 하지만 그는 그러한 정책을 유지했는데, 그것이 통상적인 관행이고 그것을 바꾸면 사업상의 손실을 초래할지도 모르기 때문이었다. ___________
9. 한 기업 이사는 그의 회사가 주식 분할을 발표하고 배당금을 늘릴 계획이라는 것을 알았다. 이러한 정보를 토대로, 그는 추가로 주식을 샀으며 발표 후에 이익이 나는 시점에서 주식을 처분하였다. ___________
10. 한 기업 임원은 그와 친밀한 관계가 없이 능력이 탁월한 관리자에 우선하여 소중한 친

구이며 유능한 관리자를 부문의 부사장에 승진시켰다. ___________

11. 한 엔지니어는 그가 인식한 것이 안전상 위험을 야기한 제품 설계상의 결함이 될 수 있다는 것을 발견하였다. 그 엔지니어는 그의 불평사항을 회사 밖에 알리기보다는 침묵하기로 결정하였다. ___________

12. 한 감사관은 숨기지 않으면 널리 알려지게 될 수 있는 다소 난처한 재무정보를 비밀로 하는 합법적인 방식의 재무보고를 선택하였다. ___________

13. 한 고용주는 똑같은 자질을 갖춘 두 명의 지원자로부터 감독직에 대한 지원서를 받았다. 그는 몇몇 종업원들이 여성에 의해 감독받는 것을 싫어한다고 생각했기 때문에 남성 지원자를 고용하였다. ___________

14. 한 제품에 대한 마케팅 전략의 일부로서, 제조업체는 그 색상만을 변경하고 다른 특성들은 변경하지 않았지만 그것을 '새롭고 개선된 제품'이라며 판매하였다. ___________

15. 한 담배 제조업자는 담배가 흡연자의 건강에 해롭다는 의무국장실로부터의 새로운 증거를 제기하는 홍보 활동에 착수하였다.

____

16. 중소기업의 한 소유주는 소프트웨어 딜러로부터 500달러에 자신 소유의 프로그램을 구매하기보다 비즈니스 친구로부터 저작권이 있는 컴퓨터 소프트웨어 프로그램을 무료로 획득하였다. ___________

서베이 결과: 다음은 240명의 창업가들이 응답한 것이다.

1. 평균 응답 = 2.0	9. 평균 응답 = 2.8
2. 평균 응답 = 1.5	10. 평균 응답 = 3.5
3. 평균 응답 = 1.7	11. 평균 응답 = 2.3
4. 평균 응답 = 2.7	12. 평균 응답 = 4.1
5. 평균 응답 = 3.3	13. 평균 응답 = 3.1
6. 평균 응답 = 3.9	14. 평균 응답 = 3.2
7. 평균 응답 = 3.2	15. 평균 응답 = 3.5
8. 평균 응답 = 3.2	16. 평균 응답 = 3.6

2부
창업 벤처의 착수

CHAPTER

5장
창의성과 혁신

창업가적 사고

지적인 사람의 시대는 거의 끝났고, 창의적인 사람의 시대가 열리고 있다.

— Pinchas Noy

학습목표

1. 기회 포착의 과정을 탐구한다.
2. 창업가를 위한 혁신적 아이디어의 원천을 정의하고 설명한다.
3. 지식 축적, 인큐베이션 과정, 아이디어 경험, 평가, 실행과 같은 창의적 과정의 주요 요소들을 살펴보고 창의성의 역할을 살펴본다.
4. 관계 인식, 기능적 관점 개발, '두뇌' 사용, 평정심 유지하기를 통해 개인의 창의성을 개발하는 방법을 제시한다.
5. 혁신의 네 가지 주요 유형인 발명, 확장, 복제, 통합에 대해 소개한다.
6. 혁신과 관련된 몇 가지의 주요 통념을 살펴보고, 혁신의 열 가지 원칙을 정의한다.

기회 포착: 새로운 아이디어 탐색

기회 포착(opportunity identification)은 창업가정신 분야의 핵심이다. "그 중심을 보면, 창업가정신은 미래의 제품 및 서비스의 창출을 위한 기회가 왜, 언제, 그리고 어떻게 경제에서 발생하는지에 대한 질문들에 초점을 맞춘다. 그리하여 기회 인식(opportunity recognition)은 개인적 및 사회적 부를 창출하는 시점이다."[1] 창업가정신을 연구할 때 '기회 포착 과정에 대한 이해'가 중요한 당면 과제 중 하나라는 주장은 오래 전부터 있어 왔다.[2]

이 장에서는 창업가적 기회를 이해하는 데 핵심이 되는 두 가지 주요 주제인 새로운 아이디어의 창의적 추구와 혁신 과정을 다룬다. 혁신적인 아이디어와 그 발견을 위한 경로를 탐색하는 데 유용할 수 있는 원천을 살펴본다. 먼저, 혁신적 아이디어의 창의적 원천 몇 가지를 살펴보자.

혁신적 아이디어의 원천

창업가들은 항상 대내・외 환경에 존재하는 기회를 주시하며, 종종 남들이 쉽게 인지하지 못하는 잠재적 기회를 발견한다. 이들은 어디에서 영감을 받는 것일까? 아래의 모든 곳에 있다.

트렌드

트렌드 신호가 대부분의 사람들의 현 패러다임(또는 생각)에 있어서 바뀌고 있다. 사회적, 기술적, 경제적, 또는 정부적 트렌드이든지 간에, 트렌드에 대한 면밀한 평가와 그 과정에서 생기는 소중한 통찰력이 잠재적인 창업가적 아이디어에 대한 풍성한 원천이 된다.

사회적 트렌드: 노령화 인구통계, 체력 개선, 노년 생활
기술 트렌드: 모바일(핸드폰) 기술, 전자상거래, 인터넷 발달
경제적 트렌드: 가처분 소득 증가, 맞벌이 가족, 성과에 대한 압력
정부 트렌드: 규제 강화, 유가, 테러

예기치 못한 사건

성공 또는 실패가 모두 예측이나 계획이 불가능하기 때문에 종종 혁신의 계기가 된다. 그 예가 바로 미국에서 발생한 9.11 테러이다. 이 사건으로 말미암아 국토 안보에 대한 새로운 혁신적 아이디어들이 쏟아져 나왔다(221쪽의 '창업가정신 사례: 테러리즘이 혁신을 불러온다' 참조).

불일치

불일치(incongruities)는 기대와 현실 사이의 차이에 존재한다. 예를 들어, Fred Smith가 '익일 우편 배송 서비스'를 제안했을 때, 주변에서는 "만일 그것이 그렇게 수익성이 높은 시스템이라면 미국 우체국이 이미 하고 있었을 것이다"라며 반대의 소리가 컸다. 결국 Smith가 옳다는 것이 밝혀졌다. 당시 새롭고, 보다 빠른 우편서비스는 경제성이 없을 것이라는 가정과 동시에 우편배달은 3일이 소요된다는 현실 사이에 불일치가 존재하였다. 그래서 Smith는 FedEx를 설립하였다.

과정 요구

벤처투자가들은 종종 시장에서의 과정 요구를 '통증'이라고 말하고, 이러한 요구에 대한 혁신적인 해결책을 '진통제'라고 말한다. 요구가 어떤 일을 더 잘하는 것일 때, 혁신적인 최신 의료기기, 건강식품, 보다 효과적인 의약품, 시간을 절약해 주는 각종 기기의 개발이 가능해진다.

산업과 시장의 변화

소비자 태도의 변화, 기술의 진보, 그리고 시장이나 산업의 구조, 디자인, 또는 정의에 있어서의 성장에서 기인한 시장의 지속적인 변화가 새롭게 대두되는 기회의 원천이다.

인구통계학적 변화

인구 규모, 연령, 교육, 직업, 지리적 위치, 그리고 유사한 인구통계학적 변수에 있어서의 변화가 종종 새로운 창업가적 기회에 촉매작용을 한다. 예를 들어, Florida와 Arizona에 은퇴 인구의 유입으로 인해 거주자의 평균연령이 증가함에 따라 토지 개발, 레저, 의료 산업 모두 수익을 내고 있다.

인식의 변화

사실과 개념에 대한 사람들의 해석에 있어서 인식의 변화는 눈으로 확인할 수 없지만, 분명 함의가 있다. 건강하고 육체적으로 건실해야 할 필요성을 인지하면, 전국에 건강식 및 운동시설에 대한 수요가 생긴다. 개인의 시간을 활용하고자 하는 욕구는 소비자가 젊고 건강할 때 '세상을 보고자 하는' 욕구를 활용하는 여행 산업에 호재가 된다. 사람들은 공유하는 콘도나 여행자 클럽에 관심을 갖게 된다.

지식 기반 개념

발명이란 새로운 사고방식과 지식의 산물인데 아이디어 개발 단계에서 상용화 단계에 이르기까지 테스트 및 수정작업으로 인해 시간이 많이 소요된다. 예를 들면, 휴대폰 기

표 5.1 혁신적 아이디어의 원천

원천	사례
예기치 못한 사건	예기치 못한 성공: Apple Computer(개인용 컴퓨터) 예기치 못한 비극: 9.11테러
불일치	익일 배송 서비스
과정 요구	무설탕 제품, 무카페인 커피, 전자레인지
산업과 시장의 변화	의료 산업: 재택의료 산업으로의 변화
인구통계학적 변화	노인을 위한 은퇴자 마을 공동체
인식의 변화	운동(에어로빅) 및 건강에 대한 관심 증가
지식 기반 개념	모바일(휴대폰) 기술, 제약 산업, 로봇공학

술의 발달은 휴대폰뿐만 아니라 카메라, 인터넷, 음악 분야로까지 확대되었다. 이는 우리가 오늘날 휴대폰을 사용하는 방식에 대변혁을 일으켰다. 이러한 개념들은 5년 전에는 상상도 못했던 일이다. 표 5.1은 이러한 혁신과정의 몇 가지 사례를 보여 준다.

지식 및 학습의 과정

아이디어의 원천들을 인지하면, 창업가들은 아이디어가 실질적인 기회로 녹아질 수 있도록 일, 경험, 교육으로 습득한 기존의 지식 기반을 활용하여야 한다. 일반적인 산업지식, 기존의 시장 지식, 기존의 고객 이해, 특정 관심분야 지식, 또는 기타 기존의 지식들은 창업가들이 이례적인 혁신적 아이디어의 원천들이 잠재적 기회로 변화시키는 데 도움을 준다.[3]

창업가들은 그들의 지식 기반에 있어서 단순히 특정한 경험을 얻는 것에 추가하여, 당연히 그들의 경험으로부터 배울 수 있어야 한다. 연구원 Andrew C. Corbett은 학습과정을 통해 정보, 지식, 경험을 습득하고 변형하는 것이 중요하다는 사실을 깨달았다. 그의 연구는 정보를 인식 가능한 기회로 전환시킬 수 있는 개인들의 인지적 능력에 대한 이론을 뒷받침하고 있다.[4] 개인 창업가들이 어떻게 기존의 지식으로부터 정보를 습득, 처리, 그리고 학습하는지가 기회 포착 과정의 핵심이다. 이를 염두에 두고, 지금부터는 경험을 창업가적인 통찰력과 노하우로 전환하는 데 필요한 상상력과 창의성에 대해 살펴본다.

창업가적 상상력과 창의성

창업가들은 상상력이 풍부하면서 창의적인 사고를 체계적이면서 논리적인 처리능력과 융합한다. 이러한 융합은 성공적인 혁신을 위한 핵심이다. 게다가, 잠재적 창업가들은

글로벌 관점

아프리카: 기회 혹은 위기

아프리카 대륙 일부에서 발생하는 내전으로 인해, 창업가들과 투자자들이 한결같이 아프리카에서의 사업을 꺼려왔다. 그러나 몇몇 용감한 사람들은 이 불안정한 환경에서 혁신을 발휘하여 상당한 기회를 찾았다. 매년 5~6% 성장과 인플레이션 하락을 보이는 아프리카에서 적극적으로 적응하기 위한 노력을 기울이는 기업들은 아프리카 경제여건이 개선됨에 따라 사업에 유리한 입장에 있다.

ECP(Emerging Capital Partners)는 워싱턴 주재 사모펀드인데 1999년 이후로 아프리카를 주시해 왔으며, 초기 투자금액의 평균 3배에 달하는 수익을 냈다. 비록 아프리카 대륙에 투자한 이후 48개 국가 중 18개 국가에서의 철수를 포함한 문제들에 봉착해 왔지만, 포트폴리오의 전반적인 성과는 기업의 집요함에 보상을 해 왔다. 포트폴리오에서 상위의 성과를 내는 몇몇 기업들은 다음과 같다.

- ECP는 13개국에서 사업을 하고 있는 이동전화 회사인 CelTel에 5천만 달러를 투자했고, 5년 후 매각할 당시에 2억 1,500만 달러를 벌었다.
- ECP는 은행그룹인 Ecobank에 1,200만 달러를 투자했고 7년 후 3,600만 달러의 수익을 냈다.
- ECP는 고무 수출기업인 Societe International de Planatations D'Heveas에 1,480만 달러를 투자했고 2년 후 4,810만 달러의 수익을 냈다.

ECP는 다국적 기업과의 사업경험을 중시하고 있기에 기존 지식에 의하여 위험이 어느 정도는 완화된다. 하지만 현지 창업가들의 성공 의지와 가용자산의 부족은 ECP가 투자위험에 효과적으로 대비가능한 조건의 협상과 함께 다양한 국가에 투자하여 포트폴리오를 다각화하는 이상적인 환경을 만들어 왔다. 비록 다른 투자자가 아프리카에 진출하게 되면 투자 환경이 달라지겠지만, ECP는 남들이 위기로 보는 곳에서 적극적으로 기회를 찾았기 때문에 경쟁우위를 가졌다.

출처: Source: Adapted from Marc Gunther, "Investment in Africa Starts to Pay Off," *Fortune*, February 18, 2008, http://money.cnn.com/2008/02/13/magazines/fortune/gunther_africa.fortune/index.htm (accessed March 26, 2008).

항상 필요로 하거나 원하는 것을 충족시킬만한 독특한 기회를 찾는다. 이들은 "…면 어쩌지?" 혹은 "…하지 그래?"라는 질문을 계속적으로 던지면서, 사업상의 문제에서 경제적 잠재성을 감지한다. 이들은 다른 사람들이 문제만 찾는 상황에서 기회를 보고, 인식하고, 만드는 능력을 발전시킨다. 창업가의 비전을 개발하기 위한 첫 번째 규칙은 수요가 공급을 의미하듯이 문제가 해결방안이라는 것을 인식하는 것이다. 문제들을 가용한 모든 시각에서 볼 수 있도록, 창의적인 사고와 체계적인 탐구를 융합하는 분석이 창업가적인 상상력의 특징이다.[5] 문제가 무엇인가? 누구에게 영향을 미치는가? 그들에게 어떻게 영향을 미치는가? 어떤 비용이 포함되는가? 그것은 해결될 수 있는가? 시장은 해결방안에 대해 값을 치를 것인가? 창업가들은 상상력을 가지고 계속해서 이러한 유형의 질문들을 던져보아야 한다.

표 5.2 창의적 문제해결에 대한 두 가지 접근법

적응자(adaptor)	혁신가(innovator)
예리하며, 정확하고, 체계적인 접근법을 사용한다.	특이한 관점으로 과업에 접근한다.
문제를 찾는 것보다 해결에 관심을 둔다.	문제와 해결방안을 찾아낸다.
현재의 관행을 개선하려 시도한다.	현재의 관행과 관련된 기본적인 가정에 의문을 갖는다.
수단에 집중하는 경향이 있다.	수단을 중시하지 않으며, 결과에 더 관심을 둔다.
길어진 세부업무에 능숙하다.	일상적인 업무를 지루해 한다.
집단 응집성과 협력에 민감하다.	합의에 무관심하고, 대개는 다른 사람에게 냉담하다.

출처: Michael Kirton, "Adaptors and Innovators: A Description and Measure," *Journal of Applied Psychology* (October 1976): 623. Copyright © 1976 by The American Psychological Association.

창의적 사고의 역할

혁신적 과정에서 창의적 사고의 역할을 인식하는 것이 중요하다. **창의성**(creativity)이란 어떤 시스템의 효율성 및 효과성을 개선시킬 수 있는 아이디어의 생성을 의미한다.[6]

창의적인 문제해결의 두 가지의 중요한 구성 요소는 과정과 사람이다. 과정은 목표지향적이며, 문제에 대해 궁극적으로 해결방안을 마련하는 것이다. 사람들은 해결방안을 결정하는 자원이다. 과정은 같지만 사람이 문제해결을 위해 취하는 접근법은 다양하다. 하나의 방안에 적응하는 사람들이 있고, 굉장히 혁신적인 해결방안을 고안해내는 사람도 있다.[7] 표 5.2는 적응자와 혁신가를 비교한 것이다.

혁신적인 창업가와 적응적인 창업가를 구분할 수 있는 두 가지 접근법의 타당성을 살펴본 연구가 있는데, 그들의 적용은 매우 효과적이었다.[8] 그리하여 개인의 문제해결 지향성을 이해하는 것은 그들의 창의적인 능력을 개발하는 데 도움을 준다.

창의적 과정의 본질

창의성은 개발되고 향상될 수 있는 과정이다.[9] 모두가 어느 정도는 창의적이다. 하지만 운동선수, 예술가 등과 같이 많은 능력과 재능을 가진 사례가 있듯이, 어떤 개인들은 남들보다 창의성에 있어서 뛰어난 소질을 갖는다. 또한, 어떤 사람들은 창의성을 배양할 수 있는 환경에서 자라거나 교육을 받는다. 그들은 창의적으로 행동하고 사고하도록 교육을 받는다. 이러한 환경에서 성장하지 못한 사람들에게는 창의적인 과정이 더 어렵기 마련인데, 창의적인 사람이 되기 위해서는 창의적인 과정을 실행하는 방법을 배워야 한다.[10]

많은 사람들은 천재들만이 창의적일 수 있다고 착각하고 있다.[11] 대부분의 사람들은 일부만이 태생적으로 창의적이며, 재능이 있거나 지능이 뛰어난 사람들만이 창의적인 아

표 5.3 아이디어를 막는 가장 흔한 말들

1. "됐거든."
2. "못해." (머리를 흔들며 단호한 태도로 말하는)
3. "말 같지도 않은 소리를 한다."
4. "그래, 그런데 만약 네가 하게 된다면…" (극단적이고 끔찍한 사례를 들며)
5. "몇 년 전에 이미 시도해 본 일이야."
6. "지금 우리 방식에는 아무런 문제가 없어 보이는 걸."
7. "해 본 적이 없는 일이야."
8. "마감일이 얼마 남지 않았어. 그것을 고려할 여유가 없어.
9. "그런 걸 할 수 있는 예산이 없어."
10. "이런 기이한 아이디어는 어디서 나온거니?"

출처: Kuratko and Hodgetts, *Entrepreneurship*, 8th ed. © 2009 Cengage Learning.

이디어와 통찰력을 생성할 수 있다고 잘못된 추정을 한다. 창의적인 사고에 있어서 실질적인 장애물은 무의식적으로 대화에서 흔하게 말하게 되는 '킬러프레이즈(Killer Phrase)'이다. 표 5.3은 우리가 매일 듣는 열 가지의 아이디어 '킬러들'이다. 사람들이 고의적으로 창의적인 아이디어를 묵살하지는 않지만, 부정적인 표현들은 종종 창의적인 아이디어의 발전을 저해한다.[12]

창의성은 선택된 소수가 갖는 신비롭고 진기한 것이 아니다. 창의성은 종종 비논리적인 세상을 바라보는 독특한 방식이다. 창의적 과정은 남들이 보지 못하는 사물 간의 관계를 보는 것을 포함한다(예를 들면, 엄지 드라이브라 불리는 데이터를 저장하거나 옮기기 위한 USB 플래시 드라이브의 사용).[13]

창의적 과정(creative process)은 흔히 공감하는 네 가지의 단계로 구성된다. 대부분의 전문가들은 이러한 단계들을 다양한 명칭으로 언급하지만 일반적인 본질이나 단계들 간의 관계에 대해 동의한다.[14] 전문가들은 또한 이러한 단계들이 항상 모든 창의적 활동에 대해 동일한 순서로 일어나지 않는다는 것에 대해 동의한다. 창의성이 발생되기 위해서는 혼란이 필요한데, 구조화되고 초점이 맞춰진 혼란이어야 한다. 우리는 가장 일반적인 구조적 개발을 이용하는 네 가지 단계의 프로세스를 살펴본다.

1단계: 배경 또는 지식의 축적

성공적인 창작품들은 일반적으로 조사 및 정보수집에 의해 선행된다. 이는 보통 광범위한 읽기, 현장 종사들과의 대화, 전문가 회의 및 워크숍 참석, 그리고 연구 중인 문제 또는 이슈와 관련된 정보의 일반적인 습득을 포함한다. 관련성의 유무를 떠나서 전 분야에 대한 추가조사가 포함된다. 이러한 탐구과정은 개인에게 문제에 대한 다양한 시각을 제공하며, 새로운 제품, 서비스, 또는 벤처사업의 모든 개발 관점에 대한 기본적인 이해를 필요로 하는 창업가들에게 특히 중요하다.

사람들은 다양한 방식으로 배경지식을 찾기 위해 창의적으로 탐색한다. 가장 도움이 되는 방법들의 일부는 (1) 다양한 분야에 대한 자료 읽기, (2) 전문가 집단과 협회 가입, (3) 전문가 미팅과 세미나 참석, (4) 새로운 곳으로의 여행, (5) 주제에 대해 누구에게나 말하기, (6) 주제와 관련된 잡지, 신문, 학술지 검색, (7) 향후 참고하기 위한 주제별 문헌 정리, (8) 작은 노트 휴대로 유용한 정보 메모하기, (9) 자연적 호기심을 찾아 시간 할애하기가 있다.[15]

2단계: 인큐베이션 과정

창의적인 사람들은 그들의 잠재의식이 준비 단계에서 수집된 방대한 양의 정보를 숙고할 수 있게 한다. 이러한 인큐베이션 과정은 주제나 문제와 전혀 무관한 활동에 참여했을 때 종종 발생한다. 심지어 잠자는 동안에도 가능하다. 이는 해결이 불가능해 보이는 문제로 인해 좌절감을 느끼는 사람에게 종종 주어지는 "그것에 대해 잠시 잊어버리는 게 어때?"라는 충고를 설명한다.[16] 문제로부터 벗어나서 잠재의식이 일을 하게 할 때 창의성이 솟아나게 된다. 인큐베이션을 일으키는 가장 유용한 단계들 가운데 몇 가지로 (1) 일상의, 무념의 활동하기(잔디깍기, 집 페인트 칠하기), (2) 규칙적인 운동하기, (3) 놀기(스포츠, 보드게임, 퍼즐하기), (4) 잠들기 전에 프로젝트나 문제에 대해 생각하기, (5) 자기 최면을 연습하거나 명상하기, (6)정기적으로 앉아서 쉬기를 들 수 있다.[17]

3단계: 아이디어 경험

창의적 과정에서 이 단계가 대개는 가장 흥미로우며, 개인이 찾고자 하는 아이디어나 해결방안이 발견되는 단계이기 때문이다. 때로는 '유레카 요인'으로서 언급되는 이 단계는 일반적으로 보통 사람들이 창의성을 결정짓는 유일한 단계라고 착각하는 단계이기도 하다.[18]

인큐베이션 단계와 더불어, 새롭고 혁신적인 아이디어는 종종 기업, 벤처, 또는 조사와 무관한 일을 바쁘게 하고 있을 때 떠오른다(예를 들어, 샤워하기, 고속도로 운전하기, 또는 신문을 대충 훑어보기).[19] 때로는 아이디어가 번개같이 나타난다. 하지만 대부분의 경우에 해답은 개인에게 점차적으로 나타난다. 개인은 천천히 그러나 분명하게 해결책을 만들기 시작한다. 인큐베이션 단계가 끝나고 아이디어 경험 단계가 시작되는 시기를 파악하는 것이 어렵기 때문에, 많은 사람들이 2단계에서 3단계로 넘어가고 있다는 사실을 인지하지 못한다.

아이디어 경험을 가속화할 수 있는 방법들로서 (1) 프로젝트에 대해 상상하기, (2) 취미시간 갖기, (3) 한가한 환경에서 일하기(예를 들어, 사무실 대신에 집에서 일하기), (4)

문제를 나중으로 미루기, (5) 늦은 저녁이나 이른 아침에 떠오르는 아이디어를 기록하기 위해 침대 옆에 노트 두기, (6) 일하는 동안 휴식 취하기를 들 수 있다.[20]

4단계: 평가와 실행

이 단계는 창의적 노력이 가장 어려운 단계이며 많은 용기, 자기훈련, 인내심을 필요로 한다. 성공적인 창업가들은 실행 가능하고, 스스로 실행하는 데 필요한 기술을 갖춘 아이디어를 찾을 수 있다. 가장 중요한 것은, 그들이 일시적인 문제에 봉착해도 포기하지 않는다는 것이다.[21] 종종 그들은 성공적으로 최선의 아이디어를 도출해 내기 전에, 수차례 실패를 경험한다. 어떤 경우에, 창업가들은 전혀 다른 방향에서 아이디어를 취하거나 원래의 아이디어를 실행하기 위해 분투하는 과정에서 새롭고 좀 더 실행 가능한 아이디어를 발견할 것이다.

이 단계의 또 다른 중요한 부분은 아이디어를 최종 형태로 만들기 위해 아이디어를 재작업하는 것이다. 대개는 3단계에서 아이디어가 개략적인 형태로 나타나기 때문에, 최종 형태를 만들기 위해 수정되거나 테스트될 필요가 있다. 이러한 단계를 실행하는 가장 유용한 제안 몇 가지로는 (1) 적당한 운동, 식이요법, 휴식을 통해 에너지 수준 높이기, (2) 사업계획 단계와 사업의 모든 국면에서 학습하기, (3) 지식인들과 아이디어 테스트하기, (4) 직관적인 예감과 느낌에 주목하기, (5) 판매과정에 있어서 독학하기, (6) 조직 정책과 관행 배우기, (7) 다른 사람의 충고 구하기(친구, 전문가 등), (8) 아이디어를 실행하는 동안 당면한 문제를 도전으로 보기를 들 수 있다.[22]

그림 5.1은 창의적 사고과정의 네 가지 단계를 보여 준다. 만약 이 과정의 진행 중에 중요한 문제에 직면했다면, 때로는 이전 단계로 돌아가서 다시 시도하는 것이 도움이 된다. 예를 들어, 개인이 아이디어나 해결방안을 마련할 수 없다면(3단계), 대개는 1단계로

그림 5.1 중요한 사고 과정

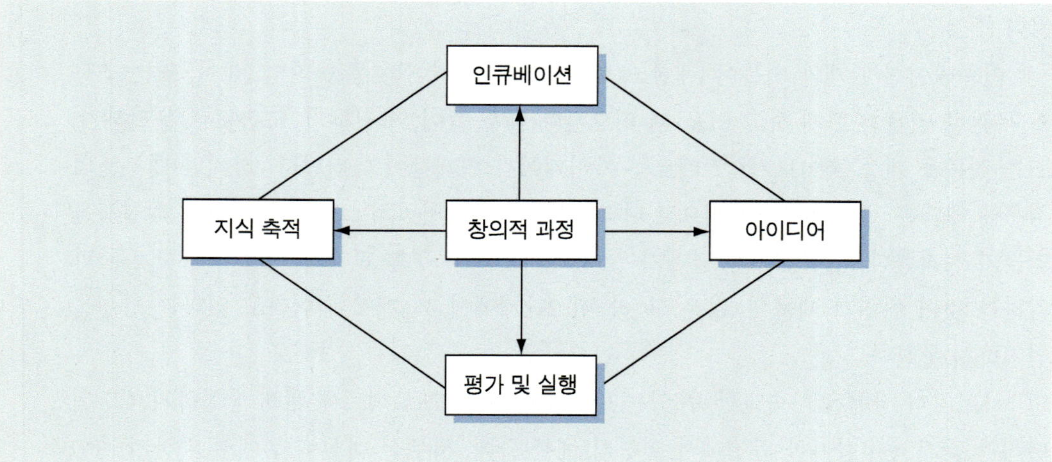

돌아가면 도움이 된다. 개인이 데이터에 몰두함으로써 잠재의식이 다시 데이터를 처리하고, 인과관계를 세우며, 그리고 잠재적인 해결책을 마련하게 된다.

창의성 개발하기

당신은 자신의 창의적 재능을 향상시키기 위하여 수많은 일을 할 수 있다. 가장 도움이 되는 방법 가운데 하나는 창의성을 억누르는 몇 가지의 습관과 심리적 장애물을 인식하는 것이다.[23] 물론, 많은 과정이 그랬듯이, 창의적 능력을 키울 수 있도록 설계된 연습을 규칙적으로 한다면, 개발이 훨씬 효과적일 수 있다. 다음 절은 창의성을 제한하는 몇 가지의 사고 습관을 인식할 수 있는 능력을 개선시키고 맞춤형 창의성 개발 프로그램을 개발하는 데 도움을 주기 위하여 작성되었다.

관계 인식

많은 발명품들과 혁신들은 사물, 과정, 재료, 기술, 사람들 간의 새롭고 다른 관계를 볼 줄 아는 발명가 능력의 산물이다.[24] 광범위한 예들이 있으며, 그 예로 (1) 슬라이스(Slice)를 만들기 위해 과일주스를 청량음료에 추가하는 것, (2) 자동차를 만들기 위하여 연소 엔진기술을 바퀴와 결합하는 것, (3) 약 150kg의 수비 미식축구선수를 러닝백이나 패스 리시버로 활용하는 것을 들 수 있다.

만약 당신이 창의성을 향상시키고 싶다면, 당신 주변의 요소와 사람들 간의 다르거나 비정통적인 관계를 찾아보는 것이 도움이 된다. 이 활동은 관계적 방식으로 인식하는 것을 필요로 한다. 사물과 사람들이 다른 사물 및 사람들과 상호보완적 또는 **병렬적 관계**(appositional relationship)에 있다고 여길 때, 당신은 창의성을 개발할 수 있다. 단순하게 말하자면, 사물과 사람은 다른 사물 및 사람과 관련이 있는 세상에 존재한다. 창의적인 사람들은 직관적으로 이런 현상을 인식한 것으로 보이며, 새롭고 다른 관계들을 인식할 수 있는 능력을 발전시켜 왔다. 이러한 관계들은 종종 새로운 아이디어, 제품, 서비스를 만드는 비전을 이끈다.[25] 새로운 관계들을 인식할 수 있는 능력을 기르기 위해서, 당신은 관계적 모드에서 인식하는 연습을 해야 한다. 다음의 연습이 이러한 개발에 도움을 준다.

창의적 연습

다음의 짝들이 보완적인 방식에서 어떻게 관련되는지를 분석하고 설명하시오. 너트와 볼트, 남편과 아내, 초콜릿 케이크와 바닐라 아이스크림, 비료와 토마토나무, 땅콩버터와 젤리, 운동선수와 코치, 인류와 물, 승과 패, 텔레비전과 오버헤드 프로젝터, 그리고 관리자와 생산 근로자.

기능적 관점의 개발

생각의 범위를 확대해 보면, 관계적 모드에서 인식하려는 원칙은 사물과 사람에 대한 **기능적 관점**(functional perspective)을 개발하는 데 도움이 된다. 창의적인 사람은 사물과 사람이 그들의 니즈를 어떻게 만족시키며 프로젝트를 완성하는 데 도움이 될 수 있는지의 차원에서 사물과 사람을 관찰한다. 예를 들어, 드라이버를 못 찾는 가정주부는 종종 느슨한 나사를 버터나이프로 조일 수 있으며, 또는 시리얼 제조사는 건강에 예민한 시장에 호소하는 새로운 제품라인을 만들기 위하여 회사 제품에 과일을 추가할 수 있다.

만약에 좀 더 혁신적이고 창의적이기를 원한다면, 세상의 사물과 사람들 간의 상호보완적 관계에서 당신 자신을 마음에 떠올릴 줄 알아야 한다. 당신은 그들이 당신의 욕구를 만족시키고 프로젝트를 완성시키고자 하는 시도를 어떻게 완전하게 하는지의 차원에서 그들을 바라보는 법을 배워야 한다. 당신은 사람과 사물을 비전통적인 방식으로 그리고 다른 관점에서 바라보기 시작해야 한다.[26] 다음의 연습은 기능적 관점을 개발하는 데 도움을 주기 위하여 고안되었다.

창의적 연습

다음의 항목들에 대해 상상할 수 있는 모든 기능들을 생각하고 적어보시오(각각의 아이템에 대해 5분을 사용하시오).

- 자기중심적인 직원
- 큰 자갈
- 떨어진 나뭇가지
- 의자
- 컴퓨터 신동
- 과도하게 조직적인 직원
- 사무실 험담
- 오래된 휠 캡
- 새로운 비서
- 다 쓴 보호테이프
- 야드 자
- 오래된 옷걸이
- 사무실 구두쇠
- 이러한 연습

창업가정신 사례

기회 트렌드

미래학자 Faith Popcorn은 점쟁이는 아니지만, 소비자의 구매결정에 영향을 주는 중요한 트렌드 일부를 읽을 수 있다. Popcorn은 미래를 이해하는 사람들은 실수하는 경우가 적고 좀 더 성공적이라고 믿는다. 그녀는 시장을 변형시키는 트렌드를 알아냄으로써 창업가들이 사업을 시작하고 성장시키는 데 도움을 주기를 바란다. Popcorn은 그녀의 마케팅 컨설팅업체인 Brain Reserve를 통해 창업가들에게 접근한다. 그녀가 미래의 트렌드를 잘 예측하는 방법은 무엇일까? Popcorn은 트렌드에 관해서라면 단 한 번도 빗나간 적이 없다.

Popcorn은 마케터로서 트렌드가 매우 귀중하다는 것을 발견한다고 말한다. 그녀는 저서 "Clicking"에서 시장을 움직이는 가장 영향력 있는 트렌드 몇 가지를 소개하였다. 이러한 트렌드는 단순한 유행이 아니라 경험이 풍부한 창업가들이 큰 수익을 낼 수 있는 기회로 보는 규모 있고, 전면적인 소비자 운동이다. "Clicking"의 출판 이후, 그녀는 소비자 트렌드에 관한 연간 전망을 내놓았다. 다음은 21세기에 그녀가 전망하는 트렌드이다.

- **탈피주의** – 바깥세상의 냉혹한 현실에서 벗어나 피난처를 찾고자 하는 욕구이다.
- **판타지 모험** – 새롭고 비전통적인 것을 추구하는 욕구이다. 우리는 욕구과 함께 문제에서 벗어날 수 있는 방법을 찾아내고 실험한다.
- **감성추구** – Popcorn에 의하면, 물질적 중시는 우리를 감성적으로 목마르게 만들었다. 업무시간 연장 및 가상 관계에의 더 많은 집중으로 인해 우리는 점점 더 육체적 접촉을 갈망한다.
- **두뇌운동** – Popcorn에 의하면, 정신운동 붐의 조짐이 보인다. 정신적 민첩성에 대한 초점은 신체건강과 젊어 보이는 외모를 연장하려는 욕구와 유사하다.
- **과거에 대한 향수** – 삶에 대한 스트레스와 걱정 때문에, 휴식을 취할 수 있는 안전한 장소를 찾게 된다. 1950년대와 같은 안전한 시대에 유행했던 활동을 하려 할 것이다.
- **미국의 차세대 유망 수술** – 실제 수술 쇼에 대한 격심한 고통과 의약의 발달은 위험한 수술에 대한 강박관념을 유발할 것이다. 또한, 판타지 모험 트렌드를 좋아하는 사람들은 질병을 치료하고 외모를 개선하기 위한 새로운 수술을 시도하고자 할 것이다.
- **거침없는 노년층** – 거대한 베이비부머 시장은 1960~1970년대로 접어들고 있다. 이러한 부머들은 그들 자신을 젊다고 여기고 있으며 그들의 수요를 충족시키는 동시에 노년층을 겨냥한 제품이라고 불리지 않는 제품을 요구할 것이다. Popcorn은 BMW나 Infinity와 같은 고급승용차에 설치된 더 크고 읽기 쉬운 계기판이 그 예가 될 수 있다고 제시하였다.
- **노련미** – 인터넷으로 정보습득이 용이해지면서, 전문지식이 새로운 의미를 갖는다. Popcorn에 의하면, "전문지식이 더 이상 수년간의 훈련으로 습득되지 않는다. 습득되는 모든 것은 약간의 검색뿐이다." Popcorn은 우리가 현장 경험에 대해 선호하는 취향을 잃었으며, 가상경험이 이를 대체하였다고 주장한다.
- **디버그-리버그** – 과거에는 나쁜 생물을 환경에서 제거하는 데 집중해 왔다. 최근에 생물학자들은 어떤 생물은 이로우며 건강을 개선시킬 수 있다고 밝혔다. Popcorn은 스파와 의료시설이 이로운 생물을 맞춤형으로 활용할 수 있게 해 준다고 제안한다.
- **분위기 전환** – Popcorn에 의하면, 우리가 구매하는 상품이 우리의 기분을 조절해 주기를 기대한다. 우리는 보다 자신감 있고, 섹시하고, 또는 상황에 맞게끔 조절해 주는 생물학적으로 향상된 구매를 추구할 것이다.

출처: Adapted from "Faith Popcorn's Predictions for 2006," *Arizona Reporter*, http://managecamp.typepad.com/brand_managecamp_weblog/files/faith_popcorn_2006_predictions.pdf (accessed October 10, 2006).

표 5.4 뇌의 두 반구와 관련된 과정

좌반구	우반구
언어적	비언어적
분석적	통합적
추상적	유추 인지적
합리적	비합리적
논리적	공간적
1차원적	직관적
	상상적

출처: Tasneem Sayeed, "Left vs. Right Brain: Which Hemisphere Dominates You?" *Hub Pages*, http://tasneemsayeed.hubpages.com/hub/Left_Right_Brain (Accessed February 10, 2012); Kendra Cherry, "Left Brain vs. Right Brain: Understanding the Myth and Reality of Left Brain and Right Brain Dominance," *About.com*, http://psychology.about.com/od/cognitivepsychology/a/left-brain-right-brain.htm (Accessed February 10, 2012).

두뇌의 사용

분할 뇌 연구가 1950~60년대에 시작된 이래, 창의성, 혁신, 자기개발에 대한 전문가들은 뇌의 두 반구와 관련된 기술 개발의 중요성을 강조해 왔다.[27]

우뇌반구(right brain hemisphere)는 개인이 유추를 이해하고, 사물을 상상하고, 정보를 통합하는 것을 도와준다. **좌뇌반구**(left brain hemisphere)는 개인이 문제해결에 대한 합리적인 접근법을 분석하고, 언어로 표현하며, 사용하도록 도움을 준다. 비록 두 반구가 정보를 다르게 처리하고 다른 뇌 활동 및 기술에 대한 책임이 있지만(표 5.4 참조), 그들은 뇌량(corpus callosum)이라 불리는 신경섬유를 연결하는 집단을 통하여 통합된다. 이러한 연결과 각 반구의 활동 간의 관계의 본질 때문에, 각 반구는 다른 반구와 상호보완적인 관계로 존재하고 기능하는 것으로 보아야 한다.[28]

창의적 과정은 지식 축적, 평가, 실행 단계에서의 논리적이고 분석적인 사고를 포함한다. 게다가, 이 과정은 인큐베이션 및 아이디어 생성 단계에서 상상력, 직관, 유추의 개념화, 그리고 통합을 필요로 한다. 그래서 좀 더 창의적이기 위해서는 좌측 및 우측 반구의 기술을 연습하고 발전시킬 필요가 있다. 다음의 문제해결 연습은 문제를 풀 때 양 반구의 기술 결합이 주는 효과성을 설명하기 위하여 고안되었다.

창의적 연습

고객 불만을 처리하는 과정에서 회사에 시간과 돈을 절약해 주는 아이디어가 당신에게 있다고 가정하자. 당신의 상사는 극도로 바쁘고 당신의 아이디어를 들어주려 하지 않는다.

1. 이 문제에 대해 당신이 생각할 수 있는 모든 좌뇌유형의 해결방안을 5분 이내로 작성하시오.
2. 이 문제에 대해 당신이 생각할 수 있는 모든 우뇌유형의 해결방안을 5분 이내로 작성하시오.
3. 리스트를 비교하여 독특하고 혁신적으로 문제를 해결할 수 있는 방향으로 각각의 리스트로부터 둘 이상의 해결방안을 조합하시오.
4. 업무상 또는 집에서 직면하고 있는 현재의 문제를 사용하여 1, 2, 3단계를 반복해 보시오.

창의성 개발하기

꿈을 꿀 때 하늘은 무슨 색인가? 당신은 스스로를 창의적이라고 생각하는가? 창의성이란 생성의 질 또는 힘을 갖는 것으로서 정의된다. 사람들은 원래 창의적이다. 정말 그렇다. 창의성을 발휘해 보라. 간단한 창의적 노력으로 수백만 달러의 수익을 만든다. 당신의 창의성을 북돋기 위하여 다음의 방법들 몇 가지를 사용하면 수익을 낼 수 있다.

1. **브레인스토밍.** 이는 구식이기는 하지만 여전히 최선의 방법으로 창의적 아이디어를 찾아내서 문제를 해결하는 방식이다. Alex Osborn이 1950년대에 이 개념을 소개했을 때 기업 세계가 눈을 떴다. 정착된 규칙들은 따라 하기가 쉬웠다.
   - 생각나는 모든 해결방안을 큰 소리로 말하거나 적으라.
   - 엉뚱한 아이디어도 좋다.
   - 아무것도 비판하지 말라.
   - 정리는 나중에 하라.
2. **반대적 성향의 끌림(Opposites attract).** 시네틱스(synetics)라고 하는 재미있는 개념이 있다. 단어 그 자체에서 유추할 수 있듯이 시네틱스는 두 가지의 '터무니 없는' 것을 함께 놓아 어떻게 되는지 지켜보는 것이다. 그 예로 "웨이터, 테이블, 또는 은식기류가 없는 식당을 상상해 보라"(맥도날드), "책도 매장도 없는 서점을 상상해 보라"(Amazon. com), "이삿짐 운송업자가 없는 트럭 운전을 상상해 보라"(U-Haul)를 들 수 있다. 기이한 것에 대한 탐구를 주저하지 말라.
3. **사고 배양(THINKubate).** Gerald Haman은 기업인, 창업가, 및 유사한 사람들이 단조로운 사무실 환경과 "부정적인 사람들(can't doer)"에서 벗어날 수 있는 놀이터인 '사고베이터(THINKubator)'를 만들었다. 놀이터는 편안한 좌석배치, 장난감, 재미있는 사진이 있으며, 두뇌자극 및 아이디어 생성을 촉진하는 환경을 제공한다. Haman이 Procter & Gamble과 Arthur Andersen을 위한 상품을 많이 개발한 것으로 보아 놀이터는 분명 효과가 있었다.
4. **훌륭한 아이디어를 유발시켜라.** 트리거(Trigger)는 추상적인 사진, 고무적인 인용문, 미완성된 아이디어, 팁 등과 같이 두뇌를 자극하기 위해 사용될 수 있는 일상적인 아이템들이다. 당신이 종종 보거나 방문하는 다양한 장소에 트리거 아이템들을 비치하라. 그 예로, 냉장고 문, 계기판, 또는 휴대폰을 들 수 있다. 당신은 언제 연결이 이루어질지 결코 알 수 없다.
5. **연결하라.** 당신이 만나는 모든 사람이나 당신이 방문하는 장소는 예기된 기회가 될 수 있다. 핵심은 기회가 왔을 때를 위해 준비가 되어 있는 것이다. 창의적인 컨설턴트인 Jordan Ayan은 CORE — 호기심(curisity), 개방성(openness), 위험(risk), 에너지(energy) — 를 개발하라고 제안한다. 이러한 특성들은 트렌트를 읽고, 무역박람회에 참석하고, 새로운 것을 탐색 및 시도함으로써 강화될 수 있다. 열린 창문을 찾는 것이 반드시 쉬운 것은 아니나, 창문의 수를 늘리는 것은 쉬울 수 있다.
6. **항상 실패를 즐겨라.** 재삼 시도하라. 죽음을 제외한 무엇이든 당신을 더 강하게 만든다. 과감해져라! 착상을 얻었는가? 무모함으로부터 고통 받지 말고, 그 순간순간을 즐겨라!.
7. **사람들의 웃음을 자아내라.** 유머는 스트레스를 덜어줄 수 있는 좋은 방법이다. 창의적인 시도에 그것을 사용하라. 당신의 시제품 제작을 돕는 'Dennis the Menace'를 상상해 볼 수 있는가? 디즈니월드 주인공들로 하여금 당신의 사업계획서의 공동저자가 되게 한다면 어떠한가? 친척 중 막내를 당신의 발명에 참여시켜라. 유머와 웃음은 분명 창의성을 장려한다.
8. **최대한 참아라.** 그래! 끝까지 참아내라. 운동은 창의력 주스인 엔돌핀을 흐르게 한다. 조깅을 하면서 이런 저런 생각을 해 보거나, 연말 보고서를 읽으면서, 실내 운동용 자전거를 타라. 당신의 훌륭한 아이디어 모두를 놓치지 않도록 메모장을 가까이 두어라.

9. **황당한 꿈을 기억하라.** 당신에게 이런 말을 해 준 사람이 있었는가? "꿈같은 이야기로군!" 글쎄, 이해가 안 된다. 꿈은 창의력을 촉발시키기 위한 좋은 시작이 된다. Elias Howe는 한때 식인종이 창으로 그의 살을 뚫는 꿈을 꿨다. 그리하여 재봉틀이 발명되었다. 공상이나 순간적인 아이디어를 무시하지 말라. 당신의 잠재의식이 당신에게 무엇인가를 말하고자 할 수 있다.

출처: Adapted from Nick D'Alto, "Think Big," *Business Start Ups* (January 2000): 61–65.

우리 사회와 교육기관은 논리적, 분석적, 및 합리적 좌뇌 기술을 개발하는 데에 성공적인 사람들에게 보상한다. 하지만 우뇌 기술을 훈련하고 사용하는 것은 거의 강조되지 않는다. 표 5.5는 좌우반구의 기술을 개발하기 위해 실습할 수 있는 몇 가지의 방법을 제시한다.[29]

혼란스러운 사고방식 없애기

수많은 정신적 습관은 창의적 사고를 차단하거나 저해시킨다. 성인들은 그들의 창의적 잠재성의 2~10%만을 사용하는 것으로 추정된다.[30] 예를 들어, 많은 사람들은 새로운 사물, 사람, 아이디어에 대해 조급한 판단을 내리는 경향이 있다. 다른 경향은 변화에 대한 심리적인 불편함 때문에 새롭거나 다른 아이디어의 부정적인 요소를 언급하는 것이다. 창의성과 혁신을 억제하는 몇 가지의 일반적인 정신적 습관들은 "양자택일"의 사고, 안전 추구, 고정관념, 확률적 사고이다. 이러한 습관 또는 **혼란스러운 사고방식**(muddling mind-sets)은 창의적 사고과정을 방해하는 경향이 있으며, 창의적 사고를 향상시키기 위해서는 다른 사고과정이 사용되어야 한다.[31]

- **양자택일의 사고**(either/or thinking) 현대 세계의 변화속도 때문에, 개인의 삶은 불확실성과 모호성으로 가득차 있다. 사람들은 종종 그들의 삶 속에서 불합리한 확실성을 찾느라 꼼짝 못하게 된다. 그러나 창의적인 사람은 업무나 일상에서 합리적인 모호함을

표 5.5 좌우 반구의 기술을 개발하는 방법

좌반구 기술	우반구 기술
1. 업무와 삶의 활동 계획을 단계적으로 세우기 2. 고대·중세·스콜라 철학, 소송사건, 판례, 철학교과서 읽기 3. 모든 활동에 대한 시간표 짜기 4. 컴퓨터 프로그램의 이용 및 일하기 5. 미래의 사물 및 상황에 대한 구체화된 상상 및 시각화 6. 얼굴, 초상화, 캐리커처, 풍경화 그리기	1. 대화 및 글쓰기 때, 은유법과 비유법을 사용하여 사물 및 사람을 기술하기 2. 일을 하지 않을 때 시계 풀어 놓기 3. 아이디어, 새로운 지인, 영화, TV 프로그램 등에 대한 초기 판단을 보류하기 4. 예감, 느낌 및 직관을 기록하고 정확성을 계산하기

수용하는 법을 배운다. 사실상, 많은 유난히 창의적인 사람들은 불확실한 환경에서 번창하며 실력을 발휘하고 그것을 즐긴다.[32]

- **안전 추구**(security hunting) 많은 사람들은 올바른 결정을 내리거나 매번 올바른 조치를 취하고자 한다. 사람들은 그런 과정에 있어서 위험을 최소화하기 위해 평균, 고정관념, 확률 이론에 의지한다. 종종 이러한 전략이 적절하지만, 때로는 창의자나 혁신가는 일부의 계산된 위험을 감수해야만 한다.[33] 때때로 이러한 위험이 혁신가로 하여금 잘못되고 실수하도록 만든다. 그럼에도 불구하고 이를 혁신게임으로 인식하게 되면, 창의적인 사람은 그의 실수에서 배우고 더 크고 더 나은 물건을 만들기 위해 옮겨간다. Thomas Edison이 백열전구 내에 사용할 적절한 물질을 찾기까지 수없이 실패했다는 사실을 우리 모두 알고 있다.
- **고정관념**(stereotyping) 아이러니하게도 평균과 고정관념은 사람이 만든 추상적 개념이지만, 마치 이것들이 현실세계에 존재하는 자료인 것처럼 그것들을 바탕으로 행동하고 의사결정을 한다. 예를 들어, 보통의 주부는 여자이고, 38세이며, 168cm 키에 54kg이며, 두 아이가 있고, 아르바이트를 하며, 14.5년의 정규교육을 받았다고 가정할 수 있다. 만약, 이러한 조건에 걸맞은 사람을 찾으려 한다면, 성공 가능성은 적다. 요컨대, 추상적 개념이나 고정관념이 더 서술적일수록 더 현실적이지 않게 된다. 고정관념과 평균을 통해 행동을 예측하면 현실을 왜곡해서 보게 된다. 보다 중요한 것은, 이러한 추상적 개념에 의존하게 되면 세상에 있는 실체와 가능성에 대한 사람의 인식이 제한될 수 있다. 창의성 전문가인 Edward deBono는 사람들이 창의성을 향상시키기 위해서는 그들의 사고를 바꿔야 한다고 주장한다. 즉, 새로운 패턴의 사고만이 새로운 아이디어와 혁신을 가능케 한다는 것이다.[34]
- **확률적 사고**(probability thinking) 많은 사람들은 또한 안전을 얻으려고 고투하는 과정에서 **확률적 사고** 이론에 의존하여 의사결정을 내리는 경향이 있다. 하지만 이러한 의사결정방식에 지나치게 의존하다 보면, 현실을 왜곡할 수 있으며 계산된 위험을 감수하지 못하게 하여 창의적인 노력을 어렵게 만들 수 있다.

> 확률 전문가들은 확률 이론의 예측력은 어떤 사건이 반복되는 횟수에 비례하여 증가한다고 보고한다. 만약 주사위를 일정한 횟수에 걸쳐 던져서 숫자 3이 나올 확률을 예측하기를 원한다면, 확률 이론이 극히 유용하다. 하지만 주사위를 한번 굴려서 숫자 4가 나올 확률을 알고 싶다면, 확률 이론의 예측능력은 훨씬 의미가 없다.

창의성 게임에서, 대개 개인은 생애 동안 단 한 번 발생할 수 있는 기회나 상황을 보게 된다. 단일 사건의 상황에서, 직관과 경험에 입각한 추측은 논리와 확률보다 더 유용하지는 않더라도 같은 정도로 유용하다.[35] 창의적인 능력을 향상시키는 한 가지 방법은 50/50 게임과 같이 삶에서 발생하는 일부의 상황들을 바라보는 연습을 하고, 그러고 나서 조금씩 위험을 감수하기 시작하는 것이다. 추가적으로, 다음의 문제해결 연습은 혼란스러운 사고방식을 없애는 데 도움이 되도록 설계되었다.

- 개인적인 삶과 일에서 약간의 위험을 감수하는 연습을 하되 당신의 직관력과 예감에 의존해 보라. 이러한 위험에 대해 일지를 작성하고, 그 정확성과 결과를 기록하라. 예를 들어, 가족 포커게임에서 거의 가능성이 없는 일에 희망을 거는 시도를 해 보라.
- 가장 널리 용인되는 고정관념에 따른다고 생각하는 사람들과 대화하기 위하여 특별히 애를 써보라.
- 보장된 그리고 예측가능한 결과를 주지 않는 복잡한 프로젝트들을 직장과 가정에서 많이 해 보라. 관리가 가능한 정도의 모호함을 갖도록 하라. 이러한 모호함에 당신이 어떻게 반응하는지 주목하라.
- 아이디어가 당신에게 주어질 때, 먼저 그 아이디어의 모든 긍정적인 면을 생각해 보고, 그 이후에 모든 부정적인 면을 생각해 보고, 마지막으로 모든 재미있는 부분을 생각해 보라.
- 사람들의 이야기를 들을 때, 그들과 그들의 아이디어와 그들의 정보에 대한 성급한 판단을 보류하고, 그냥 들으라.
- 지금 몇 가지의 의사결정을 내리도록 시도하라. 말하자면, 개인적 역사나 미래에 대한 추정이 의사결정 과정을 좌우하도록 만들지 마라.[36]

창의성 분야

기억하라, 사람들은 선천적으로 창의적이다. 어떤 사람들은 그러한 창의성을 바탕으로 행동하고 어떤 사람들은 오히려 창의성을 저해하는데, 대부분의 사람들은 둘 사이에 속한다. 사람들은 대개 언제 그리고 어떻게 창의적이 되는지 알지 못한다. 게다가, 사람들은 매일 일 속에서 생겨나는 많은 창의성의 기회를 인지하지 못한다. 창의성 연구자 William Miller는 사람들이 창의적인 순간을 대개는 인지하지 못하고, 창의적일 수 있는 기회를 자주 간과한다고 주장한다. 창의성을 위한 길은 창의적이거나 창의적일 수 있는 모든 방법을 먼저 파악함으로써 시작된다. 조직에 있는 사람들은 그들의 창의성에 대한 노력을 일곱 가지의 서로 다른 분야에서 쏟을 수 있다.

- **아이디어 창의성**: 새로운 제품이나 서비스를 위한 아이디어 또는 문제를 해결하는 방법과 같은 새로운 아이디어나 개념을 생각하는 것
- **물질 창의성**: 제품, 광고, 보고서, 또는 사진과 같은 유형의 물건을 발명하고 만드는 것
- **조직 창의성**: 사람이나 프로젝트를 조직화하고, 새로운 조직 형태나 사물의 구조화 접근법을 구상하는 것. 그 예로 프로젝트 구성, 새로운 유형의 벤처 착수, 작업집단의

형성 또는 재구성, 집단에 대한 정책 및 규칙의 변경을 들 수 있다.

- **관계 창의성**: 협력, 협동, 타인들과의 윈윈관계를 달성하기 위한 혁신적인 접근법. 어려운 상황을 잘 처리하거나 특정한 사람을 특별히 효과적인 방식으로 다루는 사람은 관계나 일대일 맥락에서 창의적이다.
- **이벤트 창의성**: 의식, 팀 야유회, 연차 회의와 같은 이벤트를 만드는 것. 여기서 창의성은 또한 장식, 사람이 관여하는 방식, 의식순서, 세팅 등을 포괄한다.
- **내적 창의성**: 내적 자아를 바꾸는 것, 일처리의 새로운 접근법에 대한 개방 및 자신에 대해 다른 방식으로 생각하는 것, 의견을 바꾸거나 전통적으로 사물을 바라보았던 시각에서 완전히 탈피한 새로운 관점 또는 방법을 찾는 것
- **자발적 창의성**: 회의 중 재치 있는 답변을 떠올리기, 즉석 연설, 신속하며 간단한 방식으로 분쟁 해결하기, 또는 판매를 마치기 위한 혁신적인 호소와 같이 자발적이거나 순간적인 방식으로 행동하는 것[37]

창의적 풍토

창의성은 기업 풍토가 좋을 때 발휘되기 쉽다. 올바른 풍토가 조성되거나 육성되지 않는다면 기업은 오랫동안 창의적인 소유주나 경영자를 갖지 못할 것이다. 다음은 이러한 풍토가 갖는 몇 가지의 중요한 특징들이다.

- 종업원들을 과도하게 통제하지 않는 신뢰하는 경영진
- 모든 기업 구성원들 간의 개방된 대화 채널
- 사외 관계자들과의 중요한 접촉 및 커뮤니케이션
- 매우 다양한 성격 유형
- 변화에 대한 수용 의지
- 새로운 아이디어 실험 즐기기
- 실수의 부정적인 결과에 대한 작은 두려움
- 장점에 근거한 종업원 선발 및 승진
- 제안제도 및 브레인스토밍을 포함하여 아이디어를 장려하는 기법의 사용
- 목표 달성을 위한 충분한 재정적, 관리적, 인적, 그리고 시간의 자원[38]

혁신과 창업가

혁신은 창업가적 과정에 있어서 핵심적인 기능이다. 창업가정신 분야의 연구자들 및 저자들은 대개 명성 있는 컨설턴트요 저술가인 Peter F. Drucker의 다음과 같은 혁신의 개념에 대해 동의한다. "혁신은 창업가정신의 특수한 기능이다. … 혁신은 창업가들이 새로

운 부를 만드는 자원을 생성하거나 부를 만들기 위해 기존의 자원에 향상된 잠재성을 부여하는 수단이다."[39]

혁신(innovation)은 창업가들이 기회(아이디어)를 시장성 있는 해결방안으로 전환시키는 과정이다. 혁신은 수단으로서 이를 통해 창업가들이 변화를 위한 촉매제가 된다.[40] 이 장의 초반부에 혁신 과정은 좋은 아이디어로 시작한다고 설명하였다. 아이디어의 기원은 중요하며, 창의적인 사고의 역할이 아이디어의 개발에 중요하다.[41] 단순한 추측으로 생겨난 아이디어와 확장된 사고, 연구, 경험, 업무의 산물인 아이디어 간에는 상당한 차이가 있다. 더 중요한 것은 유망한 창업가는 개발 단계를 통해 좋은 아이디어를 가져오려는 갈망이 있어야 한다는 것이다. 그리하여 혁신은 좋은 아이디어를 생성하려는 비전 그리고 실행을 통해 개념을 유지하려는 인내와 헌신의 조합이다.

혁신 과정

대부분의 혁신은 새로운 기회에 대한 의식적이고 목적 있는 탐색으로부터 생긴다.[42] 이러한 과정은 새로운 기회의 원천을 분석하는 것으로부터 시작한다. Drucker는 혁신이 개념적이고 의식적이기 때문에 미래 혁신가들은 나가서 보고, 묻고, 들어야 한다고 언급한다. 성공적인 혁신가들은 두뇌의 좌우 반구를 모두 사용한다. 그들은 수치를 바라본다. 그들은 사람을 바라본다. 그들은 기회를 충족시키는 데 필요한 혁신이 무엇인지 분석적으로 계산해 낸다. 그러고 나서 그들은 나가서 잠재적인 제품 사용자들을 살펴봄으로써 그들의 기대, 가치, 요구를 조사한다.[43]

대부분의 성공적인 혁신들은 간단하고 집중되어 있다. 그것들은 특별하고, 명확하고, 신중하게 설계된 적용에 방향이 맞추어져 있다. 혁신은 과정에서 새로운 소비자와 시장을 만들어 낸다. 오늘날의 모바일 기술(핸드폰)이 좋은 예이다. 비록 이 기술이 매우 복잡하기는 하지만, 사용이 쉬워졌고, 그들의 기술 모두가 하나로 되고 끊임없이 발전하기를 원하는 사람들과 같이 특정한 틈새시장을 공략한다.

무엇보다도, 혁신은 종종 천재성보다 더 많은 업무와 관련된다. Thomas Edison은 언젠가 "천재는 1%의 영감과 99%의 인내로 이루어진다"고 말했다. 더욱이, 혁신가들은 한 분야 이상에서 일하는 경우가 드물다. Edison은 그의 모든 시스템적 혁신의 성과에 있어서 단지 전기 분야에서 일하였다.

혁신의 유형

네 가지의 혁신의 기본적 유형이 있다(표 5.6 참조). 이들은 완전히 새로운 것에서부터 기존의 제품 및 서비스에 수정을 가하는 것까지 확장되었다. 다음의 네 가지 유형은 독창성의 순서로 나열한 것이다.

표 5.6 혁신의 실제

유형	설명	사례
발명	완전히 새로운 제품, 서비스, 또는 프로세스	Writ brothers – 비행기 Thomas Edison – 전구 Alexander Graham Bell – 전화기
확장	이미 존재하는 제품, 서비스, 프로세스의 새로운 또는 다른 활용	Ray Korc – McDonald's Mark Zuckerberg – Facebook Barry Sternlicht – Starwood Hotels & Resorts
복제	이미 존재하는 개념의 창의적 복제	Wal-Mart – 백화점 Gateway – 개인용 컴퓨터 Pizza Hut – 피자가게
통합	이미 존재하는 개념과 요인들을 새로운 공식이나 용도에 결합	Fred Smith – FedEx Howard Schultz – Starbucks

- **발명**(Invention): 새로운 제품, 서비스, 또는 과정의 창출. 대개는 참신하거나 시도된 적이 없다. 그러한 개념은 '혁명적'이기 쉽다.
- **확장**(Extension): 기존의 제품, 서비스, 또는 과정의 확장. 그러한 개념은 현재의 아이디어에 대해 다른 방식을 적용하는 것이다.
- **복제**(Duplication): 기존의 제품, 서비스, 또는 과정의 복제. 하지만 복제의 노력은 단순한 카피가 아니라 창업가 고유의 손질을 더함으로써 개념을 향상 및 개선하고 경쟁에서 이기는 것이다.
- **통합**(Synthesis): 기존의 개념과 요인들을 새로운 공식에 결합. 이는 기존에 이미 발명된 수많은 아이디어나 아이템을 취하고 새로운 적용을 구체화할 수 있는 방법을 찾는 것을 포함한다.[44]

혁신에 대한 대표적인 오해

혁신의 전반적인 개념은 많은 생각과 오해를 떠오르게 한다. 혁신이 무엇을 수반하는지에 관하여 모든 사람들이 의견을 가지고 있는 것처럼 보인다. 이 절에서는 흔히 용인되는 오해 몇 가지를 개관하고 왜 이들이 사실이 아닌 오해인지 그 이유를 제시한다.[45]

- 혁신은 계획되고 예측가능하다. 이러한 진술은 혁신이 계획된 포맷 하에 R&D 부서에 맡겨져야 한다는 진부한 개념에 기초하고 있다. 솔직히, 혁신은 예측 불가능하고 모든 사람들에 의해 소개될 수 있다.
- 기술 요구내용이 철저하게 준비되어야 한다. 이러한 진술은 실행 전에 완벽한 밑그림

을 그리는 공학 분야에서 나오는 말이다. 철저한 준비가 좋지만, 때로는 오래 걸릴 수 있다. 꽤 자주는 시도/테스트/수정의 접근법을 사용하는 것이 더 중요하다.

- 혁신은 꿈과 비현실적인 아이디어에 의존한다. 이 장에서 서술했듯이, 창의적 과정은 혁신적인 아이디어를 인지하는 데 지극히 중요하다. 하지만 기량이 뛰어난 혁신가들은 매우 현실적인 사람들이며 공상이 아닌 현실에 기반한 기회에서 만들어 낸다.
- 대규모 프로젝트는 더 작은 혁신보다는 더 큰 혁신을 개발할 것이다. 이러한 진술이 거짓이라는 것은 되풀이하여 입증되었다. 더 큰 기업은 현재 구성원들로 하여금 더 작은 집단으로 일하도록 장려하고 있다. 3장에서는 작은 팀들이 혁신적인 프로젝트를 수행하도록 하는 방법으로서 I-team의 중요성을 논의하였다.
- 기술은 혁신 성공의 원동력이다. 기술(technology)은 분명 혁신을 위한 하나의 원천이나, 유일한 원천은 아니다. 이 장의 초반부에서 다룬 대로 혁신적인 아이디어의 원천은 수없이 많다. 기술은 분명 많은 혁신의 원동력이나, 유일한 성공 요인은 아니다. 더욱이, 고객이나 시장은 모든 혁신 뒤에 있는 원동력이다. 시장주도 또는 고객에 기초를 둔 혁신은 가장 높은 성공 확률을 갖는다.

혁신의 원칙

잠재적 창업가들은 혁신 원칙이 존재한다는 사실을 인식할 필요가 있다. 이러한 원칙들은 기회와 결합될 때 학습될 수 있으며 개인들로 하여금 혁신적일 수 있도록 한다. 주요 동기부여의 원칙들은 다음과 같다.

- 행동 지향적이 되라. 혁신가들은 적극적이며 항상 새로운 아이디어, 기회, 또는 혁신의 원천을 찾아야 한다.
- 제품, 과정, 또는 서비스를 간단하고 이해할 수 있게 만들어라. 사람들은 혁신이 어떻게 작용하는지를 기꺼이 이해해야 한다.
- 제품, 과정, 또는 서비스를 고객 지향적으로 만들어라. 혁신가들이 최종 소비자들을 염두에 둘수록 개념이 수용되고 사용될 수 있는 기회가 커진다.
- 작게 시작해라. 혁신가들은 웅장한 규모로 프로젝트나 개발을 시도해서는 안 된다. 혁신가들은 작게 시작해서 만들고 개발하며, 적절한 시기에 올바른 방식으로 계획된 성장과 적절한 확장을 허용해야 한다.
- 목표를 높게 잡아라. 혁신가들은 차별화된 틈새시장을 찾아냄으로써 성공에 대한 높은 목표를 세워야 한다.
- 시도, 테스트, 수정해라. 혁신가들은 항상 시도하고, 테스트하며, 수정하는 규칙을 따라야 한다. 이는 제품, 과정, 서비스에서 발생하는 결함을 찾아내는 데 도움을 준다.
- 실패로부터 배워라. 혁신은 성공을 보장하지 않는다. 더욱 중요한 것은, 실패가 종종

창업가정신 사례

테러리즘이 혁신을 불러온다

미국이 어떻게 혁신적일 수 있는지를 묻기보다는 미국을 혁신하기 위해 당신이 무엇을 할 수 있는지를 물어 보라. 이는 미국 정부가 전쟁을 국민의 탓으로 돌릴 목적으로 내세운 전쟁포스터에 있는 슬로건이 되었을 법한 문구이다. 2001년 9/11 사태 이후 며칠 지나지 않아 여전히 연기가 치솟고 있던 펜타곤은 국민들에게 도움을 호소하면서 테러위협과 싸울 수 있는 새로운 아이디어를 요청하였다.

펜타곤의 기술지원실무그룹(Technical Support Working Group, TSWG)은 새로운 기술 및 아이디어가 세계의 가장 강력한 군대를 지원할 수 있도록 하기 위하여 대개는 1년에 900여 개의 제안서를 받는다. 그 해 10월, 12,500개의 제안서를 접수하였다. TSWG 기관들은 미 에너지부로부터 FBI, CIA, 연방항공국, 뿐만 아니라 주 정부 경찰 및 소방서에 이르기까지 다양하다. TSWG는 해결하는 데 관심이 있는 연간 문제들의 리스트를 배포하고 그러고 나서 접수한 제안서를 평가한다. 그 다음, 매년 연구를 위해 단지 100~200개의 제안서를 선택해서, 프로젝트별로 5천 달러에서 1억 달러의 자금을 지원한다.

Equator Technologies, Inc.는 자사 제품을 TSWG에 제안한다. Equator는 비디오용 초고속 디지털 신호 프로세서를 만들고, 모든 가용한 비행기 위에서 회전되는 무기 이미지 데이터를 활용한 자동 수화물 검색 체계를 제조 중이다. 구식의 수화물 스캐너가 사용되면, 세로로 세워진 권총 캔(gun can)이 면도크림 캔으로 오인될 수 있다. 다른 기업은 경찰파일, 알려진 테러리스트 사진, 어쩌면 FBI 기록에서 발견된 사람과 얼굴 사진이 일치하는 테러리스트들을 식별하기 위하여 특별한 소프트웨어를 장착한 감시카메라의 사용을 계획하고 있다.

많은 TSWG 프로젝트는 지역 소방서, 경찰서, 공항에서 끝난다. 휴대용 방사선 탐지기와 폭탄에 잘 견디는 건물계획과 같은 일부 프로젝트들은 2002년 올림픽과 펜타곤에서 성공적으로 검증되었다.

하지만 그 그룹은 실패도 있었다. 한번은 신호를 잡는 특별한 라디오 안테나 개발에 투자했는데 철사로 엮은 담장에 지나지 않았다. TSWG의 비공식적 모토는 "당신이 실패한다면, 실패를 잘하자. … 당신이 모든 것을 시도하지 않았거나 갑자기 중단하여 실패하지는 말자"이다.

출처: Paul Magnusson, "Small Biz vs. the Terrorists," *BusinessWeek Online*, March 4, 2002, http://www.businessweek.com/magazine/content/02_09/b3772087.htm (accessed March 18, 2008).

혁신을 불러일으킨다는 사실이다.[46]

- **이정표 일정을 준수하라.** 모든 혁신가들은 이정표 달성을 나타내는 일정을 따라야 한다. 프로젝트가 일정보다 앞당겨질 수도 있고 지연될 수도 있지만, 프로젝트를 계획하고 평가하기 위해 일정을 순서대로 진행하는 것이 여전히 중요하다.
- **영웅적인 활동을 보상하라.** 이 원칙은 혁신을 추구하고 타인을 혁신하도록 동기부여하는 사람들에게 더 많이 적용된다. 혁신적인 활동은 보상받아야 하고 적당한 정도의 존경이 주어져야 한다. 이는 혁신을 달성하기 위한 수단으로서 실패를 용납하며, 어느 정도까지 받아들이는 것을 의미한다. 혁신적인 작업은 기업에 새로운 지평을 제시하는 영웅적인 활동으로 여겨져야 한다.
- **계속 일하라.** 이는 단순하나 정확한 권고로서 혁신 원칙을 결론짓게 한다. 성공적으로 혁신하기 위해서는 천재나 수수께끼가 아닌 일을 필요로 한다.[47]

요약

이 장에서는 창의적 사고와 혁신이 창업가들에게 얼마나 중요한지에 대해 살펴보았다. 기회 포착을 좋은 아이디어를 인식하는데 필요한 지식 및 학습과의 관계와 결부지어 논의하였다. 혁신적 아이디어의 원천을 개관하고 살펴보았다. 그 다음에 창의적 과정을 기술하였고, 창의성을 향상시키는 방법을 제시하였다. 독자가 창의성의 개발을 향상시키는 데 도움을 주기 위하여 연습과 제안이 포함되었다. 창의적인 풍토의 본질에 대해서도 제시하였다.

발명, 확장, 복제, 통합이라는 혁신의 네 가지의 기본유형을 설명하였다. 이 장의 마지막 부분에서는 혁신과 관련된 흔한 오해를 살펴보았고, 혁신의 주요 원칙을 제시하였다.

주요용어

고정관념	불일치	창의적 과정
기능적 관점	안전 추구	통합
기회 포착	양자택일의 사고	혁신
발명	우뇌	혼란스러운 사고방식
병렬적 관계	좌뇌	확률적 사고
복제	창의성	확장

검토와 토의 문제

1. 창업가에게 기회 포착이 무엇인지를 기술하시오.
2. 기존의 지식 및 학습이 기회 인식에 얼마만큼 중요한가?
3. 혁신적인 아이디어의 주요 원천은 무엇인가? 설명하고 각각의 예를 제시하시오.
4. 적응자와 혁신가의 차이는 무엇인가?
5. 창의적 과정의 네 가지 주요 구성 요소는 무엇인가?
6. 개인의 창의력을 개발하는 데 필요한 네 가지 단계들은 무엇인가?
7. 자신의 말로 혁신을 정의해 보시오.
8. 혁신의 네 가지 주요 형태는 무엇인가?
9. 혁신과 흔하게 관련된 다섯 가지의 오해를 간단하게 설명하시오.
10. 다섯 가지의 혁신 원칙들을 구분하고 설명하시오.

연습문제

개인의 창의성 개발

이 연습은 개인의 창의성 개발을 돕기 위하여 설계된 것이다. 창의성 향상을 위하여, 다음의 영역을 개선해야 한다.

1. 개인적 개발(자기수련, 자기인식, 자신감, 에너지 수준에 있어서 개선)

2. 문제해결기술(문제인식)
3. 정신적 유창함(생각/아이디어의 양)
4. 정신적 유연성(속도/접근법 전환)
5. 독창성(비범한 사고 및 아이디어)

작게 시작하고 한 번에 몇 개의 주제만을 다루는 것이 최선이다. 아래에 제시된 단계별 접근법을 따르라. 개인의 혁신 프로그램을 설계하는 데 도움을 줄 수 있도록 작업계획표를 활용하시오.

1. 위에 제시된 다섯 가지 주제 중 하나를 선택하시오(예를 들면, 정신적 유창함).
2. 이 영역에 대한 특정한 목표를 설정하시오(예를 들면, 업무상의 문제에 대해 논리적이며 직관적인 해결책을 만들기 위해 당신의 능력을 늘려라).
3. 이 프로그램에 얼마만큼의 시간을 할애할지에 대하여 결정하시오(예를 들면, 일주일에 3시간).
4. 이 영역에서 얼마동안 시간을 보낼 것인지에 대하여 결정하시오(예를 들면, 한 달, 두 달).
5. 이 영역에서 개선하기 위하여 당신이 어떤 행동을 취하고, 어떤 연습을 할지에 대하여 결정하시오(예를 들면, 문장 만들기 연습, 사용 아이디어, 명상, 초기판단의 유보).
6. 당신의 프로그램의 개요를 만드시오(말하자면, 주당 일자, 일별 시간, 장소, 할 일).
7. 완성 이후 프로그램을 검토하고, 개선할 다섯 가지 영역 중 하나에 대하여 유사한 프로그램을 작성하시오.

개인적 창의성 프로그램 작업계획표

개선 영역 ________________________________

특정 목표 ________________________________

____

____

주당 시간 ________________________________

프로그램 기간 ________________________________

활동/연습 ________________________________

____

____

프로그램의 개관

주당 일자				
일별 시간				
장소				
일일 활동				

사례 5.1: 포스트잇 노트

신제품을 개발하는 한 방법은 기존의 제품을 가져다가 다른 형태로 수정하는 것이다. 이때의 '수정'은 기존 제품을 특정 고객군에 새로운 마케팅을 하거나 새로운 사용 방식을 발견하는 것도 포함한다.

3M은 다양한 제품들로 유명하다. 그 중에는 접착제와 연마제가 있다. 3M의 가장 유명한 혁신 사례 중의 하나가 1980년대에 있었다. 3M 직원 중 한 사람이 교회 성가대를 하고 있었는데, 찬송가를 쉽게 찾을 수 있도록 책에 마크를 하고 싶어 했다. 일반 종이로 만든 책갈피는 잘 빠져서 불편했다. 그 사람이 찾는 책갈피는 종이에 붙지만 찢지 않는 것이었다. 그 사람은 연구개발부서에 그런 접착제가 있는지 물었다. 적당한 것이 있었지만, 그런 식으로 팔아 본 적이 없었다. 회사에서는 그 접착제가 산업용으로 사용하기에는 약하다고 생각했었다. 직원의 요청에 따라, 책갈피로 사용할 수 있도록 접착제를 종이 뒤에 발랐다.

책갈피를 요청했던 직원은 신제품으로의 개발을 생각하기 시작했다. 책갈피 말고도 다른 쓸모가 많다고 생각했다. 비서들이 파일에 메모를 붙이는데 사용할 수 있고, 관리자는 편지나 서류에 붙이는 쪽지로 사용할 수 있을 것 같았다. 제품의 흥미를 유발하기 위해, 그 직원은 '부착 가능한' 쪽지를 — 이제는 포스트잇 노트(Post-it notes)라고 부른다 — 많이 만들게 했고, 회사 내 비서들에게 나누어 주었다. 머지 않아 많은 사람들이 더 달라고 요청하기 시작했다. 직원은 공급 중단을 지시한 후, 필요한 사람은 영업부에 요청하라고 말했다. 영업부에 포스트잇 요구가 밀어닥치자, 이 제품에 대한 수요가 상당하다고 결론을 내렸고, 정규 생산을 시작했다. 오늘날 포스트잇 노트는 3M의 가장 크고 성공적인 제품군 중의 하나가 되었다.

질문

1. 이 제품의 개발과정에 창조적 사고 과정이 어떻게 적용되었는가? 네 가지 단계의 각각에서 일어난 일들을 기술하시오.
2. 그 관리자는 회사 내의 비서들에게 포스트잇 노트를 왜 보냈는가? 이러한 일을 함에 있어서 그의 목표는 무엇인가?
3. 이 제품은 혁신의 발명, 확장, 복제, 또는 통합 중 어느 유형에 해당하는가?
4. 이 장에서 검토한 혁신적 아이디어의 어떤 유형이 이 제품의 성공을 설명하는 데 도움이 되는가? 자세히 설명하시오.

사업계획서 작성을 위한 조치

사업 개념을 분명히 표현하기: 사업 개요

이 장에서 다룬 원칙들을 활용해서 사업성 있는 아이디어를 포착하고, 그 개념에 대한 설득력 있는 이야기를 명확하고 이해할 수 있게 표현한 사업 개요의 초안을 작성하시오. 사업 개요는 새로운 아이디어와 관련되거나 얼마 동안 고민한 아이디어와 관련될 수 있다. 교수의 선호에 따라, 당신은 초안을 정확히 담아내기 위하여 서면으로 제출하거나, 라이브플랜(LivePlan)과 같은 사업계획서 작성 도구를 사용할 수 있다.

사업 개요는 창업가들로 하여금 그들의 사업제안에 대한 정확한 이해와 그들의 시장 잠재성을 그들의 친구 및 친한 동료 이외의 사람들에게 설명할 수 있도록 도와준다. 사업 개요의 본문은 다양한 형태가 가능하지만, 잠재적 투자자들에게 당신이 누구이고, 어떤 상품을 팔며, 누가 고객인지에 대하여 설명해야 한다. 회사 및 소비자 프로파일, 가치 제의, 시장 개관 및 관련된 주제들은 모두 사업 개요의 전형적인 구성 요소가 된다. 당신의 사업개념에 대한 이해도 테스트로서, 당신의 사업 개요를 최종 사업계획서 형식 내에 있는 세련된 사업 개요로서보다는 1분 '엘리베이터 스피치'의 차원에서 생각하시오.

미주

1. S Venkataraman, "The Distinctive Domain of Entrepreneurship Research," in *Advances in Entrepreneurship, Firm Emergence, and Growth*, vol. 3, ed. J. A. Katz (Greenwich, CT: JAI Press, 1997): 119–38.

2. Dean A. Shepherd and Dawn DeTienne, "Prior Knowledge, Potential Financial Reward, and Opportunity Identification," *Entrepreneurship Theory and Practice* 29, no. 1 (January 2005): 91–112; Ivan P. Vaghely and Pierre-André Julien, "Are Opportunities Recognized or Constructed? An Information Perspective on Entrepreneurial Opportunity Identification," *Journal of Business Venturing* 25, no. 1 (2010): 73–86; Jintong Tang, K. Michele (Micki) Kacmar and Lowell Busenitz, "Entrepreneurial Alertness in the Pursuit of New Opportunities," *Journal of Business Venturing* 27, no. 1 (2012): 77–94; and Dave Valliere, "Towards a Schematic Theory of Entrepreneurial Alertness," *Journal of Business Venturing*, (in press).

3. A Ardichvili, R. Cardozo, and S. Ray, "A Theory of Entrepreneurial Opportunity Identification and Development," *Journal of Business Venturing* 18, no. 1 (2003): 105–23; Andranik Tumasjan and Reiner Braun, "In the Eye of the Beholder: How Regulatory Focus and Self-Efficacy Interact in Influencing Opportunity Recognition," *Journal of Business Venturing* 27, no. 6 (2012): 622–36; and Dean A. Shepherd, J. Michael Haynie and Jeffery S. McMullen, "Confirmatory Search as a Useful Heuristic? Testing the Veracity of Entrepreneurial Conjectures," *Journal of Business Venturing* 27, no. 6 (2012): 637–51.

4. Andrew C. Corbett, "Experiential Learning within the Process of Opportunity Identification and Exploitation," *Entrepreneurship Theory and Practice* 29, no. 4 (2005): 473–91; and Andrew C. Corbett, "Learning Asymmetries and the Discovery of Entrepreneurial Opportunities," *Journal of Business Venturing* 22, no. 1 (2007): 97–118.

5. Lloyd W. Fernald, Jr., "The Underlying Relationship between Creativity, Innovation, and Entrepreneurship," *Journal of Creative Behavior* 22, no. 3 (1988): 196–202; Thomas B. Ward, "Cognition, Creativity, and Entrepreneurship," *Journal of Business Venturing* 19, no. 2 (March 2004): 173–88; and Michael M. Gielnik, Michael Frese, Johanna M. Graf, and Anna Kampschulte, "Creativity in the Opportunity Identification Process and the Moderating Effect of Diversity of Information," *Journal of Business Venturing* 27, no. 5 (2012): 559–76.

6. Timothy A. Matherly and Ronald E. Goldsmith, "The Two Faces of Creativity," *Business Horizons* (September/October 1985): 8; see also Bruce G. Whiting, "Creativity and Entrepreneurship: How Do They Relate?" *Journal of Creative Behavior* 22, no. 3 (1988): 178–83.

7. Michael Kirton, "Adaptors and Innovators: A Description and Measure," *Journal of Applied Psychology* (October 1976): 622–29.

8. E. Holly Buttner and Nur Gryskiewicz, "Entrepreneurs' Problem-Solving Styles: An Empirical Study Using the Kirton Adaption/Innovation Theory," *Journal of Small Business Management* (January 1993): 22–31.

9. See Edward deBono, *Serious Creativity: Using the Power of Creativity to Create New Ideas* (New York: HarperBusiness, 1992).

10. Eleni Mellow, "The Two Conditions View of Creativity," *Journal of Creative Behavior* 30, no. 2 (1996): 126–43; Anit Somech and Anat Drach-Zahavy, "Overcoming Resistance to Change and Enhancing Creative Performance," *Journal of Management (in press)*.

11. H. J. Eysenck, *Genius: The Nature of Creativity* (New York: Cambridge University Press, 1995); and B. Taylor, *Into the Open: Reflections on Genius and Modernity* (New York: New York University Press, 1995);

12. Teresa Amabile, "How to Kill Creativity," *Harvard Business Review* 76 (September/October 1998): 77–87.

13. See Dale Dauten, *Taking Chances: Lessons in Putting Passion and Creativity in Your Work Life* (New York: New Market Press, 1986); Dimo Dimov, "Grappling with the Unbearable Elusiveness of Entrepreneurial Opportunities," *Entrepreneurship Theory and Practice* 35, no. 1 (2011): 57–81.

14. Edward deBono, *Six Thinking Hats* (Boston: Little, Brown, 1985); and Edward deBono, "Serious Creativity," *The Journal for Quality and Participation* 18, no. 5 (1995): 12.

15. For a discussion of the development of creativity, see Eugene Raudsepp, *How Creative Are You?* (New York: Perigee Books, 1981); Arthur B. Van Gundy, *108 Ways to Get a Bright Idea and Increase Your Creative Potential* (Englewood Cliffs, NJ: Prentice Hall, 1983); and Roger L. Firestien, *Why Didn't I Think of That?* (Buffalo, NY: United Education Services, 1989).

16. T. A. Nosanchuk, J. A. Ogrodnik, and Tom Henigan, "A Preliminary Investigation of Incubation in Short Story Writing," *Journal of Creative Behavior* 22, no. 4 (1988): 279–80.

17. W. W. Harman and H. Rheingold, *Higher Creativity: Liberating the Unconscious for Breakthrough Insights* (Los Angeles: Tarcher, 1984); and Daniel Goleman, Paul Kaufman, and Michael Ray, *The Creative Spirit* (New York: Penguin Books, 1993).

18. See J. Conrath, "Developing More Powerful Ideas," *Supervisory Management* (March 1985): 2–9; Denise Shekerjian, *Uncommon Genius: How Great Ideas Are Born* (New York: Viking Press, 1990); and Keng L. Siau, "Group Creativity and Technology," *Journal of Creative Behavior* 29, no. 3 (1995): 201–16.

19. Deborah Funk, "I Was Showering When …," *Baltimore Business Journal* 12, no. 46 (March 1995): 13–14.

20. For more on idea development, see A. F. Osborn, *Applied Imagination*, 3rd ed. (New York: Scribner's, 1963); William J. Gordon, *Synectics* (New York: Harper & Row, 1961); and Ted Pollock, "A Personal File of Stimulating Ideas, Little-Known Facts and Daily Problem-Solvers," *Supervision* 4 (April 1995): 24.

21. Martin F. Rosenman, "Serendipity and Scientific Discovery," *Journal of Creative Behavior* 22, no. 2 (1988): 132–38.

22. For more on implementation, see John M. Keil, *The Creative Mystique: How to Manage It, Nurture It, and Make It Pay* (New York: Wiley, 1985); and James F. Brandowski, *Corporate Imagination Plus: Five Steps to Translating Innovative Strategies into Action* (New York: The Free Press, 1990).

23. J Wajec, *Five Star Minds: Recipes to Stimulate Your Creativity and Imagination* (New York: Doubleday, 1995); and Frank Barron, *No Rootless Flower: An Ecology of Creativity* (Cresskill, New Jersey: Hampton Press, 1995).

24. See Dale Dauten, *Taking Chances: Lessons in Putting Passion and Creativity into Your Work Life* (New York: Newmarket Press, 1986); and Gary A. Davis, *Creativity Is Forever* (Dubuque, IA: Kendall/Hunt, 1986).

25. Sidney J. Parnes, *Visionizing: State-of-the-Art Processes for Encouraging Innovative Excellence* (East Aurora, NY: D.O.K., 1988).

26. See E. Paul Torrance, *The Search for Sartori and Creativity* (Buffalo, NY: Creative Education Foundations, 1979); Erik K. Winslow and George T. Solomon, "Further Development of a Descriptive Profile of Entrepreneurs," *Journal of Creative Behavior* 23, no. 3 (1989): 149–61; and Roger von Oech, *A Whack on the Side of the Head* (New York: Warner Books, 1998).

27. Tony Buzan, *Make the Most of Your Mind* (New York: Simon & Schuster, 1984).

28. Weston H. Agor, *Intuitive Management: Integrating Left and Right Brain Management Skills* (Englewood Cliffs, NJ: Prentice Hall, 1984); Tony Buzan, *Using Both Sides of Your Brain* (New York: Dutton, 1976); and D. Hall, *Jump Start Your Brain* (New York: Warner Books, 1995).

29. For more on this topic, see Jacquelyn Wonder and Priscilla Donovan, *Whole-Brain Thinking* (New York: Morrow, 1984), 60–61; see also: Maw-Der Foo, "Emotions and Entrepreneurial Opportunity Evaluation," *Entrepreneurship Theory and Practice*, 35, no. 2 (2011): 375–93; and Isabell M. Welpe, Matthias Spörrle, Dietmar Grichnik, Theresa Michl, and David B. Audretsch, "Emotions and Opportunities: The Interplay of Opportunity Evaluation, Fear, Joy, and Anger as Antecedent of Entrepreneurial Exploitation," *Entrepreneurship Theory and Practice*, 36, no. 1 (2012): 69–96.

30. Doris Shallcross and Anthony M. Gawienowski, "Top Experts Address Issues on Creativity Gap in Higher Education," *Journal of Creative Behavior* 23, no. 2 (1989): 75.

31. Vincent Ryan Ruggiero, *The Art of Thinking: A Guide to Critical and Creative Thought* (New York: HarperCollins, 1995).

32. David Campbell, *Take the Road to Creativity and Get Off Your Dead End* (Greensboro, NC: Center for Creative Leadership, 1985).

33. James O'Toole, *Vanguard Management: Redesigning the Corporate Future* (New York: Berkley Books, 1987).

34. Edward deBono, *Lateral Thinking: Creativity Step by Step* (New York: Harper & Row, 1970).

35. Zoa Rockenstein, "Intuitive Processes in Executive Decision Making," *Journal of Creative Behavior* 22, no. 2 (1988): 77–84.

36. Adapted from deBono, *Lateral Thinking;* and Eugene Raudsepp, *How to Create New Ideas: For Corporate Profit and Personal Success* (Englewood Cliffs, NJ: Prentice Hall, 1982).

37. William C. Miller, *Flash of Brilliance* (Reading, PA: Perseus Books, 1999).

38. Karl Albrecht, *The Creative Corporation* (Homewood, IL: Dow Jones-Irwin, 1987); see also William C. Miller, *The Creative Edge: Fostering Innovation Where You Work* (New York: Addison-Wesley, 1987); K. Mark Weaver, "Developing and Implementing Entrepreneurial Cultures," *Journal of Creative Behavior* 22, no. 3 (1988): 184–95; American Management Association, *Creative Edge: How Corporations Support Creativity and Innovation* (New York: AMA, 1995); D. Leonard and S. Straus, "Putting the Company's Whole Brain to Work," *Harvard Business Review* 75 (July/August 1997): 111–21; and J. Hirshberg, *The Creative Priority* (New York: Harper & Row, 1998).

39. Peter F. Drucker, *Innovation and Entrepreneurship* (New York: Harper & Row, 1985), 20.

40. Nina Rosenbusch, Jan Brinckmann, and Andreas Bausch, "Is Innovation Always Beneficial? A Metaanalysis of the Relationship Between Innovation and Performance in SMEs," *Journal of Business Venturing*, 26, no. 4 (2011): 441–57; Robert A. Baron, Jintong Tan, "The Role of Entrepreneurs in Firm-level Innovation: Joint Effects of Positive Affect, Creativity, and Environmental Dynamism," *Journal of Business Venturing* 26, no. 1 (2011): 49–60; Jeroen P. J. de Jong, "The Decision to Exploit Opportunities for Innovation: A Study of High-Tech Small-Business Owners," *Entrepreneurship Theory and Practice*, (in press).

41. Peter F. Drucker, "The Discipline of Innovation," *Harvard Business Review* (May/June 1985): 67–72.

42. See Peter L. Josty, "A Tentative Model of the Innovation Process," *R & D Management* (January 1990): 35–44.

43. Drucker, "The Discipline of Innovation," 67.

44. Adapted from Richard M. Hodgetts and Donald F. Kuratko, *Effective Small Business Management*, 7th ed. (Fort Worth, TX: Harcourt College Publishers, 2001), 21–23.

45. Adapted from Drucker, *Innovation and Entrepreneurship;* and Thomas J. Peters and Nancy J. Austin, *A Passion for Excellence* (New York: Random House, 1985).

46. For a good example, see Ronald A. Mitsch, "Three Roads to Innovation," *Journal of Business Strategy* (September/October 1990): 18–21.

47. William Taylor, "The Business of Innovation," *Harvard Business Review* (March/April 1990): 97–106.

6장
기회에 대한 평가 기능

창업가적 사고

큰 기업을 경영하면서 겪는 모든 잘못들을 피하는 것은 힘에 부치는 일이다. ... 그러나 일단 잘못이 일어났을 때, 잘못을 미래를 위한 교훈으로 반대로 사용하는 것은 용감하고 현명한 사람의 몫이다.

— Minucius (A.D. 209)

학습목표

1. 신생 벤처 창업에 대해 설명한다.
2. 신생 벤처 아이디어의 선택에 있어서 공통적인 함정들을 살펴본다.
3. 신생 벤처 개발에 관련된 결정적인 요인들을 제시한다.
4. 신생 벤처가 왜 실패하는지를 조사한다.
5. 벤처 성공의 기저를 이루는 특정한 요인들을 학습한다.
6. 프로필 분석, 타당성 기준 접근법, 포괄적 타당성 방법과 같은 평가 과정 방법을 분석한다.
7. 포괄적 타당성 평가에 있어서 특정한 활동의 개요를 설명한다.

신생 벤처 창업의 도전

지난 20년 동안, 많은 신생 벤처 창업들이 지속적으로 증가하였다. 1990년대 중반 이후로 매년 미국에서 60만 개 이상의 새로운 기업들이 생겨났고, 대략적으로 매일 1,500개의 사업이 시작되고 있는 것으로 보고되고 있다. 게다가, 잠재적인 새로운 사업에 대한 아이디어들 또한 기록적인 수치로 표면화되고 있다. 미국 특허상표청은 현재 매년 대략적으로 50만 건 이상의 특허신청서를 받는다.[1]

창업가들이 신생 벤처 창업을 시작하는 데는 많은 이유가 있다. 한 연구는 신생 벤처 동기의 일곱 가지 구성 요소로서 (1) 인정받고 싶은 욕구, (2) 독립의 욕구, (3) 개인적 개발의 욕구, (4) 복지(자선적인) 고려, (5) 부에 대한 인식, (6) 감세와 간접적 이득, (7) 롤 모델을 따르는 것을 제시하였다.[2] 이러한 동기들은 3장에서 언급된 창업가적 사고방식의 특징과 유사하다. 연구자들은 벤처를 시작하는 데 많은 이유가 존재한다는 것에 동의하지만, 개인들의 창업가적 동기는 보통 창업가의 개인적 특징, 환경, 벤처 그 자체와 관련된다. 이러한 요인들의 복잡성은 신생 벤처에 대한 평가를 매우 어렵게 만든다. 최근 한 연구는 (벤처 설립을 시도하는) 잠재적 창업가들에 대한 창업활동의 중요성을 조사하였다. 사업을 성공적으로 시작한 창업가들은 "그들의 사업을 실현하는 데 보다 공격적이었다. 말하자면, 그들은 사람들에게 그들의 사업이 감지될 수 있도록 하는 활동을 착수하였다. 예를 들면, 그들은 시설과 장비를 찾고, 재정적 지원을 찾아 받았으며, 법적 독립체를 형성하고, 팀을 구성하며, 시설과 장비를 사고, 사업에 모든 시간을 쏟아 부었다. 사업을 시작하는 사람들은 매우 치열하게 행동하는 것처럼 보였다. 그들은 사업을 시작하지 않는 사람들보다 더 많은 활동을 맡았다. 활동들의 패턴은 사업을 시작한 사람들은 그들이 할 수 있는 한 빨리 진행 중인 사업 운영에 따른 일일 과정을 실행하며, 이러한 활동들은 결과적으로 판매(94%의 창업가)와 긍정적인 현금흐름(50%의 창업가)을 창출하는 신규 기업들이 되도록 한 것을 보여 주는 듯했다."[3] 다른 연구는 젊은 기업의 성공이나 실패에 영향을 미치는 양적 및 질적 경영요인들에 대하여 조사하였으며, 그 결과 기업들이 동일한 자원을 가지고 사업을 시작하지 못하는 것으로 나타났다. 더 중요한 것은, 성공적인 기업이 전문가의 충고를 많이 사용하였고 보다 상세한 사업계획서를 개발하였다.[4] 여전히 다른 최근 연구는 기업 생존의 전제조건으로서 초기 이해관계자들과의 합법성 획득의 중요성을 연구하였다.[5] 연구자 Arnold C. Cooper가 지적한 바와 같이, 신규기업 성과를 예측하는 데 따른 도전과제는 환경적 효과(새로운 제품 또는 서비스의 위험, 좁은 시장, 희소자원), 창업가의 개인적 목적 및 설립과정(창업의 이유), 벤처 자체의 다양성(다른 규모 및 잠재성)을 포함한다(그림 6.1 참조).[6] 최근의 몇몇 연구들은 창업가의 조직에의 '적합성'의 중요성을 강조하고 있으며, 이는 개인의 인지적 능력이 그가 발전시키려는 조직이나 벤처와 일치해야 한다는 아이디어이다.[7]

그림 6.1 신생 벤처 성과에 미치는 요소

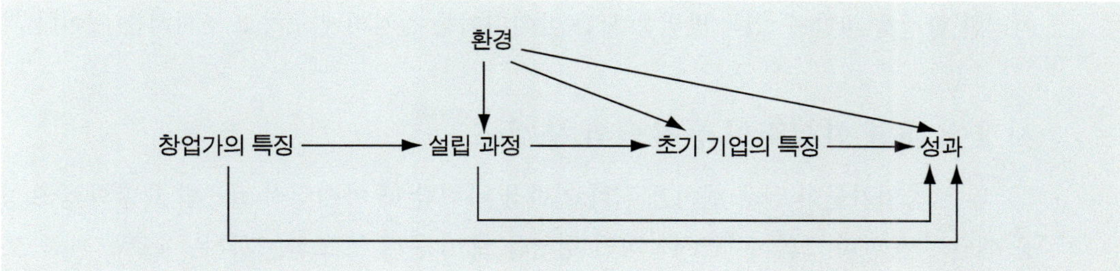

출처: Arnold C. Cooper, "Challenges in Predicting New Firm Performance," *Journal of Business Venturing* (May 1993): 243. Reprinted with permission.

신생 벤처 성과에 있는 요인들의 복잡성에 의해 제기된 문제들 외에도, 창업, 성과, 실패에 관한 신뢰할만한 데이터를 얻는 것은 어렵다. 판매, 이윤, 기술, 시장점유율 등에 관한 측정자료를 수집하기 위하여 소유주, 종업원, 경쟁자들을 대상으로 전화와 메일을 통한 서베이가 사용되었다.[8] 그 결과는 모든 벤처 또는 모든 산업과 완벽하게 견줄만하지 않다. 하지만 이러한 선구적인 작업을 통해 신생 벤처의 평가를 위한 더 많고 더 좋은 데이터의 수집이 가능하다.

신생 벤처 평가가 아이디어와 벤처 선택 단계에서 시작됨을 이해하여야 한다. 하지만 신생 벤처 개발에 대한 대부분의 연구는 설립된 창업 기업을 다루고 있다. '완전히 개발된 새로운 기업'은 상근으로 몰입하는 한 명 이상의 사람을 필요로 하며, 제품 또는 서비스를 판매하고, 공식적인 재정 지원이 있어야 하며, 한 명 이상을 고용하고 있는 것으로 기술되어 왔다.[9]

그러므로 아이디어들이 신생 벤처 창업으로 발전될 때, 그러한 기업들이 생존하고 성장할 수 있는 진정한 도전이 주어진다. 이를 실시하기 위하여, 기업들은 벤처 선정, 벤처 실패의 알려진 원인들, 효과적인 평가 과정에 대한 결정적인 요인들에 대해 명확하게 이해할 필요가 있다.

신생 벤처 선정의 함정

분석의 첫 번째 핵심 영역은 신생 벤처의 선정이다. 아이디어에서 잠재적 벤처로의 전환 단계는 신생 벤처 발전을 이해하는 데 가장 중요할 수 있다. 다음은 신생 벤처를 선정하는 과정에서 흔하게 접하게 되는 가장 중요한 함정들 가운데 여섯 가지이다.

객관적 평가의 부족

많은 창업가들은 객관성이 부족하다. 엔지니어들과 기술적으로 훈련된 사람들은 특히 제품 또는 서비스에 대한 아이디어에 심취하기 쉽다. 그들은 전문적인 업무의 일상에서 설계나 프로젝트에 대해 철저하게 조사할 필요성을 인식하지 못하는 것으로 보인다. 이러한 함정을 피할 수 있는 방법은 모든 아이디어를 철저히 연구하고 조사하는 것이다.[10]

시장에 대한 현실적인 통찰력의 부재

많은 창업가들이 신생 벤처를 위한 기반을 마련할 때 마케팅적 접근법 개발의 중요성을 깨닫지 못한다. 그들은 근시안적인 경영을 보여 준다.[11] 또한, 그들은 새로운 제품 또는 서비스를 소개할 때 수명주기를 반드시 고려되어야 한다는 것을 이해하지 못한다.

어떤 제품도 즉각적으로 수익이 나지 않은 뿐만 아니라 그것의 성공이 무기한으로 지속되지도 않는다. 창업가들은 신제품의 수명주기를 계획할 뿐만 아니라 적정한 시점에 제품을 소개하는 것이 성공에 중요하다는 것을 또한 인식해야 한다. 타이밍이 중요하다. 너무 빨리 또는 너무 늦게 행동하는 것은 종종 실패를 불러올 것이다.

기술적 요건에 대한 부족한 이해

신제품의 개발은 대개 새로운 기술을 동반한다. 제품 개발이나 생산과 관련된 기술적 어려움을 예측하지 못하는 것은 신생 벤처를 침몰시킬 수 있다. 창업가들은 프로젝트에 착수하기 전에 철저히 연구해야 한다. 예측하지 못한 기술적 어려움에 직면하게 되면 종종 시간소모와 비용문제를 겪게 된다.

부실한 재정적 이해

신제품의 개발에 따른 공통적인 어려움은 프로젝트를 완성하는 데 필요한 자금에 대한 지나치게 낙관적인 추정이다. 때때로 창업가들은 비용에 무지하거나 부적절한 연구 및 계획의 희생자들이다. 그들은 꽤 자주 큰 수익에 의하여 개발비용을 과소평가하는 경향이 있다. 최종적으로 필요한 양의 반도 안 되는 정도로 추정하는 것이 보통이다.

벤처의 독특성 부족

신생 벤처는 독특해야 한다. **독특성**(uniqueness)은 소비자를 벤처에 끌어들이는 특별한 특징과 디자인을 말하며, 이는 경쟁사보다 우수한 성능이나 서비스를 제공한다. 기업의 제품과 경쟁사의 제품 간의 차이점을 소비자들에게 확실하게 인식시키는 최선의 방법은 제품의 차별화를 통하는 것이다. 소비자들이 제품을 볼 때 경쟁사의 제품들보다 뛰어나다고 생각하면 가격 결정은 문제가 되지 않는다. 제품을 독특성 있게 만드는 것이 차별화의 장점을 살릴 수 있다.

창업가정신 사례

E-Bay에서의 창업가적 사업

사용자들이 사업을 쉽게 시작할 수 있기 때문에 경험이 없는 창업가들이 E-Bay로 몰려들고 있다. 2011년, 1억 명이 넘는 활발한 사용자들이 E-Bay의 온라인 플랫폼을 통해 1,500억 달러 가량의 상거래량에 기여하며 E-Bay에서 사업을 수행하였다. 다음의 단계를 따른다면, 당신도 성공적인 E-Bay 사업을 시작할 수 있을 것이다.

시장을 조사하라. E-Bay에서의 판매가 사업의 시작과 관련된 탐방을 하지 않아도 된다는 것은 아니다. 맞는 시장을 판단하기 위해서는 정해진 범주에 있는 얼마나 많은 품목들이 다른 곳뿐만 아니라 E-Bay에서 팔리고 있는지에 대한 조사가 이루어져야 한다. 'Market Research'는 상품들의 가격 정보 이력을 볼 수 있도록 해 주는 E-Bay를 통해 가용한 구독 기반의 도구이다.

전문성을 개발하라. 사업이 더욱 전문화될수록, 당신이 제공하는 상품들에 대해 고객들은 더욱 만족할 것이며, 창고에서 발견한 임의 상품에 대해 갖게 되는 의문에 대해 고심하는 시간이 줄어들 것이다. 대부분의 판매자들은 중고품들을 팔면서 시작하나, 결국은 성공적인 E-Bay 판매자들은 훨씬 큰 규모의 경제를 갖게 해 주는 틈새시장을 개발할 것이다.

도움을 받아라. 당신은 E-Bay 사업을 하면서 분명히 실수를 할 것이지만, 당신의 많은 의문점들은 E-Bay의 Help 파일에 접근하거나 성공적인 판매자들이 제공하는 피드백이나 충고가 적힌 토론 게시판을 읽음으로써 해결될 수 있다.

당신의 사업에 투자하라. 집 주변에 널려있는 오래된 품목들을 판매하는 것으로 E-Bay 사업을 시작하고자 계획하고 있다면, 선행적 자본이 간혹 있더라도 많은 투자를 할 필요는 없을 것이다. 하지만 사업이 커짐에 따라, 몇몇 품목들이 도움이 될 것이다. 첫째, E-Bay 거래만을 위한 컴퓨터를 지정한다면 이것은 당신의 세금에서 전부 공제될 것이다. 둘째, 규정된 우편 저울을 쓰면 우체국 저울과 일치되기 때문에 시간 손실을 막을 수 있다. 마지막으로, 괜찮은 카메라는 필수품이다. 당신의 상품에 대한 저품질의 사진의 배치는 고객들에게 다른 품목들의 품질에 대해 의구심을 갖게 할 것이다.

시스템을 개발하라. 어느 비즈니스와 같이, 사업이 커질수록 정책과 절차는 점점 더 중요해진다. 견본을 표준화하거나 E-Bay의 판매자 툴 섹션을 통해 견본을 사는 것은 절차를 간소화하는 데 도움을 줄 것이다. 게다가, 당신의 고객들의 질문이나 관심사에 관해 답변하는 통상적인 절차를 확립하는 것이 사소한 이슈들이 주요 문제들로 확대되는 것을 방지할 것이다.

Paypal을 제공하라. 승인된 결제 수단으로 대략 95% 정도의 구매자들이 온라인상에서 결제하기를 선호한다. 덜 일반적인 방법이지만, 일부 고객들은 개인수표나 우편환을 선호할 수 있기에, 이러한 결제수단을 갖추는 것이 온라인 쇼핑에 익숙하지 않은 고객들을 편안하게 만들 수 있다.

당신의 비용을 알아라. E-Bay는 등록 및 낙찰 수수료를 청구하며, 이는 당신의 상품을 여러 차례 게시할 때 추가될 수 있다. 하지만 E-Bay의 고객층에 접근하는 비용은 전통적인 광고채널을 사용하는 것에 비하면 얼마 안 된다. 만약에 당신의 상품이 판매되기 위해 여러 번의 경매가 진행될 것으로 예상한다면, 더 높은 판매자 수수료를 청구하여 당신의 비용을 충당하라.

고객의 기대치를 관리하라. 당신의 제품이 새 것임에도 불구하고 가벼운 흠집을 가진 채 배달될 때 당신의 고객이 실망하지 않도록 보장하기 위해 확실히 덜 약속하고 더 해 주어라. 당신이 결함을 발견한다면, 당신의 고객도 역시 분명 그럴 것이다. 무조건적인 보장의 제공은 구매자의 마음을 편하게 하고 배송 중의 손상이나 제품의 허위광고에 대한 고객의 주장으로 인한 복잡한 분쟁을 피할 수 있다.

출처: Adapted from Marcia Layton Turner, "Get Sold on eBay," *Entrepreneur*, March 2008, http://www.entrepreneur.com/magazine/entrepreneur/2008/march/190186.html (accessed March 16, 2008); and E-Bay's 2011 Annual Report, http://www.shareholder.com/visitors/DynamicDoc/document.cfm?DocumentID=3008&CompanyID=ebay&zid=dce8ff6f (accessed April 10, 2012).

법적 이슈에 대한 무지

사업은 많은 법적인 요건의 적용을 받는다. 하나는 종업원들을 위한 작업장의 안전 의무이다. 둘째는 신뢰할만하고 안전한 제품 및 서비스를 제공하는 것이다. 셋째는 누군가의 발명품들과 제품들을 보호하기 위한 특허, 상표 및 저작권의 필요성이다. 이러한 법적 이슈가 간과될 때, 많은 문제들이 발생할 수 있다.

신생 벤처 개발을 위한 결정적인 요인들

수많은 **결정적인 요인**(critical factors)들이 신생 벤처 평가에 중요하다. 체크리스트를 이용하여 그것들을 확인하고 평가하는 것이 한 가지 방법이다(표 6.1 참조). 하지만 대부분의 경우에 있어서 질문지 접근법은 너무 일반적이다. 평가는 특정 벤처에 맞춰져야 한다.

신생 벤처는 창업 전 단계, 창업 단계, 창업 후 단계라는 세 가지의 특정한 단계를 거친다. 창업 전 단계는 벤처에 대한 아이디어로 시작하고, 사업을 위한 문이 열릴 때 끝난다. 창업 단계는 제품과 서비스의 판매활동 및 배송으로 시작하고, 사업이 확실하게 수립되고 생존에 대한 단기간의 위협을 넘어섰을 때 끝난다. 창업 후 단계는 벤처가 종료되거나 조직적 실체의 존재가 창업가에 의해 더 이상 통제되지 않을 때까지 지속된다.

이 장의 주요 초점은 창업 전 단계와 창업 단계에 있으며, 이 단계들이 창업가들에게 결정적인 부문이기 때문이다. 이 두 단계들이 진행되는 동안, 결정적인 다섯 가지 요인들은 (1) 벤처의 상대적 독특성, (2) 창업의 상대적인 투자 규모, (3) 벤처가 창업 단계로 이동할 때 기대되는 판매와 수익의 성장, (4) 창업 전 단계와 창업 단계 동안 제품의 가용성, (5) 창업 전 단계와 창업 단계 동안 고객의 가용성이다.

독특성

신생 벤처의 독특성의 범위는 꽤 일상적인 것부터 매우 비일상적인 것까지 고려될 수 있다. 창업 전 단계 동안 요구되는 혁신의 양에 따라서 일상적인 벤처와 비일상적인 벤처가 구분된다. 이 차이점은 제품 또는 서비스를 생산할 수 있는 새로운 과정 기술에 대한 필요성과 새로운 시장 부문을 서비스할 필요성에 기초한다. 벤처 독특성은 비일상적 벤처가 비일상적으로 남을 수 있는 시간의 길이에 의해 더욱 특징지어진다. 예를 들면, 새로운 제품, 새로운 기술, 새로운 시장이 지속적인 기준으로 요구될 것인가? 또는 벤처가 창업 기간 후에 '정착'될 수 있으며 기존의 제품, 기술, 시장을 사용할 것인가?

표 6.1 신생 벤처 아이디어 체크리스트

벤처의 기본적 타당성

1. 제품 또는 서비스를 만들 수 있는가?
2. 그것이 합법적인가?

벤처의 경쟁우위

1. 제품이나 서비스가 어떤 특정한 경쟁우위들을 제공할 것인가?
2. 사업을 하고 있는 기존 기업이 가진 경쟁우위들은 무엇인가?
3. 경쟁사들은 어떻게 반응할 것인가?
4. 초기의 경쟁우위는 어떻게 유지될 수 있는가?

벤처에 있어서 구매자의 의사결정

1. 누가 고객이 될 것인가?
2. 개별 고객들이 얼마나 구매할 것이고, 얼마나 많은 고객들이 있는가?
3. 이러한 고객들이 어디에 위치해 있는가? 그리고 그들은 어떻게 서비스를 받을 것인가?

제품과 서비스의 마케팅

1. 광고와 판매에 얼마나 많은 광고비용이 들 것인가?
2. 기업이 얼마만큼의 시장점유율을 차지할 것인가? 언제까지?
3. 누가 판매 기능을 담당할 것인가?
4. 가격을 어떻게 책정할 것인가? 이 가격을 경쟁사의 가격과 어떻게 비교할 것인가?
5. 위치가 얼마나 중요하며, 그것을 어떻게 결정할 것인가?
6. 도매, 소매, 중개상, 광고 우편물 중에 어떤 것을 유통 채널로 이용할 것인가?
7. 판매 대상은 누구인가? 언제까지 그들에게 제공되어야 하는가?
8. 사업 시작 전에 주문을 받을 수 있는가? 얼마나 주문받을 수 있는가? 총 양은 얼마인가?

제품과 서비스의 생산

1. 기업은 판매할 것을 제조할 것인가, 아니면 구매할 것인가? 또는 두 가지 전략을 결합하여 사용할 것인가?
2. 합리적인 가격에 공급처는 이용가능한가?
3. 공급하는데 얼마나 오래 걸릴 것인가?
4. 부지를 위한 적절한 임대계약이 이루어져 있는가?
5. 필요한 장비들은 제때에 사용할 수 있을 것인가?
6. 공장설립, 철거, 또는 보험과 관련된 특별한 문제가 있는가? 어떻게 그것들을 해결할 것인가?
7. 어떻게 품질을 관리할 것인가?
8. 어떻게 반품과 서비스를 처리할 것인가?
9. 어떻게 상품 결손, 낭비, 손상, 불량을 처리할 것인가?

벤처의 충원 의사결정

1. 어떻게 사업 각 분야에서의 능력이 보장될 것인가?
2. 누가 고용되어야 하는가? 언제까지 고용할 것인가? 그들을 어떻게 찾고 모집할 것인가?
3. 자금 담당, 변호사, 회계사, 또는 다른 조언자가 필요할 것인가?
4. 핵심 인재가 떠난다면 어떻게 대체인물을 구할 것인가?
5. 특별한 복리후생 계획이 마련되어 있는가?

표 6.1 신생 벤처 아이디어 체크리스트 **(계속)**

벤처의 관리

1. 어떤 기록이 필요할 것인가? 언제?
2. 어떤 특별한 관리가 필요할 것인가? 그것들은 무엇인가? 누가 그것들을 책임질 것인가?

벤처의 자금 조달

1. 제품이나 서비스의 개발에 얼마나 많은 비용이 필요할 것인가?
2. 운영체계 구성에 얼마나 많은 비용이 필요할 것인가?
3. 운영 자본은 얼마나 필요할 것인가?
4. 자금은 어디에서 구할 것인가? 만약 더 필요하다면 어떻게 할 것인가?
5. 재정 예측에서 어떤 가정이 가장 불확실한가?
6. 자기자본 수익률 또는 매출액 수익률은 얼마로 예상하고 있으며, 그리고 그것을 산업 내 수익률과 어떻게 비교할 것인가?
7. 언제 그리고 어떻게 투자자들이 그들의 자금을 회수할 것인가?
8. 은행으로부터 무엇이 필요할 것인가? 그리고 은행의 반응은 무엇인가?

출처: Karl H. Vesper, *New Venture Strategies*, (Revised Edition), 1st Edition, © 1990. Reprinted by permission of Pearson Education, Inc., Upper Saddle River, NJ.

투자

신생 벤처를 시작하기 위해 요구되는 자본 투자는 상당히 다양할 수 있다. 몇몇 산업에서는 10만 달러 이하가 필요한 반면, 다른 산업에서는 수백만 달러가 필요하다. 더욱이, 어떤 산업에서는 단지 큰 규모의 창업만이 실현 가능하다. 예를 들면, 출판 산업에서는 작은 규모를 유지하거나 보다 큰 벤처로 성장할 수 있는 작은 벤처를 시작할 수 있다. 대조적으로, 항공 산업에 뛰어들기를 시도하는 창업가는 상당한 양의 선행 투자가 필요할 것이다.

또 다른 중요한 재정관련 이슈는 벤처 과정을 진행하는 데 필요한 자금의 규모 및 타이밍이다. 필요한 투자 규모를 결정하기 위해, 창업가들은 다음과 같은 질문들에 답을 해야 한다. 산업 성장이 창업 단계 동안 높은 고정비용 구조를 감당할 수 있는 수익분기점 판매를 유지하기에 충분할 것인가? 주요 창업가들이 초기의 큰 투자를 보호할 수 있도록 실질적인 재정적인 예비비에 접근할 수 있는가? 창업가들은 큰 규모의 창업에 따른 재정적 위험을 정당화할 수 있는 산업 및 창업가적 실적 둘 다를 가지고 있는가?[12]

판매의 성장

창업 단계를 통한 **판매의 성장**(growth of sales)은 또 다른 결정적 요인이다. 핵심적인 질문들은 다음과 같다. 신생 벤처 판매와 수익을 예측하기 위한 성장 패턴은 무엇인가? 판매와 수익이 창업 후 천천히 증가할 것인가? 아니면 금세 안정상태가 될 것으로 기대되는가? 단지 적은 또는 적정한 판매 성장으로 특정 시점에서 큰 수익이 기대되는가? 또는 높은 판매 성장과 높은 수익 성장의 개연성이 있는가? 또는 다년간에 걸친 궁극적인 높은 수익 성장과 함께 초기 수익이 제한될 것인가? 이러한 문제들에 답함에 있어서, 대부분의 벤처가 다음 세 가지의 분류 가운데 하나에 들어간다는 것을 기억하는 것이 중요하다.

- **생활형 벤처들**(lifestyle ventures)은 근본적인 추진력으로서 독립성, 자율, 통제를 가지고 있는 것처럼 보인다. 많은 판매와 수익이 창업가들에게 충분하고 안락한 삶을 제공하는 것보다 중요하지 않은 것으로 여겨진다.
- **저수익성 지향 벤처들**(small profitable ventures)에 있어서 재정적인 고려가 주요 역할을 한다. 창업가가 벤처 판매(및 고용)가 지나치게 커져서 자본 또는 소유권을 포기하고 그리하여 현금흐름 및 수익에 대한 통제를 포기하는 것을 원하지 않는다는 의미에서 자율과 통제 또한 중요하다. 이러한 상황을 희망하고, 그것이 현실적일 것이다.
- **고성장 벤처들**(high-growth ventures)에 있어서 벤처 캐피탈 자금 그리고 공모나 사모를 통해 조달된 자금을 끌어들일 수 있을 정도로 상당한 판매 및 수익의 성장이 기대된다.[13]

제품 가용성

제품 가용성(product availability)은 벤처의 성공에 필수적이며, 이는 벤처가 시작되는 시점에 판매할 수 있는 제품 또는 서비스의 가용성을 말한다. 어떤 벤처들은 제품 또는 서비스가 여전히 개발 중이거나 향후 수정이나 시험이 필요한 상태에 있기 때문에 이러한 점에서 문제들을 갖는다. 다른 벤처들은 그들의 제품이 시장에 너무 빨리 나와서 차후 개선을 위해 리콜되는 문제를 갖기도 한다. 전형적인 예로 소프트웨어 기업이 제품의 개발을 서둘렀고 그리하여 그 프로그램에서 '버그들'을 발견한 고객들에 의해 곤혹을 치른 경우이다. 완성된 형태로서의 제품 가용성의 부족은 회사의 이미지와 결과에 영향을 미칠 수 있다.

고객 가용성

만약 벤처가 시작되기 전에 제품이 가용하다면, 벤처의 성공 가능성은 그렇지 않은 경우보다 상당히 높다. 마찬가지로, 벤처 위험은 창업을 위한 **고객 가용성**(customer availability)에 의해 영향을 받는다. 위험 연속체의 한 쪽 끝은 고객들이 배달 전에 제품이나 서비스에 대해 기꺼이 현금으로 지불하려는 상황이다. 연속체의 다른 한 쪽 끝은 제품을 누가 사는지 정확히 알지 못하는 채로 시작하는 기업이다. 결정적인 고려사항은 누가 고객인지, 뿐만 아니라 그들의 구매 습관을 판단하는 데 시간이 얼마나 걸릴 것인지에 있다. 한 연구자는 다음과 같이 언급하였다.

글로벌 관점

좋은 아이디어 들여오기

몇몇 창업가들은 다음 세대의 큰 사업거리를 찾아내기 위하여 머리를 쥐어짠다. 하나의 아이디어를 개발하고, 그것을 상업화하고, 그것이 성공적인 비즈니스로 성공하는 것을 보는 황홀감이 많은 사람들이 창업가적인 열망을 추구하게끔 하는 과정이라는 것에는 논란의 여지가 없다. 하지만 종종 잘 알려지지 않은 길도 있다. 바로 다른 사람의 아이디어를 가져오는 것이다.

기술 라이선싱에는 많은 기회들이 존재한다. 그들의 지적재산권 포트폴리오를 가용하게 하는 대기업과 대학에서부터 벤처를 개발하기 위해 기업가들과 협력하고자 하는 과학자에 이르기까지, 다른 사람의 아이디어로 사업을 하는 기회는 아주 많다. 몇몇 창업가들은 해외에서 개발된 개념을 취하여 그것을 국내 시장에 가지고 오는 것에 대한 가능성을 발견하기 시작하였다.

독일에서 태어나서 Florida의 Cape Coral에 살고 있는 창업가인 Dieter Kondek이 그러한 창업가 중 하나이다. 그는 그의 집 주변에 지어진 신축 콘도들이 본인이 생각하기에 저렴한 전등을 사용하고 있다는 사실을 알았다. 독일과의 관련으로 인해, 그는 통로, 방, 수영장에서 사용될 수 있는 빛나는 구체에 특화된 독일에 본사를 둔 제조회사인 Moonlight를 알고 있었다.

Kondek은 미국에서 Moonlight의 구체들을 사용하기 힘들다는 점에 호기심을 갖게 되었다. 그는 제품들에 대해 조사를 시작하였고 그것들이 다방면에 사용될 수 있는 점에 더욱 호기심을 갖게 되었다. 그 제품들은 화씨 −40°에서 170° 사이의 온도를 견딜 수 있다. 다음으로 그는 Moonlight가 물건들을 어떻게 유통시키는지를 연구했는데, 유럽, 중동, 아시아에는 유통업자가 있지만 아직 미국에는 진입하지 않은 것을 알게 되었다.

30년 동안 하이테크 영역에서 일했던 Kondek과 그의 부인은 미국에 Moonlight의 구체들을 소개하는 과업을 맡는 것이 잘 맞는다고 결정하였다. 그들과 그들 친구들 가운데 두 사람은 Moonlight USA를 만들었고 Moonlight와 독점적인 유통에 관한 거래를 체결하였다. Moonlight는 전 세계적으로 10,000개의 구체를 판매하였고, 가격은 325~1,000달러 사이였다. Kondek은 Moonlight가 미국 시장에서의 판매가 Moonlight의 전체 매출의 절반에 이를 것이라고 예측하였다.

유학이 교육 경험의 중요한 한 부분이기에, 학생들은 외국의 제품들을 수입하기 위한 기회를 발견하는 데 이상적으로 적합하다. 해외 제조업체들에 있는 경영진은 아마 자신의 물건들이 특정한 나라에서 잘 팔리지 않거나 성공적인 사업체를 세우기에는 그 나라에서의 사업에 대한 강하고 충분한 경험이 없다고 추정할지도 모른다. 그러한 창업가들은 그러한 벤처의 잠재력이 이 회사들이 가진 위험보다 더 크다는 것을 입증할 수 있는 창업가들은 제조업체들보다 사업을 시작하기에 더 좋은 위치에 있다는 것을 발견할 수 있을 것이다.

출처: Adapted from Jessica Centers, “Glowing German Orbs Alight in U.S.,” *Fortune*, April 1, 2008, http://money.cnn.com/2008/03/27/smbusiness/great_balls_light.fsb/index.htm?postversion=2008040112 (accessed April 9, 2008).

시장을 무시하는 결정은 극단적으로 위험한 일이다. 무엇보다도, 창업가의 성공을 위해서는 두 가지의 기본적인 기준이 있다. 첫 번째는 제품이나 서비스에 대해 수익성이 있는 가격을 기꺼이 지불하려는 고객들을 확보하는 것이다. 두 번째는 당신이 실질적으로 제품이나 서비스를 생산하고 인도할 수 있어야 하는 것이다. 벤처가 이 두 가지 규칙에 대한 확실성으로부터 멀어질수록, 위험이 더 커질 것이며 벤처가 창업 전 및 창업 기간을 지날 때는 이러한 위험을 상쇄하는 데 필요한 시간이 더 커질 것이다.[14]

신생 벤처가 왜 실패하는가

매년 신생 벤처를 창업하는 데에 수백만 달러가 사용된다. 이렇게 새로 시작하는 벤처들 중 대부분이 1년 또는 2년 안에 사라지고, 단지 적은 수의 벤처들이 성공한다. 대부분의 연구들은 신생 벤처들의 실패의 근간을 이루는 요인들이 대부분의 경우에 창업가들의 통제 범위 내에 있다는 것을 발견해 왔다. 신생 벤처들의 주요 실패 이유 몇 가지를 들면 다음과 같다.

한 연구는 250개의 하이테크 기업을 분석하여 실패 원인들에 대한 세 가지의 주요 범주, 즉 제품/시장 문제, 재정적 어려움, 경영상의 문제를 발견하였다.[15] 제품/시장 문제들에는 다음과 같은 요인들이 있다.

- **좋지 않은 타이밍.** 시장으로의 조급한 진입이 연구대상 40%의 실패 원인이 되었다.
- **제품 디자인 문제들.** 이들이 타이밍과 관련되지만, 제품 디자인과 개발은 벤처의 초기 단계에서 핵심 요인들이 되었다. 즉, 제품이나 서비스의 필수적인 구성이 변경되었을 때, 실패가 초래되었다.
- **부적절한 유통 전략.** 유통 전략이 대리 판매이거나 상품 전시회를 통한 직접 판매이든지 간에, 제품과 고객을 대상으로 더 신경 써서 만들어져야 했다.
- **불명확한 사업 정의.** 기업들이 속한 '정확한' 사업에 대한 불확실성은 이러한 기업들이 계속되는 변화와 안정성 부족을 겪도록 만드는 원인이 되었다.
- **한 고객에 대한 지나친 의존.** 이는 다각화에 대한 실패를 유발하고 일부 기업의 궁극적인 몰락을 초래하였다.

재정적 어려움 범주에는 다음과 같은 요인들이 있다.

- **초기의 불충분한 자본 공급.** 불충분한 자본 공급은 연구대상 중 30%의 실패 원인이 되었다.
- **너무 빠른 부채 발생.** 몇몇 기업들은 너무 빠른 시기에 지나치게 많은 양의 부채 조달을 하고자 시도하였다. 이것은 채무 변제의 문제를 초래하였다.
- **벤처 캐피탈 관계 문제.** 창업가들과 벤처 캐피탈의 의견이 다른 목적, 비전, 동기는 기업에 문제를 초래하였다.

경영상의 문제들에는 두 가지의 중요한 요인들이 있다.

- **팀 접근법의 개념.** 경영 팀과 관련된 문제들은 다음과 같다. (1) 자격보다는 친족주의에 기초한 고용과 승진, (2) 모기업과 벤처투자자들의 좋지 않은 관계, (3) 그들의 강점보다 약점에 중점을 두었던 설립자들(기업을 약화시키지만, 그들은 아마 그들의 기량을 키움), (4) 무능한 전문가들의 지원(예를 들면, 계약서를 읽을 수 없거나 이미 만

들어진 법원 판결문을 수집할 수 없는 변호사).

- **인적자원의 문제**. 자만한 소유주의 자아, 종업원과 관련된 관심사, 통제요인들 모두는 사업실패를 야기하였던 문제들이었다. 한 연구는 또한 (1) 대부분의 고객 총 손실을 초래한 뇌물과 뒤이은 해고, (2) 벤처투자자나 기업 사장에 의해 자행된 사기, (3) 지켜지지 않은 창업가와 벤처투자자들 사이의 구두 합의, (4) 소송취하 시점까지 오래 계속된 소송과 같은 대인 관계 문제들을 밝혔다.

성공적인 벤처들(가장 빠르게 성장하는 사기업으로 Inc. 500에 열거된 기업들)에 대한 한 연구에서, 창업 단계에서 직면하는 가장 중요한 문제들을 연구하여 구성도에 그들을 체계적으로 분류하였다. 표 6.2는 운영의 첫 해 동안 식별된 문제들의 유형과 등급을 열거하였다. 연구자는 또한 새로운 기업들의 문제 유형에 있어서 가능한 변화를 살펴보고자 이러한 성공적인 기업 소유주들이 직면한 최근의 문제들을 조사하였다. 창업 단계의 지배적인 문제들은 판매/마케팅(38%), 외부자금 확보(17%), 내부의 재무관리(16%)와 관련되었다는 사실이 발견되었다. 일반적인 관리 문제들은 또한 창업 단계에서 자주 인용되었다(11%). 판매/마케팅은 **성장 단계**(growth stage)에서 가장 지배적인 문제로 남아 있었지만(22%), 창업 단계에서보다는 덜 중요하였다. 내부적인 재무관리(21%)는 여전히 지배적인 문제이며(21%), 인간자원 관리(17%)와 일반적인 관리(14%)도 그러하다. 추가적으로, 보다 규제적인 환경 문제들은 창업 단계(8%)에서 언급되는 것보다 성장 단계(1%)에서 발생하였다. 마지막으로, 성장 단계에서 조직구조/설계(6%)가 문제로 나타났다.[16] 창업가들은 이러한 문제들이 벤처가 성장함에 따라 벤처에 당면과제들로 남을 수 있기 때문에 이러한 문제 영역들을 처음에 인지하는 것이 중요하다.

645명의 창업가들에 대한 다른 연구는 내 · 외부적으로 경험하는 창업과 성장의 문제점들에 대한 분류에 중점을 두었다.[17] 문제들 각각에 대하여 비율이 계산되었다. **내부 문제들**(internal problems)은 적절한 자본(15.9%), 현금흐름(14.9%), 시설/장비(12.6%), 재고통제(12.3%), 인적자원(12%), 리더십(14.9%), 조직구조(10.8%), 회계시스템(10.4%)을 포함하였다. **외부 문제들**(external problems)은 고객접촉(27.3%), 시장 지식(19.3%), 마케팅 계획(14.4%), 입지(11.1%), 가격책정(8.4%), 제품의 고려사항(7.6%), 경쟁업체(6.3%), 확장(5.5%)을 포함하였다. 연구자들은 라이프 스타일 단계보다 '경쟁의 강도'가 문제 영역들의 상대적인 중요도를 변경함에 있어서 더 결정적이라는 것을 발견하였다. 그리하여 창업가들은 **창업 문제들**(start-up problems)이 벤처와 함께 남는다는 것뿐만 아니라 경쟁의 증가가 문제들의 상대적인 중요도를 조정할 것이라는 것을 인식할 필요가 있다.

신생 벤처의 실패에 대한 의견을 달리하는 인식은 연구자 Andrew Zacharakis, G. Dale Meyer, Julio DeCastro에 의해 수행된 다른 연구에서 조사되었다. 내 · 외부적인 요인들은 창업가들의 표본뿐만 아니라 벤처투자가들의 표본에 의해서 식별되고 순위가 매

표 6.2 첫 해에 발생하는 문제들의 유형과 등급

1. 외부자금 획득	**6. 일반적 관리**
성장을 위한 자금 조달 획득	관리 경험의 부족
다른 또는 일반적인 자금 조달 문제	단지 한 사람/시간의 부재
2. 내부의 재무관리	관리/통제의 성장
부적절한 운전자본	행정적인 문제
현금흐름 문제	다른 또는 일반적인 관리 문제
다른 또는 일반적인 재무관리 문제	**7. 인적자원 관리**
3. 판매/마케팅	모집/선발
낮은 판매	이직/유지
하나 또는 소수의 고객/소비자에 의존	만족/사기
마케팅 또는 유통 채널	종업원 개발
판촉/홍보/광고	다른 또는 일반적인 인적자원 관리 문제
다른 또는 일반적인 마케팅 문제	**8. 경제적 환경**
4. 제품 개발	경기 침체/불황
제품/서비스 개발	다른 또는 일반적인 경제적 환경 문제
다른 또는 일반적인 제품 개발 문제	**9. 규제 환경**
5. 생산/운영 관리	보험
품질관리 수립 또는 유지	
원자재/자원/공급업체	
다른 또는 일반적인 생산/운영 관리 문제	

출처: David E. Terpstra and Philip D. Olson, "Entrepreneurial Start-Up and Growth: A Classification of Problems," *Entrepreneurship Theory and Practice* (Spring 1993): 19. Reproduced with permission of John Wiley & Sons Ltd.

겨졌다. 신생 벤처의 실패에 있어서 일반적으로 내부적 요인들이 89%를 차지한다고 생각했던 창업가들은 경영기술의 부족, 빈약한 경영전략, 자금조달의 부족, 그리고 비전의 부족을 가장 크게 영향을 미치는 내부적 요인들로 꼽았다. 벤처투자가들도 압도적으로 대부분의 신생 벤처들의 실패를 마찬가지로 내부적인 원인들(84%)에서 기인한 것으로 여겼으며, 유사하게 실패에 가장 영향을 미치는 내부적 요인 세 가지로 경영기술의 부족, 빈약한 경영전략, 자금조달의 부족을 꼽았다. 외부적인 요인, 즉 빈약한 외부시장의 조건들이 벤처 투자가의 리스트에서 네 번째로 순위가 매겨졌다.[18]

네 번째 '실패' 또는 문제 연구는 새롭게 설립된 벤처들로부터 수집된 재무자료에 기초하여 제안된 **실패 예측 모델**(failure prediction model)을 다루었다. 이 연구는 재정적 실패과정이 너무 많은 초기의 채무와 너무 적은 수익구조에 의해 특징지어진다고 가정하였다. 표 6.3에 있는 실패 과정 구성도에서 제시된 바와 같이, 실패의 위험은 초기 자금 조달에서 보다 적은 부채를 사용하고 초기 단계에서 충분한 수익을 창출함으로써 감소될 수 있다.

표 6.3 새롭게 설립된 기업의 실패 과정

1. 극단적으로 높은 채무비율(열악한 고정적인 건전성)과 작은 규모
2. 너무 느린 자본의 회전률, 너무 빠른 성장, 너무 열악한 수익성(예산 대비), 또는 이러한 것들의 조합
3. 예상치 못한 수익 자금관리 부족(열악한 동적인 유동성)
4. 열악한 정적인 유동성과 채무대응능력(동적인 건전성)

A. 수익성

1. 연말 기준 투자수익률 $= \dfrac{\text{순이익 + 이자 비용}}{\text{연말의 총 자본}} \times 100$

B. 유동성

유동적

2. 순매출액 대비 현금흐름 $= \dfrac{\text{순이익 + 감가상각}}{\text{순매출액}} \times 100$

고정적

3. 당좌 비율 $= \dfrac{\text{금융자산}}{\text{유동부채}} \times 100$

C. 건전성

고정적

4. 총 자본 대비 주주자본 $= \dfrac{\text{총 자본 - 부채자본}}{\text{총 자본}} \times 100$

유동적

5. 총부채 대비 현금흐름 $= \dfrac{\text{순이익 + 감가상각}}{\text{총 부채}} \times 100$

D. 다른 요인들

성장하거나 역동적인 규모

6. 순매출 대비 연 성장률 $= \dfrac{t\text{해의 순매출액}}{t-1\text{해의 순매출액}} \times 100$

규모

7. 순매출액의 로그 = ln(순매출액)

자본의 속도

8. 총 자본 대비 순매출액 $= \dfrac{\text{순매출액}}{\text{연말의 총 자본}} \times 100$

출처: Erkki K. Laitinen, "Prediction of Failure of a Newly Founded Firm," *Journal of Business Venturing* (July 1992): 326–28. Reprinted with permission.

게다가, 이 연구는 위험이 개발되고 있는 벤처의 초기 규모와 관련된다는 것을 인식하였다. 그 모델에 대한 특정한 적용은 다음을 포함하였다.[19]

1. **수익성과 현금흐름의 역할.** 창업가와 경영자는 제품이 첫 해에 긍정적인 수익성과 현금흐름을 산출할 수 있도록 확실하게 해야 한다.
2. **부채의 역할.** 창업가와 경영자는 미래의 손실을 완화하기 위해 주주들의 충분한 자본이 초기의 재무상태표에 있도록 해야 한다.

3. **두 가지의 조합.** 창업가와 경영자는 만약 초기의 재무상태표에 있는 주주자본의 지분이 낮거나 첫 해에 좋지 않은 마이너스의 현금흐름이 예상된다면 사업을 시작하지 말아야 한다.
4. **초기 규모의 역할.** 창업가와 경영자는 초기 재무상태표에 있는 마이너스의 현금흐름이 예상되고 부채 지분이 커질수록, 사업의 초기 규모가 더 작아질 것이라는 것을 이해해야 한다.
5. **자본회전율의 역할.** 창업가와 경영자는 마이너스의 현금흐름의 위험이 높다면 초기 연도에는 빠른 자본회전율을 위해 예산을 세우지 말아야 한다. 자본과 비교하여 더 많은 판매는 더 많은 현금흐름과 수익성 악화를 초래한다.
6. **통제의 역할.** 창업가와 경영자는 첫 해의 재무 비율, 특히 총부채 대비 현금흐름률을 감시하여야 한다. 비율의 위험한 결합—특히 마이너스의 현금흐름, 총 자본 대비 낮은 주주의 자본비율, 높은 자본회전비율—은 감시되어야 하며 산업의 기준과 비교되어야 한다. 창업가는 비율이 좋지 않은 이유를 확인하기 위해 노력해야 하며, 계획된 수준(통제 비율과 함께)에서 수익성을 유지하는 데 특별한 관심을 기울여야 한다.

신생 벤처의 평가 과정

새로운 사업을 시작하는 데 있어서 중대한 과업은 제품 및 서비스의 타당성에 대한 확고한 분석을 하는 것이다. 창업가들은 그들의 제안이 치명적인 결점을 담고 있는지를 찾기 위해서 타당성 분석을 통하여 아이디어를 제시하여야 한다.

프로필 분석 접근법

프로필 분석은 수많은 핵심 차원들이나 변수들을 가지고 벤처의 강점과 약점을 판단함으로써 창업자로 하여금 사업 벤처의 잠재성을 판단할 수 있도록 하는 도구이다. 단일의 전략적 변수는 좀처럼 신생 벤처의 궁극적인 성공이나 실패를 구체화하지 않는다. 대부분의 경우에 있어서, 변수들의 조합은 결과에 영향을 미친다. 그러므로 신생 벤처에 자원을 충당하기 전에 이러한 변수들을 확인하고 조사하는 것이 중요하다.

이 장 마지막의 연습문제에 있는 내적 프로필 분석은 신생 벤처에 가용한 재무적, 마케팅, 조직적, 및 인적 자원의 상대적인 강약점을 판단할 수 있도록 체크리스트 형식으로 틀을 제시한다. 주의 깊은 프로필 분석을 통하여, 창업가들은 벤처 실패를 초래할 수 있는 이 장의 앞부분에서 인용된 많은 실수들을 피함으로써 벤처의 성장을 방해할 수 있는 발생 가능한 약점을 완화시킬 수 있다.

타당성 기준 접근법

다른 평가방법인 **타당성 기준 접근법**(feasibility criteria approach)은 다음의 질문들에 기초한 기준 선택 리스트이며, 이로부터 창업가들은 그들 벤처의 생존가능성에 대한 통찰력을 얻을 수 있다.

- 상표등록이 되었는가? 제품이 특허권을 가질 필요는 없으나, 창업비용을 상쇄할 수 있도록 경쟁사들에 비하여 유리한 시작이 오랫동안 유지되고 벤처 초기에 엄청난 수익기간을 허용할 수 있도록 제품의 상표등록이 충분하게 되어야 한다.
- 초기 생산 비용이 현실적인가? 대부분의 평가는 지나치게 낮다. 주의 깊고, 상세한 분석을 통하여 예기치 못한 비용의 상승이 없도록 해야 한다.
- 초기 마케팅 비용은 현실적인가? 이 답변은 벤처에 표적시장, 시장 채널, 홍보 전략에 대한 식별을 요구한다.
- 제품은 매우 높은 마진에 대한 잠재성을 가지고 있는가? 이것은 신생 기업에게 거의 필연적이다. 매출 총이익은 은행계가 이해하는 한 가지이다. 수익이 없다면, 자금 조달은 어려울 수 있다.
- 시장에 진입하여 손익분기점에 도달하기 위해 필요한 시간이 현실적인가? 대부분의 경우에 있어서, 빠를수록 더 좋다. 모든 경우에 있어서, 벤처 계획은 이러한 대답과 결부되어 있을 것이며, 오류는 나중에 문제를 의미할 수 있다.
- 잠재적인 시장은 큰가? 잠재적인 시장을 결정함에 있어서, 창업가들은 미래의 3~5년을 내다봐야 한다. 왜냐하면 어떤 시장은 이것이 나타나는데 오랜 시간이 걸리기 때문이다. 예를 들어, 휴대폰은 1982년에 대략 40만 개의 연간 수요를 가지고 있었다. 하지만 오늘날 스마트폰의 수는 특정 분기에 이보다 몇 배나 높다.
- 제품이 성장군의 첫 번째인가? 만약 그렇다면, 벤처는 투자자들에게 더욱 매력적이다. 만약 투자자들이 첫 번째 제품에서 큰 수익을 실현하지 못하면, 두 번째, 세 번째, 또는 네 번째 제품에 대한 수익도 실현하지 못할 것이다.
- 초기의 고객이 존재하는가? 벤처가 초기 열 명의 고객들을 이름순으로 나열할 수 있을 때 그것은 재정적 후원자들에게 분명 인상적이다. 축적된 수요는 1사분기의 결과가 좋아질 것이며, 관심의 초점이 마지막 분기까지 이어질 수 있다는 신호를 나타낸다.
- 개발비용과 달력의 시간이 현실적인가? 아마도, 그것들은 제로일 것이다. 벤처는 준비가 완료된 제품으로 경쟁자들에 비해 큰 우위를 갖는다. 만약 비용이 존재한다면, 그것들은 완전하고, 상세하며, 월별 일정에 연결되어야 한다.
- 이것은 성장하고 있는 산업인가? 만약에 수익과 회사 성장이 구체화될 수 있다면 산업의 성장이 절대적으로 필수적이지는 않으나, 그것은 실수에 대한 여유가 적다는 것을 의미한다. 성장 산업에서, 좋은 회사는 훨씬 더 좋다.

- 제품과 제품에 대한 수요가 재계에서 이해될 수 있는가? 만약 금융기관들이 개념과 그 가치를 이해할 수 있다면, 자금마련을 위한 기회가 증가할 것이다. 예를 들어, 심근경색 후 모니터링을 위한 휴대용 심장-모니터링 시스템은 많은 사람들이 이해할 수 있는 제품이다. 의심할 바 없이, 그러한 장치에 대한 프레젠테이션을 듣는 이들의 일부는 이미 어떤 종류의 관상 동맥이나 심장질환을 가지고 있을 것이다.[20]

기준 선택 접근법은 평가에 결정적인 마케팅과 산업의 잠재성에 초점을 둠으로써 신생 벤처에 존재하는 내부적인 강점 및 약점을 분석하는 수단을 제공한다. 신생 벤처가 이러한 기준들 가운데 여섯 가지보다 더 적게 충족한다면, 전형적으로 자금 조달의 가능성이 부족하다. 신생 벤처가 기준의 일곱 가지 이상을 충족한다면, 그것은 자금 조달을 받는 좋은 기회를 갖게 할 것이다.

포괄적인 타당성 접근법

좀 더 포괄적이며 체계적인 타당성 분석인 **포괄적인 타당성 접근법**(comprehensive feasibility approach)은 위에서 인용한 기준에 대한 질문들에 포함된 요인들에 추가하여 외적인 요인들을 결합한다. 그림 6.2는 신생 벤처기업의 포괄적인 타당성 연구와 관계있는 요소들을 세분하여 나타낸 것이다. 그림 6.2에 나타난 다섯 가지의 영역은 모두 중요하지만, 기술적인 면과 시장에 더 특별한 관심을 두어야 한다.

기술적 타당성

신생 벤처 아이디어의 평가는 잠재적인 고객들의 기대를 만족시킬 제품이나 서비스를 생산하기 위한 기술적 요건, 즉 **기술적 타당성**(technical feasibility)을 파악하는 데서 시작해야 한다. 가장 중요한 기대들은 다음과 같다.

- 제품의 기능적 설계와 매력적인 외관

그림 6.2 신생 벤처의 타당성 평가를 위한 핵심 영역들

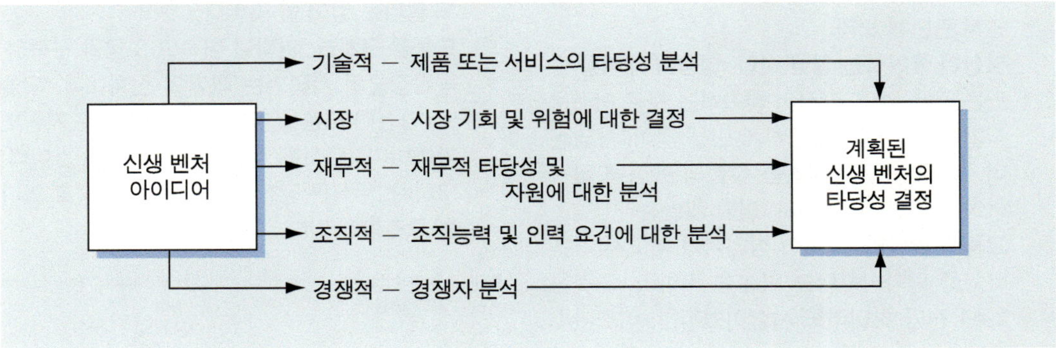

© Cengage Learning

창업가정신 사례

두려움에 맞서라!

창업가적 벤처를 창출하기 위한 내적 여정은 사업계획서를 발전시키고 자본을 찾는 외부 과정보다 한층 두려울 수 있다. 일을 그만두고 신생 벤처를 시작할 수 있는 용기의 증진이 쉬워 보이지만, 실제 상황이 펼쳐지게 될 때, 여전히 상당한 감정적 당면과제가 제기된다. "Employee to Entrepreneur"의 저자이며 본인 소유의 라디오 토크쇼의 진행자인 컨설턴트 Suzanne Mulvehill은 창업가적 창업에 따른 감정적인 도전에 직면할 때 따를 수 있는 특정한 전략들을 제안하였다. 그녀는 직장에서 벤처로 갑자기 옮기는데 필요한 내적 강점을 나타내기 위해 '감성적 인내(emotional endurance)'라는 용어를 만들었다. 다음은 창업가들이 감성적 여정을 진행하는 데 도움을 줄 수 있는 보다 중요한 전략들 가운데 몇 가지이다.

1. **당신의 갈망에 YES라고 말하라.** 바꾸어 말하면 독립하여 벤처를 하려는 당신이 경험하고 있는 욕망을 인정하라. 그것이 일어날 수 있는 가능성을 받아들이는 것과 함께 그 모든 것이 시작한다.
2. **당신의 성공을 시각화하라.** 무엇이 될 수 있는지에 대한 비전을 그려보는 것은 아마 앞으로 일어날 일에 대한 강력한 동기부여가 될 것이다. 이러한 비전을 적어봄으로써 초기 단계에 유형적인 실체를 가질 수 있도록 하는 것이 중요하다.
3. **당신의 신념을 평가하라.** 종이 위에 금전, 사업, 자신에 대해 당신의 모든 신념을 열거하라. 그러고 나서 그 옆에, 당신이 금전, 사업, 자신을 어떻게 간주하고 싶은지를 적어 보라. 이러한 신념들을 비교해 보고 그들이 현실과 얼마나 동떨어져 있는지 그리고 이유는 무엇인지 판단해 보라.
4. **당신이 좋아하는 일을 하라.** 열정을 대체할 수 있는 것은 없다. 당신이 좋아하는 것은 어려운 시기에도 당신을 성공하게 만들 것이다. 당신이 절대적으로 좋아하는 것들의 유형에 입각하여 당신의 사업 아이디어를 개발하라.
5. **교육을 받아라.** 교육이 창업가가 되고자 하는 바람을 약화시킨다는 미신을 피하라. 그것은 20년 전만 하더라도 사실이었지만, 비즈니스 교육에 대한 접근법은 장족의 발전을 해 왔다. 창업가정신 교육은 세계적으로 대학들에 있어서 가장 뜨거운 주제이다. 기억하라, 지식이 힘이라는 것을.
6. **변명하지 말라.** 자신이 아무것도 하지 않은 것에 대해 변명을 하려고 할 때마다, 그것을 적어놓고 나중에 조사해 보라. 당신이 사용하는 일반적인 변명에는 현실적인 근거가 없다는 것을 인식하라. 기회를 없애버리기보다는 가능성을 탐험할 수 있도록 "나는 할 수 없어"를 개방형 질문으로 전환하라.
7. **'적시'는 없다는 것을 알아라.** 속담으로 표현된 완벽한 시간이 오기를 기다리는 것은 많은 사람들이 빠져들 수 있고, 시간이 지난 후에야 찾을 수 있는 덫이다. 우리가 시간에 대해 갖는 유일한 장담은 시간이 우리와 함께 있던, 함께 있지 않던 간에 지속되고 있다는 것이다. 기다리기보다는, 당신이 아이디어에 대한 대책을 진취적으로 강구할 필요가 있다.
8. **작게 시작하라.** 현실적이 되고 당신이 가까운 미래에 성취할 수 있는 것에 도달하는 것이 항상 더 낫다. 장기적인 미래에는 벤처에 있어서 보다 큰 것을 잡을 수 있으나, 초기에는 당신이 압도당하는 것을 피할 필요가 있다.
9. **"그러면 어쩌지?"라는 질문에 답하라.** 당신이 당신 자신에 대해 가지고 있는 "그러면 어쩌지?"라는 질문을 잠깐 멈춰서 모두 적어 보라. 당신이 그러한 질문들에 논리적으로 답변할 수 있는지를 보라. 이러한 우발적인 사건을 분석하다보면 용기가 생기게 되고 그것은 아마도 놀라운 일이 될 것이다.
10. **도움을 구하라.** 연락을 취하고 도움을 구하라. 독불장군의 사업가는 과거의 신화이다. 오늘날, 당신이 도움을 찾고자 한다면 많은 지원이 가능하다. 무식은 질문을 하지 않는 것이다. 오히려, 무식은 당신이 모든 답을 가지고 있다는 오만함에 있다.

출처: Adapted from Suzanne Mulvehill, "Fear Factor," *Entrepreneur* (April 2005): 104–11.

- 소비자 수요 또는 기술적 및 경쟁적 변화를 충족시킬 수 있는 제품의 외적인 특징에 대해 준비된 변경을 허용하는 유연성
- 제품이 만들어지는 소재의 내구성
- 일반적인 운영 조건에서 기대되는 성능을 보장하는 신뢰성
- 일반적인 운영 조건에서 어떤 잠재적인 위험을 야기하지 않는 제품 안전성
- 수용가능한 진부화 비율, 즉 합리적인 유용성
- 쉽고 낮은 유지비용
- 잠재적으로 교체할 수 있는 부품들 간 불필요한 다양성 제거를 통한 표준화
- 공정 또는 제조의 용이성
- 취급 및 사용의 용이성[21]

이러한 조사의 결과는 신생 벤처가 기술적인 관점에서 실행 가능한지를 결정하기 위한 기초를 제공한다.

시장성

신생 벤처의 **시장성**(marketability)에 대해 관련된 정보를 수집하고 분석하는 일은 잠재적인 성공을 판단하는 데에 필수적이다. 이러한 분석유형에 있어서 세 가지의 주요 영역은 (1) 전체 시장의 잠재성 조사 및 제품 또는 서비스에 대한 고객(또는 사용자) 식별, (2) 기업이 이러한 잠재적 시장을 개발하는 정도에 대한 분석, (3) 벤처와 관련된 기회 및 위험을 판단하기 위한 시장분석의 이용이다. 이러한 영역에 대처하기 위하여, 다양한 정보 원천을 찾고 사용하여야 한다. 시장 타당성 분석을 위해, 일반적인 출처들은 다음을 포함하여야 한다.

- **일반적인 경제적 트렌드**: 새로운 주문, 주택공급, 재고, 소비자 지출과 같은 다양한 경제적 지표들
- **시장 자료**: 소비자, 소비자 수요 유형(예를 들어, 수요의 계절적 변화, 수요에 영향을 미치는 정부 규제)
- **가격 자료**: 동일한 · 상호보완적 · 대체적 제품에 대한 가격의 범위, 기준단가, 그리고 할인 구조
- **경쟁력 자료**: 주요 경쟁사들과 그들의 경쟁우위

10장의 마케팅 이슈에서 보다 많이 다루진다. 현 시점에서는 신생 벤처의 전반적인 평가 및 성과 평가에 있어서 시장조사의 가치에 주목하는 것이 중요하다.[22]

포괄적인 타당성 분석 접근법은 철저한 사업계획서의 준비와 깊은 관련이 있다(12장에서 상세하게 다루어진다). 이 접근법은 사업을 시작하기 전에 벤처의 각 부문들을 평가

할 필요가 있다는 것을 명확하게 설명한다.

타당성 분석의 이해를 돕기 위해, **부록 6A**는 완전한 타당성 계획을 위해 사용되는 템플릿을 포함한다. 이 템플릿은 질의-응답 포맷으로 이루어져 있는데, 이는 창업가들이 아이디어를 실행하기 전에 중요한 부문들을 고려하도록 만든다. 벤처투자가들은 어떤 창업가적인 벤처에 있는 위험들은 당신, 당신의 경영팀, 그리고 당신의 벤처 아이디어에 있는 어떤 분명한 근본적인 결점들이라는 데에 일반적으로 동의한다. 그러므로 이러한 위험들에 대한 합리적인 평가를 할 필요가 있다.

요약

그림 6.1에 제시된 바와 같이, 신생 벤처 창업에 포함된 요인들의 복잡성은 각각을 명확하게 평가하는 것을 어렵게 만든다. 게다가, 실패한 기업들에 대한 신뢰적인 자료 획득의 어려움은 이러한 딜레마를 더욱 증가시킨다. 하지만 개선은 진행 중이며 신생 벤처 평가는 보다 강한 과정이 되고 있다.

벤처의 객관적인 평가의 부족, 시장에 대한 통찰력의 부족, 기술적 요건에 대한 부적절한 이해, 열악한 재무적 이해, 벤처 독특성의 부족, 법적 이슈 인식의 실패와 같은 수많은 함정들이 신생 벤처의 선정에서 발생할 수 있다.

신생 벤처를 평가할 때, 창업가는 제품 또는 서비스의 독특성, 벤처 창업에 요구되는 자본투자의 양, 판매의 성장, 그리고 제품의 가용성과 같은 여러 가지의 결정적 요인들을 고려할 필요가 있다.

신생 벤처의 주요 실패요인은 시장에 대한 부적절한 지식, 결점이 있는 제품 성능, 비효과적인 마케팅과 판매 노력, 경쟁 압박에 대한 부적절한 인식, 빠른 상품의 진부화, 부적절한 타이밍, 그리고 자금부족이다. 이러한 이유 및 다른 이유를 도출할 때, 최근 연구는 실패 원인들에 대한 세 가지의 주요 범주로 제품/시장 문제, 재정적 어려움, 경영상의 문제를 보여 준다. 이 밖에도, 창업가들은 내적 및 외적 문제들에 직면하고 있다.

창업가의 제품 또는 서비스의 타당성은 정확한 질문, 벤처의 프로필 분석, 그리고 포괄적인 타당성 연구를 통해 평가될 수 있다.

주요 용어와 개념

결정적인 요인	생활형 벤처	제품 가용성
고객 가용성	성장 단계	창업단계의 문제
고성장 벤처	시장성	타당성 기준 접근법
기술적 타당성	실패 예측 모델	판매의 성장
내부 문제	외부 문제	포괄적인 타당성 접근법
독특성	저수익 지향 벤처	

검토 및 토의문제

1. 신생 벤처 개발에 수반되는 도전적 과제들을 설명하시오.
2. 신생 벤처 성과에 수반되는 몇 가지의 핵심 요소들을 기술하시오(그림 6.1 사용).
3. 많은 창업가들은 객관성이 부족하고 시장에 대한 현실적인 통찰력이 없다. 이러한 특성들이 왜 신생 벤처 선정의 함정으로 고려되는가?
4. 많은 창업가들은 그들의 신생 벤처와 관련된 자금 조달에 대한 이해가 부족하고 특특함이 부족한 벤처를 가지고 있다. 이러한 특성들이 왜 신생 벤처 선정의 함정으로 고려되는가?
5. 신생 벤처의 창업 전 단계 및 창업 단계와 관련된 다섯 가지의 결정적인 요인 각각을 기술하시오.
6. 벤처를 실패하게 만들 수 있는 제품/시장 문제점들에 대한 세 가지 사례를 제시하고 논의하시오.
7. 벤처를 실패하게 만들 수 있는 재정적 어려움들에 대한 두 가지 사례를 제시하고 논의하시오.
8. 벤처를 실패하게 만들 수 있는 경영상의 문제점들에 대한 두 가지 사례를 제시하고 논의하시오.
9. 신생 벤처가 직면하는 문제점들의 네 가지 주요 유형을 나열하시오.
10. 새롭게 설립된 기업들을 위한 제안된 실패 예측 모델을 기술하시오.
11. 올바른 질문에 대한 답변이 창업가가 신생 벤처를 평가하는 데 어떻게 도움이 될 수 있는가? 어떤 유형의 문제들이 관련되는가?
12. 실현가능성 기준 접근방식이 어떻게 작동하는지를 설명하시오.
13. 포괄적인 타당성 접근방식이 어떻게 작동하는지를 설명하시오.

연습문제

내부 프로필 분석

당신에게 친숙한 최근에 생겨난 기업을 선택하시오. 만약 친숙한 기업이 없다면, *Entrepreneur*, *Fortune Small Business*, *Business Week*과 같은 매거진을 조사해서 한 기업에 대한 정보를 모으시오. 그러고 나서 적절한 빈칸에 체크(v)를 함으로써 다음의 내부 프로필 분석을 완성하시오.

내부 자원	매우 취약	약간 취약	보통	약간 강함	매우 강함
재무적 자원					
전반적인 성과	____	____	____	____	____
자금 조달 능력	____	____	____	____	____
운전 자본	____	____	____	____	____
포지션	____	____	____	____	____

내부 자원	매우 취약	약간 취약	보통	약간 강함	매우 강함
마케팅 자원					
시장 성과	______	______	______	______	______
시장에 관한 지식	______	______	______	______	______
제품	______	______	______	______	______
광고 및 홍보	______	______	______	______	______
가격	______	______	______	______	______
유통	______	______	______	______	______
조직적 및 기술적 자원					
위치	______	______	______	______	______
생산	______	______	______	______	______
설비	______	______	______	______	______
공급업체 접근성	______	______	______	______	______
재고 통제	______	______	______	______	______
품질 통제	______	______	______	______	______
조직 구조	______	______	______	______	______
규칙, 정책, 절차	______	______	______	______	______
기업 이미지	______	______	______	______	______
인적 자원					
종업원의 수	______	______	______	______	______
기술(skill)의 적절성	______	______	______	______	______
사기	______	______	______	______	______
보상 패키지	______	______	______	______	______

분석에 기초할 때, 회사의 경영에 대해 어떤 세 가지의 추천을 하겠는가?

1. ______________________________

____

2. ______________________________

____

3. ______________________________

____

사례 6.1: 독창적이지 않은 제안

지난 4개월 동안, George Vazquez는 신생 벤처를 위한 그의 계획을 정리하였다. George는 한 대학 근처에 피자 가게를 열려고 한다. 그 지역에는 3개의 피자 프랜차이즈가 이미 들어와 있지만, George는 4번째의 가게도 충분히 가능하다고 믿고 있다.

주요 경쟁자는 전국적 대형 프랜차이즈로서—피자, 샐러드, 음료, 디저트 등의 정규 메뉴 외에도—호별 배달을 하고 있다. 이 배달 서비스의 인기가 대학생들 사이에 아주 좋아서, 학생 시장의 40%를 차지하는 데 기여하고 있다. 두 번째 경쟁자는 '피자 마차'로서 미리 준비한 피자만을 취급한다. 마차의 운전사는 대학촌을 돌면서 선착순으로 판매한다. '피자 마차'는 다양한 종류와 크기의 피자 50개를 미리 준비해서, 보통 45개 정도를 정가에 판다. 마지막 5개는 할인가(할인율이 매우 클 수도 있다)로 처리한다. 보통은 저녁 내내 팔아야 50개를 전부 팔 수 있다. 그러나 판매마진은 프랜차이즈에 비해 훨씬 높다. 마지막 경쟁자는 식당에서만 판매하는데, 품질이 좋기로 유명하다.

George는 다른 독창적인 대안이 가능하다고 생각하지 않는다. 하지만 호별 배달 서비스와 고품질의 식당 서비스의 조합이 지역 시장의 15~20%를 차지하는 데 도움이 될 수 있다고 확실히 믿는다. "손님들이 '피자는 그래 봤자 피자'라는 것을 알게 되면 말이지," George가 동업자에게 말한다. "우리 장사는 더 잘 될 거야. 어찌됐든 피자 가게끼리 차이가 없으면, 우리 가게에서도 먹지 않겠어?"

계획을 마무리하기 전에, George는 동업자를 한 명 더 끌어오고 싶어한다. "자금은 아무리 많아도 충분하지 않은 것이고," 그가 이야기한다. "예상하지 못한 비용이 언제 발생할지 아무도 모르잖아." 하지만 George가 동업자로 영입하고 싶은 사람은 투자를 망설이고 있다. "네 아이디어는 새로운 것이 하나도 없잖아? 그저 또 하나의 '나도(me too)' 피자 가게라서, 오래가지 못할 거야." George는 잠재적 투자자의 마음을 돌리고 싶어한다. 그러나 그는 잘 되지 않아도, 다른 사람을 찾을 수 있다고 생각한다. 그는 어제 아내에게 이야기했다. "오픈 예정 날짜까지 90일이 남아 있으니까, 세 번째 투자자를 찾아서 진행 중인 벤처를 시작하는 데 충분하고도 넘치지."

질문

1. 잠재적 투자가의 몰입에 진정성이 있는가? 독창성의 부족이 George의 성공기회에 악영향을 미칠 것인가? 설명하시오.
2. George가 벤처를 독창적으로 만들려면, 어떤 단계를 밟아야 하는가? 답변을 완성하시오.
3. 독창성 외에도 George가 간과하는 주요 요인은 무엇인가? 세 가지를 찾아서 설명하고, 어떻게 개선할 수 있는지 당신의 충고를 추가하시오.

사례 6.2: 제품의 설계 문제

정부가 마이크로 컴퓨터의 부품제조 계약을 공지했다는 것을 Billie Aherne이 듣고, 제안요청서를 신중하게 읽어봤다. Billie는 마이크로 컴퓨터의 전문가이고, 지난 5년간 이 분야의 연구에 활발하게 참여한 교수이기도 하다. 만약에 이번 정부계약 건을 딸 수 있다면, 그녀가 희망하는 마이크로 컴퓨터의 설계 사업을 제대로 추진할 수 있다고 확신했다.

Billie는 마이크로 컴퓨터의 입찰에 참여하기 위해 휴직을 신청했고, 상세한 제안서를 만들어서 정부에 제출하였다. 8개월 전에 그녀가 계약자로 선정됐다고 통지를 받았다. 그 후 4개월 동안 Billie와 2명의 대학 동료(나중에 동참한)는 첨단 부품을 완성하기 위해 작업하였다. 그들의 계약소식이 알려지면서, Billie에게 민간 기업들의 부품주문이 몰려 들었다. 정부와의 계약이 끝나면 민간 기업과의 계약이 자유로워진다는 것을 그녀는 떠올렸다. 2개월 전, Billie는 정부에 부품을 납품했다. 그 다음 주에 그녀는 민간 부문의 회사들과 계약을 맺었다. Billie는 모두 합쳐서 6개 회사와 각각 평균 40만 달러 상당의 부품을 4개월 내로 공급하기로 하였다. 지난 주에 부품의 최초 선적분이 그 중 한 회사에 납품되었다.

오늘 아침에 Billie는 정부로부터 한 통의 공문을 받았다. 거기에는 그녀가 제조 · 공급한 부품의 품질 문제가 지적되어 있었다. 공문의 일부를 소개하면, "귀사의 부품을 4주 동안 사용해 본 결과, 부품의 품질에 문제가 있음이 명확해졌습니다. 우리는 기본 설계가 문제라고 확신합니다. 가능한 한 빠른 시일 내에 귀사의 설계에 대해 토의하고 싶습니다. 아울러 계약조건을 준수하기 위하여 귀사가 취해야 하는 조치에 대해 협의하기를 희망합니다." Billie가 정부 담당자와 만나서 무엇이 문제인지를 발견하기 전까지 이 문제가 공개되지 않기를 바랬다. 그러나 한 시간 전에, 그녀는 한 회사로부터 전화를 받았다. "당신 회사에서 정부에 납품한 부품에 품질 결함이 있다는 소식을 저희도 들었습니다." 그 사람은 Billie에게 말했다. "정확히 문제가 무엇인지 말씀해 주실 수 있습니까?"

질문

1. 어떤 일이 발생했는가? 신생 벤처의 관점에서 Billie의 실수는 무엇인가?
2. 이런 문제는 어떻게 예방할 수 있었는가? 대답의 근거를 제시하시오.
3. 이 사례는 신생 벤처 평가에 어떤 교훈을 주는가? 답변을 완성하시오.

사업계획서를 작성하기 위한 단계

비즈니스 개념의 타당성 평가

개념적인 아이디어를 장차 언젠가 실현하기 전에, 창업가들은 절대적으로 그들의 아이디어들의 실질적인 타당성을 살펴보아야 한다. 타당성을 평가하기 위한 가장 중요한 질문들 가운데 한 가지는 이것이다. 어떤 특정한 특징이 당신의 제품/서비스를 차별화시키는가? 그 특징이 독특할수록, 사업개념이 성공할 수 있는 기회가 많아진다. 다음 단계로 넘어가기 전에 당신의 개념의 타당성을 살펴보면서, 5장에서 확인하였던 사업개념에 대한 몇 가지 마케팅 및 운영적 관점들을 검토할 것이다. 첫째, 당신의 제품/서비스의 독특한 특징을 정리하시오. 다음으로, 당신의 제안된 벤처와 관련된 어떤 지적 재산권을 확인하고 존재할 수 있는 어떤 독점권 보호에 대해 논의하시오. 마지막으로, 강조한다면, 필요할 수 있는 어떤 제안된 시제품 시연을 기술하시오.

교수의 선호도에 따라, 당신은 이 장의 부록에 제시된 타당성 틀을 사용하여 타당성 평가의 일환으로 보고서를 제출하거나, 결론을 기록하기 위하여 라이브플랜(LivePlan)과 같은 사업계획 도구를 사용할 수 있다.

미주

1. Michael S. Malone, "The 200-Year-Old U.S. Patent Office Is Beginning to Show Its Age," *Forbes* (June 24, 2002): 33–40. ; "Patent Applications Filed," http://www.inventionstatistics.com/Number_of_Patent_ Applications_Filed_Annually_Year.html (accessed February 13, 2012).

2. Sue Birley and Paul Westhead, "A Taxonomy of Business Start-Up Reasons and Their Impact on Firm Growth and Size," *Journal of Business Venturing* 9, no. 1 (January 1994): 7–32.

3. Nancy M. Carter, William B. Gartner, and Paul D. Reynolds, "Exploring Start-Up Event Sequences," *Journal of Business Venturing* 11, no. 3 (May 1996): 151–66; see also Benyamin B. Lichtenstein, Kevin J. Dooley, and G. T. Lumpkin, "Measuring Emergence in the Dynamics of New Venture Creation," *Journal of Business Venturing* 21, no. 2 (2006): 153–75.

4. Robert N. Lussier, "A Nonfinancial Business Success versus Failure Prediction Model for Young Firms," *Journal of Small Business Management* 33, no. 1 (January 1995): 8–20.

5. Frédéric Delmar and Scott Shane, "Legitimating First: Organizing Activities and the Survival of New Ventures," *Journal of Business Venturing* 19, no. 3 (May 2004): 385–410.

6. Arnold C. Cooper, "Challenges in Predicting New Firm Performance," *Journal of Business Venturing* 8, no. 3 (May 1993): 241–53.

7. Keith H. Brigham, Julio O. De Castro, and Dean A. Shepherd, "A Person-Organization Fit Model of Owner-Managers' Cognitive Style and Organizational Demands," *Entrepreneurship Theory and Practice* 31, no. 1 (2007): 29–51; Dimo Dimov, "From Opportunity Insight to Opportunity Intention: The Importance of Person-Situation Learning Match," *Entrepreneurship Theory and Practice* 31, no. 4 (2007): 561–84; and Nils Plambeck, "The Development of New Products: The Role of Firm Context and Managerial Cognition," *Journal of Business Venturing* 27, no. 6 (2012): 607–21.

8. Candida G. Brush and Pieter A. Vanderwerf, "A Comparison of Methods and Sources for Obtaining Estimates of New Venture Performance," *Journal of Business Venturing*, 7, no. 2 (March 1992): 157–70; see also Gaylen N. Chandler and Steven H. Hanks, "Measuring the Performance of Emerging Businesses: A Validation Study," *Journal of Business Venturing* 8, no. 5 (September 1993): 391–408; and Scott L. Newbert, "New Firm Formation: A Dynamic Capability," *Journal of Small Business Management* 43, no. 1 (January 2005): 55–77.

9. Paul Reynolds and Brenda Miller, "New Firm Gestation: Conception, Birth, and Implications for Research," *Journal of Business Venturing* 7, no. 5 (September 1992): 405–17.

10. Bhaskar Chakravorti, "The New Rules for Bringing Innovations to the Market," *Harvard Business Review* (March 2004): 58–67; see also Eric A. Morse, Sally B. Fowler, and Thomas B. Lawrence, "The Impact of Virtual Embeddedness on New Venture Survival: Overcoming the Liabilities of Newness," *Entrepreneurship Theory and Practice* 31, no. 2 (2007): 139–60; and Mark Simon, Rodney C. Shrader, "Entrepreneurial Actions and Optimistic Overconfidence: The Role of Motivated Reasoning in New Product Introductions," *Journal of Business Venturing* 27, no. 3 (2012): 291–309.

11. Theodore Levitt, "Marketing Myopia," *Harvard Business Review* (July/August 1960): 45–56; see also Eileen Fischer and Rebecca Reuber, "The Good, the Bad, and the Unfamiliar: The Challenges of Reputation Formation Facing New Firms," *Entrepreneurship Theory and Practice* 31, no. 1 (2007): 53–76.

12. Robert C. Ronstadt, *Entrepreneurship* (Dover, MA: Lord Publishing, 1984), 74.

13. Adapted from Ronstadt, *Entrepreneurship*, 75.

14. Ibid., 79.

15. Timothy Bates, "Analysis of Young, Small Firms That Have Closed: Delineating Successful from Unsuccessful Closures," *Journal of Business Venturing* 20, no. 3 (May 2005): 343–58; Steven C. Michael and James G. Combs, "Entrepreneurial Failure: The Case of Franchisees," *Journal of Small Business Management* 46, no. 1 (2008): 75–90; Daniel P. Forbes and David A. Kirsch, "The Study of Emerging Industries: Recognizing and Responding to Some Central Problems," *Journal of Business Venturing* 26, no. 5 (2011): 589–602.

16. David E. Terpstra and Philip D. Olson, "Entrepreneurial Start-Up and Growth: A Classification of Problems," *Entrepreneurship Theory and Practice* (Spring 1993): 5–20.

17. H. Robert Dodge, Sam Fullerton, and John E. Robbins, "Stage of the Organizational Life Cycle and Competition as Mediators of Problem Perception for Small Businesses," *Strategic Management Journal* 15 (1994): 121–34.

18. Andrew L. Zacharakis, G. Dale Meyer, and Julio DeCastro, "Differing Perceptions of New Venture Failure: A Matched Exploratory Study of Venture Capitalists and Entrepreneurs," *Journal of Small Business Management* (July 1999): 1–14.

19. Erkki K. Laitinen, "Prediction of Failure of a Newly Founded Firm," *Journal of Business Venturing* 7, no. 4, (July 1992): 323–40; and Jan Brinckman, Soeren Salomo and Hans Georg Gemuenden, "Financial Management Competence of Founding Teams and Growth of New Technology-Based Firms," *Entrepreneurship Theory and Practice* 35, no. 2 (2011): 217–43.

20. Gordon B. Baty, *Entrepreneurship: Playing to Win* (Reston, VA: Reston Publishing, 1974), 33–34.

21. Hans Schollhammer and Arthur H. Kuriloff, *Entrepreneurship and Small Business Management* (New York: John Wiley & Sons, 1979), 58; see also Kwaku Atuahene-Gima and Haiyang Li, "Strategic Decision Comprehensiveness and New Product Development Outcomes in New Technology Ventures," *Academy of Management Journal* 47, no. 4 (August 2004): 583–97; and Andreas Rauch and Serge A. Rijsdijk, "The Effects of General and Specific Human Capital on Long-Term Growth and Failure of Newly Founded Businesses," *Entrepreneurship Theory and Practice, (in press).*

22. Frans J. H. M. Verhees and Matthew T. G. Meulenberg, "Market Orientation, Innovativeness, Product Innovation, and Performance in Small Firms," *Journal of Small Business Management* 42, no. 2 (April 2004): 134–54; Minet Schindehutte, Michael H. Morris, and Akin Kocak, "Understanding Market-Driven Behavior: The Role of Entrepreneurship" *Journal of Small Business Management* 46, no. 1 (2008): 4–26; and Gerald E. Hills, Claes M. Hultman, and Morgan P. Miles, "The Evolution and Development of Entrepreneurial Marketing," *Journal of Small Business Management* 46, no. 1 (2008): 99–112.

부록 6A 타당성 계획 개관

이 개관은 창업가들이 계획된 벤처의 실질적인 타당성을 인식하고 잠재적인 자금 조달을 고려하기 전에 생각을 분명히 하는 데에 도움을 줄 수 있는 틀을 제공한다. 이것은 개념에 맞는 시장이 있는지와 개념이 생산되어 이익을 남기고 판매될 수 있는지를 질문하며 아이디어의 생존력에 중점을 둔다.

제목 페이지

계획된 기업명: ______________________________

설립 팀원의 이름 및 직책:

____

____

____

____

____

관련된 연락 정보(이름, 직책, 주소, 전화, 이메일):

____

____

____

____

____

목차

타당성 계획에 있는 모든 목차는 페이지 번호를 가지며 목차에 자세하게 기록되어야 한다는 것을 명심하라.

I. 사업 개요(Executive Summary)
II. 사업 개념
III. 산업/시장 분석
IV. 경영 팀
V. 제품/서비스 개발 계획
VI. 재무 계획
VII. 연대표
VIII. 참고문헌

타당성 계획의 섹션들

사업 개요

설명: 각각의 타당성 연구 섹션으로부터 가장 중요한 하이라이트를 포함한다. 벤처가 소유하는 소유형태, 목표시장, 필요한 자금 규모, 요구되는 자금 조달의 유형이 무엇이든지 간에 벤처에 대한 명확하고 간결한 기술을 반드시 포함하라.

____

____

____

____

____

____

사업 개념

설명: 다음의 지시를 사용하여 왜 이것이 탁월한 개념인지를 설명하는 설득력 있는 이야기를 말로 표현하라. 이 섹션은 독자로 하여금 어떤 개념이 제안되었으며 왜 이것이 시장에서 진정한 잠재성을 가지고 있는지를 이해할 수 있게 한다. 이것은 또한 창업가가 그들의 모임 친구들과 가까운 동료 외에 사람들에게 명확하고 포괄적인 관점에서 이러한 개념을 말로 표현할 수 있는지를 입증할 수 있는 기회를 제공한다.

핵심 개념

제안된 개념이 소매, 도매, 제조, 또는 서비스 사업인지를 기술하라. 벤처의 현 개발 단계를 식별하라(개념 단계, 창업, 초기 운영, 또는 확장).

목표고객, 고객에 대한 제안된 개념(얻게 되는 이점의 관점에서), 잠재적 성장 기회에 대한 명확한 기술을 포함하라.

이 개념이 특허, 저작권, 라이선스, 로열티, 판매권, 또는 프랜차이즈 계약인지, 이 개념과 관련된 모든 소유권을 요약하라.

산업/시장 분석

설명: 산업/시장 분석이 핵심이다. 벤처로부터 비롯된 제품 또는 서비스를 위한 시장이 있는가? 이 산업에서 최근의 트렌드들은 무엇인가? 이 산업에서 예상되는 트렌드들은 무엇인가? 이러한 것들이 구체화될 수 있는가? 제품/서비스를 위한 시장이 명확할 수 있으나, 여전히 타당성 분석은 그 존재를 입증하여야 한다. 벤처의 타당성 분석에서, 벤처를 위한 충분한 시장이 존재하는지와 어떠한 심층적인 연구가 보증되지 않는다는 것을 입증하는 것은 충분하다. 하지만 창업가들은 시장에서 그들의 경쟁자들을 항상 연구하여야 한다. 경쟁자들로부터 학습된 교훈은 창업가들이 그들 자신의 개념에 있어서 독특한 차이점을 찾을 수 있는 기회를 제공한다.

핵심 개념

산업/시장 분석이 중점을 두고 산업을 설명하고, 뿐만 아니라 오늘날 그러한 특정한 산업에 존재하는 트렌드들이 무엇인지를 설명하라.

지금까지 사용되어 온 목표시장 분석과 생산되어 온 특정한 시장 틈새에 대해 논의하라. 아울러, 연구에 기초하여 시장 규모, 시장의 성장 잠재성, 시장침투 계획을 확인하라.

누가 특정한 고객인지의 관점에서 고객 프로필을 설명하고 수익의 관점에서 고객에게 어떤 가치 제안이 제공되었는지를 설명하라.

마지막으로, 오늘날 존재하는 경쟁상대를 철저하게 서술하는 경쟁자 분석과 당신의 개념이 어떻게 구체적으로 경쟁상대를 필적하거나 능가하는지를 확실하게 포함하라.

경영 팀

설명: 모든 신생 벤처들은 설립 팀이 이러한 아이디어를 시장으로 실제로 옮길 수 있는지에 대한 면밀한 조사를 받아야 한다. 경영 팀의 경험은 외부 투자자들에게 가장 결정적인 요인들 가운데 하나로 추가될 것이다. 많은 경우에, 벤처투자가들은 'B'팀을 가진 'A'

아이디어에 비하여 'A'팀을 가진 'B' 아이디어를 선호한다는 그들의 신념을 표현해 왔다. 다시 말해서, 제안된 개념의 실행 단계에 대한 현실적인 염려가 많다.

핵심 개념

계획된 회사를 이끌 수 있는 위치에 있는 설립 팀원들과 핵심 인력을 확인하라.

팀의 자격과 중대한 과업들이 어떻게 할당되고 있는지를 설명하라. 또한, 이사회/자문을 적절하게 포함하라.

마지막으로, 기량과 능력의 관점에서 경영 팀에 있는 어떤 '결함들'을 설명하라.

제품/서비스 개발 분석

설명: 개념적 아이디어를 더 진행하기 전에, 창업가는 개념이 어떤 실질적인 타당성을 가지고 있는지를 판단해야 한다. 타당성 분석 섹션에서 가장 중요한 질문 가운데 하나는 "어떤 독특한 특징이 당신의 제품/서비스를 차별화시키는가?"이다. 제품이나 서비스의 특징이 독특할수록, 사업 개념이 성공적일 수 있는 기회가 늘어난다.

핵심 개념

제안된 개념을 독특하게 만드는 고유의 특징을 포함하여 이 개념에 대한 상세한 서술을 제공하라.

____

____

____

____

프로젝트의 현 상태를 설명하고 완성할 핵심 과업들에 대한 명확한 일정을 포함하라.

____

____

____

____

잠재적인 벤처와 관련된 지적재산권을 확인하고, 존재하고 있는 소유권 보호에 대해 논의하라. 제안되거나 완성된 시제품 시연도 여기에 서술되어야 한다.

____

____

____

____

마지막으로, 잠재적인 제조 책임, 정부 규제, 또는 원자재 이슈의 관점에서 어느 단계에서든지 이 프로젝트를 방해할 수 있는 예상되는 결정적인 위험들을 확인하라.

____

____

____

____

재무 분석

설명: 재무정보의 기초가 되는 중대한 가정을 요약하라. 즉, 숫자들이 어떻게 도출되고 있는지를 제시하라. 초기 3년 동안 벤처의 수익창출과 현금 상황에 대한 아이디어를 얻는 데 필요한 예비적인 외부 출처를 포함할 수 있음에도 불구하고, 여기에 추가되어야 할 가장 중요한 재무 분석 두 가지는 추정 손익계산서와 현금흐름표이다.

핵심 개념

가정:

추정 손익계산서:

추정 현금흐름표:

손익분기점 분석:

연대표

설명: 실질적인 개념이 착수되기까지 과업들의 완성 순으로 날짜들과 관련된 과업들에 대해 도시하라.

참고문헌

설명: 이러한 타당성 연구를 실시할 때 당신이 수행했던 업무와 관련하여 볼 수 있는 자금 공급원에 결정적일 수 있는 핵심적인 주석, 각주, 출처, 또는 추가적인 정보를 제공하라.

7장
벤처의 시작 방법

창업가적 사고

성공한 모든 대기업은 한때 생존을 걱정하던 스타트업이었다. 몇몇은 번뜩이는 영감으로 아이디어를 얻고, 커피숍 냅킨 뒤에 적은 계획으로 시작하였다. 다른 회사들은 지하실이나 차고에서 힘든 시간을 겪으면서 성장하였다. 어떤 회사는 시작하자마자 하룻밤 사이에 급성장하였으나, 다른 회사는 여러 번의 고통스러운 고난과 재출발을 통해 성공하였다. 핵심은 오늘날 존재하는 모든 회사들이 작게 시작하였다는 것이다.

— **Joel Kurtzman**, Start-ups That Work

학습목표

1. 창업가적 벤처의 주요 경로와 구조를 설명한다.
2. 벤처 설립의 주요 요인을 제시한다.
3. 기존 벤처의 인수에 관련된 요인을 파악하고 검토한다.
4. 기존 벤처를 인수할 때 고려해야 하는 10가지 질문을 제시한다.
5. 인수 과정에 잠재된 문제/과제를 검증한다.
6. 프랜차이즈 사업을 정의하고 구조를 설명한다.
7. 프랜차이즈의 장단점을 검토한다.
8. 프랜차이즈의 핵심 요소인 프랜차이즈 정보공개서(FDD)를 설명한다.

모든 창업 희망자들은 사업을 시작하는 최선의 방법을 알고 싶어 한다. 벤처를 시작하는 이상적인 방법이 무엇인지 스스로에게 물어 본다. 이 장에서는 벤처를 시작하는 가장 보편적 방법들을 설명한다. 즉, 새로운 벤처의 시작, 기존 벤처의 인수, 프랜차이즈 가맹 등의 세 가지 방법이다. 이들은 서로 다른 장단점이 있다.[1] 각 방법에 관련된 문제/과제들도 검토하겠다.

새로운 벤처의 시작

새로운 사업을 시작하는 가장 효과적인 방법은 새롭고 독창적인 제품이나 서비스의 창조이다. 그 다음으로 좋은 방법이 기존의 제품/서비스를 이용하여 이전에는 생각하지 못했던 새로운 분야로 확장하는 것이다. 전자를 보통 New-New 접근방식이라 하고, 후자를 New-Old 접근방식이라고 한다.

벤처를 시작하는 New-New 접근방식

새로운 제품/서비스는 자주 시장에 등장한다. 전형적인 예는 스마트폰, MP3 플레이어, PDP TV, GPS 등이다. 이들 제품은 기업의 치열한 연구개발 노력의 결과로 시장에 등장하였다. 신제품의 등장은 앞으로도 계속될 것이다(표 7.1이 새로운 아이디어의 예를 보여 준다). 그러나 주의해야 할 것은 독창적 아이디어가 대기업의 전유물이 아니라는 것이다. 개인들도 창조할 수 있다.

어떻게 신제품을 발명할까? 5장에서 다룬 바와 같이, 신제품을 발명하는 한 가지 방법은 주위 환경을 주의 깊게 관찰하는 것이다. 일상 생활의 골칫거리나 기존 제품/서비스의 문제들을 기록하다 보면 혁신적 사업을 구상하게 된다. 손에서 자꾸 미끄러지는 물건, 어렵고 귀찮은 집안 일, 보관이 어려운 물건 등이 새로운 벤처를 태동시킨 생활의 골칫거리들이었다. 어떤 엔지니어가 선박 프로펠러의 회전을 기록하는 기계를 연구하고 있었다. 프로펠러의 회전력을 회복시키는 장치를 관찰하다가, 비슷한 방법으로 판매 전표를 기록할 수 있음을 깨달았다. 이 문제를 해결하려고 오랫동안 고민하였기 때문이다. 이 아이디어는 결국 1879년 기계식 현금등록기의 발명으로 이어졌다.

대부분의 사업 아이디어는 경험으로부터 나온다. 미국 자영업연합(National Federation of Independent Business)에서 수행한 조사에 따르면, 신사업 아이디어를 착안한 동기는 그림 7.1과 같다. 일반적으로 남성과 여성 모두가 제일 많이 꼽은 동기의 원천은 과거 직업, 취미/흥미, 개인적으로 찾은 문제 등이었다. **New-New 접근방식**(New-New approach)은 신사업의 아이디어를 찾으려면 일상 생활(직장이든 여가 시간이든)에 대한 관심이 중요함을 시사한다.

표 7.1 사업기회를 창조하는 추세들

새로운 기회	새로운 인터넷 기회

그린 제품
  유기농 음식
  유기농 섬유/의류
대체 에너지
  태양관
  바이오연료(biofuel)
  연료전지
  에너지 절약
의료/건강 관리
  건강 음식
  학교/정부 지원 프로그램
  운동
  요가
  특수 체육관
  아동
  대체의료/건강
  노인요양
  요양 생활 지원 서비스
특수 소비재
  포도주
  초콜릿
  버거
  커피숍
  이국적 샐러드
홈 오토메이션과 저장장치
  조명 관리
  보안 시스템
  에너지 관리
  건물 관리
  엔터테인먼트 시스템
  부엌 설비(인터넷 접속)
	모바일 광고
	  휴대폰
	  PDAs
	심부름 대행서비스
	특수 SNS(소셜네트워크서비스)
	  노인
	  음악
	  지역 사용자
	  애완동물 애호 그룹
	  데이트
	가상 경제
	  '온라인 경매'
	개인별 교육(tutoring)
	인사 관련 서비스
	  '연결 서비스(matchmaking)'
	  '가상 인사서비스(virtual HR)'
	  '온라인 직원(online staffing)'
	나노 기술
	무선 기술

출처: Steve Cooper, Amanda C. Kooser, Kristin Ohlson, Karen E. Spaeder, Nichole L. Torres, and Sara Wilson, "2007 Hot List," *Entrepreneur* (December 2006): 80–93.

Facebook은 2004년 2월 Harvard 대학생 Mark Zuckerberg에 의해 설립되었다. 그는 대학생들의 상호 연결이 부족해서 불편을 겪는다는 점에 착안하였다. 이 간단한 아이디어가 결국은 놀랍도록 성공적인 거인을 낳았다. 8년이 지난 지금은 인터넷에서 가장 방문이 많은 사이트 중의 하나로 성장하였고, 8,450만 명의 사용자와 37억 달러의 매출을 기록하였다.[2] 아울러 Facebook의 2012년 기업공개는 역사 상 가장 큰 금액을 기록하였다.[3]

그림 7.1 신사업 아이디어의 발견동기

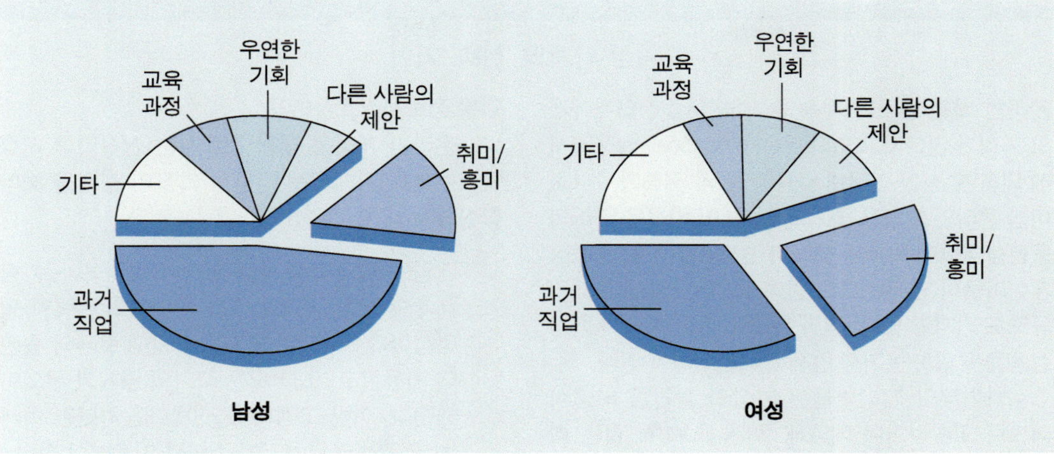

출처: William J. Dennis, *A Small Business Primer* (Washington, DC: National Federation of Independent Business, 1993), 27. Reprinted with permission.

벤처를 시작하는 New-Old 접근방식

대부분의 작은 벤처는 완전히 새로운 아이디어로 시작하지 않는다. 대신에 다른 사람의 아이디어에 얹혀가는 방식이 많다. 즉, 제품을 개선하거나 현재는 없는 서비스를 제공하는 방식으로 시작하므로 이를 **New-Old 접근방식**(New-Old approach)이라고 한다. 전형적인 예를 들면, 식당, 옷 가게, 아웃렛 등을 이런 가게들이 많지 않은 신도시 지역에 여는 방식이다. 물론 이 방식은 경쟁자도 쉽게 들어 올 수 있으므로 위험할 수 있다. 이런 사업을 준비하는 창업자는 제품/서비스를 모방하기 어렵게 만들도록 노력해야 한다. 예를 들면, 의사들을 위한 요금청구/회계 전산 서비스가 성공하려면, 충분히 많은 수의 의사를 확보하여 전산 운영자와 관리비용을 감당하고 이익을 낼 수 있어야 한다. 때로는 좋은 사업을 다른 창업 희망자들이 간과하고 있을지도 모른다.

New-New 접근방식이든 New-Old 접근방식이든, 창업 희망자가 오로지 느낌이나 직관만으로 사업을 시작해서는 안 된다. 3부에서 다루겠지만, 적절한 계획과 분석이 성공적인 벤처의 열쇠다.

벤처 시작 단계의 재무 상황 점검

창업 희망자가 철저한 타당성 분석과 사업계획(12장 참조) 끝에 벤처 창업이 현명한 선택이라고 결정했더라도, 계획이 반드시 그대로 실행된다고 생각해서는 안 된다. 모든 계획은 수정이 필요할 수 있으므로, 결국 유연성이 중요하다. 비상 혹은 대체 계획도 세워야 한다. 창업자에게 가장 나쁜 것이 '전부-아니면-전무(all-or-nothing)' 전략이다.

창업가정신 사례

가상 세계의 '진짜' 기회

온라인 게임 인구가 계속 증가하면서, 창업자에게도 기회가 많아지고 있다. Parks Associates의 조사에 의하면, 성인 인터넷 사용자 중 약 34%가 주 1회 이상 온라임 게임을 즐기고 있다. 이 비율은 SNS와 동영상 서비스의 이용률보다 높다. 일반 및 중독성 게이머들이 인터넷으로 넘어 오면서, 가상 경제의 규모도 커지고 있다. 진짜 돈으로 가상 화폐와 가상 상품을 구입하는 가상 경제에 사업기회가 있다.

과거부터 게이머들은 가상의 물건을 비공식적으로 교환하거나 매매해 왔다. Sparter 같은 회사들이 이런 관행을 변화시켰다. 이 회사는 가상 재화를 거래하는 시장을 개설하였다. 여기에서 Everquest, World of Warcraft 같은 게임의 사용자들이 가상 세계와 온라인 게임의 가상 화폐들을 거래할 수 있다. 웹 사이트는 2007년 2월에 공식 오픈되었고, 첫 해에 25만 달러 매출을 예상하였다.

Sparter의 창업자, Dan Kelly와 Boris Putanec은 성공 이유로 철저한 시장조사를 꼽았다. 조사 결과, 사람들은 이미 활발하게 가상 상품들을 거래하고 있었다. 회사가 판매자에게 수수료를 받으면, 구매자에게 무료로 서비스를 제공할 수 있다. 창업자들은 여러 온라인 게임을 대상으로 서비스를 시작하기로 결정했고, 해외 거래 서비스도 제공하였다. 이런 다변화를 통해 특정 게임, 특정 국가의 거래 감소 위험을 완화시켰다.

Sparter는 가상 화폐의 거래에 초점을 맞췄다. 이 서비스는 게이머들이 그들의 커뮤니티를 계속 성장시키는데 필요한 일부에 불과하다. Kelly에 의하면, 소액결제와 사이버 화폐 사기가 새로운 문제점으로 부각될 것이며, 회사에게는 새로운 기회가 된다고 생각한다. Kelly가 생각하는 다른 기회는 게임과 관련된 포럼(토론 모임), 게임 지도 등과 같은 정보서비스들이다.

온라인 게임을 대상으로 하는 신사업을 시작하려는 창업자에게는 다음의 과정이 성공을 보다 확실하게 해 줄 수 있다.

1. 게임의 국제적 특성을 언제나 기억하라. 가상 세계의 장점 중의 하나가 게이머의 완벽한 익명성이다. 이 때문에 사회적 관계로부터 훨씬 더 자유롭고, 또한 모든 국가의 경계가 무의미해진다. 이런 고객의 요구에 대응하려면 회사는 글로벌 커뮤니티에 주의를 기울여야 한다.
2. 급변하는 시장에 대비하라. 가상 세계의 다른 장점은 거의 완전한 유연성이다. 무엇보다 가상 재화는 디지털 기술에 의한 표현이며, 제약은 게임을 만든 회사가 정한 것 외에는 없다. 유연성은 게임을 더 좋게 만든다. 그러나 게이머를 고객으로 유치하고 싶어하는 회사 관점에서 보면, 유연성이 시장의 추적 과정을 한층 복잡하게 만든다. Putanec에 의하면, 현재의 세분화된 시장의 장점을 살릴 수 있는 정도로 사업의 규모를 확보하고, 새로운 추세가 나타나면 더 빠른 대응이 가능해야 한다.
3. 온라인 게임 개발자들과 많이 대화하라. 가상 세계의 신은 개발자들이다. 이들이 게이머가 사용하는 세계와 물건들을 창조한다. 게임을 더 좋게 만들 수 있는 서비스라면, 그런 서비스 제공 회사를 환영하는 것이 개발자들에게도 이익이 된다. 당신의 사업 개념에 대해 개발자의 평가를 받으면, 그것들은 서비스 개선을 위한 전문가의 의견일 뿐만 아니라, 서비스에 대한 업계의 보증이 될 수도 있다.

출처: Adapted from: Amanda C. Kooser, "Out of This World," *Entrepreneur* (February 2008): 124.

당연한 이야기이지만, 창업 희망자는 벤처의 재무 상황을 반드시 평가해야 한다. 처음 1년 동안 사업을 유지하는 데 비용이 얼마나 필요한가? 이 기간에 얼마나 많은 매출을 올릴 수 있을 것인가? 지출이 수입보다 많다면, 사업이 제자리를 찾는데 얼마나 걸릴 것인가? 이런 질문들의 대답을 신중하게 검토할 시점이다.

이런 질문에 대답하려면 두 종류의 비용을 고려해야 한다. 즉, 초기 비용과 월별 비용이다. 표 7.2가 초기 비용을 계산하는 전형적인 계산표를 보여 준다. 이 계산표는 처음 3개월

표 7.2 초기 비용을 추정하는 점검 목록

월별 비용			
항목	**연간 판매액 $ ___을 가정한 추정치(1열)**	**소요개월* (2열)**	**비용 (1열)×(2열)**
소유주/경영자 급여	$		
기타 급여와 임금			
임대료			
광고			
배송료			
원자재/부품			
통신비			
전기/수도/가스 비용			
보험료			
세금/연금			
이자			
유지보수			
전문 자문료(법률 등)			
기타 비용			
* 소유주/경영자가 사업 유형에 따라 소요개월 수를 결정한다.			

초기 비용		
항목	**추정치**	**추정 근거**
시설 및 설비	$	업종의 평균값 적용(공급업체와 협의)
장식 및 리모델링		공사업체와 협의
시설 설치비		공급업체와 협의
초기 재고비용		공급업체와 협의
공공비용의 보증금		수도/전기/가스 등 업체에 문의
전문 자문료(법률 등)		변호사, 회계사 등에게 문의
면허/허가비		정부 담당자에게 문의
광고/판촉비		홍보매체에 문의
외상매출금		고객에게 줘야 할 외상매출금 한도와 기간을 설정
현금		예상하지 못한 비용, 손해, 긴급 구매 등을 대비
기타 비용		세부 항목별 비용을 추정
사업착수비 총계	$ _______	모든 추정치를 합한다.

출처: U.S. Small Business Administration, "Management Aids," MA. 2.025 (Washington, DC: U.S. Government Printing Office).

은 어떤 수입도 발생하지 않는다는 가정에 기반을 둔 것이다. 또 모든 초기 비용을 완전히 회수한다고 가정하였다. 그러나 벤처가 제조 분야이면 제품을 만드는 데에만 3~4개월이 소요될 것이므로, 3열에 있는 숫자에 2배를 하고, 초기 비용도 더 많이 잡아야 한다. 사실, 계산표에 필요한 대부분의 정보는 이미 파악하고 분석되어 있어야 한다. 계산표는 소유주가 전체 재무적 상황을 판단할 수 있도록 정형화된 양식으로 정리해 주는 역할을 한다.

이 단계에서 소위 **낙관적 흑자와 비관적 적자**(upside gain and downside loss)를 고려해야 한다. 이 용어는 사업이 달성할 수 있는 최선의 흑자와 최악의 적자를 의미한다. 만약에 모든 것이 잘 되면 회사가 어느 정도 흑자를 올릴 수 있을까? 운영/생산이 예상대로 된다면 수익이 얼마나 될까? 운영/생산이 제대로 진행되지 않으면 적자가 어느 정도일까? 이들 질문에 대한 답들이 가장 낙관적, 가장 가능한, 가장 비관적 결과에 대한 종합적 그림을 보여 준다. 소유주는 항상 낙관적 흑자의 확률보다 비관적 적자의 확률이 커질 수 있음을 기억해야 한다.

글로벌 관점

제3세계에서 힌트를 얻기

인도의 소비자들은 지금 핸드폰과 연계된 스마트카드를 사용하고 있지만, 오히려 미국과 유럽의 소비자는 사용하지 못하고 있다. 이런 현상은 우연이 아니다. 놀랍게도 제3세계의 소비자들이 기술발전이 가져오는 놀라운 효과의 일부를 먼저 보여 주고 있다. 식료품을 사고, ATM에서 현금을 찾을 때, 사람들이 돈에 대해 생각하는 방식을 이동통신 기술이 바꾸고 있다.

최근까지도 선진국에서 사용하지 않는 구식 기술을 주로 사용하던 아프리카와 남미의 국가들과 인도에서 어떻게 첨단 기술을 도입할 수 있었을까? 역설적으로, 개발도상국가들의 열악한 인프라가 보다 유연한 선택에 기여하였다. 예를 들면, (유선)전화 서비스를 제공하지 못하는 국가들이 다른 기술적 해결책을 모색하게 되었다. 즉, 완전한 이동통신 시스템을 도입함으로써 유선전화망의 구축이 불필요하게 되었다. 게다가 LED(Light Emitting Diodes)와 형광등이 백열등보다 더 친환경적인 대안이므로, 농촌 지역을 전기화하려는 국가에서는 첨단 기술을 적용하기 쉬운 상황이 되었다.

이러한 변화의 흥미로운 결과는 기업들이 선진국에서 개발도상국으로 관심을 돌리는 결과를 초래하고 있다. 한 예로, Intel은 개발도상국의 수십억 명의 시민들을 인터넷에 접속시킬 수 있는 무선통신 표준을 만들기 위해 노력하고 있다. 이것이 성공하면, 그 표준은 미국과 유럽에도 적용될 것이다. 다른 예로, Motorola의 Motofone에서도 유례없는 변화를 찾을 수 있다. 이 휴대폰은 배터리를 한 번 충전하면 400(대기)시간 동안 지속되도록 설계되었는데, 가격은 30달러에 불과하다. 개발도상국가의 전기 인프라가 부족하기 때문에 Motorola는 내부 전구가 없는 전화기를 설계하였고, 그 결과 전기 사용을 크게 절감하게 되었다.

저개발국에 대한 새로운 관심에도 불구하고, 기업들이 혁신을 할 때 선진국을 계속 고려할 것은 확실하다. 그렇지만, 제3세계 소비자들이 신제품 개발에 미치는 영향력이 신제품의 시장진입 과정을 영구히 바꿔버렸다. 이러한 변화를 인지하지 못하는 기업들은 수십억 명의 잠재적 소비자를 무시하는 위험을 감수해야 한다.

출처: Adapted from Jeremy Kahn, "Third World First: The Rise of Cell Phone Banking in India Highlights a New Trend," *Boston Globe*, January 20, 2008, sec. Ideas, K1.

전반적으로 수익과 손실을 검증할 필요가 있다. 이런 형태의 분석을 **위험 대 보상 분석**(risk vs. reward analysis)이라고 부른다. 이 분석의 배경은 위험을 무릅쓴 투자에 대한 충분한 보상이 중요하기 때문이다.

기존 벤처의 인수

창업 희망자가 완전히 새로운 회사의 설립보다 기존 사업의 인수를 생각할 수 있다. 이 방법이 사업 시작에 효과적일 수 있으나, 많은 요인을 고려할 필요가 있다. 벤처의 인수는 복잡한 거래이며 전문가의 조언이 필요하다. 여기에서는 쉽게 이해할 수 있는 기본적 절차를 다루겠다. 이 절차는 창업자의 개인적 선호도, 기회의 검증, 선정된 벤처의 평가 등이며 주요 점검 사항도 포함하고 있다.

개인적 선호도

창업자는 개인적 요인들을 잘 파악하여, 이에 따라 대상 벤처의 범위를 제한할 필요가 있다. 창업자의 배경, 기술, 흥미, 경험 등이 인수할 사업 유형을 결정하는 주요 요인에 해당된다. 또한, 위치에 대한 개인적 선호도, 사업의 규모 등도 선택 과정에 중요한 역할을 한다. 만약에 창업자가 오랫동안 남부나 서부에서 사업하기를 원했었다면, 바로 그 지역이 벤처를 찾아 볼 첫 번째 대상이 된다.

기회의 검증

인수할 벤처를 찾는 창업자는 다양한 경로를 통해 가능한 기회를 검증해야 한다.

- **사업중개인**(business broker): 사업기회에 특화된 전문가로서, 매각을 희망하는 벤처를 찾을 때 조언과 안내를 할 수 있다. 그러나 인수자는 중개인의 평판, 서비스, 관계 등을 감안해야 한다. 또한, 중개인은 보통 매각 측을 대변한다는(또한 매각 측에서 수수료를 받는다) 것을 기억해야 한다.
- 신문광고: 신문의 '사업기회'라는 광고란이 다른 경로이다. 광고는 보통 하나의 신문에만 실리고 다른 곳에는 없기 때문에, 해당 지역의 모든 신문을 확인하는 것이 좋다.
- 협회/업종 정보: 공급업체, 도매업체, 제조업체, 전문잡지, 업종별 협회, 직업 학교 등에서 매각 희망 회사의 정보를 얻을 수 있다.
- 전문가 정보: 경영 컨설턴트, 변호사, 회계사 등도 인수가 가능한 업체에 대한 정보를 가지고 있다.

기존 벤처 인수의 장점

기존 벤처 인수의 많은 장점 중 가장 중요한 세 가지는 다음과 같다.

1. 회사가 현재 운영 중이므로, 미래에도 성공적 운영이 가능하다.
2. 신사업의 착수에 필요한 시간과 노력이 절약된다.
3. 때로는 기존 벤처를 헐값에 살 수 있다.

각 장점에 대해 자세히 설명하겠다.

미래의 성공적 운영에 대한 불안 감소

신사업은 두 가지 큰 위험요소를 안고 있다. 하나는 제품/서비스를 판매할 시장의 부족이고, 다른 하나는 비용 통제의 실패이다. 둘 중의 하나라도 현실화되면, 신사업은 실패한다.

현재 운영 중인 사업을 인수하면 위의 위험을 완화시킬 수 있다. 성공적인 사업은 고객 확보, 비용 통제, 이익 창출 등을 이미 입증한 것과 같다. 아울러, 신생 회사가 당면하는 문제의 상당수는 이미 처리된 것이다. 예를 들면, 회사의 위치는 어디가 좋을까? 광고는 얼마나 해야 하는가? 공장이나 매장의 배치는 어떻게 해야 가장 효과적일까? 3개월마다 재주문은 어떻게 하는가? 어떤 특성의 고객을 목표로 하는가? 가격 전략은 어떻게 하는가? 이런 질문들에 대한 대답을 이미 찾은 것이다. 따라서 기존 사업을 인수하면, '아는 것'을 사는 것과 같다. 물론 그 사업에 숨겨진 문제가 있는지에 대한 검증은 중요하다. 숨겨진 문제가 없다면, 성공적인 벤처의 인수는 현명한 투자가 될 수 있다.

시간과 노력의 절약

기존 회사는 운영을 위해 재고, 설비, 인력, 시설 등을 이미 확보 · 구축한 상태이다. 많은 경우에 창업자가 이들을 직접 해결하려면 상당한 시간이 필요하다. 기존 회사는 사업의 효율을 최대화하기 위하여 '문제(bug)들의 해결'에 이미 많은 시간을 투자했다. 비슷하게 현재의 우수한 인력을 확보하기까지 상당한 시행착오를 겪었을 수 있다. 회사 매각 이후에도 최고경영진을 제외한 대부분 직원들이 근무하는 것은 일반적이다. 따라서 인수자가 직원들을 공정하게 대우한다면, 별도의 인력 채용, 배정, 훈련 등을 걱정하지 않아도 된다.

아울러, 이전 사업자가 협력업체, 은행, 다른 관계자 등등과 적절한 관계를 유지하였음은 말할 필요가 없다. 이들이 인수자에게 도움을 주는 경우가 많다. 협력업체는 그 회사가 어떤 자재/부품을 얼마나 많이, 얼마나 자주 주문하는지 알고 있다. 협력업체에게서 운영 관리에 조언을 얻을 수 있다. 비슷하게, 그 회사와 오래 거래한 은행이 있다면 역시 도움을 받을 수 있다. 은행 담당자는 회사의 자금 수요를 알고, 전 사업자의 경우와 유사하게 신용한도와 조언을 줄 수 있다. 회계사, 변호사, 기타 다른 전문가들도 유사한 도움을 줄 수 있다. 물론 새로운 인수자에게도 이미 은행, 회계사, 변호사가 있을지 모르지만, 필요하다면 기존 회사의 관계를 활용할 수도 있다는 의미이다.

좋은 가격

때로는 기존 벤처를 매우 좋은 가격에 인수할 수 있다. 현 소유주가 은퇴나 질병 때문에 급매를 원할 수 있다. 혹은 비상 사건으로 소유자가 자금이 필요해서 사업체를 매각하려는 경우도 가능하다. 또는 현 소유주가 더 좋은 기회를 잡으려고, 기존 사업을 착한 가격에 팔려고 할 수 있다.

이론적으로는 기존의 성공적 벤처를 인수하는 경우 세 가지 장점, 특히 마지막 장점의 혜택을 얻을 수 있다. 그러나 성공적인 회사를 이상하게 낮은 가격으로 누가 팔려고 하겠는가? 성공적 기업의 소유주라면 사업을 세련된 기술로 성장시켰고, 협상도 노련하고, 회사의 적절한 시장가치도 잘 알고 있을 가능성이 많다. 이런 사람은 적정 가격보다 매우 싸게 팔려고 하지 않는다. 그러므로 인수 희망자는 인수가를 지나치게 높게 부르거나 혹은 좋은 가격인데도 단순히 '수상하다'는 느낌만으로 포기해서는 안 된다. 회사에 대한 체계적 평가로 이런 실수를 방지할 수 있다.

선택된 벤처의 평가

개인적 선호도와 다양한 정보를 고려한 후, 창업자는 매각을 희망하는 벤처를 다양한 측면에서 평가하게 된다.

- 사업 환경: 현재의 위치를 유지하려는 경우, 지역적 환경을 신중히 분석해야 한다.
- 이익, 매출, 운영 비율: 사업의 수익잠재력이 벤처의 매력도와 향후 인수가를 결정하는 핵심 요소이다. 사업의 수익잠재력을 추정하기 위해서, 인수자는 과거의 이익, 매출, 운영 비율을 검증하고, 향후 1~2년의 매출과 이익을 예측해야 한다. 가치평가는 뒤에서 다시 설명하겠다.
- 사업 자산: 사업의 유형(물리적)과 무형(예: 평판) 자산을 평가해야 한다. 특히 다음의 자산을 확인해야 한다.
    - 재고: 수명, 품질, 판매가능성, 상태
    - 가구, 설비, 시설: 가치, 상태, 임대/소유 여부
    - 외상매출금(채권): 채권기간, 과거 수금기간, 고객의 현재 신용
    - 상표, 특허, 판권(저작권), 사업명: 가치, 사업 성공에 대한 기여도, 경쟁력 기여도
    - 영업권: 평판, 확보한 고객 기반, 이름의 신뢰도

기존 벤처의 인수는 많은 골칫거리를 피할 수 있다. 예를 들어, 사업의 초기 문제들은 전 소유주가 이미 해결했을 것이다. 거기에 인수자가 검증할 수 있는 판매제품의 유형, 가격 등등에 대한 기록이 있다. 그러나 동시에 잠재적 위험 요인도 있다. 예를 들면, 회사의 성공이 소유주/경영자의 개성과 카리스마에 의한 경우, 제품의 수요가 이미 최고에 이르렀을 경우, 인수가격이 너무 높은 경우 등이다.

주요 점검 사항

사업의 인수 여부를 고려할 때, 영리한 인수희망자는 일련의 '핵심 질문'을 점검한다.[4] 다음의 주요 점검사항들은 결과에 따른 대응의 방향 설정에 도움을 준다.

왜 사업을 매각하는가?

첫 번째로 점검할 사항은 "왜 사업을 매각하는가?"이다.[5] 인수희망자가 들은 매각 이유와 실제 이유가 다른 경우가 자주 있다. 전형적인 대답은 아마도 "은퇴를 생각하고 있다", "나는 이 사업의 성공으로 나 스스로를 증명했다. 그래서 새로운 도전으로 다른 사업을 해 볼까 한다", "California로 이사 가서 처남하고 사업을 하려고 한다" 등등이다.

위의 대답이 정확하다면 그리고 증명할 수 있다면, 그 사업은 진짜 인수할만한 가치가 있다. 그러나 증명에 필요한 개인 정보를 얻기가 어렵기 때문에, 차선책은 회사에 관련된 정보를 다양한 경로로 입수하는 것이다. 소유주가 협력업체와 문제가 있는가? 임대 중인 건물이 언제 개보수를 하고 임대료를 3배로 올리려고 하는가? 혹시 건물을 철거하려 하는가? 현재의 사업위치가 인접한 지역의 경쟁자 혹은 지역허가 문제 등과 얽힐 수 있다. 예를 들어, 현 지역의 가게들을 대신할 새로운 쇼핑몰이 근처에 들어설 예정인가? 혹은 이 가게 매출의 25%가 일요일에 발생하는데, 시의회가 일요일 휴업을 강제하는 조례를 통과시켰는가?

소유주가 현 사업을 팔고 무엇을 하려고 하는가? 계속 같은 도시에 있을까? 일할 곳은 있는가? 이 사항을 점검하는 이유는 인수자에게 최악의 악몽이 전 사업자가 한 블록 떨어진 곳에 비슷한 가게를 열고 고객을 빼앗아 가는 것이기 때문이다. 이런 상황의 방지를 위해서는 변호사가 계약서에 다음의 합의조항을 추가해야 한다. "사업 매각자가 현 위치와 합리적 거리 이내에 최소 5년 이상의 기간 동안 동일한 사업을 하지 않는다." 이 조항을 **법적 거래 제한**(legal restraint of trade), **비경쟁 약속** 혹은 **경쟁금지 합의**(non-compete agreement)라고 부른다. 이러한 조항은 사업 인수자가 기존 고객을 유지하는 데 도움을 준다.

사업의 현재 물리적 상태는 어떤가?

사업의 희망 매각가격이 공정한 것처럼 보여도, 자산의 물리적 상태에 대한 검증이 필요하다. 회사가 건물을 소유하고 있는가? 그렇다면, 얼마나 보수작업이 필요한가? 만약 빌딩을 임대하여 사용한다면, 사업의 성공적 운영을 위해 필요한 수리를 건물주가 해 주는가? 예를 들어, 어떤 꽃가게가 꽃의 신선한 보관을 위해 냉장구역을 확대해야 한다면, 누가 추가 비용을 부담하는가? 만약에 임대인이 비용을 부담한 후, 비용을 회수하기 위해 임대료를 올렸다면, 임차인 입장에서는 추가 비용과 수입의 증가분을 비교해야 한다. 반면에, 임대인이 비용을 부담하지 않으면, 사업인수자는 "시설에 대한 영구적인 추가물은 이후 철거하지 못한다"는 조항을 기억해야 한다. 이 조항은 만약에 어떤 물건을 건물 밖으로 들고 나갈 수 없으면, 두고 가야 한다는 의미이다. 전 사업자가 가져온 벽의 액자, 의자, 책상은 없앨 수 있다. 그러나 벽에 못으로 고정된 책장, 바닥에 부착된 카펫, 매장의 소음을 줄이기 위해 설치한 음향흡수 천장, 새로운 냉장구역 등은 건물주의 소유가 된다. 따라서 물리적 시설들을 확인할 때 제일 중요한 사항은 "설비를 제대로 갖추려면 얼마의 추가 비용이 필요한가?"이다.

재고의 상태는 어떤가?

현 소유주가 장부상 얼마나 많은 재고를 가지고 있는가? 장부의 재고들이 실제로 있는가? 아울러, 재고가 판매 가능한가? 오래 되었는가? 매우 낡았는가?

회사의 다른 자산의 상태는 어떤가?

대부분의 사업 중 벤처들은 물리적 시설과 재고 외에도 다른 자산을 가지고 있다. 예를 들어, 기계 회사에는 다양한 프레스와 다른 기계들이 있다. 사무실에는 컴퓨터, 복사기, 기타 필요한 물품이 있다. 이런 모든 시설과 설비에 대한 점검사항은 "아직 쓸만한가? 아니면 신제품/기술로 바꿔야 하는가?"이다. 요약하면 "자산이 노후화되었는가?"이다.

종종 간과되는 자산이 회사의 기록이다. 만약 회사가 기록을 잘 유지했다면, 어떤 고객의 신용이 좋고 나쁜지 결정이 가능하다. 아울러 인수자는 그 기록을 이용하여 기존 고객들에게 얼마나 많은 신용한도를 줄 수 있는지 쉽게 결정할 수 있다. 비슷하게, 계절 수요와 성수기를 알 수 있기 때문에, 판매기록도 매우 중요하다. 이런 기록이 인수자에게 재고관리에 필요한 정보를 알려주고, 재고의 초과 혹은 부족의 위험도를 낮춰준다.

간과되는 또 다른 자산은 과거 계약들이다. 현재 빌딩의 임대 계약이 어떻게 되어 있는가? 3년 전에 7년간 고정 임대가로 계약하였다면, 아마도 계약 당시에는 임대료가 높았겠지만, 지금은 비슷한 건물에 비해 낮을 가능성이 높다. 게다가 향후 4년 동안 경쟁 사업자가 감당해야 하는 임대료보다 현저히 낮을 수 있다. 물론 임대계약의 만기가 가깝다면, 완전히 다른 상황이 된다. 인수희망자는 건물주와 임대계약의 새로운 조건에 대해 협의를 해야 한다. 또한, 인수희망자의 변호사는 기존 계약을 승계 받을 수 있는지를 확인해야 한다. 또 임대료에 상관없이, 사업이 망하게 되면, 임대계약을 어떻게 종료할 수 있는지도 확인해야 한다.

끝으로 인수희망자는 **영업권**(goodwill)이라고 칭하는 무형자산을 확인해야 한다. 영업권은 장부 외에 회사가 가지고 있는 가치로 정의된다. 예를 들어, 만약에 소프트웨어 회사가 빠르고 정확한 서비스에 대한 좋은 평판을 가지고 있다면, 회사는 고객들에게 호의를 쌓은 것이다. 소유자가 사업을 매각한다면, 인수자는 소프트웨어 회사의 물리적 자산 외에도 수년간 회사가 쌓아온 좋은 평판에 대해서도 가치를 지불해야 한다. 사업의 좋은 평판은 충분한 가치가 있다.[6]

얼마나 많은 직원이 계속 근무하는가?

만약에 노련한 직원들이 새로운 인수자와 같이 일하려 하지 않는다면, 방문한 고객들이 기대하는 좋은 서비스를 제공하기가 어렵다. 소유주도 회사의 중요한 자산이지만, 직원 역시 그렇다. 그들도 사업의 성공에 중요한 역할을 담당한다. 따라서 인수희망자가 반드시 확인해야 할 사항은 "만약에 일부가 떠난다면, 남은 직원만으로 고객이 익숙한 수준의 서비스를 제공하기에 충분한가?"이다. 특히 인수자는 퇴직하는 핵심 인력에 신경을 써야 한다. 그들은 사업가치의 일부이다. 만약 그들의 퇴직이 확실하다면, 인수희망자는 인수가격을 어느 정도 낮춰야 한다. 그 액수는 매출의 감소와 핵심 인력을 대체할 비용을 고려해서 결정된다.

기존 사업을 인수할 때 인수희망자는 직원들을 평가해야 한다. 현재의 업무성과를 평가하고, 각 직원의 수준과 사업 기여도에 대해 현 소유주와 논의를 해야 한다. 인수 전에 핵심 직원을 파악하고 안정성을 보증하는 것이 핵심 직원을 유지하는 좋은 방법이다. 회사를 완전히 인수하기 전에, 모든 직원들과 면담을 해서 계속 고용 여부를 결정하는 것이 바람직하다.

사업이 어떤 유형의 경쟁을 하고 있는가?

사업이 어떤 제품이나 서비스를 제공하더라도, 고객의 수와 구매액은 제한이 있다. 따라서 경쟁이 심할수록, 사업이 높은 수익을 올릴 확률은 낮아진다. 경쟁자의 수가 증가하면, 경쟁비용 역시 증가한다. 더 많은 돈을 광고에 써야 한다. 가격 경쟁은 전체 매출의 감소로 이어진다. 한 마디로 너무 많은 회사가 같은 고객을 두고 경쟁한다.

아울러 경쟁의 품질도 고려해야 한다. 만약 9명의 경쟁자가 있다면, 새로운 사업자는 10%의 시장점유율을 예상할 수 있다. 그러나 어떤 경쟁자가 다른 사업자들에 비해 명백히 우월할 수 있다. 한두 사업자가 탁월한 광고 능력으로 25% 점유율을 확보하고, 다른 몇몇이 좋은 서비스로 20%를 점유하면, 나머지 사업자들은 자투리 시장을 두고 경쟁해야 할 수도 있다.

경쟁의 위치도 고려해야 한다. 많은 경우에, 새로운 벤처가 완전히 독창적인 것을 제공하지 못할 수 있다. 이 경우 사람들은 편의성을 기준으로 구매하게 된다. 교차로에 위치한 가게가 지역 주민의 대부분을 차지하면, 길 건너에 위치한 매장에는 손님이 거의 없게 된다. 가게의 물건들이 똑같다면, 아무도 먼 가게에 가려고 운전하지 않는다. 식품점, 잡화점, 약국 등도 같은 상황이 발생할 수 있다. 만약에 경쟁 사업자들이 서로 가깝게 있으면, 서로의 몫을 빼앗는 상황이 된다. 결국 아무도 수입을 최대화하지 못한다. 만약에 사람들이 매우 신중하게 선택하는 제품(예: 가구)이라면, 근접한 경쟁자들이 오히려 장점이 될 수 있다. 예를 들어, 두 가구점이 서로 가깝게 있다고 가정하자. 이런 경우에는 방문 고객이 두 매장이 10블록 떨어져 있을 때보다 많은 경향이 있다. 사람들은 가구를 살 때 선택의 범위가 많은 곳으로 가려고 한다. 가구점이 붙어 있으면, 고객들은 찾는 가구가 한 매장에 없으면 다른 매장에 있을 수 있다고 생각한다. 게다가 가격과 판매조건의 비교도 쉽다.

끝으로 경쟁 분석에서 **비윤리적 관행**(unscrupulous practices)을 고려해야 한다. 경쟁이 얼마나 치열한가? 흉악할 정도로 치열하면, 인수희망자는 가격담합이나 특수 서비스를 대가로 협력업체에 리베이트를 주는 관행 등을 감안해야 한다. 만약 회사가 2년 이상 사업을 유지했다면, 이런 관행을 어느 정도 극복했다고 판단할 수 있다. 그러나 만약 한 경쟁자라도 평판이 매우 안 좋으면, 새로운 인수자는 잘 파악하고 있어야 한다. 시간이 지나면서 고객들이 특정 지역에 있는 사업자들에게 정형화된 부정적 인상을 갖게 되어, 종래에는 그 지역의 아무하고도 거래를 하지 않게 된다. 고객들은 지역의 모든 사업자들을 외면함으로써 비윤리적 행태에 보복을 한다. 요약하면, 비윤리적 경쟁자는 다른 사업자까지 몰락시킨다.

회사의 재무적 상황은 어떠한가?

인수희망자는 회계장부를 검증할 회계사가 필요한 경우가 많다. 회사가 재무적 측면에서 얼마나 잘 하고 있는지를 아는 것이 중요하다. 제일 중요한 지표 중의 하나가 **회사의 수익성**(company's profitability)이다.[7] 재무제표에서 회사의 문제점을 발견했는가? 그렇다면, 인수희망자는 문제점을 해결할 수 있는가?

나쁜 상황에 처한 회사를 인수해서, 개선하고, 이익을 남기고 매각하는 전문가들이 있다. 이들은 장부를 볼 때 무엇을 봐야 하는지를 안다. 좋은 회계사도 마찬가지이다. 둘 다 회사의 장부만으로 매출과 이익을 증명되었다고 생각하지 않는다. 지난 2~3년간의 은행계좌 내역도 확인해야 한다. 만약 현재 소유주의 사업기간이 짧다면, 그 이전 소유주의 기록 역시 확인해야 한다. 실제로 소유주의 소득세 신고내역의 확인도 필요하다. 영리한 인수자는 회사의 기록이 그 상태를 보여 준다는 것을 안다.

다른 중요한 지표가 회사의 **이익 추세**(profit trend)이다. 매년 흑자인가? 더 중요한 것은 이익이 판매액만큼 상승하고 있는가? 혹은 같은 이익을 위해 더 많은 매출액이 필요한가? 만약 후자라면, 사업이 예년과 같은 순익을 올리려면, 판매액을 매년 5~10%씩 성장시켜야 한다는 것을 의미한다. 이런 상황은 심각한 문제를 의미한다. 아마도 이 때문에 소유주가 회사를 매각하려고 할 수 있다. “더 쉽게 살고 싶어서” 매각을 원할 수 있다.

마지막으로, 회사가 충분한 이익을 올려도, 인수희망자는 회사의 성과를 비슷한 다른 회사와 비교해야 한다. 예를 들어, 조그만 소매점의 투자수익률이 2년 전의 16%에서 올해 22%로 증가하였다면 좋은 성과 혹은 나쁜 성과일까? 일견 보기에는 좋은 성과로 보이나, 만약 경쟁 소매점의 수익률이 32%라면 어떨까? 주어진 지표로 볼 때, 이 소매점이 잘하는 것은 아니다.

회사를 경쟁자와 비교하는 한 방법은 Dun & Bradstreet 같은 회사에서 제공하는 비교정보를 얻는 것이다. 이들은 다양한 업종의 도소매 업체의 데이터를 수집하여 사업자들에게 핵심 재무지표에 대한 정보를 제공한다. 예를 들어, 가장 중요한 지표는 현재의 유동자산(현금 혹은 단기간 내에 현금화할 수 있는 품목) 대비 단기채무(단기간에 상환해야 할 채무)의 비율이다. 이 지표는 단기채무를 상환할 수 있는 회사의 능력을 보여 준다. 두 번째 핵심 지표는 순익 대 순매출액의 비율, 즉 순이익률(net profit margin)이다. 소유주가 판매액 1달러당 얼마의 순익을 올리고 있는가? 세 번째 지표는 수익 대 순자산, 즉 순자산수익성(return on net worth)이다. 회사에 투자한 1달러당 얼마의 순익을 올리고 있는가?

사업장부에서 계산한 회계정보와 외부의 재무비교 데이터(업종 비율, 가치평가에 사용되는 업종 배수 등등)를 이용하여, 그 사업이 얼마나 잘하고 있는지를 판단할 수 있다. 만약 실제 숫자가 좋으면, 인수희망자는 매각자에게 인수가를 얼마로 제안할지 고민해야 한다.

거래의 협상

인수희망자는 마지막 거래를 협상해야 한다.[8] 협상과정은 다양한 요소를 포함하고 있다. 그 중에 네 가지 핵심 요소를 파악해야 한다. 즉, 정보, 시간, 압박, 그리고 대안이다.

정보는 협상의 가장 중요한 요소이다. 앞에서 언급한 회사의 성과, 경쟁의 특성, 시장의 상황, 핵심 점검사항의 결과 등이 사업의 실질 잠재력을 결정하는 핵심 요소들이다. 신뢰할 수 있는 정보가 없으면 인수자는 상당한 불이익을 감수해야 한다. 매각자가 유일한 정보 출처가 되어서는 절대 안 된다. 매각자가 거짓 정보를 주지는 않더라도, 사업이 가장 좋아 보이도록 하는 정보만을 제공할 수 있다. 따라서 인수자는 가능한 한 많은 정보를 확보해야 한다. 기본 규칙은 가능한 모든 정보 출처를 뒤지는 것이다.

시간 역시 중요한 요소이다. 만약 매각자가 이미 다른 사업체를 인수하였고, 현재 회사의 인수희망자가 유일하다면, 인수자는 매각자로부터 중요한 양보를 얻을 수 있는 이점이 있다. 그러나 소유주에게 그런 시간 제한이 없이 그저 은퇴를 기다리고 있다면 혹은 인수자의 투자자가 프로젝트에 빨리 투자하기를 희망한다면, 인수자는 상당한 불이익을 감수할 수밖에 없다. 요약하면, 상대방보다 여유 시간이 많을수록 유리하다.

압박 역시 협상과정에 영향을 미친다. 만약에 회사에 몇 명의 공동소유주가 있다면 매각책임자가 완전한 자율권을 가지고 있지 않을 수 있다. 소유주들 중의 한 명이 제안에 만족하면, 회사측 협상가는 모든 소유주를 대리하여 제안에 동의할 것인지 혹은 더 높은 가격을 위하여 버틸지를 결정해야 한다.

끝으로, 쌍방이 가지고 있는 대안 역시 중요한 요인이다. 대안이 없는 쪽은 협상의 조속한 타결에 관심이 많게 된다. 사업을 인수하려는 사람이 반드시 고려해야 할 추가 사항은 다음과 같다.

1. 매각자가 사업의 약간의 지분이라도 유지하거나 혹은 최종 인수가격을 사업의 향후 3~5년간의 성과에 연계시키도록 요구하라. 이렇게 하면, 매각자가 사업의 단기적 성과에 관심을 가지게 된다.
2. 인수자는 확실한 문서로 입증되지 않는 모든 약속을 조심하라.
3. 매각자의 장부에 충분한 시간을 투자하라. 재무제표를 기반으로 실제로 사용 가능한 현금 액수의 파악은 필수이다.
4. 그리고 말할 것도 없이, 검증은 철저하고, 광범위해야 하고, 소유주뿐만 아니라 협력업체, 경쟁업체, 고객, 직원까지의 면담을 포함해야 한다.[9]

매각자 관점에서 대안은 다른 인수희망자를 찾거나 아예 매각을 포기하는 것이다. 매각자는 사업을 계속하거나, 계속할 관리자를 고용하거나, 부분적으로 매각할 수 있다. 비슷하게, 인수자의 대안은 인수를 포기하거나 혹은 다른 투자기회를 알아 보는 것이다. 어느 경우이든 협상 상대방의 대안을 알고 있어야 한다. 이것이 합의의 성공 가능성에 큰 영향을 주기 때문이다.

프랜차이즈: 혼합형 방식

프랜차이즈(franchise)는 창업자의 독립성과 기업의 큰 우산을 혼합한 형태, 즉 사업을 시작하는 '혼합형(hybrid)' 방식이다. 오늘날 소매점의 1/3 이상이 프랜차이즈 가맹점이며, GDP에서 프랜차이즈 가맹점이 차지하는 비중이 계속 증가하고 있다. 프랜차이즈는 상품/서비스의 거래에서 상표, 상호, 판권의 소유주가 다른 사람에게 사용을 허가하는 사업 방법이다. **가맹점주**(franchisee)는 프랜차이즈에 가입한 사업자이다. 일반적으로 가맹점은 법적으로 독립적이나 경제적으로는 **가맹본부**(franchisor, 프랜차이즈의 판매자)의 통합된 사업 시스템에 종속되어 있다. 다르게 설명하면, 가맹점주는 독립적 사업자로서 운영을 한다. 그러면서도 지역적 혹은 전국적 조직의 장점을 가진다.[10]

프랜차이즈의 운영 방식

상품/서비스의 프랜차이즈 사업 시스템들은 일반적으로 비슷한 방식으로 운영된다. 독립 사업자인 가맹점주는 완전한 사업 패키지를 계약한다. 프랜차이즈 계약은 가맹점주에게 다음 사항들을 요구한다.

1. 운영에 자본을 투자한다.
2. 표준화된 재고와 설비 패키지를 구입하고 유지한다. 패키지는 보통 프랜차이즈 기업으로부터 구입한다.
3. 상품/서비스의 특정 품질을 유지한다.
4. 총매출의 일정 비율과 **가맹비**(franchise fee)를 납부한다.
5. 지속적인 사업관계를 유지한다.

이에 대한 대가로 프랜차이즈 기업은 다음과 같은 혜택과 도움을 제공한다.

1. 회사 이름. 예를 들어, Burger King 프랜차이즈에 가맹했다면, 그 가게에 고객을 유치해 준다. Burger King 같이 유명한 상호는 '길동이네 빅 버거' 같이 유명하지 않은 이름보다 더 많은 매출을 보장한다.
2. 고유의 상표, 상징물, 시설물. 예를 들어, 모든 McDonald's의 매장은 고유의 황금 아치를 가지고 있다. 내부의 시설 또한 비슷하다.
3. 각 독립 가맹점의 직원을 위한 전문 경영 훈련
4. 가맹점 운영에 필요한 특정 물품을 도매가격으로 판매
5. 필요한 경우, 가맹점에 재무적 지원
6. 계약에 따른 지속적 지원과 지도[11]

프랜차이즈의 장점

프랜차이즈에는 많은 장점이 있다. 그 중 가장 널리 알려진 네 가지, 즉 훈련과 지도, 브랜드의 매력, 입증된 실적, 재무적 지원에 대해 설명하겠다.

훈련과 지도

새로운 사업의 시작이나 기존 사업의 인수 대신, 프랜차이즈에 가맹하는 가장 큰 이유는 프랜차이즈 기업이 가맹점에 훈련과 지도를 제공하기 때문일 것이다. 그 결과, 전국적 프랜차이즈의 지원을 받는 가맹점주는 독립 소사업자보다 성공할 확률이 훨씬 높다. 여러 조사에 의하면, 일반 소사업의 실패율은 가맹점의 실패율보다 4~5배 정도 높다고 알려져 있다.

브랜드의 매력

전국적 프랜차이즈, 특히 유명한 프랜차이즈에 가맹한 사업자는 성공 확률이 높다. 프랜차이즈의 상표는 매장으로 고객을 유인한다. 사람들은 전국적 프랜차이즈에서 제공하는 상품/서비스에 익숙하고, 덜 알려진 사업자의 것보다 선호한다.

입증된 실적

가맹점의 다른 장점은 사업의 성공이 이미 증명되었다는 것이다. 물론 프랜차이즈에 처음 가맹한 사람에게는 해당되지 않는다. 그러나 프랜차이즈가 이미 5~10년 동안 사업을 해 왔고 50개 이상의 가맹점이 있다면, 그 사업이 성공적이라는 것을 확인하기는 어렵지 않다. 모든 가맹점이 운영 중이고, 가맹점주들이 경제적으로 괜찮다고 이야기하면, 프랜차이즈가 성공을 입증했다고 판단된다. 즉, 매장의 배치와 위치, 가격정책, 상품/서비스의 품질, 전반적 경영 시스템이 성공적이다.

재무적 지원

프랜차이즈 가맹이 좋은 투자가 될 수 있는 또 다른 이유는 가맹점주가 운영에 필요한 재무적 지원을 프랜차이즈 본사가 보장하기 때문이다. 실제로 어떤 프랜차이즈 기업은 가맹점주를 개인적으로 도와주기도 한다. 자금을 빌려주고, 운영이 안정될 때까지 상환을 유예해 주기도 한다. 요약하면, 프랜차이즈 가맹은 금융기관의 지원을 보장받는 좋은 방법이다.

프랜차이즈의 단점

프랜차이즈 가맹희망 사업자는 프랜차이즈의 장점과 단점을 저울질해야 한다. 프랜

창업가정신 사례

성공적 가맹점 사례

- Burger King
- Dairy Queen
- Days Inn
- Denny's
- Dunkin' Donuts
- H&R Block(세무회계)
- McDonald's
- Meineke Car Care Centers
- Papa John's Pizza
- 7-Eleven
- Snap-on Tools
- Sports Clips(미용업)
- Subway
- UPS Store(사서함 등)

차이즈의 주요 단점은 가맹비, 프랜차이즈 본사의 통제, 일부 프랜차이즈 기업의 약속 불이행 등이다. 각 단점에 대해 설명하겠다.

가맹비

사업의 세계에서 어떤 것도 공짜로 얻을 수가 없다. 프랜차이즈가 더 크고 성공적일수록 가맹비 역시 커진다. 전국적 프랜차이즈의 경우, 가맹비가 5만 달러에서 100만 달러까지도 커질 수 있다. 작은 프랜차이즈나 덜 성공적인 경우에는 이보다 작다. 어느 경우이든, 소사업으로 프랜차이즈 가맹을 고려하고 있는 창업자는 가맹비 대비 그 금액을 다른 사업에 투자했을 때 얻는 이익과 비교해봐야 한다. 또한, 가맹비는 앞에서 언급한 장점만의 대가임을 명심해야 한다. 프랜차이즈 기업이 은행대출을 얻는 것을 도와줄 수는 있겠지만, 가맹 희망자는 가맹점을 만들고 재고를 채우는 비용을 지불해야 한다. 또한, 가맹비는 보통 총매출액에 비례한다. 전형적인 경우, 가맹점주는 초기 가맹비를 내고, 가게를 만드는데 비용을 들이고, 설비와 재고를 구입한다. 그러고 나서 매출액에 따라 가맹비(보통 5~12%)를 지불해야 한다. 대부분의 프랜차이즈 기업은 가맹자가 초기 비용의 25~50%를 현금으로 준비하도록 요구한다. 나머지는 빌릴 수 있다. 어떤 경우에는 프랜차이즈 본사가 빌려주기도 한다.[12] 표 7.3이 프랜차이즈 가맹비의 주요 항목을 보여 준다.

표 7.3 프랜차이즈 가맹비의 항목

프랜차이즈 가맹의 장점이 상당한 비용을 정당화하는 것은 아니다. 가맹비는 75,000달러지만, '당신 가게 문을 여는' 실제 비용은 20만 달러 이상이 들어갈 수 있다. 프랜차이즈의 유형에 따라서 다음과 같은 비용이 발생할 수 있다.

1. **기본 가맹비.** 이 대가로 광범위한 서비스를 받을 수 있다. 인원 훈련, 면허, 운영 매뉴얼, 훈련 재료, 위치 선정 및 준비 지원 등등이 가능하다. 혹은 이런 서비스를 전혀 받지 못할 수도 있다.
2. **보험.** 창유리, 사무실 내부 집기, 차량 등등 다양한 품목에 대한 보험이 필요하다. 또 포괄적 책임보상 보험의 가입도 필수적이다. 이 보험은 비싸지 않고 치명적인 백만 혹은 수백만 달러의 소송에 도움이 된다.
3. **상품 재고의 확보.** 초기 재고는 가맹비에 포함되지 않는다. 사업에 충분한 재고를 구입해야 한다.
4. **시설의 개선 및 리모델링.** 대부분의 임대 계약에 의하면, 리모델링 비용은 임차인의 책임이다.
5. **공공 비용.** 전기, 가스, 석유, 전화, 수도 등등 보통 1~2개월분의 보증금을 요구한다.
6. **급여.** 이 비용에는 사업 시작 전의 직원 훈련비도 포함시켜야 한다. 가맹점주의 합리적 급여도 반영해야 한다.
7. **대출 서비스.** 원금과 이자의 상환을 포함한다.
8. **부기 및 회계 비용.** 프랜차이즈 본사가 지원하는 서비스 외에도, 당신의 회계사를 이용하는 것이 현명하다.
9. **법률 및 전문가 비용.** 프랜차이즈 가맹계약의 검토, 필요한 지역면허, 도시계획 조례 등의 신청과 허가 획득, 예상하지 못한 분쟁 등을 처리하기 위한 변호사의 비용도 반드시 추가해야 한다.
10. **주/지자체 면허, 허가, 증명서.** 주류판매 면허부터 건물 개보수 허가 등의 전체 비용에 해당한다.

출처: Donald F. Kuratko, "Achieving the American Dream as a Franchise," *Small Business Network* (July 1987): 2 (updated by author April 2012).

창업가정신 사례

프랜차이즈를 할 것인가? 안 할 것인가? 그것이 문제다.

창업가적 자질은 있으나 스스로의 아이디어로 사업을 시작할 욕망은 없는 사람을 위한 수단이 프랜차이즈다. 이 점을 고려하면, 프랜차이즈는 대학을 갓 졸업한 젊은 창업자의 논리적 선택이라고 할 수 있다. 전문가들은 이런 선택의 장점에 이견을 가질 수 있다. 다음은 대학 졸업 후 바로 프랜차이즈에 가맹하여 사업을 시작하는 것에 대한 찬반 의견을 설명한다.

찬성 의견

- **학생에게는 프랜차이즈 기업이 제공하는 구조적 학습 환경이 가장 좋다.** 프랜차이즈가 제공하는 지원 구조가 창업가정신을 증명된 공식으로 경험하려는 학생들에게는 가장 좋은 선택이다. 새로운 가맹자에게 제공되는 교육은 강의실 환경을 실제 응용으로 확장시켜준다.
- **학생들은 프랜차이즈의 단골이자 많은 경우 직원이다.** 전업 주부가 거의 없는 상황이기 때문에, 오늘날의 학생들은 활동적인 청소년 기간을 경험하며, 보통은 패스트푸드에 의존하는 경우가 많다. 많은 학생들이 이런 프랜차이즈에서 아르바이트 경험을 쌓는다. 이를 통해 가맹점 운영에 대한 이면의 지식도 갖게 된다.
- **'헬리콥터 부모'는 대학 졸업 후에도 계속 지원을 한다.** 처음 사업을 시작하는 학생들이 필요한 지원은 경제적 지원 외에도 많다. 적극적으로 도와주는 부모가 있다면, 학생들이 스스로의 모험에 필요한 힘을 얻는다. 실패하더라도 안전망이 있기 때문이다. 학생 스스로의 경제적 기여가 적다면 책임감도 떨어질 수 있다는 반론도 있다. 그러나 가족과 친구가 투자함으로써 학생이 더 큰 동기를 가질 수도 있다.
- **학생들에게는 꿈이 있고, 꿈이 곧 혁신의 힘이다.** 인터넷이 학생들에게 자신을 표현하는 엄청난 광장을 제공해 주었다. 사회의 디지털화로 학생들은 아이디어를 어떻게 찾아내고, 실현하고, 결과를 평가할 지 배웠다. 이런 경험이 프랜차이즈 기업이 그들의 가맹자에게 기대하는 열망으로 변할 수 있다.

반대 의견

- **프랜차이즈에 가맹할 수 있는 자금을 가진 대학생은 거의 없다.** 길게 보면 가맹점의 시작·운영 비용이 새로운 개념에 의한 사업비용보다 작을 수 있다. 그러나 가맹비가 수십만 달러에 달하므로, 보증인 없이 은행 대출을 받기에는 신용이 부족한 사람에게는 심각한 장벽이 된다.
- **일반적으로 사업이 어려워지면, 학생들은 극복하려는 의지가 약해진다.** 처음에는 좋아 보였던 사업 아이디어도 추진동력이 약해지면 매력을 잃게 된다. 대부분의 학생이 가족이나 친구로부터 경제적 도움을 받는다고 가정하면, 학생 스스로는 사업에 투자할 여력이 전혀 혹은 거의 없는 경우가 많다. 따라서 문제가 생기면 주인의식이 없어지는 결과를 초래한다.
- **경영 경험이 부족해서, 직원 관리가 어렵다.** 프랜차이즈 본사는 마케팅 자재, 공급업체 연결, 운영계획 등을 제공해 준다. 그러나 직원 관리는 전적으로 가맹점주의 책임이다. 직원의 채용, 관리, 유지는 노련한 관리자에게도 힘든 일인데, 경영 경험이 없는 학생이 직원들에게 동기를 부여하고 의지를 갖게 만드는 것은 말할 것도 없다. 대기업의 경영자가 시행착오를 통해 경험을 쌓는 것은 회사 전체를 망하게 만들기 때문에 불가능하다. 경영진의 실수에 가맹점은 대기업보다 훨씬 더 취약하다.

결국 학생 스스로가 무엇이 자신의 경력 희망과 경영 스타일에 가장 적절한지 결정해야 한다. 새로운 사업 아이디어는 본질적으로 위험이 크지만, 프랜차이즈 역시 모두에게 맞는 것은 아니다. 어떤 창업가들은 프랜차이즈 계약이 너무 제약이 많고, 가맹점주를 단순한 직원으로 격하시킨다고 생각한다. 그러나 프랜차이즈 기업들도 서로 다른 정책과 프로세스를 가지고 있다. 프랜차이즈의 가맹 여부에 대한 결정은 프로세스의 시작에 불과하다. 진짜 일은 창업자가 가맹할 프랜차이즈를 결정했을 때부터 시작된다.

출처: Adapted from Jeff Elgin and Jennifer Kushell, "He Said, She Said," *Entrepreneur*, January 2008, https://www.entrepreneur.com/magazine/entrepreneur/2008/January/187674.html (accessed March 16, 2008).

프랜차이즈 본사의 통제

대기업은 직원의 활동을 통제한다. 개인이 자신의 사업을 하면, 스스로를 통제한다. 가맹점주는 이 둘 사이에 해당한다. 프랜차이즈 본사는 일정 수준의 동질성을 유지하기 위해 가맹점 운영에 적당한 통제권을 갖는다. 만약 창업자가 본사 지침을 따르지 않으면, 프랜차이즈 계약을 갱신하지 못할 수 있다.

약속 불이행

어떤 경우, 특히 유명하지 않은 프랜차이즈 기업은 가맹점주에게 약속했던 것 중 일부를 이행하지 않을 수 있다.[13] 예를 들면, 많은 가맹점주들이 프랜차이즈의 인기가 기대에 미치지 못한다는 것을 나중에 알게 된다. 또 본사가 약속했던 지원들이 이루어지지 않는다는 것도 알게 된다. 본사에서 공급하는 물품과 자재가 약속대로 싸지 않고, 오히려 지나치게 높다는 것을 발견한다. 가맹점주가 이에 대해 불만을 제기하려면, 본사가 계약을 종료하거나 갱신하지 않는 위험을 감수해야 한다.

프랜차이즈 법

프랜차이즈 운영의 성장은 관련 법률보다 한참을 앞서있다. 프랜차이즈에 관련하여 연방이나 주법 상 항소심의 확실한 주체도 불분명한 상태이다.[14] 프랜차이즈를 대상으로 하는 확실한 판례도 없기 때문에, 재판에서는 일반적 관습이나 민법의 원칙과 적절한 연방/주의 법적 정의와 규칙을 적용하고 있다. 프랜차이즈의 본사와 가맹점의 관계는 어떤 측면에서는 주인/대리인, 고용주/피고용자, 고용주/독립적 계약자 관계와 유사하다. 그러나 프랜차이즈 관계가 이들 전통적 유형 중의 하나와 정확하게 맞는 것도 아니다. 따라서 연방통상위원회(Federal Trade Commission, FTC)는 프랜차이즈의 공시 조건을 정하기 위하여 프랜차이즈 규정(The Franchise Rule)을 제정하였다. '창업가적 과정: 프랜차이즈 정보공개서(Franchise Disclosure Document)'를 참조하라. 프랜차이즈 가맹에서 제일 중요한 법적 이슈는 종료 조항에 따르지 않는 소송이다. 일반적으로 가맹 합의서는 프랜차이즈 본사가 작성하고 준비한 표준계약서 형태이다. 가맹점의 협상력은 프랜차이즈 본사와 동등하지 않기 때문에, 계약서의 종료 조항은 일반적으로 프랜차이즈 본사에 유리하게 되어 있다. 프랜차이즈 본사가 상표를 소유하고, 사업도 소유한다. 이를 달리 이야기하면, 가맹점의 성공을 위해 상당한 시간과 돈을 투자한 가맹점주가 사업 종료 시 거의 아무 것도 받을 수 없음을 의미한다. 따라서 이에 불복한 소송이 증가하고 있다.[15]

프랜차이즈 가맹 기회의 평가

일반적인 창업자가 어떻게 프랜차이즈 가맹 기회를 평가하고, 좋은 거래인지 알 수

프랜차이즈 정보공개서

1979년, 연방통상위원회(FTC)는 프랜차이즈 정보공개 규정을 제정하였다. 이 규정은 프랜차이즈 기업이 전국적으로 가맹 사업을 하기 전에 완전한 정보공개를 하도록 규정하고 있다. FTC는 2007년 이 규정을 프랜차이즈 기업의 정보공개를 더 강화하도록 개정하였다. 개정 이후로 **프랜차이즈 정보공개서**(Franchise Disclosure Document, FDD)라고 부르는 문서를 미국 내 프랜차이즈 가맹 희망자들에게 계약 전의 정보공개 과정을 통해 반드시 제공하도록 하고 있다. 초기에는 이 문서를 프랜차이즈 일반정보 회람(Uniform Franchise Offering Circular, UFOC)이라고 불렀다.

FDD는 프랜차이즈 합의서(혹은 정식 판매계약서)의 기반이 된다. 프랜차이즈 판매계약서는 장기적 관계를 지배하고, 쌍방 간 약속과 의무만을 규정하고 있다. 약속과 의무는 계약서에 명시한 기간 — 일반적으로 5~20년 — 동안 유효하다. 쌍방이 합의하지 않는 한 계약은 변경될 수 없다.

FTC가 발효시킨 프랜차이즈 규정에 따르면, 가맹희망자는 계약 서명(혹은 프랜차이즈 본사 혹은 제휴 회사에 대한 비용 지불) 최소 10일 전에 프랜차이즈 본사의 FDD를 받도록 되어 있다. 프랜차이즈 본사가 가맹희망자의 신청서를 접수하고 검토를 시작하면, 가맹희망자는 정보공개서의 사본을 요구(수령)할 권리가 있다. 프랜차이즈 본사는 정보공개서를 문서, 이메일, 웹, 혹은 디스크로 전달할 수 있다.

프랜차이즈 기업이 계약서 발효 이전에 가맹희망자에게 제공해야 정보는 총 23개의 항목이 있다. 항목은 다음과 같다.

1. 표지
2. 프랜차이즈 기업, 역사 및 제휴사
3. 사업 경험
4. 소송
5. 파산
6. 최초 가맹비
7. 기타 비용
8. 초기 투자
9. 제품 구입의 제한
10. 가맹점주의 의무
11. 재무
12. 프랜차이즈 본사의 의무
13. 영역
14. 상표
15. 특허, 판권, 독점적 정보
16. 가맹점의 실제 운영에 대한 참여 의무
17. 가맹점의 판매상품에 대한 제한
18. 갱신, 종료, 이전, 분쟁해결
19. 공개 실적
20. 손익 전망
21. 가맹점 목록
22. 재무제표
23. 계약
24. 인수

출처: Adapted from the Federal Trade Commission, 2012.

있을까? 훌륭한 가치평가 기법이 14장에 소개되어 있으나, 불행하게도 명료한 수학 공식은 없다. 간단하게 친구에게 물어보는 것도 불가능하다. 왜냐하면 가장 유명한 프랜차이즈들도 정확히 공개하지 않기 때문이다. 그러다 보면 규모가 작고 덜 알려진 위험한 프랜차이즈들만 남게 된다.[16]

프랜차이즈의 전체 가치와 기본 수수료/로열티 사이의 관계를 연구한 결과는 다음과 같다. 프랜차이즈의 사업 기간, 가맹점의 수, 주별 밀집도, 전국적 진출 등이 기본 수수료/로열티에 반영되어 있다. 가맹 희망 프랜차이즈의 가치를 검증하는 핵심은 적절한 정보의 수집이다.[17] 아울러, 투자를 충분히 보호하기 위해서는 가능한 모든 가맹 기회를 평가해봐야 한다. **그림** 7.2는 프랜차이즈 가맹을 분석하는 전체 프로세스의 모형을 도시한 것이다.

프랜차이즈 가맹 기회의 탐색

가맹희망자가 반드시 해야 할 첫 번째 일은 프랜차이즈 가맹 기회에 대한 신뢰할 수 있는 정보를 얻는 것이다. 가장 쉬운 출처는 신문, 전문잡지/간행물, 인터넷(표 7.4의 유용한 웹 사이트 목록을 참조) 등이다. Entrepreneur 잡지는 가맹기회에 대한 광고, 때로는 여러 도시에서 프랜차이즈 기업들이 주최하는 전시회 등에 관한 기사가 있다. Entrepreneur.com도 매년 우수/급성장 프랜차이즈 기업 목록을 소개한다. 끝으로 프랜차이즈 기업 스스로가 이런저런 기회를 이용하여 정보를 제공하기도 한다. 다만 이 경우에는 실제 가능한 것보다 많은 약속을 하는 경우가 있음을 유념해야 한다.

프랜차이즈 기업의 조사

투자 희망자는 프랜차이즈에 대해 가능한 한 많은 정보를 알아 봐야 한다. 많은 사람들이 평생 모은 노후 대비 저축을 프랜차이즈의 꼼수에 날리고 만다. 역사와 명성이 있는 프랜차이즈가 아니라면, 최악을 가정하고 철저한 조사를 해야 한다. 특히, 프랜차이즈가 가맹점의 모집에 과도하게 적극적이면 경계를 해야 한다. 또 가맹희망자에 대한 검증에 상당한 노력을 기울이지 않는다면, 프랜차이즈 본사 스스로가 사업이 오래 가지 않는다고 생각하는 증거일 수 있다. 이 경우, 프랜차이즈 본사가 가맹비만 챙기고 가맹점을 방치할 수 있다. 명성이 높은 프랜차이즈라면 가맹점주가 성공적으로 경영할 것이라는 확신 없이는 가맹을 허락하지 않는다. 가장 신중한 프랜차이즈 중의 하나인 McDonald's는 모든 지원자를 신중하게 검증하며, 그 결과 하나의 가맹점도 파산하지 않았다고 주장한다.

전문가의 도움

프랜차이즈 본사가 가맹희망자의 검증을 완료한 후 계약을 제안하면, 가맹희망자가 첫 번째 할 일은 계약제안서를 적합한 변호사에게 가져가는 것이다. 변호사는 합의서의 조항을 이해하고, 가맹점주를 제약하는 조항, 벌금 등을 설명해 준다.

제일 중요한 조항은 가맹의 취소와 갱신에 대한 것이다. 프랜차이즈 본사가 사소한 규칙 위반만으로 가맹을 박탈할 수 있는가? 더 중요한 것은, 만약에 합의서가 취소되었다면, 최초 가맹비 중 얼마를 가맹점주에게 돌려주는가? 만약 프랜차이즈 본사가 20%만 돌려준다면, 변호사는 본사가 얼마나 쉽게 합의서를 취소할 수 있는지를 확인할 필요가 있다.

그림 7.2 프랜차이즈 가맹 결정: 프로세스 모형

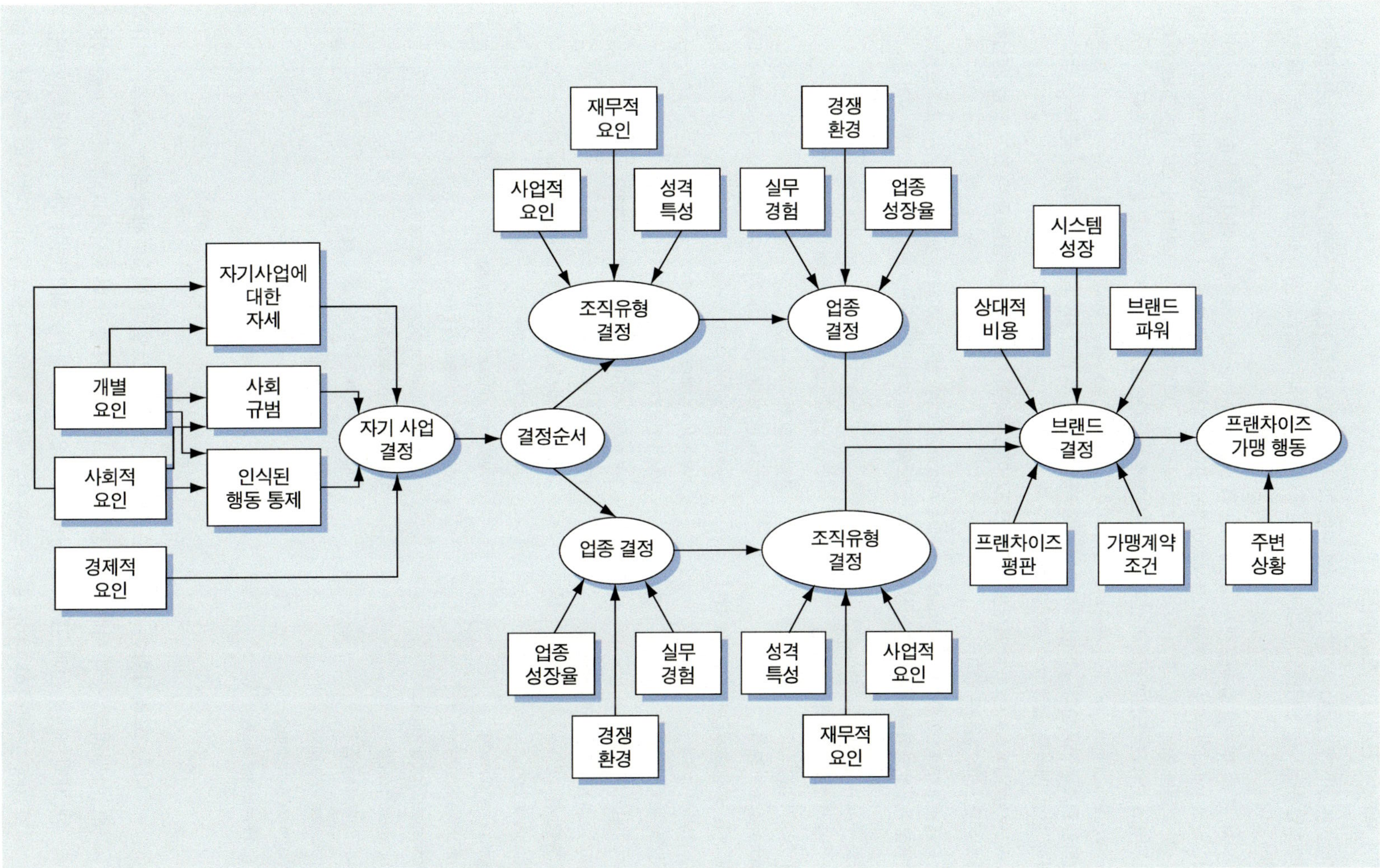

출처: Patrick J. Kaufmann, "Franchising and the Choice of Self Employment," *Journal of Business Venturing* 14, no. 4 (1999): 348.

표 7.4 인터넷 프랜차이즈 사이트

인터넷은 연령대, 업종, 흥미를 모두 포함하는 가장 중요한 정보의 원천이다. 돈을 날리지 않으려면, 프랜차이즈 가맹희망 사업자는 인터넷으로 집에서 편하게 프랜차이즈 사업의 연구, 선택, 계획 등에 필요한 모든 정보를 확인해야 한다.

위치, 종류, 투자별 실제 프랜차이즈에 대한 정보를 www.franchiseexpo.com에서 알아 볼 수 있다. 이 사이트의 'showcases(메뉴 명)'를 통해서 프랜차이즈에 관련된 정보를 찾을 수 있다. 특정 프랜차이즈의 역사, 사업 소개, 자주 묻는 질문(FAQ), 투자 자격 등에 정보를 제공한다. 다른 메뉴에서는 프랜차이즈의 기본 정보, 대화형 재무 작업표, 적합한 프랜차이즈의 선택 방법, 박람회 정보, 좋은 웹 사이트에 대한 링크 등도 제공한다.

www.franchise1.com에서 제공하는 프랜차이즈 핸드북(Franchise Handbook)은 관심있는 사람의 질문에 대해 정확한 정보를 제공한다. 인터넷에서 가장 대중적인 프랜차이즈 관련 사이트이다. 여기에서 제공하는 정보는 안내 책자, 협회, 게시판, 업계 소식 등등이 있다.

www.franchiseworks.com에서는 종류별 프랜차이즈 목록과 다른 사업기회들을 알 수 있다. 또한, 창업에 필요한 모든 정보를 얻을 수 있다.

국제프랜차이즈협회(International Franchise Association)는 업계 데이터의 첫 번째 정보원이다. 프랜차이즈와 가맹점주에게 영향을 주는 최근의 정부 소식과 핫 토픽을 파악하려면 www.franchise.org를 방문하라.

다른 주요 사이트

미 변호사 협회 프랜차이즈 포럼	www.americanbar.org/groups/franchising.html
미 중소기업청	www.sba.gov
Entrepreneur 잡지	www.entrepreneur.com/franchises/bestofthebest/index.html
Minority Business Entrepreneur 잡지	www.mbemag.com
Franchise Times	www.franchisetimes.com
Franchise Update	www.franchising.com
전국식당협회 간행물	www.restaurant.org/tools/magazines
Source Book Publications	www.franchisordatabase.com
미 통상위원회	www.ftc.gov/bcp/franchise/netfran.shtm
Franchise.com	www.franchise.com
World Franchising	www.worldfranchising.com
Franchise Solutions	www.franchisesolutions.com
Franchise Opportunities	www.franchiseopportunities.com
Franchise Trade	www.franchisetrade.com
The Franchise 잡지	www.thefranchisemagazine.net
Franchise into Mall	www.franchiseinfomall.com
Franchise Advantage	www.franchiseadvantage.com
U.S. Franchise News	www.usfranchisenews.com

다른 고려사항은 가맹수수료, 총매출액 중 로열티 비율, 제공되는 교육의 종류와 수준, 가맹점의 영역 제한, 자재공급 규정 등이다. 아울러 변호사가 가맹점주의 운영통제 권한(가격 제한, 성과 표준, 운영의 요구 일/시간 등)을 확인해야 한다. 가맹희망자는 재무적 자문도 받아야 한다. 좋은 금융전문가는 프랜차이즈의 투자설명서를 훑어보고 타당성

에 대한 의견을 줄 것이다. 예상매출액이 새로운 가맹점에게 너무 높지 않은가? 투자회수율이 너무 낙관적이지 않은가? 이런 유형의 사업 착수에 은행이 대출을 해 주는가?

끝으로 투자자는 공인회계사와 함께 데이터를 검증하고, 초기 몇 년간의 추정 손익계산서를 만들어 보는 것이 좋다. 가맹점 투자가 좋은 기회인가? 어떤 것이 잘못될 수 있고, 투자를 위협하는가? 그런 상황 전개의 확률은 어느 정도인가? 가맹희망자의 투자위험이 합리적인가 혹은 협상을 포기해야 하는가?

법률 및 재무 전문가들의 지원으로 가맹점주는 주요 사항을 점검할 수 있다. 특히 이들은 가맹희망자가 가맹 사업의 본질적 위험을 제대로 평가할 수 있도록 압박할 것이고, 다음 질문의 대답을 요구할 것이다. "기꺼이 이런 위험을 감수하려고 하는가?"

의사결정: 창업자의 몫

창업희망자가 필요한 모든 정보를 취합한 후, 사안에 대해 결정을 내리는 것은 순전히 창업자의 몫이다. 기존 사업의 인수의 경우처럼, 앞에서 설명한 일련의 '적절한 점검사항들'이 도움을 줄 것이다.

요약

새로운 사업 벤처를 시작하는 가장 쉽고 좋은 방법은 독창적인 상품/서비스를 만드는 것이다. 이런 형식을 New-New 접근방식이라고 한다. 즉, 완전히 새로운 제품/서비스의 개발이다(예: Zynga, Google 등). 그러나 대부분의 사업희망자(소유주/경영자)는 다른 사람의 아이디어에 업혀가는 New-Old 접근방식에 만족한다. 경쟁자가 하는 것을 확장하든가, 현재 없는 분야에 상품/서비스를 제공하는 경우이다.

재무적 측면에서 창업희망자는 회사의 재무적 상태, 운영 착수비용, 초기 매출액 등을 검증해야 한다. 끝으로 창업희망자는 일련의 운영 관련 고려사항도 확인해야 한다. 운영에 필요한 건물, 물품, 설비 등부터 부기, 보험, 법적, 마케팅, 사적인 일까지 포함된다.

다른 대안은 성공적인 기존 회사의 인수이다. 이 대안도 장점이 많다. 가장 중요한 세 가지는 성공적 운영이 가능하고, 새로운 회사의 시작에 필요한 시간과 노력이 절약되고, 좋은 인수가격이 가능하다는 것이다.

그러나 인수 여부를 결정하기 전에, 인수희망자는 일련의 '점검사항'을 확인해야 한다. 왜 사업을 매각하려 하는가? 사업의 물리적 상태는 어떤가? 재고 상태는 어떤가? 다른 자산의 상태는 어떤가? 얼마나 많은 직원이 계속 근무할 수 있는가? 어떤 경쟁을 해야 하는가? 회사의 재무적 상황은 어떤가?

모든 질문에 만족스러운 대답을 얻은 후, 인수희망자는 협상하게 된다. 최종 분석에서 회사의 자산을 시장가격으로 인수하고 영업권이 자산가치가 있다면 적정 가격을 지불해야 한다. 가치평가는 14장에 다룰 것이다.

주요용어

가맹점, 가맹점주
경쟁금지 합의
낙관적 흑자와 비관적 적자
법적 거래 제한
비윤리적 관행
사업중개인
영업권
위험 대 보상 분석
이익 추세
프랜차이즈
프랜차이즈 기업
프랜차이즈 본사 통제
프랜차이즈 수수료
프랜차이즈 정보공개서
회사의 수익성
New-New 접근방식
New-Old 접근방식

검토와 토의 문제

1. 사업희망자가 사업을 시작하는 세 가지 주요 경로를 설명하시오.
2. 새로운 벤처를 시작하는 New-New 접근방식은 무엇인가? New-Old 접근방식과의 차이점은 무엇인가?
3. 사업을 생각하는 사람이 회사의 재무적 상황을 어떻게 평가할 수 있는가? 표 7.2의 방법을 활용하여 답하시오.
4. 개인적, 재무적 요인 외에도, 창업희망자가 고려해야 하는 다른 요인은 무엇인가? 네 가지 이상을 설명하시오.
5. 기존 사업의 인수의 장점을 들고, 설명하시오.
6. 사업 인수 시 확인해야 할 '적절한 점검사항'이 무엇인지 설명하시오.
7. 인수희망자가 회사의 자산을 검증하는 방법을 설명하시오.
8. '프랜차이즈'의 의미를 설명하시오.
9. 프랜차이즈 가맹합의서에서 가맹점주가 할 일은 무엇인가? 프랜차이즈 본사는 무엇을 책임지는가?
10. 프랜차이즈 가맹의 주요 장점은 무엇인가? 세 가지 이상을 설명하시오.
11. 프랜차이즈 가맹의 주요 단점은 무엇인가? 두 가시 이상을 설명하시오.
12. 프랜차이즈 가맹희망자는 어떻게 프랜차이즈를 평가할 수 있는지 설명하시오.
13. 프랜차이즈의 가맹여부를 평가할 때, 투자자는 일련의 점검사항을 확인해야 한다. 프랜차이즈 본사, 프랜차이즈, 시장, 투자자 자신 등에 대한 각각의 점검사항은 무엇인가?
14. 프랜차이즈 정보공개서를 설명하시오. 프랜차이즈 가맹에 왜 중요한지도 설명하시오.

연습문제

개인적 창업 실행계획

사업 시작에 대한 최종 결정 전에, 창업자는 많은 개인적 질문을 자문해봐야 한다. 그 중 가장 중요한 10개의 질문은 다음과 같다. 읽으면서, 자신에게 가장 적당한 답에 표시를 하시오.

1. 당신은 자발적인가?
   - ☐ 다른 사람의 도움없이 시작할 수 있다.
   - ☐ 누가 시작하게 해 주면, 이후는 내가 할 수 있다.
   - ☐ 나는 서두르지 않고, 어쩔 수 없는 경우를 제외하면 잘 안 움직인다.

2. 당신은 다른 사람에 대해 어떻게 느끼는가?
    - ☐ 누구하고도 잘 지낼 수 있다.
    - ☐ 아무도 필요하지 않다.
    - ☐ 사람들이 나를 짜증나게 한다.
3. 당신은 사람들을 리드할 수 있는가?
    - ☐ 어떤 것이든 시작하면, 다른 사람들도 나랑 같이 하게 만들 수 있다.
    - ☐ 어떤 사람이 나에게 해야 할 것을 알려주면, 지시를 할 수 있다.
    - ☐ 다른 사람이 어떤 일을 완료하게 만들 수 있고, 내가 좋으면 같이 한다.
4. 당신은 책임을 질 수 있는가?
    - ☐ 나는 책임을 지고, 포기하지 않고 끝까지 해 낸다.
    - ☐ 필요하면 내가 할 수 있지만, 보통은 다른 사람에게 하도록 한다.
    - ☐ 주위에 그 일을 원하는 사람이 있으면, 그 사람이 하게 한다.
5. 당신은 조직적인가?
    - ☐ 무엇이든 하기 전에 계획 세우는 것을 좋아한다.
    - ☐ 일이 너무 복잡하지만 않으면 잘 한다. 복잡하면, 안 한다.
    - ☐ 내가 무슨 계획을 세울 때마다 계획을 방해하는 일이 언제나 발생한다.
    - ☐ 특별한 계획 없이 되는대로 한다.
6. 당신은 일을 열심히 하는가?
    - ☐ 필요하면 끝까지 한다.
    - ☐ 처음에는 열심히 하지만, 어느 정도 이상은 하지 않는다.
    - ☐ 일을 열심히 한다고 해서 특별하게 되지 않는다고 생각한다.
7. 당신은 결정을 할 수 있는가?
    - ☐ 결정을 잘하고, 보통은 결과도 좋다.
    - ☐ 시간이 충분하면 결정할 수 있으나, 빠르게 결정해야 하면 당황한다.
    - ☐ 결정해야 하는 '그 사람'이 되기 싫다.
8. 사람들이 당신의 말을 믿는가?
    - ☐ 그렇다. 나는 내 생각과 다른 말은 하지 않는다.
    - ☐ 사람들에게 솔직하려 하지만, 때로는 제일 쉬운 말을 한다.
    - ☐ 왜 고민하는가? 어차피 다른 사람은 눈치채지 못한다.
9. 당신은 당신의 말을 지키는가?
    - ☐ 한 번 결정을 하면, 어떤 것도 나를 막지 못한다.
    - ☐ 시작한 일은 웬만하면 끝낸다.
    - ☐ 일이 이상하게 돌아가면, 포기한다.

10. 당신 건강은 좋은가?

- ☐ 아주 건강하다.
- ☐ 건강하다.
- ☐ 좋다. 옛날에는 더 좋았지만…

이제 첫 번째 대답에 표시한 수를 세서 3을 곱하시오. 두 번째 대답의 수를 세서 2를 곱하시오. 세 번째 대답의 수를 세라. 앞의 곱한 수들을 모두 더하시오. 30점 만점에서, 성공적인 창업가는 최소 25점 이상이 되어야 한다. 그렇지 않으면, 동업자를 찾거나 독자 사업은 포기하는 것이 좋다. 창업희망자는 실행계획을 만들 때, 이런 개인적 요인을 기억해야 한다.

사례 7.1: 개를 위한 아이디어

Chris Wasserberg는 Fortune 100대 기업의 영업사원이다. 그는 마케팅 학사 학위를 가지고 있고, 회사 내 최고의 영업사원 중 한 명이다. 회사에 계속 있으면, Chris는 언젠가 영업부장이 될 가능성이 높다. 그런데 이제는 의심스러워졌다. 그가 자신의 사업을 시작하려 하기 때문이다.

7년 전에 취직한 이래, Chris는 알토란 같은 16만 달러를 저축하였다. 이제 6만 달러나 7만 달러 이하의 자금으로 시작할 수 있는 사업을 찾고 있다. 나머지 돈은 회사가 흑자로 전환할 때까지 운영자금으로 쓰려한다. 과거에 Chris는 Entrepreneur, Inc. 같이 새로운 사업 아이템을 많이 소개하는 잡지들을 읽었다.

지난 주에 Chris가 매우 흥미로운 기사를 읽었다. 미국 서부의 어떤 사람이 비싼 자재로 만든 주문형 개집을 하나에 5,000~15,000달러의 가격으로 판다는 것이다. Chris는 개집에 이렇게 많은 돈을 쓸 수 있는 사람이 거의 없다는 것을 안다. 그렇지만, 대부분의 개집들이 다 비슷하고, 주인들은 기본적인 개집에 50~150달러 정도를 지불한다. Chris는 이런 양극단 사이에 250~500달러 정도의 중간 시장이 존재한다고 확신한다. Chris가 조사를 해 본 결과, 그의 제품을 전형적인 개집과 차별화시키는 것은 그다지 어렵지 않다고 판단했다. 특히, 그는 전형적인 개집보다 약간 큰 것을 생각하고 있다. 열차단이 잘 되고, 물청소가 가능한 비닐로 바닥을 깔고, 문 위에 개 이름을 새기고, 널빤지로 만든 멋있는 지붕을 가진 것이다. 여기에 주인 집의 모양과 비슷하게 만들면, 인기가 더 좋을 것이라는 생각이 들었다. 가장 큰 고려사항은 두 가지, 마케팅과 제조이다. 즉, 사람들이 애완견을 위해서 주문을 하게 하고, 주문에 따라 개집을 만드는 것이다. 자신의 배경을 감안하면, Chris는 마케팅을 담당할 수 있을 것 같고, 제조를 담당할 사람도 어렵지 않게 찾을 것 같았다. 거기에 사업을 본격적으로 시작할 때까지, 현재 회사 일도 계속 할 수 있다고 생각했다.

질문

1. Chris의 아이디어에 독창적인 점이 있는가? 설명하시오.
2. 그의 생각대로 추진하려면 해야 하는 첫 번째 일이 무엇인가? 설명하시오.
3. 그 일이 끝나면, Chris가 해야 할 다른 일이 무엇인가? 앞으로 할 일에 대한 실행계획의 개요를 설명하시오.

사례 7.2: 확인

Arlene Ryan이 할아버지로부터 25만 달러를 상속받았을 때, 그녀는 자신의 사업을 시작하기로 결정했다. Arlene은 법무법인의 전문 비서로 14년 동안 일을 했고, 사업에 대해 잘 안다고 생각한다. "나는 매일 녹취록을 받아서 법률 문서를 만들거든," 그녀가 친구에게 설명한다. "그래서 나는 많은 회사가 망하는 것을 보아 왔어. 자금이 부족하거나 경영을 잘 못하면 그렇게 돼. 내 말 믿어. 변호사랑 일하면, 많은 것을 보고, 배우게 돼."

Arlene이 어떤 사업을 할 지 결정한 것은 거의 6개월이 지나서였다. 전문잡지의 프랜차이즈 광고가 그녀의 흥미를 끌었다. Arlene은 그 프랜차이즈 본사에 전화를 했고, 그녀가 사는 지역에 패스트푸드 가맹점을 모집하고 있다는 것을 알게 됐다. "저희는 당신 지역에 들어가려고 계획하고 있습니다." 담당자가 그녀에게 말했다. "전국적으로 111개의 가맹점이 있는데, 당신 주에는 26개를 계획하고 있습니다." Arlene은 프랜차이즈 회사가 지역 호텔에서 개최한 설명회에 가서, 많은 가맹희망자들과 함께 투자권유 설명을 들었다. 전부가 그럴 듯 했다. 가맹비용은 15만 달러에 총 매출의 5%였다. 프랜차이즈 회사는 가게 위치선정과 인력 훈련의 지원을 약속했다. 참석자들에게도 "회사를 더 조사해 보고 질문을 하세요"라고 말했다. "만약에 저희 제안이 여러분들께 좋은 거래가 아니라면, 우리에게도 좋은 거래가 아닙니다. 좋은 사업은 쌍방향 도로입니다." 회사 담당자는 당당했다. "우리는 모든 가맹 신청서를 매우 신중하게 검토할 예정입니다. 여러분도 저희처럼 신중하셔야 합니다."

Arlene은 설명에 만족했지만, 좀더 신중한 확인이 좋겠다고 생각했다. 설명회장에서 나오기 전에 회사 담당자에게 다른 가맹점의 이름과 주소를 물어봤다. "지금 가지고 있지 않은데요." 그는 대답했다. "대신에 제가 알고 있는 몇 가게를 적어드리겠습니다. 114에서 전화번호를 알려 줄 겁니다." 그리고는 종이에 이름 4개와 위치를 휘갈겨서 그녀에게 주었다.

Arlene이 114에 전화를 했는데, 그 중 2곳만 전호번호를 확인할 수 있었다. 다른 가게들은 주소가 틀렸다. 확인된 두 가게에 전화를 걸었다. 첫 사람은 여자였다. 그녀는 가게를 1년 동안 운영했는데 아직 성공여부를 판단하기에 이르다고 말했다. 그러다가 Arlene이 프랜차이즈 가맹을 고려한다는 것을 알고는, 자신의 가게를 사라고 권했다. 그녀가 제시한 가격은 회사 가격보다 10,000달러가 적었다. 두 번째 사람은 Arlene에게 전화로 이야기할 수 없다고 거절했다. 그는 Arlene과의 통화가 불편한 것처럼 느껴졌다. Arlene이 계속 재무적인 정보를 물어봐도 대답을 회피하다가, 결국 그녀에게 말했다. "잠깐만요, 정말로 이런 정보를 알고 싶으면, 내 변호사와 먼저 통화를 하세요. 변호사가 나에게 괜찮다고 하면, 그때 말해 주겠습니다." 그는 Arlene에게 변호사의 번호를 불러주었다. 그 번호로 전화를 하기 전에 Arlene은 점심을 먹으러 밖으로 나갔다. 그녀가 사무실로 돌아왔을 때, 변호사 한 명이 그녀 책상 옆에 서있었다. "이봐, Arlene, 이 사람한테 왜 전화하는데?" 가맹점주의 변호사 번호가 적힌 쪽지를 보이면서, 그가 물었다. "누구를 고소하려고? 이 사람 전문이 고소인데, 알아?" Arlene이 웃었다. "예, 그러려고요. 월급이 밀려서 변호사님을 고소하려고 하는데요." 그 변호사는 Arlene과 같이 웃다가, 자기 사무실로 들어갔다.

질문

1. 이 상황에 대한 당신의 평가는 무엇인가? 좋은 상황인가?
2. 가게 인수를 제안한 여자에게서 Arlene이 사는 것을 당신은 추천하겠는가? 대답의 근거를 설명하시오.
3. Arlene이 지금 해야 할 일을 추천하시오. 모든 상황을 고려해서 답하시오.

사업계획수립의 단계

당신의 사업개념을 위한 방안 결정

창업가로서, 당신의 사업개념(Business Concept)을 실현할 수 있는 가장 좋은 방안을 결정해야 한다. 이 장의 정보를 이용해서 방안 결정의 근거를 설명하시오. 모든 가능한 경로를 검토한 후, 결정해야 한다. 당신은 새로운 사업의 시작, 기존 사업의 인수, 프랜차이즈 가맹 중 어느 것을 선택하였는가? 경로를 선택하였다면, 사업계획수립의 다음 단계는 당신의 선택에 따라 달라진다.

담당 교수가 결정하는 대로, 당신의 선택 이유를 1~2쪽의 보고서로 제출하든지, 프레젠테이션으로 발표하시오. 라이브플랜(LivePlan) 같은 사업계획 도구를 사용하면 당신의 방안에 따른 사업의 착수 비용과 다른 재무적 사항을 평가할 수 있을 것이다. 당신의 선택 이유를 보완하시오.

미주

1. Simon C. Parker and C. Mirjam van Praag, "The Entrepreneur's Mode of Entry: Business Takeover or New Venture Start?," *Journal of Business Venturing* 27, no. 1 (2012): 31–46.

2. Brian Womack, "Facebook Revenue Will Reach $4.27 Billion," *Bloomberg*, September 20, 2011.

3. Shayndi Raice, "Facebook Sets Historic IPO: Potential $10 Billion Offering Would Dwarf Google's," *Wall Street Journal*, February 2, 2012.

4. Donald F. Kuratko and Jeffrey S. Hornsby, *New Venture Management* (Upper Saddle River, NJ: Pearson/Prentice Hall, 2009), 33–38.

5. Fred Steingold and Emily Dostow, *The Complete Guide to Buying a Business* (Berkeley, CA: Nolo Press, 2005).

6. Jay B. Abrams, *How to Value Your Business and Increase Its Potential* (New York: McGraw-Hill Publishing, 2005); see also Roberto Ragozzino and Jeffrey J. Reuer, "Contingent Earnouts in Acquisitions of Privately Held Targets," *Journal of Management* 35, no. 4 (2009): 857–79.

7. For a good discussion of buying or selling a small business, see Rene V. Richards, *How to Buy and/or Sell a Small Business for Maximum Profit* (Charleston, SC: Atlantic Publishing Group, 2006).

8. See Roy J. Lewicki, David M. Saunders, and John W. Minton, *Negotiation*, 3rd ed. (New York: McGraw Hill/Irwin, 2002). This paperback gives practical examples and advice about negotiating. See also Michael Watkins, *Negotiation: Harvard Business Essentials* (Boston, MA: Harvard Business School Press, 2003).

9. Bruce J. Blechman, "Good Buy," *Entrepreneur* (February 1994): 22–25.

10. For an excellent overview of franchises, see Rupert Barkoff, *Fundamentals of Business Franchising*, 2nd ed. (Chicago: American Bar Association, 2005); Roger LeRoy Miller and Frank B. Cross, *The Legal Environment Today: Business in Its Ethical, Regulatory, E-Commerce, and Global Setting*, 7th ed. (Mason, OH: South-Western/Cengage, 2013), and Kenneth W. Clarkson, Roger LeRoy Miller, and Frank B. Cross, *West's Business Law*, 12th ed. (Mason, OH: South-Western/Cengage, 2012), 708–16.

11. Patrick J. Kaufmann, "Franchising and the Choice of Self-Employment," *Journal of Business Venturing* (July 1999): 345–62; David J. Ketchen, Jr., Jeremy C. Short, and James G. Combs, "Is Franchising Entrepreneurship? Yes, No, and Maybe So," *Entrepreneurship Theory and Practice* 35, no. 3 (2011): 583–593. Nada Mumdžiev and Josef Windsperger, "The Structure of Decision Rights in Franchising Networks: A Property Rights Perspective," *Entrepreneurship Theory and Practice* 35, no. 3 (2011): 449–65; and Roland E. Kidwell and Arne Nygaard, "A Strategic Deviance Perspective on the Franchise Form of Organizing," *Entrepreneurship Theory and Practice*, 35, no. 3 (2011): 467–82.

12. Robert T. Justis and Richard J. Judd, *Franchising*, 3rd ed. (Mason, OH: Thomson, 2004); and Joe Mathews, Don DeBolt, and Deb Percival, *Street Smart Franchising* (Irvine, CA: Entrepreneur Press, 2006).

13. Darrell L. Williams, "Why Do Entrepreneurs Become Franchisees? An Empirical Analysis of Organizational Choice," *Journal of Business Venturing* (January 1999): 103–24; Jérôme Barthélemy, "Agency and Institutional Influences on Franchising Decisions," *Journal of Business Venturing* 26, no. 1 (2011): 93–103; and Mark A. P. Davies, Walfried Lassar, Chris Manolis, Melvin Prince, and Robert D. Winsor, "A Model of Trust and Compliance in Franchise Relationships," *Journal of Business Venturing* 26, no. 3 (2011): 321–40.

14. See Roger LeRoy Miller and Frank B. Cross, *The Legal Environment Today: Business in Its Ethical, Regulatory, E-Commerce, and Global Setting*, 7th ed. (Mason, OH: South-Western/Cengage, 2013); and William R. Meek, Beth Davis-Sramek, Melissa S. Baucus, and Richard N. Germain, "Commitment in Franchising: The Role of Collaborative Communication and a Franchisee's Propensity to Leave," *Entrepreneurship Theory and Practice* 35, no. 3 (2011): 559–81.

15. See Steven C. Michael, "To Franchise or Not to Franchise: An Analysis of Decision Rights and Organizational Form Shares," *Journal of Business Venturing* (January 1996): 59–71; see also Nerilee Hing, "Franchisee Satisfaction: Contributors and Consequences," *Journal of Small Business Management* (April 1995): 12–25; Marko Grunhagen and Robert A. Mittelstaedt, "Entrepreneurs or Investors: Do Multi-unit Franchisees Have Different Philosophical Orientations?," *Journal of Small Business Management* 43, no. 3 (July 2005): 207–25.

16. Thani Jambulingam and John R. Nevin, "Influence of Franchisee Selection Criteria of Outcomes Desired by the Franchisor," *Journal of Business Venturing* (July 1999): 363–96; see also Gary J. Castrogiovanni, James G. Combs, and Robert T. Justis, "Shifting Imperatives: An Integrative View of Resource Scarcity and Agency Reasons for Franchising," *Entrepreneurship Theory and Practice* 30, no. 1 (January 2006): 23–40; Roland E. Kidwell, Arne Nygaard, and Ragnhild Silkoset, "Antecedents and Effects of Free Riding in the Franchisor–Franchisee Relationship," *Journal of Business Venturing* 22, no. 4 (July 2007): 522–44; and Steven C. Michael and James G. Combs, "Entrepreneurial Failure: The Case of Franchisees," *Journal of Small Business Management* 46, no. 1 (2008): 73–90.

17. Andrew J. Sherman, *Franchising & Licensing: Two Powerful Ways to Grow Your Business in Any Economy*, 3rd ed. (New York: AMACOM Books, 2004); Dhruv Grewal, Gopalkrishnan R. Iyer, Rajshekhar (Raj) G. Javalgi, and Lori Radulovich, "Franchise Partnership and International Expansion: A Conceptual Framework and Research Propositions," *Entrepreneurship Theory and Practice* 35, no. 3 (2011): 533–57; Kristie W. Seawright, Isaac H. Smith, Ronald K. Mitchell, and Richard McClendon, "Exploring Entrepreneurial Cognition in Franchisees: A Knowledge-Structure Approach," *Entrepreneurship Theory and Practice* (in press); James G. Combs, David J. Ketchen, Jr., and Jeremy C. Short, "Franchising Research: Major Milestones, New Directions, and Its Future within Entrepreneurship," *Entrepreneurship Theory and Practice* 35, no. 3 (2011): 413–25.

8장
창업 자금의 조달

창업가적 사고

돈은 육감이다. 육감이 없으면 우리는 다른 오감을 완전하게 쓸 수 없다.

— William Somerset Maugham, 인간의 굴레

학습목표

1. 재무적 방법으로서 부채와 자기자본을 구분한다.
2. 자금원으로서 상업적 대출과 사회적 대출을 검증한다.
3. 자금원으로서 기업공개를 검토한다.
4. 자기자본의 조달 빙법으로 사모를 설명한다.
5. 벤처 자금을 설명하고, 벤처투자가가 신생 벤처를 평가하는 기준을 검토한다.
6. 적절한 선택을 위한 벤처투자가를 평가하는 기준의 중요성을 검토한다.
7. 비공식 리스크 자본 시장('엔젤 캐피탈')를 검토한다.

자금의 조달

새로운 벤처를 계획하는 창업자들은 같은 고민에 빠진다. 어디에서 창업 자금을 구할 수 있을까? 그러나 자금 조달에 수많은 방법이 있으며, 한 자금원보다는 다양한 조합이 적절하다는 것을 모르는 경우가 많다. 따라서 다양한 자금원 외에도 각각의 기대와 요구에 대한 정확한 이해가 필요하다.

상업적 대출, 기업공개(IPO), 사모(private placement), 전환사채(convertible debenture), 벤처투자자금(venture capital), 비공식 리스크 자본(risk capital) 등은 주요 자금 조달 방법의 일부에 불과하다. 각 방법이 정확히 어떤 것이고, 창업자에게 어떤 요구를 하는지에 대한 이해가 필요하다.

창업자들이 선호하는 다양한 자금원에 대한 연구 결과가 있다.[1] 자금 조달의 유형에 따라 부채부터 자기자본까지 다양하다. 그림 8.1과 같이, 창업자는 벤처가 성장하면서 다양한 자금 조달 방법을 활용할 수 있다. 위험 수준과 회사의 성장 단계에 따라 창업 벤처에 적합한 자금 조달 방법이 달라진다는 점을 유의해야 한다.

이 장에서는 신생 벤처에게 가용한 자금원의 종류와 이들이 창업자에게 기대하는 것들을 설명하겠다. 우선 부채와 자기자본의 차이부터 검토하겠다.

그림 8.1 누가 창업 신생 회사에 투자하는가

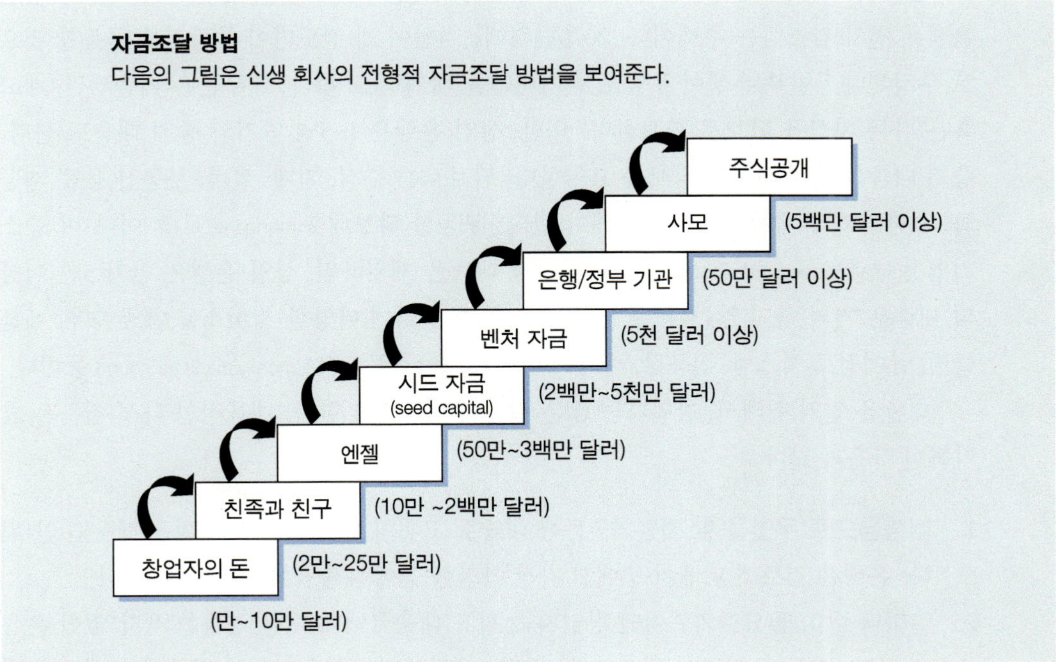

출처: "Successful Angel Investing," Indiana Venture Center, March 2008.

채무 대 자본 조달

신생 벤처의 자금 조달에서 부채(debt)를 사용하면 사용한 자금에 대한 상환과 수수료, 즉 이자의 지불이 필요하다. 자본(equity) 조달은 벤처 소유지분의 일부를 매각하는 것이다. 부채는 창업자에게 원금 상환과 이자 지불의 부담이 있다. 반면에 자본 조달은 창업자에게 경영권 일부의 포기를 의미한다. 간단히 이야기하면 선택은 다음과 같다. (1) 벤처의 소유권을 포기하지 않는 대신 빚을 진다. (2) 빚을 피하기 위해 소유권의 일부를 포기한다. 대부분의 경우, 부채와 자본의 조합이 가장 효과적이다.

부채 조달

많은 신생 벤처에게 **부채 조달**(debt financing)은 선택이 아닌 필수다. 단기부채(1년 이내)는 운영 자금의 확보를 위해 자주 활용된다. 이것은 판매 수익으로 상환한다. 장기부채(1~5년 사이의 설비금융(term loan) 또는 5년 이상의 장기 대출)는 시설과 설비의 구입에 사용한다. 이 경우, 구입한 자산을 대출의 담보로 사용한다. 가장 일반적인 대출 소스는 상업 은행(commercial bank)이다.[2]

상업 은행

현재 미국에는 대략 7천여 개의 상업 은행이 있다. 2008년의 금융위기 이후로 상업 은행은 점차 감소하는 추세이다. 2020년경에는 4천여 개 정도만이 불황기를 극복할 것으로 추정된다.[3] 일부 은행이 무담보 단기대출을 해 주기도 하나, 대부분은 매출채권, 재고 혹은 다른 자산을 담보로 확보한다. 또한, 상업 은행은 1~5년 만기의 중기 대출도 한다. 중기 대출의 90% 이상이 담보를 요구한다. 담보로는 주식, 기계, 설비, 부동산 등을 제공하고, 만기까지 체계적으로 상환해야 한다. 부동산 담보대출(mortgage, 모기지)이나 미 중소기업청(Small Business Administration, SBA)의 보증 대출을 제외하면, 상업 은행은 만기 5년 이상의 대출은 거의 하지 않는다. 물론 은행은 창업 벤처에 다양한 서비스를 제공한다. 예를 들면, 급여정보 시스템, 신용장, 해외 서비스, 리스 금융, MMA(money market account) 등이다.

대출을 얻기 위해서, 창업자는 많은 질문에 대답해야 한다. 대표적인 다섯 질문을 요약하면 다음과 같다.

1. **대출금으로 무엇을 할 것인가?** 은행 대출로 고위험 벤처에 투자 계획을 세우면 안 된다. 은행은 검토대상 벤처 중에서 가장 안전한 곳에 대출을 하는 경향이 있다.
2. **얼마나 많이 필요한가?** 어떤 창업자는 필요 대출금액에 대한 명확한 생각 없이 은행에 간다. 그들은 현금이 필요하다는 것만 생각한다. 창업자가 이 질문에 상세하게 대답할수록, 대출을 받을 확률이 높아진다.

3. **언제 필요한가?** 은행에게 대출을 절대 급하게 요구하지 말라. 계획을 잘 못하는 사람이 결코 대출인을 설득할 수 없다.
4. **얼마나 오래 필요한가?** 필요 기간이 짧을수록, 대출을 받을 확률이 높아진다. 대출을 상환하는 시점은 사업계획서 상의 주요 단계(milestone) 일정과 반드시 부합해야 한다.
5. **어떻게 대출을 상환할 것인가?** 가장 중요한 질문이다. 만약 계획이 어긋나면 어떻게 할 것인가? 다른 수익을 대출 상환에 사용할 수 있는가? 담보는 있는가? 충분한 자산이 있어도, 은행은 별로 감동을 받지 않을 수 있다. 경험에 의하면, 자산의 매각금액은 정상 가격의 일부(대략 5~10%)에 불과하다.[4]

은행이 대출의 유일한 출처는 아니다. 때로는 설비의 일부에 대한 장기 대출을 제조업체로부터 받을 수 있다. 설비 제조업체가 판매대금 중의 일부를 장기어음으로 받을 수 있다. 중고 설비에 대한 시장이 있고 확보된 중고설비를 재판매할 수 있다면, 설비 제조업체는 종종 구매자들에게 자금을 지원해 준다. 또, 신생 벤처가 공급업체와 신용기간의 확대를 협상하면, 단기부채의 형식으로 자금 조달이 가능하다. 그러나 이 유형의 기업 간 신용(trade credit)은 공급업체를 선택할 수 있는 벤처의 유연성을 제한하고, 공급가격의 협상능력 또한 약하게 만들 수 있다.

부채 조달의 장점. 말할 것도 없이, 부채 조달은 장점과 단점이 있다. 장점을 요약하면 다음과 같다.

- 소유권의 포기가 필요하지 않다.
- 부채의 증가가 자산의 수익률을 높일 수 있다.
- 낮은 이자율이 대출의 기회비용을 낮춘다.

부채 조달의 단점. 요약하면 다음과 같다.

- 정기적(월별)으로 이자를 지불해야 한다.
- 상환 책임으로 현금흐름의 문제가 악화될 수 있다.
- 과다한 부채는 성장과 개발에 장애가 될 수 있다.

사회적 대출 혹은 크라우드펀딩

P2P(peer-to-peer, 동료 간) 대출, 금융(banking) 2.0, **크라우드펀딩**(crowdfunding) 등으로도 불리는 **사회적 대출**(social lending)을 통한 자금 조달은 21세기의 새로운 현상이다. 상업적 대출기관이 입증되지 않은 기업에게 언제나 즐겁게 대출해 주지는 않으므로, 창업자들은 절박한 심정으로 다른 방법을 찾게 된다.

사회적 대출기관은 보통 인터넷 사이트로서, 투자자들로부터 자금을 모아서 약정된 이자율로 대출을 한다. 사회적 대출기관은 중개에 대한 수수료를 — 일반적으로 대출인에게 1%, 차용인에게 2~4% — 받고, 지연된 상환에 대한 벌금 등을 수금한다. 사회적 대출의 평균 금액은 약 7,000달러 정도이며, 최대 25,000달러 정도이다. 대출 기간은 보통 3년이며, 이자율은 9~18%이다. 유명한 사회적 대출회사인 Lending Club은 대출 금액, 위험도, 사회적 친밀도(예: 동료 직원, 동문/동창, 지역 주민) 등에 따라 대출인과 차용인을 중개한다.

과거에는 사회적 대출이 상업적 대출자격에 미달한 창업자에게만 적합한 자금 조달 대안으로 생각했다. 그러나 지금은 안정적 창업자들도 전통적 금융기관의 간접비용을 절약할 수 있는 직접 금융수단으로 사회적 대출에 관심을 보이고 있다. 2005년에 설립된 최초의 사회적 대출 사이트는 '친구한테 돈 빌리기'라는 오래된 생각을 확대한 것이다. 최근의 불황으로 전통적 금융기관이 감소하면서 사회적 대출이 급증하고 있다. 2008년 일부 금융기관이 체납으로 인해 파산한다는 소문이 돌면서, 미 증권거래위원회(Securities and Exchange Commission, SEC)가 업계 통제에 개입하였다. Prosper.com, Lending Club, Green Note 등 3대 주요 회사는 지난 5년 동안 총 5억 달러 이상의 대출을 중개하였다. 사회적 대출은 소위 소액대출(microlending)과는 다르다. 예를 들어, 비영리조직인 Kiva.org는 기부자들이 전 세계의 특정 조직/단체들에게 이자율 0%로 대출을 할 수 있도록 도와준다. Kiva가 자금을 모아서 소액대출기관에 주면, 이들은 자금을 대출해 주고, 차용인들이 상환하도록 독려한다.

일부 분석가들은 사회적 대출의 성공요인으로 경제 불황을 꼽는다. 상업 금융기관이 대출관행을 보다 보수적으로 바꾸면서, 창업자들에게 필요한 자금원이 축소되었다. 사회적 대출 사이트들의 대부분이 대출 한도를 25,000달러로 제한하기 때문에, 이를 이용하는 대부분의 사업체는 스타트업 혹은 신생 회사이다. 사람들이 아이디어를 쉽게 발표할 수 있는 이점과 비교적 작은 대출액 때문에, 사회적 대출을 창업을 위한 저위험 제도로 생각한다. 많은 사람들이 상업적 대출을 받을 수 있다는 확신이 없기 때문에, 아마도 사회적 대출이 아니었다면 자신의 벤처를 시작하지 못했을 것이다.

사회적 대출은 다른 사회연결망(social networking) 현상과 매우 흡사하다. 즉, 공개적 토론의 장과 신뢰할 수 있는 커뮤니티를 구축할 수 있는 사이트의 능력이 중요하다. 사회적 대출 추세가 지속되면, 창업자들은 현금흐름 문제를 — 사업 운영에서 현금흐름 문제는 피할 수 없다 — 극복할 수 있는 효과적인 무기를 추가로 확보한 것과 같다. 다른 대출기관과 마찬가지로, 창업자들은 고려하고 있는 사회적 대출기관의 평판뿐만 아니라 정책과 절차를 신중하게 파악해야 한다. 사회적 대출이 경제적 두려움으로 창업 열망을 접은 사람들에게 아이디어를 다시 살려서 실행에 옮길 수 있는 자신감을 줄 수 있다.[5]

사회적 대출의 활용이 사업을 시작하는 창업자들에게 많은 즉각적 도움을 주지만, 다음과 같은 잠재적 위험이 있다.

- **자금 조달의 낮은 성공확률.** 자금모금 성공율이 약 10% 정도이므로, 대부분의 대출이 성사되지 않는다.
- **사업계획의 공개.** 창업자의 사업계획이 모두에게 공개된다.
- **지속적인 자문관계의 부재.** 창업자는 대출자로부터 어떤 자문이나 경험을 얻을 수 없다. 또 추가 대출이나 투자의 기회가 없다.
- **잠재적 세금 문제.** 크라우드펀딩 투자를 증여로 간주하여 과세를 할 수 있다.
- **제도적 환경의 불확실성.** SEC가 사회적 대출 사이트의 관리에 대한 결정을 아직 하지 않고 있다.

기타 부채 조달 방법

상업 은행과 사회적 대출 외에도 다른 부채 조달 방법이 있다. 예를 들면, 기업 간 신용(trade credit), 매출채권 팩토링(factoring), 리스 금융, 상호저축은행, 보험회사 등이 있다. 이들 기관의 유형과 대출조건을 표 8.1에 요약하였다.

기업 간 신용(trade credit)은 공급업체가 주는 신용 대출이다. 이것은 창업자의 대차대조표에 외상매입금(accounts payable)으로 표시하며, 대부분 30~90일 안에 지불해야 한다. 많은 중소 회사가 다른 자금 조달 방법이 없을 때 이 방식을 많이 사용한다. 공급업체가 새로운 고객을 확보하기 위한 전형적인 수단이다.

매출채권 금융(accounts receivable financing)는 단기 대출로서 매출채권을 담보로 대출하는 방식이거나, 혹은 매출채권을 판매(팩토링)하는 방식을 의미한다. 상업은행은 매출채권 대출 방식을 주로 사용하고, 팩토링은 투자금융회사나 팩토링 회사가 사용한다.

표 8.1 일반적 대출기관

대상 사업 유형			대출 조건		
대출기관	신생 회사	기존 회사	단기 대출	중기	장기
기업 간 신용	가능	가능	가능	가능	가능
상업 은행	충분한 자본/담보만 가능	가능	자주 가능	일부 가능	거의 불가
투자금융 회사	거의 불가	가능	가장 자주	가능	거의 불가
팩토링	거의 불가	가능	가장 자주	거의 불가	불가
리스 회사	거의 불가	가능	불가	가장 자주	거의 불가
상호저축은행	거의 불가	부동산 벤처만 가능	불가	불가	부동산 벤처만 가능
보험회사	거의 불가	가능	불가	불가	불가

매출채권 대출은 담보로 설정된 채권의 할인가가 기준이 된다. 은행은 채권대출을 통지(매출채권의 채무자에게 담보로 설정됐음을 통지) 혹은 비통지 조건으로 하게 된다. 통지 조건을 따르면, 은행은 상품/서비스의 구매자(매출채권의 채무자)에게 채무가 담보로 설정됐음을 통지한다. 그리고 구매자가 은행에 직접 지불하면, 대출자의 대출을 상계한다. 비통지 조건에 따르면, 대출자는 기존과 같이 매출채권을 수금하여, 은행대출을 상환한다.

팩토링(factoring)은 매출채권을 판매하는 방식이다. 이 방식에서는 매출채권이 팩토링 회사에게 할인가로 매각된다. 일부 투자금융회사는 팩토링도 취급한다. 표준적인 방법에서는 팩토(factor)가 고객의 매출채권이 발생(예: 상품의 발송)하자 마자 즉시 인수한다. 섬유, 가구, 의류, 신발, 플라스틱 같은 업종에서는 특성상 팩토링 방식이 적합하다.

투자금융회사(finance company)는 자산 기반의 대출금융을 취급한다. 즉, 매출채권, 재고, 설비 등과 같은 자산을 담보로 대출한다. 투자금융회사의 이점은 은행이 하지 않는 대출도 가능하다는 것이다. 이자율은 은행 이자율에 2~6%의 가산금리가 적용된다. 은행이나 팩토링 회사에서 대출을 받을 수 없는 신생 벤처들이 자주 투자금융회사를 활용한다.

자본에 의한 자금 조달

자본에 의한 자금 조달, **자본 조달**(equity financing)은 창업자가 원금 상환이나 이자 지불에 대한 법적 책임이 없는 투자 유치를 의미한다. 따라서 자본 조달은 채무의 상환이 필요하지 않은 반면, 소유권과 이익을 공유해야 한다. 상환이 필요하지 않기 때문에, 신생 벤처에는 자본 조달이 부채 조달보다 훨씬 더 안전하다. 그러나 창업자는 자금 조달의 대가인 소유권 일부의 포기를 잘 알고 결정해야만 한다.[6] 투자자에게 지분을 허용하는 방식은 다음과 같다.

- 신주인수권부 대출(워런트warrant). 투자자에게 미래에 고정가격으로 주식을 인수할 수 있는 권리를 부여한다.
- 전환 사채(convertible debenture). 주식으로 전환할 수 있는 무담보 대출을 의미한다. 전환가, 이자율, 대출 조건 등 모두가 협상에 의해 결정된다.
- 우선주(preferred stock). 벤처의 청산 시, 타 채권자보다 우선권을 부여 받는 투자를 의미한다. 우선주는 배당을 받으며, 주가가 상승할 수 있다. 따라서 투자자에게 더 큰 이익을 줄 수 있다. 어떤 우선주는 보통주로 전환할 수 있기 때문에, 더 매력적이 될 수 있다.
- 보통주(common stock). 소유권의 가장 보편적 형태이다. 보통주는 (등기)이사회의 투표권을 가진다. 신생 벤처의 성과가 좋으면, 보통주 투자자는 훌륭한 이익을 얻을 수 있다. 주식은 공개 혹은 비공개 시장에서 판매한다.

지난 35년 동안, 사모(private equity) 투자가 급성장하였다. 미국의 사모 펀드는 1980년 50억 달러에서 현재는 4천억 달러 이상으로 급증하였다. 이들은 벤처투자자금, 차입매수(leveraged buyout), 메자닌(mezzanine) 투자(예: 워런트, 전환사채 등), 부실채권 등의 투자를 전문으로 한다.[7]

자본 조달은 기업공개와 사모 투자 등 두 가지 주요 경로를 통해 이루어진다. 어느 경로이든 창업자는 자금 모집에 관련된 법률과 SEC 규정의 요구조건을 준수해야 한다. 조달 과정은 어렵고, 비용이 많이 들고, 시간이 오래 걸릴 수 있다. 법률과 규정은 복잡하고, 주마다 다르다. 반면에 신생 기업은 기업공개가 성공하면 상당한 자금을 확보할 수 있다.

기업공개

기업공개는 기업이 주식을 공개시장에서 매도하여 자금을 조달하는 방식을 말한다. 기업공개의 장점을 요약하면 다음과 같다.

- **자금 규모**. 주식 판매는 단기간에 대규모 자금을 조달할 수 있는 가장 빠른 방법 중의 하나이다.
- **유동성**. 공개시장은 소유주가 주식을 쉽게 매도할 수 있는 유동성을 제공한다.
- **가치**. 시장은 주식의 가격을 결정하고, 주가는 회사의 가치를 결정해 준다.
- **이미지**. 상장기업이라는 이미지가 공급업체, 금융기관, 고객들에게 좋은 영향을 준다.[8]

지난 10년간, 많은 신생 벤처가 공개 시장에서 자금을 조달하였다. 최초 **기업공개**(initial public offering, IPO)는 회사의 주식을 최초로 시장에 등록·공개하는 것을 의미한다. 많은 경우, 기업공개를 하는 회사의 수는 큰 변동이 없으나, 조달금액은 변동이 크다. 또 경제 상황이 기업공개 시장에 큰 영향을 미친다. 1995년부터 1999년까지, 경제의 성장과 호황에 힘입어 2,994개의 회사가 기업공개를 하였다. 2000년 경기가 조정을 받기 시작했고, IPO 시장을 포함한 모든 것이 위축되기 시작했다. 2001년에는 91개의 기업만이 기업공개를 했고, 371억 달러의 공모액을 기록하였다. 이는 사상 최고를 기록한 1996년의 868건에 비하면 상당한 퇴조를 보였다. 2003년부터 2007년까지는 평균 220건을 기록함으로써, IPO 시장이 상당히 안정적, 보수적 분위기를 유지하였다. 2008년에는 전 세계적으로 불황이 시작되었고, 사상 최저인 37건의 IPO, 금액으로는 270억 달러를 기록하였다. 이후로는 시장이 점차 회복되어 2010, 2011년에는 평균 180건의 IPO에 450억 달러를 기록하였다.[9]

이러한 숫자들이 주식시장이 가지고 있는 상당한 변동성을 보여 준다. 따라서 창업자는 IPO 시장에서 부닥칠 수 있는 문제들을 고려해야 한다. 실제로 많은 신생 벤처가 기업공개로 인한 문제를 겪고 있다. 그 중의 일부가 다음과 같다.

- **비용**. 기업공개에 소요되는 비용이 다른 방법보다 훨씬 높다. 기업공개 주관사 비용 외에도 회계 비용, 법률 비용, 투자설명서 인쇄 및 배포 비용 등을 합하면 상당한 부담이 된다.
- **공개**. 회사의 주요 사안에 대해 세부 사항을 반드시 공개해야 한다. 신생 벤처는 보통 그런 정보의 공개를 원하지 않는다.
- **자격 요건**. 계속적인 실적정보의 공개와 SEC 규정에 의한 각종 서류작업으로 경영진의 상당한 시간, 에너지, 비용이 소모된다. 많은 신생 벤처는 차라리 이런 것들을 회사 성장에 투자하고 싶어 한다.
- **주주의 압력**. 좋은 이익실적과 배당 유지의 압력 때문에, 경영진의 의사결정이 단기적일 수가 있다. 이런 압력이 회사의 장기적 성장과 개선에 집중을 방해한다.[10]

기업공개의 장단점을 신중하게 고려해야 한다. 기업공개를 하기로 결정하였다면, 창업자는 필요한 과정과 절차를 잘 이해해야 한다. 15장에서 IPO 프로세스에 관련된 복잡한 요구사항을 설명할 것이다. 여기에서는 한 문장으로 요약하겠다. 기업공개를 계획하는 창업자는 정보공시 요구, 공개문서, 외부 주주와의 경영권과 소유권의 공유 등을 준비해야 한다.

사모

자금 조달의 다른 방법이 증권의 **사모**(private placement)이다. 중소기업이 이 방식을 자주 사용한다.

SEC는 중소기업의 **직접 기업공개**(direct public offering, DPO)를 위하여 **규정 D**(Regulation D)를 제정하였다. 친구, 직원, 고객, 친족, 지역 전문가 등등의 사적 집단에 주식 공개를 하는 경우, 규정 D는 필요한 보고서와 문서의 조건을 완화시켜 준다. 가장 보편적인 형태의 DPO는 소기업 공개등록(small corporate offering registration, SCOR)이다. 규칙 504에 정의된 SCOR는 12개월 기간에 총 공모액이 100만 달러를 넘지 않는 비공개 회사의 면제조항을 규정하고 있다. 여기에는 투자자의 유형에 대한 제약이 없으며, 주식 역시 자유롭게 거래할 수 있다. SCOR 절차는 쉽기 때문에, 소기업 소유주는 경험이 있는 회계사와 변호사의 도움만으로 진행할 수 있다. 규정 D는 총 공모액수에 따라 네 가지의 면제 유형을 정의한다. 면제와 관련 조항을 정리하면 다음과 같다.

1. **규칙 504a — 50만 달러 이하의 공모:** 필수 공개 문서/정보 조건이 없으며, 공모자의 유형에도 제약이 없다. 따라서 이 규모의 공모가 쉽다.
2. **규칙 504 — 100만 달러까지의 공모:** 역시 필수 공개 문서/정보 조건이 없으며, 공모자의 유형에도 제약이 없다.
3. **규칙 505 — 500만 달러까지의 공모:** 이 경우의 면제조항은 소규모 공모에 비해 제한

이 많다. 증권공모는 공인 투자자에게는 제한이 없으나, 비공인 투자자의 경우에는 총 수가 35를 초과해서는 안 된다. 만약 투자자들이 공인과 비공인 둘 다 포함하면, 공모 회사는 특정 정보의 공시 요건을 따라야 한다. 투자자는 회사와 그 경영진에 대한 추가 정보를 얻을 수 있는 기회도 보장받아야 한다.

4. **규칙 506 – 500만 달러를 초과하는 공모:** 증권공모는 공인 투자자에게는 제한이 없으나, 비공인 투자자의 경우에는 총 수가 35를 초과해서는 안 된다. 또한, 모든 비공인 투자자는 '전문 투자자' 자격이 있어야 한다. 또한, 특정 공시요건이 50만~500만 달러의 경우보다 훨씬 상세하다. 투자자는 회사와 그 경영진에 대한 추가 정보를 얻을 수 있는 기회도 보장받아야 한다.[11]

규칙 505, 506에 정한 바와 같이 규정 D는 **공인 투자자**(accredited purchaser)라는 용어를 사용한다. 여기에 속하는 투자자는 은행, 보험회사, 벤처 캐피탈, 등록된 투자회사, 중소기업 전문투자회사(Small-Business Investment Company, SBIC), 투자자(개인), 자산이 500만 달러를 초과하는 특정 면세 조직 등을 포함한다. 여기에 포함되지 않는 모든 투자자/조직은 비공인 투자자로 분류된다.

전문 투자자(sophisticated investor)는 정규적으로 신생, 초기, 기존 벤처에 투자하는 자본가

창업가정신 사례

신발끈 조이기 – 적은 것으로 크게 만드는 기술

창업자들은 투자 펀드나 주요 은행의 대출의 도움이 없어도 계속 벤처를 창업한다. NFIB(National Federation of Independent Business, 전국 자영업 연합)는 25% 이상의 소규모 벤처가 500 달러 미만으로 창업된다고 추정한다. 즉 신발끈(Shoestring) 혹은 아주 작은 돈으로 시작하고, 오직 창업자의 티끌 같은 돈만으로 어려운 시간을 끈질기게 인내한다. 자력성장의 핵심은 비용 통제(현금이 최고라는 것을 명심한다), 근검절약, 구입 대신 임대, 그리고 언제나 창의적이고 영리하게 행동하기 등이다.

신발끈 조이기(bootstrapping) 혹은 **자력도생**의 검증된 전략을 소개한다.

1. 가지고 있는 것을 최대로 활용한다.
2. 근검 절약한다.
3. 벼룩시장 혹은 차고세일 등을 뒤진다.
4. 다른 자원을 활용한다.
5. 창업자가 여러 가지 역할(직책)을 담당한다.
6. 사무실을 같이 쓴다.
7. 사업을 도와주는 학생 인턴을 채용한다.
8. 중고 가구와 장비를 찾는다.
9. 고객에게 판매대금을 일찍 받는다.
10. 서비스를 받고 (물론 많지 않은)주식을 준다.

결국 핵심은 생존이다. 지독한 고집이 창업자의 진정한 자산이다. Winston Churchill이 이야기 했던 것처럼, 결코 결코 결코 포기하지 마라!!

출처: Adapted from Laurie Lumenti Garty, "Portrait of a Modern Day Bootstrapper," *SVB Accelerator* (Silicon Valley Bank, 2012); and Andrew J. Sherman, *Raising Capital*, AMACOM Books, 2012).

글로벌 관점

테러에 경제적 기회로 싸우기

미국인 창업가, Ronald Bruder는 젊은 요르단 청년들에게 취직과 고용지속 방법을 가르치기 위해 EFE(Education for Employment Foundation, 고용교육재단)를 설립하였다. 교육 내용은 이력서 작성, 프레젠테이션 기법, 인터뷰 요령 등이다. Bruder의 마지막 직업은 뉴욕의 부동산 개발업자였다. 나이 60이 되었을 때, 중동 지역의 생활 환경 개선을 위해 일하기 시작했다. 대부분의 전문가와는 달리 그는 이슬람인들의 분노와 테러가 이데올로기 때문이 아니라 경제적 기회가 없기 때문이라고 생각한다. 전쟁으로 피폐해진 환경에서 경제적 안정에 대한 희망이 없기 때문에, 젊은 세대는 대안이 별로 없다. 논리는 간단하다. 시민들에게 유용한 일자리 기회를 제공하여, 알카에다가 모집할 수 있는 전사 후보집단을 없앤다.

Bruder가 유태인이기 때문에, 그의 노력이 더욱 특별하다. EFE가 활동하는 국가의 대부분에서는 반유대인 정서가 깊게 흐르고 있다. Bruder는 활동에서 종교적 색채를 철저하게 배제하고 있다. 그는 다양한(의료기술, 석유가스, 쇼핑몰 개발 등) 업종에서 사업을 했기 때문에 장애를 극복하는 방법을 알고 있다. Bruder는 자신의 돈 1,000만 달러를 EFE에 기부했다. 재단은 현재 모로코, 예멘, 가자, 이집트 등지에서 활동하고 있다. EFE와 연결된 지역 회사들이 Bruder 프로그램의 학생들을 지원하고 채용한다. 최초의 교육 프로그램이 2005년 요르단에서 시작되었다.

약 10,000명의 대학 졸업생이 취직을 하기 위해 3~4년을 노력한다. EFE는 그 기간을 단축하려 한다. 재단의 노력이 이미 성과를 보여 주고 있다. 수백 명의 요르단, 모로코, 팔레스타인 청년들이 EFE를 통해서 좋은 직업을 찾았다. 재단 설립 이래, 980명의 프로그램 수료생이 취직을 했다. 성공적 창업가로서 Bruder는 추진하는 노력마다 원대한 비전을 가지고 있다. EFE 역시 다르지 않다. 그것은 이슬람 세계의 사회적, 경제적 전환이다.

출처: Adapted from Richard McGill Murphy, "Bruder's Vision Gets Results," *Fortune Small Business*, April 3, 2008, http://money.cnn.com/2008/04/02/smbusiness/jihad_jobs.fsb/index2.htm (accessed April 3. 2008).

를 의미한다. 이들은 기술적 · 상업적 기회와 투자하는 사업의 위험을 잘 파악하고 있다. 투자 대상에 대해 필요한 정보의 종류도 잘 알고 있으며, 획득한 데이터의 분석 능력과 경험도 갖추고 있다.

규정 D의 목표는 중소 벤처의 손 쉬운 증권공개와 관련 비용의 절감이다. 그러나 많은 주가 규정 D를 따르지 않고 있다. 따라서 일부 주에서는 여전히 신생 벤처의 기업공개에 많은 비용과 시간이 소요된다. 또한, 50만 달러 이상의 공모에 필요한 규칙 505와 506의 공시 요건을 맞추는 데도 어려움을 겪고 있다. 이러한 어려움에도 불구하고, 규정 D는 중소 기업의 자금 조달에 많은 도움이 되고 있다.[12]

벤처자금 시장

벤처투자가(venture capitalist)는 벤처투자를 전문으로 하는 투자자이다. 스타트업, 초기 단계, 성장을 위한 자금을 제공한다. 벤처투자가는 일반적인 투자보다 높은 투자수익률을 기대한다. 이들은 신생 벤처의 중요한 자금원이다. 경험이 많은 투자가로서 신생 및 성장 벤처에 다음과 같은 다양한 재무적 서비스도 제공한다.

- 스타트업과 확장을 위한 자금
- 마케팅 부문이 없는 회사를 대신한 시장조사 및 전략 자문
- 경영 컨설팅 기능, 경영 감사 및 평가
- 잠재적 고객, 공급업체, 기타 중요한 사업 관련 인사들과의 접촉
- 기술 합의서 협상의 지원
- 경영권 및 회계 통제권 확보에 대한 지원
- 직원 채용 및 고용합의서 작성
- 위험관리와 효과적 보험 계약의 지원
- 수많은 정부 규제준수에 대한 자문과 지원

벤처자금의 최근 동향

2004년부터 2008년까지 5년간의 상승 추세 덕분에, 벤처자금은 3,178건의 224억 달러 투자에서 4,111건의 306억 달러 투자로 확대되었다. 이후 2008년의 세계적 불황에 따라 심각하게 위축되었다. 2009년 벤처투자가의 투자는 3,065건의 190억 달러에 머물렀다. 이후 2010년의 3,526건, 232억 달러 투자, 2011년의 3,673건, 285억 달러로 점차 회복되고 있다. 그러나 벤처투자가는 여전히 초기 스타트업보다는 후기 단계의 회사를 중심으로 투자하고 있었다. 2011년에는 벤처투자가가 초기 단계 투자로 이동하는 움직임이 나타났다. 표 8.2는 2011년의 벤처자금의 투자 단계를 보여 준다. 스타트업/시드(seed) 단계에 관련된 투자 금액은 작고, 초기 단계의 비율이 높음을 알 수 있다. 따라서 현재의 벤처투자가는 스타트업의 투자보다는 더 성숙한 초기 단계의 투자를 선호함을 시사한다.[13]

이런 추세와 함께, 벤처투자에 관련된 지난 수년간의 주요 변화는 다음과 같다.

첫째, 지배적 투자자 그룹이 과거의 개인, 재단, 친족 등에서 연금기관으로 바뀌고 있다. 따라서 투자자금의 소스가 경험이 부족한(3년 미만) 벤처투자회사에서 경험이 많은(3

표 8.2 단계별 벤처자금 투자 비교

단계	금액	투자건수
후기 단계	$180억	178
초기 단계	$230억	364
스타트업/시드	$1.34억	80

출처: Adapted from: PricewaterhouseCoopers/National Venture Capital Association, MoneyTree™ Report, 2011.

년 이상) 회사로 바뀌고 있다.

둘째, 혁신이 세계적으로 확산되어, 더 이상 실리콘 밸리와 보스턴의 128번 도로의 전유물이 아니게 되었다. 따라서 많은 벤처투자가가 중국, 인도, 이스라엘, 베트남 등으로 진출하고 있다.[14]

셋째, 투자회사들이 보다 전문화되고 다양해지고 있기 때문에, 일반적인 생각보다 획일적이지 않다. 투자회사 간의 차이점이 투자 목표와 기준, 전략, 특정 단계 · 규모 · 틈새 기술시장에 대한 집중도 등에서 확실하게 나타난다. 전문 투자가 활발한 분야는 생명 과학, 바이오 기술, 친환경 기술, 디지털 미디어 등이다.[15]

넷째, 신디케이트 투자가 부상하고 있다. 이것과 동시에 '육성 팀(farm team)' 체제도 확산되고 있다. 유명한 대형 벤처투자회사가 초기 투자를 전문으로 하는 신생 펀드와 공식 · 비공식 관계를 유지한다. 유명 펀드의 파트너(공동 투자자)가 신생 펀드에 시간과 전문 지식을 전수한다. 이들이 팀을 구성하여, 거래 과정을 공유하고 신디케이트 투자에 같이 참여한다. 대개 신생 펀드는 스타트업 단계 투자에 초점을 맞추고, 이후 이들 투자는 그들과 연계된 보다 전형적인 주류 벤처투자회사로 넘겨진다.[16]

다섯째, 지난 10년 동안 작은 스타트업에 대한 투자는 감소 추세에 있다. 오늘날의 기술 환경으로 인해 많은 벤처투자회사가 고위험 벤처에 대한 부실투자 문제를 겪고 있다. 그 결과, 선임 파트너(general partner)가 — 보통은 혁신기술 벤처를 찾고 육성하는 데 가장 경험이 많고 노련한 파트너 — 문제 벤처를 회생시키는 데 귀중한 시간을 소비하게 된다. 또한, 스타트업과 1단계의 투자는 벤처투자가들의 집중적인 참여를 필요로 하기 때문에, 이 유형의 벤처가 가장 큰 영향을 받게 되었다. 결국 다른 벤처투자 펀드는 스타트업과 1단계 벤처의 경험이 많은 전문가들이 부족하게 되었다. 그 결과, 시드/스타트업 투자는 초기 단계 · 성장 · 인수 단계의 투자에 비해 매우 낮은 수준에 머무르게 되었다.[17]

여섯째, 전문화와 경쟁의 결과로 투자업계가 창업자의 요구에 보다 효율적으로 대응하고 있다. 이제는 대부분의 벤처투자가들이 스스로를 충고와 자문을 책임지는 서비스 제공자로 생각한다. 현금보다 더 귀중한 이러한 서비스를 통해 벤처의 가치를 향상시킨다. 오늘날의 벤처투자가 중 대다수는 과거에 성공적인 창업가인 경우가 많다. 따라서 창업자가 겪고 있는 문제들에 익숙하고, 성공적 기업으로 성숙할 수 있는 전략에 도움을 줄 수 있다. 자금 조달뿐만 아니라 업계의 지식과 넓은 네트워크 때문이라도 창업자는 벤처투자가를 찾아야 한다.[18]

일곱째, 법적 환경이 점점 더 강화되고 있다. 최근의 벤처투자에 대한 가열된 경쟁이 좀더 복잡한 법률적, 계약적 환경을 초래하였다. 청산의 빈도와 규모도 커지고 있다. 예를 들어, 투자자와 창업자의 관계를 정의하는 최종 문서, 즉 투자합의서의 두께가 몇 센티미터에 이르거나, 한 권으로 부족할 수도 있다. 이런 측면에서, 법률 전문가들은 투자합의서의 다음 사항들을 신중하게 고려할 것을 권고하고 있다. 증권의 선택(우선주, 보통주,

전환사채 등등), 경영권 통제(투표권의 보유 여부), 평가 및 재무 약속(인수합병의 진행 능력), 계약위반 시의 해결방법(계약의 철회 혹은 금전적 손해) 등이다.[19]

벤처자금 편견의 타파

많은 사람들이 벤처투자가의 역할과 기능에 대해 잘못된 생각을 가지고 있다. 많은 전설이 이런 오해에서 비롯되었다. 일부 편견을 반박하면 다음과 같다.

편견 1: 벤처투자회사는 벤처의 통제권 소유와 운영권 지배를 원한다.

어떤 벤처투자회사도 작은 회사의 통제권을 확보하기 위해 획책하지 않는다. 벤처투자가는 사업운영을 원하지 않는다. 창업자에게 일상적 의사결정 방법과 일일 보고를 요구하지 않는다. 그들이 원하는 것은 창업자와 경영진의 효율적 경영(혹은 수익성)이다. 전략적 결정에 대해서는 협의하기를 원하나, 일상적 운영에 대해서는 관여하지 않는다.[20]

편견 2: 벤처투자가는 합리적인 투자수익에 만족한다.

벤처투자가는 지나치게 높고, 비합리적이며, 말도 안 되는 고수익을 기대한다. 합리적인 투자수익은 수백 개의 공개상장 회사에서도 얻을 수 있다. 합리적 투자수익을 많은 유형의 투자에서도 얻을 수 있으며, 이들은 벤처투자가 가진 리스크도 없다. 모든 벤처투자회사는 고수준의 위험에 노출되어 있으므로, 이에 상응하는 고수익을 회수해야 한다.[21]

편견 3: 벤처투자가는 신속하게 투자한다.

벤처 자금의 확보는 시간이 오래 걸린다. 평균적으로 처음 접촉부터 자금 확보까지는 6~8주가 소요된다. 창업자에게 잘 준비된 사업계획서가 있다 하더라도, 그 정도 시간이 걸린다. 보통 벤처투자가는 매월 50~100개의 제안서를 받고, 이중 약 10개 정도에 관심을 가진다. 이중 2~3개 정도에 정밀한 분석, 협상, 조사를 진행한다. 이 중에 하나만이 자금을 받는다. 100개에서 1개를 선택하는 과정은 상당한 시간이 소요된다. 하나를 찾아내도 실제 투자를 하기 전에, 벤처투자가는 투자결과를 추정 · 조사하기 위해 충분한 시간을 소비할 것이다.

편견 4: 벤처투자가는 참신한 아이디어 혹은 첨단 발명품에 흥미를 가지고, 경영진은 부차적이다.

벤처투자가는 좋은 경영진만 지원한다. 창업자가 훌륭한 아이디어를 가지고 있지만 경영 경험이 부족하고 업계의 경험도 없다면, 경험이 많은 사람을 경영진에 합류시켜야 한다. 빈약한 경영 이력과 업계 경험을 가진 창업자가 사업계획을 제대로 추진할 수 있다

벤처투자가의 기업실사에서 피해야 하는 '협상 킬러'

벤처투자가는 사업계획서를 검토한 후, 대상 벤처의 기업실사를 직접 수행한다. 이 때 몇몇 요인은 바로 부정적 결과를 초래한다. 그런 요인을 보통 '협상 킬러(Deal Killer)'라고 부른다. 만약 그런 요인이 드러나면, 투자 유치가 불가능해지기 때문이다.

- **거만한 경영진.** 다른 사람의 의견을 참조하지 않으려 하거나, 정직하지 않거나, 아집에 사로잡힌 경영진을 의미한다.
- **신뢰할 수 없는 시장 포지션.** 유용한 지적 재산이 없거나 확보가능한 틈새시장이 없는 경우에 해당한다.
- **창업자의 과다한 급여.** 만약에 수익금을 창업자(들) 배당(혹은 보너스)에 집중하는 것처럼 보이면, 벤처투자에 문제가 발생한다.
- **설립자의 취약성.** 기술이나 자원이 특정 개인(특히 설립자)에 과다하게 의존한다면, 심각한 장애물이 될 수 있다.
- **어제의 뉴스.** 짧은 기간 동안 너무 많은 곳에 투자요청을 했거나 사업계획을 설명했다면, 이미 '오래된 아이디어'로 간주될 수 있다.
- **경쟁 환경의 무시.** 경영진이 경쟁 환경에서의 진정한 강점과 약점에 대한 이해가 부족하면, 벤처투자가 입장에서는 경계하게 된다.
- **비현실적 기대치.** 창업자의 전형적인 문제는 자기 회사의 평가가치와 투자제안서의 조항들에 대한 이해부족이다. 일반적으로 창업자들은 회사가치를 벤처투자가보다 훨씬 높게 생각한다.

출처: Adapted from: Andrew J. Sherman, *Raising Capital*, 3rd ed. (New York: AMACOM Books, 2012), 196.

고 아마도 벤처투자가는 믿지 않을 것이다. 좋은 아이디어는 물론 중요하다. 그러나 좋은 경영진은 그보다 더 중요하다.[22]

편견 5: 벤처투자가는 투자 전에 기본적인 요약정보만을 요구한다.

상세하고 체계적인 사업계획만이 벤처투자가의 관심과 투자를 획득하는 유일한 방법이다. 모든 벤처투자가는 일이 진행되기 전에 창업자가 완전한 사업계획을 구상하고 상세하게 문서화하기를 요구한다.[23]

벤처투자가의 목표

벤처투자가들은 다른 투자자들과는 다른 목표로 신생 벤처에 투자한다. 예를 들어, 일반 대출자는 안정성과 상환에 관심을 가진다. 그러나 벤처투자가는 투자하는 회사의 공동 소유주로서 투자의 결과에 가장 관심을 기울인다. 따라서 그들은 벤처의 위험도 대비 잠재적 수익의 비교에 많은 시간을 쏟는다. 제품/서비스, 경영진을 검증한다. **그림 8.2**는 두 핵심요인, 즉 제품/서비스와 경영진을 4단계로 측정하는 평가 시스템을 설명하고 있다. 벤처 제안서의 실행 가능성을 결정할 때, 창업자와 아이디어를 같이 고려한다는 것을 의미한다.

그림 8.2 제품/서비스와 경영을 평가하는 벤처투자가 체계

제품/서비스 상태 (위험도 증가 ↓)	4/1	4/2	4/3	4/4
Level 4 제품/서비스 개발완료 확립된 시장 만족하는 사용자	4/1	4/2	4/3	4/4
Level 3 제품/서비스 개발완료 소수의 사용자 예상 차원의 시장	3/1	3/2	3/3	3/4
Level 2 운영가능한 시제품 미완의 생산공정 예상 차원의 시장	2/1	2/2	2/3	2/4
Level 1 제품/서비스 아이디어 운영불가능 예상 차원의 시장	1/1	1/2	1/3	1/4
경영 상태 (← 위험도 증가)	**Level 1** 설립자/ 창업자 개인	**Level 2** 설립자 2인 다른 인원 없음	**Level 3** 부분적 경영진 자금이 확보 되면 합류할 인원이 있음	**Level 4** 경험이 많고, 충분한 경영진

출처: Stanley Rich and David Gumpert, *Business Plans That Win $$$* (New York: Harper & Row, 1985), 169. Reprinted by permission of Sterling Lord Literistic, Inc. Copyright by David Gumpert.

벤처투자가는 높은 투자수익률(return on investment, ROI)에 특히 관심이 많다. 표 8.3이 일반적 목표를 보여 준다. 물론 표의 숫자는 변할 수 있다. 예를 들어, 회사가 강력한 시장 잠재력을 가지고 있어서 충분한 현금흐름을 확보할 수 있거나 혹은 경영진이 자신들의 자금을 벤처에 상당히 많게 투자하고 있다면, ROI가 낮아질 수 있다. 그러나 리스크 수준에 상관없이 연간 20~30%의 ROI를 이례적으로 높다고 할 수 없다.

벤처 제안서의 평가기준

제품/서비스 아이디어와 경영진의 강점 외에도 많은 기준들이 벤처 제안서의 평가에 활용된다. Dean A. Shepherd가 벤처투자가가 평가에 적용하는 여덟 가지 요인들의 목록을 정리하였다.

표 8.3 벤처투자가의 전형적인 목표 투자수익률

사업 단계	기대 연간 투자수익률(ROI)	초기 투자의 증가 대비 비율
스타트업(아이디어 단계)	60%+	10~15 × 투자액
1단계(신규 사업)	40~60%	6~12 × 투자액
2단계(개발 단계)	30~50%	4~8 × 투자액
3단계(확장 단계)	25~40%	3~5 × 투자액
전환 상황	50%+	8~15 × 투자액

출처: Adapted from: W. Keith Schilit, "How to Obtain Venture Capital," *Business Horizons* (May/June 1987): 78. Copyright © 1987 by the Foundation for the School of Business at Indiana University. Reprinted by permission; and interviews with Silicon Valley Venture Capitalists by the author in March 2012.

1. 진입 시점
2. 핵심 성공요인의 안정성
3. 시장교육 능력
4. 선도 기간
5. 경쟁 수준
6. 차별화의 난이도
7. 범위
8. 업종 관련 경쟁력[24]

각 요인들을 표 8.4에 높음/낮음 기준으로 정의하였다.
다른 연구에서는 28개의 기준을 6개 그룹으로 분류하였다.

1. 창업자의 개성
2. 창업자의 경험
3. 제품/서비스의 특징
4. 시장의 특징
5. 재무적 요인
6. 벤처 경영진의 본질[25]

다른 연구들도 비슷한 결과를 보여 준다. 예를 들어, 벤처투자가가 제안서 심사와 평가에서 사용하는 기준을 분석한 연구의 결과를 표 8.5에 정리하였다.[26] 이 연구에 따르면 벤처투자가는 1차 심사를 평균 6분 이내에, 제안서 평가는 21분 이내에 적합/비적합 결정을 내렸다. 1차 심사의 가장 중요한 기준은 벤처투자회사의 요구조건과 벤처 업종의 장기 성장과 수익성이었다. 보다 정밀한 제안서 평가에서는 제안서 자체의 특징과 함께 창업자의 이력/배경이 중요하였다.

표 8.4 벤처투자가의 평가요인

속성	수준	정의
진입시점	선구자	새로운 산업에 처음으로 진입
	추종자	개발 단계에 있는 시장에 늦게 진입
핵심 성공요인의 안정성	높음	시장 개발 단계에서 성공요인의 조건이 급격히 변하지 않음
	낮음	시장 개발 단계에서 성공요인의 조건이 급격히 변함
시장교육 능력	높음	교육으로 시장 무관심을 극복하기 위한 자원과 능력이 충분
	낮음	교육으로 시장 무관심을 극복하기 위한 자원과 능력이 부재
선도 시간	장기	시장 진입 후 경쟁자 등장까지의 독점 기간이 오래 지속
	단기	시장 진입 후 경쟁자 등장까지의 독점 기간이 짧음
경쟁 수준	높음	시장 개발 과정에서 사업자 간 치열한 경쟁
	낮음	시장 개발 과정에서 사업자 간 약한 경쟁
차별화 난이도	어려움	경쟁자가 제품/서비스의 모방이 어려움(예: 신제품)
	쉬움	경쟁자가 제품/서비스의 모방이 쉬움(예: 프랜차이즈)
범위	넓음	시장 전반에 자원을 분산(예: 시장의 모든 부분)
	좁음	시장의 특정 부분에 집중(예: 틈새시장 집중)
업종 관련 경쟁력	높음	대상 업종이나 관련 업종에서 벤처가 보유한 경험과 지식이 충분
	낮음	대상 업종이나 관련 업종에서 벤처가 보유한 경험과 지식을 부족

출처: Dean A. Shepherd, "Venture Capitalists' Introspection: A Comparison of 'In Use' and 'Espoused' Decision Policies," *Journal of Small Business Management* (April 1999): 76–87; and "Venture Capitalists' Assessment of New Venture Survival," *Management Science* (May 1999): 621–32. Reprinted by permission. Copyright © 1999, the Institute for Operation Research and the Management Sciences (INFORMS), 7240 Parkway Drive, Suite 310, Hanover, MD 21076 USA.

벤처자금의 수요 측면을 대상으로 한 연구에서, 10만 달러 이상의 벤처자금을 조달하려고 한 개인 창업자 319명을 조사하였다. 조사결과, 자금 조달에 성공한 창업자는 크게 네 가지 요인과 관련이 되어 있었다. (1) 학력, 경험, 연령 등과 같은 창업자의 특성, (2) 단계, 업종 유형, 위치(예: 도시, 농촌 등) 등과 같은 기업의 특징, (3) 금액, 사업계획, 가능한 자금원 등과 같은 자금 조달의 특징, (4) 기술, 사업계획서의 준비, 자금 조달 경로 등과 같은 지원의 출처이다.[27]

사업계획서는 신생 벤처 제안의 핵심 요소이며, 완전하고, 명확하고, 구성이 잘 되어 있어야 한다. 벤처투자가는 계획서의 5대 측면을 분석한다. 즉, (1) 제안 규모, (2) 재무적 추정치, (3) 투자 회수, (4) 경쟁 역량, (5) 회사 경영진 등이다.

일반적으로 평가 과정은 다음과 같은 4단계로 진행된다.

표 8.5 벤처투자가의 심사 기준

벤처투자회사의 요구조건
- 투자 단계, 규모 등이 벤처투자회사의 기준에 반드시 적합해야 함
- 제안 사업이 관심 지역 내에서 실행되어야 함
- 벤처투자가의 지인이 추천한 제안을 선호
- 대상 업종이 투자회사가 이미 투자한 업종이어야 함

제안 사업의 본질
- 추정 성장률이 5년 투자기간 동안 상대적으로 높아야 함

제안 업종의 경제적 환경
- 업종의 장기 성장과 수익 전망이 반드시 높아야 함
- 경제적 환경이 신규 진입자에게 유리해야 함

제안된 사업전략
- 판매 경로(들)의 선택이 가능해야 함
- 제품이 시장에서 경쟁력있는 위치에 있음을 입증할 것

제안 사업의 재무 정보
- 추정 재무치가 현실적이야 함

제안서의 특징
- 모든 정보를 포함해야 함
- 합리적 두께로 읽기 쉽고, 임원용 요약이 있으며, 세련되게 작성되어야 함
- 균형 잡힌 설명과 전개가 필요함
- 핵심 사항을 설명하기 위한 그래프와 큰 활자를 사용함

창업자/팀의 특징
- 관련된 경험이 있어야 함
- 균형잡힌 경영진이 있어야 함
- 과거에 사업성공의 경험이 있는 창업자에게 특별 고려를 함

출처: John Hall and Charles W. Hofer, "Venture Capitalists' Decision Criteria in New Venture Evaluation," *Journal of Business Venturing* (January 1993): 37.

1단계: 1차 심사

대상 벤처가 투자가의 특정 관심사에 적합한지를 알기 위한 신속한 검토 단계이다.

2단계: 사업계획의 평가

계획서를 상세하게 검토해서 앞에서 언급한 요인들을 기준으로 평가하는 단계이다.

3단계: 구두 발표

창업자가 벤처투자가에게 직접 계획을 발표한다. 표 8.6은 발표의 핵심요소를 설명하고 있다.

표 8.6 벤처투자가에게 성공적으로 발표하기 위한 핵심 요소들

경영팀은 반드시

- 상황대응이 빨라야 한다.
- 경쟁자 · 경쟁상황을 알고 있어야 한다.
- 급성장을 관리할 수 있어야 한다.
- 업종의 선도역할을 관리할 수 있어야 한다.
- 관련된 배경과 업종 경험을 가지고 있어야 한다.
- 단순히 자금 걱정만 하지 않고, 회사에 실제적인 재무적 헌신을 보여 주어야 한다.
- 스타트업 혹은 시드 단계가 아니라면 입증된 실적을 보여야 한다.

제품은 반드시

- 현실적이고 효과가 있어야 한다.
- 독창적이어야 한다.
- 독점적이어야 한다.
- 시장에 잘 정의된 수요가 있어야 한다.
- 단일 제품에의 의존을 방지하기 위하여, 제품확장의 잠재력을 입증해야 한다.
- 사용이 용이해야 한다.
- 문제를 해결하거나, 프로세스를 획기적으로 개선해야 한다.
- 원가절감이 가능한 대량생산이 준비되어 있어야 한다.

시장은 반드시

- 현재고객과 훨씬 많은 잠재고객이 있어야 한다.
- 급성장(연간 25~45%)을 해야 한다.
- 2.5억 달러 이상의 잠재적 시장규모를 가지고 있어야 한다.
- 어느 위치에서 어떻게 경쟁할 것인지 설명되어야 한다.
- 시장의 리더가 되기 위한 잠재력이 있어야 한다.
- 모든 진입장벽을 설명해야 한다.

사업계획서는 반드시

- 일부가 아닌 전체 스토리를 설명해야 한다.
- 제품 1개가 아니라 전체 회사를 자랑해야 한다.
- 흥미로워야 한다.
- 성장 잠재력과 업종의 지식(특히 경쟁과 시장 비전 등)을 보여줘야 한다.
- 성과측정의 주요 일정을 포함해야 한다.
- 주요 일정을 어떻게 (초과)달성할 수 있는지를 증명해야 한다.
- 모든 핵심 분야를 설명해야 한다.
- 상세 추정과 가정은 모두 현실적이어야 한다.
- 판매문서로 활용 가능해야 한다.
- 강력하게 작성된 임원용 요약을 포함해야 한다.
- 열정과 개성을 보여줘야 한다.
- 명확한 출구 전략과 함께 높은(최소 연 30~40% 수준) 수익률을 보여줘야 한다

출처: Andrew J. Sherman, *Raising Capital*, 3rd ed. (New York: AMACOM Books, 2012), 190.

4단계: 최종 평가

계획을 분석하고, 공급업체 · 고객 · 컨설턴트 등등을 방문한 후, 벤처투자가가 최종 결정을 한다.

이 4단계 과정은 벤처 계획서의 대략 98%를 탈락시킨다. 나머지 2%가 다양한 수준의 재무적 지원을 받는다.

벤처투자가의 평가

벤처투자가는 창업자의 제안서를 신중하게 검토한다. 마찬가지로 창업자는 벤처투자가를 평가하는데 망설여서는 안 된다. 벤처투자가가 제안을 잘 이해하는가? 업종을 잘 알고 있는가? 창업자와 같이 일할 수 있는 사람인가? 만약 대답이 부정적이라면, 창업자

는 다른 벤처투자가를 알아 보는 것이 최선이다.

연구에 의하면, 벤처투자가는 지원하는 자금 외에도 창업 기업의 가치를 상승시킨다. 특히 고혁신 벤처에서 그렇다. 이 연구결과에 따르면, 창업자는 처음부터 적합한 벤처투자가를 찾을 필요가 있다. 더 중요한 것은 회사가 성장할 때도 대화를 계속 해야 한다는 것이다.[28]

반면에 벤처투자가의 선택에는 제한이 많다는 것을 기억해야 한다. 실제로 펀드는 많아졌지만, 오히려 소수 그룹에 의해 통제되고 있다. 벤처의 품질 또한 좋아야 한다. 시드 단계의 조달자금이 10년 전에 비해 2.5배 증가했지만, 벤처투자회사의 수는 증가하지 않았다. 아울러 소수 회사에 집중되는 벤처자금의 추세는 계속 되고 있다.[29]

그럼에도 불구하고, 창업자는 잠재적 벤처투자가들의 평가를 단념해서는 안 된다. "창업가정신 사례: 올바른 질문하기"에서 협의 중인 벤처투자회사가 대답해야 하는 중요한 질문들을 정리하였다. 벤처투자가의 평가와 협상은 최선의 자본 조달에 매우 중요하다.

> "당신이 너무 많이 요구해서 문제를 만들면 벤처투자회사가 흥미를 잃지 않을까 걱정할 수 있다. 당신의 마음을 이해할 수 있다. 벤처 자금을 얻기가 쉽지 않다. 협상 단계까지 왔으면, 당신은 이미 운 좋은 소수에 속한다.
>
> 그렇다고 해서 납작 엎드려서 죽은 척 해서는 안 된다. 벤처자금 투자는 당신이 오랫동안 함께 해야 할 사업상 거래의 하나에 불과하다. 협상 테이블에서 이런저런 양보

창업가정신 사례

올바른 질문하기

창업자들이 벤처투자가에게 물어 봐야 할 중요한 질문이 많이 있다. 그 중에서 가장 중요한 7개 질문을 이유와 함께 정리하였다.

1. 벤처투자회사가 실제로 당신의 업종에 투자하는가? 얼마나 많은 투자를 하였는가?
2. 벤처투자회사가 일하는 방식은 어떤가? 참조인에게 물어 봐라. 성공적 혹은 비성공적 거래를 한 회사들의 CEO 목록(선별되지 않은)이 매우 도움이 된다.
3. 당신과 협의하고 있는 파트너는 어떤 경험이 있는가? 회사 내에서 그(녀)의 영향력은 어떤가? 다른 창업자의 경험을 확인해 보라.
4. 만약 당신이 어려움을 겪는다면, 그 파트너가 얼마나 많은 시간을 당신을 위해 쓸 수 있는가? 시드 단계의 벤처는 반드시 물어봐야 한다. "당신들은 대형 펀드이고, 나에게 24만 달러를 투자한다고 했는데, 당신은 얼마나 자주 나를 만날 수 있습니까?" 정답은 최소 주 1회이다.
5. 벤처투자회사가 얼마나 건실하고, 얼마나 많이 투자했는가? 부실 투자가 많으면, 당신을 위해 쓸 수 있는 시간이 많지 않을 것이다. 투자를 이미 많이 했다면, 당신의 미래 단계에 투자할 자금이 많지 않을 것이다.
6. 벤처투자가의 목적이 당신과 일치하는가?
7. 당신의 투자를 결정하는 파트너와 투자회사가 최근 불황을 잘 극복했는가? 훌륭한 벤처투자가는 상황이 나빠져도 당황하지 않는다.

출처: Reprinted from Marie-Jeanne Juilland, "What Do You Want from a Venture Capitalist?," August 1987 issue of Venture, For *Entrepreneurial Business Owners & Investors*, by special permission. Copyright © 1987 Venture Magazine, Inc., 521 Fifth Ave., New York, NY 10175-0028.

를 해야 하겠지만, 거래가 무의미해지는 지점이 있기 마련이다. 당신은 반드시 마지노선을 정해야 하며, 정말로 중요한 사항에 대해서는 싸워야 한다."[30]

비공식 리스크 자금: 엔젤 금융

모든 벤처가 기업공개, 사모와 같은 공식 경로를 통해 자금을 조달하지는 않는다. 미국의 많은 부자들도 투자기회를 찾고 있다. 이들을 흔히 **비즈니스 엔젤**(business angels) 혹은 **비공식 리스크 자본가**(informal risk capitalist)라고 부른다. 다음의 계산을 참조할 때, 이들은 거대한 잠재적 투자자 그룹임을 알 수 있다.

- Forbes의 미국 400대 부자들의 총재산은 약 1,250억 달러에 달한다(인당 평균 3.15억 달러에 해당).
- 400대 부자의 40%는 자수성가한 백만장자로서, 이들의 재산 총액은 500억 달러이다.
- 500억 달러의 10%가 벤처자금 지원에 활용되면, 자금 총액은 50억 달러이다.
- 미국의 50만 명 이상이 100만 달러 이상의 재산을 가지고 있다. 이 중 40%가 벤처투자에 흥미를 갖는다면, 20만 명의 백만장자가 투자를 할 수 있다.
- 20만 명의 절반만이 실제로 신생 벤처의 투자를 고려하고, 일인당 5만 달러의 비율로 투자를 하면, 10만 명 투자자의 총액이 50억 달러가 된다.
- 전형적인 형태인 인당 5만 달러씩 4명의 투자자를 가정하여 50억 달러의 자금을 투자하면, 25,000개의 벤처가 20만 달러씩의 자금을 받을 수 있다.[31]

이 분야의 선두적 연구자로 알려져 있는 William E. Wetzel, Jr.의 정의에 의하면, 비공식 리스크 자본가는 상당한 부를 성취한 후에 재무적 지원을 위해 유망한 젊은 벤처를 찾는 투자가이다. "엔젤은 보통 창업가, 은퇴한 기업임원, 전문가 등으로서 자산이 100만 달러를 넘고 연간 수입이 10만 달러를 넘는 사람을 말한다. 그들은 자발적 행동가들이다. 그들을 성공하게 만들어 준 시스템이 계속 작동하게 하기 위해 노력한다."[32] 만약에 창업자가 그런 엔젤을 찾는다면, Wetzel은 다음과 같이 충고할 것이다. "멀리서 찾지 말아라. 아무리 멀어도 50마일 혹은 하루 운전거리 안에 있다. 그들에게 그것은 직업이 아니기 때문이다."[33]

왜 이 사람들은 전문 벤처투자가들이 알아채지 못한 신생 벤처의 투자에 관심을 가질까? 물론 소액의 투자는 전체 리스크 역시 줄여 준다. 그러나 비공식 자본가들은 다른 비재무적 성과를 기대한다. 예를 들면, 실업률이 높은 지역의 일자리 창출, 사회적 요구에 부응한 기술 개발(의료, 에너지 등), 도심 재개발, 소수/장애인 지원, 창업자 지원으로 인한 개인적 만족 등이다.[34]

비공식 자본가들이 어떻게 프로젝트를 찾을까? 연구결과에 의하면, 그들은 지인 네트워크를 활용한다. 또한, 많은 주가 벤처자금 네트워크를 지원하고 있으며, 이들은 비공식 자본가를 창업자와 그들의 신생/성장 벤처들과 연결시키려 노력한다.

엔젤 투자가의 유형

엔젤 투자가는 다섯 가지 그룹으로 구분할 수 있다.

- **기업 엔젤**(corporate angel). 소위 전형적인 기업 엔젤은 Fortune 1000대 기업에서 상당한 보상을 받고 퇴직했거나 조기 퇴임한 고위 임원이다. 현금 지원 외에도, 창업자는 기업 엔젤을 설득하여 벤처의 고위 경영직을 맡길 수도 있다.
- **창업가적 엔젤**(entrepreneurial angel). 가장 많은 투자자로서, 이 유형의 대부분은 매우 성공적인 사업을 소유·운영하는 사람들이다. 이들은 다른 수입원이 있고, IPO 등으로 상당한 부를 축적했을 것이므로, 더 큰 리스크를 감수하고 더 많은 자금을 투자하려 한다. 이런 유형의 엔젤에게 당신의 제안을 설명하려면, 상호이익이 되는 기회로 만들어야 한다. 이들의 성향을 감안하면, 창업가적 엔젤은 자신의 전문분야가 아닌 벤처에는 거의 관심을 갖지 않는다. 또 동시에 여러 투자에 참여하지 않는다. 거의 대부분 (등기)이사를 원하나, 경영 활동에 개입하지는 않는다. 상당한 규모의(보통 20만~50만 달러) 투자를 할테고, 회사 성장에 따라 더 투자를 할 수 있다.
- **열정적 엔젤**(enthusiast angel). 창업가적 엔젤이 약간 계산적인 면모를 가지고 있다면, 열정적 엔젤은 투자의 참여 자체를 좋아한다. 대부분은 65세 이상이며, 자신의 사업으로 자수성가했고, 일을 많이 줄인 상태이다. 따라서 이들은 경영에서 특정 역할을 원하지 않고, 이사회의 자리도 요구하지 않는다. 많은 회사에 관여하기 때문에, 투자 규모는 비교적 소액이다. 작은 경우는 1만 달러, 많은 경우가 20~30만 달러 정도이다.
- **미시경영 엔젤**(micromanagement angel). 미시경영 엔젤은 매우 진지한 투자가이다. 일부는 부자로 태어났으나, 대부분은 자신의 노력으로 재산을 모았다. 불행하게도 이런 경험이 그들을 위험하게 만든다. 회사를 성공시킨 경험이 있기 때문에, 미시경영 엔젤은 투자회사에 자기 이익을 위한 책략을 쓸 수 있다. 경영에서 적극적 역할을 하지는 않으나, 보통은 이사 직책을 원한다. 만약 사업이 제대로 성과를 올리지 못하면, 새로운 경영자를 영입하려고 노력할 것이다.
- **전문직 엔젤**(professional angel). 여기서 전문직은 의사, 변호사, 혹은 드물게 회계사 같은 투자자의 직업을 의미한다. 전문직 엔젤은 자신이 경험한 제품이나 서비스에 관련된 벤처에 투자하는 것을 선호한다. 이사 직책을 거의 원하지 않으며, 상황이 복잡해지는 것도 좋아하지 않으나, 회사가 실제로 문제가 없어도 문제가 있다고 믿는 경향이 있다. 전문직 엔젤은 동시에 몇 개 회사에 투자하고, 투자액은 2.5만 달러에서 20만 달러 정도이다.[35]

비공식 리스크 자금의 역할을 이해하는 것이 중요하다. 오늘날의 엔젤 캐피탈은 기관 벤처투자의 5배 정도에 이르고, 많은 회사에 20~30배의 투자를 한다. 전국적으로 볼 때, 엔젤은 5만~6만 개의 회사에 250억 달러에 달하는 투자를 한다. 이 규모는 10년 전에 비해, 회사 수와 금액 모두 2배로 증가한 것이다.[36]

엔젤 캐피탈(angel capital)에 대해 Wetzel과 공동 연구를 수행했고, 지금은 University of New Hampshire의 벤처연구센터의 책임자인 Jeffrey Sohl의 연구에 의하면, 지난 수년간의 엔젤투자활동은 기록적인 증가를 보여 주었다. 2010년에 총 61,900개의 창업 벤처가 201억 달러에 달하는 엔젤투자를 받았다. 엔젤 투자자는 265,000명에 이르는데, 지난 수년간 미국의 엔젤 활동의 급성장을 잘 보여 준다. 2010년, 엔젤투자의 30%가 건강관리 서비스/의료기기 분야에 집중되었으며, 소프트웨어는 16%로 2위, 바이오테크는 15%로 3위를 차지했다.[37]

엔젤 캐피탈에 관련된 중요한 고려사항은 비공식 투자자금이 벤처투자자금에 비해 스타트업을 더 많이 지원한다는 것이다. 비공식 투자의 중간(median) 규모는 70만 달러이므로, 스타트업의 소액자금 조달을 원하는 창업자에게 비공식 투자는 매우 중요함을 알 수 있다(엔젤 관련 통계는 표 8.7 참조).[38] 창업자에게 중요한 자금원이 비공식 네트워크라는 것은 명확하다. 그러나 엔젤 캐피탈 조달에는 장단점이 있기 때문에, 모든 창업자는 비즈니스 엔젤 방식에 신중하고 철저해야 한다. 표 8.8에 비즈니스 엔젤의 중요한 장단점을 요약했다. 이들 이슈를 정확히 알아야만, 창업자는 엔젤과 최선의 관계를 유지할 수 있다.

표 8.7 엔젤 통계

전형적인 투자 규모	$500,000~$850,000
전형적인 투자 대상	스타트업 회사
투자회수 기간	5~7년
기대 수익률	35%~50%/년
소유지분	50% 미만

출처: Jeffrey Sohl, University of New Hampshire's Center for Venture Research, 2011; and the Halo Report, 2011.

표 8.8 비즈니스 엔젤의 장단점

장점	**단점**
1. 엔젤은 주로 작은 규모의 투자를 한다.	1. 엔젤은 추가 투자를 하지 않는다.
2. 엔젤은 시드 혹은 스타트업 단계를 선호한다.	2. 엔젤은 전국적 홍보효과가 없다.
3. 엔젤은 다양한 업종에 투자한다.	3. 엔젤은 미래 투자를 위한 연결을 제공하지 못한다.
4. 엔젤은 지리적 위치가 다양하다.	4. 엔젤은 창업자의 의사결정에 참여를 원할 수 있다.
5. 엔젤은 창업자에 순수한 관심이 많다.	5. 엔젤의 투자결정이 점점 정교해지고 있다.

창업가적 과정

왜 엔젤이 엔젤조직에 참여하는가?

초창기의 엔젤 투자

1980년대에는 네트워킹이 매우 어려웠다. 투자 기회도 적었고, 공동 투자(syndication)는 불가능했다. 아울러 그 프로세스도 잘 정의되어 있지 않았다. 그 결과,

- 엔젤 투자 과정이 너무 복잡했다.
- 엔젤은 매년 100개의 제안서를 읽기 싫어서, 창업자를 피해 다녔다.
- 엔젤은 신뢰할 수 있는 추천에 의한 투자만을 선호하였다.

현재의 엔젤 투자

엔젤 조직의 폭발적 성장으로 투자 과정이 잘 문서화되어 있다. 8년 사이에 엔젤 그룹이 10개에서 200여 개로 증가하였다. 그 결과,

- 신생 조직과 성공 사례로 인해 투자 기회가 증가하고 활성화되고 있다.
- 다양한 업종에서 엔젤에 접근하기가 쉬워졌다.
- 창업자, 엔젤 모두에게 훈련과 교육의 기회가 많아졌다.
- 벤처투자가가 엔젤과의 공동 투자를(애증관계) 꺼려하지 않는다.
- 자금이 급증하였다.

결과

공식적 엔젤 네트워크의 확산의 결과,

- 엔젤의 역할이 확대되었다. 활동이 증가하고 새로운 엔젤 투자가가 늘어났다.
- 좋은 엔젤의 발견이 더 쉬워졌고, 따라서 투자 기회도 증가하였다.
- 좋은 선례(best practices)와 조직모형이 정립되었다.
- 역할 분담에 따라 과잉피로가 방지되었다.
- 단독 투자 과정의 부담이 없어졌다.

출처: "Successful Angel Investing," Indiana Venture Center, March 2005.

요약

이 장은 창업자금 조달의 다양한 방식을 검토하였다. 기본적 고려사항은 부채와 자본 조달의 구분이다. 상업 은행, 기업 간 신용, 매출채권 금융, 팩토링과 투자금융 회사, 자기자본의 다양한 형태 등의 예를 들었다.

기업공개는 자기자본 방법으로서 장단점을 가지고 있다. 많은 자금은 단기간에 조달할 수 있으나, 창업자는 통제권과 소유권의 일부를 포기해야 한다. 아울러 SEC는 반드시 준수해야 하는 요구조건과 규제를 정하고 있다.

사모는 신생 벤처의 자본 조달을 위한 대안이다. 이 방법은 50만 달러 미만의(35명의 비공인 투자자로 구성된 경우는 500만 달러까지) 벤처자금을 원하는 창업자에게 가능하다. SEC의 규정 D가 사모와 관련된 면제/요구 조건을 명확히 정의하고 있다. 창업자에게 사모의 가장 큰 장점은 회사정보의 제한된 공개와 소수의 주주이다.

최근에 벤처자금 시장이 급격히 커지고 있다. 신생 벤처의 착수, 초기 벤처의 성장을 지원하기 위하여 연간 수십억 달러의 투자가 이루어지고 있다. 이런 펀드에 투자한 사람이 벤처투자가이다. 여기에 관련된 많은 편견을 검증하고 반박하였다.

벤처투자가가 신생 벤처의 제안서를 평가할 때, 많은 기준을 사용한다. 핵심 기준은 두 분야,

즉 창업자, 벤처의 투자잠재력으로 구분할 수 있다. 평가 과정은 보통 4단계로 이루어진다. 4단계는 1차 심사, 사업계획의 평가, 구두 발표, 최종 평가이다.

최근에 비공식 리스크 자금이 신생 벤처의 자금 조달에서 중요한 역할을 하기 시작했다. 신생 벤처에 투자할 수 있는 자금을 가진 모든 사람이 여기에 해당된다. 이 유형의 자금규모는 50억 달러 이상으로 추정된다. 은행, 기업공개, 사모 등으로 자금 조달을 하지 못한 창업자는 보통 비공식 자금원을 찾게 된다. 이들은 투자자금을 가진 친구, 동료 등등을 의미한다.

주요용어

공인 투자자	비공식 리스크 투자가	전문 투자자
규정 D	비즈니스 엔젤	직접 기업공개
기업 간 신용	사모	크라우드펀딩
기업공개	사회적 대출	투자금융회사
매출채권 금융	신발끈 조이기	팩토링
벤처투자가	엔젤 캐피탈	
부채 조달	자본 조달	

검토와 토의 문제

1. 그림 8.1을 사용하여, 창업자에게 가능한 자금원을 설명하시오. 또 이들이 벤처의 단계별로 변하는 리스크 수준에 연관되어 있는지도 논의하시오.
2. 부채와 자본 조달의 장단점을 각각 설명하시오.
3. 어떤 신생 벤처에게 장기부채와 자본 조달 등 두 가지 방안이 가능하다면, 당신은 어느 것을 추천하겠는가? 그 이유를 같이 설명하시오.
4. 왜 벤처투자가는 신사업에 50만 달러를 연 이자율 4%로 대출하기보다 50만 달러의 전환사채 구입을 선호하는지를 설명하시오.
5. 기업공개의 장점은 무엇인가? 단점은 무엇인가?
6. 규정 D의 목표는 무엇인가?
7. 어떤 사람이 10만 달러를 상속받아서 사모를 통해 신생 벤처의 주식을 사겠다고 결정했다면, 규정 D가 이 투자자에게 어떤 영향을 미치는가?
8. 현재 시점에서 신생 벤처의 자금 조달이 더 쉬워졌는가 혹은 어려워졌는가? 이유를 같이 설명하시오.
9. 어떤 창업자는 벤처투자가가 탐욕적이라는 이유로 벤처투자자금을 선호하지 않는다. 당신은 이 생각에 동의하는가? 벤처투자가가 너무 많이 원하는가?
10. 벤처투자가의 세 가지 목표를 적고 설명하시오.
11. 벤처투자가가 투자를 평가할 때, 어떻게 그림 8.2를 활용하겠는가? 대답에 그림을 사용하시오.

12. 벤처투자가가 제안서를 평가하는 가장 일반적인 네 가지 기준을 설명하시오.

13. 신생 벤처의 평가에서, 제안서가 처리되는 가장 일반적인 4단계는 무엇인가? 각 단계를 자세히 설명하시오.

14. 어떤 창업자가 3명의 벤처투자가에게 자신의 신사업 제안서 평가를 요청하고 있다. 이 창업자가 준비해야 할 질문에는 어떤 것이 있는가?

15. 신생 벤처의 창업자가 공식 벤처투자가로부터 투자를 받는 데 실패하였다. 이제 비공식 리스크 자금 시장을 고려하고 있다. 이 시장은 어떤 사람들이 있는가? 그 시장의 투자자 접촉방법을 창업자에게 추천하시오.

연습문제

자금원의 분석

소형 회사 관점에서 본문에서 설명한 각 자금원의 유용성을 요약하시오. 각 자금원의 대표회사를 찾아서 면담한 후, 투자자 관점에서 소형 회사와의 관계를 설명하시오.

자금원	본문의 설명	투자자의 관점
은행		
장기 대출		
단기 대출		
중기 대출		
사모(규정 D)		
기업공개(IPO)		
투자금융회사		
팩터		
기업 간 신용		
주/지역 개발 회사		
중소기업 전문 투자회사(SBIC)		
비공식 리스크 자금(엔젤 캐피탈 네트워크)		
벤처투자가		

사례 8.1: 자금 조달

Abrams 가족의 남매, Joyce와 Phil이 1년 전에 서점을 열었을 때, 6개월이면 투자금을 회수하리라고 예상했다. 9개월을 버틸 수 있는 자금이 있었기 때문에, 외부 자금은 필요 없을 것으로 확신했다. 그러나 매출이 기대보다 적었다. 자금의 대부분이 재고 구입이나 월별 비용 지출로 거의 다 소진됐다. 다행히 매출이 점점 좋아지고 있다. Abrams 남매는 이제 6개월 내로 이익을 올릴 수 있다고 확신하고 있다.

현재, Joyce와 Phil은 추가 자금을 조달하려고 한다. 정확히는 10만 달러의 투자를 유치해서, 판매품목의 수를 확대하려고 한다. 서점은 주로 DIY(Do-It-Yourself, 자기제작형) 책들을 취급하는데, 단골 고객이 늘고 있다. 그러나 이 분야만으로는 사업에 충분하지 않다. 만약 요리책과 같은 분야로 확장하고 두 시장을 합하면 수익을 낼 수 있다고 Abrams 남매는 생각한다. Joyce는 요리책이 중요한 틈새시장이라고 생각한다. 그녀가 모은 많은 신문과 잡지의 스크랩에 의하면, 요리책 구매고객이 다른 분야의 구매자보다 월 소비액이 더 크다. 또 이 그룹은 고객충성도가 매우 높은 성향이 있다.

Abrams 남매는 전체 재고를 소유하고 있으며, 총 소매가는 28만 달러이고, 구입가는 14만 달러였다. 그들은 지역 은행에 1만 달러의 신용한도가 있고, 이중 4천 달러를 대출하였다. 월 지출의 대부분은 사업 시작 때의 초기 자금(총 18만 달러)으로 지불하였다. 그러나 추가 자금 조달이 안 되면, 3개월이면 자금이 부족하게 된다.

소유주들은 다양한 투자유치 후보를 알아보고 있다. 가장 중요한 후보로는 거래은행의 대출과 주식사모를 생각하고 있다. 그들은 자금의 상세 조달 방법에 대해서는 잘 모르며, 현재는 서로 이야기를 나눈 일반적 아이디어 수준에 불과하다. 그래서 그들의 친구인 회계사와 회의 날짜를 잡았다. 그 친구가 자금의 확보방법을 자세히 알려주었으면 한다. 지금, Abrams 남매는 사업 계획서의 작성에 집중하고 있다. 계획서에 그들 사업의 간단한 이력, 목표, 희망 자금 액수, 투자 예정 항목 등을 간결하게 포함시키려고 한다. 계획서 작성을 이번 주말까지 완료해서, 회계사 친구에게 보여 줄 생각이다. 계획서 작성에서 가장 큰 문제는 설명 대상이다. 은행 대출 담당자를 목표로 해야 할까? 혹은 벤처투자가를? 회계사 친구와 회의를 해서 계획서를 보완한 후, 적절한 대상에게 설명하려 한다.

질문

1. 은행에서 Abrams 남매에게 기꺼이 대출을 해 주려고 하는가? 만약 그렇다면, 얼마나 많이? 대답의 근거는 무엇인가?
2. 벤처투자가가 이 벤처에 관심을 가질까?
3. 당신이 Abrams 남매에게 자문을 한다면, 다른 투자후보를 추천할 수 있는가? 모든 상황을 고려하여 대답을 작성하시오.

사례 8.2: 300만 달러의 벤처

Friendly Market은 남서부의 한 도시에 있는 대형 슈퍼마켓이다. 보통 "Friendly's"라고 불리는 이 마켓은 그 이름에 어울리는 노력으로 경쟁자들보다 단위 매장면적당 더 많은 매출을 기록하고 있다. 직원들도 친절하고 즐겁게 도와주려 노력한다. 누가 특정 상표의 물건을 찾았는데 매장에 없다면, 그 상품을 별도로 주문한다. 충분히 많은 손님들이 특정 상품을 원한다면, 마켓의 정규 상품으로 추가된다. 아울러, 노인들을 위한 식료품 무료 배달 서비스, 정규 고객에게는 수표 환전 서비스를 제공한다. 필요한 신청서를 작성하여 "Friendly Credit" 그룹이 승인하면 외상 서비스를 제공한다.

소유주인 Charles Beavent는 이러한 마케팅 지향적 방식이 다른 지역에서도 성공할 것으로 확신한다. 따라서 2개의 매장을 새로 오픈하려고 고려 중에 있다. 하나는 같은 도시의 북부 지역을, 다른 하나는 동쪽으로 50마일 떨어진 도시를 검토하고 있다. 위치도 알아보고 있고, 자세한 사업계획도 세웠다. 그러나 Charles는 필요한 자금의 투자자를 알아보지 않았다. 그의 추정으로는 두 매장의 오픈과 운영을 위해서 약 300만 달러의 자금이 필요하다. 그 외의 추가 자금은 기존 매장의 수익에서 매월 10만 달러 현금으로 충당할 계획이다.

Charles는 두 가지 대안을 생각한다. 즉, 부채와 자기자본이다. 그가 거래하는 은행의 담당자에 의하면, 그가 제출하는 사업계획서라면 은행이 당연히 검토할 것이며, 5 (근무)일 내로 결정을 통보해 줄 수 있다고 말했다. Charles는 은행이 300만 달러를 대출해 주리라고 예상한다. 그러나 그렇게 많은 돈을 빌리기가 망설여진다. 대신에, 주식을 팔면 자금을 만들 수 있다고 생각한다. 이렇게 하면 그는 소유권의 일부를 포기해야 하나 다른 방법보다는 좋은 것 같다.

그렇다면 가장 큰 질문은 이제, 어떻게 기업공개로 300만 달러를 조달하느냐이다. Charles는 앞으로 4주 동안 이 문제를 조사해 보고, 8주 내로 결정을 하려 한다. 작년에 많은 고객들이 그에게 비공개 주식공모를 고려하고 있는지를 물어봤다. Charles는 많은 고객들을 벤처에 참여하도록 할 자신이 있지만, 이 방법만으로 300만 달러를 조달할 수 있는지는 확신이 서질 않는다. 또 다른 대안은 벤처투자회사를 통해 조달하는 것이다. 그렇게 큰 자금의 확보로는 가장 좋은 방법일 수 있으나, Charles는 그들과의 장기적 관계가 얼마나 어려울 지 걱정이다. 어제 그가 아내에게 말했다. “확장을 하려면, 우선 어떻게 자금을 조달할지 조사를 해야 돼. 내 생각에, 첫째는 가장 좋은 후보를 찾는 거야. 세부 사항은 거기에 맞춰 정하면 돼.”

질문

1. 사모를 통해 300만 달러를 조달하는 경우, 장점은 무엇인가? 벤처투자가를 통해 자금을 조달하는 장점은 무엇인가?
2. 두 대안 중 어느 것이 Charles에게 더 좋은가? 이유를 같이 설명하시오.
3. 당신은 Charles가 지금 무엇을 해야 한다고 추천하겠는가? 자금 조달 프로세스를 시작하기 위해 필요한 실행계획의 개요를 설명하시오.

사업계획수립의 단계

자금원의 탐색

이제는 당신의 사업 아이디어를 위해 자금 조달 방안을 결정해야 하는 시점이다. 외부에서 자금 조달을 해야 한다면, 당신은 자금원을 찾아야 한다. 부채이든 자기자본이든 지원이 가능한 방안이어야 한다. 만약에 부채 조달을 선택했다면, 상환기간과 조건을 설명하시오. 만약에 자본 조달을 선택했다면, 투자자의 수익이 무엇인지를 명확히 정해야 한다.

담당 교수의 결정에 따라, 당신의 사업이 어떻게 성장할 수 있는지를 대출자와 투자자에게 보여 줄 수 있는 재무(타당성) 보고서(Spreadsheet)로 제출하든지 혹은 일련의 재무제표 형식으로 제출하시오. 라이브플랜(LivePlan) 같은 사업계획수립 패키지를 사용한다면, 당신의 결정에 따른 작업을 수행하여 매출 예상치, 손익계산서, 융자/투자표, 대차대조표 등등을 작성하시오.

미주

1. Gavin Cassar, "The Financing of Business Start-Ups," *Journal of Business Venturing* 19, no. 2 (March 2004): 261–83; Brian T. Gregory, Matthew W. Rutherford, Sharon Oswald, and Lorraine Gardiner, "An Empirical Investigation of the Growth Cycle Theory of Small Firm Financing," *Journal of Small Business Management* 43, no. 4 (2005): 382–92; Jay Ebben and Alec Johnson, "Bootstrapping in Small Firms: An Empirical Analysis of Change over Time," *Journal of Business Venturing* 21, no. 6 (November 2006): 851–65; Armin Schweinbacher, "A Theoretical Analysis of Optimal Financing Strategies for Different Types of Capital Constrained Entrepreneurs," *Journal of Business Venturing* 22, no. 6 (2007): 753–81; Arnout Seghers, Sophie Manigart, and Tom Vanacker, "The Impact of Human and Social Capital on Entrepreneurs' Knowledge of Finance Alternatives," *Journal of Small Business Management* 50, no. 1 (2012): 63–86; and Sara Jonsson and Jessica Lindbergh, "The Development of Social Capital and Financing of Entrepreneurial Firms: From Financial Bootstrapping to Bank Funding," *Entrepreneurship Theory and Practice* (in press).

2. *The State of Small Business: A Report of the President,* 2007 (Washington, DC: Government Printing Office, 2007), 25–48; Jean-Etienne de Bettignies and James A. Brander, "Financing Entrepreneurship: Bank Finance versus Venture Capital, *Journal of Business Venturing* 22, no. 6 (2007): 808–32; see also http://www.sba.gov (Services-Financial Assistance), 2008.

3. John M. Mason, "The Number of Commercial Banks in the U.S Banking System Continues to Decline," *Seeking Alpha*, August 23, 2011.

4. A complete explanation can be found in Ralph Alterowitz and Jon Zonderman, *Financing Your New or Growing Business* (Canada: Entrepreneur Press, 2002); see also Elijah Brewer III, "On Lending to Small Firms," *Journal of Small Business Management* 45, no. 1 (2007): 42–46; and Jess H. Chua, James J. Chrisman, Franz Kellermanns, and Zhenyu Wu, "Family Involvement and New Venture Debt Financing," *Journal of Business Venturing* 26, no. 4 (2011): 472–88.

5. Kristin Edelhauser Chessman, "Business Loans Get Personal," *Entrepreneur,* March 19, 2008, http://www.entrepreneur.com/money/financing/article191726.html (accessed April 1, 2008); Helen Coster, "When the Bank Won't Lend, Your Neighbor Might," *Forbes*, April 21, 2010, http://www.forbes.com/2010/04/21/social-lending-prosperentrepreneurs-finance-social-lending.html (accessed February 20, 2012); and Angus Loten, "Peer to Peer Loans Grow," *Wall Street Journal,* June 17, 2011, http://online.wsj.com/article/SB10001424052748703421204576331141779953526.html (accessed February 21, 2012).

6. Truls Erikson, "Entrepreneurial Capital: The Emerging Venture's Most Important Asset and Competitive Advantage," *Journal of Business Venturing* 17, no. 3 (2002): 275–90; see also Larry D. Wall, "On Investing in the Equity of Small Firms," *Journal of Small Business Management* 45, no. 1 (2007): 89–93.

7. PriceWaterhouseCoopers, MoneyTree™ Survey 2005, http://www.nvca.com.

8. See "Going Public," *NASDAQ Stock Market,* 2005, http://www.nasdaq.com/about/GP2005_cover_toc.pdf (accessed April 11, 2008).

9. See "Global IPOs hit record levels in 2007," *Ernst & Young,* December 17, 2007, http://www.ey.com/global/content.nsf/UK/Media__07_12_17_DC__ Global_IPOs_hit_record_levels_in_2007 (accessed April 11, 2008).

10. See "Going Public," *NASDAQ Stock Market,* 2005, http://www.nasdaq.com/about/GP2005_cover_toc.pdf (accessed April 11, 2008).

11. A summary can be found in business law texts such as Jane P. Mallor, A. James Barnes, Thomas Bowers, and Arlen W. Langvardt, *Business Law: The Ethical, Global, and E-Commerce Environment*, 15th ed. (New York: McGraw-Hill Irwin, 2013), 1150–55.

12. For a good source of firms involved in private placements, see David R. Evanson, *Where to Go When the Bank Says No: Alternatives for Financing Your Business* (Princeton, NJ: Bloomberg Press, 1998); see also T. B. Folta and J. J. Janney, "Strategic Benefits to Firms Issuing Private Equity Placements," *Strategic Management Journal* 25, no. 3 (March 2004): 223–42.

13. PricewaterhouseCoopers/National Venture Capital Association, MoneyTree™ Report, 2011.

14. Douglas Cumming, Daniel Schmidt, and Uwe Walz, "Legality and Venture Capital Governance Around the World," *Journal of Business Venturing* 25, no. 1 (2010): 54–72.

15. Edgar Norton and Bernard H. Tenenbaum, "Specialization versus Diversification as a Venture Capital Investment Strategy," *Journal of Business Venturing* 8, no. 5 (September 1993): 431–42.

16. Dirk De Clercq, Vance H. Fried, Oskari Lehtonen, and Harry J. Sapienza, "An Entrepreneur's Guide to the Venture Capital Galaxy," *Academy of Management Perspectives* 20 (August 2006): 90–112; Dimo Dimov and Hana Milanov, "The Interplay of Need and Opportunity in Venture Capital Investment Syndication," *Journal of Business Venturing* 25, no. 4 (2010): 331–48; and Michel Ferrary, "Syndication of Venture Capital Investment: The Art of Resource Pooling," *Entrepreneurship Theory and Practice* 34, no. 5 (2010): 885–907.

17. Douglas Cumming and Sofia Johan, "Venture Capital Investment Duration," *Journal of Small Business Management* 48, no. 2 (2010): 228–57; Sandip Basu, Corey Phelps, and Suresh Kotha, "Towards Understanding Who Makes Corporate Venture Capital Investments and Why," *Journal of Business Venturing* 26, no. 2 (2011): 153–71; and Jeffrey S. Petty, and Marc Gruber, "In Pursuit of the Real Deal": A Longitudinal Study of VC Decision Making," *Journal of Business Venturing* 26, no. 2 (2011): 172–88.

18. Interview with Sanjay Subhedar, founding partner of Storm Ventures, Menlo Park, CA, March 2012; and Haemen Dennis Park and H. Kevin Steensma, "When Does Corporate Venture Capital Add Value for New Ventures," *Strategic Management Journal* 33, no. 1 (2012): 1–22.

19. Ghislaine Bouillet-Cordonnier, "Legal Aspects of Start-Up Evaluation and Adjustment Methods," *Journal of Business Venturing* 7, no. 2 (March 1992): 91–102; PriceWaterhouseCoopers, MoneyTree™ Report, 2011; and Douglas Cumming, Daniel Schmidt, and Uwe Walz, "Legality and Venture Capital Governance Around the World," *Journal of Business Venturing* 25, no. 1 (2010): 54–72.

20. Sharon Gifford, "Limited Attention and the Role of the Venture Capitalist," *Journal of Business Venturing* 12, no. 6 (1997): 459–82; and Dimo Dimov, Dean A. Shepherd, and Kathleen M. Sutcliffe, "Requisite Expertise, Firm Reputation, and Status in Venture Capital Investment Allocation Decisions," *Journal of Business Venturing* 22, no. 4 (2007): 481–502.

21. Jonathan D. Arthurs and Lowell W. Busenitz, "Dynamic Capabilities and Venture Performance: The Effects of Venture Capitalists," *Journal of Business Venturing* 21, no. 2 (March 2006): 195–216; and Dirk De Lercq and Harry J. Sapienza, "Effects of Relational Capital and Commitment on Venture Capitalists' Perception of Portfolio Company Performance," *Journal of Business Venturing* 21, no. 3 (May 2006): 326–47. See also Charles Baden-Fuller, Alison Dean, Peter McNamara, and Bill Hilliard, "Raising the Returns to Venture Finance," *Journal of Business Venturing* 21, no. 3 (May 2006): 265–85.

22. Howard E. Van Auken, "Financing Small Technology-Based Companies: The Relationship Between Familiarity with Capital and Ability to Price and Negotiate Investment," *Journal of Small Business Management* 39, no. 3 (2001): 240–58; Joris J. Ebbers and Nachoem M. Wijnberg, "Nascent Ventures Competing for Start-up Capital: Matching Reputations and Investors," *Journal of Business Venturing* 27, no. 3 (2012): 372–384.; and Andrew L. Maxwell and Moren Lévesque, "Trustworthiness: A Critical Ingredient for Entrepreneurs Seeking Investors," *Entrepreneurship Theory and Practice* (in press).

23. De Clercq et al., "An Entrepreneur's Guide to the Venture Capital Galaxy;" see also Andrew J. Sherman, *Raising Capital,* 3rd ed. (New York: AMACOM Books, 2012); and Yong Li and Joseph T. Mahoney, "When Are Venture Capital Projects Initiated?" *Journal of Business Venturing* 26, no. 2 (2011): 239–54.

24. Dean A. Shepherd, "Venture Capitalists' Introspection: A Comparison of 'In Use' and 'Espoused' Decision Policies," *Journal of Small Business Management* (April 1999): 76–87; and Dean A. Shepherd, "Venture Capitalists' Assessment of New Venture Survival," *Management Science* (May 1999): 621–32.

25. Ian C. MacMillan, Robin Siegel, and P. N. Subba Narasimha, "Criteria Used by Venture Capitalists to Evaluate New Venture Proposals," *Journal of Business Venturing* 1, no. 1 (Winter 1985): 119–28.

26. John Hall and Charles W. Hofer, "Venture Capitalist's Decision Criteria in New Venture Evaluation," *Journal of Business Venturing* 8, no. 1, (January 1993): 25–42; see also Nikolaus Franke, Marc Gruber, Dietmar Harhoff, and Joachim Henkel, "What You Are Is What You Like—Similarity Biases in Venture Capitalists' Evaluations of Start-Up Teams," *Journal of Business Venturing* 21, no. 6 (2006): 802–26.

27. Ronald J. Hustedde and Glen C. Pulver, "Factors Affecting Equity Capital Acquisition: The Demand Side," *Journal of Business Venturing* 7, no. 5 (September 1992): 363–74; Jeffrey S. Petty and Marc Gruber, "In Pursuit of the 'Real Deal': A Longitudinal Study of VC Decision Making," *Journal of Business Venturing* 26, no. 2 (2011): 172–88.

28. Harry J. Sapienza, "When Do Venture Capitalists Add Value?," *Journal of Business Venturing* 7, no. 1 (January 1992): 9–28; see also Juan Florin, "Is Venture Capital Worth It? Effects on Firm Performance and Founder Returns," *Journal of Business Venturing* 20, no. 1 (January 2005): 113–35; and LowellW. Busenitz, James O. Fiet, and Douglas D.Moesel, "Reconsidering the Venture Capitalists' 'Value Added' Proposition: An Interorganizational Learning Perspective," *Journal of Business Venturing* 19, no. 6 (November 2004): 787–807.

29. B. Elango, Vance H. Fried, Robert D. Hisrich, and Amy Polonchek, "How Venture Capital Firms Differ," *Journal of Business Venturing* (March 1995): 157–79; Dean A. Shepherd and Andrew L. Zacharakis, "Venture Capitalists' Expertise: A Call for Research into Decision Aids and Cognitive Feedback," *Journal of Business Venturing* 17, no. 1 (2002): 1–20; and Dick De Clercq and Harry J. Sapienza, "When Do Venture Capitalists Learn from Their Portfolio Companies?," *Entrepreneurship Theory and Practice* 29, no. 4 (2005): 517–35; Richard Fairchild, "An Entrepreneur's Choice of Venture Capitalist or Angel-Financing: A Behavioral Game-Theoretic Approach," *Journal of Business Venturing* 26, no. 3 (2011): 359–74.

30. Harold M. Hoffman and James Blakey, "You Can Negotiate with Venture Capitalists," *Harvard Business Review* (March/April 1987): 16; Andrew L. Zacharakis and Dean A. Shepherd, "The Nature of Information and Overconfidence on Venture Capitalist's Decision Making," *Journal of Business Venturing* 16, no. 4 (July 2001): 311–32; Lowell W. Busenitz, James O. Fiet, and Douglas D. Moesel, "Signaling in Venture Capitalist—New Venture Team Funding Decisions: Does It Indicate Long-Term Venture Outcomes?," *Entrepreneurship Theory and Practice* 29, no. 1 (January 2005): 1–12; and Joris J. Ebbers and Nachoem M. Wijnberg, "Nascent Ventures Competing for Start-up Capital: Matching Reputations and Investors," *Journal of Business Venturing* 27, no. 3 (2012): 372–384.

31. William E. Wetzel, Jr., "Informal Risk Capital: Knowns and Unknowns," in *The Art and Science of Entrepreneurship,* ed. Donald L. Sexton and Raymond W. Smilor (Cambridge, MA: Ballinger, 1986), 88.

32. William E. Wetzel, Jr., as quoted by Dale D. Buss, "Heaven Help Us," *Nation's Business* (November 1993): 29; and also John R. Becker-Blease and Jeffrey E. Sohl, "The Effect of Gender Diversity on Angel Group Investment," *Entrepreneurship Theory and Practice* 35, no. 4 (2011): 709–33.

33. William E. Wetzel, Jr., "Angel Money," *In-Business* (November/December 1989): 44.

34. William E. Wetzel, Jr., "Angels and Informal Risk Capital," *Sloan Management Review* (Summer 1983); see also John Freear, Jeffrey E. Sohl, and William E. Wetzel, Jr., "Angels and Non-angels: Are There Differences?," *Journal of Business Venturing* (March 1994): 109–23; Andrew L. Maxwell, Scott A. Jeffrey and Moren Lévesque, "Business Angel Early Stage Decision Making," *Journal of Business Venturing* 26, no. 2 (2011): 212–25; Cheryl Mitteness, Richard Sudek, and Melissa S. Cardon, "Angel Investor Characteristics That Determine Whether Perceived Passion Leads to Higher Evaluations of Funding Potential, *Journal of Business Venturing* 27, no. 5 (2012): 592–606.

35. Evanson, *Where to Go When the Bank Says No,* 40–44; and Mark Van Osnabrugge and Robert J. Robinson, *Angel Investing: Matching Startup Funds with Startup Companies* (San Francisco, CA: Jossy-Bass, 2000).

36. Buss, "Heaven Help Us," 29–30; see also John Freear, Jeffrey E. Sohl, and William E. Wetzel, Jr., "Angels: Personal Investors in the Venture Capital Market," *Entrepreneurship & Regional Development* 7 (1995): 85–94; Jeffrey Sohl, "The Angel Investor Market in 2011," Center for Venture Research, University of New Hampshire, May 2012; and SVB Financial Group, "2011 Halo Report: Angel Group Year In Review," March 2012.

37. Jeffrey Sohl, "The Angel Investor Market in 2011," Center for Venture Research, University of New Hampshire, May 2012; and SVB Financial Group, "2011 Halo Report: Angel Group Year In Review," March 2012.

38. Wetzel, "Angel Money," 42–44; and Colin M. Mason and Richard T. Harrison, "Is It Worth It? The Rates of Return from Informal Venture Capital Investments," *Journal of Business Venturing* 17, no. 3 (2002): 211–36.

2부 창업가 사례분석

— Envirofit International: 어떤 벤처의 모험

Envirofit International사는 학생들이 창업가정신에 관련된 학부 강의를 수강하면서 시작한 벤처이다. 미국 주립대학교의 공대 학생 2명과 교수 2명으로 이루어진 팀이 낡은 2-사이클 오토바이 엔진의 매연을 혁신적으로 줄일 수 있는 장치를 개발하였다. 오토바이는 아시아 여러 국가에서 택시로 사용되고 있다. 이 사례는 Envirofit의 창업 과정을 다루고 있다. 벤처 창업의 핵심 과제는 '가장 서민적인 시장에서 어떻게 3대 기본 목표를 달성하느냐'이다. 이 사례는 스타트업이 기술, 사업 모형, 경영진의 개발 · 확보 과정에서 극복해야 하는 불확실성을 다루고 있다. 창업 벤처의 불확실성을 관리하기 위한 계획과 그 실행 간의 차이에 주목하시오.

서론

2003년, 미국 Colorado의 Fort Collins에 있는 한 카페에 Nathan Lorenz, Time Bauer, Paul Hudnut, Bryan Willson이 항상 앉는 테이블에 모여서 Colorado의 아름답고 따뜻한 날씨와 높고 파란 하늘을 즐기고 있다. Lorenz와 Bauer는 Willson 교수의 CSU(Colorado State University) 엔진/에너지 전환 연구실에서 공부하고 있다. 지난 5월, 이들은 Hudnut 교수의 '창업 벤처 경영' 강의를 수강했다. Hudnut 교수는 CSU 창업가정신센터 소속이다. Lorenz와 Bauer는 강의 과제 중의 하나로 사업계획서를 작성했는데, 그 사업의 이름이 Envirofit International이었다. 사업계획서를 전국 규모의 창업 경진대회인 벤처모험(Venture Adventure)에서 발표하였다. 이때만 해도 '벤처모험'이라는 대회 이름이 Envirofit에 얼마나 잘 어울리는지 알지 못했다.

지구를 반 바퀴 돌아가면, 하늘은 전혀 파랗지 않다. 방콕, 마닐라 같은 대도시의 하늘은 거무튀튀한 회색이다. 낡은 2-사이클 오토바이 엔진이 대기오염의 상당 부분을 발생시킨다(그림 1). Envirofit팀이 대기오염을 획기적으로 줄일 수 있는 매연 저감장치를 개발하려고 노력했다. 아시아에는 약 1억 대의 오토바이가 있다. 대부분은 대중교통 수단인 택시로 사용되는데, 가장 큰 대기 오염원이기도 하다. 팀은 저감장치가 아시아 상황에 매우 효과적이라고 판단한다. 2-사이클 오토바이 1대는 일반 승용차 50대에 맞먹는 오염물질(탄화수소, 질소산화물, 미세먼지 등으로 이루어진 독성 가스)을 배출한다.

5월 이후로 Lorenz, Bauer, Hudnut, Willson은 정기적으로 만나서 사업계획서의 실행 여부에 대해 논의하고 있다. 지난 여름에는 필리핀(대기 오염으로 심각한 경제/보건 문제를 겪고

그림 1 필리핀의 트라이시클 택시에 의한 대기 오염

있음)을 방문해서 택시 운전사, 정부 관료, 민간 단체, 투자자 등을 만나고 왔다. 그 결과, 이들은 대기오염과 택시 운전사 수입을 동시에 개선할 수 있는 가능성을 발견하고 매우 흥분했다. 물론 몇 가지 어려운 문제도 알게 되었다. 그것은 (1) 아시아 국가의 특수한 환경에서도 사용할 수 있는 제품의 개발, (2) 저소득층을 대상으로 하면서도 3대 기본 목표를 달성할 수 있는 사업 모형의 설계, (3) 경영진과 핵심 파트너의 구성이다.

Willson 교수가 내연기관 분야의 저명한 전문가이기 때문에 저감기술 자체는 걱정하지 않는다. 그러나 사용 가능한 시제품을 만들고, 해당 국가에서 실제 검증을 해야 하는 과제가 남아있다. 계획의 지원을 이끌어 내기 위해서는 기술의 유용성을 입증해야 하기 때문이다. 한 방법은 마닐라 도심에서 벌어지는 TODA(Tricycle Operators and Drivers Association, 트라이시클 운전자 협회) 경주에 참여하는 것이다. Willson 교수는 다음과 같이 말했다. "마닐라 공기는 아주 독하지. 운전사들은 하루 종일 독한 공기를 마시면서 돈을 벌려고 고생하고 있는데, 우리 장치는 대기오염을 개선하고 그들의 소득도 올려줄 수가 있어. 우리 기술이 성공할 수 있을 것 같은데, 진짜 문제는 어떻게 장치 가격을 낮춰서 많은 물량을 공급하느냐에 달려 있어."

강의 과제를 수행하면서, 학생팀은 사회적 창업과 소액대출에 대해 알게 되었다. 이들의 사업계획서에는 관련 아이디어도 포함하고 있다. 이들은 "3대 기본 목표", 즉 사회적, 환경적, 재무적 목표를 달성하고자 한다. 매연저감 장치는 대기 오염을 개선하면서 동시에 연비를 개선하여 운전사의 수입도 증가시킬 수 있는 잠재력을 가지고 있다. 즉, 사회적 목표와 환경적 목표를 모두 달성할 수 있다. 가장 좋은 상황은 택시 운전사가 220달러로 예상되는 저감장치를 구매할 수 있는 방안을 찾는 것이다. 사실 택시 운전사에게 220달러는 막대한 금액이다. 운전사의 하루 평균 수입이 5달러가 채 안 되고, 현실적으로 저축도 거의 못하며, 대출도 매우 힘들다. 반면에 220달러로는 Envirofit이 투자자와 금융기관의 흥미를 끌만한 재무적 성과를 달성하기 힘들다. 마닐라 현지조사에서 다른 문제도 많다는 것도 알게 됐다. 벤처는 현지의 시장, 제조, 재무, 법/규제, 문화 등에 관련된 다양한 문제들을 해결해야만 한다.

이들은 창업까지 제한된 자원으로 많은 일을 해야 한다는 것도 알게 되었다. Lorenz와 Bauer는 Envirofit에 관심이 매우 많다. 다음해 봄까지 대학원에서 공부를 하면 기술 문제는 해결할 수 있을 것 같았다. 그러나 대학원을 졸업하면, 생활이 가능한 "진짜 직업"이 필요하게 된다. Lorenz는 테이블을 둘러보며 말했다. "저는 여기에서 한 명이라도 빠지지 않았으면 합니다. 일이 되려면, 우리는 앞으로 몇 달 동안 시간을 집중적으로 투입해야 한다는 것도 알고, 기꺼이 그럴 생각입니다. 하지만 Tim과 저는 내년 봄에 졸업하면 돈을 벌어야 합니다. 거기에 우리 제품이 심각한 환경문제를 해결할 수 있습니다. 저희 노력이 충분한 가치가 있다고 생각합니다."

Envirofit팀은 다양한 경험, 시간, 전문 지식을 가지고 있지만, 다른 사람을 영입해야 한다고 느끼고 있다. 또 핵심 기술의 특허권을 가지고 있는 회사인 Orbital Engine사, 필리핀 정부, TODA 그룹, 장치를 설치할 필리핀 회사들과도 긴밀한 협력관계를 만들어야 한다.

이들 4명은 Envirofit 창업에 많은 문제가 있다는 것을 알지만, 그래도 좀 더 노력해보기로 결정했다. Hudnut 교수가 말했다. "내 생각에 '어떻게' 할지는 고민할 필요가 없는 것 같군. 진짜로 고민해야 할 문제는 '하느냐 마느냐'인 것 같아."

배경

개발도상국의 인구가 증가하고 도시화 · 산업화가 진행되면서, 환경문제가 매우 심각해지고 있다. 물과 대기 오염은 질병과 생산성 저하를 가져오고 매우 높은 사회적 비용을 유발한다. 필리핀과 같은 아시아 국가에서 대기 오염의 주범은 가정 조리와 농업 폐기물 소각, 산업체, 교통 등이다. 교통 분야의 주요 오염원은 자동차, 오토바이, 디젤 트럭, 버스 등이다. 오토바이가 크기는 작지만 아시아의 대기오염에 막대한 기여를 하고 있다.

2-사이클 엔진을 사용한 트라이시클(아시아에서 보통 툭툭으로 불림)이 여러 개발도상국에서 대중교통 수단으로 활용되고 있다. 여러 가지 이유로 2-사이클 엔진이 매연이 적은 4-사이클 엔진보다 선호된다. 제일 큰 이유는 2-사이클 엔진의 화물운반 능력이 2배 정도 좋다는 것이다. 엔진의 가벼운 무게와 더 좋은 효율 때문에, 트라이시클이 필리핀 도로에서 8명의 승객을 태우고 위험스럽게 달리는 것을 자주 볼 수 있다(**그림** 2).

그림 2 승객을 충분히 태운 트라이시클 택시

불행하게도 2-사이클 내연기관으로 인한 대기오염이 매우 심각하다. 내연기관은 각 엔진 사이클마다 공기와 연료가 혼합된 인입가스가 연소실의 연소가스를 밀어 낸다. 이 과정을 소기(掃氣)라고 부른다. 직전 사이클의 연소가스를 배출하는 과정에서 새로 인입된 연료의 30~40%가 손실된다. 2-사이클 엔진에서 연소되지 않은 연료와 윤활유의 혼합 배출가스가 공기 중의 탄화수소와 미세 입자의 양을 심각하게 증가시킨다. 2-사이클 대비 4-사이클 엔진의 가격, 성능 비교표는 **부록** 1에 있다.

환경 오염이 심각한 만큼, 이에 따른 건강과

경제적 피해도 그만큼 치명적이다. 세계은행의 한 보고서에 따르면, 마닐라 대기오염에 따른 연간 사회적 비용이 약 213억 페소, 즉 4.26억 달러(100페소를 2달러로 환산)에 달한다.[1] 오토바이와 트라이시클이 필리핀 운행 차량의 1/3 정도를 차지하며, 공공보건 비용에서 상당한 비중을 차지한다(세계은행, 2002, p. 18).

마닐라 정부는 1999년에 공기정화법을 시행하였다. 핵심 사항 중의 하나가 택시 운전사에게 보다 엄격한 배출가스 기준을 요구하는 것이다. 그러나 택시 운전사가 새로운 기준을 준수하려면 고가의 4-사이클 오토바이를 사는 것 외에는 대안이 없는데, 정부는 오토바이 구입 지원에 대한 고려를 하지 않았다. 결국 2003년 1월 초에 NACTODAP(National Confederation of Tricycle Operations and Drivers Associations of the Philippines)이 항의 시위와 교통마비 사태를 일으켰다(BBC News, 2003). 운전사들은 새로운 규제가 생계를 어렵게 만든다고 생각한다. "이 정부는 우리 회원들을 더 가난하게 만드는 법을 계속 만들고 있습니다"라고 NACTODAP 회장인 Ariel Lim이 말했다.[2]

기술 개발

Willson 교수의 지도로 Bauer와 Lorenz가 참여했던 CSU 공대팀이 이러한 사회 · 환경 문제의 해결책을 찾았다. 이들의 아이디어는 옐로스톤 국립공원이 개최한 "깨끗한 스노모빌 도전 2002" 공모전에 참여했던 스노모빌을 개조하는 것이었다. 스노모빌은 소음과 오염 문제로 국립공원 내 사용이 금지되어 있었다. 공모전은 공대생들이 보다 깨끗하고 조용한 해결책을 만들도록 지원하려는 것이었다. CSU 아이디어의 핵심 기술은 호주의 Orbital Engine 사가 개발한 것으로 원래는 수상보드 엔진과 유럽 스쿠터의 OEM 제작에 사용되었다. 새로운 엔진을 설계하는 대신, CSU/Orbital 연합팀은 그 기술을 기존 엔진에 맞도록 개선시켜서 공모전 1위를 차지하였다. 이들의 장치는 탄화수소와 일산화탄소의 배출량을 99% 이상 감소시켰다.

공모전 수상이 널리 알려지면서 Willson 교수가 필리핀 NGO 단체인 SwissContact로부터 같은 기술을 오토바이에도 적용할 수 있는지 문의를 받았다. 이를 계기로 CSU 엔진/에너지 전환 연구실의 Bauer와 Lorenz가 관련 개발을 수행하였고, Hudnut 교수의 창업 강의에서 사업계획서를 작성하였다. Bauer와 Lorenz는 팀에 몇몇 경영대 학생을 포함시켰는데, 곧 Envirofit라는 이름도 만들었다. 강의 후반에는 한 CSU 동문의 후원으로 필리핀 2-사이클 트라이시클 택시를 현지에서 구매한 후 포트 콜린스로 운반하고, 시제품을 만들 수 있는 부품들도 확보하였다.

Lorenz와 Bauer는 직접분사 방식을 이용하여 오토바이 엔진의 불연소 탄화수소 배출의 90%, 일산화탄소 배출의 70%를 줄일 수 있다고 추정했다. 아울러 필리핀의 택시 운전사들을 조사하여 운전 패턴, 엔진 크기, 연료 사용량 등을 파악하였다. 그 결과, 직접분사 시스템이 평균적으로 연간 168달러의 연료비와 56달러의 윤활유비를 절약할 것으로 추정했다. 이 금액이 장치 설치비용인 220달러와 비슷하다(**부록 1** 참조).

1. PHP refers to Philippine pesos. At the time of the case, 100 PHP were approximately equal to US$2.

2. "Tricycle Drivers Win Reprieve," Philippines Daily Inquirer, 7 January 2003, http://www.philsol.nl/news/03/CleanAir01-jan03.htm, accessed18 May 2010.

그림 3 Envirofit 장치 부품

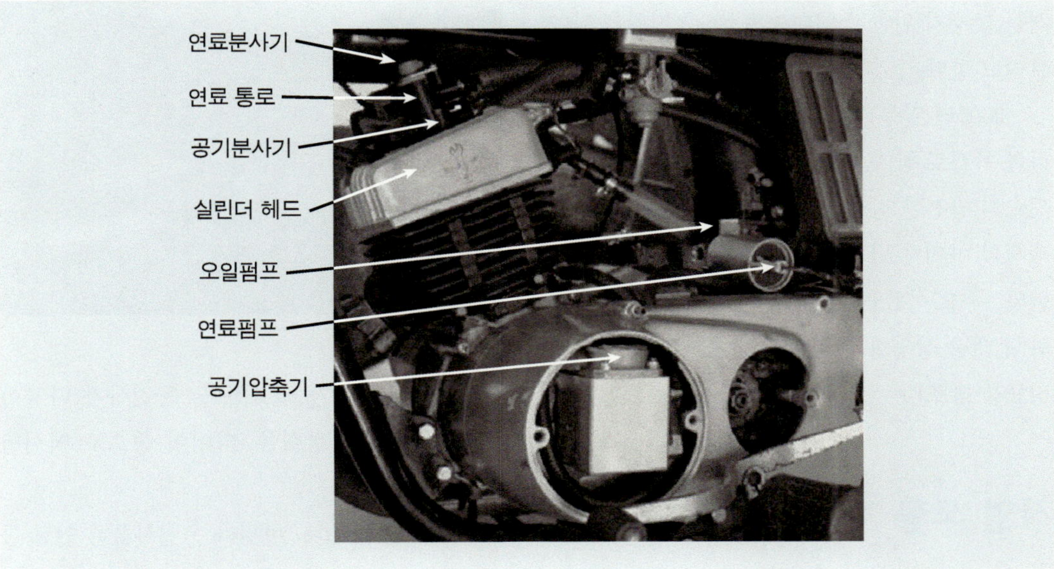

필리핀 조사 결과를 기반으로 팀에서는 현지 상황에 가장 적합한 저감장치의 핵심 설계 기준을 결정하였다. 기준은 상업적 가능성, 내구성, 신뢰성, 고효율성(장치가 엔진의 출력을 떨어뜨려서는 안 된다) 등이다. 여기에 장치설치의 용이성과 낮은 가격도 필요하다. 끝으로 추가 공구 구매비용을 절약하기 위해, 장치부품들을 시장에서 쉽게 구할 수 있어야 한다. 시제품이 그림 3에 나와있다. 장치는 실린더 헤드, 연료/공기 분사기, 공기압축기, 기화기를 대신할 스로틀 장치, 연료 및 오일 펌프, ECU(Engine Control Unit, 엔진제어장치) 등으로 구성된다.

개발팀은 제품의 내구성, 신뢰성, 운영 효율성을 확보하기 위하여 5단계 계획을 수립했다. 1단계는 2004년 6월까지 Kawasaki 엔진을 이용한 시제품을 마닐라 현지에서 완성하는 것이다. 제품의 홍보와 사업지원을 위해, 마닐라 TODA 경주에 참여하여 직접분사 저감장치의 우수성을 입증하려고 한다. 이 대회에는 보통 수천 명의 운전사들이 참여한다. 2단계는 2004년 7월부터 2005년 3월까지 진행되는 필드 테스트이다. TODA와 협력하여, 10대의 Kawasaki 엔진을 실제로 운영하면서 다른 회사(Yamaha, Suzuki 등) 엔진의 적용 방안도 검증할 것이다. 필드 테스트는 마닐라에서 실제로 운영을 해보면서 성능, 내구성, 배출가스 등을 검증한다. 이 단계에서 Envirofit는 TODA 기술진을 위한 설치와 기본 유지보수 훈련도 계획하고 있다.

3단계는 대략 18개월로(2005년 3월부터 2006년 9월까지) 예정되어 있다. 이 단계의 목표는 Envirofit가 생산 변동비를 줄일 수 있는 현지 협력업체의 발굴이다. 협력업체는 엔진 헤드와 배선 장치를 생산한다. 팀의 목표는 장치 가격을 고객들이 감당할 수 있는 수준까지 낮추는 것이다. 아울러 설치를 위한 가맹점을 확보하여 대량 생산과 상업화의 기본 골격을 갖추려고 한다. TODA 인력의 훈련은 현지 직원을 채용하여 진행하려 한다. 1차 목표는 1,000 대의 트라이시클에 장치를 설치하는 것이다. 이 단계에서 장치가격을 낮추기 위한 소액대출과 NGO 지원을 찾아보려고 한다.

2006년 말부터 시작할 4단계는 대규모 상업화를 목표로 한다. 즉, 필리핀 시장에서 Envirofit 기술의 완전한 정착을 위한 확대 적용이다. 사업계획의 마지막 단계는 아시아 내 확산을 목표로 한다. 주요 목표는 다른 도시 혹은 국가를 선택하여 대량 상업화의 기반을 만든다(부록 2의 일정표를 참조).

사업 모형

실행 가능한 사업모형의 모색이 초반부터 난관에 부딪혔다. 실행 가능한 사업모형은 3대 기본목표를 달성하고, 향후 성장이 가능하고, 스타트업 자금을 확보할 수 있어야 한다. 시장, 고객, 경쟁 등 모든 측면에서 문제가 드러났다. 심각한 대기오염, 직전에 실행된 공기정화법, 지자체와 확보된 관계 등을 고려하여 Envirofit팀이 필리핀을 시장으로 선정하였다. 학생팀의 조사로는 필리핀 최대 도시인 마닐라의 인구는 1,100만 명이고, 여기에 12만 대 이상의 2-사이클 트라이시클이 등록되어 있다. 또 필리핀의 차량 수는 연 10% 정도로 계속 증가하고 있다(그림 4). Envirofit의 계획은 마닐라를 대상으로 사업모형을 검증한 후 비슷한 문제를 겪고 있는 다른 도시와 국가로 확산시키는 것이다.

팀의 조사에 의하면 마닐라 택시 운전사는 작은 자본으로 가족을 부양하는 일종의 영세사업자로 생각할 수 있다. 많은 사람들이 해외 근로로 초기 금액을 저축한 후, 오토바이와 승객을 태울 사이드카를 구입한다. Bauer와 Lorenz에 의하면, 오토바이와 사이드카 구입에 각각 1,500

그림 4 트라이시클 택시 정류장

달러와 500달러가 필요하다. 운전사가 다양한 색상의 페인트, 장식물, 타이어 등으로 택시를 장식한다.

현지 조사 결과, 마닐라 운전사들은 연료 등의 비용을 제외하고 하루에 평균 3~5달러의 순수입을 올린다. 대부분은 택시를 직접 소유하고 있지만, 일부는 다른 소유자로부터 임대하기도 한다. 택시 소유의 법적 한도가 매우 낮기 때문에 기업형 택시회사는 가능하지 않다. 어떤 운전사는 친지들의 자금으로 오토바이를 구입했다. 원칙적으로 은행은 트라이시클 구입에 대출을 하지 않는다. 운전사들에게 엔진개선에 대한 설명을 하면, 연료 절약과 엔진 출력에 대한 질문을 많이 했다. 운전사들도 대기오염을 원하지 않는다. 그들도 서로의 매연을 하루 종일 마시고 싶어하지 않는다. 저감장치 구입비용에 대한 반응은 정부나 미국이 무상으로 줘야 한다고 대답했다. 한 운전사는 다른 운전사들을 웃으면서 가리키면서 말했다. "재들은 반드시 사야 돼, 나는 빼고. 그래야 공기가 깨끗해지지."

팀은 많은 운전사들에게 선전을 하려면 TODA들을 이용하는 것이 좋겠다고 판단했다. 대부분의 필리핀 도시에서 택시 소유자와 운전사들이 TODA를 결성하여 차량 보관, 수리, 기타 필요사항을 해결한다. 한 TODA에 속한 운전사의 수는 수십부터 3백명 이상까지 다양하다. TODA는 보통 정비공을 고용하여 회원들의 차량을 수리 · 정비한다. 팀 계획은 이들 정비공을 훈련시켜서 저감장치의 설치와 유지보수를 담당하게 하는 것이다.

Envirofit의 판단에 의하면, TODA 회원들의 호응을 이끌어 내기 위한 효율적 방안은 팜플렛이나 개인 접촉으로 기술의 환경적 장점을 홍보하는 것이다. Bauer의 의견에 따르면, "Envirofit의 포지셔닝 전략은 차량의 환경적 장점에 집중하는 것입니다. 대중적 확산을 위해서 장치가 설치된 차량이 '녹색 택시'로 인정받아야 합니다. 녹색은 일반 2-사이클 차량보다 낮은 매연을 상징합니다. 그렇게 되면, 승객들은 보다 친환경적인 택시를 선호할 것입니다. 선전 효과를 높이려면 Envirofit가 개선한 차량에 눈에 쉽게 띄는 마크를 붙여야 합니다."

팀 조사과정에서 Envirofit의 저감장치에 대한 직접적 경쟁자는 찾지 못했으나 간접적 경쟁자는 있었다. 예를 들면, 촉매형 변환기, 대체 연료, 4-사이클 엔진 등이다. 촉매형 변환기는 탄화수소와 일산화탄소 배출 감소에는 효과적이지만, 매우 고가이다. 또 '보통' 사용하는 2-사이클 엔진의 탄화수소와 일산화탄소의 농도가 너무 높기 때문에, 변환기가 촉매의 과부하로 고장나기 쉽다. 따라서 촉매형 변환기는 매연 수준이 비교적 낮은 4-사이클 혹은 직접분사식 2-사이클 엔진에만 사용할 수 있다. 팀은 촉매형 변환기가 가능한 해결책이 아니라고 생각한다.

대체 연료로는 전기, 에타놀, 메타놀, 천연가스, LPG, 바이오 디젤 등이 있다. 각 대안에는 장단점이 있다. 예를 들어, 천연가스는 메탄이 주성분인데, 메탄은 이산화탄소보다 더 강력한 온실효과를 가지고 있다. 이를 사용하면 탄화수소와 일산화탄소는 15~20% 정도 줄일 수 있으나, 메탄 배출량이 늘어난다. 또 연료비가 증가하고, 운행거리가 감소하며, 더 커진 연료탱크 때문에 화물 적재공간이 좁아지며, 주유 시간이 길어진다.

4-사이클 엔진도 가능한 대안이다. 이것의 장점은 연비 향상, 낮은 오염과 소음 수준 등이다. 점진적으로 4-사이클로 대체하면 대기오염을 줄일 수 있다. 그러나 새로운 오토바이를 구입할 수 있는 여유를 가진 운전사는 거의 없다. 일부는 출력 감소와 복잡한 유지보수도 우려한다.

많은 요인들이 실현가능한 사업모형의 결정을 어렵게 만들고 있다. Orbital 기술의 적용과 시제품 검사에는 많은 비용이 필요하기 때문에, 팀 자체의 노력만으로는 불가능하다. 상당한 추가 자금이 필요하다. 초기 재무분석에 의하면, 회사는 장치 1대당 10~15달러의 총이익(Gross Margin, 매출에서 제조원가만을 뺀 수익)이 가능하다. 물량이 많아지면, 이것으로 회사의 운영비를 감당할 수 있으나, 손익분기점까지 수년이 소요되며 영업이익은 거의 없다. 따라서 다양한 시나리오들의 현금흐름의 순현가가 비교적 낮은 할인율에 대해서도 적자가 되었다. 이런 사업모형에는 투자자들이 관심을 가지지 않는다(부록 3 참조).

팀은 탄소배출권의 판매로 수입을 올릴 수 있는지도 조사했다. 교토의정서가 배출권의 등록과 거래제도를 결정했다. 그러나 사례조사 당시에는 교토의정서가 합의되지 않았고, 언제 혹은 과연 발효될 지도 의문이었다. 배출권의 예상가격도 불명확하였다(Victor & House, 2004). 팀은 배출권 매출의 전망이 매우 밝다고 믿었으나, 당장은 독자적인 사업모형을 찾아야만 했다.

팀은 또 미 국세청의 501(c)(3) 규정에 따른

면세 비영리회사 설립도 조사해봤다. 회사를 주법 상 비영리회사로 설립한 후, 국세청에 면세를 신청하는 방식이다. 만약 이것이 허가되면, Envirofit에 대한 기부액은 세금을 면제받는다. 그러나 팀은 비영리 방식에 우려를 가졌다. 이들은 Envirofit가 제품을 팔고, 부품과 서비스를 제공할 수 있는 사업체가 되어야 한다고 생각했다. 이를 위해서는 상업적 공급망의 일원이 되어야 하기 때문에, 비영리 회사가 된다면 대기업들이 진지한 관심을 가질지 의문을 가졌다.

아울러 비영리회사의 경우에는 자본 조달 문제가 발생할 수 있었다. 초기에 자선재단들과 접촉한 결과, 기부자들은 기술개발에 필요한 시간과 자금 외에도 저감장치의 기증이 아닌 판매 방식에 우려를 표시하였다. Hudnut 교수는 다음과 같이 설명하였다. "우리와 이야기한 재단들은 대기오염 문제의 조사와 이로 인한 개발도상국의 보건문제에 관한 연구는 기꺼이 지원을 하겠다고 했습니다. 그러나 문제해결을 위한 기술개발에는 아무도 지원하려 하지 않았습니다. 기술개발은 그들의 범위 밖이고 벤처투자가의 몫이라고 생각합니다."

자금 확보가 문제이긴 하지만, 팀은 사회 전체와 운전사들에게 기여할 수 있다고 확신했다. 첫째, 팀 추정으로는 마닐라에 허가된 12만 대의 택시를 개조하는 총 비용은 2,500만 달러이다. 따라서 연간 수억 달러에 이르는 사회적 비용을 매우 적은 비용으로 줄일 수 있다.

둘째, 저감장치의 초기 예상가격인 220달러는 연료 및 윤활유 비용 감소로 운전사가 1년 내로 회수할 수 있다. 투자회수 기간이 짧기 때문에 운전사에 대한 대출이 가능해진다. Envirofit 팀이 필리핀에서 제휴할 수 있는 소액대출기관이 있는지 조사해봤다. 필리핀에 소액대출기관이 있으며 대출이자율이 연 12~20% 정도라는 것을 알게 됐다. 대부분의 소액대출 기간이 12개월보다 훨씬 짧기는 했지만, 일부는 2년까지 가능하였다. 아울러 Envirofit이 탄소배출권을 현금화할 수 있는지도 조사했으며, 이를 통해 거액이든 소액이든 경제적 가치를 얻을 수 있다고 판단되었다. 이제 창업자들은 기술개발 자금을 유치할 수 있는 실현가능한 사업모형을 만들기만 하면 된다.

창업팀 구성

Lorenz와 Bauer는 Envirofit의 추진이 매우 재미있었다. 최소 9개월 동안 대학원 과정의 일부로 기술개발을 할 수 있었지만, 이제 돈을 벌어야 한다. Hudnut 교수와 Willson 교수는 대학의 전임교수로서 벤처에 모든 시간을 할애할 수 없다. Willson 교수는 기계공학과 정교수이고, Hudnut 교수는 경영대 강의와 연구처의 업무를 담당하고 있다(부록 4의 약력 참조). 대학 규칙에 따라 둘 다 외부자문을 부분적으로 할 수 있기 때문에, Envirofit의 창업을 도울 수 있었다. 벤처가 성장하면, 경영진에 전임 인력이 추가로 투입되어야 한다.

팀은 또 중요한 협력관계를 확보해야 한다. 저감장치는 Orbital의 특허기술을 사용해야 하며, Envirofit는 특수 부품을 확보할 수 있는 승인을 받아야 한다. 또, Orbital은 저감장치 개발에 필요한 직접분사의 전문기식을 많이 보유하고 있다. Orbital의 임원진 일부가 Envirofit를 적극 지원하긴 하지만, Enviroft가 기술을 적절히 개발·검증하여 Orbital의 명성을 손상시키지 않는다는 보증을 받으려 한다.

이외에도 Enviroft는 현지 대리점, TODA, 공급업체, 정부기관, NGO, 소액대출기관 등과의 관계를 구축해야 한다. 지원을 얻을 수 있는 현지 파트너의 확보가 프로젝트 초기부터 필요하다고 팀이 판단했다. 이를 통해 사업계획의 신뢰도를 높일 수 있고, 동시에 사업을 보다 효과적이고 효율적으로 진행할 수 있기 때문이다. 최근의 필리핀 방문에서 SwissContact(전 세계를 대상으로 하는 경제개발 NGO로서 마닐라에 지부가 있음), ADB(Asian Development Bank) 등과 중요한 관계를 만들 수 있었다. 두 조직은 "깨끗한 공기를 위한 동반자(Partnership for Clean Air)"라는 현지 운동에 참여하고 있었다. 이 운동에는 필리핀 도시들의 대기 개선을 목적으로 여러 NGO와 정부기관들이 참여하고 있다. 참여기관들이 Envirofit 기술의 도입을 환영하고, 현지 조직들과의 연결을 지원해줬다. 또 Envirofit에 관심을 가질 수 있는 소액대출기관도 소개시켜줬다. ADB 임원들은 제품의 개발, 유통, 자금지원을 담당하는 조직 설립을 제안하였다. 팀은 이런 이야기들이 정확히 어떻게 진행될지 알 수는 없었지만, 여러 조직의 호응에 매우 고무되었다.

결론

Nathan Lorenz, Tim Bauer, Paul Hudnut, Bryan Willson으로 구성된 창업팀이 '벤처모험'을 할 수 있어서 매우 좋았지만, 많은 복잡한 의사결정 문제를 해결해야 했다. 첫째, 이들은 시제품을 개발하고, 그 장치가 필리핀의 트라이시클에 적용할 수 있는지를 입증해야 한다. 이 부분의 핵심 이슈는 무엇인가? 기술개발에 관련해서 당신은 Envirofit에 어떤 추천을 할 수 있는가? 둘째, 팀은 적절한 사업모형 선정을 위한 결정을 해야 한다. 벤처의 사업모형은 3대 기본목표, 즉 영향력, 발전성, 재무적 지속가능성을 달성해야 한다. 여기의 핵심 이슈는 무엇인가? 당신은 이들에게 어떤 사업모형을 추천할 수 있는가? 끝으로 이들은 인력을 충원하고 핵심 협력관계를 구축해야 한다. 당신은 어떤 분야에서 팀의 강점과 스타트업의 필요 책임 사이의 차이를 지적할 수 있는가? 당신이 추천한 기술개발과 사업모형에 근거하여, Envirofit가 집중해야 할 협력관계는 어떤 것인가?

질문

1. 사업모형이 지속가능한가? 즉, 비용을 감당하고 이익을 실현할 수 있는가?
2. 사업모형이 성장가능한가? 기업의 성장속도와 궁극적인 규모를 결정하는 요인은 무엇인가?
3. 이 사업이 현실 문제에 의미있는 영향을 줄 수 있는가?

참고문헌

1. BBC News. (2003). *Tricycle protest gridlocks Manila*. Available at http://news.bbc.co.uk/1/hi/world/asiapacific/2632895.stm, accessed 18 May 2010.
2. Victor, D. & House, J. (2004). *A new currency: Climate change and carbon credits. Harvard International Review*, 26(2), 56–59.
3. World Bank. (2002). *Philippines Environment Monitor 2002*. Available at http://siteresources.worldbank.org/INTPHILIPPINES/Resources/Pages1-20.pdf, accessed 18 May 2010.
4. Paul Hudnut is an Instructor in the Global Social and Sustainable Enterprise graduate program and a member of the Management Department at Colorado State University, Fort Collins, CO 80523.
5. Dawn R. DeTienne is an Associate Professor in the Management Department at Colorado State University, Fort Collins, CO 80523.

부록 1

2-사이클, 4-사이클, Envirofit 저감장치의 배출, 비용, 성능의 비교 (Envirofit의 2003년 추정 자료)

	2-사이클 기화식 오토바이 (기준)	4-사이클 오토바이	Envirofit 저감장치 설치
비용	$875	+$1500	+220
배출			
일산화탄소(g/km)	1.2	0.8(33% 감소)	0.7(41% 절감)
HC+NOX (g/km)	3.8	1.0(73% 감소)	0.9(76% 절감)
연료소비			
연비(mpg)	117	135(15% 개선)	165(41% 개선)
연간 평균 연료절약	연 25,000페소($425)	연간 3,750페소($67) 절약	연간 10,250페소($185) 절약
성능			
기대수명	15~18년	7~10년	15~18년
차량 중량	—	+30Kg	+3Kg
출력	—	-1bhp (-8%)	+1bhp(+8%)
투자회수기간	—	22년	< 12개월

부록 2

제품 확산을 위한 일정계획

2003년 5월	2003년 9월	2004년 6월	2005년 3월	2006년 9월	2006년 12월	2007년 12월
사업계획 완료	벤처창업 착수	TODA 대회에서 시제품 입증	제휴 TODA와 필드 테스트(10대)	마닐라 생산 착수, 설치/보수 훈련	필리핀에서 본격 상업화 착수	다른 국가로의 권역내 확산 착수

부록 3

5년(2004-2008) 추정 재무제표 1 (단위: 천)

	2004	2005	2006	2007	2008
매출액					
판매	0	1,170	4,320	8,100	9,900
탄소배출권	0	0	39	183	453
총매출액	0	1,170	4,359	8,283	10,353

부록 3

5년(2004-2008) 추정 재무제표 1 (단위: 천) (계속)

	2004	2005	2006	2007	2008
매출원가					
허가비	20	20	20	20	20
제품원가		1,014	3,168	5,940	5,940
로열티		42	158	297	363
총매출원가	20	1,076	3,346	6,257	6,323
매출 총이익	(20)	94	542	1,303	1,927
판매비와관리비	229	394	532	541	629
세전이익(EBIT)	(249)	(300)	10	762	1,298

1. 상세 숫자는 2003년 학생팀의 Envirofit 사업계획서에서 인용

가정

매출액

- 필리핀 판매량: 0대(2004년), 7,800대(2005년), 28,800대(2006년), 54,000대(2007년), 66,000대(2008년)
- Envirofit의 대리점 판매가는 150달러, 운전사의 총설치비는 220달러
- 탄소배출권은 톤당 5달러와 전년도 말의 누적 저감장치 대수를 기준으로 산정

매출원가

- 허가비는 Orbit에 연 20,000달러를 지급
- 로열티는 Orbital과 CSU에 총 5.5달러/대를 지급
- 저감장치의 부품비는 2004년과 2005년 130달러, 2006년과 2007년 110달러, 2008년 90달러로 추정

판매비와관리비

- 연구개발비는 Orbital 자문비와 내부급여를 포함
- 2004년 급여: 내부 R&D 2명에 40,000달러, 대표 1명에 75,000달러, 직원 1명에 30,000달러, 보조 직원에 20,000달러, 후생복리비 20% 기준. 2005년에 필리핀과 콜로라도에 직원 추가
- 임대료(직원 1인당 150ft^2, 15달러/ft^{2}를 기준)에 공공비용과 기타 세금을 고려해 월 20% 추가
- 보험료: 250달러/월
- 출장비: 2004년 6회, 2008년 12회로 증가(1회당 2,000달러)
- 법률비: 3,000달러/연
- 기타 잡비: 직원 1명당 60달러/월

부록 4: Envirofit 창업자 약력 (2003)

Tim Bauer (26)

Tim은 엔진개발과 기술을 전공하는 CSU 기계공학과 석사과정 대학원생이다. CSU 엔진/에너지 전환 연구실의 직원으로서 5년 동안 다양한 엔진을 다룬 경험이 있다. 연구실에서는 학생대표와 선임연구원이었다. 2002년에 CSU에서 기계공학 학사를 취득했다.

Paul Hudnut (44)

Paul은 CSU 경영대에서 창업가정신 강의를 담당하며, 연구처에서 기술이전을 담당하고 있다. 2003년에 CSU에 합류하기 전에는 Heska Co.(NASDAQ 등록기업)를 포함한 바이오 관련 회사에서 경영·임원직을 수행하였다. 1988년부터 1996년까지 통신회사인 US WEST(NYSE 상장기업)에서 사업 개발, 마케팅, 관리 등의 다양한 업무를 담당하였다. 기업으로 오기 전에는 덴버의 Davis, Graham & Stubbs 법률사무소에서 일했다. Hudnut은 University of Virginia에서 법률전문 석사를, Colorado College에서 학사학위를 취득하였다.

Nathan Lorenz (24)

Nathan은 엔진개발과 기술을 전공하는 CSU 기계공학과 석사과정 대학원생이다. Nathan은 대형 천연가스 엔진의 저감장치 분야의 회사경력이 있다. 2002년 CSU 기계공학과에서 학사 학위를 취득하였다.

Bryan Willson 박사 (43)

Willson 박사는 CSU 엔진/에너지 전환 연구실의 설립자이자 연구실장이다. 그는 Texas A&M에서 학사, Texas 대학교에서 기계공학 박사를 취득하였다. 설계, 역학, 에너지 전환 등을 강의하며, 연구분야는 내연기관이다. 그는 개발도상국의 발전을 위한 기술개발에 관심이 많으며, 아시아, 아프리카, 남미의 다양한 국가를 자주 방문한다.

2부 연습문제

— 엔젤 투자가 대 벤처투자가

작성방법

인근 벤처투자회사의 임원과 면담을 하시오. 또 엔젤 네트워크를 통해서 엔젤 투자가와 면담을 하시오. 만약 엔젤 네트워크가 없다면 유명한 법무법인 사무실에 접촉해서 엔젤 투자가 역할을 할 수 있는 인사를 소개받으시오. 각 면담을 통해, 아래 표에 있는 질문에 대답을 요약하시오

스타트업 벤처에 대한 연간 총 투자

	엔젤	벤처투자가
총 금액: 투자회수: 투자자수: 회당: 회당 자본:		

스타트업 벤처에 대한 개별 투자

	엔젤	벤처투자가
회당 투자 규모: 각 투자자: 전형적인 투자 단계:		

3부
창업계획의 체계화

CHAPTER

9장
벤처 창업의 법률과 관련된 도전

창업가적 사고

"경험이 없는 창업가의 주요한 어려움은 법률 서류에 여기저기 흩어져 있는 다수의 낯선 용어와 문구들이다. 이러한 서류를 접하는 초보자는 서류에 기재된 조항뿐만 아니라 이런 조항이 포함된 이유도 이해해야 한다. 만약 창업가가 창업과 관련된 주요 계약조건을 읽고 이해할 시간이나 의사가 없다면 그 사람은 창업가가 되는 것에 대해 신중하게 생각해야 한다."

— Patrick R. Liles Harvard Business School

학습목표

1. 창업가의 법률적 문제의 중요성을 소개한다.
2. 특허보호에 대한 정의와 준비 방법을 검토한다.
3. 저작권과 창업가의 관련성을 검토한다.
4. 등록상표와 등록상표가 신생 벤처에 미치는 영향을 연구한다.
5. 개인 기업, 동업과 법인이라는 조직의 법적 형태를 검토한다.
6. 조직의 세 가지 법적 형태의 장점과 단점에 대해 설명한다.
7. 합자회사와 유한책임조합(LLPs)의 특성에 대해 설명한다.
8. S 코퍼레이션이 어떻게 운영되는지 검토한다.
9. 유한책임회사(LLCs), B 코퍼레이션과 사회적 유한책임회사(L3C)를 포함한 기업의 추가유형에 대해 정의한다.
10. 창업가에게 적용되는 파산법의 주요 부분을 제시한다.

창업가가 법률적 전문 지식이나 법률가의 배경을 갖고 있을 거라는 기대는 할 수 없지만 벤처 사업과 관련 있는 어느 정도의 법적 개념에 대해서는 충분히 알고 있을 것이다.[1]

표 9.1은 벤처 창업에 영향을 미치는 주요한 법적 개념을 요약해서 보여 주고 있다. 이 개념들은 (1) 벤처 설립과 관련된 개념, (2) 진행 중인 벤처, (3) 벤처의 성장과 지속성과 관련된 개념이라는 세 가지 그룹으로 분류될 수 있다. 9장에서는 첫 번째 그룹(1) 및 세 번째 그룹(3)과 관련 있는 법적 개념에 초점을 둘 것이다. 명확하게 말하자면, 지적재산권 보호(특허권, 저작권, 상표권), 조직의 형태, 파산법에 대해 검토해 볼 것이다.

표 9.1 주요 법적 개념 및 벤처 창업

I. 벤처 창업의 시작

- A. 지적재산권을 통제하는 법률
  1. 특허
  2. 저작권
  3. 상표
- B. 사업 조직의 유형
  1. 개인 기업
  2. 동업
  3. 법인
  4. 가맹점
- C. 세금 고려 사항
- D. 자본 형성
- E. 법적 책임 문제

II. 지속적인 벤처: 사업 개발 및 상거래

- A. 인사 법률
  1. 인력 고용 및 해고 정책
  2. 평등 고용 추진 위원회
  3. 단체 교섭
- B. 계약 법률
  1. 법적 계약
  2. 판매 계약
  3. 임대

III. 성공적인 창업 벤처의 성장과 지속성

- A. 세금 고려 사항
  1. 연방, 주, 지방
  2. 급여
  3. 인센티브
- B. 정부 규제
  1. 토지 이용 제한(부동산)
  2. 관리 기관 (규제)
  3. 소비자 법
- C. 소유권의 연속성
  1. 재산권 법 및 소유권
  2. 유언장, 신탁, 재산
  3. 파산

지적재산권 보호: 특허권

특허권(patent)은 소유주에게 소유권, 소유권 이전, 생산과 특허 받은 상품이나 공정 절차를 판매할 수 있도록 허가하는 독점권을 제공한다. 의장특허권(design patents)은 14년 동안 지속되고, 그 외의 다른 특허권은 20년 동안 지속된다. 특허권의 주목적은 소유자/보유자에게 새로운 발명품에 대한 일시적인 독점을 제공하기 위해서이다. 그리하여 창조와 새로운 아이디어 그리고 발명품들을 장려한다. 하지만 특허권을 획득하기란 그리 쉬운 일만은 아니다.

특허는 **지적재산권**(intellectual property right)이다. 이것은 유일무이한 발견의 결과이며 특허 보유자는 다른 사람에 의한 침해에 대한 보호를 제공받는다. 일반적으로 수많은 물품들이 특허 보호를 받을 자격이 있는데 공정, 기계, 제품, 설비, 성분 구성(화학적 화합물) 및 이미 존재하는 물품의 개선 등이 이에 해당된다.[2]

특허권 보호: 기본 원칙/규칙

종종 특허의 절차가 복잡하기 때문에(그림 9.1 참조) 신중한 계획절차가 필요하다. 특허권을 얻기 전 알아야 하는 기본 원칙들이 다음에 제시되어 있다.

원칙 1: 광범위하고 상업적으로 중요하며 강력한 지위를 갖고 있는 특허권을 얻어라. 이는 가능한 가장 넓은 범위에 걸쳐 아이디어나 개념의 관련 특허법을 조사해야 한다는 것을 의미한다. 또한, 상당히 새롭고 독점적이고 혁신적이어야 한다. 모든 단계와 절차를 노트에 기록하여 입증시킴으로서 강한 독점적 위치를 확보해야 한다.

원칙 2: 자세하고 세밀한 특허권 계획을 준비해라. 이 계획은 경쟁력과 기술적 유사점을 분석하는 것뿐만 아니라 혁신적인 제품을 개발하고 시장에 출시하는 데 필요한 금액에 대한 개요를 서술해야 한다. 또한, 혁신의 정확한 가치를 상세히 설명해야 한다.

원칙 3: 최초 특허권 계획과 관련된 행동을 취해라. 그 계획이 바뀔 수는 없다는 것을 의미하는 것은 아니지만, 특허권의 출원 초기 단계에서 세웠던 계획을 따르는 것이 현명하다. 추후에는 세웠던 계획이 변할 수 있다 — 예를 들면, 특허임대 vs 특허권을 유지.

원칙 4: **침해예산**(infringement budget)을 수립하라. 특허권은 침해자/위반자가 법적 손해를 두려워 할 경우에만 유효하다. 따라서 특허권의 위배/침해를 고소하기 위한 현실적인 예산을 준비해 두어야 한다.

원칙 5: 전략적으로 특허권 계획을 평가하라. 전형적인 특허권 절차는 3년이 소요된다. 이 절차는 제안된 혁신이나 기술의 실제 수명과 비교해 봐야 한다. 과연 3년 동안 특허권을 방어하는 것이 가치가 있을까, 혹은 집행비용이 손해보다 더 클까?[3]

적절한 정의(definition), 준비, 계획 절차에 대한 이 원칙들은 창업가가 효과적인 특허권 보호를 수립하게끔 한다. 또한, 이 규칙들은 특허변리사가 조사과정을 수행하는 데 도움을 준다.

특허권 보호: 적용

특허권 적용은 특정 분야의 전문가가 이해할 수 있도록 혁신의 상세 규격을 꼭 포함해야 한다. 특허권 적용은 두 가지 부문으로 나눠질 수 있다.

1. **명세서**(specification)는 특허권의 문서로서 별첨되는 삽화를 포함하기도 한다. 주목적은 이해와 복제 그리고 발명품(혁신) 사용을 위한 특정 분야의 기술을 알려주는 것으로 상당히 길 수 있다. 이 명세서는 보통 다음의 사항을 포함한다.
   a. 왜 이 발명품이 유용한지 설명해 주는 소개

그림 9.1 특허 획득 절차

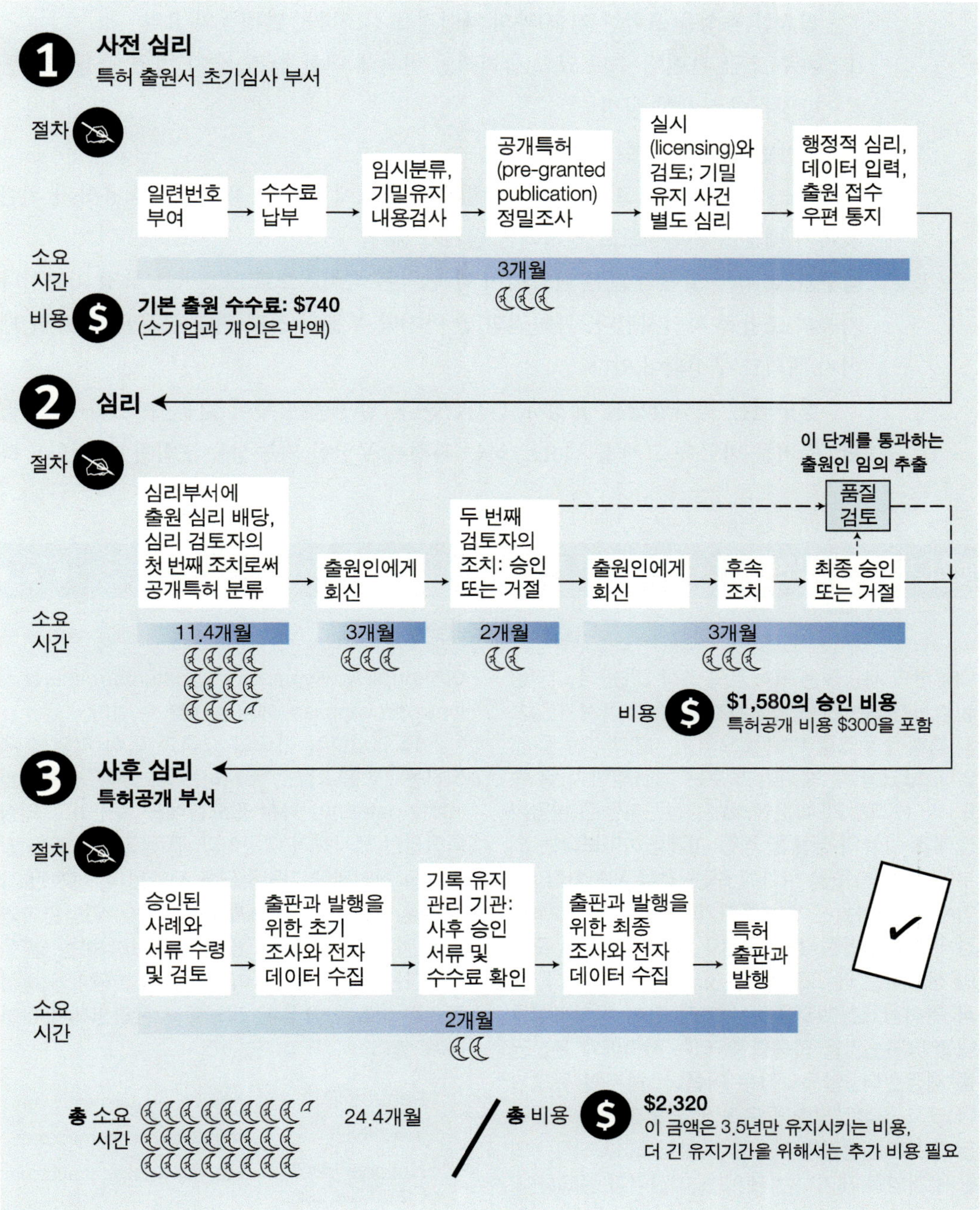

출처: United States Patent Office, 2012.

b. 기존에 알고 있거나 발명품과 유사한 모든 선행 기술의 설명. 명세서는 주로 다른 특허권을 간략한 설명과 함께 형식에 맞춰 열거한다. 이 외에 전매특허를 받지 않은 기술을 인용하거나 설명할 수 있다.

c. 새로운 발명품의 본질을 설명하고 기존 선행 기술(참신하거나 참신하지 않아도 필요한 특성을 포함한 기술)과의 차이점을 강조하는 발명품의 요약

d. 아주 조금 관련될 수도 있고 합리적인 변화에 대한 참조, 숫자 범위 등을 포함한 발명품의 상세한 설명

e. 상세한 예시 또는 실험결과

명세서는 권리를 알리고 실질적인 방법으로 특허에 근거한 융통성을 허용하기 위한 것이기 때문에 본질적으로 명시되는 범위가 넓다.

2. **청구권**(claims)은 일련의 짧은 단락이며 각 단락은 특허권으로 보호받는 특정 기능이나 기능의 조합을 확인시킨다. 특허권의 맨 마지막 부분인 전체 권리 부분은 주로 한 페이지 내외로 구성되어 있다.

청구권은 특허발명을 규정하고 제한한다. 발명품은 폭이 넓을 수 있다(예를 들면, '무기물 비금속 고체'를 필요로 하는 과정은 무한한 가능성을 포함할 수 있다). 하

창업가정신 사례

특허권 보호: 실용적 관점

대부분의 사람들은 특허권의 고작 2%만이 이익을 실현시킨다는 것을 인식하지 못한다. 특허권 절차와 특허권 보호를 위해 소요되는 시간과 자원을 감안해 보았을 때 특허권 보호는 최선책이 아닐 수도 있다. 그렇기 때문에, 많은 전문가들은 발명가들에게 그들의 상품을 직접 마케팅하기보다는 외부에 특허 사용을 허가해 주는 것을 제안한다. 이어서, 전문가들은 벤처투자가(venture capitalist), 경제적으로 안정적인 동업자 및 컨설턴트의 도움이 성공하는 데 도움을 줄 것이라고 제시한다. 미국 특허상표청(USPTO)은 가장 먼저 아이디어를 내놓았다는 것을 입증할 수 있는 사람에게 우선권을 제공한다. 입증과정은 어렵다. 하지만 규모가 더 크고 정착된 기업들은 보통 발명가들보다 유리할 수 있다. 발명가가 미국 특허상표청(USPTO)의 공개 계약을 제기하는 데에는 10달러가 필요하다. 그 다음 단계는 '특허 출원증'이나 '임시 특허' 신청을 하는 것이다. 이때 필요한 신청료는 110달러이며 1년 동안 유지된다. 이 비용은 발명가들이 추가적으로 상품을 테스트하고 그 상품에 관한 법적 조언을 얻을 수 있게끔 한다. 임시 특허권과 관련된 더 많은 정보들은 미국 특허상표청(USPTO) 홈페이지(http://www.uspto.gov/patents/resources/types/provapp.jsp.)에서 찾아볼 수 있다.

15,000달러 정도의 요금과 특허 지원을 제의하는 TV 광고들은 무시하는 게 좋다. 실용신안(utility patent)이 가장 필요함에도 불구하고 의장특허권만 제시하기 때문이다. TV광고들은 또한 발명품을 산업계에 기탁하도록 제안한다. 하지만 그들이 항상 올바른 산업계에 발명품을 기탁한다거나 발명가들을 위해서 "발품을 팔아야 하는 일"을 하겠다는 것은 아니다. 마지막으로, 발명가들을 성공으로 이끄는 더 많은 정보들은 온라인에서 찾아볼 수 있다.

Pantros IP	http://www.patentcafe.com
InventNET	http://www.inventnet.com
National Invent Fraud Center	http://www.inventfraud.com
Innovation Institute	http://www.wini2.com
미국특허상표청	http://www.usptp.gov

출처: Adapted from Michael Boland, "ASAP Inventor's Guide to the Fast Lane," *Forbes* (June 24, 2002): 72; and the home pages of the companies and institutions cited above (accessed June 27, 2012).

지만 동시에 선행 기술(유기물 금속을 포함하는 다른 절차들)이 포함되지 않도록 급격하게 제한될 수 있다.[4]

청원서가 상무부의 **특허상표청**(Patent and Trademark Office)을 통해 제출된 후, 심사 위원은 발명품이 특허 자격을 얻을 수 있을지의 여부를 결정한다. 심사 위원은 저널에 기록된 기술 자료와 이전에 등록된 특허기록들을 찾아보며 특허 자격을 결정한다. 개개인의 조사 결과들에 따라 특허 신청이 거절되거나 승인될 수 있다.

등록된 특허 중에 오직 소수의 경우만 상업적으로 가치가 있다. 결과적으로, 창업가는 특허를 받기 위해 투자된 시간과 비용과 비교하여 발명품의 가치를 따져 보아야 한다. 또한, 특허상표청이 승인한 다수의 특허들이 법정에서 소송이 제기된 후 무효처리된다는 것을 기억해야 한다. 이러한 일이 발생하는 이유는 첫째, 특허 사용자가 특허권을 주장하기 전에 지나치게 오랫동안 지체했기 때문이다. 두 번째 이유는, 특허 소유자를 상대로 한 소송이 특허권 남용(예를 들면, 특허 사용 합의의 부분으로 다른 제품이나 서비스의 특정 구매를 요구하는 사례)을 입증할 수 있기 때문이다. 세 번째 이유는, 다른 당사자들(parties)이 그 특허가 특허 자격 기준에 미치지 못하므로 특허 자격은 효력이 없다고 주장할 수 있기 때문이다.[5]

만약 신중한 검토 후에 창업가가 그의 발명품이 법적인 이의를 견뎌낼 수 있고 상업적으로 가치가 있다는 판단을 내린다면 특허는 계속해서 추구되어야 한다. 만일 이의가 제기된다면 법적인 수수료는 꽤 클 수 있다. 하지만 성공적인 방어는 법원 비용, 이자에다가 충분한 침해비용을 보상할 수 있는 손해배상금을 받을 수 있다. 실제로 법정은 실제 금액의 3배 이상의 피해 보상금을 부과할 수 있다. 이어서 특허 침해자들은 법적 비용뿐만 아니라 위반으로 야기된 모든 이익을 변상할 법적 책임이 있다.[6]

지적재산권 보호: 저작권

저작권(copyright)은 창조적인 사람들에게 그들의 문학적이거나 예술적인 저작물을 위한 배타적인 권리를 제공한다. 아이디어 자체만으로는 저작권을 얻을 수 없지만 그 아이디어를 표현하는 특정한 방식/유형을 통해 저작권을 얻을 수 있다. 표현하는 방법에는 여러 가지가 있는데 대표적으로는 도서, 정기 간행물(학술지), 극적이거나 음악적인 저작물, 예술, 영화, 강연, 음반, 컴퓨터 프로그램 등이 있다.

1978년 1월 1일 이후에 제작된 저작권이 있는 저작물들은 작가/저자의 일생동안 그리고 추가적으로 70년 동안 보호를 받게 된다. 저작권의 소유자는 (1) 복제할 수 있고, (2) 원본에 근거한 파생작을 준비할 수 있으며(예를 들면, 소설의 압축본이나 영화판), (3) 판매하거나 다른 방법으로 복제품을 배포할 수 있고, (4) 공식적으로 공연을 하거나 (5) 공식적으로 저작물을 전시할 수 있다. 각각의 권리는 타인에게 넘겨줄 수도 있다.[7]

저작권보호 이해하기

창의적 저작물의 저자/작가가 저작권 보호를 얻기 위해서는 그 저작물이 전달되고 다시 만들어 낼 수 있어야 하므로 유형의 형태를 지녀야만 된다. 또한, 그 저작물은 저자/작가 본인의 것어이야 하며, 저자/작가의 기술과 생각이 담겨 있어야 한다. 개념, 원리, 과정, 시스템, 발견은 유형의 형태 — 문서 작성 혹은 녹음 — 가 되기 전까지는 유효하지 않다.

저자가 위반 침해에 대한 소송을 걸기 전에는 의회도서관 산하 저작권 사무소(Copyright Office of the Library of Congress)에 공식적인 저작권 등록이 필수적이다. 또한, 저자/작가는 정당한 통고를 받지 못한다면 저자의 저작권은 유효하지 않다고 생각하면 된다.

저자/작가의 배타적인 저작권을 위반하는 사람은 위반에 대하여 책임을 지게 된다. 그러나 **공정사용원칙**(fair use doctrine) 때문에 종종 위반 사실을 규명하기가 어려울 때도 있다. 공정사용은 평론, 논평, 뉴스 보도, 강의(교육 목적을 위한 복사본 포함), 학문 또는 연구 등의 목적으로 저작권이 있는 저작물을 복제하는 경우이다. 이렇게 사용되는 경우는 저작권의 위배가 아닌 걸로 간주되므로 공정사용의 좋은 예라고 할 수 있다. 어느 특정한 상황에서 저작물의 사용이 공정한지 아닌지를 판단할 때, 감안해봐야 할 요소들에는 (1) 상업적인 용도인지 비영리적 교육의 용도인지를 포함한 사용의 목적과 특징; (2) 저작권이 있는 저작물의 특성; (3) 저작권이 있는 저작물 전체와 비교하여 사용된 부분의 양과 실제성; 그리고 (4) 저작권이 있는 저작물의 사용으로 인한 잠재적 시장에 미치는 가치 면에서의 영향력 등이 있다.[8]

만약 저작자가 저작권 위반을 입증한다면, 보통 해결책은 실제로 입은 손실과 위반자가 취득한 이익들을 다시 되찾는 것이다. 저작권에 의해 생성된 자료들을 보호하기 위한 비용과 위험은 전혀 없다는 것을 명심하라. 그러므로 준비하고 많은 시간을 투자한 저작물은 말할 것도 없이 꼭 저작권 표시 (©)와 함께 저작권 등록을 해야 한다. 또한, 저작권 위반으로 누군가를 소송하지 않는 이상 저작권 사무소(Copyright Office)에서 저작권을 등록할 필요는 없다. 압도적인 다수의 상황(출판업이 아니라는 가정)에서는 저작권 표시를 사용하면 미국 저작권 사무소로부터의 특허 등록을 위한 시간과 노력을 기울이지 않아도 된다.

아이디어 보호

저작권법(Copyright Act)은 서술되고, 설명되고, 묘사되고, 구현된 형식과는 상관없는 아이디어, 절차, 과정, 시스템, 작동 방법, 개념, 원리, 발견 등의 저작권 보호는 특별히 배제시킨다. 아이디어에 저작권을 부여하는 것은 불가능하다. 저작물에 포함된 내부 아이디어는 타인에 의해서 자유롭게 사용될 수 있다. 아이디어를 표현하는 특정한 방법이어야 저작권 취득이 가능하다. 아이디어와 표현방식을 떼어 놓을 수 없다면 그 표현 방식은 저작권을 취득할 수 없다.

창업가정신 사례

출장자들: 휴대폰 사용에 주의하라!

만일 종업원이 자발적으로 중대한 정보를 노출시킨다면, 정부는 경쟁으로부터 사업을 보호해 주기가 어렵다. 엄청난 양의 민감하고 비밀스러운 정보는 휴대폰에 세심한 주의를 기울이지 않는 출장자들에 의해 세상에 알려지고 있다. 겉보기에는 위험하지 않은 대화나 기내, 대중교통, 상점 내에서 직장동료와의 통화는 기업에 큰 혼란을 일으키기도 한다.

영업 비밀을 보호하는 것은 새로운 개념이 아니지만 많은 출장자들과 기술의 발달로 인해 작은 실수 하나도 위험을 불러일으킬 수 있다.

출장자들은 정부로부터 보호받기 힘든 휴대용기기에 저장된 지적재산권을 보호하는 데 더 신경써야 한다.

1. 휴대용기기 작동방법과 사생활 보호와 보안 도구의 허용 및 설치방법을 알고 있어야 한다.
2. 휴대용기기에 저장된 개인 정보를 꼭 필요한 정보만 저장하도록 제한한다.
3. 추측이 어려운 비밀번호를 설정한다.
4. 휴대폰에 저장된 정보를 보기 위해서는 비밀번호를 입력하도록 자동 잠금 설정을 한다.
5. 개인 정보의 추가적 보호를 위해 최첨단 암호화 기술을 사용한다. 암호화가 없이는 승인되지 않은 접근으로부터 개인 정보가 매우 취약할 수 있다. 암호화에는 정보를 변형하여 키(key)코드가 없이는 읽히지 않도록 정보를 문자로 변형시키는 알고리즘(algorithm)을 사용하는 방법이 있다.
6. 휴대용기기에 바이러스 백신 프로그램을 설치하고 가동시킨다. 스팸 메세지, 바이러스, 스파이웨어로부터의 공격/위험이 증가 추세를 보이고 있다. 예를 들면, 바이러스에 감염된 프로그램을 다운로드한다면 휴대용기기도 바이러스에 감염될 수 있다.
7. 가상사설망(Virtual Private Network, VPN)과 같은 보안 시스템이 갖춰져 있지 않다면 공공장소(예를 들면, 카페 등의 장소)의 공중 무선망을 통해 개인적인 정보를 보내지 말아야 한다. 공중 무선망은 안전하거나 안전하지 않을 수 있지만 타인에게 정보 노출의 위험이 있다.
8. 휴대용기기를 절대 공공장소나 차에 남겨두지 말라. 북미에서는 수십만 개의 휴대용기기를 분실하거나 도둑맞는다. Information Security and Privacy Research Centre의 설문조사에 따르면 노트북의 경우 3년을 주기로 5~10%의 유실 가능성을 갖고 있다.
9. 처분하기 전, 더 이상 필요 없는 정보가 제거되었는지 확인해야 한다.
10. 중대한 정보는 또 다른 기기에 백업한다. 기업 네트워크와의 연결이 불가능한 모바일 사용자들은 온라인상의 정보 손실로부터 보호받을 수 있다.

출처: Adapted from Office of the Privacy Commissioner of Canada, "Privacy on the Go: 10 Tips for Individuals on Protecting Personal Information on Mobile Devices," January 2011, http://www.priv.gc.ca/fs-fi/02_05_d_47_dpd_e.cfm, accessed April 3, 2012; and Tom Olzak, "Five Steps to Protect Mobile Devices Anywhere, Anytime," August 2008; http://www.techrepublic.com/blog/security/five-steps-toprotect-mobile-devices-anywhere-anytime/529, accessed April 3, 2012.

일반적으로, 원본의 표현 방식이 아니라면 저작권에 저촉되지 않는다. 대중에게 알려진 다수의 사실들은 저작권 취득이 불가능하다. 일련의 페이지 번호는 저작권 취득이 불가능하다. 왜냐하면 모두가 페이지의 차례를 알고 있기 때문이다. 수리적인 계산 또한 저작권 취득이 불가능하지만 사실의 편찬(compilation)은 제외한다. 저작권법은 편찬을 이렇게 정의한다. "결과적으로는 저작권자의 원본(original work)을 만들기 위해 기존에 존재하는 선택, 편성, 처리된 자료의 수집과 조립으로 이루어진 작업이다."[9]

지적재산권 보호: 상표

상표(trademark)는 상품을 나타내기 위한 독특한 이름, 표시(mark), 상징(symbol), 표어(motto)이며, 특허상표청(Patent and Trademark Office)이 부여한다. 상표법(Trademarks law) 덕분에 각각 다른 상징과 이름을 사용하면 벤처(사업) 간의 혼동이 줄어들었다.

특정 법률 용어는 표시의 정확한 형식들을 차별화시킨다. 서비스 표시는 여러 종류의 서비스를 정의하고 구별한다. 인증 표시(certification mark)는 재화와 용역의 품질이나 재료 등을 보여 주며 표시의 소유주보다는 타인에 의해 사용된다. 단체 표시(collective mark)는 그룹이나 단체의 구성원들을 재화와 용역의 근원으로 나타내고 인정하는 상표나 직무 표장(service mark)을 뜻한다.[10]

암시적, 공상적이거나 혹은 특정한 디자인을 동반한 개인적인 이름이나 명칭이 아닌 이상, 보통 포괄적이고 서술적인 개인의 이름과 명칭은 상표로 표기되지 않는다. 예를 들면, 'English Leather'은 영국에서 제작된 가죽임을 설명하기 위해 등록된 상표가 아닐 수 있다. 반면에 단어의 공상적 의도를 구성함으로서 면도 후 바르는 로션을 나타내는 상표로 등록될 수 있다. Smith Brothers Cough Drops와 같은 제품의 경우, 보통 명칭이지만 제품명이 공상적 디자인, 사진과 동반되어 제품을 식별할 수 있으므로 상표화할 수 있다.

대부분의 상황에서 기존에 등록된 표시들의 유사함 때문에 특허상표청은 정부의 깃발이나 휘장, 살아있는 사람의 인물 사진이나 서명, 부도덕적, 기만적이거나 문제를 불러일으킬만한 것들의 표시, 상징, 그리고 명칭의 상표신청을 받아들이지 않는다. 한 번 출원되면 상표는 특허상표청 선원 등록(Principal Register of the Patent and Trademark Office, 먼저 신청한 자가 우선) 목록에 올라간다. 목록에 올라가면 (1) 소유주의 상표사용 권리의 전국적인 법적 통지(이 통지를 통해 위배소송의 피고가 법적 통지를 받았다는 것을 증명해 보이지 않아도 된다), (2) 위조품이나 상표권을 침해하는 제품으로부터 관세청(Bureau of Customs)의 수입업자에 대한 보호 보호, (3) 5년 후, 표시의 명백함과 같은 장점이 있다.[11]

1995년, 미국 의회(Congress)는 연방 상표희석화방지법(Federal Trademark Dilution)을 통해 무역거래법(Trade Act)을 개정했다. 이 법은 상표가치희석방지를 위한 법적인 소송 사유를 제기함으로써 상표 소유주를 위한 보호범위를 더 넓혔다. 개정안의 통과까지, 연방상표법(Federal Trademark Law)은 소비자들이 본래의 재화나 용역을 구분하기에 혼란스럽기 때문에 경쟁 간의 혹은 경쟁은 아니지만 관련이 있는 재화와 용역의 승인되지 않은 동일한 상표 사용만 금지했다. 2006년, McDonald, Google, Nike, Apple과 같은 독특하고 유명한 상표의 혼동가능성과 경쟁의 사실과는 관계없이 승인되지 않은 사용으로부터 보호하기 위해 미국 의회가 상표가치희석화방지 개정법(Trademark Dilution Revision Act, TDRA)이라는 추가 법안을 제정했다.[12]

1989년 이전에 등록된 상표는 20년 동안 유지되었다. 하지만 그 이후에 등록된 상표는 10년 동안만 유지가 되고 매 10년마다 갱신이 가능하다. 여기서 유의해야 할 점은, 상표는 네 가지의 특정 상황에서 무효가 될 수 있다는 것이다.

1. **무효화 절차**(cancellation proceedings): 출원 후 5년 내에 제3자가 표시의 독창성에 이의를 제기하는 경우이다.
2. **권리소멸 절차**(cleaning-out procedure): 상표 소유주가 등록기간 중 6년 동안의 사용 혹은 미사용의 이유를 명시한 진술서를 제출하지 못하는 상황이다.
3. **포기**(abandonment): 타당한 이유나 상표 포기 관련 서류 없이 연속 2년 동안 상표를 사용하지 않은 경우이다.
4. **총칭 의미**(generic meaning): 재화와 용역의 일반적인 그룹을 나타내도록 허용하는 경우이다. 예를 들면, 랩(plastic wrap)을 대표하여 셀로판이 나왔고 Scotch tape은 접착제를 대표하게 되었다. Xerox는 전국광고를 통해 타인의 모방을 막기 위한 방법들을 모색하고 있다.

만약 상표가 올바르게 등록되고 사용되고 보호받는다면, 소유주는 혼동을 일으킬만한 표시의 사용에 대한 금지명령을 받아 낼 수 있다. 더 나아가서, 법정에서 상표권을 침해 받았거나 손해가 입증됐을 때 상표 소유주는 보상금을 지급받을 수 있다.

창업가적 과정

패러디인가 상표 침해인가?

패러디는 상표 침해에 맞서 방어할 때 종종 사용되기도 한다. 패러디는 동시의 모순적인 두 의미(본래의 의미와 풍자된 의미)를 전달해야 한다. 미국특허상표청(U.S. Trademark Office)에 따르면, 진정한 패러디는 혼동 가능성을 줄인다고 한다. 왜냐하면 패러디를 보는 사람(viewer)은 실제 제품과 농담 사이의 뚜렷한 차이를 파악하기 때문이다. 그러므로 소비자는 혼란스러움을 겪는 것이 아니라 패러디를 통해 재미와 즐거움을 느낀다.

Haute Diggity Dog는 애완동물 장난감을 파는 회사이다. 그들은 Chewnel No. 5, Jimmy Chew, Dog Perignon을 포함한 여러 가지의 패러디 상품을 만들었다. 그러나 Chewy Vuiton이라는 장난감은 995~4,500달러 상당의 상품의 품질과 고급스러움을 상징하는 상호인 LV를 보유한 Louis Vuitton을 격분케 했다. 장난감 Chewy Vuiton은 Louis Vuitton 핸드백의 모양, 디자인, 색상을 모방했지만 상표인 LV 대신 CV를 사용했고 꽃, 다이아몬드, 십자 무늬의 패턴은 Louis Vuitton의 패턴과 비슷하지만 다르게 디자인했다. 이 장난감은 20달러 미만의 가격으로 판매되고 있었다.

법정에서는 이 장난감을 패러디라고 판결했다. 장난감 Chewy Vuiton은 모조품이란 걸 보여주었지만 비싼 가격의 핸드백이 아닌 작은 애완동물 장난감이었기 때문에 본래의 Louis Vuitton 핸드백과는 확연히 대조되었다. 장난감 Chewy Vuiton이 패러디로 판결된 후에도 법정은 상표권 침해를 검토해야 했다(혼동의 가능성이 있는 목적인지 아닌지 간에).

상표권 침해인지 아닌지의 여부를 평가하기 위해서 법원은 (1) 상표 간의 유사한 정도, (2) 명칭에 사용된 제품 간의 유사성, (3) 동시 사용의 범위와 방식, (4) 소비자들의 관심을 사는 정도, (5) 상표 불평의 정도, (6) 소비자들 사이에서 실제품의 혼동 여부, (7) 다른 제품으로 속여서 팔고자 하는 침해자로 간주된 측의 의도와 같은 항목을 고려한다.

장난감 Chewy Vuiton 패러디는 소비자들에게 유명한 상표(Louis Vuitton)를 충분히 생각나도록 했지만 Chewy Vuiton만의 특유의 차이를 보였다. 제품의 차이점은 하나는 씹는 장난감이고 또 다른 하나는 디자이너 지갑으로서 Haute Diggity Dog의 인기였다. Louis Vuitton 핸드백은 Louis Vuitton 부티크나 백화점 매장에서 판매되는 반면, Haute Diggity Dog의 제품들은 주로 다른 패러디된 애완동물 용품들과 함께 애완동물 가게에서 판매되었다. 상표권 침해가 아닐 때, 법원은 상표권 희석(issue of dilution)을 참조하였다 (Trademark Dilution Act Revision Act of 2006). Haute Diggity Dog의 Chwey Vuiton이란 장난감이 독특성을 해치기 위해서 인지 Louis Vuitton의 명성을 떨어뜨리게 하려는 것인지를 가려내기 위해서이다. 이 과정에서 법원은 (1) 유명한 표시나 상품명 사이에서의 유사성 수준; (2) 유명한 표시가 내제되거나 그로부터 독창성을 획득한 수준; (3) 유명 표시 소유주가 표시의 독점적 사용과 얼마나 관련 있는지의 정도; (4) 유명 표시의 인지도; (5) 표시나 상품명의 소유자가 유명 표시와의 연관성을 만들어 내려고 했는지의 의도; (6) 표시나 상품명과 유명 표시 사이의 실제 연관성과 같은 사항을 검토했다. 장난감 Chewy Vuiton은 패러디였기 때문에, 법원은 Haute Diggity Dog를 위반이 아님을 판정 내렸다.

Chewy Vuiton 사례는 패러디를 시도하려고 하는 모든 창업 기업이 숙지해야 하는 몇 가지의 질문들을 상기시킨다.

> 이 패러디는 유머러스한가? 만약 소비자를 웃게 만들 수 없다면 긴장해라. 효과적인 패러디는 필요한 풍자, 조롱, 농담, 즐거움을 동시에 전달할 수 있어야 한다. 제안된 상표가 패러디되고 있는 상표와 대조했을 때 충분히 비슷하거나 차이점이 있는가? Haute Diggity Dog의 장난감은 Louis Vuitton의 표시나 디자인과 비슷하게 만들어졌지만 완전히 일치되지 않는 표시와 디자인이었기 때문에 패러디의 법적책임에서 빠져나올 수 있었다.
>
> 제안된 패러디 표시가 제품라인에서 목표로 하는 상품들과 비슷한가? Chewy Vuiton의 경우, 제품들은 비슷하지 않았고 법원은 Louis Vuitton이 씹도록 만들어진 장난감을 생산하지 않을 것을 인지하고 있었다. 한 가지 유의해야 할 사실은 법원이 경쟁사들 간의 표시 사용을 판결할 때 매우 엄격하다는 사실이다.
>
> 법적 대응에 준비가 되어 있는가? 궁극적으로 성공적인 사실에도 불구하고 Haute Diggity Dog는 회사를 보호하기 위해 수십 만 달러를 사용했고 유통협력자들을 잃었으며 소송으로 인하여 물품들을 반송받기도 했다. Microsoft, Hard Rock cafe, McDonald's, Coca-Cola, Nike와 같은 기업에 대응하여 법적인 싸움을 하는 것이 과연 얼마나 가치가 있을까? 기업들은 그들의 상표 보호와 법적 쟁점과 비용을 요구하는 자금이 풍부한 기업으로부터의 침해 소송의 보호를 위해 점점 더 공격적으로 변하고 있다.

몇 가지 판결의 예:

- Hard Rain Cafe는 소비자들을 Hard Rock Cafe와 혼동케 했다.
- Enjoy Cocaine는 같은 빨간색의 로고를 사용했음에도 불구하고 타당하지 않은 Coca-Cola의 패러디였다.
- Lardash는 적절한 Jordache의 패러디로 여겨졌다.
- Mutant of Omaha와 Nuclear Holocaust Insurance라는 부제는 부적절한 Mutual of Omaha의 패러디였다.
- Bagzilla는 허용된 Gozilla의 말장난이었고 소비자들을 혼동시키지 않았다.
- Spy Notes는 타당한 CliffsNotes의 패러디였다.

출처: Adapted from Maxine S. Lans, "Parody as a Marketing Strategy," *Marketing News* (January 3, 1994): 20; Diane E. Burke, "Trademark Parody: Taking a Bite Out of Owner's Rights," web post, 2009, http://www.steptoejohnson.com/publications/publicationstory/TrademarkParodyTakinga BiteOutof,249.aspx (accessed January 15, 2012) and Jane P. Mallor, A. James Barnes, Thomas Bowers, and Arlen W. Langvardt, *Business Law: The Ethical, Global, and E-Commerce Environment*, 15th ed. (New York: McGraw-Hill Irwin, 2013), 288–292.

창업가적 과정

인터넷 지적재산 정보 출처

http://www.uspto.gov
미국 특허상표청 홈페이지는 기업가들을 위한 가치 있는 정보들을 제공한다. 사용자들은 신청양식, 국제 특허, 법적 쟁점, 자주 묻는 질문(FAQ)들과 같은 특허와 상표관련 정보들을 찾아볼 수 있다.

http://www.patents.com
이 웹 사이트는 기본적인 특허 정보를 보기 쉽게 정리하여 제공한다. 또한, 각 주마다 등록된 특허들과 특허 변호사 안내책자도 찾아볼 수 있다.

http://www.bustpatents.com
Source Translation and Optimization의 지원을 받는 이 웹 사이트는 인터넷, 생명공학(biotech), 전자 상거래 특허와 관련된 도움을 지원한다. 사용자는 서명 후 무료로 이메일을 통한 일일 정보, 인터넷 특허 뉴스 서비스를 제공받을 수 있다.

http://www.dopyright.gov/
미국 의회도서관 산하 저작권 사무소(United States Copyright Office at the Library of Congress)웹 사이트는 저작권 보호, 허가, 법적 쟁점에 관련 있는 정보들을 제공한다.

http://www.law.cornell.edu/
Cornell 법대의 법률정보 연구소(Legal Information Institute at the Cornell School of Law) 웹 사이트는 법률 문서와 저작권법의 역사를 알려준다. 또한, 국제 저작권 정보와 더 많은 저작권 관련 정보를 얻을 수 있는 링크를 제공한다.

http://www.findlaw.com
홈페이지 사용자들은 어떤 주제든 검색할 수 있고 실제 성문법(actual written law), 법원의 우선순위(court precedence), 최신의 사례 및 해석으로부터의 이익을 가져올 수 있다. 또한, 사용자들은 사업시작에 도움이 될 만한 정보와 법률을 실생활에 활용할 수 있도록 준비된 비지니스 정보도 얻을 수 있다.

http://www.cengage.com/search/showresults/do?N=4294922453+4294922239+4294966221
Cengage Learning은 여러 가지 비지니스 법률 교과서를 제공한다. 이 웹 사이트는 각 책의 업데이트 및 개요를 보여 주고 구입 전에 목차들을 확인해 볼 수 있다.

상표의 잠재적 위험 방지

상표등록과 검색은 종종 수천 달러를 오갈 정도로 많은 비용이 든다. 하지만 상표권 침해는 더 많은 비용을 야기한다. 이러한 잠재적 위험(pitfall)을 막고자 한 연구자는 기업가들이 창업을 시작하며 상표를 선택할 때 꼭 지켜야 할 다섯 가지의 기본 규칙을 제시했다.

- 상표 검색을 먼저 해 보지 않고는 회사명이나 표시를 정하지 말라. 만일 기업 표시에 문제가 있다고 변호사가 말한다면 변호사의 조언을 수용하라.
- 서술적이거나 다른 것을 연상케 하는 이름들로 만족하기보다는 신조어나 공상적인 명칭 혹은 표시를 찾아라.
- 마케팅 및 다른 고려사항들이 제품을 연상케 하는 명칭이나 표시의 사용을 좌우할 때마다 서술적이고 연상케 하는 단어들 중 독특한 상품의 심벌 마크(logotype)을 선택하라.

- 약어와 두문자어(머리글자로 된 말)의 사용을 가능한 한 피하라. 만일 대안책을 사용할 수 있다면 축약형이나 두문자어가 드러나는 독특한 심벌 마크을 선택하라.[13]

영업 비밀

특정한 사업 절차와 정보들은 특허 받거나 저작권 혹은 상표 등록을 받을 수는 없지만 **영업 비밀**(trade secrets)로 보호받는 것은 가능하다. 소비자 명단, 방안/방침, 연구개발, 가격 정보, 마케팅 기법, 제조 기법 등이 잠재적 영업 비밀의 예이다. 일반적으로 기업을 특별하게 만들고 경쟁으로부터의 가치가 있는 요소들을 영업 비밀이라고 간주한다.[14]

영업 비밀 보호는 아이디어와 생각들의 표현 방식들로 이루어진다. 그렇기 때문에 영업 비밀은 등록절차나 출원 요건을 충족시킬 필요가 없어서 소프트웨어 기업에 적합하다. 물론 비밀 제조법(secret formula)이나 방법을 포함한 다른 정보들은 핵심 직원들에게 공개되어야 한다. 기업들은 일반적으로 영업 비밀 절차와 정보를 사용하는 직원들이 정보를 누설하지 않겠다는 계약을 통해서 영업 비밀을 보호하려고 노력한다. 경쟁사의 정보를 빼돌리는 산업 스파이의 기밀 정보의 절도행위는 특정한 계약 위반과 상관 없는 영업 비밀절도이고 그 자체로도 소송이 가능하다.

법은 영업 비밀의 영역을 명백히 기술한다. 영업 비밀이 될 수 있는 정보는 (1) 경쟁으로부터 알게 된 정보가 아닐 때, (2) 경쟁자가 정보를 획득하면 사업의 이점을 잃을 수 있을 때, (3) 소유주가 영업 비밀 폭로를 막기 위해 합당한 노력을 했을 때이다.[15] 여기서 기억해야 할 점은 이러한 상황에서의 기소는 항상 다루기 어렵다는 점이다.

인터넷에서의 상표 보호

인터넷이 가지고 있는 독특한 성격 때문에 인터넷 사용은, 특히 지적 재산권에 관하여 독특한 법적 질문들과 쟁점들을 만들어 내기도 한다. 최근 생겨난 사이버공간을 관리하는 법의 상당부분은 인터넷 관련 법규(cyberlaw)에 언급되어 있다.

사이버공간에서의 지적 재산권과 관련된 상표 쟁점들 중 하나는 인터넷 도메인 주소를 상표로 여겨야 할지 단순히 접근 방법(실생활의 도로명과 같은 개념)으로 여겨야 할 지에 대한 것이다. 갈수록 법원은 상표법의 원칙(principles of trademark law)을 인터넷 도메인 주소에 적용시켜야 한다는 입장을 유지하고 있다. 하지만 상표법이 인터넷 도메인 주소에 적용될 시 발생하는 한 가지 문제점은 상표가 다른 종류의 재화나 용역에 사용되고 고객들에게 혼동을 일으키지 않는 이상 여러 단체들한테 같은 표시의 사용을 허가한다는 점이다. 현재 구성되어 있는 인터넷에서는 재화와 용역의 종류와는 관계없이 오직 한 단체만 1개의 특정 도메인 이름을 사용하게 되어 있다. 즉, 2개 이상의 단체가 상표 Entrevision을 소유할 수 있다고 할지라도 오직 한 단체만이 Entrevision.com이라는 도메인 이름으로 비지니스를 인터넷에서 운영할 수 있다. 이러한 도메인 주소의 제한적인 특성 때문에 도메인 주소가 상표로의 역할을 할 수 있을지 없을지의 여부에 대한 논쟁이 일어나고 있다. 지금까지 이러한 논쟁을 고려해 법원은 도메인 이름으로 허가받지 않은 다른 이의 표시 사용은 상표법 위반이 될 수 있다고 판결했다.[16]

지적재산권의 보호와 관련된 유형들의 포괄적인 개요는 표 9.2에서 찾아볼 수 있다.

창업 벤처의 법률구조

장래의 창업가들은 사업 수요에 가장 잘 맞는 법률 구조(legal structure)를 확인할 필요가 있다. 세법 개정, 법적 책임, 자금의 가용성, 사업형성의 복합성 등에서 법률구조의 필요성을 느끼게 된다.[17] 조직의 법적 유형(form)을 검토할 때 창업가들은 몇 가지 중요한 사항들을 고려해 봐야 한다.

- 기업 조직의 형태가 얼마나 쉽게 설립될 수 있는가?
- 조직을 설립하기 위한 필요 자본은 얼마정도인가?
- 창업가에게 주어진 선택권을 제한할만한 법률 고려사항은 무엇인가?
- 선택된 기업 유형의 세금 효과는 무엇인가?
- 선택된 기업 조직의 소유자의 잠재적 법적 책임엔 어떤 것들이 있는가?

세 가지 중요한 기업의 법률 유형으로는 개인 기업, 동업, 법인이 있다. 각 유형마다 특별한 장점과 단점이 있기 때문에 어느 한 유형이 다른 유형보다 낫다고 딱 잘라 말할 수 없다. 창업자의 특정한 상황, 관심사, 욕구에 따라서 알맞은 선택을 해야 한다.[18]

개인 기업

개인 기업(sole proprietorship)이란 한 사람이 스스로 소유권을 갖고 경영하는 사업이다. 기업은 소유주 없이 존재할 수 없다. 소유주는 모든 수익에 대한 권리가 있으며 또한 부채와 의무에 대한 법적 책임이 있다. 또한, 소유주는 **무한책임**(unlimited liability)을 가지고 있는데, 즉 운영 뒤에는 사업과 개인 재산이 있다는 것을 의미한다. 만일 기업이 재정적 부채를 지불하지 못한다면 소유주는 채권자에게 돈을 갚기 위해 개인의 자가용, 집 등을 강제로 팔게 된다.

개인 기업을 설립하기 위해서는 단순히 지역, 국가 면허증의 취득이 필요하다. 만약 소유주가 만들어 낸 이름이나 가명을 사용하길 선택한다면 사업 가명 허가증(certificate of assumed business name)을 지방정부에 제출해야 한다. 이러한 용이성 덕분에 개인 기업이 가장 널리 사용되고 있는 조직의 법적 유형이다.[19]

표 9.2 지적재산권 유형

	특허권	저작권	상표권(서비스표시 및 상품외장)	영업 비밀
정의	발명자에게 독점권을 부여하는 정부의 허가	명시된 범주에 속하는 저작물이나 예술적 작품의 저자와 창작자에게 허가되는 무형의 재산권	자기상품이 어떤 것인지를 인식시켜 타인이 제조 및 판매하는 상품이나 서비스와 구별시키기 위해 제조자 또는 사업자가 채용하여 사용하는 말, 이름, 심볼, 도안 등의 조합을 의미	사업이 지니고 있고 정보와 절차를 모르는 경쟁자보다 사업 이점을 제공하는 모든 정보(제조기법, 양식, 프로그램, 도안, 기술 및 공정)
요건	발명품의 속성 1. 신규성 2. 비자명성 3. 유용성	저작물의 속성 1. 독창성 2. 저자가 식별, 재생산할 수 있는 충분히 안정된 형태로 눈에 보이는 표현 매체에 의해 구체화될 때 완료된 것으로 간주 3. 저작권을 취득할 수 있는 범주 내에 있어야 됨	상표, 서비스표시, 상품외장은 소비자와 타인이 제조자, 판매자 또는 비즈니스 사용자의 재화나 서비스를 경쟁자의 것과 구별할 수 있도록 충분한 차별을 나타내야 됨(또는 후천적으로 얻은 이차적 의미를 지녀야 됨)	상업적 가치가 있고 일반 대중이나 경쟁자에게 알려져 있지 않고 쉽게 확인할 수 없고 정보공개로부터 합리적으로 보호받아야 하는 정보나 절차
종류 또는 범주	1. 유용성(일반적) 2. 디자인 3. 식물(꽃, 채소 등)	1. 저작물(컴퓨터 프로그램 포함) 2. 음악 저작물 3. 극저작물 4. 무언극과 안무 작품 5. 회화, 그래픽 및 조각 작품 6. 영화 및 시청각 작품 7. 음반	1. 우수하고 유일무이한 표시(별나고 자의적이거나 함축성 있는 표시) 2. 사용으로 인해 후천적으로 얻은 이차적 의미를 지닌 표시 3. 인증 표시와 단체 표시를 포함한 다른 형태의 표시 4. 상품외장(trade dress) (독특한 장식, 메뉴, 스타일, 또는 서비스 형태 같은 것)	1. 고객명단 2. 연구개발 3. 계획과 프로그램 4. 가격정보 5. 제조기법 6. 마케팅 기법 7. 제조법 8. 편찬물
취득 방법	미국 특허상표청에 특허 출원 후 승인 취득	저작물이 창조된 순간부터 자동으로 적용, 침해배상을 받기 위해서는 미국 저작권청에 등록해야 됨	1. 보통법에서 소유권은 표시의 사용 시 발생 2. 등록(미국 특허상표청 또는 관련 주 사무소에서의)은 사용 일자의 추정적 통고를 예고함	사업에 유일무이하고, 타인에게 알려져 있지 않고, 경쟁자가 정보와 절차를 알 경우 경쟁자에게 가치가 있는 정보와 절차의 독창성과 개발을 통하여 취득

표 9.2 지적재산권 유형 (계속)

	특허권	저작권	상표권(서비스표시 및 상품외장)	영업 비밀
			3. 표시가 현재 사용 중이거나 신청자가 6개월 이내(3년까지 연장 가능)에 사용할 의도가 있다면 연방 등록이 허가됨 4. 연방 등록은 5년째와 6년째 사이에 갱신될 수 있으며 그 후에는 매 10년마다 갱신할 수 있음	
권리	발명자는 특허 존속기간 동안 발명의 제조, 사용, 판매, 양도, 면허 부여의 권리를 소유. 첫 번째 발명자가 특허권을 소유함	저작권자나 창작자가 재생산, 유통, 전시, 면허 부여, 저작권이 있는 저작물의 양도에 대한 독점권 소유	소유자는 표시 또는 상품외장을 사용하고 타인의 사용을 배제시킬 수 있는 권리 보유. 사용권은 타인에게 사용을 허가하거나 매도(양도)할 수 있음	소유자는 독점적인 영업 비밀 사용권과 타인에 의한 영업 비밀 부정 유용에 대한 법적 수단을 사용할 권리를 보유하고 있음. 소유자는 영업 비밀을 타인에게 사용을 허가하거나 양도할 수 있음
기간	신청일로부터 20년; 디자인 특허는 14년	1. 저작자의 경우; 사망이후 70년 동안 지속 2. 출판인의 경우; 출판일로부터 95년 또는 창작 시점 이후 120년 동안 지속	사용하는 한 무제한. 등록에 의한 고지를 계속하기 위해서는 서류에 의한 등록 갱신이 이루어져야 됨	타인에게 누출되지 않는 한 무제한
침해에 대한 민사상 구제	타당한 변호사 비용뿐만 아니라 특허권 사용료, 손실이 발생한 이익을 포함한 금전적 손실(국제 침해의 경우 삼중의 손해 배상 가능)	침해자가 획득한 이익뿐만 아니라 실질적 손실; 또는 500달러 이상 20,000달러 미만의 법으로 정한 손실(침해가 고의적인 경우 100,000달러); 추가로 비용 및 변호사 수임료	1. 표장의 향후 사용을 금지시키는 법원의 금지 명령 2. 침해자가 획득한 이익뿐만 아니라 실질적 손실(Lanham 법에 따르면 실질적 손실의 3배까지 증가될 수 있음) 3. 상표권을 침해한 물건의 압수와 파기 4. 추가로 비용 및 변호사 수임료	부정 유용으로 인한 금전적 손실(통일영업 비밀법(Uniform Trade Secrets Act)은 고의적이고 악의적인 부정 유용의 경우 실질 손실액의 2배까지 처벌적 손해보상금 (punitive damages)을 허용함)

출처: Frank B. Cross and Roger LeRoy Miller, *West's Legal Environment of Business*, 4th ed. © 2001 Cengage Learning.

개인 기업의 장점

개인 기업과 관련된 장점들은 다음과 같다.

- **설립의 용이성**. 비교적 개인 기업은 엄격하지 않은 형식이고 규제가 적다. 소유권을 얻을 시, 국가의 승인이 필요하지 않은 경우가 많고 동업이나 법인에 비해 더 적은 비용이 든다.
- **수익의 단독소유**. 소유주는 수익을 나눠가질 필요가 없다.
- **의사결정 및 소유주에게 주어진 지배권**. 사업을 운영하며 공동소유자나 동업자와 상의하지 않아도 된다.
- **유연성**. 여러 법률과 개인의 센스를 발휘해 매일 필요한 경영상의 결정을 내림으로서 소비자의 욕구를 빠르게 만족시킬 수 있다.
- **정부의 규제로부터 상대적 자유**. 필수 면허증을 획득해야 하는 것을 제외하고는 경영에 있어서 정부의 간섭이 거의 없다.
- **기업 법인세로부터의 자유**. 소유주들은 법인 납세자가 아닌 개인 납세자로 구분된다.

개인 기업의 단점

개인 기업은 또한 단점을 가지고 있다. 단점들은 다음과 같다.

- **무한책임**. 개인 소유주는 사업 채무에 대한 모든 책임을 가지고 있다. 이는 소유주의 모든 자산까지 영향을 미친다.
- **지속성 결여**. 소유주가 아프거나 사망하게 되면 사업은 무능력해지고 결국 문을 닫아야 한다.
- **부족한 가용 자본**. 동업이나 법인과 같은 유형에 비해 가용 자본이 부족하다.
- **장기 자금 조달 확보의 어려움**. 사업이 한 사람에게 달려 있기 때문에 장기 자금 조달의 어려움이 있다.
- **비교적 제한된 견해와 경험**. 사업이 한 사람으로부터 좌우되기 때문에 소유주의 개인적 능력, 교육, 전문 지식이 사업의 방향성과 기회를 제한시킬 수 있다.

동업

개정된 통일상사조합(합명회사)법(Revised Uniform Parnership Act, RUPA)이 정의하는 **동업**(partnerships)이란 이익창출을 위한 2명 이상의 동업자의 연계 시스템이다. 각 소유주(파트너)는 돈, 재산, 노동력, 또는 기술을 기여하고 사업의 이익이나 손실을 각각 나눠 갖는다.[20] 특별히 필요로 하는 건 아니지만, 소유주들은 주로 동업의 서면 규약을 작성하고 서면 규약을 추천한다. 왜냐하면, 서면의 동의서가 아니면 법원은 소유자들이 이익, 손실,

창업가정신 사례

미국 국세청(IRS)을 향한 기업가들의 법적 반격

재산을 창출하고자 하면 이익을 더 만들거나 현재 상황을 더 유지하면 된다. 연방 재정적자가 기록적 수준까지 이르렀을 때, 연방 정부는 소규모 사업과 소규모 사업자들의 세금에 초점을 맞춰 더 많은 수익을 올리기 시작했다. 살아남기 위해 기업가들은 법이 허용하는 세액공제와 세금감면에 대해 끊임없이 적응해야만 할 것이다. 사업 특성상 재화와 용역의 개발은 이익창출을 위해서이기 때문에 기업가들은 더 많은 이익을 만들어 내고자 한다. 또한, 기업가들은 비용을 최소화시킴으로써 더 많은 수익을 얻을 수 있다는 사실을 알고 있다. 대부분의 사업자들은 그들의 세금을 항상 축소시킬 수 있는 비용으로 간주한다.

최근에, 국세청(IRS)에게 회계 감사를 받는 소규모 사업의 수가 극적으로 늘어나고 있다. 소규모 사업을 담당하고 있는 국세청(IRS) 부서인, 중소기업/자영업부(Small Business/Self Employed: SBSE)는 담당하고 있는 소규모 사업의 월별 목표 성과에 따라 나눠진 연간 할당제도(quota)를 가지고 있다. 비교적 자산이 적은 소규모 사업체들은 자산을 많이 보유한 소규모 사업체에 비해 일반적으로 회계 감사를 받는 시간이 짧다. 할당제도의 압력은 세입 징수원과 관리자들의 회계 감사에 대한 의사결정에 영향을 미칠 수 있다. 결과적으로 우선권이 전환된다. 500만 달러 미만의 자산을 보유한 소기업을 겨냥한 자원은 34% 상승했고, 반면에 2억 5천만 달러 이상의 자산을 보유한 소기업의 자원은 33% 하락하였다.

조세채무의 잘못된 전달로 인한 벌금을 지불하는 소기업들의 위험도는 심각한 문제가 되었다. 중요한건, 회계 감사 받기를 두려워하는 기업가들이 가능한 한 공제항목을 적게 잡으며 합법적인 공제를 피하려 하고 이 과정에서 재산에 대한 큰 손실을 보게 된다. 많은 기업가들이 세금을 초과지불하고 있으며 초과지불의 주원인이 무엇인지 입증할 수 있는 통계치는 아직 존재하지 않는다. 하지만 연간 세금 신고 시, 기업가들로부터 간과되고 있는 몇 가지 단계들이 있다.

예를 들면, 국내 생산 우대조치(domestic-production break)와 같은 이국적인 명칭의 세금 공제 제도가 있다. 종종 제조업자들이 이러한 세금 공제를 이용한다는 것은 특별히 놀랄만한 일은 아니다. 그러나 소프트웨어 기업과 농업관련 기업 또한 비슷한 자격이 있다는 사실은 흔히 잘못 알려진 사례다. 복잡하고 방대한 양의 세금 규정 때문에, 세무 대리인에게 간과된 소득세 공제가 없다는 것을 확신하도록 몰아 붙여도 된다고 생각하는 기업가는 거의 없다. 물론 기업가들은 소득세를 준비할 때 반드시 믿을만하고 적절한 전문가를 찾아야 한다. 하지만 만일 기업의 세무 대리인이 소득세 공제에 있어 너무 보수적으로 나온다면 태만한 경영이라 여기고 다른 세무 대리인을 고용해야 한다. 지나치게 조심스러운 세무 대리인을 사용하는 비용은 회계 감사의 비용을 금방 넘을 수 있다.

마지막으로 기억해야 할 가장 중요한 포인트는 법적 소득세 처리의 책임은 기업가에게 주어진다는 것이다. 기업가가 할 수 있는 가장 중요한 절차는 매년 발생된 비용을 확인하고 정리하는 시스템을 개발하고 발달시키는 것이다. 신발상자에 영수증을 보관하는 것은 효과적인 방안이 아니다. 더 나아가서 구매목적이 불분명한 영수증을 모으는 것은 지난해의 벌어진 모든 정도를 벗어난 목적들을 상기시키는 끔찍한 상황을 낳을 것이다. 영수증에 주석을 달고 사용하기 쉽도록 표시된 저장 시스템에 정리하는 것은 시간절약에 가장 효과적인 방안이다. 더불어 회계 감사를 받는 상황이 온다면, 준비된 자세로 소득세 파일의 자세한 정보를 포함한 서류를 제출할 수 있을 것이다.

국세청(IRS)이 소기업으로 초점을 맞추고 있을 때, 기업가들은 본인이 가장 잘할 수 있는 것을 해야 한다. 즉 혁신하라. 사업가들이 법적으로 조세 채무를 줄일 수 있는 수많은 방법들은 세법에 파묻혀 있다. 돈으로 사업 협정을 성공시키려는 것은 절대로 좋은 전략이 아니다. 정부를 상대하는 것 또한 마찬가지이다.

출처: Adapted from Justin Martin, "Stop Overpaying the IRS," *Fortune Small Business*, February 25, 2008, http://money.cnn.com/2008/02/22/smbusiness/overpaying_IRS_ cover.fsb/index.htm (accessed April 4, 2008); and Vincent Fernando, "The IRS Is Now Auditing Big Business Far Less, and Small Business FarMore," *Business Insider*, April 12, 2010, http://articles.businessinsider.com/2010-04-12/news/29957998_1_auditing-lmsb-corporations (accessedMarch 26, 2012).

자산, 경영 등의 동등한 소유권을 가지고 있다고 여기기 때문이다.

동업의 (법률)규약의 개요는 동업자 간의 금융과 경영의 개인 분담금을 명시하고 동업 관계를 자세히 설명하고 있다. 동업 관계의 설명에는 동업의 지속 기간, 동업자 간의 성격/성향(일반적이거나 제한된 성격 또는 활발하거나 내성적인 성격), 이익과 손실의 분배, 급여, 한 소유주/동업자의 사망(단체의 해체 또는 최종 결말), 권한(업무처리에 관한 권한), 분쟁처리, 추가사항, 개정, 수정 또는 변경이 있다.

추가적으로, 기업가들은 다양한 종류의 동업 준비를 고려해봐야 한다. 사업의 필요성에 따라, 다양한 유형들이 사용될 수 있다. 각 소유주의 금전적 투자 비율, 경영 통제권, 그리고 각각 해야 할 의무를 예로 들 수 있다. 전형적인 동업 준비 시, 적어도 한 사람은 사업의 채무에 대한 책임이 있어야 하며 무한책임이 있는 무한책임 동업자(general partner)이어야 한다는 점은 잊지 말자.[21]

동업의 장점

동업의 장점은 다음과 같다.

- **용이한 사업 형성**. 규모가 더 큰 기업에 비해 법률상의 절차와 비용이 적게 든다.
- **직접적인 보상**. 이익의 직접적인 할당으로 인해 동업자들이 최선을 다 하도록 동기를 유발시킨다.
- **성장성과 촉진된 성과**. 개인 기업에 비해 더 많은 이익창출이 가능하며 다양한 기술을 동원할 수 있다.
- **융통성**. 매일 필요한 경영상의 결정을 내림으로서 소비자의 욕구를 재빠르게 충족시킬 수 있다.
- **정부의 통제와 규제로부터의 자유로움**. 정부의 간섭이 거의 없다.
- **절세 가능 효과**. 큰 규모의 기업들과는 다르게 대부분의 동업자들은 각자의 개인 세금을 지불한다.

동업의 단점

동업의 단점은 다음과 같다.

- **적어도 한 소유주의 무한책임**. 동업자들이 유한책임을 가질 수 있지만 그 중 적어도 한 사람은 무한책임을 가지고 있어야 한다.
- **미흡한 지속성**. 만일 한 동업자가 사망하거나 건강의 문제가 있다거나 단순히 사업에서 철수한다면, 동업의 계약은 종료된다. 하지만, 생존자권의 권리로 사업은 계속될 수 있고 기존 동료들이나 새로운 동료와의 동업을 다시 계획할 수 있다.
- **큰 금액 이익 창출의 어려움**. 동업의 대부분은, 특히 장기적으로 봤을 때 큰 액수의 이

익을 만들기가 쉽지 않다. 처음 사업을 시작할 때, 흔히 공동재산은 동업이 형성할 수 있는 총 자본 액수에 영향을 미친다.

- **동업자 간의 얽매임.** 무한책임 동업자가 기업에게, 특히 다른 동업자에게 재난을 불러일으킬지도 모르는 계약과 의무를 다른 기업과 약속할 수 있다.
- **동업 지분 처분의 어려움.** 서면으로 작성된 계약서가 있지 않은 이상 한 동업자의 지분인수가 어려울 지도 모른다.

법인

대법관(Supreme Court Justice)인 John Marshall(1819)은 **법인**(corporations)을 "보이지 않는 무형이며 법의 깊은 부분에서만 존재하는 인공적인 존재"라고 정의했다. 엄밀히 말하자면, 법인은 기업을 소유한 개인들을 제외하고는 분리된 법적 실체라고 볼 수 있다. 법인은 각 주법의 권한에 의해서 설립될 수 있고, 주로 장래의 주주(소유주)에 의한 금전이나 재산

창업가적 과정 • • •

온라인에서의 법인 설립

오늘날 법인설립은 그 어느 때보다도 쉬워졌다. 법인 설립을 원하는 사람은 단순히 법인격 부여 서비스를 제공하는 회사의 홈페이지를 방문해 볼 수 있다. 거주지에서 벗어난 다른 주에서 법인화를 받을 수 있긴 했지만 온라인 서비스는 그 절차를 더욱 더 간편하게 만들었다. Delaware는 지난 몇 년간 다른 주의 법인 설립으로 가장 유명했다. 그 이유는 Delaware에서는 법인의 설립과 운영에 대해 비교적 규제들이 제한되어 있었기 때문이다.

온라인 법인격 부여 회사

수백 개의 회사들은 온라인 법인 설립 서비스를 제공하고 있고 대부분의 회사들은 어느 주에서나 법인 설립이 가능하도록 간편한 절차를 제공한다. 또한, 대부분의 웹 사이트는 기업의 다양한 종류, 다른 선택마다의 장단점, 자주 묻는 질문, 법인 설립의 가격과 유지비용, 법인 설립의 장단점 등의 가치 있는 정보를 제공한다. Harvard Business Services (http://www.delawareinc.com), The Company Corporation (http://www.incorporate.come), 그리고 American Incorporators Ltd. (http://www.ailcorp.com), 이 세 웹 사이트는 온라인 법인 설립 회사들의 몇 가지 예이다. 또한, 창업가들은 단순히 검색엔진에 접속해 '법인 설립'을 검색하여 다른 웹 사이트를 통해 정보를 얻을 수 있다.

창업가를 위한 고려사항

창업가는 법인 설립을 희망하는 사업의 미래/전망을 꼭 고려해봐야 한다. 대부분의 경우, 온라인 법인 설립은 보통 성장 가능성이 제한된 작은 사업을 사람들에게는 큰 문제가 없다. 하지만 더 높은 성장 가능성과 함께 사업을 시작하고자 하는 창업가들에게는 다른 방안을 모색해 보는 것을 추천한다. 만약 높은 성장이 가능하고 높은 금액의 자금이 필요하다면, 법인 설립에 법적 자문을 권한다.

웹을 통한 법인 설립 방법

대부분의 경우, 웹에서의 법인 설립은 회사 홈페이지에서의 법인 설립만큼이나 쉽다. 추후에 회사들은 웹에서 등록된 정보를 수집하여 창업가들이 법인 설립하고자 하는 주에서 필요한 서류들을 준비한다. 그 후, 창업가들이 법인 설립을 희망하는 주는 법인 설정 인가증(certificate of incorporation)을 수여한다.

이 법인의 출자자본(capital stock, 소유권 증명)과 교환될 때 통상 법인이 형성된다.[22] 법인 형성을 위한 기본적인 절차들로는 (1) 주식 자본의 출자가 일어나야 하며 잠정적인 조직이 형성되어야 하고, (2) 법인이 위치할 주의 주정부 서기관(secretary of state)의 승인을 받아야 한다. 이러한 승인은 법인을 위한 설립허가(특정 사업의 권한과 제약을 표기함)의 유형이다. 여러 개의 주에서 사업을 하는 법인이라면 주 사이의 통상에 대한 연방법과 외국(다른 주의)법인에 관한 여러 가지 주의 법들을 준수해야 한다.

법인의 장점

기업의 장점은 다음과 같다.

- **유한책임**. 주주의 책임은 개인의 투자액에 한정되어 있다. 한 사람이 잃을 수 있는 최대 금액이 이 금액이다.
- **소유권의 이전**. 소유권은 주식 매도를 통해 소유권에 관심이 있는 구매자에게 이전이 가능하다.
- **무한 수명**. 기업의 수명은 소유자와의 수명과 독립적이고 구별되며 무기한의 시간 동안 지속될 수 있다.
- **큰 금액의 자금 확보의 상대적 용이성**. 자금은 채권과 주식을 통해 얻을 수 있고 또한 주요주주들의 개인보증이나 기업의 자산을 담보로 한 단기대출을 통해 확보될 수 있다.
- **향상된 능력과 전문성**. 법인은 주요주주들부터 외국에까지 영입한 전문적인 관리자까지 수많은 전문가와 기술자를 유치할 수 있다.

법인의 단점

기업은 또한 단점을 가지고 있는데, 대표적인 단점은 다음과 같다.

- **활동 제한**. 법인 활동들은 설비허가서와 다양한 법률에 의해 제한되어 있다.
- **대표성 결여**. 소액 주주들의 의견은 종종 그들의 뜻을 타주주들에게 강요하는 대주주들에 의해 부결된다.
- **규제**. 광범위한 정부의 규제와 지역, 주, 정부기관이 요구하는 보고서는 많은 서류업무와 불필요한 요식을 야기한다.
- **조직 비용**. 법인 형성을 위해서는 아주 많이 소요된다.
- **이중과세**. 소득세는 기업 이익과 개인의 소득과 배당금에 각각 부과된다.

개인 기업, 동업, 법인의 특징들은 표 9.3에 비교되어 있다.

표 9.3 기업 형태의 일반 특징

	개인 기업	동업	유한책임조합	합자회사	혼합형 유한책임회사	법인	S 코퍼레이션	유한책임회사
형태	법인이나 유한책임회사(LLC) 형태를 유지하지 않는다면 한 사람이 기업 소유	법인이나 유한책임회사(LLC) 형태를 유지하지 않는다면 소유자들의 합의 또는 자동으로 둘 이상이 사업에 참여할 때	소유자의 합의; 유한책임조합의 정관을 준수	소유자의 합의; 합자회사의 정관을 준수	소유자의 합의; 합자회사의 정관을 준수	소유자의 합의; 법인의 정관을 준수	소유자의 합의; 법인의 정관을 준수; 내국세입법의 조항 5에 나와 있는 S 조항 법인 정관 선택	소유자의 합의; 유한책임회사의 정관을 준수
기간	소유자의 사망 또는 철수로 기인한 종료	보통 동업자의 사망 또는 철수에 영향을 받지 않음	동업자의 사망 또는 철수에 영향을 받지 않음	유일한 유한책임 동업자의 단절이 없는 한 동업자의 사망 또는 철수에 영향을 받지 않음	유일한 유한책임 동업자의 단절이 없는 한 동업자의 사망 또는 철수에 영향을 받지 않음	주주의 사망 또는 철수에 영향을 받지 않음	주주의 사망 또는 철수에 영향을 받지 않음	구성원의 사망 또는 철수에 영향을 받지 않음
경영	소유자	동업자	동업자	유한책임 동업자	유한책임 동업자	이사회	이사회	경영자 또는 구성원
소유자 법적 책임	무한	무한	일반적으로 자본출자액으로 제한	무한책임동업자는 무한; 유한책임 동업자는 자본출자액으로 유한	자본출자액으로 유한	자본출자액으로 유한	자본출자액으로 유한	자본출자액으로 유한
소유자 지분 양도성	없음	없음	없음	별도의 합의가 없으면 없음	별도의 합의가 없으면 없음	주주가 합의한 지도 모르지만 자유로이 양도	주주가 흔히 합의하지만 자유로이 양도	별도의 합의가 없으면 없음
연방 소득세	소유자만 과세	동업자만 과세	보통 동업자만 과세; 법인처럼 과세대상 선택됨	보통 동업자만 과세; 법인처럼 과세대상 선택됨	보통 동업자만 과세; 법인처럼 과세대상 선택됨	법인한테 과세; 배당금에 대해 주주한테 과세 (이중 과세)	주주한테만 과세	일반적으로 구성원한테만 과세; 법인처럼 과세대상 선택됨

출처: Jane P. Mallor, A. James Barnes, Thomas Bowers, and Arlen W. Langvardt, *Business Law: The Ethical, Global, and E-Commerce Environment*, 15th ed. (New York: McGraw-Hill Irwin, 2013), 959. © The McGraw-Hill Companies, Inc.

동업과 법인: 특정 유형

동업과 법인의 특정 유형은 특별한 관심을 끄는데 이 유형들은 다음과 같다.

합자회사

합자회사(limited partnerships)는 주로 경영책임과 초기투자 후에 발생하는 손해에 대한 책임을 제외하는 자본투자를 가능하게 하는 조직 형태가 필요한 경우에 사용된다. 이와 같은 조직형태는 이익의 분배와 손해에 대해 유한책임을 허용한다.

합자회사는 **개정된 통일합자회사법**(Revised Uniform Limited Partnership Act, RULPA)에 의해 통제되고 있다.[23] 이 의회법은 11개의 조항과 64부문의 지침이 포함되어 있다. 이 법의 대상에는 (1) 일반 규정, (2) 설립, (3) 유한책임 동업자, (4) 무한 책임 동업자, (5) 재무, (6) 배당과 철수, (7) 지분의 양도(assignment), (8) 해체(dissolution), (9) 외국의 합자회사, (10) 파생 소송, (11) 기타 사항 등이 있다. 만일 합자회사가 바라던 조직 유형이라면, 장래의 동업자들은 RULPA의 지침서를 검토해봐야 한다.

유한책임조합(LLP)

유한책임조합(limited liability partnership, LLP)은 비교적 새로운 조직 형태로 전문가들에게 동업자의 위법 행위에 관해 개인적인 책임이 없는 반면에 동업의 세금 혜택을 제공한다. 만

표 9.4 합자회사와 LLLP의 주요특징

1. 합자회사 또는 LLLP는 정관에 따라서만 설립된다.
2. 합자회사 또는 LLLP는 무한책임 동업자와 유한책임 동업자라는 두 종류의 동업자가 있다. 각 유형은 1명 이상이어야 한다.
3. 무한, 유한 책임 동업자를 포함한 모든 동업자는 수익을 공유한다.
4. 각 유한책임 동업자는 사업의 자본출자에 대해서 유한책임이 있다. 유한책임회사의 무한책임 동업자는 사업의 법적 의무에 무한 책임이 있다. 그러나 LLLP의 무한책임 동업자는 자본출자에 대해서만 유한책임이 있다.
5. 각 무한책임 동업자는 사업에 대한 경영권을 소유하면서 대리인(agent)이다. 유한책임동업자는 경영권을 소유하지 못하며 대리인 역할을 하지만 기본적인 문제에 대한 투표권이 있다. 유한책임 동업자는 경영에 관여하더라도 여전히 동업자의 법적 의무에 대해 유한책임을 유지한다.
6. 무한책임 동업자는 대리인으로 사업의 수탁자(fiduciary)이나 무한책임 동업자는 수탁자가 아니다.
7. 유한책임회사나 LLLP의 동업권은 자유롭게 양도될 수 없다. 무한책임 또는 유한책임 동업자의 지분 양수인은 동업자가 아니라 단지 동업자의 지분과 수익을 양도받을 수 있는 자격이 부여된다.
8. 잔존하는 유한책임 동업자가 존재하는 한 동업자의 사망이나 철수는 유한책임회사나 LLLP를 해체시키지 않는다.
9. 보통 유한책임회사나 LLLP는 동업처럼 과세된다.

출처: Adapted from Jane P. Mallor, A. James Barnes, Thomas Bowers, and Arlen W. Langvardt, *Business Law: The Ethical, Global, and E-Commerce Environment*, 15th ed. (New York: McGraw-Hill Irwin, 2013), 955–1024.

약 전문가 단체가 유한책임조합을 설립한다면, 위법을 저지르지 않은 개인은 다른 동업자들의 부당 행위에 대한 책임을 지지 않아도 된다.

유한책임조합은 나중에 설명할 유한책임회사(LLC)와 비슷하다. 차이점이 있다면 유한책임조합은 보통 동업으로 사업에 참여하는 전문가들에 좀 더 맞게 설계되어 있다. 유한책임회사처럼 유한책임조합은 주의 법규를 준수하여 설립되고 경영되어야 한다.

유한책임조합이 전문가들 사이에서 인기 있는 이유 중 하나는 대부분의 법규를 고려해 봤을 때 유한책임조합이 비교적 쉽기 때문이다. 이 사실은 이미 존재하는 공식적인 동업에서 찾아볼 수 있다.

동업에서 유한책임조합으로 전환하는 것 또한 어렵지 않다. 왜냐하면 회사의 기본 조직 구조는 남아있기 때문이다. 또한, 법에 명시되어 있고 관습법은 유한책임조합으로부터 수정된 법규를 제외하고 여전히 존재한다. 주로 유한책임조합 법규는 기존에 존재하는 주의 동업관련법에서 개정된 것이다.[24]

혼합형 유한책임회사(limited liability limited partnership, LLLP)는 합자회사의 새로운 변종형태이다. LLLP는 무한 책임 동업자를 포함하여 모든 동업자들이 유한책임을 지는 정관을 선택했다. 앞에서 언급된 무한 책임 동업자가 유한책임을 지는 정관을 제외하고 합자회사와 LLLPs는 동일하다(합자회사와 LLLP의 특징은 표 9.4 참조).

S 코퍼레이션

S 조항 코퍼레이션(subchapter S corporation)이라고 불리는 **S 코퍼레이션**(S corporations)은 내국세입법(Internal Revenue Code)의 S 조항의 이름을 따서 명명했다. 내국세입법 하에 법인 수준의 소득세 도입을 피할 수 있고, 한편으로는 법인 형태의 혜택(가장 대표적으로는 유한책임)을 유지할 수 있다.

흔히 '세금 선택법인'으로 알려진 S 코퍼레이션은 동업과 비슷하게 세금을 낸다.[12] IRS에 주주의 소득을 나타내는 정보서식만이 제출된다. 이와 같이, 법인의 이중 과세(double taxation) 문제는 피할 수 있다. 법인소득에는 세금이 부과되지 않지만 주주의 개인소득에만 세금이 부과된다.

S 코퍼레이션 유형은 소규모 사업에는 유용하지만 다음과 같은 엄격한 지침을 따라야 한다.

1. 국내 법인이어야 한다.
2. 법인은 법인의 자회사 혹은 계열 회사가 아니어야 한다.
3. 법인의 주주는 사람이거나 토지 혹은 특정 신탁 재산이어야 한다.
4. 법인의 주주는 100명 이하여야 한다.

5. 모든 주주들이 동수의 투표권이 필요하지 않더라도 회사는 단 한 종류의 주식만을 가지고 있어야 한다.
6. 비거주 외국인은 절대 법인의 주주가 될 수 없다.

S 코퍼레이션은 여러 가지 혜택을 제공한다. 예를 들면, 회사가 손해를 입었을 때 S 코퍼레이션의 S 조항은 주주들이 세금을 손실과 상쇄시킬 수 있도록 한다. 또한, 주주들의 과세 등급이 법인의 과세 등급보다 낮을 경우, S 조항은 배당이 되든 안 되든 간에 주주의 과세 등급에 맞추어 기업의 전체 소득에 세금을 매기도록 되어 있다. 그렇기 때문에 미래의 사업을 목표로 소득을 모으는 회사에게는 특히 매력적이다.

S 코퍼레이션의 과세소득은 오직 소득이 배당되는 회계연도 말에 주주들에게만 세금이 붙는다. S 코퍼레이션은 주주들의 세금을 연기할 수 있도록 허용하는 결산연도를 선택할 수 있다. 앞서 말한 내용이 중요한 이유는 주주들에게 배당되지 않은 이익은 (주주의 회계연도가 아닌) 회사의 회계연도가 끝날 때까지는 세금이 붙지 않기 때문이다. 게다가, S 코퍼레이션의 주주는 자신의 주식을 자신보다 더 낮은 과세등급을 가지고 있는 가족 구성원에게 줄 수 있다. 또한, 최대 가문의 6대까지 주주로 선출될 수 있다. 마지막으로, S 코퍼레이션은 법인의 면세 혜택을 제공한다. 이와 같은 혜택은 일반적으로 주주의 연방세 절약을 의미한다.

유한책임회사

1977년부터, 많은 주들이 새로운 기업 조직의 한 유형인 **유한책임회사**(limited liability company, LLC)를 허가하기 시작했다. 유한책임회사는 동업의 세금 관련 이점을 제공하나 기업의 유한책임을 제공하는 사업 조직의 하이브리드 유형이다.

유한책임회사의 주요한 장점으로는 법인세를 내지 않아도 된다는 점이다. 대신에 이익은 유한책임회사를 통하여 구성원에게 개인적으로 지급된다. 또 다른 장점으로는 기업 구성원들의 책임은 그들의 투자금액에 국한되어 있다. 유한책임회사에서 기업 구성원들은 어떠한 경영 활동에 전적으로 참여할 수 있고, 적어도 한 주의 정관 하에, 심지어 기업의 경영자들은 유한책임회사의 구성원이 아니어도 된다. 이어서 또 다른 장점은 해외투자가뿐만 아니라 법인, 동업자들이 유한책임회사의 구성원이 될 수 있다는 사실이다. 또한, 유한책임회사의 주주들에게는 어떤 제약도 없다.

유한책임회사의 단점은 비교적 적다. 그래도 가장 큰 단점이라고 하면 유한책임회사의 정관이 주마다 달라서 여러 주에서 경영을 하고 있는 회사들은 어려움에 직면할 수 있다. 유한책임회사 정관에 관하여 주마다의 균일성 촉진을 시도하기 위해 통일주법위원전문회의(National Conference of Commissioners on Uniform State Laws)는 수정된 통일유한책임회사법령(Revised Uniform Limited Liability Company Act)을 2006년에 발표하였다. 그러나 2011년까지는 9개의 주만이 법안을 도입하였다. 모든 주가 통일법을 도입할 때까지 유한책임회사는 다른 주의 법규를 참고하여 유한책임을 지니고 있는지 확인해야 한다.[25]

B 코퍼레이션

4장에서 논의된 것처럼, 사회 책임적인 기업의 새로운 법적 유형이 미국 전역에 걸쳐 도입되고 있다. B 코퍼레이션(착한기업)을 인증받은 **B 코퍼레이션**(B corporations)은 사회적인 문제와 환경적인 문제를 해결하기 위한 새로운 사업의 방향이다. 비영리 단체인 B Lab은 B 코퍼레이션의 인증을 부여한다. B 코퍼레이션은 두 가지 중대한 문제를 다룬다.

1. 법인법(corporate law)은 회사가 의사결정 시 직원, 커뮤니티, 환경적 관심에 대해 고려하는 것을 어렵게 한다.
2. 투명한/명백한 기준의 부족으로 사회적으로 능동적인 기업과 단순히 마케팅을 잘하는 기업 간의 차이점을 보여 주기 힘들다.

이러한 문제들을 다루기 위해서 B 코퍼레이션의 법적 구조는 기업의 책임을 확장시키고 이로 인해 기업은 주주들의 이익이 아니라 사회적으로 도움될 만한 의사결정을 요구할 수 있도록 기업의 책임을 확장시켰다. B 코퍼레이션의 수행 기준은 소비자들이 그들의 가치에 맞추어 조정하는 기업의 지지를 가능케 하고 투자자들의 임팩트 투자(impact investment, 투자수익을 창출하면서도 사회나 환경문제들을 해결하는 것을 목적으로 하는 투자방식)로 자본을 유도시키고 정부와 다국적 기업이 지속가능한 조달 정책을 시행할 수 있도록 한다.

B 코퍼레이션의 몇 가지 필요조건이 있다.

1. 포괄적이고 투명한/명백한 사회적 그리고 환경적인 수행 기준서
2. 보다 높은 법적 책임 기준
3. 지속가능한 사업을 지지하는 공공 정책을 위해 설립된 후원단체와의 예상된 관계

음식, 의류부터 법률, 사무용품에 이르기까지 60여 개의 다양한 산업 분야에서 500개가 넘는 B 코퍼레이션 인증기업이 있다. B 코퍼레이션은 아주 다양하지만 성공을 재정립하자(redefine success in business)는 하나의 동일한 목표가 있다. 공공 B 임팩트 보고서(B Impact Report)를 통해 기업의 제품을 후원하는 사회적이고 환경적인 실천들의 수행 자료를 누구나 찾아볼 수 있다.[26]

사회적 유한책임회사(L3C)

L3C라고 알려진 저수익의 사회적 유한책임회사는 사회적으로 유익한 영리추구 벤처에 대한 투자를 가능하게 하는 구조를 제공한다. 2008년, 버몬트주는 L3C를 법적 법

인형태로 최초로 인정하였다. 하지만 이와 비슷한 법이 Georgia, Michigan, Montana 및 North-California에서 제정되었다. 오늘날 L3C는 미국 전 지역에 걸쳐 합법적인 활동이다. 왜냐하면 L3C는 사회적 편익을 제공하도록 설계된 벤처에 민간 투자(private investment)와 사업의 자선 자본(philanthropic capital)을 유치시킨다. 일반적인 유한책임회사(LLC)와는 다르게 L3C는 일차적으로 명백한 자선 임무가 있고 이차적으로 수익에 관심을 갖고 있다. 하지만 자선단체와는 달리 L3C는 세금을 공제한 후 소득을 소유주나 주주들에게 배당한다. L3C의 주요 장점은 '프로그램 관련 투자(program related investment, PRI)'라는 자격이다. 이는 사회적 편익을 목적으로 하는 투자가 곧 L3C의 미션과도 일치한다는 뜻이다. L3C는 오직 PRI로 인증된 영리추구 벤처에만 직접투자가 가능하기 때문에 L3C의 운영합의서는 각각의 PRI 자격을 갖춘 목적을 간략하게 설명하고 L3C에게는 그들의 세금 면제를 확실히 보장할 뿐만 아니라 사회적 목적의 사업을 쉽게 인식하게 한다. L3C는 자선 및 교육 목표를 달성하기 위해 다양한 출처로부터 상당한 금액의 민간자본을 끌어 모을 수도 있다.

일반적인 유한책임회사(LLC)와 비슷하게 L3C는 소유권이 각 파트너의 요구사항을 충족시키기 위해 설정된 융통성 있는 동업을 형성할 수 있다. 이 융통성은 계층으로 된 소유권 구조를 의미한다. 재단은 PRI를 통해 보다 높은 위험수준을 수용하는 시장 시세보다 낮게 투자를 할 수 있다. 즉 다른 투자자들에 대한 위험수준은 낮아지고 잠재적 수익률(rate of return)은 높아진다. 따라서 남아있는 L3C 멤버십은 시장 주도형 투자자들을 유치하기 위해 위험/회수(risk/return) 상태로 팔릴 수 있다. 결과적으로 L3C는 PRI의 투자를 확대시킬 수 있는 영향력을 행사할 수 있다. 일반적인 유한책임회사(LLC)와 같이, 이익과 손실은 L3C를 통해 구성원들에게 전해지고 각 투자가들의 특정 세금 상황에 따라 세금이 부여된다.[27]

법적 유형에 대한 최종 생각

앞서 언급된 바와 같이, 창업가는 착오, 실수, 추가적 비용을 피하기 위해 항상 전문적 법률 조언을 받아야 한다. 일반적인 창업가는 여러 다양한 문제점들과 벤처 형성의 방해물들과 직면하게 된다. 법, 회계, 부동산, 세금, 정부 규제 등에 대한 지식이 부족하기 때문에 특정 기본적인 개념들의 이해가 반드시 필요하다.

9장에서 언급된 내용들은 조직의 법적 유형을 이해하기에 앞서 꼭 필요한 내용들이다. 이 내용들은 창업가들에게 그들의 실제 상황에서 적용해 볼 만한 법적 유형에 대한 특별한 조언과 보다 진보된 지침을 제공한다.

파산

파산(bankruptcy)은 벤처의 재정적 부채가 자산보다 더 클 때 발생한다. 그 어느 기업가도 의도적으로 파산하지는 않는다. 문제점들이 가끔 예고도 없이 발생하지만, 곧 일어날 실패를 미리 예상하는 몇 가지 방법들이 있다. (1) 새로운 경쟁자가 시장에 진입할 때, (2) 다른 회사들이 한 세대에 앞서 나가는 제품을 판매하는 조짐이 보일 때, (3) 연구개발 예산이 경쟁자와 비례하여 작을 때, (4) 소매업자들이 항상 과잉재고의 양상을 보일 때이다.[28]

파산법

파산법(The Bankruptcy Act)이란 기한 내에 부채를 납부하지 못하는 사람인 **파산자**(insolvent debtors)를 처리하는 특별한 절차를 규정하는 연방법이다. 가장 초기인 1912년의 법은 1978년에 완전히 개정되었다. 중요한 개정안들은 1984, 1986, 1994년에 추가되었고 상당부분은 2005년에 추가되었다. 파산법의 목적은 (1) 채무자의 재산이 채권자에게 균등하게 분배되는 것을 보장하기 위해서, (2) 채무자가 불합리하게 그들의 자산을 축소시키는 것으로부터 채권자를 보호하기 위해서, (3) 채권자의 지나친 요구로부터 채무자를 보호하기 위해서이다. 이 법은 채무자와 채권자에게 지원을 제공하기 위해 제정되었다.

파산절차의 다양한 종류는 각각 특별한 조항을 포함하고 있다. 벤처사업의 목적을 위한 세 가지 부문에는 즉각 파산(straight bankruptcy, Chapter 7), 구조조정(reorganization, Chapter 11), 채무조정(adjustment of debts, Chapter 13)이 있다. 표 9.5는 세 가지 종류의 파산에 관한 비교를 제공한다. 각각의 종류는 다음에서 설명된다.

Chapter 7: 즉시 파산

가끔 **청산**(liquidation)으로 언급되는 Chapter 7 즉시 파산은 채무자가 모든 재산을 법원이 지정한 신탁관리자에게 넘겨주도록 요구한다. 그 후 신탁관리자는 그 재산을 팔고 얻는 수익금을 채권자에게 돌려준다. 남아있는 채무는(어느 정도 예외가 있을 수 있음) 면제가 되며 채무자는 부채의 책임으로부터 벗어난다.

청산 절차는 자발적인 경우도 있고 본의 아니게 발생하는 경우도 있다. 자의파산인 경우, 채무자는 모든 채권자의 목록, 재무제표(statement of financial affairs), 모든 재산의 목록, 당기순이익과 지출의 목록과 함께 파산법원에 청원서를 제출한다. 반면에 강제파산인 경우, 채권자들은 채무자들이 파산하도록 강요한다. 이런 상황이 일어나기까지는, 12명 이상(그 중 적어도 3명의 청구액이 총 14,425달러가 되어야 함)의 채권자들이 존재해야 한다. 만약 12명 미만의 채권자가 존재한다면 한 명 이상의 채권자의 청구액이 14,425달러가 되어야 한다.[29]

표 9.5 파산: Chapter 7, 11, 13의 비교

	Chapter 7	Chapter 11	Chapter 13
목적	청산	구조조정	채무조정
청원자	채무자(자발적) 또는 채권자(비자발적)	채무자(자발적) 또는 채권자(비자발적)	자발적으로 채무자에 의해서만
채무자	(동업자와 법인을 포함하는)모든 사람(철도, 보험회사, 은행, 저축대부 기관, 신용협동조합은 제외. 농부와 자선 기관은 본인이 모르는 사이에 청원될 수 없음	모든 채무자가 Chapter 7의 경감에 자격이 됨	360,475달러 미만의 고정 비담보부부채 또는 1,081,400달러 미만의 담보부부채를 가진 정기적 수입이 있는 개인(동업자 또는 기업이 아닌)
기본 절차	우선순위 그룹에게 배분(순서에 의해) 절차로 비면제 재산 매각됨. 면제 가능한 채무는 종료됨	계획이 제출되고 승인되면 절차를 밟아 부채는 면제됨	최소한의 청산가치를 받아야 하는 담보가 없는 채권자에게 계획이 제출됨. 계획이 승인되면 절차를 밟아 부채는 면제됨
이점	청산과 배분에서 대부분의 부채는 면제됨. 채무자는 새로 시작할 수 있는 기회를 가짐	채무자는 계속해서 사업영위. 계획은 계획 기간 동안 채무의 구조조정과 청산을 허가함	채무자는 사업을 계속하고 자산을 계속해서 보유할 수 있음. 계획이 승인되면 3~5년 후에 대부분의 부채는 면제됨

출처: Adapted from: Jane P. Mallor, A. James Barnes, Thomas Bowers, and Arlen W. Langvardt, *Business Law: The Ethical, Global, and E-Commerce Environment*, 15th ed. (New York: McGraw-Hill Irwin, 2013), 819; and also Kenneth W. Clarkson, Roger LeRoy Miller, and Frank B. Cross, *West's Business Law*, 12th ed. (Mason, OH: South-Western/Cengage, 2012), 601.

Chapter 11: 구조조정

구조조정은 가장 흔한 파산의 유형이다. 이 유형에서는 채무자가 채무의 일부를 변제할 계획을 작성하도록 하고 나머지 채무는 면제되며 기존 사업은 계속해서 유지된다. 이 계획은 근본적으로 채무자와 채권자 사이의 계약이다. '타당하고 공평하게' 보이는 것 외에 이 계획은 (1) 채권자들을 등급별로 나누고, (2) 각 채권자가 만족할만한 조건을 제시하게 하고, (3) 채권 혹은 채권의 등급이 그 계획으로 인해 악화되는지를 언급하며, (4) 특정 등급의 채권자들에게 동일한 대우가 이루어졌는지 등을 나타내야 한다.

Chapter 7 파산의 청원서를 지배하는 기본적 원칙들은 Chapter 11 청원서도 지배한다. 이 절차는 자의적일 수도 있고 본의가 아닐 수도 있으며, 보호와 면책에 대한 조항은 Chapter 7 규정과 비슷하다.

청원서가 제출된 순간 Chapter 11 법적절차의 채무자는 **기존 관리인 유지제도**(debtor-in-possession)의 형태로 사업 경영을 유지한다. 여기서 이 제도는 법원이 사업 경영을 감독하기 위해 신탁관리자를 선정한 다음, 채권자가 이 계획을 승인한다. 승인은 일반적으로 채권 총액의 3분의 2를 갖고 있고 채권자와 계획에 의해 손실을 입은 청구의 각 등급에 속한 채권자의 반 이상의 구성원으로부터 받아들여져야 한다. 승인이 되면 이 계획은 확정받

글로벌 관점

아웃소싱 수수께끼의 다른 측면

미국에서 외국으로부터의 아웃소싱은 논쟁거리가 되고 있다. 국내 영업이 해외로 오가고 해외에서 재건되어 가면서 셀 수도 없이 많은 제조업 일자리가 사라져가는 추세이다. 좀처럼 논의되지 않는 아웃소싱의 측면은 국내기업의 그들이 없으면 불가능한 서비스를 제공하는 기술자에 대한 의존성이다. 이러한 조직에게 국내 일자리의 손실의 장벽을 제공하기 위해서 도입된 연방법규는 역효과를 낳고 있다.

미국에서 외국인들에게 일시적으로 일할 수 있도록 부여하는 H-1B비자는 점점 더 취득하기가 어려워지고 있다. 결과적으로, 고도의 기술을 보유한 기술에 의존하는 기업가들은 그들이 필요한 기술자들을 찾는데 어려움을 겪고 있다. 이러한 상황 때문에 기업가들은 더 많은 H-1B비자를 발행해 달라고 미국 의회에 영향력을 행사하였다. 반어적으로, 그들의 주장은 경제를 발전시킬 수 있다는 주장이었다. 지지자들은 이미 미국에 거주하고 있는 기술자들에게 부여하는 영주권의 발급을 더 빠르게 앞당기면 이러한 상황을 해결할 수 있다고 제안하였다.

13개의 주지사가 이 쟁점을 고려했음에도 불구하고 모든 사람이 H-1B 프로그램을 지지한건 아니었다. 국내 기술자들은 현재 더 중요한 이슈는 외국 경쟁자들에게 외국인 기술자들을 잃는 것 보다 높은 기술을 요구하는 환경으로 인한 임금의 감소라고 주장했다. 일부 국내 고용주들 또한 외국인 기술자들의 고용에 따른 경쟁은 경쟁을 유지하기 위해서 강제로 기존 기술자들이 낮은 임금을 받게 된다며 H-1B프로그램을 반대하였다.

2008년, H-1B의 청원서 제출의 첫째 날, 미국이민국(U.S. Citizen and Immigration Services; USCIS)은 추첨을 할 수밖에 없도록 130,000개가 넘는 지원서를 받았다. 오늘날 65,000개의 현재 비자 한도는 1990년에 의회가 설정했고 2001년에서 2003년 사이에 195,000개로 늘렸지만 다시 65,000개로 정해졌다. 미국에서 태어난 노동자들은 기술적 능력을 보유하지 않은 경우가 있기 때문에 수요와 공급사이의 격차는 점점 더 넓어지고 있다.

미국의 기술자의 고갈, 외국인 노동자를 위한 비자 부족, 외국 기술자를 그들이 거주하는 국가에서 저렴하게 고용하기 위한 위성 사무실의 가파른 개설비용의 결과로서, 신생 벤처가 인력 부족의 영향을 가장 많이 받고 있다. 미국에 더 많은 외국인 노동자를 고용하기 위한 연합 정책이 수립되거나 고도 기술을 배우고자 하는 미국 노동자의 관심도가 높아지지 않는 이상, 소규모 기업들은 국제적인 경쟁에서 살아남기 힘들다.

출처: Adapted from Eilene Zimmerman, "Wanted: Foreign Tech Workers," *Fortune Small Business*, September 26, 2007, http://money.cnn.com/2007/09/25/smbusiness/h1b_cap.fsb/index.htm (accessed March 30, 2008).

기 위해 법원에 제출된다. 만약 이 계획이 확정된다면, 채무자는 법에 따라 수행할 책임이 있다.[30]

이 계획이 채권자로부터 확정되자마자, 계획은 채무자에게 구속력이 있다. 이런 파산의 유형은 전체 사업의 청산에 대한 대안을 제시하며 사업 경영을 유지하도록 하는 혜택을 채권자와 채무자에게 제공한다.

Chapter 13: 채무조정

이 제도로 인해, 개개인은 (1) 파산 선고를 막을 수 있고, (2) 채무를 분납할 수 있고,

(3) 연방 법원으로부터 보호받을 수 있는 것이 허용된다. 360,475달러 이하의 무담보 채무와 1,081,400달러 이하의 담보부부채를 갖고 있는 개인이나 개인사업자들은 Chapter 13 소송 절차를 제기할 자격이 있다. 이 청원서는 채무자에 의해서만 제기가 가능하다. 채권자는 Chapter 13 소송 절차를 제기할 자격이 없다. 이 청원서는 채무자는 채무를 갚을 수 없다는 사실을 선언하고 미래수익(더 긴 지불기간) 혹은 채무의 화의(composition, 채무의 감액)를 통해 상환기간의 연장을 포함한다.

그 후 개인 채무자는 자세한 상환 계획을 제출한다. Chapter 13 계획은 (1) 신탁관리자의 계획 실행에 필요한 채무자의 소득이나 미래수입의 거래 총액(turnover), (2) 우선순위가 있는 모든 청구의 연기된 현금 지불의 완납, (3) 특정 등급 내에서 각 청구 대한 동일한 처우를 규정해야 한다.[31] 이 계획은 법정이 특별히 5년으로 승인하지 않은 이상 3년 안에 지급을 완료해야 한다.

채무자가 예정된 지급을 완납할 때, 법정은 그 계획에 포함되는 모든 채무를 면책해 준다. 항상 그래왔듯이, 채무 이행에는 자녀양육의 문제나 장기부채와 같은 예외가 존재한다. 또한, 만일 법정이 채무자가 정당하게 책임질 수 없는 상황으로 인해 3년 이내에 채무를 완납할 수 없으면 채무는 면책된다. Chapter 13 소송 절차가 진행되는 동안, Chapter 7 또는 11과 같은 다른 파산 청원을 채무자가 제기할 수 없다. 이와 같이, 개인은 청산이나 파산의 불명예 없는 채무상황으로부터 벗어나는 기회를 갖는다. 게다가, 채권자는 청산을 통해서 얻는 것보다 큰 금액을 회수할 수 있는 혜택을 받을지도 모른다.

법률비용 최소화

법적 절차가 진행되는 동안 기업가들은 많은 비용을 지불하게 된다. 법률 비용을 최소화하는 방법은 다음과 같다.

- 어떠한 법률문제를 다룬다 하더라도 시작 전 변호사와 함께 명백한 요금체계를 설정하라. 요금체계는 시간당 청구, 균일 가격(다른 내용이 포함되지 않는 계약 금액) 또는 성공사례금(contingent fee, 협상 합의 비율)에 근거할지도 모른다.
- 변호사 또한 경쟁적 환경에서 작업을 한다. 그러므로 요금체계는 협상될 수 있다.
- 본인들 간의 계약, 고용계약, 비밀보장계약(confidentiality contracts), 비경쟁계약(noncompete agreements)을 포함한 경영활동의 중요한 문제에 대해서는 명백하게 서면으로 작성된 계약을 체결하라.
- 항상 소송보다는 분쟁의 합의를 시도하라.
- 일상적 거래 시 사용할 수 있도록 변호사와 전자형식으로 서류를 공유하라.
- 규모가 작은 거래를 위해서는 비용이 적게 드는 변호사를 사용해라.

- 일반적인 사업상의 문제에도 변호사에게 원가절감방법을 제안하라.
- 항상 변호사의 정상 업무 시간을 확인하라.
- 의뢰인 비능률 보상 변호사(client inefficiency rewards attorney): 변호사와 한 번에 여러 문제들을 협의하라.
- 당신 분야의 최근 법률 동향을 잘 챙겨 알아 두어라.
- 감당할 수 있는 내에서 문제를 다루어라.
- 가능한 변호사를 일찍 접하라. 작은 예방이 큰 처방보다 낫다.
- 변호사를 휙휙 바꾸지 말고 둘러보아라. 좋은 변호사를 찾게 되면 그 변호사와 계속 함께 일하라. 당신이 찾고 있는 사업에 대해 잘 알고 있는 변호사는 더 효율적으로 일처리가 가능하다. 변호사의 성공 약력만 보고 위임한다면 그 변호사는 당신의 분야에 대한 아무런 사전 준비 없이 일일이 찾아보며 사건처리를 해야 한다.[32]

요약

특허란 독창적인 발견의 결과물인 지적재산권이다. 특허 사용자들은 타인으로부터의 침해로부터 보호받게 된다. 이러한 보호는 의장특허권일 경우 14년 동안 유지되며 다른 유형의 특허권은 20년 동안 유지된다.

특허권을 획득하는 것은 복잡한 절차를 포함하며 신중한 계획이 필요하다. 특허권 획득을 위한 몇 가지 유용한 규칙이 9장에 제시되어 있다.

특허권이 무효되는 이유로는 비합리적인 기간 동안의 특허권 주장 실패, 특허의 남용, 그리고 특허자격의 부족 때문이다. 반면에, 특허가 유효하다면 소유주는 타인의 침해를 막을 수 있다. 만약 타인이 위반했을 경우, 침해를 예방하고 재정적 손해를 막기 위해 소유주는 법적 조치를 취할 수 있다.

저작권은 창의적인 사람들과 그들의 문학적 혹은 예술적 저작물에 대한 배타적인 권리를 제공한다. 이러한 보호는 저자의 일생동안 유지되며 추가적으로 70년이 더 유지된다. 저자나 저작권의 소유권을 갖고 있는 누구나 침해에 대한 법적 소송을 걸 수 있다. 결과적으로는 침해를 막고, 경우에 따라 재정적 보상을 받을 수 있다.

상표는 기업의 제품을 대표하는 독특한 명칭, 표장, 상징, 표어를 의미한다. 기업이 상표를 등록하면, 그 표장를 사용할 수 있는 배타적인 권리가 주어진다. 1989년 이전에 등록된 상표는 20년 동안 유지되지만 1989년 이후에 등록된 상표는 10년 동안만 유지가 되고 매 10년마다 갱신이 가능하다. 침해의 경우, 상표 소유주는 법적인 조치와 피해에 대해 알아볼 수 있다.

9장에서는 개인 기업, 동업, 법인이라는 세 가지 주요한 기업의 법적 유형에 대해 검토했다. 각 유형의 장단점이 강조되어 있으며 비교되어 있다. 또한, 동업과 법인의 특징들과 세금에 대한 고려사항 또한 비교되어 있다.

동업과 법인의 특정한 유형 또한 검토되어 있다. 특히, 유한책임회사, LLLP, S 코퍼레이션, LLC, B 코퍼레이션, L3C의 요구조건과 혜택들도 정리되어 있다.

지난 20년 동안, 많은 기업 파산이 일어났

다. 파산법의 세 가지 주 부분은 기업가들에게 매우 중요하다. Chapter 7은 즉시파산과 관련이 있으며 미불채무(outstanding debt) 위한 자산의 청산을 요구한다. Chaper 11은 구조조정에 대해 설명한다. 사업이 계속해서 경영되고 채무의 일부 지급에 관한 계획을 세우며 잔금을 면제하고 남은 채무를 분납으로 지불하고 나머지 채무를 면제한다. Chapter 13은 개인 채무자의 부채 조정에 관련되어 있다. 개인 기업자의 사업은 개인소유이기 때문에 이러한 상황은 개인 기업에 적용할 수 있다. 다른 파산 유형은 Chapter 11에 설명되어 있다.

주요용어

개인 기업
개정된 통일합자회사법(RULPA)
공정사용원칙
권리
권리소멸 절차
기존 관리인 유지제도
동업
명세서
무한책임
무효화 절차
법인
사회적 유한책임회사(L3C)
상표
영업 비밀
유한책임조합(LLP)
유한책임회사(LLC)
저작권
지적재산권
청산
총칭 의미
침해예산
특허권
특허상표청
파산
파산법
파산자
포기
합자회사
혼합형 유한책임회사(LLLP)
B 코퍼레이션
S 코퍼레이션

검토와 토의 문제

1. 특허권이 무엇을 의미하는지 자신의 표현으로 설명하라. 기업가에게 특허권이란 어떤 가치가 있는가? 어떠한 혜택들을 제공하는가?
2. 기업가들이 특허권을 획득할 때 꼭 기억해야 하는 네 가지 규칙은 무엇인가?
3. 어떠한 특허권이 무효처리될 수 있는가? 두 가지 예를 들어라.
4. 저작권이 무엇을 의미하는지 자신의 표현으로 설명하시오. 저작권이 제공하는 혜택에는 어떤 것들이 있는가?
5. 저작권은 어느 정도의 보호를 소유주에게 제공하는가? 수수료를 지불하지 않고 누군가의 저작물을 모방하는 것이 가능한가? 자세히 설명하시오. 만일 저작권의 침해가 일어난다면 어떤 법적 대응책이 필요한가?
6. 상표권은 무엇을 의미하는지 자신의 표현으로 설명하시오. 포괄적이고 묘사적인 명칭이나 단어가 왜 상표로 사용될 수 없는가?
7. 상표가 무효화되는 경우는 어떤 때인가?
8. 개인이 상표권을 모색할 때 피해야 할 세 가지 위험에는 무엇이 있는가?
9. 기업가들이 벤처(개인 기업, 동업, 법인)를 설립할 때 사용 가능한 법률 유형에는 어떠한 것이 있는가?

10. 조직의 각 주요 법적 유형의 장점과 단점에는 어떠한 것들이 있는가?
11. ULPA란 무엇인가? 설명하시오.
12. 유한책임조합에 대해 설명하시오.
13. S 코퍼레이션의 본질은 무엇인가? 이러한 회사에 필요한 다섯 가지 자격조건을 나열하시오.
14. 유한책임회사란 무엇인가?
15. B 코퍼레이션과 새로운 법적 형태인 L3C의 가치를 설명하시오.
16. Chapter 7이 파산한 기업가에게 어떤 종류의 보호를 제공하는가?
17. 파산한 기업가에게 Chapter 11이 제공하는 보호에는 무엇이 있는가? 사람들이 Chapter 7보다 Chapter 11을 더 선호하는 이유는 무엇인가?
18. Chapter 13이 파산한 기업가에게 제공하는 보호에는 무엇이 있는가? Chapter 7과 Chapter 11이 Chapter 13과 어떻게 다른가?

연습문제

법적 권리 보호받기

기업가들은 그들의 재산이나 사업의 권리를 법적으로 보호받는 법을 알고 있어야 한다. 가장 효율적으로 보호받는 방법은 저작권이나 상표권을 취득하는 것이다. 다음에 두 가지의 다른 정의가 나열되어 있다. 저작권을 정의하는 문장 옆에는 C를 쓰고, 상표권을 정의하는 문장의 옆에는 T를 표기하시오. 그 후, a부터 j가지 나열되어 있는 리스트 옆에 저작권으로 보호를 받을 수 있는 리스트 옆에는 C를 적고 상표로 보호를 받을 수 있는 리스트 옆에는 T를 적어라. 답은 그 아래에 표기되어 있다.

1. ______ 기업의 제품을 대표하는 독특한 명칭, 마크, 부호, 모토
2. ______ 문학적 혹은 예술적 저작물의 배타적 보호

a. 베스트셀러 도서
b. 로고
c. 회사의 이니셜(e.g. IBM, ITT)
d. 영화
e. 명칭(e.g. Coke, Pepsi)
f. 컴퓨터 프로그램
g. 뮤지컬 코미디
h. 구호/
i. (무대)연기
j. 심볼

정답: 1. T, 2. C, a. C, b. T, c. T, d. C, e. T, f. C, g. C, h. T, i. C, j. T

올바르게 이해하기

다음에 주어진 장단점들은 개인 기업, 동업, 법인과 관련이 있다. 개인 기업과 관련이 있는 항목 옆에는 S를 표기하고, 동업에 관한 항목 옆에는 P, 그리고 법인과 관련 있는 항목 옆에는 C를 표기하시오. 만약 한 가지 이상의 유형에 해당하는 항목에는 1개 이상의 알파벳을 적어라. 답은 그 아래에 주어져 있다.

장점

1. 유한책임 ______
2. 수익의 단독소유 ______
3. 무한책임 ______
4. 설립의 용이성 ______
5. 융통성 ______
6. 소유권의 이전 ______
7. 정부 통제로부터 비교적 자유로움 ______
8. 상당한 능력과 전문성 ______

단점

1. 무한책임 ______
2. 국가 규정 ______
3. 지속성 결여 ______
4. 이중 과세 ______
5. 큰 금액의 자본획득의 어려움 ______
6. 조직 비용 ______
7. 비교적 한정적인 관점과 경험 ______
8. 활동의 제한 ______

정답: 장점: 1. C; 2. S;, 3. C; 4. S, P; 5. S, P; 6. C; 7. S, P; 8. C
단점: 1. S, P; 2. C; 3. S, P; 4. C; 5. S, P; 6. C; 7. S; 8. C

사례 9.1: 특허 문제

기계 산업에서 기술 혁신은 아주 흔한 일이다. 따라서 어떤 회사가 신제품을 발표하면, 초기 구매자의 일부는 경쟁자들이다. 이들은 기계를 사서, 분해를 하고, 신기술을 확인한 후, 그것의 개선 방안을 찾는다. 최초의 혁신이 곧 추월당한다 하더라도, 발명 회사는 항상 특허를 낸다.

몇 주 전, Tome Farrington이 특수 선반(Lathe)을 개발했다. 신제품은 시장의 어떤 경쟁

제품보다 25% 빠르고, 9% 효율이 높다. 이 기술적 성과는 경쟁 제품에 대한 철저한 분석의 결과였다. "다른 회사의 최신 제품을 보기 전까지는," Tom이 아내에게 말했다. "기계의 속도와 효율을 높이는 게 이렇게 쉬운지 몰랐지. 경쟁 제품을 보는 순간, 어떻게 해야 하는지 바로 알겠더라고."

Tom은 시장의 5대 주요 회사에 그의 기계를 보여 주었고, 모두 주문을 했다. Tom은 이 발명이 대박이라는 것에 추호의 의심도 없었다. 그러나 본격 생산에 들어가기 전에 특허를 받으려고 했다. 시장에 있는 다른 기계에 비해 그의 것이 훨씬 정교하고 복잡하기 때문에, 경쟁자들이 더 좋은 제품을 만드는데 최소 4년은 걸릴 것으로 생각했다. "그 때쯤에는 내 발명을 더 개선해서, 그들보다 여전히 앞서 있으면 좋겠어."

Tom이 특허 출원에 관해 변호사와 상담을 했다. 변호사 의견으로는, Tom은 출원을 위해서 두 가지 질문에 답변해야 한다. (1) 경쟁자들이 당신의 특허를 개선하는데 시간이 얼마나 걸릴까? (2) 얼마나 오랫동안 당신의 특허를 보호하려고 하는가? 변호사의 조언의 일부는 다음과 같다. "우리가 특허를 얻는데 약 3년이 걸립니다. 만약에, 그 동안 경쟁회사가 사장님의 물건보다 더 좋은 것을 들고 나오면, 우리는 많은 시간과 노력을 낭비하게 됩니다. 아무도 우리의 특허를 사용하려 하지 않으니까, 특허의 가치가 없어지게 됩니다. 사장님 기계를 최초로 사는 고객 중에는 경쟁회사가 있을 테니까, 잘 생각하셔야 합니다. 둘째로는 경쟁사가 따라잡는데 4년이 걸렸다고 가정하지요. 사장님은 기계를 베낀 사람과, 가령 2년 후에, 싸우시겠습니까? 간단히 말해서, 특허를 낼 수 있습니다만, 사장님께서 생각하는 만큼의 보호를 받으실지는 의문입니다."

질문

1. 업종의 특성을 감안할 때, 특허가 Tom에게 어떤 가치가 있는가? 설명하시오.
2. 만약 Tom이 특허를 얻는다면, 침해자에 대해 행동을 취할 수 있는가? 소요되는 시간과 비용의 가치가 있는가? 대답의 이유도 설명하시오.
3. 당신은 Tom이 무엇을 해야 한다고 생각하는가? 그 이유는?

사례 9.2: 회사설립의 질문

1992년, Harlow 부부가 첫 번째 모텔을 시작했다. 초기에는 사업이 잘되지 않았다. 본전(Breakeven)이 되는데 11개월이 걸렸다. 3년이 지나면서, 사업이 대박이라는 감이 왔다. 확신을 가지고 계속 노력을 했고, 1997년에 모텔의 객실을 28개에서 50개로 늘렸다. 1999년에 한번 더 확장을 했고, 이번에는 객실이 100개가 되었다. 여전히 객실판매율이 높아서, 4월부터 9월까지는 넘치는 손님을 돌려 보내야 했고, 나머지 기간의 판매율도 85%에 달했다. 업계의 기준으로 보면, 그들의 사업이 전국에서 가장 성공적인 모텔 중의 하나가 되었다.

2000년대에 들어오면서, Harold와 Becky Harlow는 확장 대신에 근처의 다른 모텔을 사는 것이 좋겠다고 결정했다. 그들은 다른 사람을 고용해서 현재 모텔의 운영을 맡기고, 인수한 새 모텔이 정상화될 때까지 집중하기로 결정했다. 2004년, 새로운 모텔을 구입했다. 두 번째도 처음 것과 마찬가지로 수년 내에 엄청나게 성공하였다. 그 이후로 Harlow 부부는 여러 모텔을 구입했다. 2012년까지 그들은 평균 100개의 객실을 가진 모텔 7개를 소유하게 되었다.

그 동안, Becky와 Harold는 회계처리를 직접 해 왔다. 매년 한 번 회계사를 불러서 장부를 마감하고 세금신고를 하게 하였다. 지난 주, 새로 온 회계사가 앞으로 얼마나 오랫동안 7개의 모텔을 운영할 것인지 물어봤다. Harlow 부부는 일이 좋아서 앞으로 10년은 더 하고 은퇴할 계획이라고 대답했다.

Harold는 많은 모텔을 운영하는 것이 어렵다고 인정했지만, 그를 위해 일하는 훌륭한 관리자들이 있다고 설명했다. 회계사는 그에게 주식회사 설립을 생각해 본 적이 있느냐고 물었다. "만약 사장님이 주식회사를 설립하면," 그가 말했다. "주식을 팔 수 있고, 그 돈으로 모텔을 더 살 수 있어요. 그러면서 일부는 경영권을 위해서 보유하고, 일부는 확장 목적을 위해서 팔고, 나머지 판매대금은 저축예금이나 다른 안정적인 곳에 투자할 수 있습니다. 이렇게 하면, 일이 잘못 되더라도, 다른 자금을 활용할 수 있잖아요?" 회계사가 Harold와 Becky에게 계속 설명했다. 현재는 그들이 공동 소유주(합명회사)로서 모든 부채를 책임지고 있다. 주식회사로 바꾸면, 그들의 채무는 제한된다. 즉, 회사가 망해도, 채권자들이 그들의 개인 재산까지는 요구하지 못한다. 이렇게 하면, 그들의 재산이 보호받고, Harold의 주식 매각대금도 안전하게 보존할 수 있다고 말했다.

Harlow 부부는 조직의 다른 형태를 한 번도 생각해 보지 않았다고 인정했다. 공동 소유권이 그들에게 최선이라고 언제나 생각했다. 이제 주식회사의 이점을 검토하기로 했다. 만약에 이 방법이 더 좋으면, 그들은 회사를 설립할 것이다.

질문

1. 공동 소유권(partnership)의 장점과 단점은 무엇인가?
2. 공동 소유권과 주식회사의 장단점을 비교하시오.
3. Harlow 부부가 회사를 설립해야 하는 지 당신의 의견을 설명하시오.
4. 그들에게 LLC(유한책임회사)가 가치가 있는가? 설명하시오.

사례 9.3: 그녀가 필요한 전부는 잠깐의 유예

Debbi Dawson은 12개월 전에 자신의 사업을 시작하였다. 8개월이 지나면 이익이 날 것으로 생각했다. 실제 상황은 다음과 같다. 처음 6개월 동안 18,000달러의 적자를 기록했다. 그 다음 6개월에는 14,000달러 적자를 봤다. Debbie는 앞으로 6개월 동안 계속 호전되어 2차년도 말에는 손익분기점에 도달한다고 확신한다. 그러나 그녀의 채권자는 동의하지 않는 것 같다. Debbie는 두 명의 주요 채권자에게 총 48,000달러의 빚이 있다. 다른 사람들에게는 총 38,000달러를 빌렸다.

Debbie 생각으로는, 1년만 채무상환을 유예하면 그녀 회사는 모든 부채를 갚을 수 있다. 반면에, 채권자들에게 계속 상환을 하면, 재무적으로 너무 취약해져서 파산을 선언해야 한다. "나에게 12개월의 유예를 주는 것이 모든 사람에게 최선의 이익이야." 그녀가 남편에게 설명했다. "그렇게만 해 주면, 모두가 좋아지는데… 그렇지 않으면, 우리는 만세를 불러야 돼."

Debbie는 힘들지만 2명의 주요 채권자에게

이야기를 해 볼 생각이다. 그러나 그들이 그녀의 제안을 받아들일지, 아니면 법적 행동의 근거로 사용할지 자신할 수 없다. "만약에 내가 지연작전을 쓴다고 생각하면, 그들은 바로 갚으라고 할 테고, 나를 파산으로 밀어 넣을 거야," 그녀는 친한 친구에게 설명했다. "물론 문제가 없다고 생각하면, 이야기가 달라지지. 어느 경우든 변호사에게 먼저 물어보는 게 좋겠어."

Debbie는 파산과 회사 청산을 피할 수 있는 실행계획을 그녀의 변호사 Juan과 함께 만들려고 한다. 회의 날짜를 잡으려고 Juan과 통화를 하면서, 그녀가 말했다. "만약 모든 사람들이 상황을 냉철하게 그리고 신중하게 바라보면, 그들도 내 제안이 좋다고 동의할 것입니다. 내가 돈을 더 달라고 요구하는 것도 아니고, 그들이 최대로 잃을 것은 현재까지 빌려준 돈이잖아요? 반면에 내 손을 묶어 버리면, 잘해봤자 40% 정도밖에 회수를 못할 거예요. 만약에 그들이 기다려주면, 모든 돈을 회수할 수 있습니다. 제가 필요한 전부는 잠깐의 유예에요." Juan이 그 주 후반에 만나자고 이야기했다. "우리는 좋은 제안을 만들 수 있습니다."

질문

1. 당신은 어떤 유형의 파산합의를 추천하겠는가? 이유를 설명하시오.
2. 당신은 왜 다른 유형의 파산을 추천하지 않는가? 모든 상황을 포함하여 대답하시오.
3. 채권자에게 당신의 권고안을 설명할 때, 어떤 논리를 사용할 것인가?

사업계획 준비하기

법적 구조 결정하기

개인 기업, 동업, 법인처럼 기업의 구조적 형태를 정하는 것은 모든 기업가가 직면해야 할 법적 선택이다.

9장에서 설명된 정보들을 토대로 신중하게 선택하시오. 쉽게 말하자면, 책에서 조언한바와 같이 고려하고 있는 구조적 형태의 법률 서류와 항목/규정들에 관심을 가져라. 그 다음, 본인과 사업 컨설턴트를 포함한 사업 경영, 소유권, 보상, 다른 중요한 요인들과 관련된 서류는 서면으로 작성하며 계획 중인 사업의 가장 최선의 법적 형태를 명확하고 간결하게 설명하시오.

강의자의 선호에 달려있지만 라이브플랜(LivePlan)과 같은 사업계획 도구를 사용하여 결정과 근거를 기록하기 위해 별도로 개인적으로 과제 또는 포괄적인 사업계획을 제출하시오.

미주

1. Roger LeRoy Miller and Frank B. Cross, *The Legal Environment Today: Business in Its Ethical, Regulatory, E-Commerce, and Global Setting*, 7th ed. (Mason, OH: South-Western/Cengage, 2013); see also Constance E. Bagley and Craig E. Dauchy, *The Entrepreneur's Guide to Business Law* (Mason, OH: Cengage/South-Western, 2012); and Marianne M. Jennings, *Business: Its Legal, Ethical, and Global Environment*, 9th ed. (Mason, OH: Thomson/South-Western, 2012).

2. Gerald R. Ferrera, Margo E. K. Reder, Robert C. Bird, Jonathan J. Darrow, Jeffrey M. Aresty, Jacqueline Klosek, and Stephen D. Lichtenstein, *Cyberlaw*, 3rd ed. (Mason, OH: South-Western/Cengage, 2012); see also Daniel V. Davidson and Lynn M. Forsythe, *The Entrepreneur's Legal Companion* (Upper Saddle River, NJ: Pearson/Prentice Hall, 2011).

3. Reprinted by permission of the *Harvard Business Review*. An excerpt from "Making Patents Work for Small Companies," by Ronald D. Rothchild, July/August 1987, 24–30. Copyright © 1987 by the President and Fellows of Harvard College; all rights reserved. See also David Pressman, *Patent It Yourself: Your Step-by-Step Guide to Filing at the U.S. Patent Office*, 15th ed. (Berkeley, CA: Nolo Press, 2011).

4. See Rothchild, 28; and Pressman, 14.

5. Kenneth W. Clarkson, Roger LeRoy Miller, and Frank B. Cross, *Business Law,* 12th ed. (Mason, OH: Cengage/South-Western, 2012), 158–62.

6. See Jane P. Mallor, A. James Barnes, Thomas Bowers, and Arlen W. Langvardt, *Business Law: The Ethical, Global, and E-Commerce Environment*, 15th ed. (New York: McGraw-Hill Irwin, 2013). 257–71.

7. Ibid., 271–74.

8. Ibid., 275.

9. Ibid., 271–72.

10. See Thomas G. Field, Jr., *Trademarks and Business Goodwill* (Washington, DC: Office of Business Development, Small Business Administration, 1990).

11. Dorothy Cohen, "Trademark Strategy," *Journal of Marketing* (January 1986): 61–74.

12. Mallor, *Business Law,* 286–87.

13. Thomas M. S. Hemnes, "How Can You Find a Safe Trademark?" *Harvard Business Review* (March/April 1985): 40–48; see also Michael Finn, "Everything You Need to Know about Trademarks and Publishing," *Publishers Weekly* (January 6, 1992): 41–44.

14. See Mallor, *Business Law,* 296–98.

15. Ibid., 297.

16. Ferrera, *Cyberlaw*, 103–29; see also Mallor, *Business Law*, 296.

17. David S. Hulse and Thomas R. Pope, "The Effect of Income Taxes on the Preference of Organizational Form for Small Businesses in the United States," *Journal of Small Business Management* 34, no. 1 (1996): 24–35. See also Sandra Malach, Peter Robinson, and Tannis Radcliffe, "Differentiating Legal Issues by Business Type," *Journal of Small Business Management* 44, no. 4 (2006): 563–76.

18. For a detailed discussion of each form, see Clarkson, *West's Business Law,* 706–854.

19. For further discussion on the legal aspects of proprietorships, see Clarkson, *West's Business Law,* 706–8.

20. For a good analysis of partnerships, see Clarkson, *West's Business Law,* 719–36.

21. For the complete Revised Uniform Partnership Act and the Revised Uniform Limited Partnership Act, see Mallor, *Business Law,* 954–1029.

22. For a detailed discussion of corporate laws and regulations, see Mallor, *Business Law,* 1223–1417.

23. For a good outline of the Revised Uniform Partnership Act and the Revised Uniform Limited Partnership Act, see Clarkson, *West's Business Law,* 732.

24. For more detail on limited partnerships, see Mallor, *Business Law,* 956–59.

25. See Constance E. Bagley and Craig E. Dauchy, *The Entrepreneur's Guide to Business Law* (Mason, OH: Thomson/South-Western, 2003). See also Mary Sprouse, "The Lure of Limited Liability Companies," *Your Company* (Fall 1995): 19. For further discussion on the legal aspects of LLPs, see Mallor, *Business Law*, 956–59.

26. Certified B corporation, http://www.bcorporation.net/ (accessed April 26, 2012); Jamie Raskin, "The Rise of Benefit Corporations," *The Nation*, June 27, 2011.

27. Non Profit Law Blog: http://www.nonprofitlawblog.com/home/2008/07/l3c.html (accessed April 26, 2012).

28. Harlan D. Platt, *Why Companies Fail* (Lexington, MA: Lexington Books, 1985), 83; Howard Van Auken, Jeffrey Kaufmann and Pol Herrmann, "An Empirical Analysis of the Relationship Between Capital Acquisition and Bankruptcy Laws," *Journal of Small Business Management* 47, no. 1 (2009): 23–37; and Mike W. Peng, Yasuhiro Yamakawa and Seung-Hyun Lee, "Bankruptcy Laws and Entrepreneur-Friendliness," *Entrepreneurship Theory and Practice* 34, no. 3 (2010): 517–30.

29. For a detailed discussion of Chapter 7 bankruptcy, see Mallor, *Business Law,* 791–812; see also Clarkson, *West's Business Law,* 581–94.

30. For a detailed discussion of Chapter 11 bankruptcy, see Mallor, *Business Law,* 813–14; see also Clarkson, *West's Business Law,* 595–96.

31. For a detailed discussion of Chapter 13 bankruptcy, see Mallor, *Business Law,* 816–19; see also Clarkson, *West's Business Law,* 596–99.

32. Interview with Mark E. Need, JD/MBA, Director, Elmore Entrepreneurship Law Clinic, Indiana University, April 2012.

10장
신생 벤처의 마케팅 관점

창업가적 사고

새로운 마케팅은 역동적이고 실시간으로 일어나고 있다. 이것은 마케팅 담당자들로 하여금 고객을 관리 범위 내에 있다는 것을 인정하게 하고 의사결정을 유도한다. 또한, 고객 관점에서 마케팅 믹스의 재개념화가 필요하다: 고객 중심을 넘어 고객에 의해 만들어진 것까지. 이 세대는 연속적이고, 창의적이고, 협력적이고, 서로 의미가 연결되어 있다. 고객은 마케팅 활동의 중심에 있다.

— Minet Schindehutte, Michael H. Morris, Leyland F. Pitt, Rethinking Marketing

학습목표

1. 창업가를 위한 새로운 마케팅 개념을 소개한다.
2. 신생 벤처를 위한 시장조사의 중요성을 검토한다.
3. 효과적인 시장조사의 주요 요소를 식별한다.
4. 마케팅을 억제시키는 요소를 제시한다.
5. 창업 기업을 위한 소셜 미디어 마케팅, 모바일 마케팅의 최근의 사용을 제시한다.
6. 시장조사에서 창업가 전술을 식별한다.
7. 철학, 세분화, 소비자 동향과 같은 마케팅 개념을 조사한다.
8. 마케팅 계획의 중요한 영역을 설정한다.
9. 가격 전략의 주요 특징을 논의한다.
10. 소셜 미디어 시대의 가격에 대해 토의한다.

창업가를 위한 새로운 마케팅 개념

마케팅은 항상 창업 벤처의 주요 요소였으며 앞으로도 주요 요소일 것이다. 오늘날의 과제는 우리를 둘러싸고 있는 세계에서 일어나고 있는 근본적인 변화를 이해하는 것이다.

Minet Schindehutte, Michael H. Morris, 및 Leyland F. Pitt과 같은 학자들은 새로운 마케팅 논리가 안정성과 통제의 세계에서 적용되는 기존의 규칙을 어떻게 근본적으로 재고해야 하는가를 설명하고 있다. 거래는 빠르게 역동적으로 실시간으로 일어나고 있다. 수요 기반 경제에서 창업가는 고객이 관리 범위 내에 있고, 따라서 의사결정을 유도한다는 것을 인식해야 한다. 이러한 사실은 고객 중심적인 마케팅 믹스를 고객에 의해 형성되도록 마케팅 믹스를 재개념화하게 한다. 마케팅을 재고해야 하는 주 내용을 설명하기 위해, 우리는 마케팅 믹스의 4P를 4C로 전환해야 한다.

제품(product)에서	공동창조(cocreated)로
촉진(promotion)에서	공동체(communities)로
가격(price)에서	주문제작(customizable)으로
유통(place)에서	선택(choice)으로

이제는 C 세대의 시대이다. 여기서 C는 콘텐츠를 의미한다. 이 세대는 연속적이고, 창의적이고, 협력적이고, 서로 의미가 연결되어 있다. 고객은 마케팅 활동의 중심에 있다.[1]

창업가의 새로운 마케팅 개념(marketing concept)은 시장의 구성 요소에 대한 이해, 시장조사의 이해, 마케팅 계획의 개발, 소셜 미디어 마케팅의 적절한 이해와 응용 및 가격 전략에 대해 적절한 방법 등을 포함하고 있다. 이 장에서는 주요 구성 요소를 각각 검토한다.

시장(market)은 구매력과 충족되지 않은 욕구를 지닌 고객 그룹(잠재고객)이다.[2] 새로운 벤처는 자사의 제품이나 서비스에 대한 시장이 존재하는 한 생존할 것이다.[3] 모든 창업가들이 목표시장을 설정하는 데 필요한 시장 분석을 철저하게 준비할 것이라는 것은 너무 명백하다. 그러나 많은 창업가들은 시장에 대해 조금 밖에 모르고, 어떤 사람들은 심지어 시장을 전혀 인지하지 못하고 새로운 벤처를 시작하려고 한다(성공한 창업가의 마케팅 기술의 공통 요소를 설명한 표 10.1 참조).

수많은 기법과 전략들은 창업가들이 잠재 시장을 효과적으로 분석하는 데 도움이 될 수 있다. 이것들을 사용하여, 창업가는 특정 시장에 대한 깊이 있는 지식을 얻을 수 있으며, 이 지식을 잘 정립된 사업계획으로 전환시킬 수 있다. 또한, 효과적인 마케팅 분석은 새로운 벤처의 자리 매김에 도움이 되고 결과적으로 판매를 증가시키는 변화를 일으킬 수 있다.[4] 이런 과정의 핵심은 시장조사이다.

표 10.1 성공한 창업가의 마케팅 기술의 공통 요소

1. 다른 사람들이 간과하거나 문제로 간주하는 기회를 발견하는 데 사용하는 고유한 환경 통찰력을 가지고 있다.
2. 독특한 통찰력을 끌어 내는 새로운 마케팅 전략을 개발한다. 그들은 현재의 상황과 통념을 도전해 볼만한 것으로 간주한다.
3. 비전이 결여되어 있는 다른사람들이 어리석다고 생각하는 것에 모험한다.
4. 그들은 시장이 선점되는 두려움에 살고 있다.
5. 그들은 치열하게 경쟁한다.
6. 그들은 제시된 전략의 의미를 통해서 어떻게 시장이 작동하는가에 대한 지식을 선별한다. 그들은 다른 사람들은 인식하지도 못하는 문제를 확인하고 해결한다.
7. 그들은 세부 사항에 세심하고, 품질 및 비용 절감이라는 작지만 새로운 경쟁 우위를 언제나 추구한다.
8. 그들은 열정적이고 전제적으로 자신의 경영 전략을 실행하면서 적극적으로 앞장선다. 그들은 위임받은 미공개 정보를 통제한다.
9. 그들은 자신과 자신의 부하를 몰아붙인다.
10. 그들은 신속하게 전략에 적응하고 운용될 때까지 계속해서 적응할 준비가 되어 있다. 다른 사람이 포기하더라도 오랫동안 보존한다.
11. 그들은 다음에 무엇을 달성하고자 하는 명확한 비전을 가지고 있다. 평균 관리자가 볼 수 있는 것보다 더 멀리 길을 볼 수 있다.

출처: Peter R. Dickson, *Marketing Management*, 1st ed. © 1994 Cengage Learning.

시장조사

시장조사(marketing research)는 특정 시장에 대한 정보의 수집과 잇달아 수행하는 정보의 분석을 포함한다.[5] 시장조사에 수반되는 절차의 지식과 이해는 창업자가 시장 정보를 수집하고, 가공하고 해석하는 데 매우 도움이 될 수 있다.

조사 목적과 목표를 정의

시장조사의 첫 번째 단계는 의사결정에 필요한 정보 요구 사항을 정확하게 정의하여야 한다. 너무 분명해서 언급할 수 없어 보이지만, 실상은 요구 사항이 충분한 조사 없이 확인된다는 것이다. 문제가 명확하게 정의되지 않은 경우, 수집된 정보는 쓸모없게 된다.

또, 특정 목적이 수립되어야 한다. 예를 들어, 한 연구는 일반적인 시장 조사를 위한 목표를 설정하기 위해 다음의 질문들을 제안했다.

- 잠재고객은 해당 재화나 서비스를 구매하기 위해 어디를 가는가 ?
- 왜 거기에 가는 것을 선택하는가?
- 시장의 규모는 어떠한가? 사업은 얼마나 시장을 점유할 수 있는가?
- 사업은 경쟁 업체와 비교하면 어떠한가?

- 사업의 촉진은 고객에게 어떤 영향이 있는가?
- 잠재적인 고객은 어떤 종류의 제품이나 서비스를 원하는 가?[6]

2차 자료 수집

이미 여러 출처에서 따와 편집된 정보는 **2차 자료**(secondary data)로 알려져 있다. 일반적으로, 2차 자료는 새롭거나 1차 자료보다는 수집 비용이 덜 비싸다. 창업가는 조사에 더 들어가기 전에 2차 자료의 가능한 모든 출처를 철저히 살펴봐야 한다. 마케팅 의사결정은 종종 전적으로 2차 자료로 이루어질 수 있다.

2차 자료는 내부 또는 외부에서 얻을 수 있다. 내부 2차 자료는 벤처 내에 존재하는 정보로 구성되어 있다. 예를 들면, 사업의 기록은 유용한 정보를 포함할 수 있다. 외부 2차 자료는 다수의 정기 간행물, 무역 협회 문헌, 정부 간행물에서 얻을 수 있다.

불행하게도, 2차 자료를 사용하는 데는 몇 가지 문제가 수반된다. 하나는, 이러한 자료가 구식이라서 덜 유용할 수 있다. 또 2차 자료의 측정 단위가 현재의 문제에 맞지 않을 수 있다. 마지막으로, 유효성의 문제는 항상 존재한다. 2차 자료의 일부 출처는 덜 유효하다.

1차 자료 수집

2차 자료가 불충분한 경우, 새로운 정보, 또는 **1차 자료**(primary data)에 대한 검색이 다음 단계이다. 1차 자료를 축적하는 데 몇 가지 기법이 사용될 수 있다. 관찰법과 설문지법이 이에 해당된다. 설문지법이 다양한 수준의 응답자를 포함하는 반면에, 관찰법은 응답자와의 접촉을 피한다. 관찰법은 아마도 존재하는 조사 방법 중 가장 오래된 형태이다. 관찰법은 매우 경제적으로 사용될 수 있다. 설문지법에서 나타나는 응답자들의 참여 인식으로부터 발생할 수 있는 잠재적인 편견을 피할 수 있다. 관찰법의 주요 단점은 이들이 기술적 연구(descriptive study)에 한정된다는 점이다.

설문지법에는 응답자를 접촉하는 두 가지 방법이 있는데 설문조사(survey)와 실험(experimentation)이다. 설문조사는 우편과 전화에 의한 접촉과 개인 면담을 포함한다. 응답자가 널리 분산되어 있는 경우 우편에 의한 설문조사가 자주 사용된다. 그러나 이 방법은 응답률이 낮다는 특징이 있다. 전화 설문 조사 및 개인 면담은 구두 소통을 하므로 응답률이 높다. 그러나 개인 면접 조사는 우편 및 전화 조사에 비해 비용이 크다. 응답자들은 면담 요청을 판매권유로 느끼기 때문에, 종종 개인 면담을 꺼려한다(표 10.2에서 주요 조사 연구 기술에 대해 설명한다).

실험은 인과관계(cause-and-effect relationship) 조사에 집중하는 하나의 연구 형태다. 목표는 실험변수(experimental variable)가 종속변수(dependent variable)에 미치는 영향을 조사하는 것이다. 예를 들면, 가격 변화는 매출에 어떠한 영향을 미칠 것인가? 여기서, 가격은 실험변수

표 10.2 주요조사 기법 비교

	직접대인면접	즉흥개인면접[1]	전화면접	우편조사	인터넷조사
회수 속도	중간정도로 빠름	빠름	매우 빠름	느림(연구자가 설문지 회수를 제어할 수 없음)	즉각적(24/7)
지리적 유연성	다소 제한적	한정적(도시에 국한)	높음	높음	높음(전 세계 가능)
응답자 협조	탁월	다소 낮음	좋음	보통(잘못 설계된 설문지는 응답률이 낮음)	웹 사이트에 따라 다름(고객 집단이 있으면 높음)
질문의 융통성	상당	아주 높음	보통	없음(높은 표준 양식 필요)	아주 높음
설문지 길이	김	다소 김	보통	장려책에 따라 다름	보통(응답에 근거한 맞춤화된 길이)
무응답 비율	낮음	중간	중간	높음	소프트웨어가 보장하지 않음
응답자의 오해 가능성	낮음	낮음	평균	높음(면접관의 설명 없음)	높음
응답에 대한 면접관의 영향력	높음	높음	보통	없음(면접관이 없음)	없음
면접관의 감독	보통	보통 내지 높음	높음(특히 면접 중심지가 있는 경우)	해당사항 없음	해당사항 없음
응답자의 익명성	낮음	낮음	보통	높음	응답자가 익명이거나 알려질 수 있음
재조사나 추적의 용이성	어려움	어려움	용이	용이하나 시간이 걸림	이메일 주소가 알려지지 않는 한 어려움
비용	가장 높음	보통 내지 높음	낮음과 보통 사이	가장 낮음	낮음
특징	시각 자료 가능; 확장된 조사 가능	미각 시험, TV 광고시청	현장조사나 자료 수집 감독의 단순화; 컴퓨터 기술에 적용하기 좋음	응답자의 편의대로 응답; 응답자가 답을 생각할 시간 있음	스트리밍 미디어 소프트웨어 사용으로 그래픽과 애니메이션이 가능

1 즉흥개인면접(Mall Intercept Personal Interview): 쇼핑몰이나 공공 장소에서 불특정인을 대상으로 시행하는 면접

출처: Peter R. Dickson, *Marketing Management*, 1st ed., © 1994 Cengage Learning.

이고, 판매량은 종속변수이다. 이들 두 변수 사이의 관계를 측정하는 것은 많은 다른 관련 변수들이 포함되지 않아서 어렵지 않을 것이다.[7]

정보 수집 도구 개발

설문지는 설문조사에서 연구자와 응답자를 연결시키기 위한 기본 도구이다. 설문지는 사용되기 전에 신중하게 개발되어야 한다. 설문지를 설계하기 위한 몇 가지 주요 고려사항은 다음과 같다.

- 반드시 각 질문이 조사의 목적에 부합하는 특정 목표에 적용되어야 한다.
- 간단한 질문은 앞에 응답하기 어려운 질문은 뒷부분에 배치해야 한다.
- 유도 질문과 편향된 질문을 피해야 한다.
- "이 질문이 잘못 해석될 수 있는가?"를 자신에게 물어보고, 오해될 가능성을 제거 또는 감소시키기 위해 질문을 적절하게 재작성해야 한다.
- 설문지에서 간결하나 완전한 방향을 제시해야 한다. 원하는 정보를 간결하게 설명하고 응답자들과 관련되지 않을 수 있는 질문에 대한 올바른 방향을 제시해야 한다.
- 태도나 빈도의 강도 측정 시 단순 예/아니오의 질문보다는 가능하면 척도화되어 있는 질문을 사용해야 한다. 예를 들어, "친절한 판매 점원이 있습니까?(예/아니오)"라고 묻는 대신에 "판매 점원이 얼마나 친절합니까?"라고 질문하여 응답자가 "매우 그렇지 않다"(1)부터 "매우 그렇다"(5)에 걸쳐 5점 척도에 대해 응답하도록 한다.[8]

정량적 시장조사 대 정성적 시장조사

정량적 조사(quantitative research)는 어떤 방법으로 결과를 비교하기 위해 수치를 측정하고 분석적인 접근 시행하는 실증적인 평가방법이다. 연구자는 결과가 '객관적'이 되도록 관여하지 않는 관찰자이다. 그러나 통계 분석이 효과적으로 수행될 수 있기 위해서는 큰 표본이 필요하다. 연구자가 과정에 직접 관여하고 응답자와 함께 질문에 대해 깊이 탐구하기 때문에 **정성적 조사**(qualitative research)는 훨씬 적은 샘플 크기를 필요로 한다. 이 방법은 분석 시험에 덜 의존하고, 연구자가 과정에 참여하기 때문에, 따라서 결과는 '주관적'으로 간주된다.[9]

정보 해석 및 보고

필요한 자료가 축적된 후, 그것들은 사용가능한 정보로 개발되어야 한다. 많은 양의 데이터는 단지 사실적인 것뿐이다. 유용하기 위해서는, 자료들이 의미 있는 정보로 정리되고 형성되어야만 한다. 사용자를 위한 요약 및 단순화를 위해서는 표, 도표 및 다른 그래픽 방법이 사용된다. 사용자에 대한 정보를 단순화의 방법은 테이블, 차트 및 기타 그래픽 방법을 포함한다. 서술 평균, 최빈값, 중위수 값과 같은 기술통계량(descriptive statistics)이 조사 과정의 이 단계에서 가장 유익하다.

시장조사를 위한 질문

벤처 기업 시작 전이나 후에 행해지는 시장조사의 필요성은 벤처 유형에 따라 달라진다. 그러나 주제별로 구분되는 전형적인 질문은 다음과 같다.

판매

1. 제품과 지역의 유형에 의한 경쟁자의 판매 실적에 대해 알아야 할 모든 것을 알고 있는가?
2. 어떤 고객이 수익성이 있을 것 같고 잠재적으로 수익성이 있을 고객을 인지하는 법을 알고 있는가?
3. 당신의 판매력이 가장 잘할 수 있고 판매액에 대한 수익을 극대화시킬 수 있는 곳에 효율적으로 사용되고 있는가?

유통

1. 새 제품 또는 다양한 제품군을 시장에 알리려고 하는 경우에, 당신은 유통업자와 중개상들이 갖고 있는 제품에 대한 생각을 모두 알고 있는가?
2. 유통업체 및 중계상의 영업 사원들은 당신의 제품이나 서비스에 대한 올바르게 설명하고 있는가?
3. 시장의 지역구분에 따라 유통 형태를 차별화시키고 있는가?

시장

1. 지역과 제품 종류에 의한 구매 습관과 취향의 차이점을 파악하는 데 유용한 것을 모두 알고 있는가?
2. 제품 범주에서 브랜드 또는 제조사 충성도와 반복 구매에 필요한 많은 정보를 가지고 있는가?
3. 당신은 지금, 기간별 제품의 매출 시장점유율을 표시하고 있는가?

광고

1. 광고는 올바른 사람에게 전달되고 있는가?
2. 광고가 경쟁사와 비교해서 얼마나 효과적인가를 알고 있는가?
3. 제품, 지역, 시장 잠재력에 따라 큰 이익이 창출될 수 있도록 적절히 예산이 할당되어 있는가?

제품

1. 새로운 제품과 제품 변경의 시장 수용을 시험하기 위한 신뢰할 수 있는 정량적인 방법이 있는가?

2. 새로운 또는 변경된 포장이 판매에 미치는 영향을 분석하기 위한 신뢰할 수 있는 방법을 보유하고 있는가?
3. 높거나 낮은 품질 수준을 추가하는 것이 새로운 시장 수익을 만들 것이라는 것을 알고 있는가?

시장조사의 방해물

대부분의 창업자가 시장조사로부터 혜택을 누릴 것이라는 사실에도 불구하고, 많은 사람들이 시장조사를 하지 않는다. 시장조사 누락의 여러 이유가 존재하는데 그 중 비용, 복잡성, 전략적 의사결정 요구 수준 및 부적합성 때문이다. 몇몇 논문들은 시장조사가 기업 비즈니스의 성공을 위해 확실한 이점과 매우 중요성이 있음에도 불구하고 창업가들에게 시장조사 필요성이 결여되어 있다는 것을 언급했다.[10]

비용

일부 창업자들은 시장조사는 비용(cost)이 많이 들고 단지 큰 조직만이 가능하다고 믿고 있다. 정말 높은 수준의 시장조사는 비용이 많이 들지만, 보다 작은 기업들은 비용을 감당할 수 있는 마케팅 기법들을 사용할 수 있다.

복잡성

많은 시장조사 기법들은 표본추출(sampling), 설문조사 및 통계분석으로 구성되어 있다. 이런 복잡성(complexity), 특히 정량적인 측면은 많은 창업자들을 놀라게 하여 시장조사를 피하게 만든다. 상기해야 될 중요한 점은 주 관심사는 자료의 해석이라는 것이다. 창업자들은 시장조사 전문가나 이 분야의 대학교수에게 요청하여 전문적인 통계 설계와 평가에 대한 자문과 상담을 언제나 받을 수 있다.

전략적 의사결정

일부 창업자는 중대한 전략적 의사결정만이 시장조사를 통해서 지원될 필요가 있다고 생각하고 있다. 이런 생각은 이미 앞에서 언급한 비용과 복잡성 문제와 관련이 있다. 시장조사의 비용과 통계적 복잡성 때문에 의사결정이 중대할 때만 시장조사가 실시되어야 한다는 주장이다. 문제는 비용과 복잡성에 대한 오해뿐만 아니라 또한 시장조사 가치는 중대한 의사결정에만 제한되어 있다고 하는 믿음에 있다. 많은 창업가의 판매에 대한 노력은 이 같은 조사 결과를 통해서 향상시킬 수 있을 것이다.[11]

부적합성

많은 창업가들은 시장조사 결과가 이미 알고 있는 내용을 단순히 제공하는 정보나 관련이 없는 정보를 포함하고 있다고 생각한다. 시장조사가 각양각색의 자료를 만들어 내고 일부는 관련이 없다는 게 사실이라고 하더라도 많은 정보가 유용하다는 것 또한 사실이다. 게다가 어떤 자료는 창업자가 이미 알고 있는 것을 단지 확인시켜주는 정도라 하더라도 그것은 검증이 되고 좀 더 확신을 가지고 행동하게 하는 지식이다.

이러한 방해물에 의해 지적된 바와 같이, 창업가들이 시장조사를 하지 않는 대부분의 이유는 시장조사 가치의 오해나 비용에 대한 두려움에 있다. 그러나 마케팅 접근 방식은 적은 비용으로도 아주 가치가 있는 것으로 입증될 수 있다.

소셜 미디어 마케팅

"모바일 애플리케이션, 소셜 미디어, 광고 네트워크, 비디오 스트리밍, 광대역, 플래시, 최적화! 이는 최근 몇 년 동안 마케팅에서 쓰이는 단지 몇 개의 인터넷 관련 용어이다. … 마케팅 업무가 인터넷 시대에서 얼마나 복잡해지는가를 암시한다."[12]

오늘날 세계는 소셜네트워크, 온라인 커뮤니티, 블로그(blogs), 위키(wikis) 및 기타 온라인 협업 미디어에 의해 지배된다. **소셜 미디어 마케팅**(social media marketing)은 마케팅 목적으로 이러한 도구를 사용하는 것이다. 가장 일반적인 소셜 미디어 마케팅 도구는 Twitter, 블로그, LinkedIn, Facebook, Flickr, YouTube이다. 소셜 미디어 마케팅으로 고려해야 할 세 가지 중요한 측면이 있다.

1. 관심을 끌고 바이러스처럼 퍼져나갈 수 있는 이벤트, 비디오, 트윗, 또는 블로그 항목으로 무엇인가의 가치 창출하기(create). 사용자들끼리의 접촉을 통한 메시지의 이러한 바이러스 복제가 소셜 미디어 마케팅을 작동하게 하는 것이다.
2. 다수의 온라인 소셜 미디어 장소를 통해 고객에게 메시지 자체를 홍보하는 것을 가능하게 한다(enable). Twitter와 Facebook이 이것에 대한 사례이다.
3. 사용자의 참여와 대화를 권장한다(encourage). 소셜 미디어 마케팅 프로그램이 성공하기 위해서는 온라인 대화를 통해서 고객들의 관심을 사로잡고 고객을 중요 시 해야 한다. 소셜 미디어 마케팅은 조직에 의해 제어되지 않는다.[13]

이러한 세 가지 요소에서 볼 수 있듯이, 소셜 미디어 마케팅의 진정한 목표는 판매공간에서 고객들 사이의 대화를 창조하는 것이다. 임계량에 도달하는 구전 마케팅의 형태인 판매공간에서 고객들 사이의 대화를 창조하는 것이다. 그리고 왜 이것이 창업자와 창업초기 벤처 기업한테 중요한가? 소셜 미디어 마케팅에 초점을 맞추는 연구자들은 다음과 같은 사실을 지적해 왔다.

- Facebook 사용자 수는 1억에 접근하고 있다(미국, 캐나다, 멕시코의 인구의 합보다 더 큼).
- 소셜 미디어 연구에 따르면 온라인 인구의 4분의 3은 상습적인 소셜 미디어 사용자로 구성되어 있다.
- 매월 거의 250억의 온라인 검색이 있다.
- Forrester Research는 온라인 미국 소매 지출이 2014년까지 2,487억 달러에 도달하거나 전체 소매 시장의 8%가 될 것으로 추정하고 있다.[14]

소셜 미디어 마케팅의 주요 차이점

앞서 지적한 바와 같이, 소셜 미디어 마케팅이 기존 마케팅을 수행하기 위해 단지 온라인 소셜 미디어 사이트를 사용하고 있다고 생각하는 것은 큰 오해이다. 4P(제품, 가격, 유통 및 촉진)를 강조하는 기존 마케팅 방식은, 여전히 마케팅에 대한 몇 가지 중요한 교훈을 가지고 있지만, 소셜 미디어의 새로운 영역에서는, 적응되어야 하거나 일부 분야에서는 완전히 변경되어야 한다. 이러한 점이 마케팅의 새로운 시대에 고객 중심 개념 기반으로 4C을 제시하는 이유이다.

또한, 전통적인 마케팅에서 소셜 미디어 마케팅을 구별하는 몇 가지 다른 측면이 있다. 한 가지 차이점은 제어(contol) 대 공헌(contributions)으로 언급된다. 전통적인 마케팅은 참여자에 의해 나타나는 콘텐츠를 제어하고자 경쟁사의 메시지를 제외시켜 영역을 지배하려고 한다. 소셜 미디어 마케팅은 고객의 공헌을 강조하고 대부분의 콘텐츠에 대한 제어를 포기한다. 효과적인 소셜 미디어 마케팅은 종종 참여자들이 브랜드에 관하여 언급하고 생각하는 것에 영향력을 행사하려고 하지만 그런 것들을 거의 제어할 수 없다.

두 번째로 중요한 차이점은 신뢰 구축(trust building)이다. 기업은 사용자가 생성하는 콘텐츠를 완전히 제어할 수 없다. 따라서 벤처는 고객 관객과 신뢰 관계를 구축해야 한다. 소비자들이 약간의 과장이 제품에 적용된다고 기대하게 되는 기존의 광고와는 달리, 소셜 미디어에서는 완전히 정직하게 하는 것이 중요하다. 진실을 왜곡하는 모든 회사는 책임을 져야 하며 그 행동을 설명해야 한다.

세 번째 차이는 메시지가 소통되는 방식에 있다. 전통적인 마케팅은 기업으로부터 고객에게 전달되는 '일방통행(one-way)' 방식이었다. 소셜 미디어는 응답에 관심이 있는 고객에게 '쌍방향 의사소통(two-way communication)' 방식을 제공한다. 전달되는 메시지가 지루하거나 부정확, 또는 관련이 없을 경우, 고객은 다른 곳을 찾을 것이다. 소셜 미디어는 새로운 벤처와 고객 사이의 지속적인 소통을 생성한다.[15] 표 10.3은 창업 마케팅과 전통적인 마케팅의 차이점을 설명한다.

표 10.3 기존의 마케팅과 창업 마케팅의 차이

	기존의 마케팅	창업 마케팅
기본 전제	거래 및 시장 관리의 촉진	가치 창출 혁신을 통해 지속가능한 경쟁 우위
목표하는 방향	객관적이고 감정에 좌우되지 않는 마케팅	마케팅에서의 열정, 집착, 지속성, 창의력이 중심적인 역할
배경	입증되고 상대적으로 안정적인 시장	높은 수준의 격변으로 구상중이고, 최근에 생성되고, 세분화된 시장
마케팅의 역할	마케팅 믹스의 조정자(coordinator); 브랜드 형성자	내부, 외부변화의 동인; 범주의 창조자
시장접근	점진적 혁신으로 현 시장 현황에 반응적이고 적응적인 접근	동적인 혁신으로 사전 대책 강구, 고객 선도
고객의 요구	설문조사를 통해 고객이 분명하게 표현되고, 추정되고, 표현됨	시장을 선도하는 고객을 통하여 논리가 서있지 않고, 발견되고 인식됨
위험관점	마케팅 활동의 위험 최소화	계산된 위험 감수를 위한 수단으로 마케팅: 위험을 완화시키고, 가시화시키고, 분담을 하기 위한 방법 발견 강조
자원관리	기존 자원의 효율적인 사용, 내핍 정신	다른 사람의 자원의 창조적인 사용과 추진; 적은 것으로 더 많은 것을 획득; 현재 통제되고 있는 자원에 의해 제약받지 않는 행동
신 제품/서비스 개발	마케팅이 연구개발 및 다른 기술부서의 신 제품/서비스 개발 활동 지원	마케팅은 혁신의 발상지이고 고객은 공동 생산자
고객의 역할	정보와 피드백의 외부 출처	과정, 제품 정의, 가격, 유통 및 의사소통 방법에 관한 기업의 마케팅 의사결정에 적극적으로 참여

출처: Minet Schindehutte, Michael H. Morris, and Leyland F. Pitt, *Rethinking Marketing* (Upper Saddle River, NJ. 2009), p. 30.

소셜 미디어 마케팅 계획의 개발

소셜 미디어 마케팅 계획은 조직의 소셜 미디어의 목표와 이를 달성하기 위한 필요한 행동들을 자세히 설명한다. 이러한 행동들 중 중요한 것은 성공적 계획의 실행 가능성이 거의 존재하지 않을 정도의 견고한 마케팅 전략의 창출이다. 유의해야 할 중요한 단계는 다음과 같다.

청취(listen). 사람들이 회사에 관해 이야기하는 것을 청취하는 것은 회사로 하여금 현재의 소셜 미디어 존재를 확인할 수 있게 한다. 결국 이것은 소셜 미디어 목표와 이를 달성하기 위한 전략설정을 가능하게 한다.

식별(identify). 목표시장(틈새시장)을 식별함으로써 마케팅 전략은 가장 수용력이 큰 고객, 결국은 옹호자가 되는 고객에 효율적으로 접근할 수 있게 구조화될 수 있다.

분류(categorize). 목표시장의 관련성에 의해 소셜 미디어 플랫폼을 분류해야 한다. 즉, 회사는 많은 수의 목표고객이 존재하여 높은 투자수익(return on investment, ROI)으로 이끄는 소셜 미디어 사이트에 노력을 집중해야 한다.

평가(appraise). 경쟁뿐만 아니라 목표고객의 위치, 행동, 취향, 욕 등이 평가될 필요가 있다. 그렇게 함으로써 조직의 강점과 약점, 환경적 기회요인과 위협요인이 파악된다(13장의 SWOT 분석에서 다루어짐).

구현(implement). 올바른 도구 선택의 구현은 목표고객이 존재하는 소셜 미디어 사이트를 발견한 다음에 그 플랫폼에 회사의 소셜 미디어 노력을 집중함으로써 달성된다.

협력(collaborate). 플랫폼 참가자들과 상호 유익한 관계를 구축하는 수단으로 플랫폼 구성원들과 협력해야 한다. 소셜 미디어는 관계를 구축하는 중요한 방법이다. 회사와 개인의 연결을 느끼는 사람들은 관련된 브랜드 또는 제품을 좋아하고 신뢰하는 경향이 있다. 익명의 회사는 신뢰감을 불어넣을 것 같지는 않지만, 브랜드 뒤에서 숨어 있는 사람들을 관찰하는 것은 고객 충성도와 지원을 구축할 수 있다.

기여(contribute). 공유 집단을 향상시킬 수 있도록 명성을 구축하고 가치 있는 구성원이 되도록 내용물(content)에 기여하라. 브랜드 또는 회사는 고유한 지식을 소개하여 업계에서 영향력이 큰 이론가 또는 전문가로 자리 매김할 수 있다. 이 자리 매김은 브랜드 또는 회사에 대한 긍정적인 자산의 가치를 증가시킬 수 있다. 기업이 누구보다 주제 영역에 대해 자세히 알고 있다면, 가장 고품질의 제품일 가능성이 높다는 것을 시사한다.

변환(convert). 브랜드 구축, 고객 만족 증가, 구전 추천 유도, 새로운 제품 아이디어 창출생산, 경쟁의 우위, 평판 위기관리 처리, PR 및 광고와 소셜 미디어 마케팅의 통합, 검색엔진 순위와 사이트 트래픽의 증가와 같은 원하는 결과가 나올 수 있도록 실행 전략을 변환시켜라.

관찰(monitor). 조직의 소셜 미디어 마케팅 계획을 평가하라.[16]

소셜 미디어 마케팅 계획에 대한 이러한 주요 단계는 단지 시작에 불과하다. 마케팅 전략과 창업가의 특정 목표를 연결하는 방법을 개발하는 것이 가장 중요하다. 구체적인 것은 목표시장으로부터 청취되고 관찰되는 정보에 따라 달라질 것이다.

모바일 마케팅

모바일 컴퓨팅은 인터넷에 연결하는 휴대용 무선 장치의 사용이다. 모바일 컴퓨팅은 사람들이 무선 전화망(cellular)이나 와이파이(wifi)의 범위에 있는 한 이동 중에 데이터에 접근하고 소셜 웹과 상호 작용을 할 수 있게 한다. 일반적인 모바일 컴퓨팅 장치는 휴대폰, PDA, 스마트폰, 태블릿 PC, 넷북 등이 있다. 휴대폰은 무선 음성 통화 및 텍스트 메시지를 송·수신하는 단문 메시지 서비스(SMS)를 제공한다. PDA(portable digital assistant)는 펜 기반 입력으로 사용자가 더 큰 컴퓨터와 파일을 동기화할 수 있도록, 전자수첩 역할을 하는 휴대용 컴퓨터이다. 스마트폰은 휴대폰 및 PDA의 장점이 결합된 것이다. 미니 키보드를 사용하는 기계적 입력 또는 터치스크린 입력 방식을 사용하여, 문자 메시지와 이메일의 수신 및 저장, 웹 브라우저의 기능 다양한 업무를 실행할 수 있는 응용 프로그램의 구동, 점점 고도화되는 소형 디지털 카메라로의 촬영이 가능하다. 태블릿 PC는 랩탑 컴퓨터와 유사하지만, 그들은 최대한의 스크린 크기의 콤팩트 폼을 제공하고, 부피가 큰 키보드를 대체하는 터치스크린을 사용한다. 넷북은 기본적으로 랩탑 컴퓨터이지만, 작은 규모로 경량화된 대략 표지가 두꺼운 책 크기이다.

모바일 장치는 모든 사람의 손이 닿는 곳에 위치하고 있고, 따라서 사람들은 계속적으로 자신의 소셜네트워크와 연결되어 있다. 이는 소셜네트워크 참가자가 항상 연결되어 있다는 것을 의미한다. 따라서, 사람들은 좀 더 자주 소셜네트워크에 컨텐츠를 게시하고 공유하는 경향이있다. 저자 Melissa S. Barker, Donald I. Barker, Nicholas P. Bormann, 및 Krista E. Neher는 10억 명의 능동적인 Facebook 사용자 중 거의 삼분의 일이 모바일 장치를 통해서 Facebook을 사용한다고 보고했다. Twitter도 사용자의 95%가 휴대폰을 소유하고 있다는 보고를 통해 유사한 통계를 보여 주었고 사용자의 절반은 자신의 모바일 장치를 통해 Twitter에 액세스하고 있다. 이것이 미래의 길이다.[17]

모바일 소셜 미디어 마케팅은 많은 기업들이 전반적인 마케팅 전략의 일환으로 매우 성공적으로 사용하기 시작한 빠른 속도로 전파되고 있는 고강도의 마케팅 도구이다. 많은 기업들이 이제 소비자와 소통하기 위해 모바일 소셜 미디어 애플리케이션을 표준 통신 전략으로 사용하고 있다. 이것은 사용자 기반 콘텐츠의 생성 및 교환을 가능하게 하는 모바일 마케팅 애플리케이션의 그룹으로 정의될 수 있다. 모바일 컴퓨팅은 문자 메시지, 모바일 애플리케이션 및 모바일 광고와 같은 과잉의 마케팅 기회를 제공한다.

모바일 소셜 미디어를 사용하는 기업은 종종 시간 또는 공간에서 현재의 지리적 위치와 같은 자신의 고객에 대한 개인 정보를 얻을 수 있다. 모바일 소셜 미디어 응용 프로그램이 위치 민감도뿐만 아니라 시간 민감도에 따라 차별화될 수 있다. 모바일 소셜 미디어 애플리케이션의 가장 정교한 형태는 시간과 장소를 동시에 고려해야 하는 것들이다.

전체 모바일 소셜 미디어 전략은 복잡하지만 Andreas Kaplan은 전반적인 전략을 파악하기 위해 통합, 개별화, 참여, 시작의 네 가지 'I'를 권장하고 있다.[18]

1. **통합**(integrate): 사용자의 일상 생활에 응용 프로그램을 통합하는 가장 좋은 방법은 응용 프로그램의 사용자에게 인센티브, 상품 또는 할인 혜택을 제공하는 것이다.
2. **개별화**(individualize): 모바일 마케팅은 위치, 취향 선호도, 구매 습관에 기초하여 고객화된 메시지를 다른 고객들한테 전달함으로써 기업과 소비자와의 더 높은 수준의 소통을 가능하게 한다.

3. **참여**(involve): 효과적인 모바일 캠페인은 스토리와 게임의 형태를 통하여 대화형으로 사용자를 참여시킨다. 모바일 소셜 미디어 게임들은 종종 할인, 쿠폰 또는 선물 카드의 형태로, 수상자에 대한 상금을 제공한다. 심지어 상금이 없더라도, 그들이 승리한 경우 자신의 소셜 미디어 네트워크 '친구'들에게 승리하는 것을 보여 줄 수 있기 때문에 사용자는 여전히 대화형 게임의 승리에 대한 동기부여가 된다.
4. **시작**(initiate): 기업은 때때로 온라인 통신으로 다른 소비자들 사이에 의미 있는 대화를 시작하기 위해 사용자 기반의 콘텐츠 생성을 시작할 필요가 있다. 소비자 대화의 개시는 간단하지 않다. 많은 노력을 기울인다 하더라도 많은 기업이 목적을 달성하지 못할 수도 있다.

전반적으로, 모바일 소셜 미디어 마케팅의 미래는 매우 유망하고, 기업은 가능한 한 빨리 이러한 방식을 마케팅에 활용하려고 한다. 미래는 지속적인 기술 향상을 가져올 것이다. 가상의 삶과 현실의 통합은 불가피하다. 소셜 미디어를 사용하는 **모바일 마케팅**(mobile marketing)은 혁명적이고 거의 모든 다른 마케팅 유형보다 잠재적으로 훨씬 더 중요할 것이다.

시장조사의 창업가 전술

초기의 신생 벤처는 여러 번 자원의 제약을 받기 때문에, 창업가는 때때로 시장조사에 혁신적일 필요가 있다. Minet Schindehutte, Michael H. Morris, Leyland F. Pitts는 시장조사 과정에서 기업들이 추구해야 하는 여러 방안을 권장한다.[19] 이 전술은 다음과 같다.

게릴라 마케팅(Guerrilla Marketing). 틀에 얽매이지 않는 전술과 비정통적인 방법의 사용을 시장조사에 적용한다. 주어진 문제에 대한 정보를 수집할 수 있는 방법의 수가 무제한이라는 것을 인지하고 사용되지 않은 정보의 출처를 활용하여 매우 창조적인 방법으로 정보를 수집해야 한다.

평범한 유형으로부터 통찰(Insights in Ordinary Patterns). 창업가는 시간이 흐름에 따라 발생하는 유형을 이해할 필요가 있다. 유형들을 식별하고 추적하는 것은 매우 귀중하다. 인식 가능한 몇 개의 동향은 다음과 같다.

- 연중 특정기간에 구매하는 잠재고객
- 고객이 유사 상점의 종업원에게 요청하는 질의
- 고객이 다른 형태의 구매를 위해 의존하는 정보 출처
- 유사 상품을 반복적으로 사용하는 고객의 특징 유형
- 구매 시 위험부담을 줄이기 위해 잠재고객이 사용하는 방법

기술적 도구(Technology Tools). 오늘날의 기술은 기업가가 시장조사를 하는데 매우 가치가 있다. 추적 소프트웨어는 기업 웹 사이트 방문객이 어떤 기능을 검토하는가, 사이트에 얼마나 오래 머무는가 등의 행동 유형을 살펴볼 수 있는 유용한 도구이다. Survey Monkey와 같은 조사를 촉진시키는 기술은 매우 유용한 것으로 드러났다. 고객이 관심대상의 사진 촬영을 가능하게 하는 smartphone의 출현은 매우 큰 잠재력을 가진 풍부한 도구를 의미한다. 특정 매체, 특히 인터넷에서 행해지는 광고나 판매촉진에 대한 응답률을 추적할 수 있는 도구 또한 매우 가치가 크다.

고객 관찰(Customer Observation). 통찰력은 상황이 발생할 때 관찰을 통해 얻을 수 있다. 관측 방법은 많은 창조적인 형태로 나타날 수 있다. 자신들이 관찰되고 있다는 것을 알게끔 눈에 띄게 할 수도 있고, 인지 못할 정도로 관심을 끌지 않게 할 수도 있다. 눈에 띄는 접근법의 예는 잠재고객들로 하여금 그들의 선택을 정밀히 조사하기 위해 선호도나 질문을 식별하기 위해 스마트폰을 사용하게 하는 것이다. 비간섭적 접근의 예는 창업가가 주어진 하루의 특정 시간에 특정 지역을 통과하는 차량이나 사람을 세는 것이다. 두 방법 중 어느 것이든 시장 정보를 정확히 포착하는 체계적인 방법이다.

웹 기반의 조사(Web-based Surveys). 앞에서 기술적인 도구에 대해 언급했듯이, Survey Monkey는 온라인 조사를 위한 사용하기 쉬운 도구의 한 예이다. 이 도구는 창업가로 하여금 조사를 설계하고 체계화된 질문 형식을 만들게 하고 안전한 웹 사이트에 게시하게끔 한다. 이 웹 기반의 도구는 자료의 체계를 갖추게 하고, 통계적 분석도 제공한다. 웹 기반의 조사는 저렴하고 짧은 시간 동안 아주 많은 사람을 상대할 수 있다.

포커스 그룹(Focus Group). 신생 벤처에 대한 심층 토의를 위해 잠재고객의 소수집단(통상 6~10명)의 형성은 통찰력의 귀중한 원천이 될 수 있다. 참가자들은 새로운 벤처에 대해 그들의 감정, 신념, 인식을 자세히 설명한다. 이 집단은 인원이 적고 전체 시장의 대표성이 약하기 때문에 특정 벤처의 의사결정과 관련된 기본적인 통찰력을 얻는 귀중한 방법이다.

시장 추세를 선도하는 사용자 조사(Lead User Research). 해결책이 존재하지 않는 것에 대한 욕구를 가지고 있고 아직 개발되지 않은 효과적 제품에 대한 아이디어를 가진 특정 산업계 사람들 중에서 시장 추세를 선도하는 사용자를 찾아라. 때때로 그들은 시제품과 개선을 위한 수정을 실험한다. 선도 사용자들은 그들의 요구사항들을 검토하는 잠재력을 가지고 있다. 선도 사용자들은 그들이 시도하는 특정 분야에 대한 경험을 가지고 있고 인식한 문제에 대한 해결책을 강구한다. 이러한 시제품 실험은 만족할만한 해결책을 만들어 내지 못하는데 이런 것들이 혁신의 기회를 창출한다. 선도 사용자 접근법은 창업가로 하여금 이 전문가들로부터 미래에 대한 정보를 취득하게 하고 새로운 방법으로 조합한다.

블로그 관찰(Blog Monitoring). 블로그 사이트는 시장조사 통찰력에 관한 새로운 출처를 만들어 낸다. 블로그는 사용자가 만들어 내는 콘텐츠, 특히 대화형의 토의를 가능하게 하는 의견이나 정보를 게시할 수 있는 관심 주제에 관한 내용을 포함하는 웹 사이트이다. 사진, 비디오, 사진, 다른 웹 사이트와 연결들이 게시된다. 단순한 콘텐츠 분석은 블로그상의 토의에서 나타나는 주목을 끄는 용어를 식별하는데 응용될 수 있다. 블로그는 오늘날 사회망 분석뿐만 아니라 언어 관찰을 촉진시키는 기법이다.

문헌조사(Archival Research). 문헌은 시간이 지남에 따라 생성되고 축적된 기록의 집합체이다. 이런 기록들은 문서, 잡지, 비디오, 컴퓨터 파일, 온라인 데이터베이스, 특허 등의 형태로 작성되어 있다. 비용을 지불하지 않고 대부분의 문헌 접근이 가능하고 정보는 객관적이다. 창조적인 조사자들에게 중요한 통찰력을 나타낼 수 있는 2차정보(secondary information)의 형태이다. 예를 들면 국세조사국(Bureau of Census)의 국가사업 유형의 역사 기록문서는 다른 지역의 특정 산업의 성장 유형을 설명할 수 있다. 2차 자료를 이용한 조사에서 설명한 것처럼 창업가가 조사하려고 한다면 엄청난 파일과 자료를 얻을 수 있다.

효과적인 마케팅의 구성 요소

효과적인 마케팅은 세 가지 주요 요소, 마케팅 철학, 시장 세분화, 소비자 행동을 근거로 한다. 신생 벤처는 마케팅 개념을 개발하고 이를 시장에 적용할 때 세 가지 요소 모두를 통합해야 한다.

이러한 접근법은 기업이 어떻게 시장이 필요한 제품과 서비스를 발견하는가 하는 단계에서 도움이 된다.

마케팅 철학

마케팅 철학(marketing philosophy)에는 생산 주도, 판매 주도, 소비자 주도라는 세 가지 종류가 있다.

생산 주도 철학(production-driven philosophy)은 효율적으로 생산하고 판매는 나중에 걱정하자는 신념에 기초하고 있다. 생산이 주요 관심사이다. 생산에 이어 판매가 일어난다. 하이테크, 첨단의 제품을 생산하는 신생 벤처는 종종 생산 주도 철학을 사용한다. **판매 주도 철학**(sales-driven philosophy)은 고객에게 제품 구매를 권장하기 위한 광고와 개인 판매에 집중한다. 이 철학은 시장에서 공급과잉이 발생할 때 종종 표면으로 부상한다. 예를 들면 새로운 자동차 판매점은 판매 주도 철학에 대한 의존도가 심하다. **소비자 주도 철학**(consumer-driven philosophy)은 생산이 실질적으로 시작되기 전에 고객의 선호도, 욕구, 필요성을 발견하기 위한 조사에 근거하고 있다. 이 철학은 시장이 어디 있고 누구인가를 좀 더 이해하고, 그들에 대한 전략을 개발하기 위한 시장조사의 필요성을 강조한다. 세 가지 철학 중에서 소비자 주도 철학은 비록 많은 벤처들이 채택하지 않지만 가장 효과적이다.

마케팅 철학의 선택에 영향을 미치는 세 가지 요소는 다음과 같다.

1. **경쟁 압박**(competitive pressure). 경쟁의 강도는 신생 벤처 철학에 여러 번 영향을 줄 것이다. 예를 들면 강력한 경쟁은 창업가로 하여금 경쟁 우위를 확보하기 위하여 고객 지향적으로 생각하게 할 것이다. 반대로 경쟁이 거의 존재하지 않는다면 창업가는 생산된 것은 팔릴 것이라는 믿음으로 생산 주도적인 생각에 머물 것이다.
2. **창업가 배경**(entrepreneur's background). 창업가가 보유하고 있는 기술과 능력의 범위는 매우 다양하다. 일부는 판매와 마케팅의 배경이 있는 반면 다른 사람은 생산과 운영의 경험을 가질 수 있다. 창업가가 보유하고 있는 강점은 마케팅 철학의 선택에 영향을 미칠 것이다.
3. **단기 초점**(short-term focus). 가끔 '상품 이동'과 판매 창출에 대한 단기 집중 때문에 판매 주도 철학이 우선시 될지도 모른다. 이 철학이 판매를 증가시키는 것처럼 보일지라도 고객의 선호도를 무시하고 장기적으로 고객의 불만족을 야기하는 강매 접근법으로 전개될 수 있다.

세 마케팅 철학 중 어느 것도 신생 벤처에 대해 성공적일 수 있다. 그러나 결국 소비자 주도 철학이 가장 성공적이라는 것을 명심하는 것이 중요하다. 이 접근은 소비자의 요구, 선호도, 만족도에 집중하고 제품이나 서비스의 최종 소비자를 위해 작동한다.

시장 세분화

시장 세분화(market segmentation)는 고객의 한 집단을 나머지 집단과 차별화시키는 일련의 특징들을 식별화하는 과정이다. 예를 들면, 많은 사람들이 아이스크림을 먹는다 해도 맛과 가격을 기준으로 하여 구별될 수 있다. 일부 사람들은 맛 때문에 진짜 설탕과 크림으로 만들어진 고품질의 아이스크림을 선호한다. 다른 많은 사람들은 고품질과 평균적인 품질의 재료의 차이를 설명할 수 없고, 단지 맛으로만 비교하면 두 종류는 차이가 없다. Hagen-Dazs나 Ben & Jerry와 같은 고품질의 아이스크림의 가격은 좀 더 비싸다. 따라서 이 시장은 저가격의 경쟁자가 제공하는 시장보다 작은 틈새시장이다. 신생 벤처에게 시장을 세분화하는 이러한 과정은 자원이 매우 제한되어 있기 때문에 중요하다.

특정 시장 세분화를 인식하기 위해서 창업가는 많은 변수들을 분석할 필요가 있다. 예를 들면 두 가지 변수가 중요한데 인구통계학적(demographic) 변수와 이득(benefit) 변수이다. 인구통계학적 변수는 연령, 결혼상태, 성별, 직업, 수입, 지역과 같은 것이 포함되어 있다. 이런 특징들은 소비자의 지질학적, 인구통계학적 개요와 잠재구매력을 파악하기 위해 사용된다. 이득 변수는 시장 내에 존재하는 충족되지 않은 요구를 발견하게 해 준다. 예를 들면 편의성, 비용, 스타일, 추세와 같은 것과 특정 신생 벤처의 특성에 따라 다른 것이다. 제품이나 서비스가 무엇이든 간에 특정한 목표 집단을 좀 더 구별하기 위해서 시장 세분화를 통해 얻을 수 있는 이익을 알아내는 것이 매우 중요하다.

소비자 행동

소비자 행동(consumer behavior)은 소비자 특성의 여러 형태와 유형에 의해 정의된다. 그러나 창업가는 단지 두 가지의 고려사항인 개인 특성(personal characteristics), 심리적 특성(psychological characteristics)에만 관심을 집중할 수 있다. 전통적으로 일부 마케팅 전문가들은 이러한 특성들을 (1) 혁신가(innovator), (2) 초기 신기술 사용자(early adopter), (3) 초기다수자(early majority), (4) 후기다수자(late majority), (5) 느린 사람(laggard)라는 다섯 종류의 소비자 형태와 결부시킨다.

사회적 위치, 직업, 교육, 주거 환경, 가족 영향력, 시간 지향성의 차이점이 모든 가능한 개인 특성이다. 반면에 필요성, 인식, 자아 개념, 선망그룹, 참조그룹이 심리적 특성들이다. 이 분석은 고객 형태별 판매 노력에 대한 시각적 방향 설정을 제공할 수 있다.

다음 단계는 잠재고객의 특징적 구성과 시장 동향과 연결시키는 것이다. 표 10.4는 구매 의사결정에 영향을 미치는 우선순위의 변화를 보여 준다. 이 요소들은 각각 소비자 태도, 교육, 경제, 환경, 사회 변화에 기초한 행동과 관련이 있다. 소비자 행동의 일부 공통점을 사용하고 이들을 표 10.4과 결합하여 창업가는 소비자 행동을 좀 더 자세히 조사할 수 있다.

표 10.4 생애 주기에서 우선순위와 구매의 변화

단계	우선순위	주요 구매품
신출내기: 10대, 20대 초반	자신, 사교, 교육	외모 관련 제품, 의류, 자동차, 오락, 취미, 여행
연애 중: 20대	자신과 타인, 결혼, 직장 생활	가구와 장식품, 여흥, 저축
둥지 만들기: 20대, 30대 초반	자녀와 직장 생활	집, 정원, 손수 만드는 물건, 유아용 물건, 보험
완전한 둥지: 30~50대	자녀와 다른 사람들, 직장 생활, 중년의 위기	자녀 음식, 의류, 교육, 교통, 치열교정, 직장생활과 생애 자문
빈 둥지: 50~75세	자신과 다른 사람, 휴식	가구와 장식품, 여흥, 여행, 취미, 고급 자동차, 보트, 투자
유일한 생존자: 70~90세	자신, 건강, 고독	건강관리 서비스, 다이어트, 보안과 안락 제품, TV와 책, 장거리 전화 서비스

출처: Peter R. Dickson, *Marketing Management*, 1st ed., © 1994 Cengage Learning.

창업가적 과정

경쟁 정보

정보 수집을 위해 시장조사 기업에 고비용을 지불하지 않고 경쟁력 평가에 사용할 수 있는 기법은 다음과 같다.

1. **네트워킹(networking).** 현장에 잇는 사람들과의 소통은 당신이 속한 산업분야에서 무엇이 일어나고 있는가를 파악할 수 있게끔 해 준다. 업체, 고객, 당신 분야에서 사업을 영위하는 기업들과 관련이 있는 사람이면 누구나 최근 생겨난 경쟁에 대한 정보를 보유하고 있을 것이다. 벤처투자가(venture capitalist)들은 투자 전에 자산 실사(due diligence)를 실시하기 때문에 정보의 큰 출처가 될 수 있다. 초기 단계에서 발생하는 많은 것처럼 사람들은 좁은 시야를 발전시키는 프로젝트에 몰입될 수 있다. 소셜 네트워킹은 업계의 새로운 전망을 제공할 수 있다.
2. **관련 제품(related products).** 이 시장은 눈여겨봐야 할 곳이다. 기업은 경쟁을 하기 위한 준비가 끝난 제품이나 서비스를 보완하기 위해 어떠한 것도 제공할 수 있다. 기업은 고객의 요구가 무엇이고 어떻게 요구를 충족시킬 것인가를 알고 있기 때문이다. 고객이 사업체인 큰 기업은 주요 고객으로 보통사람을 주요 고객으로 하는 소기업과 비교하여 아주 다르게 이런 문제에 접근할 것이다. 보완 관계의 좋은 예는 카메라, 필름, 사진 저장 장치 등에서 찾을 수 있다. 구입이 가능한 사진 제품의 수가 최근에 상당히 증가되어 왔다. 다른 분야들이 이 추세를 기회로 삼고 있다.
3. **가치사슬(value chain).** 관련제품이 업계의 수평 축에 해당한다면 가치사슬을 발굴하는 것은 경쟁시장 속으로 잠재적 진입하는 것에 대한 수직적 평가이다. 주어진 제품이나 서비스에 대한 가치사슬은 당신과 잠재 경쟁자에게 확장을 위한 많은 기회를 제공한다. 이러한 상황에서 잠재 경쟁자는 당신이 운영하는 사업 환경을 완전히 자각하고 이해하고 있다. 그들은 당신이 매일 접하는 공급자, 구매자, 서비스에 이미 쉽게 접근할 수 있다.
4. **관련 능숙함이 있는 기업(companies with related competencies).** 많이 간과되고 있는 방안 중의 하나는 전문성을 구비하고 간접적으로 관련 분야에 적용할 수 있는 기업들이다. 능숙도는 기술적일 수도 있고 비기술적일 수도 있다. 하나의 회사가 모바일업계 최고의 고객 서비스와 판매를 가지고 있다고 하더라도 그 회사는 케이블 사업(유선방송)에서 같은 고객 서비스와 판매를 달성할 수 있다. 기술적 유사성 확장의 완벽한 예는 원래 사업 목적이 방위산업이었던 Motorola이다. 확실히 잠재적 경쟁을 예상할 때 휴대폰 업체는 조사된 영역이 아니었다.
5. **인터넷(internet).** 두말할 것도 없이 인터넷은 사용법을 알고 있는 어느 누구에게도 가능한 정보의 최초 출처 중 하나이다. 수백만 웹 페이지를 접근할 수 있는 검색엔진의 사용은 유사한 제품과 서비스를 제공하는 기업들을 쉽게 자세히 살필 수 있게 해 준다. 검색은 광대하고 정의될 수 있다. 가장 중요한 것은 검색은 값싸게 원하는 대로 행해질 수 있다. 고객이 사용할만한 단어를 사용하고 정보 탐색 시 기술적인 용어나 산업 전문용어 사용을 피하는 것이 최선이다. 철저하고 효과적인 검색을 보장받기 위해서 모든 가능한 관계자들과의 의견 교환이 필요하다. Bing, Google, Yahoo! 같은 검색엔진의 질의어는 IP주소와 브라우저 버전과 같은 기존 연결 정보와 함께 검색엔진에 기록된다. 과거에는 분석가들이 검색과정의 데이터를 얻기 위해서 외부 기업에 의존해야 했지만 점점 더 검색엔진은 직접 데이터를 파악할 수 있는 도구를 제공하고 있다. 검색엔진으로부터 직접 전달받기 때문에 높은 신뢰도를 가지고 검색엔진 데이터를 사용할 수 있다. Google AdWord에서 Keyword Tool, Search-based Keyword Tool, Insights for Search를 사용할 수 있다.
6. **웹 분석 업체로부터 벤치마크(benchmarks from web analytics vendor).** 웹 분석 업체

는 많은 고객을 보유해서 아주 많은 데이터를 가지고 있다. 많은 업체는 실제의 고객 데이터를 축적해서 당신의 성과를 분류할 수 있도록 벤치마크 형태로 제시하고 있다. 벤치마킹 데이터는 현재 Fireclick, Coremetrics, Google Analytics로부터 얻을 수 있다. Google Analytics의 경우에는 고객이 명시적으로 벤치마킹 서비스에 자신의 데이터를 선택해야 한다.

충분한 정보가 일단 모이면, 현재와 새로 발생하는 경쟁에 이기기 위한 계획이 준비되어야 한다. 만들어진 계획은 사업의 강점과 자원과 유사할 것이다. 다른 기업에 뺏기는 판매 손실과 같은 문제가 제기될 수 있다. SWOT(strengths, weaknesses, opportunities, threats) 분석이 실시될 수도 있고 또는 신제품 출시나 가격 변동의 계획이 강조될 수도 있다.

출처: Adapted from Mark Henricks, "Friendly Competition?," Entrepreneur (December 1999): 114–17; "The Definitive Guide to Competitive Intelligence Data Sources," February 22, 2010, http://www.kaushik.net/avinash/competitive-intelligence-data-sources-best-practices/ (accessed April 30, 2012); and "Gathering Competitive Information," United Technologies Corporation, http://utc.com/StaticFiles/UTC/StaticFiles/info_englishlanguage.pdf (accessed April 30, 2012).

소비자의 제품이나 서비스에 대한 견해를 분석함으로써 추가적인 데이터를 얻을 수 있다. 창업가는 다섯 가지의 주요 소비재 분류를 알아야만 한다.

1. **편의 상품**(convenience goods): 소비자가 구매하려고 하나 구매에 시간을 많이 책정하지 않는 기본 식품, 충동구매 상품(계산대에 옆에 진열되어 있는 상품)과 긴급용 상품
2. **구매 상품**(shopping goods): 소비자가 시간을 들여 주의 깊게 품질과 가격을 비교하고 검토한 후 구입하는 상품
3. **특선품**(speciality goods): 소비자가 특별한 노력을 기울여 찾아 구입하는 상품
4. **찾지 않는 상품**(unsought goods): 현재 필요하지 않고 찾지 않는 상품. 생명보험, 백과사전, 묘자리와 같은 상품들은 설명이나 전시가 필요
5. **신제품**(new products): 광고 부족으로 알려져 있지 않거나 이해하는 데 시간이 걸리는 새로운 상품. 예, 전자오븐이 처음 나왔을 때

마케팅 계획 전개

마케팅 계획은 고객 창출을 위한 명확하고 포괄적인 접근을 결정하는 과정이다. 다음의 요소들이 마케팅 계획을 전개하는 데 중요하다.

- 실제상황의 시장 조사: 누가 고객이고 고객들이 원하는 것은 무엇인가와 어떻게 고객들이 구매하는가를 결정
- 실제 판매 분석: 시장 조사 결과에 따른 제품의 판매 촉진과 유통
- 마케팅 정보 시스템: 계획, 의사결정, 행동에 근거가 되는 마케팅 정보의 수집, 심사, 분석, 저장, 검색, 배포

- **판매 예측**: 신뢰할 수 있는 시장 정보와 개인의 판단을 조정
- **평가**: 마케팅 계획의 편차를 식별하고 평가[20]

실제의 시장 조사

현재의 시장 조사의 목적은 고객과 표적시장(target market)을 식별하고 고객의 요구를 충족시키는 데 있다. 성장 중인 벤처를 위한 효과적인 현 상황에 대한 시장 조사에서 고려해야 할 분야는 다음과 같다.

- **기업의 주요 강점과 약점**. 이 요인은 이익을 창출할 수 있는 기회와 잠재적 문제에 대한 통찰력을 제공하고 효율적인 의사결정을 위한 기초를 제공한다.
- **시장 이력**. 시장 이력(market profile)은 기업으로 하여금 현재의 시장과 서비스 수요를 인지하게 해 준다. 현존하는 기업의 서비스에서 얼마나 수익이 나는가? 여러 서비스 중 어느 것이 가장 잠재력이 있는가? 혹시 부적절한 것이 있는가? 고객이 미래에 필요로 하지 않을 것은 무엇인가?
- **실존하는 최고의 고객**. 기업이 실제의 고객을 식별함으로써 경영자는 자원을 할당할 수 있다. 최고의 고객을 정의함으로써 틈새시장을 좀더 세분화시킬 수 있다.
- **잠재고객**. 지리학적으로나 시장 영역 내에서 전반적인 산업 분석을 통해서 잠재고객을 식별함으로써 기업은 이러한 집단을 지향하는 능력을 키울 수 있다. 이렇게 함으로써 잠재고객을 실제고객으로 전환시킬 수 있다.
- **경쟁**. 경쟁의 식별을 통해 같은 틈새시장을 가장 갈구하는 업체를 확인할 수 있다.
- **외부요인**. 이 분석은 인구통계학, 경제, 기술, 문화적 자세, 정부 정책의 동향의 변화에 집중한다. 이러한 요인들은 고객 요구와 궁극적으로는 기대 서비스에 대한 실질적인 영향력이다.
- **법적 변화**. 시장조사는 경영자에게 정부 세율, 기준, 세법의 의미있는 변화를 계속 접하게 한다.[21]

실제 판매 분석

창업가는 시행되고 있는 시장조사와 관련하여 판매와 유통에서 채택되고 있는 방법들을 계속적으로 검토할 필요가 있다. 올바른 고객 이력과 판매의 우선순위를 연결시키는 것이 판매 분석의 주된 목적이다. 다음은 이 조사에서 답을 구해야 하는 질문의 목록이다.

- 판매원은 적당한 우선순위와 시간 배분 기초로 하여 가장 적격의 가능성이 있는 고객을 방문하는가?
- 판매 조직이 의사결정자와 접촉하는가?

창업가적 과정

게릴라 마케팅 계획

사업계획은 사업을 시작하는 모든 기업의 계획에 필수적이다. 그러나 추정 재무제표(pro forma statement) 및 중요위험과 같은 시장조사 결과가 나올 때까지 사업계획은 당신의 전체 사업을 설명하는 데 사용되는 빽빽한 꾸러미이다. 이것은 아무도 전체를 읽지 않는 문서이다. 이러한 사실 때문에 창업가는 수분 내에 자신의 벤처의 주요 모습을 빨리 자세히 설명할 수 있어야 한다. 이러한 목적으로 사용될 수 있는 하나의 도구가 게릴라 마케팅 계획이다.

게릴라 마케팅을 위해서 창업가는 기업이 직면하고 있는 7개의 중요한 마케팅 문제를 명시해야 한다. 물론, 언급해야 할 분야가 일곱 가지보다 분명히 많을 것이다. 그러나 가장 집중해야 되는 마케팅 주제를 통합하는 훈련을 통해서 창업가는 잠재투자가에게 설명할 때나 사업을 경영할 때 게릴라 마케팅의 핵심에 좀 더 가까워질 수 있다.

비결은 각 분야를 한 문장이 넘지 않게 설명하는 것이다. 게릴라 마케팅은 완전한 사업계획에서 제시되는 자세한 내용의 대부분을 제거하고 최고의 관심사가 정확히 무엇인가를 사람들에게 빨리 이해시키는 것이다. 대기업은 다른 제품마다 별도의 계획을 사용한다. 한 예로서 Prctor & Gamble은 제품 각각에 대해 게릴라 마케팅을 전개한다.

일부 기업들이 자신들의 계획에 7페이지의 문서를 첨부한다 하더라도 핵심은 7문장을 바르게 작성하는 것이다. 다음은 게릴라 마케팅 계획을 전개시키는 지침이다.

- 마케팅 목적을 기술하는 문장으로 게릴라 마케팅을 시작해야만 한다. 이 문장은 매우 구체적이어야 하고 마케팅 계획이 잠재고객에게 미치는 영향을 설명해야 한다. "다른 경쟁자에 비해 더 성공적이기 위해" 또는 "좀 더 많은 이익을 위해"와 같은 목표는 유용하지 않다. 대단히 중요한 목표는 측정할 수 있도록 계량화되어야 한다. 요점은 고객이 이상적으로 수행할 것을 정확하게 구상하고 고객이 그런 식으로 행동할 것을 보장하기 위한 목표를 설정하는 것이다.
- 다음 문장은 기업의 경쟁우위를 검토하는 것이다. 다시 말해서, 대중에게 가치를 제공하기 위한 독특한 사업의 특성은 무엇인가? 이 문장은 마케팅 자료에서 강조할 수 있도록 가장 독특한 강점을 간략하게 설명하는 것이다.
- 세 번째 문장에서는 목표고객을 언급한다. 마케팅 캠페인에 누가 노출될 것인가를 정확히 명시하면 훨씬 더 간단하게 효과적인 계획을 설계하는 과정을 찾을 수 있다. 기업들은 하나 이상의 목표고객을 가지고 있으므로 경쟁업체한테 영업 상실을 피하기 위해서 모든 잠재고객이 포함되도록 게릴라 마케팅을 계회개야 한다.
- 네 번째는, 사용할 마케팅 수단을 열거하는 목록이 가장 적절하다. 이 항목에서 중요한 아이디어는 기업이 이해할 수 있고 제공 가능하고, 적절히 사용할 수 있는 도구만 포함시키는 것이다. 창업가에게는 수많은 도구를 언제나 사용할 수 있지만, 앞에서 언급한 세 가지 기준을 충족시키지 못하는 것을 걸러내는 것은 투자 손실이 일어나지 않게 한다.
- 다섯 번째 문장에서는 기업의 틈새시장을 논의한다. 지금까지 목적, 이익, 목표시장을 논의 했는데 틈새시장에 대한 이해가 논리적 다음 단계이다. 고객이 가장 쉽게 자신의 기업과 무엇이 관련되어 있는가를 포착해야만 한다. 그것은 속도, 가치, 다양성과 여러 개의 다른 특징일 수 있다. 모든 사람을 기쁘게 할 수는 없다. 따라서 자신의 기업이 무엇이고 아닌 것은 무엇인가를 분명히 함으로써 잠재고객에게 홍보할 때 초점을 좁힐 수 있다.
- 여섯 번째 문장에서 기업의 정체성을 확립시킨다. 창업가는 광고하는 마케팅 이미지가 기업의 정체성에의해 지원되는가를 확인해야 한다. 이는 기업의 운영 절차가 기업이 확립한 정체성을 강화시켜야 한다는 것을 의미한다.
- 마지막 문장에서 배정하려고 하는 마케팅 예산의 예상 총매출액의 비중을 명시적으로 언

급할 필요가 있다. 마케팅 자료의 품질은 명확하게 사업을 반영할 것이다. 따라서 이 단계는 할당된 금액이 앞의 모든 단계들을 지원하기에 충분한가를 확인할 수 있도록 많은 연구를 해야 한다.

게릴라 마케팅 계획을 개발할 때, 이후의 모든 단계는 계획의 목적의 정의를 의미하는 첫 번째 문장에 의해 틀이 잡혀야 한다. 창업가는 이론적으로 5분 안에 계획의 본질을 간결하게 작성할 수 있어야만 한다. 자신의 사업 목적을 분명하게 설명해 보면 볼수록 자신의 사업 목적과 소통하는 게릴라 마케팅 계획과 같은 사용도구를 찾는 데 더욱 더 쉬워질 것이다.

출처: Adapted from Jay Conrad Levinson and Jeannie Levinson, "Here's the Plan," Entrepreneur, February 2008, http://www.entrepreneur.com/magazine/entrepreneur/2008/february/188842.html (accessed March 20, 2008).

- 판매 잠재력과 판매원 능력에 따라 판매 영역이 조정되는가?
- 판매 방문이 판매 관련 출판물, 광고, 전시회, 광고용 우편물과 같은 판매 활동과 조화를 이루고 있는가?
- 판매원이 판매방문 시 올바른 질문을 던지고 있는가? 판매 보고서가 적절한 정보를 포함하고 있는가? 판매 조직이 잠재고객의 요구를 이해하고 있는가?
- 거래처의 사업이나 예상사업의 성장이나 쇠퇴가 기업의 매출에 어떻게 영향을 미칠 것인가?

마케팅 정보 시스템

마케팅 정보 시스템은 고객을 기반으로 하여 비용, 수입, 이익과 관련된 자료를 수집하여 정리한다. 이 정보들은 마케팅과 관련된, 전략, 의사결정, 프로그램을 관찰하는 데 유용하다. (1) 데이터의 신뢰성, (2) 데이터의 유용성이나 알기 쉬움, (3) 적시의 보고 시스템, (4) 데이터의 적절성, (5) 시스템 비용 등이 정보 시스템의 가치에 영향을 미치는 주요 요인들이다.

판매 예측

판매 예측은 과거 판매 자료와 통계 기법의 응용을 통해서 미래 판매를 예측하는 과정이다. 여러 번 현재의 시장 상황을 반영하지 못하는 과거 데이터의 신뢰도로 인해 이 과정은 가치가 제한적이다. 포괄적인 시장 조사 과정의 한 부분으로서 판매 예측은 매우 가치가 있다.

평가

마케팅 계획 과정의 마지막 주요 요인은 평가이다. 많은 변수들이 마케팅 계획의 결과에 영향을 미칠 수 있기 때문에 성과를 평가하는 것은 매우 중요하다. 가장 중요한 것은 보고서는 자리 잡은 고객의 선호도와 반응뿐만 아니라 획득과 손실의 이유와 더불어 고객의 유치 또는 손실과 같은 고객 분석으로부터 나와야 한다. 이 분석은 판매량, 금액, 또는 시장점유율의 형태로 측정될 수 있다. 이런 형태의 평가를 통해서만 유연성과 조정이 마케팅 계획에 포함될 수 있다.

창업가를 위한 최종 고려사항

마케팅 계획은 벤처의 전반적인 전략적 활동의 일부분이다.[22] 이 계획들이 효율적이기 위해서는 벤처의 구체적인 목적에 기반을 두고 있어야만 한다. 다음은 창업가가 마케팅 계획을 발전시키기 위해 구조적으로 접근할 수 있도록 설계된 5단계 프로그램이다.

1단계: 기업 경쟁우위의 원인이 되는 요인들을 강조하고 강점과 약점을 평가하라. 제품 디자인, 신뢰성, 내구성, 품질 대비 가격 비율, 제조 설비 용량과 제약, 자원, 특화된 전문가의 필요성을 살펴봐라.

2단계: 마케팅 목표들을 전개하라. 이 목적들을 충족시키기 위해 필요한 단기, 중기의 목표를 포함시켜라. 다음에는 현 회계 기간 동안의 구체적인 판매 계획을 세워라. 이 목표들은 회사능력의 범위 안에서 측정 가능한 형태로 명확히 명시되어야 한다. 현실적으로 이런 목표들은 상당한 노력과 감당할 수 있는 비용을 수반한다.

3단계: 제품/서비스 전략을 수립하여라. 제품 전략은 최종 소비자, 도매상, 소매상과 그들의 요구와 사양을 식별하는 것으로 시작된다. 그 다음에 제품 설계, 기능, 성능, 비용, 가격을 그들의 요구와 연결시켜야 한다.

4단계: 마케팅 전략을 수립하라. 전략은 기업의 중기 장기 영업 목표와 장기 마케팅 목적을 달성하기 위해 필요하다. 이러한 전략들은 광고, 판매 촉진 캠페인, 전시회, 광고용 우편물(direct mail), 전화판매(telemarketing)를 포함시켜야 된다. 전략들은 판매 조직이나 신제품 시장의 크기를 증가시키는 데 필요할 지도 모른다. 기술적인 변화, 지리적 시장 변동, 인플레이션을 대비하여 위기대응 계획이 필요할 것이다.

5단계: 가격 구조를 결정하라. 가격 구조는 제공되는 제품이나 서비스의 종류나 품질뿐만 아니라 어떤 고객을 끌어들일 것인가에 영향을 미친다. 많은 기업들은 시장이 '경쟁력 있는' 가격구조를 좌우한다고 확신한다. 그러나 이것은 항상 그렇지 않다. 높은 가격 구조를 가진 매우 성공적인 많은 기업들이 있다. 고객들은 제품 가격이 적절해야 한다고 생각한다. 그러므로 제품이나 서비스의 가격은 마케팅 전략이 수립되기까지는 책정되서는 안 된다.[23]

가격책정 전략

마지막으로 다룰 마케팅 주제는 가격책정 전략(pricing strategies)에 관한 것이다. 많은 창업가들이 시장 조사가 시행된 후에도 제품이나 서비스의 가격을 어떻게 책정해야 하는가를 알지 못한다. 많은 요인들이 가격 정책에 영향을 미친다. 경쟁 압박 정도, 충분한 공급의 가용성, 계절적 또는 주기적 수요 변화, 유통 비용, 제품 수명주기, 제조비용의 변화, 지배적인 경제 상황, 판매자에 의해 제공되는 고객 서비스, 집행된 홍보 비율, 시장의 구매력 등이 이에 해당된다. 분명히, 최종 가격 결정은 이런 요인들 중 여러 개와 균형을 맞출 것이고, 모든 조건을 만족시키지 못할 것이다. 그러나 다양한 요인들을 인지하는 것이 중요하다.

가끔 간과되는 다른 고려사항들은 심리적인 특성이다.

- 어떤 경우에는 제품의 품질은 가격수준에 따라 고객에 의해 판단된다.
- 일부 고객 집단은 인쇄된 가격표가 없으면 제품 구매를 피한다.
- 비싼 품목의 월간 구매 비용의 강조는 총 판매 비용의 강조보다 더 큰 판매를 야기한다.
- 대부분의 구매자는 명품은 짝수 단위로 일상용품은 홀수 단위로 지불하려고 한다.
- 판매자가 주어진 제품에 대해 전달하려는 중요한 고객의 이익이 숫자가 크면 클수록 (일반적으로) 가격의 저항감은 점점 더 적어진다.[24]

가격책정의 관점

가격책정은 가치(value), 변수(variable), 다양성(variety), 가시성(visible), 가상(virtual)으로 여겨질 수 있다. 가치로 비추어질 때는, 고객이 지불하려고 하는 액수는 고객이 제품이나 서비스에서 인지하는 가치의 총 합산의 내역서이다. 가격책정은 변수일 수 있다. 이를 테면 그것은 실질적인 지불대가, 지불시점, 지불형태, 지불조건, 지불액의 일부 또는 전부 부담 주체와 같이 지불관련 구성 요소에서 다양하다. 기업은 일반적으로 여러 제품과 서비스를 판매하기 때문에 가격책정 전략이 다양하다. 특정 제품의 판매에 영향을 미치기 위해서 다른 제품의 가격을 이용할 수도 있고 이윤을 높이거나 낮출 수 있다. 가격책정의 가시성은 고객이 보고 또 그들이 가치, 이미지, 제품의 가용성, 수요 상황, 독점에 대한 그들의 생각을 신호하는 구매 대부분의 가격을 알고 있다는 것을 의미한다. 마지막으로 가격은 시장 상황에 따라서, 특히 오늘날의 기술 시대에서는 가장 쉽게, 가장 빠르게 변화할 수 있기 때문에 가격책정은 가상적이다.[25]

제품 수명주기에 따른 가격

가격책정 절차는 벤처의 특성(유통, 제조, 서비스)에 따라 다르다. 제품 수명주기에

표 10.5 제품 수명주기에 따른 가격

고객 수요와 판매량은 제품의 발전 단계에 따라 달라질 수 있다. 따라서 제품의 가격은 제품 수명주기의 각 단계에서 조정될 필요가 있다. 다음의 개요는 수명주기의 다른 각 단계와 관련된 권장되는 가격책정 방법을 제공한다. 가능성이 있는 창업가는 일반적인 개요를 염두에 두고 가장 적절한 가격책정 전략을 수립할 수 있다.

수명주기	가격책정 전략	이유/효과
도입기 (Introductory Stage)		
독창적 제품	**초기고가 전략(skimming):** 단기 이익을 극대화시키기 위해 의도적으로 고가로 책정	개발비용과 미래의 경쟁으로 인한 가격 인하를 대비한 재원 확보와 품질 이미지 확립을 위해 초기가격을 높게 책정
비독창적 제품	**침투 전략(penetration):** 손실을 감수하고 물건을 팔 수준으로 낮게 가격책정	경쟁자 가격 밑으로 책정하여 시장점유율 조기 확보
성장기 (Growth Stage)	**소비자가격 전략(consumer pricing):** 시장점유율을 확보하기 위한 침투와 경쟁가격의 조합이거 고객이 인지한 제품의 가치에 의존	잠재 경쟁자의 수, 전체 시장 규모, 시장의 유통구조에 달려있음
성숙기 (Maturity Stage)	**수요 지향적 가격 전략(demand-oriented pricing):** 제품의 수요 수준에 맞추어 가격 결정을 하는 유연한 전략	판매 성장이 감소, 고객이 매우 가격에 민감
쇠퇴기 (Decline Stage)	**손실선도자가격 전략(loss leader pricing):** 다른 제품의 고객을 끌기 위해 원가 밑으로 가격책정	제품이 고객으로부터 관심을 받지 못함, 새로운 제품 라인으로 고객을 끌어들이기 위해 저가의 가격을 책정

출처: Adapted from Colleen Green, "Strategic Pricing," *Small Business Reports* (August 1989): 27–33.

따른 가격책정이 표 10.5에 제시되어 있다. 이것은 어떤 유형의 사업에도 적용될 수 있다. 표는 가격을 책정하는 시스템을 개발하는 기본 단계를 설명하고 있고 해당 시스템이 어떻게 원하는 가격 목표와 연결되는가를 보여 준다.

소셜 미디어 시대의 가격책정

오늘날 소셜 미디어 창업 초기 기업은 아주 초기부터 수입을 창출하는 독특한 방법을 강구하고 있다. 혼합형 모델, 제휴형 모델, 정액제 모델, 가상제품 모델, 광고 모델을 포함하는 다양한 수익 모델이 있다. 간단하게 살펴보면 다음과 같다.

혼합형 모델(Freemium Model): 고급 기능을 제공하는 고급 서비스(premium service)는 유료인 반면에 기본 서비스는 무료로 제공한다. 이 방법을 사용하는 기업의 예는 Flicker와 LinkedIn이 있다. 혼합형 모델을 채택하는 사업의 가장 큰 과제는 사용자가 계속 필요로 하고 유료로 전환하게 하기 위해서 무료 서비스를 위해 얼마큼 제공할 것인가를 결정하는 것이다. 만약에 대부분의 사용자가 기본 무료 서비스에 머문다면 유료서비스로 전환하지 않을 것이다.

제휴형 모델(Affiliate Model): 사업의 수익원은 사이트의 통신량(traffic), 접속, 제휴 사이트에 대한 판매 등이다. 한편 제품을 판매하는 기업은 접속자들에게 트래픽을 전송하기 위해 제휴 사이트에 의존한다. 광고에 의존하는 기업과 마찬가지로, 트래픽이 높은 사이트는 그냥 시작하는 사이트보다 제휴 링크를 사용하여 쉽게 수익을 창출하고 있다. 가장 큰 문제는 접속자의 신뢰와 적절한 표적일 수 있다. 그것은 자신의 틈새시장에 있는 사람들을 연구하고 그들과 대화를 시작하는 데 시간을 들일 가치가 있다.

정액제 모델(Subscription Model): 이 모델은 사용자가 제품이나 서비스에 접근하려면 일반적으로 월간 또는 연간 사용료를 지불하는 것이다. 고객과 장기의 관계를 형성한다면 이 모델이 결국에는 훨씬 좋을 것이다. 그러나 새롭고 흥미로운 내용과 기능이 매월 필요할 것이다. 또한, 월간 회원제도로 운영되는 사이트의 자연감소율이 높다는 것도 인지해야 한다. 사용자가 맨 처음 접속 개시 후 사이트를 잊어버리고 다시는 돌아오지 않는 사람도 있음을 인식해야 한다.

가상제품 모델(Virtual Goods Model): 웹 사이트나 게임에서 사용자는 업그레이드, 점수, 선물과 같은 가상제품을 위해 비용을 지불한다. 가상제품은 모든 형태와 크기가 가능하다. 가상제품은 일반적으로 거의 비용이 들지 않는 제품을 제공하기 위한 대역폭만큼의 비용만 필요하기 때문에, 가상제품의 매력은 이익이 높다는 것이다.

광고 모델(Advertising Model): 광고는 사이트의 통신량과 비교하여 판매가 이루어진다. 사이트의 트래픽이 많으면 많을수록 당신은 광고를 위해 더 많은 비용을 부과할 수 있다(추가적으로 연령, 성별, 지역, 취미와 같은 사이트 방문객의 인구통계학적 정보를 제공하여 광고주에게 부과하는 금액에 영향을 미칠 수 있다). 그러나 무료서비스만으로는 수익을 창출하는 것은 결코 쉽지 않다. 가치 제안을 유지하고 증가시키는 것은 매일의 과제이다. 서비스가 제공하는 가치에 대한 신뢰뿐만 아니라 사용자에 대한 존중을 표시할 때 무료사용이 핵심이 될 수도 있다.[26]

요약

새로운 마케팅 논리는 기존 규칙의 근본적인 재검토가 필요하며 오늘날의 마케팅은 역동적이고 고객이 제어되고 있는 실시간에서 일어나고 있음을 알고 있다. 창업가에 대한 새로운 마케팅은 시장이 무엇으로 구성되어 있는가에 대한 지식, 시장 조사의 이해, 마케팅 계획의 개발, 효과적인 이해와 소셜 미디어 마케팅의 응용 및 가격 전략에 대해 적절한 방법을 포함하고 있다.

시장조사는 그 정보의 분석에 이어서 특

정 시장에 대한 정보의 수집을 포함한다. 시장조사 과정은 (1) 조사 목적과 목표에 대한 정의, (2) 2차 자료 수집, (3) 1차 자료 수집, (4) 정보 수집 도구 개발(필요시), (5) 정보의 해석과 보고라는 다섯 단계가 있다.

창업가가 시장조사를 수행하지 않는 네 가지 주요 이유는 (1) 비용, (2) 이해의 복잡성, (3) 오로지 주요 전략적 의사결정만이 시장조사를 통해서 지원받을 필요가 있다는 확신, (4) 데이터가 기업 운영에 부적절할 것이라는 확신이다. 흔히 창업가는 시장조사의 가치를 오해하고 비용에 대한 두려움이 있다.

소셜 미디어 마케팅은 소셜네트워크, 온라인 커뮤니티, 블로그, 위키, 마케팅 목적을 위해 다른 온라인 협업 미디어의 사용에 대해 설명한다. 가장 일반적인 소셜 미디어 마케팅 도구로는 Twitter, 블로그, Linkedin, Facebook, Flickr, YouTube 등이 있다. 소셜 미디어 마케팅 계획은 벤처 기업의 소셜 미디어의 목표와 이를 달성하기 위해 필요한 조치 사항을 상세하게 열거될 수 있도록 개발되어야 한다. 모든 사람이 모바일 장치를 지니고 있어서, 사람들이 끊임없이 자신의 소셜네트워크와 연결되어 있다. 모바일 소셜 미디어 마케팅은 많은 기업들이 전반적인 마케팅 전략의 일환으로 매우 성공적으로 사용하기 시작한 진행이 빠르고 효과적인 마케팅 도구이다. 많은 기업은 이제 소비자와 연결하기 위해 자신의 표준 통신 전략으로 모바일 소셜 미디어 애플리케이션을 사용하고 있다.

신생 창업 초기(스타트업) 벤처는 자원 제약이 있기 때문에, 이 장은 창업가가 시장조사를 수행하기 위한 혁신적인 방법을 다루고 있다. 세 가지 중요한 부분으로 구성되어 있는 마케팅 개념의 발전을 검토했다. 첫 번째 부분은 마케팅 철학의 정립이다. 일부 창업가는 생산 주도 철학을 채택하고 다른 창업가는 판매 주도, 또는 소비자 주도 철학을 근거로 한다. 기업의 가치와 시장 상황이 철학을 결정하게끔 한다. 두 번째 부분은 한 고객 집단을 나머지 집단과 차별화시키기 위한 특별한 특징들을 식별하기 위한 과정인 시장 세분화이다. 인구통계학적 변수 및 이득 변수는 종종 이 과정에 사용된다. 세 번째 부분은 소비자 행동의 이해이다. 소비자 행동의 많은 종류와 유형이 존재하기 때문에, 창업가는 고객의 개인 심리적 특성에 초점을 맞출 필요가 있다. 이러한 방식으로, 그들은 맞춤형이고 소비자 지향적인 전략을 결정할 수 있다. 이러한 고객 분석은 시장에서의 일반 구매 동향, 목표고객의 특정 구매 동향, 상품 및 서비스의 유형과 같은 중요한 요소에 초점을 맞추고 있다.

마케팅 계획은 고객 창출을 위한 명확하고 포괄적인 접근 방식을 결정하는 과정이다. 실제의 시장조사, 실제 판매 분석, 마케팅 정보 시스템, 판매 예측, 평가와 같은 요소는 이 계획을 개발하기 위해 중요하다.

가격 전략은 시장 조사를 반영하는 것이며, 시장 경쟁, 고객 수요 판매되고 있는 제품이나 서비스의 주기, 비용, 지배적인 경제 상황과 같은 요소들을 감안해야 한다. 오늘의 소셜 미디어는 창업 초기 기업은 아주 처음부터 수익을 생성하는 독특한 방법을 찾아내고 있다. 이 장에서 혼합형, 제휴형, 정액제, 가상제품, 광고 모델이라는 다섯 가지 수익 모델이 제시되었다.

주요용어

가상제품 모델
개별화
게릴라 마케팅
광고 모델
모바일 마케팅
블로그 관찰
생산 주도 철학
소비자 가격 전략
소비자 주도 철학
소셜 미디어 마케팅
손실선도자가격 전략
수요 지향적 가격 전략
시작
시장
시장 세분화
시장조사
정량적 조사
정성적 조사
정액제 모델
제휴형 모델
참여
초기고가 전략
침투 전략
통합
판매 주도 철학
혼합형 모델
1차 자료
2차 자료

검토와 토의 문제

1. 창업가의 새로운 마케팅 개념을 4C로 설명하시오.
2. 자신의 표현으로는 시장이 무엇인가? 시장조사는 창업가가 고객을 식별하는데 어떻게 도움을 줄 수 있는가?
3. 시장조사 절차의 다섯 가지 단계는 무엇인가? 각각을 간단하게 설명하시오.
4. 1차 자료와 2차 자료 중 어느 것이 창업가에게 더 가치가 있는가? 그 이유는 무엇인가?
5. 시장조사를 시행하는데 주요 방해물의 세 가지를 식별하고 기술하시오.
6. 소셜 미디어 마케팅과 모바일 마케팅을 구체적으로 설명하시오.
7. 자원 제약이 있는 시장조사에서 창업가 전술 중 일부를 논하시오.
8. 어떻게 기업가의 새로운 벤처 전략은 마케팅 철학(판매 주도, 소비자 주도, 생산 주도)에 따라 각각 다를 것인가?
9. 자신의 표현으로, 시장 세분화는 무엇인가? 인구통계학적 변수 및 이익 변수는 세분화 과정에서 어떤 역할을 하는가?
10. 창업가가 고객을 식별하고 설명할 수 있게끔 하는 심리적 특성의 세 가지를 식별하고 논의하시오. 또한, 제품의 수명주기는 이러한 고객의 구매 행동에 어떻게 영향을 미치는가를 설명하시오.
11. 마케팅 계획을 개발에 특히 도움이 되는 다섯 가지 단계는 무엇인가? 식별하여 각각에 대해 설명하시오.
12. 가격 전략에 영향을 미치는 주요 환경 요인은 무엇인가? 가격에 영향을 미치는 중요한 심리적 요인은 무엇인가? 식별하여 각각에 대해 설명하시오.
13. 가격책정이 다르게 비춰지는 관점들을 구체적으로 설명하시오.
14. 가격책정 전략은 제품 수명주기에 따라 어떻게 다른가?
15. 소셜 미디어 창업을 위한 다섯 가지 수익 모델을 구별하여 설명하시오.

연습문제

고객 식별

창업가의 중요한 활동 중의 하나는 자신의 고객 식별이다. 고객의 다섯 가지 기본 유형 목록(A부터 E)과 이 유형들의 설명(a부터 o)이 주어져 있다. 사람들이 신제품을 채택하는 순서를 1(맨 처음 채택)부터 5(맨 나중 채택)로 순위를 매기시오. 초기 채택하는 사람에 대한 기술이면 옆에 1을, 맨 나중에 채택하는 사람에 대한 기술이면 그 옆에 5를 기입하시오.

A. ______ 초기 신기술 사용자
B. ______ 초기다수자
C. ______ 느린 사람
D. ______ 혁신가
E. ______ 후기다수자

a. ______ 유산을 상속받은 고소득층
b. ______ 미래 지향적
c. ______ 평균 이하 소득의 임금 노동자
d. ______ 현재(보장) 지향적
e. ______ 급여 및 투자소득이 있는 고소득 층
f. ______ 상인이나 금융업자를 포함하는 높은 수준의 전문가
g. ______ 현재 지향적
h. ______ 평균 소득 임금 노동자
i. ______ 중간관리자와 중형 규모의 사업주
j. ______ 평균 이상 소득의 임금노동자
k. ______ 현재 지향적이나 시간의 영향에 대한 걱정
l. ______ 비숙련 노동자
m. ______ 숙련 노동자
n. ______ 소기업의 소유주; 일반적 사무실과 노동조합 관리자
o. ______ 종종 과거에 집착하는 전통 지향적인 사람

정답: A. 2, B. 3, C. 5, D. 1, E. 4,
a. 1, b. 2, c. 5, d. 4, e. 2, f. 1, g. 3, h. 4, i. 2, j. 3, k. 1, l. 5, m. 4, n. 3, o. 5

사례 10.1: 경쟁의 극복

6개월 전에 Roberta O'Flynn이 조그만 사무용품 상점을 열었다. Roberta는 여러 소프트웨어 패키지, 복사용지, 프린터 토너, 컴퓨터 주변기기, 태블릿, 봉투, 필기구, USB 메모리, 사무용

책상, 의자, 램프 등과 같은 다양한 사무용품을 취급한다.

Roberta에 의하면 그 지역의 몇몇 사무용품 상점이 경쟁자다. 경쟁 상황을 제대로 파악하기 위하여, Roberta가 그런 매장 4곳을 고객을 가장하여 방문했다. 그들의 가격, 취급제품의 범위, 서비스 등을 조사했다. 각 상점의 전략은 달랐다. 예를 들면, 어떤 상점은 가격으로 승부한다. 상품을 선택하고 계산대로 가져오는 것은 고객의 책임이다. 다른 상점은 서비스를 강조한다. 500달러 이상의 제품을 구매하는 고객에게는 90일 외상을 준다. 이 상점의 가격은 Roberta가 방문한 4개 매장 중에 가장 높았다. 다른 두 상점은 가격과 서비스 전략의 중간을 선택하고 있었다.

Roberta의 벤처가 순조롭게 출발하려면, 이런 상점들과 효과적으로 경쟁할 수 있는 마케팅 전략이 필요하다고 믿는다. 그녀의 매장이 매우 작기 때문에, 철저한 시장 조사가 필요하다고 생각했다. 반면에 그녀의 예산이 너무 적어서, 어떻게 정보를 수집할 지 걱정이 됐다. 그녀의 생각으로는, 그녀의 가게가 단골로 확보할 수 있는 틈새시장의 발견이 중요하다. 이것이 가능하면, 경쟁이 아무리 치열해도 그녀는 자신의 가게에서 물건을 구입하는 고객 기반을 갖게 된다. 또 시장 조사는 두 가지 방향을 고려해야 한다고 생각한다. 첫째, 고객들이 사무용품 상점에 기대하는 것은 무엇인가? 가격은 얼마나 중요한가? 서비스는? 품질은? 둘째, 주요 경쟁자들의 전략을 참조해서, 그녀의 고객을 빼앗아 가지 못하도록 실행계획을 만드는 것이다. 그러나 지금의 가장 큰 그녀의 의문은 필요한 정보의 수집 수단이다.

질문

1. Roberta가 얻으려는 정보가 이런 시장의 경쟁상황에서 가치가 있는가? 이유를 설명하시오.
2. Roberta가 시장 조사 계획을 어떻게 수립할지, 당신의 조언은 무엇인가? 어떤 것을 반드시 고려해야 하는가? 완전한 답변을 작성하시오.
3. 시장 조사 계획에 대한 당신의 권고안을 따른다면 어느 정도의 비용이 필요한가? 최소한의 비용으로 단기간에 실행할 수 있는 다른 시장 조사 방법이 있는가? 설명하시오.

사례 10.2: 음악업계의 새로운 모바일 앱

유명 대학에서 음악과 창업가정신을 전공한 Brian Wright가 음악 관련 사업을 하고 싶어 한다. 그는 음악 듣기만큼 새로운 기술을 좋아한다. 인터넷에서 SNS의 확산과 스마트폰의 모바일 기술의 발전을 고려하면, 같은 종류의 음악을 좋아하는 사람들을 묶어주는 휴대폰 앱의 개발이 최선이라고 생각한다. 앱 개발은 모바일 기술에 관련된 가장 큰 시장 중의 하나이며, 거의 모든 카테고리(게임, 생활, SNS, 교육, 사업 등등)의 앱을 합하면 이미 수십만 개가 존재한다. Apple App Store에만 50만 개 이상의 앱이 있다. 대부분은 무료지만 유료 앱도 많은데, 이는 모바일 앱이 진짜로 급성장하는 시장이라는 것을 시사한다.

Brian은 개방형 커뮤니티(동호인 모임)와 모바일 앱의 성공 사례들이 자신의 아이디어의 시장성을 입증한다고 확신한다. 따라서 개인적 음악 앱의 개발은 고객을 붙잡는 좋은 방법이 될 것이다. 무료 혹은 소액으로 음악을 다운로드 받을 수 있지만, Brian과 그의 친구들은 특정한 음악을 듣고 거기에 댓글 달기를 좋아한다. Brian의 생각으로는, 진정한 팬이라면 같은 종류의 음악을 좋아하는 사람들과 만나기를 원한다. 따라서 이런 기능을 가진 스마트폰 앱을 개발하면, 이동성 때문에 성공이 확실하다고 예상했다.

추정 매출액을 계산하면서, Brian은 앱에서 현금을 만드는 최선의 방법은 합리적인 구매가와 음악 관련 회사들의 유료광고(앱과 연계된)라고 판단했다. 음악 동호인 커뮤니티를 만들고 있는 Brian 생각으로는 광고를 하려는 회사에게는 확실히 좋은 통로이기 때문이다. Brian이 친구들과 아이디어를 이야기하면서 느낀 열광적인 반응 때문에, 다른 사람이 선수를 치기 전에 최대한 빨리 행동해야 한다고 확신했다. 앱 가격을 2달러, 매월 4명의 신규 회원을 가정하면, 연간 매출 100만 달러의 달성에는 겨우 2만여 명의 회원만 있으면 됐다. 재무적 추정치들을 보고 나서, Brian은 모바일 음악 앱을 바로 출시하기로 결정했다.

질문

1. Brian은 사업기회에 대한 적절한 시장 조사를 수행하였는가? 대답의 이유도 설명하시오.
2. 사례를 기반으로, 당신이 경고할 수 있는 Brian의 핵심 실수(들)가 있는가? 설명하시오.
3. 사업기회를 더 적절하게 평가하기 위해서, 당신은 Bryan에게 어떤 단계(들)를 추천하겠는가?

사업계획수립을 위한 단계

시장조사와 마케팅 계획 전개

어떤 사업계획의 마케팅 관련 부분은 주의 깊게 조사할 가치가있다. 활성화된 시장이 존재하고 판매예상치가 성취 가능하고, 경쟁에서 질 수 있다는 것을 상식 있는 투자가를 설득시키는 데는 쉬운 요령이 없다. 이에는 실제 준비 작업이 필요하다.

벤처 창업가는 마케팅 관점에서 고려해야 할 두 가지 주요 요소를 가지고 있다. 첫 번째는 연구 및 분석이다. 두 번째는 계획이다. 자신의 표적시장의 크기와 관련된 동향과 예상 시장 점유율에 대한 조사와 분석을 준비하시오. 경쟁을 평가하고 판매 전망에 근거를 확실히 포함시켜라. 그런 다음에 마케팅 계획은 경쟁자를 극복하고, 목표를 달서하기 위해 전반적인 마케팅 전략, 가격정책, 광고 등에 대한 세부사항을 제시하면서 방법에 대한 계획을 설명하시오. 해당되는 경우, 모든 관련 소셜 미디어의 역할을 식별하시오.

강사의 선호도에 따라, 같은 라이브플랜(LivePlan) 등의 사업계획 도구를 사용하여 의사결정을 제시하시오. 또는 교과서에 제시된 사업계획의 시장 세분화 개발 절차의 지침을 준수하시오.

미주

1. Minet Schindehutte, Michael H. Morris, and Leyland F. Pitt, *Rethinking Marketing* (Upper Saddle River, NJ: Pearson Prentice Hall, 2009).
2. For a discussion of markets, see Louis E. Boone and David L. Kurtz, *Contemporary Marketing* 15th ed. (Mason, OH: Cengage/South-Western, 2013); Philip Kotler and Gary Armstrong, *Principles of Marketing* 14th ed. (Upper Saddle River, NJ: Pearson/Prentice Hall, 2012); William M. Pride and O. C. Ferrell, *Foundations of Marketing* 5th ed. (Mason, OH: Cengage/South-Western, 2013).

3. Minet Schindehutte, Michael H. Morris, and Akin Kocak, "Understanding Market-Driven Behavior: The Role of Entrepreneurship," *Journal of Small Business Management* 46, no. 1 (2008): 4–26; and Jonas Dahlqvist and Johan Wiklund, "Measuring the Market Newness of New Ventures" *Journal of Business Venturing* 27, no. 2 (2012): 185–96.

4. Bret Golan, "Achieving Growth and Responsiveness: Process Management and Market Orientation in Small Firms," *Journal of Small Business Management* 44, no. 3 (2006): 369–85; and Michael Song, Tang Wang, and Mark E. Parry, "Do Market Information Processes Improve New Venture Performance?" *Journal of Business Venturing* 25, no. 6 (2010): 556–68.

5. For a thorough presentation, see Stephen W. McDaniel and A. Parasuraman, "Practical Guidelines for Small Business Marketing Research," *Journal of Small Business Management* 24, no. 1 (January 1986): 1–7; see also R. Ganeshasundaram and N. Henley, "The Prevalence and Usefulness of Market Research: An Empirical Investigation into 'Background' Versus 'Decision' Research," *International Journal of Market Research* 48, no. 5 (2006): 525–50; and Malte Brettel, Andreas Engelen, Thomas Müller, and Oliver Schilke, Distribution, "Channel Choice of New Entrepreneurial Ventures," Entrepreneurship Theory and Practice 35, no. 4 (2011): 683–708.

6. Timothy M. Baye, "Relationship Marketing: A Six-Step Guide for the Business Start-Up," *Small Business Forum* (Spring 1995): 26–41; and William G. Zikmund and Barry J. Babin, *Essentials of Marketing Research* 5th ed. (Mason, OH: Cengage/South-Western, 2013).

7. Thomas J. Callahan and Michael D. Cassar, "Small Business Owners' Assessments of Their Abilities to Perform and Interpret Formal Market Studies," *Journal of Small Business Management* 33, no. 4, (October 1995): 1–9.

8. McDaniel and Parasuraman, "Practical Guidelines," 5.

9. Zikmund and Babin, *Essentials ofMarketing Research*.

10. As an example, see Alan R. Andreasen, "Cost-Conscious Marketing Research," *Harvard Business Review* (July/August 1983): 74–75; and Frank Hoy, "Organizational Learning at the Marketing/Entrepreneurship Interface," *Journal of Small Business Management* 46, no. 1 (2008): 152–58.

11. John A. Pearce II and Steven C. Michael, "Marketing Strategies That Make Entrepreneurial Firms Recession-Resistant," *Journal of Business Venturing* 12, no. 4 (July 1997): 301–14; and Matthew Bumgardner, Urs Buehlmann, Albert Schuler, and Jeff Crissey, "Competitive Actions of Small Firms in a Declining Market," *Journal of Small Business Management* 49, no. 4, (2011): 578–98.

12. Melissa S. Barker, Donald I. Barker, Nicholas F. Borman, and Krista E. Neher, *Social Media Marketing: A Strategic Approach* (Mason, OH: South-Western/Cengage, 2013).

13. For a thorough review of Social Media and Mobile Marketing, see Barker, *Social Media Marketing*; and Mary Lou Roberts and Debra Zahay, *Internet Marketing: Integrating Online and Offline Strategies* (Mason, OH: South-Western/Cengage 2013).

14. Barker, *Social Media Marketing*.

15. Schindehutte, *Rethinking Marketing*.

16. Roberts and Zahay, *Internet Marketing*; Barker, *Social Media Marketing*.

17. Barker, *Social Media Marketing*.

18. Andreas Kaplan, "If You Love Something, Let It Go Mobile: Mobile Marketing and Mobile Social Media 4x4," *Business Horizons* 55, no. 2, (2012): 129–39.

19. Schindehutte, *Rethinking Marketing* ; see also Gerald E. Hills, Claes M. Hultman, and Morgan P. Miles, "The Evolution and Development of Entrepreneurial Marketing," *Journal of Small Business Management* 46, no. 1 (2008): 99–112.

20. "Marketing Planning," *Small Business Reports* (April 1986): 68–72; and Philip Kotler and Kevin Lane Keller, *Marketing Management,* 14th ed. (Upper Saddle, NJ: Pearson Prentice Hall, 2012).

21. "Marketing Planning," 70; and Kotler and Keller, *Marketing Management*.

22. Boyd Cohen and Monika I. Winn, "Market Imperfections, Opportunity, and Sustainable Entrepreneurship," *Journal of Business Venturing* 22, no. 1 (January 2007): 29–49; and Matthew Bumgardner, Urs Buehlmann, Albert Schuler, and Jeff Crissey, "Competitive Actions of Small Firms in a Declining Market," *Journal of Small Business Management* 49, no. 4 (2011): 578–98.

23. "Marketing Planning," 71; see also Timothy Matanovich, Gary L. Lilien, and Arvind Rangaswamy, "Engineering the Price-Value Relationship," *Marketing Management* (Spring 1999): 48–53.

24. Zikmund and Babin, *Essentials of Marketing Research*; and Kotler and Keller, *Marketing Management*.

25. Schindehutte, *Rethinking Marketing*.

26. Jun Loayza, "5 Business Models for Social Media Start Ups," *Mashable Business*, July 14, 2009, http://mashable.com/2009/07/14/social-mediabusiness-models/(accessed May 1, 2012).

11장
신생 벤처의 재무제표

창업가적 사고

작은 회사의 경영인들은 외부 회계사에게 회사 재무제표에 대해 모든 결정을 너무 위임하는 경향이 있다. 실제로 회계사가 경영자의 충고와 조언으로 기업의 완전한 명세서를 만들 수 있다고 가정하는 것은 매우 부적절하다. 대신, 나는 성장하는 소규모 기업의 최고경영진은 독자적인 회계사들에게 정확한 메시지가 전달될 수 있도록 회사 재무제표를 준비하고 노력해야 한다고 주장한다.

— James McNeill Stancill, Growing Concerns

학습목표

1. 창업 벤처에 필요한 대차대조표, 손익계산서, 현금흐름표와 같은 재무제표를 설명한다.
2. 운영예산 준비 절차를 요약한다.
3. 현금흐름의 성격에 대한 논의와 작성법을 설명한다.
4. 추정 재무제표를 작성법을 기술한다.
5. 자본예산이 어떻게 의사결정 과정에서 사용될 수 있는지를 설명한다.
6. 손익분기점 분석하는 방법을 설명한다.
7. 재무지표 비율을 설명하고 그 의미와 중요 척도 사용을 예시한다.

재무정보의 중요성

오늘날의 창업가는 정부의 규제, 경쟁, 자원 등의 구속력에 의해 특징지어지는 경쟁 환경 속에서 경영을 한다. 특히 어떠한 기업도 자원을 무제한 사용할 수 없다. 따라서 효과적으로 경쟁하기 위해서 기업은 자원을 효율적으로 할당해야 한다. 창업가는 인적자원, 물적자원, 금융자원의 세 가지 종류의 자원을 사용할 수 있다.이 장에서는 경영 계획 도구로써 재무제표에 대한 논의를 시작으로 기업 환경에서의 금융 자원에 초점을 맞추고 있다. 예산과정에서 어떻게 추정 재무제표(pro forma statement)를 작성하는가와 이익 계획 도구로서 손익분기점 비율분석이 제시되고 있다.

재무정보는 마케팅, 유통, 제조 및 관리 등의 사업의 다른 부문에서 제시되는 모든 정보를 통합한다. 재무정보는 또한 사업 운영과 관련된 모든 가정과 기록을 계량화시킨다.[1]

창업가는 이러한 숫자가 어떻게 도출됐는가와 사업 운영의 다른 부문에서 제시되는 정보와 어떠한 상관관계가 있는가를 설명하기 위해 가정을 설정한다는 것을 명심해야 한다. 예측의 기반이 되는 일련의 가정은 명확하고 정확하게 제시되어야 한다. 가정이 없는 숫자들은 거의 의미가 없다. 창업가가 조심스럽게 이러한 가정들을 고려한 후에만 재무 예측의 타당성을 평가할 수 있다. 재무 계획의 나머지 부분은 이러한 가정들의 부산물이기 때문에 가정들은 재무영역에서 가장 중요한 부분이다(표 11.1의 재무용어 참조).

재무 영역의 주요 구성 요소를 전개시키기 위해서는 창업가는 다음 절에서 설명하는 명확한 절차를 따라야 한다.

주요 재무제표의 이해

재무제표는 창업가가 벤처를 관리하기 위해 사용할 수 있는 강력한 도구이다.[2] 창업가가 익숙할 필요가 있는 기본적인 재무제표는, 대차대조표, 손익계산서, 현금흐름표이다. 다음 절에서 모든 벤처가 필요로 하는 회계장부를 이해하기 위한 기초를 제공하면서 이들의 각각을 심도 있게 검토할 것이다.

대차대조표

대차대조표(balance sheet)는 특정 시점에 사업의 재무상황을 나타내는 재무제표이다. 많은 회계사들은 12월 31일과 같이 특정한 날에 사업을 마감할 때 전체적인 상황으로 재무제표를 생각한다. 마감일은 일반적으로 조직의 사업연도의 끝을 표시한다.

대차대조표는 기업이 소유한 재무자원과 이 자원을 대상으로 한 청구라는 두 부분으로 나누어진다. 전통적으로 자원에 대한 청구는 채권자와 소유자라는 두 집단으로 이루어진다. 기업 자산에 대한 청구권을 가지고 있는 채권자는 청구에 대한 지불이 이루어지

표 11.1 재무용어

감가상각(depreciation): 유용성 상실; 소비 효용; 수선이나 부품 교체에 의해 복원될 수 없거나 복원되지 않을 것 같은 하나의 고정자산이나 고정자산 그룹으로부터 서비스 수율의 감소이다.

개인재무제표(personal financial statement): 개인의 재무상황을 요약하는 보고서로 보통 자산 목록, 부채, 큰 월간 비용, 수입 출처 등을 포함한다.

담보물(collateral): 대출이 상환될 때까지 대출에 대한 보장 수단으로 채권자한테 저당을 잡히는 채무자 소유의 재산으로 담보물은 자동차, 주택, 주식, 채권, 설비 등이 이에 해당된다.

대차대조표(balance sheet): 주어진 시점에서의 전체 자산과 부채의 목록을 정리한 명세서로 결산보고서(statement of condition)라고도 한다.

매출원가(cost of goods sold): 기말재고 금액에서 기초재고 금액과 그 기간 동안 발생한 구매액의 합을 차감한 것이다. 매출 총이익(gross profit)은 총매출액(gross sales)에서 매출원가를 차감한 금액이다.

매출 총이익(gross profit): 판매액에서 매출원가를 차감한 금액으로, 예를 들면 80,000달러의 비용이 소요된 물건을 100,000달러에 판매를 했다면 매출 총이익은 20,000달러가 될 것이다. 순익을 산출하기 위해서는 임대료, 보험, 판매 종사자의 급여와 같은 판매가 이루어지는 기간 동안 발생한 비용을 차감해야 한다.

발생주의 회계(accural system of accounting): 지불이나 회수의 시점과 상관없이 발생한 시점에 수입과 지출을 기록하고 배분하는 방법이다. 예를 들면 3월에 팔린 상품의 대금을 4월에 수금했다면 발생주의 회계로는 3월에 수입이 발생한 것으로 기록된다(발생주의 회계의 반대는 현금주의 회계).

변동비용(variable cost): 직접 노무비, 자재비용, 판매수수료와 같이 판매에 따른 생산 수준에 따라서 변화하는 비용이다.

부채(liability): 채권자에게 빚지고 있는 돈이다. 부채는 은행대출, 지급계정(account payable) 등의 형태일 수 있다. 자산을 상대로 한 청구를 의미한다.

손실(loss): 일정 기간 동안의 사업 총 비용이 수입보다 클 때 발생한다.

손익계산서(income statement): 일명 Profit and loss statement로 특정기간 동안 사업의 수익을 요약하는 보고서이다.

손익계산서(profit and loss statement): income statement와 동일한 것이다.

순이익(net profit): 일정 기간 동안 총 수입에서 총 비용 차감(매출 총이익 참조)한다.

순자산(net worth): 순수가치(equity)와 동일한 것이다.

운전자본(working capital): 유동부채를 넘어서는 유동자산의 초과분이다.

유동부채(current liabilities): 1년 이내에 상환해야 하는 채무(단기부채라고 도 함)이다.

이익(profit): (순이익과 매출 총이익 참조) 이익은 통상 순이익을 의미한다.

이자(interest): 자금 조달 비용으로 자금을 빌려주는 사람에게 지불되고 보통 대출금액의 연간 비율로 표시된다. 즉, 12%로 100달러를 빌렸다면 매월 1%(0.01 x $100 = $1)의 이자를 지불한다. 이자는 사업비용이다.

자기자본(또는 순수가치, equity): 사업 소유자의 순수가치는 기업 자산 가치에서 부채 가치를 차감한 금액이다. 예를 들면 50,000달러 상당의 자산을 구입하기 위해 30,000달러를 차입했다면 순수 가치는 20,000달러이다.

자본(capital): (1) 소유자나 주주에 의해 사업에 투자된 금액, (2) 투자가 가능한 자금 또는 이미 투자된 자금이다.

자산(asset): 기업이나 소유자가 보유하고 있는 가치가 있는 재산이다.

재무제표(financial statement): 사업의 재무 상황을 요약하는 보고서로 통상 대차대조표와 손익계산서를 포함한다.

비용(expense): 소멸원가(expired cost); 활동 수행에 따른 발생 비용(또는 손실) 종류나 항목; 현재의 영업비용을 감당하거나 회수할 수 없는 비용이나 손실을 나타내는 현재나 과거의 지출; 감가상각되거나 평가 인하된 자본지출의 항목: 판매비용, 공장비용, 월간비용과 같은 기능, 조직, 시간을 표시하는 표현으로 사용되는 용어이다.

현금주의 회계(cash system of accounting): 적용되는 시점에 관계없이 회수되고 지불될 때 수입과 지출이 기록되는 회계 방법이다.

현금흐름표(cash flow): 현금 수령과 지출의 명세서이다.

지 않으면 법적인 고소를 할 수 있다. 채권자가 청구한 것을 해결한 후에 남는 자산에 대한 권리는 소유자들한테 있다.

기업이 소유하고 있는 자원을 자산(assets)이라고 한다. 채권자가 기업에 요구하는 청구(claim)는 부채라고 한다. 기업 소유자의 나머지 권리는 소유자의 자기자본(owner's equity, 순수 가치)이다. 대차대조표에서 자산은 왼쪽에 부채와 자본은 오른쪽에 정리되어 있다.

자산은 기업이 소유하고 있는 가치인데 다음의 절차를 통해서 가치가 결정된다.

1. 자원의 식별
2. 해당 자원의 가치를 화폐의 단위로 측정
3. 자원의 소유권 정도 설정

대부분의 자산은 현금, 토지, 설비와 같은 유형자산이므로 쉽게 식별될 수 있다. 그러나 저작권, 특허 같이 볼 수 없는 무형자산(intangible asset)도 존재한다.

부채(liabilities)는 기업의 채무이다. 채무는 기업의 정상적인 활동을 통해서나 재무활동에서 자금을 조달하는 과정에서 발생될 것이다. 흔한 부채는 물건의 구매 시(물건 수령 후 대금을 지급하지 않음) 발생하는 단기 미지급 계정이다. 기업이 물건을 세 번째 주에 수령하고 다음 달 첫째 주에 청구서를 받을 때까지 대금을 지불하지 않는 것은 흔한 일이다. 대차대조표가 월말 기준으로 구축되어 있다면 그때 되서야 대금이 지불될 것이다.

부채는 **단기부채**(short-term liabilities, 일명 **유동부채**current liabilities)와 **장기부채**(long-term liabilities)로 구분된다. 단기부채는 다가오는 12개월 내에 상환되어야 한다. 장기부채는 건물융자나 5년짜리 은행대출과 같은 다음 12개월이 지나서 상환해도 되는 채무이다.

자본(owner's equity)은 자산에서 부채를 차감한 것이다. 즉 소유주가 기업자산에 대해 청구할 수 있는 것이다. 사업이 손실을 본다면 소유주의 자기자본은 감소할 것이다. 이러한 개념은 왜 대차대조표가 항상 균형을 이루어야 하는가를 설명할 때 명확해질 것이다.[3]

대차대조표의 이해

대차대조표를 충분히 설명하기 위해서는 각 항목의 의미가 무엇이고 전형적인 것들을 검토할 필요가 있다. 표 11.2에 예시되어 있고 세 가지(자산, 부채, 자본)으로 구분되어 있다. 구분 내에서 다양한 유형의 계정이 설명되어 있다. 다음에서 표에 제시되어 있는 계정의 유형을 설명한다.

유동자산 유동자산(current assets)은 현금과 정상 운용기간 동안 현금화되고 매각되고, 소진될 것으로 합리적으로 기대되는 다른 자산들로 구성되어 있다. 가장 흔한 형태의 유동자산은 표 11.2에 설명되어 있다.

현금(cash)은 수중에 있는 동전, 화폐, 수표를 가리킨다. 또한, 기업이 보유하고 있는 저

표 11.2 2015. 12. 31에 끝나는 회계연도의 Kendon Corporation의 대차대조표

자산		
유동자산		
현금		$200,000
외상매출금	$375,000	
(−) 회수불능채권 준비금	$25,000	350,000
재고		150,000
선급비용		35,000
총 유동자산		$735,000
고정자산		
토지		$330,000
건물	$315,000	
(−) 건물의 감가상각누계액	80,000	
설비	410,000	
(−) 설비의 감가상각누계액	60,000	
총 고정자산		915,000
총 자산		$1,650,000
부채		
유동부채		
외상매입금	$150,000	
지급어음	25,000	
미지급 세금	75,000	
차입금	50,000	
총 유동부채		$300,000
은행융자		200,000
총 부채		500,000
자본		
출자자본(contributed capital)		
보통주, 액면가 $10, 40,00주	$400,000	
우선주, 액면가 $100, 500주		
미 매각 수권주식		
이익잉여금	750,000	
총 자본		1,150,000
총 부채와 자본		1,650,000

축예금과 당좌예금에 비축되어 있는 자금을 포함한다.

미수금 또는 **외상매출금**(accounts receivable)은 물건의 판매나 서비스의 대가로 발생한 미납금에 대한 고객한테 청구이다. 예를 들면 많은 기업들이 신용으로 물건을 판매하고 고객이 월말에 대금을 지불하기로 한다. 또는 많은 경우에 월말에 고객에게 청구서를 보내

고 10일 안으로 대금 지불하도록 요청한다.

회수불능채권 준비금(allowance for uncollectable accounts)은 회수불능으로 판단되는 외상매출금을 일컫는다. 회수가 불가능하다는 것을 어떻게 판단하는가? 대답하기 어려운 질문이고 명확한 대답은 알려져 있지 않다. 구매 다음 달의 첫 10일안으로 고객에게 대금 지불을 요청하는 사업을 가정해 보자. 결제가 안 된 외상매출금이 다음과 같다.

미결제 일자	채권 금액
1-11	$325,000
11-20	25,000
21-30	20,000
31-60	5,000
61-90	7,500
91+	17,500

이 경우 기업은 60일 이상이 지난 미회수금은 회수가 불가능하다고 인식해야만 한다. 표 11.2에서 주목해야 하는 건 회수불능채권 준비금은 60일이 지난 미결제 금액의 합계인 25,000달러이다.

재고(inventory)는 고객에게 판매할 목적으로 기업이 비축하고 있는 물건이다. 표 11.2의 예에서 현재 재고 금액은 150,000달러이나 이 모든 것을 기업이 일 년 내내 수중에 보유하고 있는 것은 아니다. 기업은 일정 재고로 회계연도를 시작하고 판매에 따라 더 많은 구매가 발생한다. 대차대조표의 잔고는 회계연도 말에 보유하고 있는 재고량이다.

선급비용(prepaid expense)은 기업이 이미 비용을 지불했으나 아직 완전히 사용하지 않은 비용이다. 6개월마다 지불되는 회사차량의 보험료를 예를 들어보자. 보험료 전체가 소비되기까진 6개월이 걸리기 때문에 이 보험료는 선급 비용이다. 결과적으로 회계사는 매월 1/6씩 선급비용을 줄여갈 것이다. 공급품, 서비스, 임대료 또한 가끔 선납되고 같은 방법이 적용된다.

고정자산 **고정자산**(fixed assets)은 토지, 검물, 설비와 장시간 동안 기업에 잔존할 것으로 예상되는 다른 자산들로 구성되어 있다. 그 자산들이 완전히 회사의 상품과 서비스의 생산에 사용되지는 않는다. 가장 일반적인 유형 중 일부는 표 11.2에 나타나 있다.

토지(land)는 사업 운용에 사용되는 재산이다. 이것은 투자로 간주되는 확장 또는 투기 목적으로 구입한 토지가 아니다. 토지는 비용으로 대차대조표에 표시하고, 일반적으로 그 가치는 주기적으로 변경된다. 예를 들어, 5년마다 토지의 가치는 대차대조표상의 가치와 재판매 가격이 동일하도록 재평가될 수 있다.

건물(building)의 사업에 장소를 제공하는 건축물로 구성되어 있다. 기업이 2개 이상의 건물을 보유하고 있는 경우, 모든 건축물의 총 비용이 나열된다.

건물의 감가상각 누계액(accumulated depreciation of building)은 손상으로 인해 장부상으로 탕감되는 총 금액을 일컫는다. 예를 들어, 표 11.2를 참조하면, 건물의 원래 가치는 315,000달러였지만 감가상각 누계액은 80,000달러가 되어 순가치는 235,000달러가 된다. 매년 감가상각액은 국세청 규정에 따라 회사 회계사에 의해 결정된다. 가속상각법(accelerated method)이 가끔 사용되지만 표준 감가 상각은 새로운 건물에 대해 연간 5%씩 상각하는 것이다. 어떤 경우에, 상각 금액은 세금 공제 비용으로 인정된다. 따라서 감가상각은 기업의 과세 대상 소득의 금액을 감소시키고 납세 의무를 낮추는 데 도움이 된다. 이러한 방식으로, 기업은 투자의 일부를 회수할 기회를 얻는다.

설비(equipment)는 기업이 상품을 생산하는 데 사용하는 기계이다. 설비는 원가로 장부에 기록되고 그 후 상각이 되어 설비의 감가상각 누계액(accumulated depreciation of equipment)으로 나열된다. 이 예에서는 60,000달러이다. 설비의 감가상각 및 회사의 소득세에 미치는 영향에 대한 논리는 건물에 대한 감가상각 누계액과 동일하다.

유동부채 유동부채(current liabilities)는 내년 중 또는 회계연도 내에 만기가 되어 지불해야 하는 채무이다. 가장 일반적인 유동부채는 표 11.2에 열거되어 있다.

외상매입금(accounts payable)은 상품이나 공급품을 신용으로 구입할 때 발생하는 부채이다. 예를 들어, 사업이 정확히 30일 기준으로 구입하는 경우, 그 30일 동안 상품에 대한 청구서를 외상매입금으로 간주된다.

지급어음(note payable)은 공급 업체의 청구에 대한 유형의 인정 또는 은행 대출과 같은 자금의 취득과 관련되어 주어지는 약속어음이다. 일부 공급 업체는 기업이 상품을 구입하고 즉시 지불할 수 없는 경우 어음을 요구한다.

미지급 세금(taxes payable)은 연방, 주, 지방정부에 빚진 부채이다. 대부분의 기업은 분기별로 자신의 연방 및 주 소득세를 지불해야 한다. 일반적으로, 지불은 당해 년도의 4월 15일, 6월 15일, 9월 15일, 또는 다음 해 1월 15일에 이루어진다. 기업은 결산을 마감하고 여전히 세금에 대한 채무가 있는가 여부를 결정하고, 4월 15일까지 필요한 지불을 완료해야 한다. 다른 미지급 세금은 판매세이다. 예를 들어, 대부분의 주 (일부 도시) 판매세를 부과하는데, 각 판매점은 세금을 수금하여 해당 기관에 보내야 한다.

차입금(loan payable)은 올해를 지불해야 하는 장기부채에 대한 현재 분할 불입금이다. 그 결과, 그것은 유동부채의 일부가 되고, 나머지는 장기부채로 간주된다. 표 11.2에 나와 있는 부채 중 50,000달러는 2015년에 Kendon Corporation에 의해 지불되어야 하는 금액임을 주목하라.

장기부채 언급했듯이 장기부채(long-term liabilities)는 적어도 일 년 동안 또는 현 회계연도 내에 만기가 돌아오지 않고 지불되지 않는 채무로 구성되어 있다. 가장 일반적인 예는 은행융자이다.

은행융자는 차입기관으로 인해 발생되는 장기부채이다. 표 11.2의 대차대조표에서 은행 대출이 원래 얼마나 큰지 명확하지 않지만 매년 50,000달러씩 상환되고 있고, 200,000달러가 남아 있다. 따라서 대출을 갚기 위해서는 4년이 더 걸릴 것이다.

출자자본(contributed capital) Kendon Corporation은 기업 주식을 취득한 개개인에 의해 소유되고 있다. 기업은 여러 종류의 주식을 유통시킨다. 가장 일반적인 것으로는 보통주(common stock)와 우선주(preferred stock)가 있다. 이 사례에서는 보통주만 팔린 것으로 되어 있다.

보통주가 기업 소유권의 가장 기본적인 형태이다. 이러한 소유권은 개개인에게 이사회에 대한 투표권을 부여한다. 통상 보유하고 있는 한 지분에 대해 한 표의 투표권이 부여된다. 표 11.2에서 나타낸 바와 같이 이 회사는 액면가 10달러인 보통주 40,000주를 발행해서 400,000달러를 조달했다. 액면가(par value)라는 용어는 대부분의 주주들에게는 거의 의미가 없다하더라도 법적인 의미가 있다. 액면가는 법적 자본금을 결정한다. 이 법률 자본금은 자본 총계가 특정 상황(가장 일반적인 것은 연속적인 당기 순손실)을 제외하고는 주주자산 금액 이하로 감소될 수 없는 금액으로 구성되어 있다. 법적인 이유 때문에, 주식의 총 액면가는 회계 장부에 기록이 유지된다. 그러나 액면가는 주식의 시장가치(market value)에 영향을 주지 않는다.

우선주는 기업의 해체 시 주식 보유자가 자산처리에 우선권을 갖는다는 점에서 보통주와 다르다. 즉 먼저 채권자에 지불하고 남은 자산이 무엇이든 간에 우선주 보유자는 다음 청구권을 가진다는 것을 의미한다. 보통주 보유자의 청구는 맨 마지막이다. 표 11.2는 액면가 100달러의 우선주 500주가 발행되었으나 하나도 매각하지 않았음을 보여 준다. 따라서 대차대조표에서 어느 숫자도 제시되지 않았다.

이익잉여금 **이익잉여금**(retained earning)은 최근까지 사업 존속 기간에 걸친 누적 당기순이익이다. 표 11.2에서 이익잉여금은 750,000달러로 표시되어 있다. 매년 금액은 기업이 창출하는 이익만큼 증가하고 회사 내에 유보된다. 만약 주식 배당이 일어난다면 물론 총 순이익에서 차감된다. 이익잉여금은 배당 후에 남은 금액이 된다.

왜 대차대조표는 항상 균형을 이루는가?

정의에 의해 대차대조표는 항상 균형을 이룬다.[4] 대차대조표의 한쪽에 뭔가 발생하면 다른 쪽의 뭔가에 의해 상쇄된다. 따라서 대차대조표가 균형을 유지하게 된다. 예를 검토하기 전에 대차대조표 방정식을 다시 언급해 보자.

창업가정신 사례

미수금 계정을 주목하라

신생 기업을 괴롭히는 주요 문제 중 하나는 빈약한 현금흐름이며, 이 문제에 가장 큰 원인 중 하나는 회수되지 않거나 매우 지연되고 있는 미수금 계정(accounts receivables)이다. 경제가 쇠퇴하고 있을 때, 대부분의 기업이 채택해야 할 첫 번째 전술은 거래처가 문제를 제시할 정도로 미지급 계정에 대한 지불을 최대한 연장하는 것이다. 대부분의 기업은 사업을 촉진시키기 위해 고객에게 신용을 제공하지만, 고객들이 신용거래에 대한 지불을 유보한다면 기업은 현금 부족에 직면할 수 있고 거래처에 대한 지불에 문제가 있을 수 있다. 일부의 경우, 기업은 선택의 여지가 없이 과도한 이자를 부과하는 신용카드를 사용하게 되어 부채를 지지 않도록 한다.

이런 상황을 피하기 위해서는 경영진의 입장에서 상당한 사전 고려가 필요하다. 좋은 경험 법칙(rule of thumb)은 당신의 회사가 자금을 필요로 하기 전에 항상 먼저 자금을 확보하는 것이다. 곤경에 처할 때 흔히 현금을 조달하려고 하지만 자금 조달 비용이 클 수 있다. 신용 라인 가동을 확보하고 미수금 계정을 확인함으로써 힘들 때 비싼 실수를 방지할 수 있도록 해 준다.

수금일이 가까워지는 것을 확인하기 위한 다섯 가지 조언은 다음과 같다.

소프트웨어로 미수금 계정을 추적하라. 무료 또는 저렴한 청구서 작성과 추적 소프트웨어가 많이 널려있지만 그것들을 사용하지 않는 유일한 이유는 컴퓨터 또는 스마트폰이 없는 경우이다. 그런 경우에 적절한 예는 비용 효과적이고 사용자 친화적인 Quickbooks에 있다. 그러나 또한 다른 선택이 과다하게 있다.

절차를 개발하라. 고객들은 그들이 벗어날 수 있다고 생각하는 한 자신의 지불을 연장시킬 것이다. 그렇게 하도록 놔둬서는 안 된다. 고객을 상대할 때 일관성을 보이면 그들로 하여금 당신이 심각하게 채권을 회수하고 있음을 알게 해 준다. 지불 기한을 설정하고 시행하라. 당신이 고객을 봐 준다면 당신은 그들이 원하는 시점에 지불할 수 있다는 메시지를 보낸 것이다. 이런 방법은 기업이 자금이 충분할 때는 효과가 있지만 사업이 소강상태인 경우에는 상당한 부담이 될 수 있다.

약간의 소란을 피워라. 당신이 제품이나 서비스를 제공하면, 당신은 돈을 받을 권리가 있다. 당신은 연체 지불에 대한 고객 접촉에 대해서 죄책감을 느껴서는 안 된다. 결국, 당신은 유리한 입장에 있다. 고객은 지불을 먼저 약속한 그들의 거래처에 지불할 것이다. 가만히 앉아 있다면 결코 당신 돈을 회수하지 못할 것이다.

선불을 받아라. 의심스러울 때 고객이 선불하도록 의무화시키는 것보다 지불을 보장받기 위한 더 좋은 방법이 없다. 새로운 고객과 거래할 때 특히 유용하다. 당신과 당신의 고객이 책임의 부담을 공유할 수 있도록 항상 일정 비율을 부과할 수 있다. 고객에게 신용을 부여하는 경우에는 먼저 고객의 신용도를 점검해야 한다는 것을 명심하라.

옹호자를 찾아라. 기업에게 돈을 지불하는 사람은 아마도 CEO가 아닐 것이다. 당신이 친해 질 수 있도록 각각의 고객의 사업체에서 누가 대금 지불에 책임이 있는가를 파악하라. 지불이 집행되는 순서는 보통 이 개인의 재량에 있을 것이다. 그래서 이 사람이 당신을 알고 있다면 지불 순위 목록의 상단에 위치하게 되어 더 큰 기회를 가질 것이다.

조기 지불에 대해 할인 정책을 시행하라. 가능한 한 빨리 지불하는 고객에게 할인 혜택을 제공하여 고객을 장려하라. 더 인기 있는 신용 조건 중 하나는 2%/10, 정확히 30일이다. 이것은 청구일로부터 30일 이내에 지불해야 할 총 잔액을 10일 이내에 지불하면 고객이 2%의 할인을 받는 것을 의미한다.

떠날 때를 알아라. 전통적인 사고에서 무엇인가를 제안한다 하더라도, 고객들은 항상 옳지 않으며 항상 수익성이 있는 것도 아니다. 고객으로부터 수금하는 데 걸리는 시간과 그 고객에 대한 신용을 유지하는 데 소요되는 비용이 고객의 사업이 창출해내는 이익보다 더 클지도 모른다. 그러한 상황이 사실로 밝혀지면 관계를 중단하는 것을 두려워하지 마라. 귀찮은 고객들에게 소요되는 시간이 신사업을 인수하는 데 사용된다면 종종 그 비용은 재무제표에 표시되는 내용보다 훨씬 크다. 이러한 문제로 인한 기업 부담을 방지하기 위해, 고객에 대해 연간 감사를 실시하고 이러한 비용 발생 요인들을 제거하는 것이 좋다.

현금흐름 관리는 기업을 위해 결코 끝이 없는 과정이다. 사업의 건전성을 고려할 때 유동성은 중요한 측정 기준이다. 고객이 지불을 연기할 수 있도록 하는 경우, 기업이 위태롭게 된다.

출처: Adapted from C. J. Prince, "Time Bomb," *Entrepreneur*, January 2008, http://www.entrepreneur.com/magazine/entrepreneur/2008/january/187658.html (accessed May 12, 2012); and Ronika Khanna, "Tips on Managing Your Accounts Receivable," *Toolbox.com*, November 23, 2010, http://finance.toolbox.com/blogs/montreal-financial/tips-on-managing-your-accounts-receivable-42717 (accessed May 12, 2012).

자산 = 부채 + 자본

이 식을 염두에 두고, 몇 가지 일반적인 사업 거래의 예와 그것들이 대차대조표에 미치는 영향을 살펴보자.

신용거래(Credit Transaction) Kendon Corporation은 공급업체 중 한곳에 전화를 걸어 11,000달러의 원자재 배송을 요청했다. 주문은 다음날 도착했고 회사는 배송된 원자재를 소유하게 되었다.

청구서는 30일 이내에 지불하게 되어 있다. 이 경우 대차대조표는 어떻게 영향을 받을까? 재고는 11,000달러만큼 증가할 것이고 미지급금은 11,000달러만큼 증가할 것이다. 유동자산의 증가는 유동부채의 증가와 상쇄된다.

이 예를 계속하면 청구서가 지불될 때에는 어떻게 처리될까? 회사가 11,000달러를 수표로 지불하면 이 금액만큼 현금 계정이 감소된다. 동시에 미지급금은 11,000달러 감소된다. 다시 상쇄거래가 일어나면서 대차대조표는 균형을 이루었다.

은행융자(Bank Loan) 표 11.2에서와 같이 Kendon Corporation은 2015년에 200,000달러 미상환 은행대출금을 가지고 있다. 2016년에 추가로 110,000달러 대출을 받는다고 가정해 보자. 대차대조표에 어떻게 나타날까? 현금은 110,000달러 증가하고 은행융자는 같은 금액만큼 증가한다. 다시 균형을 이룬다. 그러나 기업이 새 기계를 구입하기 위해 110,000달러를 사용하였다면 어떻게 될까? 이 경우에는 현금은 110,000달러만큼 감소하고 같은 금액으로 설비 계정이 증가할 것이다. 다시 균형을 이룬다. 최종적으로 은행융자를 상환한다면 첫 번째 상황과 반대가 된다. 현금과 은행융자(장기부채)가 동일한 금액만큼 감소한다.

주식매각(Stock Sale) 액면가 10달러인 보통주 40,000주를 발행하여 매각하려고 한다. 이 경우 대차대조표에 어떻게 영향을 미칠까? (해답은 다소 간단하다.) 보통주 400,000달러만큼 증가하고 현금 계정이 동일한 금액만큼 증가한다. 다시 한번 균형을 이룬다.

이런 예들을 염두에 두면 왜 대차대조표가 항상 균형을 이루는가가 명백해져야 한다. 모든 항목이 금액이 같고 이 방정식을 유지하는 상쇄 항목이다.

자산 = 부채 + 자본

자산, 부채, 자본의 증가와 감소를 지칭하는 차변(debit)과 대변(credit)이라는 회계용어를 명심하라. 다음 표는 증가와 감소를 나타내는 차변과 대변의 관계를 설명한다.

범주	금액증가거래	금액감소거래
자산	차변	대변
부채	대변	차변
자본	대변	차변

앞의 예를 적용한 결과는 다음과 같다.

	차변	대변
신용거래		
재고	$11,000	
미지급금		$11,000
은행융자		
현금	110,000	
은행융자		110,000
주식매각		
현금	400,000	
보통주		400,000
	$511,000	$511,000

손익계산서

손익계산서(income statement)는 특정 기간 동안의 운영의 결과로써 기업의 상황에서 발생한 변화를 나타내는 재무제표이다. 특정 시점에서 회사의 상황을 반영하는 대차대조표와는 대조적이다.

때로는 손익계산서는 그 기간 동안 사업의 성공(또는 실패)을 알리는 '이익과 손실 문서(profit and loss statement)' 또는 'P&L'로 언급된다. 본질적으로, 수입이 지출보다 더 많은가 혹은 더 작은가를 나타낸다. 이러한 수입(revenue)은 기업이 상품과 서비스의 판매의 대가로 받은 돈이다. 비용(expense)은 수입을 얻기 위해 사용되는 자원의 비용이다. 이러한 비용은 회사가 만드는 제품에 사용되는 재료의 비용부터 직원에게 지불하는 급여에 이르기까지 다양하다.

대부분의 손익계산서는 1년 간격을 다루지만 월별, 분기별 또는 반기별 손익계산서를 보게 되는 것은 드문 일이 아니다. 이 기간 동안의 모든 누적 수입과 지출이 결정되고, 그 기간 동안의 순이익이 식별된다. 많은 기업들은 분기별 손익계산서를 작성하지만 대차대조표는 일 년에 단지 한 번 작성한다. 이유는 기업이 자신의 자산, 부채, 자본의 상태를 검토하기보다는 자신의 이익과 손실에 훨씬 더 관심이 있기 때문이다. 그러나 연말에 작성되는 손익계산서는 대차대조표에 나타나는 것처럼 회사의 회계 연도와 일치한다는 것을 주목해야 한다. 그 결과, 사업연도 말에 기업은 대차대조표와 손익계산서 모두를 가질 것이다. 이와 같이, 대차대조표와 손익계산서은 함께 고려될 수 있고, 그들 사이의 상호 관계를 조사할 수 있다. 수입과 지출의 다른 많은 유형의 수가 손익계산서에 나타나지만 단순화를 위해, 손익계산서는 (1) 수입, (2) 비용 및 (3) 순이익의 세 가지 기본 범주로 축소될 수 있다.

수입(revenue)은 고려되는 특정 기간 동안 창출된 사업의 총 매출이다. 수입은 종종 실제 판매로부터 생긴 금전으로 구성되어 있지만, 이러한 경우만 있는 것은 아니다. 예를 들어, 가구점이, 오늘 고객에게 가구를 500달러에 판매하고 내일 인도하고 지금부터 2주후에 대금을 받는 경우와 같이 계정에서 만들어진 판매는 여전히 수입으로 인식된다. 상품이 전달되는 순간부터 회사는 수입의 증가를 청구할 수 있다.

비용(expenses)은 제품 생산이나 서비스와 관련된 비용이다. 앞의 가구점의 경우, 판매와 관련된 지출은 상품을 취득 판매 및 전달하는 비용을 포함한다. 때때로 이것들은 나중에 지급되는 비용이다. 예를 들면 가구를 전달하는 사람의 급여는 2주마다 지불된다. 따라서 급여 형태로 지출금액의 실질적인 유출은 업무 수행과 동시에 발생되지 않는다. 그럼에도 불구하고, 이것은 지출로 처리된다.

당기순이익(net income)은 논의되는 특정 기간 동안 지출을 넘어서는 수입의 초과분이다. 수입이 지출을 초과하면, 순이익(net profit)이 발생한다. 반대의 경우, 기업은 순손실(net loss)을 겪는다. 회계 기간 말에, 상품 및 서비스의 모든 판매와 관련된 수입과 지출의 모두 함께 더해지고 지출은 수입에서 차감된다. 이러한 방식으로, 기업은 전체적으로 이익이 발생하는지 또는 손실을 겪는지의 여부를 파악한다.[5]

손익계산서의 이해

손익계산서를 완전히 설명하기 위해, 각 계정이 무엇인지를 검토하고 결정하는 것이 필요하다. 표 11.3은 전형적인 손익계산서를 보여 준다. 그것은 (1) 판매수입, (2) 매출원가, (3) 영업비용, (4) 금융비용 (5) 추정법인세라는 5개의 주요 부문이 있다.

표 11.3 2015년 12월 31일에 끝나는 Kendon Corporation의 손익계산서

판매수입	$1,750,000	
(−) 반품 및 수당	50,000	
순 매출		$1,700,000
매출원가		
재고(2015년 1월)	$150,000	
구매	1,050,000	
판매가능 상품	$1,200,000	
(−)재고(2015년 12월)	200,000	
매출원가		1,000,000
매출 총이익		$700,000
영업비용		
판매비	$150,000	
관리비	100,000	
총 영업비용		250,000
영업이익		$450,000
금융비용		$20,000
세전 수입		$430,000
추정 법인세		172,000
당기순이익		$258,000

수입 사업은 제품을 판매 하거나 서비스를 수행할 때마다 수입을 얻는다. 이것은 종종 총 수입(gross revenue) 또는 판매수입(sales revenue)이라고 한다. 해당 상품의 일부가 반환 또는 일부 고객들은 즉시지불 할인(prompt-payment discount)을 이용하기 때문에, 그것들은 보통 실제보다 과장된 숫자이다.

표 11.3에서, 판매수입은 1,750,000달러이다. 그러나 회사는 50,000달러의 반품 및 수당이 있다. 이러한 반품은 '만족하지 않으면 환불'의 정책을 기반으로 운영하는 기업들한테는 일반적이다. 어떤 경우에는 소규모의 사업이 총 판매수입과 관련하여 반품과 수당이 총 금액보다 높은 경우 예의 주시해야 한다. 이 경우, 회사는 판매에 뭔가 이상이 있음을 알게 될 것이고, 문제를 해결하기 위한 조치를 취할 수 있다.

판매수입에서 반품 및 수당을 공제한 것이 순매출(net sales)이다. 이 금액은 이익을 보상받기 위해 제반 비용을 상쇄할 만큼 충분히 커야 한다.

매출원가 명칭에서 알 수 있듯이 매출원가(costs of goods sold) 계정은 회계 기간 동안 판매된 상품의 비용을 설명한다. 간단히 말해, 주어진 기간 동안 상품의 비용은 기초 재고에서 기업이 생산하거나 모든 구매한 액수를 더한 다음 보유하고 있는 기말 재고를 차감한 것이다. 표 11.3에서 기초 재고는 150,000달러이고 구매는 1,050,000달러에 달했다. 판매 가

능한 금액은 1,200,000달러이다. 그 기간의 기말 재고는 200,000달러, 따라서 매출원가는 1,000,000달러가 된다. 이것은 기업이 판매를 위한 재고를 구입하기 위해 지불해야 하는 비용이다. 순매출에서 매출원가를 차감하면 이것이 매출 총이익(gross margin)이다. 매출 총이익은 비용을 충족시키고 회사의 소유자를 위한 약간의 당기순이익을 제공할 수 있는 금액이다.

영업비용 매출원가를 제외한 주요 비용은 **영업비용**(operating expenses)으로 분류된다. 기간 동안 재고와 구매를 제외한 수입을 창출하기 위해 소비한 자원의 비용을 나타낸다. 영업비용은 다시 종종 판매비와 관리비라는 두 가지의 하위분류로 구분된다.

판매비(selling expenses)는 제품 전시, 판매, 전달, 설치나 서비스의 수행과 같은 활동으로 기인한다. 제품 전시비용은 저장 공간의 임대료, 비품 및 가구의 감가상각비, 보험료, 전기 · 수도세, 법인세 등을 포함한다. 판매비용, 급여, 수당, 광고비 등이 이 범주에 해당된다. 상점에서부터 고객에게 전달하는 비용도 판매비로 간주된다. 마지막으로 고객에게 제품을 설치해야 하는 경우 소요된 부품을 포함한 모든 비용도 여기에 해당된다. 전체를 통틀어서 이런 비용들을 판매비라고 한다.

관리비(administrative expenses)는 판매 또는 차입과 직접 관련이 없는 영업비용에 대한 포괄적인 용어이다. 넓은 의미로, 이러한 비용은 회사운영과 관련된 비용을 포함한다. 관리자의 급여, 사무실 운영비용, 판매나 구매와 직접 관련이 없는 일반 비용, 연체 또는 회수 불가능한 계정에서 발생하는 비용 등이 포함된다.

이러한 판매비와 관리비를 합산하면 총 영업비용(total operation expenses)이다. 매출 총이익에서 영업비용을 차감하면 영업이익(operating income)이 된다. 표 11.3에서 판매비는 150,000달러이고, 관리비는 100,000달러여서 총 영업비용은 250,000달러이다. 700,000달러의 매출 총 이익에서 차감하면 영업이익은 450,000달러이다.

금융비용 **금융비용**(financial expenses)은 장기 대출에 대한 이자비용이다. 표 11.3에서 볼 수 있듯이, 이 비용은 20,000달러이다. 또한, 많은 기업들이 금융비용의 일부로서 단기 채무에 대한 이자비용을 포함한다.

추정법인세 앞서 언급한 바와 같이 기업은 추정법인세(estimated income taxes)를 납부한다. 예정된 시간(예를 들면 12월 31일)에 결산이 마감되고 실질 세금이 결정된다. 그리고 추가 납부(또는 환급)가 이루어진다. 세전 수입에서 법인세를 차감하면 당기순이익(net profit)이다. Kendon Corporation의 예에서 당기순이익은 258,000달러이다.

현금흐름표

현금흐름표(cash-flow statement)는 회사의 영업, 투자 및 재무 활동으로 인한 현금 잔고를 보여 준다. 현금흐름표의 주요 목적은 특정 회계 기간 동안 기업의 현금 수령 및 현금 지불에 대한 정보를 제공하는 것이다. 다음과 같은 질문에 대답하는 데 유용하다.

- 회사가 영업으로부터 얼마나 많은 현금을 창출하였는가?
- 어떻게 기업이 고정자본지출을 조달하였는가?
- 얼마나 많은 신규 부채가 발생하였는가?
- 영업활동으로 인한 현금이 고정 자산 매입 자금을 조달하기 위해 충분하였는가?

현금흐름에 대한 설명은 대차대조표와 손익계산서에 대한 보충이다. 손익계산서와 대차대조표의 한계 중 하나는 발생주의 회계를 기반으로 한다는 것이다. 발생주의 회계에서는 수익과 지출이 현금의 변화가 있을 때가 아니라 발생하였을 때 기록된다. 예를 들어, 발생주의 회계에서는 신용 판매는 판매로 인식되지만 현금은 수령되지 않았다. 마찬가지로, 세금비용은 손익계산서에 표시될 수 있지만, 나중에까지 지급되지 않을 수 있다. 현금흐름에 대한 설명은 손익계산서와 대차대조표의 발생주의 기반의 숫자들을 대차대조표에 작성된 실제 현금 잔고에 조정시킨다.

현금흐름표는 영업(operating), 투자(investing) 및 재무(financing) 활동으로 구분된다. 표 11.4는 현금흐름표의 개요를 설명한다. 영업현금흐름(operating cash flow)은 회사의 사업 운영 과정 발생된 또는 사용된 현금을 일컫는다. 대부분의 기업들의 순 영업현금흐름은 양수일 것이다. 왜냐하면 영업현금유입(주로 매출 대금 회수)이 영업현금유출(예를 들어 원자재, 임금)을 초과할 것이기 때문이다.

투자활동(investing activities)은 공장과 설비의 구매나 매각과 같은 장기 투자현금흐름의 영향을 나타낸다. 순 투자현금흐름은 양수 또는 음수일 수 있다. 아직도 성장 단계에 있는 회사는 고정자산(새 공장 건설 또는 새로운 설비 설치)을 구축할 것이다. 따라서 투자활동으로 인한 음수의 현금흐름을 보여 줄 것이다. 한편, 수익성이 낮은 부문을 매각하는 회사는 자산의 매각으로 인해 현금 유입을 실현할 것이다. 따라서 투자활동에서 양수의

표 11.4 현금흐름표의 양식

영업현금흐름	$50,000
투자현금흐름	($10,000)
재무현금흐름	$5,000
현금의 순 증가(감소)	$45,000
기초 현금	$400,000
기말 현금	$445,000

현금흐름을 보여 줄 것이다.

재무활동(financing activities)은 신규 증권의 판매(예: 주식과 채권 등) 증권의 환매 및 배당금 지급을 포함하여 기업의 자금 조달 의사의 현금흐름 효과를 나타낸다. 대출에 대한 이자지급은 재무활동에 포함되지 않는다. 현금흐름표에서 이자 지급은 영업현금흐름의 일부로 가정한다. 3개의 다른 출처(영업, 투자, 재무)로부터 발생되는 현금흐름이 일단 확인되면 시작과 끝의 현금 잔고는 조정된다.

이 보고서는 기업을 분석하는 사람들에 의해 가장 자주 사용되기 때문에, 현금 예산의 사용은 벤처를 시작하는 창업가를 위한 최선의 방법일 수 있다. 현금 예산 절차는 다음 절에서 다룰 것이다.

재무예산 작성

기업이 재정 운영 계획에 사용할 수 있는 가장 강력한 도구 중 하나는 **예산**(budget)이다.[6] 운영예산(operating budget)은 특정 기간 동안 예상 수입과 지출의 보고서이다. 예산의 또 다른 일반적인 유형은 지정된 기간 동안 추정된 현금 수령과 지출의 보고서인 현금흐름예산(cash-flow budget)이다. 기업이 먼저 운영예산을 계산하고 운영예산에 기초하여 현금예산을 구성하여 두 유형의 예산을 작성하는 것이 일반적이다. 예산의 세 번째의 일반적인 유형은 결과가 1년 이상 지속할 것으로 예상되는 자산의 지출을 계획하는 데 사용되는 자본예산(capital budget)이다. 이 절에서는 운영, 현금흐름, 자본예산의 세 가지를 모두 검토한다. 그런 다음 이들 예산으로부터 추정 재무제표(pro forma financial statements)의 작성을 설명한다.

운영예산

통상적으로 **운영예산**(operating budget)을 작성하는 첫 번째 단계는 **판매 예측**(sales forecasting)으로부터 시작한다.[7] 기업은 여러 가지 방법으로 판매 예측을 준비할 수 있다. 한 가지 방법은 **단순선형회귀분석**(simple linear regression)과 같은 통계학적 예측 기법을 구현하는 것이다. 3개의 변수들 사이의 관계가 명시되는 단순선형회귀 방정식은 다음과 같다.

$$Y = a + bx$$

Y는 종속변수(dependent variable, a, b, 및 x의 값에 종속)이고, x는 독립변수(independent variable, 다른 변수들 중 어느 것과도 종속적이지 않음)이며, a는 상수(constant, 회귀분석에서 Y는 변수 x에 대해 종속적이고 나머지는 상수)이고, b는 직선의 기울기(slope, x의 변화로 나눈 Y의 변화)이다. 판매를 추정할 때 Y는 예상 판매를 나타내는 데 사용되는 변수이

고, x는 판매가 종속되는 인자를 나타내는 데 사용되는 변수이다. 일부 매장은 매출이 광고 지출에 의존하고 있다고 생각하고, 반면에 다른 매장들은 매출이 매장을 통과하는 유동량과 같은 다른 변수에 의존하고 있다고 생각한다.

회귀분석을 사용하는 경우, 창업가는 예를 들어, 제품 판매 및 광고 지출 사이의 관계에 대해 결론을 내릴 것이다. 다음의 제시는 옷 가게의 주인인 Mary Tindle이 회귀분석을 사용하는 방법의 예이다.

> Mary는 우선 (1) 광고비 지출이 없는 경우, 총 매출은 200,000달러, (2) 광고비를 지출할 경우, 매출은 광고비의 2배로 증가한다고 가정했다. 이 두 관찰 관련 자료는 다음과 같은 단순선형회귀식을 산출한다.
>
> $$S = \$200{,}000 + 2A$$
>
> 여기서
>
> S = 예상 판매
>
> A = 광고비

(이 방정식에서 더 많은 의미 있는 문자로 대체하는 것이 쉽다는 것을 유의하시오. 이 경우, 문자 S는 문자 Y와 교체되었다. 왜냐하면 단순하게 판매(sales)가 문자 S로 시작하기 때문이다. x를 치환한 A도 마찬가지이다.) 예상 판매 수준을 결정하기 위해서 Mary는 다른 광고비 지출을 삽입하고 각각의 상이한 지출에 대해 단순선형회귀식을 작성했다. 다음 데이터와 그림11.1이 결과를 보여 준다.

단순선형회귀분석($000)

A	2A	S = $200 × 2A
$ 50	$100	$300
100	200	400
150	300	500
200	400	600
250	500	700
300	600	800

판매를 예측하기 위해 일반적으로 사용되는 또 다른 기법은 현재 매출은 이전 기간 동안 판매의 일정 비율로 증가한다는 추정(estimation)이다. 이 비율은 앞선 다섯 판매 기간을 고려하고 계절의 변화가 같은 패턴으로 계속 실행된다고 가정하는 추세선 분석(trend line analysis)을 기반으로 한다. 다섯 판매 기간이 필요하기 때문에 당연히, 추세선 분석은 더

그림 11.1 회귀분석

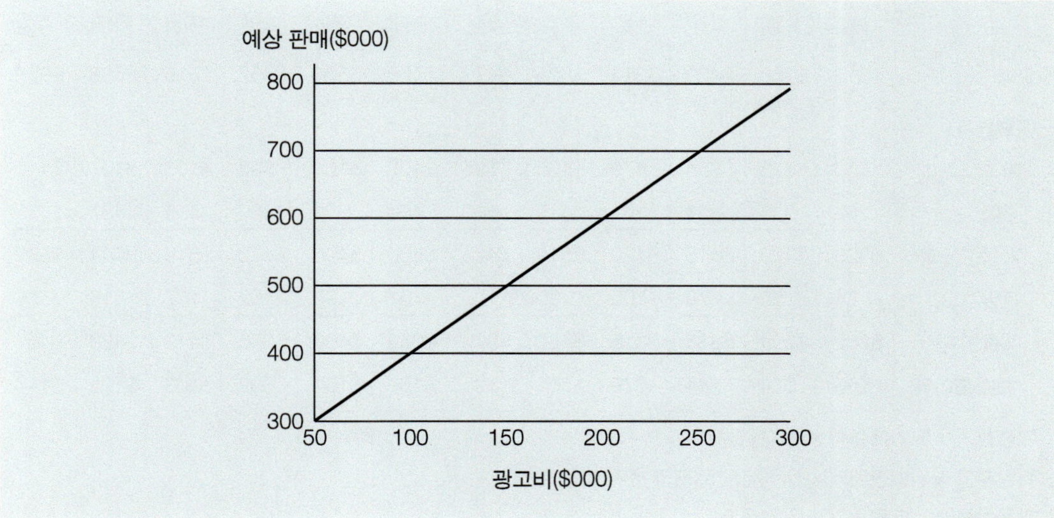

잘 확립된 벤처에 사용된다. 그럼에도 불구하고 벤처가 성장하고 더 자리매김을 하기 위해서 창업가가 알아야 하는 중요한 도구이다. 다음은 North Central Scientific 소유주인 John Wheatman이 자신의 컴퓨터 소매점의 판매를 예측하기 위해 추세선 분석을 사용하는 방법의 예이다.

> 상점의 과거 판매 자료를 상당히 분석한 후, John Wheatman는 추세선 분석을 사용하기로 결정하고 매출이 거의 같은 패턴의 계절적 변화와 함께, 다음 해 동안 5% 증가할 것으로 추정했다. 그는 전자 스프레드시트 프로그램이 설치된 개인 컴퓨터를 가지고 있기 때문에, 스프레드시트에서 지난해 판매 수치를 입력 자료로 사용하고 매월 작년보다 5%씩 증가한다는 가정을 사용하기로 결정했다. 결과는 표 11.5에 표시되어 있다.

기업은 예산 기간 동안의 매출을 예측한 후에, 비용을 추정해야 한다. 추정해야 하는 비용의 첫 번째 유형은 손익계산서에서 영업항목 다음에 나타나는 매출원가이다. 판매 상품의 비용이다. 소매업체의 경우, 이는 구매와 이에 상응하는 바람직한 기초재고와 기말재고를 예측하는 일이다. 많은 기업들은 다음 달 매출의 일정 비율을 재고로 보유하는

표 11.5 North Central Scientific: 2015년도 판매 예측

	1월	2월	3월	4월	5월	6월	7월	8월	9월	10월	11월	12월
판매액	$300	$350	$400	$375	$500	$450	$475	$480	$440	$490	$510	$550
× 1.05	315	368	420	394	525	473	499	504	462	515	536	578

표 11.6 North Central Scientific: 2015년도 요구된 구매 예산

	1월	2월	3월	4월	5월	6월	7월	8월	9월	10월	11월	12월
판매수입	$315	$368	$420	$394	$525	$473	$499	$504	$462	$515	$536	$578
매출원가												
기초재고	$63	$73	$84	$79	$105	$95	$100	$101	$92	$103	$107	$116
구매	263	305	331	341	410	383	400	395	380	416	437	413
가용상품액	$326	$379	$415	$420	$515	$478	$500	$496	$472	$519	$544	$529
기말재고	74	85	79	105	95	100	101	92	102	107	116	66
매출원가	$252	$294	$336	$315	$420	$378	$399	$403	$370	$412	$428	$462
매출 총이익	$63	$74	$84	$79	$105	$95	$100	$101	$92	$103	$108	$116

매출원가 = 당기매출액 x 0.80
기말재고 = 익월판매액 x (0.80)(0.25)(재고 유지 비용 발생)
가용상품액 = 매출원가 + 기말재고
기초재고 = 전달 기말재고 또는 당월 매출 x (0.80)(0.25)
구매액 = 가용상품액 − 기초재고
매출 총이익 = 판매수입 − 매출원가

것을 선호한다. 다음에 John Wheatman이 자신의 가게의 예상 구매 및 재고 요구 사항을 결정하는 방법이 나타나 있다.

> 자신의 구매 요구 사항을 결정하기 위해, John Wheatman는 지난 5년간의 손익계산서 분석을 기반으로 해서 자신의 매출 총 이익은 판매액의 20%일 것이라고 확신한다. 결과적으로, 매출원가는 현재 월 매출액의 80%로 나타난다. 또한, John은 약 1주일의 재고를 보유하고 싶다. 따라서 기말 재고는 다음 달 매출의 25%로 추정된다. 결과는 표 11.6에 표시된다.

다른 한편으로 제조 기업은 제조예산(production budget), 제조예산에 기반을 둔 원자재 구매예산(purchase budget), 그에 상응하는 직접노무비예산(direct labor budget)을 수립할 필요가 있다. 제조예산은 예측된 판매를 충족시키기 위해 제조될 필요 단위 수의 경영상의 추정치이다. 이 예산은 매출원가 부문을 역순으로 작업하여 작성된다. 첫째, 한 달 동안 판매될 예측 단위가 결정된다. 이 숫자에 원하는 기말재고 수준이 더해진다. 이 두 숫자의 합은 보유해야 될 재고의 단위 수량이다. 요구되는 재고량이 결정되면, 창업가는 얼마나 많은 기초재고(전달의 기말재고)를 유지해야 되고 얼마나 많은 단위가 생산되어야 하는가를 결정해야만 한다. 생산 요구량은 해당 기간 동안 필요한 재고에서 그 기간의 기초재고를 차감함으로써 계산된다. 예를 들면 다음과 같다.

표 11.7 Dynamic Manufacturing의 2015년도 제조예산 작업서

	1월	2월	3월	4월	5월	6월	7월	8월	9월	10월	11월	12월
예측판매량(개)	125	136	123	143	154	234	212	267	236	345	367	498
희망 기말재고	14	12	14	15	23	21`	27	24	35	37	50	26
가능한 판매량	139	148	137	158	177	255	239	291	271	382	417	524
(–) 기초 재고	12	14	12	14	15	23	21	27	24	35	37	50
요구 총생산량	127	134	125	144	162	232	218	264	247	347	380	474

Dynamic Manufacturing의 설립자이며 회장인 Tom B. Good는 자신의 회사의 성장을 위한 계획을 수립할 수 있는 예산을 구현하기로 결정했다. Tom은 자신의 영업 관리자로부터 예상판매량을 보고받은 후에, 그는 작년의 제품 이동 보고서를 검토하고 그 수요의 변동 가능성에 대한 완충(buffer)으로 수중에 다음 달 매출의 11%를 보유하기로 결정했다. 그는 또한 생산 관리자로부터 보고받았는데 그의 예산 적용 기간의 기초재고가 될 올해의 기말재고는 12,000개의 부품이 예상된다고 하였다. 표 11.7는 그 결과를 보여 준다.

제조예산이 계산된 후에 특정 단위 수의 제품 제조를 위해 필요한 원자재가 생산될 제품의 재료명세서(bill of materials) 분석을 걸쳐 결정될 수 있다. 또한, 각 단위를 생산하는 데 필요한 직무 노무의 양을 조사함으로써 경영층은 차기 예산 기간 동안 필요할 직접 노동의 양을 결정할 수 있다.

운영예산을 준비하는 마지막 단계는 기간 동안 소요될 운영비용을 추정하는 것이다. 비용예산을 작성하는 데 필요한 세 가지 핵심 개념은 고정, 가변, 혼합 비용이다. **고정비용**(fixed cost)은 일정 기간 동안 활동의 변화에 따라 변화하지 않는 비용이고, 임대료, 감가상각, 특정 급여가 이에 해당된다. **변동비용**(variable cost)은 운영 활동(operaing activities)의 변화에 따라 동일한 방향으로 정비례해서 변하는 비용이다. 직접 노무비, 직접 재료비, 판매 수수료 등이 예이다. **혼합비용**(mixed cost)은 고정 및 가변 비용의 혼합이다. 이 비용의 일부는 활동 변화에 따라서 변경되고, 나머지는 예산 기간 동안 비교적 안정적으로 존재하는 고정비용이다. 대표적인 예는 공공요금(utilities)이다. 얼마나 혼합비용을 고정비용으로 처리하고 변동비용으로 처리하는가를 결정하는 것이 어렵기 때문에 이 비용은 관리상의 문제를 야기할 수 있다.

지출예산(expense budget)이 수립된 후, 판매, 매출원가 및 지출예산이 조합되어서 운영예산을 형성한다. 표 11.8는 North Central Scientific의 예산 연도의 예상 비용과 및 기간 동안 완성된 운영예산을 간략하게 설명한다. 매달 그 기간 동안의 추정(pro forma) 또는 예상 수입과 지출을 나타낸다.

표 11.8 North Central Scientific의 지출과 운영예산

다른 비용 계정들의 형태를 확인하기 위해, John Wheatman는 지난 5년간의 손익계산서를 분석하기로 결정했다. 그 분석결과는 다음과 같다.

- 임대비용은 일정하며, 다음 해 동안 동일하게 유지될 것으로 예상된다.
- 상점의 매출이 커지면 커질수록 증가하는 소비자의 요구를 충족시키기 위해 더 많은 사람을 고용해야 하기 때문에 급여비용은 매출에 비례하여 변화한다.
- 공공요금은 예산 기간 동안 상대적으로 일정하게 유지될 것으로 예상된다.
- 세금은 주로 판매 및 급여를 기반으로 하기 때문에 가변 비용으로 간주된다.
- 소모품의 대부분은 판매를 지원하는데 사용되기 때문에 소모품은 판매와 비례하여 달라질 것이다.
- 수리는 상대적으로 안정적이며 고정비용이다. John은 상점에 있는 장비에 대한 유지 보수 계약을 가지고 있으며, 비용의 상승은 예산 기간 동안 예정되어 있지 않다.

2015년도 North Central Scientific의 지출예산

	1월	2월	3월	4월	5월	6월	7월	8월	9월	10월	11월	12월
예상 운영 지출												
임대료	$2	$2	$2	$2	$2	$2	$2	$2	$2	$2	$2	$2
급여	32	37	42	39	53	47	50	50	46	51	54	58
공공요금	5	5	5	5	5	5	5	5	5	5	5	5
세금	3	4	4	4	5	5	5	5	5	5	5	6
소모품	16	18	21	20	26	24	25	25	23	26	27	29
수리	2	2	2	2	2	2	2	2	2	2	2	2
총지출	$60	$68	$76	$72	$93	$85	$89	$89	$83	$91	$95	$102
판매수입	$315	$368	$420	$394	$525	$473	$499	$504	$462	$515	$536	$578
매출원가												
기초재고	$63	$74	$84	$79	$105	$95	$100	$101	$92	$103	$107	$116
구매	263	305	331	341	410	383	400	395	380	416	437	413
가용상품액	$326	$379	$415	$420	$515	$478	$500	$496	$472	$519	$544	$529
기말재고	74	85	79	105	95	100	101	92	102	107	116	66
매출원가	$252	$294	$336	$315	$420	$378	$399	$403	$370	$412	$428	$462
매출 총이익	$63	$74	$84	$79	$105	$95	$100	$101	$92	$103	$108	$116
운영지출												
임대료	$2	$2	$2	$2	$2	$2	$2	$2	$2	$2	$2	$2
급여	32	37	42	39	53	47	50	50	46	51	54	58
공공요금	5	5	5	5	5	5	5	5	5	5	5	5
세금	3	4	4	4	5	5	5	5	5	5	5	6
소모품	16	18	21	20	26	24	25	25	23	26	27	29
수리	2	2	2	2	2	2	2	2	2	2	2	2
총지출	$60	$68	$76	$72	$93	$85	$89	$89	$83	$91	$95	$102
당기순이익	$3	$6	$8	$7	$12	$10	$11	$12	$9	$12	$12	$14

현금흐름예산

운영예산을 작성한 후, 창업가는 예산수립 절차의 다음 단계인 **현금흐름예산**(cash-flow budget) 수립을 진행할 수 있다. 회계사의 도움을 받아 작성해야 되는 이 예산은 기간 동안의 현금유입(cash inflows)과 현금유출(cash outflows)의 개요를 제공한다. 사전에 현금 문제를 정확히 파악하면 필요한 자금 준비를 할 수 있는 관리가 가능하다.[8]

현금흐름예산의 작성을 위한 첫 번째 단계는 현금유입의 식별 및 시점 파악이다. 일반적인 사업에서는 (1) 현금 판매, (2) 신용거래계정에서 현금 수금, (3) 대출금이라는 세 가지의 현금유입 출처가 있다. 기업의 판매 수입은 모두 현금이 아니다. 판매를 증가시키기 위한 노력의 일환으로, 대부분의 기업은 일부 고객에게 신용으로 상품을 구입하게 한다. 결과적으로, 자금의 일부는 나중에 입금되고 계정에 외상매출금으로 식별된다. 대출금은 판매수입에 직접 연결되지 않는 다른 형태의 현금유입이다. 회사는 여러 가지 이유로 대출금을 받을 수 있다. 예를 들어 기업의 계획된 확장(신규 건물과 설비) 또는 청구서 지불능력 부재로 인한 현금흐름 문제 해결하기 위해서이다.

일부 기업은 추가 자금 조달을 추구할 필요가 있는 시점을 강조하기 위해, 현금흐름 예산에서 나타나는 원하는 최소한의 현금잔고를 가지고 있다. 표 11.9은 North Central Scientific의 현금흐름예산을 준비하는 방법의 예를 제공한다.

추정 재무제표

예산 수립 과정의 마지막 단계는 미래 기간 동안(추정 손익계산서pro forma income statement) 또는 미래의 날짜에(추정 대차대조표pro forma balance sheet) 회사의 재무 상태를 예측하는 **추정 재무제표**(pro forma statements) 작성이다. 일반적인 회계수속 순서에서 손익계산서가 먼저 작성되고 뒤를 이어 대차대조표가 작성된다. 마찬가지로, 추정 재무제표 작성 시 추정 손익계산서 뒤를 이어 추정 대차대조표가 작성된다.

운영예산을 준비하는 과정에서 회사는 이미 예산기간의 각 월의 추정 손익계산서를 작성할 것이다. 특정 기간 동안의 매월 예상 수익과 비용을 제공하여 월별 추정 손익계산서가 작성된다. 회사는 올해의 모든 달의 추정 손익계산서를 결합하여 연간 추정 손익계산서를 작성한다.

추정 대차대조표를 작성하는 절차는 더 복잡하다. 예산 기간이 시작되기 전에 작성된 최종 대차대조표, 운영예산 및 현금흐름예산이 재무제표를 작성하는 데 필요하다. 대차대조표의 잔고로 시작하여 예산에 도시된 예상 변화가 예상 대차대조표를 작성하기 위해 추가된다.

표 11.9 North Central Scientific의 현금흐름예산

John Wheatman은 성공적으로 자신의 운영예산 작성을 완료하고 현재 자신의 현금흐름 작업서를 준비하려고 한다. 영업 실적 및 현금 수금을 분석한 후에, John은 월 매출의 80%는 현금판매가 되어야 한다고 결정했다. 나머지 20% 중 15%는 다음 달에 수금되고, 최종 5%(아래 현금수금 작업서 참조)는 다음 달에 수금된다. Wheatman의 구매는 일반적으로 구입 다음 주에 지급된다. 따라서 구매의 약 1/4은 다음 달에 지급된다. 임대비용은 사전에 한 달 단위로 사전에 지급된다. 이 예산 기간 동안에는 올라갈 것으로 예상되지 않기 때문에, 월별 임대를 위한 현금 지출은 동일하다. 다른 모든 비용은 소비되는 달에 지급된다(아래 현금 지급 작업서 참조). 마지막으로 현금흐름 작업서는 기초 현금잔고에 그 달에 대한 현금 수금을 추가하고, 같은 달에 대한 현금 지출을 공제하여 작성된다.

2015년도 North Central Scientific의 현금수금 작업서

	1월	2월	3월	4월	5월	6월	7월	8월	9월	10월	11월	12월
판매	$315	$388	$420	$394	$525	$473	$499	$504	$462	$515	$536	$578
당월	$252	$294	$336	$315	$420	$378	$399	$403	$370	$412	$428	$462
전월	82	47	55	63	59	79	71	75	76	69	77	80
두달전	26	28	16	18	21	19	26	24	24	25	24	26
현금수금	$360	$369	$407	$396	$500	$476	$496	$502	$470	$506	$529	$568

2015년도 North Central Scientific의 현금지불 작업서

	1월	2월	3월	4월	5월	6월	7월	8월	9월	10월	11월	12월
구매	$263	$305	$331	$341	$410	$383	$400	$395	$380	$416	$437	$413
당월	$197	$228	$248	$256	$307	$287	$300	$296	$285	$312	$328	$309
전월	98	66	76	83	85	102	96	100	99	95	104	109
구매비지불	$295	$294	$324	$339	$392	$396	$396	$396	$384	$407	$432	$419
운영지출	$60	$68	$76	$72	$93	$85	$89	$89	$83	$91	$95	$102
현금지불	$355	$362	$400	$412	$485	$481	$485	$485	$467	$498	$527	$521

2015년도 North Central Scientific의 현금흐름 작업서

	1월	2월	3월	4월	5월	6월	7월	8월	9월	10월	11월	12월
기초현금	$122	$127	$134	$141	$127	$141	$143	$154	$170	$173	$181	$184
(+) 수금	360	369	407	396	500	476	496	502	470	506	529	568
가용현금	$482	$496	$541	$537	$627	$617	$639	$656	$640	$679	$710	$752
(−) 지불	355	362	400	411	485	481	485	485	467	498	527	521
기말현금	$127	$134	$141	$126	$142	$136	$154	$171	$173	$181	$183	$231

추정 대차대조표를 준비한 후, 기업가는 전통적인 회계 방정식을 적용하여 자신의 작업의 정확성을 확인해야 한다.

자산 = 부채 + 자본

창업가적 과정

믿을 수 있는 재무의 특성

사업계획의 모든 부문이 각각의 목적이 있다 하더라도 재무 부문이 가장 정밀하게 검토된다. 기업의 재무제표는 두 가지 이유로 관심을 받을 만하다. (1) 경영진은 재무 구조가 구축되는 방법에 상당한 재량권을 가지고 있다. (2) 사업계획을 검토하는 잠재적인 투자자는 회사 전략의 재무 가능성에 관심이 있을 것이다. 다음은 설득력 있는 재무제표가 공통적으로 가지고 있는 특징이다.

- **전체론(holistic):** 손익계산서는 기업의 재무 내용의 일부만을 알려 준다. 대차대조표와 현금흐름표는 나머지 세부 사항을 파악하기 위해 필요하다. 투자자와 대출자는 회사의 재무 건전성의 모든 세부사항에 대해 관심이 많다. 따라서 그들은 당신의 회사가 필요로 하는 현금의 금액과 시기와 같은 적당한 정보를 배제하지 않는다.
- **정확성(precise):** 투자자들이 신중하게 당신의 재무제표를 분석하지만 그들이 중요한 세부 사항을 파악하게끔 하는 것은 계획을 통해 사업을 검토하는데 인내심을 잃지 않도록 한다. 검토하는 사람(독자)을 도와주려면 주요 제품별로 판매와 매출원가에 초점을 맞추어라. 또한 당신의 독자가 이해할 수 있도록 주요 제품에 필요한 정보를 붙이는 데 주목하라. 예를 들어 '지출(expense)'은 급여와 임대료와 같이 판매가 일어나지 않아도 부과되는 간접비(overhead)인 반면에 '비용(cost)'은 무엇인가 팔기 위해서 지불해야 되는 것이다.
- **현실성(realistic):** 소정의 매출 목표를 달성하기 위해 당신의 숫자를 조정할 때, 의문시되는 숫자를 합리화시키는 데 문제를 겪게 될 것이다. 대신 현실적으로 숫자를 고정시키기 위해 당신의 지역 시장에서 소요되는 비용과 매출로 시작하는 재무구조를 구축하라. 또한 첫 해 이후의 당신의 예측은 연간 또는 분기 단위이어야 한다.
- **단순성(simple):** 계절에 의해 영향을 받는 사업과 같이 업종에 상당한 변동성이 있음을 주목해야 한다. 단, 당신의 예측 가능성에 대한 필요 이상의 설명으로 계획서의 발목을 잡으면 단지 독자를 혼란스럽게 할 것이다. '가능성(most likely)'과 같은 명확한 설명과 손익분기점분석과 같은 추가 사항을 지원함으로써 충분하다.
- **정확도(accurate):** 투자자는 당신이 사업을 착수한 후에 계획이 반복적으로 변경될 것이라는 점을 알고 있다. 그러나 이자 지급 등의 간단한 비용을 간과한다면 세부 사항에 대해 주의를 기울이지 않는다는 의문을 제기할 수 있다. 일단 재무제표를 완료한 후 이자와 세율의 정확도와 같은 미세한 점을 입증하면 당신이 계획부터 구현까지 사업을 할 수 있음을 보여 준다.

출처: Adapted from Tim Berry, "The Facts About Financial Projections," *Entrepreneur* (May 2007). Retrieved June 21, 2008, from https://www.entrepreneur.com/startingabusiness/businessplans/businessplancoachtimberry/article178210.html; Jim Casparie, "Realistic Projections That Attract Investors," *Entrepreneur* (April 2006). Retrieved June 21, 2008, from http://www.entrepreneur.com/money/financing/raisingmoneycoachjimcasparie/article159516.html; and "5 Tips for Coming Up with Financial Projections for Your Business Plan," *National Federation of Independent Business*, http://www.nfib.com/business-resources/business-resourcesitem?cmsid=55331; accessed May 29, 2012.

방정식의 균형이 맞지 않으면, 작업을 다시 검사한다. 표 11.10은 North Central Scientific에 대한 추정 재무제표를 작성하는 과정에 대한 간단한 설명을 제공한다.

표 11.10 North Central Scientific의 추정 재무제표

예산 수립과정의 시점에서, John Wheatman는 추정 재무제표를 작성하는 데 필요한 정보를 가지고 있다. 그가 준비하기로 한 첫 번째 세트는 추정 손익계산서이다. 이를 위해, John은 운영예산에서 정보를 단순히 복사한다(아래 비교 손익계산서를 참조하고 운영예산과 비교). 추정 재무제표의 다음 세트는 추정 대차대조표이다. 이러한 작업을 하기 위해서, John은 운영예산과 그가 준비한 현금흐름 작업서와 함께 다음과 같은 정보를 사용한다.

- 현금: 현금흐름 작업서에서 각 월의 기말 현금 잔고
- 채권 계정: 당월 매출의 20%를 더한 지난 달 매출의 5%
- 재고: 추정 손익계산서 상의 당월 기말 재고
- 선불 임대료: 2,000달러는 예산 기간 동안 일정하게 유지될 것으로 예상되고 항상 사전에 한 달 단위로 지급
- 건물 및 설비: 새로운 취득이 예상되지 않기 때문에 금액은 일정하게 유지
- 감가상각 누계액: 새로운 인수가 없을 것으로 예상되기 때문에, 동일하게 유지. 모든 건물과 장비는 완전히 감가상각됨
- 미지급계정: 현재 구매의 25%
- 자본: 이전 달의 자본 잔고를 더한 당월 당기순이익

North Central Scientific의 비교 추정 손익계산서

	1월	2월	3월	4월	5월	6월	7월	8월	9월	10월	11월	12월
매출	$315	$388	$420	$394	$525	$473	$499	$504	$462	$515	$536	$578
매출원가												
기초재고	$63	$74	$84	$79	$105	$95	$100	$101	$92	$103	$107	$116
구매	263	305	331	341	410	383	400	395	380	416	437	413
가용상품액	$326	$379	$415	$420	$515	$478	$500	$496	$472	$519	$544	$529
기말재고	74	85	79	105	95	100	101	92	102	107	116	66
매출원가	$252	$294	$336	$315	$420	$378	$399	$403	$370	$412	$428	$462
매출 총이익	$63	$74	$84	$79	$105	$95	$100	$101	$92	$103	$108	$116
운영지출												
임대료	$2	$2	$2	$2	$2	$2	$2	$2	$2	$2	$2	$2
급여	32	37	42	39	53	47	50	50	46	51	54	58
공공요금	5	5	5	5	5	5	5	5	5	5	5	5
세금	3	4	4	4	5	5	5	5	5	5	5	6
소모품	16	18	21	20	26	24	25	25	23	26	27	29
수리	2	2	2	2	2	2	2	2	2	2	2	2
총지출	$60	$68	$76	$72	$93	$85	$89	$89	$83	$91	$95	$102
당기순이익	$3	$6	$8	$7	$12	$10	$11	$12	$9	$12	$12	$14

표 11.10 North Central Scientific의 추정 재무제표 **(계속)**

North Central Scientific의 비교 추정 대차대조표												
	1월	**2월**	**3월**	**4월**	**5월**	**6월**	**7월**	**8월**	**9월**	**10월**	**11월**	**12월**
자산												
현금	$127	$134	$141	$126	$142	$136	$154	$171	$173	$181	$183	$231
외상매출금 계정	91	89	102	100	125	121	123	126	117	126	133	142
재고	74	84	79	105	95	100	101	92	103	107	116	66
선지급임대료	2	2	2	2	2	2	2	2	2	2	2	2
건물과 설비	350	350	350	350	350	350	350	350	350	350	350	350
(−) 감가상각누계	−350	−350	−350	−350	−350	−350	−350	−350	−350	−350	−350	−350
총자산	$294	$309	$324	$333	$364	$359	$380	$391	$395	$416	$434	$441
부채												
미지급계정	$66	$76	$83	$85	$102	$96	$100	$99	$95	$104	$109	$103
자본	228	234	242	249	261	270	280	292	300	312	326	339
총 부채와 자본	$294	$310	$325	$334	$363	$366	$380	$391	$395	$416	$435	$442

자본예산

기업가는 자신의 기업을 관리하는 과정에서 여러 가지 투자 결정을 해야 될 상황이 발생할 수 있다. 이러한 결정의 일부의 영향은 주로 1년 이내에 체감된다. 그러나 다른 투자에 수익 상환은 1년 이상으로 걸릴 것으로 예상된다. 이 두 번째 범주에 맞는 투자는 일반적으로 자본투자나 자본지출이라고 한다. 기업이 자본 지출에 대한 계획을 수립하는데 사용할 수 있는 기법은 **자본예산**(capital budgeting)이다.[9]

자본예산의 첫 번째 단계는 현금흐름 및 타이밍을 식별하는 것이다. 일반적으로 통상 공통적으로 사용되는 유입(inflow) 또는 수익(return)은 자금 출처에 대한 지불을 차감하기 전이지만 적용되는 세금의 공제와 뒤에 감가상각액을 추가후의 순 영업이익(net operating income)과 같다. 이것은 다음 식으로 표현된다.

$$\text{기대수익(Expected Return)} = X\,(1 - 2T) + \text{감가상각}$$

X는 순 영업이익과 동일하며, T는 적정한 세율로 정의된다. 예는 다음과 같다.

John Wheatman는 딜레마에 직면하고 있다. 그는 각각 1,000달러의 지출을 필요로 하는 2개의 상호 배타적인 프로젝트를 가지고 있다. 문제는 프로젝트 중 하나만 시행할 수 있다는 것이다. 자신의 회계사와 문제를 논의한 후, John은 그가 취해야 할 첫 번째 단계는 각 프로젝트에 대한 기대수익을 결정하는 것이라는 것을 알아차렸다. 이러한 정보를 수집하기 위해, 가게 운영에 미치는 영향을 조사하고 표 11.11에 제시된 데이터를 개발했다.

표 11.11은 John Wheatman의 두 프로젝트에 대한 기대수익의 좋은 예를 제공한다. 그러나 이 시점에서 매해의 현금유입은 화폐의 시간 가치를 고려하지 않고 있다. 현금유출(cash outflow)은 초기에 이루어져야 하는 현금지출(구입 가격)을 언급하는 데 사용된다. 프로젝트의 수명기간 동안 현금흐름을 추정하기 위해 데이터를 수집할 때, 프로젝트와 관련된 절감과 지출의 신뢰성 있는 추정치를 얻는 것이 필수적이다.

자본예산의 주요 목적은 기업의 가치를 극대화하는 것이다. 가치극대화는 두 가지 기본적인 질문에 답하도록 설계되어 있다.

1. 여러 가지 상호 배타적인 프로젝트 중 어떤 것을 선택해야 하는가? (상호 배타적인 프로젝트는 같은 일을 할 수 있는 대안 방법이다. 한 방법이 선택되면, 다른 방법은 선택할 필요가 없다.)
2. 전체적으로 얼마나 많은 프로젝트가 선택되어야 하는가?[10]

표 11.11 North Central Scientific의 기대수익 작업서

제안 A					
연도	X	(1 − T) (T = 0.40)	X(1 + T)	감가상각	X(1 + T) + 감가상각
1	$500	$0.60	$300	$200	$500
2	333	0.60	200	200	400
3	167	0.60	100	200	300
4	300	0.60	−180	200	20
5	317	0.60	190	200	10
제안 B					
연도	X	(1 − T) (T = 0.40)	X(1 + T)	감가상각	X(1 + T) + 감가상각
1	$167	$0.60	$100	$200	$100
2	0	0.60	100	200	200
3	167	0.60	100	200	300
4	333	0.60	200	200	400
5	500	0.60	300	200	500

X = 예상수익변화

T = 적용 세율(0.40)

감가상각 = 감가상각(직선법으로 산정) = 비용/수명 = 1,000/5

자본예산에서 사용되는 가장 일반적인 세 가지 방법은 회수기간법(payback period method), 순현가법(net present value(NPV) method) 및 내부수익률법(internal rate of return(IRR) method)이다. 각각 어떤 장점과 단점이 있다. 이 절에서는 더 명확하게 세 가지 기법을 설명하기 위해 각각의 방법에 대해 동일한 예제를 사용한다.

회수법

가장 이해하기 쉬운 자본예산 기법 중 하나는 때때로 회수기간(payback period)이라고도 하는 **회수법**(payback method)이다. 이 방법은 원래 투자를 '회수하는 데' 걸리는 시간이 투자 판단 기준이다. 기업가는 투자 회수 기간에 대한 최대 시간 프레임을 선택한다. 더 긴 기간을 필요로 하는 프로젝트는 거부되며, 기간 내에 해당되는 프로젝트가 채택된다. North Central Scientific에 의해 사용되는 회수법의 예는 다음과 같다.

> John Wheatman는 결정을 내려야 했다. 그는 자신의 상점에서 사용할 새로운 금전 등록기를 구입하려고 하나 두 제안 중 어느 것을 채택해야 할지 확신이 없었다. 각 기계 가격은 1,000달러이고 예상수익은 다음과 같다.

연	제안 A	제안 B
1	$500	$100
2	400	200
3	300	300
4	20	400
5	11	500

> 신중하게 고려 후, John은 3년으로 차단하는 회수 방법을 사용하기로 결정했다. 이 경우, 제안 A는 28개월 만에 자신의 투자가 상환되는 것을 발견했다. 원래 투자 중 900달러는 2년 만에 상환되고, 세 번째 해에 남은 100달러가 회수된다. 반면에 제안 B는 투자를 회수하는 데 4년이 필요하다. 이 기준을 사용하여, John은 제안 A를 선택하고 제안 B를 거부했다.

투자 회수법의 문제점 중 하나는 회수 기간 이후의 현금흐름을 무시한다는 것이다. 따라서 오판이 가능하다. 그럼에도 불구하고 많은 기업, 특히 창업기업들이 다음과 같은 여러 가지 이유로 이 방법을 계속 사용한다. (1) 다른 방법에 비해 사용이 매우 간단하다. (2) 투자회수가 빠른 프로젝트가 통상 수익 면에서 보다 유리한 단기적인 효과를 가진다. (3) 현금이 부족하면 이 기법은 자금의 빠른 회수를 제시하므로 사용을 선호할 수 있다.

순현가법

순현가법(net present value(NPV) method)은 투자 회수 기간 이후의 미래 현금흐름을 인식하여 투자 회수 방법의 단점 중 일부를 최소화하는 데 도움이 되는 기법이다. 개념은 오늘날의 달러가 미래의 달러보다 가치가 크다는 전제로 작동한다. 기업의 자본비용에 얼마나 의존하는가에 달려있다. 자본비용은 현재의 자신의 가치를 결정하는 데 미래 현금흐름을 조정하기 위해 사용되는 비율이다. 이 절차는 미래 현금흐름의 할인(discounting the future cash flows)으로 지칭되고, 할인된 현금 가치는 현금흐름의 현재 값에 의해 결정된다.

이 방법을 사용하려면, 기업은 자본의 적절한 비용으로 할인된 투자의 예상 순 현금흐름의 현재 가치를 산출하고, 그것에서 프로젝트의 초기 비용 지출을 차감해야 한다. 그 결과가 제안된 프로젝트의 NPV이다. 많은 재무회계 및 재무 교과서는 현재 가치를 결정하기 위해 미래 현금흐름에 의해 곱해지는 적절한 할인 요인을 나열하고 표(현가표)를 포함하고 있다. 또한, 자본비용, 미래 현금흐름 현금흐름의 연도가 주어졌을 때 현재가치를 계산하기 위해 금융계산기를 사용할 수 있다. 마지막으로, 적절한 데이터 주어지면 전자 스프레드시트 프로그램은 현재가치를 결정하도록 프로그램될 수 있다. NPV는 모든 제안에 대해 계산한 후, 기업가는 가장 높은 NPV를 가진 프로젝트를 선택할 수 있다. North Central Scientific에서 사용되는 NPV방법의 예는 다음과 같다.

> John Wheatman는 회수법에서 얻은 결과에 매우 만족하지 못해서 다른 결과가 어떻게 나오는가를 알기 위해 NPV 방법을 사용하기로 결정했다. 자신의 회계사와 협의 한 후, John은 회사에 대한 자본비용이 11%임을 알았다. 그리고 다음의 표를 작성했다.

제안 A

연도	현금흐름	할인율	현재가치
1	$500	0.9091	$454.55
2	400	0.8264	330.56
3	300	0.7513	225.39
4	20	0.6830	13.66
5	11	0.6209	6.21
			$1,030.37
초기 지출 차감			-1,000.00
순현가(NPV)			$30.37

제안 B

연도	현금흐름	할인율	현재가치
1	$100	0.9091	$90.91
2	200	0.8264	165.28
3	300	0.7513	225.39
4	400	0.6830	273.20
5	500	0.6209	311.45
			$1,065.23
초기 지출 차감			-1,000.00
순현가(NPV)			$65.23

제안 B가 더 높은 NPV를 가지고 있기 때문에, John은 제안 B를 선택하고 제안 A를 거부했다.

내부수익률법

내부수익률법(internal rate of return(IRR) method)은 미래의 현금흐름이 할인된다는 점에서 순현가법과 유사하다. 그러나 프로젝트의 순현가를 0으로 만드는 비율로 할인이 된다. 이 비율을 프로젝트의 내부수익률이라고 한다. 가장 높은 IRR를 가진 프로젝트가 선택된다. 따라서 순현가법에서 선택된 프로젝트가 또한 내부수익률법에서 선택될 것이다.

내부수익률법 사용에 주된 단점 중 하나는 기법을 사용할 때 발생할 수 있는 어려움이 있다는 것이다. NPV법을 사용하면 순현가표에서 적절한 할인율(discount factor)을 검색하는 것은 매우 간단하다. 그러나 IRR 개념을 사용하는 경우 기업가는 NPV를 0으로 놓고 시작해야 하고 테이블을 통해 후방으로 작업한다. 이것이 의미하는 것은 본질적으로, 기업가는 대략적인 비율을 추정하고 결국 프로젝트의 실제 수익률을 추적해야 한다는 것이다. 균일한 현금흐름(즉, 사업 기간 동안 상당히 동일, 현금흐름)을 가진 프로젝트에 대해서는 어려워 보이지 않을 수도 있지만(현금유입과 현금유출의 기간이 변동), 고르지 못한 현금흐름(현금유입과 현금유출의 기간이 변동)의 프로젝트는 악몽이 될 수 있다. 불행하게도, 현실에서는 대부분의 프로젝트는 아마 고르지 못한 현금흐름을 가지고 있다. 다행히, 전자계산기 및 스프레드시트 프로그램은 현금흐름, 주어진 현금흐름, 초기 현금지출실제 IRR, 적절한 현금흐름 기간에 대해서 실제 IRR을 결정해 줄 수 있게 한다. North Central Scientific에서 사용되는 IRR법의 예는 다음과 같다.

회수기간법과 순현가법에서 얻은 결과가 달라 John Wheatman는 선택할 대안에 대해 혼란스럽다. 이 혼란을 완화하고 두 가지 제안을 평가하기 위해 IRR을 사용하기로 하였다. 그는 더 높은 IRR를 가진 프로젝트를 선택하기로 결정했다(세 번의 시도 중 두 번 이긴 것). 그리고 다음과 같은 표를 작성했다.

제안 A(11.83% IRR)

연도	현금흐름	할인율	현재가치
1	$500	0.8942	$447.11
2	400	0.7996	319.84
3	300	0.7151	214.53
4	20	0.6394	12.80
5	11	0.5718	5.73
			$1,000.00
초기 지출 차감			−1,000.00
순현가(NPV)			$0.00

제안 B(12.01% IRR)

연도	현금흐름	할인율	현재가치
1	$100	0.8928	$89.27
2	200	0.7971	159.42
3	300	0.7117	213.51
4	400	0.6354	254.15
5	500	0.5673	283.65
			$1,000.00
초기 지출 차감			−1,000.00
순현가(NPV)			$0.00

제안 B의 IRR이 높기 때문에 제안 B가 선택된다. 이 결론은 더 높은 NPV를 가진 프로젝트가 또한 더 높은 IRR을 갖는다는 보고서를 지지한다.

North Central Scientific의 예는 세 가지 자본예산 방법의 사용을 설명한다. 제안 A가 첫 번째 방법(회수)에 의해 선택되었지만, 다른 두 가지 방법(NPV 및 IRR)을 사용했을 때는, 제안 B가 더 좋은 제안으로 떠올랐다. 기업가는 세 가지의 모든 방법을 이해하고 그들의 니즈에 가장 적합한 것을 사용하는 것이 중요하다. John Wheatman이 유일하게 회수(payback)만을 고려했다면, 제안 A가 선택되었을 것이다. 투자 회수를 넘어 미래의 현금흐름이 고려될 경우, NPV와 IRR 방법의 사용이 적당할 것이다.

지금까지 논의된 예산의 개념은 매우 강력한 계획 도구이다. 하지만 기업은 예산 기간 동안 자신의 진행 상황을 어떻게 감시할 수 있을까? 그들은 어떻게 미래 시간의 계획

글로벌 관점

통화가 세계적 가치를 잃을 때

국가의 통화를 통해 국가의 부가 내장된다. 그게 없으면, 국민은 제품 및 서비스를 물물 교환에 의존할 것이다. 통화는 본질적으로 가치가 없다. 통화의 가치는 통화를 지지할 수 있는 정부의 능력에 대한 국가시민의 믿음에서 유래한다. 글로벌 상거래가 더욱 확산되고 있기 때문에, 기업가는 무역개방으로 대체되는 국경의 위험과 가능성을 이해할 수밖에 없었다. 영향 중 하나는 국제 세력에 의한 국가 통화의 변동성이 확대되고 있다는 것이다. 미국 달러의 가치의 급격한 하락은 이러한 현상의 한 예이다.

달러는 역사적으로 세계 경제를 이끄는 세계 기축통화(world reserve currency)이다. 미국 소비자들이 외국 물품에 대한 자신의 만족할 줄 모르는 갈망을 해소할 수 없었기 때문에, 그 자체는 나쁘지 않지만 많은 외국인들이 달러를 소지하고 있다. 그러나 미국 경제에 대한 믿음이 흔들릴 때, 그들은 물론, 자기실현적 인플레이션(과도한 경제 위기 의식이 투자 심리와 실물 경제를 위축시켜 더 위험 상황으로 몰아가는 현상)의 위험에 대한 대비하기 위해 달러를 투매하는 경향이 있다. 미국의 서브 프라임 대출 사태 때문에, 부채의 기록적인 수준을 동반하는 국가에서는 이 시나리오가 일어나기 시작했다. 예를 들어, 중국 정부는 달러를 포기하고 강한 통화(가장 가능성이 있는 통화는 유로)로 비축금을 바꿀 거라고 발표했다. 다른 나라가 이러한 선례를 따를 때, 달러는 가치를 상실할 것이다.

자국 통화의 가치가 떨어질 때 기업가가 할 수 있는 일은 무엇일까? 역설적으로 일부 기업은 적어도 초기 상황에서 혜택을 누릴 수 있다. 국가의 통화 가치를 상실하게 되면, 환율이 내려서 여행하는 외국인이 늘어 관광산업은 수익이 늘어난다. 대부분의 사업 소유자는 자신의 사업 전망이 개선되는 변화의 의미를 빠르게 무시한다. 미국 기업을 외국인이 소유하는 경우가 지난 20년 동안 증가되어 왔고, 달러가치가 계속 하락하면 끝이 안보일 것이다.

자국의 통화 가치가 상실되기 시작하면 창업 초기 벤처기업은 종종 거의 의지가 없다. 대기업은 자본을 외국 통화로 변환하거나 또는 외국에 직접 투자를 하여 대비책을 강구하는 반면에, 중소기업은 나쁜 상황에 최선을 다하는 수밖에 없다. 해외 소비자를 포함하도록 기업의 고객 기반을 다변화하는 것은 위험을 완화하기 위한 하나의 방법이지만, 결국은, 대처방법의 요인은 기업의 통제 밖에 있다.

출처: Adapted from Geoff Colvin, "What's Sinking the Dollar?" *Fortune*, November 13, 2007, http://money.cnn.com/magazines/fortune/fortune_archive/2007/11/26/101232904/index.htm?postversion=2007111309 (accessedMay 12, 2012).

에 도움이 되는 사업 과정에서 축적된 정보를 사용할 수 있을까? 이 정보는 가격 결정을 위해 사용할 수 있을까? 세 번째 질문에 대한 대답은 "예"이고, 다른 질문의 답은 다음 절에 나와 있다.

손익분기점 분석

오늘날의 경쟁 시장에서 기업은 경쟁력 있는 제품과 서비스 가격을 책정할 수 있는 적절하고 정확한 정보가 적시에 필요하다. 그럼으로써 여전히 공정한 이익을 얻을 수 있을 것이다. **손익분기점 분석**(break-even analysis)이 이런 정보를 제공한다.

손익분기점의 계산

손익분기점 분석은 일반적으로 예상되는 제품의 수익성을 평가하는 데 사용하는 기법이다. 그것은 특정 판매 가격으로 얼마나 많은 단위를 판매해야 하는가를 결정하는 데 도움이 된다.

공헌이익 접근법

손익분석의 일반적인 방법은 **공헌이익 접근법**(contribution margin approach)이다. 공헌이익은 판매 가격과 단위당 변동비용(variable costs)의 차이이다. 그것은 다른 모든 비용을 포함하여 기여한 단위당 금액이다.[11] 수입과 비용이 동일한 경우 손익분기점이 발생하기 때문에, 공헌이익 접근법의 공식은 다음과 같다.

$$0 = (SP - VC)S - FC \quad \text{또는} \quad FC = (SP - VC)S$$

SP = 단위당 판매가격
VC = 단위당 변동비용
S = 판매 단위량
FC = 고정비용(fixed cost)

이 접근법은 또한 목적 이익을 고정비의 일부분으로 포함시켜 이익계획수립에 사용될 수 있다.

그래픽 접근법

기업이 사용하는 손익분석의 또 다른 방법은 그래픽 접근법(graphic approach)이다. 이 방법을 사용하려면 기업은 최소한 총 수입과 총 비용을 도식화할 필요가 있다. 이 두 라인의 교차점(즉, 총 수입과 총 비용이 일치하는 곳)이 회사의 손익분기점이다. 2개의 추가 비용(변동비용과 고정비용)도 그려질 수 있다. 이렇게 하면 기업은 회사의 비용 구조의 다양한 관계를 시각화할 수 있다.

의심스러운 비용의 처리

앞의 두 접근법은 비용이 고정 및 변동 요소들로 나누어질 수 있는 경우에 적합하지만, 몇몇 기업들은 배분하기 어려운 비용을 갖는다. 예를 들어, 유지보수비용은 고정비용일까 아니면 변동비용일까? 이런 유형의 문제에 직면하는 기업이 이익 계획을 위해 손익분기점 분석을 사용할 수 있을까? 대답은 "예"이다. 창업기업을 위해 특별히 설계된 새로운 기술 덕분에 대답은 "예"이다. 이 기술은 제품의 수익성이 비용 형태에 민감한가를 확인하기 위해 고정비용 또는 변동비용으로 설정하고 손익분기점을 계산한다. 이 개념의 의사결정 규칙은 다음과 같다. 예상 매출이 높은 손익분기점을 초과하는 경우에는 다른 손익분기점과 관계없이 제품은 수익성이 있어야 한다. 예상 매출이 낮은 손익분기점을 초과하지 않는 경우, 제품은 수익성이 있을 수 없다. 매출이 두 손익분기점 사이에 위치하면 의심스러운 비용을 추가로 조사해야 한다.[12]

개념은 의심스러운 비용(questionable costs, QC)을 먼저 고정비용으로 대체하여 계산해 보고, 그 다음 변동비용으로도 대체하여 계산해 보는 것이다. 앞서 제시된 손익분기 수식은 두 가정 하에 손익분기 수준을 결정하기 위해 수정되어야 할 것이다. 고정비용 가정 하에 다음 식을 사용한다.

$$0 = (SP - VC)S - FC - QC$$

*QC*가 변동비용이라는 가정에서 손익분기점을 계산하기 위해서는 다음과 같은 식이 사용된다.

$$0 = [SP - VC - (QC/U)]S - FC$$

*U*는 의심스러운 비용이 일반적으로 적용되는 단위의 수이다. 비용이 변동비인 경우 결정해야 되는 것은 적절한 단위 비용이다. 이 기법이 사용되는 예는 다음과 같다.

> 둥근 부품을 생산하는 제조업체 Dynamic Manufacturing의 사장인 Tim Goodman은 회사의 이익 계획 도구로 손익분기점 분석을 사용하기로 결정했다. 그는 이 기법을 사용하면 시장에서 더 효과적으로 경쟁이 가능하다고 믿는다. 운영비용의 분석에서 Tim은 고정비용이 한 달에 1,200달러로 추정되고 단위당 변동비용은 9달러가 될 것으로 판단하고 있다. 단위당 예상 판매 가격은 15달러이다. 또한, 그는 한 비용을 변동비용 또는 고정비용 중 하나로 분류할 수 없음을 발견했다. 그것은 200달러의 수리 및 유지보수비용이다. 이 200달러는 400단위의 활동 수준에 적합한 비용이다. 그러므로 비용이 가변인 경우에 개당 0.50달러(200달러/400)이 될 것이다. 마지막으로 판매는 다음 예산 기간 동안 400단위가 될 것으로 예상된다.

이 프로세스의 첫 번째 단계는 문제의 비용을 고정비용으로 가정하고 손익분기점을 결정하는 것이다. 따라서 Tim은 다음과 같은 식을 사용한다.

$$\begin{aligned} 0 &= (SC - VC)\mathrm{S} - FC - QC \\ &= (15 - 9)S - 1{,}200 - 200 \\ &= 6S - 1{,}400 \\ 1400 &= 6S \\ 234 &= S \end{aligned}$$

그림 11.2 Dynamic Manufacturing: 고정비용 가정

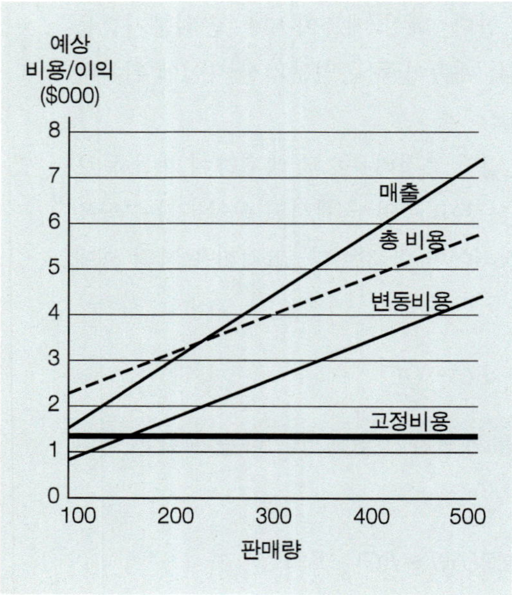

그림 11.3 Dynamic Manufacturing: 변동비용 가정

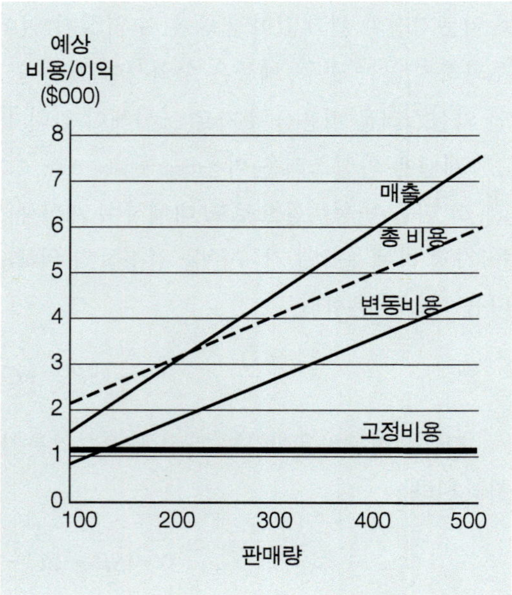

결과는 **그림** 11.2에서 그래픽으로 도식화되어 있다. 사업은 일반적으로 장치의 부분을 판매하지 않기 때문에 최종 수량은 반올림하였다.

프로세스의 다음 단계는 해당비용을 변동비용으로 가정하여 손익분기점을 계산하는 것이다. Tim은 두 번째 손익분기점을 확인하기 위해 다음 식을 사용한다.

$$0 = [SC - VC - (QC/U)]S - FC$$
$$= [15 - 9 - (200/400)]S - 1{,}200$$
$$= (6 - 0.50)S - 1{,}200$$
$$1{,}200 = 5.50S$$
$$219 = S$$

그림 11.3은 결과의 그래픽 그림을 제시한다.

이제 Tim은 2개의 가능한 손익분기점과 자신의 예상 매출을 비교해야 한다. 400단위의 변동비용의 매출은 234단위인 큰 손익분기점 보다 크다. 따라서 제품은 유지보수비용의 형태와 관계없이 수익성이 있는 것으로 간주된다. 비용이 변동인지 또는 고정되어 있는지의 여부는 중요하지 않다. 회사는 여전히 수익성이 있을 것이다.

비율분석

재무제표는 특정 시점에서의 기업의 위치와 약간의 지난 기간 동안의 운영사항을 모

두 나타낸다. 그러나 재무제표의 진정한 가치는 이 회사의 실적과 배당을 예측하게 해 준다는 사실에 있다. 투자자의 관점에서 보면, 미래를 예측하는 것이 재무제표 분석에 대한 모든 것이다. 기업의 관점에서는 재무제표 분석은 상황을 예측하는 방법으로서 그리고 더 중요한 것은 일련의 과정에 영향을 미칠 계획 활동을 위한 출발점으로서 이 두 가지 모두에 대해 유용하다.

회사의 비율분석(ratio analysis)은 일반적으로 재무분석의 핵심 단계이다. **비율**(ratio)은 재무제표의 계정 사이의 관계를 표시하도록 설계되어 있다. 예를 들어, 기업 B가 62,800,000달러의 부채와 5,840,000달러의 이자비용을 가질 수 있는 반면 기업 A는 6,250,000달러의 부채 및 520,000달러의 이자비용을 가질 수 있다. 이 경우 어느 회사가 더 강하다고 할 수 있을까? 사실 이러한 부채 부담과 이를 상환할 수 있는 회사의 능력은 (1) 각 회사의 자산 대비 부채를 비교하여 (2) 각 회사가 이자 지급에 사용할 수 있는 수입에 대한 지급해야 될 이자의 비율을 비교하여 확인될 수 있다. 이러한 비교는 비율분석에 의해 이루어진다.[13]

표 11.12는 재무제표 계정 간의 관계를 이해하는 데 유용한 일련의 재무 비율을 나타

표 11.12 재무 비율

비율지표	수식	의미
대차대조표 비율		
유동비율 (current ratio)	유동자산/ 유동부패	지불능력(solvency) 측정: 유동부채 $1당 유동자산의 $금액 예: 1.76의 유동비율은 유동부채 $1당 지불 가능한 $1.76의 유동자산 보유
당좌비율 (quick ratio)	(현금 + 외상매출금) /유동부채	유동성(liquidity) 측정; 유동부채 $1당 현금과 외상매출금의 $금액 예: 1.14의 당좌비율은 유동부채 $1당 지불 가능한 $1.14의 현금과 외상매출금 보유 의미
현금비율 (cash ratio)	현금/유동부채	좀 더 엄격한 유동성 측정: 유동부채 $1당 현금 $금액 예: 0.17의 현금비율은 유동부채 $1당 지불 가능한 $0.17의 현금 보유 의미
부채비율 (debt-to-worth)	총부채/ 순자산(자기자본)	재무위험도 측정: 자기자본 $1당 상환해야 되는 부채의 $금액 예: 1.05의 부채비율은 소유자가 투자한 자기자본 $1당 $1.05 채무 보유
손익계산서 비율		
매출 총이익률 (gross margin ratio)	매출 총이익/ 매출액	매출 총이익의 수익성 측정: 매출액 $1당 창출되는 매출 총이익의 $금액 예: 34.4%의 매출 총이익률은 매출액 $1당 34.4¢의 매출 총이익 창출 의미

(계속)

표 11.12 재무 비율 (계속)

비율지표	수식	의미
손익계산서 비율		
매출순이익률 (net margin ratio)	세전 당기순이익 /매출액	당기순이익의 수익성 측정: 매출액 $1당 창출되는 당기순이익의 $금액 예: 2.9%의 매출순익율은 매출액 $1당 2.9¢의 매출순이익 창출 의미
전반적인 효율성 비율		
자산대비매출비율 (sales-to-assets)	매출액/총자산	매출 창출에 대한 자산의 효율성 측정: 자산에 투자된 $1당 창출되는 매출액의 $금액 예:2.35의 매출비율은 투자된 자산 $1당 $2.35의 매출 창출 의미
총자산순이익률 (return on asset)	세전 당기 순이익/ 총자산	당기순이익을 창출하기 위한 총자산의 효율성 측정: 투자된 총자산 $1당 창출되는 순이익의 $금액 예: 7.1%의 총자산순이익률은 투자된 총자산 $1당 7.1¢의 세전당기순익 창출함을 의미
투자수익률 (return on investment)	세전 당기 순이익/ 순자산	당기순이익을 창출하기 위한 순자산의 효율성 측정: 투자된 순자산 $1당 창출되는 순이익의 $금액 예: 16.1%의 투자수익률은 투자된 순자산 $1당 16.1¢의 세전당기순익 창출함을 의미
특정한 효율성 비율		
재고자산회전율 (inventory turnover)	매출액/ 재고자산	1년 동안 재고자산이 사용되는 비율 측정 예: 9.81의 재고자산회전율은 회계년도 기간 동안 평균재고자산이 거의 10번 사용되었음을 의미
재고자산회전일 (inventory turn-days)	360/ 재고자산회전율	재고자산회전율을 평균 '재고보유'일 수로 변환 예: 37의 재고자산회전일은 재고를 연간 평균 37일 보유함을 의미
외상매출금회전율 (accounts receivable turnover)	매출액/ 외상매출금	연간 기준으로 외상매출금이 회수되는 비율 예: 8.00의 외상매출금회전율은 평균적으로 외상매출금이 1년에 8번 회수됨을 의미
평균회수기간 (average collection period)	360/ 외상매출금 회전율	외상매출금회전율을 외상매출금을 회수하는데 걸리는 평균일수로 변환 예: 45의 평균회수기간은 외상매출금을 회수하기 위해 평균 45일이 걸림을 의미
지급계정회전율 (account payable turnover)	매출원가/ 미지급금	연간 기준으로 미지급금이 지불되는 비율 예: 12.04의 지급계정회전율은 평균적으로 미지급금이 1년에 약 12번 지급됨을 의미
평균지불기간 (average payment period)	360/지급계정회 전율	지급계정회전율을 미지급금을 지불하는데 걸리는 평균일수로 변환 예: 30의 평균지불기간은 미지급금을 지불하기 위해 평균 30일이 걸림을 의미

내고 있다. 화폐 단위를 사용하는 비즈니스 의사결정을 위해 각각의 비율이 무엇을 의미하는지에 대한 설명과 함께 각각의 비율을 계산하는 공식이 제시되어 있다. 다른 비율들이 소유자, 관리자 및 채권자에 다른 이유로 각각 중요하다. 표에 있듯이, 기업가는 다양한 비즈니스 의사결정의 타당성(예를 들어, 언제 대출을 신청할 것인가와 단기부채 의무를 충족시킬 능력을 가지고 있는가를 알 수 있도록)을 측정하기 위해 비율을 사용할 수 있다. 유동성(liquidity, 예: 유동비율current ratio, 당좌비율quick ratio, 현금비율cash ratio)이 쟁점인 경우뿐만 아니라 안정성(stability, 예: 부채비율debt to worth)의 문제를 측정하려면 비율이 대차대조표에 초점이 맞추어질 수 있다. 수익성을 측정하기 위해서는 비율이 손익계산서에 집중된다. 재고회전율과 외상매출금회전율과 같은 일정시점의 활동성뿐만 아니라 일반적인 자산에 대한 수익이나 투자에 대한 수익을 계산하는 효율성 비율도 있다. 이러한 비율은 시간에 따른 기업의 성과를 관찰하기 위한 가장 효과적인 도구를 제공한다. 그러나 효과적인 비율분석은 가능한 넓은 통찰력을 얻기 위해 동종업종의 기업들과의 비교가 이루어져야 한다는 것을 명심해야 한다.

비율분석은 두 방향으로 적용될 수 있다. **수직분석**(vertical analysis)은 한 세트의 재무제표에 대한 비율분석의 응용 프로그램이다. '상승과 감소' 분석은 강점과 약점의 흔적을 찾기 위해 수행된다. **수평분석**(horizontal analysis)은 시간이 지남에 따른 재무제표와 비율을 관찰한다. 수평분석에서는 추세(trend)가 중요하다. 숫자가 증가 또는 감소하고 있는가? 회사의 재무 상태를 더 개선시킬 또는 악화시킬 기업의 특정 구성 요소가 있는가?[14]

요약

세 가지 기본 재무제표(대차대조표, 손익계산서 및 현금흐름표)는 기업가에게 중요하다. 예산수립 과정은 재무제표 작성을 용이하게 한다. 기업이 준비해야 하는 주요 예산은 운영예산, 현금흐름예산과 자본예산이다. 운영예산은 일반적으로 판매 예측으로 시작하여 다음에 영업비용의 추정으로 이어진다. 현금흐름예산은 특정 기간 동안 현금유입과 현금유출의 개요를 제공한다. 추정 재무제표는 다음(외형 손익계산서) 미래 기간 동안 회사의 재무 전망(추정손익계산서)이나 미래 날짜의 재무상황(추정 재무제표)의 전망으로서 작성된다. 운영 및 현금흐름 예산은 종종 이러한 추정 재무제표를 작성하는 데 사용된다. 자본예산은 기업이 투자 결정을 내릴 수 있도록 하는 데 사용된다. 자본예산의 가장 일반적인 세 가지 방법은 회수기간법, NPV법 및 IRR법이다.

일반적으로 사용되는 또 다른 의사결정 도구는 특정 판매 가격에서 손익분기점을 맞추기 위해서 얼마나 많은 단위가 팔려야 하는 것을 나타내는 손익분기점 분석이다. 또한, 고정 또는 변동비용을 추정할 수만 있어도, 이 분석을 사용할 수 있다. 이 장의 마지막 부분은 기업가들에게 유용한 분석 도구가 될 수 있는 비율 분석을 검토했다. 비율은 재무제표의 계정 사이의 관계를 표시하도록 설계되어 있다.

주요용어

고정비용
고정자산
공헌이익 접근법
관리비
금융비용
내부수익률법
단기부채
단순선형회귀분석
당기순이익
대차대조표
미지급 세금
변동비용
부채
비용
비율
선급비용
손익계산서
손익분기점 분석
수입
수직분석
수평분석
순현가법
예산
외상매입금
외상매출금
운영비용
운영예산
이익잉여금
자본
자본예산
장기부채
지급어음
차입금
추정 재무제표
판매 예측
현금
현금흐름예산
현금흐름표
혼합비용
회수법

검토와 토의 문제

1. 기업가에게 재무정보의 중요성은 무엇인가? 간단히 주요 구성 요소에 대해 설명하시오.
2. 예산 수립 과정의 장점은 무엇인가?
3. 판매를 예측하기 위해서 단순선형회귀분석의 통계적 예측 기법은 어떻게 사용되는가?
4. 운영예산의 구축 방법에 대해 설명하시오.
5. 현금흐름예산의 구축 방법에 대해 설명하시오.
6. 추정 재무제표는 무엇인가? 그들은 어떻게 구성되어 있는가? 완전하게 답변하시오.
7. 자본예산의 구축 방법에 대해 설명하시오. 가장 일반적인 자본예산 기법 중 하나는 회수법이다. 이 방법은 어떻게 작동하는가? 예를 제시하시오.
9. 순현가법을 설명하시오. 언제 이 방법을 사용하는가? 이유는 무엇인가?
10. 내부수익률법을 설명하시오. 언제 이 방법을 사용하는가? 이유는 무엇인가?
11. 언제 기업이 손익분기점 분석에 관심이 있는가?
12. 기업이 손익분기점 분석을 사용하고 싶어 하지만 일부 비용을 고정 또는 가변 중 하나로 할당하는 경우, 손익분기점 분석을 여전히 사용할 수 있는가? 설명하시오.
13. 비율분석은 무엇인가? 수평분석과 수직분석은 어떻게 다른가?

연습문제

프로젝트 제안

Bill Sergent는 대형 컴퓨터 회사로부터 제안서에 대한 요청(RFP)을 받고 있다. 이 회사는 국방부를 위해 개발되고 있는 슈퍼컴퓨터를 위한 첨단 기술의 부품을 제공하는 공급 업체를 찾고 있다. Bill의 회사는 단지 8개월 전에, 컴퓨터와 첨단 기술의 영역에서 주된 전문 지식을 가진 과학자와 엔지니어의 그룹에 의해 설립되었다. Bill은 RFP에 대한 답변을 어떻게 만들가를 생각하기 전에 이 사업이 얼마나 수익성이 있는지를 결정하기 위해 손익분기점 분석을 수행하고자 한다. 그가 그의 분석에 사용하려고 하는 정보는 다음과 같다.

- 컴퓨터 회사는 내장된 12개의 부품을 원하고, 구매 가격은 부품당 11,000달러일 것이다.
- 첫 번째 부품의 개발 총 비용은 20,000달러일 것이다.
- 나머지 11개의 부품의 개발 비용은 각각 8,000달러, 6,000달러, 5,000달러, 4,000달러, 5,000달러, 6,000달러, 8,000달러, 11,000달러, 28,000달러, 40,000달러, 40,000달러가 소요될 것이다.
- Bill의 회사는 11%보다 작은 판매수익률을 제공하는 어떤 제안도 수락하지 않을 것이다.

이 정보에 기초하여, 다음의 손익분기차트를 완료한 다음 두 질문에 대답하시오.

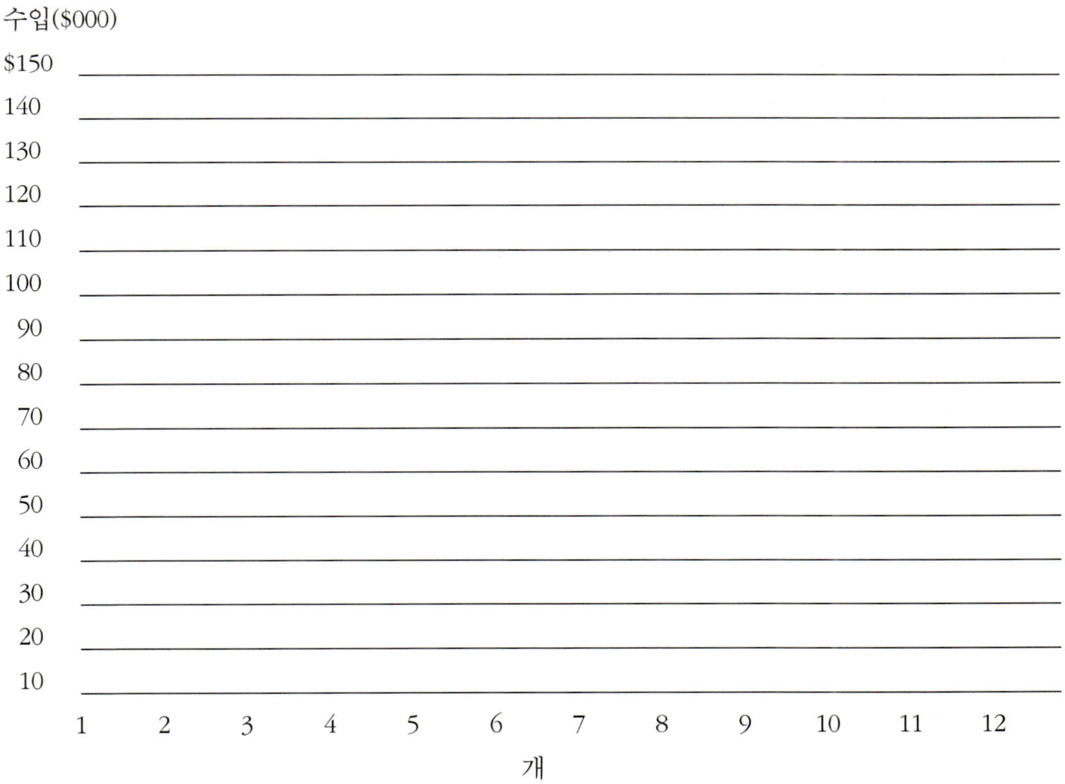

1. 입찰에 참가해야 하는가? 참가해야 하는 이유는 또는 불참해야 하는 이유는 무엇인가?
2. Bill이 컴퓨터 회사와 협상의 여지가 있는 경우 당신은 그가 무엇을 하라고 권고하겠는가? 이유는 무엇인가?

사례 11.1: 그녀에게는 그리스 말처럼 들렸다.

Regina McDermott이 카센터를 열었을 때만 해도, 15년의 자동차 수리경험이면 충분하다고 생각했다. 어느 정도까지는 그녀가 옳았다. 약 6개월이 지나고 그녀의 명성이 알려지면서, 카센터에 손님이 넘치기 시작했다. 동시에 Regina는 재무적 계획에 더 많은 시간을 써야 한다고 느꼈다.

3주 전에 그녀의 회계사가 여러 재무적 문제를 이야기하러 들렀다. 그 중의 하나가 현금관리다. "저는 사장님을 위해서 현금 예산을 만들 수 있는데," 그가 계속 설명했다. "그렇지만 제 생각으로는 사장님이 제 일의 중요성을 이해하시는 것이 먼저입니다. 현금이 들어오고 나가는 것을 정확히 알려면 현금흐름예산이 필요합니다. 지금 계획하시는 새 장비의 구입도 결정이 필요합니다. 그 장비가 가장 최신이지만, 지난주에 말씀드린 대로, 비슷한 기계가 굉장히 많습니다. 그 중에 어느 것을 살지 결정해야 합니다."

Regina는 아무 기계나 상관없다고 회계사에게 말했다. "기계들은 다 좋아요. 아마 제일 싼 것이 좋을 것 같은데요." 이때 회계사가 말을 끊고, 이런 의사결정을 하는 여러 방법이 있다고 설명했다. "회수기간법(Payback Method)을 쓸 수도 있습니다. 회수기간은 장비에 투자한 돈을 회수하는데 걸리는 기간을 말합니다. 아니면 현가법(Net Present Value)으로 결정할 수도 있습니다. 미래의 현금흐름을 현재 가치로 환산하면 됩니다. 혹은 내부수익률(Internal Rate of Return)을 사용해도 됩니다. 내부수익률은 프로젝트의 현가를 0으로 만드는 이자율입니다."

Regina는 회계사의 설명을 조용히 듣다가 말했다. "투자의 평가방법을 좀 생각해봐야겠네요. 나중에 전화할게요. 아마도 우리가 같이 숫자를 채워야겠어요." 회계사는 좋다고 말하고 일어섰다. Regina는 대학 다닐 때 회계과목을 더 들어야 했다고 후회했다. 그녀가 남편에게 설명했다. "회계사가 설명을 하는데, 그리스 말처럼 들렸어. 난 정말 뭐가 뭔지 모르겠던데."

질문

1. 현금흐름예산은 무엇인가? 이것으로 어떤 것을 알 수 있는가? Regina에게 어떤 의미가 있는가?
2. 회수기간법의 원리는 무엇인가? 현가법의 근거는 무엇인가? 당신이라면 Regina에게 어떻게 설명하겠는가?
3. 내부수익률법의 원리는 무엇인가? Regina에게 어떻게 설명하겠는가?

사례 11.2: 계약 제안

Denny Darby는 헬리콥터에 사용되는 전자부품을 생산하는 조그만 제조회사를 소유하고 있다. 사업의 대부분은 군과 항공기 제조회사의 주문으로 운영된다. 매출의 11%가 헬리콥터를 소유하거나 임대하는 회사로부터 발생한다. 이들은 Fortune 500대 기업이거나, 고객과 계약을 한 리스/임대 회사들이다.

Dennis는 헬리콥터를 소유하고 있는 민간 회사들과의 직접 거래로 매출을 늘리고 싶다. 그는 특히 석유회사와의 거래를 늘리고 싶다. 이 회사들은 멕시코만에서 석유굴착 기지나 해상 지점으로 사람들을 수송하기 위해서 많은 헬리콥터를 운영하고 있다. 이번 주 초, Dennis는 한 석유회사로부터 부품 120개를 주문 받았다. 그는 주문을 가격 담당자에게 주었다. 그의 추정으로는 주문의 고정비는 35,000달러, 개당 변동비는 400달러고, 개당 판매가는 800달러이다.

Dennis는 판매이익률 20% 이하로는 판매하지 않을 생각이다. 그런데 가격 담당자가 비용 중 1,000달러는 고정비나 변동비 중 아무 것으로도 분류 가능하다고 말했다. Dennis는 이 추정치를 기반으로 결정을 할 생각이다. 3일 내로 결정해야 한다.

질문

1. 이 프로젝트의 손익분기점은 어디인가? 그 부품을 납품하면 이익을 남길 수 있는가? 계산과정을 보여라.
2. 이 프로젝트에서 이익이 남는다면, Dennis는 판매이익률 목표를 달성하는가? 설명하시오.
3. 그렇지 않으면 Dennis의 손익분기점은 어디인가? 자세히 설명하시오.

사업계획수립을 위한 단계

재무제표 전개

일반적으로 1년의 기간을 포함하는 세 가지 주요 재무제표(대차대조표, 손익계산서 및 현금흐름표)는 당신이 당신의 사업에서 기대하는 실제 재무성과를 나타낸다. 이 재무제표들은 또한 당신의 사업 운영의 실제 결과를 측정하는 기준에 대한 표준을 제공하고 사업이 가동준비가 된다. 당신이 당신의 계산에 대한 가정 및 예측을 명시하고 데이터를 수집하고 분석할 적절한 응용 프로그램을 사용할 수 있는지 확인하시오.

강사의 선호도에 따라, 라이브플랜(Live Plan)과 같은 사업계획 도구를 사용하여 당신은 당신의 결정과 이론적 근거를 문서화하기 위해, 개별적으로 또는 포괄적인 사업계획 작업의 일환으로 과제를 제출할 수 있다.

미주

1. See Richard G. P. McMahon and Leslie G. Davies, "Financial Reporting and Analysis Practices in Small Enterprises: Their Association with Growth Rate and Financial Performance," *Journal of Small Business Management* 32, no. 1 (January 1994): 9–17; and Jan Brinckmann, Soeren Salomo, and Hans Georg Gemuenden, "Financial Management Competence of Founding Teams and Growth of New Technology-Based Firms," *Entrepreneurship Theory and Practice* 35, no. 2 (2011): 217–43.
2. Kenneth M. Macur and Lyal Gustafson, "Financial Statements as a Management Tool," *Small Business Forum* (Fall 1992): 23–34; see also Robert Dove, "Financial Statements," *Accountancy* (January 2000): 7; and James M. Whalen, Stephen P. Baginski, and Mark Bradshaw, *Financial Reporting, Financial Statement Analysis and Valuation: A Strategic Perspective*, 7th ed. (Mason, OH: South-Western/Cengage, 2011).
3. See Carl S. Warren, James M. Reeve, and Jonathan Duchac, *Accounting*, 24th ed. (Mason, OH: South-Western/Cengage, 2013).

4. See Jacqueline Emigh, "Balance Sheet," *ComputerWorld,* November 15, 1999, 86.

5. See John Capel, "Balancing the Books," *Supply Management,* November 1999, 94; and Eugene F. Brigham and Joel F. Houston, *Fundamentals of Financial Management*, 13th ed. (Mason, OH: South-Western/Cengage, 2013).

6. Neil C. Churchill, "Budget Choice: Planning vs. Control," *Harvard Business Review* (July/August 1984): 151; and James M. Whalen, Jefferson P. Jones, and Donald P. Pagach, *Intermediate Accounting: Reporting and Analysis,* (Mason, OH: South-Western/Cengage, 2013).

7. Whalen, *Financial Reporting.*

8. Fred Waedt, "Understanding Cash Flow Statements, or What You Need to Know Before You Ask for a Loan," *Small Business Forum* (Spring 1995): 42–51; see also Ram Mudambi and Monica Zimmerman Treichel, "Cash Crisis in Newly Public Internet-Based Firms: An Empirical Analysis," *Journal of Business Venturing* 20, no. 4 (July 2005): 543–71.

9. See J. Chris Leach and Ronald W. Melicher, *Entrepreneurial Finance*, 4th ed. (Mason, OH: South-Western/Cengage, 2012); and Brigham and Houston, *Fundamentals of Financial Management*.

10. Ibid.

11. Carl S. Warren, James M. Reeve, and Jonathan Duchac, *Accounting*, 24th ed. (Mason, OH: South-Western/Cengage, 2013).

12. Kenneth P. Sinclair and James A. Talbott, Jr., "Using Break-Even Analysis When Cost Behavior Is Unknown," *Management Accounting* (July 1986): 53; see also Whalen, *Financial Reporting*.

13. See Eugene F. Brigham and Joel F. Houston, *Fundamentals of Financial Management*, 13th ed. (Mason, OH: South-Western/Cengage, 2013).

14. Macur and Lyal, "Financial Statements as a Management Tool"; see also Robert Hitchings, "Ratio Analysis as a Tool in Credit Assessment," *Commercial Lending Review* (Summer 1999): 45–49. For an interesting discussion, see Patricia Lee Huff, "Should You Consider Company Size When Making Ratio Comparisons?" *National Public Accountant* (February/March 2000): 8–12; see also Whalen, *Financial Reporting*.

12장
신생 벤처를 위한 사업계획서 작성

창업가적 사고

"사업계획 없이 자금을 모금할 수 없다는 것은 잘 알려진 일이다. 사업계획은 그 자체로 예술 작품이다. 그것은 회사를 인격화시키고 표현하는 문서이다. 각각의 계획은 모든 눈송이처럼 서로 달라야 한다. 각각은 예술의 별도의 조각이다. 각각의 계획은 기업의 개성을 반영해야 한다. 그냥 다른 사람의 이야기 기술을 복사해서는 안 되는 것처럼 계획에 대한 차이를 두기 위해서 노력해야 한다."

— Joseph R. Mancuso, 승리하는 사업계획서를 어떻게 작성하는가

학습목표

1. 사업계획의 정의와 가치를 제시한다.
2. 새로운 벤처 기업을 괴롭히는 계획수립 시 발생하는 위험을 탐구한다.
3. 사업계획의 장점을 설명한다.
4. 사업계획을 읽는 사람들의 관점을 제시한다.
5. 사업계획 부문들의 조화 중요성을 강조한다.
6. 계획에 대한 벤처 캐피탈 전문가의 주요 권장 사항을 검토한다.
7. 효과적인 사업계획의 전체 개요를 제공한다.
8. 효과적인 사업계획을 작성하기 위한 몇 가지 유용한 힌트를 제공한다.
9. 사업계획의 발표 시 기억해야 하는 중요사항을 강조한다.

사업계획서는 무엇인가?

사업계획서(business plan)는 제안된 벤처를 자세히 설명하는 서면 문서이다. 그것은 신규 사업의 현재 상황, 예상되는 요구, 전망을 설명해야 한다. 벤처의 모든 면이 포함되어야 한다. 프로젝트, 마케팅, 연구개발(R&D), 관리, 중요한 위험요소, 재무 계획, 이정표 또는 시간표 등이 포함된다. 제안된 벤처의 이러한 모든 측면에 대한 설명은 그 벤처가 무엇인지, 벤처가 어디로 갈 것으로 예상되는지, 어떻게 거기까지 도착할 것인가에 대한 명확한 그림을 보여 주기 위해 필요하다. 사업계획서는 성공하기 위한 기업의 로드맵(roadmap)이다.[1]

일부 전문 분야에서 사업계획서를 벤처 계획서, 대출 제안서, 또는 투자 안내서라고 한다. 어쨌든 회사의 이름과 사업계획서가 금융기관이 요구하는 최소 문서이다. 사업계획서는 창업가에게 투자 과정으로 들어가는 출입구 역할을 한다. 일단 벤처가 설립되면 사업계획서는 작업 문서로 사용되지만, 사업계획가 주요 신뢰를 얻기 위해서는 외부 투자자들이 읽고 이해하기 위한 포괄적인 문서에서 프로젝트의 전략적 개발을 압축하는 것이다.

사업계획서는 투자자 및 금융 기관한테 제안된 투자에 영향을 미칠 수 있는 모든 사항을 설명한다. 중요하게 설명된 관련된 수익과 비용인 세부 사항은 벤처의 다양한 활동을 예상을 하기 위해 필요하다. 계획의 기초가 되는 가정을 명시하는 것이 중요하다. 예를 들어, 신생 벤처의 창업기간 동안 시장의 증가/감소 또는 경기 상승/감소 등이 명시되어야 한다.

사업계획서에서 강조되는 것은 항상 최종적으로 투자를 구현하는 것이다. 즉 사업계획서는 중요하고 효과적인 계획을 단지 문서로 작성하는 것뿐만 아니라 또한 기업을 성공적으로 변형시키는 것이다.[2]

새로운 벤처의 방향에 대한 회의와 반영의 결과인 포괄적인 사업계획서는 벤처의 필수적인 운영을 결정하는 중요한 도구이다. 또한, 벤처를 관리하기 위한 기본 문서이다. 이 계획서의 주요 장점 중 하나는 기업이 종종 이전의 모든 노력을 수포로 돌아가게 하는 일반적인 위험을 피할 수 있다는 점이다. 다음 절에서는 이러한 위험을 설명한다.

계획 시 피해야 할 위험

사업계획서 작성 과정에서 발생할 수 있는 많은 함정들을 피해야 한다. 이 절에서 제시한 다섯 가지 함정은 기업이 저지르는 가장 일반적인 오류를 나타낸다. 더 쉽게 이 위험 분야를 인식할 수 있도록 하기 위해, 특정 지표 또는 경고가 표시되게 한다. 또한, 기업이 성공하기 위한 새로운 투자의 기회를 제한하는 함정을 피할 수 있도록 각 함정에 대한 해결 방안을 포함한다.

함정 1: 현실적인 목표 결여

이 함정은 자명하게 들릴 수 있으나, 다음의 지표는 이것들이 얼마나 흔하게 잘 감춰질 수 있는가를 보여 주고 있다. 달성 목표의 결여, 목표 수행을 위한 시간 부족, 우선순위의 결여, 작업 단계의 결여이다.

이 함정을 피하는 한 방법은 특정 기간 동안 달성될 수 있는 특정 단계의 시간표를 설정하는 것이다.

함정 2: 장애물 예측 실패

창업가가 객관성이 창 밖으로 나가도록 자신의 생각에 몰입할 때 가장 일반적인 함정 중 하나가 발생한다. 즉, 사람은 발생할 수 있는 문제를 인식하지 못한다. 지표는 미래 문제에 대한 인식 부족, 계획에서 가능한 결함 및 약점 불인정, 비상대책(contingency)이나 대안의 결여이다.

이 함정을 피할 수 있는 가장 좋은 방법은 (1) 가능한 장애물의 나열, (2) 장애물을 극복하기 위해서 해야 할 것을 언급한 대안이다.

함정 3: 약속이나 헌신 결여

너무 많은 창업가들은 자신의 벤처 기업에 대한 실제 노력이 부족해 보인다. 벤처를 취미 또는 시간제 시도로 시작할 수 있지만, 창업가들은 자신들이 심각하게 사업을 하지 않는다는 인상을 피하기 위해 주의해야 한다. 지표는 최신의 소셜 미디어 열풍을 복사, 아이디어 연구에 무관심, 개인 자금 투자 욕구 결여, '앱(app)'이나 '기분'으로 '쉽게 돈을 벌려는(fast-buck)' 모습이다.

이 함정을 피할 수 있는 가장 쉬운 방법은 신속하게 행동하고, 모든 전문적인 약속을 반드시 따라야 하는 것이다. 또한, 벤처에 대한 자금 노력을 준비하고 기꺼이 제시해야 한다.

함정 4: 입증된 경험(사업 또는 기술) 부족

많은 투자자는 창업가의 실제 경험에 매우 심하게 무게를 두고 있다. 그래서 창업가들이 어떤 배경을 가지고 있는가를 설명하는 것이 중요하다. 너무 많은 초보자들이 정말로 그것에 대한 진정한 지식이 없는 아이디어를 촉진하려고 시도하기 때문에, 또한 그들이 제안된 사업의 세부 사항에 대한 무지로 인식되기 때문에 간단하게 실패할 운명에 처하게 된다. 지표는 벤처의 특정 영역에 대한 사업 경험의 결여, 벤처에 맞는 산업에 대한 이해 부족, 그리고 벤처 운영을 누가하고 누가 약관을 읽고 동의를 하는가에 대한 방법과 이유의 명확한 그림을 전달하는 데 실패하는 것 등이다.

이 함정을 방지하기 위해, 창업가는 벤처에 대한 개인적인 경험과 배경의 증거를 제시할 필요가 있다. 특정 지식이나 기술이 부족한 경우, 이러한 지식이나 기술을 소유한 사람들의 도움을 받아야 한다. 또한, 도움 주는 사람들에 대해서 팀 개념을 도입하는 것이 유용할 수 있다.

함정 5: 틈새시장(부문) 결여

대부분의 기업은 잠재고객이 누구인지 모른 채 아이디어를 제안한다. 단지 창업가가 제품이나 서비스를 좋아한다는 이유가 다른 사람들이 그것을 구매할 것이라는 걸 의미하지 않는다. 미국 특허상표청에 등록되어 있는 수많은 발명품들이 시장에 출시되지 못했는데, 그 이유는 그것들을 구매할 목표고객(결코 만들어지지 않은 시장)이 없었기 때문이다. 지표는 벤처 뒤에 깔려 있는 기본 개념(들)을 구매할 사람에 대한 불확실성, 제안된 상품에 필요성이나 욕구에 대한 증거 제시 결여, 단지 창업가 그렇게 생각한다는 이유로 고객이나 의뢰인 구매할 것이라는 가정이다.

이 함정을 피할 수 있는 최선의 방법은 목표로 하고 있는 특정 시장을 세분화하는 것이고 특정 제품이나 서비스가 목표시장의 고객들의 요구나 욕구를 만족시킬 수 있는 이유와 방법을 제시하는 것이다(시장조사에 대한 구체적인 내용은 10장을 참조).

앞에서 설명된 다섯 함정들은 자신의 사업을 계획하기 전에 실패한 기업 환경의 가장 공통적인 점을 나타낸다. 즉, 이런 핵심적인 영역은 사업계획이 진행되기 전에 주의 깊게 다루어져야 한다. 이들 함정을 회피할 수 있으면, 전체 사업계획서는 더 주의 깊게 작성되어, 더 철저히 검토될 것이다. 이 준비는 창업가가 효과적인 사업계획을 개발하는 탄탄한 기반을 구축하는 데 도움이 될 것이다.

사업계획의 장점

전체 사업계획 과정은 벤처 기업의 모든 측면을 분석하고 발생할 수 있는 불확실성을 다루는 효과적인 전략을 준비하는 것이다. 따라서 사업계획은 기업가가 실패할 수밖에 없는 프로젝트를 피하는 데 도움이 될 수 있다. 한 연구자가 다음과 같이 언급했다. "당신의 제안된 벤처가 아무리 잘해도 미미한 경우에는 사업계획은 당신이 사업 실패에 대한 높은 수업료를 지불하지 않도록 하는 데 도움이 될 수 있고, 그 이유를 보여 준다. 잘못되게 되어 있는 사업을 시작하지 않는 것이 수시간에 걸친 집중된 작업의 비용을 지불하고 사업계획이 가르치는 것을 경험에 의해 학습하는 것보다 훨씬 비용이 적게 든다."[3]

창업가가 자신의 사업계획을 준비하는 것은 중요하다. 기업의 팀이 포함되는 경우, 주요구성원들의 모두가 계획을 작성하는 데 부분적으로 참여해야 한다. 이 경우, 선도 창

창업가적 과정

사업계획을 위해 간과된 연구출처

사업계획을 준비하는 데 극복해야 할 첫 번째 장애물은 깊이 있는 연구 자원의 부족이다. 다음 출처들은 창업가들이 사업계획을 준비하는 데 필요한 기본 정보의 일부를 추구할 때 권장되는 내용이다.

산업을 추적하라. 당신 회사가 북미산업분류시스템(North American Industry Classification System, NAICS) 코드 중 어디에 해당하는가를 찾는 것으로 시작하라. http://www.census.gov/epcd/www.naics.htm에서 적절한 NAICS 또는 SIC 코드를 찾아라. 이 코드를 이용하여 Hoover's(www.hovers.com)와 ThomasNet(http://www.net.com) 같은 사이트에서 당신의 업종의 중요한 정보를 얻을 수 있다. 이 사이트를 자유롭게 접속하여 상장기업과 비상장기업의 중요한 통계와 비교자료를 무료로 얻을 수 있다. 추가적인 업종 관련 사이트로는 Yahoo 재무 가이드(http://finance.yahoo.com), 업종 가이드(http://biz.yahoo.com/industry), 신문과 잡지의 목록(http:/biz.yahoo.com/News_and_Media/Newspapers/By_Region) 등이 있다. 상공회의소 역시 특정 시장에 대한 가치 있는 정보의 출처이다. 미국 상공회의소 사이트(http://www.uschamber.com)에서 지역 상공회의소의 사이트를 검색할 수 있다.

자신의 경쟁력을 확인하라. 경쟁력 연구의 기술은 정밀했다. 전문 기업은 심도 있는 연구를 위해 엄청난 비용을 청구하지만, 당신은 경쟁사의 웹 사이트를 검색하여 자신에 대한 가치 있는 정보를 추출할 수 있다. 당신은 그들의 구인 목록을 추적하고 전략적 제휴관계를 발견하고 고객과의 관계 평가를 통하여 전략에 대한 통찰력을 얻을 수 있다. 또한, 벤처 상담자들은 경쟁사에서 일한 사람들의 이력서를 살펴 보라고 권고한다. 당신은 구직자의 성취로부터 전략과 회사의 약점에 대한 더 많은 정보를 얻을 수 있다.

정부 자원을 끝까지 검색하라. Firt-Gov(http://www.firstgov.com)과 미국 중소기업청(http//www.sba.gov)으로 시작하라. 또한 연간 미국의 산업과 무역 전망 온라인(http://www.ntis.gov/products/industry-trade.aspx)을 구입할 수 있다.

당신의 고객을 기억하라. 비상장기업은 일반적으로 사용할 수 있는 가장 깊이 있는 조사지료를 가지고 있으나 연구의 대부분은 공개적으로 사용할 수 없다. 민간단체(private association), 업계단체(indusry organization) 및 무역박람회는 민간 기업이 수천달러를 지출해야 얻을 수 있는 가치 있는 연구의 많은 부분을 제공할 수 있다. 당신의 시장을 포함하는 업계의 웹 사이트를 찾아, 회사의 틈새시장을 포함하는 최고의 무역 박람회를 찾을 수 있다. 그것은 종종 회사를 통한 위원회의 연구보다 보고서를 구입하는 것이 훨씬 저렴하다. 정보의 절대적으로 가장 좋은 출처는 현재 및 잠재 고객이다. 그들이 원하는 것을 청취하라. 그리고 그들이 다른 기업과 어떤 문제를 가지고 있는지, 당신의 기업에서 일어나는 어떤 것 들을 보고 싶어 하는가를 발견하라.

인터넷 출처를 확인하라. 예를 들어, Gale 웹 사이트(http://www.gale.cengage.com)는 사용할 수 있는 몇 가지 자원이 포함되어 있다. 이 회사는 온라인, 출판물, 전자 책 형태로 600개 이상의 데이터베이스를 유지하고 사업계획의 예와 다른 산업에 대한 시장조사를 제공한다. Fintel(http://fintel.us)은 사업계획 속에서 재무 문제를 해결하는 데 도움이 될 수 있는 또 다른 자원이다. 이 사이트는 현재 업계 보고서, 금융 재무적 기준, 맞춤형 조사 옵션 및 기타 자원이 포함되어 있다. Market-research.com(http://www.marketre-search.com)은 다른 산업에 대한 시장조사의 세계 최대의 모음이다. 이 웹 사이트는 제품 동향 및 특정 시장의 분석 등의 정보를 제공할 수 있다. 미국 인구 조사국에 의해 제공되는 미국 Factfinder 웹 사이트(http://factfinder.census.gov/home/saff/main.html)가 있다. 이 사이트는 인구, 주택, 경제, 사업, 산업, 지리적 데이터에 관한 정보의 훌륭한 자원이다.

중소기업 동향(Small Business Trends)(http://www.smallbiztrends.com)은 중소기업에 영향을 미치는 동향에 대한 최신정보를 제공하는 사이트이다. 이 사이트는 블로그뿐만 아니라 소사업 데이터를 포함하는 전통적인 웹 사이트를 제공하고 있다. LogoYes (http://www.logoyes.com)는 소규모 기업을 위한 스스로 로고 작성하기(do-it yourself logos)의 선두 업체이다. 약간의 비용을 지불하면 로고를 다운로드할 수도 있지만, 이 사이트를 사용하여, 로고를 스스로 디자인할 수 있다. 마지막으로, Claritas라는 사이트는 당신의 사업에 대한 시장을 정의한다(http://www.claritas.com/MyBestSegments/Default.jsp). 이 사이트는 정의되고 설명되는 고객 세분화 개요뿐만 아니라 소비자 구분에 대한 정보를 제공한다. 이 사이트는 다음과 같은 질문에 대답할 수 있다. 이러한 고객의 모습은 무엇인가? 어디에서 그들을 찾을 수 있는가? 그들에게 어떻게 다가갈 수 있는가?

출처: Adapted from Karen Klein, "Research Resources for Beginners," *BusinessWeek Online*, January 14, 2002, http://www.businessweek.com/smallbiz/content/jan2002/sb20020114_0616.htm?chan=search (accessed May 12, 2012) and Donald F. Kuratko and Jeffrey S. Hornsby, *New Venture Management: The Entrepreneur's Roadmap* (Upper Saddle River, NJ: Pearson/Prentice Hall, 2009).

업가는 각 팀 구성원의 기여도를 이해하는 것이 중요하다. 컨설턴트로부터 사업계획을 준비하는 데 도움을 받고자 하는 경우, 창업가는 계획의 추진력으로 남아 있어야 한다. 조언과 외부 전문가의 도움을 찾는 것은 항상 현명하다. 그러나 창업가는 금융기관의 조사를 받아야 하는 사람이기 때문에 사업계획의 모든 측면을 이해할 필요가 있다. 따라서 사업계획은 창업가의 자신의 벤처에 대한 창업가의 설명과 예측을 의미하며, 단순히 말해 창업가의 책임이고 창업가에 의해 방어되어야 한다.[4]

사업계획으로부터 파생되는 다른 장점으로는 사업계획을 읽고 벤처를 평가하는 창업가와 금융기관 모두에게 있다. 창업가의 경우, 다음과 같은 이점을 얻게 된다.

- 공식적인 사업계획을 작성하는 데 필요한 시간, 노력, 조사, 훈련은 창업가가 비판적이고 객관적으로 벤처를 살펴보게 한다.
- 사업계획에 포함되는 경쟁력분석, 경제성분석, 재무분석은 창업가로 하여금 벤처의 성공을 위한 가정의 정밀조사를 받게 한다.
- 비즈니스 벤처의 모든 측면이 계획에서 언급되어야 하기 때문에, 창업가는 운영 전략과 외부 평가자에 대한 예상 결과를 발전시키고 검토한다.
- 사업계획은 실제 결과와 예측을 비교 측정할 수 있는 기준을 제공하고, 목표를 정량화한다.
- 완성된 사업계획은 창업가에게 벤처를 성공으로 인도하기 위한 운영 도구뿐만 아니라 외부 금융기관을 위한 소통도구를 제공한다.[5]

사업계획을 읽는 금융기관은 사업계획에서 다음과 같은 이점이 도출된다.

- 사업계획은 시장의 잠재성과 시장점유율을 확보하기 계획의 세부사항을 제공한다.
- 재무제표의 전망을 통해 비즈니스 계획은 채무상환 적절한 투자수익을 창출할 수 있는 벤처의 능력을 보여 준다.

- 계획은 벤처의 성공을 위한 기회를 제공하는 비상 계획에 대한 논의와 함께 중요한 위험과 중요한 결과를 식별한다.
- 전체 운영의 포괄적인 개요를 제공함으로써, 사업계획은 철저한 사업 및 금융 평가에 필요한 정보를 포함하는 명확하고 간결한 문서를 금융기관에게 제공한다.
- 창업가 또는 벤처에 대한 사전 지식 없는 금융기관에게는 사업계획은 개별 창업가의 계획 및 관리 능력을 평가하기 위한 유용한 지침을 제공한다.[6]

생각이 잘된 사업계획 전개

대부분의 투자자는 잘 생각하고 잘 전개된 사업계획이 결국 자금 조달에 필요한 지원을 확보할 수 있음을 동의한다. 사업계획은 열정으로 그러나 완정한 정확성으로 신생 벤처를 설명해야 한다.

누가 계획서를 읽는가?

이 사업계획이 누구를 위해 작성되는가를 이해하는 것이 중요하다. 벤처투자가, 은행, 엔젤 투자자, 잠재적인 큰 고객, 변호사, 컨설턴트 및 공급 업체 같은 다수의 전문가가 가 사업계획을 검토할 수도 있지만 창업가는 계획을 준비할 때 사업계획의 세 가지 주요 관점에 대한 명확한 이해가 필요하다.[7]

첫 번째 관점은 물론 창업가이다. 왜냐하면 자신들이 벤처를 발전시키고 명확하게 관련된 기술이나 창의력의 가장 깊은 지식을 명확하게 가지고 있기 때문이다. 이것은 사업계획에서 가장 일반적인 관점이며 필수적이다. 그러나 너무 많은 계획은 이러한 관점을 강조하고 잠재고객과 투자자의 관점을 무시한다.

첨단 기술 또는 창조적인 재능보다 더 중요한 것은 신생 벤처의 시장성이다. 시장주도형(market driven)으로 언급되는 이러한 기업은 설득력 있게 사용자(목표가 되는 고객의 특정 그룹)에게 혜택과 실질적인 시장의 존재를 보여 준다. 창업가가 사업계획에 통합해야 하는 두 번째 중요한 강조는 시장(marketplace)이다. 이 정보의 실제 가치가 높은 것으로 간주되지만, 너무 많은 창업가는 사업계획에서 깊이 있는 마케팅 정보를 경시하는 경향이 있다.[8] 실제 시장의 구축(서비스 제품을 구입하거나 사용하는 사람 결정) 및 이 시장의 예상 비율이 벤처의 성공에 적합하다고 명시한 문서화는 사업계획서의 가치 있는 기준이다.

세 번째 관점은 바로 전에 논의되었던 마케팅 강조에 관한 것이다. 투자자의 관점은 재무예측에 집중되어 있다. 투자자가 자신의 투자의 가치를 평가하는 경우 건전한 재정 예측이 필요하다. 창업가가 숫자로 된 스프레드시트로 사업계획을 작성해야 한다는 말은 아니다. 사실, 많은 벤처 캐피탈 회사는 단지 성공적인 신생 벤처 기업은 일반적으로 자신의 예상 재무 목표의 약 50%에 도달한다는 벤처투자가의 신념을 나타내는 '프로젝션 할인 요인'을 사용한다.[9] 그러나 3~5년의 재무 예측은 투자자가 벤처의 미래의 성공에 대해 판단하는 데 필수적이다.

이 세 가지 관점은 생각이 잘된 사업계획에 필요한 중점을 지적하기 위해 중요성이 감소하는 순서로 제시되고 있다. 세 가지 관점이 이 계획에 조심스럽게 적용된 경우, 창업가는 전문가들이 **5분 검토**(five-minute reading)라고 부르는 것을 위해 준비해 왔다. 다음 6단계는 많은 벤처투자가들이 사용하는 (1분 미만을 각 단계에 전념) 일반적인 사업계획 읽기 프로세스를 나타낸다.

1단계: 벤처와 업계의 특성을 결정
2단계: 사업계획의 재무 구조를 결정(요구되는 자본투자 또는 채무 금액)
3단계: 최신 대차대조표를 읽기(유동성, 순자산 및 부채/자본 결정)
4단계: 벤처의 청업가 자질 결정(때때로 가장 중요한 단계)
5단계: 벤처의 고유한 특징을 설정(다른 것을 발견)
6단계: 잔체 계획을 가볍게 꼼꼼히 읽기(전체 패키지가 그래프, 도표, 전시 및 다른 계획 구성 요소 등의 편한 형식으로 대충 넘겨질 때)[10]

이 단계들은 평균적인 사업계획을 읽는 방법에 대한 통찰력을 제공한다. 많은 창업가의 노력이 투입된 계획을 주어진 5분 만에 읽는 것은 다소 부당한 것처럼 보일 수 있다. 그러나 이것은 많은 벤처투자가에 대한 절차의 특성이다. 기타 금융기관이나 전문기관들은 계획분석에 더 많은 시간을 투자할 수 있다. 벤처투자가들은 수많은 사업계획서를 통독한다. 이 같이 벤처투자가들의 읽는 절차의 단계를 아는 것은 계획을 발전시키는 데 도움이 된다. 창업가와 벤처투자자를 연결하는 옛 인용구의 최신판은 벤처투자가의 절차와 관련이 있다. "사람을 관리하는 사람들은 물건을 관리하는 사람들을 관리하지만, 돈을 관리하는 사람은 사람을 관리하는 사람을 관리한다."[11]

패키지 만들기

잠재적 투자자들에게 사업계획을 제시할 때, 창업가는 전체 패키지가 중요하다는 것을 깨달아야 한다. 다음에 제시되는 것은 자신의 계획이 성공적으로 보일 수 있도록 창업가가 주목할 필요가 있는 주요 쟁점의 요약이다. 사업계획은 자본가에게 회사와 본인의 첫 인상을 제공한다.

잠재적 투자자는 계획이 너무 좋지도, 좋지도 않을 것으로 예상하고, 올바른 분량이 될 것이고, 명확하고 간결 회사의 사업의 모든 측면을 명확하고 간결하게 설명(초기에)할 것이고, 나쁜 문법과 철자나 맞춤법 오류를 포함하지 말 것으로 예상한다. 투자자들은 본인 자신의 재산을 신중하게 처리(마찬가지로 신중하게 투자를 취급)할 증거를 찾고 있다. 즉, 콘텐츠뿐만 아니라 형태가 중요하다. 투자자들은 좋은 콘텐츠를 반영하는 좋은 형태를, 그리고 그 반대를 알고 있다.

형식 문제 중 가장 중요한 것은 다음과 같다.

외관(Appearace) — 제본과 인쇄가 엉성해서는 안 된다. 또한, 표지의 호화로움이 없어야 한다. 조판된 페이지로 제본하는 것은 과도하고 부적절한 비용에 대한 우려를 일으키는 반면에 사진을 복사한 페이지의 스테이플 편집은 아마추어처럼 보인다. 앞뒤가 단일 색상인 표지로 된, 플라스틱의 나선형 제본은 깔끔한 외관과 손상 없이 많은 사람들에 의해 다루어지는 것을 견딜 수 있는 충분한 강도를 모두 제공한다.

길이(Length) — 사업계획은 20~25페이지를 넘어서는 안 된다. 첫 번째 초안은 아마도 그 기준을 초과할 것이지만, 편집은 이상적으로 20페이지 이내에 들어가는 최종 버전을 생성해야 한다. 이 길이를 준수하는 것은 창업가로 하여금 아이디어와 투자자들의 관심을 이끌 가능성이 있는 문서에 대한 자신의 아이디어와 결과를 선명하게 한다.

배경 정보는 추가적인 분량으로 포함될 수 있다. 창업가는 관심의 초기 발현 후 조사 기간 동안 투자자들에게 이 내용을 사용하도록 할 수 있다.

표지와 제목 페이지(Cover and Title Page) — 표지는 회사의 주소와 전화번호, 계획이 실행되는 달과 연도를 포함해야 한다. 놀랍게도, 많은 수의 사업계획이 반환 주소 또는 전화 번호 없이 잠재적인 투자자에 제출된다. 관심 있는 투자자는 회사 또는 계획의 일부 측면에 대한 추가 정보를 요청하거나 관심을 표현하고 싶어 쉽게 회사에 연락할 수 있기를 희망한다.

전면 표지 안에는 표지 정보가 반복되고 상부 또는 하부 모서리에 제공하는 '제작부수'가 표시된 잘 설계된 제목 페이지가 있어야 한다. 창업가로 하여금 배포 중인 계획서를 추적할 수 있게 해 줄 뿐만 아니라 미처리된 복사본 숫자를 유지하는 것(대개 10개까지)은 심리적 우위를 가진다. 결국, 어떤 투자자도 전망 있는 투자가 진부하다고 생각하지 않을 것이다.

경영요약(Executive Summary) — 제목 페이지 다음에 바로 나오는 2~3페이지는 회사의 현재 상태, 제품 또는 서비스, 고객 혜택, 재무 예측, 3~7년의 벤처의 목표, 필요 자금의 금액 및 투자자가 이익을 얻는 방법을 간결하게 설명해야 한다.

목차(Table of Contents) — 경영요약 후 잘 설계된 목차가 포함된다. 사업계획의 각 부문을 나열하고 각 부문의 페이지를 표시한다.

함께 완전한 패키지를 넣는 경우 매력적인 외관 효과적인 길이, 요약, 목차, 적절한 문법, 정확한 철자, 그리고 표지는 완전한 패키지를 구성하는 모두 중요한 요소이다. 이러한 점들이 받아들일 수 없는 계획과 성공적인 계획을 구분한다.

기억해야 하는 지침서

다음 사항은 벤처 자본과 새로운 벤처 개발 전문가에 의한 권고의 모음이다.[12] 이 지침은 성공적인 사업계획 개발을 위한 조언으로 표시되고 있다. 기업가는 자신이 만든 사업계획의 다양한 부문의 중요성을 이해하도록 다음의 사항들을 준수해야 한다.

상당히 짧게 계획을 유지

사업계획의 독자는 시간을 낭비하는 것을 거부하는 중요한 사람들이다. 따라서 창업가는 간결할 뿐만 아니라 신중하고 명확하게 벤처를 설명해야 한다. (이상적으로 계획은 부록을 제외하고 20~25페이지 이내여야 한다.)

적절하게 계획의 체계화와 포장

목차, 경연요약, 부록, 전시, 그래프, 적절한 문법, 부문의 논리적 배열 및 전반적인 깔끔함은 사업계획의 효과적인 제시에 중요한 요소이다.

미래를 향한 방향을 지향

창업가는 벤처가 할 어떤 기회가 제품이나 서비스의 사용을 위해 벤처가 하고자 하는 것이 무엇이고 어떤 기회가 있는가를 설명하는 기술 및 전망을 개발함으로써 계획에 흥분의 분위기를 만들려고 시도해야 한다.

과장의 회피

잠재 판매량, 매출 추정 및 벤처의 잠재적인 성장은 부풀려져서는 안 된다. 많은 경우, 최선의 경우, 최악의 경우, 그리고 가능한 경우의 계획을 위한 시나리오가 개발되어야 한다. 문서 및 조사가 계획의 신뢰성에 매우 중요하다(사업계획 문구를 위한 표 12.1를 참조).

중대한 위험을 강조

사업계획의 중대한 위험 부문은 잠재적인 문제를 분석하고 일련의 대체 행동을 개발하는 기업의 능력을 입증하는 것이 계획에서 중요하다.

효과적인 경영 팀의 증거 제시

사업계획의 관리 부분은 모든 사람들이 효과적으로 벤처를 경영할 수 있는 팀으로 함께 작업할 수 있는 방법을 설명할 뿐만 아니라 각 주요 사람의 능력을 명확하게 식별해야만 한다.

표 12.1 사업계획서에 공통적으로 사용되는 문구: 서술과 현실

서술	현실
보수적으로 …을 예상한다.	5년 만에 오천만 달러 기업이 될 수 있다는 책을 읽고 그 숫자를 역으로 설계했다.
최선으로 추측한 것을 2로 나누었다.	잘못하여 0.5로 나누었다.
10%의 이익을 예상한다.	인터넷에서 다운로드 받은 사업계획서 견본에 나와 있는 어떠한 가정도 수정하지 않았다.
프로젝트는 98% 완료했다.	나머지 2%를 완성하기 위해서는 초기 98%를 만드는데 걸린 시간만큼 걸릴 것이고 비용은 2배 만큼 소요될 것이다.
우리 비즈니스 모델은 …임이 판명되었다.	우리의 50개 사업장 중 최상의 사업장에 대한 증빙자료로 다른 사업장을 추정한다면 ….
우리는 6개월 앞서고 있다.	얼마나 많은 사람들이 6개월 앞서고 있는지를 알려고 시도하지 않았다.
우리는 단지 10%의 시장점유율이 필요하다.	그래서 50군데의 새로운 투자가가 자금을 지원하려고 한다.
고객은 우리 제품을 시끄럽게 요구하고 있다.	아직 지불을 요구하지 않았다. 또한, 모든 현재고객은 친척이다.
우리는 저가 생산업체이다.	아직 아무것도 생산하지 않았지만 할 수 있을 것으로 확신한다.
경쟁자가 없다.	IBM, Microsoft, Netscape와 Sun만이 그 사업에 진출할 것이라고 발표했다.
경영 팀은 많은 … 경험을 보유하고 있다.	제품과 서비스를 소비하는 ….
엄선된 투자가가 계획을 고려중이다.	우리는 Pratt's Guide에 나와 있는 모든 사람에게 사업계획서의 복사본을 우편으로 보냈다.
우리는 부가가치가 있는 투자가를 찾고 있다.	우리는 소극적이고 멍청한 투자가를 찾고 있다.
우리 조건으로 투자하면 68%의 내부수익률을 얻을 것이다.	모든 일이 생각한대로 바르게 가면 당신은 투자한 것을 돌려받을 수 있다.

출처: Reprinted by permission of *Harvard Business Review*. Adapted from William A. Sahlman, "How to Write a Great Business Plan" (July/August 1997): 106. Copyright © 1997 by the Harvard Business School Publishing Corporation; all rights reserved.

지나친 다양성 금지

벤처에 대한 하나의 주요 기회에 계획의 관심을 집중시켜라. 성공적으로 한 주요 강점을 개발할 때까지 새로운 사업은 여러 시장을 만들거나 여러 벤처 기업을 추구하려고 해서는 안 된다.

목표시장을 식별

모색하는 틈새시장의 특정 고객을 식별하여 벤처의 제품이나 서비스의 시장성을 입증하라. 사업계획의 이 부문은 다른 부분의 성공에 중추적이다. 시장조사는 이 시장 세분화의 식별 방법을 보여 주는 것을 포함해야 한다.

3인칭으로의 작성 유지

계속적으로 '나' 또는 '우리'를 언급하는 대신 창업가는 모든 것을 '그', '그녀', '그들'로 표현해야 한다. 즉, 계획의 개인화를 피하고, 객관적인 작성을 유지하라.

독자의 관심을 포착

투자가에게 제출되는 수많은 사업계획서와 자금 조달에 성공하는 낮은 비율의 사업계획서 때문에 창업가는 벤처의 고유성을 강조하여 바로 독자의 관심을 포착해야 한다. 독자의 관심을 끌고 더 읽고 싶은 욕망을 만들 수 있는 주요 도구로써 목차와 경영요약을 사용하라.

답변할 질문

잘 작성된 사업계획서는 예술 작품 같다. 그건 시각적으로 유쾌함과 말 한마디 없이 계획을 진술하고 있다. 불행히도 좋은 때만 돈을 들일 가치가 있다는 점에서 두 경우는 또한 비슷하다. 학자인 Donald F. Kuratko와 Jeffrey S. Hornsby는 효과적인 사업계획을 작성할 때 고려해야 할 다음과 같은 주요 질문을 권장한다.

- **당신의 계획은 매우 중요한 사실이 독자의 눈을 끌 수 있도록 구성되어 있는가?** 외관이 포함된다. 당신의 계획은 자신의 표현이기 때문에 계획이 짜임새가 없고 납득할 수준이 안 되면 자금을 얻기 위한 수단이 되는 것을 기대하지 마라.
- **제품/서비스 및 사업의 임무는 명확하고 간단한가?** 당신의 임무는 고객에게 제공할 가치를 매우 간단하게 명시하는 것이다. 한 문단을 초과해서는 안 된다.
- **정확하게 초점을 맞추고 있는가?** 정말로 어떤 단계에 처해있는가를 결정하고, 정확한 일에 집중하고, 적절하게 자원을 사용하라.
- **고객은 누구인가?** 계획은 사업의 이상적인 고객을 설명하는가? 당신이 그들에게 도달하는 방법은 무엇인가? 당신의 예상 시장점유율은 식별되고, 합리적이고, 지지를 얻는가?
- **왜 고객이 구매할 것인가?** 당신의 제품/서비스가 얼마나 더 나은가? 제품에 대한 필요성을 정의하고 제품을 향상시키기 위한 증명서와 보증서를 제공하라. 고객이 제품을 구입하면 어떤 혜택을 받는지를 상세하게 설명해라.
- **경쟁 우위를 가지고 있는가?** 차이점과 고유한 품질에 집중하라. 독점적인 공정/기술 특허가 가능한 제품/발상은 경쟁우위를 강조하기에 좋다.
- **유리한 비용 구조를 가지고 있는가?** 적절한 매출 총 이익이 핵심이다. 손익분기점 분석은 가격의 역동성과 변동비용을 고려하고 있는가? 가능하면 사업에 유리할 규모의 경제를 식별하라.

- **경영 팀은 사업을 구축할 수 있을까?** 경영 팀이 중소기업과 업계 관련 경험이 있는지 여부를 확인하기 위해 재차 경영 팀을 주의 깊게 봐라. 팀이 사업을 발전시킬 수 있다는 사실을 인정하라.
- **자금이 얼마나 필요한가?** 손익계산서, 현금흐름표 및 대차대조표를 포함하는 재무제표는 첫해에는 월별로, 다음 2~3년 동안은 분기별로 제공되어야 한다.
- **투자자는 어떻게 현금 수익을 얻을 수 있는가?** 인수(buyout) 또는 기업공개(initial public offering, IPO)를 통해서 사업계획이 명확하게 수확 전략에 관한 중요한 문제를 설명해야 한다는 것을 명심하라.[13]

이 지침 및 질문은 사업계획 작성을 준비하는 창업가를 돕기 위해 제시되었다. 다음 절에서는 사업계획의 10개의 주요 부문(segment)을 분석한다.

사업계획의 요소

상세한 사업계획은 일반적으로 어디서든 6~10(아이디어, 산업, 그리고 기술적인 세부 사항에 따라)절이 포함되어 있다. 세부사항이 필요한 경우 부록이 포함되면 전체 계획은 20페이지부터 30페이지 이상에 이르기까지 다양할 수 있지만 계획의 이상적인 길이는 25페이지이다.[14] 표 12.2는 일반적인 계획의 개요를 제공한다. 이 절은 계획의 특정 부분을 설명한다. Hydraulic Wind Power의 완전한 사업계획이 부록 12A에 나타나있다.

경영요약

사업계획을 읽는 많은 사람(은행, 벤처투자가, 투자자)들이 계획의 가장 중요한 부분을 집약하는 요약을 보고 싶어 한다. 이러한 요약은 무엇을 살펴봐야 하는가에 대한 간략한 개요를 제공하고, 전망에 대한 모든 정보를 파악하는 데 도움이 되고, 마지막으로 2~3페이지를 초과해서는 안 된다. 요약은 전체 사업계획이 완료된 후에 작성되어야 한다. 이러한 방식으로, 각각의 부문에서 표현되는 특정한 어구 또는 설명이 요약에 포함되어 식별될 수 있다. 요약은 첫 번째로 읽혀지고 가끔은 유일하게 읽혀지는 부분이기 때문에 전체 보고서의 품질을 좌우한다. 요약은 전체 계획이 현명하게 묘사되어야 한다.

요약 부문에서 선별되는 서술은 벤처 자체, 시장 기회, 재무적 요구와 예상, 벤처와 관련된 어떠한 연구나 기술을 간략히 기술해야 한다. 이것은 평가자 또는 투자자가 읽게끔 하는 방식으로 이루어져야 한다. 이 정보가 간결하게 만족스러운 방식으로 제시되지 않으면, 독자는 계획을 치워버리거나 프로젝트에 자금을 보장하지 않는다고 단순히 결론 내릴 수 있다.

표 12.2 사업계획의 전체 개요

제I장: 경영요약

제II장: 사업 설명

A. 사업의 일반설명

B. 산업 배경

C. 목표 및 사업의 잠재력과 이정표(있는 경우)

D. 제품이나 서비스의 독창성

제III장: 마케팅

A. 조사 및 분석

1. 목표시장(고객)
2. 시장 규모 및 동향
3. 경쟁
4. 예상 시장점유율

B. 마케팅 계획

1. 시장 전략-판매 및 유통
2. 가격
3. 광고 및 프로모션

제IV장: 운영

A. 위치 식별: 이점

B. 구체적인 운영 절차

C. 필요 인력과 용도

D. 공급의 근접성

제V장: 경영

A. 경영 팀-핵심 인력

B. 법률 구조-주식계약, 고용계약, 소유권

C. 이사회, 고문, 자문단

제VI장: 재무

A. 재무 예측

1. 손익
2. 현금흐름
3. 손익분기점분석
4. 비용 통제
5. 예산 계획

제VII장: 중요 위험

A. 잠재적인 문제

B. 장애물과 위험

C. 대안

제VIII장: 수확 전략

— 기업공개를 의미하지만 잘 이해되어야 한다.

A. 유동성 상황 (IPO 또는 매각)

B. 사업 전략의 연속성

C. 후계자 식별

제IX장: 이정표 일정

A. 시점과 목표

B. 마감일 및 이정표

C. 사건의 관계

제X장: 부록 또는 참고 문헌

출처: Donald F. Kuratko, *The Complete Entrepreneurial Planning Guide* (Bloomington: Kelley School of Business, Indiana University, 2013).

사업 설명

특별한 의미(예를 들면, 성, 기술 이름)와 함께 벤처의 이름이 확실해야 한다. 둘째, 업계의 배경은 현재 상태와 미래 동향의 관점에서 제시되어야 한다. 이 계획에 영향을 미칠 수 있는 특별한 산업 발전을 주목하는 것이 중요하다. 기존 사업이나 프랜차이즈가 있으면, 이것을 논의할 적절한 위치이다. 셋째, 신생 벤처는 그 제안 가능성과 함께 철저하게 설명되어야 한다. 모든 주요용어는 정의되어야 하고 이해가 가능하도록 작성되어야 한다. 기술적 사양이나 설명이 제공되어야 한다. 경우에 따라 그림과 사진도 포함될 수 있다.

넷째, 신생 벤처가 경쟁 우위를 위해 보유하고 있는 잠재적인 이점은 상세히 논의되어야 한다. 이 논의는 특별한 기술이나 시장의 장점뿐만 아니라 특허, 저작권, 상표 등을 포함할 수 있다.

마케팅 부문

계획의 **마케팅 부문**(marketing segment)에서 창업가는 시장이 존재하고 영업 전망이 달성될 수 있고 경쟁에서 이길 수 있다는 점을 투자자를 상대로 설득해야 한다.

계획의 차후에 나오는 거의 모든 부문이 여기서 만들어지는 판매 추정치에 의존하기 때문에 계획의 이 부분은 종종 준비하기에 가장 어려운 부분 중 하나이다. 예상된 판매 수준-시장조사에 기초하여 분석된다. 제조 운영의 크기, 마케팅 계획, 필요한 자본과 부채 금액 등에 직접적으로 영향을 미친다.

대부분의 창업가는 벤처의 매출 추정치가 정확하고 달성 가능하다고 투자자를 설득하기 위한 시장 조사 및 분석을 준비하고 제시하는 데 어려움을 가지고 있다. 시장의 포괄적인 상세한 설명을 전개할 때 다음의 마케팅 관련 사항들이 언급되어야 한다.

틈새시장 및 시장점유율

틈새시장(market niche)은 공통적인 특징을 가진 균일 그룹(즉 새로 제안된 제품이나 서비스에 대한 필요성이 있는 모든 사람들)이다. 틈새시장을 설명할 때, 가격, 품질, 서비스, 개인 관계, 또는 이러한 요소의 조합과 같은 고객의 구매 결정의 기초가 언급되어야 한다.

다음으로, 제품이나 서비스에 관심을 표명하는 잠재고객의 목록이 관심에 대한 설명과 함께 포함되어야 한다. 기존 사업인 경우, 현재 주 고객이 식별되어야 하고 판매 동향이 논의되어야 한다. 이는 전체 시장의 잠재력을 설명하는 것이 중요하다. 판매 예측은 3년 이상 되어야 한다. 그리고 시장의 성장에 영향을 미치는 주요 요소들(산업 동향, 사회경제적 동향, 정부 정책, 인구 이동)이 논의되어야 한다. 이전 시장 동향의 검토가 포함되어야 하며, 과거와 예상 연간 성장률 사이의 차이가 설명되어야 한다. 예측을 하는 데 사용되는 모든 데이터와 방법의 출처가 명시되어야 한다. 주요 고객이 구매 약정을 하고자 하는 경우, 구매자들이 확인되어야 하며, 그 약정의 범위가 표시되어야 한다. 제품이나 서비스의 장점, 시장 규모 및 동향, 고객, 전년도의 판매 동향을 바탕으로, 작성자는 향후 3년간의 수량과 금액으로 시장점유율과 매출을 추정해야 한다. 회사의 매출과 추정 시장점유율의 성장은 산업의 성장과 고객에 기반을 두어야 한다.

경쟁 분석

창업가는 경쟁 제품이나 서비스의 강점과 약점을 평가를 도모해야 한다. 경쟁을 평가하기 위해 사용되는 모든 출처는 인용되어야 한다. 이 논의는 가격, 성능, 서비스, 보증 및 기타 관련 기능에 근거하여 제품이나 서비스의 경쟁을 비교해야 한다. 그것은 경쟁 제품과 서비스의 현재의 장점과 단점, 그리고 왜 그들은 고객의 요구를 충족시키지 못하는가에 대한 간단한 설명을 포함해야 한다. 신제품 또는 개선된 제품으로 이어질 수 있는 경쟁자 움직임에 대한 내용과 유리한 상황 또한 제시되어야 한다.

마지막으로, 경쟁회사의 검토가 포함되어야 한다. 각 경쟁업체의 시장점유율, 판매, 유통 및 생산능력이 논의되어야 한다. 각 경쟁자의 수익성과 이익 추세에 대해 주의가 집중되어야 한다. 가격을 주도하는 기업은 누구인가? 어떤 기업이 품질을 주도하는가? 어떤 기업이 이익을 내고 있는가? 손실을 보고 있는 기업은? 최근 몇 년 동안 시장에 새로 진입하거나 퇴출된 기업이 있는가?

마케팅 전략

일반적인 기업의 마케팅 근본 원리 및 접근 방식은 마케팅 전략에서 설명되어야 한다. **마케팅 전략**(marketing strategy)은 시장 조사 및 평가 데이터로부터 전개되어야 하고, (1) 초기 집중적인 판매 노력의 대상이 될 고객 그룹의 종류, (2) 나중의 판매 노력의 대상이 되는 고객 그룹, (3) 이 그룹의 잠재고객들을 식별하고 접촉하는 방법, (4) 판매 생성을 위해 강조되어야 하는 제품이나 서비스의 특징(품질, 가격, 납기, 품질 보증 등), (5) 고객의 수용을 향상시킬 혁신적이거나 특이한 마케팅 개념(예를 이전에 판매가 시도된 경우에만 임대)이 마케팅 전략에서 논의되어야 한다.

이 부문에서는 제품이나 서비스가 처음에 국가적으로 또는 지역적으로 도입될 건지 여부를 표시해야 한다. 또한, 계절적 추세와 비수기 판매의 촉진책을 고려해야 한다.

가격 정책

가격은 시장을 침투하고, 시장 지위를 유지하고 이익을 만들어 내기 위해 '올바르게 책정되어야' 한다. 다수의 가격 전략이 검토되고 난후에 설득력 있게 제시되어야 된다. 이 가격 정책은 주요 경쟁 업체의 정책과 비교되어야 한다. 제조가격과 최종 판매 가격 차이인 사이의 매출 총이익이 논의되어야 하고, 매출 총이익이 유통, 판매, 품질 보증 및 서비스 비용; 개발비용 상각 및 설비비용; 수익을 감당하기에 충분한지의 여부를 고려해야 한다. 새로움, 품질, 보증, 또는 서비스를 기반으로 한 경쟁력 항목을 초과하는 가격 인상의 정당화를 고려해야 한다.

광고 계획

제조된 제품의 경우, 제품 관련 인쇄물 및 광고 인쇄물의 준비와 전시회 참가, 무역 잡지 광고, 광고용 우편물에 대한 계획 및 광고 대행사의 사용 등이 제시되어야 한다. 일반적으로 제품 및 서비스의 경우, 제품 소개 광고와 홍보 캠페인과 대리점에게 제공되는 판

창업가적 과정

사업계획수립 시 범하는 공통적인 실수

창업가는 그들이 수행하는 대부분에서 발생하는 모든 불확실성을 감당한다. 올바른 직원의 고용에서부터 신뢰할 수 있는 공급 업체를 찾는 것까지 사업을 구축하는 것은 창업가에게 매일 발생하는 상당한 압력을 처리하도록 요구하고 있다. 신생 벤처에 내재된 변동성을 감안할 때 사업계획은 효과적인 경영을 위해 매우 중요하다. 사업계획의 중요성에도 불구하고 종이에 자신의 생각을 공식화하는 것보다 창업가에게 벅찬 것은 거의 없다. 창업가가 성공으로 가기 위해서는 낙관적이어야 하는데, 그래서 계획하는 동안 몇 가지 극복할 수 없는 장애물을 발견하는 두려움은 전체적인 과정을 피하기 위해 일부의 경영 팀을 이끌게 한다. 사업이 시작 초기이거나 안정된 법인이던 간에 사업계획은 올바르게 수립될 때 관련된 모든 당사자가 반드시 사업의 중요한 목적에 관한 동의를 하게 하는 청사진 역할을 한다. 다음의 사업계획 부문에서 창업가가 자신의 계획을 전개할 때 저지르는 공통적인 실수의 일부를 제시한다.

전반적인 실수

- 계획에서 비전을 분명히 표현하지 않는다.
- 사업계획 앞부분에서 분명하게 설명하지 않고 약어 및 기술 전문 용어를 사용한다.
- 자신의 전략의 구현에 관해서 충분한 정보를 제공하지 못한다.
- 사업의 성공에서 가장 중요한 목표와 목적을 비효과적으로 제시한다.
- 자신의 전략 기초를 설득력 있게 제공하지 못한다.
- 투자자로부터의 피드백을 기반으로 계획을 개선하지 않는다.

경영요약

- 자신의 요구와 능력에 대해 정확하게 모른다.
- 양을 늘리고 불필요한 정보로 단어를 낭비한다.

경영

- 이전의 성공이나 실패를 포함하는 것을 잊는다.
- 투자자들이 강조하는 경험이 풍부한 경영진의 중요성을 묵살한다.

마케팅

- 잠재고객의 의견을 요청하기보다는 오히려 부수적인 시장조사에 크게 의존한다.
- 조사의 뒷받침 없이 자신의 시장점유율을 주장한다.

재무

- 현금흐름 요구 사항을 간과하여 결국은 과소평가한다.
- 이상적인 수익성에 도달하기 위해 자신의 이익을 팽창시키거나 축소해서 말한다.

출처: Adapted from Mark Henricks, "Build a Better Business Plan," *Entrepreneur* (February 2007). Retrieved June 21, 2008 from https://www.entrepreneur.com/startingabusiness/businessplans/article174002.html; Andrew J. Sherman, *Grow Fast, Grow Right: 12 Strategies to Achieve Breakthrough Business Growth* (Chicago: Kaplan Publishing, 2007), pp. 20–26; and Jay Snider, "Don't Make These 5 Business Plan Mistakes," *Up and Running Blog*, http://upandrunning.bplans.com/2012/04/20/dont-make-these-5-business-plan-mistakes/, accessed May 29, 2012.

매 보조용품의 종류에 대한 논의가 포함되어야 한다. 또한, 홍보 및 광고의 일정과 비용이 제시되어야 한다. 광고 비용이 지출의 상당 부분을 차지하고 있을 경우에는 비용이 어떻게 발생하고 언제 발생할 것인가를 보여 주는 것이 포함되어야 한다.

무엇을 수행하고 어떻게 수행하고 누가 수행할 것인가를 설명해야 하는 전반적인 마케팅 계획을 상세화하기 위해서는 마케팅 부분의 이 다섯 가지 하위 부문이 필요하다.

연구, 설계, 개발 부문

비용, 시간, 특별 시험에 관한 어떠한 연구, 설계, 개발의 정도가 이 부문에 포함되어야 한다. 투자자들은 시제품(prototype), 실험실 시험 및 일정 지연의 관점에서 프로젝트의 상황을 알 필요가 있다. R&D가 사업계획에 포함된 경우에만 부문을 적용한다.

포괄적으로 작성하기 위해서 창업가는 자세한 논의를 기술적인 지원을 받아 준비하여야 한다. 청사진, 스케치, 도면 및 모델은 종종 중요하다.

아직 더 수행해야 하고 프로젝트가 지연되거나 또는 변경될 수 있는 어려움이나 위험을 논의하기 위해 필요한 디자인이나 개발 작업을 확인하는 것도 중요하다. 이와 관련하여, 인건비, 재료 컨설팅, 연구, 디자인과 같은 관련된 비용을 보여 주는 개발 예산이 구성되고 제시되어야 한다.

운영 부문

이 부문은 항상 신생 벤처의 위치를 기술하는 것으로 시작한다. 거론되는 내용은 인력 가용성, 임금, 공급 업체 및 고객에 대한 근접성, 지역 사회 지원의 측면에서 적합하여야 한다. 또한, 지방세 및 지역 설정 요구 사항이 정리되어야 하고, 신생 벤처에 대한 지역 은행의 지원이 거론되어야 한다.

취득할 필요가 있는 장비(특수 공구, 기계, 컴퓨터, 차량)뿐만 아니라 기업이 신생 벤처를 처리하는 데 필요한 시설(공장, 창고 보관, 그리고 사무실)을 실제로 어떻게 운영할 건지의 관점에서 특정 요구가 논의되어야 한다.

고려될 수 있는 다른 요인은 공급 업체(개수와 근접성)와 자재 수송이 포함된 운송비용이다. 인력 공급, 임금, 필요 숙련 수준도 제시되어야 한다.

마지막으로, 다른 운영 요소와 연관된 비용 데이터가 제시되어야 한다. 여기에 사용된 재무정보는 나중에 재무 예측에 적용될 수 있다.

경영 부문

이 부문은 특정 역할에 대한 자격을 부여할 수 있는 핵심 인력, 직급과 책임, 경력 경험을 식별한다. 경영 팀의 각 구성원에 대한 완전한 이력서가 제공되어야 한다. 이 부문에서 벤처에서 창업가의 역할이 명확하게 설명되어야 한다. 마지막으로, 고문, 컨설턴트, 이사회의 구성원이 확인되고 논의되어야 한다.

결제 및 소유권의 구조(주식 계약, 자문 수수료 등)가 이 부문에서 명확하게 설명되어야 한다. 요약하면 투자자들이 다음과 같은 중요한 요소의 각각을 이해할 수 있도록 충분한 논의가 제시되어야 한다. (1) 조직 구조, (2) 경영진과 핵심 인력 (3) 개개인의 경험과 기술 능력, (4) 소유 구조 및 보상계약, (5) 이사회와 외부 자문인력 및 고문이다.

재무 부문

사업계획의 재무 부문은 사업의 잠재적인 가능성을 보여 주어야 한다. 세 가지 기본 재무제표(추정 대차대조표, 손익계산서 및 현금흐름표)는 이 부문에서 제시되어야 한다.

추정 대차대조표

추정(pro forma)은 실제가 아닌 '예상치(projected)'를 의미한다. 벤처의 추정 대차대조표는 특정 시점에서의 벤처의 재무 상황을 예측한다. 대차대조표는 창업 초기에 작성되어야 하고 처음 1년 동안은 반년마다, 이후 3년 동안은 매년 말에 작성되어야 한다. 대차대조표는 운영의 예상 수준을 지원하는 데 필요한 자산을 자세히 설명하고 이러한 자산(부채와 자본)을 충당하는 방법을 보여 준다. 투자자들은 부채/자본 비율, 운전자본, 유동비율, 재고회전율 등이 벤처에 대해서 예상되는 미래의 자금 조달을 정당화하는 데 필요한 허용범위 내에 있는지 확인하기 위해 예상되는 대차대조표를 보고 싶어 할 것이다.

손익계산서

손익계산서는 이익과 손실에 기반을 두고 예상 운영 결과를 보여 준다. 마케팅 부문에서 개발된 판매 예측은 이 부분에서는 필수적이다. 판매 예측(예상 수입)이 준비되면 예상 수입을 지원하기 위해 필요한 활동 수준에 기초하여 생산 비용이 책정되어야 한다. 유통, 저장, 광고, 할인 및 관리 및 일반 비용(급여, 법률 및 회계, 임대료, 공과금, 전화) 등의 비용뿐만 아니라, 재료, 노무비, 서비스, 제조 간접비용(고정비용과 변동비용)이 고려되어야 한다.

현금흐름표

현금흐름표는 예상 현금 유입과 유출의 금액과 시점을 명시하고 있기 때문에 새로운 벤처 창업에서 가장 중요한 문서일 수도 있다. 사업계획의 이 부문은 신중하게 작성되어야 한다.

특정 기간 동안 예상 매출액과 자본 지출의 수준을 감안할 때, 현금흐름 예측은 추가 자금 조달의 필요성과 시점을 강조하고 운전 자본에 대한 정점의 요구사항을 나타낸다. 경영진은 이 추가적인 자금 조달을 할 수 있는 조건과 상환하는 방법을 결정해야 한다. 필요한 자금의 총액은 여러 출처에서 공급될 수 있다. 일부는 자본 조달로, 일부는 은행 대출로, 은행에서 단기 신용거래의 잔고로 구성될 수 있다. 이 정보는 최종 현금흐름 예측의 일부가 된다. 제대로 이해된 상세한 현금흐름은 심각한 현금 위기가 발생하기 전에 창업가의 관심을 운영 문제로 향하게 할 수 있다.

재무 부문에서는 숫자를 만들어 내는데 사용된 임의의 가정을 언급하는 것이 중요하다. 당연한 것은 아무것도 없다. 이 부문은 또한 문서가 어떻게 작성되었는가(전문 공인회계사에 의해 또는 창업가에 의해)와 재무관리의 책임이 있는 사람이 명시되어야 한다.

재무 부문에 포함되어야 하는 최종 문서는 모든 비용을 감당하는 데 필요한 판매(생산)의 수준을 보여 주는 손익분기 차트이다. 이것은 생산 수준에 따라 변화하는 비용(제조 노무비, 재료비, 판매비)과 생산과 무관하게 변경되지 않는 비용(임대료, 이자, 임원 봉급)이 포함되어 있다.

결정적 위험 부문

이 부문에서는 동종업종의 불리한 동향, 추정치를 상회하는 설계 또는 제조 비용, 부품이나 재료를 구입할 때 발생하는 긴 조달시간(lead time)의 어려움, 예상치 못한 새로운 경쟁과 같은 잠재적인 위험이 확인되어야 한다.

이러한 위험에 더하여, 만약이라는 문제를 다루는 것이 현명하다. 예를 들면, 경쟁으로 인하여 가격 인하가 발생한다면, 업계의 경기가 침체된다면, 시장 예측이 틀렸다면, 예상 판매를 달성하지 못하였다면, 특허가 출원되지 않았다면, 경영진이 갈라선다면 어떻게 될까?

마지막으로, 행동의 대안에 대한 제안 사항이 포함되어야 한다. 물론, 지연, 부정확한 예측 및 업계의 침체들은 모든 일어날 수 있고, 사업계획을 읽는 사람들은 창업가가 이러한 위험을 인식하고 이러한 중요한 사건에 대한 준비하고 있음을 알고 싶은 것이다.

수확 전략 부문

모든 사업계획은 미래의 수확 전략(harvest strategy)에 대한 통찰력을 제공해야 한다. 계획이 커지고 발전하는 경우 창업가에게는 출구 전략과 같은 투자 행위 종료 계획이나 법에 의한 벤처의 이양 계획을 도모하는 것이 중요하다. 이 부문에서는 경영 승계 및 투자자

창업가정신 사례

사업계획에서 이탈했는가?

잘 작성되고, 심사숙고된 사업계획은 어떠한 창업가에게도 중요한 도구이다. 그러나 가장 보수적인 전략은 개념의 설립과 사업의 최종 수확 사이에 발생하는 몇 가지 장애물을 해결하는 데 실패할 수 있다. 사업이 경기 침체를 겪을 때와 같은 장애물이 한 예이다. 일반 경제가 불안정해지기 시작하고 선도 고객들이 당신의 사업에 돈을 소비하지 않고 돈을 숨길 때 당신의 적절한 전략은 무엇인가?

대답은 약화된 경제를 다루는 것은 하나의 해결책이 되지 않는다는 것이다. 사업계획의 필요성에도 불구하고, 창업가는 종종 자신의 계획을 엄격하게 준수하는 것은 전혀 가지고 있지 않은 것만큼 위험하다는 사실을 알게 될 것이다. 핵심은 당신의 계획에서 이탈할 때를 알아야 하는 것이다. 계획이 효과적으로 수행한 사업을 제시하지 못할 경우 당신이 취할 조치는 다음과 같다.

동업자와 함께(Partner together). 함께 파트너. 자신에게 무료로 제품을 제공하는 회사와 제휴하는 것은 시장을 구축하는 책임을 공유할 수 있는 효과적인 방법이다. 광고비용을 분할할 수 있을 뿐만 아니라 당신으로부터 구입하지 않았을 고객에게 교차 구매를 장려하는 소비자 인센티브를 도입할 수도 있다. 일반적인 전략은 고객이 당신의 사업에서 행해지는 자신의 구매와 밀접하게 관련된 다른 시설에서 무엇을 구입하고 있는가를 알아내는 것이다. 예를 들어 당신이 커피숍을 소유하고 있고 당신의 고객이 정기적으로 근처 빵집에서 빵을 구매하는 경우 빵집과의 제휴는 논리적으로 맞을 수 있다. 핵심은 소비자의 행동을 변경시키려고 하는 것보다는 고객의 기존 행동을 활용하는 것이다.

고객과 의사소통(Communicate with customers). 시간이 희박한 경우, 기존 고객은 당신의 삶의 활력소이다. 그래서 그들을 행복하게 유지하는 것이, 점점 중요해지고 있다. 마케팅 예산이 사치스러운 광고를 허용하지 않을 경우, 현재의 고객과 긴밀하게 협력하는 것으로 초점을 이동시켜야 한다. 종종 당신의 고객들이 당신의 사업에 자신의 관점을 오히려 공유하고 싶어 하는 것을 발견할 것이다. 이 점은 당신으로 하여금 고객 충성도를 구축하기 쉽고 비용이 적게 드는 수정으로 이어지게 한다. 잠재고객을 추적함으로써, 시간이 여유가 있을 때 당신은 그들과 함께 후속 조치를 취하기에 더 나은 위치에 있을 것이다. 예를 들어, 당신의 사업이 잠재고객에게 견적 제공이 포함된 경우, 구매를 하지 않는 사람들을 기록해 두어라. 그들과 이야기를 나눌 때, 그들이 다른 곳을 선택한 이유에 대한 통찰력을 얻을 것이다. 당신의 노력이 고객들이 당신과 거래를 하게 재고하도록 설득할 수 있다.

유연한 상태의 유지(Remain flexible). 경기가 완만해질 때, 소비자들은 구입에 점점 보수적으로 되어가고 오로지 가격에 기반을 둔 쇼핑을 하는 경향이 있다. 경기 침체 기간 동안 가격 할인 문제는 소비자들은 경기가 개선될 때까지 가격이 낮게 유지될 것으로 예상한다. 한 가지 방법은 같은 가격에 대한 자세한 내용을 제공함으로써 비용 절감 조치에 의존하는 것을 방지할 수 있다. 예를 들어, 고객의 일정을 좀 더 수용하기 위해 비즈니스의 시간을 연장하거나 서비스 관련 기업을 위한 무료로 집에서 할 수 있는 견적서를 제공하는 것은 모두 경쟁과는 별도로 당신의 사업을 설정하는 데 도움을 줄 수 있는 빠른 방법이다.

네트워크 구축(Build network). 창업가로서, 인적 정보망을 형성할 수 있는 능력은 특히 당신의 사업이 감퇴하기 시작할 때 중요한 기술이다. 많은 신생 벤처에 대한 하나의 중요한 포럼은 지역상공회의소이다. 지역 기업과 상호 작용함으로써, 창업가는 잠재적인 상업적 고객에게 접근할 수 있을 뿐만 아니라 지역 경제 동향이 무엇인지에 대해 자세히 확인할 수 있다. 또한, 다른 기업과 협력하면 현지 인재와 자금의 출처 등 지역 사회의 자원을 찾는 데 도움을 받을 수 있다. 더불어 동료 그룹을 갖게 됨으로서 창업가는 정신적 지원뿐만 아니라 아이디어를 점검하는 데 유용할 수 있다.

이 목록은 완전하기 위한 것은 아니다. 기본 주제는 창업가들이 처음 사업을 시작할 때 그들이 가지고 있는 다양성을 유지할 필요가 있다는 것이다. 전략 개발은 창업가가 효과적으로 사업을 관리하기 위해서 창업가에게 중요하고, 그 전략을 공식적으로 문서화하는 것은 사업의 연속성을 보장하기 위해 중요하다. 그러나 자신의 사업의 의사결정을 직접 자신의 사업계획에 전적으로 의존하는 창업가는 환경의 변화로 인해 빠르게 무용지물이 될 수 있는 전략으로 자신을 가두는 위험에 빠진다. 사업에 계획도 매우 중요하지만 당신의 계획을 변경할 때를 아는 것도 마찬가지로 중요하다.

출처: Adapted from Rich Sloan, "Bad Economy? Time to Get Aggressive," *Fortune Small Business*, March 3, 2008, http://money.cnn.com/2008/03/03/smbusiness/startup_nation.fsb/index.htm (accessed May 12, 2012).

출구 전략 등의 문제들을 다룰 필요가 있다. 또한, 경영권 변화 시 몇 가지 생각이 고려되어야 한다. 즉, 사업 소유권의 변경이 일어날 경우 회사 자산의 법적인 양도, 이양하는 동안 사업 전략의 연속성, 현재의 경영진의 변화가 일어날 경우 사업을 운영하기 위한 주요 인원의 지정이다. 선견지명으로, 창업가는 자신의 꿈을 존속시킬 수 있고, 투자자의 안전을 보장하고, 일반적으로 그 과정에서 자신의 사업을 강화할 수 있다. 이러한 이유로, 수확 전략은 필수적이다.

이정표일정 부문

이정표일정 부문(milestone schedule segment)은 다양한 활동을 수행할 수 있는 시간표를 투자자에게 제공한다. 현실적인 시간이 계획되었나, 또한 이러한 시간 경계 내에서 사건의 상호 관계가 있음을 보여 주는 것이 중요하다. 이정표일정은 단편적인 방식으로 성과를 설명하는 단계별 접근 방식이다. 이러한 이정표는 예컨대, 분기, 매월 또는 매주와 같이 임의의 적절한 시간 내에서 설정될 수 있다. 중요하지만, 다른 활동들뿐만 아니라 시간 프레임을 조정뿐만 아니라 제품 설계 및 개발, 판매 예측, 경영 팀 체계 수립, 생산 및 작업 일정 수립, 시장 계획 같은 초기 활동의 시간을 조정하는 것이 중요하다.

- 법인 설립
- 설계 및 개발 완료
- 시제품 완료
- 영업 사원의 채용
- 전시회에서 제품 전시
- 유통업체 및 대리점 계약
- 재료의 생산 수량 주문
- 첫 번째 주문 접수
- 첫 번째 판매 및 최초의 배달(벤처의 신뢰성 및 자본에 대한 필요성과 직접 관련이 있기 때문에 최대 관심의 날짜)
- 최초의 외상매출금 결제(현금)

이 항목들은 이정표일정 부문에 포함되어야 하는 활동의 유형이다. 일정이 더 상세할수록 창업가는 투자가가 전체를 생각해 왔기 때문에 양호한 위험이라고 잠재적인 투자가를 더욱 더 설득하게 된다.

부록 또는 참고문헌 부문

마지막 부문은 의무적인 것은 아니지만 계획의 주요 부분에 적절하지 않은 추가 문서

일 수 있다. 다이어그램, 청사진, 재무 데이터, 경영진 구성원의 이력서 및 계획의 다른 부문을 지원하는 모든 서지정보가 포함될 수 있는 자료의 예들이다. 이 내용들은 어떤 항목을 이 부문에 투입해야 하는지를 결정하는 창업가에 달려있다. 그러나 자료는 적절하고 뒷받침하는 정보로 제한되어야 한다.

표 12.3은 창업자를 실질적으로 상기시키기 위해 도움이 되는 조언을 사용하여 사업계획의 주요 부문의 중요한 요점을 제공한다. 이를 검토하여, 창업가는 계획 과정을 거시

표 12.3 사업계획 개발을 위한 유용한 참고 사항

I. 요약

- 3페이지를 초과하지 마라. 독자의 관심을 확보해야 하기 때문에이 계획의 가장 중요한 부분이다.
- 무엇을, 어떻게, 왜, 어디서 등이 요약되어야 한다.
- 전체 사업계획서 완료한 후 이 분분을 완성하라.

II. 사업 내용 부문

- 사업의 이름이 포함되어야 한다.
- 기업의 역사(있는 경우)와 함께 업계의 배경이 포함되어야 한다.
- 신생 벤처의 잠재력은 명확하게 설명되어야 한다.
- 이 벤처의 모든 고유성 또는 고유한 특징이 명확하게 기술되어야 한다.

III. 마케팅 부문

- 판매 예상과 경쟁이 충족될 수 있음을 투자자를 설득한다.
- 시장조사를 이용하고 결과를 공개하라.
- 목표시장, 시장 지위, 시장점유율을 확인한다.
- 모든 경쟁을 평가하고 구체적으로 경쟁사보다 더 좋은 이유와 방법을 다룬다.
- 이 부문에서 사용되는 모든 시장 출처와 지원을 확인한다.
- 가격 전략을 제시하라. 당신의 가격은 이익을 만들기 위해 시장 침투와 시장점유율을 유지해야 한다. 따라서, 최저 가격은 반드시 최선의 가격이 아니다.
- 제안된 전략의 타당성을 검사하는 비용 추정과 함께 광고 계획을 확인한다.

IV. 운영 부문

- 위치의 장점(구역, 세법, 임금)을 설명한다. 시설(공장, 창고, 사무실 공간) 및 장비(기계, 가구, 소모품)의 관점에서 생산 요구 사항을 나열한다.
- 벤처의 특정 운영사항을 설명한다.
- 공급 업체와의 근접성을 나타낸다.
- 운영에 인력의 필요성과 사용을 언급한다.
- 운영비용의 추정치 제공한다. 하지만 주의하라. 너무 많은 기업들이 비용을 과소평가한다.

V. 관리(경영) 부문

- 경영진에 있는 모든 핵심 인원의 이력서를 제공한다.
- 신중하게 벤처의 법적 구조 (개인사업자, 동업, 또는 법인)에 대해 설명한다.
- 고문, 자문단 및 이사회의 추가 지원(있는 경우)을 제시한다.
- 모든 사람에게 보상하는 방법과 액수에 대한 정보를 제공한다.

(계속)

표 12.3 사업계획 개발을 위한 유용한 참고 사항 **(계속)**

VI. 재무 부문

- 실제 추정 재무제표를 제시한다.
- 자금 조달의 필요한 출처와 용도를 설명한다.
- 예산을 만들고 제시한다.
- 여러 관점에서 투자자의 평가를 허용할 목적을 위해 자금 조달의 단계를 만든다.

VII. 결정적 위험 부문

- 투자가가 지적하기 전에 잠재적 위험을 논의한다.
    - ▸ 경쟁자에 의한 가격 인하
    - ▸ 잠재적으로 불리한 모든 산업 전반의 동향
    - ▸ 예상을 초과하는 설계 또는 제조비용
    - ▸ 달성되지 못한 판매 전망
    - ▸ 충족되지 못한 제품 개발 일정
    - ▸ 부품이나 원료의 조달 시 직면하는 어려움이나 긴 리드 타임
    - ▸ 경쟁력을 유지하기 위한 혁신과 개발 비용이 예상보다 큼
    - ▸ 활동의 대안을 제공

VIII. 수확 전략 부문

- 기업공개(IPO)나 매각과 같은 유동성 이벤트 계획을 설명한다.
- 리더십의 전환에 대한 계획을 설명한다.
- 사업의 연속성을 위해 필요한 준비(보험, 신탁 등)를 언급한다.

IX. 이정표 일정 부문

- 벤처의 각 단계가 완료되는 시점을 보여 주는 도표나 시간표를 작성한다. 이것들은 사건들의 관계를 보여 주고 완수해야 할 기한을 제시한다.

X. 부록 또는 참고문헌

출처: Donald F. Kuratko, *The Complete Entrepreneurial Planning Guide* (Bloomington: Kelley School of Business, Indiana University, 2013).

적 관점에서 볼 수 있다. 표 12.4는 창업가가 각 부문에 대한 자신의 사업계획을 평가할 수 있는 기회를 제공하는 개인 점검표이다. 단계별 평가는 특정 부문, 설명의 명확성과 완전성을 기반으로 하여 이루어진다. 사업계획은 사용되는 표제와 부문별 제목(부록 12A 참조)에서 달라질 수 있음을 알 수 있지만, 그들이 최종 사업계획에 어떻게 제시되는가를 보기 위해서 완료된 부문의 각각을 평가하는 것은 여전히 가치가 있다.

표 12.4 사업계획서 평가: 전체 평가도구

구성 요소

사업계획서의 10가지 구성 요소가 제시되어 있다. 사업계획서를 작성한 후 각 구성 요소를 평가해야 한다. 주요 목적은 사업계획서를 개선하고 성공의 기회를 증가시키는 데 있기 때문에, 평가에서 솔직해야 한다. 예를 들어, 목표가 외부 자금 조달을 얻는 거라면 당신은 전체의 사업계획서를 제출하라는 요청을 받을 것이다. 사업계획서는 더 적절하게 당신의 사업 아이디어를 평가하기 위해 자금 조달 출처에 도움이 될 것이다.

표 12.4 사업계획서 평가: 전체 평가도구 **(계속)**

평가

지침: 각 구성 요소의 간단한 설명은 자신의 계획의 해당 부문을 작성하는 데 도움이 된다. 계획을 완료 한 후, 각 구성 요소를 평가하기 위해 제공되는 스케일을 사용한다.

5	4	3	2	1
탁월	매우 우수	우수	양호	불량

탁월: 모든 면에서 철저하고 완전함

매우 우수: 대부분을 다루고 있으나 상세함이 떨어짐

우수: 일부를 자세하게 다루고 있으나 다른 분야는 생략됨

양호: 상세함 없이 소수 분야만 언급함

불량: 다루어진 내용이 없음

사업계획서의 10가지 구성 요소

1. 경영요약. 사업이 성공할 것이라고 독자를 설득시켜야 하기 때문에 가장 중요한 부분이다. 3페이지를 초과하지 않는 선에서 나머지 계획의 강조점을 요약해야만 한다. 이것은 다음의 구성 요소들의 주요 요소들이 언급되어야 한다는 것을 의미한다.

   경영요약은 요약 자체로 독립적이어야 한다. 단순히 나머지 사업계획서의 소개가 되어서는 안 되고 제품이나 서비스를 누가 구매할 것인가, 사업의 독창성은 무엇인가, 미래의 성장 계획의 방법은 무엇인가 등을 논의해야 한다. 이 부분은 계획을 요약하기 때문에 종종 맨 마지막에 작성하는 것이 최선이다.

구성 요소의 등급 평가	5	4	3	2	1
	탁월	매우 우수	우수	양호	불량

2. 사업내용. 이 부분은 업계의 배경 관련 정보, 기업의 역사, 당신의 제품이나 서비스의 일반적인 설명, 달성하려고 시도하는 특별한 미션을 제시해야 한다. 제품이나 서비스는 독창적 특성과 고객에 대한 가치 관점에서 설명되어야 한다. 특별한 단기 목적과 장기 목적이 정의되어야 한다. 달성하고자 하는 판매량, 시장점유율, 수익의 목적이 명확하게 설명되어야 한다.

주요 요소	계획에 포함 여부	답이 명확한가? (예 또는 아니오)	답이 완전한가? (예 또는 아니오)
a. 사업의 형태는?			
b. 어떤 제품(서비스)의 판매인가?			
c. 왜 성공할 것 같은가?			
d. 잠재 성장률은?			
e. 얼마나 독창적인가?			

구성 요소의 등급 평가	5	4	3	2	1
	탁월	매우 우수	우수	양호	불량

3. 마케팅. 마케팅 부문은 2개의 주요 부분으로 구성되어 있다. 첫 번째는 조사와 분석이다. 여기서는 누가 제품이나 서비스를 구매할 것인가를 설명해야 한다. 다시 말해서 목표시장을 확인하라. 시장 규모와 동향을 판단하고 예상하는 시장점유율을 추정하라. 판매 예상이 포함되어야 한다는 것을 명심하라. 예를 들어 당신의 숫자가 공개 시장조사를 기반으로 하고 있으면 출처를 인용해야 한다. 최선을 다하여 현실적이고 신뢰할 수 있는 예상치를 제시하라. 경쟁자의 약점과 장점을 식별하여 상당히 자세히 경쟁자를 설명하라, 마지막으로 경쟁자보다 어떻게 잘할 수 있는가를 설명하라.

   두 번째 부분은 마케팅 계획이다. 여기서는 중요한 것은 마케팅 전략, 판매, 유통, 가격, 광고, 홍보 및 대중인식을 위한 활동을 포함시켜야 한다. 이익을 내기 위해서 어떻게 가격 전략을 수립할 것인가를 제시하라. 광고 계획을 확인하고 검토 중인 전략을 입증하기 위한 비용 추정을 포함시켜라.

표 12.4 사업계획서 평가: 전체 평가도구 (계속)

주요 요소	계획에 포함 여부	답이 명확한가? (예 또는 아니오)	답이 완전한가? (예 또는 아니오)
a. 고객이 누구인가?(목표시장)			
b. 시장이 얼마나 큰가?(고객 수)			
c. 경쟁자가 누구인가?			
d. 경쟁자의 사업이 얼마나 잘되고 있는가?			
e. 어떻게 판매를 촉진시킬 것인가?			
f. 바라는 시장점유율은?			
g. 가격 정책을 가지고 있는가?			
h. 사용할 광고와 촉진 전략은 무엇인가?			

구성 요소의 등급 평가	5	4	3	2	1
	탁월	매우 우수	우수	양호	불량

4. 운영. 이 부문에서는 실제 운영을 설명하고 이점의 개요를 설명한다. 특별한 운영 절차, 공급자와의 근접성, 인원의 필요성과 용도가 모두 고려되어야 한다.

주요 요소	계획에 포함 여부	답이 명확한가? (예 또는 아니오)	답이 완전한가? (예 또는 아니오)
a. 특정 위치가 확인되었는가?			
b. 이 위치의 장점이 설명되었는가?			
c. 어떤 특별한 운영 절차가 있는가?			
d. 어떤 인원들이 필요한가?			
e. 공급자의 접근이 쉬운가?			

구성 요소의 등급 평가	5	4	3	2	1
	탁월	매우 우수	우수	양호	불량

5. 경영. 경영진, 그들의 자질, 보상계획(급여, 고용 계약, 주식 선택 옵션, 지분 수준 및 기타 고려사항)을 설명하는 것으로 시작하라, 누가 누구한테 보고하는가를 표시하는 도표를 포함하여 조직 구조가 어떠한가를 논의하라. 이사회, 고문단, 자문단의 잠재적 역할에 대한 설명을 포함시켜라. 마지막으로 벤처의 법적 구조(개인 사업자, 동업, 법인)을 꼼꼼히 설명하라.

주요 요소	계획에 포함 여부	답이 명확한가? (예 또는 아니오)	답이 완전한가? (예 또는 아니오)
a. 누가 경영할 것인가?			
b. 당신의 자질은?			
c. 종업원 수는?			
d. 그들의 역할은?			
e. 종업원에게 얼마나 지불할 것인가? 그리고 그들에게 제공되는 혜택의 종류는 무엇인가?			
f. 어떤 자문단과 전문가를 이용할 것인가?			
g. 소유권의 법적 형태는?			
h. 어떤 규정이 사업에 영향을 미칠 것인가?			

표 12.4 사업계획서 평가: 전체 평가도구 **(계속)**

구성 요소의 등급 평가

5	4	3	2	1
탁월	매우 우수	우수	양호	불량

6. 재무. 3개의 주요 재무제표가 제시되어야 한다(대차대조표, 손익계산서, 현금흐름표). 일반적으로 이 문서들은 1년의 기간을 대상으로 한다. 숫자 작성을 위해 도입된 가정과 예상을 언급해야 한다.

   외부 자금 조달이 필요한 단계를 명시하고 예상되는 자금 조달 출처(부채와 자본 출처)를 확인하라. 또한 투자에 대한 투자수익률을 명확하게 보여라. 포함되어야 하는 마지막 항목은 손익분기점 분석이다. 이 분석은 모든 비용을 감당하는 데 필요한 판매 수준을 밝혀야 한다.

   모든 것이 잘된다면, 추정 재무제표는 사업계획에서 예상되는 실제의 재무성과를 나타낸다. 또한, 이것들은 사업 운영의 실질적인 결과를 측정하데 사용되는 표준을 제시하고, 경영을 하고 사업을 통제하는 데 도움을 제공하는 가치 있는 도구이다.

주요 요소	**계획에 포함 여부**	**답이 명확한가? (예 또는 아니오)**	**답이 완전한가? (예 또는 아니오)**
a. 첫 해의 총 예상수입은? 다음 2년 동안의 분기별 수입은(예상)?			
b. 첫 해 동안 예상되는 월간 현금흐름은?			
c. 상환 방법이 포함되어 있는가?			
d. 3년 동안 이익 창출에 필요한 판매량은?			
e. 손익분기점은?			
f. 예상되는 자산, 부채, 자본은?			
g. 필요한 총 자금 조달 금액은?			
h. 자금 조달 출처는?			

구성 요소의 등급 평가

5	4	3	2	1
탁월	매우 우수	우수	양호	불량

7. 결정적 위험. 발생하기 전의 잠재적 위험을 논의하라. 예를 들면, 경쟁자에 의한 가격 인하, 잠재적으로 우호적이지 않는 업계 동향, 추정치를 초과하는 설계나 제조비용, 달성되지 못하는 판매 예상치 등이 이에 해당된다. 의도는 위험을 인식하고 대안을 수립하는 것이다. 주목적은 당신이 당신의 위험을 예측할 수 있고 제어(합리적인 수준)할 수 있다는 것을 보여 주는 것이다.

주요 요소	**계획에 포함 여부**	**답이 명확한가? (예 또는 아니오)**	**답이 완전한가? (예 또는 아니오)**
a. 파악한 잠재적인 문제는?			
b. 위험을 추산했는가?			
c. 존재하는 대안은?			

구성 요소의 등급 평가

5	4	3	2	1
탁월	매우 우수	우수	양호	불량

8. 수확전략(Harvest Strategy). 벤처의 출구를 수립하는 것은 힘든 일이다. 설립자의 처음부터 만들어진 생각의 보호 감정은 경영 승계와 수확 전략과 같은 문제로 고심하는 것은 어려운 일이다. 그러나 선견지명을 가진 창업자는 꿈을 살아있게 하고 벤처의 보장을 확실시 하거나 기업공개(IPO)나 벤처의 매각과 같은 유동성에 대한 계획을 수립할 수 있다. 사업 계승을 위한 작성된 계획은 극히 중요하다.

표 12.4 사업계획서 평가: 전체 평가도구 (계속)

주요 요소	계획에 포함 여부	답이 명확한가? (예 또는 아니오)	답이 완전한가? (예 또는 아니오)
a. IPO나 매각과 같은 유동성 사건이 수립되어 있다면 벤처 자산의 법적인 양도가 계획되어 있는가?			
b. 벤처를 종료시킬 생각이 없다면 법적인 이행을 위한 사업 전략의 연속성이 있는가?			

구성 요소의 등급 평가: 5 탁월 — 4 매우 우수 — 3 우수 — 2 양호 — 1 불량

9. 이정표 일정. 목적 달성을 위해 어떤 업무가 필요한지의 결정이 요구되기 때문에 이 부문은 사업계획에서 중요한 부문이다. 이정표와 기한은 설정되어야 하고 지속적으로 관찰되어야 한다. 각 이정표는 다른 것과 관련이 되어 있고 이들 모두의 결합은 수행되어야 하는 목적의 시기 절적할 표현이다.

주요 요소	계획에 포함 여부	답이 명확한가? (예 또는 아니오)	답이 완전한가? (예 또는 아니오)
a. 목표를 설정했는가?			
b. 성장 단계의 각각의 기한을 설정했는가?			

구성 요소의 등급 평가: 5 탁월 — 4 매우 우수 — 3 우수 — 2 양호 — 1 불량

10. 부록. 이 부문은 다른 부문에서 포함되지 않은 중요한 배경 정보를 포함한다. 경영진의 이력서, 추천인과 자문단의 이름, 설계도, 문서, 자격증, 계약서 및 계획을 뒷받침하는 모든 자료 등이 들어가야 할 장소이다. 또한, 정보를 끌어온 출처의 참고문헌을 추가해도 무방하다.

주요 요소	계획에 포함 여부	답이 명확한가? (예 또는 아니오)	답이 완전한가? (예 또는 아니오)
a. 계획을 뒷받침하기에 필요한 문서, 설계도, 계약서 및 다른 자료가 포함되어 있는가?			
b. 추천인과 자문단의 이름과 포함시켜야 하는 기술 출처가 있는가?			
c. 뒷받침하는 다른 자료가 있는가?			

평가 요약

지침: 앞서 평가한 사업계획서의 각 부문에 대해서 검토표에 나와 있는 점수를 표시하고 총점을 합산하라.

구성 요소	점수				
1. 경영요약	5	4	3	2	1
2. 사업내용	5	4	3	2	1
3. 마케팅	5	4	3	2	1
4. 운영	5	4	3	2	1
5. 경영	5	4	3	2	1
6. 재무	5	4	3	2	1
7. 결정적 위험	5	4	3	2	1

표 12.4 사업계획서 평가: 전체 평가도구 (계속)

구성 요소	점수				
8. 수확 전략	5	4	3	2	1
9. 일정표 일정	5	4	3	2	1
10. 부록	5	4	3	2	1
총점:					

점수: 50점 — 탁월! 이상적인 사업계획. 견고함

45~49점 — 매우우수

40~44점 — 우수. 다듬을 필요가 있는 몇 개 분야가 있는 탄탄한 계획

35~39점 — 평균 이상. 계획의 일부는 좋으나 발표 전 개선이 필요

30~34점 — 평균. 일부 분야가 상세히 다루어졌으나 아직 다른 분야는 취약함

20~29점 — 평균 이하. 대부분의 분야를 더 상세하게 개선이 필요

20점 미만 — 불량. 계획을 재검토하고 더 좋게 작성

출처: Donald F. Kuratko, *The Complete Entrepreneurial Planning Guide* (Bloomington: Kelley School of Business, Indiana University, 2013).

사업계획서 갱신

사업계획서는 신생 벤처의 설립 및 실행을 안내하기 위한 계획 도구의 역할을 한다. 벤처가 시작되면, 사업계획서는 여전히 지속적인 성장 또는 수익성을 계획하기 위한 중요한 도구이다. 다음 사항들을 포함하여 사업계획을 갱신할 몇 가지 이유가 있다.

- **재무변화.** 적어도 1년에 한번 재무사항과 재무 요구을 위한 계획을 예측하기 위해 계획을 갱신하라.
- **추가 자금 조달.** 계속 자본이 필요한 경우, 갱신된 사업계획서가 벤처가 시작되기 전에 예측된 것이 아니라 현재의 숫자를 반영할 필요가 있다.
- **시장의 변화.** 고객 기반과 경쟁의 변화는 추적되어야 하고 당신의 벤처에 영향을 줄 수 있는 방법에 대하여 전략화해야 한다.
- **신제품이나 서비스의 출시.** 갱신된 사업계획서는 업데이트 제안된 새로운 제품이나 서비스의 가능성을 평가하고 그 실행 가능성을 결정하는 중요한 방법이다.
- **새 경영진.** 경영진의 모든 새로운 구성원은 성장 전략을 시작하는 자신의 계획을 제시해야 한다.
- **새로운 현실을 반영.** 사업계획서는 벤처가 시작된 후에 정확하지 않을 수 있는 추정 숫자와 예측을 기반으로 작성된다. 사업계획서는 창업가가 경험하는 새로운 현실을 반영하기 위해 갱신되어야 한다.[15]

사업계획서의 실제 예

이 장에서 강조했듯이, 모든 새로운 벤처 사업계획이 있어야 한다. 그러나 많은 창업가들이 전체 사업계획에 필요한 세부 사항에 대해 아무 생각이 없다. 잠재력과 자금 확보를 대비한 실제 사업계획의 예는 이 장의 끝 부분에 있는 **부록 12A**에 포함되어 있다. 'Hydraulic and Wind Power'으로 제목이 붙여져 있는 계획은 실제 자금 지원을 위해 준비가 되어 있고 또한 5개의 국가 사업계획 대회에서 발표되었다. 이전 장에서 논의된 사업계획의 특정 부분의 상세한 예가 도시되어 있다. 이 사업계획을 신중하게 검토함으로써 창업 계획이 가져야 하는 균형 잡힌 관점 최종 모습을 얻을 것이다.

사업계획의 발표: '피치'(투자유치를 위한 발표)

사업계획서가 준비되면, 다음 주요 과제는 개인 금융가, 또는 국가의 일부 지역에서, 다수의 재무적 투자자가 모여 있는 포럼에서 계획을 발표하는 것이다.[16] **엘리베이터 피치**(elevator pitch, 엘리베이터 탑승과 다른 사람에게 자신이 이야기를 듣게 하는데 단지 2분 소요의 유사점 때문에)라고 일반적으로 알려진 구두 발표는 잠재적 투자자들에게 사업계획을 판매할 수 있는 기회를 제공한다.

발표는 잘 정리되어 있고, 잘 준비되어 있고, 흥미롭고 유연해야 한다. 창업가는 듣는 사람의 관심을 사로잡을 중요한 강조점의 개요를 개발해야 한다. 개요를 따라야 하지만, 발표가 진행됨에 따라 조금의 정보를 자유롭게 추가하거나 제거해야만 한다. 암기하여 행해지는 발표는 흥분과 열정 및 흥미가 부족하다.

창업가는 구두 발표를 준비하려면 다음 단계를 사용해야만 한다.

- 철저하게 개요를 파악하라.
- 시각 도구 또는 기타 세부 사항을 상기시키는 데 도움이 되는 개요의 핵심 주제어를 사용하라.
- 발표 시간에 대한 감을 가질 수 있도록 사전 연습을 하라,
- 발표 시 사용되는 장비에 대해 익숙해져라. 자신의 노트북을 사용하라.
- 발표 전날, 발표 자료의 각 슬라이드를 움직이면서 전체 발표를 연습하라.

발표를 위한 제안

창업가는 자신의 이야기를 하는(판매하는) 것을 당연히 불안해한다. 그러나 대부분의 벤처투자가들은 콘텐츠가 집중되어야 하며, 날카롭게 전달되어야 한다는 것에 동의한다. 발표내용에서 짧고, 간단명료하고 중요 요인이나 벤처의 경연진의 독특한 '고리(hook)'

를 요약하고, 12~15장을 넘지 않는 파워포인트 슬라이드를 사용하는 것이 중요하다. 잠재 투자자들에게 주장의 실제 전달에 대한 몇 가지 중요한 제안은 다음과 같다.

- 당신의 벤처가 해결책이 될 '**골칫거리**(pain)'에 집중하라. 투자자는 벤처에 의해 어떤 문제가 해결될 것인지 정확히 알고 싶어 한다. 해결책의 목표를 정확히 보여 주어라.
- **도달 가능한 시장**(reachable market)을 설명하라. 극적인 잠재 시장 대신 지향하고 있는 즉시 도달 가능한 시장을 설명하라.
- **비즈니스 모델**(business model)을 설명하라. 벤처가 어떻게 돈을 벌 수 있도록 설계되었는가가 투자자들에게 중요하다. 판매를 위해 시장에 접근하는 명확한 방법의 제시는 신생 벤처의 성공적인 시작을 나타낸다.
- **경영 팀**(management team)을 홍보하라. 모든 투자자는 개념을 제공하고 운용할 수 있는 벤처 팀의 기량과 능력을 알고 싶어 한다. 이사회에 있는 기술고문뿐만 아니라 팀에 경험이 있는 사람들을 강조하라.
- **측정기준**(metric)을 설명하라. 유명한 '1% 법칙'(자세한 조사 없이도 거래한 시장의 1%를 얻을 것이라는 법칙)과 같은 포괄적인 가정을 사용하는 대신에, 매출을 전망할 때 사용했던 측정기준을 강조하라.
- 독자에게 동기를 부여하라. 벤처 피치의 전체 목적은 자세히 모든 것을 논의하기 위해 다른 회의를 하는 것처럼 다음 단계로 독자들을 이동시키는 것이다. 따라서 당신은 열정이 대단히 중요하다는 것을 기억해야 한다. 투자자들이 기대감으로 흥분되기 전에 먼저 당신이 흥분되어 있다고 생각해야 한다.
- 왜 당신이고 왜 지금인가? 마지막으로 중요한 것은 투자자의 마음속에 있는 어려운 질문에 대답해야 한다. 왜 당신이 벤처에 적합한가? 출시하기에 지금이 적절한가? 자신과 팀에 대해서 자신감을 가져라. 벤처가 상당한 시장을 확보해 나가는 계획상의 속도를 보여 주기 위한 추진일정을 제시하라.[17]

기대할 것

창업가는 독자가 자신의 사업계획을 검토하고 설명을 듣는데 일반적으로 냉소적이고 때로는 적대적인 것을 깨달아야 한다. 벤처투자가들은 종종 벤처의 패기뿐만 아니라 기질을 테스트하기 위해 창업가에게 압력을 가한다. 따라서 창업가는 금융기관의 비평적인 (그리고 회의적인) 독자를 예상하고 대비해야 한다. 당신이 설명을 던지고 사업계획서를 제출할 때, 초기 언급을 시작하기 전에 계획서를 짧게 흘깃 보고 들을 것이다. 아무리 당신이 당신의 투자 계획서가 훌륭하다고 생각해도 투자자는 그것을 보고 "이것은 여태까지 내가 본 사업계획서 중 가장 뛰어나 사업계획서이다!"라고 말을 하지 않을 것이다. 열정적인 채택이나 정중한 칭찬을 기대하지 마라. 논평이 비판적일 가능성이 높다. 그렇지

표 12.5 벤처투자가가 거절 시 해야 할 일: 10가지 질문

1. 결정을 확인하라: "그건 당신이 이번에는 참여하지 않으려는 의미인가?"
2. 미래를 팔아라: "우리가 첫 번째 투자를 완료한 후 자금 조달의 두 번째 라운드에서 당신을 확신할 수 있는가?"
3. 당신이 거부된 이유를 알아 보라: "왜 이번 거래에 참여하지 않기로 선택하였는가?" (시점? 적합성? 규모 초과?)
4. 조언을 구하라: "당신이 내 입장이라면, 당신이 진행하는 방법은?"
5. 제언을 구하라: "당신은 이런 종류의 거래에 맞는 다른 투자자처를 추천할 수 있는가?"
6. 이름을 가져 와라: "다른 투자자와 만난다면 누구를 접촉해야 하는가?"
7. 이유를 파악하라: "이 회사를 추천하는 이유는, 그 사람이 최선의 사람이라고 생각하는 이유는?"
8. 소개 배경을 파악하라: "저를 소개해 줄 수 있는 가장 최선의 사람은 누구인가?"
9. 합리적인 이유를 개발하라: "__________________에 기반을 두고 우리를 거절한 결정을 내가 다른 투자가에게 설명해도 되는가?"
10. 조회를 파악하라: "당신은 그에게 나에 대해서 어떻게 설명할 것인가?"

출처: Joseph R. Mancuso, *How to Write a Winning Business Plan* (Englewood Cliffs, NJ: Prentice Hall, 1985), 37. Reprinted with the permission of Simon & Schuster Adult Publishing Group. Copyright © 1985 by Prentice Hall, Inc.

않은 경우에도, 그들은 그런 식으로 보일 수 있다. 당황하지 마라. 반대가 쇄도하는 것처럼 보인다 하더라도 역대 최고의 벤처 자본 거래의 일부는 같은 반대에 부딪혔다는 것을 명심하라. 절대 20분만에 결과를 기대하지 마라. 각 피치(설명)는 다음 기회에 대한 신뢰를 구축하는 학습 경험이 될 것이다.

창업가들은 평가자의 질문을 처리하고 평가자의 비판에서 배울 수 있도록 준비되어야 한다. 그들은 결코 패배의 감정을 가져서는 안 되고 오히려 미래의 검토를 위해 사업계획을 개선하는 노력을 해야 한다. 표 12.5은 자신의 사업계획이 거절당할 때 창업가가 요청할 수도 있는 주요 질문 중 일부를 설명한다. 창업가는 수정, 재작업, 자신의 사업계획을 개선하기 위해 이러한 질문에 대한 답변을 사용해야 한다. 당신은 단거리 경주가 아닌 마라톤에 더 비슷한 여행을 시작하고 있다는 것을 기억하라. 목표는 처음에는 성공을 많이 하지 않는 성공을 하는 것이다.[18]

글로벌 관점

시대에 앞서기

비록 어려울지라도 급성장하는 시장에서 선두에 서기 가장 좋은 방법은 시장이 발전하기 전에 자리매김을 잘하는 것이다. 때로는 기회가 창업가를 찾을 수가 있지만, 시장이 향하는 곳을 이해하는 선견지명을 가진 창업가가 나머지 사람들 보다 앞선 자리매김을 한다. 모스크바의 44세 기업가인 Moukhtar Dzhakishev는 다른 사람들이 포기한 우라늄 산업에서 기회를 보았다.

카자흐스탄에 위치한 Kazatomprom, Dzhakishev의 광산 그룹은, 호주를 제외하고는 세계 최대의 우라늄 매장 층을 장악하고 있다. 소련이 1991년에 광산 산업을 포기했을 때 그는 국가 광산 산업

을 장악했다. 소련은 세계에서 가장 큰 우라늄 매장층 중 하나와 함께, 6억 톤의 핵폐기물을 남겨놓았다. Dzhakishev이 도착까지 전까지 카자흐스탄의 광산은 크게 잊혀졌다. 원자력은 체르노빌과 Three Mile Island 사고 후에 인기를 잃었다. 결과적으로 우라늄 채굴 비용이 시장가격을 훨씬 초과하게 되었다.

Dzhakishev가 첫 번으로 광산을 재개했을 때, 그는 생산의 단 3%만 차지할 수 있었다. 버터와 우라늄의 물물 교환을 러시아에게 허용하는 것을 포함하여 처음에 얻을 수 있는 어떠한 조건이라도 동의하도록 강요받았다. 10년도 안 지나서 Kazatomprom는 5억 달러의 이익을 기록했다. 자원이 풍부하지만 기반 시설이 부족한 대부분의 국가가 선진국과 타협을 강요당하는 반면, Dzhakishev는 그의 회사가 약 기업의 절반을 소유하고 있는 합작 투자를 구축할 수 있게 되었다. 그는 우라늄을 제공하고, 그의 파트너는 경영 기술과 처리 기술을 제공한다.

카자흐스탄의 우라늄 광산 산업의 재탄생은 핵에너지에 대한 인식의 변화에서 기인될 수 있다. 탄소 연료는 이제 지구 온난화의 주요 원인으로 인용되어서 원자력 발전이 유동성의 오류라기보다는 더 청결하고 효율적인 형태의 에너지로 인정받게 되었다. 석탄 및 기타 탄소 연료의 광범위한 사용을 제거하기 위해 강대국에 대한 압력을 장착으로, 원자력 르네상스가 시작됐다. 34개의 원자로가 건설 중에 있으며 280개가 논의되고 있어서 다음의 명백한 질문으로 이어진다. 국가들이 새로운 발전소의 전력 유입에 필요한 우라늄을 발견할 데가 어디인가? Dzhakishev는 답을 가지고 있다.

발생하는 모든 기회와 마찬가지로 운은 변함없이 역할을 할 것이다. 그러나 시장이 자신들에게 유리하게 변할 때 적소에 있어야 한다는 것을 충분히 아는 창업가들이 보상을 수확하는 최고의 승산 가진 것이다.

출처: Adapted from Abrahm Lustgarten, "Nuclear Power's White-Hot Metal," *Fortune*, March 27, 2008, http://money.cnn.com/2008/03/26/news/international/uranium_kazakhstan.fortune/index.htm (accessed May 12, 2012).

요약

이 장은 효과적인 사업계획의 철저한 정의와 검토를 제시했다. 계획의 중요한 요소와 피해야 하는 함정이 논의되었다. 이러한 함정을 나타내는 지표와 위험을 피할 수 있는 방법이 제시되었다.

다음으로, 창업자 및 금융기관 모두가 얻을 수 있는 혜택이 검토되었다. 잘 생각된 계획의 전개가 계획서를 작성한 사람에 대한 관객의 관점에서 제시되었다. 사업계획의 전형적인 6단계의 검토 과정이 창업자가 사업계획서를 작성하는 방법을 보다 잘 이해하도록 제시되었다. 사업계획을 발전시키는 10개 지침이 제시되었고 벤처투자가와 신사업 개발 전문가의 조언으로부터 분석되었다.

다음 절에서는 완전하고 철저한 사업계획에서 답해야 하는 중요한 몇 가지 질문을 예시하였다. 사업계획을 약술하고, 모든 주요 부문을 언급하고 설명하였다.

이 장에서는 사업계획서가 투자자에게 제시되기 전에 계획의 신중한 비평을 하기 위한 자체 분석 점검표와 함께 사업계획을 준비하기 위한 몇 가지 유용한 조언을 제시했다.

마지막으로는 벤처투자가 기관 담당자에게 사업계획을 발표하는 방법을 검토하는 것으로 마무리를 했다. 계획 평가자로부터 무엇을 기대해야 하는지에 대한 논의와 함께, 몇 가지 기본 발표를 위한 조언이 나열되었다.

주요용어

경영 팀	마케팅 전략	이정표 일정 부문
골칫거리	비즈니스 모델	측정기준
도달 가능한 시장	사업계획서	틈새시장
마케팅 부문	엘리베이터 피치	5분 검토

검토와 토의 문제

1. 사업계획이란 무엇인가?
2. 창업가가 자주 직면하는 다섯 가지 계획의 위험을 각각 설명하시오.
3. 질문 2에서 설명한 위험의 지표를 각각 설명하시오. 각각의 대처 방법을 설명하시오.
4. 사업계획서로부터 (a) 창업가 및 (b) 금융기관이 얻는 이점을 설명하시오.
5. 사업계획을 전개할 때 고려해야 할 세 가지 주요 관점은 무엇인가?
6. 사업계획을 읽을 때 벤처투자가가 따르는 6단계의 과정을 설명하시오.
7. 계획의 적절한 포장에 고려되어야 할 요소는 무엇인가?
8. 사업계획을 준비할 때 사용되는 10가지 지침 중 5개를 설명하시오.
9. 사업계획서에 포함되어야 하는 주요 부문의 각각을 간략히 설명하시오.
10. 왜 사업계획서의 요약 부문은 마지막으로 작성되어야 하는가? 왜 처음은 안 되는가?
11. 사업계획서의 마케팅 부문에 포함되는 다섯 가지 요소는 무엇인가?
12. 결정적 위험이란 용어의 의미는 무엇인가?
13. 사업계획서의 재무 부문에 대한 필수 세 가지 재무제표의 각각을 설명하시오.
14. 왜 사업계획서는 갱신되어야 하는가?
15. 엘리베이터 피치에서 확보해야 할 중요한 사항 중 일부를 설명하시오.

연습문제

사업계획서 작성하기

사업계획의 열 가지 주요 부문은 왼쪽 열에 목록이 작성되어 있다. 각 부문이 계획서에 나타나야 하는 순서를 기입하시오(처음이면 1, 그 다음이면 2 등등 10까지 기입).

오른쪽에 있는 20항목이나 설명의 각각을 왼쪽에 있는 부문과 일치시켜라. 예를 들어 항목이 첫 번째 세그먼트에 표시될 경우, 항목 옆에 1을 집어넣어라. 각 부문에 대해 2개의 항목이나 설명이 나열되어 있다.

답은 하단에 제시되어 있다.

계획서 부문	부문의 내용
______ 1. 재무부문	______ a. 새로운 벤처의 가능성을 설명
______ 2. 마케팅 부문	______ b. 위치의 장점에 대해 설명
______ 3. 경영 팀	______ c. 경쟁에 의한 가격 인하에 대해 설명
______ 4. 요약	______ d. 기업공개 전략 제시
______ 5. 운영 분문	______ e. 계획에서 가장 중요한 부분
______ 6. 사업내용 부문	______ f. 개발된 시제품 설명
______ 7. 결정적 위험 부문	______ g. 예상 판매가 성취되지 못한 경우 분석 설명
______ 8. 부록	______ h. 사건 간의 관계와 달성 기한 표시
______ 9. 수확 전략 부문	______ i. 모든 주요 인원의 이력서
______ 10. 이정표 일정 부문	______ j. 청사진과 다이어그램과 같은 입증자료 포함
	______ k. 가격 전략 논의
	______ l. 사업계획 완료 후 작성되어야 함
	______ m. 예산 제시
	______ n. 공급자에 대한 근접성 설명
	______ o. 벤처의 주요 단계의 완료 시간표 설정
	______ p. 산업 배경 설명
	______ q. 시험관련 비용 설명
	______ r. 목표시장 확인
	______ s. 벤처의 법적 구조 설명
	______ t. 대차대조표와 손익계산서 제시

정답: 1. 6, 2. 3, 3. 5, 4. 1, 5. 4, 6. 2, 7. 7, 8. 10, 9. 8, 10. 9
a. 2, b. 4, c. 7, d. 8, e. 1, f. 2, g. 7, h. 9, i 5, j. 10, k. 3, l. 1, m. 6
n. 4, o. 9, p. 2, q. 4, r. 3, s. 5, t. 6

사례 12.1: 시간 문제일 뿐이야

Pedro Santini는 5년 동안 컴퓨터 분석가로 일하면서, 여유 시간에 워드프로세서를 개발했다. 이 프로그램은 시장의 다른 것들보다 훨씬 다양하고 강력한 기능을 가지고 있다. 돈이 많지 않아서, Dennis는 벤처투자자금으로 제품 생산과 마케팅을 하려고 한다.

Dennis와 친구 몇 명이 프로그램의 초기 시험을 했다. 워드프로세스 전문가인 두 친구는 기존의 어떤 프로그램보다 빠르고 사용이 쉽다고 말했다. Pedro는 이런 좋은 반응이 제품의 잠재력을 보여 준다고 생각한다. 그러나 그는 여전히 재무적 지원을 받아야 한다.

Pedro의 친구가 벤처투자가를 만나 보라고 제안했다. "그 사람들은 신생 벤처에 투자할 모든 종류의 자금을 가지고 있거든." Pedro의 친구가 말했다. "너는 아이디어를 설명하고, 돈을 달라고 팔면 돼. 그들은 항상 돈이 되는 아이디어를 찾고 있어. 네 것은 그들이 만난 가장 좋은 기회 중의 하나일 거야."

Pedro는 친구 말에 동의했지만, 벤처투자가를 만나기 전에 준비가 필요하다고 생각했다. 그들이 물어 올 여러 질문들에 완벽한 대답을 만들고 나서 만날 생각이다. 특히, Pedro는 3년간의 판매 예측치와 발생할 비용의 유형들이 필요하다고 판단했다. 이것들만 정리하면, Pedro는 그들과 이야기할 준비가 된 것이라고 생각한다. "지금," 친구에게 말했다. "그것은 시간 문제일 뿐이야. 7~10일이면 내 아이디어를 정리해서 돈 이야기를 할 수 있어."

질문

1. 재무적 질문 외에도 벤처투자자가 Pedro에게 물어 볼 질문은 무엇인가?
2. 사업계획이 Pedro에게 어떤 가치가 있는가 혹은 없는가? 대답의 이유를 같이 설명하시오.
3. 벤처투자가와의 회의를 위해 Pedro가 어떤 것을 준비해야 한다고 추천하겠는가? 모든 상황을 고려하여 자세히 대답하시오.

사례 12.2: 불완전한 계획

Teresa Koane이 사업계획서의 작성을 끝내면서, 이제 벤처자금을 받을 수 있다고 확신했다. Joan은 기업의 고위직 여성들을 목표로 한 사이트를 만드느라 고생을 정말 많이 했다. 사이트의 목표는 기업임원이 되고 싶은 여성 회원들에게 관심이 높은 이슈들에 대한 정보의 제공, 블로그의 개설, 대화방 운영 등이다. 시범 사이트는 90일 안에 오픈할 예정이다. 사이트에 올릴 초기 정보의 제목은 다음과 같다 — "재미와 이익을 위해 당신의 시간을 관리하는 방법," "성공을 위한 옷 입기를 위해 당신이 알아야 할 비밀," "자금 관리: 전문가처럼 해라" 등이다. "뉴스 속의 여성"이라는 이름의 링크에는 직장에서 성공하는 여성에 특화되어 있다. 다른 기능으로는 사이트 방문자를 위한 질문과 답변 기능이 있는 블로그(처음 질문들은 여성 임원들로부터 수집, 이들에게는 사이트 오픈을 위해서 질문을 보내달라고 요청함), 주식시장 소식(업종별/기업별 뉴스와 이에 관련된 투자의 장점과 리스크), 현재 및 향후 12개월의 경제상황 및 추세에 대한 게시판 등이 있다.

Teresa의 사업계획서는 6개의 부분으로 구성되어 있다 — 요약, 사업 개요, 운영, 경영, 주요 일정, 부록 등. 그녀가 보냈던 사업계획서에 대답으로 온 이메일에 다음과 같이 적혀 있었다. "마케팅 분야, 핵심 리스크의 설명, 재무 분야 등이 누락되었기 때문에 이 계획서는 완전하지 않으므로, 우리는 긍정적으로 검토할 수 없습니다. 만약에 귀하가 추가 정보를 보완한 새로운 계획서를 60일 내로 제출하신다면, 기꺼이 검토해서 10 (근무)일 내로 우리의 의견을 통보하겠습니다."

질문

1. Teresa는 마케팅 부분에 무엇을 설명해야 하는가? 그녀는 어떤 정보를 필요로 하는가?

2. 핵심 리스크 평가 부분에서 Teresa가 다루어야 할 핵심 분야는 무엇인가? 각각을 구체적으로 검토하시오.

3. 재무 부분에 포함시킬 정보에 대해서, 당신은 Teresa에게 어떤 제안을 할 수 있는가? 가능한 한 구체적으로 설명하시오.

사업계획 구축을 위한 단계

최종 계획서 정성들여 만들기

이제 당신의 사업계획이 예상되는 요구와 예상 결과의 측면에서 벤처의 현재 상황을 설명하고 있다는 것을 확실하게 하기 위해 귀하의 사업에 대한 계획을 작성하는데 밟았던 모든 이전 단계의 세부 사항을 검토할 시간이다. 계획의 최종판은 당신의 벤처가 무엇인지, 어디로 갈 것으로 예상되는지, 어떻게 거기까지 갈 것으로 검토되는지를 명확하게 설명해야 한다. 사업계획서는 당신의 입장에서는 투자 과정에 대한 허가 수단을 의미하기 때문에 외부 투자자들이 읽을 수 있고 이해할 수 있는 포괄적인 문서에서 프로젝트의 전략적 목표를 요약해야 한다.

강사의 환경 선호도에 따라, 이 장에서 제공하는 평가체계(표 12.4)를 이용하여 개별적으로 자체 평가를 하거나 또는 팀으로 사업계획서의 각 부분을 평가해야 할지도 모른다. 전체 평가 후, 초안 형태로 유지된 부분이나 약점으로 확인된 부분을 다듬기 위해 당신은 계획의 경영요약, 마케팅, 운영, 재무 예측, 프로젝트 이정표, 또는 기타 등을 다시 검토할 수도 있다.

라이브플랜(LivePlan) 같은 사업계획서 작성 도구는 쉽게 작업을 갱신하고 사업이 운영된 후에 예상 결과에 대한 실제 성과를 추적할 수 있게 한다. 사업계획서 작성을 위해 사용된 양식이나 도구에 상관없이 최종판을 저장해놓고 자주 돌아보도록 주의하라. 사업계획서에 따라 사업의 미래가 달라진다.

미주

1. See Jeffrey A. Timmons, Andrew Zacharakis, and Stephen Spinelli, *Business Plans That Work* (New York: McGraw-Hill, 2004); Jan Brinckmann, Dietmar Grichnik, and Diana Kapsa, "Should Entrepreneurs Plan or Just Storm the Castle? A Meta-Analysis on Contextual Factors Impacting the Business Planning–Performance Relationship in Small Firms," *Journal of Business Venturing* 25, no. 1 (2010): 24–40; and Anne Chwolka, and Matthias G. Raith, "The Value of Business Planning Before Startup— A Decision-Theoretical Perspective," *Journal of Business Venturing* 27, no. 3 (2012): 385–99.

2. James W. Henderson, *Obtaining Venture Financing* (Lexington, MA: Lexington Books, 1988), 13–14; see also Stephen C. Perry, "The Relationship Between Written Business Plans and the Failure of Small Businesses in the U.S.," *Journal of Small Business Management* 39, no. 3 (2001): 201–8; Gavin Cassar, "Are Individuals Entering Self-Employment Overly Optimistic? An Empirical Test of Plans and Projections on Nascent Entrepreneur Expectations," *Strategic Management Journal* 31, no. 8 (2010): 822–40; and Gerard George and Adam J. Bock, "The Business Model in Practice and its Implications for Entrepreneurship Research," *Entrepreneurship Theory & Practice*, 35, no. 1 (2011): 83–111.

3. Joseph R. Mancuso, *How to Write a Winning Business Plan* (Englewood Cliffs, NJ: Prentice Hall, 1985), 44.

4. See Donald F. Kuratko, "Demystifying the Business Plan Process: An Introductory Guide," *Small Business Forum* (Winter 1990/1991): 33–40.

5. Adapted from Henderson, *Obtaining Venture Financing*, 14–15; and Mancuso, *How to Write*, 43.

6. Henderson, *Obtaining Venture Financing*, 15.

7. Stanley R. Rich and David E. Gumpert, "How to Write a Winning Business Plan," *Harvard Business Review* (May/June 1985): 156–66; see also Colin Mason and Matthew Stark, "What Do Investors Look for in a Business Plan?" *International Small Business Journal* 22, no. 3 (2004): 227–48.

8. Gerald E. Hills, "Market Analysis in the Business Plan: Venture Capitalists' Perceptions," *Journal of Small Business Management* (January 1985): 38–46; see also Gerald E. Hills, Claes M. Hultman, and Morgan P. Miles, "The Evolution and Development of Entrepreneurial Marketing," *Journal of Small Business Management* 46, no. 1 (2008): 99–112.

9. Rich and Gumpert, "How to Write," 159.

10. Mancuso, *How to Write*, 52; see also Bruce R. Barringer, *Preparing Effective Business Plans: An Entrepreneurial Approach* (Upper Saddle River, NJ: Pearson/Prentice Hall, 2009).

11. Mancuso, *How to Write*, 65.

12. These guidelines are adapted from Jeffrey A. Timmons, "A Business Plan Is More Than a Financing Device," *Harvard Business Review* (March/April 1980): 25–35; W. Keith Schilit, "How to Write a Winning Business Plan," *Business Horizons* (September/October 1987): 13–22; William A. Sahlman, "How to Write a Great Business Plan," *Harvard Business Review* (July/August 1997): 98–108; and Donald F. Kuratko, *The Complete Entrepreneurial Planning Guide* (Bloomington: Kelley School of Business, Indiana University, 2013).

13. Donald F. Kuratko and Jeffrey S. Hornsby, *New Venture Management: The Entrepreneur's Roadmap* (Upper Saddle River, NJ: Pearson/Prentice Hall, 2009).

14. See Donald F. Kuratko, "Cutting Through the Business Plan Jungle," *Executive Female* (July/August 1993): 17–27; Andrew Burke, Stuart Fraser, and Francis J. Greene, "The Multiple Effects of Business Planning on New Venture Performance," *Journal of Management Studies* 47, no. 3 (2010): 391–415; and Kuratko, *Complete Entrepreneurial Planning Guide*.

15. Kuratko and Hornsby, *New Venture Management*.

16. For example, the Massachusetts Institute of Technology sponsors a business plan forum in Boston, and Plug and Play Tech Center in Silicon Valley provides numerous forums where new ideas are "pitched."

17. For more on venture "pitch" presentations, see Barringer, *Preparing Effective Business Plans*; and Andrew J. Sherman, *Start Fast and Start Right* (New York: Kaplan Publishing, 2007).

18. For excellent resources on business plan preparation and presentations, see Garage Technology Ventures at http://www.garage.com/resources.

부록 12A Hydraulic Wind Power, LLC

경영 요약

개요

HWP(Hydraulic Wind Power, LLC)는 풍력 에너지의 생산을 더 경제적으로 만들 수 있는 기술을 특허 출원 중인 신재생 에너지 회사이다. 우리의 고효율 유압 구동장치는 크게 전체 비용을 줄이고 에너지 총생산을 증가시킬 수 있다. 이러한 장점들은 에너지 비용(cost of energy, COE)이 kWh당 3~5센트인 석탄, 원자력, 수력전기와 같은 다른 에너지원과 직접 경쟁하는 COE를 생성하기 위해 우리 기술을 이용하여 터빈에 적용하는 데 있다.

우리의 목표는 지상파 풍력 발전 응용 프로그램을 위한 유압 구동장치의 업계 전문가가 되고 풍력의 신뢰성, 내구성과 수익성을 향상시킬 수 있는 현재의 대형 풍력 터빈의 설계 대안을 제공하는 것이다. 회사는 2010년 8 월 17일 Indiana의 유한책임회사(limited liability company, LLC) 형태로 설립되었다. 또한, 같은 날짜에 Indiana University 연구 및 기술공사(Indiana University Research and Technology, IURTC)와 독점 라이선스 계약을 체결하였다. 이 회사는 Indiana Bloomington의 Hoosier Hatchery에 위치하고 있다.

연락처:

Hydraulic Wind Power, LLC
C/O Hoosier Hatchery
2719 E 10th St
Bloomington, IN 47408
info@hydraulicwindpower.com

경영진:

Adam Johnson — CEO
Justin Otani — COO

연구소장:

Dr. Afshin Izadian

사업 자문단:

Dr. Donald F. Kuratko
Mark Long
Mark Need
Matt Rubin

현재까지 자본금:

$112,000

추구하는 자본금:

Series A에서 $1,800,000

현재까지 투자자:

설립자
Indiana University

시장

2008년에, 미국 기어 박스 시장은 큰 1,513억 달러의 풍력 에너지 시장의 일부인 45억 달러 이상이었다.[1] 풍력 에너지는 현재 미국 전력 수요의 약 2%를 생산하지만 미래에는 성장할 것으로 예상된다.[2] 미국에너지국(US Department of Energy)은 2030년까지 미국 전력의 20%를 풍력 발전을 통해서 공급하겠다는 계획을 발표했다.[3] 동부 지역의 풍력 통합의 최신 분석은 비슷한 결론을 이끌었다.[4]

2010년 풍력 에너지에 대한 수요급감에도 불구하고, 미국은 풍력 에너지를 다시 늘리고 있는 것 같다. 2011년의 1분기 숫자는 산업이 부흥의 태세를 갖추고 있는 것처럼 보인다. 건설 중인 숫자는 업계가 2009년과 2010년 모두에서 보고한 메가와트보다 거의 2배이다. 또한, 그 메가와트의 3분의 2는 이미 경제와 정책 조건의 범위를 감당할 수 있는 지속적인 산업을 나타내는, 전력 회사와 장기 전력 구매 계약에 따라 이미 잠겨 있다.[5]

그러나 풍력 에너지는 여전히 미래의 성공에 중요한 자립경제성을 향상시키는 많은 핵심 과제에 직면해 있다. 이러한 도전은 다음과 같다.

천연 가스의 낮은 가격: 메가와트-시간당 도매 전기가격이 45달러와 85달러 범위에 있던 2007년으로 되돌아가 메가와트-시간당 35달러인 풍력은 좋은 거래처럼 보였다. 그러나 2008년 경기 침체와 더불어 천연가스 붐은 2009년에는 풍력의 금전적 우위를 제거시키는 30달러 밑으로 가격을 떨어뜨렸다. 천연가스의 가격은 2008년 이후 77% 떨어졌다. 가스 공장에서 전기를 생산하는 비용은 부분적으로 수압파쇄 또는 수압시

추의 효과적인(매우 논란이 있지만) 기술과 수평 시추 진보에 기인하여 40% 아래로 떨어졌다.

생산 세금공제의 불안정성: 킬로와트-시간당 2.1센트의 공제인 신재생 에너지 생산 세액 공제(Production Tax Credits, PTC)는 풍력 에너지 대한 기본 주요 연방 정부의 인센티브이고 업계성장에 필수적이었다. 풍력 에너지 산업은 PTC 관한 두 가지 문제 에 직면해 있다. 첫째, 공제가 지속적으로 단지 1~2년만 연장된다. 이점은 기업으로 하여금 풍력 에너지 생산과 개발에 장기적이고 상당한 투자를 막고 있다. 둘째, 세금 공제에 대한 수요가 제한되어 현재의 불리한 분위기에서, PTC는 풍력 에너지 개발에 박차를 가하는 인센티브를 거의 제공하고 있지 않다. 또한, 님비(Not in My Backyard, MIMBY; 내 집 마당에서는 안 됨) 저항은 미국 내에서 풍력발전에 대한 허가 획득을 화력발전 허가만큼 어렵게 한다.

중국 공급 업체로부터의 경쟁 증가: 중국 풍력 터빈 생산 업체의 시장점유율은 지난 몇 년 동안 극적으로 상승해 왔다. 중국 풍력 터빈 생산 업체 중 상위 2개는 현재 판매 메가와트 규모 기준으로 세계 3위 안으로 평가된다. 중국업체의 부상은 풍력 발전의 국내 수요 증가와 풍력 터빈 부품의 70%를 국산으로 사용해야 하는 규정과 정부 목표의 지원에 기인한다. 포화된 국내 시장과 과잉생산의 명확한 신호와 포화 과잉과 향후 합병으로 가장 규모가 큰 중국 제조업체들은 국제적인 확장 계획을 발표했다.

문제점

회전날개(rotor)로부터 발전기(generator)까지 에너지를 집적하고 전달하는 우리의 대안은 현재 풍력 터빈의 가장 크고 가장 비싼 문제 중 하나를 해결할 수 있다. 대부분의 풍력 터빈은 현재 기어 박스 기반 설계를 사용한다. 이 기어 박스는 무겁고 비싸고 자주 고장 난다. 기어 박스는 평균적으로 5~7년마다 교체되어야 하고 비용은 교체할 때마다 500,000달러 이상이 소요된다. 우리 회사의 솔루션은 기어 박스를 제거하고 풍력 터빈의 신뢰성, 내구성과 수익성을 크게 향상시키기 위해 독특한 배열의 유압 시스템을 활용한다.

기어 박스 고장은 고장시간, 유지보수, 전력 생산 손실의 가장 큰 부분의 이유가 된다. 많이 드는 고장비용은 터빈 가격의 15~20%이다. 빈번한 유지 보수 요구 사항 및 다수의 기어 박스 교체는 특별히 대형 풍력 전력 생산 시설의 개발자한테 문제를 야기하는 것으로 입증되었다. 대부분의 풍력 발전소는 유지보수와 교체가 행해지는 장소에 유지보수 팀이 있다. 많은 경제적 모델은 각 터빈에 대해서 5~7년마다 전체 기어박스의 교체를 고려한다. 기어박스가 지니고 있는 재무적 위험은 주요 풍력 발전 생산 시설에서 많은 수의 터빈과 인원, 장비 및 소모품 비용을 상환할 수 있는 개발자의 능력에 의해서만 완화된다.

기어 박스는 작동 및 풍력 터빈 응용 프로그램 자체의 요구되는 특성에 필요한 다수의 움직이는 부품 및 서브 시스템의 특성상 문제가 있다. 그것은 일반적으로 복잡성과 기어 박스 구동 설계에 관련된 움직이는 여러 부품이 실패와 더 많은 유지 보수 요구 사항 및 비용이 더 드는 수리에 이르고 있다는 것이 인정된다.

하지만 그 놀라운 기어 박스는 특히 자동차 변속기에 비교하면 많은 장애를 가지고 있는 것은 아니다. 자동차 변속기는 풍력 터빈 기어 박스와 기능적으로 유사하다. 풍력 터빈의 기어박스가 20년 동안의 연속 동작을 기대하는 것은 무리한 기대라고 대부분이 동의할 것이다. 이는 4백만 마일을 지속하는 자동차의 변속기를 기대하는 것과 같을 것이다.

업계는 부하 예측, 설계, 제작 및 운영을 개선하기 위해 함께 작동하는 풍력 터빈 제조업체, 기어 설계자, 베어링 제조업체, 컨설턴트 및 윤활 엔지니어들과 지난 20년간 이러한 문제들을 해결하려고 시도했다. 이 협력은 국제적으로 인정된 기어 박스 풍력 터빈 설계 표준을 가져왔다. 그러나 이러한 허용된 설계 관행에 대한 합리적인 준수에도 불구하고, 풍력 터빈 기어 박스는 아직 20년의 설계 수명 목표를 달성하지 못하고 있다. 대부분의 시스템은 의도된 수명에 도달하기 전에 중요한 수리나 잘된 정비를 요구하고 있다. 풍력 산업은 기어 박스용 설계 관행이 기어 박스의 충분한 수명을 이끌지 못하고, 제도적 장벽이 앞으로 진행을 방해하는 시점에 이르고 있다.[13]

기술

배경

높은 비용과 높은 실패율에도 불구하고 기어 박스 기반 구성(1990년대 동안 지배적인 구성으로 본질적으로 수행했고 오늘날의 현대적인 풍력 터빈의 대부분에 사용됨)을 수용한 이후, 미국 풍력 터빈 설계자와 제조업체는 풍력 터빈 디자인의 개선 방향으로만 점진적으로 진행해 왔다. 이러한 디자인 및 효율성 개선은 대부분 터빈 크기를 확대하여 달성되어 왔다. 점진적인 설계 변경에 대한 초점은 설계 위험을 줄여 왔으나, 날개가 더 길어짐에 따라, 그들은 자신들의 무게를 지탱하고 하중에 견딜 전류 현재의 설계 및 재료의 능력에 도전하였다.[14]

이러한 문제를 해결하기 위해 업계에서 일어난 시도는 직접 구동 시스템의 개발이었다. 직접 구동 방식은 특별히 기어 박스의 사용을 피하도록 설계되었다. 시스템 대신 발전기에 회전날개를 직접 부착하고 전기의 불규칙한 생성을 전력망으로 공급될 수 있는 정상류로 변환시키기 위해 비싼 가변속 전자 시스템을 사용한다. 이러한 시스템이 작동되기 위해서는, 희소한 전문 영구 자석의 사용이 요구된다. 이러한 전문 발전기 및 가변 속도 전자 시스템은 기존의 기어 박스 디자인보다 거의 2배 비싼 직접 구동 시스템을 만든다.

요구되는 희토류 금속의 사용은 이러한 시스템의 광범위한 채택에 상당한 장벽으로 작용한다. 희토류는 풍력 터빈의 제조 등 많은 첨단 기술에 필요한 성분이다. 중국은 지난해에 현재 이들 성분에 대한 글로벌 수요의 90% 이상을 충족시키고 있고, 중국 정부는 희토류 금속의 수출을 엄격히 제한하기 시작했다. 터빈의 위치가 수리를 더 어렵게 하고 있고 더 큰 유닛이 추가 비용을 정당화시키기에 충분한 전력을 생성할 수 있기 때문에 이러한 성분의 비용과 가용성이 대부분의 역외적용에 직접 구동 시스템의 사용을 제한하고 있다.

기회

주 전원 전송을 위한 펌프와 모터를 포함하는 유압 기반의 동력전달 장치(drivetrain)를 만드는 일부 시도는 1980년대 초에 성공적으로 시도되지 못했다. 확인된 주요 문제점은 기존의 상용 유압 부품의 부적절한 용량, 효율성, 신뢰성 및 수명에 있었다. 특히 효율적인 풍력 발전의 요구에 맞게 설계된 부품의 결여는 궁극적으로 이러한 시스템은 기어 박스 기반의 동력전달 장치만큼 상용화되지 않았

그림 1 전통적 기어박스 설계

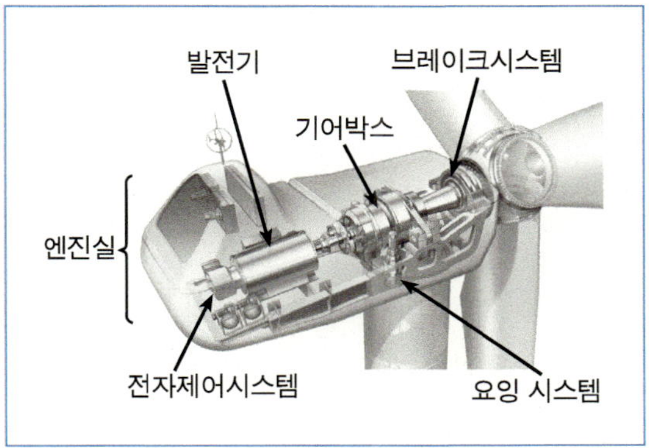

그림 2 과거 25년 동안 풍력 터빈 설계의 진화

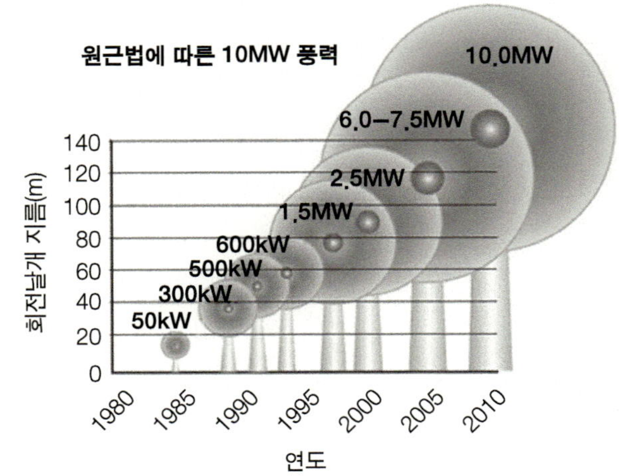

새로운 10-MW 터빈의 크기를 전 세대의 것과의 비교를 통한 식별이 보다 쉽다.
예를 들면, Clipper Windpower Britannia 터빈은 약 50층 건물 높이의 탑을 가지고 있다.

그림 3 직접 구동 설계

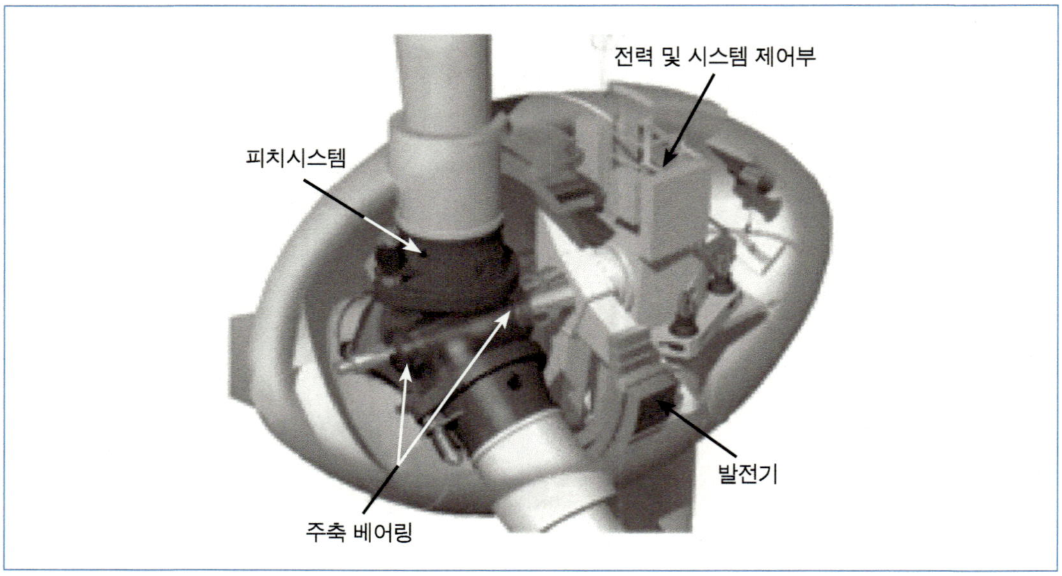

다고 판정되었다. 그러나 지난 30년 동안 석유와 가스 산업에 대한 펌프 제조 및 재료 과학, 유체 역학, 컴퓨터 설계 도구 등의 분야에서의 발전은 이러한 많은 문제를 해결하고 지난 혁신적인 동력전달장치의 개념을 위한 기회의 문을 다시 열게 했다.[16]

그림 4 시스템 구성 요소

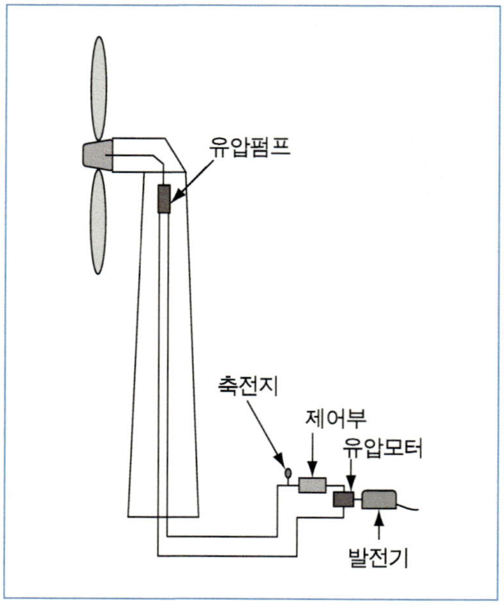

우리의 해결책

당사는 전문화된 폐쇄 루프 제어 시스템을 신규 유압전달 시스템과 결합하여 에너지를 전달하는 문제에 대한 독창적인 해결책을 만들었다. 유압전달 시스템(hydraulic transmission system, HTS)은 제조, 자동화 및 중장비에서 에너지 응용을 위한 전력 전달의 특별한 수단으로 알려져 있다. HWP에 의해 개발된 HTS는 회전날개가 가변 속도로 작동할 수 있도록 하고 효율적인 유압 구성 요소의 사용을 가능하게 하고 동기 발전기의 사용을 가능하게 한다(비싼 가변속도의 전자 시스템을 필요 없이).

가변 속도의 작동은 확보된 에너지의 양

을 증가시키고, 회전 유압은 내구성이 있고 고효율이며, 동기 생성기는 시스템의 효율성을 감소시키는 반응성 자화 전류(reactive magnetizing current)와 무효 전력 보상 시스템(reactive power compensation system, 최신 풍력 터빈에서 발견 유도 발전기와 달리, 대부분의 최신 풍력 터빈에서 발견됨)을 필요 없게 한다.

그림 5 HWP 다중 탑 통합접근

전문화된 폐쇄 루프 제어 체계를 이용하여, 회전날개에 의해 확보된 에너지를 지상의 발전기로 전송하고 제조사로 하여금 단일 중앙 집중식 발전 유닛(centralized power generation unit)으로 여러 터빈을 통합(풍력 발전 지역 애플리케이션에 이상적인 기능)하게 하는 동안 우리의 동력전달 장치는 일정한 주파수를 유지할 수 있다.

외부 검증

회사는 우리의 기술에 대해 미국 에너지부(Department of Energy, DOE)로부터 일부 초기 피드백을 받았다. 이 피드백은 매우 고무적이었고 기술의 잠재력을 입증하였다. DOE는 일부 분야에서 우려를 표명했다. 그러나 회사는 이후 이러한 문제를 해결하기 위해 열심히

그림 6 시스템 배치 개요

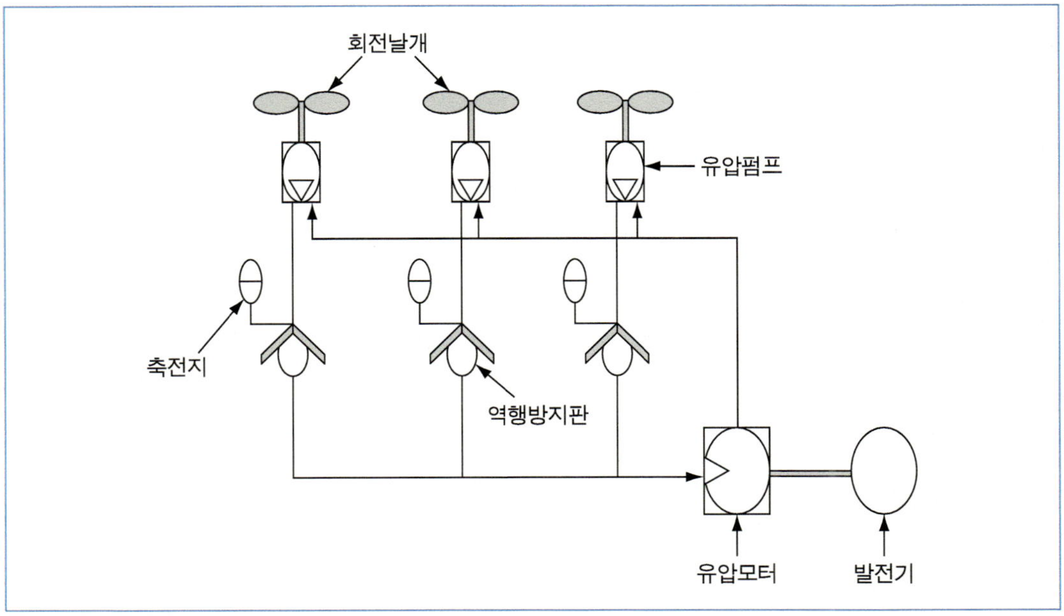

그림 6 중앙 생성 단위(central generation unit)

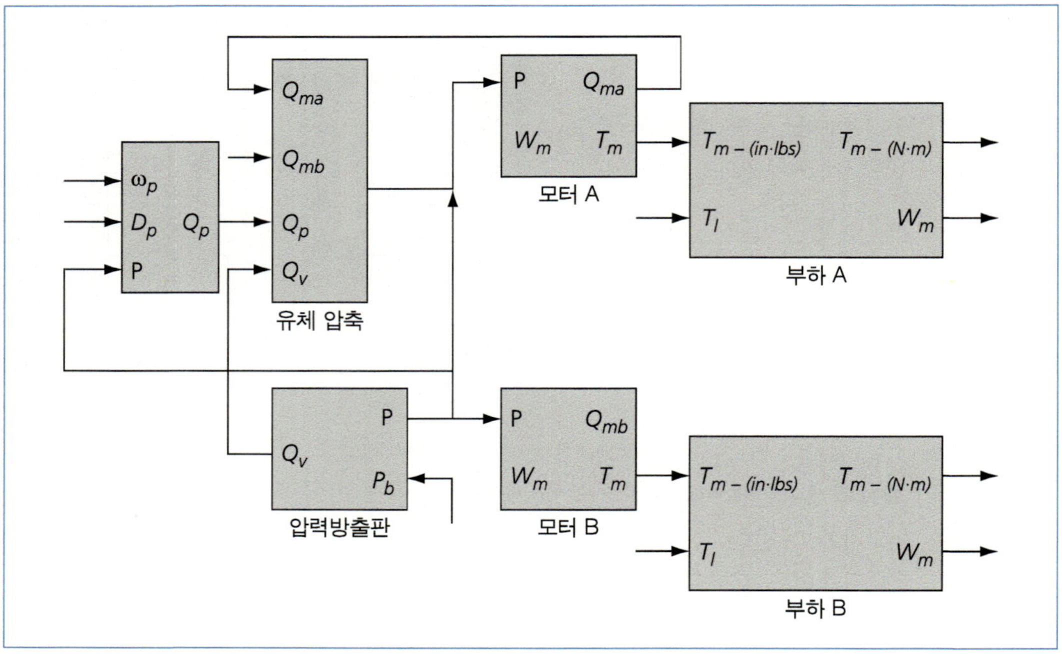

노력하고 기술개발에 상당한 진전을 이루었다. 또한, Dr. Izadian는 전문 학술지에 게재가 확정된 기술에 대한 두 편의 연구 논문(요청 시 제공 가능)을 발표했다.

경쟁 우위

오히려 추상적이거나 검증되지 않은 기술을 사용하여 해결책을 생성하는 것보다는 우리의 혁신적인 제어 및 에너지 변환 시스템은 실용적이고 효과적인 솔루션을 만들기 위해 현재의 산업 기술과 전문 지식을 활용한다. 이런 점은 제조 및 유통 기반시설이 존재하기 때문에 전체 규모의 시스템의 구축이 완료되고, 시험 및 검증되면 새로운 풍력 발전 프로젝트에 우리의 시스템의 신속한 배치를 가능하게 할 수 있는 또한 HWP에게 고유한 이점을 제공한다.

전통적인 기어 박스 설계, 다이렉트 드라이브 설계, 대안 유압 디자인과 비교할 때 우리의 시스템은 부가적인 장점을 갖는다. 이러한 장점의 조합은 상당한 터빈의 COE를 감소시킬 것으로 예상된다. 이러한 장점 은 두 가지 핵심 분야(효율성의 장점과 비용의 장점)로 세분화될 수 있다. 이러한 장점은 다음과 같다.

효율성의 장점

- 가변 속도 회전날개
- 증가된 정격 속도

- 증가된 차단(cut-out) 속도
- 감소된 엔진실 중량(또한 비용을 절감)
- 개선된 발전기의 효율성과 그리드 호환성(또한 비용을 절감)
- 대형 전력 전자의 제거(또한 비용을 절감)
- 가능한 에너지 저장

비용의 장점

- 감소된 고장 시간 및 수리 비용
- 감소된 투자 위험
- 현재 기존 제조 기반시설

우리의 시스템은 수익성을 높이면서, 제조업체들이 개발자들에게 보다 안정적이고 내구성이 있는 터빈을 제공하게 할 것이다. 기존의 입증된 기술에 대한 라이선스를 취득하면 취득한 사람들은 자체 개발에 내재된 지연, 위험 및 비용을 방지할 수 있다. 그것은 새로운 터빈 설계 및 구축에 필요한 소요 시간을 감소시키고, 그들에게 확실히 자리 잡은 부품 공급 사슬 및 공급자 네트워크에의 접근의 기회를 제공한다.

개발 계획

개발 전략

HWP는 우리의 유압 동력전달 장치 및 이와 관련된 기술의 설계 및 개발을 통해 적극적으로 움직여 왔다. 이 회사는 하나의 풍력 발전개발 회사와 하나의 큰 에너지 회사와 협력 관계를 구축하기 시작했다. 이 회사는 또한 풍력 에너지의 여러 다른 회사와 단체와의 연락처를 구축했다. 우리는 시스템의 개발과 몇 가지 다른 개발 옵션에 대한 네 가지 주요 단계를 구성했다. 이 단계는 다음과 같다.

- 소규모 모델 및 시뮬레이션
- 중간 규모의 시뮬레이션
- 대규모 시뮬레이션
- 전면적인 구축
- 중간 구축(대체 옵션)

소규모 모델 및 시뮬레이션(완료)

개발의 초기 단계는 시스템의 수학적 모델의 개발, 시스템의 컴퓨터 시뮬레이션 및 시스템의 소규모의 시제품(prototype)을 포함한다. 이러한 세 가지 접근법은 동시 개발결과의 정확성을 보장하고 상업적 규모로 시스템을 확장하기 위한 강력하고 신뢰할 수 있는 기반을 만들었다.

이 단계의 결과는 발전기에서 일정한 주파수를 유지하는 유압 풍력 에너지 수확 시스템에 대한 모델 기반 제어 전략의 성공적인 구현이었다. 풍력 터빈용 에너지 전달 시스템은 수학적으로 하나의 고정 용량 펌프와 두 유압 모터로 모델링되었다. 얻어진 수학적 모델은 Matlab/Simulink에 있는 SimHydraulic 도구박스를 사용하여 설계된 컴퓨터 모델과 유압 시스템의 소규모 시제품에서 얻어진 실험 결과와 비교되었다. 결과는 소규모 시제품에서 얻어진 실험 데이터는 시뮬레이션 모델과 일치하였다. 그리고 기어가 없는 유압 동력 전달 시스템은 에너지를 전달하는데 효율적이고 효과적인 방법이라는 것이 설명되었다.

중간 규모 시뮬레이션(진행 중)

이 회사는 중간 규모의 3개의 탑 시스템(탑당 약 100킬로와트)으로 시스템을 확장하는 과정에 있다. 전면적인 시스템 이전에 시스템을 중형 시스템으로 크기 조정하는 것은 소규모 설계의 결과가 정확하게 시스템으로 옮겨졌다는 것을 확인하는 데 중요하다. 또한, 중간규모의 시스템은 기술의 가능성을 설명하기 위해 업계의 협력 기업과 빠르고 비용 효율적인 개발 프로젝트를 위한 기초로 사용될 수 있다. 이 단계의 목적은 더욱 정밀한 부품 사양을 판별하고, 또한 COE 계산을 구체화하기 위해, 시스템에 대한 탑 높이의 효과 및 시스템의 거리의 영향을 정확히 결정하는 데 있다.

HWP의 고문이면서 American Tool & Maching, Inc.의 공동 설립자인 Errol Dogar는 현재 필요한 모든 기계 및 3상 480 볼트 전원을 포함 Indianapolis의 북서쪽에서 1에이커의 부지에 충분히 활용되지 않고 있는 4,000평방피트의 시설이 있다. 약간의 수정과 함께 이 건물 및 부지는 시제품 작동의 기반이 될 것으로 예상된다. 이 시설은 성공적으로 중간 규모 시제품 개발 단계를 완료하기 위해 필요한 임의의 기계 가공, 용접, 조립 및 시험을 수행할 수 있을 뿐만 아니라 완전히 하우징 모든 필요한 장비 및 인원을 완전히 수용할 수 있다. 이 시설에 대한 HWP의 접근은 중규모 시제품의 비용을 약 60% 감소시킬 것으로 예상된다.

이 실제 크기의 시제품의 결과는 우리의 유압 시스템의 우수한 비용 및 유지 보수 측면을 보여 줄 것이다. 게다가 이것은 시스템 개선을 위한 방법과 문제 영역을 식별하는 가치 있는 정보를 또한 제공한다. 개념이 실제 전력 수준에서 검증되면, 개조 판매와 중간 크기의 터빈의 설치를 통한 내부 자금 조달뿐만 아니라 향후 자금 조달의 새로운 출처에 대한 기회가 열릴 것이다.

대규모 시뮬레이션

중형 시스템을 개발한 후, 회사는 전면적인 크기의 시스템으로 계속해서 시스템을 확장 할 것이다(탑당 1.5MW). 이 단계는, 새로운 구성 요소를 식별하고 주요 기술 및 성능

측정기준을 결정하고, COE 분석을 개선시키고 식별하고 기존 기술에 비교되는 분야에 의한 예상되는 개선을 식별하고 정량화시키고, 일정 및 비용 추정치를 갱신하고 새로운 구성 요소의 제조비용 분석의 완료를 포함한다. 이 단계는 또한 전면적인 규모 구축에 사용될 2개의 탑 시스템의 정확한 설계를 포함할 것이다.

전면적인 구축

HWP는 대규모 시뮬레이션과 중간 규모의 시제품 결과를 기반으로 하여 전면적 시제품을 구축하기 위한 2개의 잠정적인 방안을 강구하였다. 회사는 우리의 시스템에 2개의 큰 탑을 개조할 수 있도록 할 업계 협력기업과의 협력 관계를 개발할 계획이다. 이 초기 시스템에 대한 사전구축 수요조사는 약 4개월이 걸릴 것으로 예상된다. 건설 자체는 추가로 6개월이 걸릴 것으로 예상된다. 이 기간 동안 HWP은 제품을 최적화하고 발생할 수 있는 예상치 못한 문제를 해결할 것으로 예상된다. HWP는 다른 바람 조건에서 시스템을 테스트하기 위해 향후 6개월간 시스템을 사용하고 HWP의 상용 6개의 타워 통합 시스템의 우리의 설계를 완성하기 위해 수집된 데이터를 사용한다.

상용화 계획

비즈니스 모델

HWP은 육상 풍력 애플리케이션용 유압 동력전달 시스템의 업계 전문가로 자리 매김하고 있다. 이 회사는 우리가 설계하는 시스템의 건설, 운영 및 유지 관리, 공급 사슬 전문 지식과 지원을 포함하는 결국 풍력 터빈 유압 시스템 설계의 핵심 역량을 확장하는 엔지니어링 설계 기업으로 도약할 계획이다. 이는 고객들이 신속하고 원활하게 그들의 제품이나 개발 사업에 우리의 시스템을 통합시킬 수 있다.

회사는 우리의 시스템의 사용에 대한 라이선스 계약을 확보하여 우리의 기술을 상용화할 계획이다. 선행 라이선스 비용과 탑 단위로 총 매출에 의해 결정되는 고정 로열티 비율에 대한 대가로, HWP는 제조업체에게 완벽한 제품 패키지를 제공할 것이다. 이 패키지는 우리의 HTS 및 폐쇄 루프 제어 시스템을 사용하여 터빈을 구축하고 판매할 수 있는 권리, 부품 도면과 사양, 재료명세서(부품 목록), 공급 사슬 개발 지원, 조립 및 테스트 문서, 운송 및 물류 문서, 현장 설치 및 시운전 절차, 운영 및 유지 보수 매뉴얼, 엔지니어링 컨설팅 서비스 및 제조 및 서비스에 대한 교육 프로그램을 포함할 것이다.

고객은 기존의 입증된 기술 라이선스를 획득하여 도움이 될 것이다. 이 라이선스는 자체 개발로 인한 지연, 위험을 비용을 방지할 수 있다. HWP는 제조업체로 하여금 자신의 터빈에 혁신적인 기술을 통합하고 보다 빠른 손익분기, 더 빨리 더 큰 이익을 만들 수 있게 한다. 그것은 새로운 터빈 설계 및 구축에 필요한 소요 시간을 감소시키고, 그들에게 잘 자리 잡은 부품 공급 사슬 및 공급자 네트워크에 대한 접근 기회를 제공할 것이다. 라이선스 사용자는 개발 단계 부터시스템의 본격적인 구현에 이르기까지 전문적인 높은 품질의 교육 및 지원을 접근할 수 있다.

유압 동력전달 시스템 및 관련 부품(날개 또는 탑 설계로 확장에 반대로)의 이해와 개발의 최고 전문가로서, 이 회사는 결국 우리의 잠재적인 수익 창출을 확대하고(우리의 솔루션을 보다 광범위하게 채택할 때) 운영 및 유지 보수와 부가적인 컨설팅 서비스를 포함할 것으로 예상한다.

진입 전략

이 회사는 회사의 마케팅과 시장에 우리의 기술을 도입시키는 여러 전략을 추구할 계획이다. 이러한 업계의 협력 관계를 구축하고 업계에서 많은 관계의 구축 등이 포함된다. 기술 개발 단계의 완료가 가까워지면, 회사는 터빈 제조업체 또는 풍력 발전 단지 개발 업체 중 하나와 시범사업 프로그램을 설정하는 관계를 활용할 계획이다. 이 시범 사업 프로그램은 작은 풍력 발전 단지 개발 프로젝트로 또는 큰 프로젝트의 작은 부분으로 우리의 시스템의 구현을 포함할 것으로 예상된다. 이 초기 프로젝트는 회사의 파트너에 대한 위험을 최소화하면서 시장 내에서 기술의 수용을 설정하는 데 도움이 될 것이다.

목표고객

HWP는 현재의 풍력 터빈 제조업체, 풍력 발전 개발자 및 유압 부품 제조업체라는 잠재고객의 세 가지 유형을 기대하고 있다. 이 회사는 초기에 최초의 라이선스 소유자를 위해 현재의 터빈 제조업체를 목표로 하고 있다. 풍력 터빈 제조업체에 직접 라이선싱하는 것은 가치 사슬에 있는 회사의 영향력과 신속하게 시장에 진입할 수 있는 능력을 증가시킨다. 이 제조업체들은 풍력 터빈 제조의 전문 지식을 가지고 있고 이미 풍력 발전 개발자들과의 기존의 관계를 가지고 있다.

그 대신에, HWP는 또한 풍력 개발자 및 유압 부품 업체와 라이선스 계약을 확보하기 위해 노력할 것이다. 풍력 발전 개발 사업은 높은 초기 자본 요구 사항이 있고 이러한 비용을 줄이기 위해 점점 수직적으로 통합되라고 풍력 개발자를 압박했다. 자신의 터빈을 제조하는 풍력발전 개발자는 또한 우리 디자인의 라이선스를 취득할 가능성이 있는 대상이다.

우리의 솔루션은 유압 부품 제조업체한테 새로운 고성장 시장 진출을 위한 좋은 기회를 나타낸다. 아마도 HWP의 기술의 라이선스에 관심이 있는 주요 유압 회사의 현재 수십개가 있다(Catapillar, Flowserve, Sulze, 및 Eaton 포함). 시스템이 독점적이지만, 사용하는 구성 요소들은 이 회사들에 의해 잘 알려져 있다. 이러한 제조업체에게 우리의 시스템을 라이선스해 주는 것은 그들에게 그들의 기존의 핵심 역량을 초월할 필요 없이 새로운 시장에 진입하게 할 수 있다.

출구 전략

풍력 에너지 산업은 다수의 전략적 인수가 특징이다. 2010년에 39.8억 달러에 달하는 북미 지역 내에서 35건의 거래가 있었다. 큰 제조업체는 개선된 기술을 가지고 있는 중소기업을 빠르게 인수해 왔다. 예를 들어, GE는 최근 더 싸게 높은 탑을 구축하기 위한 기술에 접근하기 위해 Wind Tower System, LLC를 매수했다. HWP는 우리의 기술의 강력한 가치 제안과 더 큰 회사의 제품 포트폴리오를 다각화할 수 있는 능력으로 인해 우리의 대안 동력 전달 시스템이 HWP이 큰 제조업체에 대한 강력한 인수 대상이 될 것이라고 믿고 있다.

경영 팀

창업초기 경영진

임시 최고경영자(CEO)인 Adam Jonson(MBA)는 최근 비즈니스의 Indiana University 켈리 경영대학원에서 창업가정신(entrepreneurship) 분야의 MBA 학위를 취득했다. 그는 신재생 에너지 분야의 창업초기 벤처 기업인 Microbial Energy System 및 스미스 바니 금융에서의 근무를 포함하여 금융의 배경에서 일한 경험이 있다.,

최고 운영 책임자(COO)인 Justin Otani(JD/MBA)는 현재 Indiana University 마우어 법률대학원에서 비즈니스 법률 및 지적 재산권에 대한 자신의 JD 및 Indiana University 켈리 경영대학원에서 창업가정신 및 기업 금융에서 MBA를 취득했다. 그는 Indiana University의 기술 이전 사무실에서의 근무 경험을 가지고 있다.

연구소장인 Dr. Afsin Izadian은 HWP의 기술의 발명자이고 HWP에 대한 기술 자문 및 개발 지원을 제공하고 있다. Dr. Izadian은 IUPUI(Indiana University-Purdue University Indianapolis)의 전기공학과 교수이다. 그는 또한 Discovery Park-Purdue University의 에너지센터 연구원이고 Richard Lugar Center for Renewable Energy의 연구 교수이다.

자문위원회

자문위원회(Advisory Board)는 창업가정신, 지적 재산권 시장에 새로운 기술을 도입시키는 강력한 배경을 가지고 있다. 위원회는 사업계획, 투자자 설명, 법률 서비스, 사업 개발에 대한 일반적인 지침에 대한 지원을 제공한다. 위원회는 현재 Dr. Donald F. Kuratko ("Dr. K") 교수, Mark Need, Matt Rubin이 포함되어 있다. "Dr. K"는 Johnson Center for Entrepreneurship and Innovation at Indiana University의 상임이사이다. Mark Need는 Elmore Entrepreneurship Law Clinic at Indiana University의 이사이다. Matt Rubin은 Indiana University Research and Technology Corporation의 사업 개발 관리자이다.

위험

산업 위험

킬로와트-시간당 2.1센트의 세액공제를 해 주는 신재생 에너지 PTC는 풍력 에너지에 대한 연방 정부의 기본 인센티브와 업계의 성장에 필수적이었다. 풍력 에너지 산업은 PTC에 관한 두 가지 문제에 직면해있다. 첫째, 공제가 지속적으로 단지 1~2년만 연장된다. 이점은 기업으로 하여금 풍력 에너지 생산과 개발에 장기적이고 상당한 투자를 막고 있다. 둘째, 세금 공제에 대한 수요가 제한되어 현재의 불리한 분위기에서 PTC는 풍력 에너지 개발에 박차를 가하는 인센티브를 거의 제공하고 있지 않다.

우리의 시스템은 이러한 정부의 보조금 없이 풍력 에너지 비용 경쟁력을 만들 수 있는 가능성을 가지고 있다. 이것은 우리의 시스템에 대한 강력한 경쟁 우위의 역할을 한다. 그러나 이 PTC들은 HWP의 시스템의 개발 및 수용 전에 갱신되지 않을 우려가 있다. 이것이 발생하면, 풍력 에너지 기술 프로젝트 또는 풍력 에너지 기술에 대한 투자에 대한 수요의 실질적인 감소를 초래할 수 있다. 그 결과 크게 기업들의 시장 진입을 상당히 늦출 수가 있다. 풍력 터빈 시장은 세계 시장이며, 이러한 사건이 발생하더라도, 기업은 어느 곳에서도 우리의 기술을 상용화할 수 있기 때문에 이러한 위험은 경감된다.

대체 기술 위험

주요 터빈 제조업체는 기어 박스 의 안정성을 높이기 위해 노력하고 있다. HWP는 이들 기업들이 기어 박스 문제에 더 경쟁력 있는 솔루션을 개발할 수 있는 가능성이 있다고 인식하고 있다. HWP는 이러한 위험이 회사들이 이미 현재 기어 박스를 개선하려고 발생한 시간과 노력이 최소한 고려되고 있다고 느끼고 있다. HWP는 기어 박스의 수명이 획기적으로 연장된다 하더라도 초기 자본비용의 감소, 터빈 무게 감소 및 수리가 필요한 경우 수리비용의 감소로 인해 우리의 기술은 성공할 것이라고 강력하게 믿고 있다.

유압 유체

유압 유체의 사용을 둘러싼 환경 문제가 실질적으로 우려되는 영역이다. 기업은 이미 시장에서 사용할 수 있는 여러 가지 환경 친화적인 유압 유체를 식별했다. 전면적인 시스템이 설계되고 분석되면, 잠재적인 유압 유체의 최적의 특성(점도, 정압, 증기압, 밀도 등)은 잘 알려질 것이고 이러한 특성을 가진 기존의 환경 친화적인 유체가 있을 것으로 예상된다. 그러나 전달되는 에너지의 전달의 효율을 최적화할 정확한 특성의 유체가 존재하지 않을 경우에는, 원하는 화학적 특성을 갖는 유체의 개발에 대한 연구를 추가로 요구할 수 있다.

재무제표 요약

재무

여기에 제시된 추정 재무제표는 유사한 라이선스 모델을 사용한 Windtec의 성공에 부분적으로 기초한 전망이다. HWP은 Windtec의 기어박스기반의 시스템을 통한 회사의 시스템의 장점을 고려할 때 이러한 수입의 숫자를 제대로 맞추는 능력을 확신하고 있다. 이 회사는 아마도 2년 이내에, 아마도 그 이전에, 첫 라이선스 계약을 체결할 것으로 기대하고 있다. HWP의 목표는 180만 달러의 기술 개발 자금을 조달하여 전면적인 시제품을 구축을 준비하는 Series A round를 종료하는 것이다.

자금은 또한 회사가 핵심 인력을 고용할 수 있게 한다. Series A round에서 자금을 조달한 후 회사는 최고 기술 책임자(CTO) 및 최고경영자(CEO)를 고용하기를 희망하고 있다. CTO는 우리의 엔지니어링 팀의 개발에 앞장설 것이며, CEO는 사업의 관리 감독 및 추가 자본을 확보하기 위한 책임이 있다.

HWP는 '자체' 기술 개발이 회사의 성공에 중요한 역할을 할 것이라고 믿는다. 또한, 회사는 첫 해에 수석 전기 기술자와 수석 제어 시스템 기술자를 고용하기를 기대하고 있다. HWP는 또한 2년 차에 기계 기술자와 전기 기술자를 고용할 예정이다. 회사가 전면적인 시제품 구축을 준비하기 시작할 때 이 기술자들은 중요하다.

이 회사는 또한 전면적인 시제품을 구축하기 위해 400만 달러 Series B round의 종료를 기대하고 있다. 재정 계획은 기존의 2개의 탑을 개조하는 풍력 발전 단지 개발 업체와의 HWP 협력과 일치한다. 그러나 이 협력관계는 전면적인 구축비용을 크게 절감할 수 있는 많은 다른 형태로 나타날 수 있다. 부품 비용은 구축 시 생길 수 있는 모든 문제를 대비하여 3년 차의 50만 달러의 우발위험준비금과 4년 차의 25만 달러를 포함한다. 이 예비 부품 준비금에 더하여, 회사는 결코 현금을 38만 달러 아래로 떨어뜨리지 않는다. 여분의 현금은 회사가 예상치 못한 문제 또는 비용이 발생된 경우에라도 생존하게 한다는 것을 확신한다.

회사의 라이선싱 전략 때문에 HWP는 전면적인 시제품을 넘어서는 자본 지출에 많은 투자를 할 필요가 없다. 이러한 접근 방식은 회사로 하여금 3차 자금 조달의 필요성을 제거할 수 있는 장기적 자립 회사로 가게 한다. 회사는 3년 이내에 양(+)의 현금흐름이 될 것으로 기대하고 있다. 전면적인 시제품을 넘어서는 비용의 대부분은 기술진과 판매 팀을 확장하고 개선할 뿐만 아니라 지속적인 연구개발에 집중적으로 투입될 것이다.

출구

우리의 라이선스 모델은 HWP를 자립 기업으로 자리매김을 하는 동안, 이 회사는 풍력 터빈 제조업체, 유압 펌프 제조업체, 또는 풍력 발전 단지 개발 업체에 인수될 강력한 가능성이 있다. 따라서 인수를 통한 출구에 기초하여 평가해 보면 회사의 예상 5년차에 1억 6,280만 달러가 될 것이다. 이는 이자, 세금, 감가상각, 상환 전(EBITA)의 현재 산업표준인 11배를 기반으로 한 것이다. 대기업은 작은 기업을 빠르게 인수해 왔다. 이는 미쓰비시 중공업(MHI)의 Artemis IP 인수와 AMSC(American Superconductor)의 Windtec의 취득에

표 1 손익계산서

	1년차	2년차	3년차	4년차	5년차
라이선스 수입		$ —	$ 500,000	$ 1,000,000	$ 3,000,000
이자 수입	$ 26,591	$ 112,886	$ 120,586	$ 91,472	$ 65,095
로얄티	$ 2,250,000	$ 10,500,000	$ 30,000,000		
기타 수입					
총 수입	$ 26,591	$ 112,886	$ 2,870,586	$ 11,591,472	$ 33,065,095
통과 로얄티	$ —	$ —	$ 1,125,000	$ 5,250,000	$ 15,000,000
총 급여	$ 450,000	$ 796,167	$ 1,061,050	$ 1,495,595	$ 2,724,341
총 IUPUI 비용	$ 140,394	$ 140,394			
외부 계약	$ 100,000	$ 115,000	$ 132,250	$ 152,088	$ 174,901
초기 구축용 총 재료비	$ 1,310,122	$ 1,560,122	$ 375,000	$ 125,000	
초기 구축용 공사비	$ 500,000	$ 500,000			
영업비용					
총 영업비용	$ 214,100	$ 161,385	$ 202,698	$ 300,805	$ 378,512
총 비용	$ 904,494	$ 3,023,067	$ 4,581,119	$ 7,573,487	$ 18,402,753
EBT(세전 이익)	$ (877,903)	$ (2,910,181)	$ (1,710,533)	$ 4,017,984	$ 14,662,342
세금(35%)	$ —	$ —	$ —	$ (1,406,295)	$ (5,131,820)
순 이익	$ (877,903)	$ (2,910,181)	$ (1,710,533)	$ 2,611,690	$ 9,530,522

* 자세한 재무 정보는 첨부 참조

표 2 대차대조표

	1년차	2년차	3년차	4년차	5년차
자산					
유동자산					
현금	$ 943,075	$ 2,131,570	$ 386,284	$ 4,861,830	$ 19,851,153
외상매출금	$ —	$ —	$ —	$ —	$ —
총 자산	$ 943,075	$ 2,131,570	$ 386,284	$ 4,861,830	$ 19,851,153
부채					
유동부채					
미지급금	$ 20,978	$ 119,653	$ 84,900	$ 242,462	$ 569,444
총 부채	$ 20,978	$ 119,653	$ 84,900	$ 242,462	$ 569,444
자본					
납입자본	$ 1,800,000	$ 5,800,000	$ 5,800,000	$ 5,800,000	$ 5,800,000
이익잉여금	$ (877,903)	$ (3,788,083)	$ (5,498,616)	$ (1,480,632)	$ 13,181,710
총 자본	$ 922,097	$ 2,011,917	$ 301,384	$ 4,319,368	$ 18,981,710
총 부채와 자본	$ 943,075	$ 2,131,570	$ 386,284	$ 4,561,830	$ 19,551,153

표 3 현금흐름표

	1년차	2년차	3년차	4년차	5년차
순 이익(손실)	$ (877,903)	$ (2,910,181)	$ (1,710,533)	$ 4,017,984	$ 14,662,342
운전 자본 변화:					
외상매출금(증가)	$ —	$ —	$ —	$ 300,000	$ —
외상매입금(증가)	$ 20,978	$ 98,676	($ 34,753)	$ 157,562	$ 326,982
영업활동에 의한 현금	$ (856,925)	$ (2,811,505)	$ (1,745,286)	$ 4,475,547	$ 14,989,323
투자활동에 의한 현금					
재무활동에 의한 현금					
당기 현금 변화	$ (856,925)	$ (2,811,505)	$ (1,745,286)	$ 4,475,547	$ 14,989,323
기초 현금	$ 1,800,000	$ 943,075	$ 2,131,570	$ 386,284	$ 4,861,830
기말 현금	$ 943,075	$ 2,131,570	$386,284	$ 4,861,830	$ 19,851,153

* 자세한 재무 정보는 첨부 참조

의해 입증된다. Artemis의 IP 거래의 세부 사항은 공개되지 않았다. 그러나 미쓰비시 중공업은 인수를 포함한 큰 거래에 1.6억 달러 이상을 사용했다. Windtec의 거래에서 AMSC는 1,240만 달러의 AMSC 주식으로 Windtec을 인수했다. Windtec는 그때쯤 엄청난 처리하지 못한 주문 잔고를 가지고 있었다.

표 4 Series A의 예상 수익

5년차 EBITA		14.8 (백만)			
배수		11			
종가		$ 162.8			
Series B	**TV**	**IRR**	**기간**	**DTV**	
현재가	$ 163	0.94	3.5	$ 16.15	
투자	$ 4			25%	Series B 최종지분
유보율	**75%**				
Series A	**TV**	**IRR**	**기간**	**DTV**	
현재가	$ 163	0.94	5	$ 6.00	
투자	$ 1.8			30%	Series A 최종지분
				40%	Series A 현재지분
소유권	**Series A[1] 이후**	**Series B 이후**	**Series A 평가**		
설립자	45%	28%	투자 전 가치	$ 2.72	**Series A**
ICP	5%	10%	Series A[1]	$ 1.80	현금투자 대비 현금수익률[2]
옵션 풀	10%	8%	투자 후 가치	$ 4.52	27
Series A	40%	30%			출구횟수
Series B	25%				$48.83
합계	100%	100%			

1 벤처투자자로부터 받는 첫 투자 유치

2 현금투자 대비 현금수익률 = $\frac{\text{연간 세전 현금흐름}}{\text{투자된 현금 총액}}$

표 5 펀드 사용 내역

	증가율	1년차	2년차	3년차	4년차	5년차
급여						
대표이사	10%	$ 125,000	$ 137,500	$ 151,250	$ 166,375	$ 183,013
Adam Johnson, CFO	10%	$ 60,000	$ 80,000	$ 88,000	$ 96,800	$ 106,480
Justin Otani, COO	10%	$ 40,000	$ 80,000	$ 88,000	$ 96,800	$ 106,480
최고 기술 책임자(CTO)	10%	$ 100,000	$ 110,000	$ 121,000	$ 133,100	$ 133,100
선임 전기 기술자	10%	$ 75,000	$ 100,000	$ 110,000	$ 121,000	$ 121,000
선임 제어 기술자	10%	$ 50,000	$ 100,000	$ 110,000	$ 121,000	$ 121,000
초급 기계 기술자	10%		$ 50,000	$ 55,000	$ 60,500	$ 66,550
초급 전기 기술자	10%		$ 50,000	$ 55,000	$ 60,500	$ 66,550
판매 관리자	10%		$ 23,333	$ 70,000	$ 77,000	$ 84,700
판매 관리자	10%		$ 23,333	$ 70,000	$ 77,000	$ 84,700
기타	240%		$ 42,000	$ 142,800	$ 485,520	$ 1,650,768
총 급여		**$ 450,000**	**$ 796,167**	**$ 1,061,050**	**$ 1,167,155**	**$ 1,283,871**
IUPUI						
책임 연구원		$ 6,590	$ 6,590			
공동 연구원		$ 4,000	$ 4,000			
2명의 박사 후 과정 연구원		$ 36,000	$ 36,000			
2명의 대학원생 연구 보조원		$ 14,400	$ 14,400			
IUPUI 급여		**$ 60,990**	**$ 60,990**			
		$ 0	$ 0			
부가혜택/급여수당		**0**	**0**			
책임 연구원/공동 연구원		$ 2,783	$ 2,783			
2명의 대학원생 연구 보조원		$ 2,278	$ 2,278			
박사 후 과정 연구원		$ 15,120	$ 15,120			
IUPUI 수당 총액		**$ 20,181**	**$ 20,181**			
		$ 0	$ 0			
대학원 등록비 감면		**$ 11,000**	**$ 11,000**			
		$ 0	$ 0			
용품/부품		0	0			
동기 전동기		0	0			
컴퓨터		0	0			
고체 부품		0	0			

(계속)

표 5 펀드 사용 내역 (계속)

	증가율	1년차	2년차	3년차	4년차	5년차
IUPUI 용품/부품 총액		**$ 2,500**	**$ 2,501**			
		$ 0	$ 1			
IUPUI 총 간접비용		**$ 45,723**	**$ 45,723**			
IUPUI 총액		**$ 140,394**	**$ 140,394**			
외부 계약						
엔지니어 자문	15%	$ 100,000	$ 115,000	$ 132,250	$ 152,088	$ 174,901
최초 제작용 부품						
low speed shafts			$ 195,000			
CV Joints			$ 12,000			
Bearings			$ 70,200			
Brake			$ 17,550			
Yaw Drive & Bearing			$ 75,000			
Control/Safety System			$ 204,750			
Main Frame			$ 420,000			
Electrical Connection			$ 274,743			
Large Hydraulic Pump			$ 180,000			
Generator			$ 300,000			
Hydraulic Tank			$ 21,000			
Bypass Valves			$ 60,000			
Electric Control Shut off Val.			$ 45,000			
Check Valves			$ 30,000			
Pressure Relief Valves			$ 30,000			
Reduced Size Power Conv.			$ 90,000			
Flow Control Valve			$ 30,000			
Pressure Booster Pump			$ 24,000			
Piping			$ 36,000			
Secondary Generator			$ 225,000			
Hydraulic Pump			$ 120,000			
Accumulator			$ 60,000			
Spare Parts			$ 100,000	$ 500,000	$ 250,000	
최초 제작용 총 부품비용			**$ 2,620,243**	**$ 500,000**	**$ 250,000**	
최조 제작 총 비용			**$ 1,000,000**			

(계속)

표 5 펀드 사용 내역 (계속)

	증가율	1년차	2년차	3년차	4년차	5년차
영업비용						
	8%					
급여처리비용		$ 2,000	$ 3,000	$ 3,000	$ 3,000	$ 3,000
사무실 임대비	5%	$ 15,000	$ 15,750	$ 15,750	$ 15,750	
부가혜택	35%	$ 6,000	$ 12,000	$ 16,200	$ 21,870	$ 29,525
출장비	15%	$ 30,000	$ 34,500	$ 39,675	$ 45,626	$ 52,470
전시회	15%	$ 4,000	$ 4,600	$ 5,290	$ 6,084	$ 6,996
홍보	15%	$ 2,000	$ 2,300	$ 2,645	$ 3,042	$ 3,498
시장조사	15%	$ 5,000	$ 5,750	$ 6,613	$ 7,604	$ 8,745
우편물	15%	$ 500	$ 575	$ 661	$ 760	$ 875
휴대폰비	15%	$ 1,500	$ 1,725	$ 1,984	$ 2,281	$ 2,624
법률 자문비	15%	$ 10,000	$ 11,500	$ 13,225	$ 15,209	$ 17,490
기타 자문비	15%	$ 10,000	$ 11,500	$ 13,225	$ 15,209	$ 17,490
웹 사이트 개발비와 유지비		$ 20,000	$ 1,500	$ 1,500	$ 1,500	$ 1,500
회비 및 구독료	15%	$ 900	$ 1,035	$ 1,190	$ 1,369	$ 1,574
특허비용		$ 80,000	$ 15,000	$ 30,000	$ 100,000	$ 150,000
컴퓨터와 소프트웨어 (SimHydraulics)		18,200	13,800	20,000	25,000	25,000
사무실 집기와 비품	15%	$ 7,000	$ 8,050	$ 9,258	$ 10,646	$ 12,243
전화료와 전기료	15%	$ 3,000	$ 3,450	$ 3,968	$ 4,563	$ 5,247
회계 자문 비용	15%	$ 4,000	$ 4,600	$ 5,290	$ 6,084	$ 6,996
기타	15%	$ 10,000	$ 11,500	$ 13,225	$ 15,209	$ 17,490
총 영업비용		$ 214,100	$ 161,385	$ 202,698	$ 300,805	$ 378,512
총 비용		**$ 904,494**	**$ 4,833,188**	**$ 1,895,998**	**$ 1,870,047**	**$ 1,837,283**

표 6 손익계산서 (1년차)

	1	2	3	4	5	6	7	8	9	10	11	12	1년차
라이선스 수입													
이자 수입	$ 3,159	$ 2,819	$ 2,698	$ 2,575	$ 2,453	$ 2,330	$ 2,207	$ 1,961	$ 1,784	$ 1,660	$ 1,535	$ 1,410	$ 26,591
로열티													
기타 수입													
총 수입	$ 3,159	$ 2,819	$ 2,698	$ 2,575	$ 2,453	$ 2,330	$ 2,207	$ 1,961	$ 1,784	$ 1,660	$ 1,535	$ 1,410	$ 26,591
라이선스 비용													
노무비													
대표이사	$ 10,417	$ 10,417	$ 10,417	$ 10,417	$ 10,417	$ 10,417	$ 10,417	$ 10,417	$ 10,417	$ 10,417	$ 10,417	$ 10,417	$ 125,000
Adam Johnson, CFO	$ 5,000	$ 5,000	$ 5,000	$ 5,000	$ 5,000	$ 5,000	$ 5,000	$ 5,000	$ 5,000	$ 5,000	$ 5,000	$ 5,000	$ 60,000
Justin Otani, COO	$ 3,333	$ 3,333	$ 3,333	$ 3,333	$ 3,333	$ 3,333	$ 3,333	$ 3,333	$ 3,333	$ 3,333	$ 3,333	$ 3,333	$ 40,000
최고 기술 책임자(CTO)	$ 8,333	$ 8,333	$ 8,333	$ 8,333	$ 8,333	$ 8,333	$ 8,333	$ 8,333	$ 8,333	$ 8,333	$ 8,333	$ 8,333	$ 100,000
선임 전기 기술자	$ 0	$ 0	$ 0	$ 8,333	$ 8,333	$ 8,333	$ 8,333	$ 8,333	$ 8,333	$ 8,333	$ 8,333	$ 8,333	$ 75,000
선임 시스템 제어 기술자	$ 0	$ 0	$ 0	$ 0	$ 0	$ 0	$ 8,333	$ 8,333	$ 8,333	$ 8,333	$ 8,333	$ 8,333	$ 50,000
초급 기계 기술자	$ 0	$ 0	$ 0	$ 0	$ 0	$ 0	$ 0	$ 0	$ 0	$ 0	$ 0	$ 0	$ –
초급 전기 기술자	$ 0	$ 0	$ 0	$ 0	$ 0	$ 0	$ 0	$ 0	$ 0	$ 0	$ 0	$ 0	$ –
판매 관리자	$ 0	$ 0	$ 0	$ 0	$ 0	$ 0	$ 0	$ 0	$ 0	$ 0	$ 0	$ 0	$ –
판매 관리자	$ 0	$ 0	$ 0	$ 0	$ 0	$ 0	$ 0	$ 0	$ 0	$ 0	$ 0	$ 0	$ –
기타 급여	0	0	0	0	0	0	0	0	0	0	0	0	$ –
총 급여	**$ 27,083**	**$ 27,083**	**$ 27,083**	**$ 35,417**	**$ 35,417**	**$ 35,417**	**$ 43,750**	**$ 43,750**	**$ 43,750**	**$ 43,750**	**$ 43,750**	**$ 43,750**	**$ 450,000**
IUPUI 총 비용	**$ 140,394**												
외부 계약	**$ 8,333**	**$ 8,333**	**$ 8,333**	**$ 8,333**	**$ 8,333**	**$ 8,333**	**$ 8,333**	**$ 8,333**	**$ 8,333**	**$ 8,333**	**$ 8,333**	**$ 8,333**	**$ 100,000**
최초 제작용 총 부품비용													
최초 제작 총 비용													

(계속)

표 6 손익계산서 (1년차) **(계속)**

	1	2	3	4	5	6	7	8	9	10	11	12	1년차
영업비용													
급여 처리비용	$ 167	$ 167	$ 167	$ 167	$ 167	$ 167	$ 167	$ 167	$ 167	$ 167	$ 167	$ 167	$ 2,000
사무실 임대비용	$ —	$ —	$ —	$ —	$ —	$ —	$ —	$ —	$ —	$ —	$ —	$ —	$ —
부가혜택	$ 500	$ 500	$ 500	$ 500	$ 500	$ 500	$ 500	$ 500 $	500 $	500 $	500 $	500	$ 6,000
출장비	$ 2,500	$ 2,500	$ 2,500	$ 2,500	$ 2,500	$ 2,500	$ 2,500	$ 2,500	$ 2,500	$ 2,500	$ 2,500	$ 2,500	$ 30,000
전시회	$ 333	$ 333	$ 333	$ 333	$ 333	$ 333	$ 333	$ 333	$ 333	$ 333	$ 333	$ 333	$ 4,000
홍보	$ 167	$ 167	$ 167	$ 167	$ 167	$ 167	$ 167	$ 167	$ 167	$ 167	$ 167	$ 167	$ 2,000
시장조사	$ 417	$ 417	$ 417	$ 417	$ 417	$ 417	$ 417	$ 417	$ 417	$ 417	$ 417	$ 417	$ 5,000
우편물	$ 42	$ 42	$ 42	$ 42	$ 42	$ 42	$ 42	$ 42	$ 42	$ 42	$ 42	$ 42	$ 500
휴대폰비	$ 125	$ 125	$ 125	$ 125	$ 125	$ 125	$ 125	$ 125	$ 125	$ 125	$ 125	$ 125	$ 1,500
법률 자문비	$ 833	$ 833	$ 833	$ 833	$ 833	$ 833	$ 833	$ 833	$ 833	$ 833	$ 833	$ 833	$ 10,000
기타 자문비	$ 833	$ 833	$ 833	$ 833	$ 833	$ 833	$ 833	$ 833	$ 833	$ 833	$ 833	$ 833	$ 10,000
웹 사이트 개발비와 유지바	$ 1,667	$ 1,667	$ 1,667	$ 1,667	$ 1,667	$ 1,667	$ 1,667	$ 1,667	$ 1,667	$ 1,667	$ 1,667	$ 1,667	$ 20,000
회비 및 구독료	$ 75	$ 75	$ 75	$ 75	$ 75	$ 75	$ 75	$ 75	$ 75	$ 75	$ 75	$ 75	$ 900
특허비용	$ 6,667	$ 6,667	$ 6,667	$ 6,667	$ 6,667	$ 6,667	$ 6,667	$ 6,667	$ 6,667	$ 6,667	$ 6,667	$ 6,667	$ 80,000
컴퓨터와 소프트웨어 (SimHydraulics)	$ 1,517	$ 1,517	$ 1,517	$ 1,517	$ 1,517	$ 1,517	$ 1,517	$ 1,517	$ 1,517	$ 1,517	$ 1,517	$ 1,517	$ 18,200
사무실 집기와 비품	$ 583	$ 583	$ 583	$ 583	$ 583	$ 583	$ 583	$ 583	$ 583	$ 583	$ 583	$ 583	$ 7,000
전화료와 전기료	$ 250	$ 250	$ 250	$ 250	$ 250	$ 250	$ 250	$ 250	$ 250	$ 250	$ 250	$ 250	$ 3,000
회계 자문비	$ 333	$ 333	$ 333	$ 333	$ 333	$ 333	$ 333	$ 333	$ 333	$ 333	$ 333	$ 333	$ 4,000
기타 급여	$ 833	$ 833	$ 833	$ 833	$ 833	$ 833	$ 833	$ 833	$ 833	$ 833	$ 833	$ 833	$ 10,000
총 영업비용	**$ 17,842**	**$ 17,842**	**$ 17,842**	**$ 17,842**	**$ 17,842**	**$ 17,842**	**$ 17,842**	**$ 17,842**	**$ 17,842**	**$ 17,842**	**$ 17,842**	**$ 17,842**	**$ 214,100**
총 비용	**$ 193,652**	**$ 53,258**	**$ 53,258**	**$ 61,592**	**$ 61,592**	**$ 61,592**	**$ 69,925**	**$ 69,925**	**$ 69,925**	**$ 69,925**	**$ 69,925**	**$ 69,925**	**$ 904,494**
순이익 (세전이익)	**$ (190,493)**	**$ (50,439)**	**$ (50,561)**	**$ (59,016)**	**$ (59,139)**	**$ (59,261)**	**$ (67,718)**	**$ (67,964)**	**$ (68,141)**	**$ (68,265)**	**$ (68,390)**	**$ (68,515)**	**$ (877,903)**

표 6 대차대조표 (1년차)

	1	2	3	4	5	6	7	8	9	10	11	12	1년차
자산													
유동자산													
현금	$1,667,603	$1,575,046	$1,524,485	$1,467,969	$1,408,830	$1,349,569	$1,284,351	$1,216,387	$1,148,246	$1,079,980	$1,011,590	$ 943,075	$ 943,075
외상매출금													
총 자산	**$1,667,603**	**$1,575,046**	**$1,524,485**	**$1,467,969**	**$1,408,830**	**$1,349,569**	**$1,284,351**	**$1,216,387**	**$1,148,246**	**$1,079,980**	**$1,011,590**	**$ 943,075**	**$ 943,075**
부채													
유동부채													
외상매입금	$ 58,096	$ 15,978	$ 15,978	$ 18,478	$ 18,478	$ 18,478	$ 20,978	$ 20,978	$ 20,978	$ 20,978	$ 20,978	$ 20,978	$ 20,978
총 부채	**$ 58,096**	**$ 15,978**	**$ 15,978**	**$ 18,478**	**$ 18,478**	**$ 18,478**	**$ 20,978**	**$ 20,978**	**$ 20,978**	**$ 20,978**	**$ 20,978**	**$ 20,978**	**$ 20,978**
자본													
출자자본	$1,800,000	$1,800,000	$1,800,000	$1,800,000	$1,800,000	$1,800,000	$1,800,000	$1,800,000	$1,800,000	$1,800,000	$1,800,000	$1,800,000	$1,800,000
이익잉여금	$ (190,493)	$ (240,932)	$ (291,492)	$ (350,509)	$ (409,647)	$ (468,909)	$ (536,627)	$ (604,591)	$ (672,732)	$ (740,997)	$ (809,387)	$ (877,903)	$ (877,903)
총 자본	$1,609,507	$1,559,068	$1,508,508	$1,449,491	$1,390,353	$1,331,091	$1,263,373	$1,195,409	$1,127,268	$1,059,003	$ 990,613	$ 922,097	$ 922,097
총 부채와 자본	**$1,667,603**	**$1,575,046**	**$1,524,485**	**$1,467,969**	**$1,408,830**	**$1,349,569**	**$1,284,351**	**$1,216,387**	**$1,148,246**	**$1,079,980**	**$1,011,590**	**$ 943,075**	**$ 943,075**

표 6 현금흐름표 (1년차)

	1	2	3	4	5	6	7	8	9	10	11	12	1년차
순 이익(손실)	$ (190,493)	$ (50,439)	$ (50,561)	$ (59,016)	$ (59,139)	$ (59,261)	$ (67,718)	$ (67,964)	$ (68,141)	$ (68,265)	$ (68,390)	$ (68,515)	$ (877,903)
운전 자본 변화													
외상매출금(증가)	$ —	$ —	$ —	$ —	$ —	$ —	$ —	$ —	$ —	$ —	$ —	$ —	$ —
외상매입금(증가)	$ 58,096	$ (42,118)	$ 0	$ 2,500	$ 0	$ 0	$ 2,500	$ 0	$ 0	$ 0	$ 0	$ 0	$ 20,978
영업활동으로 인한 현금	$ (132,397)	$ (92,557)	$ (50,561)	$ (56,516)	$ (59,139)	$ (59,261)	$ (65,218)	$ (67,964)	$ (68,141)	$ (68,265)	$ (68,390)	$ (68,515)	$ (856,925)
투자활동으로 인한 현금													
재무활동으로 인한 현금													
출자자본	$1,800,000												
현금 변화	$1,667,603	$ (92,557)	$ (50,561)	$ (56,516)	$ (59,139)	$ (59,261)	$ (65,218)	$ (67,964)	$ (68,141)	$ (68,265)	$ (68,390)	$ (68,515)	$ (856,925)
기초 현금	$1,800,000	$1,667,603	$1,575,046	$1,524,485	$1,467,969	$1,408,830	$1,349,569	$1,284,351	$1,216,387	$1,148,246	$1,079,980	$1,011,590	$1,800,000
기말 현금	$1,667,603	$1,575,046	$1,524,485	$1,467,969	$1,408,830	$1,349,569	$1,284,351	$1,216,387	$1,148,246	$1,079,980	$1,011,590	$ 943,075	$ 943,075

표 6 손익계산서 (2년차)

	13	14	15	16	17	18	19	20	21	22	23	24	2년차
라이선스 수입													$ —
이자 수입	$ 1,210	$ 978	$ 745	$ 13,030	$ 12,815	$ 12,599	$ 12,400	$ 12,208	$ 12,016	$ 11,822	$ 11,629	$ 11,434	$ 112,886
로열티													
기타 수입													
총 수입	$ 1,210	$ 978	$ 745	$ 13,030	$ 12,815	$ 12,599	$ 12,400	$ 12,208	$ 12,016	$ 11,822	$ 11,629	$ 11,434	$ 112,886
라이선스 비용													
노무비													
대표이사	$ 11,458	$ 11,458	$ 11,458	$ 11,458	$ 11,458	$ 11,458	$ 11,458	$ 11,458	$ 11,458	$ 11,458	$ 11,458	$ 11,458	$ 137,500
Adam Johnson, CFO	$ 6,667	$ 6,667	$ 6,667	$ 6,667	$ 6,667	$ 6,667	$ 6,667	$ 6,667	$ 6,667	$ 6,667	$ 6,667	$ 6,667	$ 80,000
Justin Otani, COO	$ 6,667	$ 6,667	$ 6,667	$ 6,667	$ 6,667	$ 6,667	$ 6,667	$ 6,667	$ 6,667	$ 6,667	$ 6,667	$ 6,667	$ 80,000
최고 기술 책임자(CTO)	$ 9,167	$ 9,167	$ 9,167	$ 9,167	$ 9,167	$ 9,167	$ 9,167	$ 9,167	$ 9,167	$ 9,167	$ 9,167	$ 9,167	$ 110,000
선임 전기 기술자	$ 8,333	$ 8,333	$ 8,333	$ 8,333	$ 8,333	$ 8,333	$ 8,333	$ 8,333	$ 8,333	$ 8,333	$ 8,333	$ 8,333	$ 100,000
선임 시스템 제어 기술자	$ 8,333	$ 8,333	$ 8,333	$ 8,333	$ 8,333	$ 8,333	$ 8,333	$ 8,333	$ 8,333	$ 8,333	$ 8,333	$ 8,333	$ 100,000
초급 기계 기술자	$ 4,167	$ 4,167	$ 4,167	$ 4,167	$ 4,167	$ 4,167	$ 4,167	$ 4,167	$ 4,167	$ 4,167	$ 4,167	$ 4,167	$ 50,000
초급 전기 기술자	$ 4,167	$ 4,167	$ 4,167	$ 4,167	$ 4,167	$ 4,167	$ 4,167	$ 4,167	$ 4,167	$ 4,167	$ 4,167	$ 4,167	$ 50,000
판매 관리자	$ 0	$ 0	$ 0	$ 0	$ 0	$ 0	$ 0	$ 0	$ 5,833	$ 5,833	$ 5,833	$ 5,833	$ 23,333
판매 관리자	$ 0	$ 0	$ 0	$ 0	$ 0	$ 0	$ 0	$ 0	$ 5,833	$ 5,833	$ 5,833	$ 5,833	$ 23,333
기타 급여	$ 3,500	$ 3,500	$ 3,500	$ 3,500	$ 3,500	$ 3,500	$ 3,500	$ 3,500	$ 3,500	$ 3,500	$ 3,500	$ 3,500	$ 42,000
총 급여	**$ 62,458**	**$ 62,458**	**$ 62,458**	**$ 62,458**	**$ 62,458**	**$ 62,458**	**$ 62,458**	**$ 62,458**	**$ 74,125**	**$ 74,125**	**$ 74,125**	**$ 74,125**	**$ 796,167**
IUPUI 총 비용	**$ 140,394**												**$ 140,394**
외부 계약	**$ 9,583**	**$ 9,583**	**$ 9,583**	**$ 9,583**	**$ 9,583**	**$ 9,583**	**$ 9,583**	**$ 9,583**	**$ 9,583**	**$ 9,583**	**$ 9,583**	**$ 9,583**	**$ 115,000**
최초 제작용 총 부품비용							$ 218,354	$ 218,354	$ 218,354	$ 218,354	$ 218,354	$ 218,354	$1,310,122
최초 제작 총 비용							$ 83,333	$ 83,333	$ 83,333	$ 83,333	$ 83,333	$ 83,333	$ 500,000

(계속)

표 6 손익계산서 (2년차) **(계속)**

	13	14	15	16	17	18	19	20	21	22	23	24	2년차
영업비용													
급여 처리비용	$ 250	$ 250	$ 250	$ 250	$ 250	$ 250	$ 250	$ 250	$ 250	$ 250	$ 250	$ 250	$ 3,000
사무실 임대비용	$ 1,250	$ 1,250	$ 1,250	$ 1,250	$ 1,250	$ 1,250	$ 1,250	$ 1,250	$ 1,250	$ 1,250	$ 1,250	$ 1,250	$ 15,000
부가혜택	$ 1,000	$ 1,000	$ 1,000	$ 1,000	$ 1,000	$ 1,000	$ 1,000	$ 1,000	$ 1,000	$ 1,000	$ 1,000	$ 1,000	$ 12,000
출장비	$ 2,875	$ 2,875	$ 2,875	$ 2,875	$ 2,875	$ 2,875	$ 2,875	$ 2,875	$ 2,875	$ 2,875	$ 2,875	$ 2,875	$ 34,500
전시회	$ 383	$ 383	$ 383	$ 383	$ 383	$ 383	$ 383	$ 383	$ 383	$ 383	$ 383	$ 383	$ 4,600
홍보	$ 192	$ 192	$ 192	$ 192	$ 192	$ 192	$ 192	$ 192	$ 192	$ 192	$ 192	$ 192	$ 2,300
시장조사	$ 479	$ 479	$ 479	$ 479	$ 479	$ 479	$ 479	$ 479	$ 479	$ 479	$ 479	$ 479	$ 5,750
우편물	$ 48	$ 48	$ 48	$ 48	$ 48	$ 48	$ 48	$ 48	$ 48	$ 48	$ 48	$ 48	$ 575
휴대폰비	$ 144	$ 144	$ 144	$ 144	$ 144	$ 144	$ 144	$ 144	$ 144	$ 144	$ 144	$ 144	$ 1,725
법률 자문비	$ 958	$ 958	$ 958	$ 958	$ 958	$ 958	$ 958	$ 958	$ 958	$ 958	$ 958	$ 958	$ 11,500
기타 자문비	$ 958	$ 958	$ 958	$ 958	$ 958	$ 958	$ 958	$ 958	$ 958	$ 958	$ 958	$ 958	$ 11,500
웹 사이트 개발비와 유지비	$ 125	$ 125	$ 125	$ 125	$ 125	$ 125	$ 125	$ 125	$ 125	$ 125	$ 125	$ 125	$ 1,500
회비 및 구독료	$ 86	$ 86	$ 86	$ 86	$ 86	$ 86	$ 86	$ 86	$ 86	$ 86	$ 86	$ 86	$ 1,035
특허비용	$ 1,250	$ 1,250	$ 1,250	$ 1,250	$ 1,250	$ 1,250	$ 1,250	$ 1,250	$ 1,250	$ 1,250	$ 1,250	$ 1,250	$ 15,000
컴퓨터와 소프트웨어 (SimHydraulics)	$ 1,150	$ 1,150	$ 1,150	$ 1,150	$ 1,150	$ 1,150	$ 1,150	$ 1,150	$ 1,150	$ 1,150	$ 1,150	$ 1,150	$ 13,800
사무실 집기와 비품	$ 671	$ 671	$ 671	$ 671	$ 671	$ 671	$ 671	$ 671	$ 671	$ 671	$ 671	$ 671	$ 8,050
전화료와 전기료	$ 288	$ 288	$ 288	$ 288	$ 288	$ 288	$ 288	$ 288	$ 288	$ 288	$ 288	$ 288	$ 3,450
회계 자문비	$ 383	$ 383	$ 383	$ 383	$ 383	$ 383	$ 383	$ 383	$ 383	$ 383	$ 383	$ 383	$ 4,600
기타 비용	$ 958	$ 958	$ 958	$ 958	$ 958	$ 958	$ 958	$ 958	$ 958	$ 958	$ 958	$ 958	$ 11,500
총 영업비용	**$ 13,449**	**$ 13,449**	**$ 13,449**	**$ 13,449**	**$ 13,449**	**$ 13,449**	**$ 13,449**	**$ 13,449**	**$ 13,449**	**$ 13,449**	**$ 13,449**	**$ 13,449**	**$ 161,385**
총 비용	**$ 225,884**	**$ 85,490**	**$ 85,490**	**$ 85,490**	**$ 85,490**	**$ 85,490**	**$ 387,177**	**$ 387,177**	**$ 398,844**	**$ 398,844**	**$ 398,844**	**$ 398,844**	**$ 3,023,067**
순이익(세전이익)	**$ (224,674)**	**$ (84,513)**	**$ (84,746)**	**$ (72,460)**	**$ (72,675)**	**$ (72,891)**	**$ (374,777)**	**$ (374,969)**	**$ (386,828)**	**$ (387,022)**	**$ (387,215)**	**$ (387,410)**	**$ (2,910,181)**

표 6 대차대조표 (2년차)

	13	14	15	16	17	18	19	20	21	22	23	24	2년차
자산													
유동자산													
현금	$ 765,188	$ 638,557	$ 553,812	$4,481,351	$4,408,676	$4,335,785	$4,051,514	$3,676,545	$3,293,216	$2,906,195	$2,518,979	$2,131,570	$2,131,570
외상매출금							$ —	$ —	$ —	$ —	$ —	$ —	$ —
총 자산	**$ 765,188**	**$ 638,557**	**$ 553,812**	**$4,481,351**	**$4,408,676**	**$4,335,785**	**$4,051,514**	**$3,676,545**	**$3,293,216**	**$2,906,195**	**$2,518,979**	**$2,131,570**	**$2,131,570**
부채													
유동부채													
외상매입금	$ 67,765	$ 25,647	$ 25,647	$ 25,647	$ 25,647	$ 25,647	$ 116,153	$ 116,153	$ 119,653	$ 119,653	$ 119,653	$ 119,653	$ 119,653
총 부채	**$ 67,765**	**$ 25,647**	**$ 25,647**	**$ 25,647**	**$ 25,647**	**$ 25,647**	**$ 116,153**	**$ 116,153**	**$ 119,653**	**$ 119,653**	**$ 119,653**	**$ 119,653**	**$ 119,653**
자본													
출자자본	$1,800,000	$1,800,000	$5,800,000	$5,800,000	$5,800,000	$5,800,000	$5,800,000	$5,800,000	$5,800,000	$5,800,000	$5,800,000	$5,800,000	$5,800,000
이익잉여금	$(1,102,577)	$(1,187,090)	$(1,271,835)	$(1,344,296)	$(1,416,971)	$(1,489,862)	$(1,864,640)	$(2,239,609)	$(2,626,437)	$(3,013,459)	$(3,400,674)	$(3,788,083)	$(3,788,083)
총 자본	$ 697,423	$ 612,910	$4,528,165	$4,455,704	$4,383,029	$4,310,138	$3,935,360	$3,560,391	$3,173,563	$2,786,541	$2,399,326	$2,011,917	$2,011,917
총 부채와 자본	**$ 765,188**	**$ 638,557**	**$4,553,812**	**$4,481,351**	**$4,408,676**	**$4,335,785**	**$4,051,514**	**$3,676,545**	**$3,293,216**	**$2,906,195**	**$2,518,979**	**$2,131,570**	**$2,131,570**

표 6 현금흐름표 (2년차)

	13	14	15	16	17	18	19	20	21	22	23	24	2년차
순 이익(손실)	$ (224,674)	$ (84,513)	$ (84,746)	$ (72,460)	$ (72,675)	$ (72,891)	$ (374,777)	$ (374,969)	$ (386,828)	$ (387,022)	$ (387,215)	$ (387,410)	$(2,910,181)
운전 자본 변화													
외상매출금(증가)	$ —	$ —	$ —	$ —	$ —	$ —	$ —	$ —	$ —	$ —	$ —	$ —	$ —
외상매입금(증가)	$ 46,788	($42,118)	$ 0	$ 0	$ 0	$ 0	$ 90,506	$ 0	$ 3,500	$ 0	$ 0	$ 0	$ 98,676
영업활동으로 인한 현금	$ (177,886)	$ (126,631)	$ (84,746)	$ (72,460)	$ (72,675)	$ (72,891)	$ (284,271)	$ (374,969)	$ (383,328)	$ (387,022)	$ (387,215)	$ (387,410)	$(2,811,505)
투자활동으로 인한 현금													
재무활동으로 인한 현금													
출자자본	$4,000,000												
현금 변화	$ (177,886)	$ (126,631)	$ (84,746)	$3,927,540	$ (72,675)	$ (72,891)	$ (284,271)	$ (374,969)	$ (383,328)	$ (387,022)	$ (387,215)	$ (387,410)	$(2,811,505)
기초 현금	$ 943,075	$ 765,188	$ 638,557	$ 553,812	$4,481,351	$4,408,676	$4,335,785	$4,051,514	$3,676,545	$3,293,216	$2,906,195	$2,518,979	$ 943,075
기말 현금	$ 765,188	$ 638,557	$ 553,812	$4,481,351	$4,408,676	$4,335,785	$4,051,514	$3,676,545	$3,293,216	$2,906,195	$2,518,979	$2,131,570	$2,131,570

표 6 손익계산서 (3년차)

	25	26	27	28	29	30	31	32	33	34	35	36	3년차
라이선스 수입	$ 500,000												$ 500,000
이자 수입	$ 11,228	$ 11,016	$ 10,803	$ 10,590	$ 10,375	$ 10,161	$ 9,945	$ 9,729	$ 9,512	$ 9,294	$ 9,076	$ 8,857	$ 120,586
로열티	$ 125,000	$ 125,000	$ 125,000	$ 125,000	$ 125,000	$ 125,000	$ 250,000	$ 250,000	$ 250,000	$ 250,000	$ 250,000	$ 250,000	$ 2,250,000
기타 수입													
총 수입	$ 636,228	$ 136,016	$ 135,803	$ 135,590	$ 135,375	$ 135,161	$ 259,945	$ 259,729	$ 259,512	$ 259,294	$ 259,076	$ 258,857	$ 2,870,586
라이선스 비용	$ 62,500	$ 62,500	$ 62,500	$ 62,500	$ 62,500	$ 62,500	$ 125,000	$ 125,000	$ 125,000	$ 125,000	$ 125,000	$ 125,000	$ 1,125,000
노무비													
대표이사	$ 12,604	$ 12,604	$ 12,604	$ 12,604	$ 12,604	$ 12,604	$ 12,604	$ 12,604	$ 12,604	$ 12,604	$ 12,604	$ 12,604	$ 151,250
Adam Johnson, CFO	$ 7,333	$ 7,333	$ 7,333	$ 7,333	$ 7,333	$ 7,333	$ 7,333	$ 7,333	$ 7,333	$ 7,333	$ 7,333	$ 7,333	$ 88,000
Justin Otani, COO	$ 7,333	$ 7,333	$ 7,333	$ 7,333	$ 7,333	$ 7,333	$ 7,333	$ 7,333	$ 7,333	$ 7,333	$ 7,333	$ 7,333	$ 88,000
최고 기술 책임자(CTO)	$ 10,083	$ 10,083	$ 10,083	$ 10,083	$ 10,083	$ 10,083	$ 10,083	$ 10,083	$ 10,083	$ 10,083	$ 10,083	$ 10,083	$ 121,000
선임 전기 기술자	$ 9,167	$ 9,167	$ 9,167	$ 9,167	$ 9,167	$ 9,167	$ 9,167	$ 9,167	$ 9,167	$ 9,167	$ 9,167	$ 9,167	$ 110,000
선임 시스템 제어 기술자	$ 9,167	$ 9,167	$ 9,167	$ 9,167	$ 9,167	$ 9,167	$ 9,167	$ 9,167	$ 9,167	$ 9,167	$ 9,167	$ 9,167	$ 110,000
초급 기계 기술자	$ 4,583	$ 4,583	$ 4,583	$ 4,583	$ 4,583	$ 4,583	$ 4,583	$ 4,583	$ 4,583	$ 4,583	$ 4,583	$ 4,583	$ 55,000
초급 전기 기술자	$ 4,583	$ 4,583	$ 4,583	$ 4,583	$ 4,583	$ 4,583	$ 4,583	$ 4,583	$ 4,583	$ 4,583	$ 4,583	$ 4,583	$ 55,000
판매 관리자	$ 5,833	$ 5,833	$ 5,833	$ 5,833	$ 5,833	$ 5,833	$ 5,833	$ 5,833	$ 5,833	$ 5,833	$ 5,833	$ 5,833	$ 70,000
판매 관리자	$ 5,833	$ 5,833	$ 5,833	$ 5,833	$ 5,833	$ 5,833	$ 5,833	$ 5,833	$ 5,833	$ 5,833	$ 5,833	$ 5,833	$ 70,000
기타 급여	$ 11,900	$ 11,900	$ 11,900	$ 11,900	$ 11,900	$ 11,900	$ 11,900	$ 11,900	$ 11,900	$ 11,900	$ 11,900	$ 11,900	$ 142,800
총 급여	**$ 88,421**	**$ 88,421**	**$ 88,421**	**$ 88,421**	**$ 88,421**	**$ 88,421**	**$ 88,421**	**$ 88,421**	**$ 88,421**	**$ 88,421**	**$ 88,421**	**$ 88,421**	**$ 1,061,050**
IUPUI 총 비용													
외부 계약	**$ 11,021**	**$ 11,021**	**$ 11,021**	**$ 11,021**	**$ 11,021**	**$ 11,021**	**$ 11,021**	**$ 11,021**	**$ 11,021**	**$ 11,021**	**$ 11,021**	**$ 11,021**	**$ 132,250**
최초 제작용 총 부품비용	$ 218,354	$ 218,354	$ 218,354	$ 218,354	$ 218,354	$ 218,354	$ 41,667	$ 41,667	$ 41,667	$ 41,667	$ 41,667	$ 41,667	$ 1,560,124
최초 제작 총 비용	$ 83,333	$ 83,333	$ 83,333	$ 83,333	$ 83,333	$ 83,333							$ 500,000

(계속)

표 6 손익계산서 (3년차) **(계속)**

	25	26	27	28	29	30	31	32	33	34	35	36	3년차
영업비용													
급여 처리비용	$ 250	$ 250	$ 250	$ 250	$ 250	$ 250	$ 250	$ 250	$ 250	$ 250	$ 250	$ 250	$ 3,000
사무실 임대비용	$ 1,313	$ 1,313	$ 1,313	$ 1,313	$ 1,313	$ 1,313	$ 1,313	$ 1,313	$ 1,313	$ 1,313	$ 1,313	$ 1,313	$ 15,750
부가혜택	$ 1,350	$ 1,350	$ 1,350	$ 1,350	$ 1,350	$ 1,350	$ 1,350	$ 1,350	$ 1,350	$ 1,350	$ 1,350	$ 1,350	$ 16,200
출장비	$ 3,306	$ 3,306	$ 3,306	$ 3,306	$ 3,306	$ 3,306	$ 3,306	$ 3,306	$ 3,306	$ 3,306	$ 3,306	$ 3,306	$ 39,675
전시회	$ 441	$ 441	$ 441	$ 441	$ 441	$ 441	$ 441	$ 441	$ 441	$ 441	$ 441	$ 441	$ 5,290
홍보	$ 220	$ 220	$ 220	$ 220	$ 220	$ 220	$ 220	$ 220	$ 220	$ 220	$ 220	$ 220	$ 2,645
시장조사	$ 551	$ 551	$ 551	$ 551	$ 551	$ 551	$ 551	$ 551	$ 551	$ 551	$ 551	$ 551	$ 6,613
우편물	$ 55	$ 55	$ 55	$ 55	$ 55	$ 55	$ 55	$ 55	$ 55	$ 55	$ 55	$ 55	$ 661
휴대폰비	$ 165	$ 165	$ 165	$ 165	$ 165	$ 165	$ 165	$ 165	$ 165	$ 165	$ 165	$ 165	$ 1,984
법률 자문비	$ 1,102	$ 1,102	$ 1,102	$ 1,102	$ 1,102	$ 1,102	$ 1,102	$ 1,102	$ 1,102	$ 1,102	$ 1,102	$ 1,102	$ 13,225
기타 자문비	$ 1,102	$ 1,102	$ 1,102	$ 1,102	$ 1,102	$ 1,102	$ 1,102	$ 1,102	$ 1,102	$ 1,102	$ 1,102	$ 1,102	$ 13,225
웹 사이트 개발비와 유지비	$ 125	$ 125	$ 125	$ 125	$ 125	$ 125	$ 125	$ 125	$ 125	$ 125	$ 125	$ 125	$ 1,500
회비 및 구독료	$ 99	$ 99	$ 99	$ 99	$ 99	$ 99	$ 99	$ 99	$ 99	$ 99	$ 99	$ 99	$ 1,190
특허비용	$ 2,500	$ 2,500	$ 2,500	$ 2,500	$ 2,500	$ 2,500	$ 2,500	$ 2,500	$ 2,500	$ 2,500	$ 2,500	$ 2,500	$ 30,000
컴퓨터와 소프트웨어 (SimHydraulics)	$ 1,667	$ 1,667	$ 1,667	$ 1,667	$ 1,667	$ 1,667	$ 1,667	$ 1,667	$ 1,667	$ 1,667	$ 1,667	$ 1,667	$ 20,000
사무실 집기와 비품	$ 771	$ 771	$ 771	$ 771	$ 771	$ 771	$ 771	$ 771	$ 771	$ 771	$ 771	$ 771	$ 9,258
전화료와 전기료	$ 331	$ 331	$ 331	$ 331	$ 331	$ 331	$ 331	$ 331	$ 331	$ 331	$ 331	$ 331	$ 3,968
회계 자문비	$ 441	$ 441	$ 441	$ 441	$ 441	$ 441	$ 441	$ 441	$ 441	$ 441	$ 441	$ 441	$ 5,290
기타 비용	$ 1,102	$ 1,102	$ 1,102	$ 1,102	$ 1,102	$ 1,102	$ 1,102	$ 1,102	$ 1,102	$ 1,102	$ 1,102	$ 1,102	$ 13,225
총 영업비용	**$ 16,891**	**$ 16,891**	**$ 16,891**	**$ 16,891**	**$ 16,891**	**$ 16,891**	**$ 16,891**	**$ 16,891**	**$ 16,891**	**$ 16,891**	**$ 16,891**	**$ 16,891**	**$ 202,698**
총 비용	**$ 480,520**	**$ 480,520**	**$ 480,520**	**$ 480,520**	**$ 480,520**	**$ 480,520**	**$ 283,000**	**$ 283,000**	**$ 283,000**	**$ 283,000**	**$ 283,000**	**$ 283,000**	**$ 4,581,121**
순 이익(세전이익)	**$ 155,708**	**$ (344,504)**	**$ (344,717)**	**$ (344,930)**	**$ (345,145)**	**$ (345,359)**	**$ (23,055)**	**$ (23,271)**	**$ (23,488)**	**$ (23,706)**	**$ (23,924)**	**$ (24,143)**	**$ (1,710,535)**

표 6 대차대조표 (3년차)

	25	26	27	28	29	30	31	32	33	34	35	36	3년차
자산													
유동자산													
현금	$2,461,780	$1,967,276	$1,622,559	$1,277,629	$ 932,484	$ 587,125	$ 504,814	$ 481,543	$ 458,054	$ 434,349	$ 410,425	$ 386,282	$ 386,282
외상매출금	$ 150,000												$ —
총 자산	**$2,611,780**	**$1,967,276**	**$1,622,559**	**$1,277,629**	**$ 932,484**	**$ 587,125**	**$ 504,814**	**$ 481,543**	**$ 458,054**	**$ 434,349**	**$ 410,425**	**$ 386,282**	**$ 386,282**
부채													
유동부채													
외상매입금	$ 144,156	$ 144,156	$ 144,156	$ 144,156	$ 144,156	$ 144,156	$ 84,900	$ 84,900	$ 84,900	$ 84,900	$ 84,900	$ 84,900	$ 84,900
총 부채	**$ 144,156**	**$ 144,156**	**$ 144,156**	**$ 144,156**	**$ 144,156**	**$ 144,156**	**$ 84,900**	**$ 84,900**	**$ 84,900**	**$ 84,900**	**$ 84,900**	**$ 84,900**	**$ 84,900**
자본													
출자자본	$5,800,000	$5,800,000	$5,800,000	$5,800,000	$5,800,000	$5,800,000	$5,800,000	$5,800,000	$5,800,000	$5,800,000	$5,800,000	$5,800,000	$5,800,000
이익잉여금	$(3,632,376)	$(3,976,880)	$(4,321,597)	$(4,666,527)	$(5,011,672)	$(5,357,031)	$(5,380,086)	$(5,403,358)	$(5,426,846)	$(5,450,551)	$(5,474,475)	$(5,498,618)	$(5,498,618)
총 자본	$2,167,624	$1,823,120	$1,478,403	$1,133,473	$ 788,328	$ 442,969	$ 419,914	$ 396,642	$ 373,154	$ 349,449	$ 325,525	$ 301,382	$ 301,382
총 부채와 자본	**$2,311,780**	**$1,967,276**	**$1,622,559**	**$1,277,629**	**$ 932,484**	**$ 587,125**	**$ 504,814**	**$ 481,543**	**$ 458,054**	**$ 434,349**	**$ 410,425**	**$ 386,282**	**$ 386,282**

표 6 현금흐름표 (3년차)

	25	26	27	28	29	30	31	32	33	34	35	36	3년차
순 이익(손실)	$ 155,708	$ (344,504)	$ (344,717)	$ (344,930)	$ (345,145)	$ (345,359)	$ (23,055)	$ (23,271)	$ (23,488)	$ (23,706)	$ (23,924)	$ (24,143)	$(1,710,535)
운전 자본 변화													
외상매출금(증가)	$ 150,000	$ (150,000)	$ —	$ —	$ —	$ —	$ —	$ —	$ —	$ —	$ —	$ —	$ —
외상매입금(증가)	$ 24,503	$ —	$ —	$ —	$ —	$ —	($59,256)	$ —	$ —	$ —	$ —	$ —	($34,753)
영업활동으로 인한 현금	$ 330,211	$ (494,504)	$ (344,717)	$ (344,930)	$ (345,145)	$ (345,359)	$ (82,311)	$ (23,271)	$ (23,488)	$ (23,706)	$ (23,924)	$ (24,143)	$(1,745,288)
투자활동으로 인한 현금													
재무활동으로 인한 현금													
출자자본													
현금 변화	$ 330,211	$ (494,504)	$ (344,717)	$ (344,930)	$ (345,145)	$ (345,359)	$ (82,311)	$ (23,271)	$ (23,488)	$ (23,706)	$ (23,924)	$ (24,143)	$(1,745,288)
기초 현금	$2,131,570	$2,461,780	$1,967,276	$1,622,559	$1,277,629	$ 932,484	$ 587,125	$ 504,814	$ 481,543	$ 458,054	$ 434,349	$ 410,425	$2,131,570
기말 현금	$2,461,780	$1,967,276	$1,622,559	$1,277,629	$ 932,484	$ 587,125	$ 504,814	$ 481,543	$ 458,054	$ 434,349	$ 410,425	$ 386,282	$ 386,282

표 6 손익계산서 (4년차)

	37	38	39	40	41	42	43	44	45	46	47	48	4년차
라이선스 수입	$1,000,000												$1,000,000
이자 수입	$ 8,661.32	$ 8,474.94	$ 8,287.78	$ 8,099.83	$ 7,911.08	$ 7,721.55	$ 7,531.22	$ 7,340.10	$ 7,148.46	$ 6,956.82	$ 6,765.19	$ 6,573.55	$91,471.83
로열티	$ 500,000	$ 500,000	$ 500,000	$ 750,000	$ 750,000	$ 750,000	$1,000,000	$1,000,000	$1,000,000	$1,250,000	$1,250,000	$1,250,000	$10,500,000
기타 수입													
총 수입	$1,508,661	$ 508,475	$ 508,288	$ 758,100	$ 757,911	$ 757,722	$1,007,531	$1,007,340	$1,007,148	$1,256,957	$1,256,765	$1,256,574	$11,591,472
라이선스 비용	$ 250,000	$ 250,000	$ 250,000	$ 375,000	$ 375,000	$ 375,000	$ 500,000	$ 500,000	$ 500,000	$ 625,000	$ 625,000	$ 625,000	$5,250,000
노무비													
대표이사	$ 13,865	$ 13,865	$ 13,865	$ 13,865	$ 13,865	$ 13,865	$ 13,865	$ 13,865	$ 13,865	$ 13,865	$ 13,865	$ 13,865	$ 166,375
Adam Johnson, CFO	$ 8,067	$ 8,067	$ 8,067	$ 8,067	$ 8,067	$ 8,067	$ 8,067	$ 8,067	$ 8,067	$ 8,067	$ 8,067	$ 8,067	$ 96,800
Justin Otani, COO	$ 8,067	$ 8,067	$ 8,067	$ 8,067	$ 8,067	$ 8,067	$ 8,067	$ 8,067	$ 8,067	$ 8,067	$ 8,067	$ 8,067	$ 96,800
최고 기술 책임자(CTO)	$ 11,092	$ 11,092	$ 11,092	$ 11,092	$ 11,092	$ 11,092	$ 11,092	$ 11,092	$ 11,092	$ 11,092	$ 11,092	$ 11,092	$ 133,100
선임 전기 기술자	$ 10,083	$ 10,083	$ 10,083	$ 10,083	$ 10,083	$ 10,083	$ 10,083	$ 10,083	$ 10,083	$ 10,083	$ 10,083	$ 10,083	$ 121,000
선임 시스템 제어 기술자	$ 10,083	$ 10,083	$ 10,083	$ 10,083	$ 10,083	$ 10,083	$ 10,083	$ 10,083	$ 10,083	$ 10,083	$ 10,083	$ 10,083	$ 121,000
초급 기계 기술자	$ 5,042	$ 5,042	$ 5,042	$ 5,042	$ 5,042	$ 5,042	$ 5,042	$ 5,042	$ 5,042	$ 5,042	$ 5,042	$ 5,042	$ 60,500
초급 전기 기술자	$ 5,042	$ 5,042	$ 5,042	$ 5,042	$ 5,042	$ 5,042	$ 5,042	$ 5,042	$ 5,042	$ 5,042	$ 5,042	$ 5,042	$ 60,500
판매 관리자	$ 6,417	$ 6,417	$ 6,417	$ 6,417	$ 6,417	$ 6,417	$ 6,417	$ 6,417	$ 6,417	$ 6,417	$ 6,417	$ 6,417	$ 77,000
판매 관리자	$ 6,417	$ 6,417	$ 6,417	$ 6,417	$ 6,417	$ 6,417	$ 6,417	$ 6,417	$ 6,417	$ 6,417	$ 6,417	$ 6,417	$ 77,000
기타 급여	$ 40,460	$ 40,460	$ 40,460	$ 40,460	$ 40,460	$ 40,460	$ 40,460	$ 40,460	$ 40,460	$ 40,460	$ 40,460	$ 40,460	$ 485,520
총 급여	**$ 124,633**	**$ 124,633**	**$ 124,633**	**$ 124,633**	**$ 124,633**	**$ 124,633**	**$ 124,633**	**$ 124,633**	**$ 124,633**	**$ 124,633**	**$ 124,633**	**$ 124,633**	**$1,495,595**
IUPUI 총 비용													
외부 계약	**$ 12,674**	**$ 12,674**	**$ 12,674**	**$ 12,674**	**$ 12,674**	**$ 12,674**	**$ 12,674**	**$ 12,674**	**$ 12,674**	**$ 12,674**	**$ 12,674**	**$ 12,674**	**$ 152,088**
최초 제작용 총 부품비용	$ 41,667	$ 41,667	$ 41,667	$ 41,667	$ 41,667	$ 41,667	$ 20,833	$ 20,833	$ 20,833	$ 20,833	$ 20,833	$ 20,833	$ 375,000

(계속)

표 6 손익계산서 (4년차) **(계속)**

	37	38	39	40	41	42	43	44	45	46	47	48	4년차
영업비용													
급여 처리비용	$ 250	$ 250	$ 250	$ 250	$ 250	$ 250	$ 250	$ 250	$ 250	$ 250	$ 250	$ 250	$ 3,000
사무실 임대비용	$ 1,313	$ 1,313	$ 1,313	$ 1,313	$ 1,313	$ 1,313	$ 1,313	$ 1,313	$ 1,313	$ 1,313	$ 1,313	$ 1,313	$ 15,750
부가혜택	$ 1,823	$ 1,823	$ 1,823	$ 1,823	$ 1,823	$ 1,823	$ 1,823	$ 1,823	$ 1,823	$ 1,823	$ 1,823	$ 1,823	$ 21,870
출장비	$ 3,802	$ 3,802	$ 3,802	$ 3,802	$ 3,802	$ 3,802	$ 3,802	$ 3,802	$ 3,802	$ 3,802	$ 3,802	$ 3,802	$ 45,626
전시회	$ 507	$ 507	$ 507	$ 507	$ 507	$ 507	$ 507	$ 507	$ 507	$ 507	$ 507	$ 507	$ 6,084
홍보	$ 253	$ 253	$ 253	$ 253	$ 253	$ 253	$ 253	$ 253	$ 253	$ 253	$ 253	$ 253	$ 3,042
시장조사	$ 634	$ 634	$ 634	$ 634	$ 634	$ 634	$ 634	$ 634	$ 634	$ 634	$ 634	$ 634	$ 7,604
우편물	$ 63	$ 63	$ 63	$ 63	$ 63	$ 63	$ 63	$ 63	$ 63	$ 63	$ 63	$ 63	$ 760
휴대폰비	$ 190	$ 190	$ 190	$ 190	$ 190	$ 190	$ 190	$ 190	$ 190	$ 190	$ 190	$ 190	$ 2,281
법률 자문비	$ 1,267	$ 1,267	$ 1,267	$ 1,267	$ 1,267	$ 1,267	$ 1,267	$ 1,267	$ 1,267	$ 1,267	$ 1,267	$ 1,267	$ 15,209
기타 자문비	$ 1,267	$ 1,267	$ 1,267	$ 1,267	$ 1,267	$ 1,267	$ 1,267	$ 1,267	$ 1,267	$ 1,267	$ 1,267	$ 1,267	$ 15,209
웹 사이트 개발비와 유지비	$ 125	$ 125	$ 125	$ 125	$ 125	$ 125	$ 125	$ 125	$ 125	$ 125	$ 125	$ 125	$ 1,500
회비 및 구독료	$ 114	$ 114	$ 114	$ 114	$ 114	$ 114	$ 114	$ 114	$ 114	$ 114	$ 114	$ 114	$ 1,369
특허비용	$ 8,333	$ 8,333	$ 8,333	$ 8,333	$ 8,333	$ 8,333	$ 8,333	$ 8,333	$ 8,333	$ 8,333	$ 8,333	$ 8,333	$ 100,000
컴퓨터와 소프트웨어 (SimHydraulics)	$ 2,083	$ 2,083	$ 2,083	$ 2,083	$ 2,083	$ 2,083	$ 2,083	$ 2,083	$ 2,083	$ 2,083	$ 2,083	$ 2,083	$ 25,000
사무실 집기와 비품	$ 887	$ 887	$ 887	$ 887	$ 887	$ 887	$ 887	$ 887	$ 887	$ 887	$ 887	$ 887	$ 10,646
전화료와 전기료	$ 380	$ 380	$ 380	$ 380	$ 380	$ 380	$ 380	$ 380	$ 380	$ 380	$ 380	$ 380	$ 4,563
회계 자문비	$ 507	$ 507	$ 507	$ 507	$ 507	$ 507	$ 507	$ 507	$ 507	$ 507	$ 507	$ 507	$ 6,084
기타 비용	$ 1,267	$ 1,267	$ 1,267	$ 1,267	$ 1,267	$ 1,267	$ 1,267	$ 1,267	$ 1,267	$ 1,267	$ 1,267	$ 1,267	$ 15,209
총 영업비용	**$ 25,067**	**$ 25,067**	**$ 25,067**	**$ 25,067**	**$ 25,067**	**$ 25,067**	**$ 25,067**	**$ 25,067**	**$ 25,067**	**$ 25,067**	**$ 25,067**	**$ 25,067**	**$ 300,805**
총 비용	**$ 454,041**	**$ 454,041**	**$ 454,041**	**$ 579,041**	**$ 579,041**	**$ 579,041**	**$ 683,207**	**$ 683,207**	**$ 683,207**	**$ 808,207**	**$ 808,207**	**$ 808,207**	**$7,573,487**
순 이익(세전이익)	**$1,054,620**	**$ 54,434**	**$ 54,247**	**$ 179,059**	**$ 178,870**	**$ 178,681**	**$ 324,324**	**$ 324,133**	**$ 323,942**	**$ 448,750**	**$ 448,558**	**$ 448,367**	**$4,017,984**

표 6 대차대조표 (4년차)

	37	38	39	40	41	42	43	44	45	46	47	48	4년차
자산													
유동자산													
현금	$1,792,214	$1,546,648	$1,600,895	$1,817,454	$1,996,324	$2,175,005	$2,530,579	$2,854,712	$3,178,653	$3,664,903	$4,113,461	$4,561,828	$4,561,828
외상매출금	$ 300,000												$ —
총 자산	**$2,092,214**	**$1,546,648**	**$1,600,895**	**$1,817,454**	**$1,996,324**	**$2,175,005**	**$2,530,579**	**$2,854,712**	**$3,178,653**	**$3,664,903**	**$4,113,461**	**$4,561,828**	**$4,561,828**
부채													
유동부채													
외상매입금	$ 136,212	$ 136,212	$ 136,212	$ 173,712	$ 173,712	$ 173,712	$ 204,962	$ 204,962	$ 204,962	$ 242,462	$ 242,462	$ 242,462	$ 242,462
총 부채	**$ 136,212**	**$ 136,212**	**$ 136,212**	**$ 173,712**	**$ 173,712**	**$ 173,712**	**$ 204,962**	**$ 204,962**	**$ 204,962**	**$ 242,462**	**$ 242,462**	**$ 242,462**	**$ 242,462**
자본													
출자자본	$5,800,000	$5,800,000	$5,800,000	$5,800,000	$5,800,000	$5,800,000	$5,800,000	$5,800,000	$5,800,000	$5,800,000	$5,800,000	$5,800,000	$5,800,000
이익잉여금	$(4,443,998)	$(4,389,564)	$(4,335,317)	$(4,156,258)	$(3,977,388)	$(3,798,708)	$(3,474,383)	$(3,150,250)	$(2,826,309)	$(2,377,559)	$(1,929,001)	$(1,480,634)	$(1,480,634)
총 자본	$1,356,002	$1,410,436	$1,464,683	$1,643,742	$1,822,612	$2,001,292	$2,325,617	$2,649,750	$2,973,691	$3,422,441	$3,870,999	$4,319,366	$4,319,366
총 부채와 자본	**$1,492,214**	**$1,546,648**	**$1,600,895**	**$1,817,454**	**$1,996,324**	**$2,175,005**	**$2,530,579**	**$2,854,712**	**$3,178,653**	**$3,664,903**	**$4,113,461**	**$4,561,828**	**$4,561,828**

표 6 현금흐름표 (4년차)

	37	38	39	40	41	42	43	44	45	46	47	48	4년차
순 이익(손실)	$1,054,620	$ 54,434	$ 54,247	$ 179,059	$ 178,870	$ 178,681	$ 324,324	$ 324,133	$ 323,942	$ 448,750	$ 448,558	$ 448,367	$4,017,984
운전 자본 변화													
외상매출금(증가)	$ 300,000	$ (300,000)	$ —	$ —	$ —	$ —	$ —	$ —	$ —	$ —	$ —	$ —	$ —
외상매입금(증가)	$ 51,312	$ —	$ —	$ 37,500	$ —	$ —	$ 31,250	$ —	$ —	$ 37,500	$ —	$ —	$ 157,562
영업활동으로 인한 현금	$1,405,933	$ (245,566)	$ 54,247	$ 216,559	$ 178,870	$ 178,681	$ 355,574	$ 324,133	$ 323,942	$ 486,250	$ 448,558	$ 448,367	$4,175,546
투자활동으로 인한 현금													
재무활동으로 인한 현금													
출자자본													
현금 변화	$1,405,933	$ (245,566)	$ 54,247	$ 216,559	$ 178,870	$ 178,681	$ 355,574	$ 324,133	$ 323,942	$ 486,250	$ 448,558	$ 448,367	$4,175,546
기초 현금	$ 386,282	$1,792,214	$1,546,648	$1,600,895	$1,817,454	$1,996,324	$2,175,005	$2,530,579	$2,854,712	$3,178,653	$3,664,903	$4,113,461	$ 386,282
기말 현금	$1,792,214	$1,546,648	$1,600,895	$1,817,454	$1,996,324	$2,175,005	$2,530,579	$2,854,712	$3,178,653	$3,664,903	$4,113,461	$4,561,828	$4,561,828

표 6 손익계산서 (5년차)

	49	50	51	52	53	54	55	56	57	58	59	60	5년차
라이선스 수입	$3,000,000												$3,000,000
이자 수입	$ 6,393	$ 6,217	$ 6,041	$ 5,865	$ 5,689	$ 5,513	$ 5,337	$ 5,161	$ 4,984	$ 4,808	$ 4,632	$ 4,456	$ 65,095
로열티	$1,750,000	$1,750,000	$1,750,000	$2,250,000	$2,250,000	$2,250,000	$2,750,000	$2,750,000	$2,750,000	$3,250,000	$3,250,000	$3,250,000	$30,000,000
기타 수입													
총 수입	$4,756,393	$1,756,217	$1,756,041	$2,255,865	$2,255,689	$2,255,513	$2,755,337	$2,755,161	$2,754,984	$3,254,808	$3,254,632	$3,254,456	$33,065,095
라이선스 비용	$ 875,000	$ 875,000	$ 875,000	$1,125,000	$1,125,000	$1,125,000	$1,375,000	$1,375,000	$1,375,000	$1,625,000	$1,625,000	$1,625,000	$15,000,000
노무비													
대표이사	$ 15,251	$ 15,251	$ 15,251	$ 15,251	$ 15,251	$ 15,251	$ 15,251	$ 15,251	$ 15,251	$ 15,251	$ 15,251	$ 15,251	$ 183,013
Adam Johnson, CFO	$ 8,873	$ 8,873	$ 8,873	$ 8,873	$ 8,873	$ 8,873	$ 8,873	$ 8,873	$ 8,873	$ 8,873	$ 8,873	$ 8,873	$ 106,480
Justin Otani, COO	$ 8,873	$ 8,873	$ 8,873	$ 8,873	$ 8,873	$ 8,873	$ 8,873	$ 8,873	$ 8,873	$ 8,873	$ 8,873	$ 8,873	$ 106,480
최고 기술 책임자(CTO)	$ 11,092	$ 11,092	$ 11,092	$ 11,092	$ 11,092	$ 11,092	$ 11,092	$ 11,092	$ 11,092	$ 11,092	$ 11,092	$ 11,092	$ 133,100
선임 전기 기술자	$ 10,083	$ 10,083	$ 10,083	$ 10,083	$ 10,083	$ 10,083	$ 10,083	$ 10,083	$ 10,083	$ 10,083	$ 10,083	$ 10,083	$ 121,000
선임 시스템 제어 기술자	$ 10,083	$ 10,083	$ 10,083	$ 10,083	$ 10,083	$ 10,083	$ 10,083	$ 10,083	$ 10,083	$ 10,083	$ 10,083	$ 10,083	$ 121,000
초급 기계 기술자	$ 5,546	$ 5,546	$ 5,546	$ 5,546	$ 5,546	$ 5,546	$ 5,546	$ 5,546	$ 5,546	$ 5,546	$ 5,546	$ 5,546	$ 66,550
초급 전기 기술자	$ 5,546	$ 5,546	$ 5,546	$ 5,546	$ 5,546	$ 5,546	$ 5,546	$ 5,546	$ 5,546	$ 5,546	$ 5,546	$ 5,546	$ 66,550
판매 관리자	$ 7,058	$ 7,058	$ 7,058	$ 7,058	$ 7,058	$ 7,058	$ 7,058	$ 7,058	$ 7,058	$ 7,058	$ 7,058	$ 7,058	$ 84,700
판매 관리자	$ 7,058	$ 7,058	$ 7,058	$ 7,058	$ 7,058	$ 7,058	$ 7,058	$ 7,058	$ 7,058	$ 7,058	$ 7,058	$ 7,058	$ 84,700
기타 급여	$ 137,564	$ 137,564	$ 137,564	$ 137,564	$ 137,564	$ 137,564	$ 137,564	$ 137,564	$ 137,564	$ 137,564	$ 137,564	$ 137,564	$1,650,768
총 급여	**$ 227,028**	**$ 227,028**	**$ 227,028**	**$ 227,028**	**$ 227,028**	**$ 227,028**	**$ 227,028**	**$ 227,028**	**$ 227,028**	**$ 227,028**	**$ 227,028**	**$ 227,028**	**$2,724,341**
IUPUI 총 비용													
외부 계약	**$ 14,575**	**$ 14,575**	**$ 14,575**	**$ 14,575**	**$ 14,575**	**$ 14,575**	**$ 14,575**	**$ 14,575**	**$ 14,575**	**$ 14,575**	**$ 14,575**	**$ 14,575**	**$ 174,901**
최초 제작용 총 부품비용	$ 20,833	$ 20,833	$ 20,833	$ 20,833	$ 20,833	$ 20,833							$ 124,998

(계속)

표 6 손익계산서 (5년차) (계속)

	49	50	51	52	53	54	55	56	57	58	59	60	5년차
영업비용													
급여 처리비용	$ 250	$ 250	$ 250	$ 250	$ 250	$ 250	$ 250	$ 250	$ 250	$ 250	$ 250	$ 250	$ 3,000
사무실 임대비용	$ 1,313	$ 1,313	$ 1,313	$ 1,313	$ 1,313	$ 1,313	$ 1,313	$ 1,313	$ 1,313	$ 1,313	$ 1,313	$ 1,313	$ 15,750
부가혜택	$ 2,460	$ 2,460	$ 2,460	$ 2,460	$ 2,460	$ 2,460	$ 2,460	$ 2,460	$ 2,460	$ 2,460	$ 2,460	$ 2,460	$ 29,525
출장비	$ 4,373	$ 4,373	$ 4,373	$ 4,373	$ 4,373	$ 4,373	$ 4,373	$ 4,373	$ 4,373	$ 4,373	$ 4,373	$ 4,373	$ 52,470
전시회	$ 583	$ 583	$ 583	$ 583	$ 583	$ 583	$ 583	$ 583	$ 583	$ 583	$ 583	$ 583	$ 6,996
홍보	$ 292	$ 292	$ 292	$ 292	$ 292	$ 292	$ 292	$ 292	$ 292	$ 292	$ 292	$ 292	$ 3,498
시장조사	$ 729	$ 729	$ 729	$ 729	$ 729	$ 729	$ 729	$ 729	$ 729	$ 729	$ 729	$ 729	$ 8,745
우편물	$ 73	$ 73	$ 73	$ 73	$ 73	$ 73	$ 73	$ 73	$ 73	$ 73	$ 73	$ 73	$ 875
휴대폰비	$ 219	$ 219	$ 219	$ 219	$ 219	$ 219	$ 219	$ 219	$ 219	$ 219	$ 219	$ 219	$ 2,624
법률 자문비	$ 1,458	$ 1,458	$ 1,458	$ 1,458	$ 1,458	$ 1,458	$ 1,458	$ 1,458	$ 1,458	$ 1,458	$ 1,458	$ 1,458	$ 17,490
기타 자문비	$ 1,458	$ 1,458	$ 1,458	$ 1,458	$ 1,458	$ 1,458	$ 1,458	$ 1,458	$ 1,458	$ 1,458	$ 1,458	$ 1,458	$ 17,490
웹 사이트 개발비와 유지비	$ 125	$ 125	$ 125	$ 125	$ 125	$ 125	$ 125	$ 125	$ 125	$ 125	$ 125	$ 125	$ 1,500
회비 및 구독료	$ 131	$ 131	$ 131	$ 131	$ 131	$ 131	$ 131	$ 131	$ 131	$ 131	$ 131	$ 131	$ 1,574
특허비용	$ 12,500	$ 12,500	$ 12,500	$ 12,500	$ 12,500	$ 12,500	$ 12,500	$ 12,500	$ 12,500	$ 12,500	$ 12,500	$ 12,500	$ 150,000
컴퓨터와 소프트웨어 (SimHydraulics)	$ 2,083	$ 2,083	$ 2,083	$ 2,083	$ 2,083	$ 2,083	$ 2,083	$ 2,083	$ 2,083	$ 2,083	$ 2,083	$ 2,083	$ 25,000
사무실 집기와 비품	$ 1,020	$ 1,020	$ 1,020	$ 1,020	$ 1,020	$ 1,020	$ 1,020	$ 1,020	$ 1,020	$ 1,020	$ 1,020	$ 1,020	$ 12,243
전화료와 전기료	$ 437	$ 437	$ 437	$ 437	$ 437	$ 437	$ 437	$ 437	$ 437	$ 437	$ 437	$ 437	$ 5,247
회계 자문비	$ 583	$ 583	$ 583	$ 583	$ 583	$ 583	$ 583	$ 583	$ 583	$ 583	$ 583	$ 583	$ 6,996
기타 비용	$ 1,458	$ 1,458	$ 1,458	$ 1,458	$ 1,458	$ 1,458	$ 1,458	$ 1,458	$ 1,458	$ 1,458	$ 1,458	$ 1,458	$ 17,490
총 영업비용	**$ 31,543**	**$ 31,543**	**$ 31,543**	**$ 31,543**	**$ 31,543**	**$ 31,543**	**$ 31,543**	**$ 31,543**	**$ 31,543**	**$ 31,543**	**$ 31,543**	**$ 31,543**	**$ 378,512**
총 비용	**$ 1,168,979**	**$ 1,168,979**	**$ 1,168,979**	**$ 1,418,979**	**$ 1,418,979**	**$ 1,418,979**	**$ 1,648,146**	**$ 1,648,146**	**$ 1,648,146**	**$ 1,898,146**	**$ 1,898,146**	**$ 1,898,146**	**$ 18,402,751**
순 이익(세전이익)	**$ 3,587,414**	**$ 587,238**	**$ 587,062**	**$ 836,886**	**$ 836,710**	**$ 836,533**	**$ 1,107,190**	**$ 1,107,014**	**$ 1,106,838**	**$ 1,356,662**	**$ 1,356,486**	**$ 1,356,310**	**$ 14,662,344**

표 6 대차대조표 (5년차)

	49	50	51	52	53	54	55	56	57	58	59	60	5년차
자산													
유동자산													
현금	$9,157,473	$8,844,711	$9,431,773	$10,343,658	$11,180,368	$12,016,901	$13,192,842	$14,299,856	$15,406,695	$16,838,357	$18,194,843	$19,551,153	$19,551,153
외상매출금	$ 900,000												$ —
총 자산	**$10,057,473**	**$8,844,711**	**$9,431,773**	**$10,343,658**	**$11,180,368**	**$12,016,901**	**$13,192,842**	**$14,299,856**	**$15,406,695**	**$16,838,357**	**$18,194,843**	**$19,551,153**	**$19,551,153**
부채													
유동부채													
외상매입금	$ 350,694	$ 350,694	$ 350,694	$ 425,694	$ 425,694	$ 425,694	$ 494,444	$ 494,444	$ 494,444	$ 569,444	$ 569,444	$ 569,444	$ 569,444
총 부채	**$ 350,694**	**$ 350,694**	**$ 350,694**	**$ 425,694**	**$ 425,694**	**$ 425,694**	**$ 494,444**	**$ 494,444**	**$ 494,444**	**$ 569,444**	**$ 569,444**	**$ 569,444**	**$ 569,444**
자본													
출자자본	$5,800,000	$5,800,000	$5,800,000	$5,800,000	$5,800,000	$5,800,000	$5,800,000	$5,800,000	$5,800,000	$5,800,000	$5,800,000	$5,800,000	$5,800,000
이익잉여금	$2,106,780	$2,694,017	$3,281,079	$4,117,965	$4,954,674	$5,791,208	$6,898,398	$8,005,412	$9,112,251	$10,468,913	$11,825,399	$13,181,710	$13,181,710
총 자본	$7,906,780	$8,494,017	$9,081,079	$9,917,965	$10,754,674	$11,591,208	$12,698,398	$13,805,412	$14,912,251	$16,268,913	$17,625,399	$18,981,710	$18,981,710
총 부채와 자본	**$8,257,473**	**$8,844,711**	**$9,431,773**	**$10,343,658**	**$11,180,368**	**$12,016,901**	**$13,192,842**	**$14,299,856**	**$15,406,695**	**$16,838,357**	**$18,194,843**	**$19,551,153**	**$19,551,153**

표 6 현금흐름표 (5년차)

	49	50	51	52	53	54	55	56	57	58	59	60	5년차
순 이익(손실)	$3,587,414	$ 587,238	$ 587,062	$ 836,886	$ 836,710	$ 836,533	$1,107,190	$1,107,014	$1,106,838	$1,356,662	$1,356,486	$1,356,310	$14,662,344
운전 자본 변화													
외상매출금(증가)	$ 900,000	$ (900,000)	$ —	$ —	$ —	$ —	$ —	$ —	$ —	$ —	$ —	$ —	$ —
외상매입금(증가)	$ 108,232	$ —	$ —	$ 75,000	$ —	$ —	$ 68,750	$ —	$ —	$ 75,000	$ —	$ —	$ 326,982
영업활동으로 인한 현금	$4,595,645	$ (312,762)	$ 587,062	$ 911,886	$ 836,710	$ 836,533	$1,175,941	$1,107,014	$1,106,838	$1,431,662	$1,356,486	$1,356,310	$14,989,325
투자활동으로 인한 현금													
재무활동으로 인한 현금													
출자자본													
현금 변화	$4,595,645	$ (312,762)	$ 587,062	$ 911,886	$ 836,710	$ 836,533	$1,175,941	$1,107,014	$1,106,838	$1,431,662	$1,356,486	$1,356,310	$14,989,325
기초 현금	$4,561,828	$9,157,473	$8,844,711	$9,431,773	$10,343,658	$11,180,368	$12,016,901	$13,192,842	$14,299,856	$15,406,695	$16,838,357	$18,194,843	$4,561,828
기말 현금	$9,157,473	$8,844,711	$9,431,773	$10,343,658	$11,180,368	$12,016,901	$13,192,842	$14,299,856	$15,406,695	$16,838,357	$18,194,843	$19,551,153	$19,551,153

미주

1. SBI–Wind Power Market: Turbine Components & Subcomponents and Demand in the U.S. and the World (www.sbireports.com)

2. Global Wind Energy Council (http://www.gwec.net/index.php?id=121)

3. www.20percentwind.org

4. NREL 2010: Eastern Wind Integration and Transmission Study (http://www.nrel.gov/wind/systemsintegration/ewits.html)

5. Center for Environmental Innovation and Leadership (CEIL) (http://www.ceileadership.org/index.php/energy-efficiency-and-renewable-energy/2693-uswind-industry-reports-enduring-growth-in-firstquarter-of-2011)

6. http://m.wired.com/magazine/2012/01/ff_solyndra/all/1

7. http://m.wired.com/magazine/2012/01/ff_solyndra/all/1

8. (http://www.allbusiness.com/energy-utilities/utilitiesindustry-electric-power-power/11716155-1.html) and (http://www.nrel.gov/features/20090417_wind.html)

9. *Renewable Energy World,* September 2008.

10. The Gearbox Problem–July 2009 (www.northernpower.com/pdf/the-gearbox-problem.pdf)

11. The Gearbox Problem–July 2009 (www.northernpower.com/pdf/the-gearbox-problem.pdf)

12. The Gearbox Problem–July 2009 (www.northernpower.com/pdf/the-gearbox-problem.pdf)

13. Improving Wind Turbine Gearbox Reliability–2007 (http://www.nrel.gov/wind/pdfs/41548.pdf)

14. SBI–Wind Power Market: Turbine Components & Subcomponents and Demand in the U.S. and the World, (www.sbireports.com)

15. *Bridges Trade BioRes* 11, no. 14 (July 25, 2011).

16. Department of Energy, *Advanced Wind Turbine Drivetrain Concepts* (2010).

17. K. Dasgupta, "Analysis of a hydrostatic transmission system using a low speed high torque motor," *Mechanism and Machine Theory* 35 (Oct. 2000): 1481–99.

3부 창업가 사례분석

— CommuniteeWeb.com: 인터넷 기업의 생존 노력

개요

인터넷 창업 초기 기업, CommuniteeWeb.com의 30세 CEO인 Dan Pale은 그의 사업 경력의 가장 중요한 결정에 직면했다. 첫 투자금인 약 160만 달러로 일 년 이상을 운영한 후 그는 회사의 어려운 시기를 경험하고 있었다. Pale과 공동 설립자인 Jim Mack은 어떤 어려운 결정에 직면했다. 빠르게 증가하는 부채와 함께 사업의 현금흐름의 부족은 커져가는 재정 압박의 원인이 되었다. 법적 문제가 곧 일어날 것 같았다. 2001년 6월 8일, Pale은 이제 Wall Street Venture Capital과 자금 조달 계약을 체결하기로 한 결정을 고민하고 있다.

초기 사업 개념의 형성: CommuniteeWeb.com

Dan Pale은 몇 달 동안 지역화된 인터넷 포털의 아이디어를 논의하고 연구해 왔다. 1999년 가을, Pale은 아이디어가 기술적으로 가능해 보인다고 결정하고 Indiana의 Seymour에 있는 재무 설계 회사의 소유자인 Jim Mack을 방문했다. 세 차례의 회의 후 Mack은 벤처에 참여하기로 합의했다. 그들은 개념에 더 연구를 수행하기 위해 Ball State University에 있는 Information and Communication Sciences' Applied Research Institute를 접촉했다. 2000년 3월에, CommuniteeWeb, Inc.가 공식적으로 설립되었다. Dan Pale은 회장/운영책임자(COO), Jim Mark는 CEO와 이사회 의장의 역할을 맡았다.

비즈니스 개념의 기본 아이디어는 인터넷을 지역화시키는 것이다. 이것은 사용자로 하여금 웹에 있는 정보를 특정 지리적 영역에 관한 정보로 좁힐 수 있도록 해 주는 것이다. 결국, 웹 사이트는 사용자가 방문했던 것으로 드러나는 특정 지리적 영역에 대한 광고를 생성할 것이다. 아이디어는 한 국가 사이트 내에서 이러한 기능을 포함시키는 것이었다. 이 사이트는 또한 사용자에게 로컬 스포츠 및 뉴스 이벤트에 대한 이야기를 게시하여 사용자들이 상호 작용하는 기능을 제공한다.

조직 및 제품 구축

Dan Pale은 CommuniteeWeb.com에서 일할 재능 있는 젊은 팀을 모집하고 고용했다. 몇

* 여기에 제시된 회사명 및 URL을 포함한 사례 연구 자료는 가상이지만 연구 자체는 실제 기업에 기초한다.

출처: This case was prepared by Donald F. Kuratko of Indiana University and Robert D. Mathews of Ball State University, as a basis for class discussion rather than to illustrate effective or ineffective handling of an administrative situation.

달 동안 직원들은 URL의 광범위한 데이터베이스를 조사하고 분류하고 Communitee Web.com을 시장에 가지고 나갈 모델을 만들었다. 이 회사는 웹 사이트 주소를 찾고 확보하고 분류하기 위해 자체 소프트웨어를 사용했다. Dan과 Mark는 가맹점 모집을 통해 시장에 지역화된 인터넷 활용의 자신의 개념 진출시키는 계획을 세웠다. 가맹점이 특정 지역에 CommuniteeWeb.com 광고를 판매할 수 있는 권리(배너 광고, 이메일 마케팅, 팝업 광고)를 사는 것이다. 각 가맹점은 35,000달러를 지불하고 할 약 10만 명의 지리적 영역을 커버한다. Pale과 Mack은 CommuniteeWeb의 추가 성장 자금으로 프랜차이즈 수수료를 사용할 것으로 예상했다. 이 회사는 미국 50개의 대도시 시장의 소유권을 유지하기로 계획했다.

Jim Mack과 Dan Paled은 처음에 회사를 창업하는 데 200만 달러의 자본이 필요할 것이라고 추정했다. 작은 창업 초기의 인터넷 기업, 특히 중서부 도시에서는 이 금액을 끌어올리기가 쉬운 일이 아니었다. Jim Mack은 자신의 광범위한 재무 계획 고객 기반을 이용하여 거의 회사의 엔젤 캐피탈의 모두를 조달했다. 그러나 자금 조달 노력은 매우 비용이 많이 드는 것으로 입증되었다. 잠재적 투자자들에게 CommuniteeWeb을 홍보하는 데 매우 많은 비용을 소비했다. 각 투자자로부터의 투자금액은 평균 25,000~50,000달러였다. 2001년 1월 중순에,이 회사는 원래 2백만 달러 목표 중 160만 달러를 조달했지만 가맹점은 2개밖에 모집하지 못했다. Pale과 Mack은 투자자를 유치할 목적으로 사업계획서(부록 참조)를 작성했다. CommuniteeWeb의 비즈니스 모델과 재무 예측 전망은 거의 주 단위로 수정한 것처럼 보여서 사업계획서를 지속적으로 갱신하기가 어려웠다. 원래의 계획에서 변화가 거의 없었다. 비즈니스 모델이 변화하기 시작하자, 재무 예상은 급하게 적용되었고, 사업계획서는 적절하게 조정되지 않았다. 추정 재무제표에 의한 수입추정치는 2년 안에 10억 달러였다. 벤처 캐피탈 회사와 이미 운영되고 있었다. 다른 닷컴 기업을 컨설팅한 후, CommuniteeWeb은 더 보수적인 숫자로 그 추정치를 감소시켰다. 3년차의 매출은 1.6억 달러를 조금 상회했다. 이 회사의 사업계획서 부록에 있는 2001년 6월의 추정 재무제표는 더욱 축소된 실적을 보여 준다(표 1 참조).

회사의 연도별 재무제표가 감사되지 않았기 때문에, 잠재적인 기관 투자자 및 벤처 캐피탈과의 대화가 어려웠다. Jim Mack은 증권 거래위원회(SEC)에 사모를 통한 지분 배분을 등록하지 않았던게 문제였다. 따라서 이러한 유가 증권의 적법성이 문제될 수 있었다(SEC는 사적 단체한테 주식 판매에 대한 규정 D를 제시한다. 규정 504A, 504, 505, 506는 특정 요구 사항을 포함).

설립자 및 경영 팀

Dan Paledml 사업경력은 23세에 의류 매장을 시작했고 그는 신속하게 연간 매출이 120만 달러 이상으로 재빨리 사업을 성장시켰다. 또한, Pale은 그의 가족사업인 True Value(철물점)과 Just Ask Rental의 공동 소유자였다. 1998년, 그는 통신 분야로 자리를 옮겨 Indiana의 Seymour에 있는 WKBY — AM talk radio의 경영권을 인수했다. 2년도 안 되서, 그는 방송국의 매출을 600% 증가시켰다. 그는 또한 WKBY가 Indiana 남부에서 가장 큰 이야기 위주의 방송국으로 위치를 잡게 했다. 그는 2000년 4월부터 Indiana Regional Radio Parner, Inc.에서 관리 역할 담당으로 근무했다.

표 1 2002~2004년에 예상되는 이익과 손실

손익계산서	2002	2003	2004
매출액	$ 1,761,201.00	$ 7,508,323.00	$ 26,240,359.00
직접 매출원가	$ 1,190,785.00	$ 5,508,538.00	$ 8,817,481.00
기타	—	—	—
총 매출원가	$ 1,190,785.00	$ 5,508,538.00	$ 8,817,481.00
매출 총이익	$ 570,416.00	$ 1,999,785.00	$ 17,422,878.00
매출 총이익률	32.39%	26.63%	66.40%
영업비용			
회계사 수수료	$ 2,400.00	$ 2,700.00	$ 3,000.00
변호사 비용	12,000.00	12,300.00	12,600.00
수수료 또는 소개료	111,322.80	386,265.00	597,412.50
장비 임대료	67,608.00	67,608.00	67,608.00
보험-배상책임보험, 산재보험 등	1,344.00	1,644.00	1,944.00
자동차 보험	2,208.00	2,508.00	2,808.00
인터넷 접속료	4,254.00	4,554.00	4,854.00
웹호스팅과 보안	24,000.00	24,300.00	24,600.00
광고/마케팅	18,250.00	75,083.00	93,854.04
기타	6,000.00	6,300.00	6,600.00
사무용 소모품	6,000.00	6,300.00	6,600.00
전문교육/구독료/회원가입비	2,400.00	2,700.00	3,000.00
급여	568,795.02	812,557.50	934,441.13
상여금	170,069.71	243,767.25	280,332.34
임대료	22,200.00	22,200.00	22,200.00
전화비	21,600.00	22,680.00	23,760.00
전시회	6,000.00	6,300.00	6,600.00
출장비	4,250.00	4,550.00	4,850.00
공과금	6,000.00	6,300.00	6,600.00
총 간접비	$ 1,056,701.53	$ 1,710,616.75	$ 2,103,664.01
총 운영비	$ 2,247,486.53	$ 7,219,154.75	$ 10,921,145.01
이자 및 세전이익	$ (486,285.53)	$ 289,168.25	$ 15,319,213.99
이자 비용(단기)	—	—	—
이자 비용(장기)	—	—	—
부과 세금	0	0	4,940,000.00
순이익	$ (486,286.00)	$ 289,168.00	$ 10,379,213.99

공인 재무 설계사인 Jim Mack은 등록된 금융 컨설턴트였다. 그는 13년의 금융 서비스 업계 경력을 가지고 있었다. 그는 Indiana의 Seymour에 근거를 둔 Financial Investors Group의 공동 설립자이자 대표였다. 17개 주에 고객을 두고 있었다. Mack은 WKBY에서 주간 라디오 프로그램을 진행했고 New York Times의 베스트셀러 중 하나인 The Roaring 2000's Investors Guide의 기고자였다. 또한, 그는 H.S. Dent 재단의 자문위원회에 재직했고 사업 개발 및 기본적인 경제 동향의 분야에서 저명한 연설가였다.

경영진의 나머지는 매우 젊고 활기찼다. 팀 구성원의 대부분은 최근 대학 졸업생이었다. 다음은 원래 CommuniteeWeb에서 경영 팀의 명단과 2001년 봄까지 자격 내용이다.

JEFFRY LEHM

데이터베이스 개발 및 기술 이사

Lehm는 CommuniteeWeb 합류하기 전에 Indiana의 Seymore에 있는 Ivy Tech State College 컴퓨터 정보 시스템 지역 프로그램 위원장이었다.

MICHAEL HUNT

최고 정보 책임자(Chief Information Officer: CIO)

Hunt는 2000년 12월 Ball State University에서 정보 통신 과학 분야의 석사학위를 취득했다.

JONATHAN LESTER

홍보 이사

Lester는 Ball State University에서 광고와 마케팅 2개의 학위를 취득하고 현재 홍보 분야의 석사 학위를 완료 중이다.

TONY BAKER

대리점 영업 및 사업 개발 이사

Baker는 BD's Mogolian Barbecue 레스토랑의 가장 큰 프랜차이즈 마케팅 이사였다.

JIM McDUFFY

전문 시장 이사

McDuffy는 엔터테인먼트 업계부터 웹 개발에 이르기까지 다양한 비즈니스 환경에서 관리 경험을 10년 이상 쌓았다.

JOHN TAYLOR

무선 전략/연구개발 이사

Taylor는 Ball State University에서 마케팅과 부전공으로 일본과 아시아의 연구의 학사박위를 취득했다. 그는 또한 정보 통신 과학 분야에서 석사 학위를 추구하고 있다.

TROY SIMON

Indianapolis 운영 이사

Simon은 1998년 Ball State University에서 정보 통신 과학 분야에서 석사 학위를 받았고 공동 개인화된 인터넷 서비스의 선도적인 공급업체인 Intelliseek의 사업 개발 담당자로 재직했다.

사업, 산업, 경제적 환경

인터넷은 1999년과 2001년 사이의 글로벌 사업 환경에 큰 영향을 미쳤다. 2001년까지 전 세계적으로 1억 6,000만의 인터넷 사용자가 있었고, 그들은 온라인에 상당한 시간, 평균적으로 온라인에 월간 18시간 이상을 보내기 시작했다. 18시간 온라인 평균의 상당한 금액을 지출하기

그림 1 NASDAQ 종합지수

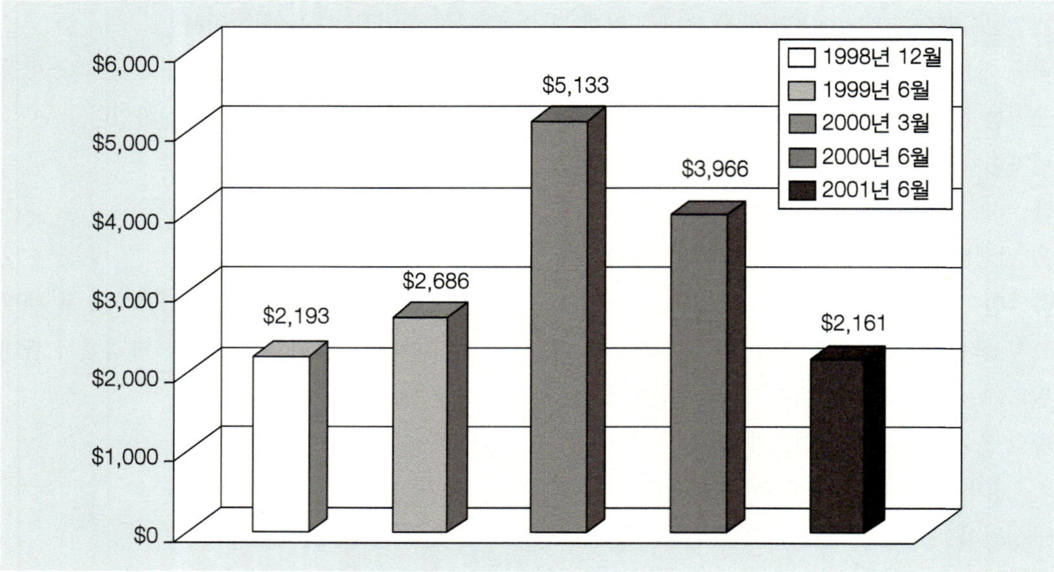

시작했다. 매달 인터넷 지출이 4억 달러, 고객당 평균 270달러에 근접할 만큼 인터넷 소매는, 미국 경제에서 지배적인 사업 힘이 되었다.

2001년 동안의 경제 상황은 자금을 얻는데, 특히 인터넷 기반 같은 사업의 성장을 어렵게 했다. 인터넷 기업이 놀라운 속도로 주식 투자를 받은 동안 1999년과 2000년의 인터넷 호황은 분명히 과거의 것이었다. 많은 벤처투자 기관들은 근본적인 사업의 기본 원칙으로 되돌아갔고 건전한 비즈니스 모델과 탄탄한 사업계획을 가진 기업들만 고려대상으로 삼았다. 또한, 최근의 나스닥 주식 시장의 급락('기술 난파')때문에 개인 투자자들은 더 신중해지고 있었다(그림 1 참조).

나스닥 종합 지수는 2000년 3월에 5,133달러로 정점에 있었다. 나스닥 종합 지수 값이 2001년 6월에 2,161달러 수준으로 감소했다. emarketer.com에 따르면, 2001년 상반기에 전 세계적으로 555개 이상의 인터넷 사업이 문을 닫았다.

다른 사람의 사이에서 Citysearch.com, localbusiness.com, 및 cityworks.com 같은 인터넷 기업은 주요 삭감 또는 정지 작업을 시작했다. 가장 큰 온라인 광고 중계기업인 Double Click은 분기당 1억 달러 이상을 계속적으로 손실을 봐왔다. 또한, 닷컴 기업을 포함하는 대부분의 기업들은 전반적으로 자신의 광고 예산을 삭감했다. Competitive Media Reporting은 모든 미디어에 걸쳐 2001년 광고 지출은 2000년 수준에서 1,024억 달러 이상 떨어질 것이라고 추정했다. 전문화되고 지역화된 인터넷 광고에 대해서 여전히 관심이 될 듯하지만, 많은 산업 요인은 광고 수익 기반의 비즈니스 모델에 부정적인 압력을 일으키는 원인이 되었다. VentureCapital (Bethesda, Maryland)의 CEO인 John Groth는 자본 시장은 수입의 대다수가 인터넷 광고 판매에서 나오는 기업을 호의적으로 보고 있지 않다고 하였다.

경쟁 전망

2001년 6월까지, CommuniteeWeb은 DigitalCity.com, OneMain.com, MyCity.com, Yahoo!, Get Local, Visionvibes.com, Wowtown.com, URL-Surfer.com, Citysearch.com, megago.com move.com, busyreceptionist.com, usaonline.com, switchboard.com, relocation-central.com, MyWay.com, 그리고 다른 기업의 사이에서 수많은 광고(yellow page) 웹 사이트와 같은 기업으로부터 경쟁에 직면했다. CommuniteeWeb은 이러한 사이트 중 어느 것도 진정 전국의 지역 정보를 제공하지 못한다고 믿었다. 그들은 이 사이트들은 큰 도시를 위해 개발되었거나 또는 매우 작은 영역에 제한되었다는 것을 주장했다. 따라서 CommuniteeWeb은 이러한 경쟁자들을 결코 비즈니스 모델의 성공에 큰 위협이라고 간주하지 않았다. 그러나 DigitalCity.com와 Citysearch.com은 중요한 국가의 광고 캠페인에 종사하고 현지화된 인터넷 사이트 중 가장 큰 인지도를 가지고 있다. CommuniteeWeb은 지역 신문과 라디오 방송국이 가장 큰 경쟁 업체로 간주한다. 회사는 전통적인 미디어 C형태를 가장 큰 경쟁자로 봤다.

운영상의 CommuniteeWeb.com

CommuniteeWeb.com 웹 사이트는 공식적으로 2001년 1월 28일에 시작되었다. 사이트 방문객은 읽고, 지역 뉴스와 스포츠 이야기를 게시하고, 지역의 일기 예보를 확인하고 특정한 장소나 사업 분류에 맞추어진 Uniform Rsource Locators(URL들 또는 웹 사이트 주소)를 검색할 수 있는 사이트이다. URL 검색은 CommuniteeWeb의 도구와 데이터베이스를 사용했는데. 2001년 4월까지 구축된 데이터베이스는 20만 개 이상의 URL을 포함한다.

2001년 처음 몇 달 동안, CommuniteeWeb은 AT&T, Infospace.com, 및 Hargiss Communication 등과 같은 여러 쟁쟁한 회사와 협력 관계와 제휴 관계를 구축할 수 있었다. 그러나 CommuniteeWeb은 곧 많은 협력기업들이 자신들의 비전에 맞지 않았음을 깨닫고 LocaLine과 valupage.com 같은 회사와 다른 협력을 추구하고자 이들 협력기업의 대부분과 모든 관계를 끊었다.

CommuniteeWeb은 사업개념을 순조롭게 출발시키기 위해 계속해서 발버둥을 쳤다. 가맹점 매출 담당 임원으로 고용한 Tony Baker는 단지 2개의 가맹점만 모집을 했다. 이로 인해 Dan Pale과 Jim Mark는 다음 조치를 생각하게 되었다. 이들은 향후 2~3개월 이내에 양(+)의 현금흐름을 생성하는 즉각적인 필요에 직면했다. CommuniteeWeb의 인력은 2001년 3월에 약 175명으로 정점을 이루었고, 이것이 직원급여 비용이 200,000달러 이상 발생하는 원인이 되었다. Pale과 Mack은 첫 해에 100개 이상의 가맹점이 서명할 것으로 예상했지만 그들의 노력은 전망에 실패했다. 2001년 4월 자금 부족으로 인하여 그들은 주요 직원 15명만 남기고 월 별 지출을 약 75,000달러(표 2)로 하는 주요 삭감을 감행했다. Pale과 Mack은 이러한 삭감은 자신의 회사를 살아있게 유지하기 위해 필요한 조치라고 보았다. 들어오는 수입은 없고, 증가하는 부채 및 비즈니스 모델의 실패와 함께, 그들은 두려워 지기 시작했고 전반적인 삭감이 그들의 유일한 선택이었다고 느꼈다.

표 2 경영진에 의해 제공된 재무 정보 요약

	2001년 3월	2001년 4월
전문가와 컨설팅 비용	$9,500	$2,000
장비 임대와 감가상각	19,000	3,000
소프트웨어/접속/웹호스팅	35,000	—
직원 급여		
CEO-Mack	10,000	6,250
회장-Pale	10,000	5,000
기타 임원	142,500	25,850
조사 외주 비용	20,000	—
세금	14,300	3,265
교육	10,000	—
기타	2,600	2,500
전체 인건비	209,400	42,865
마케팅 비용	20,050	5,000
임대료/공과금	3,655	2,100
웹 사이트 유지보수/설계	14,000	13,000
사무실 소모품	4,000	3,100
이자/기타	5,400	4,400
총비용	$320,005	$75,465

이 시점에서, CommuniteeWeb은 원래의 사업계획을 버리고 이제 인터넷 서비스 공급자(ISP)에게 홈페이지 도구 판매에 집중하고 있었다. 그들은 CommuniteeWeb의 도구가 기본 브라우저 및 포털(게이트웨이)의 ISP에 의해 사용될 수 있다고 믿었다. CommuniteeWeb은 지역 정보와 사용자에게 자신의 '얼굴'의 공급자가 될 것이다. 그러나 회사로 인해 데이터베이스의 효율성과 크기(40,000 URL 아래로 감소)를 모두 감소시키는 상당한 기술적 오류로 인해, ISP들에게 제공되는 도구의 집합에서 해당 URL 데이터베이스를 삭제하도록 강요당했다. 이것은 CommuniteeWeb에게는 큰 차질이었지만, 회사는 데이터베이스 오류를 해결하는 데 필요한 재정 자원을 가지고 있지 않았다(표 3에서 중요한 이벤트의 시간표 참조). 추가 수입을 창출하기 위해, CommuniteeWeb은 또한 사업 영역에 웹 개발 부문을 도입했다. 더불어 회사는 ISP로 시장 진출을 시도했다.

표 3 주요사건의 시간표

- 2000년 1~2월 – Dan Pale은 인터넷을 지역화의 가능성을 연구한다.
- 2000년 2월 – Pale은 지역화된 인터넷 포털 구축의 가능성을 논의하기 위해 Financial Investors Group의 Jim Mack을 만난다.
- 200년 3월 – Mack과 Pale은 CommuniteeWeb이란 이름으로 사업을 시작하는 데 동의한다. 그들은 C corporation으로 회사를 설립하고 이력 채용을 시작한다.
- 2000년 4월~2001년 1월 – 데이터를 발굴하는 담당의 많은 직원들이 포괄적인 URL의 데이터베이스를 수집하고 확보한다.
- 2001년 1월 28일 – 웹 사이트, http://www.CommuniteeWeb.com을 공식적으로 시작한다.
- 2001년 2~5월 – CommuniteeWeb 경영진은 시장에서의 위치를 강화할 비즈니스 관계를 개발을 착수한다. 회사는 또한 자본을 늘리고 가맹점 판매를 착수한다.
- 2001년 4월 – 커져가는 자금 압박 때문에 Mack은 인력과 지출의 주요 삭감을 강요당한다.
- 2001년 5월 – CommuniteeWeb은 ISP에게 자사의 웹 사이트 도구를 판매하는 비즈니스 모델로 변경한다. 이 회사는 자사의 URL 데이터베이스 사용을 중단한다. Mack은 CEO와 이사회 의장에서 물러나고 Pale은 CEO 역할을 수행한다. Mack은 이사회에 남아 있다.
- 2001년 6월 – CommuniteeWeb은 New York의 Wall Street Venture Capital과의 거래착수를 고려중이다.

재무압력과 내부 갈등 증가

Jim Mack과 Dan Pale은 재무위기를 인정했다. 그들은 CommuniteeWeb이 양(+)의 현금흐름을 만들기 위해서 단지 몇 개월의 여유가 있다고 믿었다. Pale과 그의 직원들이 초조하게 ISP에 새로운 비즈니스 모델을 판매하는 동안 Mack은 자신의 고객 기반 및 개인 네트워크를 통해 자금 조달을 계속 할 계획을 세웠다. 자본 시장은 점점 경색되었고 Mack은 외견상으로는 겉으로는 자신의 개인 자원을 소진한 것처럼 보였다. 2001년 4월 말까지, Mack과 Pale은 자신의 여러 신용 카드를 한계까지 사용하였고, 회사의 채권자의 대부분의 지불을 지연시켰고, 국세청(Internal Revenue Service: IRS)에 보내야 할 지불급여세금 및 직원 원천 징수가 20만 달러 이상 밀려 있어서 단기 자금 조달을 위한 '자력도생(bootstrapping)'에 기댈 수밖에 없었다. 회사는 100만 달러를 초과하는 다른 부채를 가지고 있었다(표 4). Pale과 Mack의 개인 부채는 30만 달러 이상으로 커져갔다. 종종 급여 지급이 3~4주 지연됨에 따라 직원들은 회사의 현금흐름 문제로 인하여 경제적으로 쪼들리기 시작했다.

재무 압박 속에서, Mack과 직원들 사이에 개인 충돌이 일어났다. Mack은 종종 너무 통제하는 것에 대해 비판을 받았다. 주요 경영진은 회사의 모든 전략적 의사결정을 혼자하려고 하는 Mack의 욕심에 의문을 제기했다. Mack의 끊임없는 비즈니스 모델의 변경 때문에 직원들은 '최신' 방향에 대해서 거의 알지 못했다. Mack과 Pale 사이의 갈등은 표면에 나타나기 시작했다. Mack과 Pale은 종종 전략적 또는 재무 문제에 대해 의견이 일치하지 않았다. Pale은 CEO인 Mack이 마치 대표이사 겸 COO인 자신의 역할을 통제하려고 드는 것처럼 느껴졌다. 2001년 5월에 커져가는 갈등과 Mack의 명백한 경영 실수로 인해, 이사회는 CEO와 이사회 의장에서 Jim Mack을 사임시키고 후임으로 Pale을 임명했다.

표 4 회계연도 말 2002년 2월의 대차대조표

자산		
유동 자산		
당좌계좌	$41.09	
비용계정	237.11	
외상매출금 수금 수수료	904.94	
투자	50,000.00	
총 자산		$51,183.14
재산 및 설비		
가구 및 비품	$21,804.26	
컴퓨터 장비	257,960.30	
차가개량비(임차재산 개량비)	19,275.25	
누적 감가상각-가구	(7,014.80)	
누적 감가상각-컴퓨터 장비	(112,411.33)	
누적 감가상각-임차권	(6,203.74)	
재산 및 설비 총액		$173,409.94
총 자산		$224,593.08
자본과 부채		
유동부채		
미지급금	$355,748.64	
지불 공제	785.71	
연방 갑근세	266,406.50	
연방정부 고용보험세(FUTA)	4,450.64	
주정부 갑근세	32,715.16	
주정부 고용보험세(SUTA)	8,907.29	
지방세	7,630.73	
복리후생비	18,705.47	
총 유동부채		$695,350.14
장기부채		
주주로부터 차입-Dan Pale	$304,929.20	
주주로부터 차입-Jim Mack	68,500.00	
장기부채		$373,429.20
총 부채		$1,068,779.34
자본		
자사주	$(7,545.00)	
납입자본	1,892,008.68	
이익잉여금	(1,017,263.51)	
순 이익	(1,711,386.43)	
자본총액		$(844,186.26)
부채와 자본총액		$224,593.08

Mack은 이사회에 남아있을 수 있지만 Dan Pale에게 회사의 모든 일상적인 운영을 넘겨주었다. Mack은 회사 자금 조달하는 자신의 역할은 유지했다.

Wall Street Venture Capital과의 거래

지난 몇 개월 동안 자금에 대한 노력을 하는 동안, Mack과 Pale은 뉴욕에서 Wall Street Venture Capital이라는 상대적으로 알려지지 않은 회사와의 관계를 개발하는 작업을 착수했다. 2001년 6월, Pale과 Mack이 벤처 캐피탈 회사에 자신의 비즈니스 모델을 설명하기 위해 벤처투자기업을 초대했다. 사업계획을 청취한 후에 Wall Street VentureCapital은 제휴를 통한 CommuniteeWeb을 위한 자금 조달에 동의했다. CommuniteeWeb이 계약을 수락하는 경우, Wall Street Venture Capital은 회사의 30% 지분을 취득할 것이며, CommuniteeWeb에게 2만 달러의 계액금이 부과되었다. CommuniteeWeb은 현재 운영 자금을 향후 6개월 동안 Wall Street Venture Capital이 아니 외부에서 추가로 50만 달러를 조달해야 했다. Wall Street Venture Capital은 인수 입장뿐만 아니라 6개월 이내에 CommuniteeWeb한테 500만 달러를 조달해 주기로 동의했다. CommuniteeWeb은 현재 투자자들에 대한 재정적 의무를 충족시키고 새로운 제휴관계를 형성하기 위한 영향력으로 Wall Street Venture Capital과의 관계를 사용할 수 있을 것이다.

거의 2달 동안, Jim과 Mack은 뉴욕에 기반을 둔 벤처투자회사의 계획의 실행 가능성의 조사를 시도했다. 그러나 2001년 6월 쯤, Mack과 Pale은 Wall Street Venture Capital이 수백만 달러의 창업 투자의 입증된 추적 기록을 가지고 있는지 여부를 규명할 수가 없었다. 회사에 대한 정보를 얻기가 어려웠다. 예를 들어, 웹 사이트는 작동하지 않았고, 뉴욕 상공 회의소는 회사에 대한 정보를 가지고 있지 않았다. Mack과 Pale은 Wall Street Venture Capital의 회장인 Joseph McElroys에게 성공적인 기업의 투자 프로젝트의 문서를 요청했는데 응답은 Wall Street Venture Capital의 거래의 대부분이 해외에 존재하기 때문에 문서가 준비되지 않았다는 것이었다.

갈등

Dan Pale은 지금 CommuniteeWeb의 CEO로서 힘든 결정에 직면해있다. 그는 점점 더 부채 속으로 깊이 가라앉고, 점점 더 투자된 자본을 위태롭게 하고 IRS의 채무와 부적절한 지분 판매와 관련된 법적인 문제에 직면하는 등의 커져가는 압박을 느꼈다. Wall Street Venture Capital과의 계약 착수를 심각하게 고려하고 있었다. Pale이 다음 조치를 생각하고 있을 때 다음 사항들이 그를 괴롭혔다.

- 연방 세금 채무 — 회사는 IRS에게 20만 달러를 초과하는 금액을 빚지고 있다. 회사는 이 부채를 해결하기 위해 IRS한테 '세무약정제도(Offer in Compromise)'를 신청했다. IRS가 이 신청을 받아들일 것이라는 보장은 없다 IRS가 수정제안을 하거나 신청을 거절할 지도 모른다. 이 경우, CommuniteeWeb은 체납된 세금, 이자 및 벌금을 지불할 충분한 자금이 없을 수도 있다. 또한, 그것을 선택하는 경우 심지어는 IRS가 회사의 자산

을 압류할 수 있다.

- **Indiana 세금 채무** — 회사는 Indiana에 2만 달러를 초과하는 금액을 빚지고 있다. 회사는 이 빚에 대해서 Indiana와 지불계약을 체결했다. 이 회사는 Indiana에 필요한 지불을 하지 않을 경우, Indiana의 세무 부서는 회사의 자산을 압류할 수 있다.
- **증권법 위반** — 이 회사는 이전에 160만 달러를 초과하는 지분을 판매했다. 이러한 유가 증권의 판매는 연방 및 주 증권법을 동시에 준수하지 않았을 수 있다. 모든 구매자에게 취소가 제안되고 증권규제기관에 의해 조취가 취해질 가능성에 직면해 있다. 또한, 회사의 임원은 아마도 이러한 SEC의 위반에 대한 형사처벌에 직면할 수 있다.
- **이익창출 실패** — 2000년에 설립된 이래, 회사는 주로 자사의 인터넷 기술의 연구개발에 참여하고 있으며, 수익을 만들 기회가 없었다. 현재 이 회사는 이익을 만들지 못하면 그 어느 것도 미래에 대한 보장이 없다. 이 회사는 "신생기업의 비용지출속도(burn rate)"(적어도 손익분기점에 도달할 수 있는 충분한 수익 없이 집행되는 지출을 나타내기 위해 사용되는 일반적인 용어)로 운영 중이고 성공적으로 이익을 보여 줄 수 있는 작동하는 비즈니스 모델을 아직 수립하지 못하고 있다. 투자 받은 초기 160만 달러의 대부분은 URL 데이터베이스를 개발하고 잠재적인 투자자 유치에 쓰였다.

Dan Pale은 그의 회사를 살리기 위해 조치를 취할 필요가 있다. 이러한 모든 문제를 고려하면, Wall Street Venture Capital과의 계약이 최선의 선택일까?

참고문헌

1. See Appendix for more detailed management biographies.
2. http://www.clickz.com/stats/.
3. http://www.nasdaq.com.
4. http://www.emarketer.com.

부록: 사업계획서

경영요약

CommuniteeWeb, Inc.는 지역의 맛과 개인적인 접촉이 가능한 인터넷이다. CommuniteeWeb의 고유의 검색 기술과 넓은 범위의 접속 및 기타 웹 관련 솔루션으로, 인터넷을 통해 특정 지역에서 기업, 비영리 단체 개인들이 상호 작용할 수 있다. Communitee 웹 포털을 사용하는 사람들은 뉴스 및 스포츠 결과부터 주제별로 분류된 광고에 이르기까지, 심지어는 지역사회 일정을 포함한, 그들에게 가장 관련이 있는 콘텐츠를 CommuniteeWeb의 웹 사이트 데이터베이스에서 검색할 수 있다. 무료의 간단한 검색 과정은 최종 사용자의 개별 요구를 근간으로 하고 있다. 이러한 점은 결국 전통적인 검색엔진을 통한 쓸모없는 접속을 거치지 않고 그들의 고향이나 특정 지역의 정보, 상품, 서비스를 검색할 수 있게 해 준다.

일반 시민을 위한 지역 웹 검색을 최적화하는 동시에, CommuniteeWeb은 지역 기업들에게 특정 지역에 대해 동일한 드문 호사를 제공한다. 기업은 특정 위치를 검색하는 사람은 그 지역 사회에 거주하거나 또는 방문할 계획이라는 것을 합리적으로 확실하게 알고 있다. CommuniteeWeb은 모든 규모의 기업이 인터넷 광고에 참여할 수 있게 한다. CommuniteeWeb의 역동적인 일대일 마케팅은 특정 연령 집단, 소득 범위와 이익 집단을 상대로 할 뿐만 아니라 특정 지역 시장에서 사업을 할 수 있게 한다. 등록된 최종 사용자들에게 동기를 부여하기 위해, CommuniteeWeb은 그들에게 무료의 지역 보상 프로그램을 제공한다. 등록 회원은 지역 광고주의 사이트를 방문하여 포인트를 적립한다. 그런 다음 서비스 및 상품을 누적 포인트와 교환하거나 지역 자선 단체에 기부할 수 있다. 회원가입이 간단하고 무료이다. 1분도 안 걸려서, 사용자는 기본적인, 지리적, 인구 통계학적, 그리고 성격 특성 정보를 제공하여 가입할 수 있다. 예를 들어, 사용자는 음악을 좋아 하지만, 의류에 관심이 없을 수 있다. 기업들은 월드 와이드 웹 마케팅에 분기당 20억 달러 이상을 지출하지만, 최종 사용자에 대한 정보를 거의 수집하지 못한다. 지역의 보상이 그 문제를 해결한다. CommuniteeWeb의 지역 보상 프로그램은 CommuniteeWeb이 기업과 서비스를 제공받는 지역 사회의 거주자에게 윈-윈 시나리오를 제공하는 또 다른 방법이라는 것을 보여 준다.

CommuniteeWeb은 인터넷에 인간의 접근 방식을 제공한다. 프랜차이즈 모델을 통해 CommuniteeWeb은 모든 규모의 지역 사회에서 전국의 지역 사회 조정자를 배치한다. 이것은 언제나 그랬던 것처럼 상황이 혼란스럽고 기술이 변화했을 경우에 요청할 수 있는 이름과 사람들을 제공한다. CommuniteeWeb은 개인과 사회가 함께하는 인터넷을 제공한다. CommuniteeWeb은 그 이름과 전화 접속부터 고속 연결 솔루션에 이르는 인터넷 서비스 AT&T와의 제휴를 통해), 웹 디자인, 호스팅과 기타 관련 서비스(전화 접속 및 웹 디자인, 호스팅 및 기타 관련 서비스(다양한 웹 디자인 회사와 제휴)를 전달하는 사용자 정의의 브라우저를 제공한다.

많은 기업들이 인터넷의 관점에서 지역 사회를 침투하려고 했다. 20개 이상의 기업이 대도시 통계 지구(metropolitan statistical area, MSA)

에)로 정의된 1-계층 도시에 성공했다. MSA는 100만 이상의 거주자를 포함하고, 별개의 42개 지역의 인구가 미국 인구의 1/3 이상을 나타낸다. 2-계층과 3-계층 시장으로 벤처 기업은 글로벌 관점에서는 실패했다. 이 시장들에서는 개인 커뮤니티 사이트가 존재하지만, 연속성이 없고, 그들은 각자의 분야에서 상거래 또는 지역사회 개발에 대해 아무런 작업도 수행하지 않는다. CommuniteeWeb은 이 지역 사회를 결합하는 플랫폼이다. 이 플랫폼은 진정한 비즈니스 관련성을 제공하기 위해 지역 사회를 함께 결합하면서 개성을 제공하는 연결 역할을 한다. CommuniteeWeb은 법인조직으로서 이러한 MSA의 시장운영을 유지하기 위한 계획을 수립하지만 완벽하게 운영되는 법인조직 소유의 시험시장을 통해 자사의 제품을 입증하는 데 초점을 맞출 것이다. CommuniteeWeb은 부분적으로 시험시장으로 Indianapolis MSA에 자금을 지원하고 2001년 4월에 시작한 법인조직으로 소유한 중간 시장 가맹점 영업권을 착수하기 위해 매월 자금지원을 모색하고 있다.

CommuniteeWeb의 성공은 사용자 중 충성도가 있는 숫자와 대규모 유명 브랜드 인식에 따라 달라진다. CommuniteeWeb은 이러한 구성원을 모집하고 제품 인지도를 만들기 위한 세 가지의 즉각적인 전략을 사용한다. 이 세 가지 모델은 빨리 시작하는 가맹점의 기회뿐만 아니라 내장되어 있는 회원의 충성도를 제공한다. CommuniteeWeb은 또한 선택된 기업가가 프랜차이즈 권한을 획득할 수 있게 한다.

CommuniteeWeb은 전국적으로 중소 규모의 시장에서 비즈니스 모델의 가맹점 영업권(franchise)을 팔 것이다. 가맹점(franchisee)들은 네 가지로 다른 사업 배경이 다를 수 있다. (1) 현재 많은 지방 및 지역 단위로 인터넷 서비스를 제공하는 회사, (2) 회사와 CommuniteeWeb 모두에게 유익한 제휴를 제공하는 구축된 회원 충성도를 지닌 전통적인 언론 매체, (3) 웹 사이트의 디자인과 현재 관련된 기업, (4) 식별 가능한 사용자 기반을 가진 '특정 지역' 웹 사이트이다.

가맹점 시장을 향한 CommuniteeWeb의 주요 공격은 지역의 ISP를 통해 이루어진다. CommuniteeWeb은 5만 미만 가입자를 보유하고 있는 중서부에 위치한 600개 이상의 지역 ISP를 자사의 예비 조사에서 발견했다. CommuniteeWeb은 또한 현재의 비용 구조에 약간만 추가될 것이라는 것을 알았다. 이러한 ISP는 일반적으로 어딘가에 5,000의 가입자를 보유하고 있다고 하지만 그들은 일반적으로 고객당 순익의 최저 수준인 매월 약 2달러를 단지 생성한다. 이들의 ISP에 제시한 CommuniteeWeb의 제안은 간단하다. CommuniteeWeb이 Communitee Web 시스템에 자신의 변환에 대한 대가로 CommuniteeWeb 가맹점 권리를 제공할 것이다. 이것은 자동으로 그들의 가입자를 CommuniteeWeb의 회원으로 등록시키고 가입자 계정을 CommuniteeWeb/AT&T 가설 ISP으로 변환시키고, 그들의 시장에서 CommuniteeWeb.com 광고를 판매하는 것을 포함한다. CommuniteeWeb은 Indiana에서만 ISP에 50개 이상을 접촉하고 거의 그들 모두와의 약속을 얻었다.

CommuniteeWeb은 2001년 8월에 수익성이 생기고 그런 식으로 유지하도록 설계되었다. 이 회사는 인터넷 기술을 사용하지만 진정으로 동적인 일대일 마케팅에 초점을 맞추는 대화형 통신 회사이다. 사용 및 광고의 현재 인터넷 표준을 기반으로 하면 CommuniteeWeb 회원당 한

달에 15.60달러를 생성할 수 있다. 비즈니스 모델 및 현재 계획은 운영 두 번째 해에 1,700만 달러 이상의 양(+)의 현금흐름과 200만 달러의 초기투자를 요구한다.

CommuniteeWeb은 달성된 독창적인 URL 데이터베이스의 가치를 최근에 볼 수 있었다. 데이터베이스는 어디서나 수천 개의 웹 사이트에 500달러부터 5,000달러 사이의 월간 라이선스 비용을 청구할 있으므로 매우 시장성이 입증된다.

CommuniteeWeb 35개 이상의 잠재적인 가맹점을 가지고 있으며, 140만 달러 이상의 자금을 모집했다. CommuniteeWeb은 현재 1차 라운드에 60만 달러의 추가 자금과 200만 달러의 연계 융자(bridge financing)를 모색 중이다. 자금을 추가로 600,000달러 다리 금융의 다른 200만 달러를 찾고 있다. CommuniteeWeb은 현재 25,000달러의 최소 투자로 주당 4달러 지분을 제공하고 있다. 즉, 투자는 회사의 1/8%(0.00125)를 제어할 수 있는 6,250보통주를 나타낸다.

CommuniteeWeb 비즈니스 모델

CommuniteeWeb 비즈니스 모델은 약 네 가지 주요 영역중심으로 전개된다. 회원, 지역 사회, 조정자(coordinator), 컨텐츠 및 광고이다. 이 네 영역은 사실상 간단하지만 CommuniteeWeb의 성공을 유도한다.

회원

CommuniteeWeb.com의 가장 중요한 측면은 회원이다. CommuniteeWeb 전용 사용자 기반의 개발에 매우 큰 강조를 두고 있다. 광고를 보고 콘텐츠를 전송하고, 배타적 CommuniteeWeb Directory[1]를 사용하는 회원들의 상호작용은 CommuniteeWeb의 성공을 유도한다. 회원들은 그들에게 관심 있는 지역 콘텐츠를 전송하도록 권장받고 있다.

지역사회 조정자

가맹점과 MSA 조정자로 동시에 존재하는 지역시회 조정자는 각 지역사회에 대한 인터넷에 '핵심적인 특성(heartbeat)'을 제공한다. 이러한 조정자와 영업 인력은 빠른 회원 증가 및 가속 광고 영업을 가능하게 하는 지역사회 기업, 비영리 단체, 일반 대중과의 관계를 확실하게 할 것이다.

콘텐츠

콘텐츠 등의 이벤트일정, 지역 스포츠 이야기, 지역 뉴스, 지역 언론 보도자료, CommuniteeWeb 디렉토리와 같은 콘텐츠는 CommuniteeWeb.com을 매력적이고, 도움이 되고, 유용하고, 성공적인 웹 사이트로 만드는 것이다. CommuniteeWeb 뉴스 및 스포츠 이야기, 이벤트일정 및 보도 자료를 통해 지역화된 컨텐츠뿐만 아니라 CommuniteeWeb Directory를 제공할 것이지만 회원들은 로컬 콘텐츠의 대부분을 전송하고 인터넷에서 지역 사회를 대표하도록 하도록 권장받고 있다.

광고

지역화된 광고는 CommuniteeWeb.com 주요 수익의 엔진이다. 매우 구체적으로 대상이 있고 지역화된 광고는 인터넷에서 독창적인 CommuniteeWeb의 광고 시스템을 만드는 것이다. 지역 광고는 홍보 창을 통해 지역 사회 부문에 활용될 것이고, CommuniteeWeb의 CommuniteeWeb Directory은 전자 메일 마케팅과 후속의 전자 메일을 목표로 한다.

전략적 제휴

CommuniteeWeb은 시장에서 더 나은 위치 그 자체를 확보하기 위한 몇 가지 주요 기술적인 사업 관계를 개발했다.

AT&T: CommuniteeWeb은 여러 분야에서 글로벌 통신 거인 AT&T와 전략적 제휴를 체결했다. AT&T는 CommuniteeWeb을 통해 더 좋게 지역 시장에 도달할 것으로 예상하고 CommuniteeWeb은 CommuniteeWeb.com 웹사이트를 호스팅하기 위해 AT&T의 자원을 활용하고 가상 ISP(VISP) 시스템을 통해 자사 상표의 인터넷 연결 서비스를 제공할 것이다. 이 제휴는 보통 지역 인터넷 서비스와 관련된 초기 자본 지출 없이 CommuniteeWeb이 ISP 역할을 할 수 있게 한다. 이 제휴에서 수입은 인터넷 접속 서비스에 가입하는 모든 가정 또는 기업으로부터 나올 것이다. 전화 접속 계정에 대한 CommuniteeWeb의 도매 비용은 한 달에 13.95 달러가 될 것이다. CommuniteeWeb은 월 18.95 달러의 매우 경쟁력 있는 속도로 이 서비스를 재판매할 계획이다. 이 제휴는 ISP 시장에서 AT&T의 주어진 위치가 매우 강력하다는 것을 증명해야 한다. AT&T는 세계에서 가장 크고 가장 높께 평가된 ISP이다.[2]

Hargiss Communication/Quad Entertainment: Hargiss Communication이 개발한 전용 셋톱 박스는 호텔이나 리조트 시설, 병원, 가정에, '주문형 영화' 인터넷, 게임, 디지털 케이블 TV, 주변의 지역 안내를 제공하는 하드웨어 및 소프트웨어 솔루션이다. CommuniteeWeb은 CommuniteeWeb의 지역 URL 색인과 지역 컨텐츠를 이용하여 접점에 대한 현지 가이드 포털을 제공하기 위해 Hargiss Communication과의 전략적 제휴를 체결했다. CommuniteeWeb 현재 Hargiss Communication과 만든 새로운 자회사 Quad Entertainment라는 회사의 15%의 소유권을 갖고, 이 회사는 셋톱박스 비즈니스 모델을 개발하는 데 중요한 부분이 될 것이다. Quad Entertainment와 CommuniteeWeb의 Jed Delke가 Quad Entertainment의 CEO 역할을 할 것이고 CommuniteeWeb은 이 회사회의 6개 자리 중 3개의 이사 자리를 차지할 것이다.

InfoSpace.com: CommuniteeWeb이 CommuniteeWeb 회원들에게 제공할 수있는 옵션 및 콘텐츠를 증가시키기 위해 InfoSpace.com과 제휴하고 있다. InfoSpace.com은 따라서 CommuniteeWeb 회원들에게 매우 강력한 자원을 제공, 웹에서 가장 큰 정보 출처 중 하나이다. 따라서 CommuniteeWeb 회원들에게 매우 강력한 자원을 제공할 수 있다. Inforspace가 제공하는 정보 자원은 CommuniteeWeb이 핵심 사업에 집중할 수 있게끔 하는 CommuniteeWeb의 콘텐츠를 강화시킨다. Inforspace는 공동 브랜드 시스템을 통한 계약에 의해 이러한 자원을 제공할 것이다. CommuniteeWeb.com을 통해 Inforspace의 컨텐츠를 탐색할 때 CommuniteeWeb 회원들은 CommuniteeWeb 웹 사이트, 색채 배합, 구조를 볼 것이다. 이 제휴는 또한 CommuniteeWeb에게 광고 수입 배분 모델을 통해 수입 원천을 제공한다.[3]

법률, 전문가, 회계, 기술 협력자 및 제휴자

James의 동업자인 Thomas Reardon, Austin, Cooper와 Indiana의 Seymour에 위치한, Burr 법률 사무소가 법률 고문단을 이끌 것이다. Reardon의 역할은 CommuniteeWeb은 사업 개발 과정에 따라 CommuniteeWeb이 필요로 하는 전문적인 조언을 결정하게 할 것이다.

또한, CommuniteeWeb은 Indianapolis의 프랜차이즈 전문변호사 Mark Jaroby와 제휴했다. CommuniteeWeb은 SEC와 회계 문제에 대해 Crowe Chizek LLP의 상업 서비스 그룹과 함께 일할 것이다. 선도적인 회계 및 컨설팅 기관으로서, Crowe Chizek는 고객 중심의 관계 문화 전문 서비스를 제공한다. Crowes는 100개 이상의 회원들과 전 세계 372개 도시의 400개 사무실을 가지고 있는 독립적인 회계 및 컨설팅 기업의 국제 네트워크인 Howarth International의 주요 회원사이다. Crowe Chizek의 고객은 IBM, Microsoft, Oracle, Onix software가 포함되어 있다. 특히, Crowe Chizek은 CommuniteeWeb이 적당한 기업 회계 패키지를 찾는 데 필요한 지원을 제공할 것이다. 또한, CommuniteeWeb의 재무제표의 독립적인 감사를 제공할 것이다. Crowe Chizek는 미래에 발생할 필요에 대한 전문 컨설팅을 제공할 수 있을 것이다. 네 명의 개개인들은 회계 부서를 담당한다. Donald Hagersns는 수석 고문이다. 그는 인수 계획 및 주식 분배에 관여하고 있다. Jim Mack 회계 담자의 자격으로 근무하고 있다. 공인회계사인 Gregory Borst는 현재의 급여와 일상적인 세금 문제를 처리하고 있다.

내부 및 외부 기술 전문가

CommuniteeWeb은 높은 수준의 교육과 경험을 보유한 데이터베이스 개발자, 프로그래머, 시스템 설계자의 팀이 있다. 또한, CommuniteeWeb은 지역의 여러 고등 교육 기관과 제휴하고 있다. CommuniteeWeb은 여러 가지 기술 분야에서 전문 지식을 필요로 하는 동적 사이트를 개발했다. 상업적으로 실행 가능한 제품은 2001년 1월 28일에 출시되었고 계속적으로 개선되고 구축되고 있다. CommuniteeWeb은 자신의 재능 있는 직원을 이용하고 Joseph A. Graves와 협력사(JGA)로부터 서비스에 대한 계약을 체결하여 이 임무를 달성하였다. Michael Hunt는 개발 단계를 통해 이 팀을 지도하고 지속적인 개선 단계를 통해 이 팀을 이끌고 나갈 것이다. JGA는 사이트의 다른 구성 요소에 대한 프로젝트 관리 및 프로그래밍 전문 지식을 제공하고 있다. 제프 Jeff Lehm은 데이터베이스에 대한 전문 지식을 제공하고 있다.

CommuniteeWeb 협력자

CommuniteeWeb은 이 벤처를 가동시키기 위해 창업가정신, 창의력의 마음을 지닌 매우 재능 있고 활동적이고 열정적인 그룹을 모으고 있다. 협력자의 교육 배경은 모두 학부 및 대학원 수준에서 마케팅, 창업가정신, 정치 과학, 커뮤니케이션, 저널리즘, 정보 과학 분야를 포함한다. 경험은 재무 계획, 소매 관리, 프랜차이즈 개발, 사업 개발, 교육, 매스 미디어 관리를 포함한다.

임원, 이사회, 사장과 중요한 협력자

James A. Mack, CFP, RFC

이사회 의장 겸 대표이사(CEO)

Jim Mack은 공인된 재무 설계사이자 등록된 금융 컨설턴트다. Mack은 17개 주에 고객을 두고 있는 Indiana의 Seymour에 본사를 둔 Financial Investment Group의 사장 겸 공동 설립자와 회장의 역할을 하고 있다. 그는 13년 동안 금융 서비스 산업에서 사업과 승계계획을 작성하고 평가하는 데 13년 동안했다. 그는 5년 동안 주간 라디오 쇼를 진행하고 The Roaring 2000s Investors: Strategies for the Life You Want에 투고하였다. Mack은 H.S. Dent Foundation

자문위원회 회원이고 미국 경제를 작동시키는 근본적인 동향에 집중하는 사업 개발 개념에 대해서 전국적으로 수천 번 연설을 하였다.

Daniel E. Pale

회장

Dan Pale은 소매 사업 운영에서 10년 이상의 사업 경험을 가지고 있다. 23세의 나이에, 그는 신속하게 연간 매출 120달러 미만 이상으로 성장시킨 소매 의류 사업을 시작했다. 또한, Pale은 또한 그의 가족사업인 True Value(철물점)과 Just Ask Rental의 공동 소유자였다. 1998년, 그는 통신 분야로 자리를 옮겨 Indiana의 Seymour에 있는 WKBY —AM talk radio의 경영권을 인수했다. 2년도 안 되서, 그는 방송국의 매출을 600% 증가시켰다. 그는 또한 WKBY가 Indiana 남부에서 가장 큰 이야기 위주의 방송국으로 위치를 잡게 했다. 그는 2000년 4월부터 Indiana Regional Radio Parner, Inc.에서 관리 역할 담당으로 근무했다.

Greg Dent

이사회 이사

Greg Dent는 Heathx.com의 회장겸 CEO이고 건강관리와 기술 산업에서 20년 이상의 경험을 가지고 있다. Inc.에 1991, 1992, 1993의 500대 성장 기업으로 나타나는 중서부에 기반을 둔 제3자 관리자(TPA)인 First Benefit Corp.를 1987년에 설립했다. 그는 또한 TPA를 소유한 12개의 독립회사들로 구성된 전국적인 조직인 Qubic을 설립했다. 1993년에 First Benefit Corp.은 CoreSource에 인수되었다. 1995년에, Dent는 새로운 회사 Intermark를 설립하고 지금은 Healtbhx.com 제품의 모체를 개발하기 시작했다. 1998년에, 이 회사는 공식적으로 Healthx.com이 되었다.

Dominic Mancino

이사회 이사

남부 California 태생이고 지난 8년 동안 Indiana의 거주자인, Dominic Mancino는 몇 년 동안 AT&T에서 일해 왔고 Indiana 비즈니스 서비스부문 영업 이사로 일하고 있다. 그는 Western Electric, Pacific Bell과 같은 회사에서 20년 동안 통신 분야에서 일해 온, 산업 지식이 풍부하다. 그의 임무는 영업 기술로 시작해서 자신의 현재 위치인 영업이사의 역할을 하고 있다. Mancino는 인터넷 전략 및 사업 개발을 위한 IP 기반 솔루션의 실용적인 응용 프로그램을 정의하는 미국 사방에 있는 회사들과 협의하고 있다. Mancino는 지금 Idaho의 Brigham Young University로 알려진 Ricks College를 졸업했다.

Dr. Nathan Walker

이사회 이사

Nathan Walker는 그가 텔레비전 운영 부사장이었던 Washington DC에 있는 National Association Broadcasters와 함께 최근에 있었다. 그는 현재 Applied Research Institute의 공동 연구소장으로 제직하면서 Ball State University의 응용 연구소의 공동소장 역할과 함께, Ball State University에서 정보 통신 과학센터에서 기술, 비즈니스 측면 및 규제 문제에 대한 과정을 가르친다. 그의 업적은 네트워크의 개발, 인터랙티브 키오스크 시스템의 개발을 포함한다. Walker 박사는 정기적으로 AT&T, Bell 연구소, U.S. West Advanced Technologies, Ameritech, McDonald's Corporation, 및 GTE 연구소와 협의한다.

Sheri Waters

이사회 이사

Sheri Walters는 동기부여 강사, 트레이너, 코치이다. 그녀는 리더십 개발, 판매 고객 서비스, 코칭/교육, 팀 빌딩, 조직 개발을 통해 조직 성과를 전문으로 하는 중서부 기반의 국가 컨설팅 회사인 Waters Connection, Inc.의 회장/소유자이다. Waters는 Ameritech Corporation에서 여러 해의 서비스를 통해 그녀의 전문 지식을 개발했다. 그녀의 임무는 Indiana, Illinois, Michigan, Wisconsin, 및 Ohio에 걸쳐 있는 17개의 고객서비스센터를 포함하는 고객 시장 본부에서 300명 이상의 고위 관리자와 4,000명 이상의 동료를 교육시키고, 개발하고, 코칭하고 지원하는 것이었다. 그녀의 가장 최근의 고객은 많은 고객 중에서 사이에서 Ameritech Customer Service, Ameritech New Media, Cheapest Tickets, Inc.과, 21st Century Telecom을 포함한다. Water는 Indianapolis 상공회의소의 '골드' 회원이다.

Michael A. Marell

이사회 이사

Mike Marell은 통계적인 방법을 사용하여 지속적인 개선 전략 사업을 지원하기 위해 설립된 컨설팅 회사인 Michael A. Marell & Associates의 소유자이다. 이 회사는 Dr. W. Edwards Deming, Dr. Donald Wheeler, Dr. Genichi Taguchi, 및 William Conway의 방법을 포함하여 많은 개선 방법을 사용한다. 고객에 대한 회사의 목적은 더 효과적인 고객들의 사업 절차 및 고객 서비스를 만들기 위해 고객들을 훈련하고 지원하는 것이다. Marell는 GM(General Motors)의 Delco Remy Division과 Delphi Automotive Systems에서 31년 동안 엔지니어링, 품질, 통계 관련 연구과제를 수행하였다. 18년 동안, Marell은 개선을 하고, 통계적 공정 제어, 기계 자격기준, 공급 업체 개발, 실험 계획, 강력한 공학의 응용 프로그램을 지원하기 위해 회사의 모든 분야의 직원을 훈련시켰다. Marell 사용이 전문 엔지니어 자격증이 있고 인증된 품질 엔지니어이다.

William Vacarro, MD

이사회 이사

1973년부터, William VAcarro는 가정의학 개업을 통해 대중에게 봉사해 왔다. Indiana의 Seymore에 있는 Community Hospital의 회장 겸 CEO를 역임했다. Dr. Vacarro는 Anderson 상공회의소와 경제 개발 공사 이사회의 멤버이다. Dr. Vacarro는 Health Status Committee의 집행위원이고 Madison Health Partners의 시설 및 기술 위원을 역임하고 있다.

Dr. Michael Forster

이사회 이사

Michael Forster는 University of Wisconsin-Whitewater에서 회계 학사 학위와 지도 및 상담 학사 · 석사 학위를 받았다. Dr. Foster는 그 이후로 1984년에 고등 교육인 박사 학위를 취득하기 위하여 Indiana University으로 진학하였다. Dr. Foster는 사실상 영리기관과 비영리기관 모두 여러 조직에 자문을 하고 있다. Dr. Foster 1982년부터 Seymour 경영대학에서 경영학과 교수로 재직해 왔다. Dr. Foster는 1995년에서 1997년까지, Indiana의 Seymour에 있는 Mrcon, Inc.의 회장 겸 CEO를 역임했다.

Dr. Stephan Reece

사장

Stephan Reece는 Ball State University의 정보 통신 과학센터의 부교수이면서 응용 연구소도 Ball State University의 응용 연구소의 공동 연구소장이다. 그는 10년 동안 Digital Service Inc.의 소유자였고 모든 시스템 설치, 데이터 네트워크, 주변 기기(T-1, E&M, DID, 음성처리, 통화 순서, 전자교환기, CLID, ACD, 센트렉스(Centrex), ISDN 서비스 및 제품)을 제작했었다.

Jeffrey Lehm

데이터베이스 개발 및 기술 이사

Jeff Lehm는 Valcour Computer Group Inc.의 소유주로서 Indiana Department of Workforce Development 같은 정부기관과 National Free Flight Association과 같은 단체에 대한 데이터 관리 시스템을 구축했다. 그는 Indiana의 Seymour에 있는 Ivy Tech State College의 Computer Information Systems 지역 프로그램 석좌교수이고 인터넷에 적용되는 데이터베이스 연구 및 기술에 대한 폭넓은 지식을 보유하고 있다. Lehm은 Ivy Tech State College에서 전자 상거래 인증 프로그램 개발에 중요한 역할을 했다.

Michael Hunt

최고 정보 책임자(CIO)

Michael Hunt는 Ball State University에서 기업가 정신 및 중소기업 경영 프로그램으로 1995년에 졸업했다. 또한, Hunt은 최근에 Ball State University의 정보 통신 과학센터에서 정보 통신 과학 분야의 석사 학위를 완료했다. Hunt는 네트워크통합센터(NIC), Ball-Foster 통합 메시징 팀과 VPN Forum 프로젝트에 기여했다. 1995년부터 1997년까지, Hunt는 Indiana의 Marion에 있는 가족오락 시설인 Eacapades, Inc.의 사업계획서를 작성하고 창업 지원을 하였다. 1997년에 Eacapades, Inc.를 떠난 후, 그는 네트워크 관리자 및 구매 대리인으로 Knapp Supply Co., Inc.에서 일했다.

Jonathan Lester

홍보 이사

Jon Lester는 Ball State University에서 광고 및 마케팅을 학위를 동시에 취득하고 현재 홍보 석사 학위를 마무리 중에 있다. 성공적인 광고 대행사, JL Unlimited의 소유자와 운영자로서 Lester는 Addy Awards와 Citations of Excellence의 여러 번 수상을 하였고 중소기업 시장 내에서 지명도를 구축했다. 고객은 여러 기업들 중에서 Alltrista, Indianapolis에 있는 Community Hospital, Seymour에 있는 Community Hospital을 포함한다. 인터넷이 광고 산업에 미치는 영향을 인식한 후, Lester는 첨단 e-solution 공급업체이고, 그의 대리점과 공존하는 Webaxis, LLC를 설립했다. 그의 지시에 따라, Webaxis는 1년도 안 걸려서 전자 환경(Executive Dashboard System), 웹 리스 금융, Perpetual Marketing System 등을 제어하기 위한 사용자 창구 같은 몇 가지 큰 진전을 달성했다.

Tony Baker

프랜차이즈 영업 및 사업 개발 이사

Tony Baker는 미국에서 가장 빠르게 성장하는 캐주얼 식당 개념 중 하나인 가장 큰 프랜차이즈인 BD's Mogolian Barbeque 식당의 마케팅 이사였다. Baker는 기존의 광고 매체에 마케팅 예산의 2% 미만을 지출하면서 BD's Mogolian Barbeque 식당의 성장을 강화시키고 증진시켰다. 그의 지역 또는 인근 이웃을 상대로 하는 마케팅 기법은 5% 이상의 성장이면 대단하게 인식하는 업계에서 20% 성장을 가져오게 하였다. Baker는 프랜차이즈의 기록적인 5개의 지점을 설계하고 개설했다. 그는 3년 동안 이 1천만 달러 프랜차이즈의 마케팅 및 운영을 감독해 오고 있다.

Jim McDuffy

전문 시장 이사

McDuffy는 엔터테인먼트 업계부터 웹 개발에 이르기까지 다양한 비즈니스 환경에서 10년 이상의 관리 경험을 가지고 있다. 그는 코네티컷 전기, 대체 회로 차단기의 세계 최대 공급업체 중 하나인 Connecticut Electric의 웹 전략을 포함하여 많은 웹 기반 프로젝트의 수석 개발자 및 컨설턴트를 역임했다. McDuffy의 리더십은 Chicago에 있는 Degerberg Academy의 학생 수를 4년의 기간 동안 600% 성장시켰고 그 결과 1993년에 United States Martial Arts Association으로부터 국가상을 수여 받았다. 그는 Indiana University에서 연극과 영화 제작을 공부하고 1987년과 1997년 사이에 Chicago에 있는 여러 제작소에서 근무했다. McDuffy는 또한 'Computer Digest'라는 주간 컴퓨터 토론 프로를 주관하는 라디오 진행자를 역임했다.

John Taylor

무선 전략/연구개발 이사

John Talor는 일본과 아시아 연구에서 이중 부전공으로 Ball State University에서 마케팅에서 학사 학위를 받았다. 그는 국제 관계를 구축하고 홍보 자료, 마케팅, 미디어, 프로젝트 관리를 개발하는 데서 성공을 보여 주었다. Taylor는 최근 Ball State University 정보 통신 과학센터에서 자신의 석사 학위를 완료했다. 그의 프로젝트 경험은 선도적인 무선 제조업체와 네트워크 하드웨어 제조업체 및 비영리기관과 연구기관을 위한 웹 개발 작업을 포함하고 있다. 그의 웹 개발 목록은 여러 가지 중에서 Applied Research Institute, Virtual Private Network Forum, Ohana Foundation과 Institute for Wireless Innovation을 포함한다.

Troy Simon

Indianapolis 운영 이사

Troy Simon은 운동장학생으로 Ball State University에서 기업경영과 금융기관이란 전공으로 1997년에 학위를 취득했다. 1998년 12월에, 그는 또한 Ball State University에서 정보 통신 과학센터에서 정보 통신 과학 분야의 석사 학위 취득을 완료했다. Simon은 개인화된 인터넷 서비스의 선도적인 공급업체인 Intelliseek에서 사업 개발 담당자로 재직했다. 그는 40개 이상의 협력 관계를 구현하고 6백만 개로 추정되는 사용자 계정을 만들었다. 그는 CommuniteeWeb에게 신생 기업에 필요한 검색 기술의 지식과 경험을 제공한다.

주식 분포

다음 도표는 CommuniteeWeb의 주주 및 지분율을 자세히 설명한다. 5백만 주를 인가받았고 미래를 위해 230만 주가 유보 중이다. 발행 주식 수는 다음과 같다.

소유자	주식 수
투자자	2,300,000
Dan Pale	850,000
Jim Mack	850,000
협력자	600,000
이사회	200,000
Stephan Reece	100,000
Nathan Walker	100,000

230만 투자자 주식 중 180만 주는 미래의 공모를 위해서 유보 중이고 50만 주는 현재 공모에 배속되어 있다.

CommuniteeWeb의 규정은 모든 직원이 우리 사주에 참여할 수 있도록 하는 것이다. 이사들은 매년 각각 50,000옵션을 행사할 수 있는 기회를 가지고 있다. 이사회는 연 단위로 실행 가격을 결정할 것이다. 2000년 8월 1일부터 2001년 7월 31일까지는 가격은 주당 10달러일 것이다.

새로운 정규직 직원은 각자 이사들에게 제공되는 동일한 가격에 1,000주의 옵션을 받게 된다.

이사회 멤버들은 각각 참여 기간 동안 각각 연간 5,000주를 받게 된다.

협력자

Ball State University
— 정보 통신 과학센터

Ball State University은 이 프로젝트에 광범위하게 기여하고 있다. Ball State University에 재학 중인 150명 이상의 학생들은 CommuniteeWeb 웹 사이트의 범위를 개선하기 위한 개념을 시험을 거쳐 발전시켰다. Ball State University은 또한 고위 홍보 교육 과정에 CommuniteeWeb을 사용하기로 결정했다.

초기에 회사의 거시적, 미시적 개발의 도움을 받기 위해 6명의 학생이 할당되었다. 이들의 중요성은 전국적인 기업뿐만 아니라 지역의 비영리기관과 정부기관의 협력관계를 구축하는 것이었다. CommuniteeWeb은 연구, 시험 및 직원 채용을 위해 Ball State University의 정보 통신 과학센터에 속한 Applied Research Institute Laboratory로부터 150명 이상의 학부 및 대학원 학생을 활용할 수 있었다. 센터의 현재고객으로는 Ameritech, Cisco, Ericsson, First Consulltin Group, Lucent, McDonald's, 및 Nortel 등이 있다.

IVY TECH State College
— Computer Science Lab

Ivy Tech State College는 CommuniteeWeb에게 장기적으로 이용 가능한 직원들뿐만 아니라 개발에 도움을 제공하기 위해 2년 학위에 대한 전체 교육 과정을 만들었다. Ivy Tech State College 학생들은 교수와 CommuniteeWeb 직원의 지시에 따라 그 CommuniteeWeb이 가장 기술적으로 진보된 로컬 웹 포털이라는 것을 보장하는 개발 솔루션을 제공한다.

CommuniteeWeb.com의 독점적인 특징

지리적으로 절대적으로 검색이 가능한 CommuniteeWeb Directory

지역에 기반을 둔 웹 사이트의 가치있는 CommuniteeWeb의 디렉토리는 주별, 도시별, 카테고리 및 하위 카테고리별로 검색이 가능하다. 또한, 우편 번호와 자치군(county)에 의한 검색은 향후 검색 도구 수정이 계획되어 있다. Ball State University의 정보 통신 과학센터에서 수행된 연구에 따르면, 이런 종류의 검색 색인(index)은 현재 인터넷상에 존재하지 않는다. 연구 결과에 따르면 오늘날의 국내 주요 검색엔진은 존재하는 URL의 절반밖에 분류하지 못한다. 이는 왜 글로벌 웹 사이트 추천의 단지 6.86 %가 기존의 검색엔진을 사용하는가에 대한 이유를 설명하는 데에도 도움이 될 것이다. 최근 Roper Starch에 의한 설문조사는 모든 사용자의 71%가 매우 실망한 것으로 자신의 검색엔진 경험시 매우 실망을 했었다는 것을 밝혔다.[4] 독특한 방식으로 URL을 수집하는 CommuniteeWeb은 어느 다른 검색엔진 사이트보다 CommuniteeWeb이 더 많은 URL을 수집하고 분류할 수 있게 해준다. URL을 수집하는 '데이터 마이닝' 방법은 CommuniteeWeb으로 하여금 모든 성인 지향 또는 다른 문제가 제기될 만한 자료를 방지하기 위해 웹 사이트의 내용을 걸러 낼 수 있게 한다. 디렉토리는 기업 간 기업(B to B) 및 기업 간 소비자(B to C) 간의 향후 판매를 증가시킬 수 있는 고유한 웹 마케팅 기회를 제공한다.

지역 보상 프로그램

CommuniteeWeb 보도 자료, 스포츠 점수, 사설, 출생 공고, 이벤트 일정 등을 받아들이는 기업, 비영리 단체, 개인에게 제공하는 독특한 무료 회원 프로그램을 만들었다. 회원 프로그램은 회원들한테 그들이 광고주의 웹 사이트를 방문하면 '지역 보상'을 주었는데, 그것은 CommuniteeWeb에 콘텐츠를 제출하고 소매업체의 웹 사이트 및 물리적 점포 위치로 통신을 유도하는 판매 촉진과 상호 작용을 했다. 지역 보상 점수는 CommuniteeWeb 온라인상 카탈로그에서 제품, 서비스, 상품 기타 등으로 교환될 수 있다. 회원 프로그램을 작동시키는 기술은 특정 지리적 위치 및 인구 통계학적/성격특성도를 분류하여 시청자의 관심에 맞춘 배너 광고를 전달하게 한다. 이 회원 프로그램은 전국 평균보다 500배나 높은 사용자 클릭율(click-through)을 보여 주었다.[5]

CommuniteeWeb.Com의 독특한 특징

- 위치 및 카테고리 분류에 의한 특정 이벤트의 시간, 위치 및 기타 정보를 표시하는 커뮤니티 이벤트 달력이다. 최종 사용자는 그들에게 중요하게 식별한 이벤트만 표시할 달력을 사용자 정의할 수 있다.
- 국가, 주, 지역 콘텐츠를 특징으로 하는 뉴스와 스포츠 섹션이 있다.
- 기상청에서 제공하는 데이터로부터 CommuniteeWeb에 의해 일기 예보를 동적으로 생성한다. 예측은 지리적 위치가 보여 질 수 있고 최종 사용자에게 전자 메일을 통해 매일 전달될 수 있다. Indianapolis의 ABC와 연계된 기상통보관, Paul Poteet는 CommuniteeWeb.com의 전국 기상 통보관으로 사이트에 얼굴을 비칠 것이다.
- 지역 미디어 사이트에게 지역 라디오 및 TV 방송 목록과의 직접 연결을 제공한다.
- 지리적 위치와 핵심 주제어로 검색이 가능한 지역 기반 웹 사이트의 웹 명부(directory)가 있다. 웹 명부는 웹 사이트 이름, 분류 및 하위 분류 목록, 사이트 설명 및 사이트에 대한 직접 연결로 구성되어 있다.

산업 배경

의심의 여지없이 1990년대 초에 인터넷이 상용화된 이후, 세계는 엉망이 되었다. CyberAtlas에 따르면 추정하건데, 1997년에 5,700만 명이 인터넷을 사용하고 있다. 인터넷 사용은 1999년에 2억 명으로 성장하고 2005년에는 세계 인구의 약 5%에 해당하는 3억 명에 도달할 것으로 예상된다. 인터넷 사용 패턴은 자신의 웹 사이트에 매달 CyberAtlas에 의해 보고된다.

전형적인 인터넷 사용자:

- 인터넷을 매월 19번 사용
- 매월 671페이지 뷰
- 세션당 11개의 다른 사이트를 방문
- 세션당 평균 36페이지 뷰

인구 조사국에 따르면, 인터넷을 사용하는 사람의 80%는 전자 메일을 사용하거나 정부, 기업, 건강, 또는 교육 정보를 찾는다. 다음으로 가장 수요가 많은 정보는 뉴스, 날씨, 스포츠이다. 사람들은 주로 아날로그 전화선을 통해 인터넷에 접속한다. 인터넷 서비스 제공업체에 대한 미국 시장의 2000년 매출 규모는 1999년 보다 37% 성장한 325억 달러였다. 2000년에 1천 2백만 가구가 초고속 서비스를 통해 인터넷에 접속했다. 초고속 인터넷 접속이 2005년에는 전화 접속 서비스를 넘어 설 것으로 예상된다.[6]

온라인 광고 시장

이 새로운 매체는 기업이 고객에게 접근하는 다른 길을 만들었다. 인터넷 광고는 간단한 웹 사이트 및 다른 웹 사이트에서 회사의 사이트에 연결하는 것으로 시작했다. 온라인 광고는 고객이 인터넷에 도달하는 방식이 되었다. 일반적인 통념과 달리, 온라인 광고는 여전히 상당한 속도로 성장하고 있다. 인터넷 광고는 또한 19997년 3분기에 비해 2000년 3분기에 63% 이상 증가했다.[7] 온라인 광고 매출액은 2000년에 53% 이상 증가했다. 온라인 광고에서 수입은 2000년에 80억 달러를 초과하고 2005년에는 320억 달러에 도달할 것으로 예상되었다.[8]

시장 분석

목표시장

CommuniteeWeb은 35~54세인 베이비 부머 시장에 자사의 제품을 목표로 하고 있다. 대상 그룹이 수익성 있는 사업으로 Communitee Web을 성장시킬 수 있는 가장 좋은 기반을 제공한다. 이 연령대의 인구 통계는 다음과 같다.

- 83% 백인, 12% 아프리카계 미국인
- 50% 남성/여성
- 70% 기혼자
- 30% 대학 재학 중이거나 졸업
- 34% 75,000달러 이상의 소득
- 76% 정규직
- 30% 이상이 전문직 또는 관리직

인터넷 사용:

- 66%는 가정 및 직장에서 인터넷 접속
- 15%는 매일 인터넷을 이용
- 9%는 인터넷을 일주일에 3~6번 사용
- 52%는 최신 기술을 제공하는 제품을 선호

'나이든' 인터넷 사용자는 이제 인터넷 시장에서 가장 빠르게 성장하는 인구통계 그룹을 구성한다. 미국 인터넷 사용자의 약 20%는 45~64세이다. 이 같은 그룹은 더 오래 사이트에 머물고 젊은 상대방보다 더 많은 사이트를 방문한다. 베이비 붐 세대는 일반적으로 건강-라이프 스타일 관련 정보를 검색하기 위해서일 뿐만 아니라 친구 및 가족과 통신하기 위해 인터넷을 사용한다.

CommuniteeWeb 주요 지역 사회의 영향을 통해 이 목표시장에 도달할 것이다. 이러한 영향을 미치는 개인이 비영리 단체 지도자들과 주민, 여론 지도자, 지역 사회 조정자(가맹점)를 포함한다. CommuniteeWeb 지역화된 지역 사회의 영향을 통해 회원을 유도할 적극적인 풀뿌리 마케팅 계획을 개발했다. 각 지역 사회에서 CommuniteeWeb의 존재는 이 지역 사회 지도자에게 어떻게 자신의 조직과 지역 사회가 CommuniteeWeb.com으로부터 혜택을 얻을 수 있는가를 보여 준다.[9]

시장 위치

Media Matrix에 따르면, 베이비 붐 세대와 노인cmd은 온라인 인구의 가장 빠르게 성장하는 부문이다. 작년, 이 인구는 18.4% 증가했고, 17.5%였던, 인구 18~24세의 성장률을 능가했다. Media Matrix에 의한 보고는 또한 이 그룹이 온라인에 오래 머물고 더 많은 페이지를 보고 있다는 것을 보여 준다. 평균적으로, 그들은 인터넷에 한 달에 6.3일 이상 접속하고 235.7분 이상 접속 상태를 유지한다. 라이프 스타일 및 건강 관련 사이트는 베이비 붐 세대에게 가장 인기가 있다. CommuniteeWeb 지역화된 생활 정보에 대한 이 인구 통계 학적 그룹의 요구를 들어줌으로서 이 시장을 사로잡을 것이다. CommuniteeWeb은 시장 침투를 위해 가맹점 모델을 추구하고 있다.이 풀뿌리 노력은 대부분의 인터넷 웹 사이트가 부족한 지역 사회에 핵심적인 특징을 설정하는 데 도움이 될 것이다.

경쟁

CommuniteeWeb은 세계에서 최고의 로컬 콘텐츠와 국내 최대의 검색 색인제공업체로 자리 매김하고 있다. 웹에서 콘텐츠와 서비스를 현지화하는 현재의 시도는 인터넷 서비스 제공업체, 검색엔진, 미디어 사이트, 지방 정부, 그리고 다른 기관에 의해 만들어지고 있다.

- 콘텐츠와 서비스를 제공하는 현재의 시도는 주로 백만 이상의 인구가 있는 주요 도시로만으로 제한되어 있다. American Online의 Digital City, Yahool, Citysearch.com, 그리고 많은 다른 사이트들이 제한된 지역 사회 정보와 중간 크기의 도시와 마을에 대한 콘텐츠가 없는 좁은 초점을 유지하고 있다.
- 인터넷 서비스 및 전자 상거래 솔루션을 제공하기 위한 경쟁이 치열하다. CommuniteeWeb의 틈새시장은 프랜차이즈 소유자로 자신의 지역 사회에서 실제 사람을 넣는 '인적인자(human factor)'이다. 대부분의 기업이 비용이 많이 드는 전국적인 광고 및 광고용 우편물(direct mail) 캠페인에 크게 의존하는 반면, CommuniteeWeb은 오늘날 최고 수준의 고객 서비스를 제공하는 풀뿌리 노력을 시작할 것이다.

다음의 표는 CommuniteeWeb의 경쟁력의 강점과 약점을 자세히 설명한다.

	CommuniteeWeb	OneMain	MtCity	DigitalClty	Yahoo!
지역 일정표	√				
지역 소식	√	√	√		
지역 스포츠	√		√		
영화 시간표	√	√	√	√	√
식사	√	√	√		
지도	√	√	√	√	√
지역 광고	√		√		
보상 시스템	√	√			
개인화	√	√	√	√	√

마케팅 계획

- 목표 1 — CommuniteeWeb을 웹에서 지역 콘텐츠 및 인터넷 관련 서비스의 선도적인 공급 업체로서 확립
- 목표 2 — 하려면 유지하고 지속적으로 존재 지방, 지역, 전국적, 글로벌 URL을 세계에서 가장 깊고 포괄적인 색인으로 유지와 계속적인 성장
- 목표 3 — 웹상에서 사용할 수 있는 지리적, 인구 통계학적 및 성격특성적으로 분류된 개인의 가장 광범위한 데이터베이스 제작

브랜드 평가

CommuniteeWeb은 사용자로 하여금 심도 있는 방식으로 자신의 로컬 환경과 연락을 유지할 수 있도록 하는 필요한 모든 도구를 종합하는 인터넷상의 첫 번째 회사이다. CommuniteeWeb은 개인 커뮤니티에 지역 콘텐츠와 서비스를 제공하도록 구체적으로 설계된 이해하기 쉬운 포털 사이트에서 사용할 수 있는 이러한 모든 도구를 만든다.

브랜드 인지도

CommuniteeWeb은 특정 지역 사회 및 지리적 지역에 대한 공개 포럼 및 정보 출처를 제공하는 결정적인 성공기업이 되기 위해 노력하고 있다. 웹 사이트는 신뢰할 수 있는 데이터를 관련시키고 개별 가족이 가장 중요하게 생각하는 문제에 대한 지역 사회의 상호 작용을 위한 장소를 제공하기 위해 노력하고 있다. '당신을 위한 지역 사회'는 즉각적으로 가족 친화적인 콘텐츠와 사용자 친화적인 네비게이션과 연결된다. '웹상에서 커뮤니티 포털'은 CommuniteeWeb이 취해야 할 브랜드 태도이다. 이 회사는 지역 정보, 상호 작용, 지역 사회 서비스의 범위와 함께 정보의 깊이에 집중하기 때문에 자사의 경쟁이 한발 앞서있다. 다른 기업들은 모든 것을 조금하려고 하는 반면, CommuniteeWeb은 사용자가 영속되는 콘텐츠의 가장 포괄적인 출처를 제공하는 데 초점을 맞추고 있다.

고객 약속

"우리는 하나가 해당 지역의 환경에 대한 통찰력을 제공하기 위해 한 곳에서 다 얻을 수 있는(one stop) 포괄적인 자원이 되도록 함으로써 결코 실망스러운 경험을 겪지 않도록 노력하고 있다."

소비자 시장

목표시장의 관점에서, CommuniteeWeb은 자신의 기술로부터 크게 혜택을 받을 뿐만 아니라, 특히 제품 및 서비스를 가장 받아들일 수 있다고 믿는 시장에 주력할 것이다.

- 교육 부문
- 기업 부문
- 소 사업 부문
- 비영리 부문
- 정부

CommuniteeWeb의 시장점유율은 다음을 통해 달성될 것이다.

- 지역 가맹점과 풀뿌리 노력
- 풀뿌리 노력이 강해지도록 돕는 각 지역 사회 내 자원
- 시장에서 직접 경쟁
- 자신의 분야에서 지배적인 위치에 있는 다른 회사와 제휴
- 세간의 이목을 끄는, 지방, 지역, 전국적인 마케팅 및 광고 캠페인

기술 계획

CommuniteeWeb은 개발해 왔고 더 여러 가지 기술 분야에서 전문 지식을 필요로 하는 동적 사이트를 지속적으로 개발하고 있다. CommuniteeWeb은 자신의 재능 있는 직원을 이용하고 JSA와 서비스에 대한 계약을 체결 하여 이 임무를 달성했다. Michael Hunt는 개발 단계를 통해 이 팀을 지도하고 지속적인 개선 단계를 통해 이 팀을 이끌고 나갈 것이다. JGA는 웹사이트의 다른 구성 요소에 프로젝트 관리 및 프로그래밍 전문 지식을 제공하고 있다. Jeff Lehm은 데이터베이스 전문 지식을 제공하고 있다. 상업적으로 실행 가능한 제품은 2001년에 1월 28일에 발표되었다. 이 제품은 개발과 개선이 계속되고 있다.

- CommuniteeWeb은 2001년 4월 1일까지 데이터베이스 명부에 넓은 범위의 전국의 지역 사회에 기반을 둔 웹 사이트를 나타내는 백만 개 이상의 URL을 옮길 것이다. 이 색인은 www.dmoz.org에 있는 오픈 디렉토리 프로젝트(2001년 1월 31일 시점으로 약 300,00만개의 URL)에 비해 가장 포괄적인 색인이 될 것이다. 이를 위해, CommuniteeWeb은 데이터를 수확하는 100명 이상의 풀타임 직원을 고용했다. 사용자 지정 응용 프로그램은 수집된 정보의 양과 질을 보장하도록 이러한 데이터 발굴자를 돕기 위해 작성되었다.
- 100명의 풀 타임 직원은 데이터베이스의 초기 개체가 발생한 후 새로운 URL을 유지하고 추가할 책임이 있다. 그들은 또한 우리의 커뮤니티 페이지에 제출되는 콘텐츠의 차단을 책임질 것이다.

이 웹 사이트의 디자인, 테스트, 구현은 2000년 10월 17일에 시작하여, 약 12주 간 일어났다.

재무 부문

온라인 광고 – 사용자당 매출

전형적인 인터넷 사용자는 평균적으로 인터넷을 한 달에 19회 접속하고 한달 17개의 각기 다른 사이트를 방문하고, 세션당 평균 36개의 페이지를 둘러본다.[10] CommuniteeWeb 사이트의 사용자가 한 달에 15번 사이트를 방문하고 11개의 지역사회 섹션을(CommuniteeWeb Directory) 매월 각각 6페이지씩 둘러보는 것으로 예상했다.CommuniteeWeb은 사용자에게 페이지당 5개의 온라인 광고를 표시할 수 있는 기능이 있는 웹 사이트를 설계했다. 각 광고 '영향(impression)'은 평균 수입으로 3센트를 초래한다. 그 결과, 전국적인 광고를 한 페이지와 결합하여 온라인 광고로부터 각 구성원으로부터 15.60달러의 매출을 올린다. CommuniteeWeb은 지리적 지역에 의해 정보의 대상 범주에 동적으로 광고를 표시할 수 있는 기능을 가지고 있다. 이 광고는 특정한 인구 통계학적인 것은 물론이고 우편 번호와 같은 작은 특정 지역을 대상으로 한 고객에게 광고를 가능하게 한다. CommuniteeWeb은 매월의 모든 수익 전망산출하기 위해 이 숫자를 사용해 오고 있다.

AT&T 인터넷 서비스

전화 접속은 향후 몇 년 동안 인터넷을 접속하는 주요 방법으로 계속될 것이다. 고속 접속 가입이 증가하고 있고 2005년에는 전화 접속 시장을 장악할 것으로 예상된다.[11] 현재 CommuniteeWeb은 AT&와 고속 인터넷 접속 프로그램을 개발하고 있다. 2005년에 CommuniteeWeb 하여 전화 접속 액세스 시장을 장악할 것으로 예상된다. AT&T와 제휴는 인터넷에 전화 접속(단기) 및 고속 연결 솔루션(장기)을 모두 제공할 수 있는 능력을 CommuniteeWeb에게 제공할 것이다. 가맹점은 사용자에게 전화 접속 서비스를 한 달에 18.95달러로 판매할 수 있을 것이고 CommuniteeWeb에게는 매월 13.95달러가 돌아올 것이다. CommuniteeWeb은 AT&T를 통한 이 서비스의 수익에서 일정한 한 달 현금흐름의 호사를 누릴 수가 있다. CommuniteeWeb은 비회원의 미확인양인 회원의 5%가 인터넷 접속을 위해 CommuniteeWeb을 사용할 것으로 예상하고 있다.

Infospace.Com의 광고 수입

CommuniteeWeb은 매월 5,000달러의 비용으로 Infospace로부터 콘텐츠를 외부에서 조달하지만, CommuniteeWeb 복구 및 회원이 CommuniteeWeb.com을 통해 Infospace의 컨텐츠를 탐색하면 광고 수익이 이 비용을 감당하고 초과할 것으로 예상한다. 각기 다른 방문자가 하루 임계치인 10,000명을 충족시키면 CommuniteeWeb은 공동 브랜드 페이지에 있는 배너 광고 수입의 35%를 받게 된다.

가맹점 판매 및 요금

가맹점으로부터 생성되는 수입은 두 가지 방법이 있다. (1) 가맹점 권리 판매에 의한 일회성 수입, (2) 매달 가맹점 소유자에게 청구되는 연속적인 수입 흐름인 월간 요금이다. 가맹점의 평균 시작 판매 가격은 100,000인당 35,000달러가 될 것이다. 회원 숫자가 주어진 지역에서 늘어나면 이 가격은 증가할 것이다. 즉, 확립된 회원 수가 있는 시장은 잠재적인 가맹점들의 큰 투자를 초래할 것이다. CommuniteeWeb이 확립된 회원 수에 의해 시장의 가치와 잠재력을 이미 증가시켰기 때문에 기인한다. 따라서 가맹점에게 이미 존재하는 수입원의 흐름을 제공한다. 가맹점의 판매는 회사의 초기 성장 단계에서 큰 수입원을 제공할 것이다. 각 가맹점은 또한 CommuniteeWeb에게 로열티 수수료로 수입의 12.5%를 지불한다.

Quad Entertainment

Hi-5 셋톱박스를 갖추고 있는 호텔이나 리조트에 숙박하는 누구나 CommuniteeWeb.com의 무료 회원 자격을 받게 된다. CommuniteeWeb은 무료로 제공되는 회원들 중 5%가 집에 돌아 왔을 때 CommuniteeWeb의 웹 사이트를 계속 사용할 것으로 기대하고 있다. 호텔과 리조트 산업은 경험상 객실의 67.5%가 활용되고, 평균 체류 기간은 2.75일이다. 40,000실 사용할 있을 것이라는 감안하면 한 달 동안 27,000실이 점유될 것이다. 이들 각 객실은 11명의 각기 다른 방문자(30일/2.75)를 수용하여 297,500 방문자가 무료 회원권을 갖게 된다. 이들 방문객의 5% 또는 14,850명이 자신들이 집에 돌아가서 CommuniteeWeb.com을 계속 사용한다. 인터넷 접속, 멤버십 프로그램, 정상적인 웹 사이트 사용의 수입 모델 또한 이러한 최종 사용자에게 적용된다. 첫 달(2001년 8월 시작)에 대한 수익 전망은 다음과 같다.

인터넷 접속 = \$3,712 (\$5.00 × 14,850 × 5%)
온라인 광고 = \$220,522 (\$14.85 × 14,850)

회원 수는 첫 달 이후 기하급수적으로 증가할 것이다. Quad는 매월 셋톱박스를 추가할 것이고, 설치된 각 셋톱박스는 CommuniteeWeb에게 매월 2명의 추가 회원을 제공할 것이다.

CommuniteeWeb Directory의 라이선싱

또 다른 수익 창출 기회가 최근 CommuniteeWeb에게 부상했다. CommuniteeWeb이 분류된 URL의 데이터베이스 임대 제안을 해 왔다. 연구 및 MyCoupons.com의 CEO인 Randy Conrad와의 접촉을 통해 오늘날 존재하는 CommuniteeWeb 디렉토리(오늘날 존재한다면)를 공동 상표 환경에서 임대한다면 한 달에 평균 500달러를 지불할 7,500개 이상의 사이트가 있다는 것을 CommuniteeWeb은 알았다. 디렉토리는 현재 40만 개 이상의 URL로 채워져 있다. CommuniteeWeb이 NUOS, ListGuy와 함께 개발 한 관계로 인해 URL의 숫자와 명부의 시장가치는 크게 증가할 것이다. CommuniteeWeb 추가 개발 및 URL의 데이터베이스를 마케팅하기 위해 2개 기업과 협력 중이다. ListGuy는 우편 수신자명단 사업을 전문으로 하고 있고 4백 개 이상의 URL이 포함된 데이터베이스를 가지고 있으며, CommuniteeWeb 디렉토리의 마케팅 및 중개 판매를 희망한다. NUOS는 두 명의 Harvard 교수에 의해 시작되었다. Dunn and Bradstreet의 온라인 데이터베이스의 생성과 유지에 참여하고 있다. 그들은 CommuniteeWeb 데이터베이스에 실을 수 있는 600만개 이상의 URL을 가지고 있다. NUOS 및 ListGuy는 CommuniteeWeb의 전문 지식과 검색 도구를 이용하여 데이터베이스를 병합했을 때의 가치를 발견했다. 수수료 수준은 여전히 협상 중에 있지만, CommuniteeWeb은 이사업으로부터 이익의 60%를 유지할 것으로 예상하고 있다. (다음의 재무예상의 중요부문을 참조하시오.)

재무 예측 중요 부문

$백만	1년 차	2년 차	3년 차
수입	2.22	30.83	182.15
순이익	(0.41)	19.08	148.64
현금흐름	2.87	19.08	148.64

참고: 당기순이익 및 현금 합계는 단지 잠재적인 이익을 표시한다. 양(+)의 현금흐름의 대부분과 얻어진 이익은 긍정적인 현금흐름의 대부분은 CommuniteeWeb의 이름과 제품을 시장에 내놓기 위해 활용될 것이다. 1년 차 287만 달러는 자본 투자 338만 달러를 포함한다.

이정표 일정

목표: 10MSA, 100가맹점

CommuniteeWeb은 우리의 '달아오른 마케팅(warm marketing)' 접근방식을 사용하여 시장을 침투하기에는 중서부가 최고의 시장이라고 확신한다. 서부와 동부 해안가 지역을 공략하기 위해 마케팅 비용과 중서부의 충성도를 사용할 것이다.

1년차 가맹점 첫 공개:

- 1단계: 2001년 3월 31일까지 12개 가맹점
- 2단계: 2001년 6월 31일까지 28개 가맹점
- 3단계: 2001년 9월 31일까지 30개 가맹점
- 4단계: 2001년 12월 31일까지 30개 가맹점

지역별 1년차 가맹점 첫 공개:

- Indiana, Illinois alc Michigan(중서부)에 40개 가맹점 · 20프랜차이즈
- California에 20개 가맹점
- 동부 해안에 20개 가맹점

MSA 1단계:

- Indianapolis — 현재 운영 중
- Detroit — 현재 운영 중
- Cleveland — 현재 운영 중
- Louisville — 2001년 4월 1일

CommuniteeWeb은 미국에서 온라인 커뮤니티의 많은 부분이 California주에 위치하고 있는 것을 알고 있다. CommuniteeWeb의 계획은 우리의 개발로 이 초기시장을 확보하기 위해 3개의 가장 큰 MSA를 개발하는 것이다. 실리콘밸리는 많은 기술 기업의 요람이다. 이 지역의 CommuniteeWeb의 개념을 복제하고 자신의 설명을 개발하는 능력이 California가 개척의 두 번째 단계에 있는 가장 큰 이유이다. California는 국경 경계지역에 미국의 전체 인구의 10%를 가지고 있다. CommuniteeWeb의 마케팅 계획은 인구 밀도가 높은 지역에서는 더 많은 사용자가 보다 더 비용 효율적으로 도달할 것이다. CommuniteeWeb은 MSA에 마케팅 노력을 집중할 것이다. 이러한 MSA와의 마케팅 수단은 국가의 나머지 부분을 확장시킬 것으로 예상된다.

MSA 2단계:

- Los Anges — 2001년 4월 1일
- San Diego — 2001년 3월 1일
- San Francisco — 2001년 5월 1일

MSA 3단계:

- New York — 2001년 6월 1일
- Washington — 2001년 7월 1일
- Philadelphia — 2001년 8월 1일
- Boston — 2001년 9월 1일

MSA 4단계:

- Dallas — 2001년 11월 1일
- Houston — 2001년 12월 1일
- San Antonio — 2002년 1월 1일

질문

1. CommuniteeWeb은 주요 자금 조달원으로 Wall Street Capital을 활용해야 하는가? 그렇지 않다면, 왜, 그리고 회사는 다음 단계에 무엇을 해야 하는가?
2. 회사의 연소 속도 (어떤 주목할만한 현금 유입이 없는 지출) 및 재정 전망을 평가하시오.
3. CommuniteeWeb이 저질렀던 몇 가지 중요한 실수는 무엇인가?
4. 이 경우 어떤 윤리 및 법적 문제가 있는가?
5. CommuniteeWeb이 비즈니스 모델을 시장에 진출시키면서 문제가 되었던 중요한 몇 가지 이유는 무엇인가 ?
6. CommuniteeWeb이 자금을 조달하는데 생겼던 문제의 몇 가지 이유는 무엇인가 ?
7. 자금 조달을 위한 효과적인 도구로서 CommuniteeWeb의 사업계획서를 평가하시오.

미주

1. See the "CommuniteeWeb.com Exclusive Features" section.
2. AT&T promotional literature.
3. "Banners Effective Even When People Don't Click," *Media* (January 2001): 7.
4. http://www.nua.com/surveys/.
5. Based on Media Rewards, LLC, and CommuniteeWeb research and beta testing.
6. http://www.clickz.com/stats/.
7. "Search Engines Refer Just 7% of Traffic," *Media* (January 2001): 6.
8. www.clickz.com/stats/.
9. EchoPoint Media Research—MRI Data.
10. http://www.clickz.com/stats/.
11. http://www.clickz.com/stats/.
12. Hargiss Communication Business Plan.

3부 연습문제

— 재무 용어 인식

회계 방정식

A단계: 회계 방정식을 구성하시오.

_______________ = _______________ + _______________

B단계: 회계 방정식을 적용하여 누락된 숫자를 채우시오.

총 자산 = $ 346,700
총 부채 = 196,300
자본 = _______________

C단계: 다시 한 번 회계 방정식을 적용하여 누락된 숫자를 채우시오.

총 자산 = $ _______________
총 부채 = 110,000
자본 = 57,400

재무 용어

지침: 다음은 재무 용어의 목록이다. 자산(A), 부채(L), 자본(OE), 수입(R), 지출(E)으로 각각을 구별하시오. 또한 재무제표 중 대차대조표 또는 손익계산서 어느 것에 해당되는가를 표시하시오.

용어	대차대조표	손익계산서
현금	_______________	_______________
외상매출금	_______________	_______________
미지급금	_______________	_______________
재고	_______________	_______________
지급될 급여 공제	_______________	_______________
지불어음	_______________	_______________
주식자본	_______________	_______________

용어	대차대조표	손익계산서
신용 판매	______	______
현금 판매	______	______
급여	______	______
세금	______	______
소모품	______	______
임대료	______	______
건물	______	______
설비	______	______
구매	______	______
매출원가	______	______
매출 총이익	______	______
유보이익	______	______

4부
창업가정신의 전략적 관점

CHAPTER

13장
전략적 성장과 창업가정신

창업가적 사고

지속적 성장과 발전이 없는 개선, 달성, 성공 같은 말은 의미가 없다.

— Benjamin Franklin, 미국 건국의 대부

인간의 지능, 상상, 기적에는 제한이 없기 때문에 성장에도 제한이 없다

— Ronald W. Reagan, 미국의 40대 대통령

학습목표

1. 신흥기업들의 전략계획의 중요성을 이해한다.
2. 전략계획의 본질을 심층 분석한다.
3. 기업성장의 관리 방법을 검토한다.
4. 기획, 스타트업, 성장, 안정화, 혁신/쇠퇴라는 전형적 벤처 수명주기의 5단계를 이해한다.
5. 창업가에서 경영자로의 변화를 분석한다.
6. 성장 단계의 핵심 요인을 정리한다.
7. 역설과 모순의 관리를 위한 문제점을 검토한다.
8. 성장 장벽의 극복에 유용한 단계들을 소개한다.
9. 창업가적 기업을 실현하기 위한 요소들을 탐구한다.
10. 성장하는 사업의 특징적 경영 과제들을 정리한다.

전략계획과 신흥기업

대부분의 창업자들이 어떤 형태로든 계획을 세우기는 하지만, 그 과정은 보통 정식 절차를 따르지도 않고 체계적이지도 않다.[1] 체계적으로 계획을 수립해야 하는 현실적 필요성은 사업의 본질, 규모, 구조 등에 따라 달라진다. 예를 들면, 2인 회사는 정식 절차를 따르지 않더라도 성공적으로 계획을 수립할 수 있다. 계획수립 프로세스가 복잡하지 않기 때문이다. 그러나 신흥기업(emerging firm), 즉 인력과 시장 운영이 지속적으로 증가하면서 빠르게 확장되는 기업은 계획수립 프로세스를 정식화할 필요가 있다. 이 경우의 계획수립은 매우 복잡하기 때문이다.

계획수립이 주먹구구식 절차에서 제도화되고 체계적인 절차를 따라야 하는 이유가 더 있다. 첫째는 성장하는 신생 벤처들이 당면하는 불확실성이다. 불확실성이 높아질수록, 창업자는 자신의 벤처가 당면한 과제를 해결해야 할 강한 필요를 느낀다. 보다 정식화된 계획수립 프로세스가 그런 요구를 해결해 줄 수 있다. 둘째는 경쟁의 강도가 — 경쟁자의 수와 질 모두를 포함한 — 체계적 계획수립 프로세스의 중요성을 높인다. 신생 벤처는 체계적 프로세스로 운영과 목표들을 보다 정확하게 파악할 수 있다.[2] 마지막으로 창업자의 경험과 유형 역시 계획수립의 정식화 수준을 결정하는 요인이다. 기술적이든 사업적이든 창업자의 경험이 부족하면 이해능력이 제한을 받게 된다. 이 경우, 정식화된 계획수립 프로세스가 조직의 향후 진로를 결정하는 데 도움을 준다. 체계적으로 정식화된 계획수립 프로세스가 있어야 창업자가 창업과 성장을 관리할 수 있다.

전략계획수립의 본질

전략계획수립(strategic planning)은 사업 환경의 기회와 위협을 효과적으로 관리하려는 목적으로 벤처의 장점과 약점을 고려하여 장기 계획을 수립하는 프로세스이다. 이 프로세스에서 벤처의 임무(mission)를 정의하고, 달성가능한 목표를 설정하고, 전략을 개발하고, 정책의 가이드라인을 결정한다. 본질적으로 동적인 전략경영 프로세스(**그림** 13.1 참조)는 전략적 경쟁우위를 달성하고 평균 이상의 투자수익을 얻기 위해 기업이 필요로 하는 의지, 의사결정, 행동들의 집합이다. 효과적인 전략의 수립과 구현을 위해서는, 내·외부 환경의 분석으로부터 도출된 전략 인풋(input)이 필요하다. 또한, 전략적 경쟁우위와 평균 이상의 투자수익을 실제로 달성하기 위해서는 효과적인 전략적 행동이 전제조건이 된다. 따라서 전략경영 프로세스는 끊임없이 변하는 시장조건과 경쟁구조에 대응하여 지속적으로 진화하는 기업의 자원, 능력, 핵심역량(전략적 인풋의 근원)을 조정하기 위해 활용된다.

신중하게 통합된 전략 수립과 구현을 전제로 효과적인 전략적 행동이 이루어져야 의도한 전략적 성과를 달성할 수 있다.[3] 따라서 전략계획수립은 사업의 미래 방향을 결정짓

그림 13.1 전략경영 프로세스

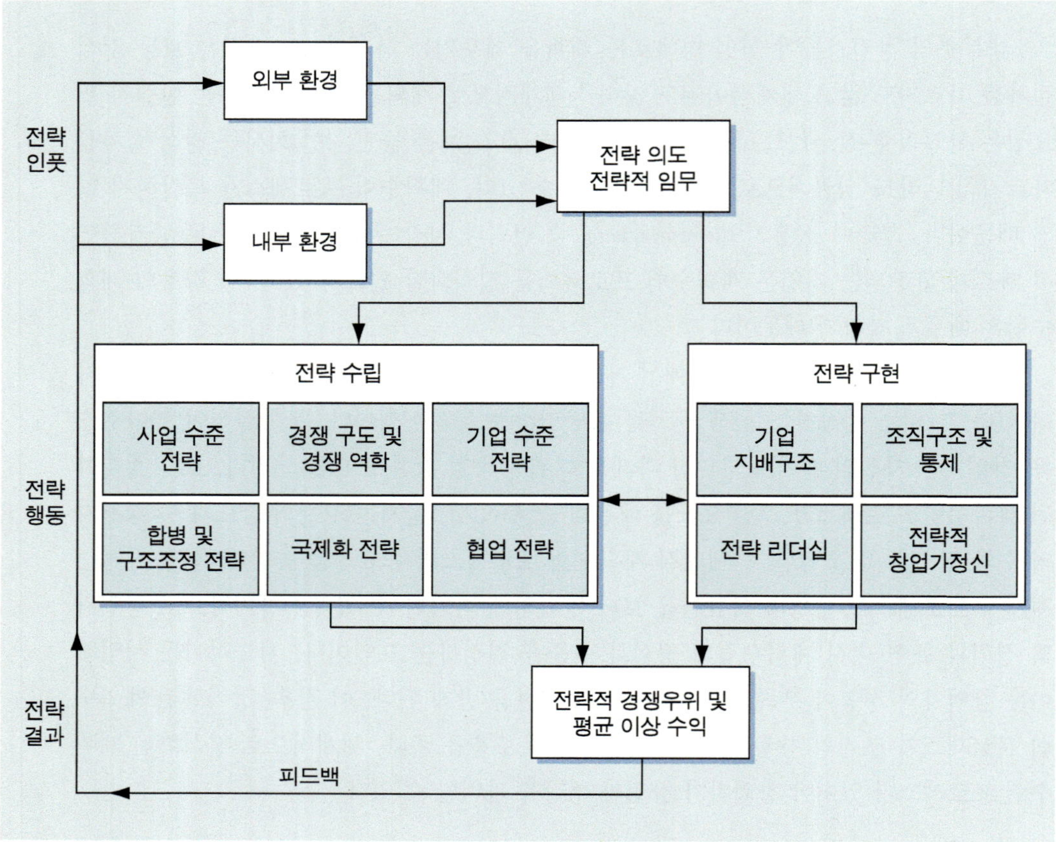

출처: Michael A. Hitt, R. Duane Ireland, and Robert E. Hoskisson, Strategic Management, 8th ed., © 2009 Cengage Learning.

는 중요한 단계가 된다. '가장 좋은' 전략계획은 많은 요인들에 의해 영향을 받는다. 예를 들면, 창업자의 능력, 기업의 복잡성, 사업의 특성 등이 있다. 요인과 상황은 다양하겠지만, 전략계획수립은 기본적으로 5단계를 따라야 한다.

1. 분석(analysis): 강점, 약점, 기회, 위협 등의 벤처의 내 · 외부 환경을 분석한다.
2. 수립(formulation): 임무, 목표, 전략, 정책 등의 벤처의 장 · 단기 전략을 수립한다.
3. 구현(implementation): 프로그램, 예산, 절차 등의 전략계획을 구현한다.
4. 평가(evaluation): 전략의 효과를 평가한다.
5. 피드백(feedback): 지속적 피드백을 통해 후속 행동을 결정한다.

그림 13.1은 위 단계들을 흐름도로 도시한 것이다.

첫 단계인 환경분석은 신홍 벤처에게 가장 중요한 것 중의 하나이다. 내 · 외부 환경 분석으로 전략 의도와 전략적 임무를 정의할 수 있는 정보를 제공한다. 그림 13.1과 같이 전략 의도와 전략적 미션은 전략수립과 구현 단계에 영향을 준다. 벤처의 내 · 외부 요인들을 명확하게 정리하고, 환경분석에서 빠짐없이 고려해야 한다. 일반적으로 이 과정을 **SWOT 분석**이라고 한다. SWOT은 기업의 내부 강점(strengths)과 약점(weaknesses), 외부 기회(opportunities)와 위협(threats)의 약자이다. SWOT 분석은 발생가능성이 높고 심각한 영향을 주는 외부 요인들뿐만 아니라, 현재와 미래의 전략적 의사결정에 영향을 미칠 가능성이 높은 내부 요인들도 동시에 고려한다. SWOT 분석을 수행한 후, 신흥 벤처는 수립, 구현, 평가, 피드백 등의 이후 단계로 진행할 수 있다.[4]

전략계획수립 프로세스의 최대 효과는 사업 소유주의 '전략적 사고(strategic thinking)'를 유도하는 것이다. 전략적 사고가 언제나 드러나지는 않겠지만, 이를 통해 창업자의 통찰력과 창의성을 미래 비전으로 통합한다.[5]

전략계획수립의 결여

혁신, 고용, 판매 등의 관점에서 신생 벤처가 경제에 미치는 영향이 매우 크다. 신생 벤처들의 생존과 성장에는 효과적 계획수립이 필요하다. 연구결과에 따르면, 불행하게도 계획 결여가 특히 신생 벤처에서 두드러지게 나타난다. 이는 다음과 같은 다섯 가지 원인의 결과이다.

1. **시간 부족**(time scarcity): 창업자가 일상적인 운영문제를 해결하느라 계획수립에는 시간을 할당하기가 힘들다고 이야기한다.
2. **지식 부족**(lack of knowledge): 창업자는 계획수립 프로세스의 경험과 지식이 부족하다. 프로세스의 요소들과 선후 관계에 대한 충분한 지식이 없다. 또한, 창업자들은 계획수립 정보의 많은 소스와 활용방법에 익숙하지 않다.
3. **전문지식/기술의 부족**(lack of expertise/skills): 창업자는 일반적으로 팔방미인형이므로, 계획수립 프로세스에 필요한 전문 지식이 부족하다.
4. **신뢰와 개방성의 결여**(lack of trust and openness): 창업자는 사업과 사업에 영향을 미치는 의사결정에 매우 민감하고, 이를 공개하지 않으려고 한다. 따라서, 창업자는 직원과 외부 컨설턴트들이 참여하는 전략계획수립 프로세스를 꺼려한다.
5. **고비용에 대한 인식**(perception of high cost): 창업자는 계획수립 비용이 매우 높다는 선입견을 가지고 있다. 따라서 계획수립을 가치 있는 작업이라고 생각하지 못하고 회피한다.[6]

위 원인들 외에 다른 요인도 계획수립 프로세스를 어렵게 만든다. 예를 들어, 높은 성과를 내든 낮은 성과를 내든 소규모 벤처들은 장기계획수립에 문제가 있다. 시간과 비용 모두 중요한 장애 요인이다. 아울러, 성과가 좋지 않은 벤처에서는 열악한 계획수립 문화, 미숙한 관리자, 어려운 경제적 조건들도 문제가 된다. 물론 전략계획수립은 신생 벤처들이 쉽게 할 수 있는 일상적 업무가 아니다. 그러나 계획수립으로부터 얻을 수 있는 이점도 많다.

전략계획수립의 가치

전략계획수립이 비용 대비 충분한 효과를 거둘 수 있을까? 연구결과들은 그렇다고 대답한다. 많은 연구가 계획수립이 신흥기업에 미치는 영향을 검증했다.[7] 이들은 전략계획수립을 지지한다. 대부분의 연구결과가 계획수립이 벤처의 생존에 도움을 준다고 — 명시하지는 않았더라도 — 시사한다. 7만여 실패기업을 대상으로 한 연구에서, 계획 결여가 실패의 주요 원인으로 꼽혔다.[8] 다른 연구는 전략계획을 하지 않은 기업보다 수립한 기업들의 성과가 더 좋았다고 보고했다.[9] 220개의 소기업을 대상으로 한 연구에서는, 벤처에서는 계획수립뿐만 아니라 적절한 전략(틈새 전략)을 선택하는 것이 차별화된 경쟁력과 지속가능한 경쟁우위를 확보하는 데 중요하다고 보고되었다.[10] 또 다른 연구는 소프트웨어 산업에서 전략이 기업성과에 미치는 동적 영향을 검증했다.[11] 그 결과, 집중화 혹은 차별화 전략을 채택했을 때, 기업성과가 더 좋아진다는 것을 발견했다. 마지막으로, 한 연구는 253개 소기업을 대상으로 기업성과와 계획기법 수준의 상관관계를 분석하였다. 이 연구에서는 기업을 다음의 세 가지 유형으로 구분하였다.

유형 I: 문서화된 계획 없음(101개 기업, 39.9%)

유형 II: 중간 수준의 계획수립 — 문서화된 계획, 일부 계량적 목표, 일부 상세 계획 및 예산 수립, 외부 환경요인의 부분적 파악, 계획 대비 성과 차이의 예상/파악을 위한 절차 정의(89개 기업, 35.2%)

유형 III: 고급 수준의 계획수립 — 문서화된 계획, 모든 목표의 계량화, 일부 상세 계획 및 예산 수립, 외부 환경요인의 부분적 파악, 계획 대비 성과 차이의 예상/파악을 위한 절차 정의(63개 기업, 24.9%)

분석 결과, 유형 II와 III 기업 중 88%가 해당 업종의 평균 이상의 성과를 보였다. 반면에 유형 I 기업에서는 40%만이 비슷한 수준의 성과를 보였다.[12]

요약하면, 모든 연구결과가 전략계획수립을 활용하는 신흥기업들이 그렇지 않은 기업들보다 효과적이라는 것을 보여 준다. 가장 중요한 것은 계획 그 자체보다는 계획수립 프로세스가 기업성과의 핵심 요인이라는 것이다.[13]

전략계획의 치명적 비전

전략의 실제 구현이 전략 그 자체만큼 중요하다. 많은 창업자가 특정 전략을 자신의 벤처에 적용할 때 무의식적으로 오류를 범한다. 경쟁 상황이 다르면, 잘 알려진 전략이라도 특정 상황에 맞도록 변화해서 적용해야 한다.

Michael E. Porter는 창업자가 전략을 구현할 때 흔히 저지르는 다섯 가지 심각한 오류를 지적했다.[14] 다음은 그것들의 문제와 설명을 요약한 것이다.

- **치명적 비전 #1: 업종의 매력(attractiveness)을 오해하기.** 너무 많은 창업자들이 급성장하거나, 규모가 크거나, 멋있는 기술이 필요한 업종을 매력적이라고 생각한다. 이는 잘못된 생각이다. 높은 진입장벽과 대체재가 없는 사업이 매력적이다. 어떤 업종이 첨단 기술을 필요로 하거나 규모가 클수록 더 많은 경쟁자들이 진입하며, 결과적으로 수익성을 악화시킨다.
- **치명적 비전 #2: 실질적 경쟁력의 부재.** 어떤 창업자는 경쟁자의 전략을 그대로 따르거나 모방한다. 이 방법은 쉽고, 확실히 리스크가 낮지만, 경쟁우위를 확보할 수 없다. 신생 벤처가 성공하기 위해서는, 경쟁력이 있는 자신만의 방식을 개발해야 한다.
- **치명적 비전 #3: 실현 불가능한 경쟁 포지션을 추구하기.** 많은 공격적 창업자가 급성장 업종에서의 지배적 위치를 추구한다. 실제로는 벤처를 창업하고 제품을 사줄 사람들을 찾느라 너무 바빠서, 벤처가 성공한 이후의 상황을 간과하는 경우가 많다. 예를 들면, 성공적인 소프트웨어 패키지일수록 빠르게 모방제품이 나타나고, 따라서 독점적 우위 역시 빠르게 사라진다. 소프트웨어의 핵심 경쟁력은 정기 업그레이드 제공하기, 고객의 전산실이 도움을 받을 수 있는 온라인 채널 운영하기 등등과 같은 사용자 서비스와 지원이다. 이들이 진입장벽을 구축한다. 간단히 이야기하면, 소규모 소프트웨어 벤처는 경쟁우위의 지속적 유지가 힘들다.
- **치명적 비전 #4: 성장을 위해 전략을 왜곡하기.** 신생 벤처가 성공하기 위해서는 성장과 경쟁 전략 간의 적절한 균형을 유지해야만 한다. 만약 창업자가 고속 성장을 위해 독창적 전략을 희생한다면, 그 벤처는 결국 도태하기 마련이다. 고속 성장이 어떤 업종에서는 매우 매력적일 수 있다. 그러나 업종에 상관없이 창업자가 자신만의 전략우위를 유지하고 강화시켜야 한다.
- **치명적 비전 #5: 벤처의 전략을 직원에게 명확히 이해시키지 못할 때.** 창업자는 기업의 전략을 모든 직원들에게 명확하게 전달해야만 한다. 직원들이 이미 전략을 알고 있다고 절대로 추정해서는 안 된다. 언제나 명확해야 한다.

Porter는 다음과 같이 결론지었다. "전략수립의 근본적 이점 중의 하나는 회사 전반에 걸쳐 단결력, 행동의 일관성을 확보하는 것이다. 조직의 모든 부서들이 동일한 목표를 위해서 일해야 한다. 만약 목표가 무엇인지 직원들이 모른다면, 어떻게 목표를 달성하기 위해서 움직이겠는가? 예를 들어, 당신의 최우선 목표가 저비용이라는 것을 직원들이 명확히 알지 못한다면, 그들의 일상적 활동이 목표 달성과 괴리가 생길 수 있다. 직원들이 매순간 중요한 의사결정을 하는데, 올바른 결정을 위해서는 전략의 명확한 이해가 필수적이다."[15]

그림 13.2 창업가적 활동과 전략적 행동의 통합

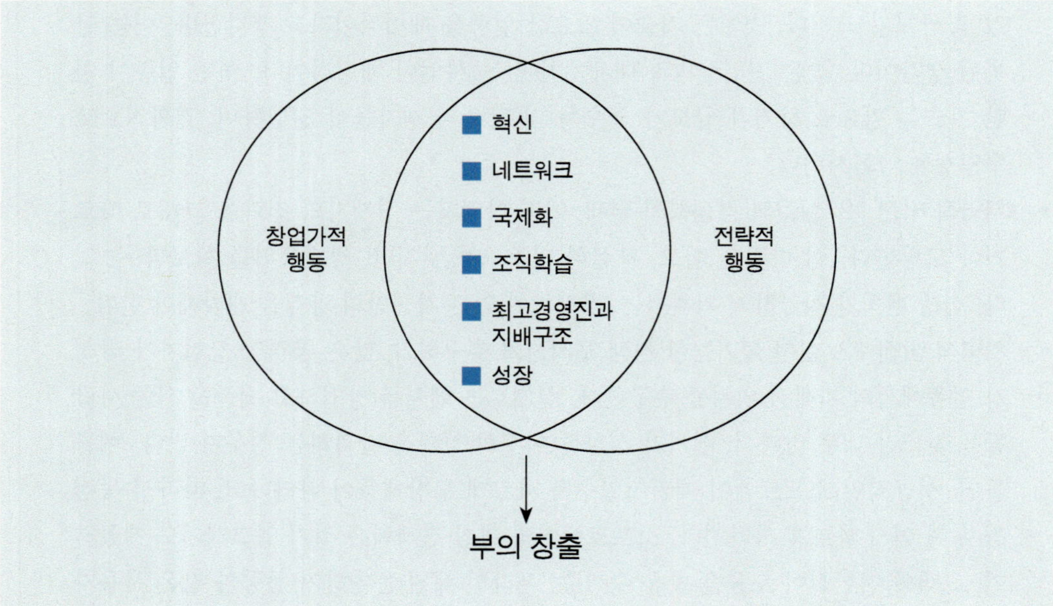

출처: R. Duane Ireland, Michael A. Hitt, S. Michael Camp, and Donald L. Sexton, "Integrating Entrepreneurship and Strategic Management Actions to Create Firm Wealth," *Academy of Management Executive* 15, no. 1 (February 2001): 51.

창업가적 행동과 전략적 행동

창업가정신과 전략경영, 둘 다 기업성과를 목표로 하는 동적 프로세스이다. 전략경영은 기업이 특정 상황 하에서 경쟁우위를 확보, 유지하는 것을 목표로 한다. 창업가정신은 제품, 프로세스, 시장의 혁신을 통해 경쟁우위를 확보하고자 한다.

R. Duane Ireland, Michael A. Hitt, S. Michael Camp, Donald L. Sexton 등은 창업가정신과 전략경영 모두 기업이 부를 창출할 수 있는 새로운 시장이나 경쟁 공간을 찾는 것이라고 주장한다. 기업은 업계의 기존 경쟁규칙을 바꿀 수 있는 근본적으로 새로운 사업 방식을 찾으려고 노력한다. 이를 통해 새로운 경쟁생애(competitive life)를 시작할 수 있기 때문이다. 혁신, 리스크 감수, 능동성 측면에서 기업이 얼마나 창업가정신으로 행동하느냐는 전략경영의 여러 차원과 연관되어 있다. 창업가정신과 전략경영의 공통 부분에 혁신, 네트워크, 국제화, 조직학습, 최고경영진과 지배구조, 성장 등이 있다(그림 13.2 참조). 이들 공통요소의 정확한 이해야말로 창업자들이 지식의 폭을 넓히고, 궁극적으로 보다 높은 수준의 창업가적 · 전략적 행동을 하도록 기여한다.[16]

전략적 포지셔닝: 창업의 장점

전략적 경쟁이란 기존 경쟁자 혹은 포지션으로부터 고객들을 뺏어 오거나 혹은 시장

표 13.1 전략적 접근방식: 포지션, 자원, 기회

	포지션	자원	기회
논리적 근거	포지션의 확립	자원의 활용	기회의 추구
전략 단계	• 매력적 시장을 선정 • 방어적 포지션을 확립 • 포지션을 유지/방어	• 비전을 설정 • 자원 · 역량을 확보 • 시장 간 자원의 활용	• 혼란된 시장에 진입 • 계속되는 변신 • 기회를 포착 • 목표의 달성/성공
전략적 질문	어디에 위치해야 하는가?	어디에 위치해야 하는가?	어떻게 가야 하는가?
전략성공의 조건	효율적으로 통합된 운영 시스템을 가진 독창적, 가치창출 포지션	독창적이며, 가치가 있고, 모방할 수 없는 자원 · 역량	독창적이며 단순한 규칙에 의한 핵심 프로세스
적합한 시장	점진적으로 변화하는 안정적 시장	중간 정도의 속도로 변화하는 안정적 시장	급변하는 불명확한 시장
성공 지속 기간	지속적	지속적	예측불가
리스크	변화에 따라 포지션을 바꾸기는 불가능	변화에 따라 새로운 자원을 확보하기에는 기업이 너무 늦게 대응	잠재적 기회를 추구하기에는 경영자가 미온적으로 대응
성과 목표	수익성	장기적 시장지배	성장

출처: Reprinted by permission of *Harvard Business Review* from “Strategy as Simple Rules,” by Kathleen M. Eisenhardt and Donald N. Sull (January 2001): 109. Copyright © 2001 by the Harvard Business School Publishing Corporation; all rights reserved.

에 새로운 고객들을 유인하는 차별화된 포지션을 찾는 프로세스로 정의할 수 있다. 원칙적으로는 기존 기업과 창업 기업 모두 새로운 전략적 포지션을 찾아야 하는 과제를 가지고 있지만, 실제로는 창업 기업이 약간 유리한 위치에 있다.

전략적 포지셔닝(strategic positioning)은 쉽지 않으며, 창의성과 통찰력을 필요로 한다. 기존 경쟁자들이 간과했던 독특한 포지션을 창업가는 자주 찾아낸다. 아울러, 신생 벤처는 다른 경쟁자들이 원래는 선택했었으나 타 기업 흉내내기와 어정쩡한 양다리 걸치기로 포기할 수밖에 없었던 포지션을 사용해서 성공할 수도 있다.

근본적으로, 전략적 포지셔닝은 포지션을 선택하여 방어적으로 유지하거나, 자원을 활용하여 시장을 지배하거나, 새로운 시장기회를 추구하는 등의 세 가지 유형으로 구분할 수 있다(표 13.1 참조). 이중에서 창업자가 변화를 돈으로 바꾸려면, 기회추구형 방식이 가장 좋다.

보통 새로운 포지션은 변화 때문에 만들어진다. 예를 들면, 새로운 고객군 혹은 구매형태가 발생하거나, 사회가 발전하면서 새로운 요구가 등장하거나, 새로운 유통경로가 열리거나, 신기술이 개발되거나, 새로운 설비나 정보 시스템을 사용하는 등의 변화이다. 이

그림 13.3 기업 전략 매트릭스: 독립변수

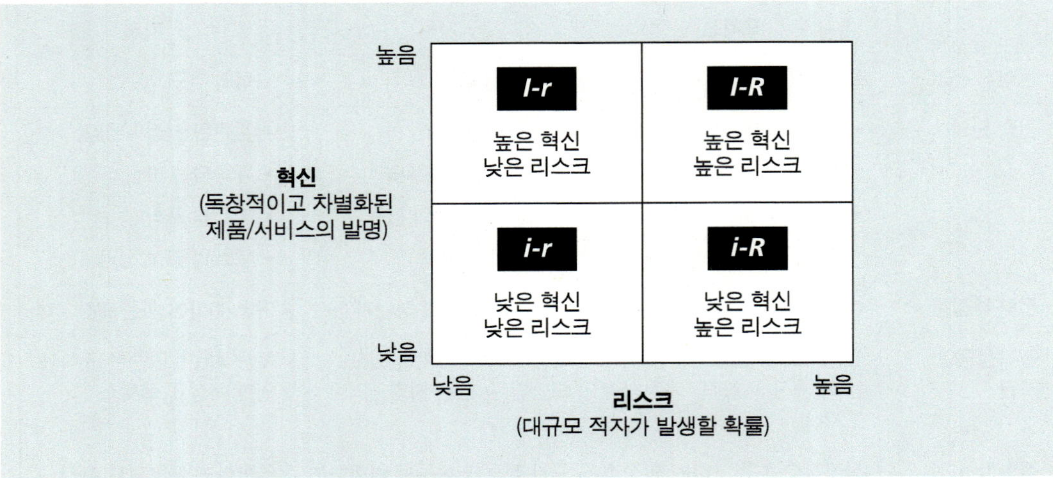

출처: Matthew C. Sonfield and Robert N. Lussier, "The Entrepreneurial Strategic Matrix: A Model for New and Ongoing Ventures." Reprinted with permission from *Business Horizons*, May/June 1997, by the trustees at Indiana University, Kelley School of Business.

러한 변화가 발생하면, 업계의 관행으로부터 자유로운 창업 벤처는 새로운 경쟁 방식의 잠재력을 보다 쉽게 활용할 수 있다. 창업 벤처는 기존 활동, 프로세스들과의 충돌이 없으므로, 기존 회사와 달리 유연할 수 있기 때문이다.[17]

기업 전략 매트릭스 모형

포트폴리오 분석에 사용되는 BCG(Boston Consulting Group) 매트릭스와 같은 전형적인 전략 매트릭스의 형태를 이용하여, Matthew C. Sonfield와 Robert N. Lussier는 리스크와 혁신의 수준을 측정하는 **기업 전략 매트릭스**(entrepreneurial strategy matrix)를 개발하였다.[18] 여기에서 **혁신**(innovation)은 새롭거나 차별화된 어떤 것의 창조라고 정의된다. 혁신 수준의 측정은 대상 제품이나 서비스가 새롭고 혹은 다를수록, 점수가 높아진다.

리스크(risk)는 상당한 재무적 손실이 발생할 확률로 정의된다. 예를 들면, 벤처가 실패할 확률 또는 실패할 경우 재무적 손실이 얼마나 심각한가 등으로 평가한다. 혁신의 수준을 높이기 위해서는 다양한 방법이 가능하지만, 리스크를 줄이기 위해서는 재무적 요인들만 고려하면 된다. 물론 자아상(self-image)과 자존심도 부차적으로 고려해야 한다.

매트릭스 모형은 아주 초보 수준의 창업자도 신생 혹은 기존 벤처의 상황을 정리하고 적절한 전략을 수립하도록 도와준다. 모형은 Y축에 혁신을 X축에 리스크를 표시한다. I, R은 높은 수준을, i, r은 낮은 수준을 나타낸다(그림 13.3 참조)

기업 전략 매트릭스의 가치는 다른 상황의 창업자에게 적합한 방안을 제시할 수 있다는 것이다. 창업자가 검토하는 신생 혹은 기존 벤처가 해당하는 칸 혹은 유형을 선택하면,

그림 13.4 기업 전략 매트릭스: 적합한 전략

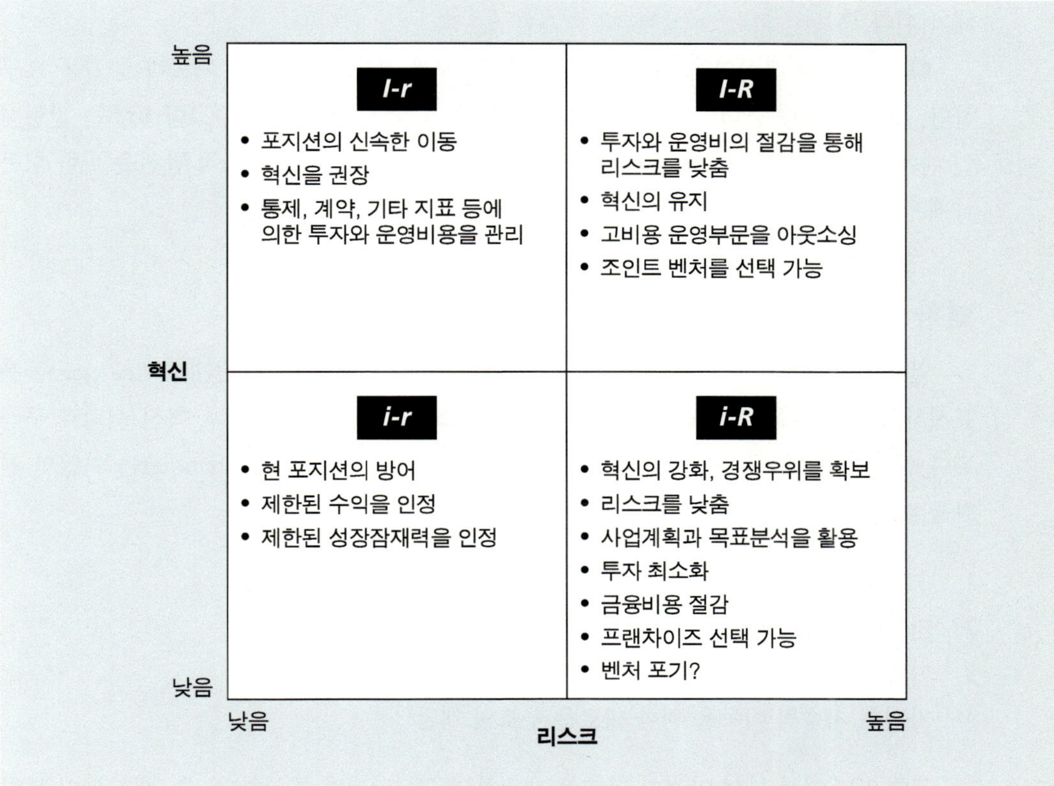

출처: Matthew C. Sonfield and Robert N. Lussier, "The Entrepreneurial Strategic Matrix: A Model for New and Ongoing Ventures." Reprinted with permission from *Business Horizons*, May/June 1997, by the trustees at Indiana University, Kelley School of Business.

어떤 전략이 더 효과적인지를 알려준다(그림 13.4 참조)

어떤 유형이 좋은지는 쉽게 알 수 있다. 고혁신-저위험(I-r) 벤처가 저혁신-고위험(i-R) 벤처보다 확실히 좋다. 그러나 I-r 벤처보다 i-R의 수가 훨씬 많다. 사업의 세계에서는 리스크가 혁신보다 더 흔하다.

매트릭스의 전략적 의미는 두 가지이다. 첫째, 창업자가 어떤 유형이 다른 것보다 좋은지를 알 수 있고, 어떤 유형을 다른 유형으로 변화시키려면 어떤 전략들이 필요한지를 알 수 있다. 둘째, 변화가 언제나 가능하지 않다면, 동일 유형 내에서라도 리스크를 낮추고 혁신을 높이는 전략을 찾아야 한다는 것이다.

창업 기업의 성장 관리

창업 기업의 성장 관리는 미래 성공을 위한 가장 중요한 전술이다. 신생 벤처가 창업된 후, 창업자는 관리방식의 변화를 이해할 필요가 있다. 이를 위해서는 시간에 따라 변화

하는 요인들의 균형을 유지해야 하는 기술이 필요하기 때문에, 창업자에게는 어려운 과제가 된다.[19]

따라서 신생 벤처의 생존과 성장은 창업자에게 전략적 · 전술적 기술과 능력을 요구한다. 어떤 기술과 능력이 필요한지는 벤처의 현재 상황이 결정한다. **그림** 13.5는 전형적인 벤처 수명주기(life cycle)를 보여 준다. 성장 관리는 모든 벤처의 성공적 발전을 위한 힘든 과제 중의 하나이다.

벤처 성장 단계

앞서 설명한 바와 같이, **그림** 13.5는 기업의 전형적인 **수명주기 단계**(life-cycle stages)들을 표시하고 있다. 이들 단계는 신생 벤처의 기획, 스타트업, 성장, 안정화, 혁신/쇠퇴로 구성된다. 이 단계를 다른 용어로 표현할 수도 있다. 예를 들면, Alfred Chandler는 기업의 진화를 다음의 단계로 구분한다.

1. 초기 확장과 자원의 축적
2. 자원활용의 합리화
3. 자원의 지속적 활용을 위한 신생 시장으로 확장
4. 자원의 지속적 이동을 위한 새로운 구조의 개발[20]

그림 13.5에서 사업 안정화 단계를 제외하면 위 4단계와 동일하다. 즉, 대부분의 문헌은 벤처 수명주기를 비슷하게 분류하고 있다. 여기에서는 5단계로 구분하여 설명하겠다.

그림 13.5 벤처의 전형적 수명주기

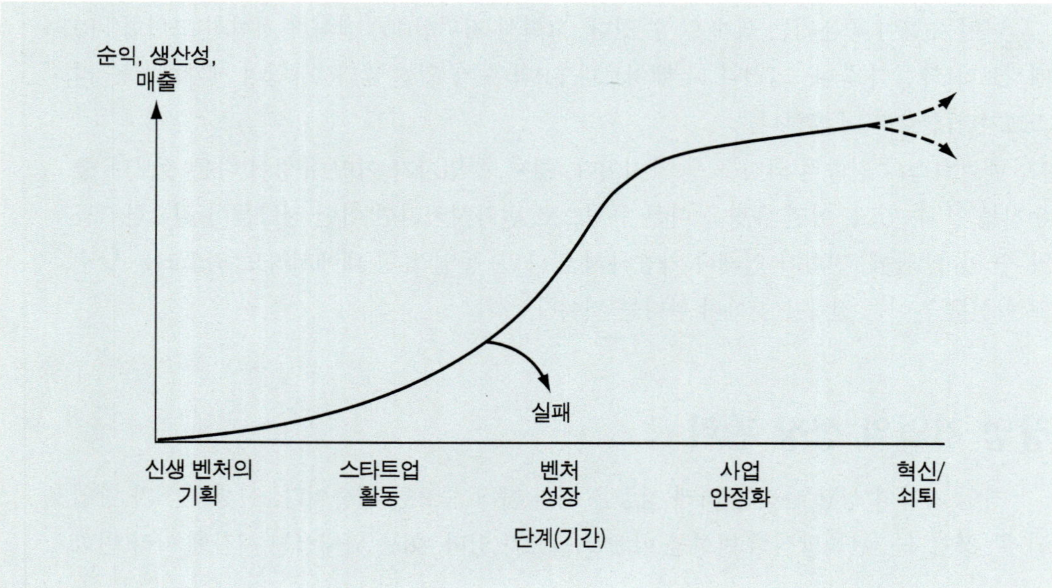

Cengage Learning

신생 벤처의 기획

첫 단계, **신생 벤처의 기획**(new-venture development)은 창업 준비 활동을 의미한다. 이 단계는 창업 프로세스의 토대가 되고, 창의성과 평가를 필요로 한다. 또 창업 전략의 최초 수립을 위한 자원의 축적 및 확대와 함께 네트워킹이 필수적이다. 기업의 전반적인 철학, 임무, 범위, 방향 등이 이 단계에서 결정된다.

스타트업 활동

두 번째 단계인 **스타트업 활동**(start-up activities)은 공식 사업계획, 자금 조달, 마케팅 실행, 효과적인 창업팀 구성 등에 필요한 기반 작업을 포함한다. 이 활동들은 신생 벤처를 시작하기 위한 최대의 노력과 공격적 창업 전략을 요구한다. 이 단계는 Chandler의 '자원 활용 합리화' 단계와 유사하다. 이 단계의 가장 큰 특징은 기업의 경쟁우위를 정의하고 자금원을 확보하기 위한 전략적 · 운영적 단계라는 것이다. 아울러 마케팅과 재무 상황에 대한 고려가 매우 중요하다.[21]

성장

일반적으로 **성장 단계**(growth stage)에서 기업 전략의 중요한 변화가 일어난다. 경쟁과 다른 시장요인들이 전략의 변화를 압박한다. 예를 들면, 어떤 회사는 새로운 사업에 적절하게 대응하지 못하여 시장에서 점차 밀려나는 상황에 처하게 된다. 매우 창조적인 창업자들도 성장 단계가 수반하는 관리적 변화를 대응하지 못하거나 회피하려고 한다. 그 결과, 회사를 떠나서 다른 벤처로 이직한다.

일반적으로 스타트업 단계보다 성장 단계에서 더 심각한 문제들이 발생한다.[22] 새로운 도전 과제들은 창업자에게 조직에 대한 '창업가적 관점'을 유지하면서도 다른 방법을 사용하도록 압박한다.[23] 성장 단계에서는 창업가적 1인 리더십에서 경영팀에 의한 리더십으로 전환해야 한다.

사업 안정화

사업 안정화 단계(business stabilization stage)는 시장 조건과 창업 노력의 결과이다. 이 단계에서는 수많은 변화가 일상적으로 발생한다. 예를 들면, 더 심해진 경쟁, 상품/서비스 브랜드에 대한 소비자의 무관심, 모방 상품의 홍수로 인한 시장 포화 등이다. 판매는 안정화 혹은 정체되고, 경영자는 기업이 향후 3~5년 동안 어디로 가야 하는지를 생각해야 한다. 사업 안정화 단계는 기업이 고속, 고수익으로 변화할지 아니면 쇠퇴와 실패로 추락할지를 사전에 결정하는 변화 단계(swing stage)이다. 이 단계에서 혁신이 미래 성공의 매우 중요한 열쇠가 된다.

혁신 혹은 쇠퇴

혁신에 실패한 기업은 죽는다. 재무적으로 성공한 기업들은 지속적 성장을 이루기 위해 자주 다른 혁신적 기업들을 인수하려고 한다. 또 많은 기업들이 현재의 제품(군)을 보완하기 위하여 새로운 제품/서비스를 개발한다.

벤처 수명주기의 모든 단계들은 중요한 전략 지점이다. 각 단계는 서로 다른 전략을 필요로 한다. 그러나 이번 장에서는 성장 단계에 보다 집중하고자 한다. 창업자들은 성장 단계를 자주 간과한다. 이 문제는 경쟁력 실패보다는 오히려 성공적인 성장이 가져오는 최면 효과 때문에 발생한다. 성장 단계의 관리 능력에 영향을 미치는 핵심 요인을 검토해 보자.

창업자에서 경영자로의 변화

벤처 성장의 단계 간 이행은 창업자의 변화 능력에 따라 촉진되거나 혹은 방해받는다. 가장 중요한 변화는 창업자가 경영자로 바뀌는 벤처의 성장 단계에서 발생한다. 이 전환은 쉽지 않다. Charles W. Hofer와 Ram Charan에 의하면, "필요한 많은 변화 중에서 가장 실행이 어려우면서도 조직발전에 가장 중요한 것은 1인에 의해 창업가적으로 관리되던 회사를 기능적으로 조직된 전문경영팀에 의해 운영되는 회사로 전환하는 것이다."[24] 이 과정에서 수많은 문제가 발생할 수 있다. 기업이 다음과 같은 요인을 가지고 있다면 특히 심각하다.[25]

1. 고도로 중앙집중화된 의사결정 시스템
2. 1~2명의 핵심 인력에 대한 과도한 의존
3. 경영 능력과 훈련의 부족
4. 가장주의적 혹은 온정주의적 문화

위 요인들이 신생 벤처의 스타트업과 초기 생존에서는 도움이 될 수 있지만, 성장 단계에서는 회사 발전에 위협으로 작용한다. 매우 자주, 위의 문제들이 성장 단계를 효율적으로 관리해야 하는 기업 능력을 방해하고, 발전을 가로막는다.

초점의 균형: 창업자 대 경영자

성장 단계를 관리할 때, 창업자는 두 가지 중요 포인트를 반드시 기억해야 한다. 첫째, 적응을 잘 하는 기업은 혁신과 창의성을 격려하기 위해서 창업적 특성을 유지해야 한다. 둘째, 창업자는 보다 경영자적 스타일로 변화해야 하면서도, 개인적으로는 여전히 혁신과 창의적 정신을 유지해야 한다.[26] 사실, 이러한 창업자/경영자 간의 균형을 유지하기는 매우 어렵다. 모든 회사들이 Apple, Google, Facebook처럼 혁신적이고 유연하고 창조적이기를 원한다. 그러나 수많은 창업 식당, 인터넷 회사, 소매점, 첨단 벤처들이 결국 실패하고 말았다.

창업가정신 사례

혁신적 성장의 'Fab Four'

Apple, Facebook, Google, Amazon은 단연 돋보이는 기업, 즉 'Fabulous Four 혹은 Fab Four'(4대 대표사례)이다. 현대 역사에서 이들 기업만큼 발전 과정에서 지속적으로 혁신적 혹은 혁명적인 기업이 많지 않다. 그들은 21세기의 4대 성장 기술기업으로 인정되었고, 창업 이후로 계속 혁신적이었다. 그들의 창업가적 뿌리는 성장한 후에도 혁신 문화를 유지하게 해 주었다. 그 결과, 매우 성공적인 성장과 기술적 진보를 이루었다. 이번 사례에서 그들이 어떻게 혁신적 기업으로 출발했고, 기술혁신으로 세계를 이끌었고, 현재에도 가장 빠르게 성장하는 혁신기업으로 남아 있는지를 검토하고자 한다.

Apple

Apple의 역사는 1976년 Steve Jobs와 Steve Wozniak이 Apple 1 PC를 수작업으로 만들어서 판매하면서 시작한다. 최초의 제품은 그 자체만으로도 기술혁신이었다. 1976년 당시, 대부분의 기계들이 모니터가 없을 때, 25살 Wozniak과 21살 Jobs는 TV를 모니터로 사용하였다. 또 프로그램을 구동시키고 저장하는데 당시로서는 첨단 방식인 카세트 인터페이스를 채택하였다. 1976년, Apple의 PC 업계 진입은 세련되지 못했으나 성공적이었다. Jobs와 Wozniak의 개인적 특성이 Apple 역사 상 수백여 건의 성공 사례를 만들었다. 그런 창업자의 개성은 현재도 Apple의 혁신 문화에 살아있다. 32년 후에도, Apple은 혁신을 통해 계속 성장하고 있다. 2011년 기준으로, 매출 1,080억 달러, 순이익 250억 달러로 Apple은 세계에서 가장 거대한 기술 지향형 기업이 되었다. Apple의 최근 혁신사례는 다음과 같다.

> iPhone 4S는 다양한 혁명적 기술을 하나의 기계에 구현했다. 시리 음성인식 기술은 4S에 포함된 훌륭한 혁신의 한 예에 불과하다. 4S의 카메라를 고객이 별도로 구입한다면 500달러에 해당된다.
>
> Apple의 iPad는 진입 시점에 상관없이 태블릿 시장을 지배하고 있다.

Facebook

Facebook은 2003년 19살 Mark Zuckerberg가 3명의 Harvard University 친구들과 함께 Facemash를 만들면서 시작되었다. Facemash는 Harvard University 학생정보 DB(Database)의 보안을 뚫고 여학생의 매력을 평가하는 웹 사이트였다. Zuckerberg는 이 사이트가 가공할 잠재력을 가지고 있다고 생각했다. 그 잠재력이 Facebook 발전의 핵심 성공요인이 된 첨단 웹 사이트 기술의 개발을 유도했고, 결국 디지털 소셜 매체라는 오늘날의 거대한 시장을 창출했다. Facebook은 SNS(Social Networking Service)의 선두 주자로 발전하여 10억 명에 이르는 실사용자를 확보하게 되었다. Facebook은 혁신을 통하여 성장하였고, 2012년 1월 기준으로 835억 달러의 주가총액을 가지고 있다. 최근의 혁신사례는 다음과 같다.

> 메인 프로필 사진을 가입한 이후의 변화를 보여 주는 타임라인으로 발전시켰다.
>
> 음악과 뉴스를 공유하도록 발전시켜서, Facebook은 완전히 새로운 온라인 업종에서 경쟁하고 있다.
>
> Facebook의 수익성은 매우 높다. 2011년 기준, 30억 달러 매출 중 10억 달러 순이익을 달성하였다. 새로운 광고 방식으로 고수익을 달성할 수 있었다.

Google

Google의 역사는 Larry Page와 Sergey Brin이 Stanford 박사과정 학생이던 1996년에 시작하였다. Page와 Brin은 스탠포드 디지털 도서관 프로젝트에 참여하여 "단일, 통합, 범용 디지털 도서관"을 위한 기술로 웹 사이트 간의 연관관계를 더 효율적으로 분석할 수 있는 이론을 개발하기 시작했다. 결국 새로운 알고리듬을 개발하였고, 이후 과정은 널리 알려져 있다. 알고리듬은 계속 보완되어 다른 검색엔진보다 더 좋은 결과를 찾아내는 사이트(google.standford.edu)가 되었다. Google은 Brin과 Page가 아직 박사과정 학생이던 1998년에 창업되었다. Apple과 같이, Google의 역사는 두 명의 혁신가가 어떻게 세상을 바꿀 수 있는지에 대한 고전적 사례가 되었다. 13년이 지난 후, Google은 전 세계에서 두 번째로 가치가 높은 브랜드가 되었다. Google이라는 명사는 이제 동사가 되었다. 다른 사람에게 온라인으로 검색하라고 할 때, "Google 해 봐(Google it)"라고 말한다. Google.com은 미국에서 월등히 많은 방문자 수를 기록하는 웹 사이트가 되었다. 최근 혁신 사례는 다음과 같다.

> YouTube의 채널중심형 재가공기법이 케이블TV를 무제한 대역폭(bandwidth)으로 방송하게 한다.
>
> 2억 5천만 대 이상 판매된 안드로이드폰으로 40억 달러 이상의 모바일 광고 수입을 벌어들였다.
>
> 크롬은 화이어폭스를 추월하여 2위의 웹브라우저가 되었다.
>
> Google+는 모든 Google의 제품/서비스를 완벽하게 통합 제공한다.

Amazon

Amazon은 Jeff Bezos에 의해 1994년 온라인 서점으로 출발하였다. 그 시대의 다른 많은 창업가처럼 Bezos는 온라인 서점에 대한 혁신적 비전을 가지고 있었다. 온라인 방식은 기존의 물리적 서점보다 훨씬 많은 종류의 책을 취급할 수 있었다. 온라인 아이디어도 혁신적이었지만, Bezos는 그의 비즈니스 모델 역시 혁신적으로 바꾸었다. Amazon은 많은 인터넷 회사들이 사라진 닷컴 거품붕괴 시절을 견디면서, DVD, CD를 포함한 상품 포트폴리오로 다양화시켰다. 결국, Amazon은 모든 상품을 취급하면서, 현재는 Walmart, Target 같은 거대 유통기업들과 경쟁하고 있다. 2011년 기준으로 480억 달러의 매출을 올린 Amazon은 전 세계를 통틀어 가장 선두에 있는 인터넷 기업이 되었다. 최근 혁신 사례는 다음과 같다.

> 태블릿 시장에서 킨들이 2위를 차지.
>
> 킨들의 축소판 싱글 개발.
>
> 자회사 Quidsi의 품목을 기저귀와 약품에서 애완동물 용품, 장난감, 잡화까지 확대.
>
> Amazon 동영상 서비스를 통해 CBS와 Fox 프로그램도 제공.

출처: adapted from "50 Most Innovative Companies," *Fast Company* (March 2012); Mark W. Johnson, "Amazon's Smart Innovation Strategy," *Bloomberg/Business Week* (April 12, 2012), http://www.businessweek.com/innovate/content/apr2010/id20100412_520351.htm (accessed May 15, 2012); History of Apple, *Wikipedia*, http://en.wikipedia.org/wiki/History_of_Apple_Inc.; History of Facebook, *Wikipedia*, http://en.wikipedia.org/wiki/History_of_Facebook; History of Google, *Wikipedia*, http://en.wikipedia.org/wiki/History of Google; Amazon, *Wikipedia*, http://en.wikipedia.org/wiki/Amazon (all accessed May 16, 2012).

보다 관리적으로 변신하면서도 창업가적 특성을 보존하는 것이 벤처의 성공적 성장에 매우 중요하다. 표 13.2는 창업가 대 관리자의 특징과 과제를 전략 방향, 기회 포착 의지, 자원의 확보, 자원의 통제, 관리 구조라는 다섯 가지 요인으로 구분, 비교하였다. 5대 요인은 창업가적으로 경영하기 위한 핵심이다. 창업가부터 관리자까지를 연결하는 스펙트럼의 양 끝에는 대조적인 관점이 있다. 다음과 같은 질문을 통해 그 관점들을 비교할 수 있다.

창업가적 관점

- 기회는 어디에 있는가?
- 그것으로 어떻게 돈을 벌 수 있는가?
- 어떤 자원이 필요한가?
- 자원의 통제권을 어떻게 확보할 수 있는가?
- 가장 좋은 구조는 무엇인가?

표 13.2 창업가적 문화 대 관리적 문화

	창업가적 초점		관리적 초점	
	특징	**과제**	**특징**	**과제**
전략 방향	기회 포착 지향	• 기회의 감소 • 급변하는 기술, 소비자 경제 논리, 사회적 가치, 정치 제도	자원통제 기반	• 사회적 소통 • 성과측정 기준 • 계획체계와 주기
기회 포착 의지	혁명적, 단기	• 행동 지향적 • 신속한 의사결정 • 합리적 리스크의 감수 • 소수에 의한 의사결정	점진적, 장기	• 의사결정에 다양한 인원 참여 • 전략적 방향의 조정 • 리스크 회피 • 기존 자원기반을 중심으로 조정
자원의 확보	다단계, 각 단계별 투입은 최소화	• 자원요구 예측의 부재 • 환경통제 능력의 부재 • 자원활용에 대한 사회적 요구 • 국외 경쟁 • 보다 효율적 활용 요구	단일 단계, 전체 투입 자원의 확보	• 리스크 회피가 필요 • 장려금 보상 • 관리자의 이직 • 예산관리 체계 • 체계적 계획수립
자원의 통제	필요 자원의 일시적 활용 혹은 임대	• 자원 전문화의 압박 • 필요보다 긴 자원수명 • 노후화 위험 • 기회에 수반되는 리스크 • 확보한 자원으로 인한 유연성 저하	필요 자원의 소유 혹은 고용	• 권한, 상태, 재무적 보상 • 활동 간 조정 • 효율성 지표 • 변화의 관성 및 비용 • 업종의 구조
관리 구조	평면적, 다양한 비공식 네트워크	• 핵심 비통제적 자원 간 조정 • 계층화의 필요성 • 독립성에 대한 직원 요구	계층적	• 권한과 책임의 명확한 정의에 대한 요구 • 조직 문화 • 보상 체계 • 경영 이론

출처: Reprinted by permission of the *Harvard Business Review*. An exhibit from "The Heart of Entrepreneurship," by Howard H. Stevenson and David E. Gumpert, March/April 1985, 89. Copyright © 1985 by the President and Fellows of Harvard College; all rights reserved.

관리자적 관점

- 어떤 자원을 통제할 수 있는가?
- 우리 조직과 시장과의 구조는 무엇인가?
- 어떻게 다른 부문이 내 관리범위에 미치는 영향력을 최소화하는가?
- 어떤 기회가 적당한가?[27]

위 질문들의 방향이 서로 다른 이유는 다양하게 생각할 수 있다. 예를 들어, 창업가정신에서 자원의 확보는 변화하는 환경에 대한 대응을 목표로 하는 반면, 관리자는 리스크 축소에 집중한다. 자원 통제에 대해서는, 창업가가 낮은 유연성과 노후화에 의한 리스크 때문에 소유권 확보를 회피한다면, 관리자는 효율과 안정성을 추구하는 수단으로 소유권을 이용한다. 구조적 측면으로는 창업가정신이 유연성과 독립성을 강조하나, 관리자의 관심은 임무 복잡도, 질서 유지, 통제된 보상체계 등으로 확보되는 일관성에 있다.

관점 차이에 대한 이러한 예는 경영 스펙트럼의 양 극단과 관련된 중요한 과제를 시사한다. 그것은 효과적인 성장을 위해서 창업가적 관점과 관리자적 관점이 균형을 이루어야 한다는 것이다.

성장 단계의 이해

성장 단계는 개인 벤처에서 조직 운영으로의 변형이 시작됨을 의미한다. 핵심 창업자의 지배에서 부문 간 조정과 유연성을 강조하는 팀 어프로치로 바뀌게 된다.

성장 단계의 핵심 요인

창업자는 성장 단계에 필요한 경영적 활동의 네 가지 요인인 통제, 책임, 실패에 대한 관용, 변화 등을 반드시 이해해야 한다.

통제 성장은 지휘와 통제(command and control)에 다양한 문제를 불러온다. 이때 창업자는 매우 중요한 세 가지 질문에 답해야 한다. (1) 통제 시스템이 신뢰에 기반을 두고 있는가? (2) 자원할당 시스템이 신뢰에 기반을 두고 있는가? (3) 용서보다 허가를 얻기가 더 쉬운가? 이 질문들은 벤처의 통제 시스템에 대해 많은 것을 알려준다. 질문에 대한 답이 "Yes"라면, 벤처는 통제와 참여가 균형을 이루어서 좋은 방향으로 발전하고 있다고 볼 수 있다. 만약에 "No"라면 부정적 답변에 대해 철저하게 검토를 해야 한다.

책임 회사가 성장하면서 권한과 책임의 차이가 명확해진다. 권한은 언제나 위임될 수 있으므로, 적절한 책임감을 조성하는 것이 중요하다. 이를 통해 유연성, 혁신, 지원적 환경을 만들 수 있다. 사람이 적절한 책임감을 가지면, 담당 임무만이 아닌 더 멀리를 보려 한다. 그렇게 되면, 창조적 활동과 조직 구성원 모두가 공유하는 책임감으로 회사의 성장이 훨씬 쉽게 된다.

실패에 대한 관용 벤처가 초기 스타트업 함정을 피하고 성장 단계에 진입했다 하더라도, 실패에 대한 관용은 여전히 중요하다. 창업자가 겪었던 실패와 창업의 교훈들처럼, 성장 단계에서도 같은 수준으로 예상하고, 관용적이고, 교훈을 얻어야 한다. 어떤 기업도 실패를 위해 노력하지는 않지만, 지속적으로 혁신하고, 성장하려면 어느 정도까지는 실패를 처벌하기보다는 용인해야 한다. 실패에는 세 가지 유형이 있다.

- **도덕적 실패**(moral failure): 이 유형은 내부 신뢰에 대한 위반이다. 기업은 상호 기대와 신뢰에 기반을 두기 때문에, 이러한 위반은 부정적 결과를 가져오는 심각한 실패이다.
- **개인적 실패**(personal failure): 이 유형은 기술 혹은 응용 능력의 부족에서 발생한다. 일반적으로 이런 실패에 대한 책임은 조직과 개인이 공유해야 한다. 따라서 서로 도움이 되는 방향으로 상황을 해결하는 것이 일반적이다.
- **통제불가능한 실패**(uncontrollable failure): 이 유형은 외부 압력에 의한 것이어서 대처하기가 가장 어렵다. 직원이 통제할 수 없는 압력의 예를 들면, 자원 제약, 전략적 방향, 시장 변화 등이다. 이 유형의 실패에 대해서는 최고경영진이 원인을 신중하게 분석하고, 재발을 방지할 수 있도록 개선해야 한다.

변화 벤처가 성장 단계를 거치면서 계속 발전하다 보면, 계획, 운영, 실현 등이 끊임없는 변화를 겪게 된다. 성장 단계에서도 혁신적이고 기회대응적 문화를 잃어버리지 않기 위해서는 기준의 변화 혹은 기준과의 편차에 대한 '감'이 필요하다. 동시에 창업자는 변화가 기업의 자원, 인력, 구조에 많은 영향을 준다는 것을 이해해야 한다. 따라서 변화에 대응하는 유연성을 보존하는 것은 성장 단계에 매우 중요하다. 유연성이 환경 조건들에 대한 경영진의 대응을 신속하게 한다.

역설과 모순의 관리

벤처가 고속 성장을 하게 되면, 많은 구조적 요인들이 다양한 과제를 만들어 내기 시작한다. 예를 들면, 문화적 요소, 인력의 충원과 개발, 평가와 보상 등등이다. 창업자는 이 문제들을 엄격하고 통제적으로 다룰 것인지 혹은 유연하고 유기적으로 다룰 것인지를 계속 고민하게 된다.

연구에 의하면, 성장하는 특히 신흥 시장에 진입한 벤처의 경영자는 유연하고 유기적인 구조를 활용할 필요가 있다.[28] 엄격하고 통제적인 구조는 성숙되고 안정화된 회사에 적합하다. 따라서 문화적 요소들은 자율성, 리스크 감수, 창업가정신 등을 고려한 유연한 설계가 필요하다. 이러한 유형의 문화는 벤처 창업자의 초기 의지를 되살릴 때 가능하다. 앞에서 설명한 바와 같이, 창업자의 초점은 보다 관리자적 유형으로 전환되어야 하지만, 조직 문화에는 혁신과 창업가정신이 계속 살아있고, 그 장점들이 구석구석에 스며들어야 있어야 한다.

창업자가 빠른 성장을 위해 유연한 구조를 시도할 때, 조직적 관점에서는 반작용이 있을 수 있다는 것을 유념해야 한다. 다음을 생각해 보자.

창업가적 과정

창업자에서 경영자로

많은 창업자들에게 가장 어려운 임무 중의 하나는 창조적이고 일과 씨름하는 창업가에서 사업적 기술에 숙달된 경영자로의 성공적 변신이다. 많은 성공적 창업자들이 이 도전적인 변신에 성공했지만, 어떤 창업자들은 머뭇거리다 실패했다. 대부분의 사례에서, 성공은 창업자가 자신의 팀을 만들고 성장시키는 능력에 달려 있었다. 오늘날, 벤처가 성장하면서 직원들의 역량도 같이 강화시켜야 하는 난제에 부딪혔을 때, 창업자가 반드시 염두에 두어야 하는 핵심 경영 전략이 있다.

창업자가 벤처를 성장시키면서 동시에 개발하고 개선시켜야 하는 분야 중의 하나가 인사관리이다. 어떤 회사의 소유주가 모든 인사문제를 개인적으로 처리해야 한다면, 다른 업무의 과중한 부담으로 인해 인사관리가 소홀해질 수 있다. 이 경우, 소유주가 인사에 관련된 치명적 문제를 인식하지 못하는 위험을 초래한다.

Jeffrey S. Hornsby와 Donald F. Kuratko는 인사관리가 21세기 창업자들이 당면하는 가장 중요한 과제라고 지적한다. 인사관리에 대한 창업자의 관점과 관련된 많은 연구를 수행하면서, 그들은 기업의 성장 속도에 상관없이 계속 발생하는 많은 문제를 발견했다. 능력 있는 인력의 채용과 유지, 작업장의 기술, 직원의 동기유발, 직원 사기진작 등이 성장 기업들을 관리하는 대부분의 창업자들이 중요하다고 생각하는 문제였다.

직원들의 성과를 지속적으로 개선하려면, 통제에 관련된 두 과제에 창업자가 관심을 가져야 한다. 첫째는 임금과 성과의 관계이고, 둘째는 팀워크 정신이다.

임금-성과 관계: 사기 저하의 가장 일반적인 이유 중의 하나가 임금-성과 관계이다. 가장 일을 잘하는 직원이 가장 높은 연봉을 받는가? 성장하는 많은 벤처에서 연봉은 비밀이다. 사장과 해당 직원만이 연봉을 알고 있다. 그러나 시간이 흐르면서, 회사에 계속 근무하면 임금인상이 이루어진다. 인상률이 다 똑같지는 않으므로 어떤 직원은 다른 사람보다 많이 받기 마련이다. 이 과정에서 직원들이 임금상승이 성과와 별로 상관이 없다고 느끼게 되면, 사기저하 문제가 발생한다. 이 경우, 문제는 두 가지 유형으로 구분할 수 있다. 첫째, 다른 회사로 이직하면 더 높은 연봉을 받을 수 있는 사람은 그런 기회를 잡으려 할 것이다. 둘째, 회사에 계속 있는 사람은 일을 덜 하게 된다. 그러면서 "나는 내 가치만큼 받지 못하고 있어. 하긴 나도 옛날만큼 열심히 일하는 것은 아니지"라면서 합리화를 한다. 당연히 창업-경영자는 임금을 성과에 연동시키려 한다. 문제는 모든 직무를 계량적으로 평가할 수 없다는 데 있다. 영업사원의 성과는 단순하게 판매실적으로 평가할 수 있으나, 소프트웨어 개발자의 성과는 상당히 주관적일 수밖에 없는 평가에 의존한다. 따라서 문제를 해결하려면 체계적인 평가체계를 적용해야만 한다. 아울러 창업-경영자는 주위 경쟁업체의 연봉을 잘 파악하고 있어야 한다. 다른 회사들의 임금수준을 맞춰줄 수 없다면, 핵심 인력을 놓치거나 유사한 상황에 직면할 것이다. 그러나 대부분의 사람들이 임금불만만으로는 사직하지 않는다. 임금 외에도 중요한 이유가 있는데, 근무환경에 대한 불만이다. 회사에 팀워크가 없다면, 사람들은 거기에서 일하고 싶지 않게 된다.

팀워크 형성: 일부 창업-경영자는 자신이 팀워크를 중시한다고 믿지만, 실제로는 경쟁을 유발시키는 경우가 있다. 예를 들면, 사장이 가장 실적이 좋은 영업사원을 지나치게 칭찬하고 보상을 하면, 조만간 다른 영업사원들은 그 사람을 시기하게 된다. 그 결과는 직원 간의 불화이다. 실제로 팀워크를 높이는 가장 좋은 방법은 팀 플레이어(team player)에게 보상하는 것이다. 가장 중요한 것은 회사 이익을 위한 공동협력을 거부하는 사람을 문책 혹은 해고하는 것이다.

특히 젊은 직원에게 조직문화가 중요함을 명심하라. 사람들은 그들의 직업에 만족하기를 원한다. 근무 환경의 심리적 측면을 중심으로 한 연구를 보면, 직원들에게는 자존감, 의미있는 일을 할 수 있는 기회 부여, 자신이 회사에 기여하고 있다는 믿음 등이 연봉이나 근무조건보다 더 중요하다는 것을 알려준다. 이러한 좋은 감정을 가지게 되면, 사기는 올라가고, 성과도 좋아진다.

이 문제에 관련된 가장 좋은 예는 Carmine Gallo가 쓴 "스티브 잡스의 혁신비밀(The Innovation Secrets of Steve Jobs)"이라는 책에 있다. 이 책은 Apple의 창업자이자 CEO로부터 도출한 중요한 경영원칙들을 서술하고 있다. 동기유발에 관련된 일부를 발췌하면 다음과 같다.

- 직원이 업무의 어떤 부분을 좋아할 수 있는지를 발견하도록 도와라! 만약 사람들이 좋아하는 것을 한다면, 동기유발이나 성과는 걱정할 필요가 없다.
- 우주에 흔적을 남겨라! 각 직원의 업무가 회사의 목적과 어떻게 연관되어 있는지, 그래서 그들의 업무가 왜 의미가 있는지를 알려줘야 한다. 모든 직무에 목적의식을 부여해야 한다.
- 제품이 아닌 꿈을 팔아라! 모든 사람은 세상에 의미 있는 일을 하고 싶어 한다. 모든 직원이 발전할 수 있는 큰 꿈을 제시해야 한다.
- 천 가지 일에 "No"라고 대답하라! 업무를 최대한 단순화하도록 노력해야 한다. 일을 계속 추가하려고 하지 말고, 각자가 자신이 잘하는 몇 분야에만 집중하도록 해야 한다.
- 소통의 달인이 되어라! 직원들과 끝임 없이 소통해야 한다. 직원들이 당신이 '진정으로' 의도하는 조직 분위기를 정확하게 이해할 수 있어야 한다. 되도록 많은 이야기와 사례를 활용하라.

위의 목록을 천천히 읽다 보면, 위 원칙들이 성장하는 기업의 직원들이 어떻게 독특하고 의미 있는 경험을 할 수 있도록 만드는지를 알게 될 것이다. 창업자가 인사문제를 이해하고 효과적으로 해결할 수 있으면, 창업자에서 경영자로의 변신이 보다 성공적일 것이다.

출처: © Cengage Learning

관료화 대 분권화

계속되는 인력 충원은 통제적 관료화(bureaucratization)를 야기한다. 직원이 2~3배로 증가하면, 기업은 각종 절차들을 규정화한다. 직원 참여와 자율성은 위축되고, 내부 노동시장이 형성된다. 그러나 성장은 필연적으로 제품(군)의 다양화를 가져오는데, 이를 위해서는 덜 규정화된 의사결정 프로세스, 더 넓은 분권화(decentralization)가 필요하다. 또 기존 인력들만으로는 다양화된 포트폴리오를 관리하지 못할 수도 있다.

환경 대 전략

급변하는 환경과 경쟁조건은 리스크 감수, 자율성, 의사결정 프로세스의 직원참여 등이 용이한 기업문화를 요구한다. 반면에, 기업이 경쟁자를 극복하기 위해 선택한 전략 중에는 리스크 감수와 자율성을 희생시키는 규정화된 시스템에 의존하는 전략이 있을 수 있다.

전략적 초점: 품질 대 비용 대 혁신

기업이 고속 성장을 하려면 비용 통제, 품질 향상, 제품 포트폴리오 확대 등을 동시에 달성하기 위해 힘든 노력을 해야 한다. 비용을 절감해서 경쟁자 제품보다 저렴한 가격으로 낮추려면 전통적인 계층적 의사결정/평가 시스템이 가장 효율적이다. 그런데 이 전략은 품질향상과 혁신에 적합한 자율적 프로세스들과 맞지 않는다.[29]

위 요인들이 역설과 모순의 관리가 중요하다는 것을 말해 준다. 성장은 복합적인 과제를 가져온다. 예를 들면, (1) 경쟁력을 유지하기 위해 품질향상 및 신제품 개발과 동시에 원가절감을 해야 하는 스트레스와 압박을 해결해야 하고, (2) 중앙집중화된 통제를 하면서도 동시에 창업 초기의 기업문화에 기여한 자율적, 자기관리형 전문인력들을 격려할 수 있는 분권화를 추구해야 한다. 급성장 기업이 경영시스템을 설계할 때는 이런 복합적인 요구들 간의 균형이라는 어려운 과제를 해결해야 한다.

성장 장벽을 극복하기

벤처의 성장에 대응하는 경영 능력을 개발하기 위한 시도를 하다 보면, 많은 기업 소유주들이 넘기에는 너무 높아 보이는 **성장 장벽**(growth wall)에 부딪치게 된다. 결국 그들은 성장이 불러 일으킨 도전을 해결하기 위한 시도조차 하지 못하게 된다.

많은 연구들이 급성장한 기업들이 직면하는 근본적 변화로 규모의 급속한 증가, 기업 능력에 대한 과신, 내부 분란, 자원 요구의 비정상적 급증 등을 꼽는다. 성장 장벽을 만드는 이러한 변화들을 해결한 성공적인 성장 지향형 기업들에서는 다음과 같은 특징을 찾을 수 있다:

- 창업자는 기업성장을 예상하고 꿈꾼다.
- 내일의 팀을 오늘 채용해서 육성한다.
- 기업의 핵심 창업비전을 지속적으로 또 열정적으로 강조한다.
- '대기업 방식'의 새로운 프로세스를 기존 방식의 대체보다는 보완 형태로 점진적으로 도입한다.
- 계층구조는 최소화한다.
- 직원들이 기업의 미래에 '판돈'을 걸고 있다.[30]

창업자가 성장을 관리하는 자신의 능력을 개발하려 할 때, 이 특징들을 꼭 기억해야 한다. 연구에 의하면, 고속성장에 성공한 기업에 비해 생존이 힘들어진 기업들은 성장 자본의 부족, 제한된 관리 범위, 창업 역동성의 상실 등과 같은 내부 문제들을 겪는다. 아울러 환경 변화와 추세에 대한 기업의 접근방식에서도 근본적인 차이가 발생한다.[31] 이 문제들을 해결하기 위한 몇몇 중요한 방법을 제시하고자 한다.

1. 성장대응 TFT를 구성: 환경 데이터들을 정리・해석하고, 벤처의 강점과 약점을 분석하여, 강점을 강화하기 위한 아이디어를 자유롭게 찾아보고, 계속 검토할 핵심 아이디어를 선정한다.
2. 성장계획을 수립: 정체를 극복할 수 있는 전략을 찾고, 그 실행결과를 예상하며, 전략 실행에 필요한 자원을 추정한다.
3. 성장문화를 유지: 성장 지향적 태도를 격려하고 보상한다.

4. 외부 자문단을 구성: 벤처 성장의 중요한 부분으로서, 성장의지를 강화할 수 있는 조직구조의 결정, 설계, 구현 등을 자문한다.[32]

21세기에 창업가적 기업을 구현하기

2010년대에는 변화의 속도와 크기가 계속 증가하고 있다. 이러한 가속적 변화에 대응하는 창업가적 기업에서 진화(evolution)와 전환(transformation)은 매우 중요하다. 다른 경쟁기업들과 차별화되는 역동적 능력을 어떻게 구축할 것인지가 환경변화에 대응하려는 성장 기업의 중요한 도전과제가 된다. 역동적 능력을 구축하는 두 가지 방법이 있다. 하나는 직원들의 창의성과 지식을 활용하는 내부적 방법이고, 다른 하나는 기업의 기존 능력을 보완하는 외부 역량을 찾는 외부적[33] 방법이다.[34] 세계화 추세, 신기술의 등장, 정보 확산 등은 새로운 세기의 변화를 일으키는 추세의 예이다. 이런 추세가 기업에게 유연성과 적응성을 위한 문화, 구조, 시스템을 검토하도록 요구한다. 혁신과 창업가적 사고는 성장 벤처의 핵심 전략요소이다.

앞에서 설명한 바와 같이 창업가는 (1) 기회를 포착하고, (2) 기회를 추구하고, (3) 벤처의 성공을 믿는다.[35] 이런 확신은 아이디어의 독창성, 제품의 강점, 창업가적 프로세스의 특별한 지식/기술 등에 기인한다. 이러한 요인들은 벤처가 성장하더라도 조직 속에 계속 유지되어야 한다.

창업가적 자세

벤처의 경영자는 창업가적 정신의 틀을 유지하는 것이 중요하다. 그림 13.6은 창업자가 관리자로 전락해서 혁신을 억압하는 위험을 도시하고 있다. 표 13.3은 관리자적 자세와 창업가적 자세의 차이를 의사결정의 가정, 가치, 신념, 문제접근 방식 등을 중심으로 요약한 것이다.

어떤 경우에는 성공이 변화와 혁신에 대한 창업자의 자발적 성향에 영향을 미친다. 이러한 현상은 기업이 안정되고 창업자가 그런 환경을 좋아할 때 특히 두드러진다. 이런 상황에서 사람은 변화를 싫어하게 된다. 사실 일부 창업자는 관리자적 환경을 조장한다. 이렇게 되면, 지시는 언제나 위에서 아래로 내려가고, 밑에서 일어나는 변화는 허용되지 않는다.[36] 그 결과 아무도 자발적으로 혁신적이나 창업가적으로 되려 하지 않는다. 회사 창업자나 소유주가 그런 활동을 막기 때문이다.

연구에 의하면, 수익성 목표, 제품/시장 목표, 인력 목표, 유연성 목표 등으로 측정했을 때, 창업자는 기업의 성장방향에 직접적으로 영향을 미친다.[37] 만약 창업자가 창업할 수 있었던 창조적 분위기를 유지하려 한다면, 분명한 방침이나 정책을 실행해야 한다.

그림 13.6 창업가적 자세

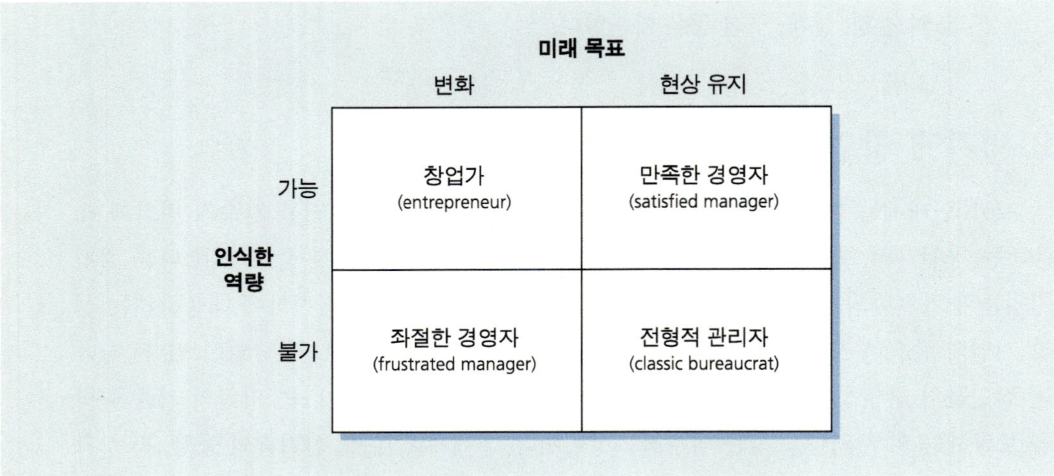

표 13.3 관리자적 자세 대 창업가적 자세

	관리자적 자세	창업가적 자세
의사결정의 가정	• 과거는 미래의 가장 좋은 예측자료 • 대부분의 사업 의사결정은 계량화 가능	• 독창적 경험에 의한 새로운 아이디어 혹은 통찰력이 새로운 추세를 가장 정확하게 예측함
가치	• 최선의 결정은 계량적 분석 혹은 숫자에 기반 • 중요한 의사결정을 위해서는 철저한 분석이 제일 중요	• 새로운 통찰력과 실제 경험이 과거 데이터보다 더 중요
신념	• 대수의 법칙(law of large numbers): 혼란과 불확실성은 정확한 데이터를 체계적으로 분석하면 회피 가능	• 소수의 법칙(law of small numbers): 단일 혹은 소수의 독립적 사례들만으로도 미래 추세에 대한 의사결정이 가능
문제접근 방식	• 재무적 예측치를 위협하는 부정적 사건발생이 문제 • 문제는 충분한 분석을 한 후, 해결 가능	• 문제는 곧 기회, 즉 새로운 추세와 때로는 연관된 새로운 사업기회의 파악

출처: Mike Wright, Robert E. Hoskisson, and Lowell W. Busenitz, "Firm Rebirth: Buyouts as Facilitators of Strategic Growth and Entrepreneurship," *Academy of Management Executive* 15, no. 1 (2001): 114.

창업가적 기업의 핵심요소

창업 이후에도 창업자는 사업을 유연하게 유지하는 것이 중요하다. **창업가적 기업**(entrepreneurial firm)은 직원들에게 기회를 부여하고, 변화를 촉구하며, 혁신의지를 확산시킨다. 창업자는 다양한 방법으로 이러한 기업을 만들 수 있다.[38] 다음에 설명할 규칙들을 꼭 그대로 적용할 필요는 없으나, 벤처가 성장 단계와 이후에도 변화에 적응하고 혁신적일 수 있는 확률을 높여 준다.

창업자의 비전을 공유하라.

창업자의 비전은 조직 전체에 확산되어야만 한다. 그래야 직원들이 회사의 방향을 이해하고, 성장의 책임을 같이 감당할 수 있다. 창업자는 비전을 회의, 대화, 혹은 세미나를 통해서 직원들에게 직접 알릴 수 있다. 또 사내 친목행사, 표창식, 전시물 등등의 상징적 행사나 활동으로도 가능하다. 형식이야 어떻든, 비전의 공유는 조직 구성원들이 꿈을 꾸고 미래를 창조하는 유기적 일원이 될 수 있게 한다.[39]

기회를 더 많이 포착하라.

기회 포착은 적절한 직무설계를 통해 가능하다. 직무별로 담당자에게 목표를 부여해야 한다. 모든 작업자와 관리자는 최종 제품/서비스의 생산에 기여하는 자신의 역할을 항상 알고 있어야 한다. 이를 다른 말로 표현하면, "언제나 고객과 가까이 있기"가 된다. 기회를 더 많이 포착하는 다른 방법은 부문 간 활동의 통합과 조정이다. 이를 통해 서로 다른 부문의 업무 담당자들이 '유기적 전체(cohesive whole)'의 일원으로 기능하게 된다.

변화를 벤처의 목표로 제도화하라.

변화가 제도화되면, 현상유지보다 혁신과 변화를 선호하게 된다. 만약 기회가 포착되면, 회사는 그 기회를 단순히 활용하는 것이 아니라 목표로 정해야 한다. 이런 분위기에서 자원이 지원되고 부서 간 장벽이 낮아지면, 기회 지향적 문화가 정착하게 된다.

혁신의지를 확산시켜라.

기회를 추구하는 의지는 의도적으로 확산시켜야 한다. 말이나 구호만으로는 혁신적 문화가 만들어지지 않는다.[40] 예를 들면, 다음과 같은 정책을 활용해야 한다.

보상 시스템 혁신 기회를 추구하는 직원에게 조직이 인정한다는 것을 명확히 해야 한다. 예를 들어, 보너스, 표창, 연봉 인상, 승진 등을 혁신적 시도와 직접적으로 연계해야 한다.

실패를 허용하는 환경 실패에 대한 두려움을 반드시 최소화시켜야 한다. 하나의 성공을 위해서는 많은 실패가 필요하다는 것을 모두가 인식해야 한다. 물론 의도적 실패를 허용하라는 의미가 아니다. 그러나 실패로 인한 처벌보다는 교훈을 얻는 것이 더 중요하다. 이러한 환경이 조성되면, 사람들은 변화와 혁신을 위해 자발적으로 노력하게 된다.

유연한 운영 유연성은 변화가 일어날 수 있게 하며, 긍정적 효과를 거둔다. 만약에 벤처가 계획이나 전략에 과도하게 집착한다면, 신기술, 고객 혹은 환경의 변화 등에 쉽게 대응할 수 없다. 혁신이 허용되지 않으면, 혁신할 수 없다.

벤처팀의 운영 혁신을 격려하는 환경을 조성하려면, 벤처팀을 만들고 성과목표를 부여할 필요가 있다. 벤처팀은 단순한 작업 그룹이 아니다. 벤처팀은 새로운 방향을 모색하고, 새로운 표준을 설정하고, 현재에 도전하는 비전 지향적이며 헌신적인 팀이 되어야 한다.[41]

성장 벤처의 특징적 경영 과제

신흥 사업은 대규모, 더 조직화된 사업과는 많은 면에서 차이가 있다. 여러 특징적 경영 과제들이 성장 사업에 나타난다. 이들은 기존의 대규모 사업의 운영에서는 별 문제가 되지 않을 수 있으나, 신흥기업에서는 중요한 경우가 많다.

규모의 특수성

'작다는 것(smallness)'의 특수성은 신흥 사업에 불이익을 준다. 예를 들면, 제한된 시장이 소기업에게 제약조건이 된다. 소규모 시장은 기업의 지역적 확장성을 제한하기 때문에, 기업은 가능한 시장을 파악하고 참여해야 한다. 다른 불이익은 많은 소기업들에게 부담을 주는 높은 주문비 혹은 고정비이다. 소기업들은 공급업체에게 대량주문을 할 수 없기 때문에, 단가를 낮출 수 없다. 마지막으로, 소기업의 적은 인력으로는 전문화된 업무수행을 할 수 없다. 따라서 직원과 경영자는 여러 가지 업무를 수행할 수밖에 없다.

그러나 작다는 것이 언제나 나쁜 것은 아니다. 장점을 잘 찾아서 활용할 수 있어야 한다. 대표적 장점이 높은 유연성이다. 소규모 벤처에서는 의사결정이 빠르고, 즉시 실행될 수 있다. 위원회 의견과 관료적 계층에 의한 지연이 없기 때문이다. 필요하다면 같은 업종의 대기업보다 생산, 마케팅, 서비스 모두 빠르게 바꿀 수 있다. 두 번째 장점은 지역사회와의 지속적 소통이다.[42] 창업자는 지역사회에서 거주하며, 다양한 일에 개인적으로 관련되어 있다. 이러한 관계에서 얻는 특별한 통찰력으로 창업자는 특정 지역사회의 특수한 요구나 필요에 부응하도록 제품/서비스를 바꿀 수 있다. 이 장점은 세 번째이자 가장 중요한 장점인 '고객과의 친밀성', 즉 맞춤형 서비스를 제공하는 능력으로 연결된다. 벤처가 제공할 수 있는 개인별 맞춤형 서비스는 오늘날 사업 성공의 핵심요소이다. 대기업들은 맞춤형 서비스를 모방하거나 복제하기 위하여 엄청나게 노력하고 있다. 소규모 벤처는 이 장점을 반드시 경제적 이익으로 바꿔야 한다. 신흥기업의 그 자체적 특징인 규모의 장점이 맞춤형 서비스이기 때문이다.

1인밴드 증후군

대부분의 창업자들은 혼자 혹은 몇몇 가족, 친척, 친구들과 함께 사업을 시작한다. 따라서 사업이 곧 창업자이고, 창업자가 곧 사업이 된다.[43] 그러나 만약 사업이 커져도 창업자가 어떤 권한도 포기하지 않으려 하면, 위험한 상황이 초래한다. **1인밴드 증후군**(one-person-band syndrome)은 창업자가 직원에게 권한을 위임하지 않고 모든 의사결정 권한을 독점할 때 발생한다. 한 연구에 의하면, 창업기업의 대부분의 계획을 창업자가 다른 운영 업무를 하면서 혼자 만드는 것으로 나타났다.[44] 이 문제는 유사한 독립성의 패턴에서 파생된다. 어찌됐건 사업을 시작할 수 있었던 것은 독립성과 그 패턴을 계속 유지한 결과이기 때문이다. 그러나 창업자가 계속 1인밴드처럼 일을 하면 사업의 성장을 제한하게 된다. 한 사람의 능력은 제한적일 수밖에 없기 때문이다. 만약에 창업자가 일상적인 운영문제에 시달리면, 어떻게 사업계획을 제대로 만들 수 있겠는가? 따라서 창업자는 권한위임의 중요성을 깨달아야 한다. 만약에 창업자가 '모든 것'을 다 하려는 자연적 성향에서 벗어날 수 있으면, 기업은 창업자의 더 많은 능력을 이용할 수 있다.

시간관리

창업자에게만 효과적인 시간관리(time management)가 힘든 것이 아니다. 그러나 벤처의 적은 인력 때문에 창업자에게 특히 힘든 문제가 된다. 오래된 이야기로, 어떤 일이든지 시간이 있어서 하는 것이 아니라 시간을 만들어서 하는 것이다. 다른 말로, 창업자는 시간을 자원으로 활용하는 방법을 배워야 하고, 시간에게 활용당해서는 안 된다.[45] 일상적인 관리 활동에 시간을 가장 효율적인 방법으로 사용하기 위해서 창업자나 관리자는 다음 4단계를 따라야 한다.

1. 평가. 창업자는 자신의 일상 활동의 중요도를 평가하여, 순서대로 정리한다. 노트에 목록을 작성하는 것을 추천한다.
2. 우선순위 결정. 특정 일자별로 자신의 능력을 감안하여 각 활동에 필요한 시간을 추정한 후, 활동을 그룹으로 나눈다. 이때, 업무를 선호도에 따라 고의로 미루거나 지연시키면 안 된다.
3. 절차 정의. 적절한 지침만 주어지면, 반복적 일상 활동은 직원이 쉽게 처리할 수 있다. 일상 업무를 지침과 함께 체계화하면, 창업자는 시간을 크게 절약할 수 있다. 그 시간으로 중요한 4번째 단계를 실행할 수 있다.
4. 위임. 창업자가 임무별로 절차를 만든 후 위임을 한다. 1인밴드 증후군에서 설명했듯이, 위임은 창업자가 개발해야 할 중요한 기술이다.

효과적 시간관리의 모든 단계는 창업자의 자기절제를 필요로 한다.[46]

지역사회 압력

지역사회와의 근접성은 소기업에 특징적인 규모의 이점에서도 언급한 바 있다. 그러

글로벌 관점

아웃소싱이 어떻게 경쟁을 심화시킬 수 있는가?

미국·유럽과 같은 선진국의 기업들은 저개발국가의, 정확히는 중국과 인도의, 기업들의 저임금-고품질 제조능력을 찾아냈다고 흐뭇해 하고 있었다. 해외 아웃소싱과 국내 일자리 감소의 연관관계에 대한 논쟁에도 불구하고, 지적 재산을 개발하는 미국·유럽의 기업과 제조를 담당하는 중국·인도 기업의 관계는 보편화되고 있다. 문제는 다른 국가의 낮은 생산성으로 이익을 보던 국가가 이제는 제품기획부터 상업화에 이르는 제품의 전체 수명주기를 통제하면 훨씬 많은 이익이 가능하다는 것을 알게 되었다는 것이다.

특히 중국정부는 2015년까지 혁신 사회가 되도록 경제적 전환을 하겠다고 선언했다. 이를 위해 중국정부는 새롭게 성장하는 민간 기업에게 장려금, 연구개발 기금, 은행대출 확대 등의 지원에 착수했다. 아울러, 중국 대학들은 학생들이 지적 재산의 창조와 소유가 가능하도록 디자인 기법과 사업을 집중적으로 교육하고 있다. 중국 제조기업은 제품이 창출하는 이익 중 상당 부분을 놓친다는 사실을 알고 있다. 만약 그들이 라이선스 비용을 지불하지 않을 수 있으면, 이익의 대부분을 차지할 수 있게 된다.

실제로, 중국 기업은 더 이상 미국 기업의 하청업체로 있으려 하지 않는다. 그 결과, 2004년 대비 2006년의 하청 관련 수입액이 72억 달러 감소했다. 이 숫자는 중국 자회사로부터 미국 기업이 수입한 금액인데, 중국 기업이 직접 판매자로 변하고 있음을 보여 준다. 이들 기업이 유발하는 새로운 경쟁은 미국 내 시장의 창업자들에 영향을 주게 된다. 22명의 직원을 가지고 1,100만 달러의 매출을 올리는 첨단기술회사 IntelliTouch는 '중국의 직접 판매'의 충격을 이미 경험하고 있다. 이 회사는 저가 공세를 펴는 중국회사로 인한 수익성 악화를 견디지 못하고 전화기 시장을 포기했다.

일부 분석가들은 중국이 국제적 브랜드 개발, 고객 서비스 등을 포함하는 많은 장애 때문에 쉽지 않다고 주장한다. 그러나 이미 전반적인 변화가 시작됐으며, 중국이 그 속도를 늦출 어떤 조짐도 보이지 않는다. 중국 기업들이 각자의 시장을 효과적으로 지배를 하지 못하더라도, 그들이 유발한 추가적 압력을 창업자들은 고려해야 한다. 미국 회사들이 생존뿐만 아니라 지속적으로 성장하기 위해서는 중국기업과의 경쟁을 회피할 수 있는 전략을 수립해야 한다.

출처: Adapted fromChris Penttila, "CanYouCompete?" *Entrepreneur* (January 2008), http://www.entrepreneur.com/magazine/entrepreneur/2008/january/187616.html (accessedApril 2, 2008).

나 홍보 부서가 있는 대기업과는 달리, 창업자는 지역사회 활동에 직접적으로 참여하게 된다. 지역사회는 신흥기업의 창업자에게 세 가지 유형으로 압박을 한다. 즉, 참여, 리더십, 기부 등이다.

지역사회의 기대 혹은 요구 유형별로 창업자는 신중하게 계획과 예산을 준비해야 한다. 창업자가 사업을 소유하고 있기 때문에, 지역사회는 창업자의 시간이 남는다고 생각한다. 또 창업자가 다양한 지역사회 활동에 필요한 리더십 능력을 가지고 있다고 믿는다. 후자는 맞는 이야기일 수 있으나, 대부분 창업자는 여유 시간이 없다. 따라서 창업자는 가장 이익이 되는 방향으로 활동들을 신중하게 계획해야 한다. 하나의 고려 요인은 소유주의 참여로 인해 그 사업이 얻게 되는 광고 혹은 평판 효과이다. 소유주가 지역사회의 참여로 인한 효과를 정당화할 수 있을 때, 회사와 지역사회가 상호 이익을 볼 수 있다.

경제적 기부 역시 신중한 분석과 계획이 필요하다. 되풀이 되는 이야기지만, 소비자가 창업자에게 — 대기업의 CEO와는 달리 — 직접 접근이 가능하므로 자선 혹은 지역사회 조직의 기부 요청이 창업자에게 밀려든다. 물론 각각의 요청을 따져보면 충분한 이유가 있을 수 있으나, 창업자가 모든 요청에 응하고도 재무적으로 좋을 수는 없다. 따라서 소유주는 그 중 도와줄 조직과 연간 기부총액을 사전에 정할 필요가 있다. 다른 모든 경제적 요청은 창업자에게 문서로 공식 요청되어야 한다. 공식화된 절차만이 창업자가 예산을 생각하지 않은 채 계속 기부를 하는 상황을 면할 수 있게 한다.

유념해야 할 중요한 사실은 창업자에게 시간과 돈이 매우 귀중한 자원이라는 것이다. 따라서 둘 다 신중하게 계획되어야 한다. 창업자는 지역사회의 참여 수준을 잘 검토하고, 비용 대비 효과를 계속 재평가해야 한다.

지속적 학습

마지막으로, 창업자의 독특한 과제는 지속적 학습(continuous learning)이다. 전술한 여러 과제들 때문에 창업자가 경영적, 창업적 지식을 유지 혹은 더 배울 수 있는 시간이 거의 없다. 그러나 21세기의 환경은 절차, 프로세스, 정책, 철학, 심지어는 신생 시장의 제품 등에서 급격한 변화를 겪고 있다. Epictectus는 말하기를, "사람은 이미 알고 있다고 생각하는 것을 배우는 것은 불가능하다". 이 격언은 창업자가 사업의 새로운 기술과 원칙을 배우는 데 반드시 시간을 할당해야 한다는 의미이다. 업종별 협회, 세미나, 컨퍼런스, 출판물, 대학강좌 등은 창업자에게 창업가적 교육을 계속 받을 수 있는 기회를 제공한다. 업종별 최신 변화를 항상 파악하고 있는 것은 창업자가 경쟁력을 유지하는 좋은 방법이다.

새로운 세기의 창업가적 리더십

창업가적 리더십은 고성장 벤처의 가장 중요한 요소일 수 있다. 리더의 유형들을 정의할 때, 비전형(visionary), 전략형(strategic) 등의 용어가 사용된다. 표 13.4는 비전형, 전략형, 관리형 리더들의 특징을 종합적으로 설명하고 있다. 연구에 의하면, 전략형 리더십이 성장하는 조직에 가장 효과적이라고 알려져 있다.[47] R. Duane Ireland와 Michael A. Hitt는 효과적인 전략적 리더십의 가장 중요한 개념들을 도출했다.[48] 이 유형의 리더십을 **창업가적 리더십**(entrepreneurial leadership)이라고 정의할 수 있다. 이 유형의 리더십은 창업가가 급성장하는 성장 지향적 기업을 경영할 때 나타난다.[49]

창업가적 리더십은 다음과 같은 창업가의 능력으로 정의할 수 있다. 조직의 성공적 미래를 창조하는 변화를 만들어 낼 수 있도록, 미래를 예측하고, 비전을 제시하고, 유연성을 유지하며, 전략적으로 사고하면서, 다른 사람들과 협업한다. 이러한 리더십 프로세스

표 13.4 전략형, 비전형, 관리형 리더십

전략형 리더	
• 비전형과 관리형 리더십의 시너지 효과를 거둘 수 있는 융합 • 윤리적 행동과 가치기반형 의사결정의 중시 • 일상적 운영의 지휘와 전략적 책임 • 조직의 생존, 성장, 장기 생존성을 높이는 장기 목표의 유지와 즉각적 효과를 가진 전략의 수립과 적용 • 그 자신을 포함하여 상사, 동료, 부하들의 성과에 대한 굳건하고 긍정적인 기대 • 전략적 효과를 위한 전략적, 재무적 통제 • 개인별, 조직별 수준에 대한 형식적 지식과 암묵적 지식 모두의 활용과 소통 • 직선적, 비직선적 사고방식의 활용 • 전략적 선택에 대한 확신, 즉 그 선택이 조직과 환경에 차이를 가져온다는 믿음	
비전형 리더	**관리형 리더**
• 변화를 주도하고, 아이디어를 내고, 바람직한 것, 가능한 것, 필요한 것들에 대한 사람의 생각을 바꿈	• 수동적; 목표에 대한 소극적 태도; 목표를 희망, 꿈이 아닌 필요에 따라 결정; 과거에 기반을 둔 목표
• 오래된 문제에 대한 선택과 새로운 접근을 시도: 위험을 감수하는 태도	• 업무를 아이디어와 사람을 포함하는 프로세스의 일부로 간주
• 아이디어를 중시하고, 직관적이고 단호한 인간관계	• 의사결정 프로세스의 역할에 따른 인간관계
• 환경에 대한 객관적 관찰, 조직에 속하나 종속되지 않는 업무 추진, 일에 함몰되지 않는 태도	• 스스로를 기존 질서의 수호자/통제자로 생각; 조직의 직책으로 자신을 규정하는 태도
• 조직 구성원들의 태도와 의견에 대한 영향력	• 같이 일하는 사람들의 활동과 의사결정에 영향
• 조직의 미래를 우선 고려, 특히 인력의 개발과 관리를 활용	• 일상적 활동의 상황과 배경에 집중
• 복잡성, 불명확성, 과도한 정보 등의 경향이 있으며, 다부문적(multifunctional), 통합적 임무를 수행	• 부문별 책임에만 관심을 가지고, 익숙함
• 부문/기능별 전문가보다는 지식이 적음	• 특정 부문/기능에 대한 전문지식 보유
• 가치를 중심으로 한 의사결정	• 가치중심형 의사결정을 회피할 가능성이 높음
• 혁신, 인적 자본에 투자를 선호하며, 기업의 장기 생존성을 높이는 데 효과적인 문화를 만들고 보존	• 재무적 성과숫자를 높이기 위한 단기, 저비용 활동에 관심과 지원
• 암묵적 지식의 강조; 비전 실현에 기여하는 암묵적 지식을 공유하도록 전략을 수립	• 형식적 지식의 강조; 표준 운영절차의 준수를 강조
• 비직선적, 다차원적 사고방식을 활용	• 직선적 사고방식을 활용
• 전략적 선택의 확신, 즉 그 선택이 조직과 환경에 차이를 가져온다는 믿음	• 결정론에 대한 믿음, 즉 자신의 선택은 내・외부 환경에 의해 결정된다는 믿음

출처: W. Glenn Rowe, "Creating Wealth in Organizations: The Role of Strategic Leadership," *Academy of Management Executive* 15, no. 1 (2001): 82.

는 경쟁자들이 알기가 어렵고 따라서 모방하기도 어려우므로, 결과적으로 경쟁우위를 확보할 수 있게 된다.

오늘날의 급변하는 경제 상황은 새로운 경쟁 환경을 만들고 있다. 그 모습은 계속 변하면서도 예측하기 어렵다. 변화는 본질적으로 혁명적이다. 즉, 급격하고, 가차 없으며, 사실상 조직의 모든 부문에 동시에 영향을 준다. 혁명적 변화들이 초래한 불명확성은 어떤 전략을 수립하고 실행해야 하는지를 어렵게 한다. 그 결과로 의사결정 프로세스의 속도를 높여야 하는 기업과 전략적 역량에 도전적 과제가 된다.[50]

성장 지향적 기업은 새로운 경쟁적 자세를 가져야 한다. 즉, 유연성, 스피드, 혁신, 전략형 리더십 등을 선호하는 문화가 필요하다. 이러한 문화가 있어야, 기업이 새로운 경쟁 환경에서 나타나는 기회를 포착하고 완전하게 활용할 수 있다. 새로운 기회는 기본적으로 연속적 ― 특히 기술적 ― 변화가 만들어 낸 불균형 때문에 나타난다. 좀 더 정확히는, 불확실성과 불균형성이 표면적으로는 적대적이고 격렬한 경쟁조건을 초래하기도 하지만, 그 악화된 조건들이 동시에 신제품에 의한 의미있는 성장기회를 제공할 수 있다. 효과적인 창업가적 리더십을 통해, 성장기업은 그들의 행동방식을 변화시키고, 새로운 기회를 활용할 수 있다.[51]

요약

벤처의 전략계획에는 많은 기법이 있으나, 공통의 요소가 하나 있다. 즉, 모든 구성원이 기업 비전의 일부라는 것이다. 구성원 각자가 창업자의 사업 개념을 이해하고, 그것을 행동으로 실현하는 것이다. 창업자는 여러 가지 이유로 전략계획을 활용하지 않을 수 있다. 예를 들면, 시간 부족, 전략수립 기법의 부재, 계획수립 프로세스의 미숙, 조직구성원에 대한 신뢰 부족 등이다.

전략계획은 많은 이점이 있다. 연구결과에 따르면, 특히 계획 프로세스를 활용하는 소규모 기업이 그렇지 않은 기업보다 더 좋은 재무적 성과를 보인다. 다른 이점으로는 보다 효율적인 자원 할당, 경쟁 포지션의 개선, 종업원 사기 진작, 더 빠른 의사결정 등을 들 수 있다.

창업기업의 성장을 관리하는 문제도 검토하였다. 벤처의 전형적 수명주기는 기획, 스타트업, 성장, 안정화, 혁신/쇠퇴라는 5단계로 구성된다. 이 장에서는 성장 단계에 필요한 조정을 하면서도 창업가적 마인드를 보존하는 방법을 중심으로 설명하였다. 창업가적 방식과 경영자적 방식의 균형을 설명하였다. 그 균형은 전략지향적 마인드, 기획포착 의지, 자원확보, 자원의 통제, 관리구조라는 다섯 가지 요인을 고려해야 한다. 각 요인별 편차는 벤처의 어떤 부분이 보다 관리적 혹은 창업가적 보완이 필요한지를 분석하는 데 중요하다.

벤처 성장 단계의 중요성도 검토하였다. 벤처의 변형을 강조하면서, 통제, 책임, 실패에 대한 관용, 도전이라는 네 가지 요인을 설명하였다. 아울러, 역설과 모순을 관리해야 하는 도전적 과제도 설명하였다.

이후 창업가적 기업을 실현하기 위한 요소들을 검토하였다. 바람직한 창업가적 기업을 만들려면, 창업자는 (1) 기회 포착의 확대, (2) 벤처 목표로서의 변화를 제도화, (3) 혁신의지의 확산이라는 세 가지 중요한 책임을 고려해야 한다. 덧붙여, 성장 벤처의 특징적 경영 문제점들도 열거하였다.

끝으로 창업가적 리더십의 개념을 소개하였다. 창업가적 리더십은 조직의 성공적 미래를 창조하는 변화를 만들어 낼 수 있도록, 미래를 예측하고, 비전을 제시하고, 유연성을 유지하며, 전략적으로 사고하면서, 다른 사람들과 협업하는 리더십이다.

주요용어

개인적 실패	스타트업 활동	창업가적 기업
고비용에 대한 인식	시간 부족	창업가적 리더십
기업 전략 매트릭스	신뢰와 개방성의 결여	통제불가능한 실패
도덕적 실패	신생 벤처의 기획	혁신
사업 안정화 단계	전략계획	1인밴드 증후군
성장 단계	전략적 포지셔닝	SWOT 분석
성장 장벽	전문지식/기술의 부족	
수명주기 단계	지식의 결여	

검토와 토의 문제

1. 창업자의 비전이 어떤 방식으로 회사의 전략계획에 영향을 미치는가?
2. 엔지니어/과학자 출신의 창업자와 제조 전문가 출신의 창업자의 전략계획은 어떻게 다른가? 차이점을 자세히 설명하시오.
3. 많은 창업자들이 전략계획을 좋아하지 않는 세 가지 이유를 설명하시오.
4. 전략계획이 창업가적 벤처에서 실제로 효과가 있는가?
5. 기업 전략 매트릭스를 설명하고, 왜 창업자에게 효과적인지를 설명하시오.
6. 새로운 벤처의 성장 단계들을 간략히 정의하고 설명하시오.
7. 혁신에 실패하는 기업은 퇴출된다. 새로운 창업 벤처를 가정하여, 앞 명제가 무엇을 의미하는가?
8. 창업자는 어떻게 창업가적 기업을 만들 수 있는가? 자세히 설명하시오.
9. 성공적 벤처는 창업가적 특징과 경영적 특징의 균형을 유지한다. 이 주장의 의미는 무엇인가?
10. 창업가적 초점과 관리자적 초점을 다섯 가지 관점에서 비교할 수 있다. 다섯 가지 관점은 무엇인가?
11. 성장 단계에 고려해야 할 네 가지 핵심 요인을 제시하고 설명하시오.
12. 역설과 모순을 관리한다는 것은 무슨 의미인가?
13. 성장 사업에 특징적인 다섯 가지 경영 과제를 제시하시오.
14. 1인밴드 증후군을 정의하시오.
15. 창업가적 리더십의 개념을 설명하시오.

연습문제

벤처 수명주기

다음은 전형적 벤처 수명주기의 5단계이다. A부터 E까지 번호를 부여하였다. 주기의 순서를 1부터 5까지 표시하시오. 그리고 a부터 j까지의 각 활동의 발생 단계를 숫자로 표시하시오(첫 단계는 1, 마지막 단계는 5 등). 정답은 문제 끝에 있다.

A. _______ 성장

B. _______ 혁신/쇠퇴

C. _______ 스타트업

D. _______ 안정화

E. _______ 기획

- a. _______ 1인 리더십에서 팀경영 리더십으로 전환
- b. _______ 신제품 개발
- c. _______ 자본 모금
- d. _______ 경쟁 심화
- e. _______ 벤처 평가
- f. _______ 다른 기업 합병을 위한 시도
- g. _______ 창업자의 제품/서비스에 대한 소비자의 무차별(무관심)
- h. _______ 자원의 축적
- i. _______ 기업 전략의 주요 변화
- j. _______ 효과적 창업팀의 구성

정답: A. 3, B. 5, C. 2, D. 4, E. 1, a. 3, b. 5, c. 2, d. 4, e. 1, f. 5, g. 4, h. 1, i. 3, j. 2

사례 13.1: Hendrick의 방식

Hendrick Harding이 사업을 시작했을 때, 확실한 상품을 가지고 있다고 확신했다. 그가 만든 작고 간편한 산업용 드릴은 시장의 다른 제품들보다 사용하기 쉽고, 가격은 30%가 저렴했다. 주문이 쏟아졌고, 6개월만에 Hendrick의 1년 판매예상치를 추월했다. 처음 12개월이 지났을 때, 회사의 총 매출이 월 10만 달러 이상을 기록했고, 6개월치의 주문이 밀려 있었다.

회사의 급성장이 2년 동안 계속 됐다. 그러나 4개월 전부터 Hendrick이 판매 감소를 알아챘다. 가장 큰 원인은 경쟁사의 제품이 Hendrick의 드릴보다 10% 싸면서도 같은 장점과 기능을 가지고 있기 때문이었다. Hendrick 생각으로는, 제품을 두 가지 정도 약간 수정하면, 시장을 계속 지배할 수 있다.

사실, Hendrick은 판매감소보다 영업사원 George Simonds의 의견에 신경이 더 쓰인다. George는 대부분의 시간을 밖에 나가서 많은 고

객들과 접촉하는 데 쓴다. 그가 Hendrick에게 했던 이야기는 다음과 같다. "사장님의 산업용 드릴은 정말 시장을 흥분하게 만들었습니다. 조금만 보완하면 앞으로 36개월은 버틸 수 있습니다. 그렇지만 저는 다른 제품을 추가할 때가 되었다고 생각합니다. 솔직히 말씀 드리면, 우리는 단일 제품 회사입니다. 좋지 않잖아요? 우리가 성장을 하려면 제품 라인을 확장해야 합니다. 그렇지 않으면, 미래가 밝지 않습니다, 사장님."

이 충고의 문제는 Hendrick이 회사가 더 커지는 것을 원하지 않는다는 것이다. 그는 산업용 드릴만 파는 것도 행복하다. 만약에 드릴을 계속 개선하고 바꾼다면, 회사의 높은 시장점유율을 유지할 수 있고, 이익도 충분히 낼 수 있다고 확신한다. 그래서 George에게 설명을 했다. "왜? 나는 미래가 과거보다 밝을 거라고 생각하는데. 개선은 확실히 필요하지. 하지만 그거면 돼. 우리 회사는 드릴만 가지고 최소 25년은 버틸 수 있어. 정말 좋은 아이템을 잡은 거야. 바꿀 이유를 잘 모르겠고, 새로운 제품도 추가하고 싶지 않은데. 그럴 필요가 없다니까."

질문

1. Hendrick의 방식에 위험한 점은 무엇인가? 자세히 설명하시오.
2. 이 장에서 설명한 경영자 대 창업가적 태도의 개념이 Hendrick에게 가치가 있는가? 이유를 설명하시오.
3. 표 13.2를 참조하여, Hendrick의 방식을 어떻게 정의할 수 있는가? 이 평가를 기반으로 그에게 할 수 있는 권고가 무엇인가?

사례 13.2: 계속 성장하기

Clayton社는 작년에 115%, 과거 3년 동안 600%가 넘는 성장을 했다. 이런 고속 성장의 많은 부분은 Jan Clayton의 고용철학에 힘입은 바가 크다. 가능한 최고의 컴퓨터 인력을 고용하고, 그들에게 업무의 재량권을 최대로 보장했다.

Jan의 직원 대부분은 고객의 컴퓨터 시스템의 분석, 설계, 구현을 담당하는 팀에 속하여 일을 한다. 과정은 다음과 같다. 첫째, 잠재적 고객에게서 연락이 온다. 운영을 위한 시스템의 설치 혹은 특수 소프트웨어의 개발 등에 대한 문의이다. Jan은 직원을 고객에게 보내 상황을 분석하게 한다. Clayton사가 임무에 대한 전문지식과 인력이 있다고 판단되면, 고객은 가격을 제시한다. 금액이 적당하면, Clayton의 한 팀에 프로젝트를 할당한다.

전형적 프로젝트의 예를 들면, 어떤 고객 회사가 3주 전에 전화를 해서, 그 회사의 기술 파트에 사용할 태블릿 컴퓨터 5대의 구매를 문의해 왔다. 스마트폰을 이용해서, 회사의 엔지니어들이 이동 중에도 작업을 하고 모든 파일을 사용할 수 있기를 원했다. 거기에, CAD(Computer Aided Design) 설계 소프트웨어를 수정해서 엔지니어가 3차원 이미지를 볼 수 있기를 원했다. Clayton의 한 팀이 2 (근무)일 동안 컴퓨터, 스마트폰을 제공하고, 전체 시스템을 설치 · 업데이트하고, 소프트웨어를 수정 완료했다.

Jan의 판단으로는, 회사의 성장이 두 가지 요인에 의해 결정된다. 하나는 회사 인력의 창의성과 기술력이고, 다른 하나는 능력 있는 사람을 데려오는 것이다. "이 업종은 매우 노동집약적이지요." 그녀가 설명한다. "어떤 사람이 완벽한 시스템 설치와 맞춤형 보완을 원하는데, 예를 들어

50시간이 걸린다고 가정해봐요. 그 프로젝트를 담당할 사람이 없으면, 나는 포기합니다. 우리 회사의 확장은 전적으로 능력 있는 직원의 채용과 훈련에 달려 있습니다. 덧붙여 열심히 일하는 것만으로는 부족해요. 나는 창의적인 사람이 필요합니다. 복잡한 문제를 처리할 수 있는 새로운 방법을 찾아내야 합니다. 만약에 내가 이 두 가지 일을 하면, 경쟁사보다 언제나 한 발 앞서 나갈 수 있습니다. 그렇지 못하면, 살아남지 못하지요."

성공의 핵심 요인을 해결하기 위해, Jan은 세 가지 변화를 주도했다. 첫째, 매출과 연계된 보상 체계를 운영했다. 보너스는 모든 직원이 공유한다. 둘째, 분기별로 급여를 인상한다. 최고 인상률은 고객 문제를 해결하는 새로운 프로그램과 절차를 개발하는데 가장 주도적인 역할을 한 직원에게 돌아간다. 셋째, 6개월마다 그녀와 전 직원이 함께 좋은 곳으로 워크숍을 간다. 3일 동안 쉬면서 각종 업무 현안을 토론한다. 직원들의 단결심을 고취하고 친선을 도모하기 위한 다양한 행사도 한다.

질문

1. Jan의 회사의 현재 운영은 벤처 수명주기의 어떤 단계에 해당이 되는가? 대답의 근거도 제시하시오.
2. 적응형 기업이 되는데 Jan의 행동이 어떻게 기여를 하였는가? 세 가지 구체적 예를 들어 보시오.
3. Jan의 회사가 계속 성장하기 위해, 당신은 어떤 방안을 추천하겠는가? 계속 부드럽게 진행되기 위해서 Jan이 생각해야 할 다른 일은 무엇인가? 구체적으로 대답하시오.

미주

1. Amar Bhide, "How Entrepreneurs Craft Strategies That Work," *Harvard Business Review* (March/April 1994): 150–61; and Marc Gruber, "Uncovering the Value of Planning in New Venture Creation: A Process and Contingency Perspective," *Journal of Business Venturing* 22, no. 6 (2007): 782–807.

2. Scott Shane and Frédéric Delmar, "Planning for the Market: Business Planning before Marketing and the Continuation of Organizing Efforts," *Journal of Business Venturing* 19, no. 6 (November 2004): 767–85.

3. Michael A. Hitt, R. Duane Ireland, and Robert E. Hoskisson, *Strategic Management: Competitiveness and Globalization*, 10th ed. (Mason, OH: Cengage Learning, 2013).

4. See James R. Lang, Roger J. Calantone, and Donald Gudmundson, "Small Firm Information Seeking as a Response to Environmental Threats and Opportunities," *Journal of Small Business Management* 35, no. 1, (1997): 11–23; and Reginald M. Beal, "Competing Effectively: Environmental Scanning, Competitive Strategy, and Organizational Performance in Small Manufacturing Firms," *Journal of Small Business Management* 38, no. 1 (2000): 27–47.

5. Henry Mintzberg, "The Fall and Rise of Strategic Planning," *Harvard Business Review* (January/February 1994): 107–14.

6. Charles H. Matthews and Susanne G. Scott, "Uncertainty and Planning in Small and Entrepreneurial Firms: An Empirical Assessment," *Journal of Small Business Management* 33, no. 4 (1995): 34–52; and Sigal Haber and Arie Reichel, "The Cumulative Nature of the Entrepreneurial Process: The Contribution of Human Capital, Planning, and Environmental Resources to Small Venture Performance," *Journal of Business Venturing* 22, no. 1 (2007): 119–45.

7. John W. Mullins and David Forlani, "Missing the Boat or Sinking the Boat: A Study of New Venture Decision Making," *Journal of Business Venturing* 20, no. 1 (January 2005): 47–69; and Michael D. Ensley, Craig L. Pearce, and Keith M. Hmieleski, "The Moderating Effect of Environmental Dynamism on the Relationship between Entrepreneur Leadership Behavior and New Venture Performance," *Journal of Business Venturing* 21, no. 2 (2006): 243–63.

8. "The Business Failure Record," Dun & Bradstreet, 1995.

9. Richard B. Robinson, "The Importance of Outsiders in Small Firm Strategic Planning," *Academy of Management Journal* 25, no. 2 (March 1982): 80–93.

10. A. Bakr Ibrahim, "Strategy Types and Small Firm's Performance: An Empirical Investigation," *Journal of Small Business Strategy* (Spring 1993): 13–22.

11. Elaine Mosakowski, "A Resource-Based Perspective on the Dynamic Strategy—Performance Relationship: An Empirical Examination of the Focus and Differentiation Strategies in Entrepreneurial Firms," *Journal of Management* 19, no. 4 (1993): 819–39.

12. Leslie W. Rue and Nabil A. Ibrahim, "The Relationship Between Planning Sophistication and Performance in Small Business," *Journal of Small Business Management* 36, no. 4, (1998): 24–32.

13. Charles R. Schwenk and Charles B. Shrader, "Effects of Formal Strategic Planning on Financial Performance in Small Firms: A Meta Analysis," *Entrepreneurship Theory and Practice* 17, no. 3 (Spring 1993): 53–64; see also Philip D. Olson and Donald W. Bokor, "Strategy Process—Content Interaction: Effects on Growth Performance in Small, Startup Firms," *Journal of Small Business Management* 33, no. 1 (1995): 34–44.

14. Michael E. Porter, "Knowing Your Place—How to Assess the Attractiveness of Your Industry and Your Company's Position in It," *Inc.* (September 1991): 90–94.

15. Ibid., 93.

16. R. Duane Ireland, Michael A. Hitt, S. Michael Camp, and Donald L. Sexton, "Integrating Entrepreneurship and Strategic Management Actions to Create Firm Wealth," *Academy of Management Executive* 15, no. 1 (February 2001): 49–63.

17. Michael E. Porter, "What Is Strategy?" *Harvard Business Review* (November/December 1996): 61–78.

18. Matthew C. Sonfield and Robert N. Lussier, "The Entrepreneurial Strategy Matrix: A Model for New and Ongoing Ventures," *Business Horizons* (May/June 1997): 73–77.

19. Jeanie Daniel Duck, "Managing Change: The Art of Balancing," *Harvard Business Review* (November/December 1993): 109–18; 426–40; and Hyung Rok Yim, "Quality Shock vs. Market Shock: Lessons from Recently Established Rapidly Growing U.S. Startups," *Journal of Business Venturing* 23, no. 2 (2008): 141–64; and Alexander McKelvie and Johan Wiklund, "Advancing Firm Growth Research: A Focus on Growth Mode Instead of Growth Rate," *Entrepreneurship Theory and Practice* 34, no. 2 (2010): 261–88.

20. Alfred Chandler, *Strategy and Structure* (Cambridge: MIT Press, 1962); see also Enno Masurel and Kees van Montfort, "Life Cycle Characteristics of Small Professional Service Firms," *Journal of Small Business Management* 44, no. 3 (2006): 461–73.

21. Jeffrey G. Covin, Dennis P. Slevin, and Michael B. Heeley, "Pioneers and Followers: Competitive Tactics, Environment, and Firm Growth," *Journal of Business Venturing* 15, no. 2 (2000): 175–210; and Brandon A. Mueller, Varkey K. Titus, Jr., Jeffrey G. Covin, and Dennis P. Slevin, "Pioneering Orientation and Firm Growth: Knowing When and to What Degree Pioneering Makes Sense," *Journal of Management* (in press) 38, no. 5 (2012): 1517–49.

22. David E. Terpstra and Philip D. Olson, "Entrepreneurial Start-up and Growth: A Classification of Problems," *Entrepreneurship Theory and Practice* 17, no. 3, (Spring 1993): 5–20; and Bret Golan, "Achieving Growth and Responsiveness: Process Management and Market Orientation in Small Firms," *Journal of Small Business Management* 44, no. 3 (2006): 369–85.

23. See Jacqueline N. Hood and John E. Young, "Entrepreneurship's Requisite Areas of Development: A Survey of Top Executives in Successful Entrepreneurial Firms," *Journal of Business Venturing* 8, no. 2, (March 1993): 115–35; and Michael H. Morris, Nola N. Miyasaki, Craig R. Watters, and Susan M. Coombes, "The Dilemma of Growth: Understanding Venture Size Choices of Women Entrepreneurs," *Journal of Small Business Management* 44, no. 2 (2006): 221–44.

24. Morten T. Hansen, Nitin Nohria, and Thomas Tierney, "What's Your Strategy for Managing Knowledge?" *Harvard Business Review* 77, no. 2 (1999): 106–16.

25. Shaker A. Zahra, "The Changing Rules of Global Competitiveness in the 21st Century," *Academy of Management Executive* 13, no. 1 (1999): 36–42.

26. Howard H. Stevenson and Jose Carlos Jarillo-Mossi, "Preserving Entrepreneurship as Companies Grow," *Journal of Business Strategy* (Summer 1986): 10; and Steven W. Bradley, Johan Wiklund, and Dean A. Shepherd, "Swinging a Double-edged Sword: The Effect of Slack on Entrepreneurial Management and Growth," *Journal of Business Venturing* 26, no. 6 (2011): 537–54.

27. Jill Kickul and Lisa K. Gundry, "Prospecting for Strategic Advantage: The Proactive Entrepreneurial Personality and Small Firm Innovation," *Journal of Small Business Management* 40, no. 2 (2002): 85–97.

28. Vesa Routamaa and Jukka Vesalainen, "Types of Entrepreneurs and Strategic Level Goal Setting," *International Small Business Journal* (Spring 1987): 19–29; see also Lanny Herron and Richard B. Robinson, Jr., "A Structural Model of the Effects of Entrepreneurial Characteristics on Venture Performance," *Journal of Business Venturing* 8, no. 3 (May 1993): 281–94.

29. Donald F. Kuratko, Jeffrey S. Hornsby, and Laura M. Corso, "Building an Adaptive Firm," *Small Business Forum* (Spring 1996): 41–48; and Jonathan T. Eckhardt and Scott A. Shane, "Industry Changes in Technology and Complementary Assets and the Creation of High-Growth Firms," *Journal of Business Venturing* 26, no. 4 (2011): 412–30.

30. Steven H. Hanks and L. R. McCarrey, "Beyond Survival: Reshaping Entrepreneurial Vision in Successful Growing Ventures," *Journal of Small Business Strategy* (Spring 1993): 1–12.

31. See Sanjay Prasad Thakur, "Size of Investment, Opportunity Choice and Human Resources in New Venture Growth: Some Typologies," *Journal of Business Venturing* 14, no. 3 (May 1999): 283–309; and Massimo G. Colombo and Luca Grilli, "On Growth Drivers of High-Tech Start-ups: Exploring the Role of Founders' Human Capital and Venture Capital," *Journal of Business Venturing* 25, no. 6 (2010): 610–26.

32. Jon R. Katzenbach and Douglas K. Smith, "The Discipline of Teams," *Harvard Business Review* (March/April 1993): 111–20; Alexander L. M. Dingee, Brian Haslett, and Leonard E. Smollen, "Characteristics of a Successful Entrepreneurial Management Team," in Annual Editions 00/01 (Guilford, CT: Dushkin/McGraw-Hill, 2000/2001), 71–75; and G. Page West III, "Collective Cognitions: When Entrepreneurial Teams, Not Individuals, Make Decisions," *Entrepreneurship Theory and Practice* 31, no. 1 (2007): 77–102.

33. Charles W. Hofer and Ram Charan, "The Transition to Professional Management: Mission Impossible?" *American Journal of Small Business* (Summer 1984): 3; see also William Lowell, "An Entrepreneur's Journey to the Next Level," *Small Business Forum* (Spring 1996): 68–74.

34. Hofer and Charan, 4.

35. John B. Miner, "Entrepreneurs, High Growth Entrepreneurs, and Managers: Contrasting and Overlapping Motivational Patterns," *Journal of Business Venturing* (July 1990): 221–34; and Michael J. Roberts, "Managing Growth," in *New Business Ventures and the Entrepreneur* (New York: Irwin/McGraw-Hill, 1999), 460–64.

36. Howard H. Stevenson and David E. Gumpert, "The Heart of Entrepreneurship," *Harvard Business Review* (March/April 1985): 86–87.

37. Jeffrey G. Covin and Dennis P. Slevin, "New Venture Strategic Posture, Structure, and Performance: An Industry Life Cycle Analysis," *Journal of Business Venturing* 5, no. 4, (March 1990):

123–33; see also Jeffrey G. Covin, Kimberly M. Green, and Dennis P. Slevin, "Strategic Process Effects on the Entrepreneurial Orientation-Sales Growth Rate Relationships," *Entrepreneurship Theory and Practice* 30, no. 1 (2006): 57–82.

38. Charles J. Fombrun and Stefan Wally, "Structuring Small Firms for Rapid Growth," *Journal of Business Venturing* 4, no. 2 (March 1989): 107–22; Donna J. Kelley and Mark P. Rice, "Advantage Beyond Founding: The Strategic Use of Technologies," *Journal of Business Venturing* 17, no. 1 (2002): 41–58; see also Andrew J. Sherman, *Grow Fast Grow Right* (Chicago: Kaplan, 2007).

39. Donald C. Hambrick and Lynn M. Crozier, "Stumblers and Stars in the Management of Rapid Growth," *Journal of Business Venturing* 1, no. 1 (January 1985): 31–45.

40. Richard L. Osborne, "Second Phase Entrepreneurship: Breaking Through the Growth Wall," *Business Horizons* (January/February 1994): 80–86.

41. Ibid., 82–85.

42. See Jerry R. Cornwell, "The Entrepreneur as a Building Block for Community," *Journal of Developmental Entrepreneurship* (Fall/Winter 1998): 141–48.

43. David E. Gumpert and David P. Boyd, "The Loneliness of the Small Business Owner," *Harvard Business Review* (November/December 1984): 19–24.

44. Douglas W. Naffziger and Donald F. Kuratko, "An Investigation into the Prevalence of Planning in Small Business," *Journal of Business and Entrepreneurship* 3, no. 2 (October 1991): 99–110.

45. Charles R. Hobbs, "Time Power," *Small Business Reports* (January 1990): 46–55; and Jack Falvey, "New and Improved Time Management," *Small Business Reports* (July 1990): 14–17.

46. Terry L. Besser, "Community Involvement and the Perception of Success Among Small Business Operators in Small Towns," *Journal of Small Business Management* 37, no. 4, (October 1999): 16–29; and Rhonda Walker Mack, "Event Sponsorship: An Exploratory Study of Small Business Objectives, Practices, and Perceptions," *Journal of Small Business Management* 37, no. 3 (July 1999): 25–30.

47. W. Glenn Rowe, "Creating Wealth in Organizations: The Role of Strategic Leadership," *Academy of Management Executive* 15, no. 1 (2001): 81–94.

48. R. Duane Ireland and Michael A. Hitt, "Achieving and Maintaining Strategic Competitiveness in the 21st Century: The Role of Strategic Leadership," *Academy of Management Executive* 13, no. 1 (1999): 43–57.

49. Michael A. Hitt, R. Duane Ireland, S. Michael Camp, and Donald L. Sexton, "Strategic Entrepreneurship: Entrepreneurial Strategies for Wealth Creation," *Strategic Management Journal* 22, no. 6 (2001): 479–92; see also John L. Thompson, "A Strategic Perspective of Entrepreneurship," *International Journal of Entrepreneurial Behavior & Research* 5, no. 6 (1999): 279–96; and Sharon A. Alvarez, R. Duane Ireland, and Jeffrey J. Reuer, "Entrepreneurship and Strategic Alliances," *Journal of Business Venturing* 21, no. 4 (2006): 401–4.

50. E. H. Kessler and A. K. Chakrabarti, "Innovation Speed: A Conceptual Model of Context, Antecedents, and Outcomes," *Academy of Management Review* 21 (1996): 1143–91.

51. Donald F. Kuratko, R. Duane Ireland, and Jeffrey S. Hornsby, "Improving Firm Performance Through Entrepreneurial Actions: Acordia's Corporate Entrepreneurship Strategy," *Academy of Management Executive* 15, no. 4 (2001): 60–71.

14장
가치평가와 창업가정신

창업가적 사고

개인 사업과 같은 자산의 시장거래는 대부분 정확히 공개되지 않는다. 따라서 적정 시장가치는 추정에 의존할 수밖에 없다. 적정 추정치는 위치 조건, 시간, 유사 사례의 존재 여부, 관련된 사람들의 평가 원칙 등과 같은 주관적 요인에 의해 결정된다. 가치에 대한 평가는 언제나 평가 시점에 가용한 정보들의 주관적 이해를 기초로 한다.

— 적정 시장가치에 대한 Wikipedia.com의 정의

학습목표

1. 가치평가의 중요성을 설명한다.
2. 기업실사의 기본 요소를 설명한다.
3. 기업인수 프로세스에 관련된 주요 이슈들을 검토한다.
4. 사업분석의 다양한 관점들을 정리한다.
5. 사업가치평가의 주의점을 제시한다.
6. 벤처의 가치평가를 위해 가용한 기법들을 요약한다.
7. 사업가치평가에 현재 사용되는 세 가지 주요 기법을 검토한다.
8. 벤처의 가치평가에 영향을 미치는 추가 요인들을 고려한다.

사업가치평가의 중요성

모든 창업자들은 자기 사업의 가치를 계산할 줄 알아야 하며, 경쟁회사의 가치도 평가할 수 있어야 한다. **사업가치평가**(business valuation)는 다음과 같은 상황에서 매우 중요하다.

- 사업, 사업부 혹은 주요 자산을 인수 혹은 매각할 때
- 직원을 위해 스톡옵션 계획(employee stock option plan, ESOP) 혹은 이익공유(profit sharing) 계획을 수립할 때
- 신주인수권(stock warrant) 혹은 전환 사채를 통해 자금을 조달하는 경우
- 상속세액 혹은 잠정적으로 재산세액을 결정할 때
- 가족에게 주식을 증여할 때
- 주주들과 주식 인수/양도 계약을 작성할 때
- 파트너의 권리를 인수할 때
- 주식을 공개하거나, 사적으로 매각할 때

위 상황만큼 중요한 것이 벤처의 실제 가치를 알고 싶어하는 창업자의 희망이다. 가치평가는 사업가치의 증감을 주기적으로 추적할 수 있도록 채점표를 제공한다.[1]

벤처 인수의 근본적 과제

6장에서 설명한 바와 같이, 벤처 인수는 기업전쟁에 진입하는 경로 중의 하나이다. 벤처 가치평가를 수행하는 주요 원인 중의 하나가 매각이므로, 여기에 관련된 몇 가지 주요 과제를 검토하고자 한다. 인수하려는 벤처의 적절한 가치평가에는 (1) 매각인과 인수인 간의 상이한 목적, (2) 매각인의 감정적 왜곡, (3) 인수의 이유라는 세 가지 근본 과제가 존재한다.

매각인과 인수인의 목적

사업가치를 평가하려는 이유를 항상 기억하는 것이 중요하다. 거래의 주요 당사자, 매각인과 인수인은 각자의 목표 때문에 대상 사업에 다른 가치를 부여할 수밖에 없다. 매각인은 사업에 가장 높은 가치를 부여하려고 시도하며, 시장, 환경 혹은 경제의 현실적 고려사항들에 주의를 기울이지 않으려 한다. 매각인에게 회사는 일생의 투자 혹은 적어도 엄청난 노력의 결과를 의미한다. 반면에 인수인은 지불 가격을 가능한 한 낮게 결정하려 한다. 인수인에게 회사는 투자이므로 수익잠재력을 평가할 수밖에 없다. 그 결과, 보통 보수적 접근을 취한다. 가치평가 과정에서 이러한 입장 차이의 이해가 중요하다.

감정적 왜곡

사업을 평가할 때 두 번째 과제는 매각인의 **감정적 왜곡**(emotional bias)이다. 벤처를 창업하고 성장시켜서 좋은 사업으로 만든 사람이라면 누구나 외부인이 생각하는 가치보다 훨씬 높게 평가하는 경향이 있다. 기업의 적정 가치를 결정할 때, 창업자는 가능한 한 객관적이 되도록 노력해야 한다. 적정한 가치는 결국 협상으로 결정된다는 것을 염두에 둬야 한다.

인수 이유

가치평가의 세 번째 과제는 사업을 인수하려는 이유이다. 다음은 인수의 일반적 이유 중의 일부이다.

- 해당 업종에서 신제품을 개발한 회사를 인수하여 보다 발전된 제품을 개발하려는 경우
- 대상 회사의 고객들도 인수하여 자신의 고객 기반을 실질적으로 확대할 수 있는 경우
- 동일 업종의 회사를 인수하여 시장점유율을 높이려는 경우
- 인수 회사의 우수한 유통채널을 활용하여 유통채널을 개선 혹은 변화시키려는 경우
- 인수 회사의 제품이 자신의 제품들을 보완하거나 혹은 제품범위를 보다 완전하게 만들 수 있는 경우
- 서비스망 혹은 서비스 네트워크를 가진 회사를 인수하여 고객 서비스를 새로 제공하거나 개선할 수 있는 경우
- 시너지 효과로 운영비를 절감하거나, 고정비를 상쇄하려는 경우
- 자신의 기존 설비/시설을 활용할 수 있는 경우
- 협력업체 혹은 유통업체를 인수하여 전후방 수직통합을 하려는 경우
- 최종 소비자는 아니더라도 고객인 회사를 인수하고, 그 주문을 조절하여 자신의 재고수준을 낮추려는 경우
- 중복된 비용(예: 보관, 배송 등)을 절감하여 간접운영비를 절감하려는 경우
- 중복된 고정비(예: 본사 및 기능별 사무비용 등)를 절감하여 고정비를 절감하려는 경우[2]

요약하면 창업자, 거래 관계자 등이 회사의 운영과 잠재능력의 평가에서 객관적 관점을 유지하는 것이 중요하다. 이를 위해, 다음과 같은 요인들의 평가가 도움이 될 것이다.

- 합리적인 기간 내에 투자회수를 할 수 있는 회사의 잠재력
- 새로운 인수인이 이전 기간에 겪을 어려움의 정도
- 이자율의 변화와 같은 거래에 관련된 위험 수준
- 상황 호전이 필요하다면, 이것이 사업가치에 미치는 영향

창업가정신 사례

'말아올리기'가 판을 키울 수 있을까?

기본개념

말아올리기(Roll-up)는 자주 사용되는 투자성장 전략이다. 말아올리기는 투자자들이 – 보통은 사모펀드 투자자들 – 동종 업계의 여러 소규모 회사들을 인수·합병하는 전략이다. 기대효과는 말아올리기에 포함된 회사들이 조직 성장에 흔히 나타나는 성장통을 쉽게 피할 수 있다는 점이다. 말아올리기의 핵심 목표는 규모의 경제를 이용한 비용절감이다. 말아올리기의 결과로 회사의 크기와 규모가 커지기 때문에, 가치평가에 상승 효과를 가져올 수도 있다. 또한, 경쟁이 심하고 분열된 – 그러면서도 많은 경쟁자들 중 오직 몇몇만이 성공할 수 있는 – 시장을 조정하는 효과를 거둘 수 있다. 말아올리기는 불황이나 신규 시장이 성숙되면서 나타나는 합병 과정의 일부로 자주 등장한다. 많은 경우에 말아올리기는 성장 전략이라기 보다는 탈출 전략이라고 할 수 있다. 말아올리기 방식으로 회사를 키우면 투자, 인수/합병, 기업공개 등에 더 유리한 경우가 많다.

말아올리기의 어두운 단면

업계에서 말아올리기가 시작되면, 회사 소유주들은 누가 누구를 인수하는지, 지금 혹은 나중에 팔아야 하는지 저울질하고, 새롭게 등장할 거대 회사와 경쟁할 수 있는지 걱정하느라, 생각이 복잡해진다. 특정 회사가 말아올리기의 투자자들에게 인수되면, 해당 기업의 핵심 직원들이 공격적으로 스카우트되면서 기존의 운영에 문제가 발생하고, 결과적으로 사업비용이 증가하게 된다.

투자자들에게는 말아올리기가 재무적으로 합리적일 수 있다. 그러나 규모가 커졌으면서도 수익성이 좋아지도록, 합병된 회사들의 문화가 성공적으로 융합이 될 수 있는지에 대한 보장은 없다. 노련한 경영자와 창업자들이 회사를 퇴직하면 리스크는 증가한다. 이질적인 사람들과 같이 일하도록 강요받으면, 직원과 관리자들이 불편하게 되어 이직율이 증가할 수 있다.

실질적인 선택방안

말아올리기가 당신의 업종에 등장할 때는 명확한 비전과 전략의 수립이 언제나 좋은 대책이다. 궁극적으로 당신에게 가장 좋은 결과가 무엇인지 알기 위해 당신의 전략이 성장인지, 출구인지 혹은 투자인지를 알아야 한다.

수동적이기보다는 언제나 능동적이 되어야 한다. 당신의 회사와 업계가 말아 올려질 때까지 기다려서는 안 된다. 그런 일이 벌어지기 전에, 경쟁자에 대해 파악하고, 자신을 평가해봐야 한다. 재무적인 목적으로 단순하게 추진되는 말아올리기는 많은 창업자들에게 악몽이 될 수 있다. 반면에 합칠 회사를 신중하게 선택한다면, 잠재적으로 긍정적 시너지와 성공 확률을 높일 수 있다.

합병은 인수보다 성공하기 어렵기 때문에, 소유주에 의해 추진되는 말아올리기는 효과적으로 진행되지 않을 수 있다. 대부분의 사람들이 누가 리더이고 누가 부하인지를 알 필요가 있다. 각 회사의 리더들 간의 수평적, 만장일치 방식의 의사결정은 상당히 어려운 과정이 된다. 소유주에 의한 말아올리기를 고려한다면, 그리고 진행과정이 수렁에 빠져서 기회를 놓치지 않으려면, 외부의 조정자 혹은 협상가를 영입할 준비를 해야 한다.

출처: Aldonna R. Ambler, The Growth Strategist, http://ambler.com/newwordpress/article-library/what-to-do-whenroll-ups-dominate-your-industry/ (accessed August 15, 2012); Wikipedia, http://en.wikipedia.org/wiki/Rollup (accessed August 15, 2012); and Charles Weaver, "M&A Fundamentals: Why Roll Ups Don't Work for MSPs," *MSPAlliance*, December 21st, 2011 http://www.mspalliance.com/2011/12/ma-fundamentals-why-roll-ups-dont-work-formsps/ (accessed August 15, 2012).

- 잠재적 인수 희망자의 수
- 회사에 계속 근무하려는 현 관리자들의 의향
- 기업 인수/매각과 관련된 세금[3]

기업실사

벤처 인수를 고려한다면 철저한 **기업실사**(due diligence)가 필요하다. 회사 상태를 모든 측면에서 철저하게 분석해야 한다. 표 14.1은 사업계획서의 타당성을 평가하는 기업실사 지침을 보여 준다. 각 항목을 조사함으로써 어떻게 분석할 수 있는지를 기억하기 바란다.

표 14.1 기업실사의 수행지침

기업실사를 위해 확인해야 할 핵심사항의 이해는 기업인수를 고려하는 창업자에게 중요한 단계이다. 잠재적 인수 후보 회사의 주요 분야별 핵심 사항을 아래에 요약했다.

I. 업종 분석

A. 일반적 사항

1. 업종의 주요 특성(경제적, 기술적, 정치적, 사회적, 변화)은 무엇인가?
2. 인수계획에 주요 특성이 고려되어 있는가? 이 특성들에 대상 벤처는 어떤 영향을 받는가?
3. 평균 이상의 수익성 달성이라는 관점에서 그 업종이 매력적인가?
4. 지난 5년간 업종의 성장률은 얼마이고, 향후 5년간은 어떻게 전망되는가? 이러한 전망에 대한 구체적인 근거를 확인하라.
5. 최근에 대상 업종에서 중요한 거래(IPO, 기업인수, 주식/사채의 비공개 모집, 합병 혹은 인수 등)가 있었는가? 각 거래의 세부사항과 재무 형태를 요약하라.

B. 경쟁 환경 사항

1. 경쟁 압력(진입장벽, 대체재, 구매자/공급자의 영향력 등)은 무엇이고, 그 영향은 얼마나 큰가? 경쟁요인의 세부 사항은 다음 절에서 검토한다.
2. 인수계획은 경쟁 환경을 적절히 반영했는가? 시장 성숙도까지 고려하여, 대상 기업이 경쟁 환경에 잘 대응할 수 있는가?
3. 전체 시장규모를 금액으로 평가하라.

C. 주요 경쟁자 분석

1. 제품/서비스, 기술선두 회사, 가격정책, 시장점유율, 유통망, 기술, 마케팅, 재무적 지원, 전략적 파트너, 재무적 성과 등과 같은 핵심 경쟁력별로 주요 경쟁사들을 비교 분석하라.
2. 대상 회사가 확보 가능한(경쟁자들이 아직 확보하지 못한) 시장점유율을 금액과 고객 규모 기준으로 계산해 보라. 그 점유율이 인수계획의 재무 예측을 달성하기에 충분한가?
3. 가장 강하고 혹은 취약한 경쟁회사를 파악하라.
4. 어느 경쟁자가 어떤 노력 혹은 시도를 하는가?
5. 경쟁의 승리와 실패를 결정하는 핵심 요인은 무엇인가?

II. 목표시장 분석

A. 크기, 범위, 성장, 성장 잠재력, 수요 원인, 가격 민감도, 판매 주기 등과 같은 부분에서 목표시장을 조사하라.

B. 대상 회사가 만족시키는 수요 혹은 요구는 무엇인가?

C. 대상 회사의 제품/서비스를 경쟁자가 모방하지 못하도록 하는 장벽이 무엇인가? 시장의 비효율성은 무엇인가?

D. 목표시장에서 경쟁, 대체재 등과 같은 경쟁 압력이 얼마나 강한가?

E. 목표시장의 직전 5년간의 성장률은 얼마인가? 향후 5년간의 성장 전망은? 이들 전망의 근거/입증 자료를 확보하라.

(계속)

표 14.1 기업실사의 수행지침 **(계속)**

III. 벤처/기업 분석

A. 가치 명제

1. 벤처/기업이 현재 무엇을 하고 있고, 고객과 투자자들에게 어떻게 가치를 제공하는가?

B. 경영진

1. 경영진이 벤처 성공에 필요한 것들을 보유하고 있는가?
2. 성공이 1명의 핵심 인력에 의존하는가? 만약 그렇다면, 인수계획에 어떻게 — 핵심 인력의 승계, 대체 등 — 반영하였는가?
3. 직원들이 부족한가? 이 부족을 해결할 수 있는가?

C. 사업모형

1. 대상 회사가 어떻게 이익을 올리는가?
2. 어떻게, 언제 흑자를 내려고 계획하는가?
3. 인수계획이 입증된 성공 공식을 따르고 있는가? 예를 들어, 규모(매출, 직원 수 등), 운영, 수익모형, 사업모형 등이 비슷한 사례를 검토하라. 비교 회사를 단순히 비슷하다고 선택하지 말고, 직접적인 경쟁자이거나 같은 업종에 속하지 않는 회사를 선택하는 것이 좋다.

D. 전략

1. 대상 벤처가 그 사업모형으로 성공하기 위해 어떤 계획을 가지고 있는가?
2. 현재 상황에서 더 효과적인 다른 전략적 방안이 가능한가?

E. 마케팅 계획

1. 대상 벤처는 어떻게 잠재고객을 실제고객으로 전환시킬 것인가?
2. 고객의 구매결정을 누가 하는가? 구매결정이 언제, 어떻게 이루어지는가? 의사결정에서 고객에게 가장 중요한 요인은 무엇인가? 인수계획이 이 분야의 전략을 구체적으로 수립하였는가?
3. 대상 벤처가 고객 기반을 현재 보유하고 있는가?

F. 운영

1. 대상 벤처의 운영계획이 전략과 사업모형을 적절하게 지원하고 있는가?

IV. 환경 분석

A. 벤처의 강점, 장점, 기회 및 위협은 무엇인가?

B. 경쟁자 분석을 검토하라. 대상 기업이 가격경쟁력이 있는가? 경쟁자와 비교해서 차별화가 되는가? 어떻게?

C. 경쟁력은 얼마나 강한가? 기업을 보호해 주는 진입장벽이 있는가? 있다면, 그 주장을 입증하는 핵심 전략 요인은 무엇인가? 그것 중 성공에 위협적인 요인이 있는가?

D. 대상 기업이 당면할 전략적 이슈는 무엇인가?

V. 재무 분석

A. 비율 분석: 유동성, 부채상환능력, 수익성, 생존성(지속가능성)

B. 성장률 예상치와 과거 업종의 성장률을 비교하라. 대상 기업이 업계 평균 성장률 이상을 어떻게 유지할 수 있는지 입증하라. 예상치가 지나치게 낙관적일 경우, 어떻게 대응할 것인가?

C. 가치평가

1. 투자 전 가치평가(pre-money valuation, 5절 참조)를 수행하라. 이 평가의 근거는 무엇인가? 예: 주식 수×주당 가격, 검증된 대차대조표, 인정된 매출 배수 등.

(계속)

표 14.1 기업실사의 수행지침 **(계속)**

2. 위의 평가결과를 다른 기법에 의한 결과와 비교하라: (1) 비슷한 회사의 주가수익률(P/E) 혹은 이익배수, (2) 미래 현금흐름 추정치의 할인.

D. 기타 재무적 고려 사항

1. 이미 투입된 혹은 필요한 스타트업
2. 보유 현금의 소진율
3. 향후 1~5차 년도별 필요 현금
4. 5년간 매출
5. 5년간 이익
6. 손익분기점(breakeven): a. 매출, b. 시간

E. 추가 고려사항:

1. 정확도
2. 비정상성: 예산은 합리적인가? 회계처리는 정확한가?
3. 필요 가정
4. 기타: a. 계획은 간결하게 작성되었는가? 필요한 포인트를 포함하고 있는가? b. 비전문가도 이해 가능한가? c. 아이디어는 효과적인가? d. 벤처투자에 적합한가? 충분한 성장을 기대할 수 있는가? e. 위험도/보상 관계는 합리적인가? f. 기타

부록

A. 검토할 자원 혹은 목록이 있는가?

B. 계획의 특정 부분을 상세하게 입증할 자료가 있는가?

잠재적 인수의 타당성을 정확히 평가하기 위해서 보다 일반적인 접근방법을 적용할 수 있다. 그러나 항상 염두에 두어야 할 중요한 사항은 사업의 미래 동향이다. 해당 업종의 추세에 대한 전반적인 검토와 인수를 고려하는 사업이 그런 추세에 어떻게 적합한지를 검토해야 한다. 아울러 대상 사업의 재무적 건전도를 추정하고, 벤처를 인수하기 위해 필요한 자금을 결정해야 한다. 이 단계에서는 인수 가격만이 고려할 전부가 아님을 명심해야 한다. 보전/수리, 신규 재고, 착수 비용, 운영 자금 등은 고려해야 할 많은 비용의 일부에 불과하다. 그림 14.1이 벤처 사업을 인수하기 위해 필요한 총액을 계산하는 방법을 보여 준다.[4]

사업 분석

폐쇄적인 소규모의 사업을 분석할 때는 대기업과 비교를 하지 않는 것이 좋다. 많은 요인들이 사업 유형을 결정한다. 대기업에는 별 의미가 없는 요인들이 작은 회사에게는 중요할 수가 있다. 예를 들면, 많은 폐쇄적 벤처는 다음과 같은 약점을 가지고 있다:

- 취약한 경영능력: 숙련도, 다양성, 경쟁력 등에 제약이 있다.

그림 14.1 사업 인수에 필요한 총액

가족 생활비	마지막 봉급일부터 인수일까지의 생활비	$ ______
	이사 비용	______
	인수일 이후 3개월간의 생활비	______
인수금	총액(계약금/보증금과 3개월간의 지급액)	______
판매세	새로 구입한 가구와 설비	______
전문 서비스	계좌이체, 회계, 법무 등	______
보증금, 예약금, 면허비용	전월 임대비용	______
	전기/가스 보증금	______
	판매세 보증금	______
	사업면허비	______
	보험료	______
인수 홍보비용	신문광고비	______
	우편광고비	______
	외부 간판/사인 제작비	______
	신규 사무용품 및 양식 등	______
신규 재고비용		______
신규 설비 비용		______
리모델링 및 실내장식비용		______
3개월 운영비	대출금 상환액 포함	______
고객계좌 유지 비용		______
현금	소액 현금 등	______
	총액	______

주: 최소한 3개월의 생활 및 사업 비용을 위한 자금을 저축예금으로 준비해야만 한다. 이 금액은 다른 목적으로 사용해서는 안 된다. 이 돈은 스타트업 기간을 최소한의 불안으로 넘어갈 수 있는 보험 역할을 해 준다. 만약 더 오랜 기간을 지탱할 수 있는 돈을 준비할 수 있다면, 창업자가 마음의 평안을 유지하면서 사업에 집중할 수 있다.

- **자본 부족**(undercapitalization): 자산투자액이 보통 낮다. 즉, 높은 부채비율을 의미한다.
- **불충분한 관리**: 경영 및 여유 자본의 부족 때문에 감시/통제를 위한 지표 관리가 제한적이다.
- **상이한 목적**(divergent goal): 창업자의 비전이 투자자의 목표 혹은 주주의 희망과 다른 경우가 많아서, 결국 내부 갈등을 유발한다.

위에 열거한 약점들 때문에 소규모 사업을 분석할 때는 신중해야 한다. 표 14.2의 체크리스트(12장의 효과적 사업계획에 필요한 정보들과 유사한 형태를 따름)는 대상 회사를 다른 회사들과 차별화하는 다양한 요인들을 검사하는 간결한 방법을 보여 준다.

표 14.2 사업분석의 체크리스트

사업의 역사

사업의 초기 명칭과 이후의 변경 이력
회사의 창립일자
모든 자회사와 사업부의 명칭 — 설립 일자와 기능
회사 설립 장소
사업면허를 지역외 기업으로 획득한 지역(들)
회사 정관, 세칙, 회의록 등의 검토
회사의 초기 사업범위와 이후의 변화

시장과 경쟁

회사의 주요 사업과 시장
주요 프로젝트의 내용
제품의 판매 문서
회사의 주요 시장들의 성장 잠재력
주요 경쟁회사들의 명칭, 규모, 시장에서의 위치
대상 회사의 제품이 경쟁사 제품과 차별화되는 이유
대상 회사의 틈새시장
브랜드, 제품 명칭, 업체 간 거래 등에 대한 정보
제품 라인의 판매 패턴 — 계절적인지 혹은 주기적인지 등
가용한 시장 데이터의 검토 및 분석 — 예를 들면, 업종의 협회, 정부 보고서, 증권회사 보고서 등
제품 가격정책의 비교
각 제품라인의 이익률 — 향후 3년간의 판매 성장과 이익변화에 대한 분석
정부 관련 사업의 비중
과거 및 향후 연구개발 비용

영업 및 유통

회사의 판매경로 — 자체 판매인력 혹은 대리점
영업 인력에 대한 보상
광고 방법 및 비용에 대한 세부 사항
영업 지사/출장소 등의 세부 사항
표준 계약, 할인 범위, 보상/공제 정책 등의 세부 사항
위탁판매의 활용 여부
재고의 자체 보유 여부
대리점/도매상을 활용하는 경우, 책임과 보상 정책 — 예: 대리점의 보증서비스 수행 여부
제품 판매지역이 전국인가 아니면 특정 지역인가?

(계속)

표 14.2 사업분석의 체크리스트 **(계속)**

주요 고객의 이름과 주소
지난 수년간의 주요 고객의 제품군별 판매액
고객들이 제품을 얼마나 오랫동안 구매해 왔는가?
주요 고객들의 신용도 평가
대상 회사의 과거 불량채무 이력
자체 브랜드 사업의 상세 사항
판매계약에 유지보수 계약이 포함되어 있는가?
판매계약이 명시적 혹은 묵시적 보증을 포함하는가?
대상 회사에 제조물 책임(product liability) 문제가 발생한 사례가 있는가?
회사가 제품을 판매뿐만 아니라 임대도 하는가?
해외 사업의 비중은? 해외 사업의 판매, 재무 상황, 물류 형태는?
대상 회사의 제품을 노후화시키거나 경쟁력을 약화시킬 신제품이 시장에 등장하였는가?
대형 고객을 놓친 사례가 있는가? 있다면 이유는?
시장의 규모와 특성: 시장이 분열되어 있는가? 혹은 대기업이 지배를 하는가?

제조

제조 시설/설비의 완전한 목록
제조설비의 자체 보유 혹은 임차 여부
기초 원자재를 사용하는 제조 공정인가? 아니면 조립 위주의 공정인가?
제품 생산에 필요한 원자재의 유형과 확보 가능성
제품 수명주기의 길이
표준형 제품, 주문형 제품, 혹은 모든 유형의 제품을 생산하는가?
공장의 품질관리는 어떻게 수행하는가?
재공품 재고에 대한 회계 체계는 무엇인가?
제품생산에 어떤 면허(license)가 필요한가?
현재 제조설비를 기준으로 판매능력은 어느 수준인가?
회사가 독점적 제조 공정을 보유하고 있는가?
공장의 안전사고 기록은 어떤가?
OSHA(미 직업안전위생관리국) 혹은 연방/주 환경규제와 관련된 문제점이 있는가?
협력업체 혹은 원자재 공급업체와의 관계는 어떤가?

직원/작업자

기능별 직원의 수
노조 유무 – 노조가 없다면 노조설립의 가능성은? 만약 있다면 회사와의 관계는?
파업 혹은 조업 중단의 발생 여부
지역 노동시장의 세부 사항
회사 임금 및 인사 정책의 세부 사항
직원 규모는 고정적인가? 혹은 사업 규모에 따라 쉽게 조정이 가능한가?
회사의 과거 이직률, 특히 핵심 경영진의 이직 여부
작업 조건의 분석

(계속)

표 14.2 사업분석의 체크리스트 **(계속)**

일반 직원의 사기에 관한 분석
연방 제도에 회사가 저촉된 적이 있는가? 예를 들면, OSHA, 임신차별금지법, 공정노동규칙 등
직원의 복리후생, 휴가기간, 병가 등의 세부 사항

물리적 시설

회사가 사용하는 시설의 완전한 목록 — 위치, 면적, 비용 등
어느 시설은 보유하고, 어느 시설은 임차했는가? 만약 임차했다면, 종료기간, 비용, 재계약 옵션 등등의 세부 사항
기계, 설비를 포함한 모든 시설의 현재 상태는 어떠한가?
기존 시설이 현재 및 향후 수요에 충분한가?
시설 확장이 필요한 경우에 문제가 발생할 수 있는가?
충분한 보험을 유지하고 있는가?
시설이 우발적 사고로부터 충분히 보호되고 있는가? 화재 손상, 스프링클러 시스템, 방범경보 시스템 등
시설이 공정과 직원들을 위해 충분히 현대적이고 적절히 기능하고 있는가?
시설에 에어컨 설비가 있는가? 충분한 전기, 열, 가스, 용수, 위생 서비스가 가능한가?
필요한 수송 수단으로 쉽게 접근 가능한가?
회사 보유의 건물/설비들의 비용, 장부가격, 대체가치는 얼마인가?

소유권

현재 주식(보통주, 우선주 등등) 보유자의 완전한 명부
행사가능한 주식의 권리 보유자 및 주식 규모: 주식옵션 및 인수권(Warrant)의 가격, 유효 기간
주식 수 및 비율: 현재 및 향후 예상(인수권 및 주식옵션이 있는 경우)
보통주의 신주인수권, 청산, 배당 우선권 등의 해당 여부
주주들이 투자의향이 있는가?
주식 양도와 담보 설정 등에 제한이 있는가?
주식 매매계약이 있는가?
종업원 주식보유 혹은 무상증자 계획이 있는가?
주식 배당은 충분한가?
주주들 간의 유효한 합의사항이 있는가?
주식이 액면 혹은 공시 가격 이하로 거래된 적이 있는가?
누적적 투표(cumulative voting)가 가능한가?
최대 주주의 주식이 증여되거나 신탁된 적이 있는가?
최대 주주의 보유 주식수와 우호 주식수는 얼마인가?
모든 주식옵션과 전환옵션이 행사되어도, 최대 주주가 51%의 주식을 통제할 수 있는가?
사업을 인수/매각할 때, 현 유효주식 중 몇%가 동의해야 하는가?

재무

3년간의 재무제표

- 유동 비율과 당좌 비율
- 순운전자본과 당좌 자산
- 자산 대비 총 부채비율
- 투자 계획의 출처와 실행

(계속)

표 14.2 사업분석의 체크리스트 **(계속)**

기본 유동성 및 회전율
- 현 채무 대비 현금 보유 비율
- 외상매출금(AR)과 재고회전율
- 미지급금의 기간
- 매출 대비 순운전자본

자회사가 있다면, 연결재무제표
연금 잔액, 연중 현금 최대/최소 잔액 등의 검증
판매 가능한 채권이 있다면, 판매가능성 및 현재 시장가치
외상매출금 및 어음 기간, 일부 거래처의 집중도, 악성채권 대비 자산
(안전)재고 기록의 원가 기준, 재고 기간 및 매출비용과의 관계(회전율)
고정자산의 상세 사항: 구매일자, 구입비용, 감가상각액, 대체비용
고정자산, 부동산, 기계 및 설비 등의 현재 시장가치 평가
계열사간의 선지급 비용, 미지급 비용, 분할상환 등에 대한 분석: 재무분석
대주주의 개인 재무제표
영업권이나 무형자산(특허, 상표권 등)을 보유하고 있으면, 실제 가치는 얼마인가? 장부에 기록되지 않은 자산(예: 출판업의 우편목록)이 있는가?
모든 현재 채무의 세부 사항: 채무 기간, 은행(권)의 채무 및 신용 한도: 이자율, 세부 조건, 담보물 등
미래 운영에 영향을 줄 수 있는 대출계약을 포함한 채권자별 기존 장기부채의 세부 사항
불확정 채무 혹은 기존 계약(예: 협력업체와의 장기 계약)의 존재 여부
프랜차이즈, 임대, 로열티 계약의 세부 사항
최소 3년간 손익계산서의 상당한 변동에 대한 분석: 판매액 대비 원가 비율 등
세금 환급 — 재무제표와의 차이 여부. 회계감사 가능성이 있는 기간의 확인
향후 재무 추정을 위한 미래 매출 및 순익의 타당성 검토를 위한 매출 및 현금흐름의 향후 3년간 추정치
연금, 이익분배, 주식보너스 계약, 과거 서비스에서 발생한 미지급 채무비용 등

경영

모든 임원과 이사(이사회)들의 세부 사항: 근무 기간, 연령, 이력, 급여, 기타 혜택
소유권 상황: 주식 수, 주식 옵션, 보증서
비임원 핵심 인원에 대한 비슷한 사항
조직표
핵심 인원에게 제공되는 급여 형태의 복지 혜택: 상여금, 퇴직 관련 주식 보너스, 회사에서 지급하는 보험, 미지급 보상금 등
해당 업계에서의 경영진의 평판
경영진이 다른 사업에 개인적 이해관계가 있는가? 이들 때문에 이해충돌 문제가 발생할 수 있는가?
핵심 경영진이 해당 사업에 100% 헌신하고 있는가?
모든 고용계약: 급여액, 근무시간, 기타 조건 등
핵심 경영진이 동종업계 이직금지 규정에 동의했는가? 근무 중 획득한 정보의 누설금지에 동의했는가?

사업가치 산정

표 14.2의 체크리스트를 확인한 후, 사업가치의 다양한 평가기법의 적용을 고려하게 된다. 현실적으로 가치의 평가는 과학보다는 기술에 가깝다. 이 과정에 추정, 가정, 예측 등이 필요하기 때문이다. 계량화된 숫자들은 숨겨진 가치와 비용까지를 반영하여 산출된다. 예를 들면, 영업권, 개인적 비용, 급여에 포함된 가족들, 계획된 손실 등등이다.[5]

이 절에서 전통적 평가기법들을 소개하겠다. 각 기법은 숨겨진 가치와 비용을 반영하기 위해 서로 다른 접근방법을 활용한다. 기법의 결과는 창업자에게 기업재무분석이 어떻게 작동되는지를 보여 줄 것이다. 최종 가치는 매각인과 인수인간에 합의된 실제 가격을 의미한다.

가치평가 방법

표 14.3은 가치평가에 활용할 수 있는 방법의 특징과 핵심 사항을 정리하였다. 이중 현재 사업가치평가의 핵심 지표를 사용하는 세 방법인 (1) 조정 후 유형자산 장부가치(대차대조표의 가격), (2) 주가수익률(이익배수), (3) 할인된 미래 순익을 중점적으로 다루었다.

조정 후 유형자산 장부가치

사업가치를 평가하는 일반적 방법 중의 하나는 총 자산과 총 채무와의 차이로 순가치를 계산하는 것이다. 이 과정에서 일부 자산은 정확한 경제적 가치를 평가하기 위해서 조정이 필요하다. 가격상승이나 감가상각 등이 자산가치에 영향을 미치기 때문이다.

조정 후 유형자산 장부가치(adjusted tangible book value)를 계산할 때, 영업권, 특허, 이연 재무비용 등과 기타 무형자산의 가치를 순가치에 더하거나 빼게 된다. 이와 같은 상향 혹은 하향 조정으로 대차대조표 상의 가치보다 많거나 적은 적정 시장가격을 반영한다. 다음은 조정의 예를 보여 준다.

	장부가치	적정 시장가치
재고	$ 100,000	$ 125,000
시설 및 설비	400,000	600,000
기타 무형자산	—	(50,000)
증가 = $175,000	$ 500,000	$ 675,000

여기에서 주의할 점은 조정 후 가치를 비교할 때 사업에 실제로 사용되는 자산만을 포함시켜야 한다는 것이다.

다른 중요한 대차대조표와 손익계산서의 조정사항은 (1) 대손상각비, (2) 저이율 장

표 14.3 벤처 가치평가 방법

방법	내용 및 설명	핵심 사항 및 비고
고정가격	• 2명 이상의 소유주가 초기 가격을 설정 • 소유주(들)가 생각하는 사업가치를 기준 • 다른 방법들의 결과를 반영 • 매매협정에 많이 사용	• 개인적 평가에 따른 정확도 저하 가능 • 주기적 수정이 필요
장부가치 (대차대조표법) 1. 유형자산 2. 조정 후 유형자산	1. 유형자산 가격 대차대조표에 의해 결정됨 사업의 순가치를 반영 총자산 – 총채무 2. 조정 후 유형자산 장부가치 장부가격 방법을 사용 특정 자산에 대해서는 시장가격을 적용 공장 및 설비, 재고, 불량채권 등의 상/하향 조정	• 일부 자산이 지나치게 과소/과대평가될 수 있으므로 정확하지 않을 수 있음 • 자산가치 조정으로 정확도를 개선하고, 적정한 시장가격을 반영한다.
이익배수	• 주가수익률(P/E)을 사용하여 자본으로 환산한 순수익(순수익에 P/E값을 곱한 값) • 15% 자본환원율을 사용(P/E값으로는 6.7(=1/0.15)에 해당) • 고성장 사업은 낮은 자본환원율을 사용(예: 5%, P/E로는 20배에 해당) • 안정적 사업은 높은 자본환원율을 사용(예: 10%, P/E로는 10배에 해당) • 주당 가격은 산출된 가치에 유효주식 수를 나눔	• 자본환원율이 기업성장에 따라 변한다. 따라서 추정치 혹은 P/E값은 상장된 유사 기업의 값을 사용해야 함
주가수익률(P/E)	• 투자수익률(Rate on Investment, ROI)법과 유사 • 보통주의 주가를 세후 순수익으로 나눠서 산출 • 비공개 기업은 적정한 배수를(보통은 비슷한 공개 기업의 배수를 사용) 순수익에 곱해서 결정 • 시장 상황(주가 등)에 민감	• 공공기업에 적합 • 시장조건(주가)이 비율에 영향을 미침
할인된 미래순익 (할인된 현금흐름)	• 미래 수익을 현재 가치로 환산하는 방법 • 미래(5년) 순익을 추정 후, 할인율을 사용하여 현재 가치를 계산 • 미래 순익의 추정 '시점'을 반영	• 현금흐름이 가장 중요하다는 가정을 기반 • 효과적인 경우: (1) 투자보다 큰 이익을 회수해야 하는 사업, (2) 성장을 위한 투자 재원이 현금만 가능한 사업
투자수익률(ROI)	• 순수익을 투자액으로 나눔 • 이익률을 의미 • 미래 순익의 확률을 추정해야 함 • 할인율, 현가표, 확률 등의 종합 결과	• 사업가치를 직접 제시하지는 못함 • 미래 순익의 추정치를 생성하지 않음 **(계속)**

표 14.3 벤처 가치평가 방법 (계속)

방법	내용 및 설명	핵심 사항 및 비고
대체가치	• 각 자산을 현재 가치로 대체한다고 가정하여 산출 • 사업을 새로 착수하는 것처럼 계산 • 자산의 가격상승과 감가상각은 장부가격 이상으로 평가함으로써 반영 • 수익력, 무형자산 등을 반영하지 못함	• 신사업으로 진출하려는 회사를 매각하는 경우에 효과적 • 이익 잠재력를 고려하지 못함 • 무형자산(영업권, 특허 등)을 배제
청산 가치	• 사업중단을 가정 • 자산을 매각하고, 채무는 상환. • 채무상환 후 잔액을 주주에게 배분 • 사업의 '최저 가치'를 제시 • 보수적 기준으로 대출받을 수 있는 액수를 보여줌 • 모든 자산이 현금화된다고 가정하므로 매각 기업에 유리한 경향이 있음	• 자산군별로 경매를 통해 매각한다고 가정 • 절대 하한치(이보다 낮으면 매각보다 청산이 좋음)를 설정하는 데 효과적임
초과 이익	• 미 재무부에서 기업의 무형자산을 평가하기(과세 목적으로) 위하여 개발 • 미 국세청(IRS)은 다른 방법의 적용이 불가능할 때만 사용한다고 가정 • 유효 수명이 있는 무형자산(예: 특허, 지적재산권 등)은 제외	• 다른 방법을 적용할 수 없을 때의 최후 수단 • 매우 드물게 사용됨
시장가치	• 유사 사업에 지불된 '알려진' 가격을 사용 • 최근의 유사 사례를 발견하기가 어려울 수 있음 • 매각 방법에 따라 달라질 수 있음 – 할부 대 현금 • 기준 가격으로만 사용해야 함	• 기준점으로만 사용해야 함 • 최근에 매각된 유사 사례를 찾기가 어려울 수 있음

기부채 증권, (3) 계열사에 대한 투자금, (4) 임직원/타 회사에 대한 대여 및 선지급금이다. 아울러 수입 부문 또한 조정이 필요하다. 사업으로부터 직접 발생한 진짜 매출만을 고려해야 한다. 1회성 수입(예: 사업 혹은 자산의 매각 수입)은 배제해야 한다. 또한, 만약에 회사가 이월결손금이 있어서, 세전 수입의 일부가 비과세되었다면, 이 역시 고려되어야 한다.

재무제표의 상향 혹은 하향 조정은 모든 비정상적인 악성 채권/재고 말소, 특정 회계규칙(예: 가속 대 정액 감가상각 등) 등을 반영해야 한다.

주가수익률(이익배수)

주가수익률(price/earnings ratio, P/E)은 상장 회사의 가치평가에 자주 사용되는 방법이다. P/E는 보통주의 가격을 주당 순이익으로 나눈 것이다. 어떤 회사의 보통주가 10만 주이고, 순이익이 10만 달러라면 주당 순이익은 1달러가 된다. 만약 주당 가격이 5달러면, P/E

는 5(= \$5/\$1)가 된다. 또 주식 수가 10만이므로, 그 회사의 평가가치는 50만 달러(= 10만 주 × \$5)가 된다.

주가수익률 방법의 가장 큰 장점은 단순성이다. 그러나 이 장점은 주식공개 기업에 국한된다. 비공개 기업은 주식의 시장가격이 없으므로 비슷한 공개 기업과 비교해서 배수를 결정할 수밖에 없다. 이 방법은 네 가지의 단점을 가지고 있다.[6]

1. 비공개 기업의 주식은 공개적으로 거래할 수 없다. 증권거래위원회(Securities and Exchange Commission, SEC)에 등록되지 않았기 때문에 현금화할 수 없거나 거래가 제한될 수 있다. 따라서 P/E 배수는 주관적일 수밖에 없고, 비슷한 공개 기업의 배수보다 낮아야 한다.
2. 비공개 기업의 공개된 순익이 실제 수익능력을 반영하지 못할 수 있다. 세금을 회피하거나 이월하기 위해서, 대부분의 사업자는 세전 매출을 낮추려고 한다. 또 비공개 기업은 주로 소유자의 이익을 위해 복리후생에 과다한 지출을 할 수 있다.
3. 주식시장에서 거래되는 보통주는 전체 주식의 일부에 불과하다. 특히 비공개 기업의 경우, 경영권을 좌우할 수 있는 규모의 주식 거래에는 보통 프리미엄 혹은 할증금이 붙는다.
4. 동일 업종이라 하더라도 정확히 똑같은 공개 회사를 찾기는 어렵다. 성장률, 경쟁력, 배당금, 재무상황(현금과 채무) 등이 비슷하기는 매우 어렵다.[7]

비공개 기업에 이익배수 방법을 적용하는 예는 다음과 같다.

보통주의 수 = 100,000
2015년 순수익 = \$100,000
15% 자본환원율을 가정 = 6.7 P/E 배수 = (1/15)×100
주당 가격 = \$6.70
기업가치 = 100,000 × \$6.70 = \$670,000

할인순익법

대부분 분석가들이 모든 사업의 적정 가치는 수익잠재력이라는 데 동의한다. 이런 의미에서 **할인순익법**(discounted earnings method)이 다른 어떤 방법보다도 사업의 실제 가치를 결정한다고 볼 수 있다. 그림 14.2는 조정 후 유형자산 가치뿐만 아니라 수익 능력을 반영하는 가치결정 공식의 예를 보여 준다.

현금흐름을 할인하는 이유는 미래의 (추정)수입 1달러가 — 구매력의 감소 등으로 — 현재 수입 1달러보다 낮은 가치를 가지기 때문이다. 이를 고려하면 미래에 예상되는 수입 혹은 현금흐름의 시점이 매우 중요하다.

기본적으로 기업의 가치를 계산하는 할인순익법은 4단계를 거친다.

창업가정신 사례

Facebook의 가치평가: 실제 혹은 허상?

2012년 5월, 매우 성공적인 SNS(Social Networking Service, 소셜네트워크서비스) 사이트인 Facebook이 1,000억 달러 이상의 가치를 평가 받았다. 일부 투자자는 기업공개 첫날 Facebook 1주에 45달러를 지불하였다. 이것을 전체 가치로 환산하면, 일시적이기는 하지만, 1,330억 달러의 평가가치(혹은 시가총액)를 의미한다. 이는 Amazon의 가치에 필적하고, HP와 Dell을 합친 것보다 크다. 전문가들은 2011년 기준 37억 달러의 매출에 10억 달러의 순익을 기록한 기업의 평가가치로는 너무 높다고 주장한다.

대부분의 가치평가 전문가들은 Facebook의 진실된 수익잠재력에 적합한 평가가치는 500억 달러 정도라고 생각한다. 이를 주가로 환산하면 20달러 정도에 해당한다. 그러나 Facebook이 다수의 광고주를 확보하고 그들의 플랫폼을 따르는 거대한 기반을 구축했다는 것은 성장 사업을 만드는 확실한 토대이다.

기업공개로 Facebook은 160억 달러를 확보하였다. Facebook의 공모 주가는 Apple에 비교하면 과거 수익의 100배에 해당한다. Apple의 공모 주가는 과거 수익의 14배 정도였다. 이렇게 높은 가격에도 불구하고, 많은 투자자들이 주가가 더 오를 것으로 생각한다. Facebook이 약 10억 명(지구상의 7명 중 1명꼴)이 사용하는 SNS의 선두 주자이기 때문이다.

NASDAQ 거래시스템의 소프트웨어 오류로 기업공개가 30분 지연되면서, '선택적 공시'에 대한 의혹이 일었고, Facebook의 매출 성장 둔화에 대한 우려로 바뀌면서 회사를 논란에 빠트렸다. 일부 투자자들 사이에는 주가가 시작부터 과대평가되었다는 인식이 있었다.

SNS의 장기적 사업전망과 초기 가격이 지나치게 높다는 논란이 확산되면서 Facebook의 주가가 떨어졌다. 한 때는 10%가 떨어지면서 28.65달러의 저가를 기록했다. 공개 첫날의 주가가 38달러(최고가는 45달러)였기 때문에, 시가총액으로는 250억 달러가 감소하였다.

어떤 증권분석가는 Facebook이 스마트폰과 태블릿 사용자를 유인하는 어려움 때문에 많은 광고주 유지에 곤란을 겪을 수 있다고 전망한다. Facebook의 매출 대부분은 광고주로부터 나온다. 과연 Facebook이 미래의 수익성과 성장을 증명하는 방안을 찾을 수 있을까? 오직 시간(그리고 시장)만이 말해 줄 것이다.

출처: Adapted from: Larry Magid, "Facebook's Real Value Has Nothing to Do with Its Stock Price," 5/30/2012 *Forbes* (May 30, 2012), http://www.forbes.com/sites/larrymagid/2012/05/30/facebooks-real-value-has-nothing-to-do-with-itsstock-price (accessed May 31, 2012); Alistair Barr and Edwin Chan, "Facebook Shares Plumb New Depths, Valuation Questioned," *Reuters* (May 29, 2012), http://www.reuters.com/article/2012/05/30/us-facebook-shares-idUSBRE84S0VR20120530(accessed May 31, 2012).

1. **예상되는 현금흐름을 추정한다.** 오래된 기업의 경우, 과거 실적이 효과적인 지표가 된다. 다만 미래 현금흐름이 바뀐다는 근거가 있다면 적절한 조정을 해야 한다.
2. **적절한 할인율을 결정한다.** 인수인의 관점에서 할인율을 결정해야 한다. 인수인과 매각인은 위험도를 다르게 평가하고 할인율을 적용하기 때문에, 동일한 할인율에 합의하기가 쉽지 않다. 매각인이 간과하는 점은 인수인에게는 고려할 수 있는 투자 기회가 언제나 있다는 점이다. 따라서 적절한 할인율은 이들 요소들을 반영해야만 한다.
3. **사업의 합리적 지속기간을 결정해야 한다.** 모든 사업은 수명주기가 있으며, 다양한 요인들에 영향을 받는다. 예를 들면 사업이 단일 제품/단일 시장인지 복수 제품/복수 시장인지에 따라 달라진다.

그림 14.2 가치산출 공식

다음의 단계별 과정은 사업가치를 평가하는 전통적 공식을 요약한 것이다.

단계 1. 사업(체)의 조정 후 유형자산 가치를 결정한다(모든 현재 및 장기 자산의 총 시장가치 – 채무).

단계 2. 사업 인수인이 순자산가치와 동일한 금액을 다른 곳에 투자한다고 가정했을 때 얻을 수 있는 연간 수익액수를 추정한다.

단계 3. 순자산가치에 사업의 소유주-사장의 통상적 연봉을 더한다. 이 금액이 사업 인수인의 투자이익과 사업에 관련된 노력에 대한 합리적인 추정치가 된다.

단계 4. 사업의 향후 수년간의 연간 순익(소유주의 연봉을 제외하지 않은 순이익)을 결정한다.

이 금액이 세전 순익이며, 다른 투자기회의 수입 혹은 (소득)세율범위 등을 고려한 비교 기준이다.

미래 순익에서는 추세가 중요하다. 순익이 계속 증가하는지, 계속 감소하는지, 일정한지, 혹은 크게 변동하는지 등을 결정하고, 추정치가 이런 추세를 반영하도록 조정하여야 한다.

단계 5. 평균 연간순익(단계 4)에서 기회순익(단계 2), 자산가치와 합리적 연봉(단계 3)을 뺀다. 이 금액이 사업의 부가순익 능력이다.

단계 6. 위 단계의 부가순익 금액을 이용하여 무형자산의 가치를 추정한다. 즉, 부가수익금액에 소위 '순익년(years of profit)'을 곱한다.

'순익년' 배수는 다음과 같은 요인들에 의해 결정된다. 사업의 무형자산이 얼마나 유일한가? 비슷한 사업을 만들어서 현재와 같은 단계로 발전시키는 기간이 얼마나 필요한가? 어떤 비용과 위험이 있는가? 비슷한 사업의 영업권의 가치는 얼마인가? 매각인은 비경쟁 계약에 합의를 할 수 있는가?

만약에 사업이 잘 성장했으면, 특히 가치있는 상표, 특허, 위치 등을 보유하고 있으면, 5 이상의 배수를 사용할 수 있다. 보통 수준의 사업이라면 3이 적당하다. 수익성이 높으나 아직 신생 사업이라면 1의 배수를 사용할 수도 있다.

단계 7. 최종 금액은 조정 후 유형자산 가치에 무형자산 가치(=부가순익 × '순익년')를 더한 것과 같다.

예제	기업 X	기업 Y
1. 조정 후 유형자산 가치	2,000,000	2,000,000
2. 순유형자산액을 유사한 위험도의 사업에 투자했을 때의 수익률, 8% [a]	160,000	160,000
3. 사업의 소유주-사장의 합리적 연봉	50,000	50,000
4. 사업 순익(연봉을 제하기 전의 순이익)	255,000	209,000
5. 부가순익 능력: 단계 4 – (단계 2+ 단계 3)	45,000	(1,000)
6. 무형자산 가치 – 보통 수준의 사업이라고 가정하여 3배수 적용(=3×단계 5)	135,000	(0)
7. 최종 가격(=단계 1 + 단계 6)	2,135,000	2,000,000 (혹은 이하)

기업 X의 경우, 매각인은 영업권의 가치를 인정받는다. 사업이 비교적 잘 자리를 잡았고, 인수인이 비슷한 위험과 노력으로 얻을 수 있는 다른 투자기회보다 더 많은 수익을 거둘 수 있기 때문이다.

기업 Y의 경우, 매각인은 영업권의 가치를 인정받을 수 없다. 비록 그 사업이 상당 기간 운영되었다 하더라도, 인수인이 다른 투자기회만큼의 수익을 올리지 못하기 때문이다. 실제로 충분한 수익을 얻을 수 없기 때문에, 인수인이 200만 달러(현 자산의 순평가가치)도 많다고 생각할 수 있다.

---

a 8%는 임의값으로 예를 위해 사용함. 일반적으로 합리적인 숫자는 사업 및 투자 환경의 안정성과 상대적 위험도에 의해 결정됨. 수익률은 비슷한 위험도를 가진 다른 사업과 유사하게 결정되어야 함.

벤처의 투자 전/투자 후 가치평가를 이해하기

어떤 벤처의 최종 가치는 매각인과 인수인이 합의한 가격이기는 하지만, 벤처 캐피탈의 세계는 혼란스러울 수 있는 가치평가 용어와 절차로 가득하다. 여기에서는 그 중에서 핵심 용어와 기법 두 가지를 검토하겠다. 평가를 받으려는 신생 벤처들이 오늘날의 벤처 캐피탈 시장에 당면할 전형적인 용어이다.

투자 전(Pre-Money) 대 투자 후(Post-Money) 가치평가: 여기에서의 'Money'는 벤처투자자가 신생 벤처에 집어넣는 돈, 즉 투자를 의미한다. 투자 전과 투자 후 모두 신생 벤처에 적용되는 가치평가 기준이다. 투자 전은 벤처가 외부 투자를 받기 전의 가치를, 투자 후는 받은 후의 가치를 의미한다. 이들은 가치평가의 핵심적인 개념이기 때문에, 평가가치를 이해할 때 투자 전과 후를 정확히 구분해야 한다.

간단히 설명하면, 평가가치는 투자자가 돈을 집어넣기 전과 넣은 후로 구분된다. 예를 들면, "1,000만 달러 평가가치에 250만 달러 투자"라고 할 때 평가가치의 종류를 명확히 해야 한다. 창업자는 그 투자자가 이제 회사의 25% 지분을 확보한다고 가정할 수 있다. 그러나 1,000만 달러 평가가치의 기준, 즉 투자 전/후에 따라 달라진다. 만약에 투자자가 250만 달러 투자를 합해서 가치평가를 했다면, 투자 전 가치는 750만 달러가 된다. 이 경우, 벤처투자자가 33% 소유권을 가지게 된다. 만약에 1,000만 달러가 투자 후 가치라면, 투자자는 25%를 가진다.

따라서 투자 전 가치에 투자액을 합하면 투자 후 가치가 된다. 뒤집어 말하면, 투자 후 가치에 투자액을 제하면 투자 전 가치가 된다. 단순하게 들리겠지만, 벤처 협상과정에서는 매우 중요하다. 투자 전/후 가치를 방정식으로 요약하면 아래와 같다.

1. 투자 전 가치=투자 후 가치−벤처 캐피탈 투자
2. 투자 후 가치 = 벤처 캐피탈 투자/벤처 캐피탈 지분율

위 방정식을 이용한 다른 예를 들겠다. 어떤 벤처 캐피탈이 600만 달러 투자 전 가치에 400만 달러 투자를 하였다. 이 경우, 벤처가 400만 달러의 대가로 주는 것은 방정식 (1)을 적용하면 다음과 같다.

$600만 = 투자 후 가치 - $400만,
투자 후 가치 = $1,000만

이제 벤처 캐피탈의 지분율, VCFOP(Venture Capital Firm Ownership Percentage, 벤처 캐피탈 소유지분율)를 구하기 위해 방정식 (2)를 적용하면 다음과 같다.

$1,000만 = $400만/VCFOP,
VCFOP = $400만/$1,000만 = 40%

벤처 캐피탈 투자자와 같이 일하기 위해서는 그들의 가치평가 기법에 관련된 용어를 정확히 이해해야 한다.

4. **끝으로 사업가치를 결정한다.** 예측된 사업 기간 동안의 현금흐름을 적절한 할인율을 적용하여 산출한다.

벤처 가치평가의 계약내용협의서

투자자가 어떤 벤처를 잠재적 투자 대상으로 고려한다면, 그 회사의 평가가치를 일차로 생각하게 되고, 소위 **계약내용협의서**(term sheet)가 필요하게 된다. 이 문서는 계약 혹은 합의서의 주요 내용과 조건들의 개요를 포함한다. 계약내용협의서가 작성되면, 이에 따

라 최종 합의서 혹은 계약서 작성을 위한 법적인 절차가 진행된다. 단, 계약내용협의서가 합의서의 최종 조건을 구속하지 않는다.

계약내용협의서는 **의향서**(letter of intent, LOI)와 매우 비슷하다. 둘 다 잠정적이고 구속력이 없는 문서로서 둘 이상의 참여자들이 특정(그러나 불완전하고 예비적인) 조건을 중심으로 최종 합의를 이루겠다는 의향을 기록한 것이다. 그러면서 대부분의 의향서가 비공개 합의, 선의신뢰 원칙, 독점적 협상권을 부여하는 정지(stand-still) 조항 등과 같은 구속력이 있는 내용을 포함한다.

의향서의 목적은 다음과 같다.

- 협상 참여자의 편의를 위하여 복잡한 내용의 핵심 조항을 명확히 한다.
- 참여자들이 현재 협상 중임을 공식화한다.
- 협상이 실패하는 경우의 안전장치를 준비한다.

계약내용협의서와 의향서는 일부 형식적 차이를 제외하면 매우 유사하다. 의향서는 보통 편지 형태로 작성되고 참여자 의향에 중점을 두는 반면, 계약내용협의서는 주요 계약내용을 개조식(글머리표를 사용한) 형태로 열거한다. 가치평가 과정에서 사용되는 협의서의 개념을 명확히 하기 위하여 주요용어들을 소개하겠다.

가격/평가가치 회사의 가치는 투자자가 투자의 일부로서 지불한 가격을 결정한다. 가치에 사용되는 정보는 경영진의 강점, 시장 잠재력, 제품/서비스의 지속가능한 장점, 잠재적 재무수익력 등을 포함하며, 적절한 과정에 의해 결정된다. 평가가치의 다른 의미는 회사가 성공하기 위해 필요한 금액이다. 끝으로 기업의 가치는 인수희망자와 매각인이 거래를 완료할 수 있는 가격이다.

완전 희석 소유권과 가치평가는 완전 희석 기준으로 계산된다. '**완전 희석**(fully diluted)'의 의미는 추가로 발행할 모든 증권(우선주, 옵션, 워런트(warrant) 등등을 포함)을 고려하여 유효주식 수를 산정한다는 것이다.

증권의 종류 신생 벤처의 경우, 일반적으로 투자자는 투자의 대가로 전환우선주(convertible preferred stock)를 받는다. 이 주식은 회사가 인수/청산되거나 자산 배당의 경우에 보통주보다 우선권을 갖는다. 우선주의 이러한 권리는 창업자가 지불한 보통주 가격보다 통상 더 높은 구입가에 대한 보상이다. '전환'은 일정한 수의 보통주로 전환될 수 있음을 의미한다.

청산우선권 회사가 매각되거나 청산될 때, 우선주는 보통주에 자산을 배당하기 전에 일정 금액을 우선 배당받는다. 이를 **청산우선권**(liquidation preference)이라 한다. '참가형 우선주(participating preferred stock)'는 일정 금액을 미리 받을 뿐만 아니라, 보통주의 배당에도 참가한다

배당우선권(dividend preferrence) 배당금을 우선주에 먼저 배당한 후 보통주에 배당한다. 배당은 누적적일 수 있다. 즉, 약속된 배당률에 미치지 못하면 목표 배당률이 달성될 때까지 이후 연도에서 보전한다. 그렇지 않으면 비누적적 혹은 재량적이라고 한다.

상환 회사/투자자가 선택하거나 혹은 의무적으로(보통은 주식구입가보다 프리미엄을 더해서) 우선주를 상환하거나 소각할 수 있다. 만약 투자관계의 지속기간이 한정적이라면, 벤처는 상환 권리가 필요하다.

전환 권리 일반적으로 주주의 선택에 따라, 우선주를 특정 전환가에 따라 보통주로 전환할 수 있다. 전환은 기업공개 등과 같은 상황에 따라 자동으로 실행될 수 있다.

희석방지 보호 우선주의 전환가격은 주식분할, 주식배당 등의 희석 사건에 따라 달라지는데, 이를 **희석방지 보호**(antidilution protection)라고 한다. 전환가격은 보통 가격보호를 받는다. 이것은 미래에 주식을 팔 때 전환가 아래로 내려가는 것을 방지하기 위한 정책이다. 역전방지 보호(ratchet protection)도 가능하다. 전환가를 주식수에 상관없이 신주 가격과 동일하게 설정하는 방식이다. 다른 형태는 포괄적 가중평균(broad-based weighted average) 보호이다. 이 방식에서는 신주발행 수와 가격이 반영된 공식에 따라 전환가를 조정한다. 많은 경우에 일정한 량의 주식은 위와 같은 보호 옵션에 해당되지 않는다. 이는 핵심 직원, 컨설턴트, 임원 등의 보장을 위한 목적으로 사용된다.

의결권 우선주는 보통주와의 환산비율에 따라 의결권을 갖는다. 또 우선주는 이사회의 1명 이상을 선출할 수 있는 권리, 회사정관의 수정, 새로운 종류의 우선권 발생 등과 같은 특정 사안에 대한 특별 의결권을 가질 수 있다.

1차 거부권 우선주주는 보통 회사가 발행하는 신규 주식을 특정 지분율까지는 우선 구매할 권리가 있다.

공동매각권 창업자와 투자자는 공동매각권에 합의할 수 있다. 이를 통해 창업자가 제3자에게 주식을 매각할 때 그 거래에 같이 참여할 수 있는 권리를 확보함으로써 보호를 받을 수 있다.

등록권 일반적으로 우선주 투자자들에게 등록권이 주어진다. 등록권은 우선주의 공개 거래를 위한 등록을 회사에게 요구할 수 있는 권리이다. 이를 통해 투자자는 환금성을 확보할 수 있다. 회사가 주식을 공개할 때 사전에 계획하거나(연계권) 혹은 투자자의 요구에 따라 등록하는 형태(요구권)가 가능하다.

창업자 주식의 이전소요기간(vesting) 창업자가 퇴사할 때 소유 주식(시간에 따라 점차 감소하는)을 회사가 사줄 수 있는 가격과 비율을 제한한다. 이를 통해 창업자가 투자를 유치한 후 바로 퇴사하지 않도록 방지함으로써 투자자를 보호한다.[8]

가치평가 과정의 추가 요인

앞 절의 가치평가 기법들을 이해한 후에도 창업자는 가치평가 과정에 추가 요인들이 발생할 수 있다는 것을 염두에 두어야 한다. 다음에 설명할 것은 벤처의 최종 가치에 영향을 줄 수 있는 세 가지 요인이다.

스타트업 비용의 회피

어떤 인수인은 인수 사업에 대해 가치평가 기법이 산정한 가치보다 높은 가격을 기꺼이 지불하기도 한다. 스타트업에 발생하는 비용을 회피하고자 기존 기업에 높은 금액을 지불하는 경우가 많기 때문이다. 높은 가격을 지불하더라도 여전히 실제 스타트업 비용보다는 적으며, 고객 기반을 만드는 여러 문제들을 피할 수 있다. 사업이 확실하다면, 인수인에게는 높은 가격을 지불할 수 있는 가치가 있기 때문이다.

추정의 정확도

벤처의 판매와 이익은 언제나 과거 재무 및 경제 데이터를 기반으로 추정된다. 부족한 데이터, 변화하는 시장, 불확실한 환경은 인수인으로 하여금 추정치를 객관적으로 보게 만든다. 추정에 포함된 추세, 변동성 혹은 패턴을 검증하는 것은 매우 중요하다. 매출의 경우에는 가격 상승 혹은 고객 확대가 가능한지, 시장 잠재력은 낙관적인지 혹은 현실적인 가정인지, 수익 잠재력은 정확한 비용/매출/시장 데이터에 기반을 둔 것인지를 확인해야 한다. 정확한 추정을 위해서는 분야별로 파악 혹은 측정해야 할 특정 요인들이 있기 때문이다.

통제 요인

소유주가 법적으로 회사에 가지고 있는 통제의 정도(degree of control) 혹은 **통제 요인**(control factor) 역시 평가가치에 영향을 미친다. 만약 소유주 지분이 100%이거나 혹은 회사의 모든 운영이 소유주의 통제 아래 있다면 평가가치는 그 회사의 가치와 같다. 반면에 소유주에게 그런 완전한 통제력이 없다면, 평가가치는 낮아진다. 예를 들어, 49% 지분의 확보로는 51% 주주들을 제어하기에 효과적이지 않다. 또한, 49%를 가진 2명의 주주가 있다면, 2%의 주주의 결정이 중요해진다. 마찬가지로 외부주주 지분 역시 환금성의 제약 때문에 반드시 고려해야 한다. 비공개 기업의 외부주주 지분은 매각하기 어렵다. 크게 볼 때, 통제 요인을 기업 지분 확보의 또 다른 형태로 간주하는 것이 중요하다.

아프리카와 브라질의 가치 상승

일반적으로 두 지역은 제3세계로 간주되나, 그들의 가치는 급속히 상승하고 있다. 아프리카와 브라질은 세계적 경제 세력이 될 수 있는 가능성 때문에 글로벌 경제의 주류로 갑자기 진입하였다.

McKinsey Global Institute의 2010년 보고서에 따르면, 아프리카의 경제적 맥박이 빨라져서 대륙 전체에 새로운 경제적 진동을 일으키고 있다. 통신, 금융, 판매, 건설 부문이 민간투자의 급증으로 급속히 성장하고 있다. 세계은행(World Bank) 2012년 보고서에 의하면, 아프리카 국가의 1/3 이상이 최소 6%의 성장률을 보였고, 40% 국가들은 4~6%의 성장률을 보였다. 급성장하는 아프리카 국가로는 자원이 풍부한 가나, 모잠비크, 나이지리아 등과 다른 유형의 르완다, 이디오피아 등이 2011년에 7% 성장을 기록하였다.

아프리카의 50여 개국 중에도 많은 수는 여전히 빈곤, 질병, 높은 유아사망률과 같은 심각한 과제에 직면해 있기는 하지만, 아프리카의 전체 GDP는 1.6조 달러에 달하고, 이는 대략 브라질이나 러시아와 비슷하다. 또한, 아프리카는 가장 빠르게 성장하는 지역 중의 하나이다. 급성장의 배경에는 군사충돌을 종식하려는 정부 정책, 거시경제 조건의 개선, 보다 기업친화적 환경을 조성하기 위한 미시경제적 개혁 등이 있다. 아프리카 정부들이 시장 활성화 정책들을 더 많이 채택하고 있다. 예를 들면, 국영기업의 매각, 무역개방의 확대, 법인세율의 인하, 제도/법적 시스템의 강화, 물리적 사회적 인프라의 구축 등이다.

최근의 추세가 지속된다면, 아프리카는 세계 경제에서 갈수록 중요하게 될 것이다. 2040년에는 지구상의 젊은 사람 5명 중 1명이 아프리카에 있으며, 노동력의 규모는 중국을 추월하게 된다. 아프리카는 전 세계의 경작이 가능하나 미개척된 면적의 60%와 엄청난 천연자원을 가지고 있다. 아프리카의 소비 시장은 OECD 국가들에 비해 2~3배의 속도로 성장하고 있다. 아프리카 지역에 대한 해외투자 수익률은 어떤 다른 개발도상 권역보다 높다.

브라질은 급성장하는 시장을 바탕으로 지구상에 가장 부유하고 선진화된 국가로 발돋움하려는 또 다른 국가이다. 여기에는 여러 요인들이 있는데 인프라에 대한 투자도 그중의 하나이다. '성장 촉진 계획(Growth Acceleration Plan)'에는 수천 개의 다양한 인프라 프로젝트를 포함하고 있다. 이 계획은 2007년의 42억 달러 초기 투자로 시작하였다. 핵심 목표는 많은 사회적 문제를 야기시키는 열악한 인프라를 개선하고, 오랫동안 낙후된 지역의 경제 잠재력을 향상시키는 것이다. 빈곤과 불평등의 제거가 브라질의 또 다른 목표이다. 2001에서 2008년 사이에 불평등 차이는 6% 감소하였는데, 이것은 남미 국가 중 가장 큰 감소폭이다. 이로 인해 수백만 명이 빈곤층에서 탈출하였다. 브라질에게 해외투자는 자본시장을 개혁하는 데 중요하다. 2008년 상파울로 주식거래소는 상품 및 선물거래소와 합병으로 남미 최대의 거래소이자 전 세계 4위 규모가 되었다. 이 거래소의 총 규모는 1.167조 달러에 이른다.

브라질의 인구, 광물, 농업 자원의 규모는 미국과 캐나다를 합친 것과 비슷하다. 또한, 성장을 계속할 수 있는 몇 가지 중요한 이유가 있다. 하나는 원유, 천연가스 등의 에너지 자원이 자체 수요를 감당하고도 약간의 수출이 가능할 정도로 많다. 브라질의 많은 농경지 때문에 바이오 연료 부문에서도 에탄올 생산의 선두를 차지고 있다. 태양광 및 풍력 발전 역시 긴 해안선 때문에 풍부하다.

둘째 이유는 브라질이 지구상의 모든 국가들보다 많은 물을 가지고 있기 때문이다. 기후 변화로 물이 더욱 중요한 자원이 되고 있으므로, 지역주민과 투자자 모두에게 브라질이 더욱 매력적이다. 셋째는 2014 월드컵, 2016 올림픽 같은 세계적 스포츠 행사들이다. 이를 통해 새로운 인프라를 건설하고 해외 투자를 유치할 것이다.

따라서 오늘날의 브라질은 역사상 유래 없는 경제성장을 경험하고 있다. 2002년 이후로 평균 4.5%의 GDP 성장률을 기록했다. 2010년에는 GDP 성장률이 7.5%로 예상되고, 액수로는 2.2조 달러에 해당되는데 남미에서 가장 크다. 가구당 GDP는 11,000달러를 넘어서 남미 6위에 해당한다. 아울러 실업률은 사상 최저이며, 외환보유고는 세계 6위로 증가하였고, 국채는 가장 높은 등급을 받고 있다. 브라질은 선진 경제를 달성할 수 있는 충분한 능력이 있으며, BRIC(Brazil, Russia, India, China) 국가 중에서 당당한 위치를 차지할 것이다.

신흥 시장에서 340억 달러 이상의 벤처자본 투자가 이루어졌기 때문에, 아프리카와 브라질의 가치는 계속 상승할 것이 확실하다.

출처: Adapted from Acha Leke, Susan Lund, Charles Roxburgh, and Arend van Wamelen, "What's Driving Africa's Growth," McKinsey Global Institute (June 2010), http://www. mckinseyquarterly.com/Whats_driving_Africas_-growth_2601 (accessed June 2, 2012); Sean Williams, "Why Is Brazil an Emerging Market Economy?", University of Iowa Center for International Finance & Development (April 2011), http://ebook.law.uiowa.edu/ebook/uicifd-ebook/why-brazilemerging-market-economy (accessed June 2, 2012); Ekow Quandzie, "World Bank Expects Faster Economic Growth for Africa in 2012 Despite Volatile Global Economy," Ghana Business News (April 23, 2012), http://www.ghanabusinessnews.com/2012/04/23/world-bank-expects-faster-economicgrowth-for-africa-in-2012-despite-volatile-global-economy/ (accessed June 1, 2012).

요약

인수를 하든 매각을 하든, 창업가는 사업의 가치평가 방식을 이해할 필요가 있다. 자신의 사업가치를 알고 싶은 단순한 정보 차원의 목적일 수도 있지만 때로는 매각 목적으로 필요할 수도 있다. 어느 경우이든 기업의 가치평가에는 다양한 방법이 있다.

첫째 단계는 기업의 강점과 약점에 대한 포괄적 이해를 할 수 있도록 사업의 전반적 운영을 분석하는 것이다. 표 14.2는 이러한 목적을 위한 체크리스트를 보여 준다. 둘째 단계는 기업의 가치를 산정하는 것이다. 가장 일반적으로 사용하는 기법은 (1) 조정 후 유형자산, (2) 주가수익률(P/E, 이익배수), (3) 할인순익이다.

조정 후 유형자산 장부가치법은 자산을 재평가한 후 채무를 제하고 사업가치를 산정한다. 이 방법은 비교적 간단하고 단순하다.

주가수익률법은 보통주의 주가를 주당 순익으로 나눈 후, 총 주식수를 곱해서 산정한다. 예를 들면, 주가수익률이 10이고 10만 주를 가진 회사의 가치는 100만 달러가 된다.

할인순익법은 사전에 결정된 기간 동안의 현금흐름을 추정하여 적절한 할인율을 이용하여 현재 가치로 할인한다. 이것이 가장 일반적 가치평가 방법 중의 하나이다. 가치평가에서 고려해야 할 다른 요인들은 스타트업 비용, 추정 정확도, 통제요인 등이다.

주요용어

감정적 왜곡	완전 희석	청산우선권
계약내용협의서	의향서(LOI)	통제 요인
기업실사	자본부족	할인순익법
사업가치평가	조정 후 유형자산 장부가치	희석방지 보호
상이한 목적	주가수익률(P/E)	

검토와 토의 문제

1. 사업가치평가의 세 가지 근본 문제를 찾고 설명하시오.
2. 기업실사를 정의하시오. 기존 벤처의 인수에 어떻게 적용할 수 있는지 설명하시오.
3. 사업분석을 실시하기 위해서, 사업 이력, 시장 및 경쟁, 판매와 유통, 경영, 재무와 같은 분야별로 어떤 질문 혹은 사항을 검토해야 하는가?
4. 가치평가의 가장 일반적 기법 중의 하나는 조정 후 유형자산 장부가치이다. 이 기법의 타당성을 설명 하시오.
5. 주가수익률(P/E)법을 설명하고, 예를 드시오.
6. 할인순익법의 단계를 설명하고, 예를 드시오.
7. 벤처의 가치평가에서 다음 기법이 어떻게 적용되는가? 고정가, 이익배수, 투자수익률, 대체가치, 청산가치, 초과이익, 시장가치 기법의 예를 드시오.
8. 사업의 가치평가에서 스타트업 비용, 추정의 정확도, 통제 요인과 같은 요인들이 왜 중요한지 설명하시오.

연습문제

당신은 어떤 대안을 추천하겠는가?

Jane Winfield는 Ted Garner의 회사를 인수하려고 한다. 그녀는 Ted 회사에 대해 상세한 재무분석을 하였고, 그 결과는 다음과 같다.

1. 재고의 장부가격: $250,000
2. 미래 순익의 할인율: 24%
3. 공장과 설비의 장부가격: $150,000
4. 재고의 적정 시장가치: $400,000
5. 다른 무형자산의 적정 시장가치: $60,000
6. 보통주의 수: 100,000
7. 공장과 설비의 적정 시장가치: $400,000
8. P/E 배수: 9
9. 다른 무형자산의 장부가격: $30,000
10. 향후 5년간의 순익 추정치: $200,000(1차 년도), $300,000(2차 년도), $400,000(3차 년도), $500,000(4차 년도), $600,000(5차년도)

위의 정보를 이용하여 Jane은 사업가치를 얼마로 평가해야 하는가? 조정 후 유형자산, P/E, 할인순익 등으로 각각 평가하시오. 또 어느 방법이 적당한지 추천하시오. 끝으로 모든 결과를 감안하여 최종가격을 산정하고, 그 이유를 설명하시오. 당신의 답을 다음에 기입하시오.

a. 조정 후 유형자산 가치: ____________________

b. P/E 가치: ____________________

c. 할인순익 가치: ____________________

d. 최종 매각가격: ____________________

사례 14.1: 가치평가 문제

Charles Jackson은 자신이 하고 있는 작은 사업의 가치평가에 관심이 많다. 그는 5년 전에 1,500달러의 저축을 털어서 사업을 시작하였다. 지금은 15명의 직원과 188만 달러의 연 매출액을 기록하고 있다.

Charles는 사업의 가치평가 기법에 대해 회계사와 이야기해 왔다. 회계사는 Charles에게 두 가지 방법, 즉 조정 후 유형자산 장부가치법과 할인순익법을 간략하게 설명해 주었다. 평가가치를 알기 위해, Charles가 두 방법을 모두 적용해 보기로 결정했다. 다음은 그가 정리한 데이터이다.

Charles는 보수적인 할인율을 적용하는 것이 타당하다고 생각해서, 24%를 사용했다.

조정 후 자산 및 총 부채		향후 5년간의 추정 순익	
총 부채	$70,000	1차 년도	$10,000
재평가 후		2차 년도	125,000
재고	600,000	3차 년도	150,000
공장과 설비	400,000	4차 년도	200,000
기타 자산	100,000	5차 년도	250,000

질문

1. 조정 후 유형자산 장부가치법을 적용하면, Charles 사업의 가치는 얼마인가? 계산과정을 보이시오.
2. 할인순익법을 적용하면, Charles 사업의 가치는 얼마인가? 계산과정을 보이시오.
3. 어느 방법이 더 정확한가? 이유를 설명하시오.

사례 14.2 어느 것이 될까?

Georgia Isaacson과 그녀의 아들 Rubin이 사업체 인수를 고려하고 있다. 매각을 희망하는 7명의 사장과 이야기를 한 후, Isaacson 모자는 의류소매점을 선택했다. 그 가게는 좋은 위치에 있고, 지난 5년간의 순익이 매우 훌륭했다. 현재의 소유주는 50만 달러면 가게를 팔겠다고 했다. 그 사람은 향후 7년간의 순익을 예측하고 15% 할인율을 적용하여 금액을 결정했다.

Isaacson 모자는 옷 가게가 50만 달러의 가치가 있는지 의문스러웠다. 그렇지만 그 사람이 사용한 방법은 이해했다. Georgia 생각에는, 소유주가 사업을 7년밖에 하지 않았으면서도, 향후 7년간의 순익을 고려하는 것이 비현실적이다. Rubin은 할인율이 너무 낮기 때문에 20~22% 정도가 적절하다고 생각한다.

이들 문제 외에도, Isaacson 모자는 다른 기차평가 방법도 적용해 보고 싶다. 특히 조정 후 유형자산 장부가치법을 적용한 결과를 알고 싶다. 대체가치와 청산가치법의 결과도 궁금하다.

"소유주가 자신의 사업을 가치 있게 느낀다

는 것은 알겠어." Georgia가 아들에게 설명한다. "그렇지만, 그 사업의 가치가 얼마인지, 우리 스스로도 해봐야 된다고 생각해. 그 가격을 기준으로 최종 가격을 협상하는 거야. 우선 가치평가 프로세스를 다양한 관점에서 검토해 봐라."

질문

1. 만약 소유주가 순익추정치를 7년에서 5년으로 줄이면, 최종 평가가치에 어떤 영향이 미치는가? 할인율을 15%에서 20%, 22%로 각각 올리면 최종 평가가치에 어떤 영향을 미치는가?
2. 대체가치와 청산가치법의 원리는 무엇인가? Isaacson 모자는 왜 이들 방법을 검토하고 싶어 하는가?
3. 만약에 Isaacson 모자가 사업가치를 41만 달러로 결정했다면, 거래가 성사되었다고 가정하여 최고 인수가격이 얼마가 되겠는가? 대답의 근거도 설명하시오.

미주

1. See, for example, W. G. Sanders and S. Bovie, "Sorting Things Out: Valuation of New Firms in Uncertain Markets," *Strategic Management Journal* 25, no. 2 (February 2004): 167–86; and Saikat Chaudhuri and Behnam Tabrizi, "Capturing the Real Value in High-Tech Acquisitions," *Harvard Business Review* (September/October 1999): 123–30.

2. "Acquisition Strategies—Part 1," *Small Business Reports* (January 1987): 34, reprinted with permission from *Small Business Reports;* see also Laurence Capron, "The Long-Term Performance of Horizontal Acquisitions," *Strategic Management Journal* (November 1999): 987–1018.

3. "Valuing a Closely Held Business," *Small Business Report* (November 1986): 30–31; see also Hal B. Heaton, "Valuing Small Businesses: The Cost of Capital," *Appraisal Journal* (January 1998): 11–16; and Alan Mitchell, "How Much Is Your Company Really Worth?" *Management Today* (January 1999): 68–70.

4. For additional insights, see Ted S. Front, "How to Be a Smart Buyer," *D & B Reports* (March/April 1990): 56–58; and Alfred Rappaport and Mark L. Sirower, "Stock or Cash? The Trade-Offs for Buyers and Sellers in Mergers and Acquisitions," *Harvard Business Review* (November/December 1999): 147–58.

5. Gary R. Trugman, *Understanding Business Valuation: A Practical Guide to Valuing Small to Medium-Sized Businesses* (New York: American Institute of Certified Public Accountants, 1998); and Robert W. Pricer and Alec C. Johnson, "The Accuracy of Valuation Methods in Predicting the Selling Price of Small Firms," *Journal of Small Business Management* 35, no. 4 (October 1997): 24–35; see also Wayne Lonergan, *The Valuation of Businesses, Shares and Other Equity* (Australia: Allen & Unwin, 2003).

6. Adapted from Albert N. Link and Michael B. Boger, *The Art and Science of Business Valuation* (Westport, CT: Quorum Books, 1999).

7. "Valuing a Closely Held Business," 34.

8. Justin J. Camp, *Venture Capital Due Diligence* (New York: Wiley & Sons, 2002); see also John B. Vinturella and Suzanne M. Erickson, *Raising Entrepreneurial Capital* (Burlington, MA: Elsevier, 2004).

15장
신생 벤처의 최종 수확

창업가적 사고

농업에 비유를 하면, 시장에서의 수확도 최적의 시점이 확실히 있다. 만약 너무 빠르면, 수확물이 여물지 못하게 되어 아무도 사지 않는다. 반면에 너무 늦게 되면, 썩거나, 상하거나, 손해를 보게 된다. 오늘날의 벤처에도 같은 접근을 할 수 있지 않을까?

— Andrew J. Sherman, Harvesting Intangible Assets

학습목표

1. 미래 계획으로서 '수확'의 개념을 제시한다.
2. 벤처의 경영승계에 관련된 핵심 요인을 검토한다.
3. 승계의 주요 후보들을 파악하고 설명한다.
4. 최근의 법률이 친족회사 승계에 끼치는 잠재적 영향을 검토한다.
5. 승계 전략의 수립 방법을 제시한다.
6. 잠재적 수확 전략으로 기업공개(IPO)의 세부 사항을 검토한다.
7. 수확 전략의 최종 대안으로 '매각'을 설명한다.

벤처의 수확: 미래의 목적

벤처가 마침내 성공을 하면, 사업의 미래 운영과 경영에 대해 창업자가 결정을 해야만 하는 시간도 마침내 온다. 수확 계획(harvest plan)이 소유주와 투자자의 돈을 진짜 현금으로 회수하는 방법과 시점을 정한다. 물론 '수확'이라는 용어가 창업자의 도전과 책임의 종료를 의미하지 않는다. 여전히 도전적인 결정을 해야 한다. 예를 들면, 비공개 회사의 경우, 지속적 성공을 위해 경영 통제와 승계에 대한 결정을 해야 한다.[1] 또 어떤 유동성 사건을 진행하려는 결정일 수도 있다. 유동성 사건은 매각, 합병, 기업공개 등과 같이 벤처투자자들이 상당한 현금을 회수할 수 있는 사건을 통칭한다. 벤처가 과연 기업공개(8장에서 상세 검토) 단계에 도달했는지를 판단해야 할 수도 있다. 혹은 사업 매각이 가장 현실적인 대안인지 결정할 수도 있다. 어느 상황이든 창업자는 수많은 선택과 가능성에 직면한다. 창업자가 해야 할 결정에 대한 대답을 여기에서 전부 다루기는 불가능하다. 벤처는 각각의 특수한 상황을 가지고 있다. 이 장에서는 창업자들에게 마지막 단계에서 자주 발생하는 문제들의 일부만을 다루고자 한다. 이를 위해 경영승계 전략과 벤처의 두 가지 중요한 수확 전략인 기업공개와 벤처 매각을 설명한다.

경영승계 전략

통계에 따르면 대부분의 비공개 회사는 10년 이상 생존하지 못하고, 열 중 셋 정도만 다음 세대로 이어진다. 더 중요한 것은 비공개 회사의 10%만이 3세대로 넘어간다는 점이다.[2] 비공개 회사의 평균 수명은 24년인데, 창업자의 평균 재임기간과도 같다.[3] 대부분의 비공개 회사가 겪는 큰 문제 중의 하나가 다음 세대로 경영권을 이양할 준비가 부족한 것이다. 잔인한 현실은 다음 세대는 생물학적으로 불가피하게 결정된다는 점이다. 그러면서도 대부분의 비공개 회사는 승계 계획을 전혀 만들지 않는다.

경영승계(management succession)는 의사결정권의 이양을 의미하며, 비공개 회사의 소유자와 창업자가 당면할 가장 큰 과제 중의 하나이다. 얼핏 보면 승계가 어려운 문제는 아니라고 생각할 수 있다. 소유주의 임무는 경영을 이어받을 후계자를 지정하거나, 보다 바람직하게는 재임 기간 동안 1명 이상의 후보군을 훈련시키는 것이다. 겉보기와는 달리, 불행하게도 이것을 실천하려면 상당히 힘들며 많은 이슈가 얽혀 있다. 그 중 하나가 소유주 자신이다. 대부분의 경우, 소유주가 곧 회사다. 소유주/창업자의 개성과 능력이 오늘의 사업을 만들었다. 만약 그 사람이 빠진다면 회사가 지속되지 못할 수 있다. 게다가 건강이 나빠지거나 효과적인 경영을 할 수 없게 되었는 데도 계속 자리에 있으려 한다면 상황이 더 나빠진다. 이 경우, 창업자는 자신을 밀어 내려는 외부의 시도를 사심을 가진 나쁜 짓이라고 생각하기 쉽다. 불행히도 죽음에 대해 이야기하다 보면 모든 사람의 마음에 부

표 15.1 비공개 회사의 승계계획의 장애물

창업자/소유주	가족/친족
죽음에 대한 불안 상징으로서의 회사 • 정체성의 상실 • 유산상속 문제 선택의 딜레마 • 동등성의 허구 일반적 질투/시기 • 권력의 상실	죽음을 금기시 • 죽음을 이야기하는 것은 나쁜 행동 • 상실/포기의 두려움 형제/자매 경쟁에 대한 두려움 배우자 지위의 변화

출처: Manfred F. R. Kets de Vries, "The Dynamics of Family-Controlled Firms: The Good News and the Bad News," *Organizational Dynamics* (Winter 1993): 68.

정적인 생각이 많아지기 때문에, 소유주와 그 가족들은 더 불안해한다.

승계의 다른 장애물은 형제/자매 간 경쟁, 해직당할 수 있는 친족의 불안, 상실의 두려움으로 인해 죽음을 철저하게 기피, 포기하는 것 등이다.[4] 표 15.1이 소유주와 가족/친족 때문에 발생하는 승계의 어려움을 보여 준다.

비공개 회사의 기본 원칙은 소유주 스스로 승계계획을 만들어야 한다는 것이다. 많은 사람들이 회사를 가족/친족 소유로 유지하기를 원하기 때문에, 후계자 관련 결정을 해야만 한다. 심리적으로 어려운 결정이기는 하다. 후계자 선택은 묘지 구입과 비슷하다. 둘 다 죽음을 가정하기 때문이다. 그러나 소유주가 승계 문제를 계속 외면한다면, 후에 남겨질 사람들의 부담을 키울 뿐이다. 승계 문제가 극복할 수 없는 것은 아니다. 이 문제를 검토하기 위한 첫 단계는 승계에 관련된 핵심 요인의 파악이다.

승계의 핵심요인

비공개 회사의 '원활한 승계'는 그 자체로 모순이라는 주장이 있다. 승계는 구조적으로나 문화적으로나 변화를 수반하고 매우 감정적인 문제를 야기하기 때문에 절대로 원활할 수 없다는 것이다.[5] 가족 승계는 실제 사업과 함께 윤리, 가치, 전통의 승계도 포함한다. '가족 사업'과 '사업 가족'은 명확히 다르다. 만약 승계에 진전이 이루어지려면, 둘의 차이를 인정하고 해소해야만 한다.[6]

다양한 요인들이 승계에 영향을 미친다.[7] 이들 요인을 설명하기 위한 한 방법은 회사 내·외부의 압력과 이해관계 관점에서 분석하는 것이다. 다른 방법은 강제적 사건의 검토이다. 세 번째 방법은 승계 후보군들을 조사하는 것이다. 끝으로 승계 결정에 영향을 줄 수 있는 법적 규제에 대해 검토하는 것이다.

기업 내부의 승계 압력과 이해관계

비공개 기업 내부의 승계 압력에는 두 가지 종류가 있다(그림 15.1 참조). 하나는 가족/친족에 의한 것이고, 다른 하나는 친족이 아닌 직원에 의한 것이다.[8]

가족 혹은 친족

친족이 회사에서 일하고 있을 때, 승계와 관련된 문제가 많이 발생한다. 그 중 하나는 친족들이 회사를 계속 경영하기 위하여 사업의 존속을 희망하는 경우이다. 이를 위해 친족들이 운영의 통제권을 차지하거나 강화하려는 시도를 하기도 한다. 다른 흔한 문제는 소유주/경영자가 받는 후계자를 정하라는 압력이다. 세 번째로 가능한 문제는 친족의 여러 분파 사이의 경쟁이다. 예를 들면, 소유주의 여러 자녀들이 자신을(혹은 자신의 자녀를) 경영책임자로 임명해야 한다고 생각한다. 자녀 중 오직 한 명만이 이 경쟁에서 이길 수 있기 때문에, 치열한 경쟁으로 사업의 매각 혹은 파산으로 악화될 수 있다.[9]

비친족 직원

경우에 따라서는 가족이 아닌 직원들도 자신들의 이익을 보호하기 위하여 소유주/경영자에게 압력을 가할 수 있다. 예를 들어, 장기 근속한 직원들이 회사의 일부를 인수할

그림 15.1 친족 사업의 압력과 이해

	친족 내부	친족 외부
회사 내부	**친족 경영자**	**직원**
	회사 경영권의 유지 혹은 추구	충성에 대한 보답
	친족을 경영자로 임명	자산, 성장, 성공의 공유
	친족의 계속되는 투자 및 참여	전문성 강조
	왕조의 건설	친족승계의 연결 역할
	경쟁 심화	회사 지분 참여
회사 외부	**가족/친척**	**외부인**
	소득과 상속	경쟁
	친족 간 갈등과 연합	시장, 제품, 공급, 기술 등의 영향력
	사업의 참여도	세법
		규제 기관

출처: Adapted and reprinted by permission of the *Harvard Business Review*. An Exhibit from "Transferring Power in the Family Business," by Louis B. Barnes and Simon A. Hershon (July/August 1976): 106.

수 있도록 소유주가 허용해 주거나 혹은 소유주의 결심으로 일정 지분을 주어야 한다고 생각할 수 있다. 이러한 희망과 기대는 보통 소유주에게 알려지게 되고, 승계계획에 어떤 형태로든 압력으로 작용하게 된다. 게다가 회사 성공에 대한 기여도에 따라 비친족 임직원들의 요구를 무시할 수 없는 경우도 가능하다. 회사가 지속되려면, 소유주는 이런 압력을 고려해야 한다.

기업 외부의 승계 압력과 이해관계

기업 외부에서는 친족 구성원과 비친족 요인들 모두 기업 승계에 이해관계를 가지고 압력을 행사한다.

친족

사업에서 적극적 역할을 하지 않았더라도, 일부 친족들이 압력을 행사할 수 있다. 이들은 운영의 부분 상속을 확정하려고 소유주/경영자에게 압력을 행사한다. 어떤 경우에는 사업 참여를 압박하기도 한다. 어떤 가족은 자신(들)을 회사에 채용하라고 소유주/경영자에게 압박한다. 이런 요구에 대해 종종 소유주는 회사에 추가 인원이 필요하지 않다거나 전문 능력(예: 영업 혹은 기술 능력)이 필요하다는 등의 이유로 거절하거나 피한다.

비친족 요인

또 다른 압력의 근원지는 외부 환경요인이다. 경쟁자는 계속 전략을 바꿔서 소유주/경영자가 새로운 시장 요구에 대응하도록 압박을 한다. 이외에도 고객, 기술, 신제품 개발 등도 압력으로 작용한다. 이 압력들은 계속 변화하고, 창업자도 계속 대응해야만 한다. 세법, 규제 기관, 경영 추세들도 소유주/경영자가 겪어야 할 다른 형태의 압력 요인이다.[10] 상황에 따라 이들 압력이 심각한 문제로 변하게 된다.

그림 15.2는 친족과 사업 이슈를 시스템 모형으로 도시한 것이다. 친족과 사업 시스템이 겹치는 부분에서 각자의 관행적 패턴의 혼란 또는 단절에 반응한다. 혼란은 회사와 친족의 내·외부 모두에서 올 수 있다. 혼란의 외부 근원지는 공공 정책의 변화, 경제적 급변, 기술 혁신 등이 될 수 있다. 내부 근원지는 친족의 결혼, 출산, 사망, 이혼 등이다. 이 혼란들은 좋을 수도 나쁠 수도 있다. 그러나 두 경우 모두 친족과 사업의 대응을 요구한다.

친족과 사업 시스템이 겹치는 정도는 회사마다 다르다. 친족과 사업을 분리하려는 기본 원칙을 가진 비공개 회사는 중복이 거의 없다. 그림에서는 겹치는 부분이 매우 작을 것이다. 반면에 많이 중복된 회사라면 그 부분이 커진다.

지속가능성은 친족의 성공, 사업의 성공, 혼란에 대한 대응의 총체적 결과이다. 달리

그림 15.2 지속가능한 친족사업 모형

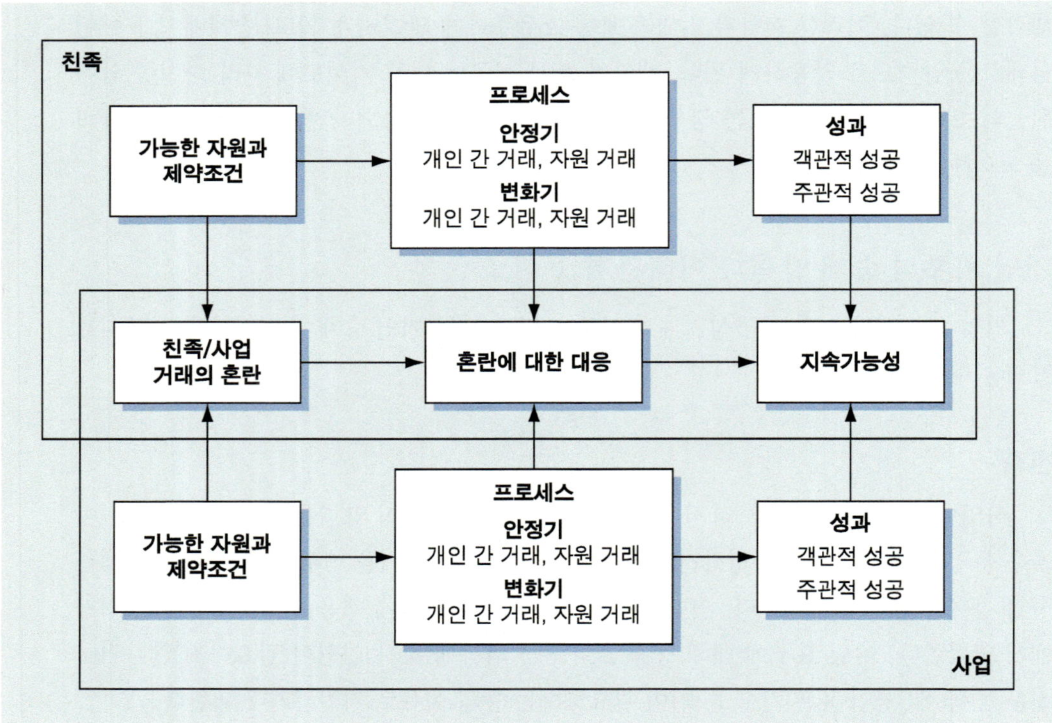

출처: Kathryn Stafford, Karen A. Duncan, Sharon Dane, and Mary Winter, "A Research Model of Sustainable Family Business," *Family Business Review* (September 1999): 197–208.

말하면, 지속가능성을 위해서는 가족뿐만 아니라 사업도 같이 고려해야 한다는 의미이다. 또한, 승계를 방해하지 않도록 혼란에 공동 대응하는 친족과 사업의 능력도 고려해야 한다.[11]

강제적 사건

강제적 사건(forcing event)은 소유주/경영자의 교체를 유발하는 사건을 의미한다. 이 사건들은 창업자가 사업에서 손을 떼고 다른 사람이 경영을 맡게 만든다. 전형적인 예는 다음과 같다.

- 죽음: 상속인은 즉시 경영후계자를 찾아야 함
- 질병 혹은 치명적은 아니나 물리적 불능 상태
- 사업에서 손을 떼게 만드는 정신적 혹은 심리적 붕괴 상태
- 갑작스러운 퇴직: 창업자가 사전에 알리지 않고 갑자기 은퇴하는 경우
- 법적 문제: 법을 위반하여 금고 이상의 형을 받은 경우(만약 기간이 수주일 이상이 되면, 승계는 명목상이라도 필요함)

- 심각한 사업 침체로 소유주/경영자가 경영을 포기
- 재무적 문제로 채권자가 추가 투자 조건으로 소유주/경영자의 퇴출을 요구

위 사건들은 사전 예측이 어려우며, 가족은 대비가 거의 안 된 경우가 많다. 따라서 이런 사건이 일어나면 사업에 중대한 혼란을 초래한다.

이런 요인들이 후계자의 경영 환경에 영향을 미친다. 사람과 환경이 잘 맞지 않으면, 경영후계자가 상당한 제약을 받게 된다.

승계 후보자들

창업가적 후계자(entrepreneurial successor)는 재능이 있고 창의적이고 추진력이 있다. 이런 사람은 신제품 개발이나 미래 사업에 중요한 아이디어를 자주 생각해 낸다. **경영적 후계자**(managerial successor)는 효율성, 내부 통제, 자원의 효율적 활용에 관심을 갖는다. 이런 사람은 회사가 지속가능하도록 안정성과 일상적 방향을 주로 제시한다.

내부에서 후계자를 찾을 때, 창업자는 보통 아들, 딸, 조카 등을 우선 대상으로 한다. 한 사람을 선택해서 먼저 일부 운영을 맡기고, 점차 전략적 권한과 소유권을 넘기려 한다. 벤처 성공의 주요 요인은 설립자와 후계자 간의 조화이다. 창업자는 리더에서 코치로, 집행자에서 조언자로 바뀔 수 있어야 한다. 후계자는 설립자의 벤처에 대한 애착을 존중하고 소유권 주장을 배려해야 한다. 그러면서도 필요한 변화를 유도하는 창업가적 재능을 활용할 수 있어야 한다.[12]

조직 내부에서 후계자를 선택하려고 할 때, 일반적으로 설립자는 친족과 비친족 모두를 포함하는 임원급 경영팀을 훈련시킨다. 이를 통해 경험이 풍부한 경영진을 구성하고, 이들 중에서 후계자가 성장하게 된다. 설립자는 후보 그룹에서 한 명의 리더가 자연적으로 부상하기를 기대한다.[13]

젊은 세대의 진입과 '권한'의 실질적 이양을 중심으로 두 가지 전략이 가능하다. 표 15.2가 **조기진입 전략**(early entry strategy)과 **지연진입 전략**(delayed entry strategy)의 장단점을 비교한다. 주요 기준은 회사 직원들로부터 신뢰를 얻는 후계자의 능력이다. 권한의 실제 이양은 모든 승계계획의 핵심 문제이다.[14]

만약에 설립자가 후계자를 외부의 친족에서 찾는다면, 일반적으로 후계자가 다른 사람/회사에서 먼저 일하기를 선호할 것이다. 아마도, 설립자는 후계자가 자기 회사를 경영하기 전에 다른 곳에서 실수도 해 보면서 경험을 쌓을 수 있기를 바랄 것이다.

때로는 설립자가 친족이 아닌 외부인을 한시적 후계자로 고려할 수 있다. 내부에서 차기 후계자를 찾지 못하면 전문경영인을 고용하기로 결정할 수 있다. 이때의 전문경영인은 진짜 후계자가 성장해서 이어 받을 수 있을 때까지 한시적 후계자가 된다.

다른 유형의 비친족 외부인은 벤처를 재무적 어려움에서 탈출시키는 전문가이다. 보

표 15.2 비공개 사업의 승계를 위한 진입 전략의 비교

	장점	단점
조기 진입 전략	• '업의 개념'과 직원과의 친밀감을 획득한다. • 사업에 특히 필요한 기술을 습득한다. • 사업 관계자들에 대한 노출로 인지도와 신뢰도를 높인다. • 구성원들과의 관계를 강화시킨다.	• 소유주가 후계자를 훈련시키기 어렵거나 통제를 포기하면 충돌이 발생한다. • 정상적인 실수도 후계자의 자질 부족으로 확대될 수 있다. • 환경에 대한 경험이 제한적이고, 근친교배의 위험이 발생한다.
지연 진입 전략	• 후계자의 수준을 보다 객관적으로 평가할 수 있다. • 자신감을 높이고, 친족 프리미엄과는 상관없는 성장을 할 수 있다. • 외부에서의 성공이 신뢰를 주고, 후계자가 자격 있는 경영자로 인정받는 토대가 된다. • 사업 환경에 대한 시야가 넓어진다.	• 조직의 핵심성공요인과 문화에 대한 특정 전문 지식과 이해가 부족할 수 있다. • 익숙해진 외부 업무 패턴이 친족 회사의 관행과 충돌할 수 있다. • 후계자가 기존 직원을 추월하여 승진하면 불만이 커진다.

출처: Jeffrey A. Barach, Joseph Ganitsky, James A. Carson, and Benjamin A. Doochin, "Entry of the Next Generation: Strategic Challenge for Family Firms," *Journal of Small Business Management* (April 1988): 53. Reproduced with permission of John Wiley & Sons Ltd.

통 소유주는 전문가에게 전권을 주고, 전문가가 살려낸 벤처는 이후 다른 리더에게 넘기게 된다.

다른 비친족형 방식은 창업자가 적당한 재능이 있는 사람을 찾는 것이다. 장차 사장 권한과 소유권을 넘겨주겠다는 약속을 하고 회사로 영입해서 훈련을 시킨다. 이 방식은 마땅한 후계자가 없거나, 친족 중에 아무도 사업에 관심이 없는 경우에 적합하다.

법적 규제

승계의 일차 후보자는 친족과 내부 직원이다. 그러나 비공개 회사의 이러한 승계 관행은 오클랜드 청소회사 판례와 같이 합법적이지 않을 수 있다.

소송은 1984년 California의 **오클랜드 청소회사**(Oakland Scavenger Co., 쓰레기 수거업체)의 흑인 및 남미계 근로자들에 의해 시작되었다. 그들은 인종 때문에 고용차별을 당했다고 고소하였다. 미 North-California 지방법원은 차별금지법에 해당되지 않는다고 기각하였다. 그러나 미 순회상소법원은 "친족주의(혹은 친족승계)가 모든 사람에게 평등한 경제적 기회를 보장하는 국가의 최고 목표를 대체할 수 없다"고 판결하였다.[15]

오클랜드 판례의 변론취지서에 의하면 쟁점은 제5차 헌법수정 조항 대 1964년 미국 민권법(Title VII)이었다. 즉, 생명, 자유, 재산에 대한 국가의 비이성적인 간섭으로부터의 보호보다 차별의 폐해가 더 심각하다면, 부모가 재산과 사업을 아무에게나 물려 줄 수 있는 권리는 무시해도 된다는 것이다. 이 판례는 비공개 회사의 승계계획에 중대한 영향을 미친다.

창업가적 과정

온라인으로 사업을 수확하기

사업의 수확을 의미하는 매각은 상당한 시간이 소요되고 창업자에게 많은 스트레스를 준다. 사업에 손을 떼야 한다는 창업자의 아픔과 인수자의 기업 실사의 사이에는 많은 감정적 요인이 개입하게 된다. 당연히 차나 집을 파는 것과는 차원이 다르다. 직원들도 고려해야 하고, 재무제표도 준비하고 감사를 받아야 한다. 창업자는 매각한 다음에 무엇을 할지도 생각해봐야 한다.

사업의 인수는 간단히 처리하기에는 너무 복잡한 과정이다. 따라서 사업의 매각/인수를 도와주는 회사들이 점차 인기를 얻고 있다. 이들 회사는 창업자와 잠재적 인수자를 연결해 주는 온라인 서비스를 제공한다. 목적은 창업자의 불안을 줄이기 위해 가시성(visibility)을 제공하는 것이다. 매각의 가장 어려운 부분은 인수후보자의 물색인데, 창업자의 불안은 주로 이 때문에 발생한다.

사업중개인은 수십 년 동안 활동해 왔다. 전부는 아니겠지만, 오늘날 대부분의 중개인들은 웹사이트를 가지고 있다. 이를 통해, 부동산중개인과 크게 다르지 않은 매각 희망 회사들의 정보를 제공한다. 사업중개인들은 회사 목록을 보통 비공개로 관리하고, 특정 지역 내의 회사만을 대상으로 한다. 이러한 일반적 서비스와 차별화하기 위하여, 새로운 서비스는 특정 지역이 아닌 글로벌한 정보를 제공하고 매각희망 회사의 홍보를 극대화하여, 잠재적 인수자의 흥미를 유도한다. 아울러 이들 사이트는 다른 역할도 수행한다. 예를 들면, Craigslist나 Google 같은 대중적 검색서비스에 그들의 목록을 적극 홍보한다.

BizTrader.com이 이러한 회사 중의 하나이다. 소규모 사업의 인수, 매각, 가치평가에 관련된 종합 서비스를 제공하여 기존의 중개회사들로부터 좋은 반응을 얻고 있다. 실제로 온라인 부동산 중개서비스의 운영 경험이 많은 COO(Chief Operating Officer, 운영총괄임원)를 영입한 결과일 수도 있다. 사업의 중개와 부동산 판매는 상당히 유사한 특성을 가지고 있으며, BizTrader.com은 이 점을 잘 활용하고 있다.

BizBuySell.com도 비슷한 사이트이다. 이 회사는 1996년부터 서비스를 시작했고, 언제나 3만개 이상의 회사정보를 제공하고 있다. 매각지원 서비스를 제공한 최초 회사라는 장점을 살려서 유사 사이트 중 선두 자리를 유지하고 있다. 이 사이트는 BizTrader.com이 지향하는 글로벌 정보는 취급하지 않는다. 그러나 BizBuySell.com의 규모 때문에 다른 신규 서비스보다 훨씬 큰 가치를 보여주고 있다.

BizTrader.com, BizBuySell.com 모두 창업자에게 가치있는 역할을 하고 있다. 수수료는 서비스에 따라 다르다. 예를 들어, BizBuySell.com의 중개인 수수료는 월 49.95달러이며, 가치평가 보고서는 19.95달러에서 59.95달러 정도의 비용이 든다. 사업매각을 위한 광고 수수료는 69.95달러에서 99.95달러 사이이다. 두 사이트는 정보제공의 기본 서비스 외에도 관련 서비스도 제공한다. 예를 들면, 재무적 기회를 찾는 지원을 하거나 가치평가를 지원하는 서비스를 제공한다. 사업에서 온라인 광고가 점점 더 중요해지는 만큼, 전통적 신문의 광고는 인기가 줄어들고 있다. 사업을 홍보하는 매체로서 인터넷은 매우 성공적이어서 창업가들이 그들의 사업을 낮은 비용으로 홍보할 수 있게 됐다.

어떤 전문가들은 창업자들에게 인터넷 홍보에 집중하도록 강하게 권유한다. 그러나 사업매각의 경험이 있는 창업자들은 가용한 모든 경로를 활용하는 경향이 있다. 많을수록 좋다는 격언은 사업을 매각할 때도 적용된다. BizBuySell.com, BizTrader.com 같은 온라인 서비스는 창업자들에게 사업매각의 중요한 자원으로 활용되고 있다.

출처: Adapted from Konstantin Shishkin, "Selling Your Business? Click Here," Fortune Small Business, April 14, 2008, http://money.cnn.com/2008/04/14/smbusiness/biztrader.fsb/index.htm (accessed April 17, 2008); and the company websites http://www.biztrader.com and http://www.bizbuysell.com (accessed June 1, 2012).

이 재판은 대법원에 상고되었으나, 최종 판결이 나오기 전 오클랜드 청소회사가 800만 달러에 Waste Management Co.에 의해 인수되었다. 이중 최소 50,000달러를 원고인 16명의 흑인과 남미계 직원에게 각자의 근무기간에 따라 배정하였다. 또한, 1972년 1월 10일 이후부터 고용된 400명의 흑인과 남미계 근로자들에게도 추가 지불이 이루어졌다.[16]

전국친족사업협의회(National Family Business Council)의 법률대리인인 K. Peter Stalland에 의하면, "이 판례가 소규모 사업에 미치는 영향은 심각하다. 상상컨대 거의 모든 소규모 사업이 소유주가 피고용자를 소유주의 자녀와 동등한 대우를 하지 않았다는 이유로 다양한 인종 배경의 피고용자에게 소송을 당할 수 있다. 이런 선례는 매우 위험하다."[17] 따라서 **친족주의**(nepotism)는 법적 문제를 고려해야 한다.

창업가정신 사례

친족주의에 대한 법의 관심

창업자가 너무 많은 가족/친척을 고용하면 법률에 저촉될 가능성이 있다. 법률은 친족주의를 차별중립적 정책으로 간주한다. 즉, 친족 고용만으로는 차별에 해당되지 않는다. 오클랜드 청소회사 판례와 같이 여성이나 소수 인종에 부정적 영향을 주지 않는 한 합법적이다. 다른 판례에서는 미 대법원이 원고측에 부정적 영향의 입증을 요구하면서도, 동시에 피고용자들이 더 쉽게 승소할 수 있도록 하고 있다. 결국은 어떤 정책이 인종적/성적 불평등을 초래하지 않았다는 입증 책임의 대부분을 고용주가 지도록, 미 의회가 민권법을 개정할(대통령이 동의하든 하지 않든) 것으로 예상된다.

친족주의는 성적 불평등보다는 인종적 '불평등 효과(disparate impact)'의 소송에 더 취약하다. 미 고등법원이 "Platner 대 Cash/Thomas 사건"에서 판시했듯이, "친족주의가 체계적인 성적 차별을 은폐했는지 검증하기가 쉽지 않다. 어떤 사람의 친척은 보통 같은 인종적 배경을 갖지만, 짐작컨대 남성과 여성은 친족 내·외부의 비슷한 비율을 가질 수 있기 때문이다."

1964년 민권법은 고용 차별을 금지하고 있지만, 15인 이하의 소규모 회사는 이 법의 적용을 받지 않는다. 그러나 많은 주에서 적용 범위를 확대하는 비슷한 법률을 제정하고 있다. 급성장하는 벤처가 고용 차별에 저촉되지 않기 위해서는 다음의 지침들을 고려해야 한다.

- 해당 업종의 인력 중에서 인종적/성적 구성에 대한 정보를 최대한 수집하라. 당신의 회사도 평균 비율과 유사한 구성을 유지해야 한다.
- 업종 내 인맥이나 평판으로 채용한다는 것은 효과적인 방어가 되지 못한다. 이런 전통적 경로들이 특정 그룹에 대한 혜택을 영구화시키기 때문이다.
- 직무 할당이나 대화에서 고정관념(stereotyping)을 피해야 한다. 소수인종이나 여성을 의식하는 농담이나 별칭은 소수 집단에 대한 '적대적 환경'의 증거로 채택된다.
- 친족을 고용하거나 승진시킬 때, 직무와 관련시켜 그 결정을 설명해야 한다. 탈락한 지원자가 탈락 사유의 설명을 요구하면, 누가 채용되었는지에 상관없이, 직무의 자격, 회사의 장기적 성공에 대한 충성도, 직접적 경력과 기술 등을 강조해야 한다.
- 채용 혹은 승진의 이유로 고객선호도를 언급해서는 절대 안 된다. 예를 들어, "고객이 흑인이나 여성 영업사원을 싫어 한다"라는 식의 설명을 피해야 한다. 고객의 선호도는 차별금지 소송에서 정당한 이유가 될 수 없다.

출처: Howard Muson, "Dangerous Liaisons," *Family Business* (January/February 1991): 22–27. Used by permission of the publisher, Family Business Publishing Company, www.familybusinessmagazine.com.

오클랜드 청소회사 판례는 친족 고용에 보다 상세한 지침과 제약을 가져올 것이 명확하다. 승계계획을 준비할 때, 비공개 회사는 이 문제를 고려해야만 한다. 이 주제의 추가 설명은 "창업가정신 사례: 친족주의에 대한 법의 관심"을 참조하라.

승계 전략의 수립

승계 전략은 (1) 배경의 이해, (2) 후계자 자격의 결정, (3) 승계계획의 문서화라는 단계를 거쳐 수립된다.[18]

승계 배경의 이해

효과적인 승계를 위해서는 다섯 가지 측면의 검토가 필요하다.

시간

창업자가 후계자 계획의 검토 시점이 빠를수록, 적임자를 찾을 확률이 높아진다. 창업자에게 닥칠 가장 큰 문제는 즉각적인 행동을 요구하는 사건의 발생과 이 때문에 최선의 후계자를 찾는 시간의 부족이다.

벤처의 유형

어떤 창업자는 대체가 쉽고, 어떤 창업자는 쉽지 않다. 이 구분의 상당 부분은 벤처의 유형에 달려 있다. 첨단기술 벤처의 새로운 아이디어를 책임지는 창업자는 대체가 어렵다. 또 창업자의 해당 업계 인맥이 매우 넓고 벤처의 성공에 인맥이 중요하다면, 역시 대체가 어렵다. 반면에 경영에 최소한의 전문지식만 필요하다면 큰 문제없이 대체 가능하다.

경영자 역량

후계자의 기술, 의지, 능력 등이 기업의 미래 잠재력과 방향을 결정한다. 업종이 성숙할수록 경영자에 대한 요구가 변하게 된다. 첨단기술이 핵심인 업종에서는 마케팅이 점차 중요해지는 변화를 겪게 된다. 기술적 능력이 있으면서도 마케팅을 이해하는(혹은 이런 방향으로 방향을 전환할 수 있는) 창업자는 그렇지 않은 창업자보다 벤처에 더 가치가 있다.

창업자의 비전

대부분의 창업자는 자신의 조직에 대한 기대, 희망, 욕망을 가지고 있다. 바람직하게는 후계자가 이런 비전을 공유해야 한다. 물론 창업자의 계획이 조직에 문제를 일으키거나 새로운 비전이 필요한 경우는 예외이다. 이런 사례는 매우 흔하다. 오늘날 생명과학 벤처, 첨단기술 벤처, 또는 창업자의 초창기 비전으로 시작한 신기술 벤처들은 성장에 필수적인 경영적 경험이 부족한 경우가 많다. 이 경우, 이사회가 회사를 만든 매우 개념적이고 분석적인 창업자를 대신하여 보다 경영적이고 일상적 관리가 가능한 경영자를 찾는다면 경험이 많은 외부 임원을 선택하게 된다.

환경적 요인

때로는 환경의 변화에 맞춰 최고경영진의 변화가 필요하기 때문에 후계자가 필요한 경우도 있다. Polaroid의 Edwin Land의 예를 들 수 있다. 그의 기술적 창의력이 벤처를 성공시켰지만, Land는 마케팅 능력이 보다 뛰어난 다른 사람을 위해서 퇴진해야만 했다. 어떤 경우에는 재무전문가에게 벤처의 경영권을 넘겨야 할 수도 있다. 단기적 생존에 내부 효율성이 효과적 마케팅 능력보다 중요하다면 여기에 해당한다.

후계자 자격의 결정

후계자는 많은 자격과 특성을 만족해야 한다. 상황에 따라 어떤 자격이 다른 것보다 더 중요할 수 있다. 그러나 대부분의 경우에 모든 조건이 어느 정도 이상의 중요도는 갖기 마련이다. 후계자의 가장 일반적인 조건은 사업에 대한 충분한 지식(특히 재무, 마케팅 분야) 혹은 합리적 기간 내에 그런 전문지식을 쌓을 수 있는 위치에 있어야 한다. 이외에도 원칙적 정직성과 능력, 건강, 에너지, 신중함과 통찰력, 사업에 대한 열정, 사업에 맞는 성격, 인내력, 안정적/성숙한 인격, 합리적인 공격성, 상세 사항에 대한 철저한 검토와 관심, 문제해결 능력, 능숙한 임기응변, 기획과 조직력, 직원을 계발하는 능력, 시작을 하고 끝을 낼 수 있는 성격, 적절한 수준에서 소유주 사업철학의 공유 등이다.[19]

승계 전략의 문서화

창업자는 경영연속성 전략과 정책을 정해야 한다. 문서화는 다음 전략들의 일부로 활용된다.

1. 소유주가 경영연속성 전략을 전적으로 결정한다. 이 유형이 가장 일반적이나, 여전히 법적 자문이 필요하다.
2. 소유주가 소수의 친족원과 상의한다. 승계구도를 만드는 과정에서 변호사가 친족과 소유주 사이의 연락 담당자로서 역할을 할 수 있다.
3. 소유주가 전문가들과 상의한다. 전문가들은 다양한 직업과 업종의 경험을 가진 사람들로서 회의체와 같은 형태로 소유주와 함께 승계 구도를 같이 정한다. 이러한 형태를 유사 이사(quasi-board)라고 한다.[20]

4. 소유주가 친족과 함께 결정한다. 이 대안은 핵심 친족(배우자와 직계 가족)이 승계결정에 적극적으로 참여하고 영향력을 행사하는 유형이다.

소유주가 여전히 건강하고 회사도 좋은 상황이라면, 다음의 대안도 고려할 수 있다.

5. 소유주가 **매매합의서**(buy/sell agreement)를 회사 설립 시점부터 혹은 그 직후에 작성하고, 주요 변화가 발생할 때마다 수정한다. 핵심 인력의 사망 시, 비슷한 수준의 인력을 확보할 수 있도록 보험에 가입하는 방안도 가능하다.
6. 소유주가 **종업원지주제도**(employee stock ownership plans, ESOP)를 이용한다. 만약에 소유주가 현재 고려하는 후계자가 없고 직원들의 충성심과 능력을 존중한다면, 적당한 ESOP가 회사의 경영권을 넘기는 최선의 대안일 수 있다. 소유주가 사망하면, 직원들이 경영구조를 결정하게 된다.
7. 사업을 매각하거나 청산한다. 소유주가 사업에 대한 열정을 잃어버렸지만 신체적 능력이 여전한 경우에 해당한다. 사업의 매각/청산으로 다른 사업을 시작할 수 있는 자본을 마련할 수 있다. 소유주의 계획이 무엇이든, 소유주의 싫증으로 사업이 망하기 전에 정리하는 것이 바람직하다.
8. 소유주가 치명적 질병에 걸렸어도 경영권이나 소유권을 적절하게 이양할 수 있는 경우, 사업을 매각/청산한다.[21]

위의 모든 경우에 법적 자문이 도움이 된다. 단, 자문인(법률 혹은 다른 분야이든)이 승계에 관련된 이슈들을 잘 이해하고, 적절한 계획을 추천할 수 있어야 한다.

비공개 기업의 창업자는 승계에 대한 논의를 대부분 거부한다. 그러나 무시를 하든 거부를 하든 결국 피할 수 없다. 따라서 창업자가 승계계획을 신중하게 준비해야 한다. 현재 번창하는 비공개 회사의 이름이 멸망한 왕조의 목록에 올라가는 것을 효과적인 승계계획이 막아줄 수 있다.

외부 지원

일반적으로 내부 승진은 사기를 올리는 좋은 방법이다. 그러나 때로는 실수가 되기도 한다. 최고경영자가 일을 제대로 못하는데, 아랫사람이 문제를 해결할 수 있을까? 후계자는 소유주/경영자를 닮기 쉽다. 역으로 최고경영자의 능력으로 급성장한 친족 회사를 생각해 보자. 회사 직원 중 누가 경영에 필요한 자격을 진실로 가지고 있을까? 반드시 고려해야 할 질문이 "효과적으로 사업을 경영하려면 어떻게 해야 할까? 누가 그런 능력을 가지고 있을까?"이다. 이런 질문에 대한 해결책으로 외부 영입을 고려할 수 있다. 또한, 비공개 회사가 대부분 가지고 있는 자부심이 변수가 될 수 있다. 소유주/경영자에게 스스로 퇴진하는 지혜가 있을까? 혹은 소유주가 경영하려는 의지가 너무 강해서 직접 경영의 위

창업가정신 사례

매매합의서

많은 창업가들은 그들의 지속적 성공의 원인을 두 명 이상의 소유주들의 종합적 역량이라고 생각한다. 그러나 어떤 소유주가 사업을 동업자의 자녀, 배우자, 채권자와 함께하게 될 거라고 처음부터 상상하겠는가? 아마도 아닐 것이다. 그러나 현명한 창업가는 "4D – Disability(장애), Death(죽음), Dissolution(결혼의 파경), Debtorship(채무 상태)" 때문에 불가피하게 발생하는 경영권 문제에 미리 대비한다. 사망이나 이혼 압류와 같이 공동 소유주에게 장애가 발생한다면, 공동 소유자의 사업지분이 1명 이상의 제삼자에게 이전되는 위험에 처할 수 있다. 다행히도 사전 대비가 가능하다(또한 반드시 해야 한다). 사업 소유권이 일부라도 이전될 때는 사업의 미래, 기존 주주들의 이익, 퇴진 소유주의 친족의 재무적 안전을 보장할 수 있는 방식으로 이루어지도록 매매합의서를 활용할 수 있다. 특정 사건이 발생했을 때, 합의서는 사업의 지분이 이해당사자들에게 이익이 되는 방식으로 이전될 수 있도록 활용된다. 이런 형태의 합의서는 다음의 사항을 명확히 결정한다.

1. 기존 주주(들)가 소유지분을 확보하는 우선권을 가진다.
2. 매각하는 소유주(혹은 상속자)는 지분의 공정한 시장가치를 보장받는다.
3. 회사의 존립을 위협하는 소송과 싸움은 하지 않는다.
4. 소유지분을 인수할 수 있는 기금을 확보한다.

매매합의서가 회사의 특수 상황을 빠짐없이 반영하기 위해서는 법적 자문이 필요하다.

합의서에는 상호매매(cross-purchase) 합의서와 상환(redemption) 합의서 등 두 가지 유형이 있다. 전자는 매각하는 소유주의 주식을 다른 주주들이 의무적으로 인수하는데 사용되고, 후자는 회사가 의무적으로 인수할 때 사용된다. 각각은 장단점이 다르고, 세금 문제 역시 고려해야 한다. 어떤 경우에는 '혼합형(blended)' 선택조항과 의무사항을 정하기도 한다. 따라서 변호사와 세무사의 도움이 필요하다.

출처: Thomas Owens, "Buy-Sell Agreements," *Small Business Reports* (January 1991): 57–61; and Mark E. Need, Elmore Entrepreneurship Law Clinic Director, Indiana University–Bloomington, 2012.

험을 무릅쓰려 할 것인가? 냉철한 외부 관찰자에게는 정답이 명확한데, 불행하게도 많은 소유주들은 매우 힘들게 정답을 알게 된다.[22]

출구 전략: 유동성 사건

당연한 이야기이지만, 대부분의 창업자들이 벤처의 출구보다 시작과 성장에 집중을 한다. 그러나 외부 투자자에게는 출구 전략이 가장 중요하다. 투자자의 투자 약속은 초기 투자를 상당한 이익과 함께 회수할 수 있다는 확신에 기초한다. 창업자는 벤처를 위한 출구 전략이 곧 자신의 퇴진일 수 있다는 것을 유념해야 한다.

출구 전략(exit strategy)은 사업계획의 일부이다. 창업자가 투자자들에게 유형적 투자회수 방법을 설명하는 문서가 사업계획서이기 때문이다. 투자회수에 대한 "얼마나 많이, 언제, 어떻게" 등에 대한 제시가 필요하다. 투자자들은 **유동성 사건**(liquidity event)을 통해 항상 그들의 투자지분을 보다 유동적인 형태로 전환하고 싶어 한다. 유동성 사건은 소유주와 투자자가 현금을 회수하는 벤처의 결정을 의미한다. '사건'은 대부분 기업공개나 벤처 매각을 의미한다. 어느 경우이든 관련된 제도적 법적 문제 때문에, 창업자는 전문가와 변호사의 자문이 반드시 필요하다. 이제 각 유동성 사건의 기본 개념을 소개하겠다.

기업공개(IPO)

8장에서 설명했듯이, 많은 창업자들이 공개 시장을 통해 자본을 확보한다. 반복되는 이야기이지만, **기업공개**(initial public offering, IPO)는 회사의 주식을 최초로 공개시장에 등록/신고하는 것을 의미한다. 8장에서 언급한 바와 같이, 주식시장은 매우 큰 변동성을 가지고 있다. IPO를 검토할 때, 창업가는 시장의 변동성에 대비를 해야 한다. 많은 창업자들이 IPO의 요구조건이 매우 복잡하다는 것을 인식하기 시작했다.[23] 표 15.3이 IPO를 위한 모든 과정을 보여 준다.

미 증권거래위원회(Stock and Exchange Commission, SEC)는 회사의 현재와 미래에 대한 완전한 정보를 등록서(한국의 경우에는 유가증권신고서)에 포함시키도록 요구하고 있다. SEC는 최종 결정 이전에 모든 정보를 공개한다. 표 15.4는 등록 프로세스의 요약이다.

IPO 설명서는 회사와 관련된 모든 정보를 제공해야 하며, 정확한 추정치를 공정하게 제시해야 한다. 모든 부정적 정보 또한 쉽게 알 수 있도록 작성/설명되어야 한다. 다음과 같은 상세한 정보도 포함되어야 한다.

- 회사 이력과 특성
- 자본 구조
- 주식/자본에 관련된 모든 계약 내역
- 등록된 주식 내역
- 주요 (등기)임원의 연봉, 보유 주식, 주식 획득가
- 기업공개의 주관사 계약 및 내역
- 기업공개로 인한 자본 확보 추정치 및 활용방안
- 재무제표 및 (공인)감사보고서
- 회사 지속가능성 및 경쟁회사에 관한 정보

연간 결산보고서 역시 주요한 정보를 포함하도록 규정되어 있다.

- 재무제표 및 (공인)감사보고서: 과거 2년간의 대차대조표, 3년간의 손익/자본 계산서
- 과거 5년간의 주요 재무 지표
- 운영의 재무 상태와 결과에 대한 분석, 이에 대한 경영진의 의견
- 사업의 개요
- 지난 3개 회계연도의 영업 현황

표 15.3 IPO 과정

IPO 과정은 신속하면서도 명확한 절차로 규정되어 있다. 전 과정은 정교하게 짜인 연방/주 법률과 제도, 민간 조직의 규칙들에 의해 결정된다. 회사는 IPO팀 전체에 임무를 부여하고, 각 팀원은 담당 임무가 정해진다.

IPO 과정은 미 국내 및 해외 회사 모두에게 적용된다.

이사회에 제안을 설명한다. IPO 과정은 경영진이 이사회에서 제안을 설명함으로써 시작된다. 사업계획과 재무적 추정치들을 준비하여 공개시장에 등록할 제안을 하게 된다. 이사회는 신중하게 제안을 검토해야 한다.

재무제표를 보완하고, 회사의 집중분야를 정비한다(미국 GAAP(회계준칙)를 따르지 않았던 회사에게만 해당). 이사회가 기업공개를 승인하면, 회사는 직전 2~3년간의 회계기록을 검증해야 한다. 감사를 받기 위해서는 재무제표가 GAAP에 맞도록 작성되어야 한다. 비공개 기업에서는 관행적으로 용인되더라도 상장기업에는 적절하지 못한 모든 사항들을 수정하고 규칙들도 적절하게 개정되어야 한다. 여기에는 회사 내부거래, 보상/복리후생 제도, 경영진 혹은 이사회 관계 등이 포함된다. 또한, 회사는 타 회사와의 제휴 관계(특히 회사의 핵심 사업과 관계가 적은)가 시장에서 부정적으로 평가되는지를 점검해야 한다.

기업공개 주관사를 선정하고 의향서를 체결한다. 아직 주관사를 선정하지 않았다면, 이 단계에서는 주관사를 결정해야 한다. 또한, 회사와 주관사와의 관계를 의향서(letter of intent)로 공식화해야 한다. 의향서는 수수료, 주가의 범위와 주식 수, 기타 조건들을 포함한다.

IPO 설명서의 초안을 작성한다. 의향서가 확정되면, IPO 변호사는 투자(IPO) 설명서의 초안 작성에 착수한다.

기업실사를 준비한다. 은행투자자와 회계사가 회사를 실사하는 단계이다. 기업공개 주관사가 회사 경영진, 운영, 재무상태, 성과, 경쟁력, 사업계획 등을 검증한다. 다른 고려 요인으로는 노동력, 협력업체, 고객, 채권자, 기타 관계자(공적 실체로서 회사의 존속과 투자설명서의 적절하고 충분한 홍보에 영향을 줄 수 있는 모든 개인/조직) 등이 포함된다. 회계법인은 재무제표의 정확성과 완전성을 확인하기 위하여 재무적 정보와 관련 서류(계약서, 청구서, 영수증 등)를 검증한다.

전문 인쇄소를 선정한다. 기업공개에 관련된 전문 인쇄소를 선정해야 한다. 인쇄소는 투자설명서의 문서양식에 대한 SEC 규칙을 잘 알고 짧은 제한시간 내에 충분한 양을 인쇄할 수 있는 시설이 있어야 한다.

공동주관사(syndicate)를 모집한다. 예비설명서를 SEC에 제출하고 잠재적 투자자들에게 공개가 가능해지면, 공개 주관사는 "공동 주관사"(혹은 2차 주관사, 이 경우 주관사는 1차 주관사 혹은 책임 주관사로 칭한다)들을 모은다. 일반적으로 공동 주관사는 투자은행이며, 공개 목표를 달성하기 위해 부분적으로 참여한다. 책임 주관사는 공동 주관사들과 함께 투자자들을 대리하는 기관과 중개인들에게 홍보하여 '관심의 표시(indications of interest)'를 많이 확보해야 한다. 관심의 표시들은 IPO가 성공할 수 있다는 근거가 되어, 기업공개의 최종 규모, 투자자별 할당 등을 결정할 수 있게 된다.

설명회(road show)를 개최한다. 회사와 투자은행들이 '기업공개 설명회'를 계획하고 개최한다. 설명회는 보통 국내・외 주요 도시에서 잠재적 투자자와 증권분석가들을 초대하여 여러 번 이루어진다. 설명회는 점점 더 중요해지는 추세이다. 투자자에게 중요한 정보를 제공할 뿐만 아니라, 회사를 책임지는 경영진의 능력과 전문지식을 과시할 수 있는 기회이기 때문이다.

IPO 설명서를 준비하고 수정하여 인쇄한다. 설명회 개최와 병행하여 예비 설명서는 SEC와 NASDR(National Association of Securities Dealers Regulations, NASDAQ 규제위원회)의 권고에 따라 보완/수정된다. 수정이 완료되면, NASDR은 기업공개 보상, 조건, 조건 등에 반대하지 않는다는 공고를 하고, SEC는 기업공개 신고가 유효하다는 의향서를 작성한다. 예비 설명서는 공식 발효일 전 최소 2일 동안 잠재적 투자자들에게 공시되어야 한다. 절차가 완료되면 확정된 설명서가 인쇄에 들어간다.

주식 발행가를 결정한다. 기업공개 합의서를 체결하기 직전, 주식 등록이 발효하여 공개가 시작되기 직전에, 주식의 발행가를 결정한다. 투자은행과 주관사가 경영진의 동의 하에 주당 가격을 제시한다. 가격 결정에는 회사의 재무적 성과와 경쟁력, 유사 회사들의 주가, 주식시장의 상황, 투자 설명회의 참여와 관심 표시의 수준 등을 고려한다. 회사는 발행가를 가능한 한 높게 책정하려 하겠지만, 완전 매각에 실패하게 되면 전혀 좋은 일이 아니다. 투자자 역시 기업공개 이후 주가가 바로 하락하는 것을 바라지 않는다. 실제로 투자자들은 자신들의 결정의 타당성을 확인하기 위하여, 주가가 일정 부분 상승하기를 바란다.

공개 규모를 결정한다. 투자은행팀은 공개 규모에 대해 경영진과 협의를 해야 한다. 회사가 필요한 자본의 규모, 경영권 통제의 수준, 투자자의 수요 등을 고려하여 결정한다. 주식을 많이 공개할수록 주식의 유동성도 높아지고, 기관 투자자의 관심도 증가한다.

출처: Adapted from *Going Public* (New York: The NASDAQ Stock Market, Inc., 2005), 5–9.

표 15.4 등록 프로세스

단계	참여자	주요 과제	시간(경과일)
주요 과제를 논의하기 위한 예비 회의	사장, 재무 부사장, 외부 회계사, 공개 주관사, 기타 변호사/전문가	재무적 요구를 검토한 후 요구에 대응하기 위한 과제들의 유형을 정리	7월 1일 (시작)
문서 형식을 선택	경영진, 변호사/전문가	등록 문서에 사용할 적절한 형식을 선정	7월 3일 (3일)
실무팀의 착수 회의	사장, 재무 부사장, 외부 회계사, 공개 주관사, 주관사측 변호사/전문가, 회사측 변호사/전문가	실무팀원에게 구체적 업무를 부여, 공개주관 관련한 문제점을 검토, 회계 관련 문제점을 검토	7월 8일 (8일)
실무팀의 두 번째 회의	착수 회의와 동일	업무 할당에 대한 검증, 이사회 발표 준비	7월 22일 (22일)
이사회 회의	등기 이사, 실무팀원	기업공개와 채무/자산의 증감을 승인, 관련 문서 작성을 허가	7월 26일 (26일)
주관사와 회사 변호사/전문가의 회의	회사측 변호사/전문가, 주관사측 변호사/전문가, 주관사	계약의 세부 사항과 부정증권판매금지법 관련 문제 검토	7월 30일 (30일)
실무팀 회의	실무팀원	준비된 상황과 문제점을 점검	8월 6일 (37일)
SEC와 예비회의	실무팀원, SEC 담당자, 필요한 전문가	등록 문서와 관련 문제(법적, 재무적, 운영 등)를 검토	8월 9일 (40일)
실무팀 추가 회의	실무팀원	등록을 위한 최종 문서와 설명서를 준비	8월 12~30일(61일)
이사회 회의	등기 이사, 실무팀원	등록 문서와 설명서의 승인, 관련 과제와 문제점을 토의	9월 6일 (68일)
실무팀 회의	실무팀원	최종 수정된 문서 작성	9월 10일 (72일)
SEC에 최종 등록서를 제출	회사측 변호사/대표, SEC 담당자	등록서 제출 및 비용 지불	9월 12일 (74일)
설명서 초안(red herring) 배포	주관사	기업공개 홍보	9월 16일 (78일)
의견서(letter of comments) 접수	실무팀원	등록서의 문제점 파악	10월 15일 (107일)
실무팀 회의	실무팀원	등록서 수정 및 제출	10월 21일 (113일)
기업실사회의	경영진 대표, 외부 회계사, 회사측 변호사, 주관사측 변호사, 주관사, 필요 시 관련 전문가	최종 정보 교환과 관련 문제점 토의	10월 24일 (116일)

(계속)

표 15.4 등록 프로세스 (계속)

단계	참여자	주요 과제	시간 (경과일)
발행가 수정	경영진, 주관사	실 발행가, 주관사 할인가/중개료, 회사 측 순수입 등을 결정하고 등록서에 반영	10월 25일 (117일)
기업공개 승인	SEC 담당자	발행가가 포함된 등록서에 대한 SEC의 심사결과	10월 28일 (120일)
등록서 발효			10월 30일 (122일)

출처: From K. Fred Skousen, *An Introduction to the SEC*, 5th ed., © 1991 Cengage Learning.

- 임원의 개별 이력과 본업(고용주 포함)
- 주식이 거래될 거래소
- 과거 2년간의 분기별 주식 거래가/배당 범위
- 연간 결산보고서가 미국 실적보고서 양식 10-K를 따르지 않은 경우, 주주의 (문서)요청이 있으면 10-K 양식의 보고서를 제공[24]

증권거래위원회(SEC)가 요구하는 문서 양식은 다음과 같다.

- S-1: 투자설명서 및 관련 재무 정보를 포함한 문서
- 10-Q: 분기별 재무제표와 주요 사건의 요약
- 8-K: 주주에게 중요한 주식/자본 관련 사건 혹은 회사 변화에 대한 보고서. 중요 사건이 발생한 익월 15일까지 SEC에 신고한 내역
- 위임장(proxy statement): 기업공개의 위탁 요청과 관련된 정보[25]

기업공개를 희망하는 창업자는 위에 열거한 신고 요구사항, 공시 문서, 외부 주주와의 공동 경영권/소유권 문서 등을 준비해야 한다.

벤처의 완전 매각

비공개 기업의 창업자들이 이 장에서 언급한 다양한 승계 방안과 IPO의 잠재력을 검토한 후에 벤처의 완전 매각을 **수확 전략**(harvest strategy)으로 선택할 수 있다. 이 방안이 창업자에게 적절한 선택이라면(친족이나 핵심 임직원이 승계에 관심이 없는 경우, 매각이 최선의 대안이 될 수 있음을 기억할 것), "팔아버린다"는 선택을 "투자를 회수 혹은 수확한다"는 긍정적 의미로 생각해야 한다.

창업자는 많은 이유로 회사의 매각을 고려한다. 1,000 명의 소유주를 대상으로 한 설

문조사에서 주요 동기는 (1) 싫증과 극도의 피로, (2) 운영과 성장을 위한 자금의 부족, (3) 후계자 부재, (4) 유동성에 대한 욕심, (5) 고령과 건강 문제, (6) 더 흥미 있는 일을 하고 싶은 욕구이다.[26]

매각의 이유가 업종의 변경이든, 악화된 건강이든, 다른 벤처를 시작하고 싶은 욕망 혹은 은퇴이든 많은 창업자는 회사의 발전 과정에서 매각을 고려하게 된다. 이 수확 전략으로 충분한 재무적 보상을 받으려면 신중하게 준비해야 한다.[27]

벤처 매각의 단계

벤처 매각을 위한 적절한 준비, 전개, 그리고 실현에는 다음과 같은 8단계가 바람직하다.[28]

단계 1: 재무분석의 준비

재무분석의 목표는 향후 수 년간의 사업 우선순위와 전망을 정리하는 것이다. 다음과 같은 질문에 대답할 수 있어야 한다.

- 경영진과 직원에 대한 요구는 무엇인가? 임직원들의 경제적 보상은 무엇인가?
- 시장잠재력이 제한적이어서 목표를 달성할 수 없다면, 판매/이익 목표의 달성을 위해서 인수 혹은 신제품 개발 등을 계획해야 하는가?
- 지속적 성장을 위해서 외부 자본이 반드시 필요한가? 만약 그렇다면, 얼마나 많이 그리고 언제 필요한가?

단계 2: 자산의 분할

세무회계사와 변호사들이 절세를 위해 다음과 같은 절차를 권유할 것이다.

- 부동산은 별도 회사, 개인 혹은 친족의 소유로 전환한다.
- 임대 자회사를 설립하여 설비와 차량 등의 소유권을 넘긴다. 운영 회사는 임대 회사로부터 대여를 한다.
- 소유주의 지분 가치가 하락했을 때 상속하되, 투표권은 계속 유지한다. 이러면, 매각이 성사됐을 때 수익의 전부 혹은 일부가 상속자에게 이중과세가 되지 않고 상속된다.
- 이익을 극대화하기 위하여 경영진의 연봉과 복지혜택을 합리적 수준으로 결정한다.

단계 3: 벤처의 가치평가

벤처의 가치평가를 위한 다양한 방법을 14장에서 소개하였다. 평가가치의 결정이 매각에서 가장 중요하다.

단계 4: 적합한 시점의 선택

매각 시점의 선택도 중요하다. 어쩌면 전부일 수도 있다. 참조 사항은 다음과 같다.

- 이익이 강한 상승세일 때 매각
- 경영진이 잘 구성되어 있고 충분한 경험을 쌓았을 때 매각
- 사업주기가 성장 국면이고, 잠재적 인수자가 여유 자본 혹은 신용을 확보할 수 있을 때 매각
- 회사의 미래가 밝다고 확신할 때 매각

글로벌 관점

사업 승계를 통한 혁신

Tata Group은 1868년 섬유 사업을 목적으로 가족회사로 설립되었다. 현재는 7개(통신/정보기술, 엔지니어링, 소재, 서비스, 에너지, 생활용품, 화학) 사업부문에서 100여 개의 회사를 거느리고 있다. Tata Group은 6대륙 80여 개 국가에 진출하였으며, 85개 국가에 제품과 서비스를 수출하고 있다. 주요 계열사는 Tata Steel, Tata Motors, Tata Consultancy Services(TCS), Tata Power, Tata Chemicals, Tata Global Beverages, Tata Teleservices, Titan, Tata Communications, Indian Hotel 등이다.

Tata Group에는 31개의 상장 회사가 있다. 이들의 시가총액은 800억 달러, 주주의 수는 360만 명에 이른다. 전체 매출액은 800억 달러를 넘으며, 이중 58%가 인도가 아닌 해외에서 발생한다. 전 세계의 직원 수는 총 425,000명이다. 인도에서 Tata라는 이름은 140여 년이 넘게 높은 가치와 사업 윤리로 존경을 받아 왔다.

세대를 거치면서 회사에서 혁신이 중요한 역할을 해 왔다. Tata는 초창기부터 인도의 철강, 전력, 서비스, 항공사 등 많은 산업을 개척하였다. 최근에는 인도 최초의 소프트웨어 회사인 TCS를 설립하였다. Tata Motors는 1998년에 인도 최초로 승용차를 자체 개발하였다. 최근에는 전 세계에서 가장 낮은 가격의 승용차인 Tata Nano를 발표하였다.

현재에도 Tata는 혁신을 격려하고 실행하는 다양한 후원 프로그램을 실행하고 있다. 예를 들면 다음과 같다.

- **Tata Group 혁신 포럼:** Tata 전 계열사의 "혁신 매니아"들을 조직화하여 그룹 차원의 프로젝트를 계획하고 실행하고, 혁신문화를 활성화시킨다.
- **혁신 워크숍:** 저명한 전문가들을 초빙하여 Tata의 경영자들에게 혁신의 다양한 측면, 우수 사례뿐만 아니라 혁신의 척도와 기법들을 소개한다.
- **Tata Innovista:** 창조적 사고를 격려하기 위한 연례 행사로서, 계열사의 혁신 사례를 평가한다.
- **Tata Innovation Mission:** 고위 경영진들이 전 세계의 선진 회사들을 방문하여 어떻게 혁신을 활성화시켰는지를 배우는 프로그램이다.
- **혁신을 위한 협업(Collaboration):** Tata의 생태계와 외부 조직에 기술과 혁신을 위한 여러 플랫폼을 제공한다.

혁신을 전제로 출발한 Tata Group은 혁신의 힘을 모든 조직에 강조하고 있다. 오늘날의 Tata Group은 인도와 전 세계의 사업을 추진하기 위하여 신기술과 혁신에 집중하고 있다. Nano는 좋은 사례이다. 세계에서 4번째로 빠른 컴퓨터인 Eka 슈퍼컴퓨터도 혁신의 결과이다. Tata는 인도에서 시작하여 다국적 기업으로 성장하였고, 혁신을 통해 계속 발전할 것이다.

Adapted from the Tata website, http://www.tata.com (accessed June 1, 2012), and other news reports on the Tata Group.

단계 5: 매각 의향을 홍보

잠재적 투자자가 흥미를 가지기에 충분한 정보를 제공하는 명료한 투자설명서를 준비해야 한다. 투자설명서는 적절한 전문 경로를 통해 널리 알려져야 한다. 전문 경로는 은행, 회계사, 변호사, 컨설턴트, 회사중개인 등등이다.

단계 6: 인수희망자의 선택

인수희망자를 특정하기 위해서는 다양한 정보가 필요하다. 성격과 경영진의 평판 등도 알아야 한다.

단계 7: 협상 완료까지 참여

최종 인수희망자와의 직접적 회의는 오해의 소지를 없애고 핵심 사항의 협상에 효과적이다. 또한, 변호사, 회계사 같은 전문가의 참여는 협상 과정에서 발생하는 많은 문제를 사전에 방지한다.

단계 8: 매각 후 소통

효과적인 전환을 위해 새로운 소유주와 기존 경영진과의 소통을 해결하여야 한다. 매각자와 인수자, 인수자와 현 경영진과의 대화는 필수적이다.

8단계에 덧붙여, 창업자는 매각에 관련된 세무 사항을 잘 파악해야 한다. 이를 위해서는 사업의 가치평가와 매각을 전문으로 하는 세무회계사의 도움이 필요하다.

위에 언급한 8단계와 14장 가치평가의 설명이 벤처를 수확하려는 창업자에게 도움이 될 것이다. 위 단계들은 매각까지의 공정한 협상 과정을 창업자들에게 명확하게 제시한다. 가치평가의 목적이 사업의 매각이라면, 창업자는 사전에 계획을 세워서 각 단계를 진행해야 한다.

요약

이 장은 벤처의 수확에 대해 설명하였다. 창업자에게 가장 중요한 과제 중의 하나인 경영승계에 대해 비공개 회사를 중심으로 검토하였다. 창업자에게 많은 압박을 주는 핵심 고려 요인들을(예: 회사 내 · 외부의 친족과 비친족) 정리하였다. 어떤 친족은 경영의 책임을 맡고 싶어하지만, 일부는 단순히 회사 지분의 확보만을 바랄 수도 있다.

후계자는 두 가지 유형으로 구분된다. 창업가적 후계자는 신제품 개발의 혁신적 아이디어를 제시한다. 경영적 후계자는 일상적 운영의 안정성을 유지한다. 창업자는 친족과 회사의 내 · 외부에서 후계자를 찾게 된다. 권한의 실제 이양은 매우 중요한 문제이며, 후계자의 진입 시점은 전략적 결정이 필요하다.

오클랜드 청소회사 판례는 친족을 고용하는 것이 어떤 법적 문제를 유발하는지를 보여 준다. 차별이라는 관점에서 친족주의는 법적 문제를 초래할 수 있다.

승계계획의 수립은 시점, 벤처의 유형, 경영자의 능력, 창업자의 비전, 환경적 요인 등의 배경을 이해하는 것이 필요하다. 또한, 강제적(승계) 사건은 회사의 준비 여부에 상관없이 승계계획의 실행을 피할 수 없게 만든다. 이것 때문에 후계자의 자격을 파악하고 승계계획을 실행하는 것이 중요하다.

이 장의 마지막 부분에서는 창업자의 매각 결정을 검토하였다. 투자를 '수확'하는 하나의 방법으로 매각을 평가하여, 창업자가 실행할 수 있는 8단계를 설명하였다.

주요용어

강제적 (승계) 사건	수확 전략	지연진입 전략
경영승계	오클랜드 청소회사	창업가적 후계자
경영적 후계자	유동성 사건	출구 전략
기업공개(IPO)	조기진입 전략	친족주의
매매협정	종업원지주제도(ESOP)	

검토와 토의 문제

1. 벤처가 성숙 단계에 진입하면 창업자가 고려해야 할 선택들은 무엇인가?
2. 비공개 회사의 승계에는 많은 장애물이 있다. 표 15.1을 이용하여, 핵심 장애요인을 찾으시오.
3. 창업자가 친족 내부에서 어떤 압력을 받는가? 그림 15.1을 사용하여 답하시오.
4. 창업자가 친족 외부에서 어떤 압력을 받는가? 그림 15.1을 사용하여 답하시오.
5. 창업자는 후계자와 관련해서 다양한 선택이 가능하다. 표 15.2를 참조하여, 각 대안을 검토하시오.
6. 오클랜드 청소회사 판례가 소규모 사업의 승계 결정에 어떤 영향을 끼칠 수 있는가?
7. 효과적 승계계획에서 반드시 고려해야 하는 세 가지 배경적 측면은 무엇인가?
8. 강제적(승계) 사건이 어떻게 소유주/경영자를 대체하는가? 세 가지 예를 들어 설명하시오.

9. 후계자가 가져야 할 다섯 가지 조건은 무엇인가?
10. 왜 창업자가 기업공개 하는 날을 기다리는가?
11. 사업을 수확하기 위한 8단계는 무엇인가? 각 단계를 설명하시오.

연습문제

넘겨주기

창업자 대부분의 두 가지 중요한 관심사는 경영의 승계와 연속성이다. 가능하다면, 도서관이나 인터넷을 이용하여 Business Week, U.S. News & World Report, Fortune Small Business, Entrepreneur, Fast Company와 같은 잡지들을 검색하시오. 특정 회사의 경영 승계와 안정성에 대한 기사/사례를 찾아 보시오. 당신에게 가장 흥미롭고 많이 배운 사례 두 가지를 선택하여, 아래 질문에 맞게 정리하시오.

회사 1

1. 이 회사는 어떤 사업을 하는가? ____________________

____

2. 소유주는 승계 전략을 수립하는 데 어떤 어려움을 겪었는가? ____________________

____

____

3. 승계를 처리하는 창업자의 마지막 결정은 무엇인가? ____________________

____

____

4. 이 사례에서 얻을 수 있는 교훈은 무엇인가? ____________________

____

____

회사 2

1. 이 회사는 어떤 사업을 하는가? ____________________

____

____

2. 소유주는 승계 전략을 수립하는 데 어떤 어려움을 겪었는가? ____________________

____

____

3. 승계를 처리하는 창업자의 마지막 결정은 무엇인가? ______________________________

____

____

4. 이 사례에서 얻을 수 있는 교훈은 무엇인가? ______________________________

____

____

____

결론적으로

위의 두 사례에서 당신이 얻은 교훈을 바탕으로, 승계계획을 만들려는 창업자에게 당신은 무엇을 추천할 것인가? 창업자에게 최대의 도움이 되도록 작성하시오.

사례 15.1: 언제나 건강하다

창고에서 Pablo Rodrigues를 발견했을 때, 얼마나 오랫동안 그가 정신을 잃고 있었는지 아무도 알지 못했다. 30분이 지나기 전에, 그는 머시 병원의 응급실에 도착했다. 그날 저녁, 의사는 Pablo가 가벼운 심장마비를 겪었다고 진단했다.

병원에 입원한 처음 며칠 동안, Pablo의 가족은 다른 무엇보다 그의 건강을 신경 썼다. 그러나 Pablo가 1주 내로 퇴원을, 2주 내로 업무에 다시 복귀할 수 있게 되자, 가족들은 그의 사장직 퇴진과 다른 사람의 임명을 이야기하기 시작했다.

Pablo는 성공적인 자동차부품 회사의 사장이다. 회사의 작년 총 매출이 370만 달러이다. 회사에는 그와 같이 일하는 아들, 딸, 조카 2명이 있다. Pablo가 33세였던 22년 전에 사업을 시작했다. 한 석유회사에서 자동차부품 회사를 담당하는 영업사원으로 10년 동안 일한 후, Pablo는 자신의 사업을 시작하였다. 처음에는 외부인을 고용하였다. 그러나 지난 5년 동안, 친족들을 점차 회사로 끌어 들였다. Pablo의 희망은 언젠가 아들이 사업을 이어받는 것이지만, 최소 10~15년은 자신이 직접 하기를 원했다.

Pablo의 아내 Rebecca의 의견은 지금 당장은 그가 일을 계속 해야겠지만 아들에게 경영을 훈련시켜야 한다는 것이다. 그가 퇴원하기 전날, 그녀가 Pablo에게 이 말을 어렵게 꺼내면서 한 번 생각해 보라고 부탁했다. 그가 대답했다. "생각할 것이 뭐가 있소? 나는 은퇴하기에는 너무 젊지 않소. Jose가 사업을 대신 하기에는 아직 부족해. 그 애가 일을 맡으려면, 최소한 5년은 더 있어야 돼요. 약간 천천히 일하겠지만, 은퇴는 하지 않겠소. 나를 회사에게 쫓아내려고 서두르지 마요. 나는 옛날처럼 건강하니까."

Pablo의 일을 줄이고 Jose를 가르쳐서 사업을 넘겨주도록, Rebecca와 Jose가 앞으로 2개월 동안 Pablo를 설득하기로 했다.

질문

1. 왜 Pablo는 Jose에게 사업을 넘겨주는 것을 싫어하는가? 그림 15.1을 고려하여 대답을 작성하시오.

2. Pablo가 승계 계획을 고려해야 하는 두 가지 이유를 들고 검토하시오.

3. Rebecca와 Jose가 Pablo에게 그들이 옳다는 것을 설득하기 위해, 당신은 Rebecca와 Jose에게 어떤 것을 추천하겠는가? 최소한 세 가지 실행 가능한 방안을 추천하시오.

사례 15.2 누가 도와줬으면 좋겠어.

과거에는 수입 스포츠카를 수리하려면 대부분 그 차를 판매한 딜러에게 갈 수밖에 없었다. 그러나 최근 미국 일부 지역에서는 수입 스포츠카 수리를 전문으로 하는 카센터들이 많이 알려졌다. 10년 전에 Jack Schultz가 회사를 시작했을 때, 수리를 맡긴 차가 하루에 2대 이상이면 운이 좋은 날이었다. 지금은 직원이 15명이고, 보통 5일치의 수리작업이 대기하고 있다. 일부는 사고 때문이지만, 대부분은 소유주의 부적절한 유지 보수 때문이다.

Jack은 64세이고, 6년 정도 더 일하고 은퇴할 생각이다. 사업은 아주 수익성이 좋고, Jack과 아내는 은퇴 후 생활에 대해서 걱정할 필요가 없다 — 충분한 것보다 더 많이 저축해놨다. 그러나 Jack은 어떻게 사업을 처리할 지 고민 중이다. 그에게는 같이 일하는 두 아들이 있다 — Bob(31세)과 Tim(29세). Jack은 아직 아들들에게 회사를 이어받을지 물어보지 않았다. 물론 아이들이 그럴 것으로 짐작한다. 조카, Richard(35세)도 같이 일한다. 이들 세 명 모두 그와 함께 9년을 일했다.

Jack은 셋 중 누구라도 벤처를 잘 이끌 것으로 믿는다. 그렇지만 그 중의 한 명만 선택하면 내부 싸움이 일어날까 봐 걱정하고 있다. 그렇다고 회사를 세 명에게 공동으로 물려주면, 과연 서로가 잘 협력하여 할 수 있을까? 셋이 분쟁을 일으킬 것이라는 근거도 없지만, 그렇지 않다는 보장도 없다.

후계자의 준비를 더 이상 미룰 수 없다고 Jack이 결정했다. 우선 제일 큰 문제는 누구를 후계자로 선택하느냐이다. 게다가 Jack은 후계자 선택 방식에 대해서 전혀 알지 못한다. 그 사람이 어떤 특성이 있어야 할까? 어떤 훈련을 시켜야 할까? 어떤 단계를 밟아야 할까? Jack이 이런 의문들에 대한 정답을 가능한 빨리 찾아야 한다고 느꼈다. "나는 사업운영을 어떻게 계획하는지는 알겠는데," 지난 주 그가 아내에게 이야기했다. "회사운영의 승계방법에 대해서는 아는 것이 없네. 워낙 다른 것이 돼나서, 누가 도와줬으면 좋겠어."

질문

1. 이런 유형의 벤처의 성공적인 경영자가 되기 위한 네 가지 특성을 들고, 간단히 설명하시오.
2. 후계자를 선택하고 훈련시키려면 Jack이 어떤 단계를 밟아야 하는가? 완전한 대답을 작성하시오.
3. Jack에게 자문을 한다면, 그가 가장 첫 번째 해야 할 일은 무엇인가? 어떻게 그가 승계계획을 시작할 수 있는가? 그 다음에는 무엇을 해야 하는가? 이 문제를 해결할 수 있는 일반적 가이드라인을 그에게 설명하시오.

미주

1. Tammi S. Feltham, Glenn Feltham, and James J. Barnett, "The Dependence of Family Businesses on a Single Decision-Maker," *Journal of Small Business Management* 43, no. 1 (January 2005): 1–15; see also Timothy Bates, "Analysis of Young, Small Firms that Have Closed: Delineating Successful from Unsuccessful Closures," *Journal of Business Venturing* 20, no. 3 (May 2005): 343–58.

2. John L. Ward, *Keeping the Family Business Healthy* (San Francisco: Jossey-Bass, 1987), 1–2.

3. Richard Beckhard and W. Gibb Dyer, Jr., "Managing Continuity in the Family-Owned Business," *Organizational Dynamics* (Summer 1983): 7–8.

4. Manfred F. R. Kets de Vries, "The Dynamics of Family-Controlled Firms: The Good News and the Bad News," *Organizational Dynamics* (Winter 1993): 59–71; and Richard A. Cosier and Michael Harvey, "The Hidden Strengths in Family Business: Functional Conflict," *Family Business Review* (March 1998): 75–79.

5. Peter Davis, "Realizing the Potential of the Family Business," *Organizational Dynamics* (Summer 1983): 53–54; and Thomas Hubler, "Ten Most Prevalent Obstacles to Family Business Succession Planning," *Family Business Review* (June 1999): 117–22.

6. Michael D. Ensley and Allison W. Pearson, "An Exploratory Comparison of the Behavioral Dynamics of Top Management Teams in Family and Non-Family New Ventures: Cohesion, Conflict, Potency, and Consensus," *Entrepreneurship Theory and Practice* 29, no. 3 (May 2005): 267–84; Paul Westhead and Carole Howorth, "Ownership and Management Issues Associated with Family Firm Performance and Company Objectives," *Family Business Review* 19 (2006): 301–16; and Michael H. Morris, Jeffrey A. Allen, Donald F. Kuratko and David Brannon, "Experiencing Family Business Creation: Differences Between Founders, Nonfamily Managers, and Founders of Nonfamily Firms," *Entrepreneurship Theory and Practice* 34, no. 6 (2010): 1057–84.

7. See Donald F. Kuratko, "Understanding the Succession Challenge in Family Business," *Entrepreneurship, Innovation, and Change* (September 1995): 185–91; see also Heather A. Haveman and Mukti V. Khaire, "Survival Beyond Succession? The Contingent Impact of Founder Succession on Organizational Failure," *Journal of Business Venturing* 19, no. 3 (May 2004): 437–63.

8. See Neil C. Churchill and Kenneth J. Hatten, "Non-Market-Based Transfers of Wealth and Power: A Research Framework for Family Business," *American Journal of Small Business* (Fall 1987): 53–66; and Timothy P. Blumentritt, Andrew D. Keyt, and Joseph H. Astrachan, "Creating an Environment for Successful Nonfamily CEOs: An Exploratory Study of Good Principals," *Family Business Review* 20 (2007): 321–36.

9. Peter S. Davis and Paula D. Harveston, "The Influence of Family on the Family Business Succession Process: A Multi-Generational Perspective," *Entrepreneurship Theory and Practice* 22, no. 3 (Spring 1998): 31–54; Eleni T. Stavrou, "Succession in Family Business: Exploring the Effects of Demographic Factors on Offspring Intentions to Join and Take Over the Business," *Journal of Small Business Management* 37, no. 3 (1999): 43–61; and Sue Birley, "Attitudes of Owner-Managers' Children Toward Family and Business Issues," *Entrepreneurship Theory and Practice* 26, no. 3 (2002): 5–19.

10. See Donald F. Kuratko, Helga B. Foss, and Lucinda L. Van Alst, "IRS Estate Freeze Rules: Implications for Family Business Succession Planning," *Family Business Review* (Spring 1994): 61–72; and Joseph H. Astrachan and Roger Tutterow, "The Effect of Estate Taxes on Family Business: Survey Results," *Family Business Review* (Fall 1996): 303–14.

11. Shaker A. Zahra, James C. Hayton, and Carlo Salvato, "Entrepreneurship in Family vs. Non-Family Firms: A Resource-Based Analysis of the Effect of Organizational Culture," *Entrepreneurship Theory and Practice* 28, no. 4 (Summer 2004): 363–82; and Matthew W. Rutherford, Lori A. Muse, and Sharon L. Oswald, "A New Perspective on the Developmental Model for Family Business," *Family Business Review* 19 (2007): 317–33.

12. For an interesting perspective, see Kathryn Stafford, Karen A. Duncan, Sharon Dane, andMaryWinter, "A ResearchModel of Sustainable Family Business," *Family Business Review* (September 1999): 197–208; see also Lucia Naldi,Mattias Nordqvist, Karin Sjöberg, and JohanWiklund, "EntrepreneurialOrientation,Risk Taking, and Performance in Family Firms," *Family Business Review* 20 (2007): 33–48; and Shaker A. Zahra, "Harvesting Family Firms' Organizational Social Capital: A Relational Perspective," *Journal of Management Studies* 47, no. 2 (2010): 345–66.

13. See Kevin C. Seymour, "Intergenerational Relationships in the Family Firm: The Effect on Leadership Succession," *Family Business Review* (Fall 1993): 263–82; Eleni T. Stavrou and Paul Michael Swiercz, "Securing the Future of Family Enterprise: A Model of Offspring Intentions to Join the Business," *Entrepreneurship Theory and Practice* 22, no. 2, (Winter 1998): 19–40; and James P. Marshall, Ritch Sorenson, Keith Brigham, Elizabeth Wieling, Alan Reifman, and Richard S. Wampler, "The Paradox for the Family Firm CEO: Owner Age Relationship to Succession-Related Processes and Plans," *Journal of Business Venturing* 21, no. 3 (2006): 348–68.

14. Jeffrey A. Barach, Joseph Ganitsky, James A. Carson, and Benjamin A. Doochin, "Entry of the Next Generation: Strategic Challenge for Family Firms," *Journal of Small Business Management* 26, no. 2 (1988): 49–56; see also Matthew W. Rutherford, Donald F. Kuratko, and Daniel T. Holt, "Examining the Link between Familiness and Performance: Can the F-PEC Untangle the Family Business Theory Jungle?" *Entrepreneurship Theory and Practice* 32, no. 6: 1089–1109; and Daniel T. Holt, Matthew W. Rutherford, and Donald F. Kuratko, "Advancing the Field of Family Business Research: Further Testing the Measurement Properties of the F-PEC," *Family Business Review* 23, no. 1 (2010): 76–88.

15. "Nepotism on Trial," *Inc.*, July 1984, 29.

16. David Graulich, "You Can't Always Pay What You Want," *Family Business* (February 1990): 16–19.

17. "Feuding Families," *Inc.*, January 1985, 38.

18. Donald F. Kuratko and Richard M. Hodgetts, "Succession Strategies for Family Businesses," *Management Advisor* (Spring 1989): 22–30; see also Mark Fischetti, *The Family Business Succession Handbook* (Philadelphia: Family Business, 1997).

19. James J. Chrisman, Jess H. Chua, and Pramodita Sharma, "Important Attributes of Successors in Family Business: An Exploratory Study," *Family Business Review* (March 1998): 19–34; and Franz W. Kellermanns, Kimberly A. Eddleston, Tim Barnett, and Allison Pearson, "An Exploratory Study of Family Member Characteristics and Involvement: Effects on Entrepreneurial Behavior in the Family Firm," *Family Business Review* 21 (2008): 1–14.

20. Adapted from Harold W. Fox, "Quasi-Boards: Useful Small Business Confidants," *Harvard Business Review* (January/February 1982): 64–72.

21. Glenn R. Ayres, "Rough Family Justice: Equity in Family Business Succession Planning," *Family Business Review* (Spring 1990): 3–22; Ronald E. Berenbeim, "How Business Families Manage the Transition from Owner to Professional Management," *Family Business Review* (Spring 1990): 69–110; and Michael H. Morris, Roy O. Williams, Jeffrey A. Allen, and Ramon A. Avila, "Correlates of Success in Family Business Transitions," *Journal of Business Venturing* 12, no. 5 (1997): 385–402.

22. Johannes H. M. Welsch, "The Impact of Family Ownership and Involvement on the Process of Management Succession," *Family Business Review* (Spring 1993): 31–54; and Veroniek Collewaert, "Angel Investors' and Entrepreneurs' Intentions to Exit Their Ventures: A Conflict Perspective," *Entrepreneurship Theory and Practice* (in press) 36, no. 4 (2012): 753-79.

23. See *Going Public* (New York: The NASDAQ Stock Market, Inc., 2005), 5-9; see also Richard C. Dorf and Thomas H. Byers, *Technology Ventures: From Idea to Enterprise,* 2nd ed. (New York: McGraw-Hill, 2008); and Moren Lévesque, Nitin Joglekar, and Jane Davies, "A Comparison of Revenue Growth at Recent-IPO and Established Firms: The Influence of SG&A, R&D and COGS," *Journal of Business Venturing* 27, no. 1 (2012): 47–61.

24. K. Fred Skousen, *An Introduction to the SEC,* 5th ed. (Mason, OH: Thomson/South-Western), 157; see also Catherine M. Daily, S. Travis Certo, and Dan R. Dalton, "Investment Bankers and IPO Pricing: Does Prospectus Information Matter?" *Journal of Business Venturing* 20, no. 1 (January 2005): 93–11; and Ning Gao and Bharat A. Jain, "Founder Management and the Market for Corporate Control for IPO Firms: The Moderating Effect of the Power Structure of the Firm," *Journal of Business Venturing* 27, no. 1 (2012): 112–26.

25. For a complete listing, see Skousen, *An Introduction to the SEC,* 60; see also Andrew J. Sherman, *Raising Capital* (New York: AMACOM, 2005).

26. James Fox and Steven Elek, "Selling Your Company," *Small Business Reports* (May 1992): 49–58; see also John B. Vinturella and Suzanne M. Erickson, *Raising Entrepreneurial Capital* (Burlington, MA: Elsevier, 2004); and Andrew J. Sherman, *Harvesting Intangible Assets* (New York: AMACOM, 2012).

27. See Donald Reinardy and Catherine Stover, "I Want to Sell My Business. Where Do I Begin?" *Small Business Forum* (Fall 1991): 1–24; see also J. William Petty, "Harvesting Firm Value: Process and Results," *Entrepreneurship 2000* (Chicago: Upstart, 1997), 71–94; Dawn R. DeTienne, "Entrepreneurial Exit as a Critical Component of the Entrepreneurial Process: Theoretical Development," *Journal of Business Venturing* 25, no. 2 (2010): 203–15; and Karl Wennberg, Johan Wiklund, Dawn R. DeTienne, and Melissa S. Cardon, "Reconceptualizing Entrepreneurial Exit: Divergent Exit Routes and Their Drivers," *Journal of Business Venturing* 25, no. 4 (2010): 361–75.

28. From the *Harvard Business Review,* "Packaging Your Business for Sale," by Charles O'Conor, March/April 1985, 52–58. Copyright © 1985 by the President and Fellows of Harvard College; all rights reserved; see also Michael S. Long, *Valuing the Closely Held Firm* (Oxford: Oxford University Press, 2008); and James C. Brau, Ninon K. Sutton, and Nile W. Hatch, "Dual-Track versus Single-Track Sell-Outs: An Empirical Analysis of Competing Harvest Strategies," *Journal of Business Venturing* 25, no. 4 (2010): 389–402.

4부 창업가 사례분석

— 양성자 암 치료센터: 창업가의 딜레마

이 사례는 John Styles라는 이름의 창업가가 겪었던 딜레마를 다룬다. Styles는 Anderson 암센터와 제휴하여 휴스턴에 양성자 암 치료센터(Proton Cancer Therapy Center)를 세울 것인지를 고민했다. 치료센터의 건립에는 1억 달러가 소요된다. 문제는 만약 프로젝트가 실패하면, 자금의 대부분이 들어가는 시설과 기술의 다른 활용 방안이 없다는 것이다. 또 전형적인 벤처투자가라면 오랜 투자회수 기간 때문에 큰 흥미를 가지지 않는다는 것도 문제이다.

서론

John Styles는 휴스턴 벨래어 블루바드에 있는 가족회사 사무실 뒤의 주차장에 차를 세웠다. 엘리베이터를 피해서 계단을 천천히 걸어 올라갔다. 그의 회사가 이번 거래를 감당할 수 있는지를 고민 중이다. 그가 다니는 교회의 주일학교 교사가 퉁명스럽게 던진 충고 한 마디로 모든 것이 시작되었다. 일생을 의료 사업에 바친 사람이 교회에 있으니까, Styles가 만나 봐야 한다는 말이었다. 의료 관련 사업을 하는 사람이라면 그냥 넘어간 적이 거의 없는 Styles는 좋은 조언이라고 생각했고, 그 사람, Leon Leach와 점심 약속을 잡았다. Leon Leach는 휴스턴에 있는 University of Texas의 Anderson 암센터(이하 Anderson으로 약칭)의 부사장이었다.

점심이 길어지면서, Leach는 Styles에게 Anderson과 Tenet Healthcare가 공동으로 추진하고 있었던 휴스턴의 양성자 암 치료센터에 관한 이야기를 해 주었다. 불행하게도 Tenet 때문에 그 계획이 성사되지 못했다. Tenet의 경영 전략 평가 결과, 핵심인 건강관리 사업에 재집중하고 양성자 암 치료 사업을 매각하기로 결정했기 때문이었다. 이야기가 흘러가면서, Leach와 Styles는 Styles사가 곧 있을 RFP(Request for Proposal, 제안요청서)에 참여할 수 있는지에 대해 검토하였다. RFP에 따라 선정된 회사가 Anderson과 공동으로 양성자 암치료센터를 건립하는 벤처를 추진하게 된다. Styles는 그 벤처의 가능성에 매우 큰 관심이 생겼지만, 다른 한편으로는 프로젝트에 들어갈 막대한 자금의 조달이 걱정스러웠다.

이 때가 2001년 10월이다. Styles는 프로젝트의 참여 여부를 빨리 결정해야 한다는 것을 알고 있다.

Styles사

Styles사의 고위 임원인 John Styles는 Texas주

출처: Marlene Mints Reed and Rochelle Reed Brunson, *Proton Cancer Therapy Center: An Entrepreneur's Dilemma*, Volume 35, Issue 5, pages 1091–1102, September 2011.

Seymour에서 자랐고, Texas주 Waco의 Baylor University에서 미식축구 선수로 장학금을 받았다. 넉넉하지 않은 환경 때문에 가족을 부양하느라 힘들게 일하는 부모 밑에서 그는 자랐다. 장학금을 받지 않았다면 대학교에 다니지 못했을 것이라고 Styles는 사람들에게 이야기하곤 했다. Baylor University에서 경영학 전공으로 졸업한 후, Styles는 고향에서 교사 겸 코치로 취직하였다. 정식 중등교사 자격증이 없었기 때문에 예비교사로만 있었고, 2년만에 그만두었다.

Styles는 텍사스 북부의 위치타폴스에 잠깐 있다가, 가톨릭 재단이 소유한 Providence 병원의 CFO(Chief Financial Officer, 재무담당 임원)로 채용되어 1966년 와코로 돌아왔다. 여기에 있으면서, 새롭게 발효된 Medicare법의 지급조항 때문에 의료업계가 혁명적으로 바뀌리라는 것을 알게 되었다. 그가 보기에, Providence 같이 약간 적자 혹은 이익이 거의 없이 운영되어 왔던 병원들도 재무상태가 개선되리라는 것이 확실했다. 근거 중의 하나는 노인층을 위한 정부의 의료비 지급보장 조항이었다. 과거에 빈곤 노인들은 의료비를 거의 지불하지 못했다.

의료 및 건강관리 업계가 적성에 맞는다는 확신으로, Styles는 루이지애나와 아칸소의 병원 두 곳에서 임원급으로 계속 일했다. 1974년 그는 휴스턴으로 옮겨 왔다. 이 당시 휴스턴은 Texas Medical Center의 명성에 힘입어 의료 산업의 메카가 되어 있었다. 휴스턴에서 그는 LIFEMARK사(이전 이름은 Medenco, Inc.)의 운영담당 임원이 되었다. 뉴욕 증권거래소 상장기업인 이 회사는 맨 땅에서 시작하여 50여 개의 병원을 소유하게 되었고, 1984년 American Medical International에 의해 인수되었다.

LIFEMARK가 매각된 후, Styles는 Health-South사의 창립 투자자, Outpatient Healthcare사의 창업자/CEO가 되었다. 나중에는 Mid-America Healthcare Group도 창업하여 많은 병원을 소유하거나 위탁운영을 하게 되었다. Outpatient와 Mid-America는 Columbia/HCA에 1991년과 1995년에 각각 매각되었다.

Styles의 개인적 목적 중의 하나는 가족에게 좋은 환경을 만들어 주는 것이다. 가능하다면, 그가 어렸을 적에 겪었던 가난을 되풀이하고 싶지 않았다. 가족 중 희망하는 사람은 그의 회사에서 같이 일하고 싶었다.

그가 창업한 많은 의료 및 건강관리 사업의 성공은 계속 새로운 기업을 만들고 싶은 개인적 동기와 자금을 제공하였다. 그는 유망한 벤처를 계속 찾고, 잠재적 가치를 평가해서, 투자하는 전략을 사용하였다. 투자는 필요한 재무적 보상 외에도 다른 사람들이 필요한 건강을 회복하는 만족감도 같이 주었다.

Anderson과의 제휴를 고려하는 시점은 Styles가 의료 관련 사업 벤처에 적극적으로 참여한지 35년이 되는 해였다. Styles의 두 아들과 손자 중 한 명이 사업에 참여하고 있다. John Styles 2세는 25년이 넘는 병원과 건강관리 사업의 운영경험을 가지고 있다. 그는 사업의 설계, 건설, 개발, 소유 및 경영 등에 참여해 왔다. 사업은 급성치료 전문병원, 재활 병원, 외래수술센터, 의원 빌딩, 암 치료 시설, 암연구 시설 등을 망라한다.

차남인 Jason Styles는 Triumph Healthcare가 2004년 매각되기 전까지 공동 창업자 및 대외협력 담당 부사장으로 일해 왔다. 또 Harris Webb & Harrison(Sanders Morris Harris Inc.의 전신)의 재무담당 부사장으로도 일했다. Harris Webb에서 그는 사모, 가치평가, 자본 및 부채

융자, 인수합병과 같은 다양한 거래를 담당했다. 그는 의료 산업을 포함하여 4억 달러가 넘는 자기자본 및 부채 융자 계약에 참여하였다. 그는 Mid-America Healthcare Group에서도 매각되기 전까지 다양한 역할을 수행하였다.

Styles사는 핵심 투자자인 John Styles와 그의 아들들의 다양한 투자의 관리와 운영을 통합하기 위하여 설립되었다. 투자는 의료 산업과 부동산 벤처에 주로 이루어졌다. Styles사는 다음과 같은 분야의 전체 프로젝트 개발과 운영 서비스를 제공한다.

- 타당성 분석
- 프로젝트 융자
- 건축, 시공, 내부 설계 등의 선택 및 관리
- 부동산 구입
- 설비 구입 및 설치 감독
- 장기 경영 서비스

양성자 암 치료

모든 암 치료의 목적은 정상 조직을 보존하면서 암세포를 선별적으로 파괴하는 것이다. 암 치료 기법은 수술, 화학 치료, 방사선 치료 등이 있다. 양성자 치료는 방사선 기법 중에 최신 기법이다.

양성자 프로세스

1946년에 물리학자 Robert Wilson은 양성자가 우수한 (방사)선량 분포(Dose Distribution) 때문에 암 치료에 중요한 역할을 할 수 있다고 믿었다. 양성자가 물질과 반응할 때, 경로 상의 얇은 부분에서는 상대적으로 낮은 선량을 보이나, 양성자 목적 지역에서는 최대치로 급격히 상승한 후 0으로 떨어진다. 그 결과, 다량의 이온화 방사선을 깊숙하게 숨어 있는 종양에 주변의 정상 조직을 손상시키지 않으면서 쏠 수 있다. X선과 비교하면, 양성자는 "입사 선량"(전체 종양을 덮고 있는 표면 조직이 흡수하는 선량)이 낮고, 종양을 지난 뒤의 "통과 선량"이 없는 장점을 가지고 있다. 이 프로세스는 그림 1(양성자 암 치료)에 나와 있다.

그림 1 양성자 암 치료

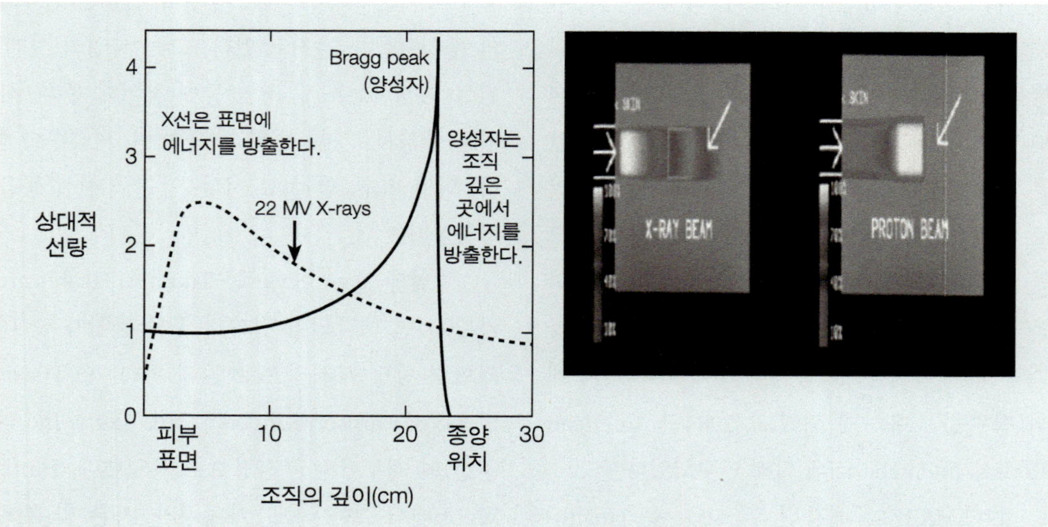

양성자 암 치료의 결과는 매우 성공적이다. 2000년 기준으로 전 세계의 25개 암센터에서 4만 명에 가까운 환자들이 양성자 치료를 받고 있다. 양성자 프로세스의 장점 중의 하나는 다른 암 치료 방법에 비해서 부작용이 적다는 것이다.

대상 환자

양성자 치료는 (1) 종양이 제한된 부위에 분포, (2) 치료를 위해 다량의 방사선이 필요, (3) 방사선 요법에 민감한 조직이나 장기 근처에 종양이 위치하는 유형의 환자에게 특히 유효하다. 양성자 치료가 가장 자주 사용되는 부위는 전립선, 눈, 폐, 뇌, 목 등이다. 양성자 치료는 소아암 치료에도 효과적이다.

양성자 치료 시설

2000년에는 전 세계의 19개 양성자 치료시설에서 약 29,000명의 환자를 치료하였다. Loma Linda 대학병원이 미국에서는 최초의 양성자 치료센터인데, 1990년에 설립되었다. 다른 양성자 치료시설이 Massachusetts General Hospital, Indiana University 병원, Florida University 병원, Pennsylvania University 병원 등에서 추진되고 있다. 표 1이 양성자 암 치료의 주요 발전을 보여 준다.

Anderson 암센터

M.D. Anderson 암센터는 1941년 텍사스 주와 M.D. Anderson 재단이 기부한 100만 달러의 기금으로 휴스턴에 설립되었다. 암센터는 University of Texas의 의료 시스템에 소속되어 있다. 2000년 U.S. News & World Report에 의하면, Anderson은 미국 1위의 암병원으로 선정되었다. 선정 근거는 소속 의사들의 명성과 낮은 사망률이었다. 1990년부터, Anderson은 미국의 2대 암병원 중의 하나로 선정되어 왔다. 2000년의 통계에 의하면, Anderson은 52,000명의 암 환자를 치료했고, 448,000건의 외래환자를 치료했다. Anderson은 840명의 교수진을 포함한 16,000명의 직원을 가지고 있다.

환자통계의 추세

1996년부터 2000년까지, Anderson의 입원환자는 16%, 외래환자는 32% 증가하였다. Anderson에 오는 환자의 43% 이상이 자가의뢰

표 1 양성자 치료의 역사 일지

1946 – Wilson이 양성자 치료 이론을 출판
1954 – Lawrence Berkley Lab이 인간 실험에 착수
1961 – Harvard가 사이클로트론 연구소를 설립
1975 – 러시아 과학자가 페테르부르크에 사이클로트론센터를 설립
1981 – 자기공명 촬영이 처음으로 성공
1985 – 과학자들이 양성자치료 협력그룹을 창설
1990 – Loma Lind가 양성자 치료센터를 설립
1994 – Harvard가 Northeast 양성자 치료센터의 설립을 추진

에 의한 것으로서, Anderson은 센터의 명성과 마케팅 활동의 결과로 판단하고 있다.

RO(Radiation Oncology, 방사선 종양학)는 Anderson의 핵심 분야이다. RO과는 비연구직으로 350명의 교수와 직원을 가지고 있다. 2000년 기준 매일 370명이 넘는 환자들에게 전통적인 방사선 치료를 하고 있다. RO과는 2001년에 5,000만 달러의 매출과 28%의 영업이익률을 예상하고 있다. 1996부터 2001년 기간의 매출은 평균 17%의 성장을 기록하였다. 그러나 시설능력의 제약으로 방사선 치료가 필요한 Anderson 환자의 반 이상이 지역병원과 독립 암센터와 같은 외부 시설을 사용하여 방사선 치료를 받았다.

암 동향과 시설능력 문제

2000년 미국의 사망원인 2위가 암이다. 심장 질환만이 암보다 더 많은 사망을 기록하였다. 실제로 미국의 21세기 초반의 사망자 4명 중 1명은 암에 의한 것이다.

1990년부터 2000년까지 10년 동안, 미국에서 1,500만 명이 신규 암환자로 진단되었다. 신규 암환자의 절반 이상이 네 가지 암에 집중되어 있다. 즉, 폐암, 전립선암, 유방암, 대장암이다. 2000년의 연간 암 치료 비용은 1,070억 달러에 달한다. 이중 370억 달러는 직접 치료비용이고, 110억 달러는 질환으로 인한 손실비용이며, 590억 달러는 조기 사망으로 인한 손실비용이다(Sanders Morris Harris, 2001).

암발생 건수는 인구의 증가와 노령화로 21세기에도 계속 증가할 것으로 예상된다. 또 암진단 기술의 발전으로 암진단 비율도 증가하고 있다. 조기진단이 초기 암에 특화된 치료법의 필요성을 높이고 있다. 양성자 치료는 방사선 요법의 일종이므로, 증가하는 암환자를 치료하는 Anderson의 능력에 대한 질문이 제기되었다. 표 2는 2006년까지의 RO 능력의 초과 · 부족을 보여 준다.

양성자 암 치료센터가 휴스턴에 건립된다면, Anderson과 University of Texas이 소유하고 있는 Texas Medical Center 근처에 있는 4에이커의 부지를 사용할 수 있다. University of Texas 재단은 센터운영을 위해 60년 임대를 제안했다.

표 2 M.D. Anderson의 RO

	2000	2002	2004	2006
기존 진료환자 증가 예상	3,977	4,332	4,947	5,627
추가 증가 예상치†	0	0	1,671	1,952
총 진료환자 수	3,977	4,332	6,618	7,579
현재 능력‡	3,745	4,529	4,529	4,529
확장 능력*	0	0	1,889	1,889
총 능력	3,745	4,529	6,418	6,418
초과(부족)	(232)	197	(200)	(1,161)

† 병행처리와 M.D. Anderson 환자기반의 추가 확장을 포함. 환자기반의 확장은 2004년부터 신규 암환자의 약 7.5%를 반영

‡ 2000년의 가용 치료실 10.8개에서 2002년 13.0개로 증가를 가정

* 2004년에 신축될 외래진료 빌딩에 8개의 치료실의 확보를 가정

Anderson이 미국 내 최고 암병원으로 계속 선정되고 있으므로, 첨단 암 치료센터를 가까운 곳에 건립하는 것이 바람직하다는 판단이다.

Styles사와 Anderson은 센터 필요 면적을 92,500ft^{2}으로 예상하였다. 센터에는 첨단 장비, 4개의 치료실, 입자가속기 기반의 양성자 시스템 등이 설치된다. 아울러 그 면적에는 필요한 환자 지원 서비스와 연구 공간도 고려되었다. 프로젝트의 계산으로는 시설의 총 비용은 약 1억 달러이며, 건설 기간은 약 3년이 소요될 것으로 추정되었다. Anderson이 시설의 치료 서비스와 의료 인력을 책임지며, Styles사와 Sanders Morris Harris가 경영을 담당하게 된다.

건물의 설계는 Tsoi/Kobus 건축설계 회사가 담당한다. 이 회사는 전국적인 명성과 다수의 수상 실적도 가지고 있다. 이 중 5개는 AIA/Modern Healthcare 최우수설계상이다.

센터의 자금 조달은 Sanders Morris Harris가 주관한다. 이 회사는 Styles사가 일부 지분을 가지고 있는 투자회사이다. 센터는 몇 개의 치료실을 가지고 있다. 각 치료실에는 196톤의 바퀴를 가진 '기중기'와 35피트의 치료대가 설치된다. 기중기는 환자 주위를 회전하면서 종양에 양성자 빔을 주사하게 된다. Anderson RO과의 과장인 James Cox는 "새로운 기술로 건강한 조직을 보존하면서도 방사선량을 증가시킬 수 있으며, 환자를 성공적으로 치료할 수 있다"고 말한다.

센터의 예정 장비

Hitachi가 양성자 장비의 제작업체로 선정되었다. 센터의 활용을 위해 그들이 개발한 장비는 PROBEAT라는 이름을 가지고 있다. 이 기술은 국소 종양과 방사선 치료에 민감한 다른 조건을 감안하여 양성자 빔을 주사하도록 설계되었다. 이 장비는 두 가지 주요 부분으로 구성되어 있다. 하나는 빔주사 시스템이다. 처방된 조건대로 양성자 빔을 정확히 주사하는 부분이다. 다른 하나는 양성자를 생성시켜 빔주사 시스템으로 유도하는 장비이다.

이 장비는 미국 식품의약청(Federal Drug Administration)에서 검증 중에 있으며, 시설 가동 시점까지는 승인받을 것으로 예상된다. Hitachi는 프로젝트의 장비대출로 5,000만 달러를 제공하기로 합의했다.

양성자 치료비용의 지급

21세기에 들어서면서, 미국 의료비의 가장 많은 지급을 담당하는 Medicare 프로그램은 의료비에 관련된 지급과 적용범위의 '황금 표준'으로 간주된다. 두 용어는 구분해야 한다. '적용범위'는 Medicare가 어떤 서비스(치료)가 '필요하고 합리적'인지를 결정하는 절차를 의미한다. 물론 적용범위에 해당된다고 곧 지급이 보장되지는 않는다. 단, 어떤 치료가 적용범위에 속하지 않으면 치료비는 지급되지 않는다. 따라서 Medicare는 지급을 하기 전에 서비스의 적용범위를 승인해야 한다.

Medicare의 적용범위는 전국, 지역 차원 모두에서 결정될 수 있다. 전국 차원의 결정은 자문위원회에서 이루어진다. 지역 차원에서는 지역별 Medicare 대행사가 결정한다. Medicare 대행사는 특정 지역의 Medicare 업무를 대행하는 회사를 말한다.

1997년의 균형예산법(Balanced Budget Act)에 따라, 의료보험관리청(Health Care Financing Administration, Medicare를 관리하는 정부조직)은 2001년 5월 4일에 다음과 같은 지급 비율과 공동보험 액수를 결정하였다.

- 양성자 치료, 기본: $414.49
- 양성자 치료, 중급: $906.85

양성자 치료의 '기본'과 '중급'은 다음과 같이 정의된다.

> **양성자 치료, 기본**: 단일 치료부분, 단일 포트, 단일 차폐 블록, 단일 보정장치에 대한 준비와 증명 사진을 포함한 양성자 빔 치료
>
> **양성자 치료, 중급**: 1~2개의 치료부분, 1~2개의 포트, 2개 이상의 차폐 블록, 2개 이상의 보정장치에 대한 준비와 증명 사진을 포함한 양성자 빔 치료(미국의학협회, 1999)

21세기 초부터, 양성자 치료는 대부분의 임상에서 Medicare의 적용을 받고 있으며, 의료보험 회사들도 일반적으로 지급하고 있다. 양성자 치료 자체는 의료보험관리청에서 표준 요법으로 인정하고 있다. Medicare 보험사들은 관대한 지급률을 유지하고 있다. 2000년 기준으로 양성자 치료법은 가장 발전된 전통적 방사선 요법(예: 강도변조형 방사선 치료)에 비해 거의 2배의 지급률이 적용되었다(Sanders Morris Harris, 2001).

거래의 검토

John Styles은 살아오면서 수많은 의료 관련 거래를 성사시켰지만, 이번 거래는 특이하기 때문에 매우 신중하게 결정해야 한다고 생각했다. 이전에 참여한 모든 프로젝트를 통해 그가 배운 교훈은 어떤 거래이든지 많은 위험 요인이 숨어 있다는 것이다(Monroy & Folger, 1993). 그는 시장 리스크, 사람 리스크, 기술 리스크, 자금 리스크 등의 요인들이 가장 중요하다고 판단하였다.

시장 리스크

대부분의 투자자는 신생 벤처의 시장 기회를 걱정한다. 만약에 사업이 규모있는 시장을 창출하지 못하면, 투자자와 투자회사는 투자수익률을 달성할 수 없다.

양성자 암 치료에 대해서는, 각종 통계들이 미국에서 암발생이 위협적으로 증가하고 있으며, 사망요인 중 2위임을 입증했다.

사람 리스크

유명한 미국 기업가 Andrew Carnegie는 다음과 같이 말했다.

> 내 공장을 빼앗고, 내 철도, 배, 수송설비를 빼앗고, 내 돈을 빼앗고, 모든 것을 빼앗아도 나의 사람만 남겨준다면, 나는 2~3년 내로 모든 것을 다시 복구할 수 있다.(Mason & Harrison, 1996)

신사업에 투자를 결정할 때, 투자자는 회사의 경영진이 자신들이 어떤 일을 하고 있는지를 안다는 것을 보장받고 싶어한다. 투자자들 사이의 격언에, "A급 창업자의 B급 사업이 B급 창업자의 A급 사업보다 좋다"라는 말이 있다. John Styles는 의료시설의 자금 조달, 건설, 경영 등을 통해 그의 능력을 이미 입증했다. Anderson은 미국에서 최고의 암병원으로 명성이 높다.

기술 리스크

오늘날과 같은 첨단기술의 시대에서 업계에서 최첨단 기술의 확보는 매우 매우 중요하다(Roberts, 1991). 특히 의료업계에서 치사율이 높은 질병의 치료를 위한 최신 기술, 치료, 약품은 스타트업 회사의 전문 분야이다. 프로젝트의 참여 여부를 결정하는 데 Styles가 가장 우려하

는 문제가 바로 기술 리스크이다. 센터가 사용할 장비는 아직 FDA에서 승인을 받지 못했다. 게다가 과거 역사를 보면 새로운 의료장비의 수명은 그리 길지 못했다. 더 좋은 기술에 의해 대체되기 때문이다.

Styles는 생각한다. "대부분의 투자자가 품는 질문은 아마도, '이 기술을 쓸모 없게 만들어 버릴 마법의 총알이 얼마 후에 발견되지 않을까?'일 것이다. 대답은 '아니오'이다. 이 기술은 1940년대부터 알려져 있었지만, 이제야 양성자 빔을 치료 목적에 맞게 통제할 수 있는 컴퓨터가 개발되었기 때문이다." 그러나 그는 걱정한다. "만약에 장비가 작동하지 않으면, 남는 것은 땅에 뚫은 구멍과 특정 목적에만 사용할 수 있는 건물뿐인데…"

자금 리스크

새로운 벤처의 가장 큰 문제 중의 하나는 수익이 나기 전에 운영자금이 바닥나는 것이다. 투자자에게 중요한 고려사항은 회사가 짧은 기간 내에 기업공개를 할 수 있는 확률이다. 투자자는 이를 통해 현금을 회수하여 다른 좋은 벤처에 투자하고 싶어하기 때문이다. 지금 고려 중인 벤처는 필요 자금의 규모가 매우 크다. 회수기간이 길기 때문에 1억 달러의 조성에 문제가 있을 수 있다.

Styles는 과거에도 비슷한 규모의 프로젝트를 해 본 적이 있다. 그러나 그 때는 여러 병원이 포함되어 있었다. 그는 생각했다. "한 병원이 잘못되어도, 여러 병원이 같이 감당하면 되었다. 이번에는 리스크를 하나의 병원과 신기술이 전부 감당해야 하는데…" 여기에 생각할 것이 더 있다. "장비 투자에 6,000만 달러 이상이 들어가는 투자는 별로 없다. 내가 해 본 것 중에 제일 비싼 장비가 MRI인데, 가격이 수백만 달러 정도였다. 수천만 달러도 아니고…" 그가 또 걱정하는 것은, 만약에 투자자들이 손해를 보면 그의 회사와 Anderson의 평판이 나빠진다는 것이다. University of Texas 재단은 이 건을 승인할 것임에 틀림없다. 이사회는 Styles사와 Anderson이 자신들이 무엇을 하고 있는지 안다고 신뢰할 것이다.

이 거래의 참여를 고려하면, Styles의 머리 속에 모든 리스크 요인들이 돌아다녔다. "리스크를 줄이는 한 방법이 좋은 사람을 우리 팀에 영입하는 것이다. 현재 팀에는 Styles사, 투자은행, 설비업자, Anderson의 전문 의사들이 있다. 적절한 질문의 모든 대답을 찾을 수 있는 팀이 있다면, 거래의 위험을 크게 낮출 수 있다."

중대한 결정

양성자센터 거래를 고민하다가, John Styles는 오래 동안 의료업계에서 많은 거래를 성사시키면서 무엇을 배웠는지 떠올려보았다. "우선 모든 사람들이 납득할 수 있도록 거래의 구조를 만들어야 한다. 그리고는 지글대는 프로젝트에 아름다운 스토리를 만들어서 모든 사람의 관심을 받아야 한다. 그 다음에는 거래에 가장 적합한 목표 투자자를 골라서, 그들에게 특화된 먹음직스러운 제안을 만들어야 한다." Styles는 Anderson과의 거래 성사가 자신의 경력에서 위대한 트로피가 될 것이라고 생각했다.

불행하게도 잠재적 투자자에게 운을 띄워본 결과는 Styles를 그의 스토리와 투자시장에 대해 다시 생각해 보게 만들었다. 그 친구의 얘기로는, "John, 이 프로젝트가 다른 사람에게는 훌륭하게 들릴지 모르지만, 우리 규칙으로는 투자기간이 너무 길다네. 우리는 5년 안에 빠져 나와야 되는데, 이 건은 건물을 세우는 데에만 5년이 걸리잖아." Styles는 과거에 같이 일했던 전형적인 투자자들은 이 프로젝트에 별 관심이 없으리라는 것을 깨달았다. 훨씬 오랜 회수기간을 감당할 수 있는 자금을 찾아야 한다는 것을 알았다.

리스크를 평가할 때, Styles는 노련한 도박사의 예를 들고는 했다. "도박사는 자기 돈을 버리는 것처럼 보일 수 있다. 그러나 도박을 오래하면, 그는 확률을 알게 된다. 언제 돈을 걸고, 언제 죽을지 안다. 기업가도 마찬가지이다. 오랫동안 업계에서 사업을 하다 보면 — 나한테는 병원 사업이고 — 언제 하고, 언제 기다려야 하는지를 알게 되지."

Styles는 창업가로서의 자신의 성격, 의료업계의 배경, 거래를 둘러싼 환경을 생각해 보았다. 그리고 이런 것들이 그의 의사결정에 어떻게 영향을 미치는지 궁금해졌다.

사무실 책상에 앉아 창 밖에 보이는 벨래어 블루바드의 많은 차들을 보면서, Styles가 책상에서 노란색 노트를 꺼냈다. 종이 위에 두 칸을 만들고 '장점'과 '단점'이라고 적은 후에, 이 거래의 추진 여부를 적기 시작했다. 하기로 한다면, 이런 투자에 적합한 소수의 투자자들이 좋아할만한 거래의 구조가 무엇인지 생각하기 시작했다.

질문

1. 창업자가 직면한 리스크와 Styles가 직면한 리스크의 유형을 비교하시오.
2. 양성자 치료센터의 투자참여에 대한 장점과 단점을 평가하시오.
3. 신생 벤처에게 가능한 자금원의 종류와 이들의 양성자 암 치료센터의 참여가능성을 검토하시오.
4. 양성자 암 치료센터의 예상 투자자들에게 제안할 수 있는 제안의 개요를 작성하시오.

참고문헌

American Medical Association. (1999). *CPT Manual*. Chicago: American Medical Association.

Marlene Mints Reed is Visiting Professor of Entrepreneurship at the Department of Management & Entrepreneurship, Hankamer School of Business, Baylor University, Waco, TX, USA.

Mason, C. M. and Harrison, R. T. (1996). "Informal Venture Capital: A Study of the Investment Process, the Post-Investment Experience and Investment Performance." *Entrepreneurship and Regional Development*, *4*, 105–126.

Monroy, T. and Folger, R. (1993). "A Typology of Entrepreneurial Styles: Beyond Economic Rationality." *Journal of Private Enterprise*, *IX*(2), 64–79.

Naffziger, D. W., Hornsby, J. S., and Kuratko, D. F. (1994). "A Proposed Research Model of Entrepreneurial Motivation." *Entrepreneurship Theory and Practice* 18, 29–42.

Particles Newsletter. (2000, January). The newsletter of Proton Therapy Cooperative Group. Issue Number 25.

Roberts, E. B. (1991). *Entrepreneurs in High Technology: Lessons from MIT and Beyond*. New York: Oxford University Press.

Rochelle Reed Brunson is Lecturer in Family & Consumer Education at the Department of Family & Consumer Education, Baylor University, Waco, TX, USA.

Sanders Morris Harris. (2001, October). Information memorandum for the proposed proton therapy center at the University of Texas M. D. Anderson Cancer Center, 4.

Wilson, R. R. (1946). *Radiological Use of Fast Protons*. Cambridge: Harvard University Research Laboratory of Physics.

4부 연습문제

— TOWS 매트릭스

작성방법

13장에서 설명한 SWOT 분석의 개념을 사용하여, TOWS 매트릭스는 신생 벤처의 장점, 약점, 기회, 위협을 기반으로 분석할 수 있다.

새로운 스타트업 벤처를 찾아서, CEO와 함께 기회를 고려한 장점, 위협을 고려한 장점, 기회를 고려한 약점, 위협을 고려한 약점들을 작성하시오. SWOT 매트릭스의 이런 조합은 회사가 사용할 전략을 이해할 수 있게 도와준다. 전략은 외부 환경의 틀에서 스스로의 강점과 약점을 기반으로 수립되어야 한다.

TOWS 매트릭스		
	강점 – S	**약점 – W**
기회 – O	SO 전략	WO 전략
위협 – T	ST 전략	WT 전략

주요용어

가격 대 가치평가(Price/valuation): 기업의 가치에 따라 투자자들은 그들의 행동 또는 의사결정에 대한 가격을 지불

가맹본부(Franchisor): 프랜차이즈를 운영할 수 있는 권리를 파는 개인(또는 기업)

가맹점비(Franchise fee): 프랜차이즈 가입하기 위한 초기투자 비용

가맹점주(Franchisee): 프랜차이즈를 운영할 수 있는 개인

가젤(Gazelle): 최소 10만 달러로 시작해서 매년 적어도 20%씩 성장하는 사업체

가족 및 사회적 위험(Family and social risk): 신생 벤처의 시작은 창업자의 열정과 시간을 많이 사용 하는 것. 기혼인 창업자 특히 자녀가 있는 창업자가 완전치 않은 여러 경험과 오래 지속되는 마음의 상처의 가능성을 가족에게 노출 시키는 것. 또한 사라진 회동으로 인해 옛 친구가 천천히 없어질지도 모르는 것

감정적 왜곡(Emotional bias): 외부인들이 기업에 대해 가치를 부여하는 것보다 훨씬 더 가치 있다고 믿는 경향

강제적 (승계) 사건(Forcing events): 소유자/관리자 교체를 야기시키는 사건

개인적 실패(Personal failure): 기술 또는 응용 부족으로 발생한 실패의 형태

결정적인 요인(Critical factors): 중요한 신생 벤처의 평가

경력 위험(Career risk): 벤처가 실패할 경우, 창업가가 직장을 구할 수 있을지 또는 과거의 직장으로 돌아갈 수 있을지에 관한 것

경영승계(Management succession): 기업의 관리 의사결정의 권리나 의무를 이어받는 일로 기업의 소유주와 가족기업의 기업가가 직면하는 대표적인 과제/도전

경영 팀(Management team): 고문, 자문 위원, 이사회 구성원들뿐만 아니라 관리 계획을 수립하는 신생 벤처의 설립자

경영후계자(Managerial successor): 효율성, 내부 통제, 효과적인 자원 활용에 관심을 갖고 있는 벤처의 후계자

경쟁금지 합의(Non-compete agreement): 전 소유주가 적정 거리 안에서 최소 5년간 동종계열의 사업을 하는 것을 자제하도록 하는 합의

계약내용협의서(Term Sheet): 벤처 계약의 조항과 조건의 대강을 요약하고, 계약 조항을 목록 형식으로 작성한 문서

고객 가용성(Customer availability): 벤처를 시작하기 전에 가용한 소비자를 갖는 것

고민으로부터 벗어나기(Grief recovery): 왜 손실이 발생했나를 파악할 수 있는 장부상의 손실에 집중하여 고민으로부터 벗어나는 전통적인 과정

고비용에 대한 인식(Perception of high cost): 소사업 창업자가 사업계획수립 관련 비용이 매우 크다고 (혹은 아깝다고) 생각하는 경향

고성장 벤처(High-growth venture): 공모나 사모에 의해 형성된 벤처 캐피탈 자금과 기금이 충분히 주목할 만큼 매출액과 이익의 성장이 유의하게 기대되는 벤처

고정관념(Stereotyping): 사람들이 만든 '전형적인 것'을 의미함. 모순되게도 그 고정관념이 실제 존재하는 것으로 가정하여 의사결정을 함

고정비용(Fixed cost): 생산량의 변동 여부에 관계없이 일정하게 지출되는 비용

고정자산(Fixed assets): 장기간 기업자산으로 남아있는 토지, 건물, 설비, 기타 자산

골칫거리(Pain): 벤처투자가가 당신의 벤처가 해결하고자 하는 문제(혹은 시장의 요구)를 지칭할 때 사용하는 별명

공유가치(Shared value): 회사 내부비용을 발생시키는 조직적 약점(예를 들면, 에너지 낭비, 사고, 부적절한 교육 등)을 인정하는 사업적 발상의 변환

공인 투자자(Accredited purchaser): 규정 D(지불준비율에 관한 연방준비제도 이사회의 규칙. 지불 준비율의 계산방식 · 금융 등을 정하고, 위반에 대한 벌칙 등을 규정한 것)에 사용된 한 유형, 즉 제시된 증권을 적어도 15만 달러 이상 구매하는 사람 및 그(그녀)의 순수 가치가 1백만 달러 이상인 사람, 개인 소득이 지난 2년간 매년 20만 달러를 초과한 사람, 주식을 판매하는 이사, 파트너 또는 최고경영자들, 그리고 자산이 50만 달러 이상인 비과세 조직 등

공정사용원칙(Fair use doctrine): 저작권 소유의 제한된 사용을 허가하는 보호된 저작권의 예외

공헌이익 접근법(Contribution margin approach): 손익분기점 분석에 대한 일반적인 접근법으로 단위 당 판매가와 변동비 간의 차이를 계산하여 결정됨

관리비(Administrative expenses): 판매나 구매와 직접 관련이 없는 운영비용

국제적 제휴(International alliances): 세계의 활동 무대에서 기업가에게 주어진 대안. 대표적인 세 가지 전략적 제휴에는 비공식적 국제협동조합연맹, 공식적 국제협동조합연맹, 국제합작기업이 있음

권리소멸 절차(Cleaning-out procedure): 상표권자가 상표권이 사용 중이거나 특허 등록 후 6년 동안 사용의 부족을 정당화하는 진술서를 제출하지 못함

규정 D(Regulation D): 민간 사업자에게 주식 매매를 통해 조달된 자금의 액수에 따라 필요한 연보와 재무제표에 대한 규정과 면제조건을 규제

글로벌 창업가(Global entrepreneur): 자원, 설계, 유통을 위해 국제적인 망을 활용하는 창업가

금융비용(Financial expense): 장기 대출에 대한 이자뿐만 아니라 단기 채무에 대한 지급이자

급진적 혁신(Radical Innovation): 잘 정리되지는 않았더라도 충분히 인지되고 성숙된 실험이나 확고한 비전으로부터 시작된 획기적인 해결책

기능적 관점(Functional perspective): 어떻게 사물과 사람이 욕구를 충족시키고 일을 원활하게 마칠 수 있게 사용될 수 있는가 하는 관점에서 사물과 사람을 살펴보는 것

기술적 타당성(Technical feasibility): 잠재고객의 기대를 만족시킬 수 있는 제품이나 서비스를 제공하는 것

기업(Corporation): 법적으로 기업을 소유한 개인들과 분리되고, 주법(state laws)의 인가에 의해 창출된 기관으로, 기업에서 주식자본을 교환하는 경우 미래 주주들에 의해 화폐나 재산이 이동될 때 형성됨

기업 간 신용(Trade Credit): 납품대가로 공급자가 허용한 기업 간 신용. 일반적으로 기업 간 신용은 30~90일 사이에 정산되어야 함

기업공개(Initial public offering, IPO): 공개시장에서 주식의 매각을 통해 기업이 자본을 조달하는 것

기업 벤처링(Corporate venturing): 기업에 새로운 사업(또는 자본투자를 통한 새로운 사업의 일부분)을 도입하는 것. 이는 내부의 기업 벤처링, 협력적 기업 벤처링, 외부의 기업 벤처링 등 세 가지 실행 방식을 통해 이뤄짐

기업실사(Due diligence): 기존 기업의 모든 면을 철저히 분석하는 것

기업 전략 매트릭스(Entrepreneurial strategy matrix): 위험과 혁신을 측정

기업 창업가정신(Corporate entrepreneurship): 창업가적 사고를 관료적인 조직구조에 주입하여 발생하는 새로운 '기업 혁명'

기업 창업가정신 평가도구(Corporate Entrepreneurship Assessment Instrument, CEAI): 주요 창업가적 풍토 요인들을 측정하기 위해 고안된 설문지

기존 관리인 유지제도(Debtor in possession): 채무자가 파산법 11장과 관련될 때, 기업을 계속 경영함

기회 포착(Opportunity identification): 다양한 아이디어 중 성공할 수 있는 사업 기회를 포착하는 능력

낙관적 흑자와 비관적 적자(Upside gain and downside loss): 재무적 관점에서 가장 낙관적일 때의 흑자와 가장 비관적일 때의 적자를 비교

내부 문제(Internal problems): 적절한 자본, 현금흐름, 시설/장비, 재고 관리, 인적 자원, 리더십, 조직 구조, 회계 제도를 포함하는 문제

내부수익률법(Internal rate of return(IRR) method): 미래 현금흐름과 현재 현금흐름의 순현재가치를 0으로 만드는 할인율을 산출하는 자본예산 기법

내재적 통제위치(Internal locus of control): 최종성과의 통제력이 잠재적인 창업가/기업가의 지휘와 관리에 따라 결정된다는 관점

단기부채(Short-term liabilities): 12개월 내에 반드시 상환되어야 하는 사업상 부채

단순선형회귀분석(Simple linear regression): 판매 예측을 하는데 사용되는 세 변수들 간의 관계를 선형식으로 나타내는 기법

당기순이익(Net income): 특정 기간 동안의 수익에서 비용을 차감한 금액

대차대조표(Balance sheet): 특정 시점에서 벤처기업의 자산, 부채 및 소유자의 자산에 대한 재무제표

더 나은 위젯 전략(Better widget strategy): 새로운 시장이나 기존의 시장을 포괄하는 혁신

도달 가능한 시장(Reachable market): 새 벤처가 겨냥하는 즉시 도달 가능한 고객 집단

도덕적 실패(Moral failure): 내부 신뢰의 침해로부터 발생하는 실패의 형태

독특성(uniqueness): 고객을 매료시키는 특별한 특징 또는 디자인 설계로 다른 회사보다 뛰어난 수준의 성능이나 서비스를 제공하는 것

동업(Partnership): 두 명 이상의 사람들이 이익을 위해서 사업의 공동 소유주처럼 행동하는 협력

동적 상태 모형(Dynamic states): 기회의 긴장감을 벤처기업의 고객에 대한 가치로 변환시키는 관계 및 시스템의 연결망으로 동적 상태를 유지하는 새로운 자원을 생성함

디아스포라 네트워크(Diaspora networks): 문화적 또는 사회적 규범을 공유하는 인종집단 내에서의 관계

라이선싱(Licensing): 제조자(혹은 기술이나 상표권의 소유권을 가지고 있는 회사)가 단체나 개인에게 명시된 사용료나 다른 지급금을 지불하고 대신 제조할 수 있도록 허가하는 사업 협정

마케팅 부문(Marketing segment): 목표시장, 시장 크기, 동향, 경쟁, 예상 시장점유율, 시장 전략, 가격책정, 광고, 홍보를 포함한 시장의 양상을 나타내는 사업계획의 부문

마케팅 전략(Marketing strategy): 일반적인 마케팅 철학으로 초기 집중적인 판매 노력에 의한 여러 목표 소비자 집단, 미래의 판매 노력을 위한 소비자 집단, 집단 내 잠재적 소비자를 감별하고 집중시키는 방법, 판매를 위해 상품이나 서비스의 특징(품질, 가격, 배송, 보증)을 강조, 소비자를 이끌 획기적이고 독특한 마케팅 개념 등으로 정리할 수 있음

매매협정(Buy/sell agreements): 하나 이상의 창업가가 벤처기업에서의 자신의 이익을 매각하려는 상황을 다루기 위해 고안된 합의서

매출채권 금융(Accounts receivable financing): 대출에 대한 담보로 수취계정에 대한 권리 또는 수취계정의 매각과 관련된 단기 자금

명세서(Specification): 특허 문서로 삽화, 도면을 포함할 수 있음

모바일 마케팅(Mobile marketing): 지역, 취향, 소비 습관에 따라 소비자의 메세지를 총괄함으로써 더욱 더 개별화된 기업과 소비자 사이의 소통을 가능하게 함

무효화 절차(Cancellation proceedings): 상표권이 발효된 지 5년 이내에 제3자가 상표권의 독특성에 이의를 제기하는 것

미지급 세금(Taxes payable): 연방, 주, 지역 정부에 지급해야 하는 부채

발명(Invention): 신제품, 새로운 서비스, 참신하고 기발한 창출/창작을 포함하는 기본적인 혁신의 유형

배당금 선호(Dividend preference): 배당금은 먼저 우선주에 지불된 후 보통주에 지불됨. 이 배당금은 누적될 수 있기에 전액을 지불할 때까지 매년 발생하거나, 비누적적으로 자유재량적일 수 있음

배제 학파(Displacement school of thought): 정치적, 문화적, 경제적 환경과 같은 집단 현상에 중점을 두는 창업가적 사고 학파

법적 거래 제한(Legal restraint of trade): 사업체 거래 시 판매자로 하여금 합리적인 수준의 일정 기간 동안, 지리적 관할 구역 내에서 동종의 사업 운영을 제한하는 판매자에 의해 서명된 법적 문서

베네피트 기업(Benefit corporation): 이는 더 사회적으로 지속 가능한 기업이 되도록 하는 몇몇 특정요소들(목표, 책임, 투명성)을 제외하고 전통적인 기업과 같음

벤처 기회 학파(Venture Opportunity school of thought): 아이디어 소스의 탐색, 개념 개발, 기회의 실현 등을 주대상으로 하는 학파

벤처투자가(Venture capitalists): 성장하거나 새로운 벤처 기업에게 광범위한 금융서비스를 제공하는 개인. 여기에는 사업 착수 또는 확장, 시장 조사, 경영 컨설팅, 기술계약 협상 지원, 직원 모집 및 고용계약서 작성의 지원 등을 포함

변동비용(Variable cost): 운영 활동의 변화수준에 비례하여 변동하는 비용

병렬적 관계(Appositional relationship): 다른 사물이나 사람들과 비교하여 세상에 존재하고 있는 사물과 사람 간의 관계

복제(Duplication): 이미 현존하고 있는 제품, 서비스, 또는 과정의 복제와 관련된 기본적인 형태의 혁신

부채(Liabilities): 정상 영업활동이나 재무활동에 대한 자금조달을 통해 발생한 기업의 빚 (단기부채, 장기부채 참조)

부채에 의한 자금조달 (Debt financing): 운전자본 또는 자산 및 장비 구매를 위해 장·단기 자금을 빌리는 것

북미자유무역협정(North American Free Trade Agreement, NAFTA): 캐나다, 멕시코, 미국 등 삼국 간의 무역 장벽을 제거하기로 약정한 국제조약

불일치(Incongruities): 기대와 현실과의 공백 또는 차이

비공식 리스크 투자가 (Informal risk capitalist): 투자기회를 찾고 있는 미국의 부유한 사람들. 비지니스 엔젤 또는 비공식 리스크 투자가로 칭함

비밀 실험실(Skunk Works): 전통적 권한 체계를 따르지 않는 조직, 즉 비밀 실험실을 활용하는 고혁신 기업

비윤리적 관행(Unscrupulous practices): 개인적인 이득을 위해서라면 무엇이든 하는 비윤리적 관행

비율(Ratio): 재무제표의 항목 간의 관계를 보여 주기 위해서 고안되었음

비즈니스 모델(Business model): 벤처기업이 수익을 내기 위하여 어떤 방식으로 설계되어야 하는지를 제시하며, 판매시장에 접근하는 명확한 방법을 설명함

비즈니스 엔젤(비공식적 위험 투자가)(Business angel/informal risk capitalist): 투자기회를 찾고 있는 미국의 부자들

사내자본(Intracapital): 내부창업자가 미래 연구 방안에 필요한 투자금을 언제든지 사용할 수 있도록 대비된 자본

사내 창업가정신 (Intrapreneurship): 설립회사 내에서 획기적인 성과를 내기 위해 조직허가와 자원 위임을 받는 기업가활동/창업활동 (기업 내 창업가정신 참조)

사모(Private placement): 주식을 통한 증자 방법. 작은 벤처 회사에서 자주 사용

사업가치평가(Business valuation): 기업의 계산된 가치로 가치의 증감을 추적하는 데 사용

사업계획서(Business plan): 제안된 벤처기업을 자세히 설명하는 문서화된 서류로써 신규 사업의 현 상태, 예상되는 니즈, 예상 결과 등을 설명해야 함

사업 안정화 단계(Stabilization stage): 신생 벤처 생명주기의 네 번째 단계로서 경쟁의 심화, 상품/서비스의 기업 간 차이

에 대한 소비자 무관심, 비슷한 'me-too' 상품의 출시로 인한 시장 포화 상태라는 특징을 가지고 있음. 이 단계에서 창업가는 향후 3~5년간 벤처가 나아가야 할 방향에 대한 계획을 수립함

사회인지이론(Social cognition theory): 인지는 지적인 인간의 정신적 기능, 정신적 프로세스(생각), 정신 상태를 의미. 사회인지이론은 창업가정신을 연구하기 위한 지식구조를 제공. 지식구조는 주어진 상황에서 개인적 효과를 최적화하도록 정렬된 정신 모형을 의미함

사회적 가치(Social Value): 해당 사회의 복지 또는 행복에 대한 기여하는 가치

사회적 대출 혹은 크라우드펀딩(Social lending or crowdfunding): 21세기 현상으로 상업적 대출업자는 증명되지 않은 창업가에게 대출을 꺼려하기 때문에, 창업가는 자금확보를 위한 새로운 대안을 찾기 위해 노력함

사회적 유한책임회사(L3C): 사회적으로 유익한, 영리 목적의 벤처(사업)의 투자를 용이하게 하는 유한책임회사. L3C는 명확한 주 자선 임무와 부수적인 비영리 임무를 가지고 있음. 자선단체와는 다르게 L3C는 세금을 공제한 이익금을 소유주나 투자가들에게 나누어줄 수 있음

사회적 창업가정신(Social entrepreneurship): 비영리, 공공, 사업 등의 특징을 보이는 새로운 형태의 창업가정신. 사회적 문제 해결에 혁신, 리스크 감수, 대규모 전환(transformation) 등을 특징으로 하는 집중한 전통적인 (민간) 창업가정신을 활용함

산골짜기 전략(Mountain gap strategies): 주요한 특정 세부 시장과 더 큰 규모의 시장에서 발생된 작은 틈새시장을 식별하는 전략

삼중의 경영원칙(Triple bottom line): 이익, 투자수익률, 주주의 가치를 측정하던 전통적인 회계 방식을 넘어 환경과 사회적 차원까지 고려하는 회계분석 기법

상이한 목적(Divergent goal): 창업가가 투자자의 목적이나 주주들의 니즈와 다른 벤처에 대한 비전을 가짐으로써 기업에서 내부적 갈등을 유발함

상표(Trademark): 회사의 제품과 동일시되는 독특한 이름, 기호, 심볼, 모토 등

상호작용적 학습(Interactive learning): 조직의 전형적이고 기능적 체계에서 발생하는 혁신적 환경 내에서 발상의 학습

상환(Redemption): 우선주는 기업 또는 투자자의 선택에 따라 또는 의무적으로 상환. 일반적으로, 상환 시점에 최초 구입가에 프리미엄이 추가됨

생산 주도 철학(Production-driven philosophy): 판매보다는 생산의 효율성을 중시하는 철학(고객 주도 철학, 판매 주도 철학 등도 참조할 것)

생산 주도 철학(Sales-driven philosophy): 회사의 상품을 구매하도록 소비자를 설득하는 광고와 판매에 집중하는 마케팅 전략

생태 창업가정신(Ecopreneurship): 지구, 생물다양성, 생태계를 포함한 자연환경 보존에 기여하는 창업가적 행동을 지닌 환경적 창업가정신

생활형 벤처(Lifestyle venture): 독립/자립, 자율성, 지배권을 포함한 주 원동력을 갖고 있는 작은 벤처

선급비용(Prepaid expenses): 회사가 먼저 지급했으나, 아직 사용하지 않은 비용

성장 단계(Growth stage): 신생 벤처 수명주기의 세 번째 단계, 일반적으로 경쟁을 감안하여 전략의 재설정과 관련된 활동 위주

성장 장벽(Growth wall): 벤처 성장을 다루는 경영 능력의 발전을 막는 변화에 대한 심리적 장벽

세계무역기구(World Trade Organization, WTO): 국제무역 시스템을 포괄적으로 관리하는 조직. 그 임무는 국제 무역협정을 감사하는 것이나, 일반적인 생각과는 다르게 WTO는 관세무역일반 협정(GATT)을 대체하지 않음

소비자 주도 철학(Customer-driven philosophy): 실제로 생산을 시작하기 전에 소비자의 선호, 욕망, 니즈를 발견하려는 연구에 의존하는 마케팅 철학(생산 주도 철학과 판매 주도 철학 참조)

소셜 미디어 마케팅(Social Media Marketing): 소셜 미디어를 마케팅 목적의 도구로서 이용하는 것을 의미. 가장 대표적인 소셜

미디어 마케팅 도구는 Twitter, 블로그, LinkedIn, Facebook, Flickr, YouTube 등이 있음

손익계산서(Income statement): 특정기간(통상 1년)동안 기업의 매출액 비용, 이익을 정리한 재무 문서

손익분기점 분석(Break-even analysis): 예상되는 제품의 수익성을 평가하는 데 흔히 사용되는 기법으로 특정 가격대에서 손익분기점에 도달하기 위해 몇 개가 판매되어야 하는지를 판단할 수 있도록 도와줌

수명주기 단계(Life-cycle stages): 벤처가 벤처 개발, 착수/개시, 성장, 안정, 혁신, 쇠퇴를 진행/진척하는 전형적인 수명주기 단계

수입(Importing): 국내 소비를 위해 해외에서 생산된 제품을 구매하여 들여오는 것

수입(Revenues): 대상 기간 동안 기업이 창출한 총 수입

수직분석(Vertical analysis): 비율분석을 재무제표 전체에 적용하는 기법

수출(Exporting): 국내에서 생산된 물품을 해외 시장 의로 선적하는 것. 수출은 잠재시장을 증대시키므로 기업가에게는 매우 중요

수평분석(Horizontal analysis): 시간 변화에 따른 재무제표와 재무 비율 지표에 대한 검토

수확 전략(Harvest strategy): 벤처의 소유주와 투자가가 어떻게 언제 벤처의 현금투자수익을 실현할 것인가에 대한 전략

순현가법(Net present value(NPV) method): 할인율을 적용하여 미래가치를 현재가치로 환산하여 미래의 현금흐름의 확인을 포함한 투자 평가에 사용되는 자본예산 기법

스타트업 활동(Start-up activities): 신생 벤처 생명주기의 두 번째 단계로서 공식 사업계획서를 작성하고, 투자가를 찾고, 마케팅 활동을 시작하며, 효과적인 창업팀을 만드는 등 기반 작업을 수행함

스트레스(Stress): 개인의 기대와 성격 간 또는 요구를 충족시킬 수 있는 능력 간의 불일치에 따른 작용. 만약 개인이 요구되는 역할을 수행할 수 없을 때, 스트레스를 받게 됨

시간 부족(Time Scarcity): 계속되는 일상적 운영 문제 때문에, 미래 계획을 위한 시간 배분의 어려움이나 시간 부족 현상

시장(Market): 구매력/구매의사와 아직 채워지지 않은 욕구를 갖고 있는 소비자 집단 혹은 잠재적 소비자(틈새시장, 틈새 참조)

시장성(Marketability): 신생 벤처에 대한 잠재적 성공을 추정하기 위해 관련된 정보를 모으고 분석하는 것

시장 세분화(Market segmentation): 어느 한 집단을 나머지와 차별화할 수 있는 특정한 특징들을 찾고 세분화하는 과정

시장이 풍부한 국가(Market-rich countries): 다른 국가가 필요한 것을 보유하여 상호 의존적인 국제 무역 시스템의 기초가 되는 국가들

시장 조사(Marketing research): 특정 시장에 대한 정보를 모으고 잇따라 수집된 정보 분석을 하는 과정

신뢰와 개방의 결여(Lack of trust and openness): 회사 소유주와 경영자들이 그들의 사업과 결정에 대해 극도로 민감하고 조심스러워 하는 상황

신생 벤처 기획(New-venture development): 벤처 수명의 첫 단계로 창의력과 번체에 대한 평가 등의 활동을 포함

실패 예측 모델(Failure prediction model): 신생 벤처 재무 자료에 기초. 너무 많은 초기 부채나 너무 작은 매출로 인한 재무 실패에 근거

심리적 위험(Psychic risk): 새 벤처를 창립한 기업가에게 또는 그의 행복에 미치는 정신적 충격

양자택일의 사고(Either/or thinking): 사람들은 삶에서 비합리적일 정도로 확실성을 추구하게 됨. 그러나 창조적인 사람은 자신의 삶과 일에서 합리적인 정도의 모호성을 수용하게 됨

에코비전(Ecovision): 혁신적 조직을 위한 리더십 유형. 진화하는 사회적 요구에 주의를 기울이면서 종업원, 조직, 환경을 아우르는 개방적이고 유연한 조직구조를 장려함

엔젤 캐피탈(Angel capital): '비즈니스 엔젤'로 여겨지는 부유한 개인들이 신생 벤처에 투자하는 자금

엘리베이터 피치(Elevator pitch): 잠재적 투자자들에게 사업계획을 팔기 위한 간략한 구두 프레젠테이션(엘리베이터를 타고 그 안에 있는 다른 사람에게 자신의 이야기를 들려주는 데 단 2분의 시간을 갖는 것에 대한 비유로 명명됨)

역할 부재(Nonrole): 매니저로서의 역할을 넘어 회사에 반하는 비윤리적인 행동을 하는 경우를 의미

역할 실패(Role failure): 경영자의 역할 수행의 실패로 발생하는 기업 이익에 반하는 비윤리적인 행동. 예를 들면, 피상적 — 완전히 부정직하지는 않더라도 — 업적평가, 잘못된 회사 비용 사용의 묵인 등

역할 왜곡(Role distortion): 회사를 위해 — 실제로는 아니지만 — 저지른 비도덕적 행동으로, 개인적인 행동이었으나 회사의 장기적 이익을 위해서 했다고 합리화하는 관리자와 기업가에 의해 발생

역할 주장(Role assertion): 기업의 장기적 이익을 도모하기 위한 직책에 있는 관리자 및 기업가가 이를(직책을) 빌미로 합리화하는 비윤리적인 행동

영업권(Goodwill): 장부에 나와 있지 않은 인지도를 포함한 기업 소유자가 자신의 시간과 노력의 대가로 창출한 가치

영업 비밀(Trade secret): 고객 명단, 계획, 연구개발, 가격정책 정보, 마케팅 기법, 생산기술 등등. 일반적으로 특정 기업을 특별하게 만드는 어떤 것이나 경쟁자에게 가치가 있는 것은 모두 영업 비밀이 될 수 있음

예산(Budget): 특정 기간 동안 예상되는 수입 및 지출에 대한 명세

오클랜드 청소회사(Oakland Scavenger Company): California에 기반을 둔 청소회사로서 가족 기업의 친족주의로 법적 분쟁에 연루되었음

완전 희석(Fully diluted): 우선주,주식선택권 신주인인수권을 포함한 모든 주식 소유권 또는 평가를 위한 목적의 발행주식의 총량 산출을 위해 집계되는 추가적인 보통주를 나타내는 우선주, 주식선택권 신주인인수권을 포함한 모든 주식

외부 문제(External problems): 고객 접촉, 시장 이해, 시장개척 계획, 위치, 가격, 제품특성, 경쟁자, 확장과 관련된 문제

외상매입금(Accounts payable): 재화나 물품들을 신용으로 구매했을 때 기업이 발생시킨 부채

외상매출금(Accounts receivable): 상품 판매, 서비스 실행으로 발생한 미지급 잔액과 관련한 기업의 고객에 대한 청구

외재적 통제위치(External locus of control): 외부 절차는 종종 창업가 개개인의 통제를 벗어난다는 관점

우뇌(Right brain): 비유의 이해, 상상, 정보의 합성을 담당하는 뇌의 오른쪽 부분(좌뇌도 참고)

우물 전략(Water well strategies): 마치 우물을 독점하는 것처럼 장기간에 걸쳐 특정한 자원(토지, 노동력, 자본, 원자재 등)을 확보하고 운용하는 능력

운영비용(Operating expenses): 매출 창출에 필요한 주요 비용. 단, 판매원가비용은 제외

운영예산(Operating budget): 향후 기간에 대한 판매 예측과 소요비용을 결정하는 예산

위험(Risk): 불확실한 결과 또는 사건에 관련되어 있음. 창업가가 더 많은 리스크를 감당할수록 더 많은 보상을 받음

유동부채(Current liabilities): 향후 12개월 이내에 지불해야 하는 기업의 부채(단기부채라고도 함)

유동성확보(Liquidity event): 소유주와 투자자의 현금 수익 실현을 위한 벤처의 포지셔닝. 이 현상은 주로 벤처의 기업공개나 벤처의 완전 매각을 통해 달성

유럽연합(European Union, EU): 기본적으로 유럽에 위치한 27개 국가의 경제적, 정치적 연합체

유한책임회사(Limited liability company, LLC): 기업의 부채에 대한 유한책임을 제공하지만 동업/합병회사의 절세, 그에 관한 지식, 과정 자체의 이점을 포함한 기업의 하이브리드 형식

윤리(Ethics): 무엇이 좋고 옳은가 또는 나쁘고 그른가를 설명하는 행동 규약을 규정하는 일련의 원칙

의향서(Letter of intent, LOI): 명시된(불완전하거나 예비적인)조건에 근거하여 미래 협약을 위해 둘 이상의 당사자가 기

록하는 법적 구속력이 없는 문서. 많은 의향서가 기밀 유지협약, 성실한 협상 또는 협상 독점권을 약속하는 현상유지 조항 등의 법적구속력이 있는 조항들을 포함하고 있음

이익잉여금(Retained Earning): 회사 전 생애 동안의 (배당 후) 누적 순이익

이익 추세(Profit trend): 일정 기간 동안 지속적으로 이익을 창출할 수 있는 벤처의 능력

이정표일정 부문(Milestone schedule segment): 기업 계획의 한 부문으로 프로토타입의 완성, 영업 사원 채용, 초기 주문과 미수금 계정의 수령을 포함한 다양한 활동의 성취를 위한 일정표를 제공

인지(Cognition): 정신적 과정을 말하며, 이는 주의, 기억, 언어의 생성 및 이해, 문제의 해결, 의사결정을 포함

인지적 적응력(Cognitive adaptability): 역동적이고 불확실한 업무 환경이 주어질 때 인간의 인지에 있어서 역동적이고, 유연하고, 자기 조절적일 수 있는 능력

자본(Owner's equity): 자산에서 부채를 제외하고 나서 남는 것

자본부족(Undercapitalization): 자산이 적은 상태(보통 높은 부채 수준을 의미)

자본예산(Capital budgeting): 투자 의사결정을 위해 사용되는 예산 절차로 주로 현금유입의 평가에 의존

자본 조달(Equity financing): 벤처의 소유권을 일부 매각하여 창업 자본을 조달하는 금융 기법

자원이 풍부한 국가(Resource-rich countries): 다른 국가가 필요로 하는 것, 즉 자원을 가지고 있는 국가. 관련 국가들이 상호 의존적 국제무역 시스템의 기반을 형성

장기부채(Long-term liabilities): 예정되어 있지는 않으나 12개월 내에 갚아야 되는 기업의 빚

재고(Inventory): 기업이 소비자들에게 재판매를 하기 위해 보관해 놓는 상품/제품

재무/자본 학파(Financial/capital school of thought): 창업자가 초기자본 또는 성장형 투자에 집중하는 창업학파

재무적 위험(Financial risk): 신생 벤처를 위태롭게 하는 자금이나 자원

저수익 지향 벤처(Small profitable venture): 창업자가 매출이 너무 높지 않기 바라는 벤처. 매출이 너무 커지면 지분 혹은 소유권을 포기해야 하고, 결국 현금흐름이나 이익에 대한 통제권을 포기해야 하기 때문임

저작권(Copyright): 창의적인 개인의 문학적 또는 예술적인 창작물에 대해 배타적인 권리를 제공하는 법적 보호

전략계획(Strategic planning): 기업의 미래 방향을 정하기 위한 중요한 단계. 창업가의 능력, 벤처의 복잡성, '업의 본질'의 영향을 받음

전략적 수립 학파(Strategic formulation school of thought): 창업 관련 학파로서 성공적인 벤처 형성에 적용되는 계획 과정을 집중적으로 다룸

전략적 창업가정신(Strategic entrepreneurship): 기업의 경쟁력 우위를 확보하기 위한 대규모 또는 매우 중요한 혁신의 시도. 전략적 창업가정신의 접근방법을 활용하면, 혁신은 다섯 가지 분야에서 일어날 수 있음. 기업의 전략, 제품군, 목표시장, 내부 조직(구조, 프로세스, 능력), 비즈니스 모델 등

전략적 포지셔닝(Strategic positioning): 기존 사업들로부터 고객을 뺏어오거나 혹은 새로운 고객들을 시장으로 유인하기 위한 새로운 사업 위치(position)

전문지식/기술 부족(Lack of expertise/skills): 소기업의 경영자에게 계획 과정에 필요한 전문지식/기술이 부족한 상황

전문 투자자(Sophisticated investors): 충분한 자본을 가지고, 창업, 초기 단계, 후기 단계의 벤처에 비교적 규칙적으로 투자하는 개인 투자가를 지칭. 이들은 투자하는 사업의 기술적/상업적 기회와 리스크에 대해서 충분히 파악하고 있음

점진적 혁신(Incremental innovation): 좀 더 새롭거나 큰 시장을 위해 제품이나 서비스의 체계적인 진화

정량적 조사(Quantitative Research): 수치적 측정과 분석적 접근을 통해 결과를 비교하고자 하는 실증적 평가방법

정성적 조사(Qualitative Research): 조사자가 질문을 통해 응답자를 심도있게 조사할 수 있고, 조사과정에 참여할 수 있기 때문에 표본의 크기가 아주 작아도 조사가 가능함

정치적 위험(Political risk): 불안정적인 정부, 영토 갈등으로 야기된 분쟁, 지방주의, 전쟁, 지역주의, 불법 점령, 정치적 이데올로기적 차이 등을 포함

제품 가용성(Product Availability): 벤처가 개업했을 때, 판매 가능한 제품이나 서비스의 확보 여부

조기진입 전략(Early entry strategy): 경험을 쌓게 하기 위하여 비교적 어린 나이에 사업에 진출하도록 젊은 세대를 격려하는 승계 전략

조정 후 유형자산 장부가치(Adjusted tangible book value): 사업의 순수 가치를 총부채와 총자산 간 차이로 산출하여 사업을 평가하는데 흔히 사용하는 방식

종업원지주제도(Employee stock ownership plans, ESOPs): 소유자가 마음 속에 직속 후계자를 결정하지 못한 경우 기업의 통제권을 종업원들에게 넘기는 것

좌뇌(Left brain): 분석하고 말로 표현하며 문제해결의 합리적인 접근을 찾는 것을 돕는 뇌의 부분 (우뇌 참조)

주가수익률(Price/earnings ratio, P/E): 기업의 가치를 측정하는 한 방법으로, 보통주의 증시가를 주당 수익으로 나눈 값에 발행된 주식의 수를 곱함

지급어음(Notes Payable): 공급자의 청구에 대한 물리적 인정으로서발급되는 약속어음 또는 은행융자와 같은 자금의 취득과 관련되어서 발급되는 어음

지속가능한 창업가정신(Sustainable entrepreneurship): 이익을 위하여 미래의 제품, 프로세스, 서비스 등을 실현시키기 위해 포착된 기회를 추구할 때, 자연보존, 생명지원, 사회기여 등에 초점을 맞추는 창업가정신. 여기에서의 이익은 개인, 경제, 사회가 얻는 경제적, 비경제적 혜택을 포함하는 광의의 의미로 해석해야 함

지식결여(Lack of knowledge): 소규모 회사의 소유주/경영자의 계획 과정과 과정에대한 최소한의 노출, 과정과 관련된 지식, 과정 자체로 인한 연속의 불확실성

지연진입 전략(Delayed entry strategy): 가족 소유 기업 외부에서 경험을 쌓게 하려고 늦은 나이에 사업에 진출하도록 젊은 세대를 격려하는 승계 전략

지적재산권(Intellectual property right): 타인에 의해 침해받을 수 있는 특허, 상품명, 또는 저작권에 대한 보호

지출(Expenses): 소멸비용. 활동 시 사용되는 것, 현재 운영비용이나 회수할 수 없는 비용 혹은 손실을 위해 지불되는 과거와 현재의 지출, 기록되거나 지워진 제품이나 자본 지출, 판매비용이나 매월 비용을 포함한 기능이나 조직 또는 시간을 나타내는 자격을 갖춘 표현

직접 기업공개(Direct public offerings, DOPs): 친구, 종업원, 소비자, 친척, 지역 전문가와 같은 개인 당사자에게 주식을 파는 데 요구되는 보고서나 진술서에 대한 규제를 완화함

집단적 창업가정신(Collective entrepreneurship): 개인의 기술이 집단에 통합됨으로써 집단의 혁신 가능성이 부분의 합보다 더 커지는 것

차입금(Loan payable): 올 해에 완납되어야 하는 장기부채의 최근 할부금/분할 불입금

창업가(Entrepreneur): 기회를 인식하여 붙잡고, 이러한 기회를 시장성 있는 아이디어로 전환시키고, 시간, 노력, 자본 및 기술을 통해 가치를 추가하고, 이러한 아이디어를 실행하기 위해 경쟁적 시장의 위험을 추정하고, 이러한 노력으로부터 보상을 실현시키는 혁신가 또는 개발자

창업가적 경제(Entrepreneurial economy): 1980~1990년대 사이에 개발된 창업가적 사고에 대한 새로운 강조로 21세기 현재 널리 퍼져 있음

창업가적 기업(Entrepreneurial firm): 종업원들을 위해 기회를 늘려주고, 변화를 주도하며, 혁신하려는 욕구를 갈망을 심어줌

창업가적 끈기(Entrepreneurial persistence): 역영향이나 다른 매력적인 대안과 상관없이 창업가적 기회를 지속시키려는 창업가의 선택

창업가적 동기부여(Entrepreneurial motivation): 창업가적 행동을 지속하려는 창업가의 의지

창업가적 리더십(Entrepreneurial leadership): 예측하고, 비전을 제시하며, 유연함을 유지하고, 전략적으로 사고하고, 조직을 위해 실행 가능한 미래를 만들어 낼 변화를 주도하기 위해 사람들과 협력할 수 있는 창업가의 능력

창업가적 사고방식(Entrepreneurial mind-set): 각 개인에 있어서 창업가적 잠재성을 구성하는 모든 특성이나 요소

창업가적 인지(Entrepreneurial cognition): 기회 평가, 벤처 생성 및 성장과 관련하여 사람들이 평가, 판단, 또는 의사결정을 하기 위하여 사용하는 지식 구조

창업가적 행동(Entrepreneurial behavior): 새로운 벤처 형성과정을 주도하는 창업가의 결정

창업가적 혁명(Entrepreneurial Revolution): 지난 20년 동안 개발되어 온 창업가적 사업과 창업가적 사고에 있어서의 엄청난 증가. 이러한 혁명은 산업혁명이 20세기에 미친 영향만큼 21세기에 강력할 것이다(더 이상은 아니더라도)

창업가적 후계자(Entrepreneurial successor): 독창성, 창의성 및 동인을 강하게 타고난 벤처 승계자

창업가정신(Entrepreneurship): 비전, 변화 및 창의의 동적 과정. 이는 새로운 아이디어와 창의적 해결책의 생성 및 실행을 위해 에너지와 열정의 적용을 필요로 함. 필수적인 요소는 시간, 자산, 또는 경력의 관점에서 계산된 위험을 감수하려는 의지, 효과적인 벤처 팀을 구성할 수 있는 능력, 필요한 자원을 모을 수 있는 창의적 스킬, 견고한 사업계획을 수립할 수 있는 근본적인 스킬, 그리고, 마지막으로, 다른 사람들은 혼돈, 모순, 무질서로 여기는 곳에서 기회를 인식할 수 있는 비전을 포함

창업가정신의 거시적 관점(Macro view of entrepreneurship): 현대 기업가 벤처 기업의 성공과 실패요인에 관한 요인의 폭넓은 집합체

창업가정신의 미시적 관점(Micro view of entrepreneurship): 창업가/기업가정신과 내재적 통제성의 요인들을 조사하고 검토함

창업가정신의 어두운 단면(Dark side of entrepreneurship): 성공적인 창업가의 열정적인 추진력 속에 존재하는 파괴적인 면

창업가 특성 학파(Entrepreneurial trait school of thought): 성공적인 창업가들에게 공통적으로 나타나는 특성을 파악하는 데 중점을 두는 창업가적 사고 학파

창업 경영(Entrepreneurial management): 창업가가 기존의 대형업체이든지 아니면 단독으로 신생 벤처를 시작하는 개인이든지 간에, 창업가정신은 같은 원리에 기반을 두고 있다고 제시하는 주제나 규율

창업 단계의 문제(Start-up problems): 신생 벤처의 창업단계에서 발생할 수 있는 문제들. 예를 들어, 사업훈련의 부족, 대출의 어려움, 재무계획수립의 경험 부족 등이 있음

창의성(Creativity): 아이디어의 생성으로 시스템의 효율성이나 효과에 있어서 개선을 가져옴

창의적 과정(Creative process): 창의적 개발의 4단계로 배경 또는 지식의 축적, 인큐베이션 과정, 아이디어 경험, 평가 또는 실행을 말함

챔피언(Champion): 이는 기업 창업가정신의 맥락에서 혁신적인 비전과 이를 공유하는 능력을 가진 사람을 의미

청구권(Claims): 특허를 통해 보호되는 구체적인 특성이나 특성들의 조합을 구별하는 일련의 짧은 단락

청산(Liquidation): 파산 참조

청산우선권(Liquidation preference): 기업/회사가 팔리고 청산되었을 때 우선주를 보유한 주주가 자산이 보통주 소유 주주에게 분배되기 전에 일정한 액수를 받는 것

초인지적 모델(Metacognitive model): 창업가가 처해 있는 환경 내에서 정보처리에 적용되는 초인지적 전략 개발에 창업 동기와 전후 사정의 영향을 통합한 모델

총칭 의미(Generic meaning): 상표가 제품이나 서비스의 일반적인 분류를 대표 하는 것(예: 클리넥스는 화장지의 대명사)

최고경영진의 지원(Top management support): 상위 관리자들이 기업 구성원을 도우려 할 때, 최고경영진의 지원으로 보다 창업가적 문화를 활성화시킬 수 있음

추정 재무제표(Pro Forma statement): 미래의 특정 기간 동안(예상 손익계산서) 또는 시점의(예상 대차대조표) 기업의 재무 상태를 추정한 것

출구 전략(Exit strategy): 투자자한테 투자에 대한 유형의 보상을 인식할 수 있게 창업가에 의해 설명되는 사업계획의 요소

측정기준(Metrics): 매출 예측을 위해 사용되는 추정과 산출

친족주의(Nepotism): 더 능력 있는 자격을 갖춘 사람들 보다 가족, 친척들을 고용하는 것

침해예산(Infringement budget): 특허침해로 인한 고소에 대비한 현실적인 예산

타당성 기준 접근법(Feasibility criteria approach): 창업자가 자기 벤처의 생존 가능성을 통찰할 수 있는 선택 기준

탁월한 인재 중시 전략(Great chef strategies): 벤처를 설립한 사람 주위에 있는 1인 이상이 보유한 기술이나 재능을 강조하는 전략

통로 원리(Corridor principle): 벤처기업을 출범할 때 새롭고 의도하지 않은 기회들이 생기는 것을 말함

통제불가능한 실패(Uncontrollable failure): 담당자의 통제범위를 넘어서는 외부적 요인에 의한 실패. 외부 요인의 예로 자원 제한, 전략적 방향, 시장 변화 등을 들 수 있음

통제 요인(Control factor): 소유자가 기업에 대해 법적으로 가지는 통제의 정도가 기업의 가치평가에 영향을 줄 수 있음

통합(Synthesis): 혁신의 기본 유형. 기존의 개념과 요소들을 결합하여 새로운 조합을 만듦

투자금융회사(Finance companies): 매출채권, 재고, 설비를 담보로 돈을 빌려주는 회사

특허권(Patent): 제한된 기간 동안 발명가에게 주어지는 지적 재산권으로서, 제한된 기간 동안 — 보통 20년 — 발명품을 만들거나, 이용하거나, 판매할 수 있는 독점적 권리

특허상표청(Patent and Trademark Office): 미 연방정부 산하 기관으로 모든 특허와 상표권이 등록됨

틈새시장(Market niche): 공통적인 특성을 지닌 동질의 소비자 집단

파산(Bankruptcy): 예정된 기일까지 부채를 지불할 수 없는 파산자에 대한 법적 절차. 사업과 관련한 파산은 연방 파산법 제7장, 11장, 13장을 포함

파산법(Bankruptcy Act): 파산자를 취급하는 특별 절차를 제공하는 연방법

파산자(Insolvent debtors): 만기가 되었을 때 부채 상환을 할 수 없는 사람

판매 예측(Sales forecast): 과거 판매 기록에 통계적 기법을 적용하여 미래의 판매액을 추정하는 프로세스

판매의 성장(Growth of sales): 예상된 신생 벤처의 매출과 이익의 성장 패턴

팩토링(Factoring): 외상매출채권의 매도

포괄적인 실현가능성 접근법(Comprehensive feasibility approach): 외부요인들을 포함시키는 체계적인 분석

포기(Abandonment): 상표권의 포기를 정당화하거나 이와 관련된 진술이 없이 2년 연속 상표권을 사용하지 않는 것

프랜차이즈(Franchise): 동일한 회사의 제품이나 상표, 상품명, 저작권 등에 대한 사용권을 쓸 수 있는 소매상점을 여러 곳에 두고 중앙에서 통제 · 경영하는 점포조직

학습곡선 개념(Learning curve concept): 새로운 방법이나 절차를 배우고 익히기 위해 필요한 시간

할인순익법(Discounted earnings method): 수익력뿐만 아니라 조정 후 유형자산 장부가치를 포함하는 가격결정 공식으로 기업의 실제 가치를 결정하는 방식

합리화(Rationalizations): 경영자가 의심스러운 행동을 정당화하기 위해 사용

행동강령(Code of conduct): 기업이 지켜야 할 윤리적인 관행이나 지침에 대한 진술서

혁신(Innovation): 창업자가 기회를 시장성이 있는 발상으로 전환시키는 절차

혁신 팀(Innovation team, I-team): 조직에 새로운 혁신을 창출할 목적으로 만든 회사 내부 팀

현금(Cash): 수중에 있는 동전, 화폐, 수표. 이는 기업이 당좌예금이나 저축계정에 가지고 있는 돈을 포함

현금흐름예산(Cash-flow budget): 특정 기간 동안 현금의 유입 및 유출에 대한 개요를 설명하기 위한 예산

현금흐름표(Cash-flow statement): 실제적 또는 예상되는 현금의 유입 및 유출의 양과 시기를 제시하는 재무제표

혼란스러운 사고방식(Muddling mind-sets): 창의적 사고가 차단, 방해, 지연된 상황

혼합비용(Mixed costs): 고정비용과 변동비용의 혼합

확률적 사고(Probability thinking): 안전을 확보하기 위해서 확률에 의존하여 의사결정하는 것

확장(Extension): 제품과 서비스 또는 이미 존재하는 공정의 주기를 연장시키는 혁신의 일종

환경 학파(Environmental school of thought): 잠재적인 창업가가 자신의 생활 방식을 둘러싸고 있는 가치, 관습, 기관과 같은 외부의 힘과 요인에 초점을 맞추는 창업한다는 창업학파

회사의 수익성(Company profitability): 비용을 제외한 후 회사가 산출하는 순이익의 양

회수법(Payback method): 초기 투자가 회수되는 기간을 결정하기 위해 사용되는 예산기법

희석방지 보호(Antidilution protection): 우선주에 대한 전환가격은 주식분할이나 주식배당과 같은 어떤 희석 이벤트에 대한 조정 대상. 전환가격은 일반적으로 '가격보호'의 대상이 되고, 이는 향후 전환가격보다 낮은 가격에 주식을 판매한다는 것에 기초한 조정

1인밴드 증후군(One-person-band syndrome): 기업가가 직원들에게 책임을 위임하지 않고, 모든 의사결정 권한을 유지하고 있는 때 발생

1차 자료(Primary Data): 직접 관측 또는 설문조사를 통해 수집되는 원시 데이터

2차 자료(Secondary data): 이미 수집된 자료. 간행물, 신문기사, 전문잡지 정보, 정부 간행물, 회사 기록물 등이 대표적 예

5분 검토(Five-minute reading): 벤처투자가가 투자 가능성 관련 사업계획을 검토하는 6단계 과정

B 코퍼레이션(B corporation): 주주들보다는 사회에 이익이 되는 결정을 하기 위하여 기업의 책임을 확장한 법적 구조. B 코퍼레이션의 성과 기준은 소비자들로 하여금 그들의 가치에 부합된 사업에 대한 지원을 가능하게 함

New-New 접근방식(New-New approach): 시장에서 아주 새로운 발상으로 신사업을 착수하는 접근법

New-Old 접근방식(New-Old approach): 시장에 이미 존재하는 제품 혹은 서비스를 새로운 각도/측면에서 바라보도록 하는 신사업을 착수하는 접근법

SWOT 분석(SWOT analysis): 강점, 약점, 기회, 위협을 중심으로 한 전략분석

찾아보기

아

타

파

하

번호

A

B

C

D

E

F

G

S

T

U

V

W

역자 소개

이종건 jkeonlee@cau.ac.kr

현재 중앙대학교 경영학부 교수로 재직 중이며, Ohio State University의 Fisher College of Business에서 연구교수로 재직하였다. 그는 University of Maryland University College와 육군사관학교에서 학사학위, 연세대학교에서 경영학 석사 및 박사학위를 취득하였다. 주요 연구분야는 창업가정신, 인적자원관리, 협상, 리더십 등이며, 국내외 학술지에 다수의 논문을 게재하였다.

임왕규 wklim@hoseo.edu

현재 호서대학교 벤처대학원 정보경영학과 교수로 재직 중이다. Georgia Institute of Technology에서 Operations Research 석사 및 산업공학 박사학위를 취득하였으며 강의 및 연구 분야는 경영공학, Operation Management, Supply Chain Management, 통계학, 연구조사방법론, 벤처창업론, 기술가치평가, 기술사업화 등이다. 국내외 다수의 학술지에 25편의 논문을 게재하였고 벤처창업학회, 콘텐츠학회, 산업정보학회, 디지털정책학회 등에서 심사위원 및 임원 등으로 활동 중이다.

최경일 kichoe@hufs.ac.kr

현재 한국외국어대학교 산업경영공학과 교수로 재직 중이다. 서울대학교에서 학사(산업공학), 한국과학기술원에서 석사(산업공학), Georgia Tech에서 박사(산업 및 시스템 공학) 학위를 취득하였다. Material Handling Research Center, 광림기계, 삼성SDS, Logix Consulting 등에서 근무하였고, Oregon Graduate Institute, Georgia Tech, Stevens Institute of Technology의 객원교수를 역임하였다. 한국외국어대학교에 합류한 이후 정보시스템, 생산/물류 시스템, 시스템공학, 기술경영 및 창업 등에 관련된 다양한 프로젝트와 자문을 수행하였다. 이제는 거울 앞에 앉아서 운영관리, 시스템통합, 기술경영 분야의 저술과 번역을 진행 중이다.

창업가정신

역　　자　이종건, 임왕규, 최경일

발 행 일　2016년 8월 11일 1쇄

발 행 처　**한경사**

발 행 인　이계남

등록사항　제10-1951호 2000년 4월 14일

주　　소　서울시 마포구 신수로 59-1 3층

전화번호　02_717_7264~5

팩스번호　02_717_7226

홈페이지　hankyungsa.co.kr

전자우편　hankyungsa@hanmail.net

I S B N　978-89-6844-126-4　(93320)

가　　격　33,000원